국가기술자격 실기시험 완벽대비 및 현장 실무 지침서

Mastercam® 2021 실기·실무

박용민

예문사

Preface

이 책은 미래 4차 산업사회에서 중추적인 역할을 담당할 엔지니어들의 CAD/CAM 실무 역량을 강화할 목적으로 기획·집필되었다. 3차 산업을 기반으로 사물인터넷(IoT), 인공지능(AI), 빅데이터, 클라우드 등을 활용해 수많은 지식재산들이 소통, 협력, 융합을 거쳐서 새로운 고부가가치 산업이 창출될 것이고, 이것이 미래 인더스트리(Industry) 4.0의 핵심이다.

지식융합형 CAD/CAM은 모듈화, 통합화된 시스템이라 할 수 있으며, 미래의 산업사회를 주도하게 될 초고속, 초대용량, 광대역을 기반으로 한 4차 산업혁명의 선두 주자가 될 것이다.

과거 특별한 능력을 가진 기술자들이 특수한 목적으로 사용하던 틀에서 벗어나 전문인력은 물론 CAD/CAM을 처음 접하는 독자들도 쉽게 접근할 수 있도록 하기 위해 1984년 미국 CNC Software, Inc.에서 개발되어 NC 가공부문에서 전 세계 판매율 1위를 지속적으로 기록하고 있는 'Mastercam 2021 버전'을 기준으로 하여 각 메뉴에 대한 설명, 2차원 및 3차원 도형생성방법 그리고 가공프로그래밍에 대한 내용을 Tutorial 방식으로 저술하였다.

CAD/CAM 실무 내용은 그동안 2차원과 3차원 두 권으로 나누어 편찬했으나, 많은 분량을 차지했던 예제와 해답 부분을 과감히 배제하고, 한 권으로 통합하였다. 인더스트리 4.0에 부응할 수 있도록 내용을 구성하였으며, 독자들은 휴대폰을 이용한 QR코드의 선택만으로 동영상으로 제작된 연습문제의 해답을 보다 상세히 학습할 수 있도록 하였다.

따라서 독자의 필요에 따라서 대상, 시간, 장소에 구애받지 않고, 이전에 출간된 책의 내용보다는 좀 더 난도가 높은 실제 제품에 대한 연습과제를 다룰 수 있게 되었다.

아울러 이 책은 미래 4차 산업혁명 시대에 요구되는 국가기술 자격시험을 준비하는 이들에게도 도움이 되도록 저술하였다. 이 책과 모바일을 통하여 보다 많은 사람들이 CAD/CAM을 알고, 이 분야의 전문인력 양성에 보탬이 된다면, 이보다 큰 보람은 없을 것이다.

끝으로 이 책을 출판하도록 협조해 주신 도서출판 예문사 사장님과 관계자 여러분께 다시 한 번 깊은 감사를 드린다.

2021. 2. 저 자

Contents

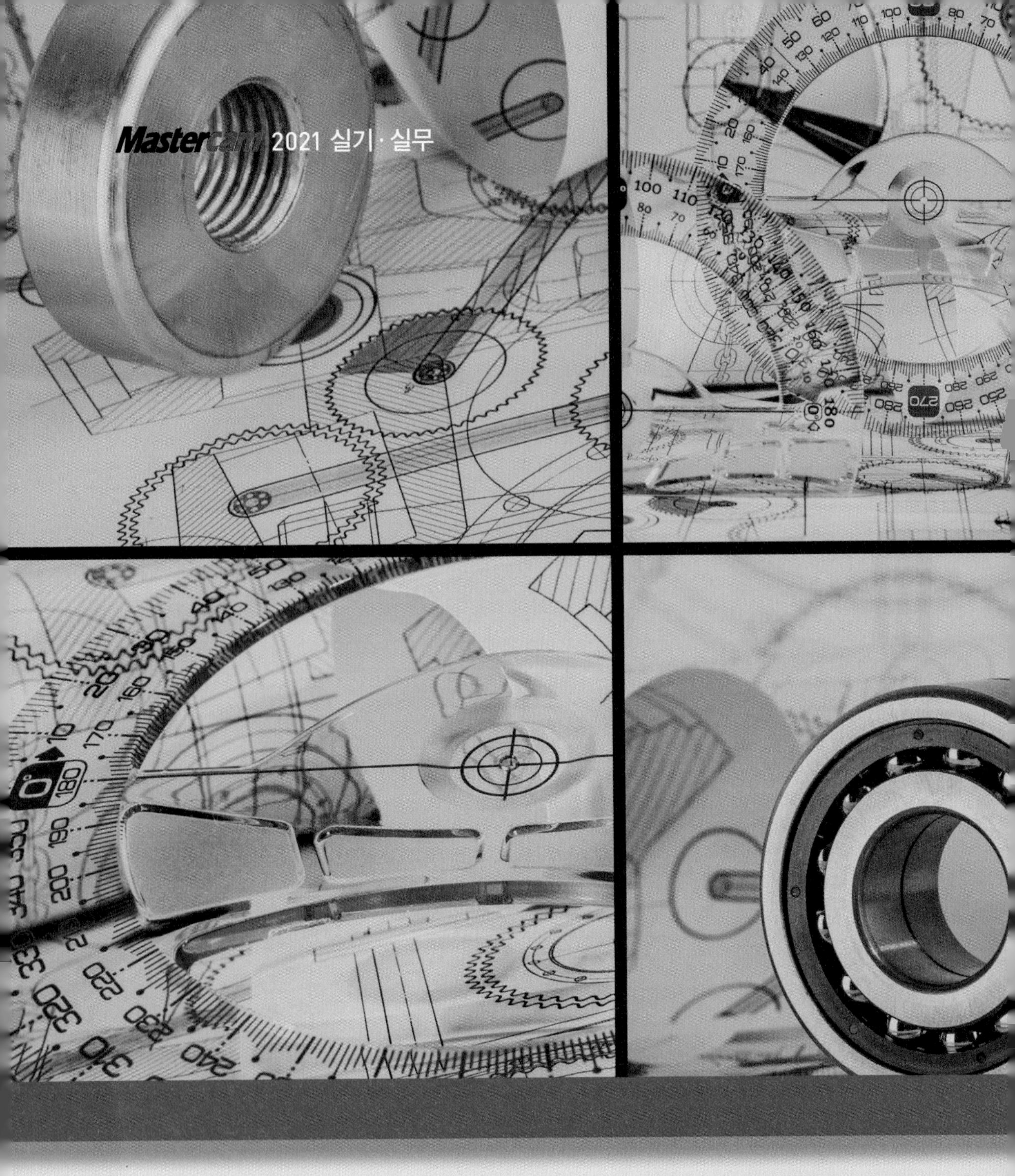
Mastercam 2021 실기 · 실무

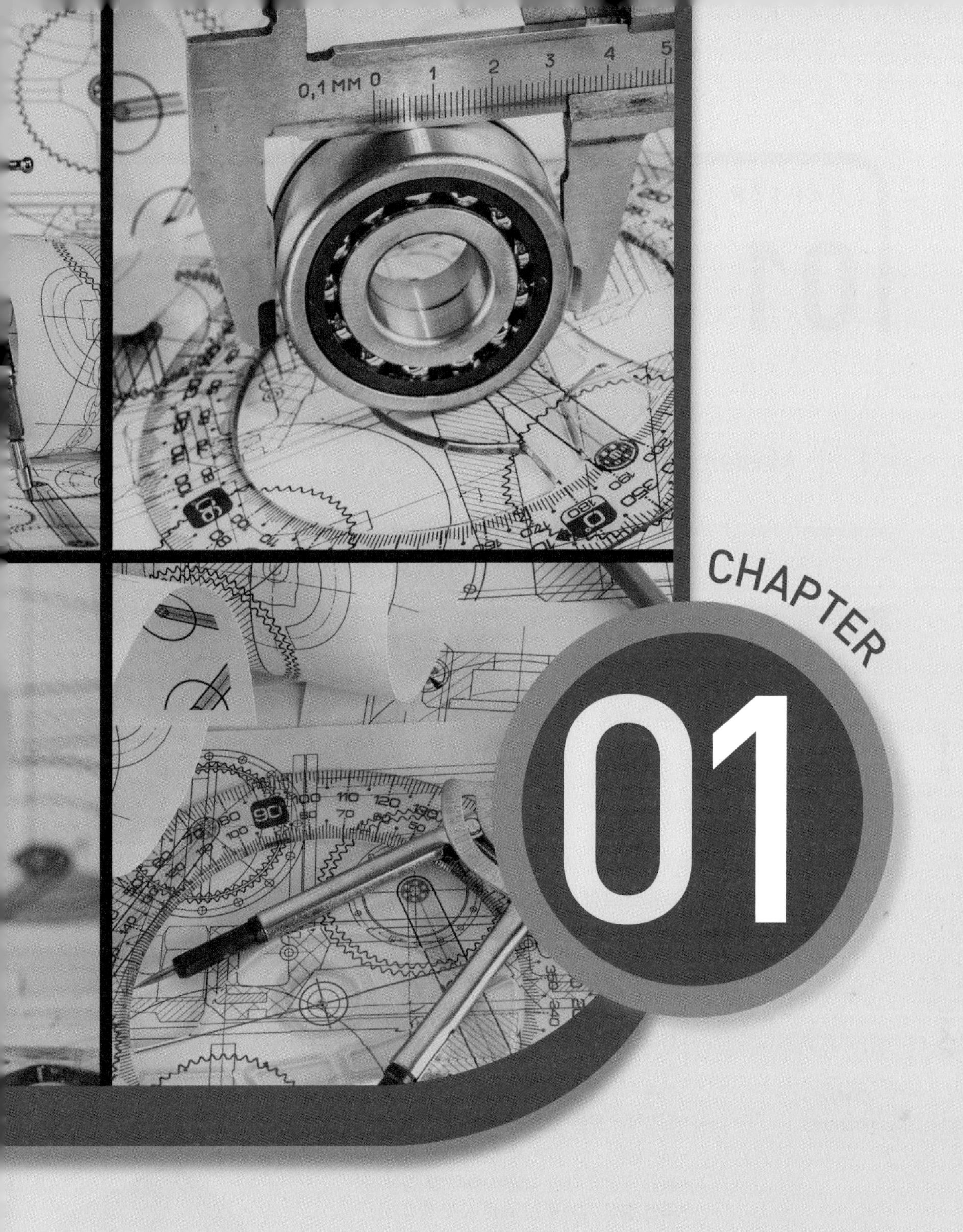

Mastercam 소개

CHAPTER

01 Mastercam 소개

1 Mastercam의 Module 구성

Mastercam은 1983년 미국의 CNC Software사에서 개발된 CAD / CAM 통합 Software로, 다양한 산업분야의 NC 사용자들에게 각광받고 있으며, 사용분야와 가공장비에 따라 다양한 모듈이 제공된다.

Module	Level	기능	사용 예
Design Product	Design	• 2D 도면작성 및 편집 • 3D Surface 및 Solid 모델링 • Mill, Lathe, Wire, Router 모듈 등에 기본으로 포함	
Milling Products	Mill	• Design 포함 • 3차원 윤곽 및 측벽 테이퍼, 다양한 포켓가공 • 강력한 2D 다이내믹 가공 지원 • 솔리드 형상 인식 가공(FBM) • 머신 시뮬레이션 지원 • 단일 곡면에 대한 다양한 황삭 및 정삭가공 • 복합 곡면에 대한 평행가공(한 방향, 왕복), 황삭 포켓가공 • 일반적인 부품 가공분야에서 사용	
	Mill 3D	• Mill 포함 • 복합 곡면에 대한 다양한 황삭 및 정삭가공 • 곡면 황삭 재가공 및 빠른 포켓 황삭가공 • 3D 다이내믹 가공(최적화 황삭가공) • 방사상, 등고선 등의 정삭가공 • 잔삭 및 펜슬가공 • 강력한 3D 고속가공	

Module	Level	기능	사용 예
Milling Products	MultiAxis (option)	• Mill 3D 또는 Router 3D에 옵션으로 추가하여 사용 • 5축 드릴, 스웹, 윤곽가공 • 동시 4축, 동시 5축 가공	
	MillTurn (option)	• Mill 3D에 옵션으로 추가하여 사용 • MillTurn 복합머신 지원 • 메인스핀들과 서브스핀들을 이용한 동시 가공 지원 • 핀치턴 지원 • 가공 시뮬레이션 완벽 지원	
	Art (option)	• Mill 또는 Router에 옵션으로 추가하여 사용 • 간단한 2D 도면으로 정교한 3D 모델링 및 조각가공 • 3차원 조각분야에 사용	
Turning Product	Lathe	• Design 포함 • 황삭, 정삭, 나사, 홈파기 등 선반가공 • Mill과 조합하여 C축 또는 Y축 가공	
Wire EDM Product	Wire	• Design 포함 • 2축 테이퍼 가공 및 4축 와이어 가공 • 자동 모서리 필렛과 스킴컷 가공	
Router Products	Router	• Milling 제품과 동일한 구분 • 2D, 3D 라우터 프로그래밍	
	Router 3D		

2 시스템 요구사항

Mastercam은 PC 기반의 CAD/CAM Software이며, Mastercam 2021을 사용하기 위해 요구되는 Hardware 및 Software의 최소 사양은 아래 표와 같다.

구분	내용
운영시스템	Windows 7, 8.1 또는 10 professional(64bit 전용)
프로세서	Intel 또는 AMD 64bit processor(2.4GHz 이상)
메모리	8GB
그래픽 카드	• NVIDIA 그래픽 카드, 1GB 이상 • Open－GL 드라이버 지원(일체형 제외)
모니터	1,920×1,080resolution
하드디스크	20GB 하드디스크 여유 공간

3 Mastercam 2021 화면의 구성

Mastercam 2021의 초기화면은 아래 그림과 같으며 각각 다음과 같은 역할을 한다.

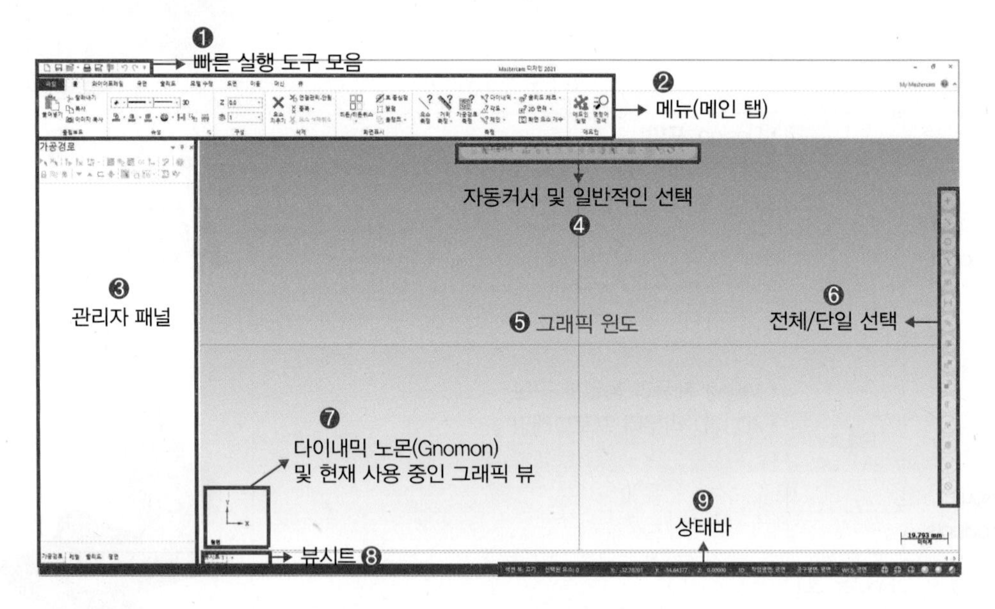

[Mastercam 2021 초기화면 구성]

❶ **빠른 실행 도구 모음** : 자주 사용하는 명령의 아이콘을 한 번의 클릭으로 실행하기 위해서 모아놓은 영역으로 사용자가 원하는 대로 편집이 가능하다.

❷ **메뉴(메인 탭)** : 마스터캠의 메뉴들이 있는 영역으로 각각의 탭을 클릭하면 선택된 탭에 해당하는 메뉴들이 나타나며 각 쓰임에 맞게 구분되어 있다.

❸ **관리자 패널** : 가공경로, 솔리드, 평면, 레벨, 최근 사용한 기능, 아트(Art) 등의 관리자가 위치하는 영역으로 뷰 메뉴의 관리자 기능을 이용하여 각각의 관리자들을 표시하거나 감출 수 있다.

❹ **자동커서 및 일반적인 선택** : 자동커서 기능을 사용하거나 도형 선택 모드를 변경할 경우 사용하는 영역이다.

❺ **그래픽 윈도** : 실제 작업이 이루어지는 공간으로 사용자는 그래픽 윈도에서 도형 생성, 편집, 측정 데이터 확인, 가공경로 생성, 수정, 시뮬레이션 확인 등의 일을 한다.

❻ **전체 / 단일 선택** : 도형이 가지고 있는 특정 속성을 이용하여 원하는 도형들만을 선택할 수 있도록 하는 기능들로 전체(All) 기능과 단일(Only) 기능을 포함하고 있다.

❼ **다이내믹 노몬(Gnomon) 및 현재 사용 중인 그래픽 뷰** : 현재 작업화면의 뷰방향을 나타내는 좌표축과 설정된 그래픽 뷰를 표시하는 영역으로 화면을 회전시키거나 그래픽 뷰를 변경할 경우 좌표축이 회전되고 표시되는 그래픽 뷰가 변경된다.

❽ **뷰시트** : 뷰시트 생성, 복사, 수정 등 뷰시트와 관련된 작업을 하는 영역이다.

✎ **뷰시트** : 사용자가 원하는 뷰 방향, 화면 배율, 도형의 각종 속성 등을 저장하였다가 쉽게 불러내어 사용할 수 있도록 하는 기능

❾ **상태바** : 현재 커서의 위치, 설정된 공구 / 작업평면, WCS, 3D 모델링 도형의 셰이딩 방법 등을 표시하거나 설정하는 영역이다.

4 빠른 실행 도구 모음

빠른 실행 도구 모음은 Mastercam 좌측 상단에 있으며 아이콘들이 고정되어 있다. 자주 사용하는 기능들을 빠른 실행 도구 모음 위치로 불러와 빠르게 사용할 수 있다.

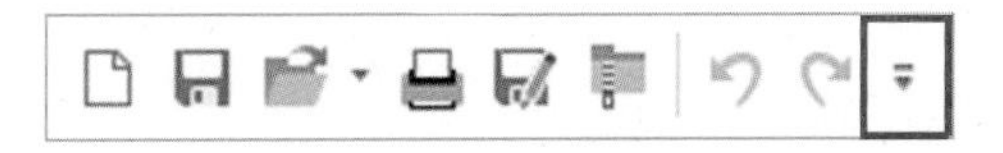

빨간색으로 표시된 우측의 화살표를 클릭해보면 드롭다운 메뉴가 뜨는데, 아이콘이나 아이콘 추가 및 툴바를 On / Off 하는 기능이 들어 있다.

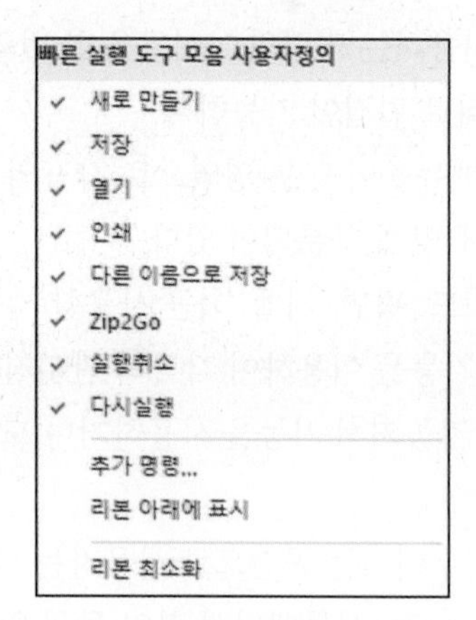

5 메뉴(메인 탭)

(1) 파일

파일 저장 또는 불러오기를 하거나 파일에 관한 수정 사항이 있을 때 사용하는 메뉴이다.

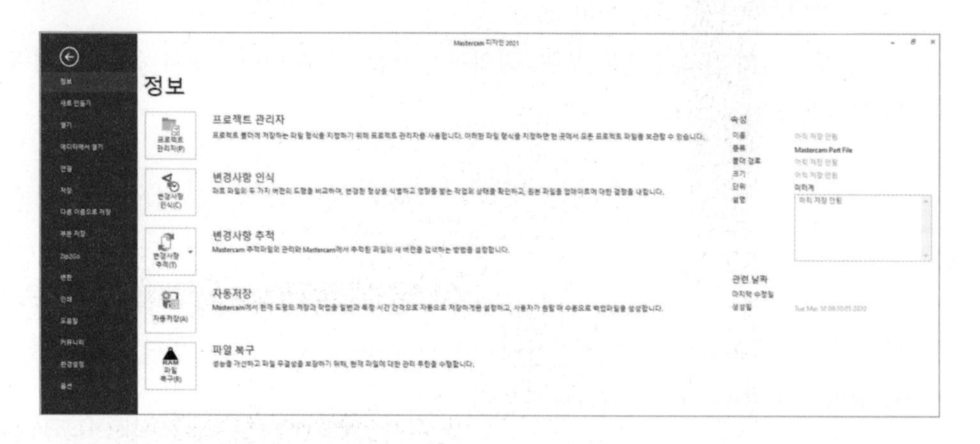

(2) 홈

도형의 색상, 선택된 도형 삭제 및 Z높이 설정 등 도형에 대한 기본적인 설정 기능이 있는 메뉴이다.

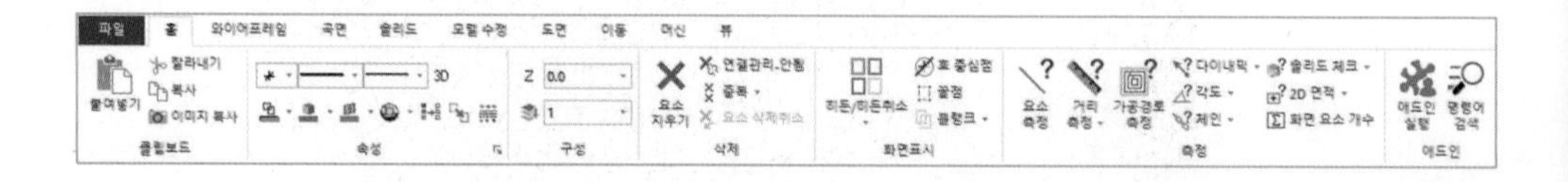

(3) 와이어프레임

도형을 만들기 위한 직선, 원, 스플라인 등이 있는 메뉴이다.

(4) 곡면

곡면을 만들 수 있는 기능들이 있는 메뉴이다.

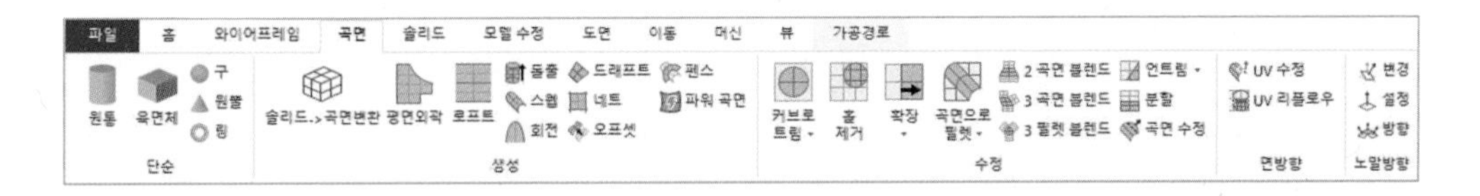

(5) 솔리드

솔리드 형상을 만드는 메뉴이다.

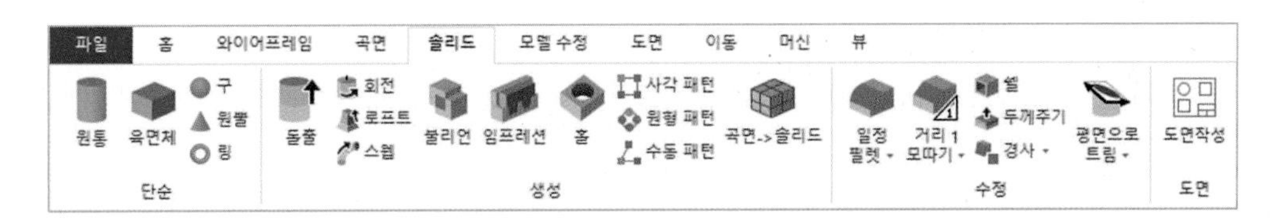

(6) 모델 수정

완성된 솔리드 형상을 해당 항목 기능들을 이용하여 수정할 수 있는 메뉴이다.

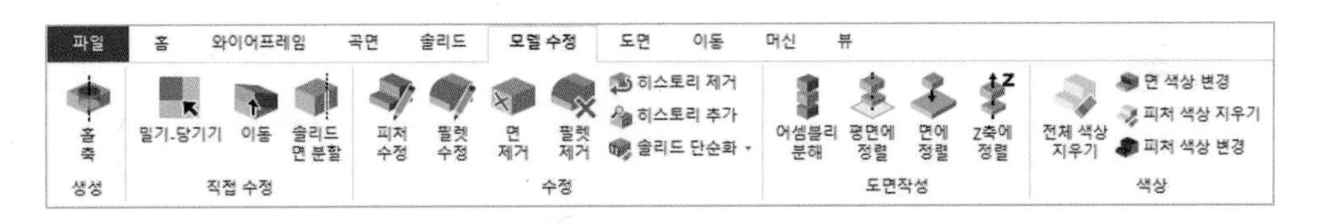

(7) 도면

그려진 도형을 도면으로 출력하기 위한 치수 기입 등을 할 수 있는 메뉴이다.

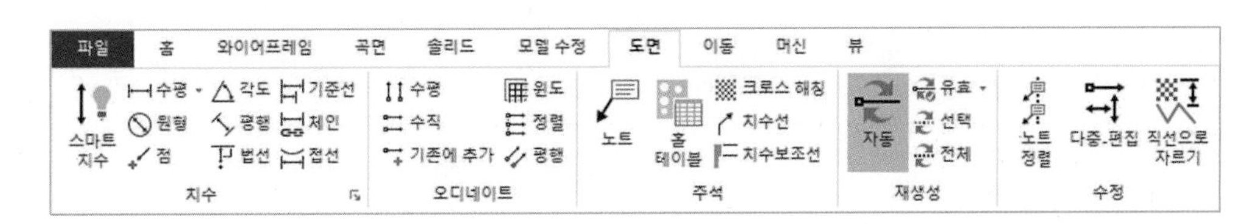

(8) 이동

특정 도형들의 현재 위치를 다른 위치로 이동 또는 복사하는 기능들을 사용할 수 있는 메뉴이다.

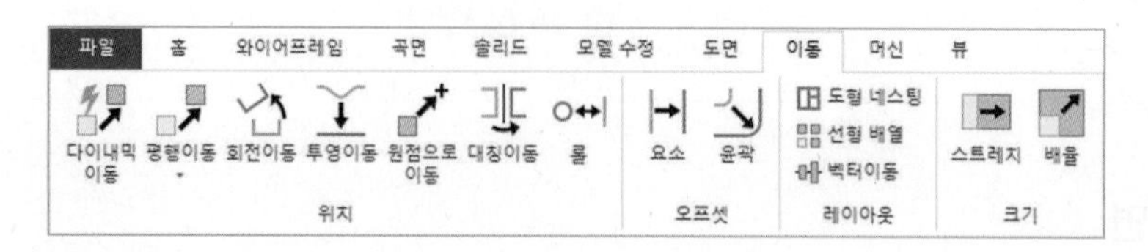

(9) 머신

밀링, 선반, 다축, 와이어, 라우터 등이 있으며 사용자가 사용할 머신을 선택할 수 있는 메뉴이다.

(10) 뷰

화면 확대, 화면 회전, 레벨 창, 가공경로 창, 솔리드 창 등 뷰를 컨트롤할 수 있는 메뉴이다.

(11) 가공경로

가공경로를 생성하는 여러 가지 기능들이 있는 메뉴이다.

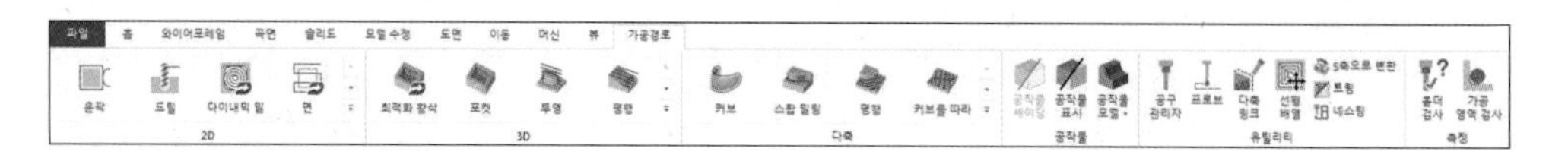

(12) 도구

도형을 선택하였을 때 속성(와이어프레임, 곡면, 솔리드, 다각메시 등)에 따라 사용할 수 있는 기능들이 모여 있다.

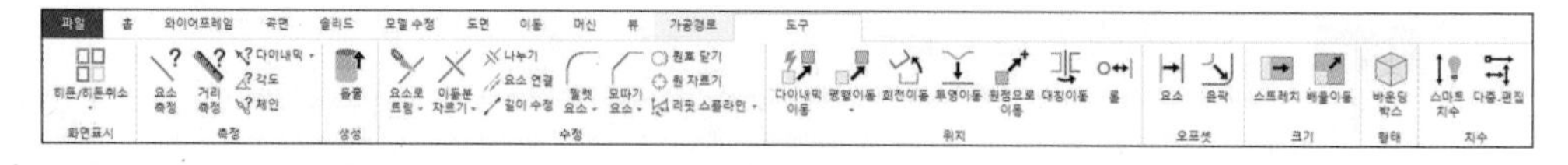

[와이어프레임 선택]

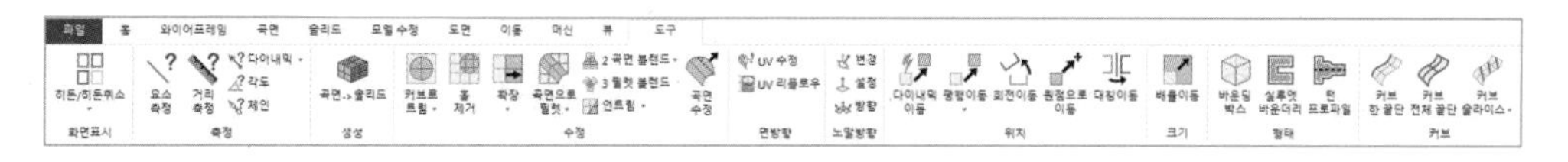

[곡면 선택]

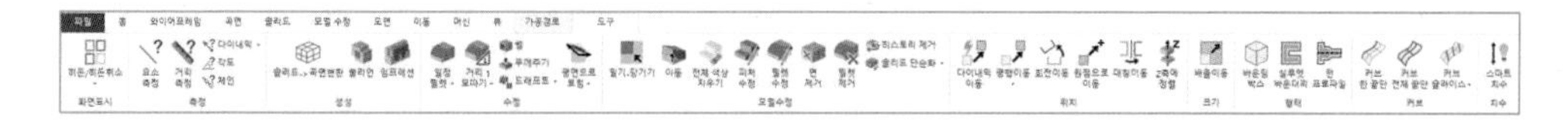

[솔리드 선택]

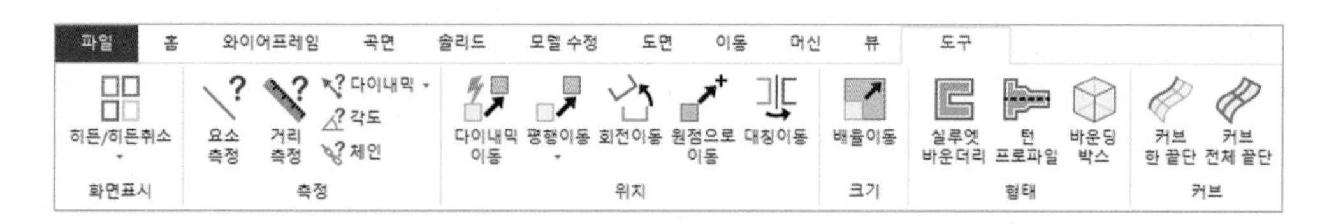

[다각메시 선택]

[도형 선택]

6 관리자 패널

관리자의 종류에는 가공경로와 관련된 조건이나 NC 데이터를 생성할 수 있는 가공경로 관리자, 솔리드 도형의 조건을 수정하는 솔리드 관리자, 도형이나 가공경로가 생성되는 평면을 관리하는 평면 관리자, 그 외에 레벨 관리자 등이 있다.

(1) 가공경로 관리자

가공경로의 가공조건, 공구 등을 수정 · 관리할 수 있으며, 생성된 가공경로를 기반으로 NC 데이터 생성, 경로 확인 등 종합적인 기능을 실행할 수 있다.

(2) 솔리드 관리자

솔리드 도형의 조건을 수정하거나 불필요한 작업을 삭제하는 등 솔리드 도형과 관련된 작업들을 관리하는 기능이다.

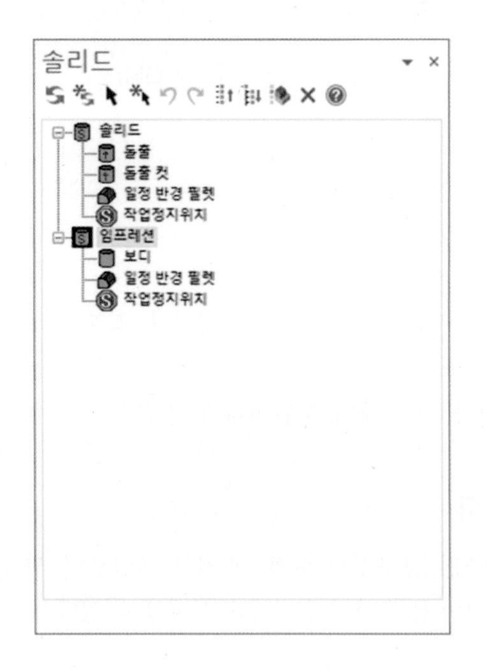

(3) 평면 관리자

작업평면, 공구평면 또는 WCS(Work Coordinate System)를 선택하거나 평면의 원점을 수정할 수 있으며, 새로운 평면을 생성할 수도 있다.

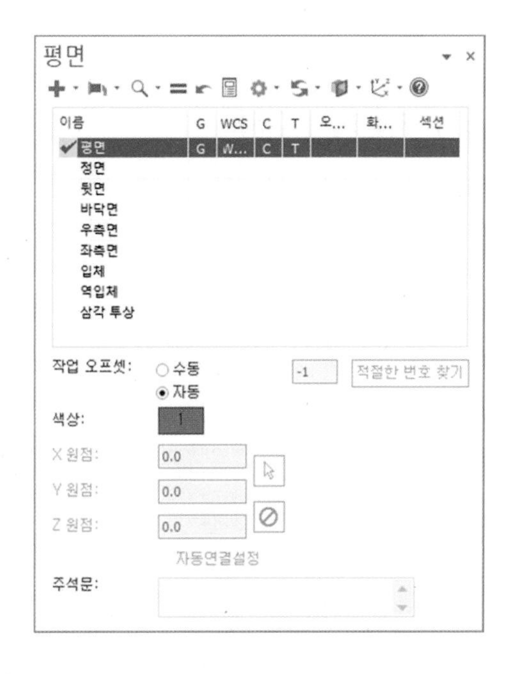

(4) 레벨 관리자

작업화면에 생성된 도형들에 각기 다른 레벨 번호를 부여하여 도형요소를 구분지어 관리할 수 있는 기능이다.

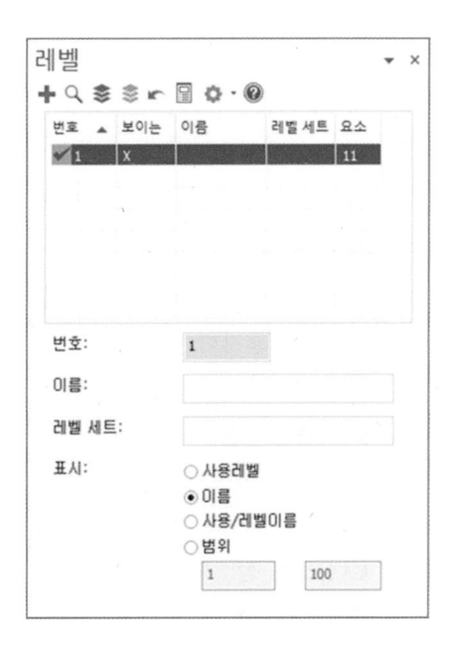

7 자동커서 및 일반적인 선택

(1) 자동커서 위치

도형의 지정 위치에 커서가 근접하면 자동으로 점이 선택되는 기능으로 자동커서 위치 세팅에서 해당 기능을 선택하면 그 위치를 인식한다.

1) 자동커서 위치 세팅

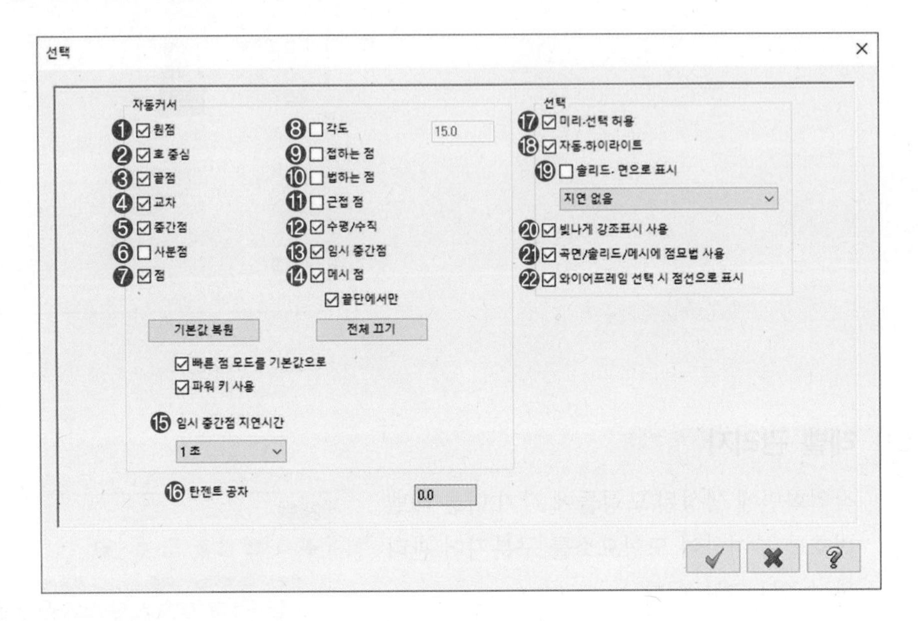

❶ **원점** : 현재 작업평면의 원점(0, 0, 0)에 근접 시 원점을 선택하는 기능이다.

❷ **호 중심** : 원호의 중심점을 선택하는 기능이다.

❸ **끝점** : 특정 도형의 끝점 부분에 근접 시 도형의 끝점을 선택하는 기능이다.

❹ **교차** : 교차하는 두 도형의 교차 지점에 근접 시 교차점을 선택하는 기능이다.

❺ **중간점** : 특정 도형의 중간 위치에 근접 시 중간점을 선택하는 기능이다.

❻ **사분점** : 원호 선택 시 가장 근접한 사분점 위치를 선택하는 기능이다.

❼ **점** : 점 도형에 근접 시 점을 선택하는 기능이다.

❽ **각도** : 직선도형 생성 시 입력한 각도대로 선택하는 기능이다.

❾ **접하는 점** : 도형의 접하는 부분 근접 시 접하는 점을 선택하는 기능이다.

❿ **법하는 점** : 도형의 법하는 부분 근접 시 법하는 점을 선택하는 기능이다.

⓫ **근접점** : 도형에서 근접한 점을 선택하는 기능이다.

⓬ **수평 / 수직** : 작업화면에서 수평, 수직한 방향에 근접 시 자동으로 선택하는 기능이다.

⑬ **임시 중간점** : 두 개의 자동커서 위치에서 3~5초간 기다릴 때 중간 지점 선택이 가능한 기능이다.

⑭ **메시 점** : 메시 속성을 가진 형상의 끝점을 선택하는 기능이다.

⑮ **임시 중간점 지연시간** : 임시 중간점 사용 시 마우스 커서가 머무르는 시간을 설정하는 기능이다.

⑯ **탄젠트 공차** : 설정한 공차값에 의하여 접하는 도형요소들을 선택하는 기능이다.

⑰ **미리 · 선택 허용** : 일부 기능을 실행하기 전 도형을 먼저 선택할 수 있게 설정하는 기능이다.

⑱ **자동 · 하이라이트** : 도형을 선택하기 전 마우스 커서가 올려진 도형을 강조 표시하는 기능이다.

⑲ **솔리드 · 면으로 표시** : 솔리드 도형의 면을 분리하여 표시하는 기능이다.

⑳ **빛나게 강조표시 사용** : 선택한 도형을 빛나게 강조 표시하는 기능이다.

㉑ **곡면 / 솔리드 / 메시에 점묘법 사용** : 선택된 곡면 / 솔리드 / 메시에 점묘법으로 표시하는 기능이다.

㉒ **와이어프레임 선택 시 점선으로 표시** : 와이어프레임 선택 시 점선으로 표시하는 기능이다.

2) 위치 선택

자동커서
❶ 원점
❷ 호 중심
❸ 면 중심
❹ 끝점
❺ 교차
❻ 중간 점
❼ 중간 점 2점
❽ 점
❾ 사분점
❿ 따라서
⓫ 근접 점
⓬ 증분점
⓭ 접하는
⓮ 법하는

❶ **원점** : 현재 작업평면의 원점(0, 0, 0)을 선택하는 기능이다.

❷ **호 중심** : 원호 도형 선택 시 원호의 중심점을 선택하는 기능이다.

❸ **면 중심** : 솔리드 면의 중심을 선택하는 기능이다.

❹ **끝점** : 도형 선택 시 가장 근접한 도형의 끝점을 선택하는 기능이다.

❺ **교차** : 교차하는 두 도형을 선택할 때 교차지점을 선택하는 기능이다.

❻ **중간점** : 선택한 도형의 중간 위치를 선택하는 기능이다.

❼ **중간점 2점** : 선택한 두 점 사이의 중간 위치를 선택하는 기능이다.

❽ **점** : 점을 선택하는 기능이다.

❾ **사분점** : 원호의 사분점 위치를 작업 위치로 지정하는 기능이다.

❿ **따라서** : 선택 위치로부터 지정한 거리만큼 이동된 점을 선택하는 기능이다.

⓫ **근접점** : 도형에서 근접한 점을 선택하는 기능이다.

⑫ **증분점** : 선택 위치로부터 노몬(Gnomon)을 이용하여 이동한 위치를 선택하는 기능이다.

⑬ **접하는** : 원호 도형 선택 시 접하는 점을 선택하는 기능이다.

⑭ **법하는** : 도형의 법하는 점을 선택하는 기능이다.

(2) 일반적인 선택

마우스를 이용하여 도형을 선택하는 방법으로 도형들을 간단하게 선택할 수 있다.

1) 도형 선택방법

❶ 자동
❷ 체인
❸ 윈도
❹ 다각형
❺ 단일
❻ 영역
❼ 벡터

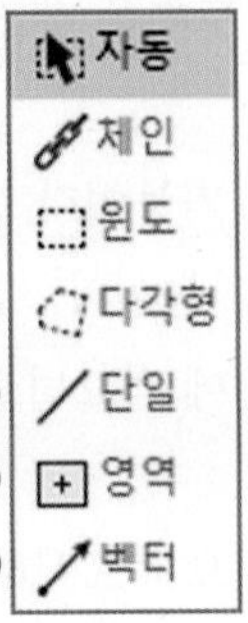

❶ **자동** : 자동으로 구분하여 선택되는 기능이다.

❷ **체인** : 끝점이 연결된 도형을 하나의 윤곽으로 인식하여 한 번에 선택하는 기능이다.

❸ **윈도** : 마우스 윈도를 이용하여 도형을 선택하는 기능이다.

❹ **다각형** : 다각형의 형태로 윈도 범위 안의 도형을 선택하는 기능이다.

❺ **단일** : 도형요소를 하나씩 선택하는 기능이다.

❻ **영역** : 닫힌 윤곽 도형의 내측을 선택할 때 도형의 윤곽과 내측에 위치한 도형을 선택하는 기능이다.

❼ **벡터** : 벡터로 그려진 선들과 교차되는 도형만 선택하는 기능이다.

2) 도형 선택범위

❶ 내측
❷ 외측
❸ 내측+
❹ 외측+
❺ 교차

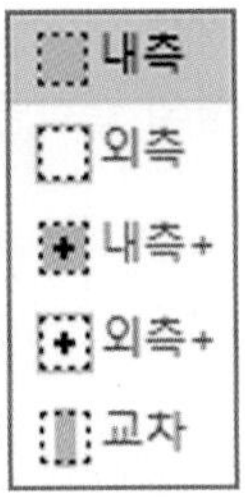

❶ **내측** : 윈도 또는 다각형 영역 내측의 도형들만 선택하는 기능이다.

❷ **외측** : 윈도 또는 다각형 영역 외측의 도형들만 선택하는 기능이다.

❸ **내측+** : 윈도 또는 다각형 영역에 걸쳐 있는 도형과 영역 내측에 위치한 도형들을 선택하는 기능이다.

❹ **외측+** : 윈도 또는 다각형 영역에 걸쳐 있는 도형과 영역 외측에 위치한 도형들을 선택하는 기능이다.

❺ **교차** : 윈도 또는 다각형 영역에 걸쳐 있는 도형들만 선택하는 기능이다.

8 전체 / 단일 선택

(1) 전체 선택

화면의 모든 도형요소를 선택하는 기능으로 '전체 선택 조건창'에서 특정 속성을 선택하여 그 속성을 가진 모든 도형요소를 한 번에 선택할 수 있다.

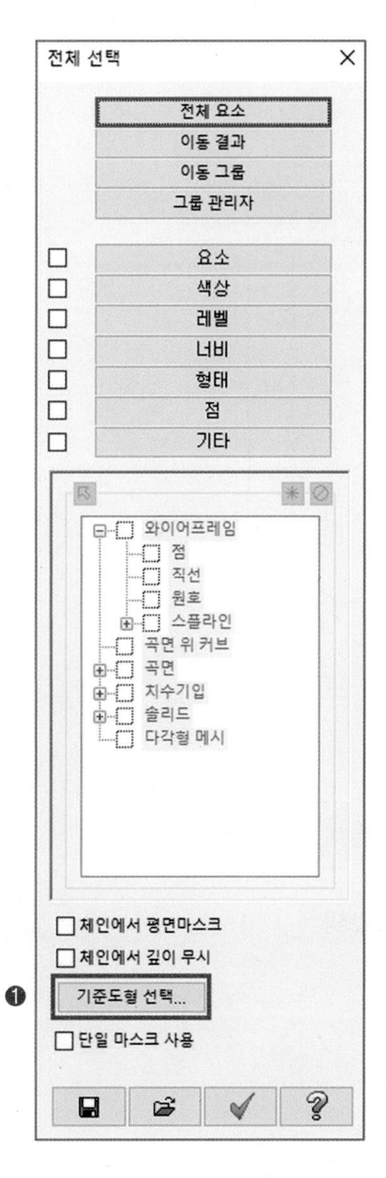

[전체 선택 조건창]

❶ **기준도형 선택** : 선택한 도형의 속성(도형요소, 색상, 레벨, 선 굵기, 선 형태 등)이 자동으로 체크되어 화면 내에서 체크된 속성에 해당하는 도형요소를 선택할 수 있다.

(2) 단일 선택

지정된 속성의 도형요소만 선택되는 기능으로 '단일 선택 조건창'에서 도형의 속성을 선택하면 그 속성의 도형요소만 선택할 수 있다.

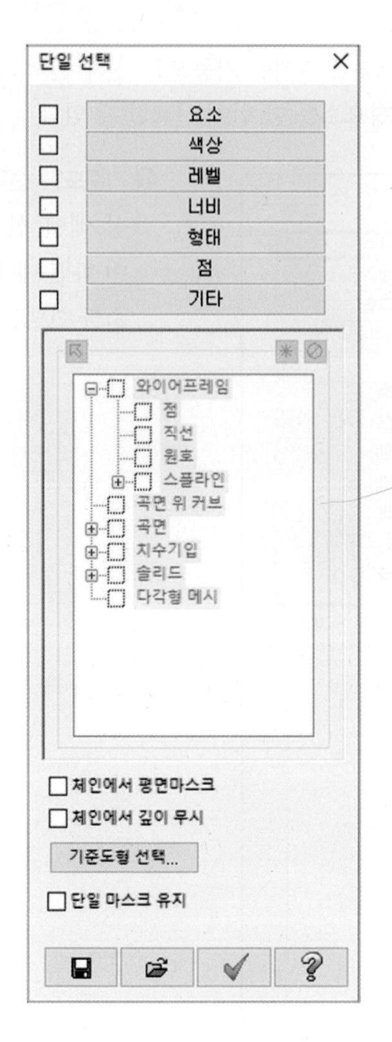

[단일 선택 조건창]

(3) 전체 / 단일 선택 아이콘

화면 우측에 있는 아이콘을 이용하여 점, 선, 원호, 스플라인 등의 도형 속성을 전체 / 단일 선택으로 활성화하여 보다 쉽게 도형을 선택할 수 있다. 전체 / 단일 선택 아이콘의 위 또는 아래 부분을 선택하면 활성화된다.

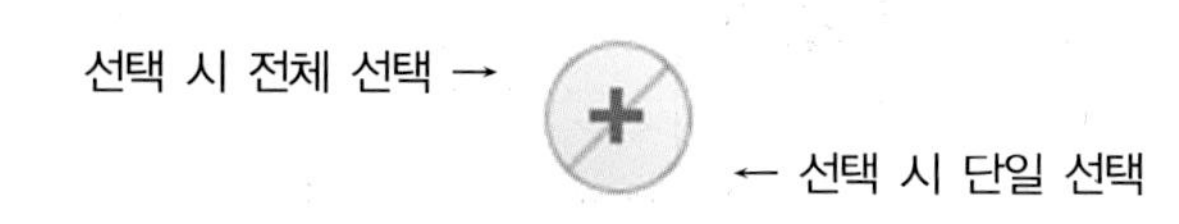

← 점 전체 / 단일 선택
← 직선 전체 / 단일 선택
← 원호 전체 / 단일 선택
← 스플라인 전체 / 단일 선택
← 와이어프레임 전체 / 단일 선택
← 도면 요소 전체 / 단일 선택
← 곡면 전체 / 단일 선택
← 솔리드 전체 / 단일 선택
← 전체 결과 요소 선택
← 전체 그룹 요소 선택
← 전체 이름 있는 그룹 요소 선택
← 색상 전체 / 단일 선택
← 레벨 전체 / 단일 선택
← 전체 / 단일 선택 대화창
← 전체 / 단일 선택 취소

[전체 / 단일 선택 아이콘]

9 마우스 버튼 기능

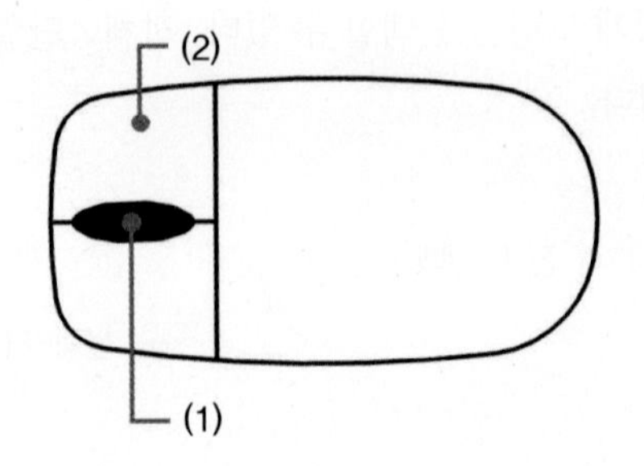

(1) 마우스 휠

- **버튼 클릭** : 마우스 휠 버튼을 클릭하고 마우스를 이동하면 화면을 이동할 수 있다.
- **스크롤 회전** : 마우스 휠을 회전하여 화면을 확대하거나 축소할 수 있다.
- Shift + **버튼 클릭** : 마우스 휠 버튼을 클릭하고 키보드의 Shift 키를 누르면 화면을 회전할 수 있다.

(2) 마우스 우측 버튼

마우스 우측 버튼을 클릭하면 마우스 우측 버튼 메뉴가 아래와 같이 표시된다.

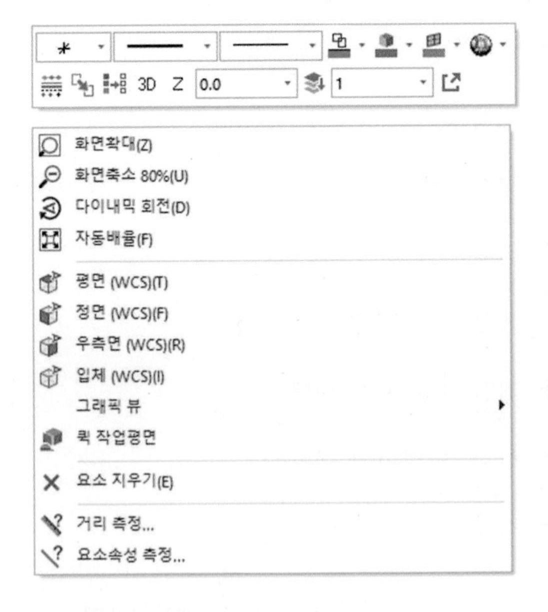

1) 상태 바

마우스 우측 버튼을 이용해 상태바의 내용을 수정할 수 있다.

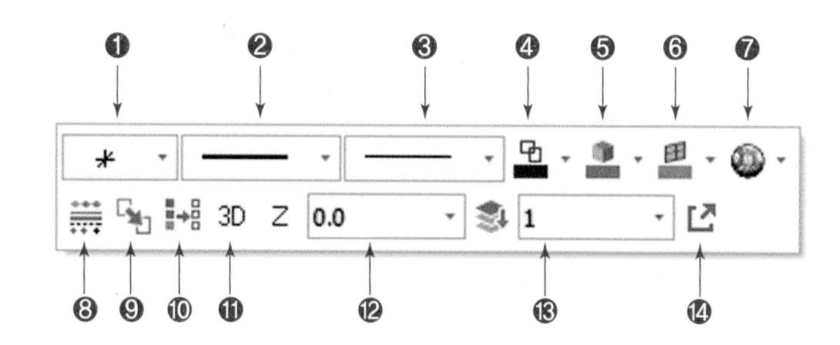

❶ 점 형태
❷ 선 형태
❸ 선 굵기
❹ 와이어프레임 색상
❺ 솔리드 색상
❻ 곡면 색상
❼ 재질 설정
❽ 전체 설정
❾ 요소로부터 설정
❿ 색상 복귀
⓫ 2D / 3D
⓬ Z
⓭ 레벨
⓮ 요소속성 패널 전환

상태바 기능에 대한 설명은 홈 탭 내용 참고

2) 우클릭 메뉴

❶ **화면 확대** : 화면을 부분적으로 확대하는 기능이다.
❷ **화면 축소 80%** : 현재 화면의 크기를 80%로 축소하는 기능이다.
❸ **다이내믹 회전** : 지정한 중심점을 기준으로 화면을 회전하는 기능이다.
❹ **자동배율** : 화면에 있는 모든 요소를 화면의 크기에 맞게 조절하는 기능이다.
❺ **요소 지우기** : 선택한 요소를 삭제하는 기능이다.
❻ **거리 측정** : 두 점 간의 거리, 각도, 좌푯값을 측정하는 기능이다.
❼ **요소속성 측정** : 도형요소의 속성을 측정 또는 수정하는 기능이다.

10 체인 선택

끝점들이 연결된 다수의 도형들을 하나의 윤곽 단위로 선택하는 기능으로, 체인 선택을 통해 가공경로 및 곡면, 솔리드 등을 생성할 수 있다.

(1) 와이어 프레임 체인작업

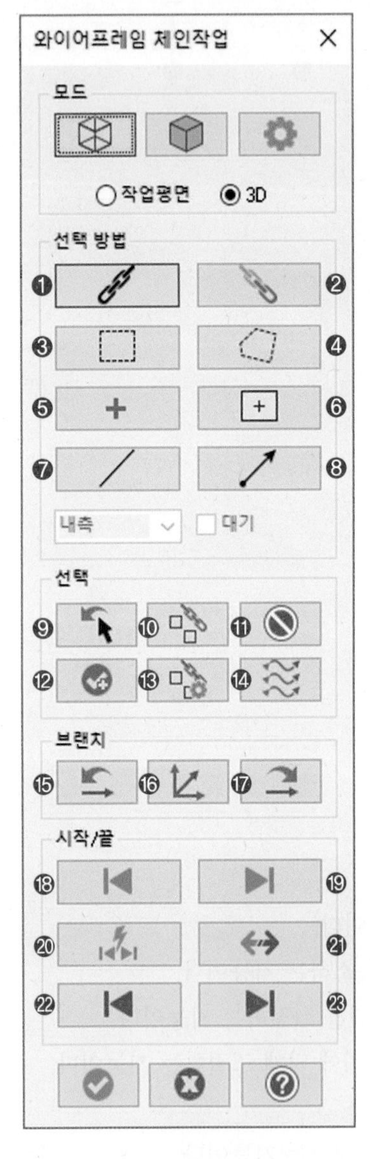

[와이어 프레임 체인작업]

❶ **(체인)** : 끝점이 연결된 요소를 체인으로 선택하는 기능이다.

❷ **(부분 체인)** : 끝점이 연결된 여러 개의 요소 중에 일부를 열린 체인으로 선택하는 기능이다.

❸ **(윈도)** : 요소들 주위에 선택영역을 지정하여 여러 요소들을 체인으로 선택하는 기능이다.

❹ **(다각형)** : 요소들 주위에 다각형의 선택영역을 지정하여 여러 요소들을 체인으로 선택하는 기능이다.

❺ **(점)** : 선택한 지점 또는 점 요소를 체인으로 선택하는 기능이다.

❻ **(영역)** : 닫힌 윤곽 안의 요소들을 체인으로 선택하는 기능이다.

❼ **(단일)** : 선택하는 하나의 요소를 체인으로 선택하는 기능이다.

❽ **(벡터)** : 벡터 선과 교차하는 요소들을 체인으로 선택하는 기능이다.

❾ **(이전)** : 이전 가공경로에 사용된 체인을 불러오는 기능이다.

❿ **(형상 체인)** : 같거나 비슷한 형상을 한꺼번에 선택하는 기능으로, 기준 체인을 지정하고 형상 체인을 선택하면 기준 체인과 같거나 비슷한 형상들을 한 번에 체인으로 선택하는 기능이다.

⑪ (선택 취소) : 선택한 여러 개의 체인 중에 바로 직전에 선택한 체인을 취소하는 기능이다.

⑫ (체인 종료) : 선택한 체인을 종료하는 기능이다.

⑬ (형상 체인 옵션) : 형상 체인으로 설정할 도형들의 기준을 선택하는 기능이다.

⑭ (선택 체인 화살표 전체 표시) : 선택된 체인의 시작과 끝을 한 번에 표시하는 기능이다.

⑮ (이전) : 브랜치 점(요소의 끝에서 두 개 이상의 요소가 만나는 위치)에서 체인의 방향을 이전으로 되돌리는 기능이다.

⑯ (브랜치 조절) : 브랜치 점(요소의 끝에서 두 개 이상의 요소가 만나는 위치)에서 다음 진행방향을 선택하는 기능으로, 빨간색 화살표는 다음 방향의 요소를 알려주고 파란색 화살표는 다른 브랜치방향을 알려준다.

⑰ (다음) : 브랜치 점에서 빨간색 화살표방향으로 진행하는 기능이다.

⑱ (시작점 뒤로) : 도형 연결 시작 위치가 진행방향 뒤쪽으로 이동하는 기능이다.

⑲ (시작점 앞으로) : 도형 연결 시작 위치가 진행방향 앞쪽으로 이동하는 기능이다.

⑳ (다이내믹) : 선택된 체인의 시작 위치를 조절하는 기능이다.

㉑ (역방향) : 선택한 체인의 방향을 반대방향으로 바꿔주는 기능이다.

㉒ (끝점 뒤로) : 도형 연결 끝점 위치가 진행방향 뒤쪽으로 이동하는 기능이다.

㉓ (끝점 앞으로) : 도형 연결 끝점 위치가 진행방향 앞으로 이동하는 기능이다.

(2) 솔리드 체인작업

[솔리드 체인작업]

❶ (끝단) : 솔리드 모델의 끝단을 체인으로 선택하는 기능이다.

❷ (루프) : 솔리드 모델의 끝단을 선택하면 연결되어 있는 닫힌 영역을 체인으로 선택하는 기능이다.

❸ (면) : 솔리드 모델 형상의 면을 선택하면 선택된 면의 끝단을 체인으로 선택하는 기능이다.

❹ (부분 루프) : 솔리드 모델의 끝단을 선택하면 연결되어 있는 닫힌 영역 일부분을 체인으로 선택하는 기능이다.

❺ (외측 열린 끝단) : 선택한 솔리드 면의 열린 끝단을 체인으로 선택하는 기능이다.

❻ (외측 공유 끝단) : 선택한 솔리드 면의 외측 끝단을 선택하는 기능이다.

❼ (캐비티) : 선택한 솔리드 면의 캐비티 형상 끝단을 체인으로 선택하는 기능이다.

❽ (보스) : 선택한 솔리드 면의 보스 형상 끝단을 체인으로 선택하는 기능이다.

MEMO

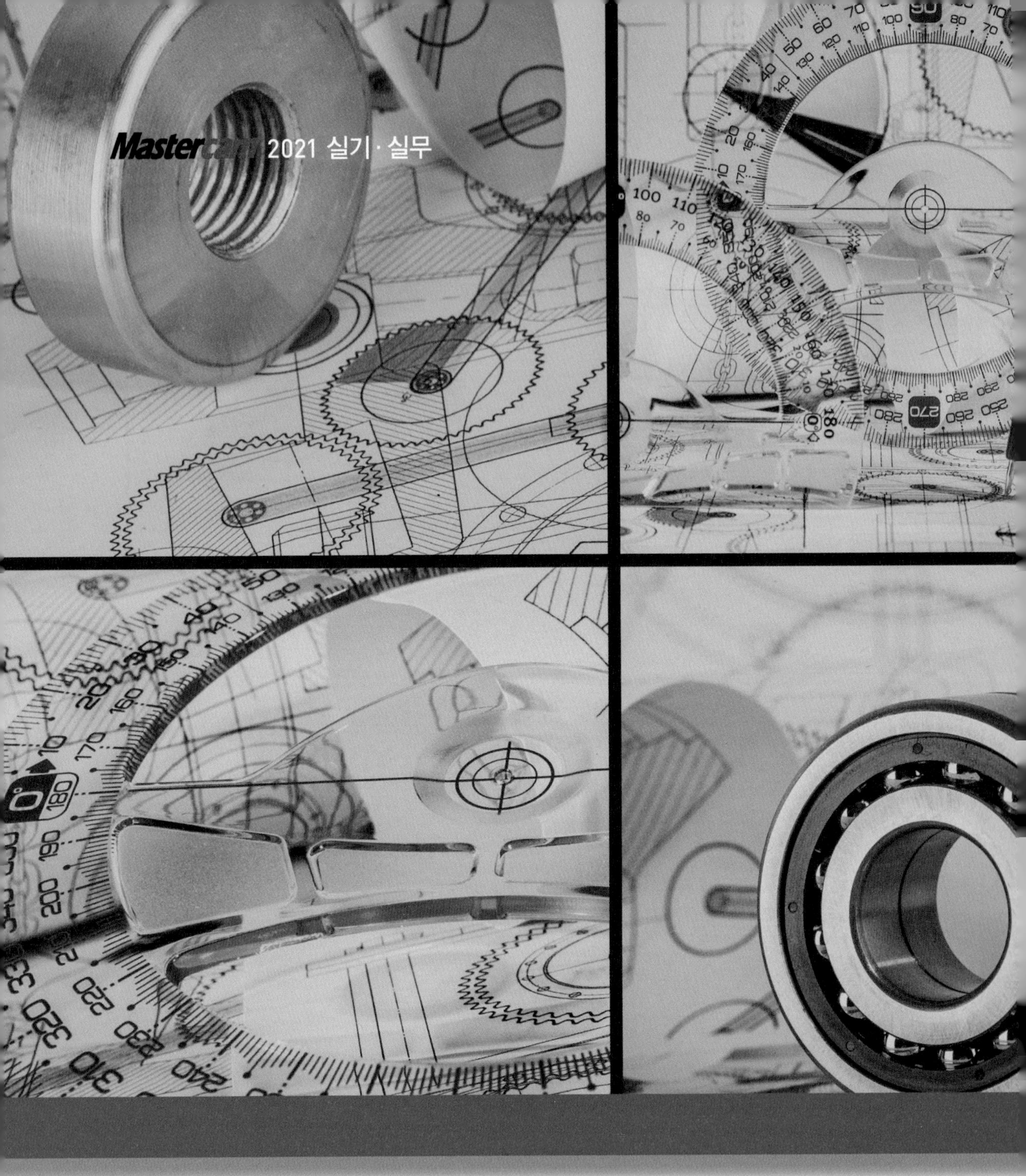
Mastercam 2021 실기·실무

CHAPTER 02

파 일

CHAPTER

02 파 일

1 정 보

(1) 프로젝트 관리자

프로젝트 폴더에 사용자가 필요한 특정 파일 종류를 지정 및 저장하여, 파일들을 편리하게 관리하는 기능이다.

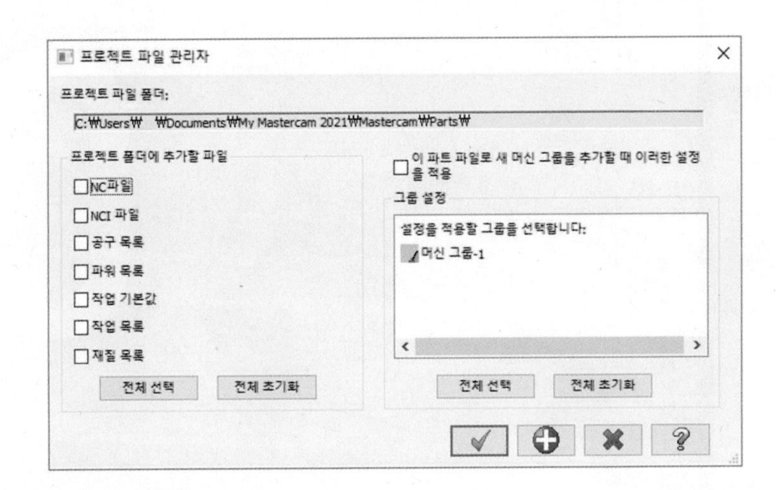

(2) 변경사항 인식

두 가지 버전의 특정 파일을 비교하여, 변경된 형상을 식별하고 필요에 따라 원본 파일을 업데이트하는 기능이다.

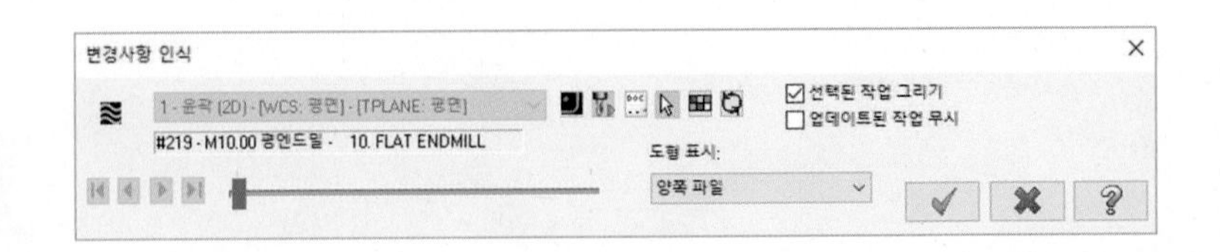

(3) 변경사항 추적

추적 조건에 설정된 형상의 변경사항을 인식하여 가공경로를 관리하는 기능이다.

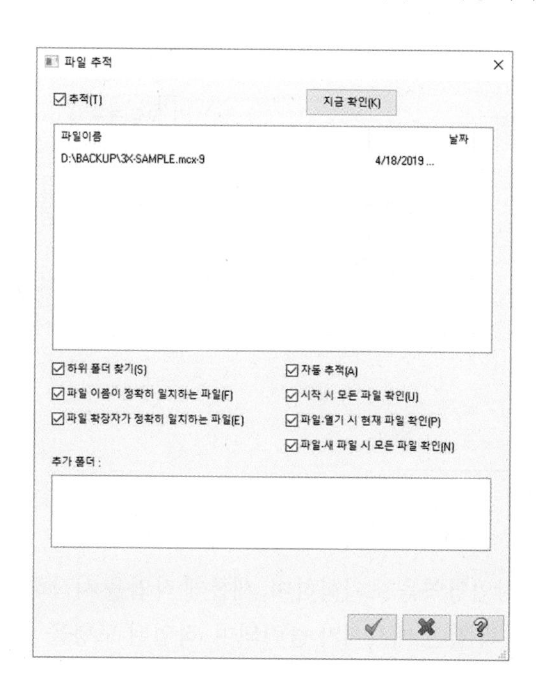

(4) 자동저장

자동저장 시간(분단위)을 설정하여, 자동으로 파일을 저장 또는 백업하는 기능이다.

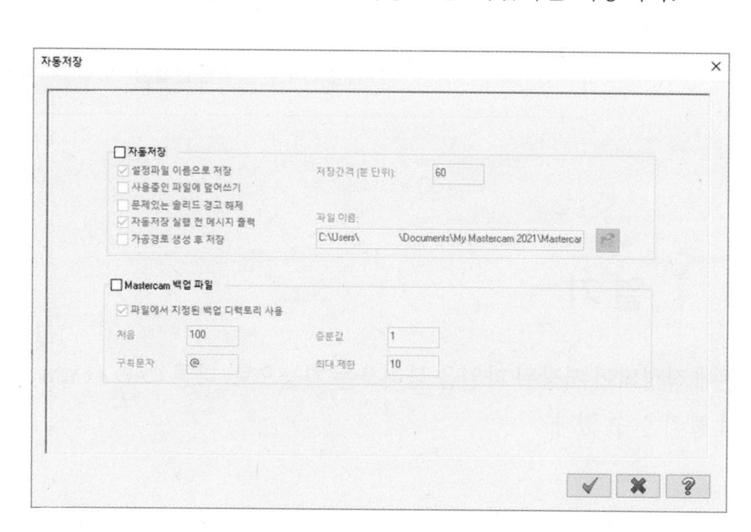

(5) 파일 복구(램 세이버)

현재 작업화면에서 중복된 도형요소들을 삭제하고, 사용 중인 시스템의 데이터베이스를 최적화하여 사용 가능한 램(RAM)의 용량을 증가시킨다.

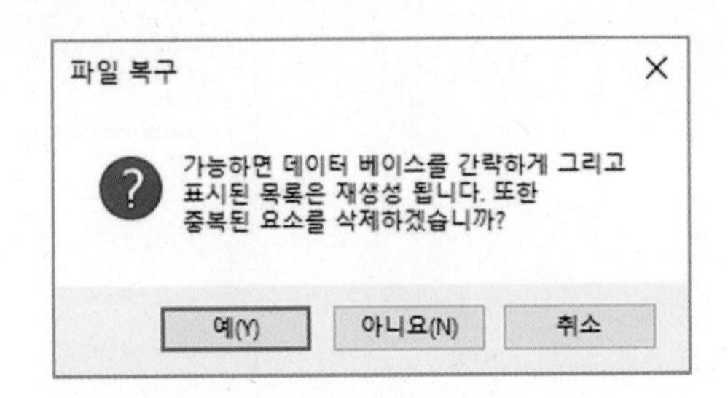

2 새 파일

Mastercam의 작업영역을 초기화하며, 새롭게 작업을 시작하는 기능이다. 작업영역 내에 작성된 도형이 있다면 다음과 같은 메시지가 출력되며, 작업된 도형을 저장 또는 저장 안 함으로 선택할 수 있다.

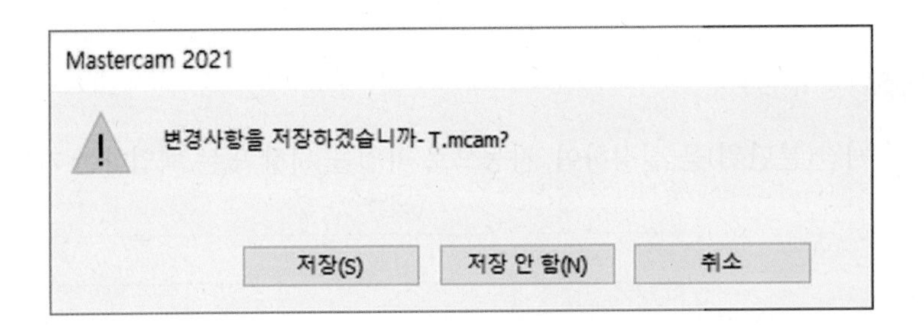

3 열 기

기존에 작성되어 저장된 파일을 불러오는 기능으로, 다른 CAD / CAM 시스템에서 작성된 파일도 변환하여 불러올 수 있다.

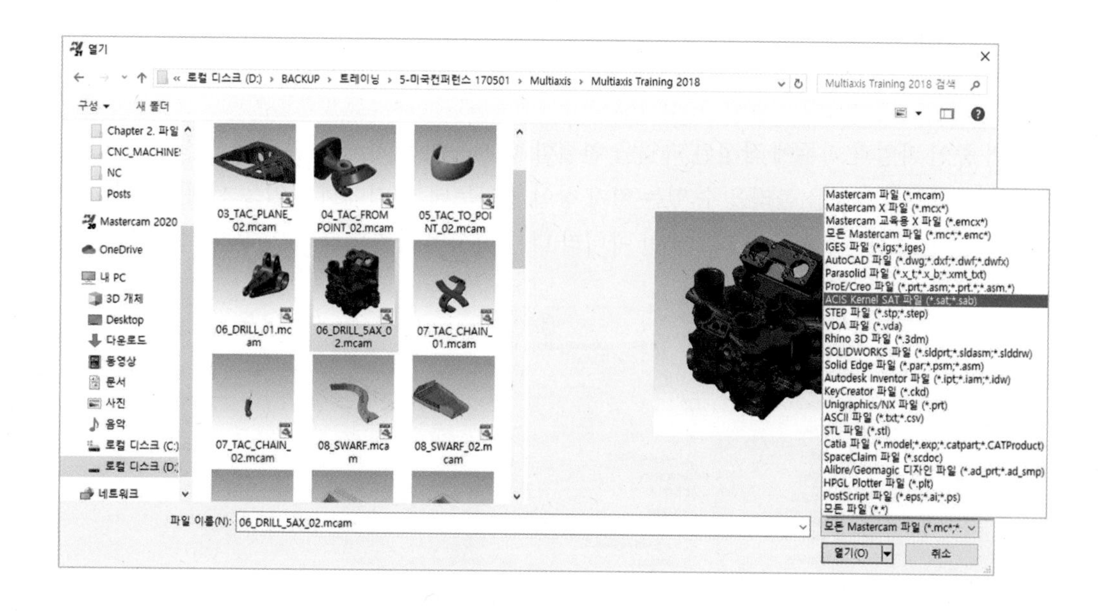

4 에디터에서 열기

텍스트 파일(.txt), NC 파일, DOC 파일 등 다양한 문서 파일을 선택한 에디터에서 열어 내용을 보거나 수정할 수 있는 기능이다.

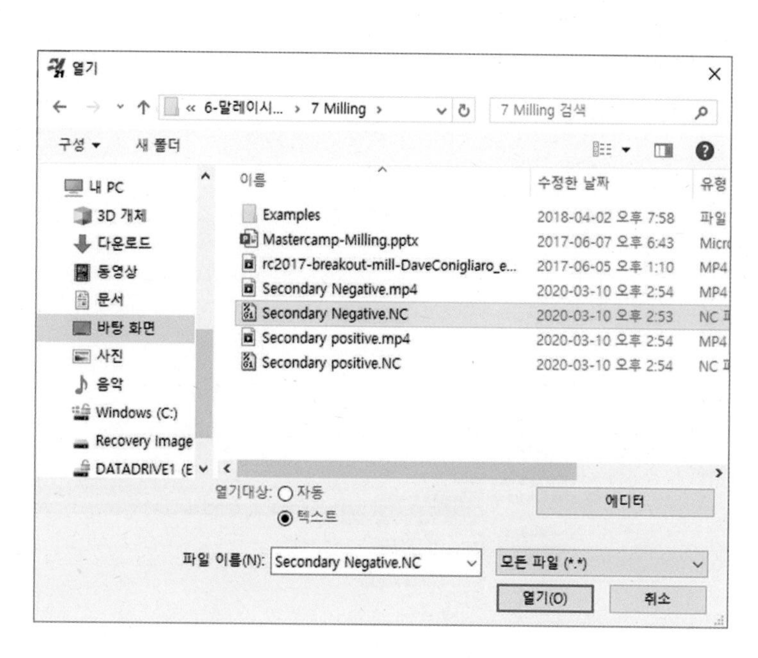

5 연결

현재 작업 중인 파일과 기존에 작성된 파일을 연결할 때 사용하는 기능이다. 연결을 선택하면 그림과 같이 기존에 작성된 파일을 불러올 수 있는 열기 창이 열리는데, 여기에서 파일을 선택한 후 열기 버튼을 누르면 된다. 또한, Mastercam 파일뿐만 아니라 다른 형식의 파일도 불러오기하여 연결할 수 있다.

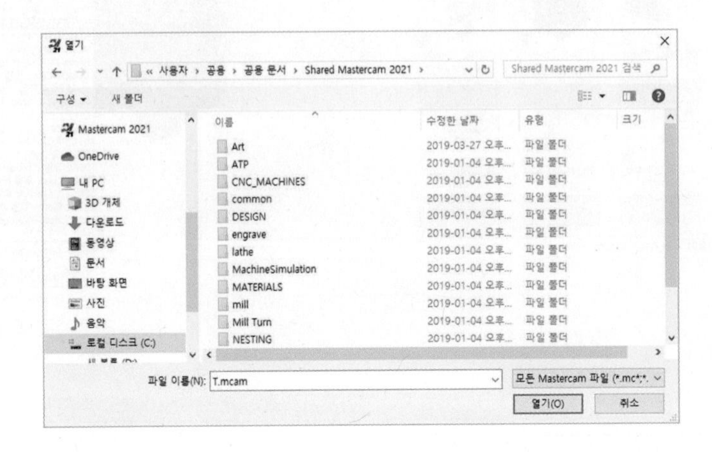

6 저장

작업 중인 파일을 저장할 때 사용하는 기능으로 Mastercam 파일뿐만 아니라, 다른 형식의 파일로도 저장할 수 있다.

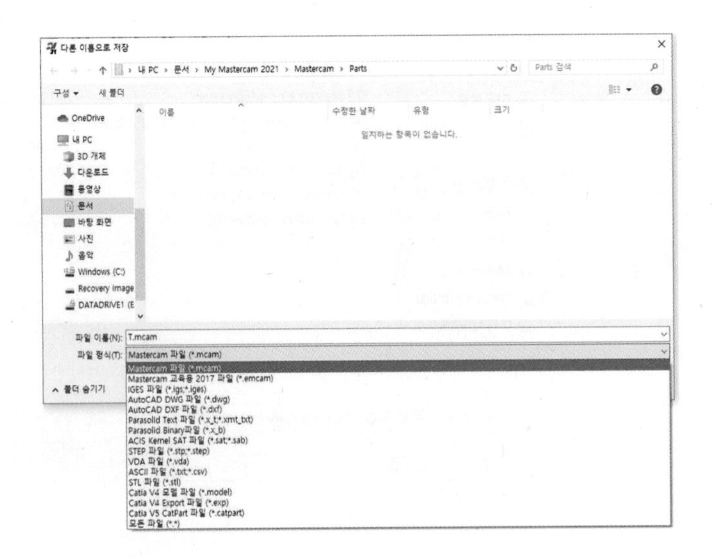

7 다른 이름으로 저장

작업 중인 파일에 저장하지 않고 새로운 다른 파일로 저장할 때 사용하는 기능이다. 저장과 마찬가지로 다른 형식의 파일로도 저장할 수 있다.

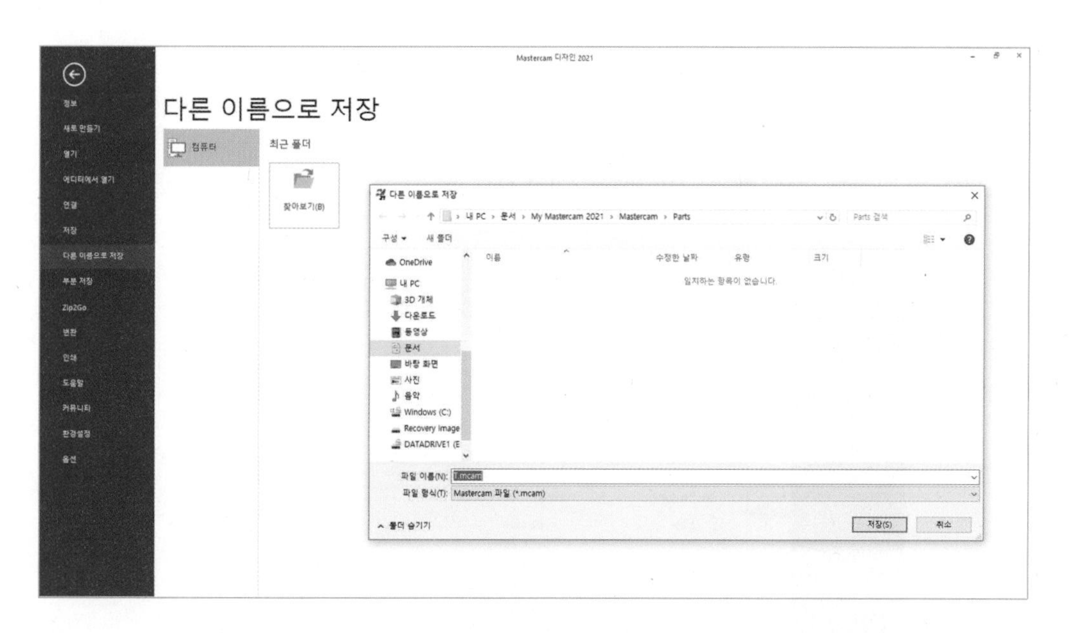

8 부분 저장

작업을 저장할 때 도형 전체를 저장하지 않고 일부분만 저장할 때 사용하는 기능이다. 부분 저장을 선택하면 그림과 같이 '저장할 요소들을 선택하십시오'라는 대화창이 나타나며, 저장할 부분만 선택한 후 선택 완료를 클릭하면 된다.

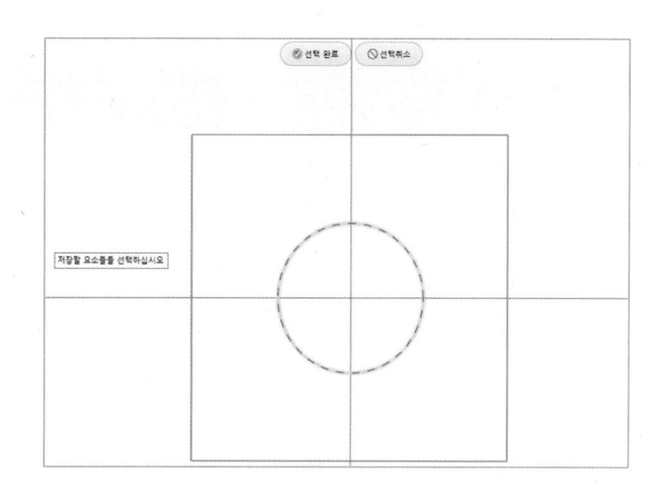

9 Zip2Go

현재 파트파일에 사용된 환경설정, 포스트프로세서, 공구목록 등의 파일을 압축파일 형태(.ZIP 또는 .Z2G)로 저장하여 백업하는 기능으로 다음 과정을 통해 압축파일을 생성한다.

(1) Zip2Go 기능 실행
(2) 백업받을 파일의 종류를 파일 옵션 항목에서 선택
(3) Zip2Go 생성 버튼 클릭
(4) 압축파일의 이름과 경로, 형식(.ZIP 또는 .Z2G) 지정

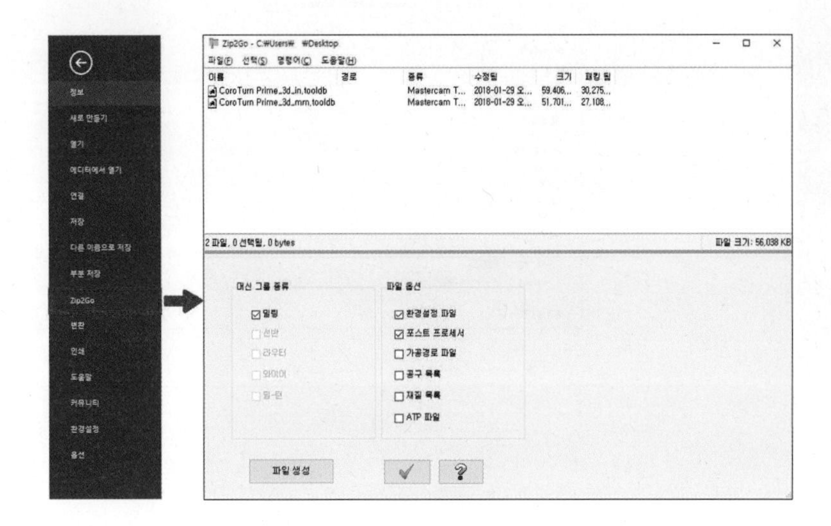

[Zip2Go 실행화면]

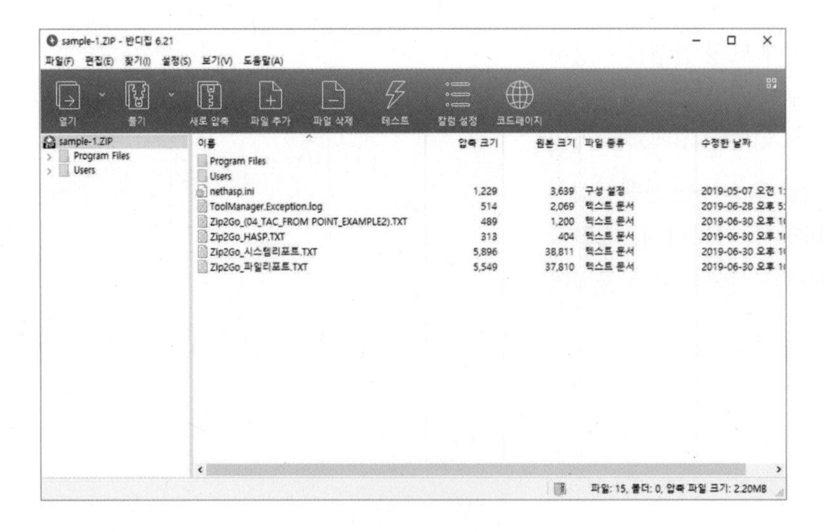

[생성된 압축파일]

10 파일 변환

(1) 마이그레이션 마법사

Mastercam 2021 이전 버전의 환경설정, 포스트프로세서, 공구목록, 작업목록, 기본값 등의 파일을 Mastercam 2021 파일로 업데이트하는 기능이다.

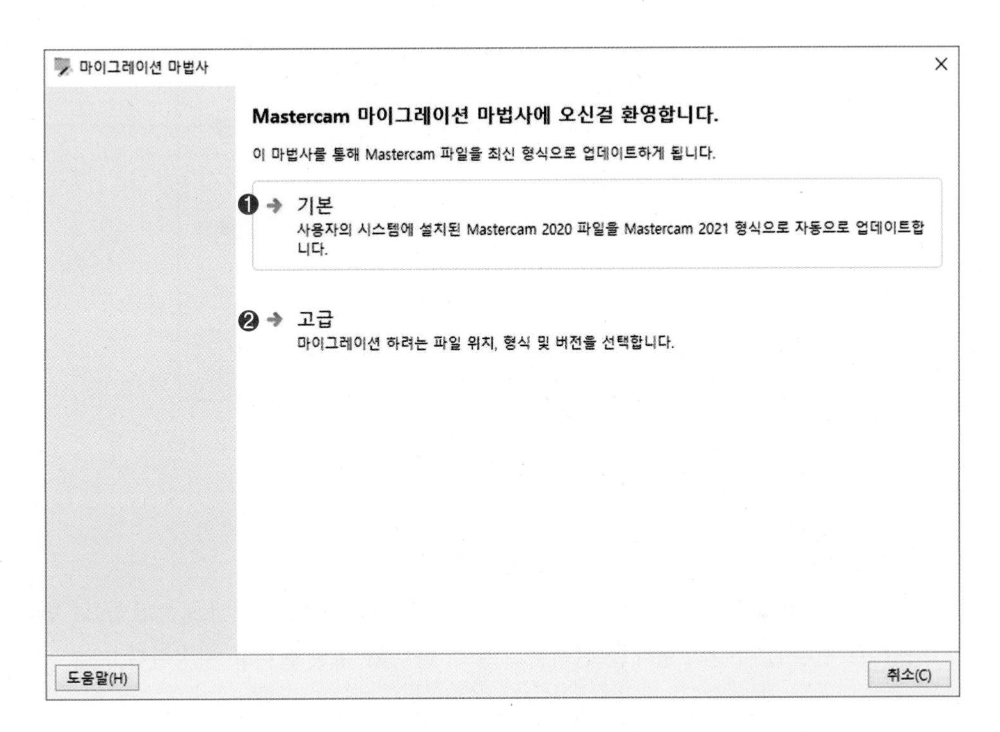

[마이그레이션 마법사 대화창]

❶ **기본** : Mastercam 2020 버전의 shared mcam 2020 폴더와 my mcam 2020 폴더를 Mastercam 2021 버전으로 업데이트하는 기능이다. 실행 시 자동으로 업데이트할 폴더가 지정되며 폴더 변경은 불가능하다. Mastercam 2020 버전의 파일만 Mastercam 2021 버전의 파일로 업데이트가 가능하다.

❷ **고급** : 기본과 같이 Mastercam 2021 버전으로 업데이트하는 기능으로 고급은 사용자가 다른 폴더로 지정할 수 있다. 또한 Mastercam 2020 버전뿐만 아니라 Mastercam 2018, Mastercam 2019 버전의 파일도 업데이트가 가능하다.

(2) 폴더 가져오기

Mastercam 2021에서 지원되는 CAD 파일(*.dwg, *.igs, *.stl 등)을 MCX 파일로 변환하는 기능으로 변환할 파일의 형태를 선택하고 소스 폴더와 대상 폴더를 지정한다.

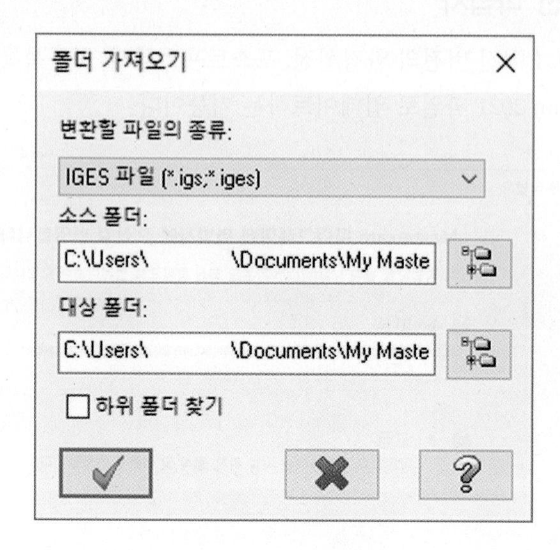

[폴더 가져오기 조건창]

(3) 폴더 내보내기

Mastercam 2021의 MCX 파일을 지원이 가능한 CAD 파일(*.dwg, *.igs, *.stl 등)로 변환하는 기능으로 변환될 파일의 형태를 선택하고 소스 폴더와 대상 폴더를 지정한다.

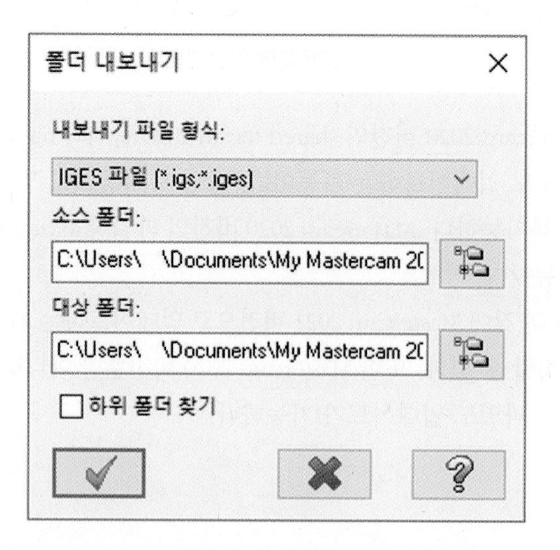

[폴더 내보내기 조건창]

11 인쇄

Mastercam 2021 화면의 도형요소(와이어프레임, 곡면, 솔리드 등), 가공경로 움직임 표시 등을 인쇄하는 기능으로, 설정에서 페이지 방향, 크기, 선의 굵기 등을 수정할 수 있고 인쇄를 클릭하여 실행할 수 있다.

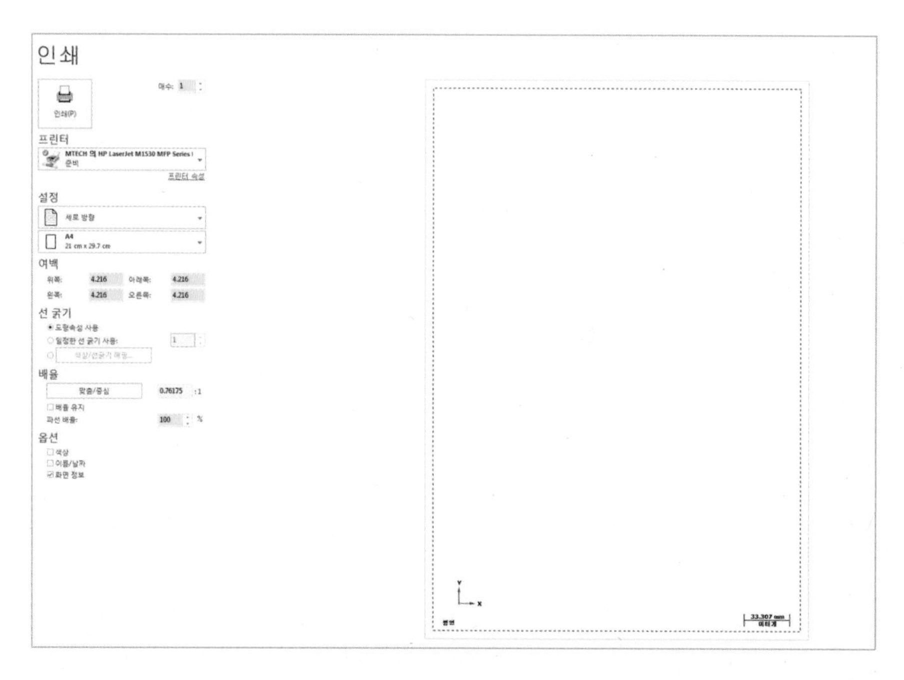

[인쇄 화면]

12 도움말

(1) 새로운 기능

Mastercam 2021의 새로 추가된 기능이나 향상된 기능을 자세히 확인할 수 있다. PDF 파일이므로 Adobe Acrobat(R) Reader(R)가 필요하다.

(2) 내용

Mastercam 2021의 도움말을 실행한다. 사용자가 Mastercam 2021의 기능을 검색하여 찾을 수 있으며 찾은 기능에 대한 도움말을 표시한다.

(3) 튜토리얼

Mastercam 2021의 특징과 기능 관련 튜토리얼을 실행한다. 웹에서 실행되므로 인터넷이 연결되어 있어야 한다.

(4) 설명서

Mastercam 2021의 최신 수정 및 개선 사항을 볼 수 있다. PDF 파일이므로 Adobe Acrobat(R) Reader(R)가 필요하다.

(5) 업데이트 체크

사용자의 제품에 맞는 사용 가능한 소프트웨어 업데이트를 체크한다. 실행 시 웹에서 Mastercam.com에 접속되므로 인터넷이 연결되어 있어야 한다.

(6) 네트워크 라이선스

제품 레벨을 위한 Mastercam NetHASP 라이센스를 릴리즈하거나 체크한다. 네트워크 라이선스에서만 실행 가능하다.

(7) Mastercam 정보

Mastercam의 구성요소, 라이선스 및 저작권 정보에 대해 자세히 알아보는 기능이다.

13 커뮤니티

CNC Software, Inc.에서 Mastercam의 성능 향상 및 개선을 위한 목적으로 Mastercam에 대한 사용자의 의견을 관리한다.

14 환경설정

프로그램의 화면, 도형, 경로 확인 등 기본적인 실행조건을 이곳에서 설정한다.

(1) CAD

도형을 화면에 표시하기 위한 원호의 중심선, 스플라인, 곡면표시 등 기본값을 설정한다.

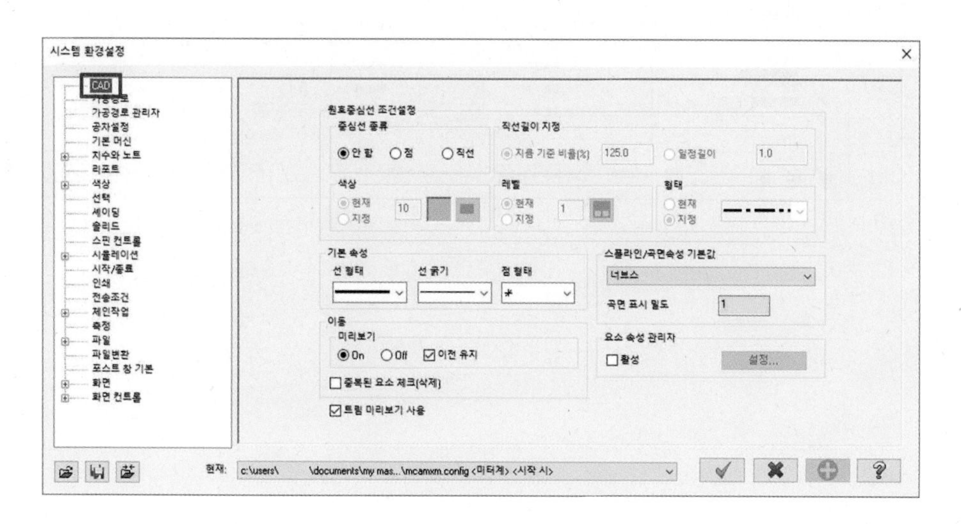

(2) 가공경로

가공경로를 생성하거나 생성된 경로를 관리하고, 경로를 화면에 표시하기 위한 조건을 설정한다.

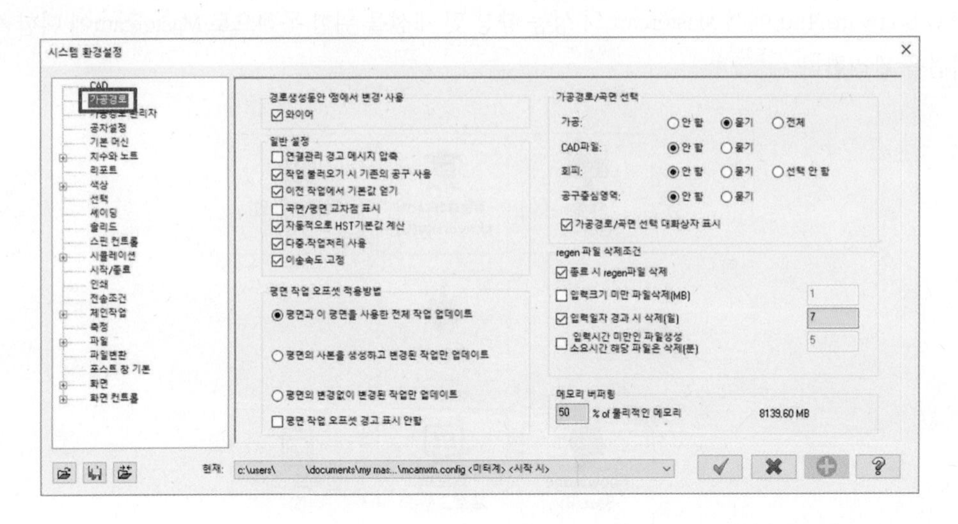

(3) 가공경로 관리자

머신 그룹, 가공경로 그룹, NC 파일을 생성할 때 기본으로 설정되는 이름을 지정한다.

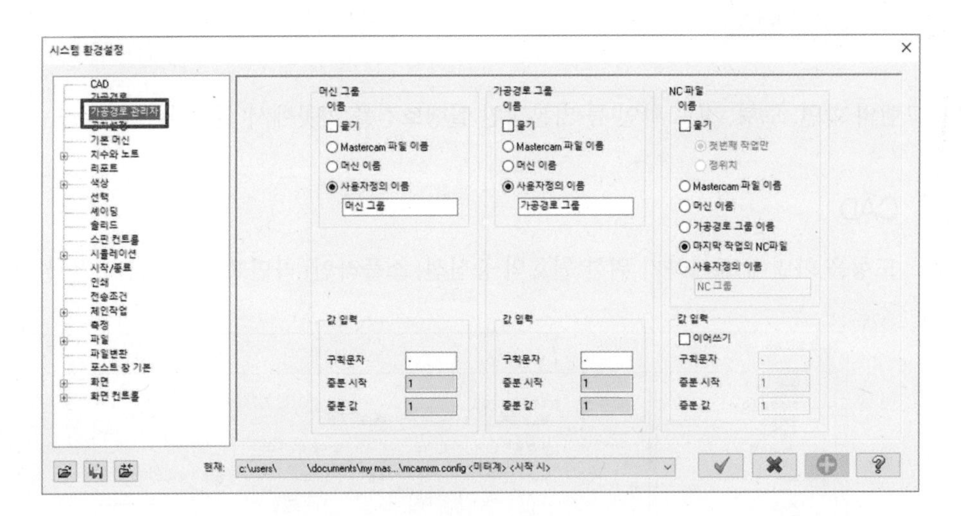

(4) 공차 설정

프로그램 실행에서 적용될 기본 공차값을 설정한다.

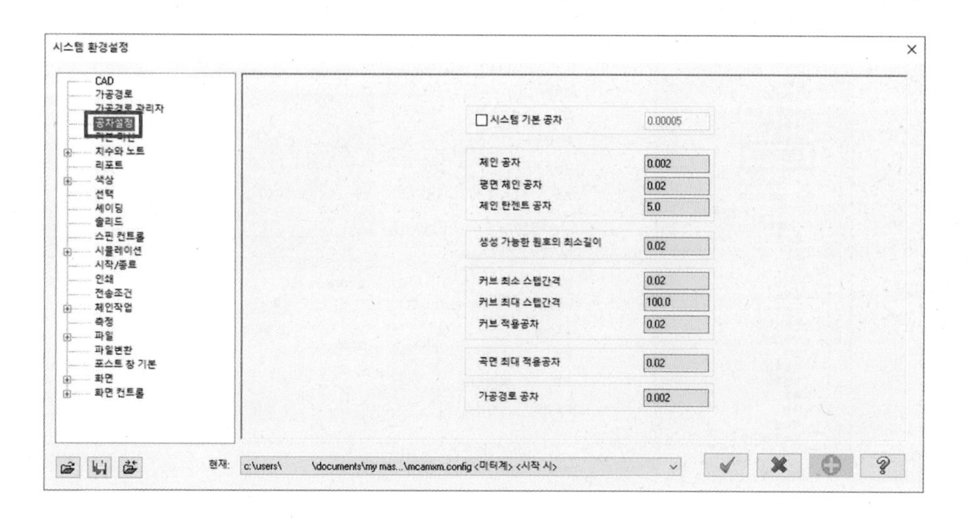

(5) 기본 머신

밀링, 선반, 라우터 및 와이어 등의 머신 형태에서 기본값으로 설정될 파일을 선택한다.

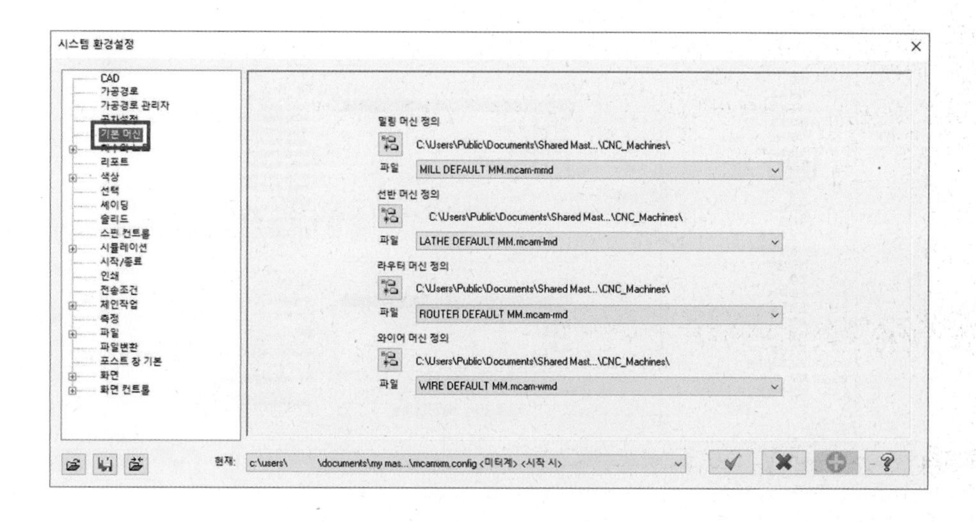

(6) 치수와 노트

치수 기입 조건이나 문자의 표기 형태 등을 설정한다.

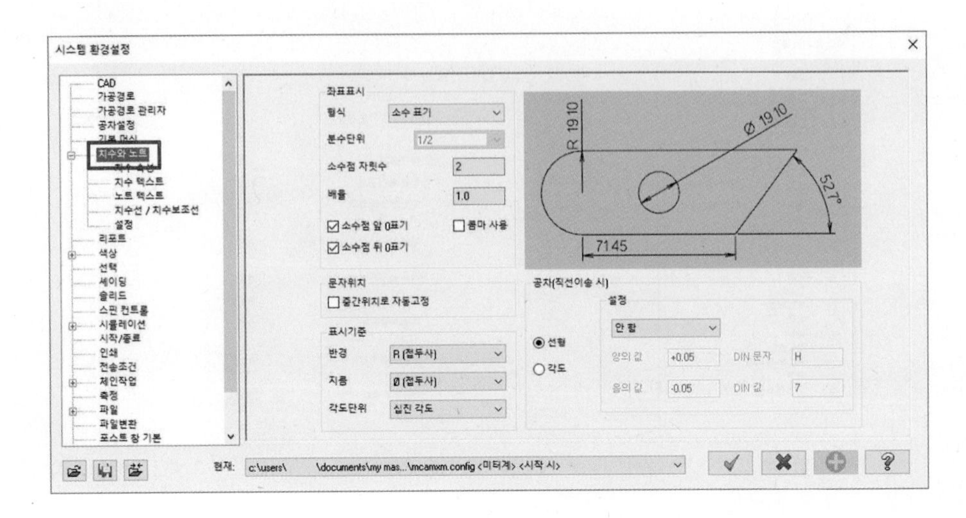

(7) 리포트

작업지시서를 출력하기 위한 기본 형식을 설정한다.

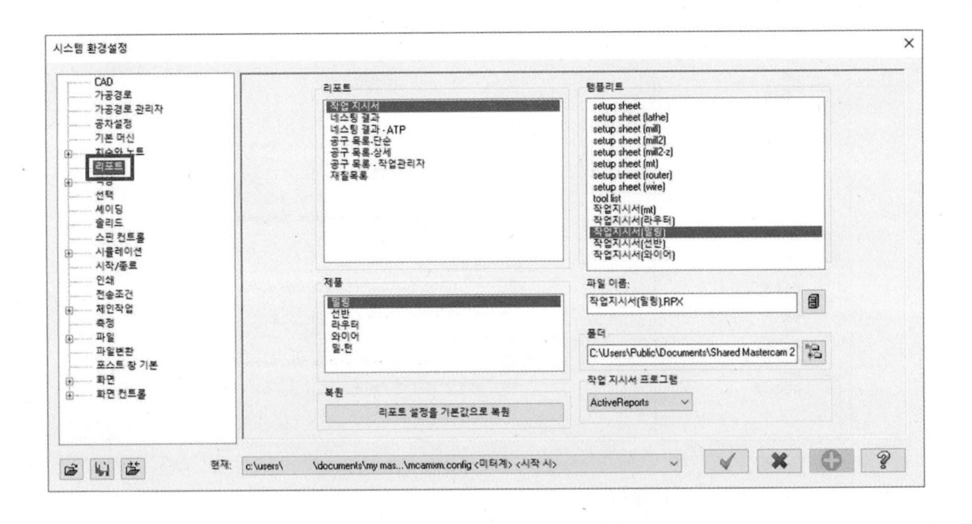

(8) 색상

작업화면의 그래픽 배경이나 도형의 구성요소, 화면에 표시될 가공경로, 공구, 홀더 등의 색상을 설정한다.

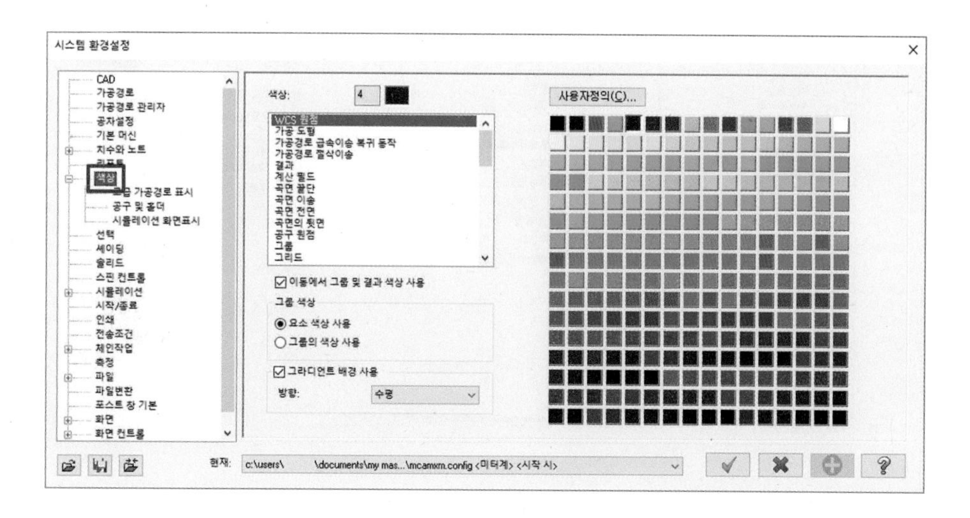

(9) 선택

도형의 지정 위치를 선택하기 위한 자동커서 기능을 활성화한다.

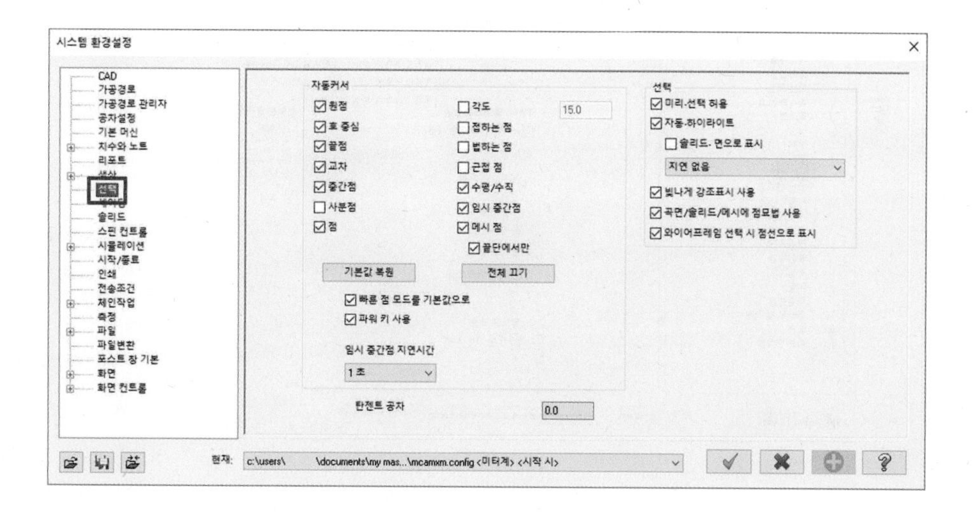

(10) 셰이딩

곡면이나 솔리드의 입체감을 표현하기 위한 조명, 투명도 등의 조건을 설정한다.

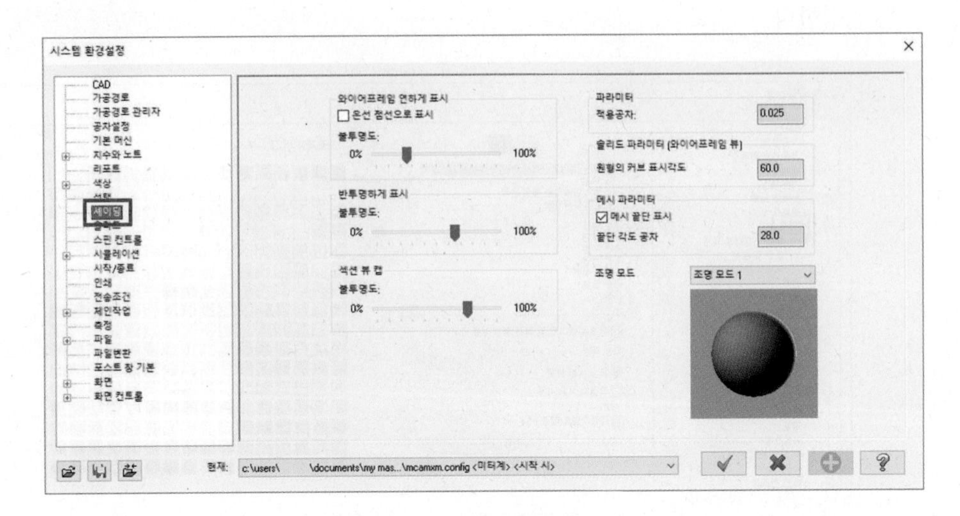

(11) 솔리드

솔리드 도형을 생성하고 화면에 나타낼 때의 옵션을 설정한다.

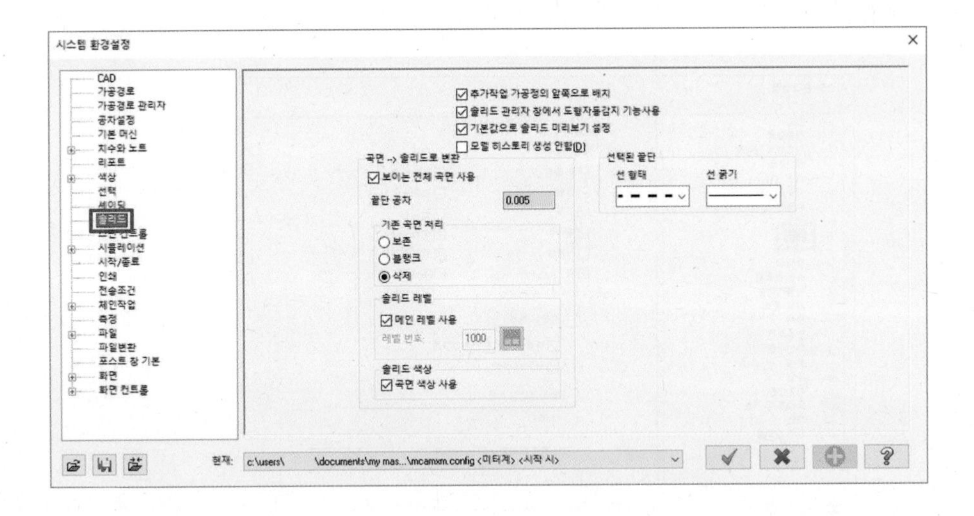

(12) 스핀 컨트롤

도형 생성이나 이동기능을 사용할 때 증분값을 쉽게 입력하기 위한 방식으로 인치계와 미터계로 구분하여 정수, 부동 소수점, 각도 등을 설정한다.

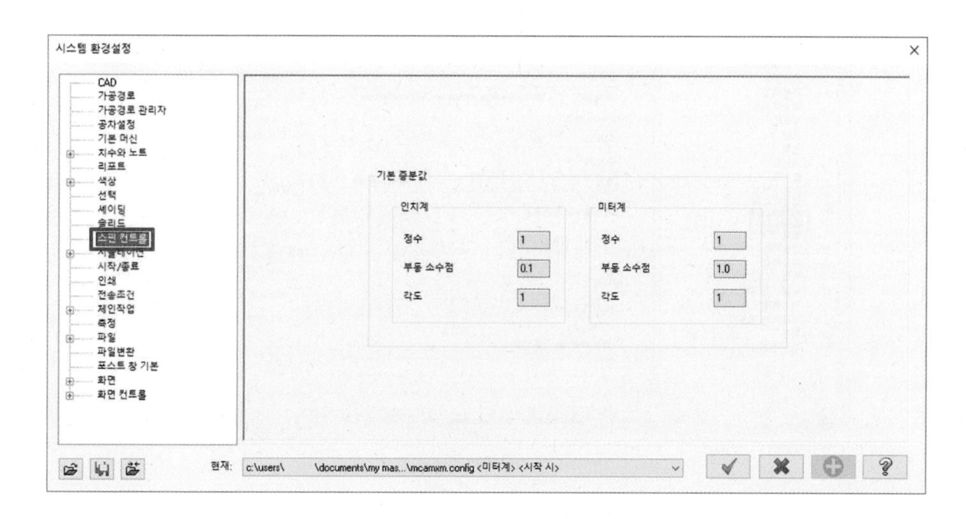

(13) 시뮬레이션

가공경로를 생성한 후 시뮬레이션에서의 커브나 공작물의 공차, 화면표시 옵션 등을 설정한다.

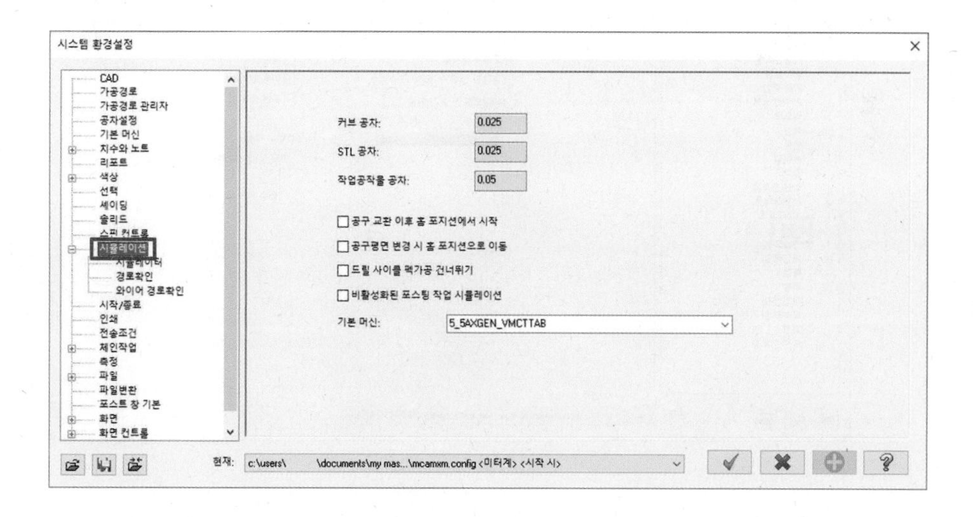

(14) 시작 / 종료

Mastercam을 시작할 때 적용되는 기본 설정, 기본 파일 이름 및 애드인 프로그램 등을 설정한다.

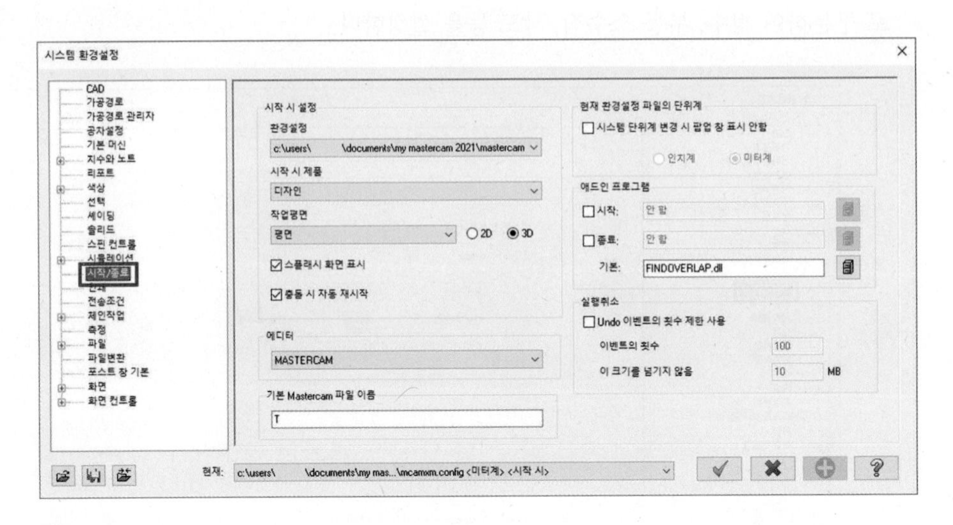

(15) 인쇄

도면을 출력할 때의 선 굵기, 색상, 이름 / 날짜 등 인쇄에 필요한 기본 조건을 설정한다.

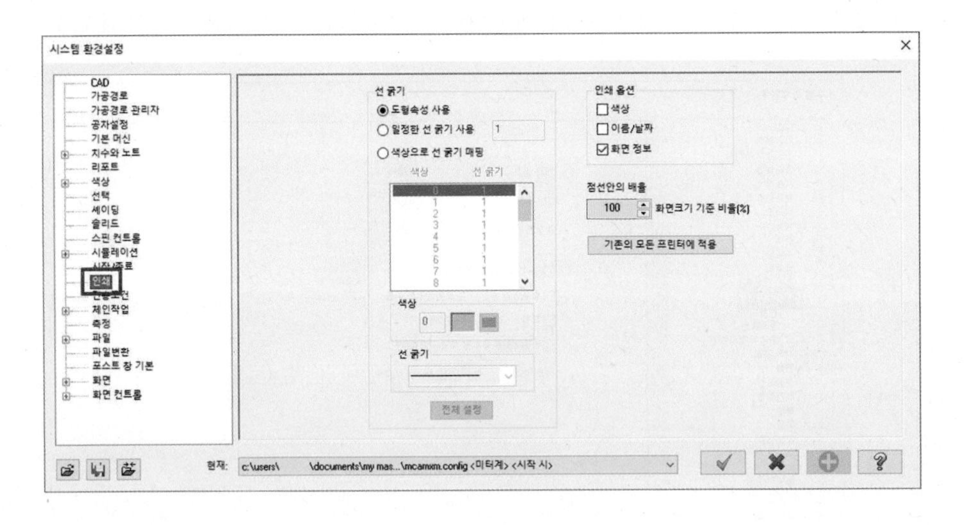

(16) 전송 조건

컨트롤러와 Mastercam을 실행하고 있는 컴퓨터와의 전송 기본값을 설정한다.

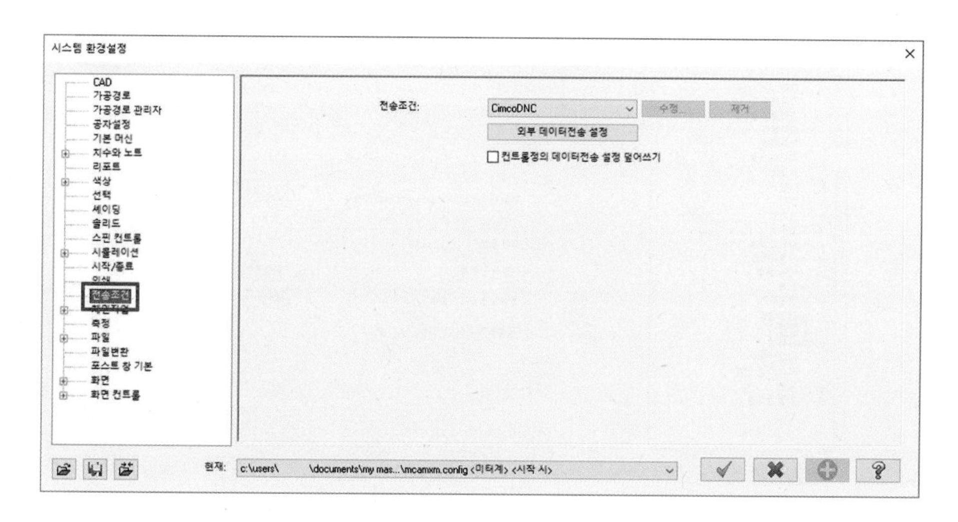

(17) 체인작업

체인 생성 작업에서의 일반적인 마스크 조건이나 출력 형태 등을 설정한다.

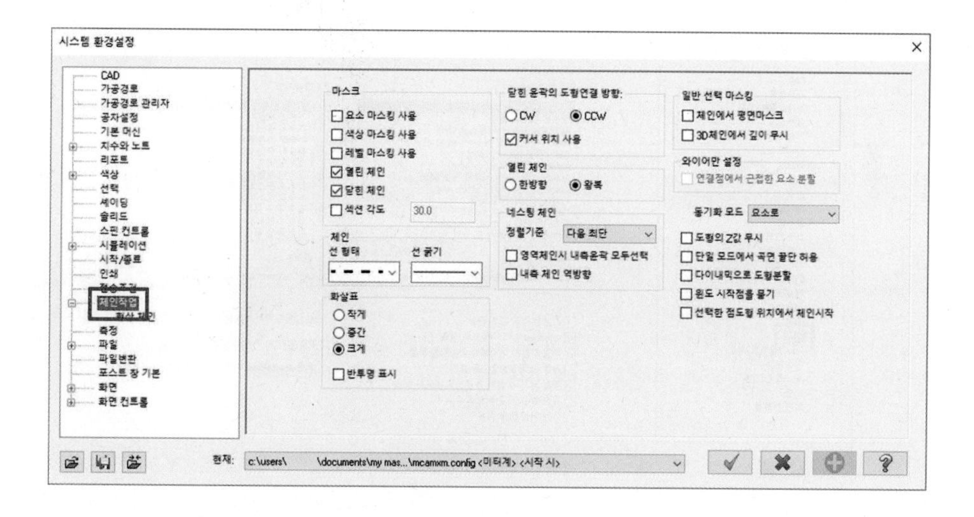

(18) 측정

측정 기능을 사용할 때 출력할 값의 정밀도를 설정한다.

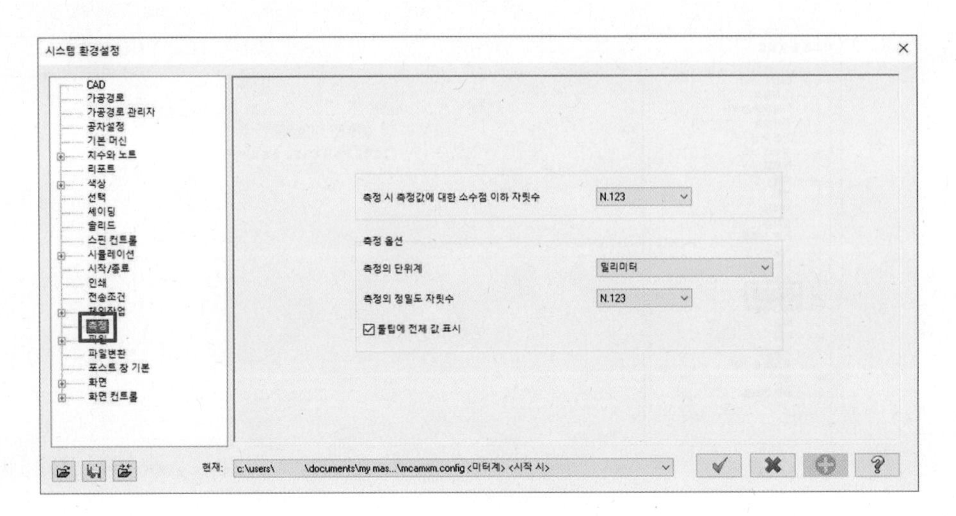

(19) 파일

파일의 저장경로 및 파일에 특정한 정의를 적용한다.

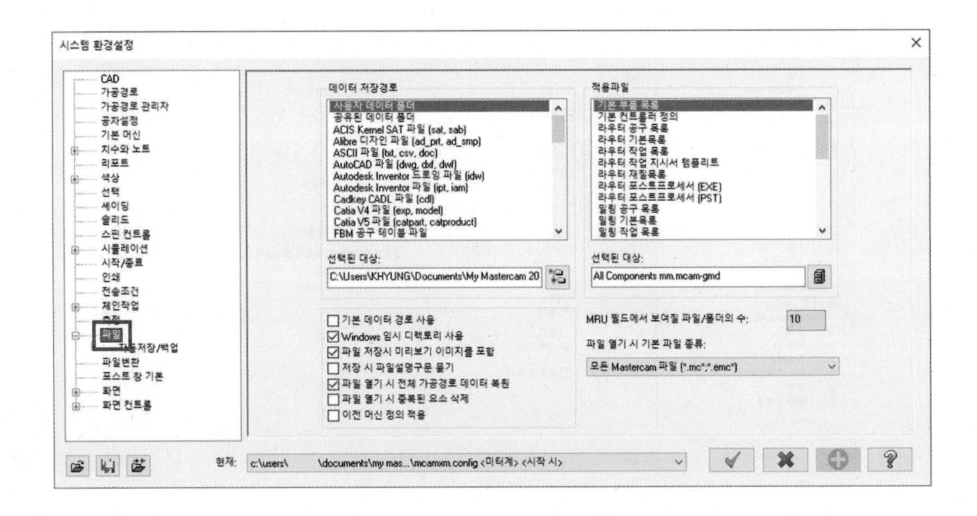

(20) 파일 변환

다른 시스템에서 작성한 도형 파일을 불러오거나 다른 시스템의 파일 형태로 저장하기 위한 조건을 설정한다.

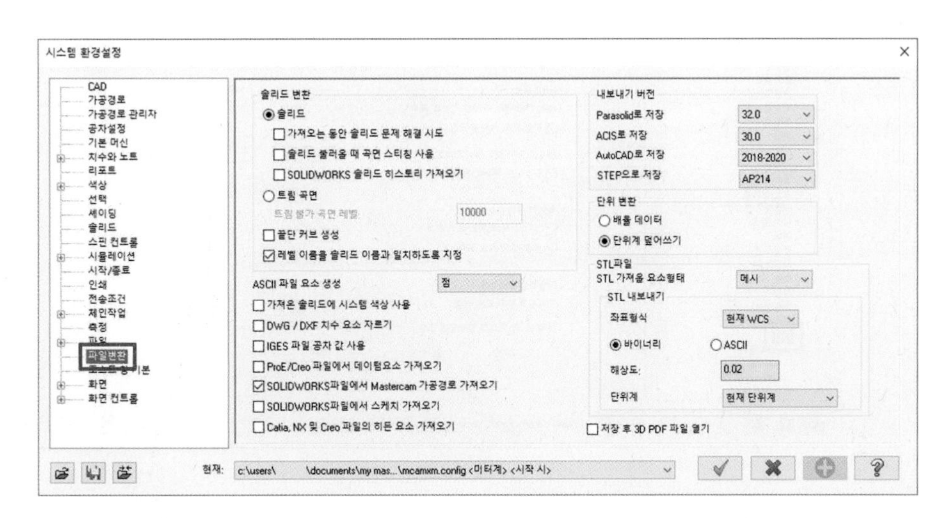

(21) 포스트 창 기본

NC 데이터를 출력할 때 포스트 프로세서 대화상자의 기본 조건을 설정한다.

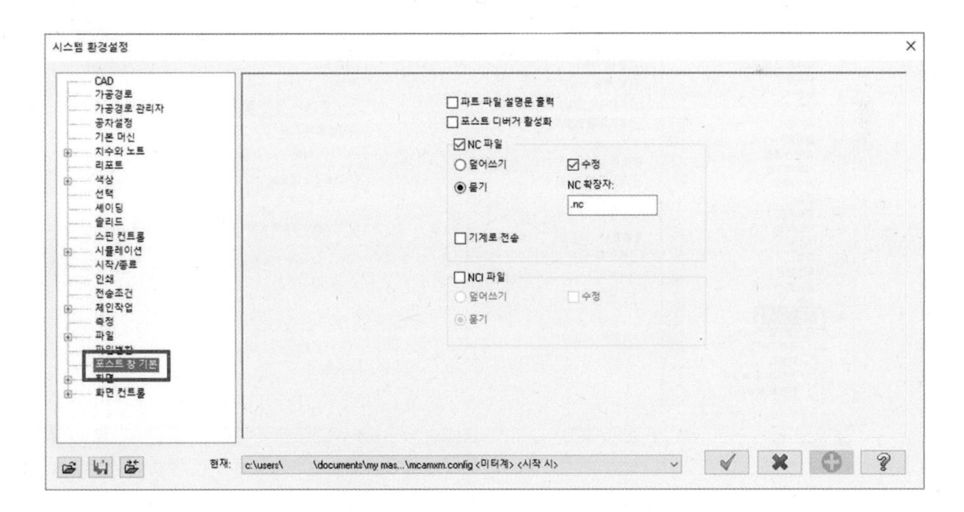

(22) 화면

작업화면에서의 표시 조건, 원점 위치, 뷰 및 뷰시트에 대한 조건을 설정한다.

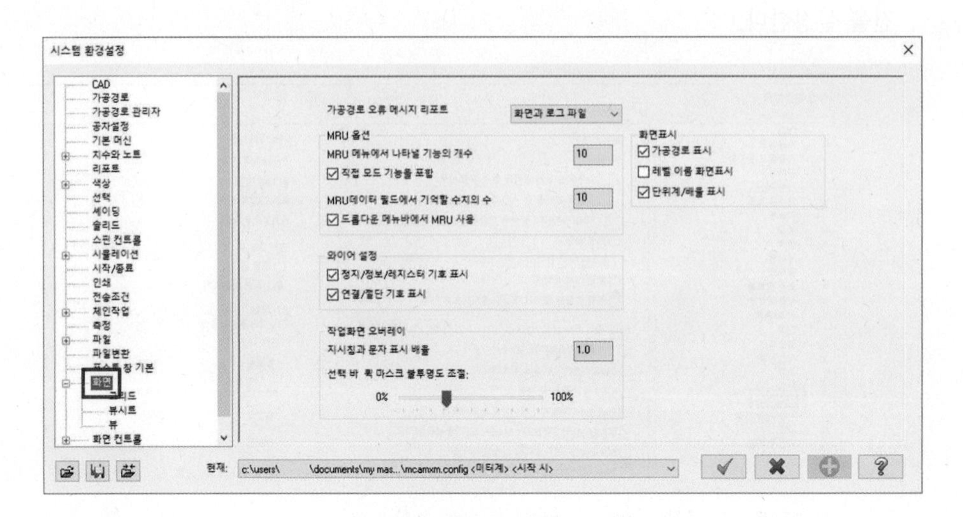

(23) 화면 컨트롤

지시침 혹은 컨트롤 화살표의 표시와 크기, 축 정렬조건 등을 설정한다.

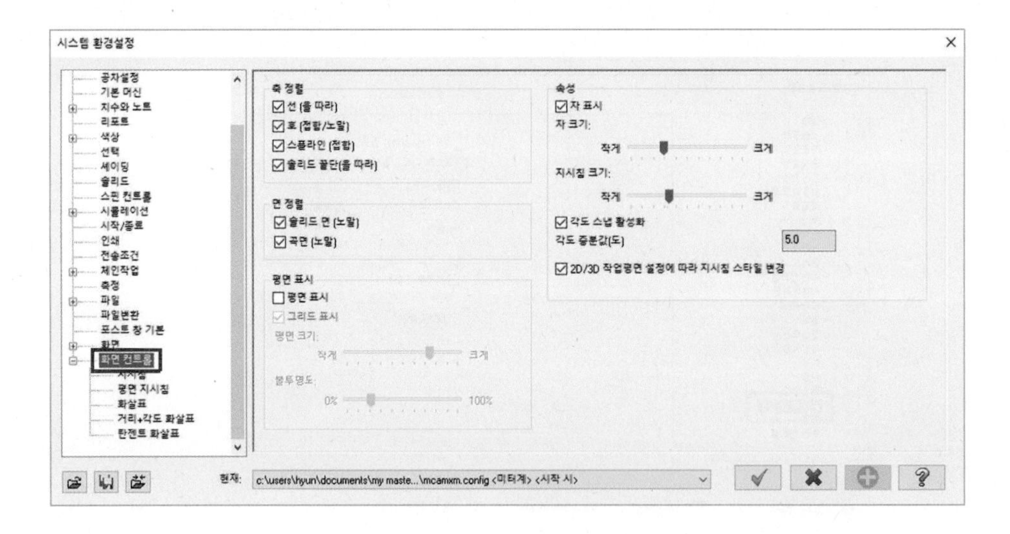

15 옵션

(1) 빠른 실행 도구 모음

Mastercam 화면 좌측 상단에 고정되어 있는 빠른 실행 도구 모음에 아이콘을 추가하거나 제거하는 기능이다.

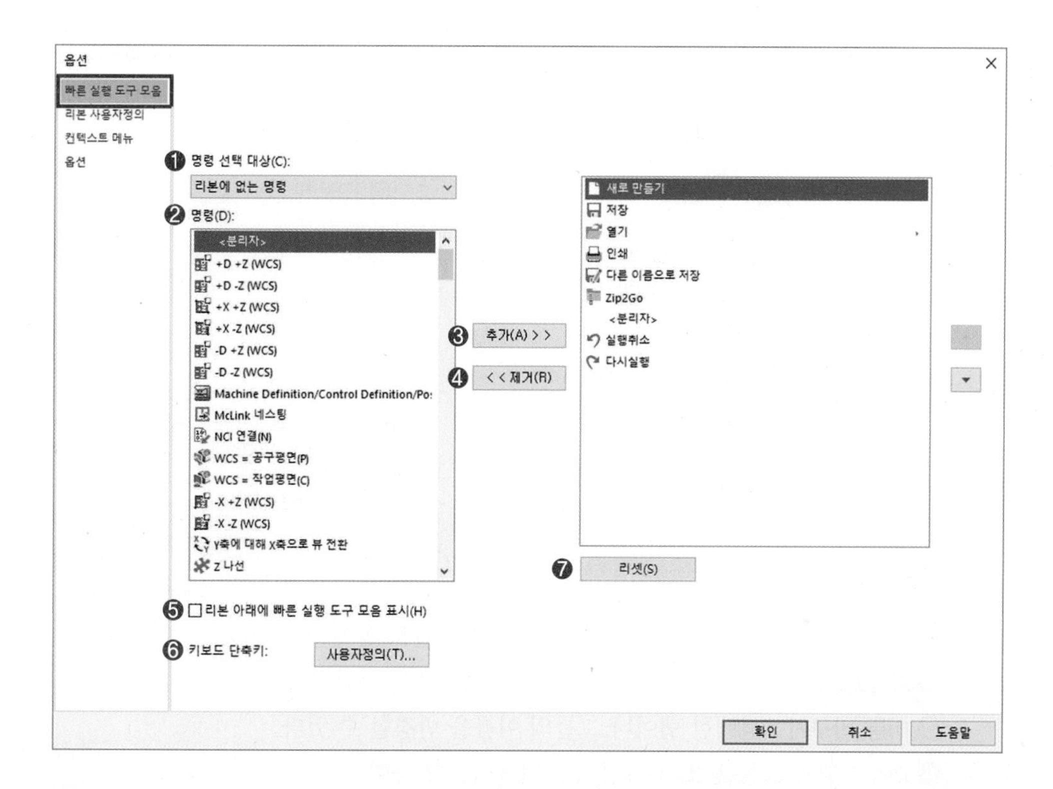

❶ **명령 선택 대상** : 리스트를 펼쳐볼 수 있으며, 선택한 항목에 따라 '명령' 창이 바뀌게 된다.

❷ **명령** : 선택한 항목에 들어 있는 기능을 아이콘과 함께 표시한다.

❸ **추가** : 원하는 아이콘 선택 후 추가를 누르면 오른쪽으로 추가된다.

❹ **제거** : 원하는 아이콘 선택 후 제거를 누르면 삭제된다.

❺ **리본 아래에 빠른 실행 도구 모음 표시** : Mastercam 좌측 상단에 위치한 빠른 실행 도구 모음을 메인 탭 아래로 이동시킨다.

❻ **키보드 단축키** : 사용자 정의 아이콘을 선택하면 단축키를 설정할 수 있다.

❼ **리셋** : 설정한 조건들을 초기 설정으로 되돌리는 기능이다.

(2) 리본 사용자 정의

탭 창과 그룹 창을 새로 추가하여 사용자 편의에 맞게 아이콘을 배치할 수 있다.

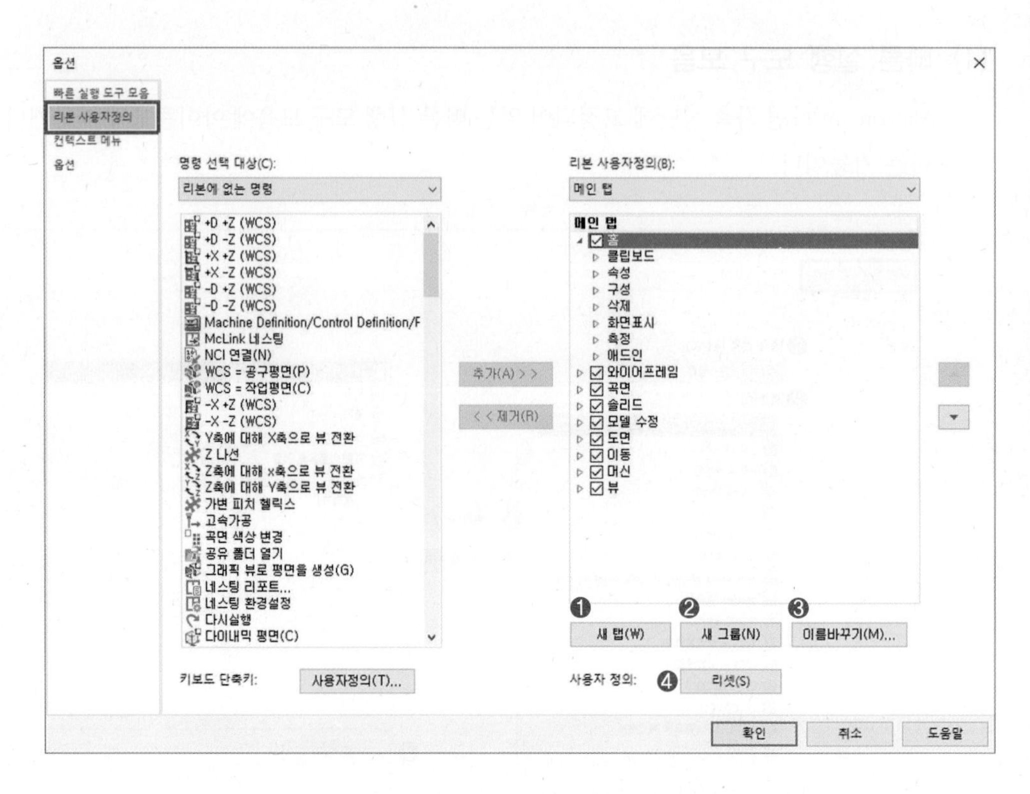

❶ **새 탭** : 새로운 탭을 생성하며 하위메뉴에 그룹도 함께 생성된다.

❷ **새 그룹** : 그룹을 생성하며 해당 항목에 기능을 추가할 수 있다.

❸ **이름 바꾸기** : 선택한 탭이나 그룹의 이름을 변경할 수 있다.

❹ **리셋** : 탭과 그룹을 초기 설정으로 되돌리는 기능이다.

(3) 컨텍스트 메뉴

마우스 우측 버튼 선택 시 컨텍스트 메뉴가 보이게 되는데, 그 메뉴에서 사용할 옵션을 추가하거나 삭제하는 기능이다.

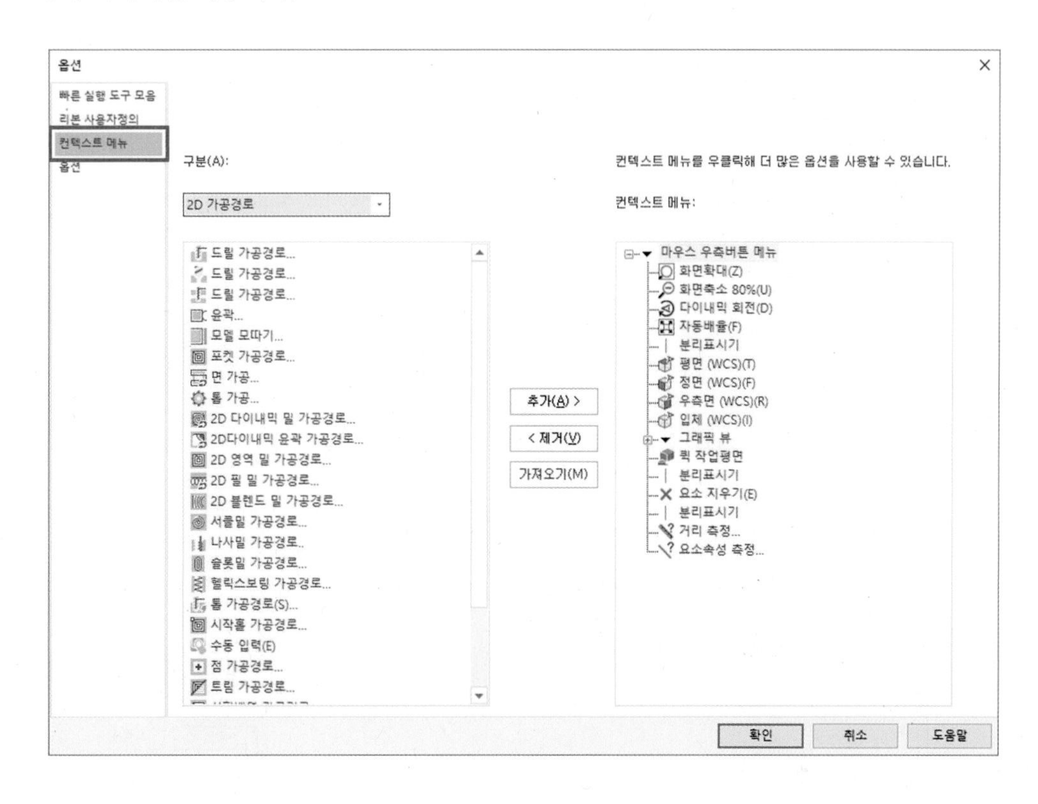

(4) 옵션

Mastercam에서 아이콘 크기 변경, 탭 위치 조정, 하단에 있는 상태바의 색상, 퀵 마스크 표시 등을 설정한다.

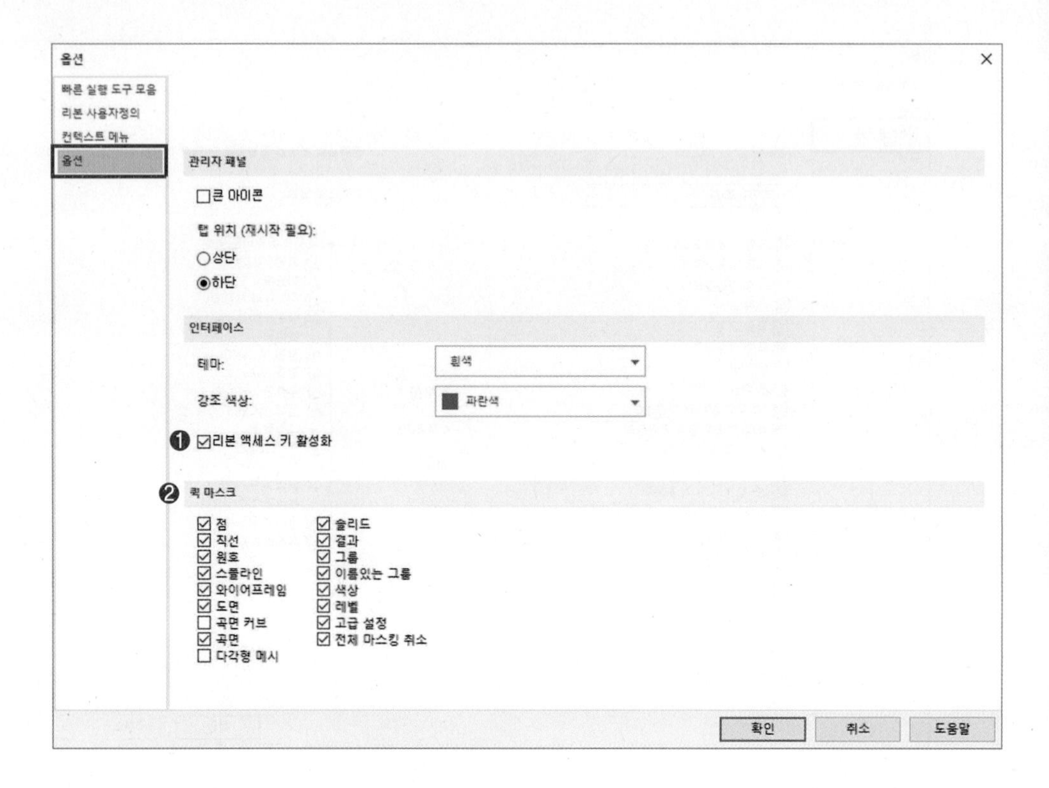

❶ **리본 액세스 키 활성화** : 작업화면에서 Alt 키를 눌렀을 때 활성화되는 액세스 키를 활성화하거나 비활성화하는 기능이다.

❷ **퀵 마스크** : 작업화면 우측에 표시되는 퀵 마스크를 원하는 옵션만 표시하도록 설정하는 기능이다.

MEMO

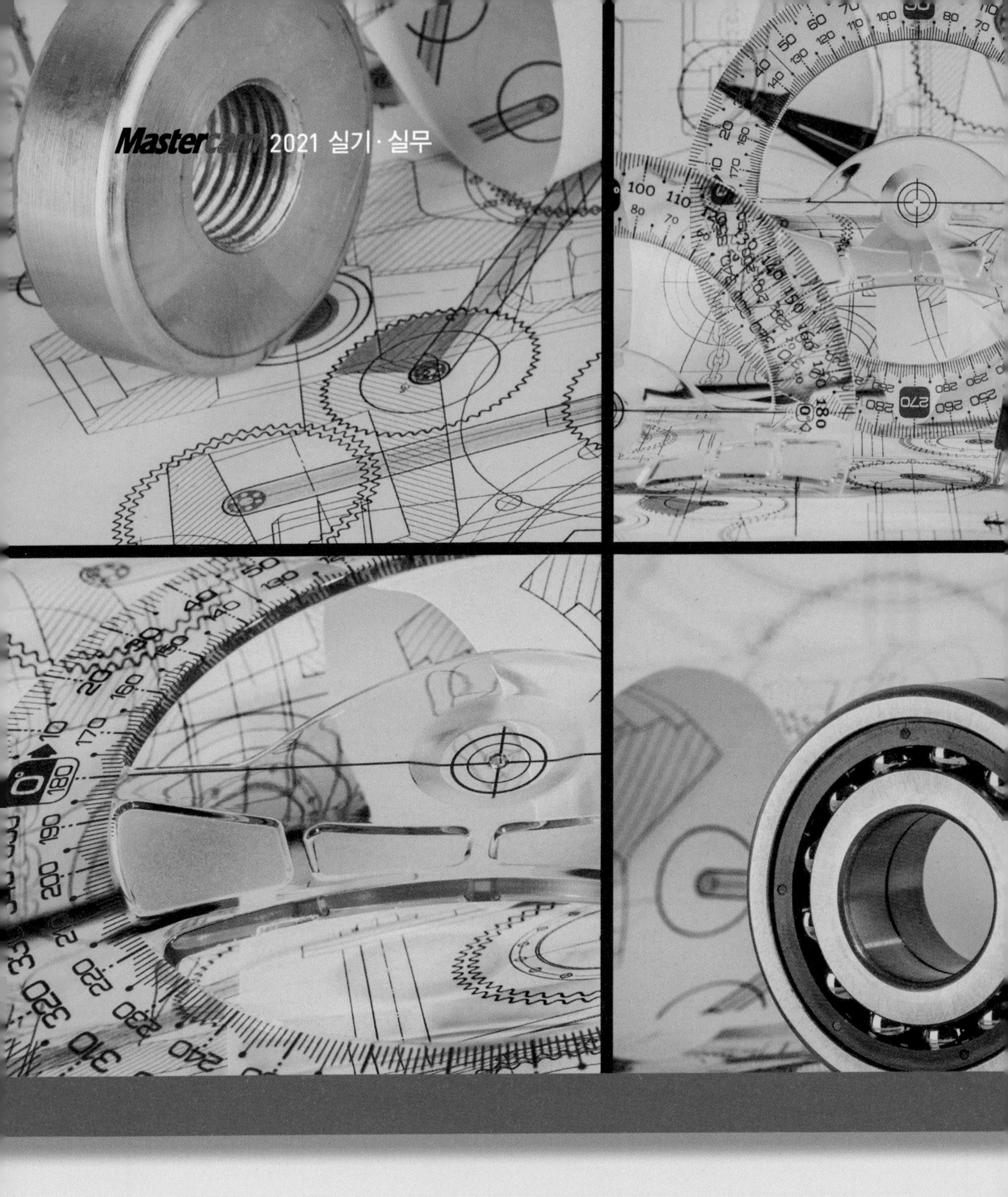
Mastercam 2021 실기·실무

CHAPTER 03

홈

CHAPTER

03 홈

1 클립보드

프로그램의 데이터를 복사하거나 붙여넣기 위한 임시 저장공간으로, Mastercam 파일 간에는 도형 또는 치수를 복사할 수 있다.

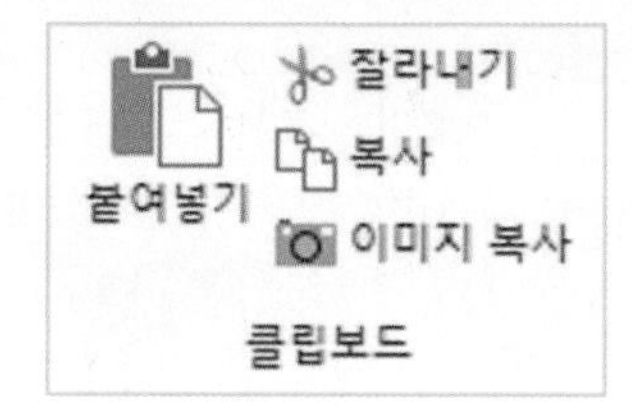

(1) 붙여넣기

복사한 도형요소를 Mastercam 작업평면에 붙여넣을 수 있다. 이때 시스템 속성으로 붙여넣을 도형의 색상, 직선 형태, 점 형태, 선 굵기 및 레벨 등을 덮어씌울 수 있다.

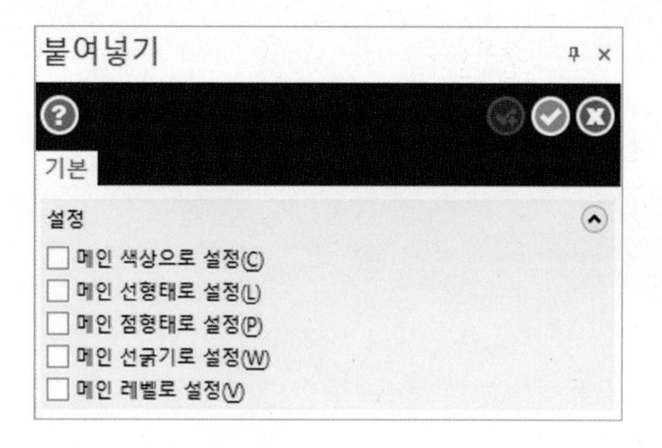

[붙여넣기 조건창]

(2) 잘라내기

선택한 요소를 현재 파일에서 잘라내어 다른 파일에 붙여넣을 수 있다.

(3) 복사

선택한 요소를 복사할 수 있다.

(4) 이미지 복사

Mastercam 작업화면의 전체 혹은 일부를 비트맵 형식으로 복사하여 다른 프로그램에 이미지로 붙여넣을 수 있다.

2 속성

도형요소의 직선 형태와 굵기, 색상을 조절할 수 있는 기능들이다.

✎ 기존에 있던 도형의 색상을 변경하고 싶으면 해당 도형 선택 후 마우스 우측 버튼을 이용해 변경할 수 있다.

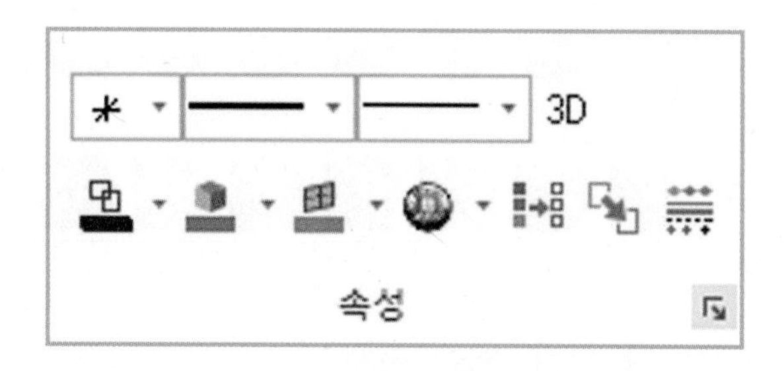

(1) 점 형태, 선 형태, 선 굵기

점의 형태나, 선 굵기, 선 형태 등을 지정하는 메뉴이다.

(2) 2D / 3D

2D / 3D 작업 시 작업에 맞도록 2D와 3D를 지정하는 기능이다.

3D

(3) 와이어프레임, 솔리드, 곡면의 색상 설정

도형의 색상을 선택할 수 있는 기능이다.

(4) 재질 설정

곡면이나 솔리드의 재질을 선택할 수 있는 기능이다. 금속, 플라스틱 또는 유리 재질을 선택할 수 있으며, 투명도에 따라 7단계로 구분할 수 있다.

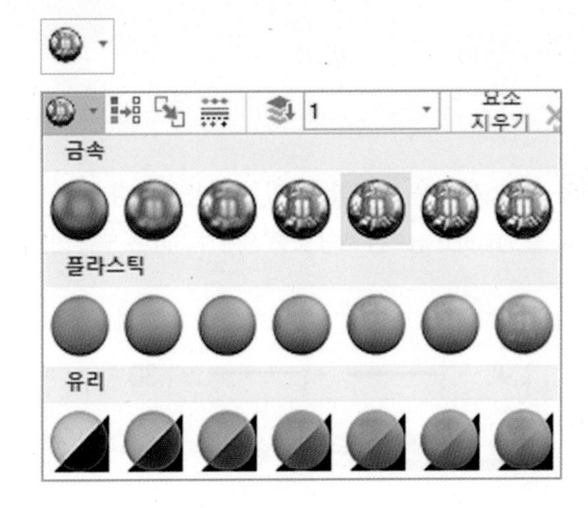

(5) 색상 복귀, 요소로부터 설정, 전체 설정

1) 색상 복귀

와이어프레임이나 도형을 이동했을 때 기존에 있던 도형과 복사된 도형을 구분 짓기 위해 색상이 변하게 된다. 이동으로 변경된 색상을 기존 색상으로 되돌리기 위해 사용하는 기능이다.

2) 요소로부터 설정

화면에 있는 도형을 선택해 해당 도형의 속성(색상, 선 굵기, 선 형태, 레벨 등)을 가져와 같은 조건으로 설정하는 기능이다.

3) 전체 설정

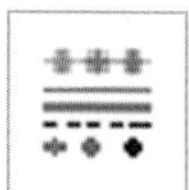

화면의 도형을 선택하면 아래와 같은 조건창이 뜬다. 선택한 모든 도형의 속성을 설정하여 동시에 적용할 수 있다.

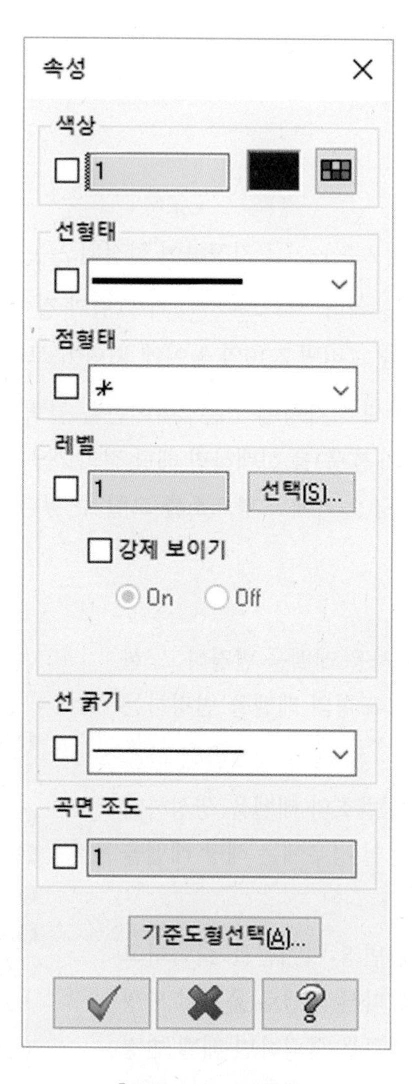

[전체 설정 조건창]

3 구성

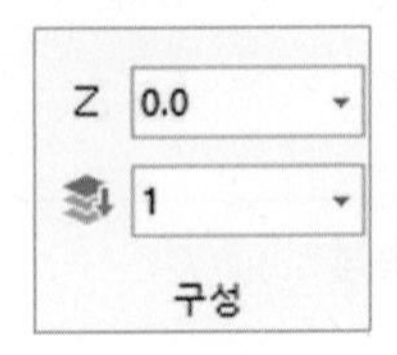

(1) Z

작업평면으로부터의 Z축 높이를 지정하여 설정된 Z축 높이에 도형을 그리거나 특정 도형의 Z 높이를 확인하는 기능이다. Z 10.0 그림과 같이 Z입력칸에 10을 입력할 경우 설정된 작업평면에서 도형을 그리면 Z 10의 높이에 도형이 그려지게 된다.

Z 10.0 빨간색 사각형에 있는 Z아이콘을 클릭하여 이미 화면에 그려져 있는 요소의 점(끝점, 중간점, 교차점 등)을 선택하면 해당 점의 Z높이가 Z입력란에 자동으로 입력되어 Z높이를 확인하거나 해당 높이에 도형요소를 그릴 수 있다.

(2) 레벨 변경

레벨을 생성하거나 사용 레벨을 변경하고, 현재 화면에서 선택된 도형의 레벨을 변경하는 기능이다. 1 레벨 입력란에 다른 번호를 입력하면 그 번호의 레벨을 생성하거나 이미 생성된 레벨일 경우에는 해당 레벨을 활성화한다.

1 레벨 변경 아이콘을 클릭하고 화면의 도형요소 중 다른 레벨로 옮겨질 도형요소를 선택한 후 완료를 클릭하면 레벨 변경 조건창이 열린다.

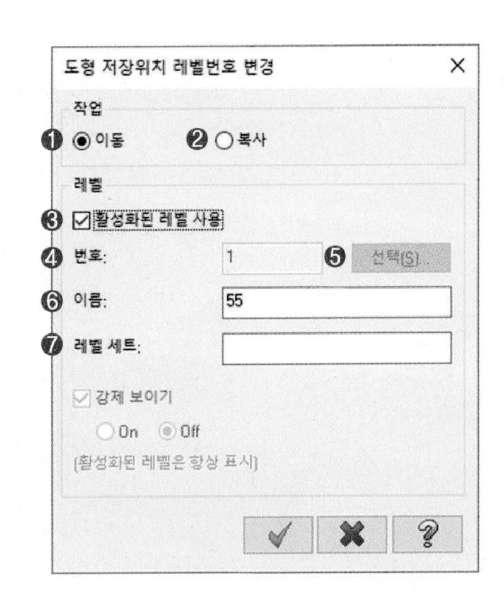

1) 작업

❶ **이동** : 현재의 레벨에서 변경할 레벨로 도형요소를 이동시키는 기능이다.

❷ **복사** : 현재의 레벨에서 변경할 레벨로 도형요소를 복사하는 기능이다.

2) 저장될 레벨 번호 설정

❸ **활성화된 레벨 사용** : 이 기능은 체크가 되어 있으면 현재 활성화되어 있는 레벨로 이동이나 복사를 실행할 수 있고, 체크가 되어 있지 않으면 아래의 번호 입력란이 활성화되어 선택 도형의 레벨을 변경할 수 있다.

❹ **번호** : 활성화된 레벨 사용이 체크되어 있지 않으면 활성화되는 기능으로 레벨 번호를 입력하여 도형요소의 레벨을 변경할 수 있는 기능이다.

❺ **선택** : 선택을 클릭하여 레벨선택 조건창에서 레벨을 생성하거나 변경할 레벨을 선택하는 기능이다.

❻ **이름** : 선택된 레벨의 이름을 표시한다. 레벨에 이름이 지정되지 않은 경우, 새로운 이름을 입력해 해당 레벨의 이름으로 지정할 수 있다.

❼ **레벨 세트** : 선택된 레벨의 레벨 세트를 표시한다. 레벨 세트가 지정되지 않은 경우, 새로운 레벨 세트를 입력해 해당 레벨의 레벨 세트로 지정할 수 있다.

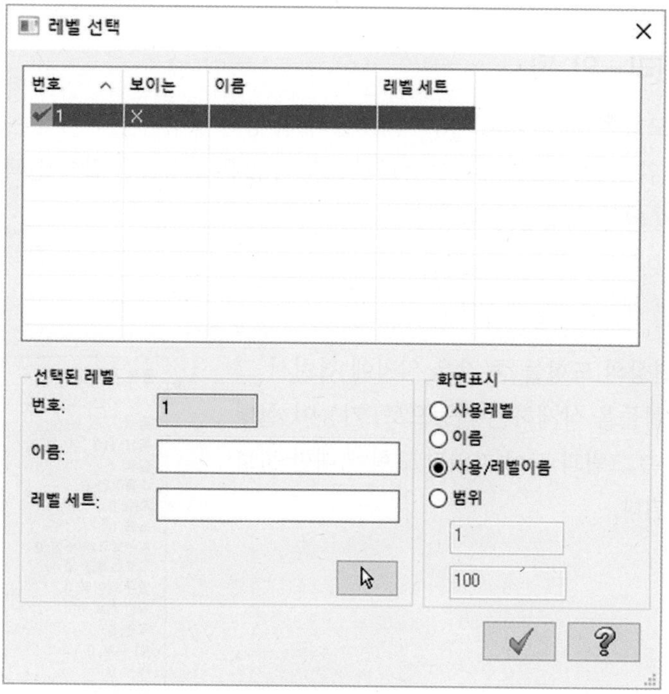

[레벨 선택 조건창]

4 삭제

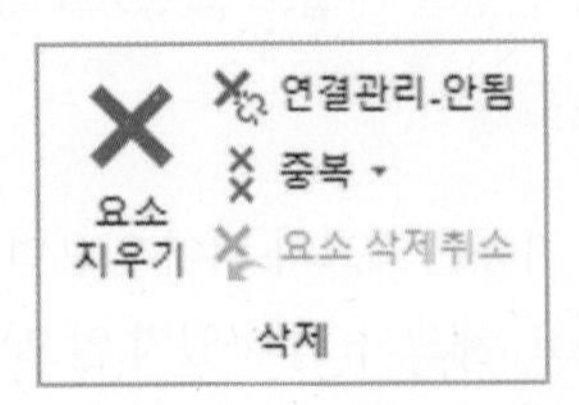

(1) 요소 지우기

작업화면상의 도형을 삭제할 때 사용하는 기능이다. 삭제할 도형을 선택하고 요소 지우기 버튼을 클릭하거나, 요소 지우기 버튼을 클릭하고 삭제할 도형 선택 후 선택 완료 버튼을 클릭한다. 단, 선택 취소 버튼을 클릭할 경우 선택된 도형이 선택 해제된다.

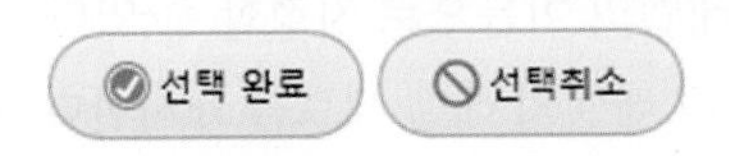

[선택 완료와 선택 취소 버튼]

(2) 연결 관리-안 됨

선택된 도형 중 가공경로, 치수 기입, 솔리드, 평면 생성과 관련이 없는 도형들만 삭제하는 기능이다. 위 경우에 해당하는 도형들과 그렇지 않은 도형들을 같이 선택한 후 기능을 실행하면 해당되지 않는 도형들만 삭제된다.

(3) 중복

작업화면상의 도형들 중 같은 위치에 겹쳐서 그려진 도형들을 삭제하는 기능으로, 기능이 실행된 후 우측 그림과 같이 지워진 도형에 대한 정보가 표시된다.

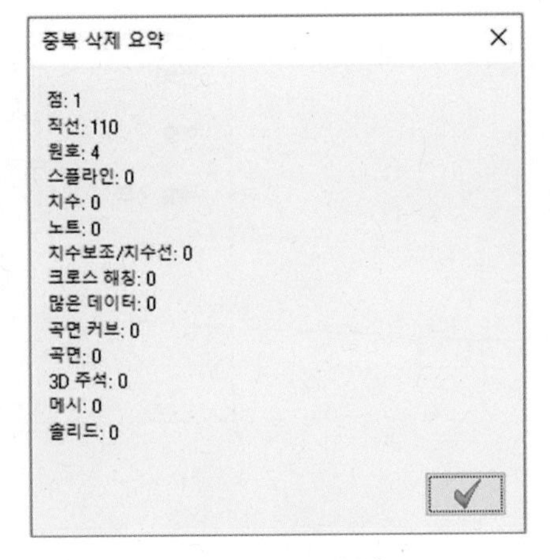

[중복 삭제 요약창]

(4) 중복요소 삭제 상세 조건

중복된 도형 중 선택된 속성(색상, 레벨, 점 형태, 선 형태, 선 굵기)에 해당하는 도형만 삭제하는 기능이다.

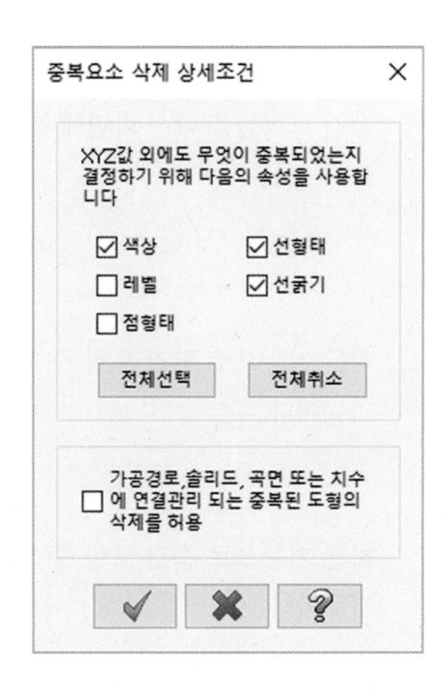

[중복요소 삭제 상세 조건창]

(5) 요소 삭제 취소

삭제된 도형들을 지워진 순서의 역순으로 하나씩 되살리는 기능이다.

5 화면 표시

(1) 히든 / 히든 취소

선택한 도형만 화면에 남기고 다른 도형들은 일시적으로 숨기거나, 숨긴 도형들을 다시 화면에 불러오는 기능이다.

(2) 히든 추가

히든 기능으로 남긴 도형 중 현재 화면에서 도형을 추가로 숨기는 기능이다.

(3) 히든 취소 일부

히든 기능으로 숨긴 도형 중 화면에 남길 도형을 추가로 지정하는 기능이다.

(4) 호 중심점

원 또는 원호 도형의 중심점 위치에 점을 표시하는 기능이다.

(5) 끝점

화면상의 모든 도형요소에 끝점을 표시하는 기능이다.

(6) 블랭크

선택한 도형을 화면에서 일시적으로 감추는 기능이다.

(7) 언블랭크

블랭크된 도형을 다시 화면에 불러오는 기능이다.

6 측정

화면에 있는 도형들의 정보를 여러 가지 형태로 측정할 수 있으며, 측정과 동시에 선택된 도형을 수정할 수도 있다. 도형 이외에 가공경로의 측정도 가능하며, 2D 도형이나 곡면의 면적도 측정할 수 있다.

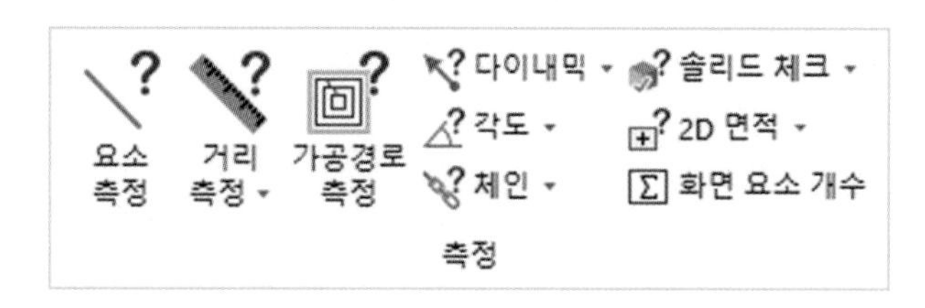

(1) 요소 측정

화면에 있는 도형의 전반적인 정보를 측정하거나 수정할 수 있다. 요소 측정 클릭 후 도형의 한 요소를 선택하면, 그림과 같은 창이 열리며 위치, 길이값, 각도, 레벨, 색상, 선 형태, 선 굵기 등을 측정 및 수정할 수 있다.

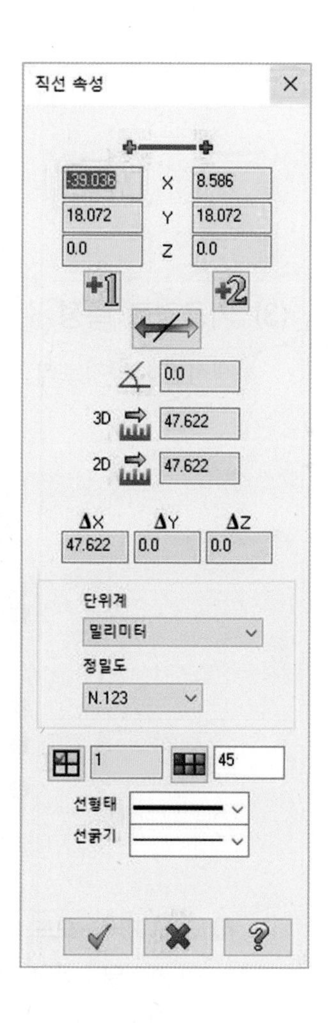

(2) 거리 측정

작업화면상 두 점 사이의 거리, 각도, 좌푯값 등을 측정 및 수정한다.

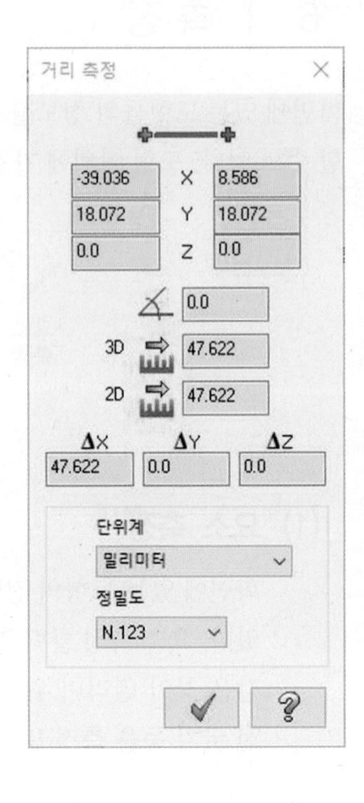

(3) 가공경로 측정

생성된 가공경로의 진행방향, 이송속도, 주축 회전수 등을 측정할 수 있다.

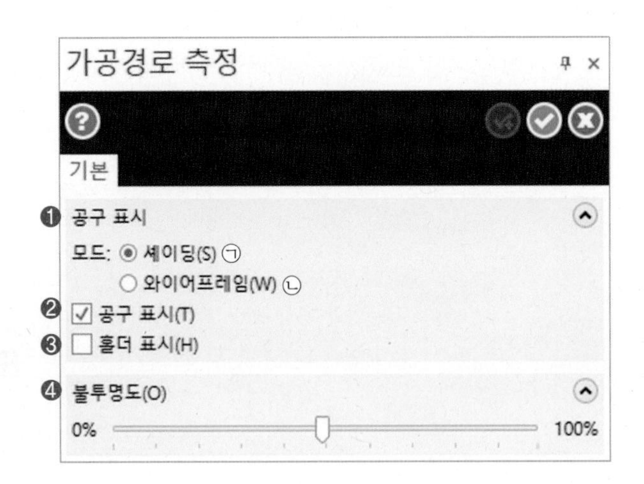

❶ **공구 표시－모드** : 해당 구간의 공구 표시방법을 선택하는 기능이다.

㉠ **셰이딩** : 공구 및 홀더의 입체감, 불투명도를 나타내주는 기능이다.

㉡ **와이어프레임** : 공구 및 홀더를 와이어프레임으로 나타내주는 기능이다.

❷ **공구 표시** : 공구 표시의 활성화 여부를 선택하는 기능이다.

❸ **홀더 표시** : 홀더 표시의 활성화 여부를 선택하는 기능이다.

❹ **불투명도** : 셰이딩 시 공구 및 홀더의 투명도를 설정하는 기능이다. 측정 메뉴에서 가공경로 측정을 선택한 후 해당 가공경로에 커서를 이동하면 그림과 같이 여러 가지 정보를 볼 수 있다.

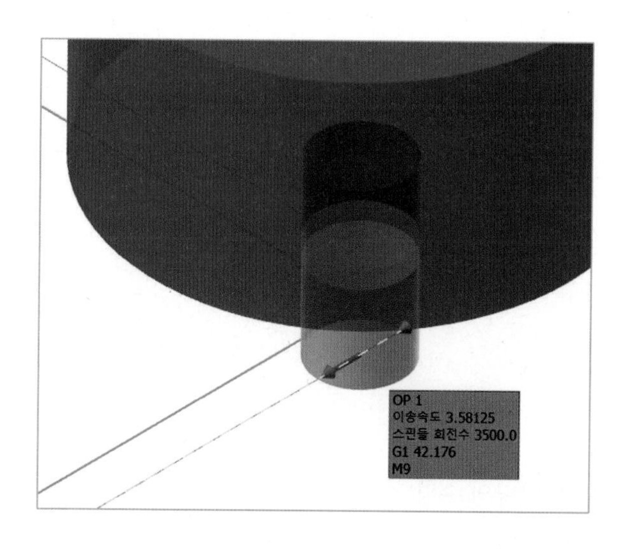

(4) 다이내믹 / 위치

1) 다이내믹

마우스를 이용하여 특정 도형의 임의 위치에 대한 좌푯값, 반경각도 등을 측정한다.

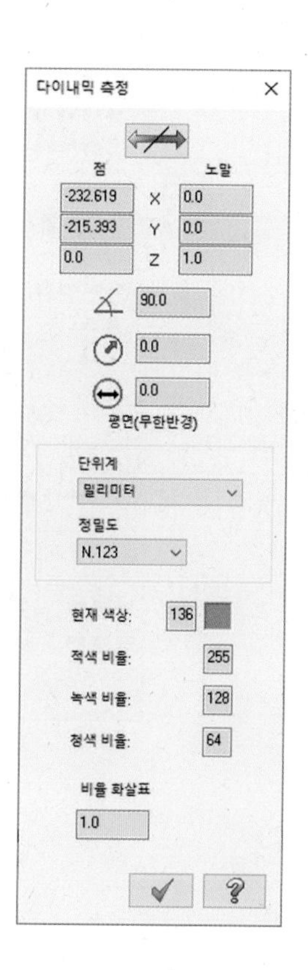

2) 위치

특정 점의 좌푯값을 측정한다.

(5) 각도 / 경사각도

1) 각도

2개의 직선 또는 3개의 점을 선택하여 각도를 측정한다.

2) 경사각도

작업화면 내 모델링의 수평, 수직, 음각, 특정 각도보다 양수의 각도가 작은 면 등을 사용자가 원하는 색상으로 구분하여 표시해 준다.

(6) 체인 / 윤곽 측정

1) 체인

윤곽형태를 기준으로 가공경로를 생성하기 전에 미리 도형들 간의 연결부위 형태, 방향전환, 특정 크기 이하의 도형요소들이 있는지를 확인한다.

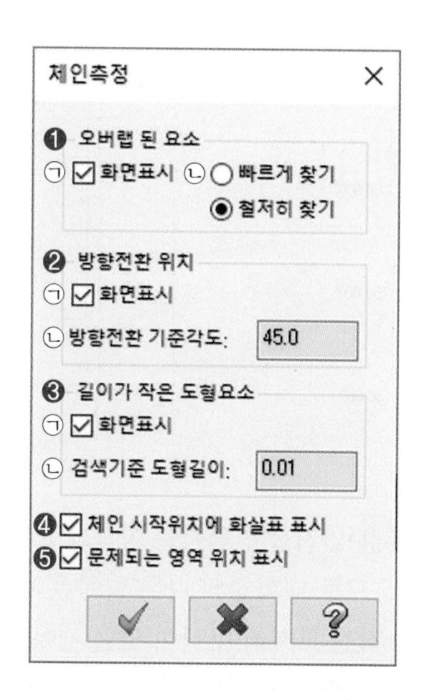

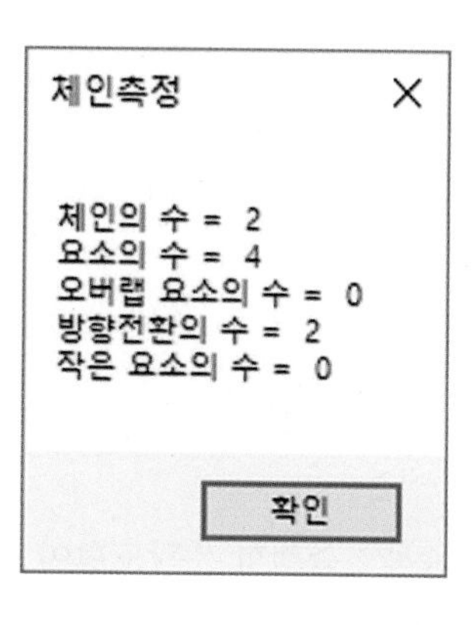

❶ **오버랩된 요소** : 도형 간의 교차 위치에서 오버(지나는)하는 도형이 있는지 검색해 준다.

㉠ **화면표시** : 선택하면 오버(지나는)하는 도형은 적색 원으로 표시한다.

㉡ **빠르게 찾기 / 철저히 찾기** : 빠르게 찾기를 선택하면 수정 대상이 될 오버랩 도형요소들만 검색하며, 철저히 찾기를 선택하면 모든 오버랩 도형요소들을 검색한다.

❷ **방향전환 위치** : 체인 진행방향 전환으로 가공경로 생성 시 문제점이 발생할 수 있는 위치를 미리 검색하는 기능이다.

㉠ **화면표시** : 선택하면 해당 방향전환 위치에서 노란색 점으로 표시된다.

㉡ **방향전환 기준 각도** : 방향전환 기준 최소 각도값을 설정하는 항목으로, 설정된 값보다 큰 구간만 검색하는 기능이다.

❸ **길이가 작은 도형요소** : 특정길이 이하의 도형을 검색하는 기능이다.

㉠ **화면표시** : 선택하면 특정길이 이하의 도형은 청색으로 표시된다.

㉡ **검색기준 도형길이** : 입력된 값 기준으로 길이가 작은 도형들이 검색된다.

❹ **체인 시작 위치에 화살표 표시** : 선택하면 도형 연결 시작 위치에 녹색 화살표가 표시되며 연결된 도형들 간의 오류를 검색해 준다.

❺ **문제되는 영역 위치 표시** : 선택하면 문제가 되는 영역의 위치 표시를 도형으로 생성하며, 선택하지 않으면 일시적인 허상으로 표시한다.

2) 윤곽

가공경로 생성 시 가상으로 윤곽 도형들의 좌푯값을 측정하는 기능이다.

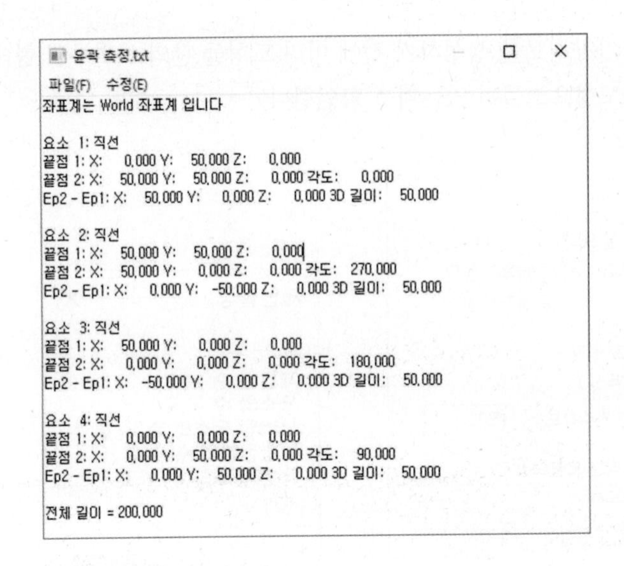
윤곽 측정.txt
파일(F) 수정(E)

```
좌표계는 World 좌표계 입니다

요소 1: 직선
끝점 1: X:    0.000 Y:   50.000 Z:    0.000
끝점 2: X:   50.000 Y:   50.000 Z:    0.000 각도:    0.000
Ep2 - Ep1: X:   50.000 Y:    0.000 Z:    0.000 3D 길이:   50.000

요소 2: 직선
끝점 1: X:   50.000 Y:   50.000 Z:    0.000
끝점 2: X:   50.000 Y:    0.000 Z:    0.000 각도:  270.000
Ep2 - Ep1: X:    0.000 Y:  -50.000 Z:    0.000 3D 길이:   50.000

요소 3: 직선
끝점 1: X:   50.000 Y:    0.000 Z:    0.000
끝점 2: X:    0.000 Y:    0.000 Z:    0.000 각도:  180.000
Ep2 - Ep1: X:  -50.000 Y:    0.000 Z:    0.000 3D 길이:   50.000

요소 4: 직선
끝점 1: X:    0.000 Y:    0.000 Z:    0.000
끝점 2: X:    0.000 Y:   50.000 Z:    0.000 각도:   90.000
Ep2 - Ep1: X:    0.000 Y:   50.000 Z:    0.000 3D 길이:   50.000

전체 길이 = 200.000
```

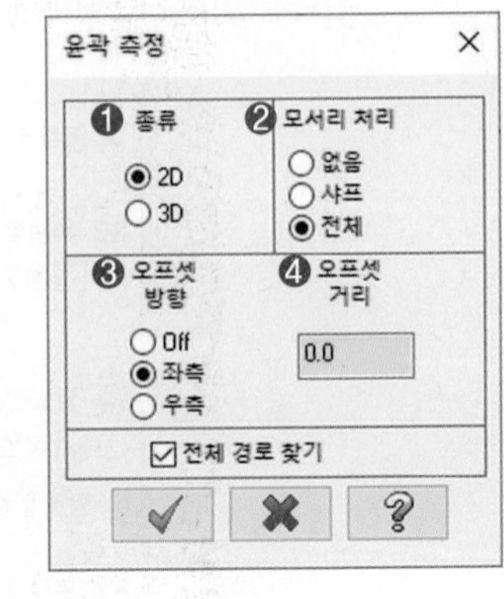

❶ **종류** : 측정할 윤곽도형이 2D인지 3D인지를 선택하는 항목으로 3D를 선택하면 3D인 도형은 공구 경보정을 사용하지 않으므로 대화창의 다른 항목은 비활성으로 바뀐다.

❷ **모서리 처리** : 측정할 윤곽도형에 각진 모서리 구간이 있을 경우, 모서리 구간에서의 가상 공구이송 형태를 설정하는 기능이다.

❸ **오프셋 방향** : 측정할 윤곽도형의 체인 진행방향 기준으로 오프셋 거리 항목에 입력된 반경 길이만큼 오프셋이 적용될 측면방향을 설정하는 기능이다.

❹ **오프셋 거리** : 측정할 윤곽도형에 대한 가상의 공구 반경값을 설정하는 항목으로 입력된 값에 따라서 오프셋이 적용된다.

(7) 솔리드 체크 / 속성

1) 솔리드 체크

선택된 솔리드 도형에 겹침, 반전 또는 블랭크 등의 문제점이 있는지 확인하는 기능이다.

2) 솔리드 속성

작업화면의 솔리드 도형의 밀도, 체적, 부피, 무게중심 위치 및 관성모멘트 등을 측정하는 기능이다.

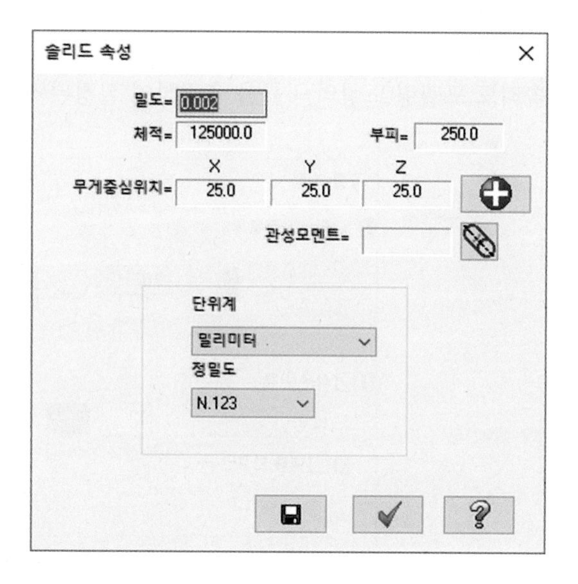

3) 곡면 테스트

선택된 곡면도형에 문제가 있는지 확인해 보는 기능이다.

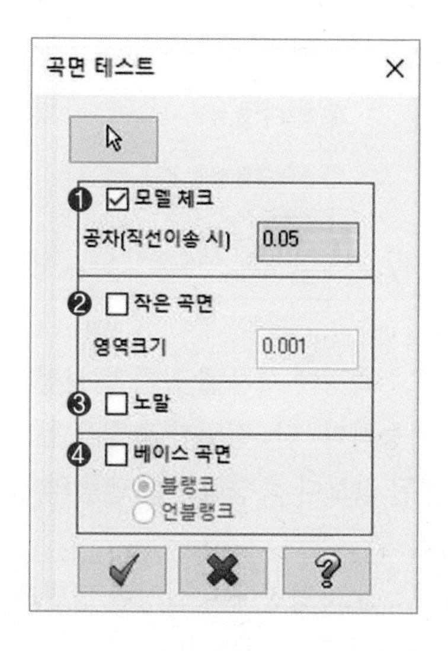

❶ **모델 체크** : 입력된 공차값 기준으로 곡면 자체 꼬임이 있는지, 곡면의 내부에 자체적 샤프코너가 있는지를 검사하는 기능이다.
❷ **작은 곡면** : 입력된 영역 크기의 값보다 작은 곡면이 있는지를 검사하는 기능이다.
❸ **노말** : 선택된 곡면의 노말방향을 체크하는 기능이다.
❹ **베이스 곡면** : 베이스 곡면을 선택하면 작업화면 내에서 블랭크, 언블랭크를 허용한다.

4) 곡률

곡면 또는 솔리드 모델링 도형의 곡률을 측정하여 설정된 색상으로 표시해주는 기능이다.

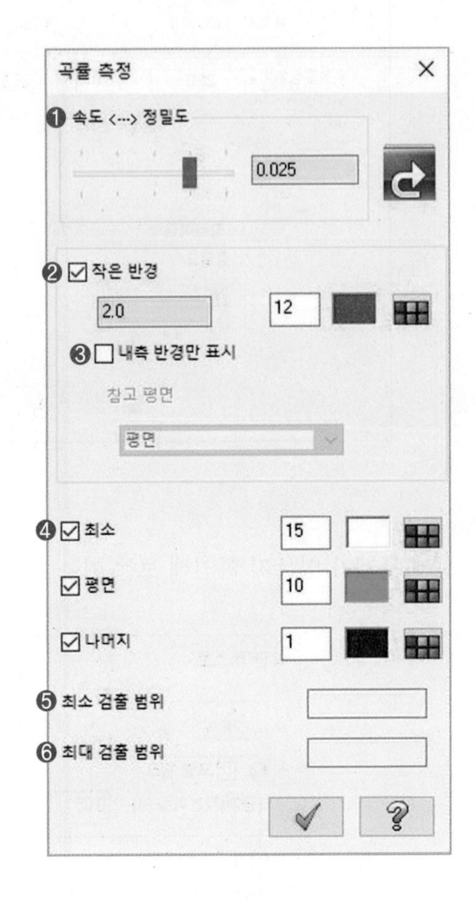

❶ **속도 ←→ 정밀도** : 측정에 사용될 공차를 설정하는 항목으로 작은 값을 입력할수록 더 정밀한 측정이 가능하다. 단, 정밀한 측정을 할수록 연산시간은 증가한다.

❷ **작은 반경** : 입력된 값보다 측정하는 모델링의 반경이 작을 경우 설정된 색상으로 표시한다.

❸ **내측 반경만 표시** : 참고 평면에서 설정한 평면을 기준으로 언더컷 또는 내부 형태의 반경들만 화면에 표시해 주는 기능이다.

❹ **최소 / 평면 / 나머지** : 각각의 항목에 설정된 색상으로 최소 반경, 평면, 나머지 부분을 표시해 주는 기능이다.

❺ **최소 검출 범위** : 모델링에서 가장 작은 반경값을 표시한다.

❻ **최대 검출 범위** : 모델링에서 가장 큰 반경값을 표시한다.

(8) 2D 면적 / 곡면 면적

1) 2D 면적

커브 도형의 2D 면적을 측정하는 기능으로 내측의 면적, 윤곽길이, 무게중심 위치, XY에 대한 관성모멘트 위치, 무게중심에 대한 관성모멘트 위치 등을 측정한다.

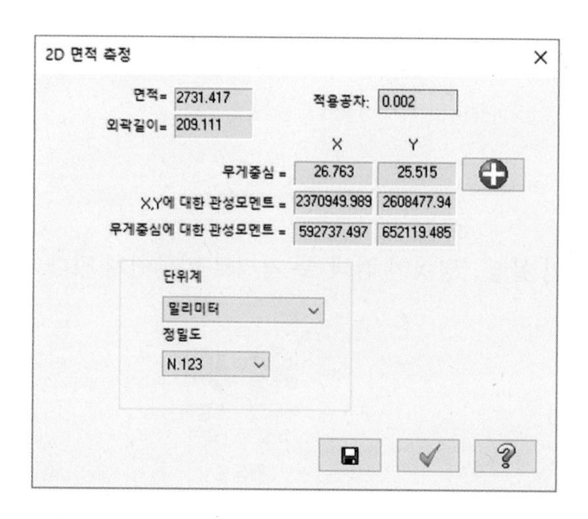

2) 곡면 면적

곡면도형의 면적을 측정하는 기능이다.

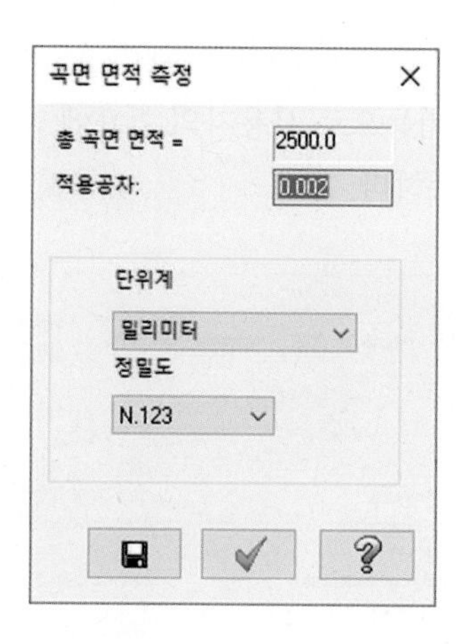

(9) 화면 요소 개수

작업화면의 곡면 또는 솔리드 모델링 도형의 요소 개수를 측정하는 기능이다.

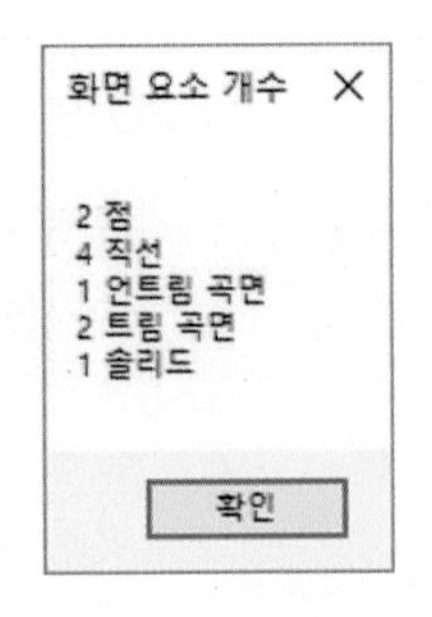

7 애드인

애드인 그룹은 '애드인 실행', '명령어 검색' 두 가지로 이루어져 있다.

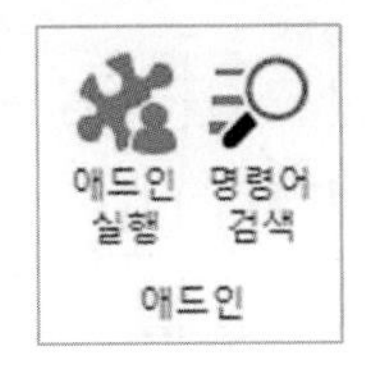

(1) 애드인 실행

Mastercam에서 확장된 기능으로 실행하거나, 또는 third－Party로 제공되는 프로그램들을 실행하는 메뉴이다. 내용은 C－hooks 또는 Net－hooks로 불리는 단일 프로그램들로 구성되어 있다. 특수하고 다양한 기능으로 사용자의 필요에 따라 사용이 가능하며 프로그램 작성용 언어를 이용한 작성도 가능하다.

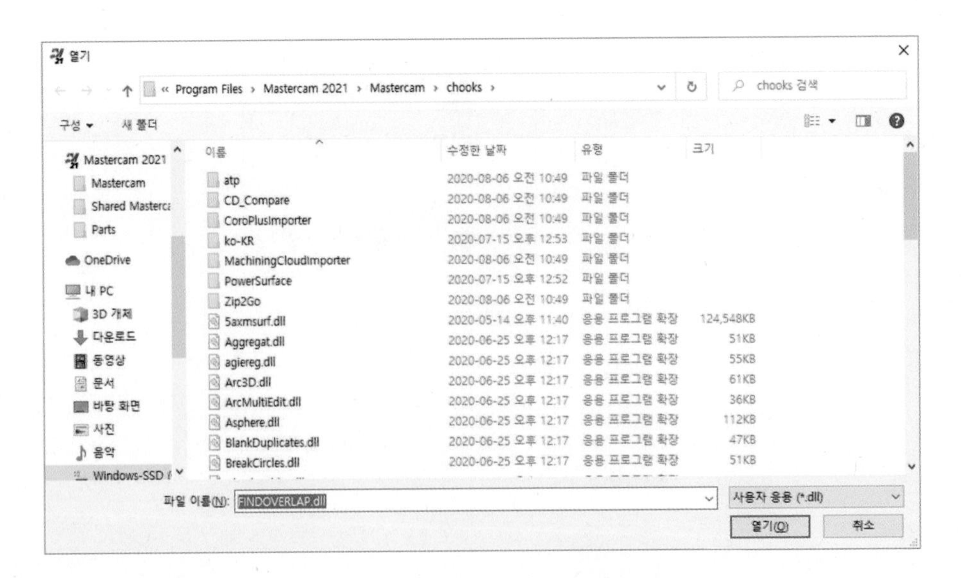

DLL 형태로 작성되어 있는 파일을 선택하여 열기를 선택하면 해당 DLL 파일이 실행된다.

예 Gear.dll을 선택 후 기어를 작성하는 메뉴가 활성화되면 조건을 입력하여 손쉽게 기어를 그릴 수 있다.
FindOverlap.dll 기능을 실행하면 중복되는 요소들을 찾아 삭제해주는 기능을 실행할 수 있다.

(2) 명령어 검색

Mastercam 기능과 애드인에 들어 있는 .dll 기능 모두를 검색할 수 있다.

예 스마트 치수를 검색하면 그림처럼 스마트 치수 기능이 표시된다. 검색 후 Enter 키를 누르면 기능이 실행된다.

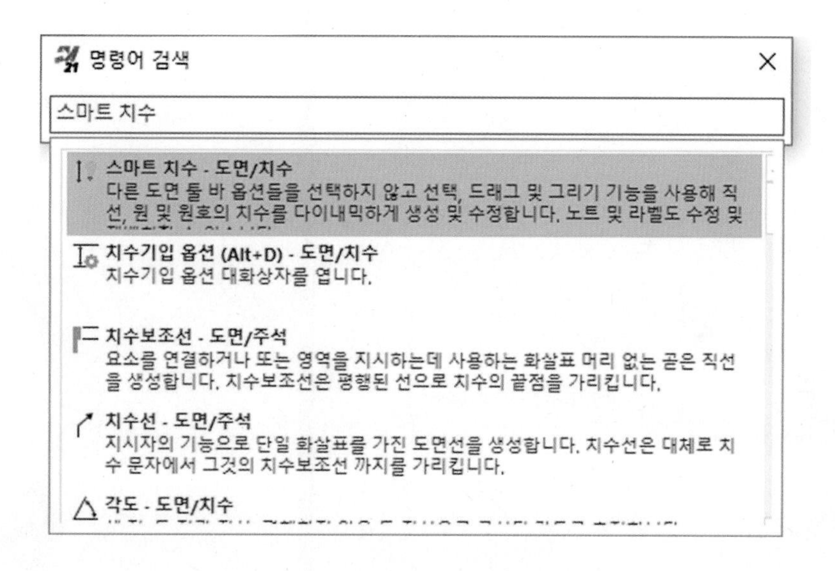

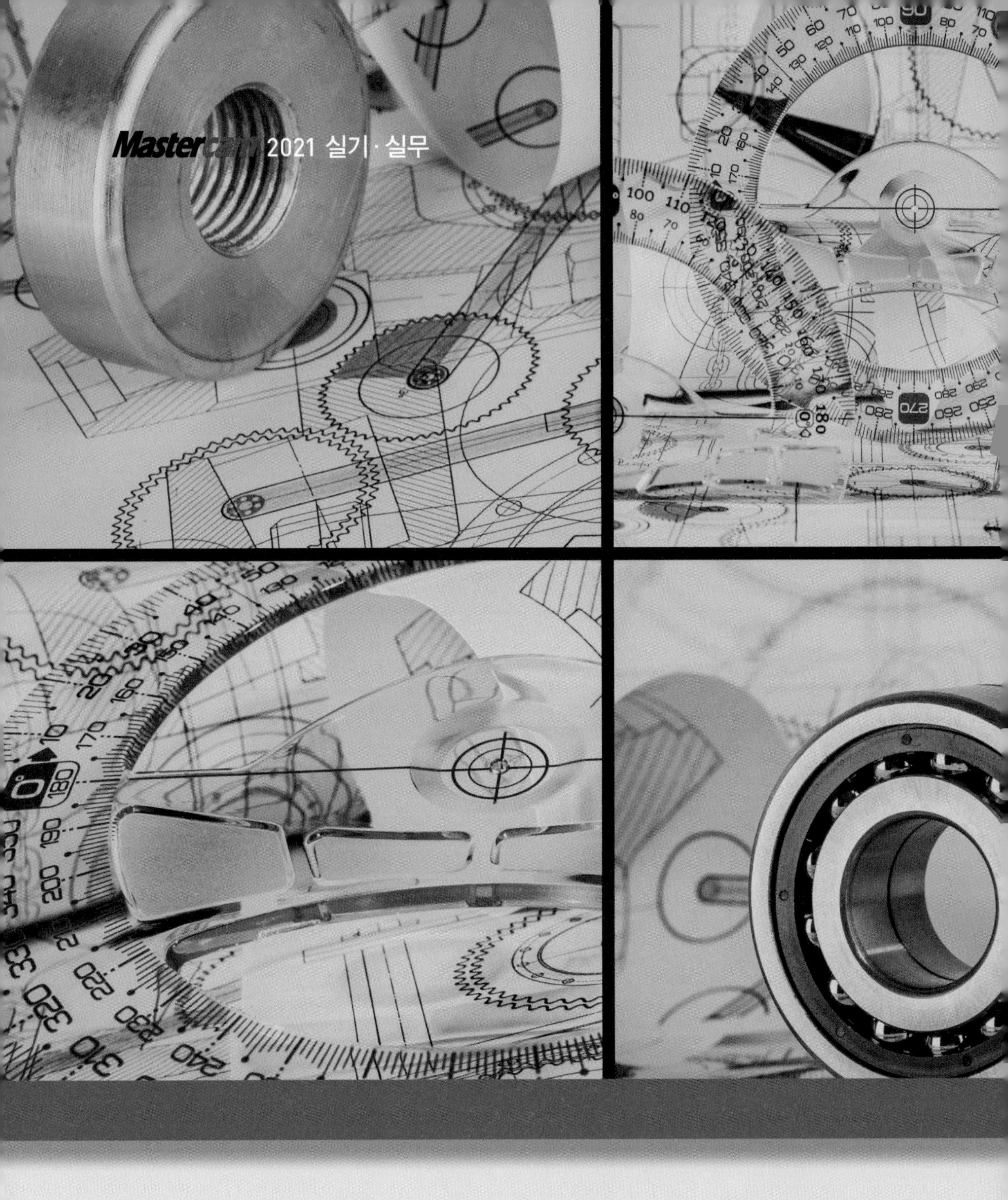
Mastercam 2021 실기 · 실무

CHAPTER 04

와이어프레임

CHAPTER

04 와이어프레임

1 점 그리기

(1) 위치 지정

사용자가 선택한 위치에 점을 생성하는 기능이다.

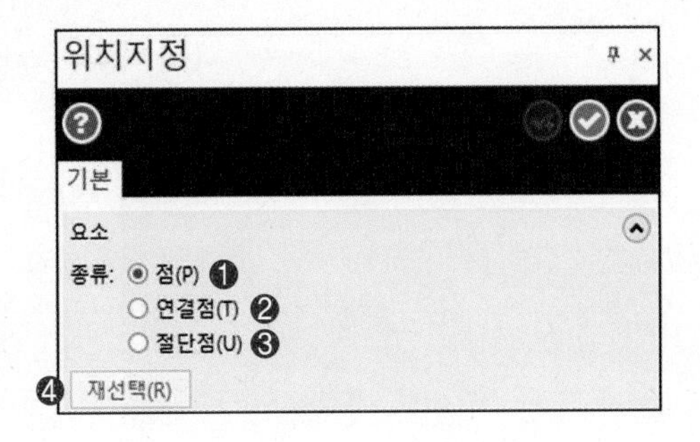

❶ **점** : 도형상 자동커서의 위치나 화면상 임의의 위치 또는 '자동커서 빠른 점'을 사용하여 점을 그린다.
❷ **연결점** : 와이어 가공경로에서 필요한 와이어의 연결지점을 그릴 때 사용한다.
❸ **절단점** : 와이어 가공경로에서 필요한 와이어의 절단지점을 그릴 때 사용한다.
❹ **재선택** : 점이 라이브 상태인 경우 이 버튼을 클릭하여 점의 위치를 다른 위치로 다시 지정할 수 있다.

(2) 점 다이내믹

도형요소상에서 자유롭게 커서를 움직여 점을 생성하는 기능이다.

❶ **재선택** : 도형요소에서 선택한 마지막 점의 위치를 취소하고 다시 점을 선택할 때 사용한다.
❷ **따라서** : 마우스를 움직이면 창 내의 값이 변하게 되는데, 사용자가 원하는 값을 입력하여 도형의 끝점에서 입력된 값만큼 떨어진 거리에 점을 그릴 수 있다.

(3) 점 세그먼트

선택한 도형요소에 거리와 개수를 사용하여 도형을 분할하는 점을 그리는 기능이다.

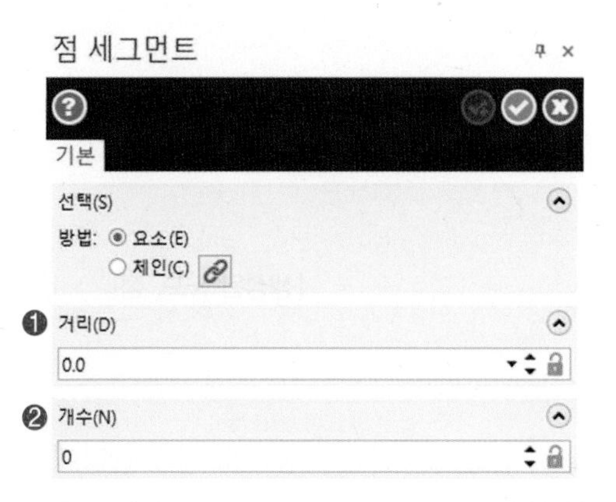

❶ **거리** : 도형을 선택한 후 거리값을 입력하면 개수가 자동으로 계산되며, 선택된 도형을 분할하는 점이 도형요소에 그려진다. 단, 선택된 도형의 길이가 입력된 거리값의 정수로 나누어지는 것이 아니면 마지막 점과 도형의 끝 위치는 나머지의 거리가 된다.

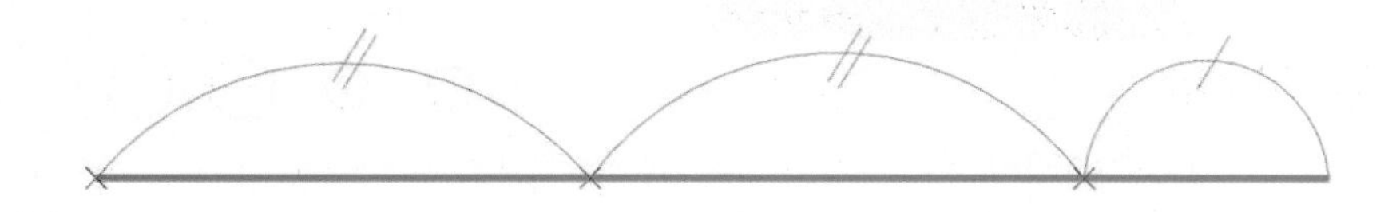

❷ **개수** : 개수를 입력하여 선택한 도형요소를 같은 거리로 등분하는 점을 그릴 수 있다. 개수 입력 시 거리는 자동계산되어 표시된다.

(4) 끝점 위치

사용자가 선택한 직선, 원호, 스플라인 등의 도형의 끝점에 점을 생성해주는 기능이다. 도형을 선택하지 않고 이 기능을 수행하면 작업화면에 있는 모든 도형요소의 끝점에 점이 나타나게 된다.

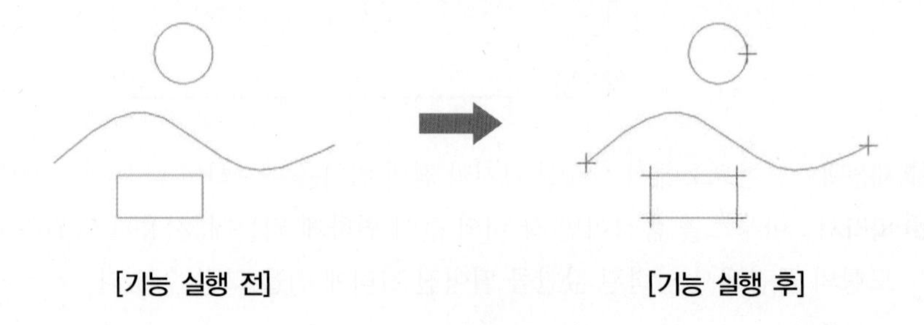

[기능 실행 전] [기능 실행 후]

(5) 노드 점

스플라인의 노드 점(굴곡점)을 생성하는 기능이다. 기능을 실행한 후 노드 점을 생성할 스플라인을 선택하면 아래 그림과 같이 노드 점이 생성된다.

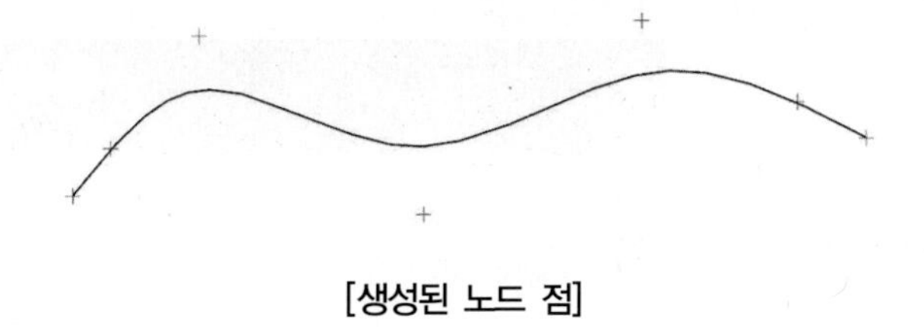

[생성된 노드 점]

(6) 작은 호

선택한 원호의 중심에 점을 생성하는 기능으로 최대 반경에 입력한 값 이하의 반지름값을 가진 원호에만 중심점이 생성된다. '부분 호를 포함' 항목에 체크하면 정원이 아닌 호 형태에도 중심점이 생성되고, '호 삭제' 항목에 체크하면 중심점을 생성한 원호는 삭제된다.

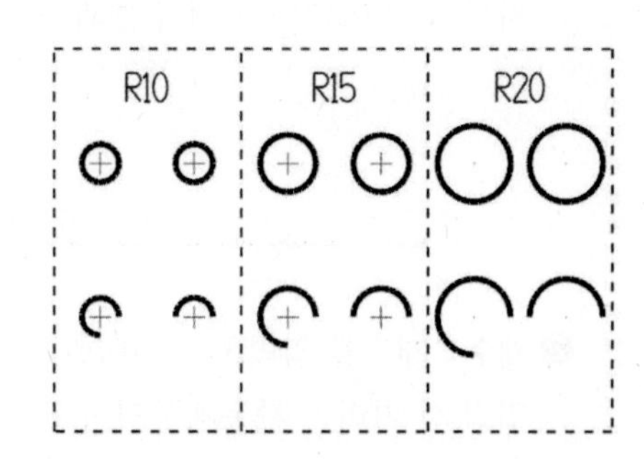

[작은 호 실행 화면]

앞 그림의 경우 최대 반경을 15로 설정하고 '부분 호를 포함' 항목을 선택했기 때문에 반지름값 15 이하의 원과 호에만 중심점이 생성되었다.

(7) 볼트서클

가상원의 원주에 동일한 간격(각도)의 원을 배열하여 그리는 기능이다.

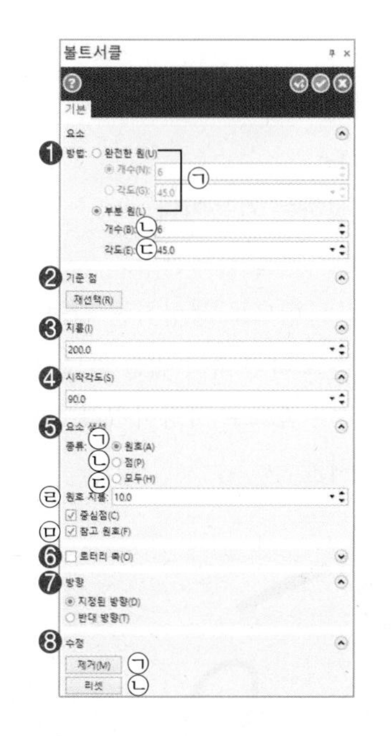

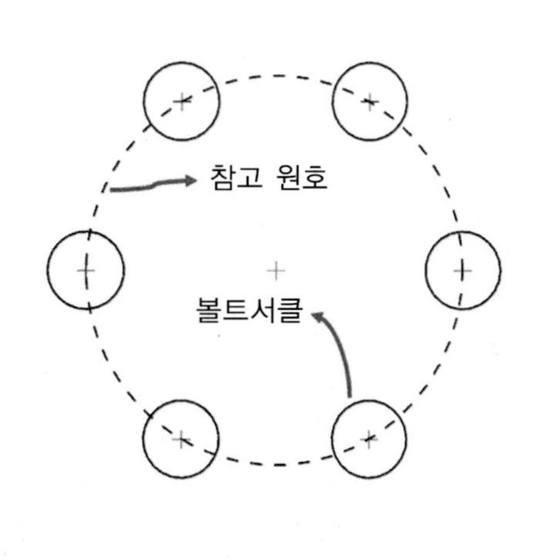

[볼트서클 실행 화면]

❶ 방법

㉠ **완전한 원 / 부분 원** : 참고 원호의 형태를 정원의 형태로 만드는 기능으로 항목을 선택하지 않을 경우 참고 원호의 형태가 호의 형태가 된다.

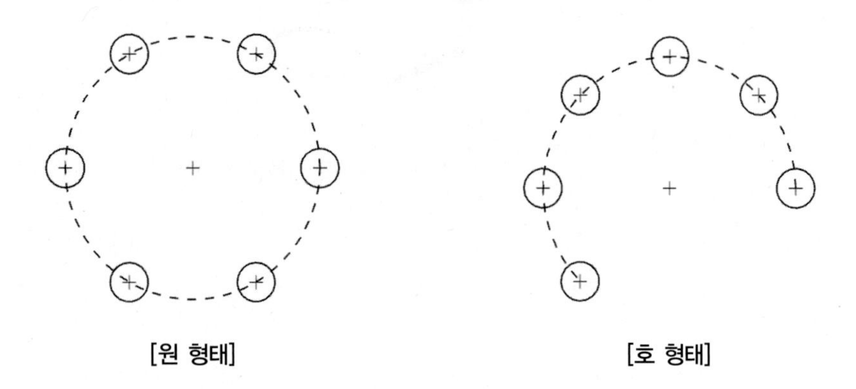

[원 형태] [호 형태]

㉡ **개수** : 볼트서클의 수를 지정하는 항목이다.

㉢ **각도** : 볼트서클 사이의 간격을 각도로 입력하는 항목으로 완전한 원 기능을 체크하면 사용할 수 없다.

❷ **기준점** : 참고 원호의 중심점을 지정하는 기능으로 재선택(R) 버튼을 이용하여 원하는 점을 선택한다.

❸ **지름** : 참고 원호의 지름값을 입력하는 항목이다.

❹ **시작 각도** : 볼트서클이 그려질 시작 각도를 입력하는 항목이다.

❺ **요소 생성**

㉠ **원호** : 입력된 지름값을 이용하여 볼트서클을 도형으로 생성하는 기능이다.

㉡ **점** : 볼트서클의 중심점을 생성하는 기능이다.

㉢ **모두** : 볼트서클로 원호와 점, 두 형태를 생성하는 기능이다.

㉣ **원호 지름** : 볼트서클로 생성될 원호 도형의 지름를 입력한다.

㉤ **참고 원호** : 점선으로 보여지는 참고 원호를 도형으로 생성하는 기능이다.

❻ **로터리 축** : 하나의 축을 로터리 축으로 지정하여 로터리 축 주위를 볼트서클이 감싸는 형태로 도형을 생성하는 기능이다. X, Y, Z축을 로터리 축으로 지정하거나 하나의 직선 또는 두 개의 점을 이용하여 로터리 축을 정의할 수 있다.

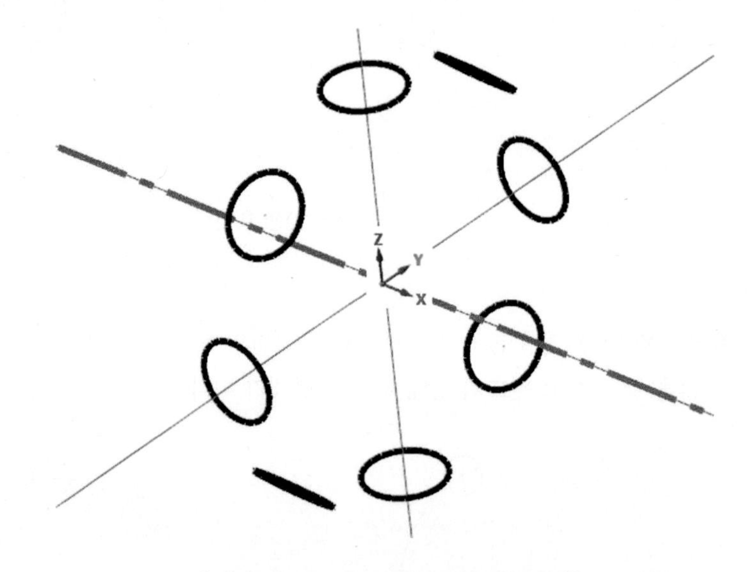

[X축을 로터리 축으로 사용한 볼트서클]

❼ **방향** : 지정된 방향은 볼트서클을 반시계방향으로 그리며, 반대방향은 시작 각도를 기준으로 지정된 방향의 반대방향으로 전환된다.

❽ **수정**

㉠ **제거** : 생성된 볼트서클 중 필요 없는 도형을 제거하는 기능이다.

㉡ **리셋** : 제거를 이용하여 제거한 도형을 복구시키는 기능이다.

2 직선 그리기

Mastercam 2021 내에서 직선을 그리는 모든 기능은 와이어프레임 탭의 직선 그룹에서 선택하여 사용할 수 있다.

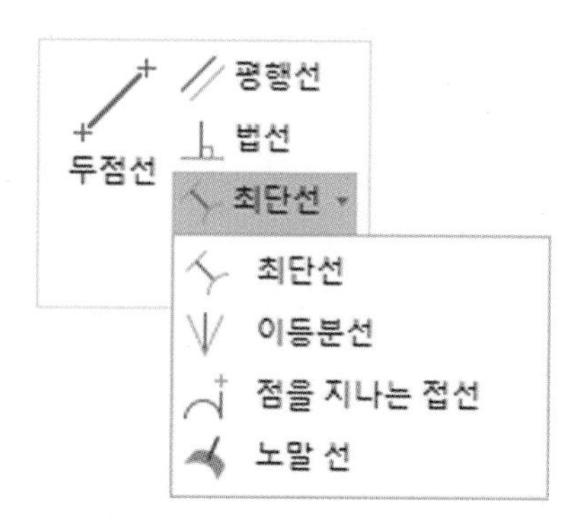

[직선 그룹]

(1) 두점선

임의의 두 점을 선택하거나 선의 길이값을 입력하여 직선을 그리는 기능으로, 경사선, 접선, 수직선, 수평선, 다중선 등을 그릴 수 있다. 두점선 실행 시 아래 그림과 같이 좌측 패널의 두점선 조건창을 이용하여 직선을 완성한다.

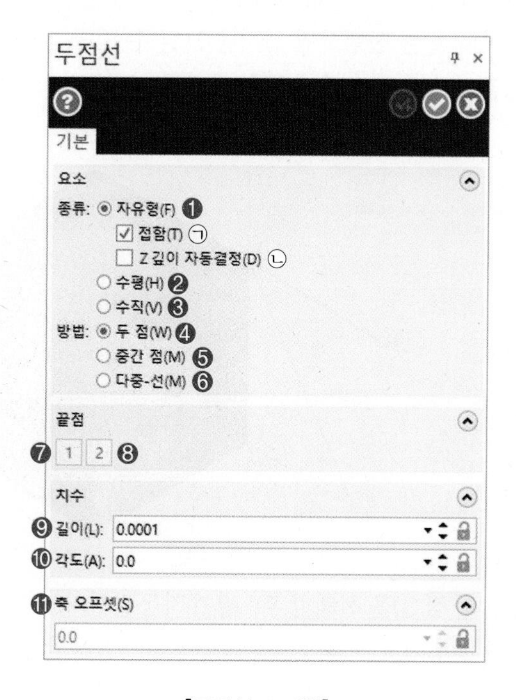

[두점선 조건창]

❶ **자유형** : 임의의 점이나 길이, 각도값을 입력하여 접선, 경사선, 수직선, 수평선 등의 직선을 제한 없이 자유롭게 그리는 기능이다.

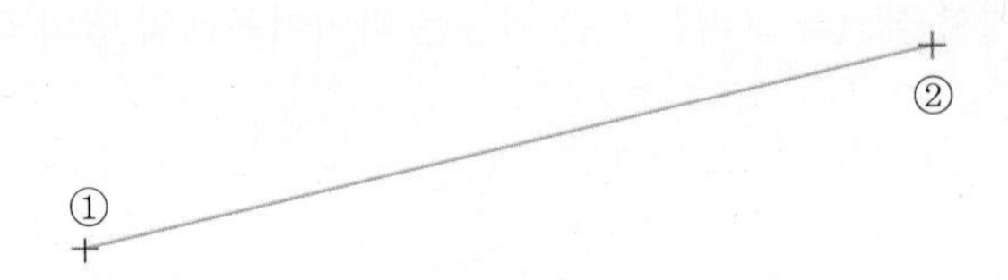

위 그림과 같이 점 ①을 선택한 후 점 ②를 선택하면 두 점을 지나는 직선을 그릴 수 있다.

㉠ **접함** : 자유형 종류에서만 사용할 수 있는 기능으로 접선을 그리는 기능이다. '두점선 조건창'에서 접함 체크 시 스플라인이나 원호 도형요소에 접하는 직선을 그릴 수 있다.

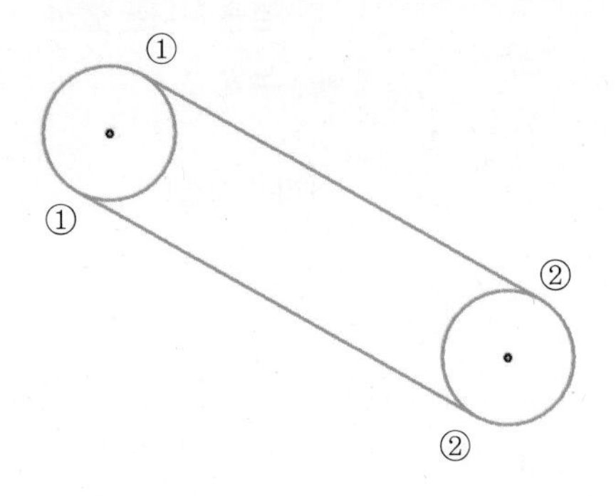

위 그림과 같이 자동커서가 잡히지 않는 위치 ①을 선택하고 마찬가지로 자동커서가 잡히지 않는 위치 ②를 선택하면 접선을 그릴 수 있다.

㉡ **Z깊이 자동결정** : 3D 모드에서 처음 선택된 Z높이를 동일하게 유지하는 기능이다.

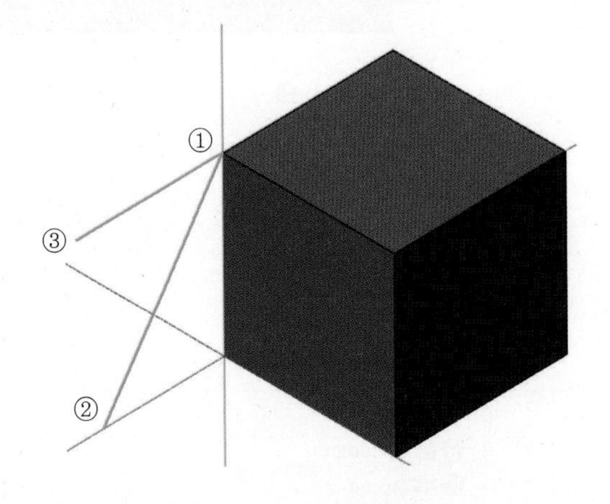

위 그림과 같이 점 ①을 선택한 후 Z깊이 자동결정이 비활성화되어 있으면 점 ②를 연결하는 직선이 생성되고, Z깊이 자동결정을 활성화하면 점 ③을 연결하는 직선을 생성할 수 있다.

❷ **수평** : 수평선을 그리는 기능으로, '두점선 조건창'에서 수평을 선택하면 화면상에서 수평선만 그릴 수 있다.

위 그림과 같이 점 ①을 클릭하고 점 ②를 클릭하여 수평선을 그릴 수 있다. 이 수평선은 '두점선 조건창'의 축 오프셋 입력창에 값을 입력하여 원점에서 수직방향으로 생성될 직선을 오프셋할 수 있다.

❸ **수직** : 수직선을 그리는 기능으로, '두점선 조건창'에서 수직을 선택하면 화면상에서 수직선만 그릴 수 있다.

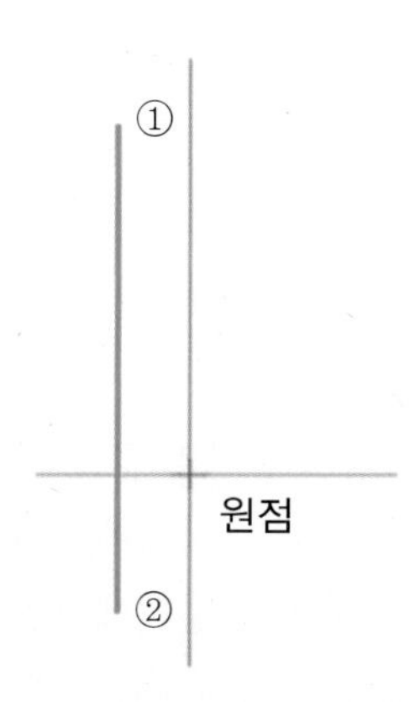

위 그림과 같이 점 ①을 클릭하고 점 ②를 클릭하여 수직선을 그릴 수 있다. 이 수직선은 '두점선 조건창'의 축 오프셋 입력창에 값을 입력하여 원점에서 수평방향으로 생성될 직선을 오프셋할 수 있다.

❹ **두 점** : 임의의 두 개의 점을 선택하여 직선을 그리는 기능으로, 임의의 두 개의 점을 선택한 후 '두점선 조건창'에서 길이, 각도 등을 수정할 수 있다.

❺ **중간점** : 임의의 한 점을 선택하고 그 점을 중심으로 양방향으로 뻗어나가는 직선을 그리는 기능이다. 중간점으로 사용될 점을 선택하고 임의의 두 번째 점을 선택하면, 중간점으로부터 두 번째 점까지 이어지는 직선의 반대방향으로 같은 길이만큼 이어지는 하나의 연결된 직선이 생성된다.

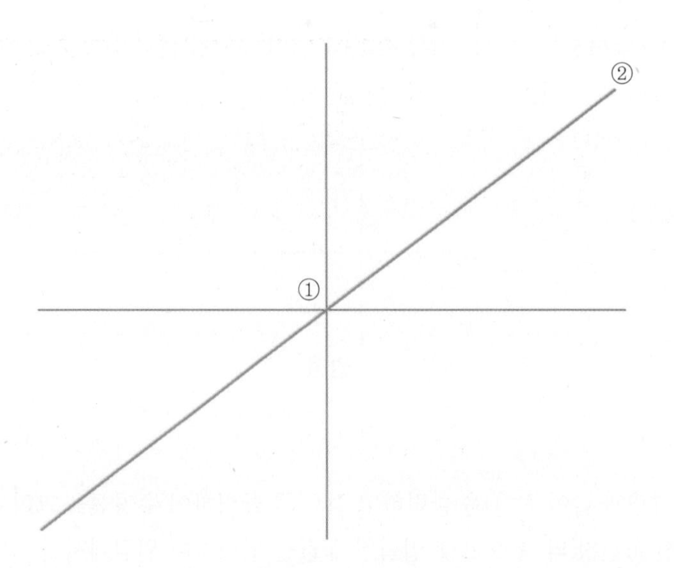

위 그림과 같이 점 ①을 클릭하고 점 ②를 클릭하여 중간점을 사용해 직선을 그릴 수 있다.

❻ **다중-선** : 두 개 이상의 직선을 끊기지 않고 연결해서 그릴 때 사용하는 기능이다. 그러나 다중-선의 경우 두 점 기능과는 다르게 그려진 직선을 두점선 조건창에서 수정할 수 없다.

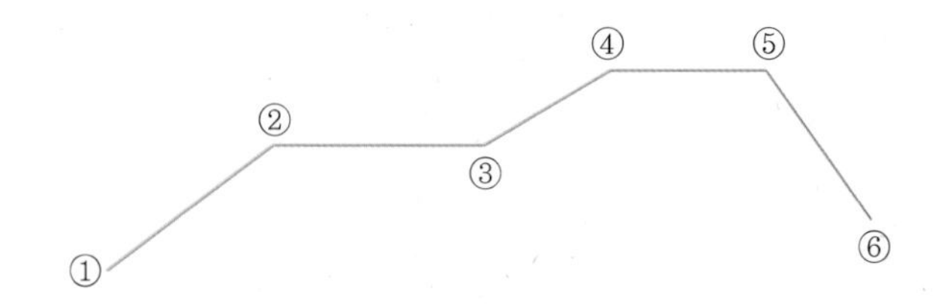

위 그림과 같이 ①~⑥까지의 임의의 점을 차례로 선택하여 연결된 직선을 그릴 수 있다.

❼ **끝점 1** : 수정 가능한 하늘색 직선 상태에서 첫 번째 선택한 점을 수정하는 기능이다.

❽ **끝점 2** : 수정 가능한 하늘색 직선 상태에서 두 번째 선택한 점을 수정하는 기능이다.

❾ **길이** : 수정 가능한 하늘색 직선 상태에서 직선의 길이를 수정하는 기능으로, 자물쇠(🔒) 아이콘을 사용하여 값을 고정시킬 수 있다. 값을 고정시키면 길이 입력칸에 입력된 값의 직선만 그릴 수 있다.

❿ **각도** : 수정 가능한 하늘색 직선 상태에서 직선의 각도를 수정하는 기능으로, 자물쇠(🔒) 아이콘을 사용하여 값을 고정시킬 수 있다. 값을 고정시키면 각도 입력칸에 입력된 값의 경사선만 그릴 수 있다.

⓫ **축 오프셋** : 수평과 수직 기능에서만 활성화되는 기능으로, 축 오프셋의 입력창에 값을 입력하면 수평기능은 수직방향, 수직기능은 수평방향으로 직선을 오프셋할 수 있다.

예 제 |

아래 제시된 도면을 두점선 기능을 사용하여 그리시오.

예 제 1

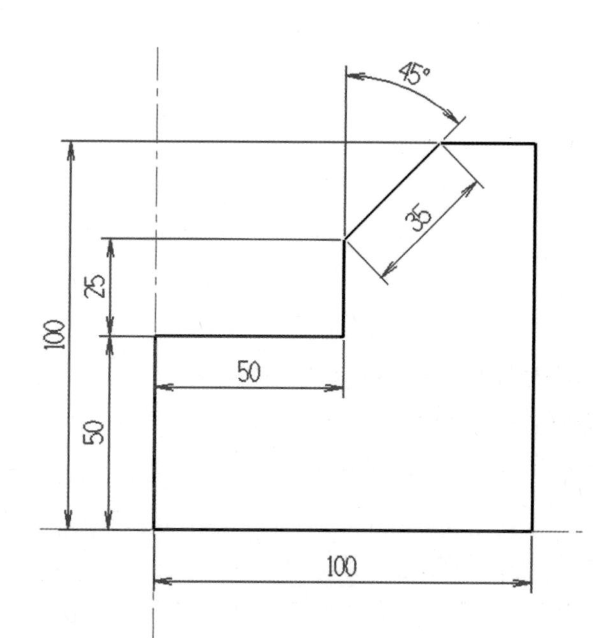

예 제 2

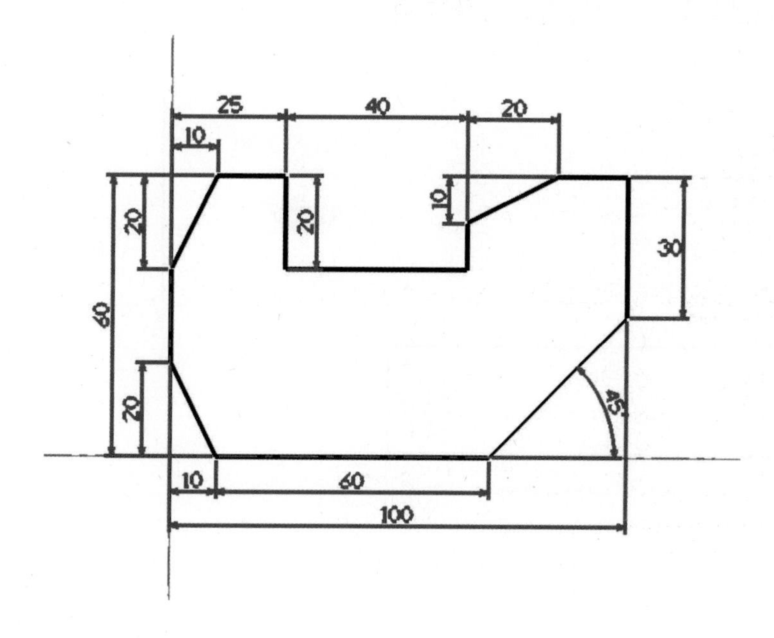

예제 1 해답

① 와이어프레임 → 두점선을 선택한 후 자동커서에서 원점을 선택한다.

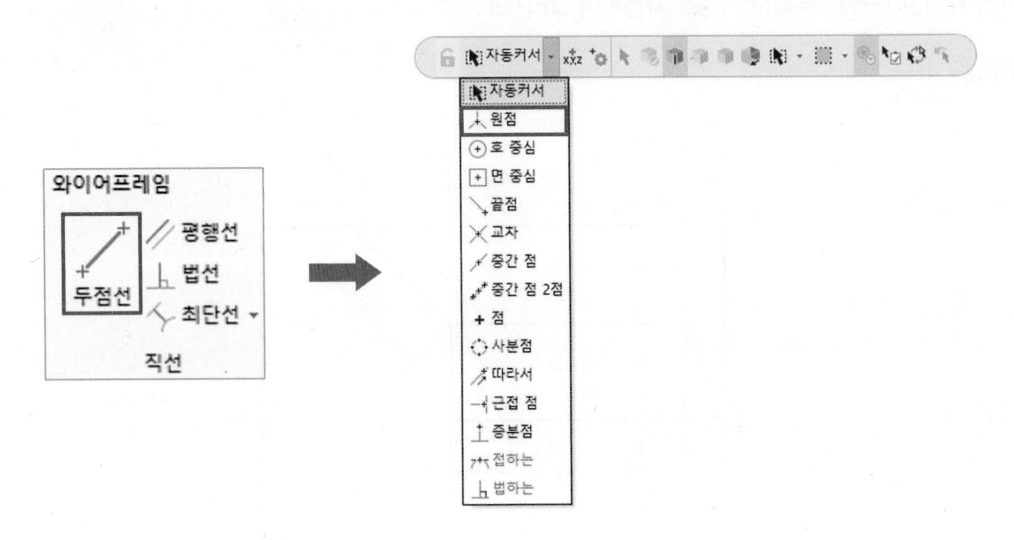

② 원점이 두점선의 첫 번째 점으로 선택되면 조건창에 길이 50, 각도 90을 입력하여 그림과 같이 두점선을 생성하고 OK 버튼(✓)을 눌러 첫 번째 직선을 완료한다.

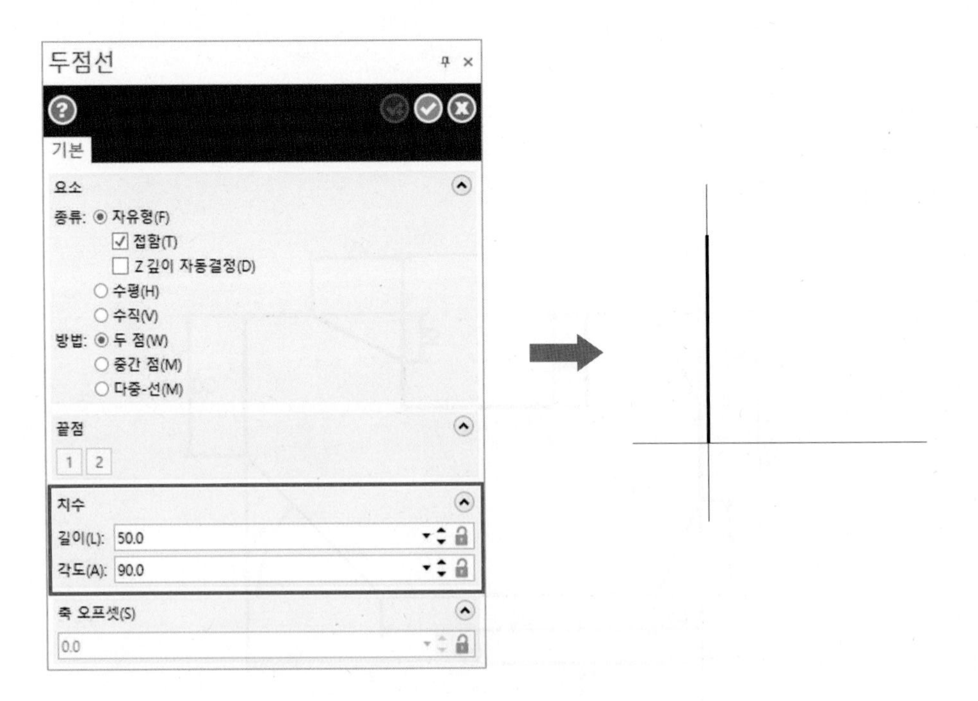

③ 와이어프레임 → 두점선을 선택한 후 첫 번째 점으로 아래 그림의 점 P1을 마우스 좌측 버튼으로 클릭한다.

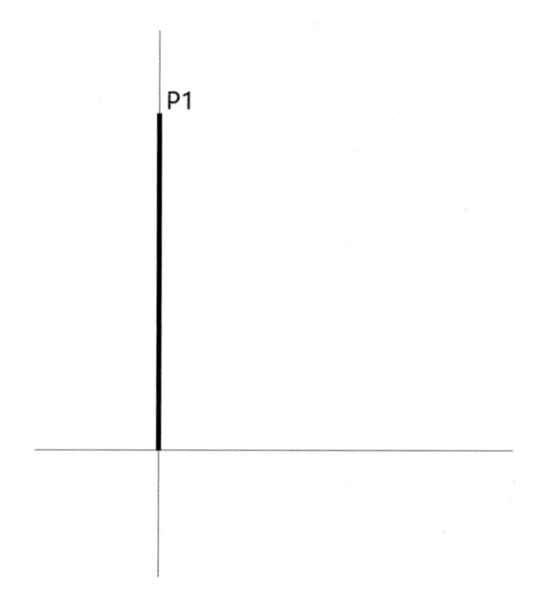

④ 점 P1을 선택한 후 조건창에 길이 50, 각도 0을 입력하여 아래 그림과 같이 두점선을 생성하고 OK 버튼(✓)을 눌러 완료한다.

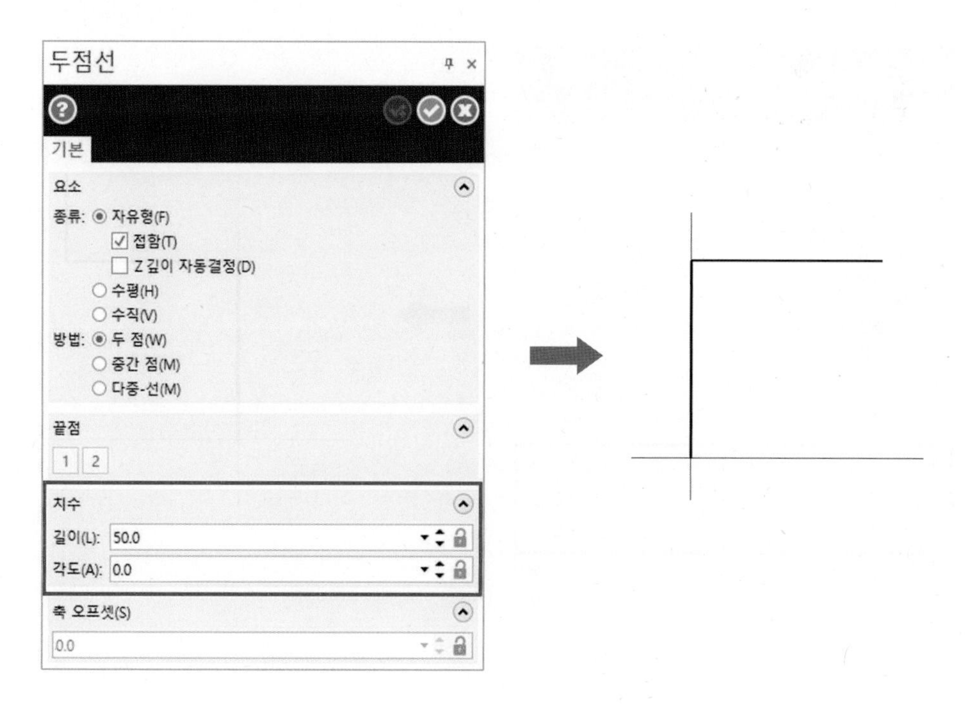

⑤ 와이어프레임 → 두점선을 선택한 후 첫 번째 점으로 아래 그림의 점 P2를 마우스 좌측 버튼으로 클릭한다.

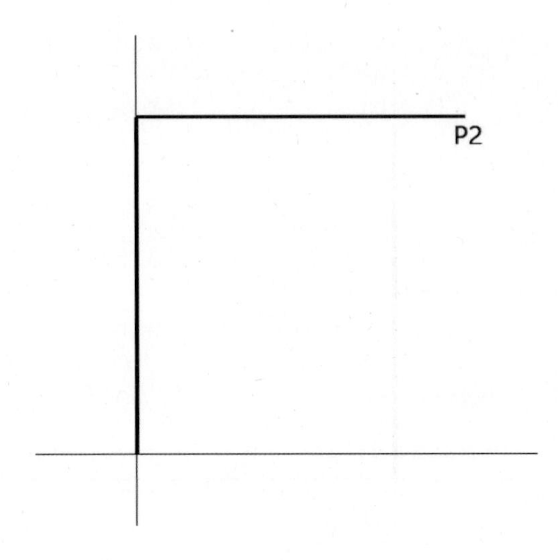

⑥ 점 P2를 선택한 후 조건창에 길이 25, 각도 270을 입력하여 아래 그림과 같이 두점선을 생성하고 OK 버튼(✓)을 눌러 완료한다.

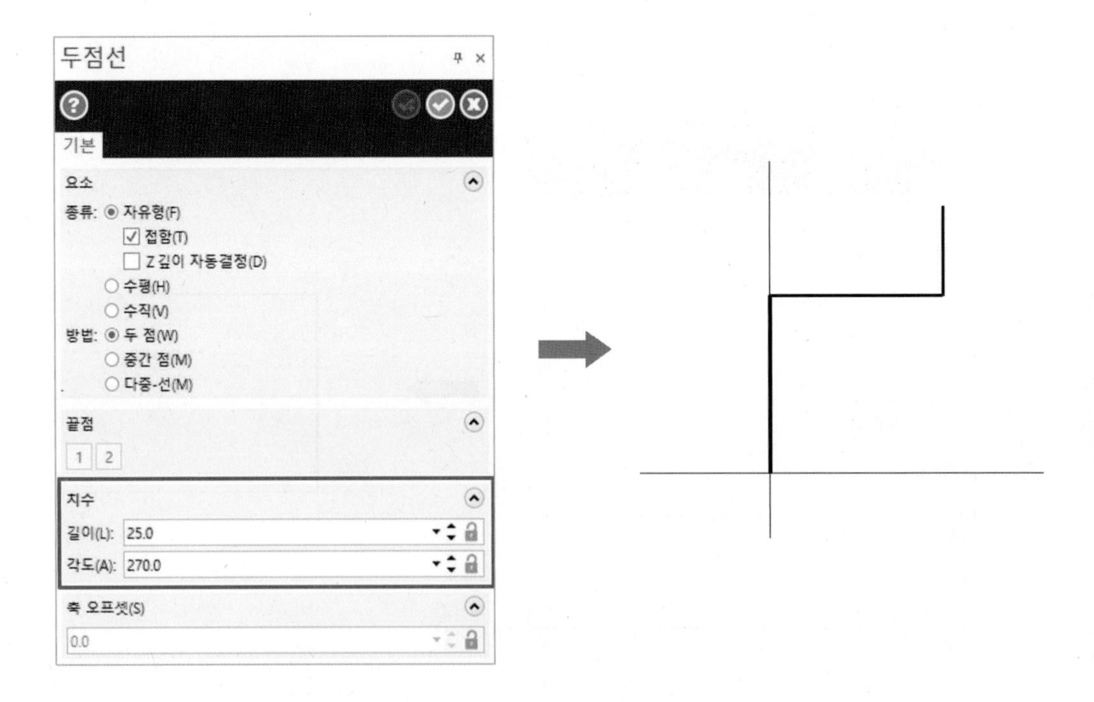

⑦ 와이어프레임 → 두점선을 선택한 후 첫 번째 점으로 아래 그림의 점 P3을 마우스 좌측 버튼으로 클릭한다.

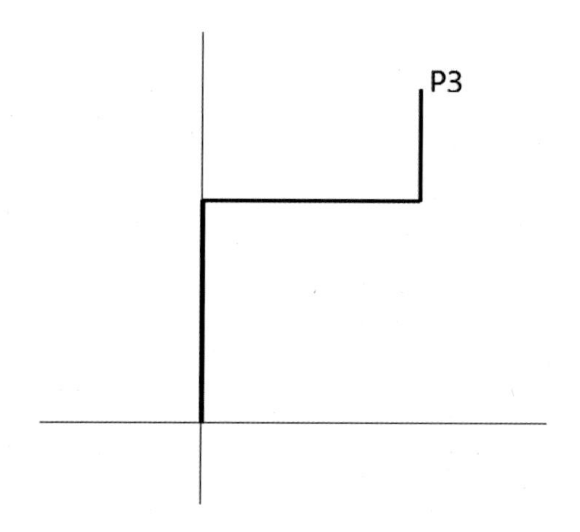

⑧ 점 P3을 선택한 후 조건창의 각도에 45, 절대좌표에 75, 100을 입력하여 아래 그림과 같이 두점선을 생성하고 OK 버튼(✔)을 눌러 완료한다.

절대좌표는 키보드의 숫자키를 누르면 화면에 나타난다. 75,100

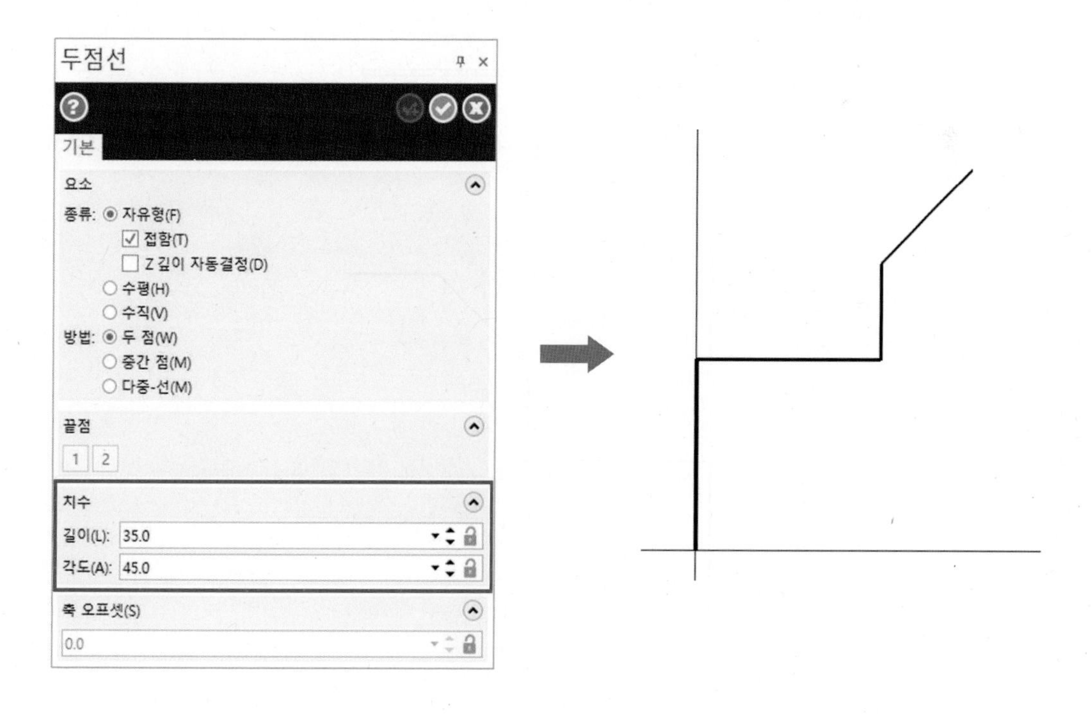

⑨ 와이어프레임 → 두점선을 선택한 후 첫 번째 점으로 아래 그림의 점 P4를 마우스 좌측 버튼으로 클릭한다.

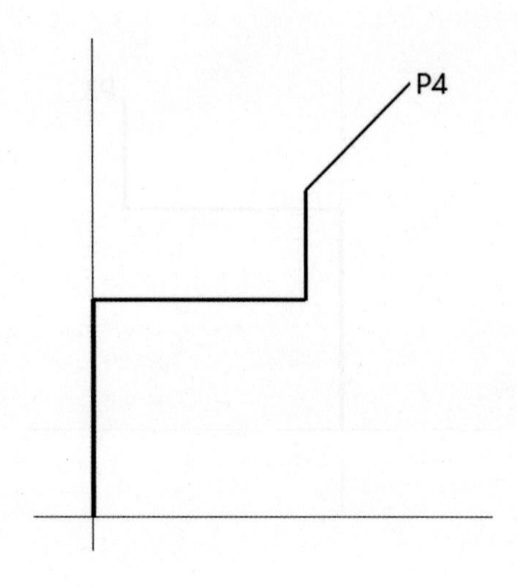

⑩ 점 P4를 선택한 후 절대좌표에 100, 100을 입력하여 두 번째 점을 선택한 뒤 아래 그림과 같이 두점선이 그려지면 OK 버튼(◎)을 눌러 완료한다.

✎ 절대좌표는 키보드의 숫자키를 누르면 화면에 나타난다.

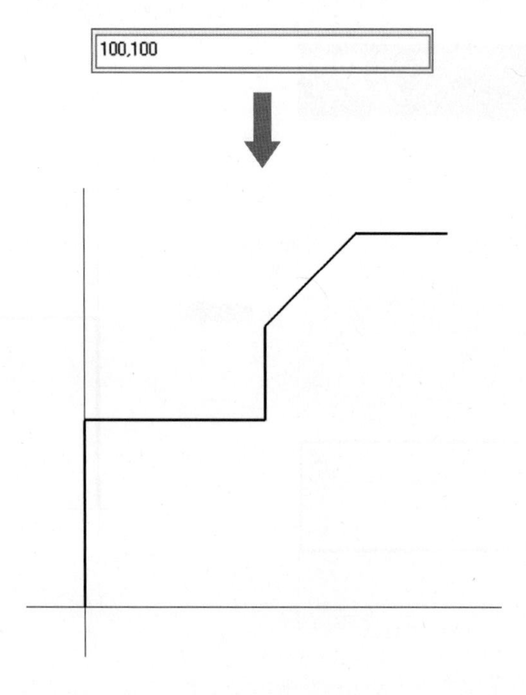

⑪ 와이어프레임 → 두점선을 선택한 후 첫 번째 점으로 아래 그림의 점 P5를 마우스 좌측 버튼으로 클릭한다.

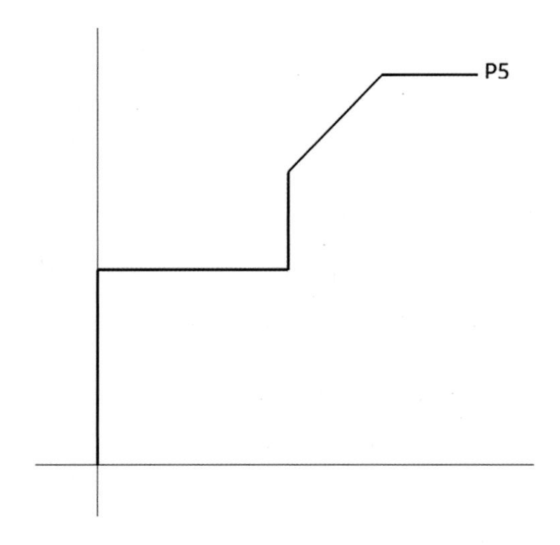

⑫ 점 P5를 선택한 후 조건창에 길이 100, 각도 270을 입력하여 아래 그림과 같이 두점선을 생성하고 OK 버튼(✓)을 눌러 완료한다.

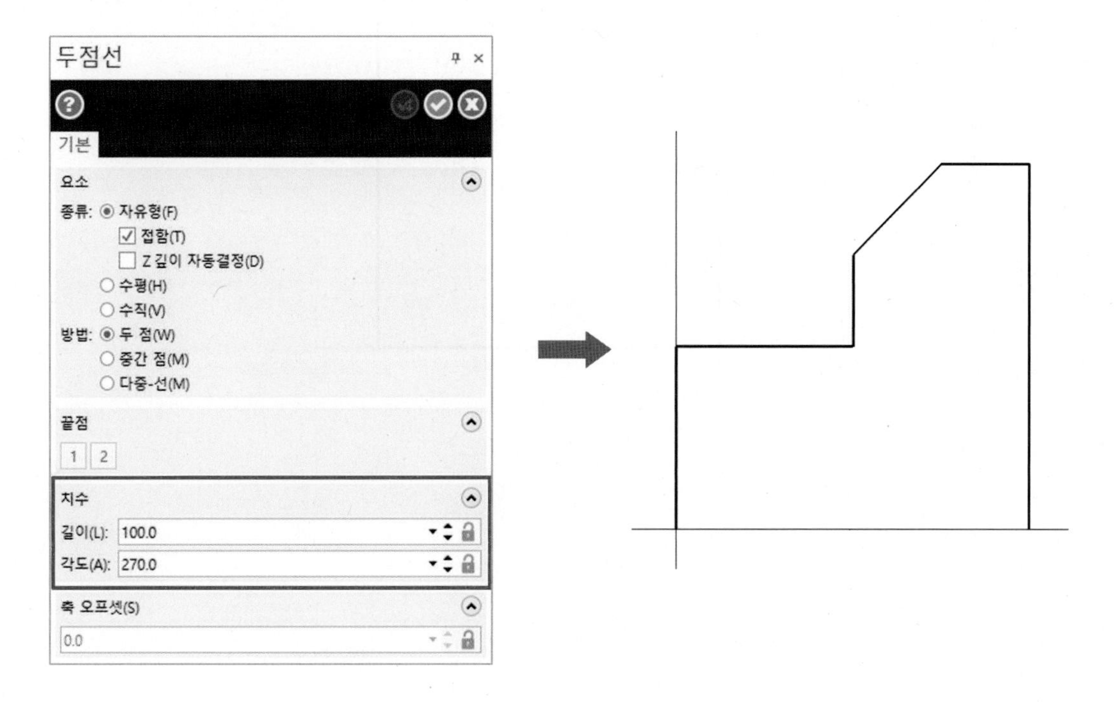

⑬ 와이어프레임 → 두점선을 선택한 후 첫 번째 점으로 아래 그림의 점 P6을 마우스 좌측 버튼으로 클릭, 두 번째 점으로 P7을 마우스 좌측 버튼으로 클릭하여 두점선을 생성하고 OK 버튼( )을 눌러 도형을 완성한다.

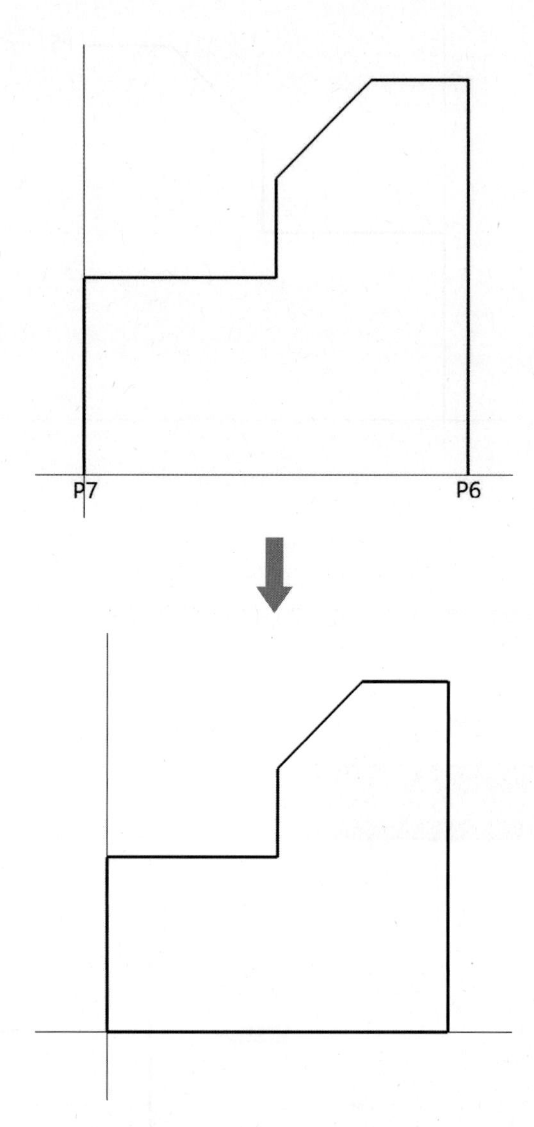

예제 2 **해 답**

① **뷰메뉴 – 화면표시 – 축표시** 또는 F9 키를 눌러 화면상에 원점에서 교차하는 XY축을 표시하도록 한다.

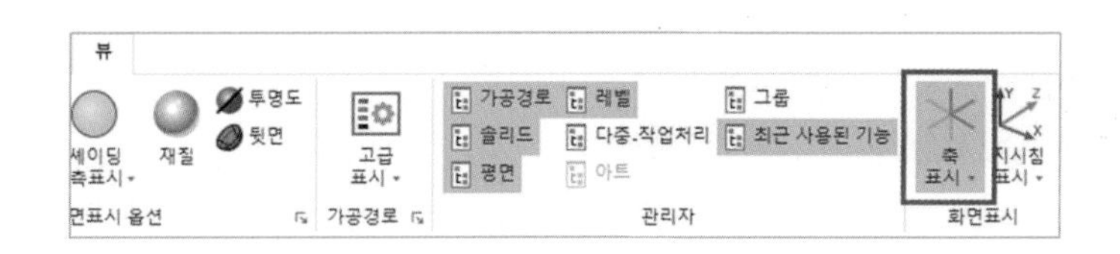

② 주 메뉴에서 **와이어프레임 – 두점선** 아이콘을 선택하고 **다중 – 선**을 클릭한다.

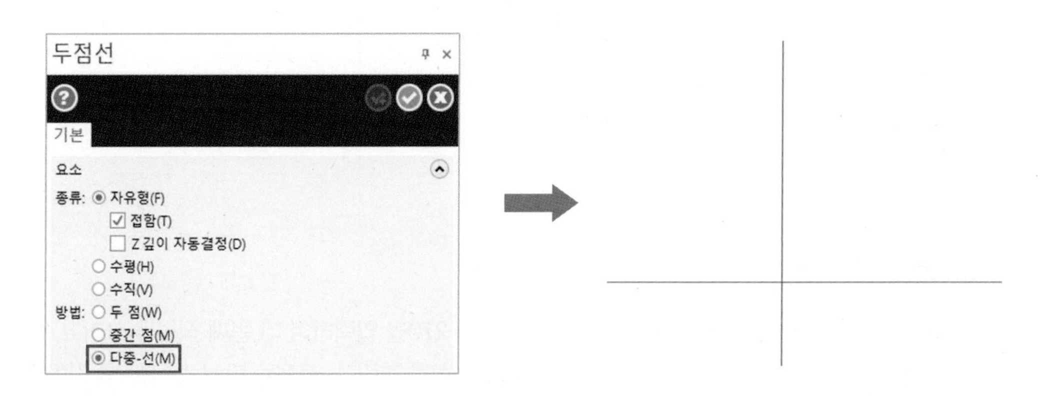

도형을 그리는 기준점은 도형의 좌측 하단을 원점으로 설정한 후 진행한다.

③ X0, Y20을 입력하여 첫 번째 점을, Y40을 입력하여 직선을 그리고 X10, Y60을 입력하여 두 번째 선을 그린다.

다중 – 선을 선택한 경우 두 번째 직선의 첫 번째 점은 처음 직선의 끝점이 된다.

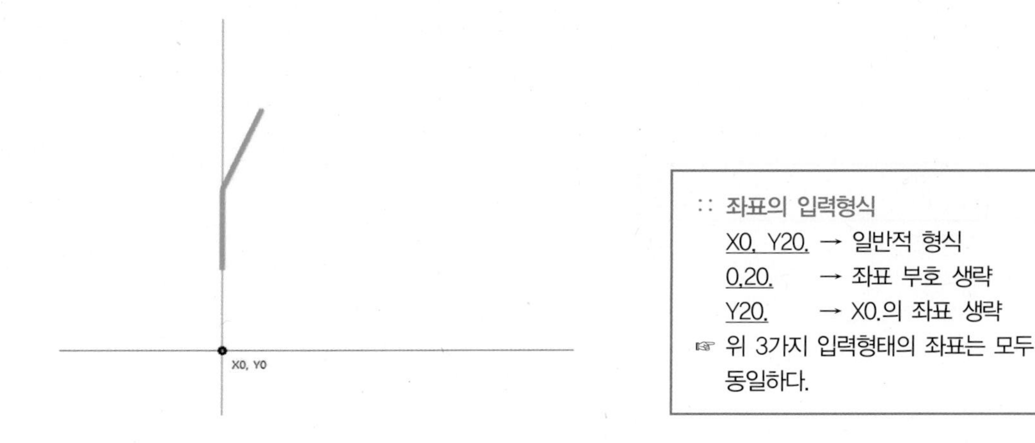

:: 좌표의 입력형식
X0, Y20, → 일반적 형식
0,20, → 좌표 부호 생략
Y20, → X0.의 좌표 생략
☞ 위 3가지 입력형태의 좌표는 모두 동일하다.

④ **두점선 – 두 점**을 선택한 후 두 번째 그려진 경사선의 위 끝점을 선택하고 길이 20, 각도 0을 입력하여 아래 그림처럼 선을 그린다.

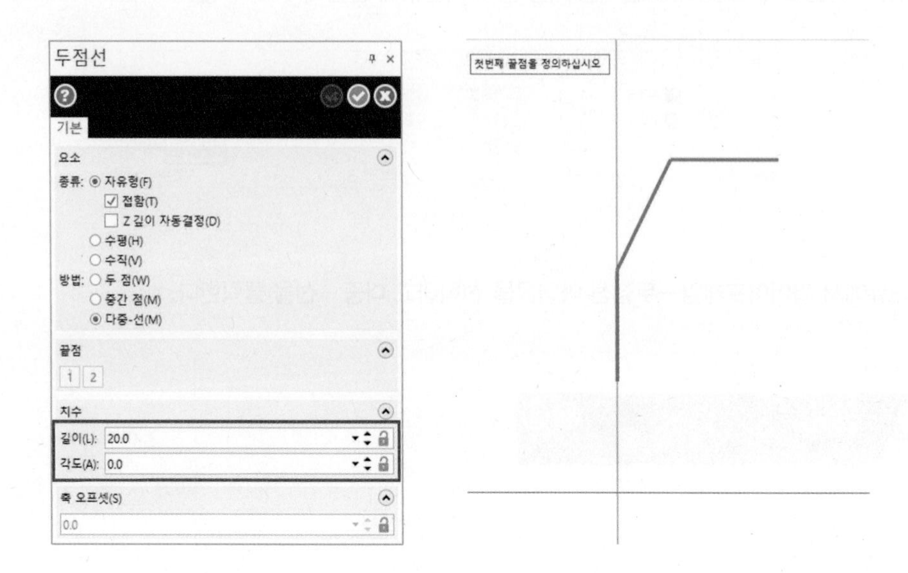

⑤ 세 번째 직선의 오른쪽 끝점을 선택한 후 **길이 20, 각도 270**을 입력하여 네 번째 직선을 그리고, 다시 끝점 선택 후 **길이 40, 각도 0**을 입력하여 다섯 번째 직선을 그린다. 끝점을 다시 선택한 후 **길이 10, 각도 90**을 입력하여 여섯 번째 직선을 그린다.

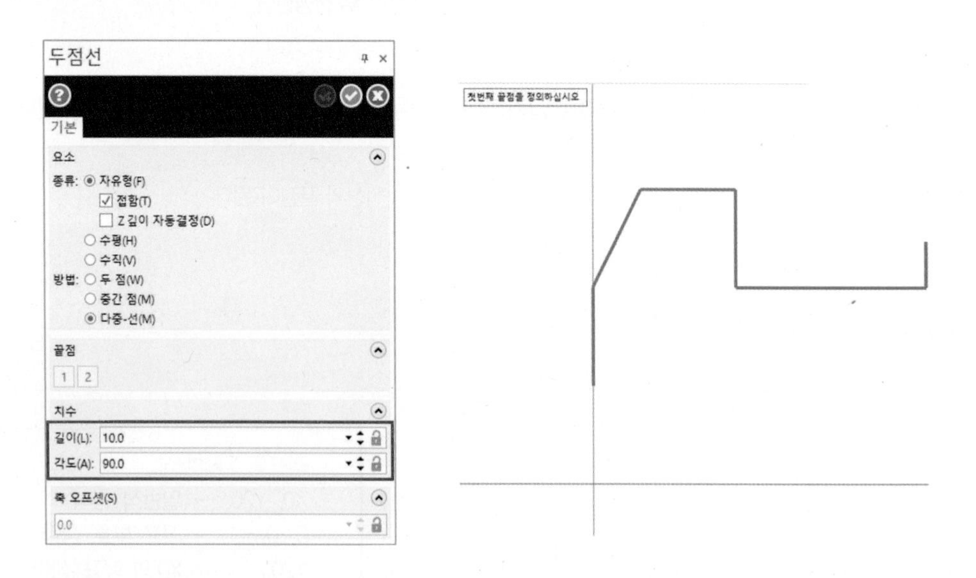

두점선 : 두 점을 이용해서 선을 그린 후 '확인 및 새 작업 생성' 버튼( )을 클릭하여 각 직선을 그리는 작업을 완료해 준다.

⑥ **두점선 – 다중 – 선**을 선택한 후 마지막으로 그려진 도형의 상단 끝점을 첫 번째 점으로 선택하고 두 번째 점은 X85, Y60을 입력한다. 다음으로 X100.을 입력하여 연결된 직선을 그리고 Y30.을 입력하여 수직선까지 그린다.

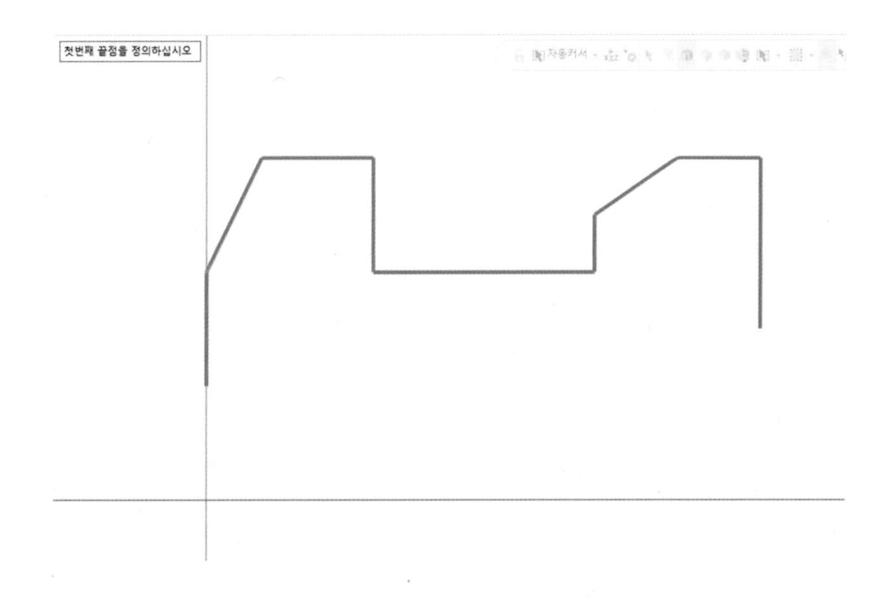

⑦ 아래 그림처럼 빨간 동그라미의 끝점을 선택하고, X10, Y0을 입력해서 경사선을 그린 후 X70을 입력해서 수평선을 그린다.

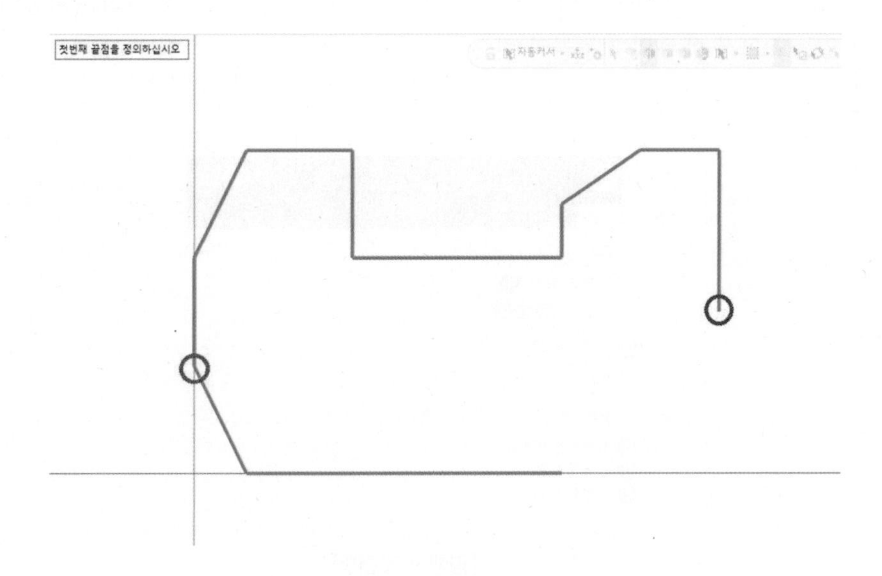

다시 파란 동그라미의 끝점을 선택한 후 OK 버튼(✓)을 클릭한다.

⑧ 도형이 완성되었다.

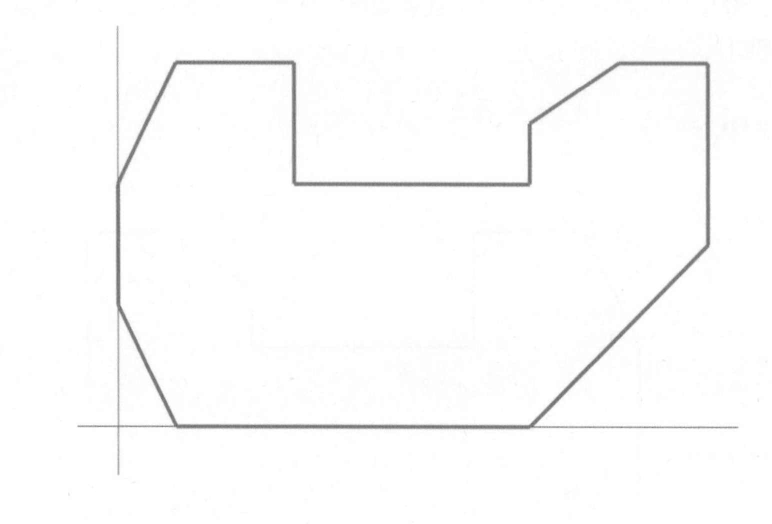

(2) 평행선

화면에 그려져 있는 직선을 선택하여 그 직선과 평행한 또 다른 직선을 그리는 기능이다. 이동 탭에 있는 오프셋 메뉴의 기능들과 비슷한 기능으로 직선만 오프셋할 수 있다.

[평행선 조건창]

❶ **점** : 화면에 그려져 있는 직선을 선택하여 클릭한 임의의 점 위치에 오프셋된 직선을 생성하는 기능이다.

그림처럼 직선 ①을 선택하여 ② 위치의 점을 지정하면 평행선을 그릴 수 있고 오프셋 거리를 통해 사이의 길이를 지정할 수 있다.

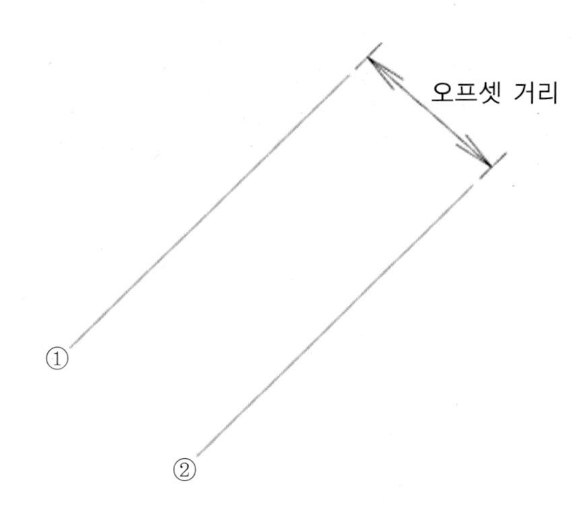

❷ **접함** : 원호나 스플라인과 접하는 평행선을 그리는 기능이다.

❸ **오프셋 거리** : 화면에 그려져 있는 선택된 직선과 그려질 평행선 사이의 길이를 지정하는 기능, 자물쇠( ) 아이콘을 사용하여 값을 고정시킬 수 있다.

❹ **선택된 측면** : 선택된 직선을 기준으로 선택된 임의의 점의 방향에 평행선을 생성하는 기능이다(정방향 평행선 생성).

❺ **반대 측면** : 선택된 직선을 기준으로 선택된 임의의 점의 반대방향에 평행선을 생성하는 기능이다(역방향 평행선 생성).

❻ **양쪽 측면** : 선택된 직선을 기준으로 양방향으로 평행선을 생성하는 기능이다(양방향 평행선 생성).

(3) 법선

화면에 그려져 있는 직선, 원호, 스플라인 등의 도형요소에 수직방향의 직선을 그리는 기능으로, 도형요소의 각도 및 반지름 또는 지름값 등의 속성에 따라 수직방향의 직선을 그릴 수 있다.

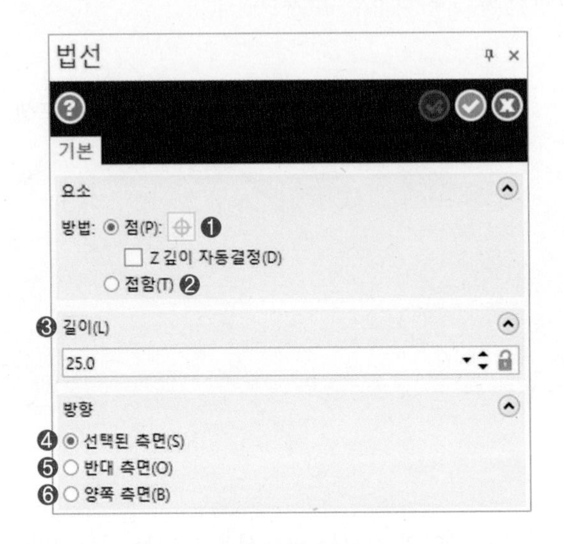

[법선 조건창]

❶ **점** : 화면에 그려져 있는 도형요소(직선, 원호, 스플라인 등)에 수직방향으로 법선을 그리는 기능이다. 그림과 같이 직선 ①을 선택하고 임의의 점 ②를 선택하여 직선 ①에 수직하는 법선을 그릴 수 있다.

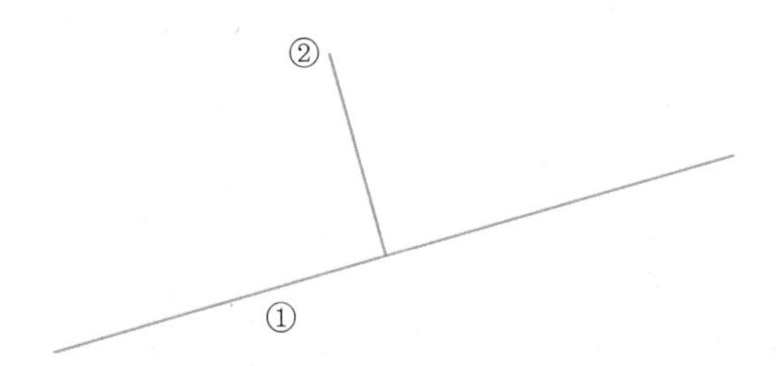

❷ **접함** : 원호나 스플라인의 수직방향으로 법선을 그리는 기능이다.

❸ **길이** : 길이 입력창에 값을 입력하여 법선의 길이를 지정할 수 있다. 자물쇠( ) 아이콘을 사용하여 값을 고정시킬 수 있다.

❹ **선택된 측면** : 선택된 직선을 기준으로 선택된 임의의 점의 방향에 법선을 생성하는 기능이다(정방향 법선 생성).

❺ **반대 측면** : 선택된 직선을 기준으로 선택된 임의의 점의 반대방향에 법선을 생성하는 기능이다(역방향 법선 생성).

❻ **양쪽 측면** : 선택된 직선을 기준으로 양쪽 방향으로 법선을 생성하는 기능이다(양방향 법선 생성).

(4) 최단선

화면상에 있는 직선, 원호, 스플라인 중 2개를 선택하여 선택된 두 도형 사이에 가장 짧은 직선을 그리는 기능이다. 그림과 같이 원호 ①과 직선 ②를 선택하면 최단선인 직선 ③이 생성된다.

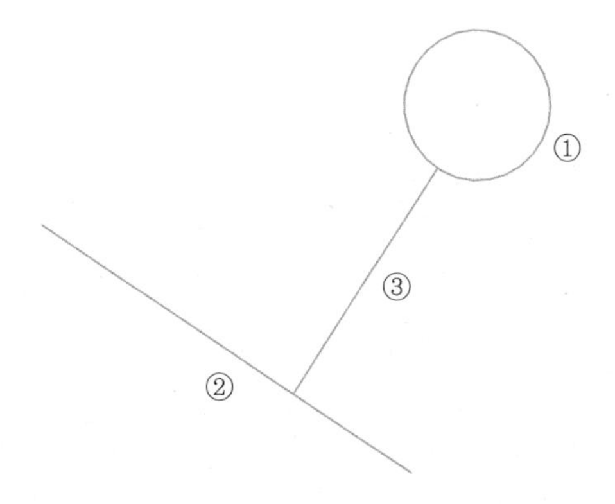

(5) 이등분선

교차하는 두 직선 사이의 각도를 이등분하는 직선을 생성하는 기능이다. 두 직선을 선택하여 선택된 두 개의 직선이 교차하여 만들어지는 각의 중심에 새로운 직선이 만들어진다.

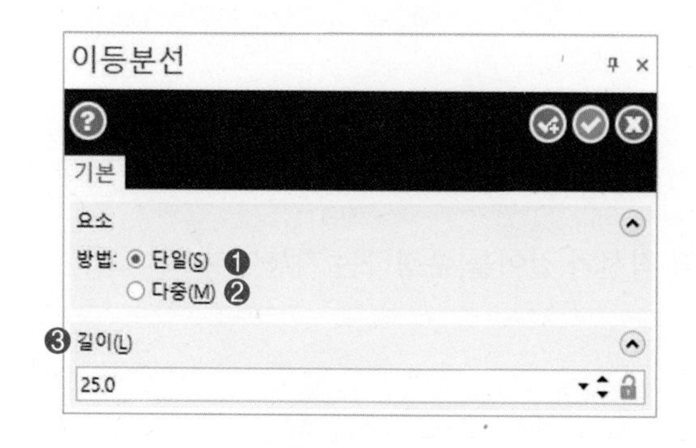

[이등분선 조건창]

❶ **단일** : 교차하는 두 직선을 선택하면 선택한 직선의 각의 중심에 하나의 직선을 생성하는 기능으로 선택하는 직선의 방향에 따라 생성되는 직선의 위치가 달라진다. 그림과 같이 직선 ①과 직선 ②를 선택하여 직선 ③을 생성할 수 있다.

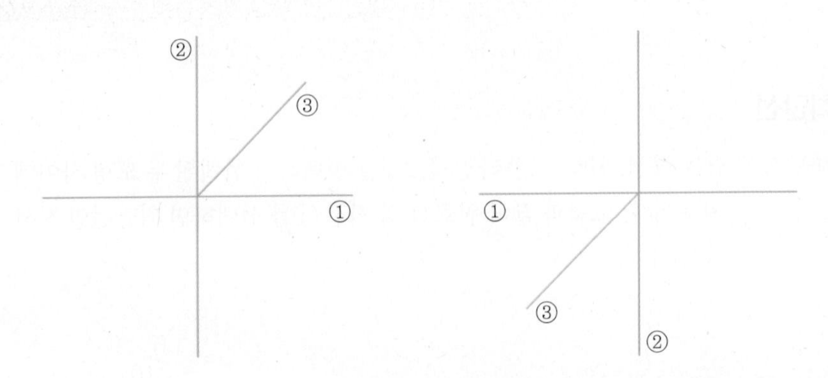

❷ **다중** : 단일기능과 마찬가지로 교차하는 두 개의 직선을 선택하면 선택한 직선의 각도를 이등분하는 모든 직선을 생성하는 기능이다. 단일기능과는 다르게 선택한 직선의 연장선도 인식하여 생성할 수 있는 직선을 화면에 표시하므로 필요한 직선을 선택하여 직선을 생성할 수 있다.

그림과 같이 직선 ①과 직선 ②를 선택하면 점선으로 선택할 수 있는 직선이 화면에 표시하고, 표시된 도형 중 하나를 선택하면 직선을 생성할 수 있다.

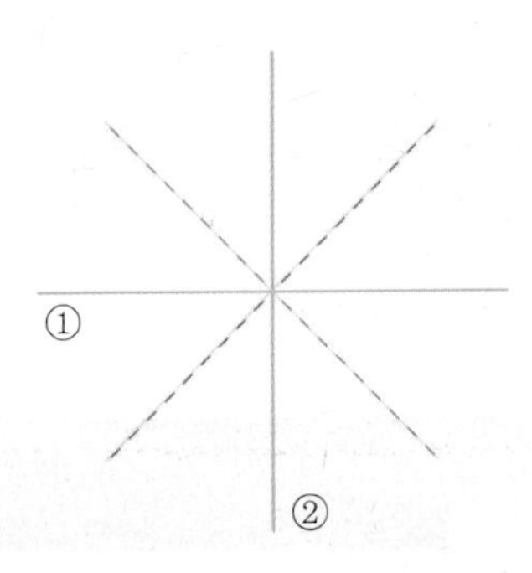

❸ **길이** : 생성될 직선의 길이를 수정하는 기능이다.

(6) 점을 지나는 접선

화면에 생성되어 있는 원호나 스플라인을 선택하고 그려질 접선과 수직하게 될 임의의 점을 선택하면 원호나 스플라인에 그 점과 수직한 위치에서부터 접선을 그리는 기능이다.

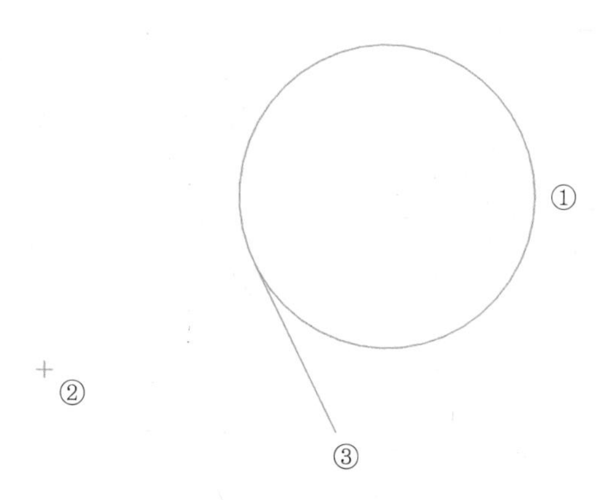

위 그림과 같이 원호 ①을 선택하고 임의의 점 ②를 선택하면 선택한 임의의 점과 수직한 원호 상의 위치에서부터 접선 ③을 그릴 수 있다. 또한, 이 접선은 길이 조정이 가능하다.

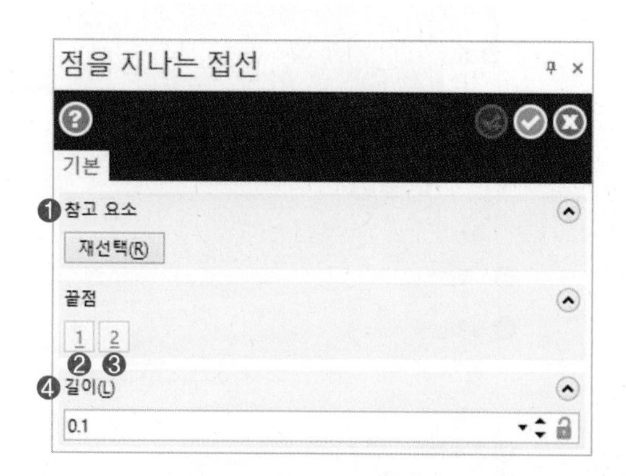

[점을 지나는 접선 조건창]

❶ **참고 요소** : 재선택 버튼을 클릭하여 처음 선택하였던 원호나 스플라인을 변경하는 기능이다.

❷ **끝점 1** : 원호나 스플라인에 그려질 접선과 수직한 위치에 선택한 임의의 점을 수정하는 기능이다.

❸ **끝점 2** : 원호나 스플라인에 그려진 직선의 끝점 위치를 수정하는 기능이다. 이 기능을 사용하면 길이값이 변경된다.

❹ **길이** : 생성될 접선의 길이를 수정하는 기능이다.

(7) 노말 선

화면에 생성되어 있는 곡면 또는 솔리드의 노말방향으로 직선을 생성하는 기능이다.

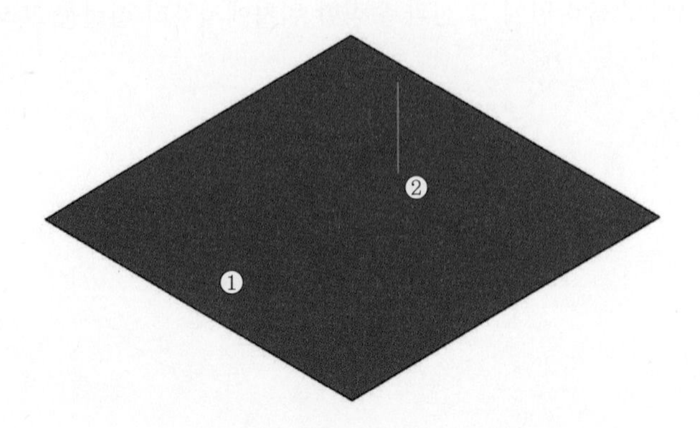

위 그림과 같이 곡면 ①을 선택하고, 곡면 위에 표시되는 화살표를 마우스로 이동시켜 임의의 점 ②를 선택하면 선택한 곡면 위에 직선을 생성할 수 있다.

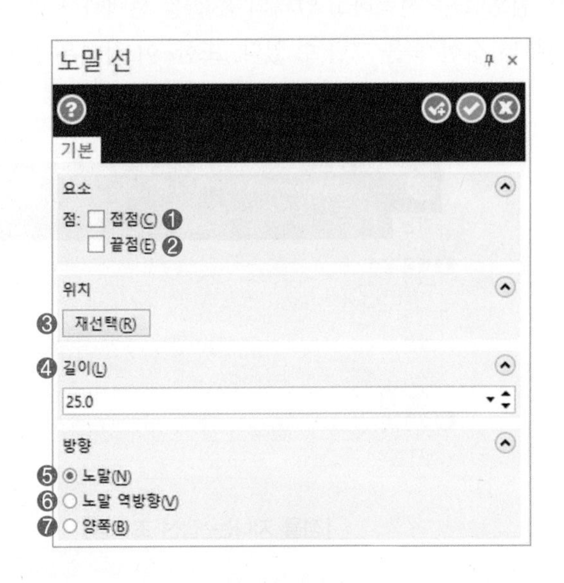

[노말 선 조건창]

❶ **접점** : 선택한 곡면과 생성된 직선이 교차하는 지점에 점을 생성하는 기능이다.
❷ **끝점** : 노말 선 기능으로 생성된 직선의 끝점에 점을 생성하는 기능이다.
❸ **재선택** : 선택된 임의의 점 위치를 수정하는 기능이다.
❹ **길이** : 생성된 직선의 길이를 수정하는 기능이다.
❺ **노말** : 곡면의 노말방향으로 직선을 생성하는 기능이다.
❻ **노말 역방향** : 곡면 노말방향의 반대방향으로 직선을 생성하는 기능이다.
❼ **양쪽** : 곡면의 노말방향과 반대방향 모두에 직선을 생성하는 기능이다.

3 원호 그리기

원, 원호를 그리는 메뉴로 와이어프레임 탭에서 선택하여 실행한다.

✎ **주의** : 원의 각도는 항상 반시계방향을 기준으로 계산된다.

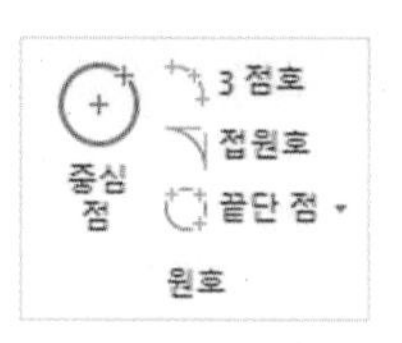

[원호 메뉴]

(1) 중심점

중심점의 위치와 반지름 또는 지름을 알고 있을 때 원을 그리는 기능이다.

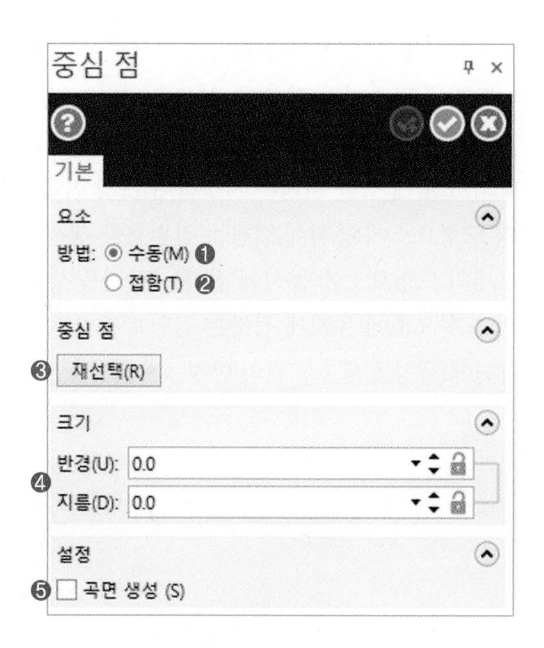

[중심점 조건창]

❶ **수동** : 크기값을 입력하여 원을 생성한다.

❷ **접함** : 화면에 그려져 있는 도형에 접하는 원을 생성한다.

❸ **재선택** : 원이 라이브 상태인 경우, 이 버튼을 선택하여 점의 위치를 다른 위치로 다시 선택 가능하다.

❹ **반경 / 지름** : 화면에 생성될 원의 반지름 또는 지름값을 입력한다.

❺ **곡면 생성** : 생성된 원을 기준으로 해당 원을 채우는 시트 곡면을 생성한다.

(2) 접원호

화면에 있는 도형에 접하는 원호를 그리는 기능이다.

[접원호]

❶ **한 요소** : 하나의 도형에 접하며 접할 위치를 지정하여 접원호를 생성한다.

❷ **한 점** : 하나의 도형에 접하며 특정한 한 점을 지나가는 접원호를 생성한다.

❸ **중심선** : 하나의 도형에 접하며 선택한 직선 위에 접원의 중심이 놓이는 기능이다.

❹ **다이내믹** : 하나의 도형에 접할 위치를 지정하며 특정 점을 지나는 접원호를 생성한다.

❺ **세 요소** : 3개의 도형요소에 동시에 접하는 접원호를 생성한다.

❻ **세 요소-원** : 3개의 도형요소에 동시에 접하는 접원을 생성한다.

❼ **두 요소** : 2개의 도형요소에 동시에 접하는 접원호를 생성한다.

❽ **반경 / 지름** : 화면에 생성될 원호 / 원의 반경 / 지름값을 입력한다.

예 제 |

예 제 1

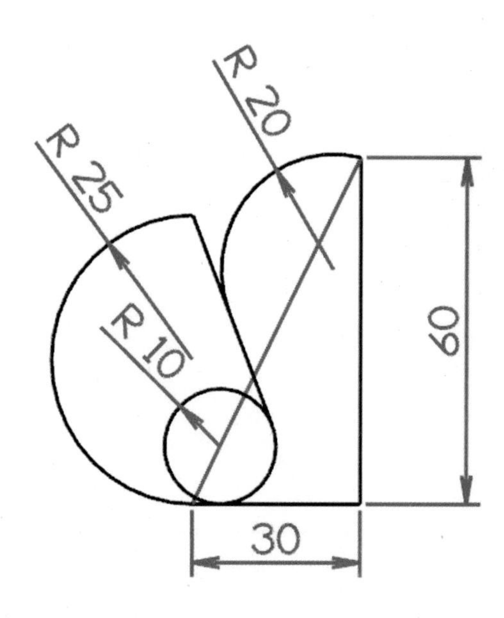

예 제 2

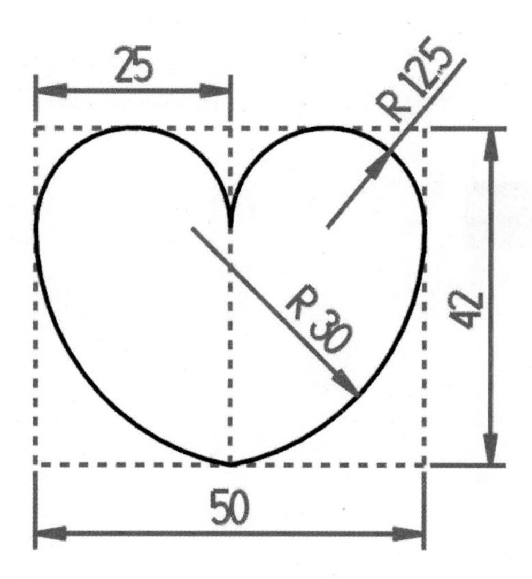

예제 1 해답

① 와이어프레임 탭에서 두점선 기능을 실행한 후 원점 P1을 클릭하고 길이 30, 각도 0을 입력한다.

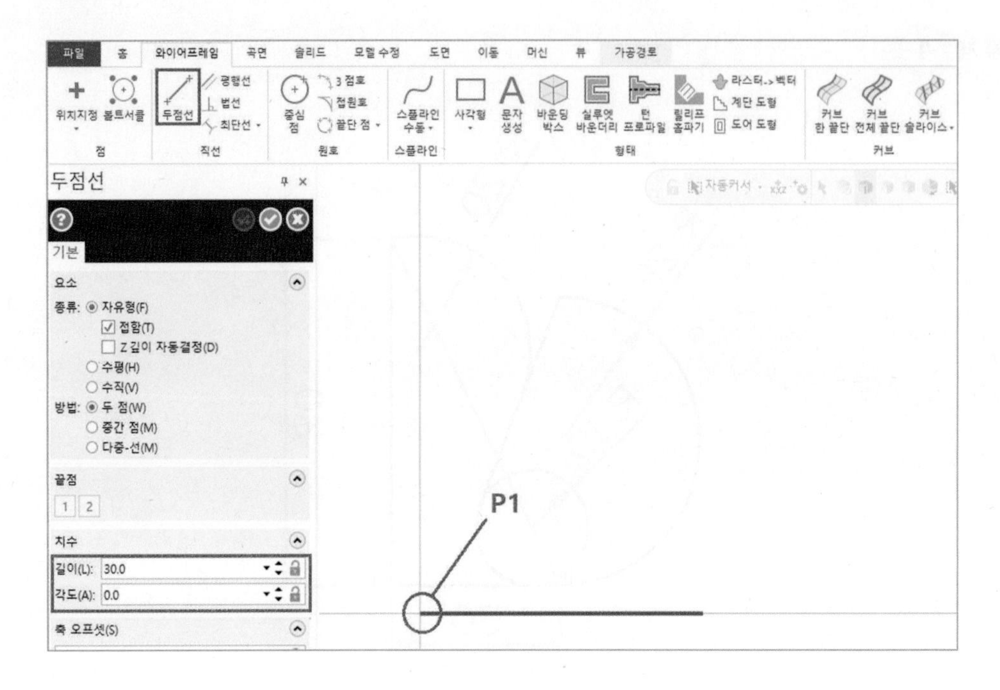

② 과정 ①에서 그린 직선의 오른쪽 끝점 P1을 선택한 후 길이 60, 각도 90을 입력한다.

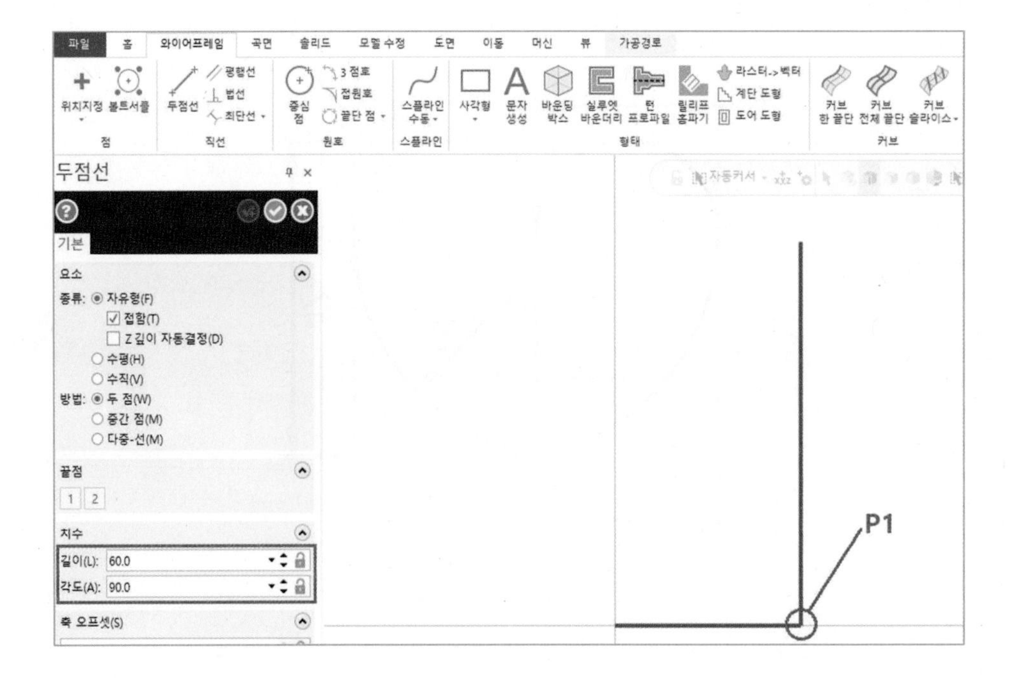

③ 과정 ②에서 그린 수직선의 위쪽 끝점 P1과 과정 ①에서 그린 수평선의 왼쪽 끝점 P2를 선택하여 대각선방향의 직선을 생성한다.

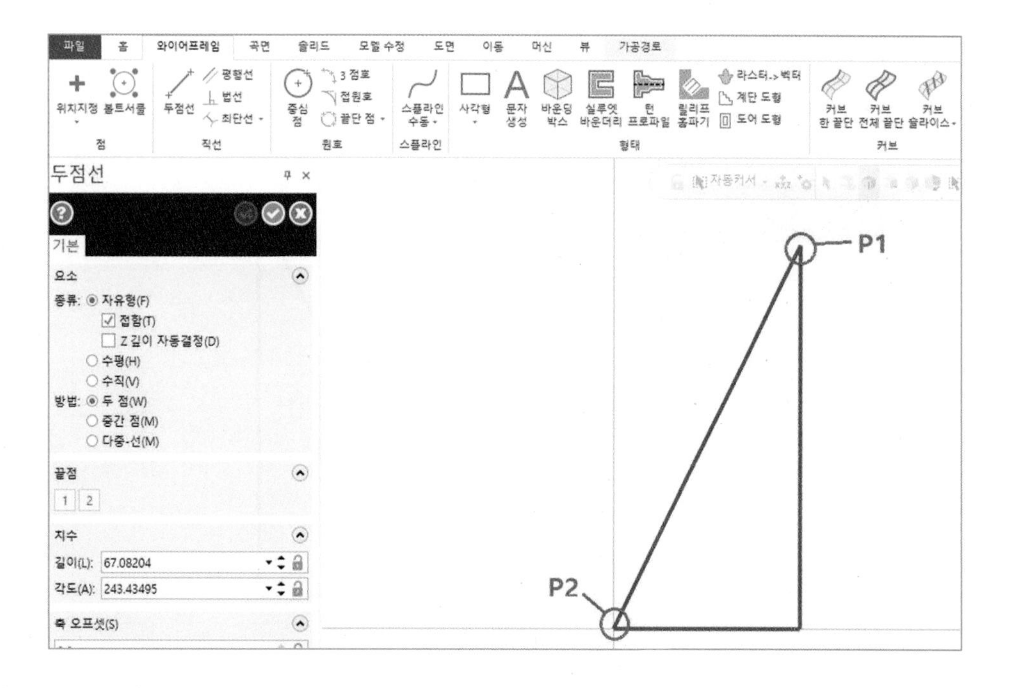

④ OK 버튼(◎)을 클릭하여 두점선 기능을 종료하고 접원호 기능을 실행한다.

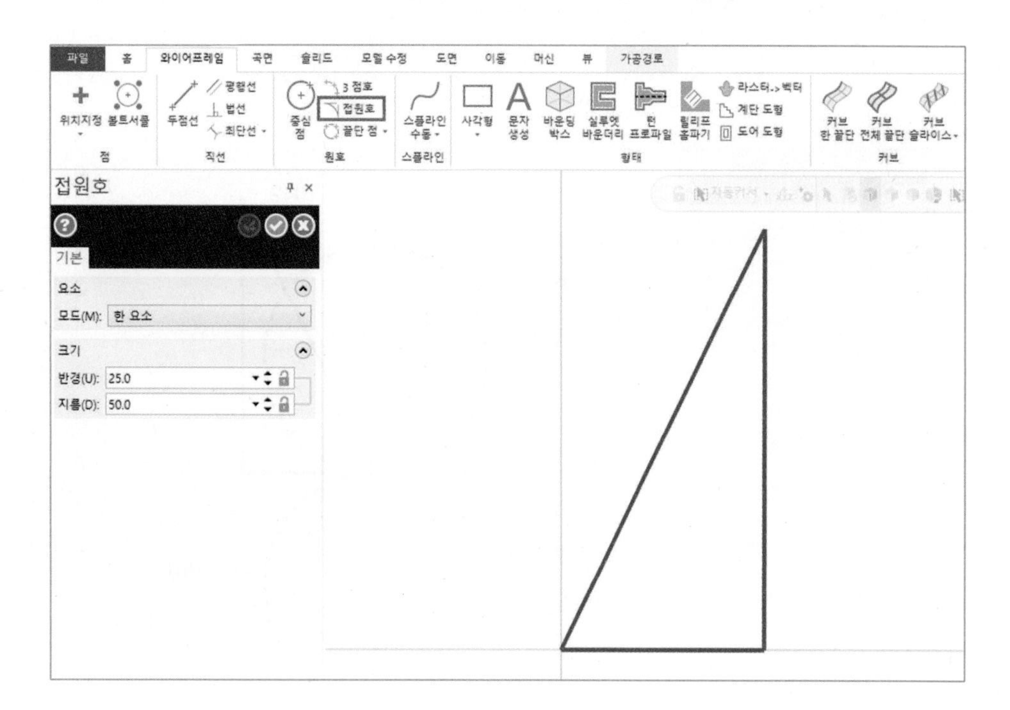

⑤ 모드를 한 요소로 설정한 후 반경값 25를 입력하고 원호가 접하게 될 직선 L1과 접할 위치의 점 P1을 선택한다.

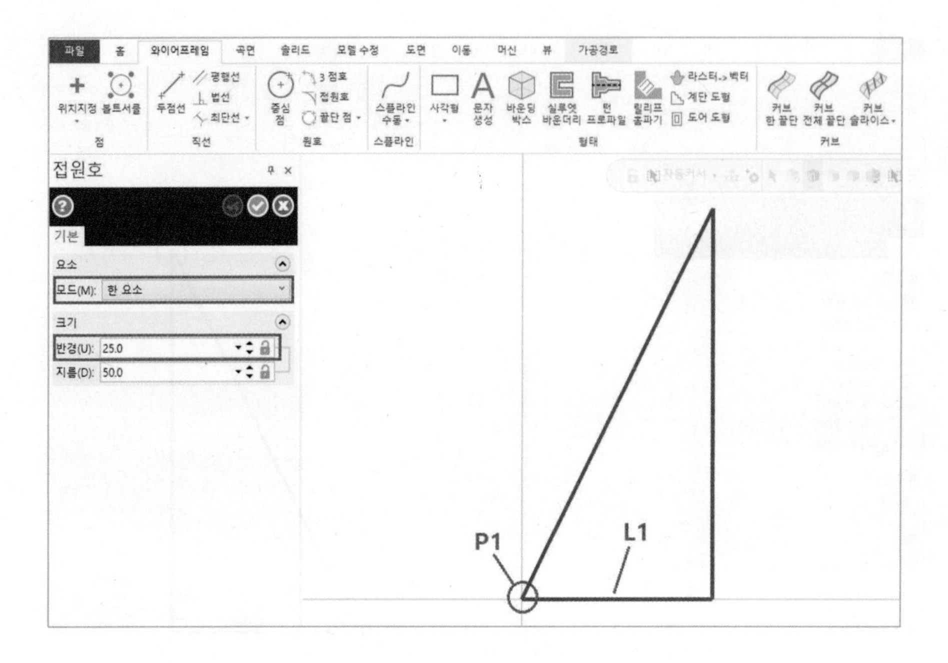

⑥ P1 선택 후 보여지는 네 개의 호(A1~A4) 중 A1을 선택한다.

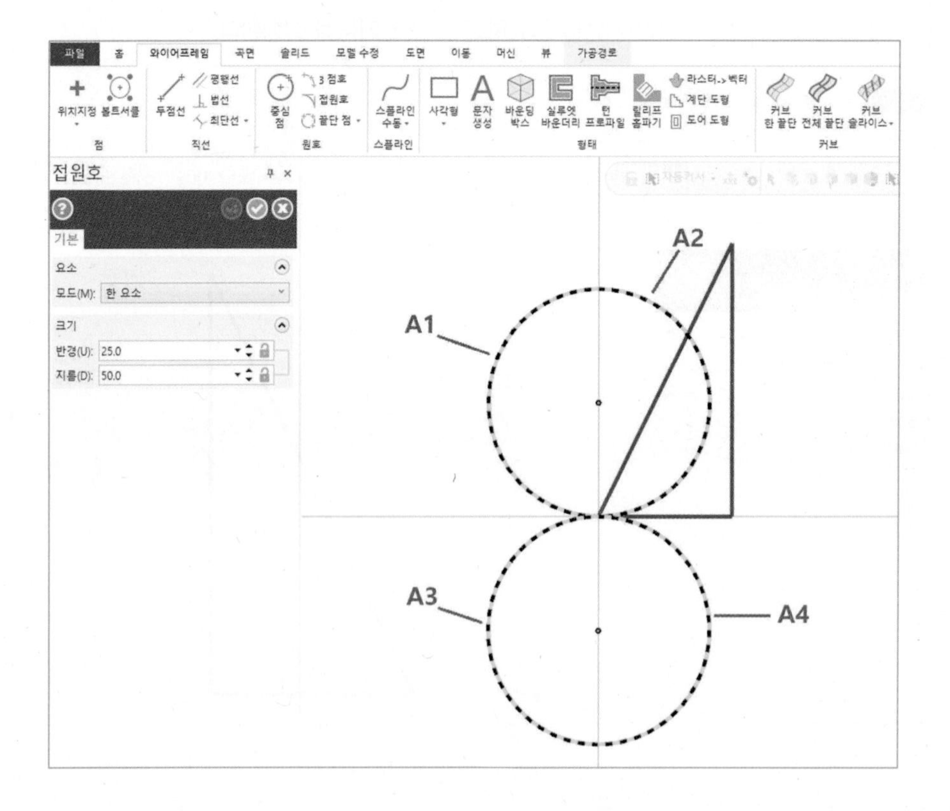

⑦ 모드를 중심선으로 설정하고 반경값 10을 입력한 후 원에 접할 직선 L1과 원의 중심이 놓이게 될 직선 L2를 선택한다.

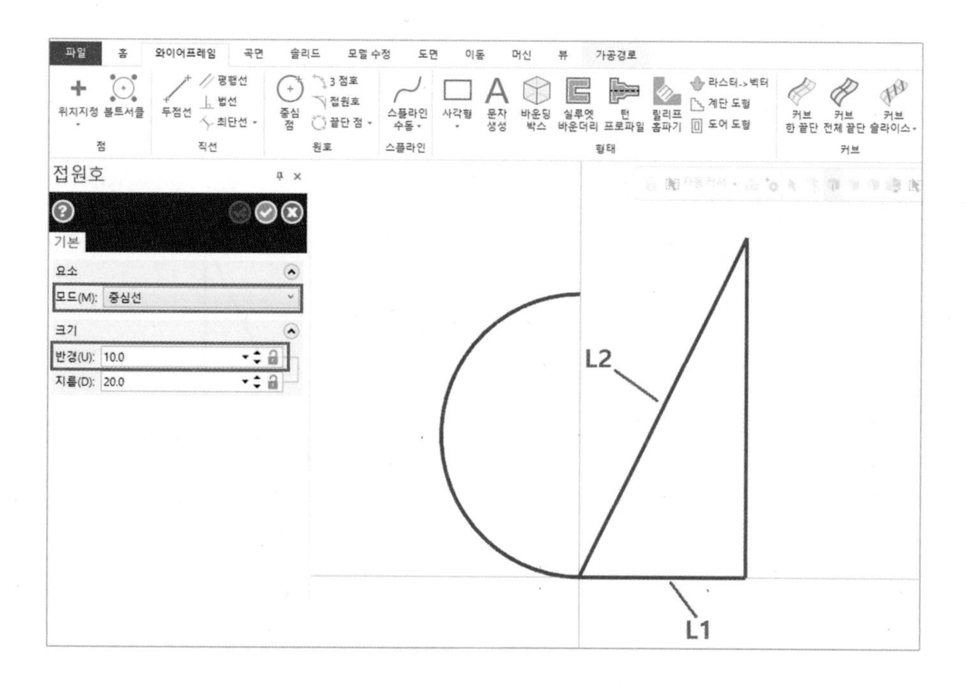

⑧ 과정 ⑦ 이후 아래 그림과 같이 두 개의 원(A1, A2)이 표시되면 원 A1을 선택한다.

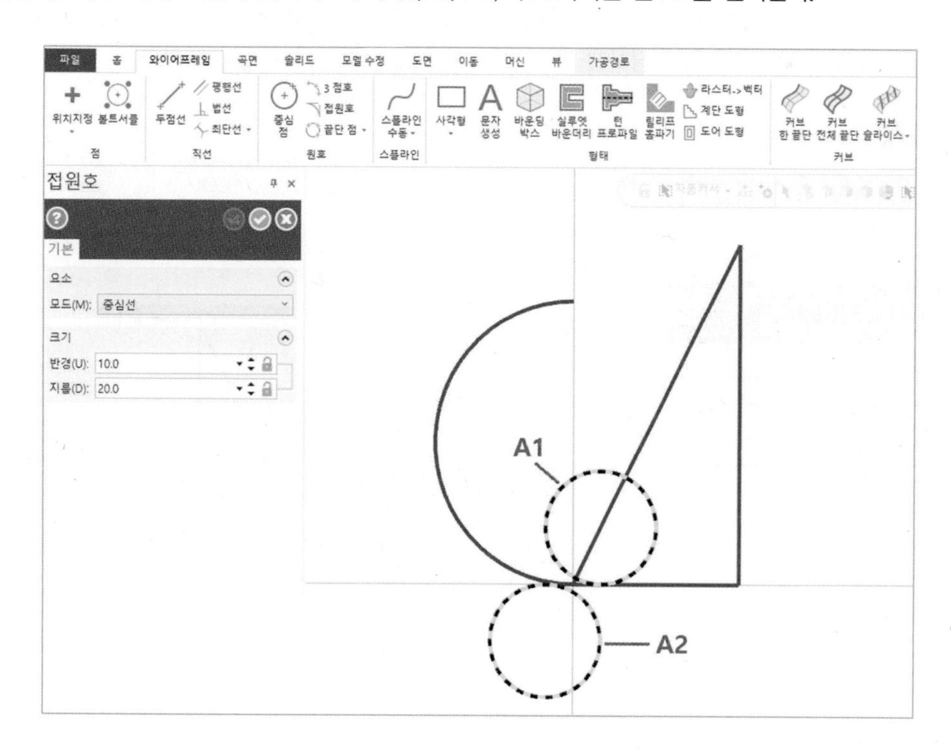

⑨ OK 버튼(◎)을 클릭하여 접원호 기능을 종료하고 두점선 기능을 실행한 후 접함 기능이 실행된 채로 아래 그림의 점 P1과 원호 A1의 표시부분을 클릭한다.

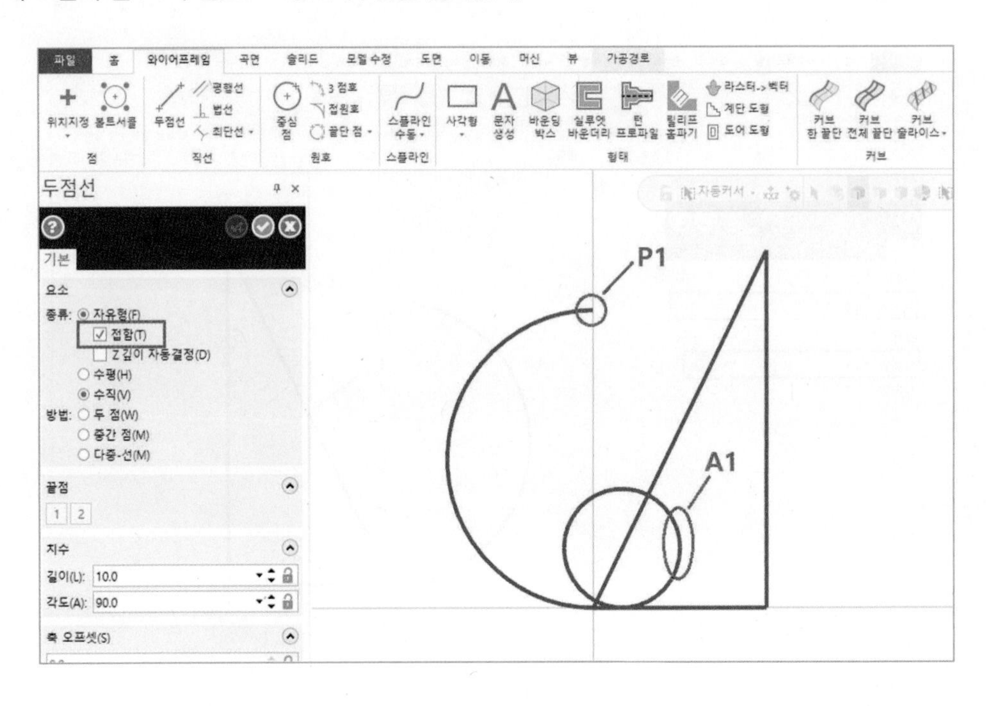

⑩ OK 버튼(◎)을 클릭하여 두점선 기능을 종료하고 접원호 기능을 실행한다. 모드를 한 점으로 설정하고 반경값 20을 입력한 후 원호가 접하게 될 직선 L1과 원호의 통과점 P1을 선택한다.

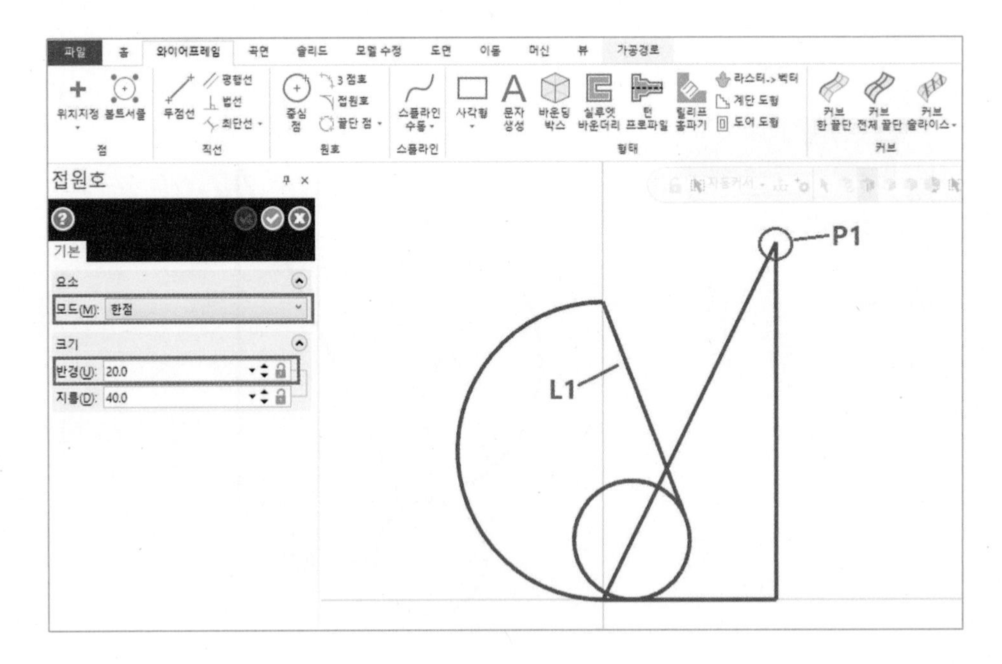

⑪ 표시되는 4개의 원호(A1～A4) 중 A3을 선택한다.

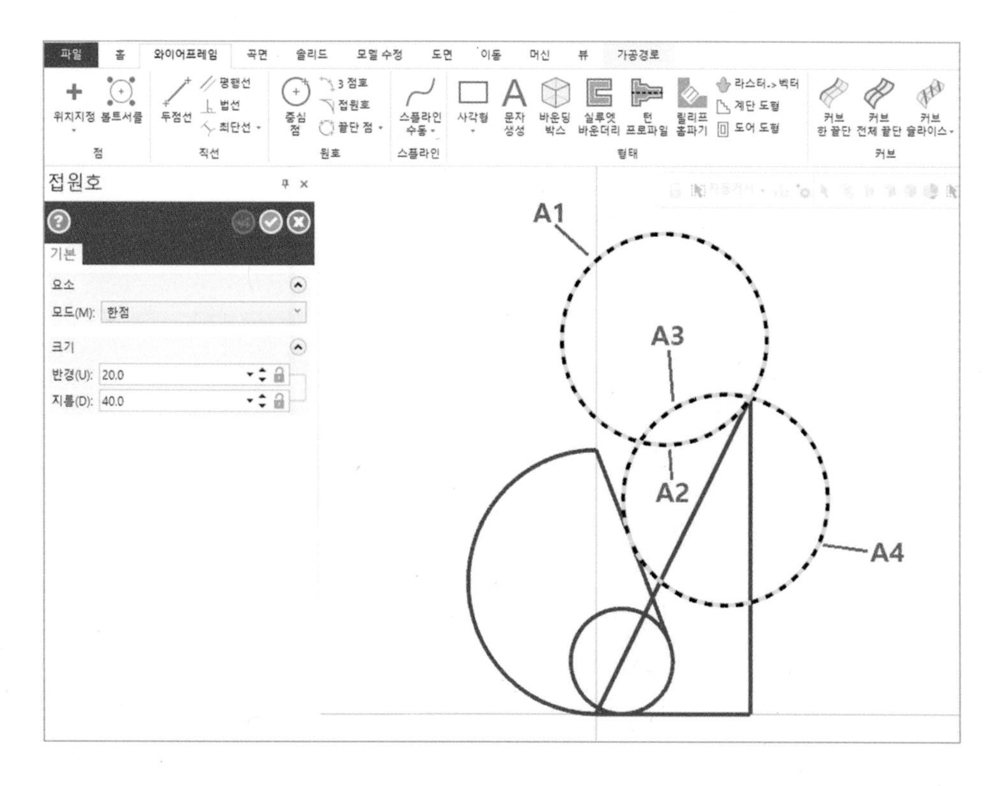

⑫ OK 버튼( )을 클릭하여 접원호 기능을 종료하고 직선 L1을 선택한 후 키보드의 Delete 키를 눌러서 직선 L1을 삭제한다.

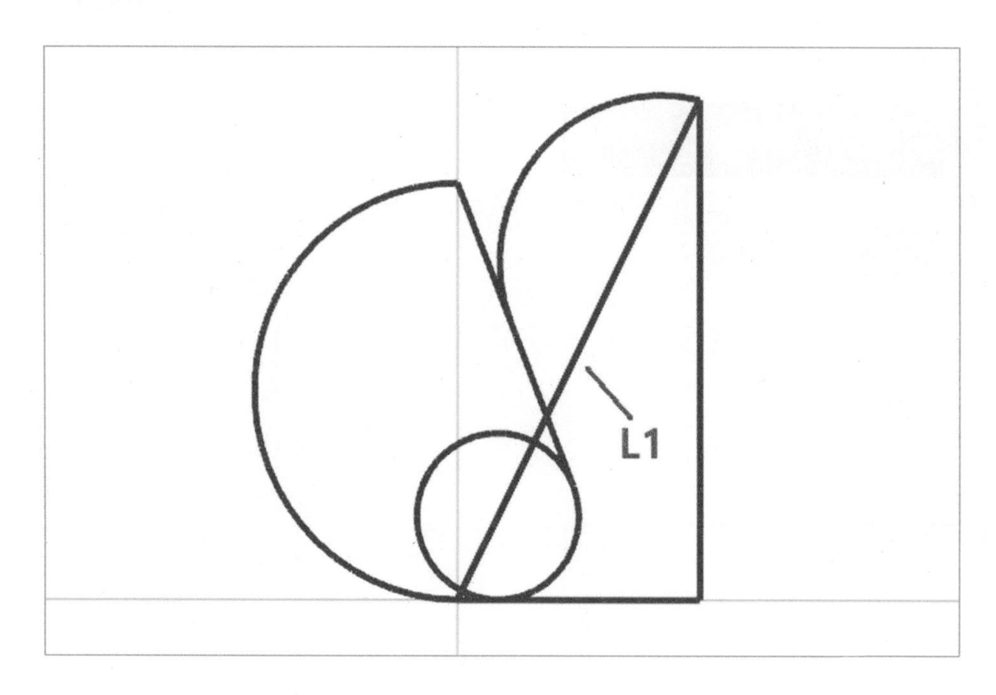

⑬ 예제 도형이 완성되었다.

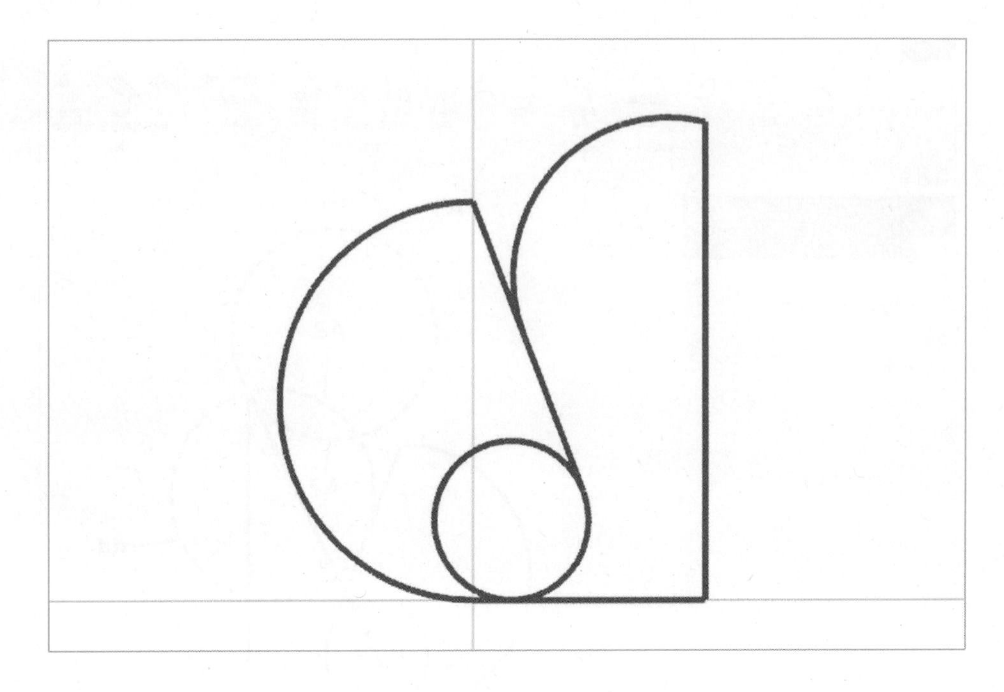

예제 2 해답

① 와이어프레임 탭에서 두점선 기능을 실행한 후 원점 P1을 클릭하고 길이 42, 각도 90을 입력한다.

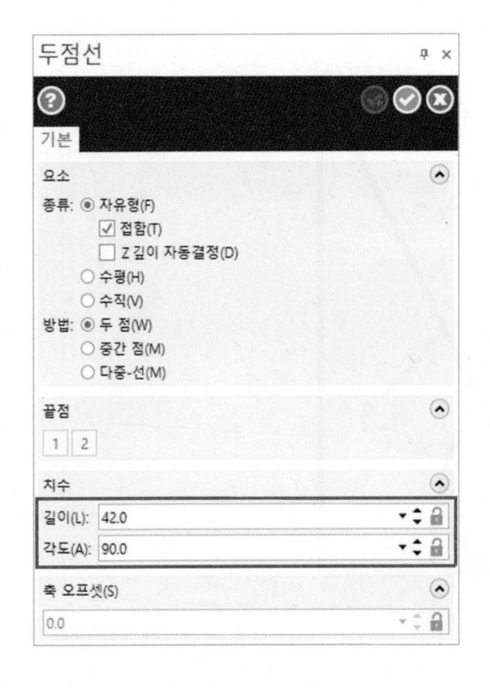

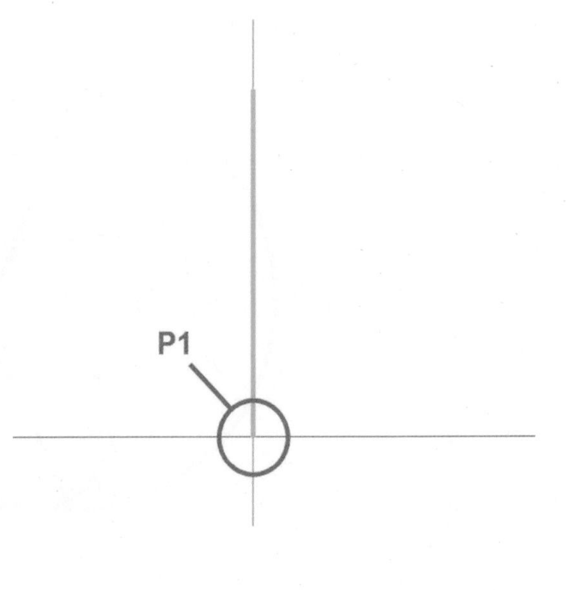

② 과정 ①에서 그린 직선의 상단 끝점 P1을 선택한 후 길이 25, 각도 0을 입력한다.

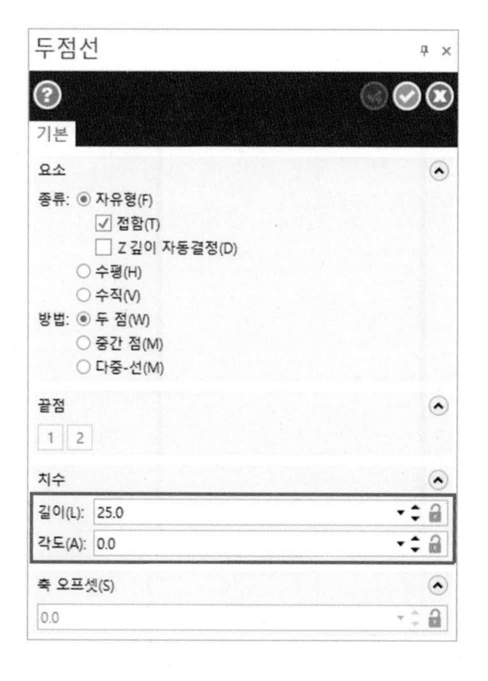

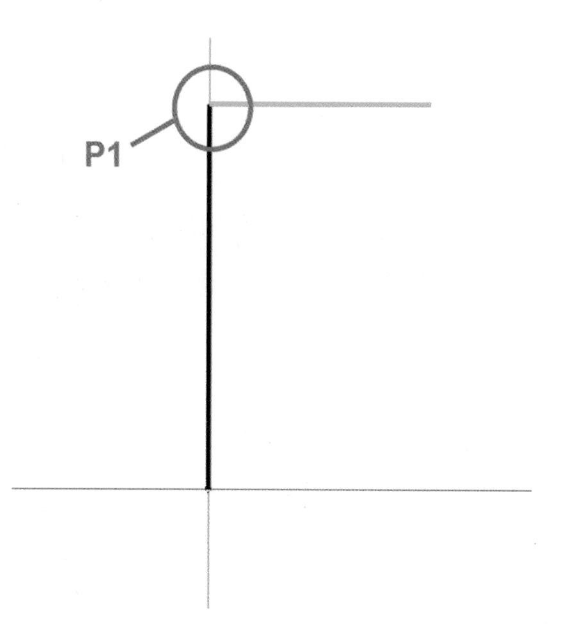

③ 과정 ②에서 그린 직선의 오른쪽 끝점 P1을 선택한 후 길이 42, 각도 270을 입력한다.

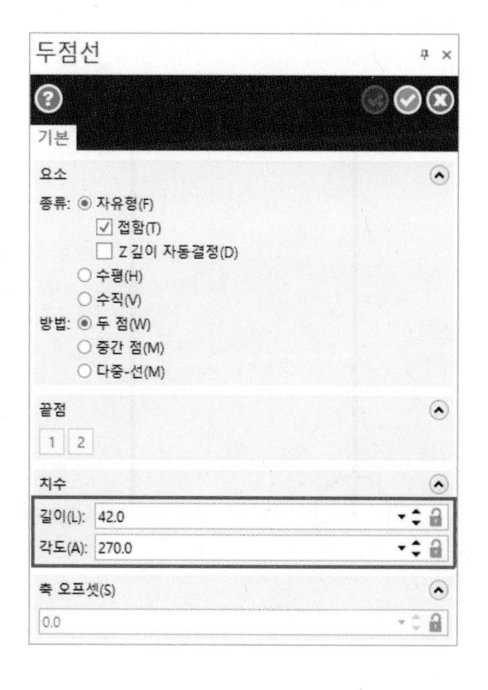

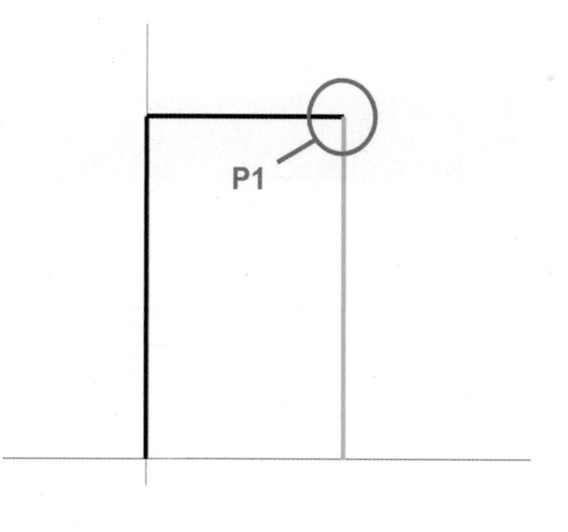

④ OK 버튼(✓)을 클릭하여 두점선 기능을 종료하고 접원호 기능을 실행한다.

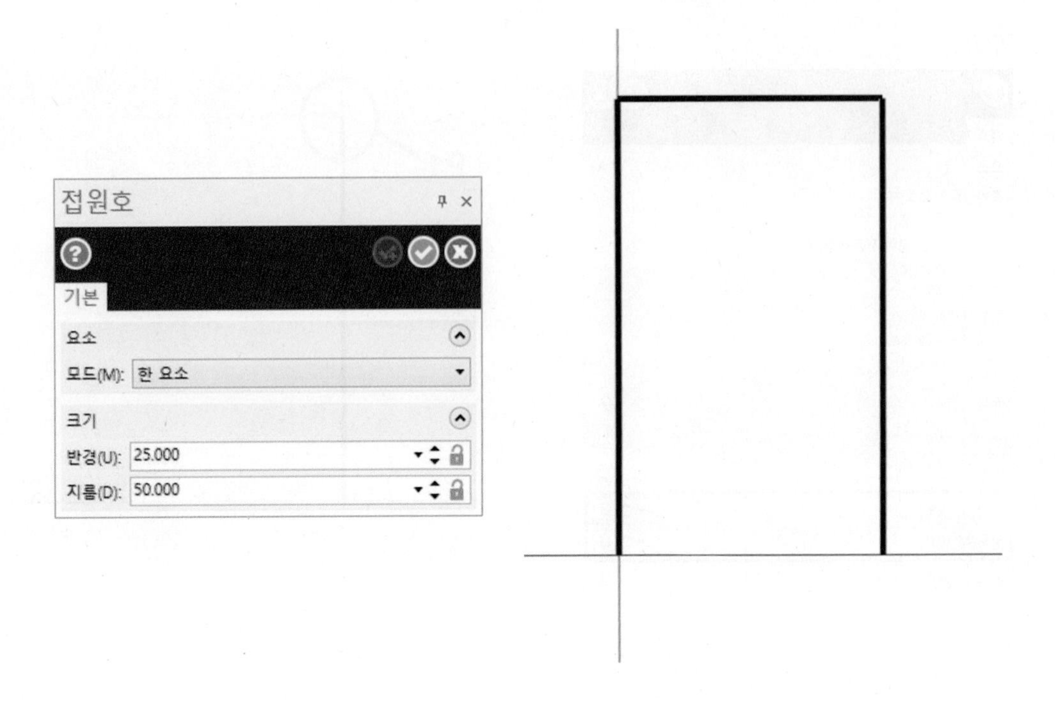

⑤ 모드를 한 점으로 설정한 후 반경값 30을 입력하고 원호가 접하게 될 직선 L1과 지나가는 위치의 점 P1을 선택한다.

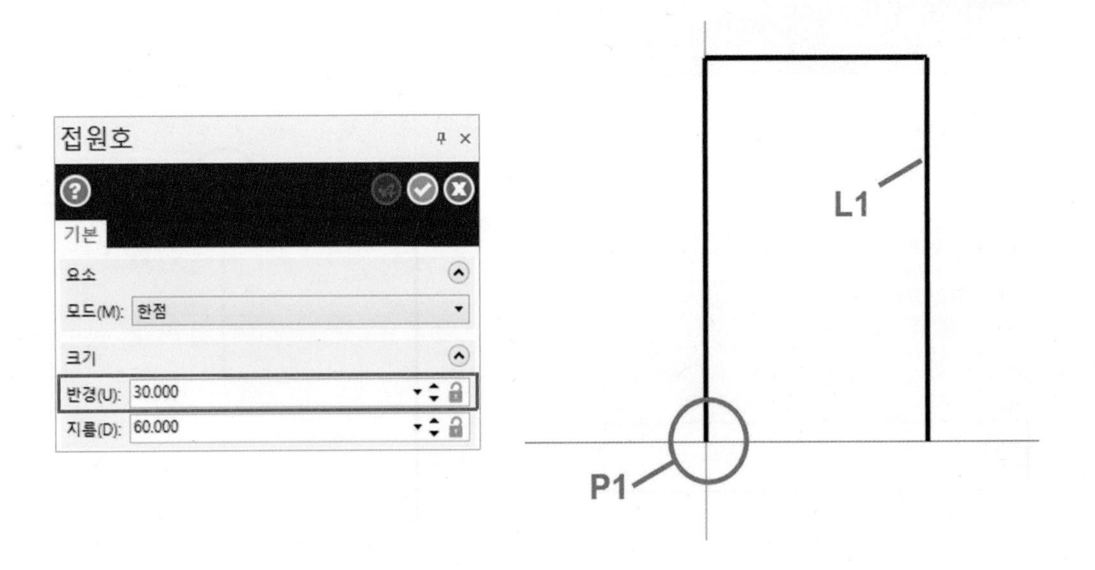

⑥ P1 선택 후 보여지는 네 개의 호(L1~L4) 중에 L2를 선택한다.

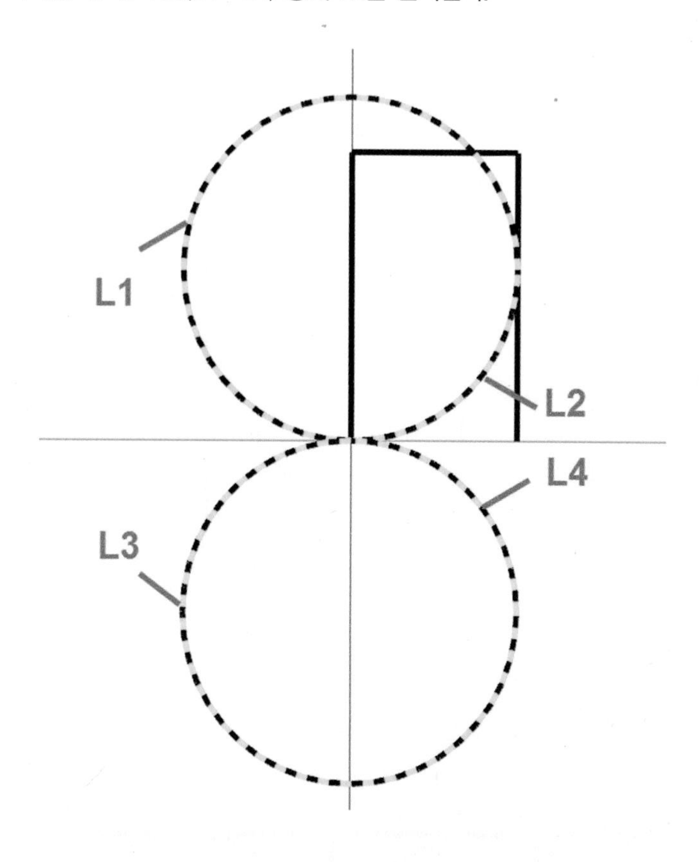

⑦ 모드를 세 요소로 설정하고 직선 L1, 직선 L2, 직선 L3을 선택한다.

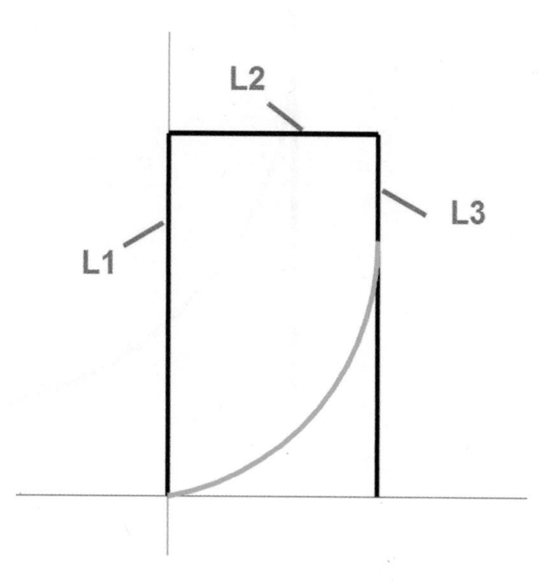

⑧ 과정 ⑦ 이후 아래 그림과 같이 그려진다.

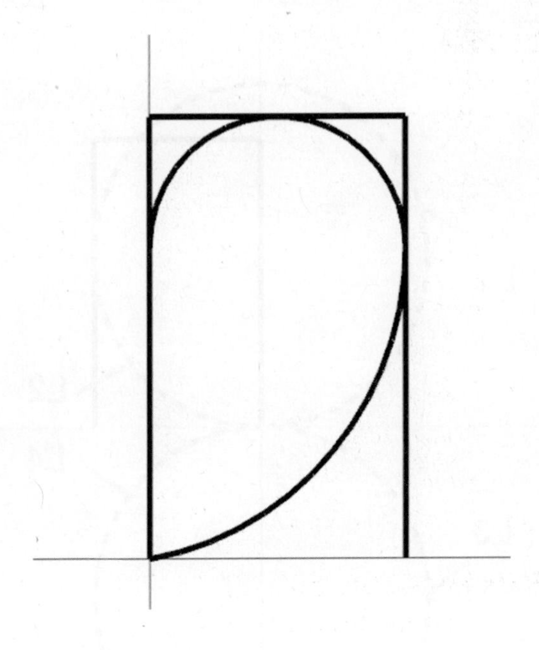

⑨ 맞은편도 같은 방법으로 두점선과 접원호를 이용하여 마저 그려준다.

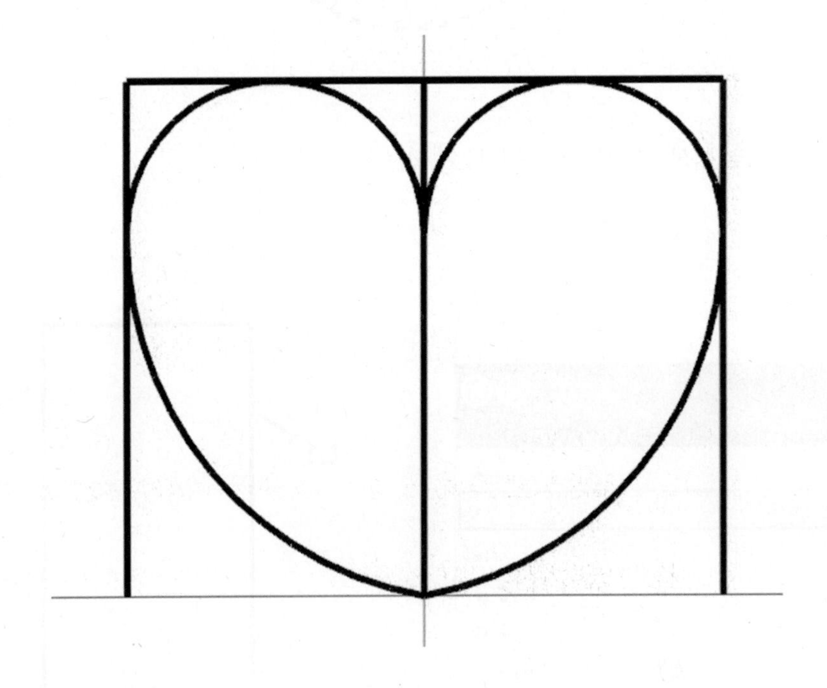

⑩ OK 버튼(✔)을 클릭하여 접원호 기능을 종료하고 직선 L1~L5를 선택한 후 키보드의 Delete 키를 눌러서 직선 L1~L5를 삭제한다.

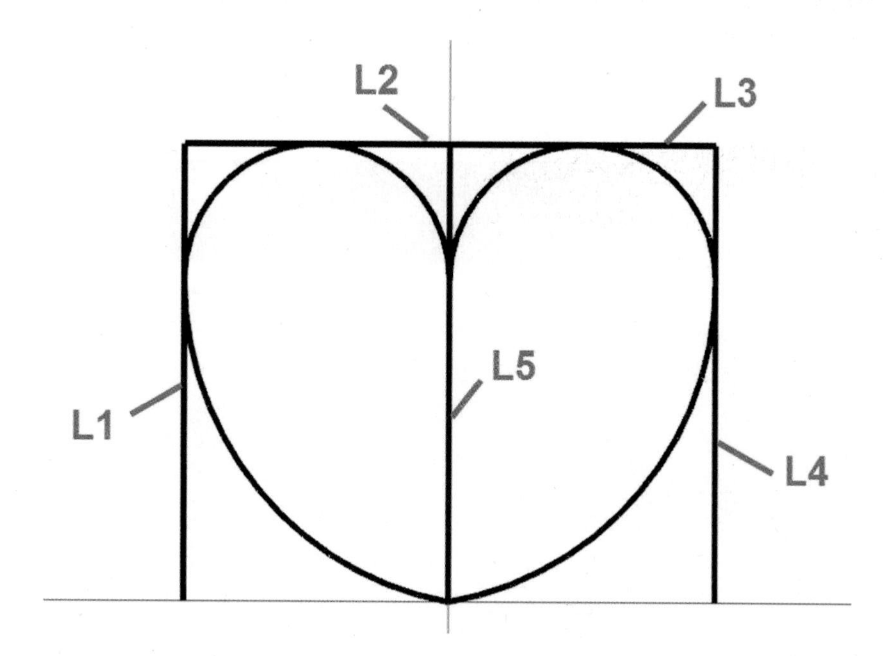

⑪ 예제 도형이 완성되었다.

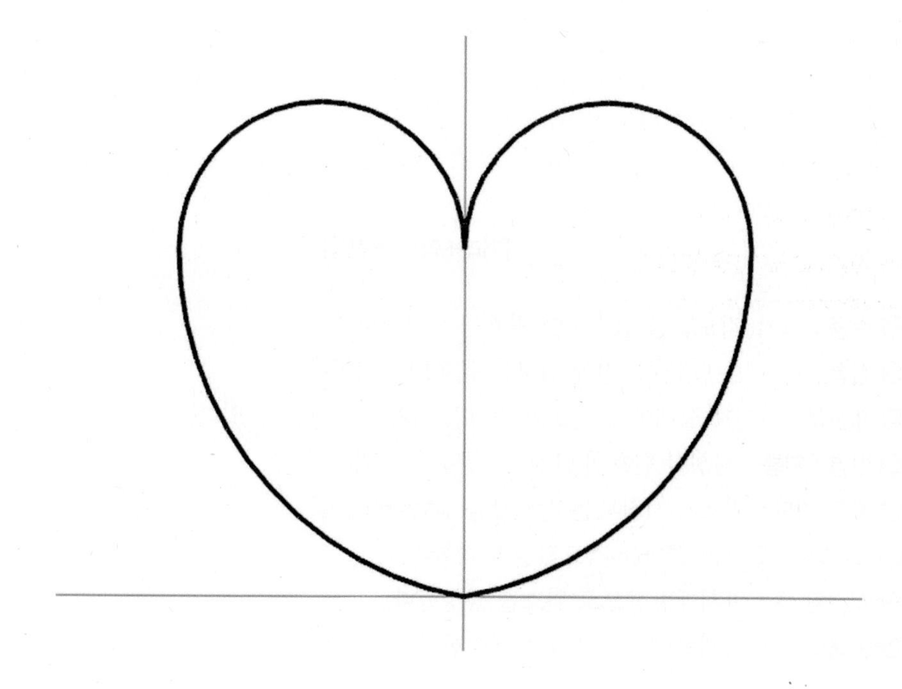

(3) 거리+각도

이 기능은 중심점의 위치, 반지름 혹은 지름, 원호의 시작 각도와 끝 각도를 알고 있을 때 원호를 그리는 기능이다.

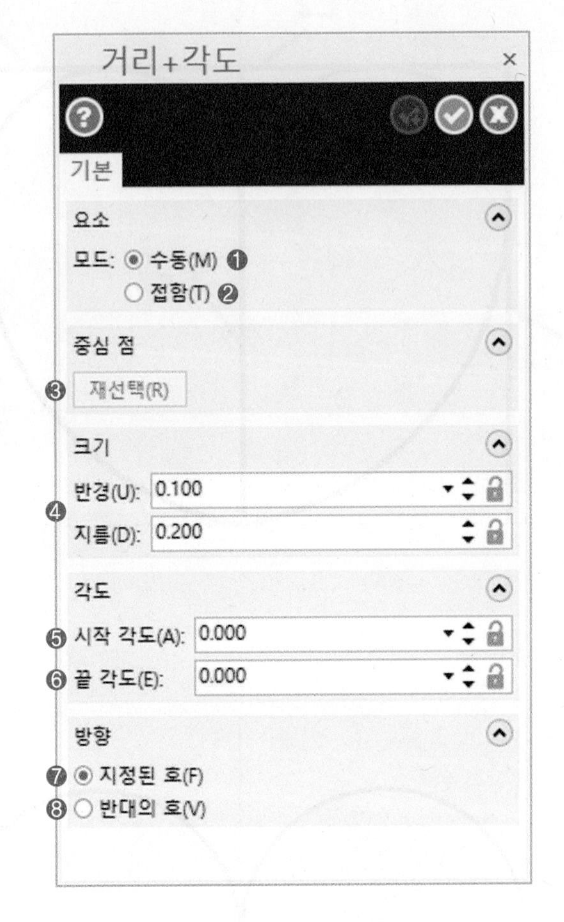

[거리+각도 조건창]

❶ **수동** : 크기, 각도값을 입력하여 원호를 생성한다.
❷ **접함** : 화면에 생성된 도형에 접하는 원호를 생성한다.
❸ **재선택** : 라이브 상태에서 원호의 중심점 위치를 수정할 수 있다.
❹ **반경 / 지름** : 생성할 원호의 반경 / 지름값을 입력한다.
❺ **시작 각도** : 원호가 시작되는 각도값을 입력한다.
❻ **끝 각도** : 원호가 끝나는 각도값을 입력한다.
❼ **지정된 호** : 반시계방향으로 원호를 생성한다.
❽ **반대의 호** : 시계방향으로 원호를 생성한다.

(4) 거리+각도 끝점

이 기능은 원호의 중심점 대신에 시작점 또는 끝점의 위치를 이용하여 원호를 생성한다.

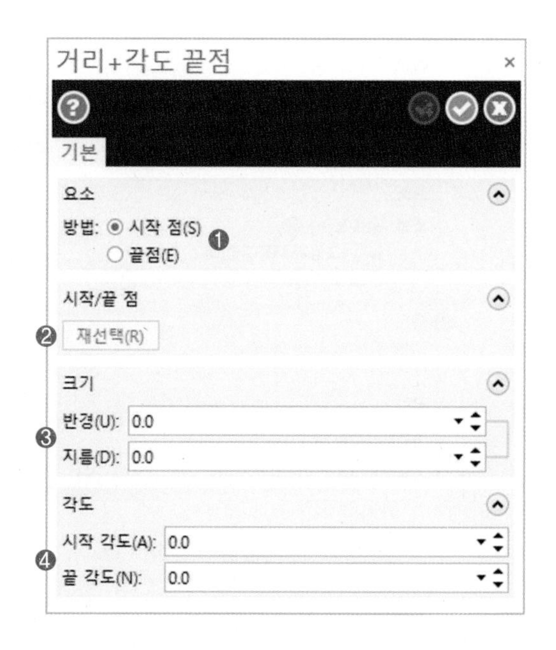

[거리+각도 끝점 조건창]

❶ **시작점 / 끝점** : 선택한 점의 위치를 원호의 시작 위치 혹은 끝 위치로 선택할 수 있다.
❷ **재선택** : 원호의 시작점 혹은 끝점의 위치를 수정할 수 있다.
❸ **반경 / 지름** : 생성할 원호 / 원의 반경 / 지름값을 입력한다.
❹ **시작 각도 / 끝 각도** : 원호의 생성이 시작될 각도 혹은 끝날 각도를 입력한다.

(5) 끝점

두 점을 이용하여 원호를 생성하는 기능이다.

[끝점 조건창]

❶ **수동** : 두 점으로 이루어진 원호를 생성한다.
❷ **접함** : 화면에 있는 도형요소에 접하는 원호를 생성한다.
❸ **위치** : 라이브 상태에서 원호의 첫 번째, 두 번째 점의 위치를 수정한다.
❹ **반경 / 지름** : 화면에 생성될 원호의 반경 / 지름값을 입력한다.

(6) 3점 호

지정한 3점을 지나는 원호를 만들 때 사용한다.

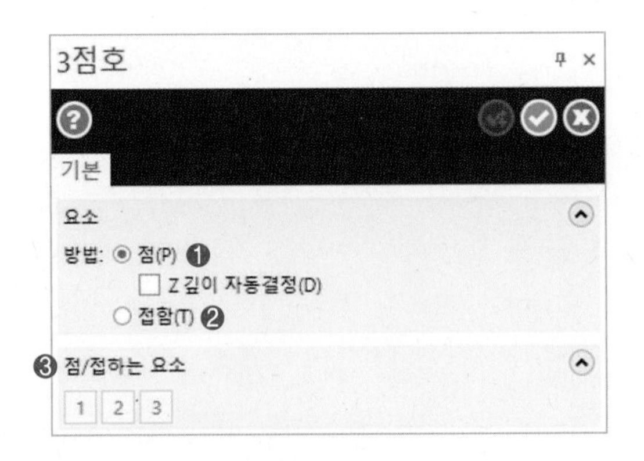

[3점 호 조건창]

❶ **점** : 세 점으로 이루어진 원호를 생성한다.

❷ **접함** : 화면에 있는 도형요소에 접하는 원호를 생성한다.

❸ **점 / 접하는 요소** : 활성화되어 있는 원호의 첫 번째, 두 번째, 세 번째 점의 위치를 수정한다.

(7) 끝단 점

두 점 혹은 세 점으로 지나는 원을 생성할 때 사용한다.

[끝단 점 조건창]

❶ **2점** : 두 점을 지나는 원을 생성한다.

❷ **2점 접원** : 두 점을 지나면서 화면의 요소에 접하는 원을 생성한다.

❸ **3점** : 세 점을 지나는 원을 생성한다.

❹ **3점 접원** : 세 점을 지나면서 화면의 요소에 접하는 원호를 생성한다.

❺ **끝단 점** : 활성화되어 있는 원호의 첫 번째, 두 번째, 세 번째 점의 위치를 수정한다.

❻ **반경 / 지름** : 화면에 생성될 원호의 반경 / 지름값을 입력한다.

❼ **곡면 생성** : 생성된 원을 기준으로 해당 원을 채우는 시트 곡면을 생성한다.

4 스플라인

(1) 스플라인 수동

수동으로 스플라인을 그리는 방법으로 자동커서 위치를 이용하여 점들을 그린 후 Enter 키나 OK 버튼(◎)을 누르면 이 점들을 잇는 스플라인이 그려진다.

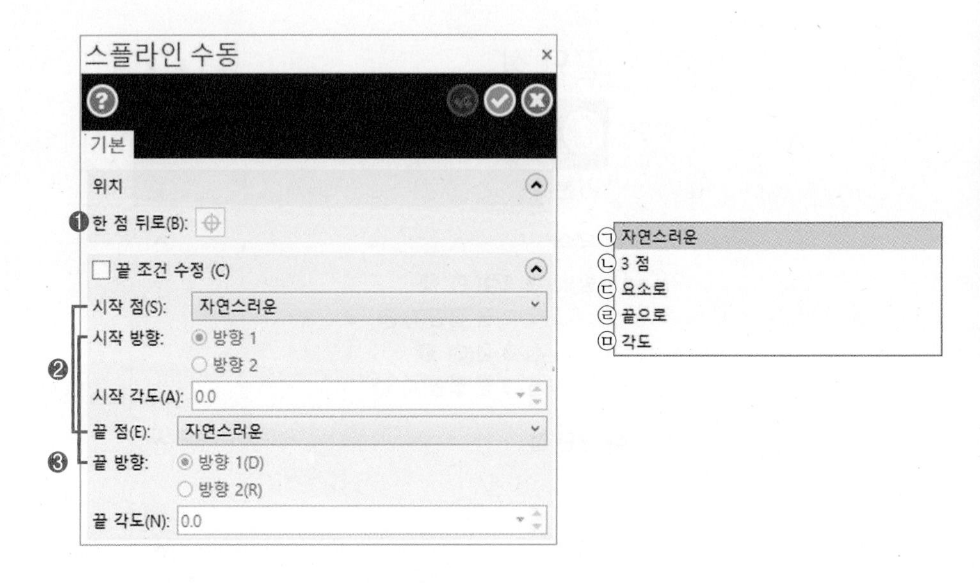

[스플라인 수동 조건창]

1) 위치

❶ **한 점 뒤로** : 바로 직전에 선택한 점을 취소하는 기능이다.

2) 끝 조건 수정

각도와 방향 메뉴를 활성화하기 위해서 사용한다.

❷ **시작점, 끝점** : 자연스러운, 3점, 요소로, 끝으로, 각도 4가지의 움직임이 있다.

㉠ **자연스러운** : 지정된 위치들을 부드럽게 연결하는 형태로 화살표 방향이 자동으로 설정된다.

㉡ **3점** : 연속되는 3점을 지나는 원의 형태로 화살표 방향이 자동으로 설정된다.

㉢ **요소로** : 선택한 도형요소와 같은 방향으로 화살표 방향이 설정한다.

㉣ **끝으로** : 선택한 도형요소의 끝점 방향과 화살표 방향이 같게 설정한다.

㉤ **각도** : 입력되는 각도값(현재 위치 기준) 방향으로 화살표 방향을 설정한다.

❸ **시작 / 끝 방향** : 방향 1과 2로 화살표 방향을 조정할 수 있다.

(2) 스플라인 자동

이미 화면에 그려진 점들을 자동으로 연결하는 스플라인을 그리는 방법이다. 그려진 첫 번째 점, 두 번째 점, 마지막 점을 순차적으로 선택하면 자동으로 화면상의 점들을 연결하는 스플라인이 그려진다.

✎ 관리자 창은 '**스플라인 수동**' 창과 동일하다.

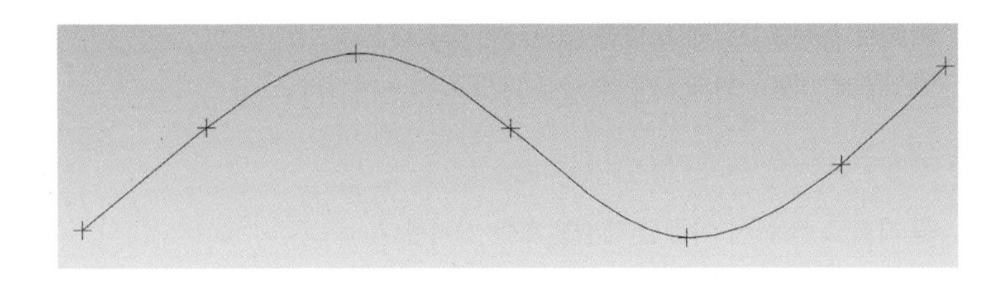

(3) 스플라인 커브

기존에 그려진 도형을 체인으로 연결하여 하나의 스플라인으로 만드는 데 사용한다.

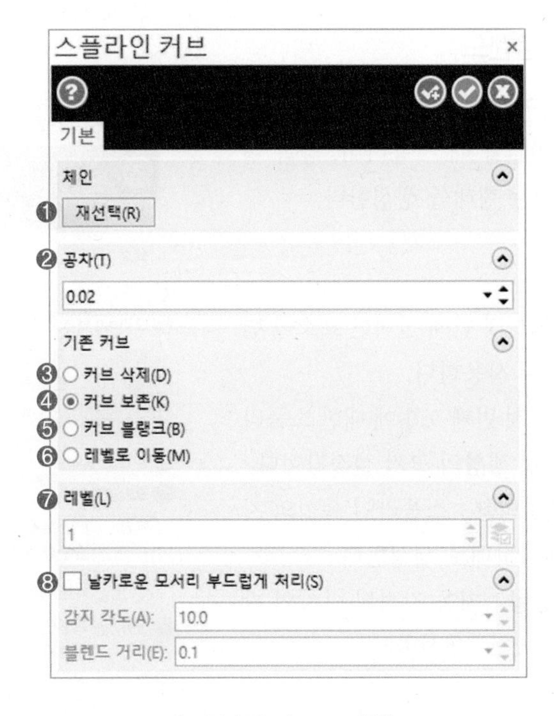

[스플라인 커브 조건창]

1) 체인

❶ **재선택** : 선택했던 체인을 바꿀 때 사용한다.

2) 공차

❷ 선택한 도형을 스플라인으로 변환시킬 때의 공차값이다.

3) 기존 커브

❸ **커브 삭제** : 원래 도형을 작업화면에서 삭제한다.
❹ **커브 보존** : 원래 도형을 변환된 스플라인과 함께 보존한다.
❺ **커브 블랭크** : 원래 도형을 블랭크에 숨긴다.
❻ **레벨로 이동** : 원래 도형을 다른 레벨로 이동시킨다.

4) 레벨

❼ 레벨로 이동 시 이동할 레벨번호를 입력한다.

5) 날카로운 모서리 부드럽게 처리

❽ 감지 각도 및 블렌드 거리 조건창을 이용하여 날카로운 모서리 부분을 최대한 부드러운 스플라인으로 변경한다.

(4) 스플라인 블렌드

작업화면상에 서로 다른 2개의 도형을 부드럽게 연결할 때 사용하며, 양쪽 형상을 고려하는 형태를 생성한다.

[스플라인 블렌드 조건창]

1) 요소 1

❶ **재선택** : 첫 번째 선택한 요소를 변경할 때 사용한다.
❷ **크기** : 첫 번째 도형에 대한 스플라인 도형 생성의 크기 설정값이다.
❸ **지정된 방향** : 스플라인 속성의 지정된 방향대로 생성한다.
❹ **반대방향** : 처음 지정된 방향의 반대방향으로 생성한다.

2) 요소 2

❺ **재선택** : 두 번째 선택한 요소를 변경할 때 사용한다.
❻ **크기** : 두 번째 도형에 대한 스플라인 도형 생성의 크기 설정값이다.

3) 트림 / 자르기

❼ **종류**

㉠ **트림** : 생성된 스플라인 블렌드를 트림할 때 사용한다.

㉡ **자르기** : 생성된 스플라인 블렌드를 자르기할 때 사용한다.

❽ **방법**

㉠ **모두** : 선택된 두 개의 커브 모두 트림한다.

㉡ **요소 1** : 처음 선택한 요소 1만 트림한다.

㉢ **요소 2** : 두 번째 선택한 요소 2만 트림한다.

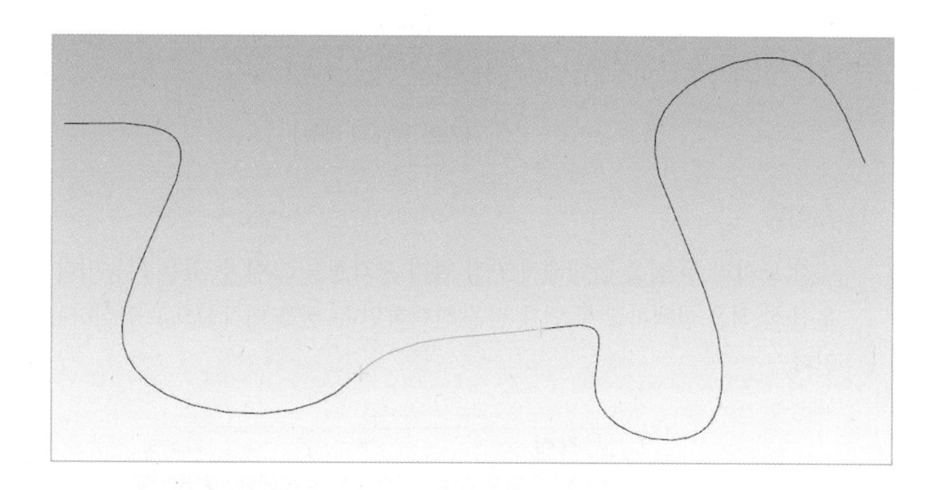

(5) 스플라인 너브스 전환

직선, 호, 파라메트릭 스플라인을 너브스 스플라인으로 변환해주는 기능이다.

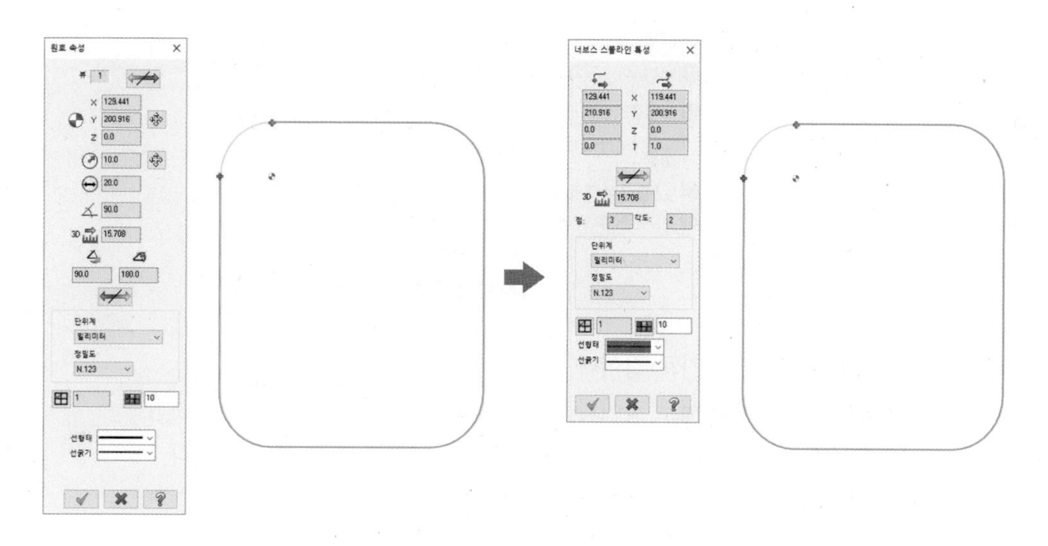

[스플라인 너브스 전환 전후]

5 형 태

(1) 기본 형태

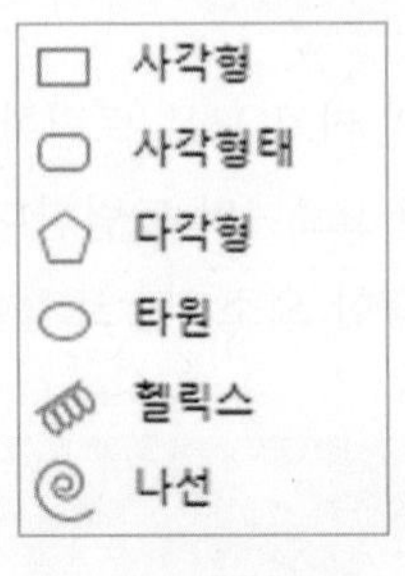

[기본 형태의 메뉴]

1) 사각형

대각 모서리 두 점을 선택해서 가장 빨리 사각형을 그릴 수 있는 기능이다.
우선 한 점을 선택하고 두 번째 점을 선택하면 두 점을 대각선으로 인식하는 사각형이 그려진다.

[사각형 조건창]

❶ **너비** : 사각형의 가로 길이다.
❷ **높이** : 사각형의 세로 길이다.
❸ **중심에 고정** : 대각 모서리가 아닌 중심을 기준으로 할 때 사용한다.
❹ **곡면 생성** : 사각형 도형과 함께 곡면이 동시 생성된다.

2) 사각형태

사각형을 만들 때 도형 형태(사각형, 오브라운드 형태, D형태, 더블 D형태)와 모서리 필렛 여부, 곡면 도형 생성, 중심점 생성 등의 조건을 설정하는 기능이다.

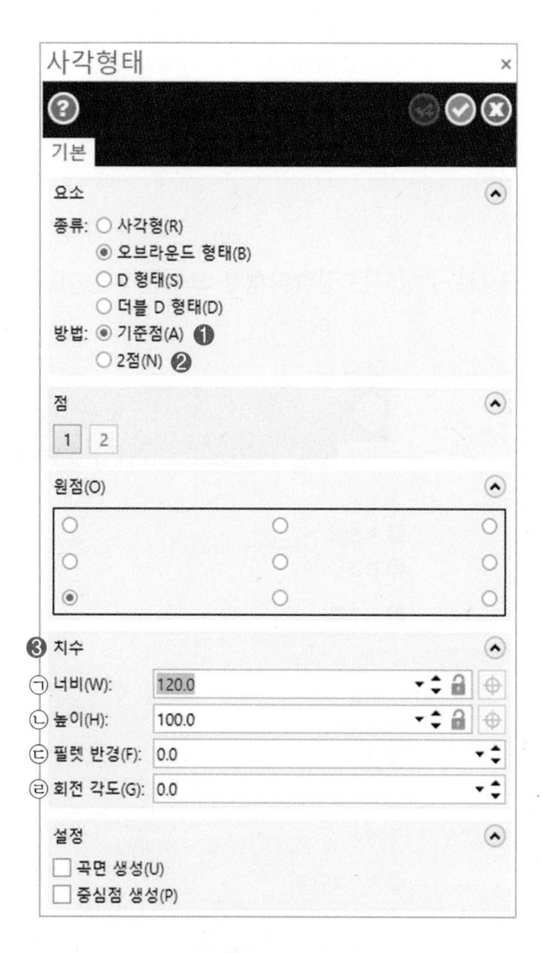

[사각형태 조건창]

❶ **기준점** : 한 점을 기준으로 너비와 높이를 입력하여 사각형태를 생성한다.

- 너비와 높이값을 입력한다.
- 조건 설정값을 설정한다.
- 기준점에서 기준으로 사용될 지점을 선택한다.
- 작업화면에서 사각형이 생성될 지점을 선택한다.

❷ **2점** : 두 개의 대각 모서리 점을 이용하여 사각형을 생성한다.

- 조건 설정값을 설정한다.
- 화면에 대각 모서리 점들을 지정한다.
- 생성 후 라이브 상태에서 수정이 가능하다.

❸ **치수**

㉠ **너비** : 도형의 너비값을 입력한다(라이브 상태에서 수정 가능).

㉡ **높이** : 도형의 높이값을 입력한다(라이브 상태에서 수정 가능).

㉢ **필렛 반경** : 사각형 모서리에 필렛을 동시에 생성시키는 기능으로 생성될 필렛의 반지름값을 입력한다(라이브 상태에서 수정 가능).

㉣ **회전각도** : 사각형을 입력한 각도값만큼 회전된 형태로 생성한다(라이브 상태에서 수정 가능).

3) 다각형

여러 개의 변으로 구성되는 정다각형을 그리는 기능이다.

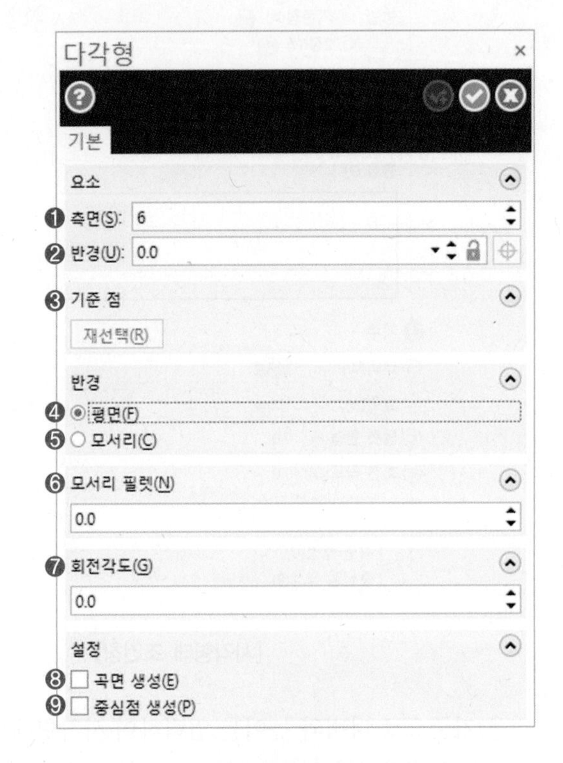

[다각형 조건창]

❶ **측면** : 다각형에 측면의 수를 입력하는 기능이다(예 5각형 → 5 입력).

❷ **반경** : 생성될 다각형이 내접 또는 외접 형태로 접하게 될 가상원의 반지름값을 설정하는 기능이다.

❸ **기준점** : 생성될 다각형의 위치를 지정하는 기능이다.

❹ **평면** : 가상원의 외접 형태로 다각형을 생성하는 기능이다.

❺ **모서리** : 가상원의 내접 형태로 다각형을 생성하는 기능이다.

❻ **모서리 필렛** : 다각형 모서리에 필렛을 적용시키는 기능이다.
❼ **회전각도** : 중심점 기준으로 다각형을 회전시키는 기능이다.
❽ **곡면 생성** : 해당 기능을 선택하면 생성된 다각형에 곡면을 생성하는 기능이다.
❾ **중심점 생성** : 생성될 다각형 중심에 점을 생성하는 기능이다.

:: 다각형 작성방법

다각형 기능을 선택한 후 아래 그림처럼 측면의 수 및 반경값, 모서리를 클릭한다.

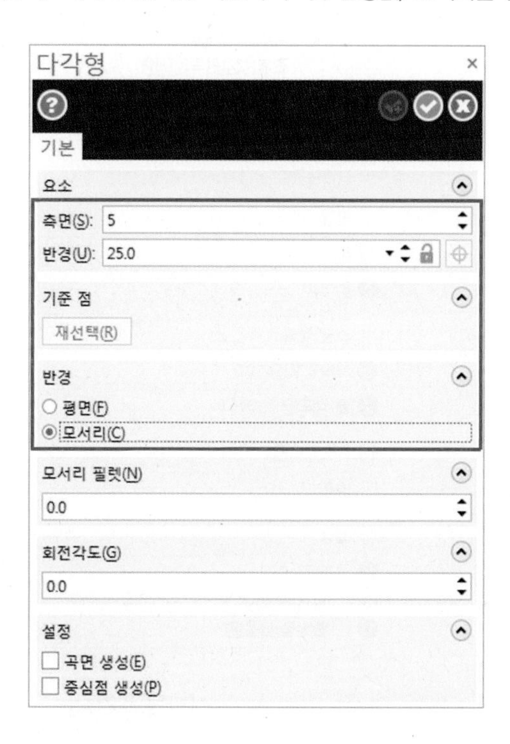

그려질 다각형 기준점의 위치를 원점으로 클릭한 후 OK 버튼(✔)을 선택한다.

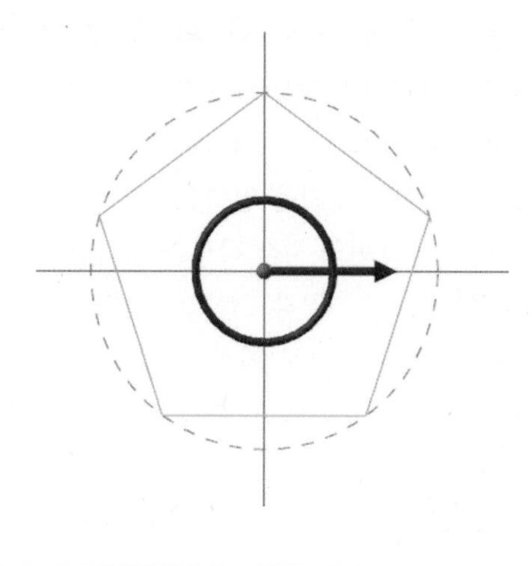

4) 타원

타원을 그리는 기능이다.

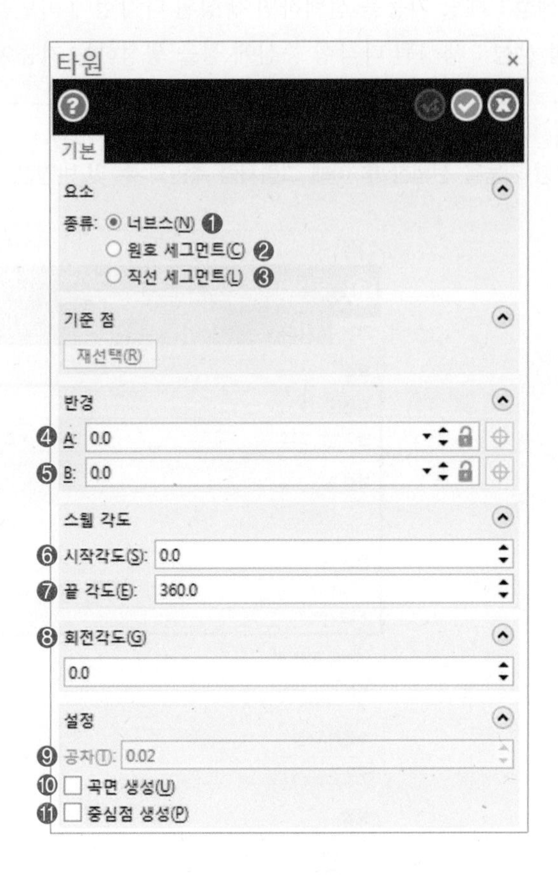

[타원 조건창]

❶ **너브스** : 타원의 도형요소를 너브스 커브로 생성한다.

❷ **원호 세그먼트** : 타원의 도형요소를 원호로 생성한다.

❸ **직선 세그먼트** : 타원의 도형요소를 직선으로 생성한다.

❹ A : 타원의 수평방향 반경값을 입력한다.

❺ B : 타원의 수직방향 반경값을 입력한다.

❻ **시작 각도** : 생성될 타원의 시작 각도를 입력한다.

❼ **끝 각도** : 생성될 타원의 끝 각도를 입력한다.

❽ **회전각도** : 중심점을 기준으로 회전각도값을 입력한다.

❾ **공차** : 원호 또는 선 세그먼트 요소로 생성 시에 허용공차값을 설정한다.

❿ **곡면 생성** : 생성된 타원에 곡면을 생성하는 기능이다.

⓫ **중심점 생성** : 생성될 타원 중심에 점을 그리는 기능이다.

:: 타원 작성방법

타원 기능을 선택한 후 아래 그림을 참고하여 반경값과 회전각도값을 입력한다.

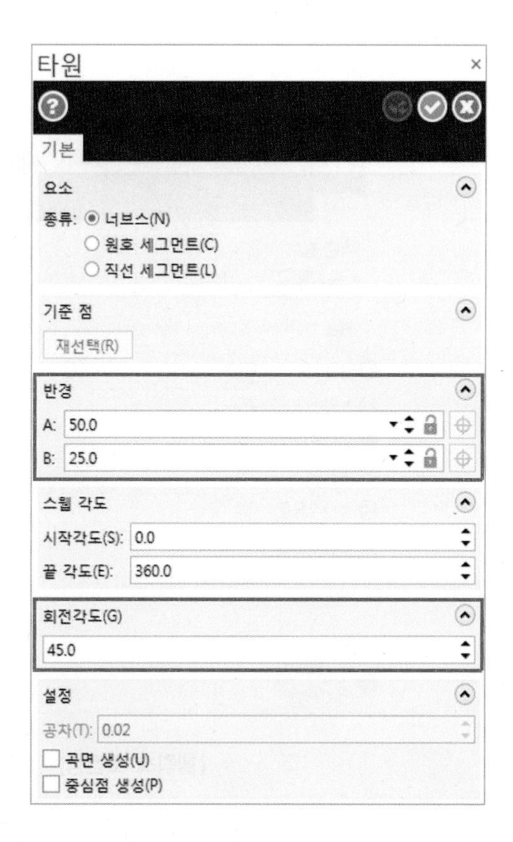

타원이 그려질 기준점의 위치는 원점으로 선택한다.

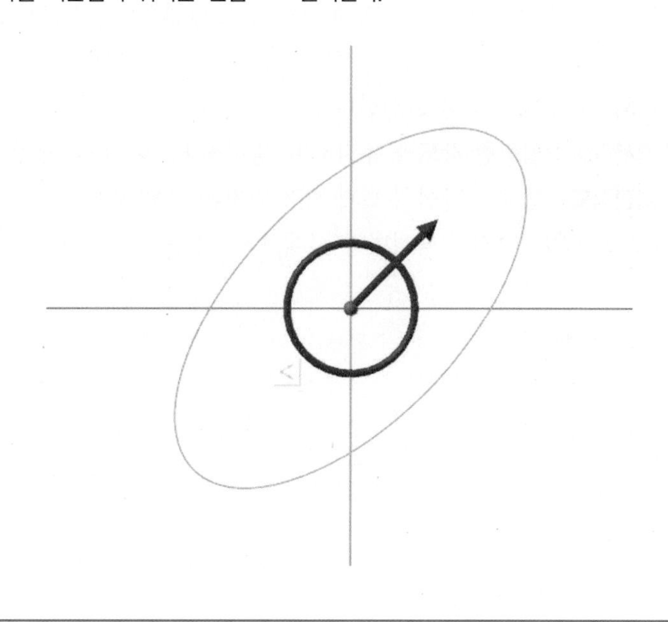

5) 헬릭스

스프링 형태의 나선을 그리는 기능으로 피치, 반경, 회전수, 경사각도 등을 설정하여 원하는 헬릭스 형태를 생성하는 기능이다.

[헬릭스 조건창]

❶ **반경** : 생성될 나선의 반지름값을 설정한다.

❷ **높이** : 회전수와 피치값에 의해 결정되며, 회전수 × 피치값으로 설정한다.

❸ **회전수** : 피치를 기준으로 생성될 나선의 수를 설정한다.

❹ **피치** : 나선의 간격을 설정한다.

❺ **경사각도** : 입력한 각도를 유지하며, 경사진 나선 형태를 생성한다.

❻ **회전각도** : 생성될 나선의 초기 시작 위치를 설정한다.

❼ **CCW / CW** : 나선의 생성방향(시계, 반시계)을 설정한다.

:: 헬릭스 작성방법

헬릭스 기능을 선택한 후 아래 그림을 참고하여 조건값을 입력한다.

헬릭스가 그려질 중심점을 원점으로 선택한다.

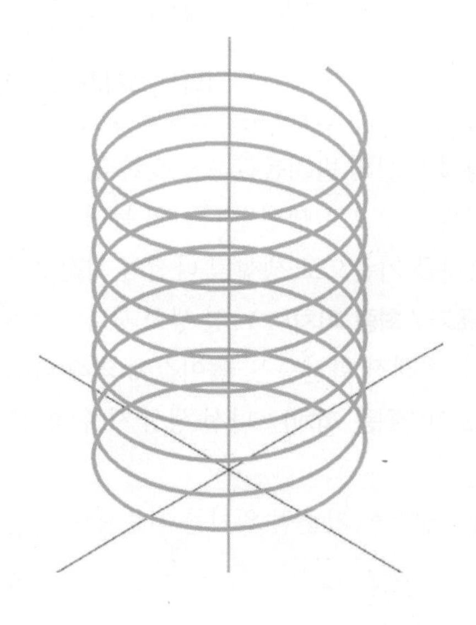

6) 나선

반경, 회전수, 초기 / 최종 피치를 입력하여 다양한 나선을 그리는 기능이다.

[나선 그리기 조건창]

❶ **반경** : 생성될 나선의 반지름값을 설정한다.
❷ **높이** : 피치를 기준으로 생성될 나선의 높이 설정한다.
❸ **회전수** : 피치를 기준으로 생성될 나선의 회전수를 설정한다.
❹ **수직 피치(초기 / 최종 피치)** : 나선 생성 시 수직방향에 대한 초기 피치와 최종 피치를 설정함으로써, 정해진 회전수 및 높이값에 의해 나선 형태를 생성한다.
❺ **수평 피치(초기 / 최종 피치)** : 나선 생성 시 수평방향에 대한 시작 피치와 마지막 피치를 설정한다.
❻ **CCW / CW** : 선택한 기준점 위치를 기준으로 나선의 생성방향을 설정한다.

:: 나선 작성방법

나선 기능을 선택한 후 아래 그림을 참고하여 조건값을 입력한다.

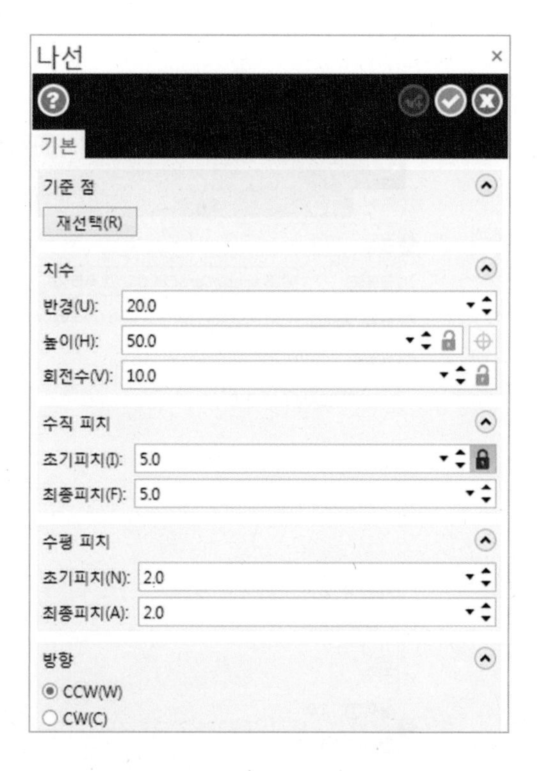

나선이 그려질 중심점을 원점으로 선택한다.

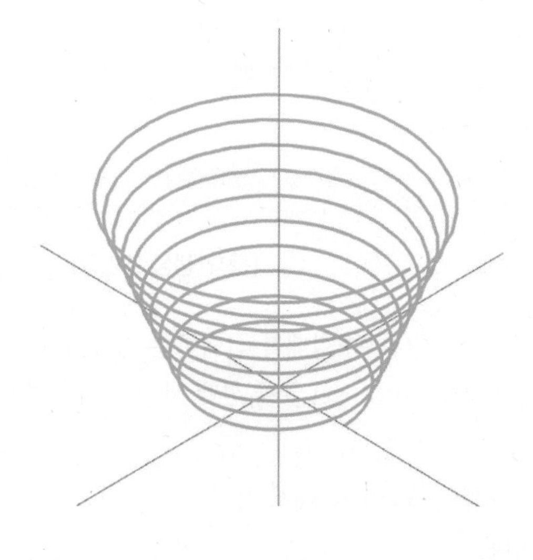

(2) 문자 그리기

여러 개의 직선, 원호 또는 스플라인 도형으로 연결되는 문자 형태를 그리는 기능으로 한글 및 한자 그리고 영문 등 다양한 글자의 문자 도형을 그릴 수 있다.

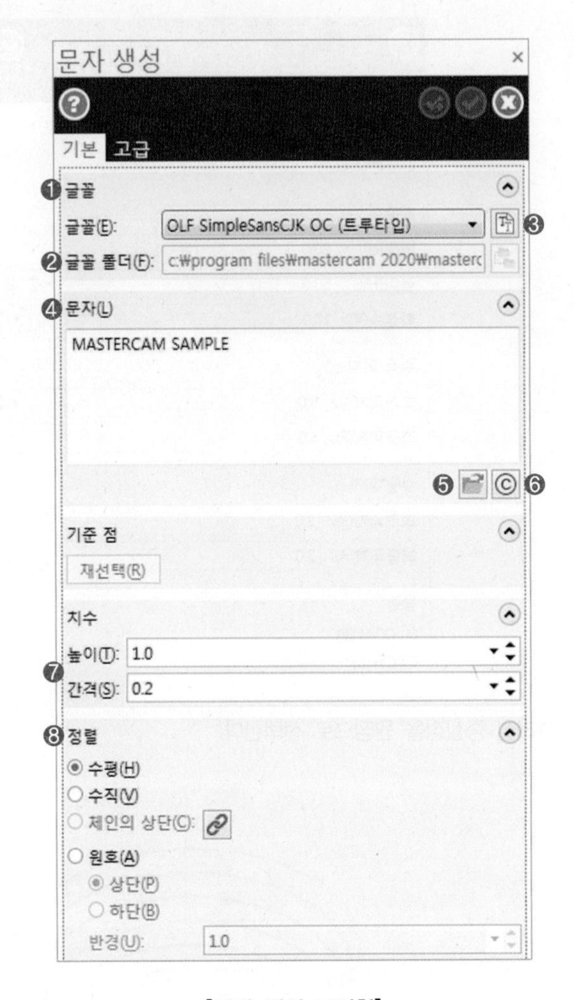

[문자 생성 조건창]

❶ **글꼴** : 다양한 글자체(폰트) 형태를 선택하는 기능이다.

❷ **글꼴 폴더** : Mastercam(Other) 글꼴 선택 시 활성화되며, 글꼴이 저장된 폴더를 찾는 기능이다.

❸ **트루타입 적용** : Windows에서 지원하는 True Type의 글자체 형태로 문자 도형을 생성하는 기능이다.

❹ **문자** : 이곳에 그려질 문자를 입력한다(한글 및 한자 생성 시 트루타입 적용 기능에서 글꼴을 선택한다).

⑤ **파일 열기** : 저장해 놓은 TXT 파일을 불러와 적용시키는 기능이다.

⑥ **기호 추가** : 숫자 및 알파벳 등 다양한 기호를 불러오는 기능이다.

⑦ **높이 / 간격** : 생성될 문자 도형의 높이, 간격을 설정하는 기능이다.

⑧ **정렬** : 가로쓰기, 세로쓰기, 체인의 상단, 원호의 상단 / 하단에 쓰기 등 지정한 위치에 입력한 문자 도형을 정렬시키는 기능이다.

:: 문자 그리기 작성방법

문자 생성 기능을 선택한 후 문자란에 'CAD CAM'이라고 입력한다.

트루타입 적용을 클릭한 후 글꼴에서 '맑은 고딕'을 선택한다.

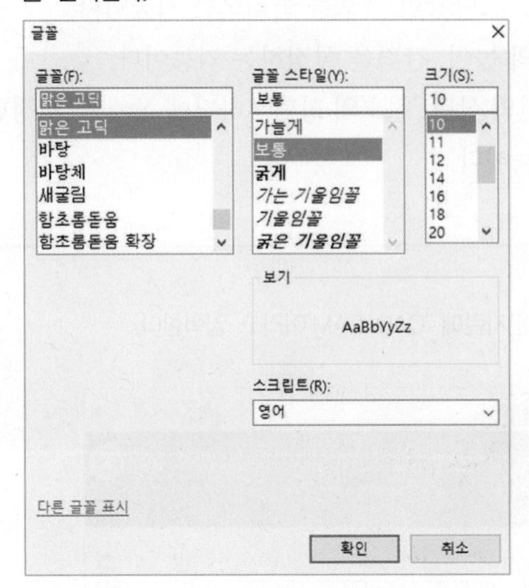

정렬에서 원호의 상단을 선택한다.

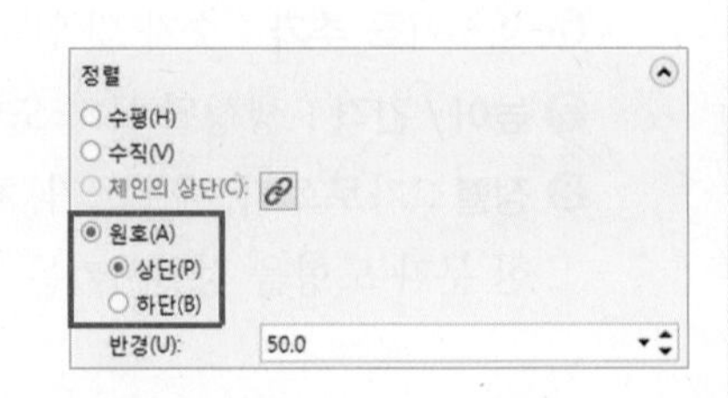

문자 생성 조건창에 높이 15, 원호 반경 50, 간격 3으로 입력한다.

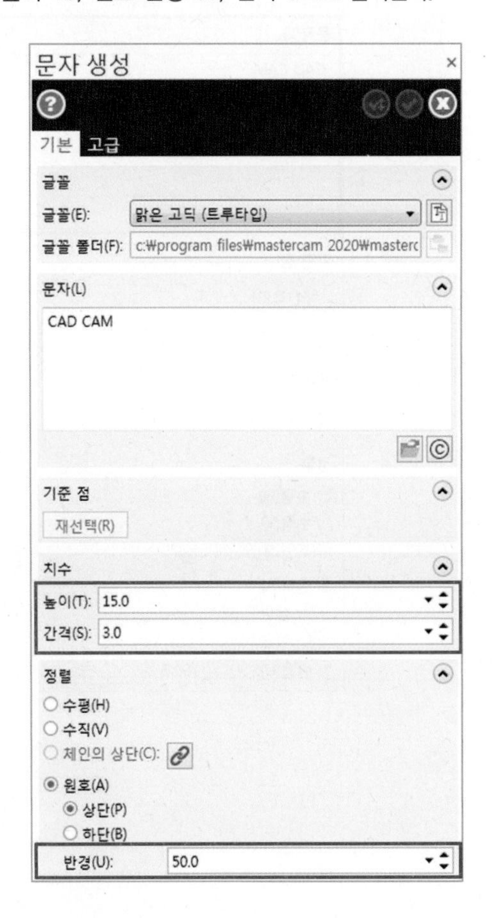

문자가 작성될 시작 위치는 원점을 선택한 후 '확인 및 새 작업 생성' 버튼(◉)을 누른다.

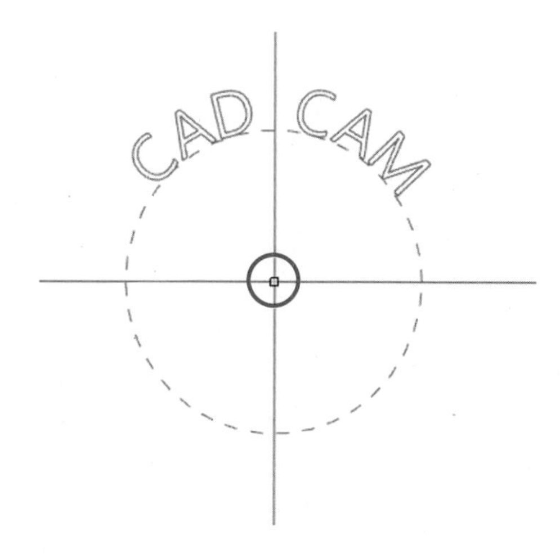

위와 같은 방법으로 문자 입력란에 'MASTERCAM'을 입력한다.

정렬은 수평으로 선택한 후 높이 15, 문자 간격 3으로 입력한다.

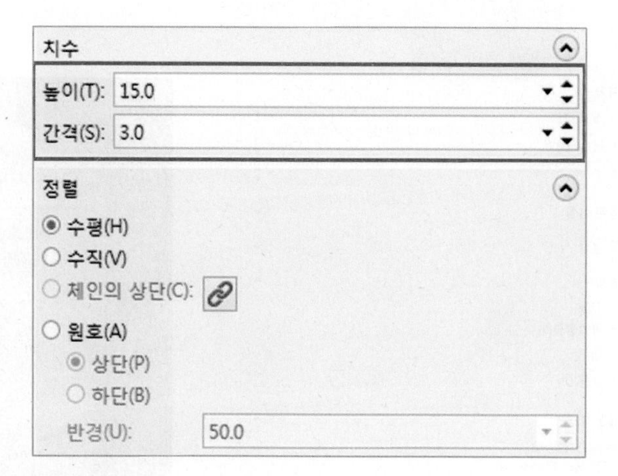

문자가 작성될 시작 위치는 X-60, Y0을 입력한 후 Enter 키를 누른다. 아래와 같이 작성된 문자를 볼 수 있다.

(3) 바운딩 박스

작업화면 내에 있는 특정 도형의 외곽 크기를 기준으로 육면체 또는 원기둥 형태의 도형을 생성하는 기능이다.

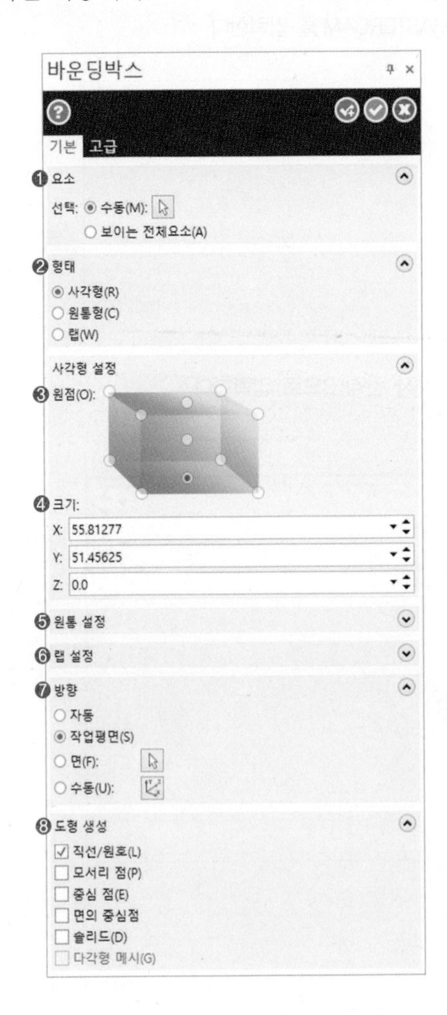

❶ **요소** : 바운딩 박스를 생성할 도형을 부분적으로 선택하거나 화면 전체의 도형을 선택할 수 있다.

❷ **형태** : 바운딩 박스의 형태를 사각형 또는 원통형, 랩으로 할 수 있다. 단, 원통형을 선택할 경우 X, Y 또는 Z축을 선택해야 한다.

❸ **원점** : 바운딩 박스의 원점을 지정할 수 있다.

❹ **크기** : 바운딩 박스의 크기를 X, Y, Z 값으로 설정할 수 있다.

❺ **원통 설정** : 형태에서 원통형 선택 시 X, Y 또는 Z축을 선택할 수 있다.

❻ **랩 설정** : 형태에서 랩을 선택 시 활성화되며, 실루엣 바운더리와 최소 체적 옵션을 통해 바운딩 박스의 생성 형태를 설정할 수 있다.

❼ **방향** : 바운딩 박스의 바닥면이 생성될 평면, 면, 사용자 평면을 설정할 수 있다. 랩 형태 사용 시 자동 옵션만 적용할 수 있다.

❽ **도형 생성** : 직선과 원호, 모서리 점, 중심점, 면의 중심점, 솔리드로 바운딩 박스를 생성할 수 있다.

(4) 실루엣 바운더리

작업화면 내 특정 도형의 외측과 내측의 끝단에 2D 커브를 생성하여 준다. 아래 그림의 조건창으로 공차와 거르기 기능을 사용할 수 있다.

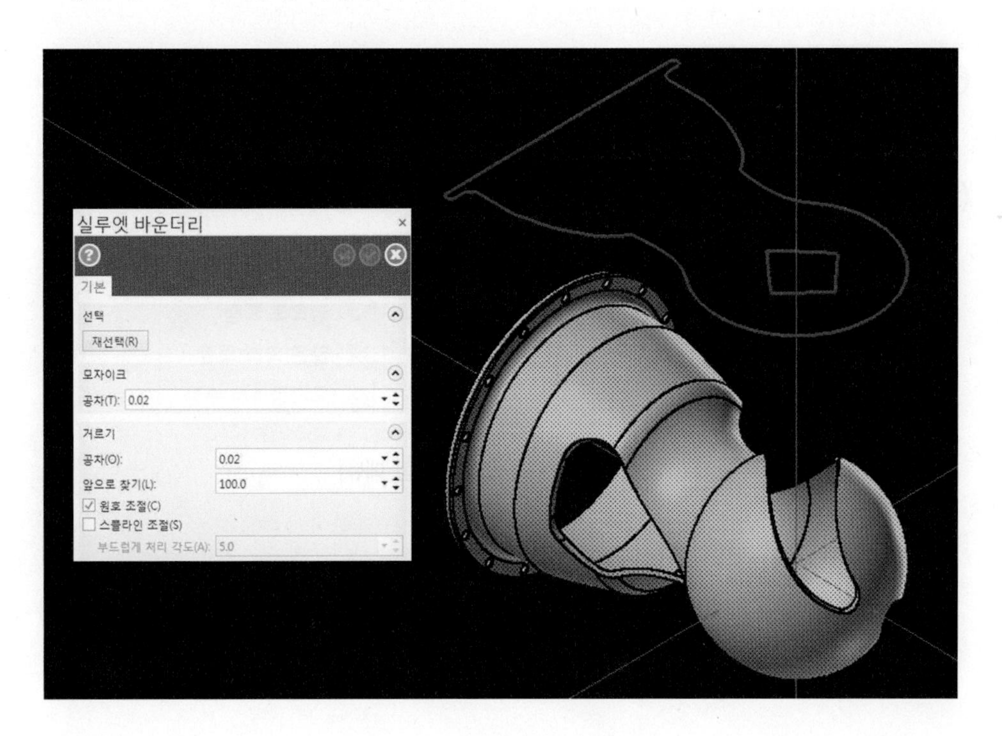

(5) 턴 프로파일

작업화면 내에 특정 도형의 2D 프로파일을 생성해 준다. 아래 그림의 조건창에서 프로파일을 상단, 하단 또는 전체를 선택할 수 있다.

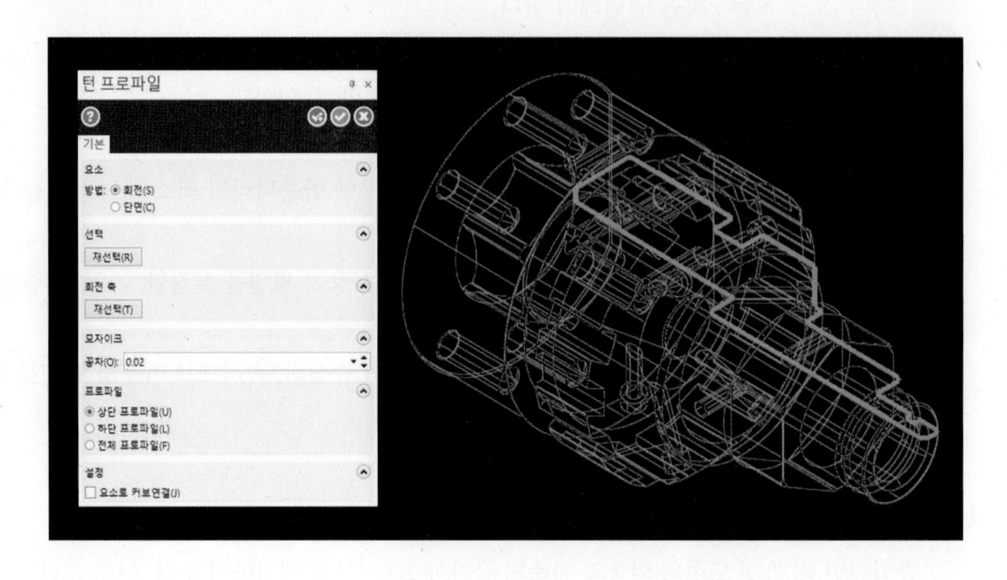

6 도형의 수정

(1) 요소로 트림

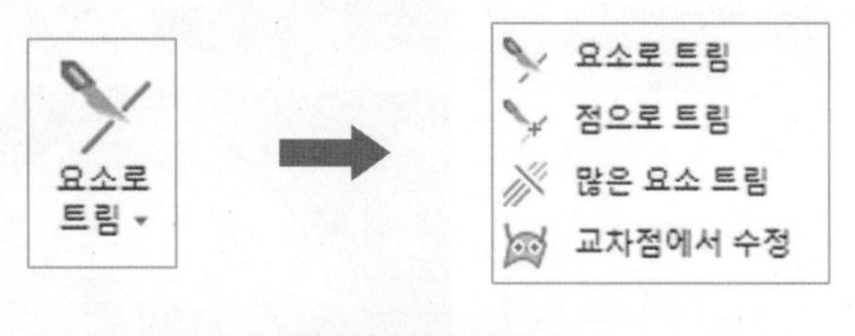

[요소로 트림 메뉴]

1) 요소로 트림

작업화면 내 도형을 여러 방법으로 다양하게 트림 또는 자를 수 있으며 방법에 따라 도형을 2개 또는 그 이상으로 자를 수도 있다.

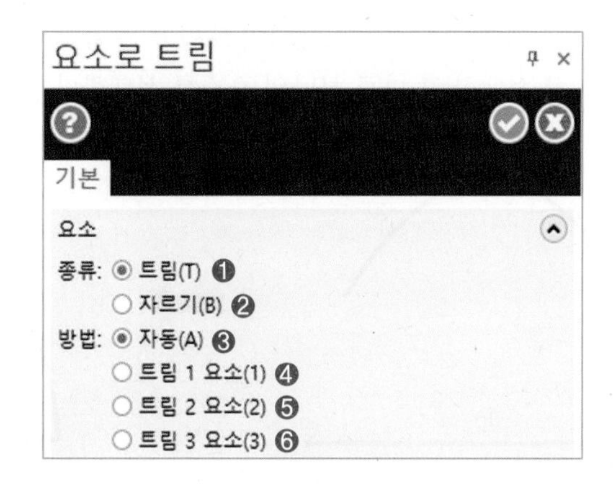

❶ **트림** : 작업화면 내 그려진 도형을 트림할 때 선택한다.

❷ **자르기** : 작업화면 내 그려진 도형을 자를 때 선택한다.

❸ **자동**

❹ **트림 1요소** : 한 개의 도형요소를 트림 또는 확장하는 기능이다.

- 트림할 요소를 선택한다.
- 경계가 되는 요소를 선택한다.

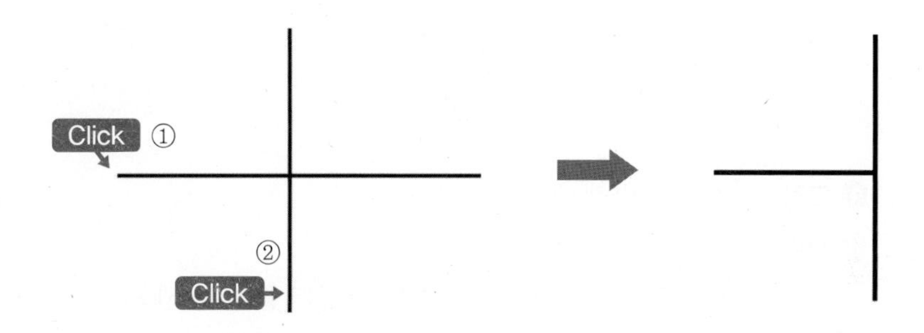

❺ **트림 2요소** : 두 개의 요소를 사용하여 트림 또는 확장하는 기능이다. 아래의 그림처럼 트림할 두 요소를 차례로 선택하여 완성한다.

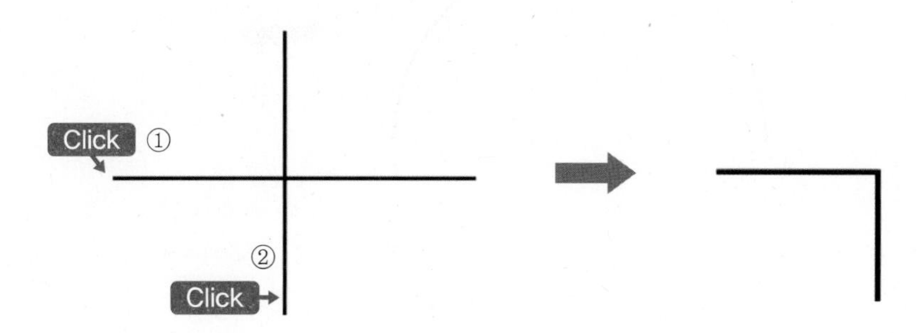

❻ **트림 3요소** : 세 개의 요소를 사용하여 트림 또는 확장하는 기능으로, 경계가 될 2개의 요소를 차례로 선택한 후 다른 하나의 요소를 선택한다.

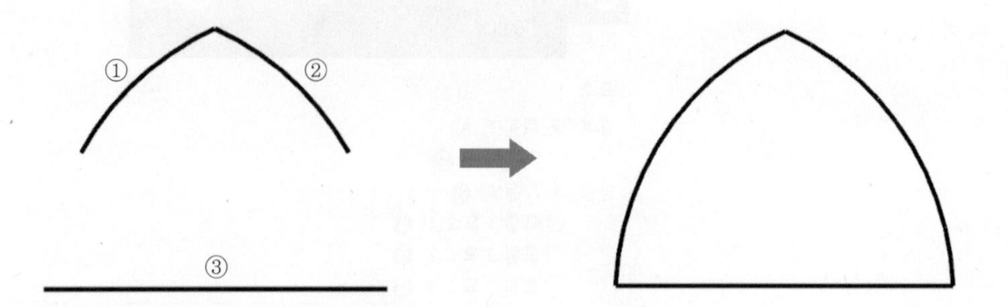

2) 점으로 트림

그려진 도형요소를 특정 점을 기준으로 하여 트림하는 기능이다.

❶ **트림** : 도형을 트림할 때 선택한다.

❷ **자르기** : 도형을 자를 때 선택한다.

✎ 도형의 남길 부분을 선택한 후 트림의 기준이 될 점을 클릭하면 된다.

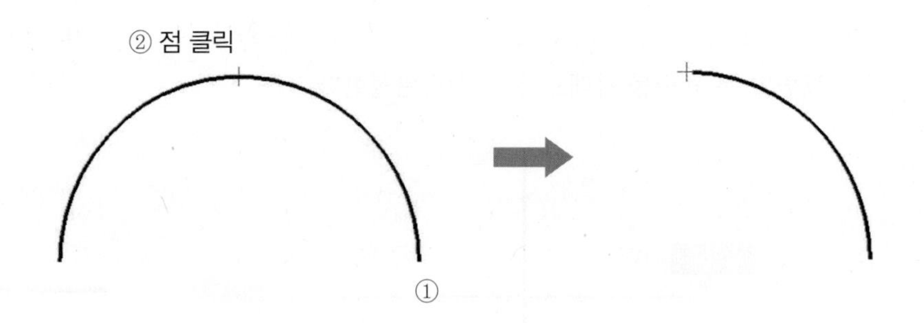

3) 많은 요소 트림

여러 개의 도형을 하나의 경계도형을 기준으로 트림 또는 확장하는 기능으로 사용 순서는 다음과 같다.

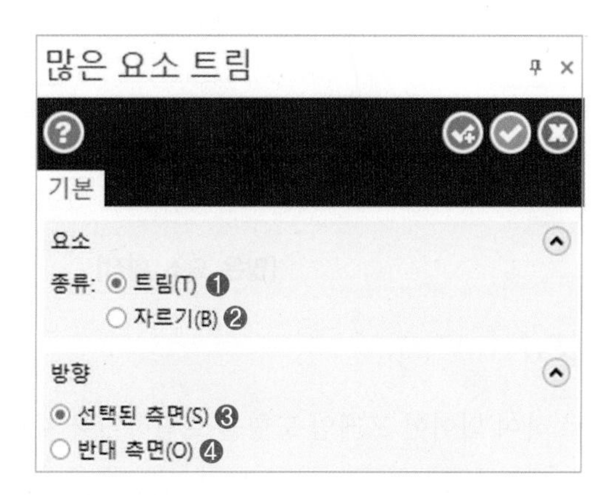

❶ **트림** : 도형을 트림할 때 선택한다.

❷ **자르기** : 도형을 자를 때 선택한다.

❸ **선택된 측면** : 선택한 방향으로 도형을 남기는 기능이다.

❹ **반대 측면** : 선택한 반대방향으로 도형을 남기는 기능이다.

- 트림할 대상 도형들을 선택한 후 **선택 완료** 버튼을 클릭한다.
- 경계가 될 도형을 선택한다.
- 경계 도형을 기준으로 남겨질 방향을 클릭한다.

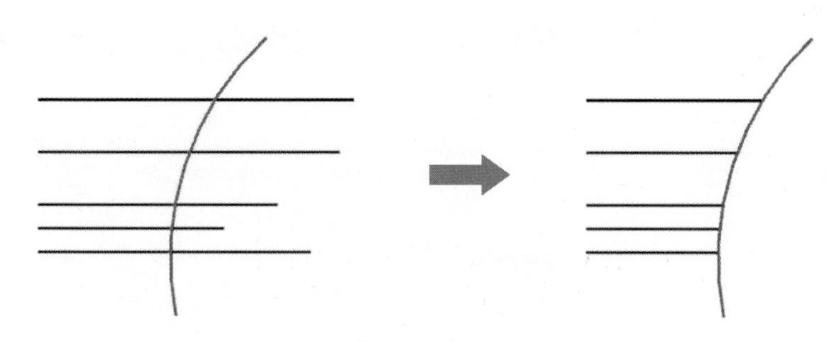

[많은 요소 트림]

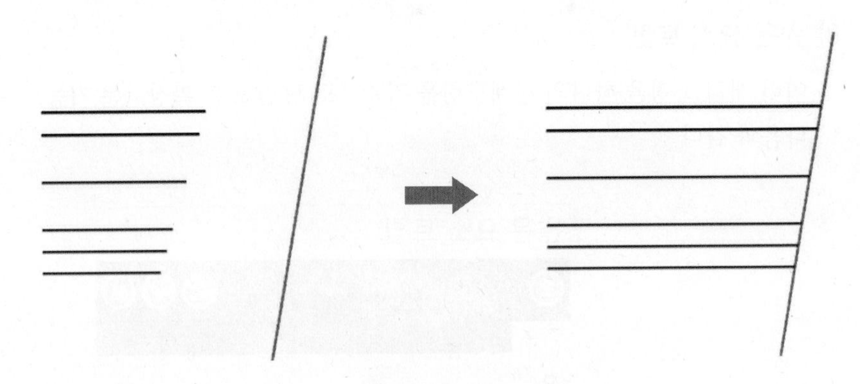

[많은 요소 확장]

4) 교차점에서 수정

곡면을 경계로 하여 와이어 프레임 도형을 트림하거나 자르는 기능이다.

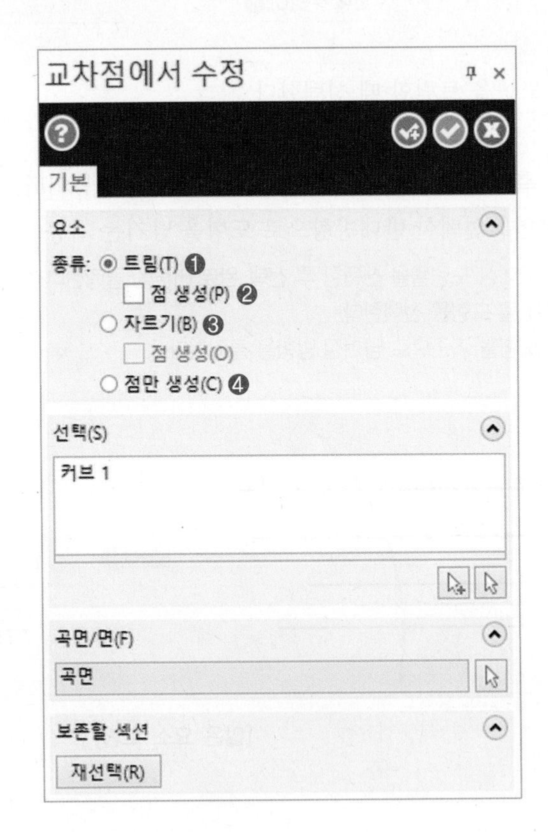

❶ **트림** : 곡면을 경계로 도형을 트림하는 기능이다.

❷ **점 생성** : 트림된 부분에 점을 생성하는 기능이다.

❸ **자르기** : 곡면을 경계로 도형을 자르는 기능이다.

❹ **점만 생성** : 도형과 곡면의 교차점에 점을 생성하는 기능이다.

(2) 이등분 자르기

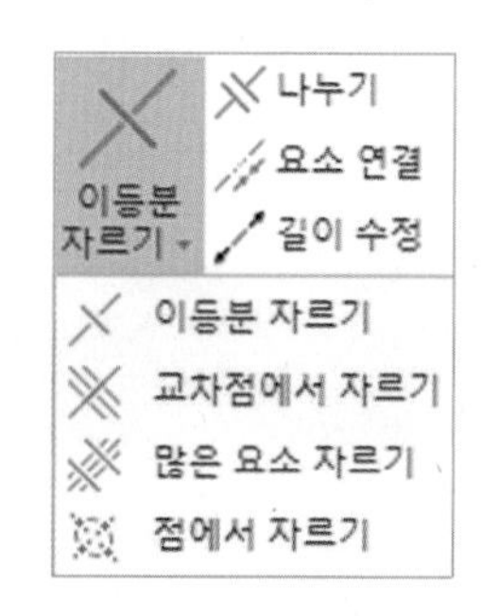

[이등분 자르기 메뉴]

1) 이등분 자르기

한 개의 도형요소를 두 개의 도형요소로 자르거나 확장시키는 기능으로 도형을 선택한 후 자를 위치 또는 확장시킬 위치를 지정하면 두 개의 도형요소로 잘리거나 확장된다.

2) 교차점에서 자르기

두 개 이상의 도형이 서로 교차하는 경우 각각의 교차점에서 도형들을 자르는 기능으로 대상 도형들을 선택한 후 Enter 키를 누르면 도형들이 교차점에서 분할된다.

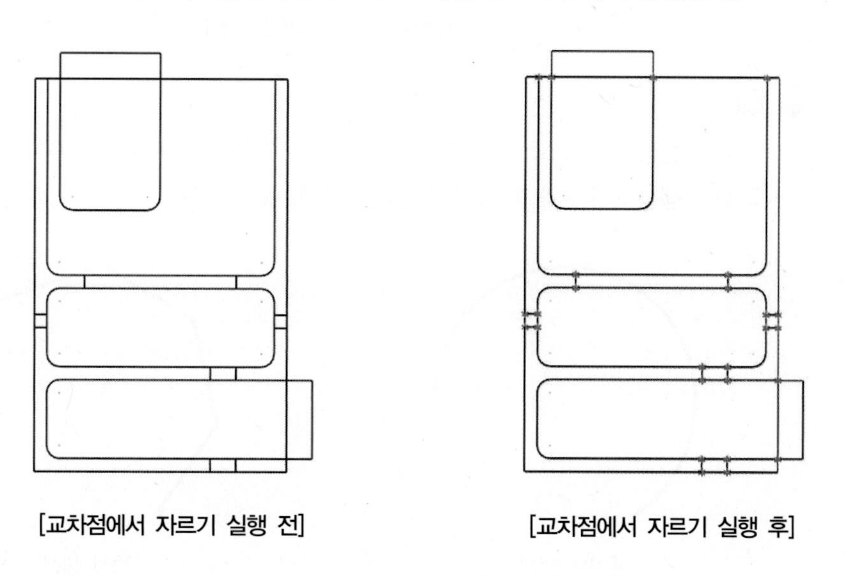

[교차점에서 자르기 실행 전] [교차점에서 자르기 실행 후]

✎ 위 그림 중 오른쪽 그림의 붉은 점들은 교차점에서 자르기 기능 실행으로 잘린 도형들의 끝점을 나타내며 실제로 붉은 점이 생성되지는 않는다.

3) 많은 요소 자르기

선택한 도형을 입력된 개수, 공차, 길이를 기준으로 분할하는 기능이다.

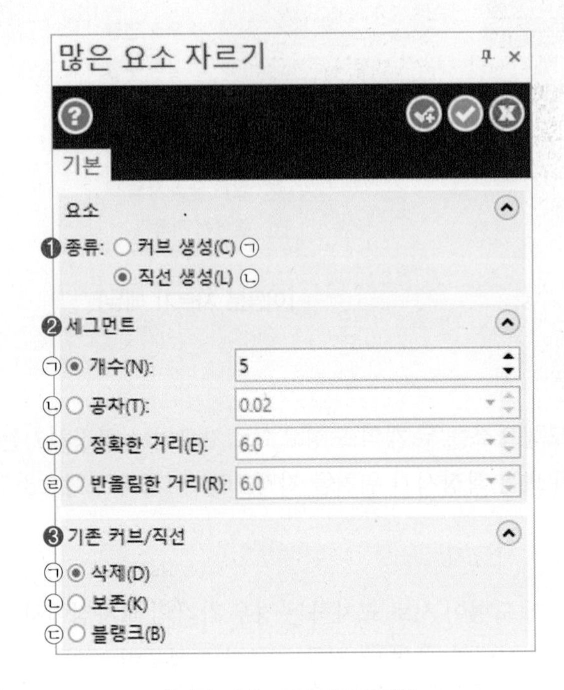

[많은 요소 자르기 조건창]

❶ **종류**

㉠ **커브 생성** : 원호 도형을 자르기할 경우 자르기 후 도형이 호의 형태를 유지한다.

㉡ **직선 생성** : 자르기 후 도형의 형태를 직선 형태로 한다.

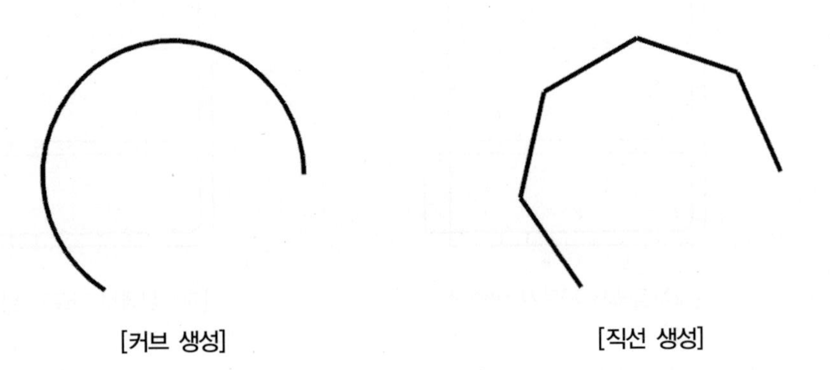

[커브 생성] [직선 생성]

❷ **세그먼트**

㉠ **개수** : 입력된 개수로 도형을 분할한다.

㉡ **공차** : 입력된 코달 공차(Chordal Tolerance)를 기준으로 도형을 분할하며 대상 도형이 원호나 스플라인일 경우에 주로 사용된다.

㉢ **정확한 거리** : 분할된 도형들이 각각 입력된 값의 길이가 되도록 도형을 분할하며 입력된 값으로 정확하게 나누어질 수 없을 경우 하나를 제외한 나머지 도형들은 입력된 길이값을 갖게 되며 나머지 하나는 짧은 요소로 생성된다. 예를 들어 길이가 100인 직선을 자르기하는 데 값으로 30을 입력하면 길이가 30인 직선 3개와 길이가 10인 직선 1개로 분할된다.

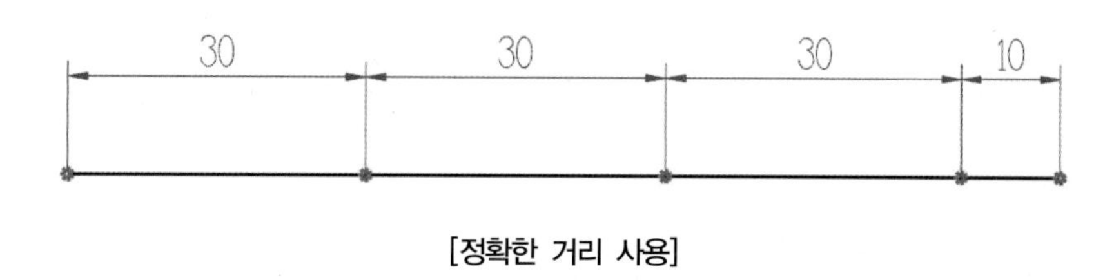

[정확한 거리 사용]

㉣ **반올림한 거리** : 분할된 모든 요소가 입력된 값에 근사한 값으로 같은 길이가 되도록 도형을 분할한다. 예를 들어 길이가 100인 직선을 자르기하는 데 값으로 30을 입력하면 길이가 33.33인 직선 3개로 분할된다.

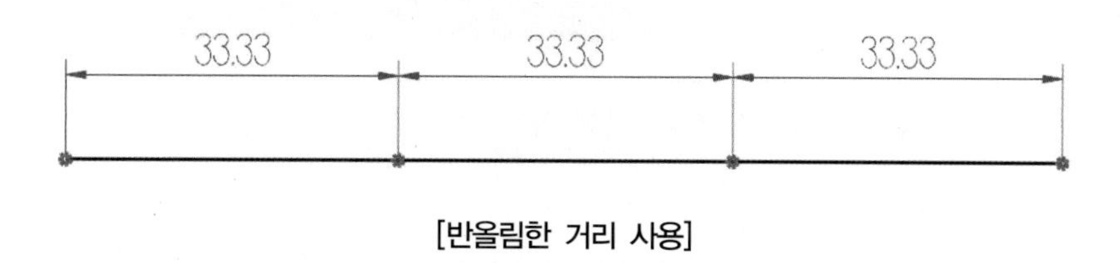

[반올림한 거리 사용]

❸ **기존 커브 / 직선**

㉠ **삭제** : 자르기 후 원래의 도형을 삭제한다.

㉡ **보존** : 자르기 후에도 원래의 도형을 보존한다.

㉢ **블랭크** : 자르기 후 원래의 도형을 화면에서 감추며 다시 불러올 경우 '언블랭크' 기능을 사용한다.

4) 점에서 자르기

다음 그림과 같이 자르기할 도형 위에 점이 있는 경우 점이 있는 위치에서 도형을 분할하는 기능이다. 점을 포함하여 도형을 선택한 후 '선택 완료' 버튼을 클릭하면 자동으로 자르기 기능이 실행된다.

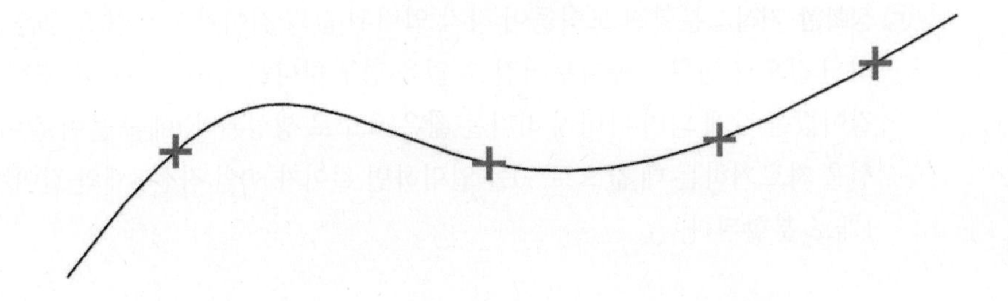

✎ 점에서 자르기를 실행하기 위해서는 도형이 분할될 위치에 점이 있어야 된다.

(3) 나누기

두 개 이상의 도형들의 교차점에서 간단하게 트림 / 자르기를 하는 기능이다.

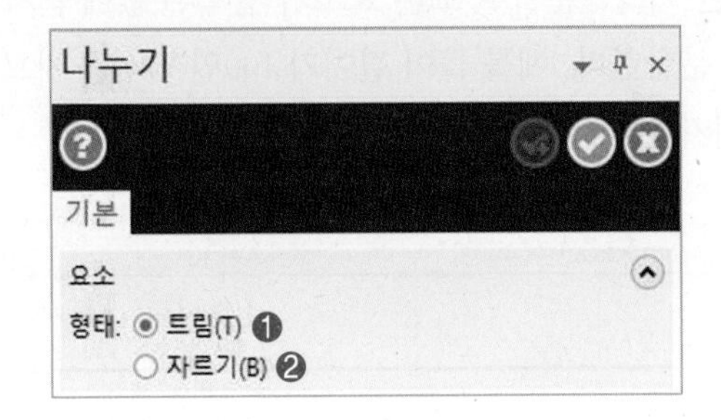

❶ **트림** : 선택한 도형을 교차점에서 자르고 없애주는 기능이다.

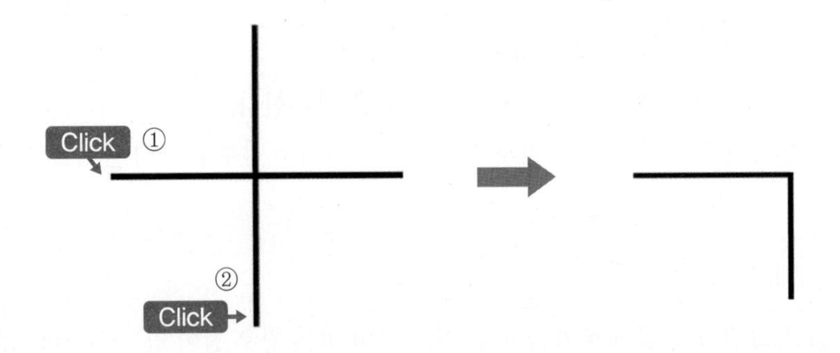

❷ 자르기 : 선택한 도형을 교차점에서 자르는 기능이다.

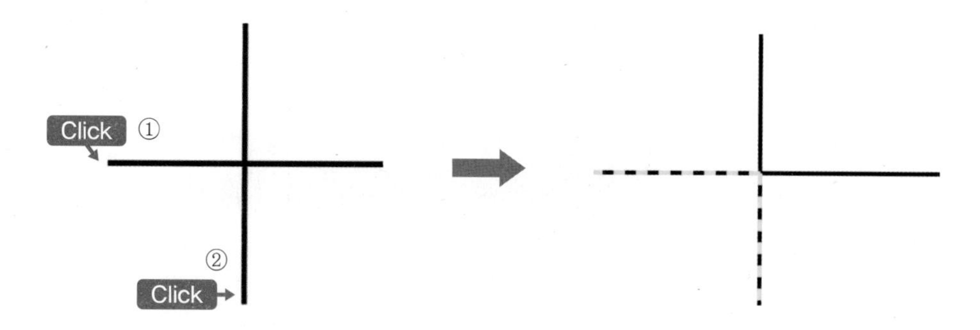

(4) 요소 연결

잘린 도형을 연결하는 기능으로 잘린 도형요소를 차례로 선택하면 연결이 되는 기능이다.

❶ 틈새 채우기 : 도형 사이에 단선이 된 부분을 이어주는 기능이다.

원호 요소의 경우 중심점, 반경값이 동일해야 실행된다. 직선 요소의 경우 동일 선상에 위치해야 한다.

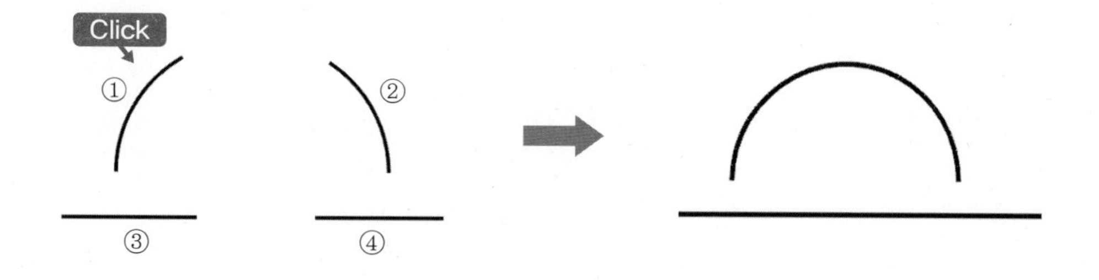

(5) 길이 수정

도형을 연장하거나 단축하는 기능이다.

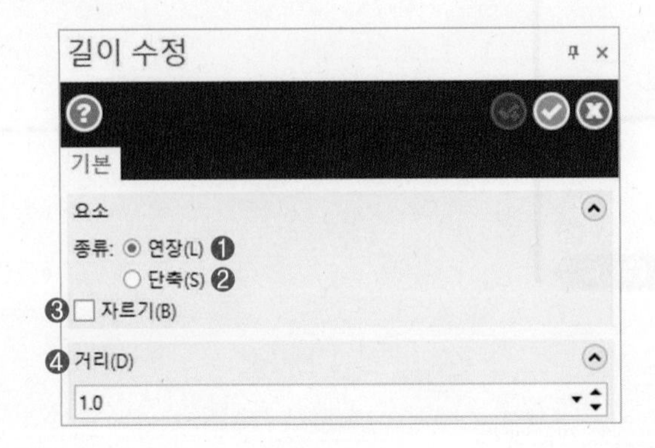

❶ **연장** : 도형을 연장하는 기능이다.

❷ **단축** : 도형을 단축하는 기능이다.

❸ **자르기** : 도형을 자르는 기능이다.

❹ **거리** : 연장, 단축할 길이를 설정하는 기능이다.

예 제 |

다음의 도형을 그리시오.

예 제 1

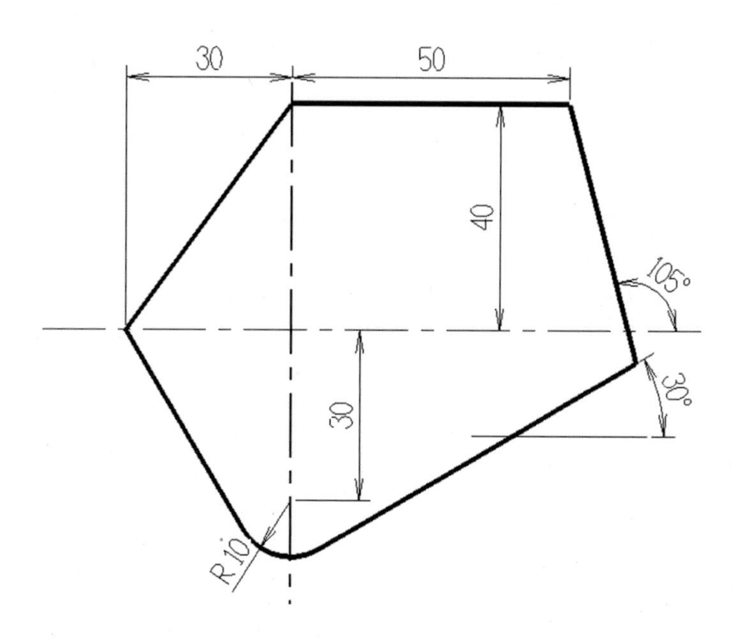

예 제 2

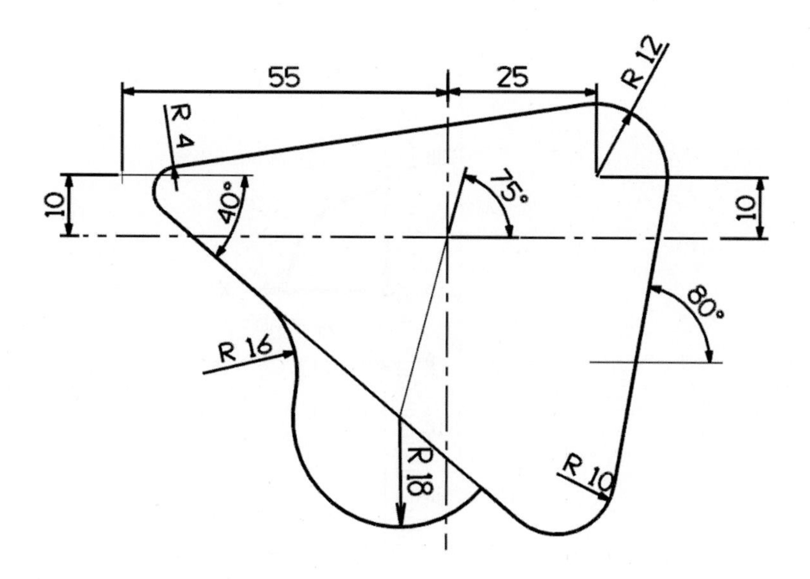

예제 1 해답

① 와이어프레임 – 두점선을 선택한 후 자동커서의 증분점을 선택한다.

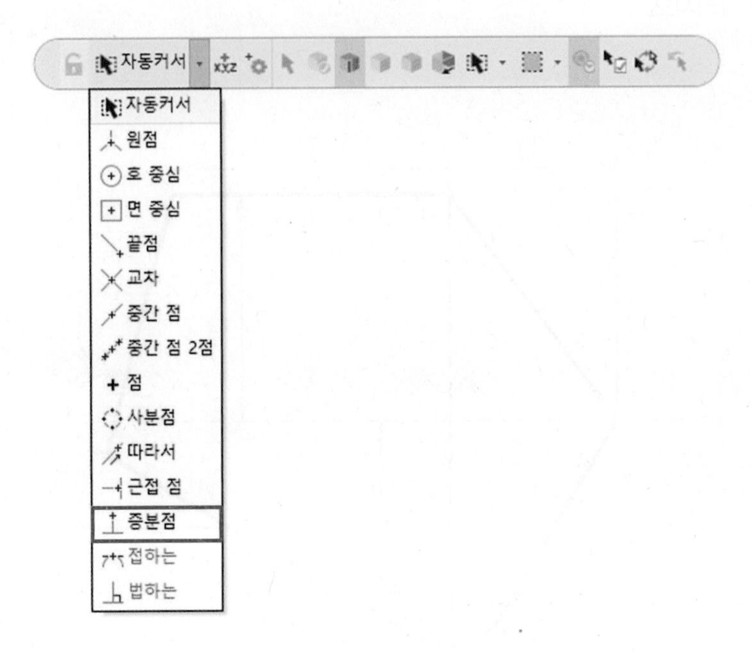

② 증분점 메뉴에서 화면의 원점을 클릭하면 나타나는 지시침의 Y축을 선택한 후 증분값 40을 입력한다. 입력 후 Enter 키를 세 번 누른다.

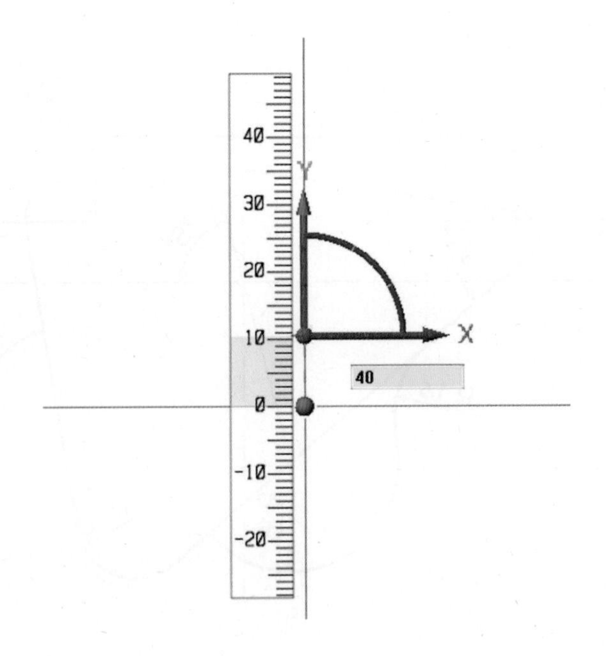

③ Y축 40으로 증분된 점이 두점선의 첫 번째 점으로 선택되면 길이 50, 각도 0을 입력하여 아래 그림과 같이 직선을 그린다.

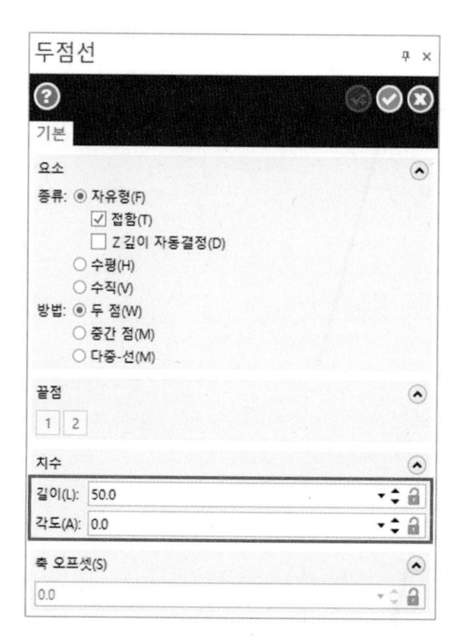

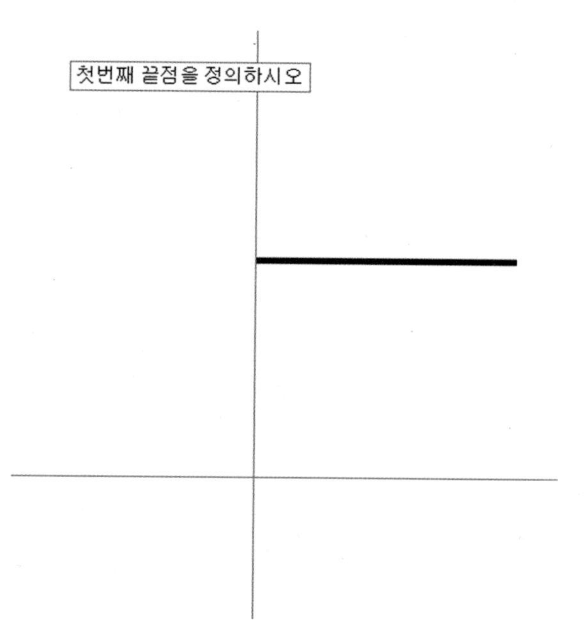

④ 와이어프레임 – 두점선을 선택한 후 아래 그림과 같이 임의 길이의 두점선을 그리고 각도 입력창에 285를 입력하여 직선을 그린다.

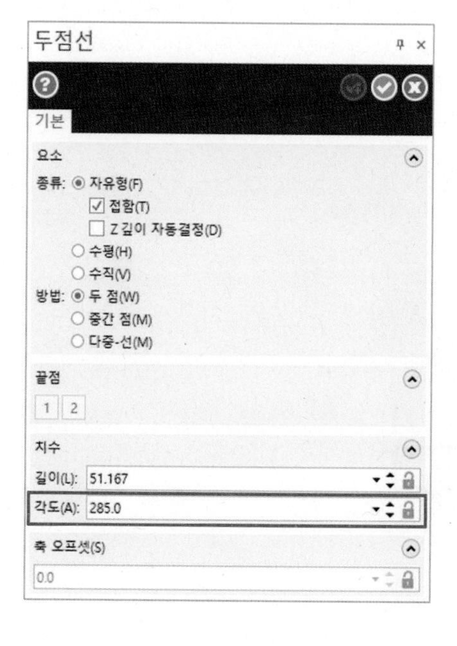

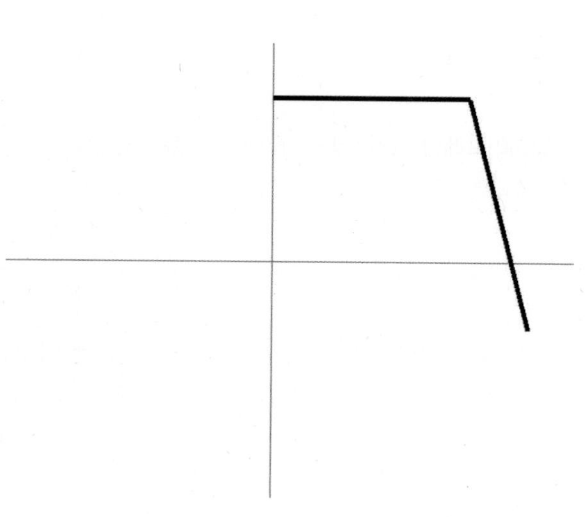

⑤ 와이어프레임－두점선 선택 후 X－30, Y0을 입력하여 아래 그림과 같이 X축의 －30에서 Y축 40까지 두점선을 그린다.

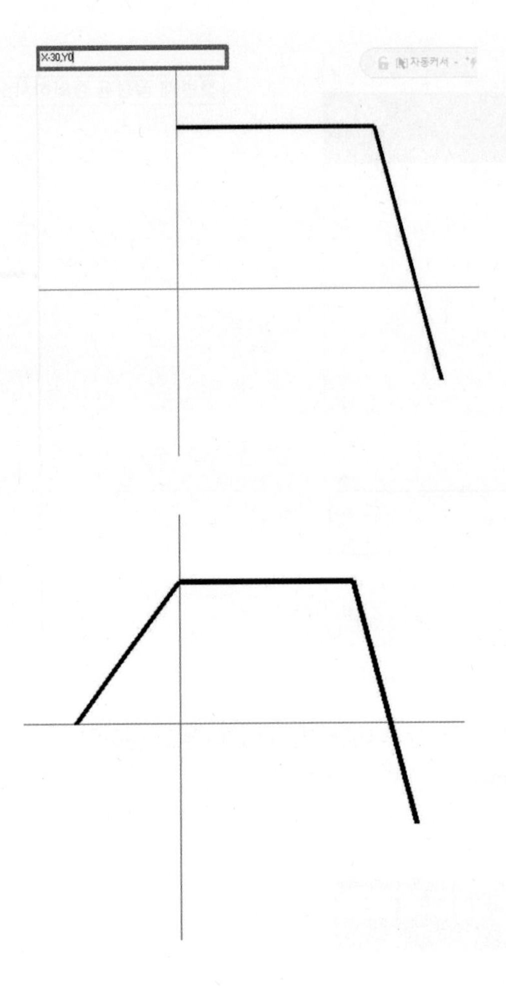

⑥ 와이어프레임－끝단점－'거리＋각도'를 선택한다.

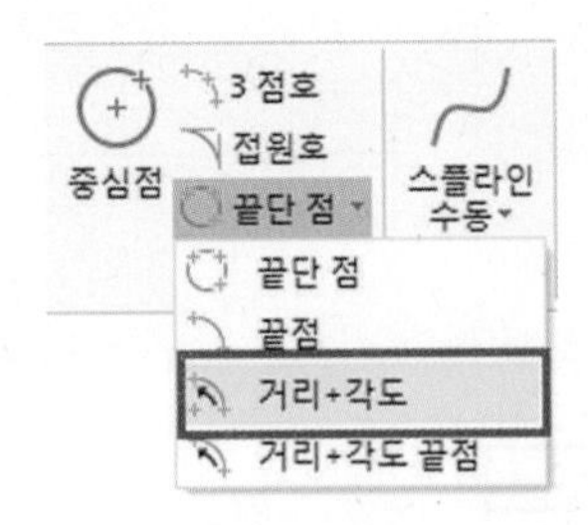

⑦ X0, Y－30을 입력하여 Y축 －30으로 원호의 중심점이 선택되게 한 뒤 '거리＋각도'의 반경 입력창에는 10, 시작 각도는 160, 끝 각도는 30을 입력하고 방향은 반대의 호를 선택하여 아래 그림과 같이 원호를 그린다.

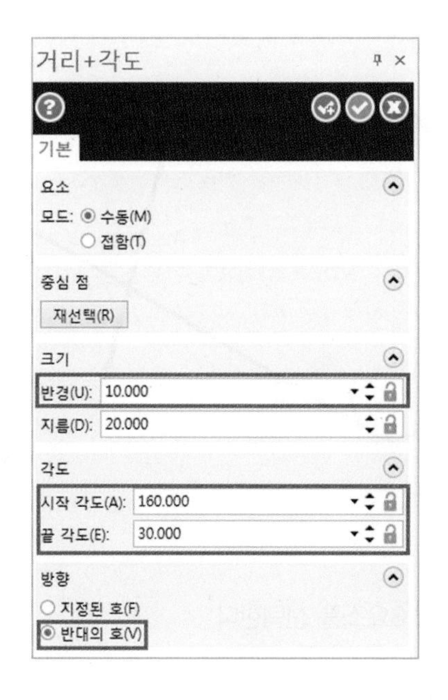

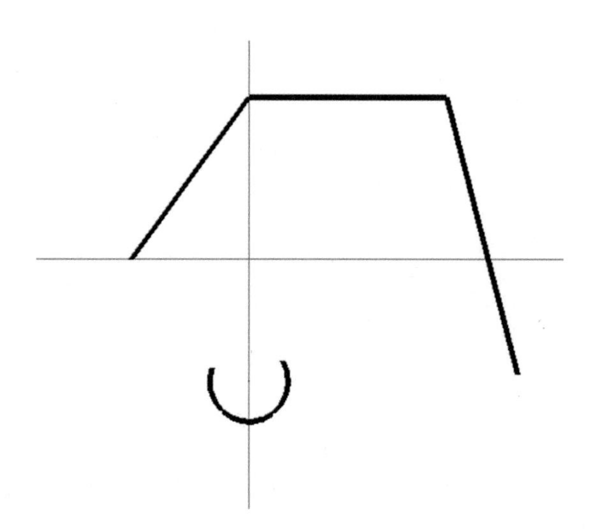

⑧ 와이어프레임－두점선을 선택한 후 접함을 선택하고 아래와 같이 접선을 그린다.

✎ 접선을 그릴 때 아래 그림과 같이 원호를 선택하여야 하며, 원호의 사분점이 선택되지 않도록 유의한다.

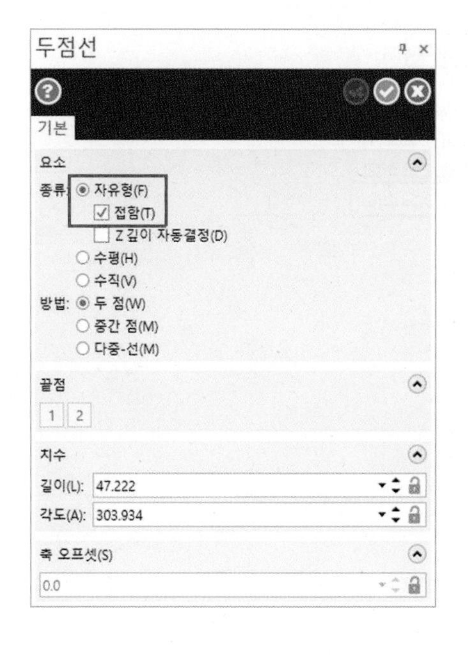

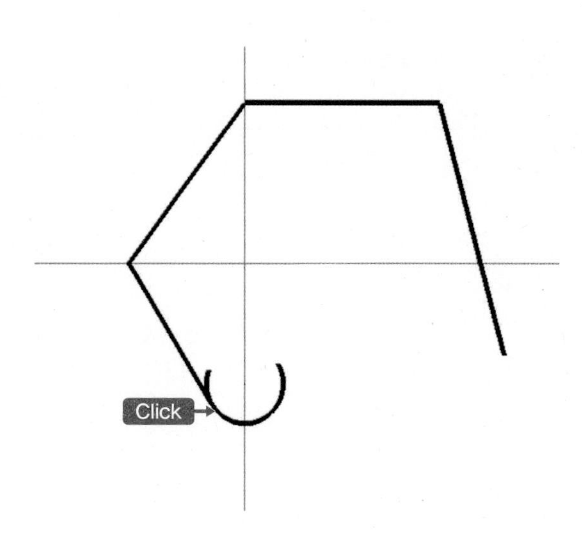

⑨ 과정 ⑧과 같이 두점선의 접함을 선택한 뒤 각도 30을 입력한 후 아래와 같이 접선을 그린다.

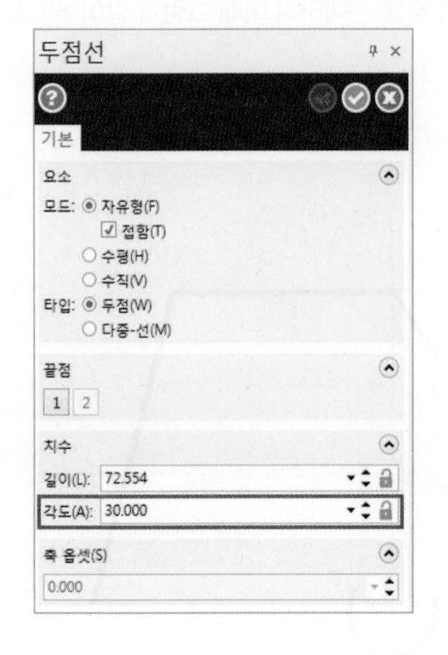

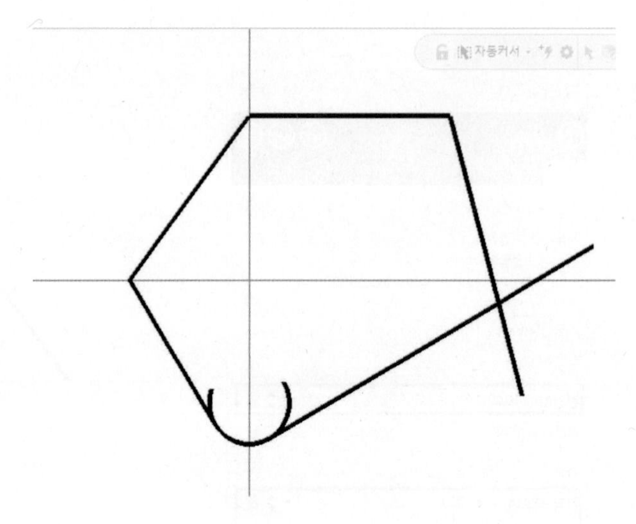

⑩ 와이어프레임 – 요소로 트림 – 요소로 트림을 선택한 후 트림 3요소를 선택한다.

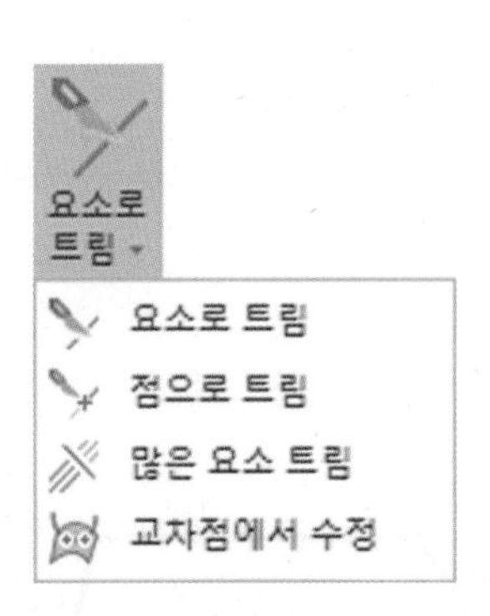

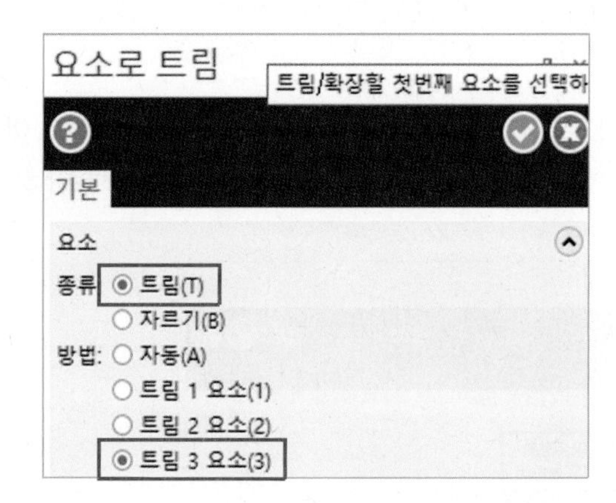

⑪ 아래 순서와 같이 클릭하여 세 요소 트림한다.

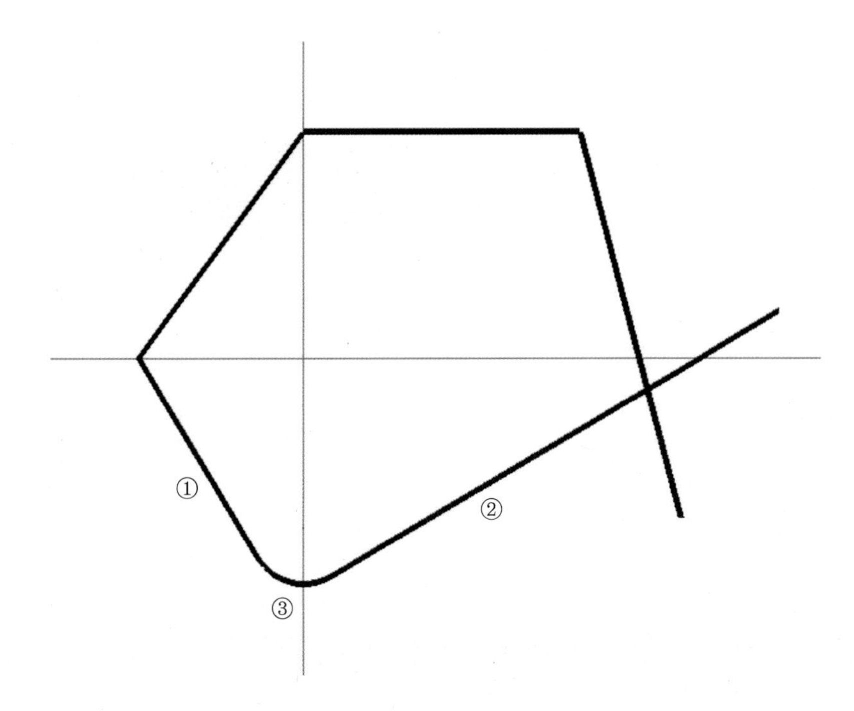

⑫ 과정 ⑩과 같이 요소로 트림에서 트림 2요소를 선택한 후 아래와 같은 순서로 클릭하여 두 요소 트림하여 완성한다.

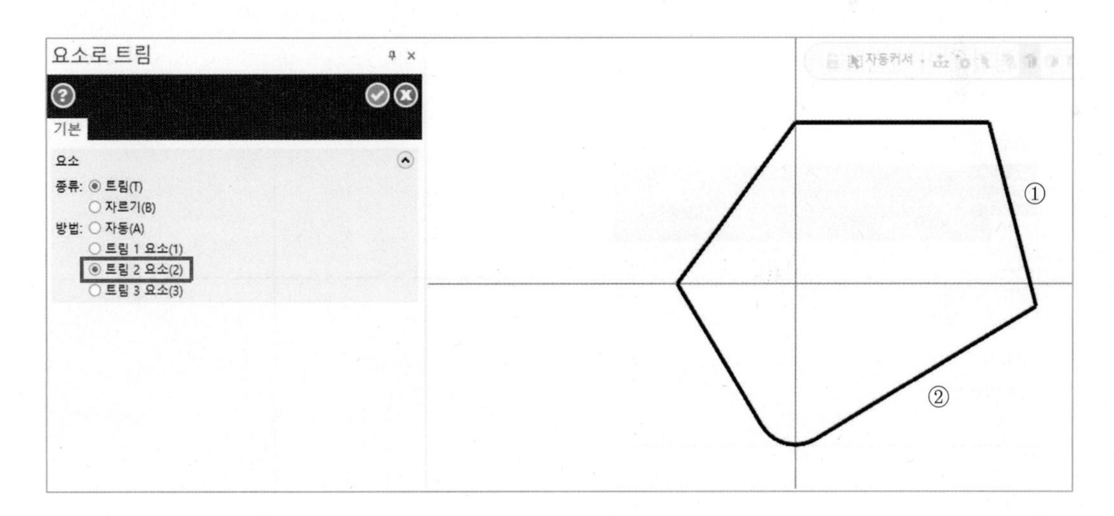

예제 2 해답

① 원호에서 '거리+각도'를 선택하여 중심점 기능을 활성화한다.

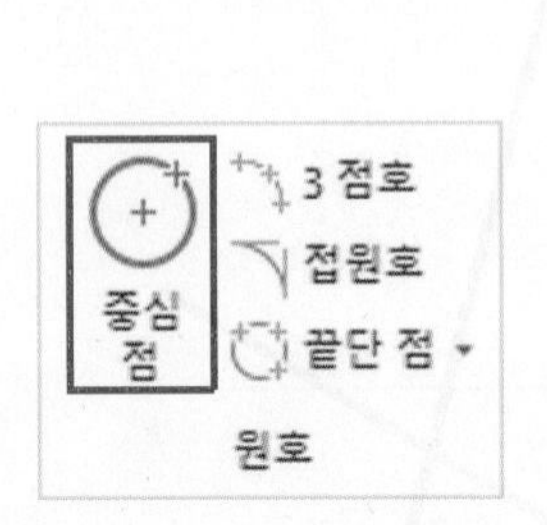

② 중심점 기능이 활성화된 상태에서 키보드의 숫자키를 누르면 입력창이 생성된다. 입력창에 그림과 같이 값을 입력한 후 Enter 키를 누른다.

③ 그림과 같이 반경값을 입력하여 똑같이 만들어 준다.

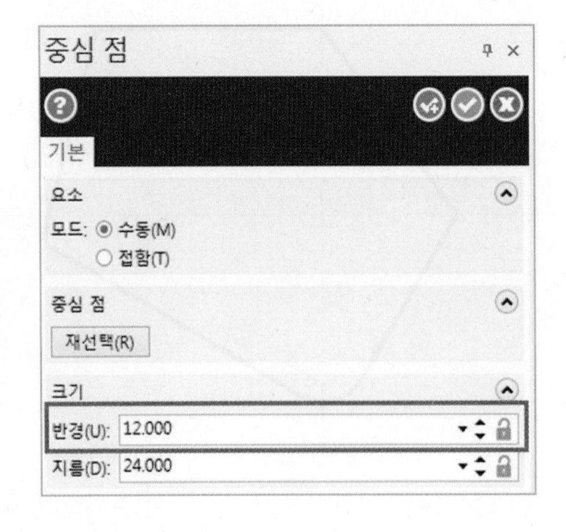

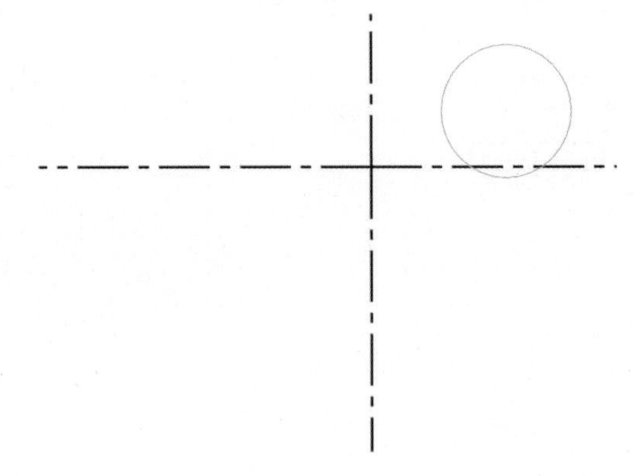

④ 두점선을 선택해 그림과 같이 첫 번째 점은 원을 클릭하여 지정한다.

⑤ 첫 번째 점 P1은 원을 찍고 탄젠트를 이루며 점 P2는 절대좌표를 이용해 지정한다. 그림과 같이 입력 후 Enter 키를 누른다.

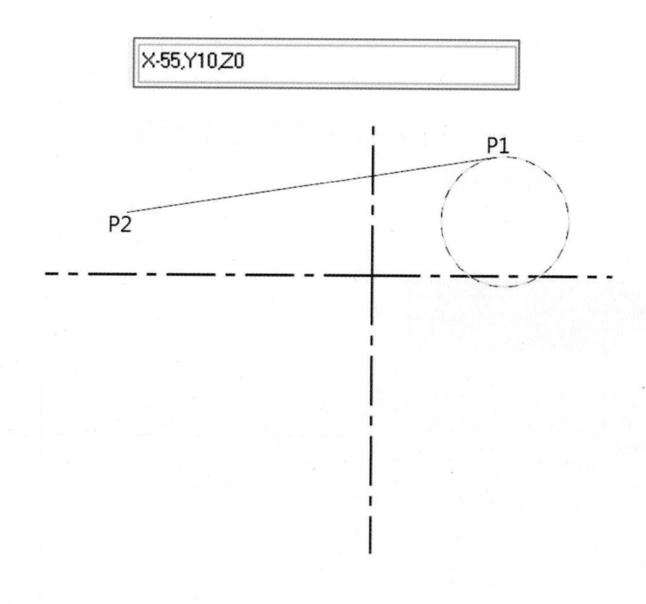

⑥ 두점선 기능으로 점 P1을 찍고 각도값은 '－40'으로 세팅해 준 다음 점 P2는 치수가 없기 때문에 임의의 값으로 길이를 길게 빼준다.

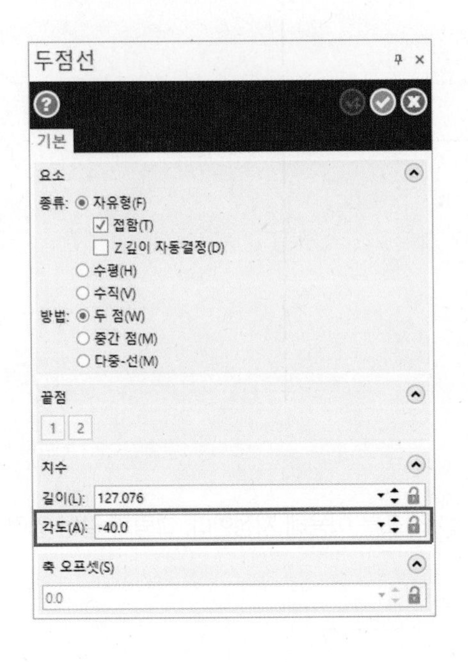

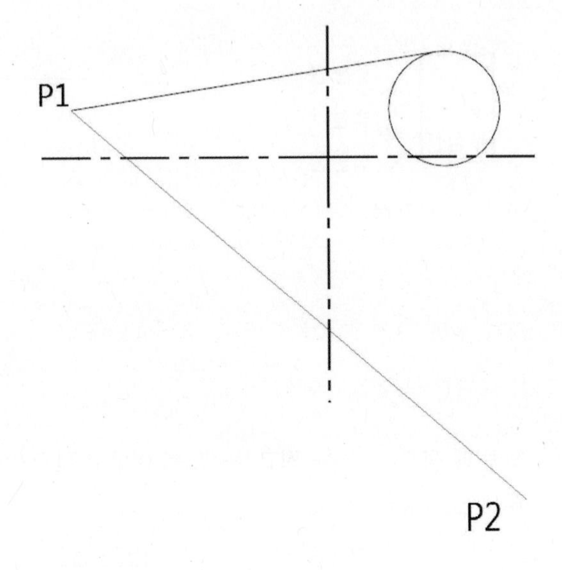

⑦ 마찬가지로 과정 ⑥과 똑같이 해주되 점 P1을 찍고 각도값에 '260'을 입력한 후 점 P2의 길이는 선이 교차 될 수 있게 충분히 선을 빼놓는다.

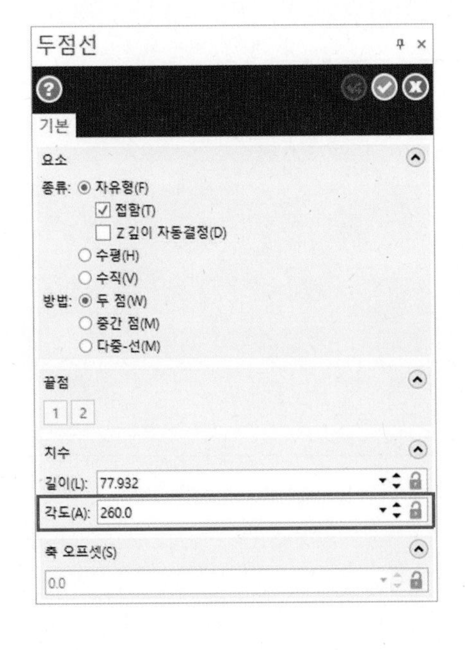

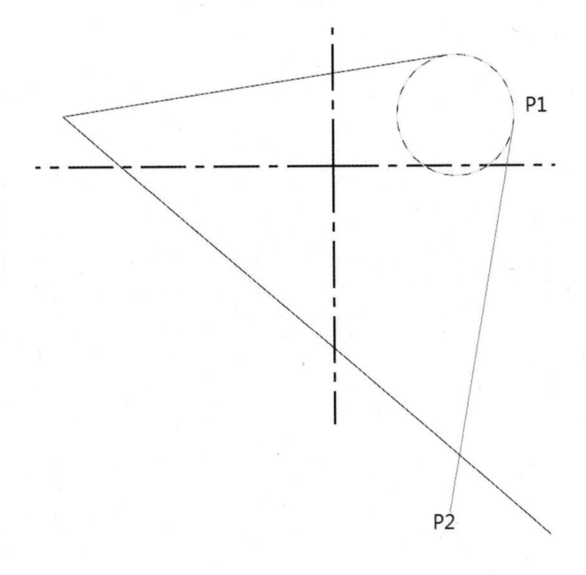

⑧ 두점선으로 첫 번째 점 P1은 중심점을 찍고 두 번째 점 P2는 각도값에 '245'를 넣어준다.

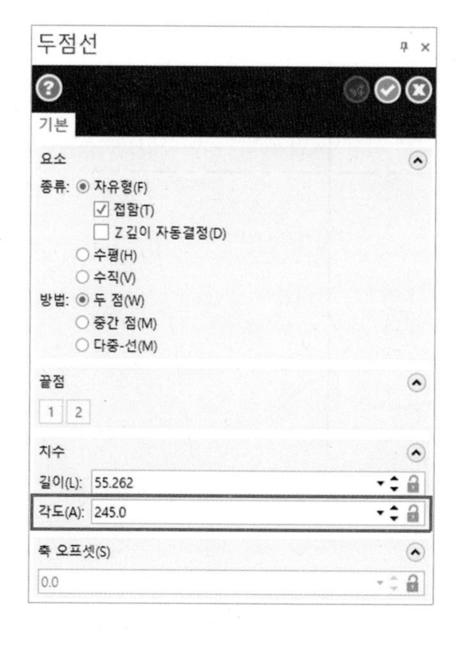

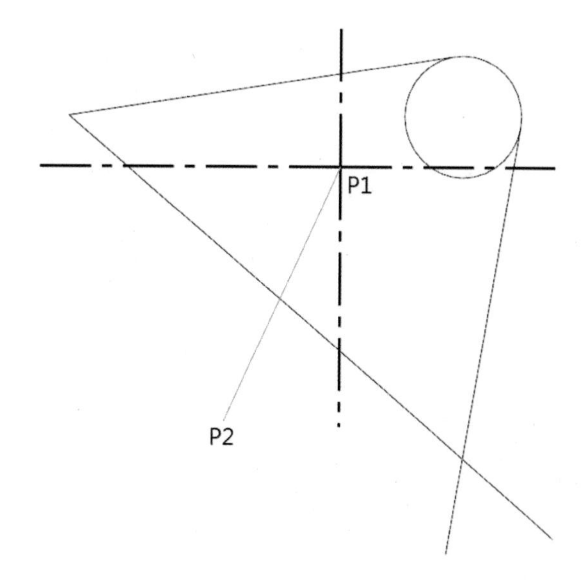

⑨ 중심점 P1을 찍은 뒤 점 P2의 반경값 '18'을 넣는다.

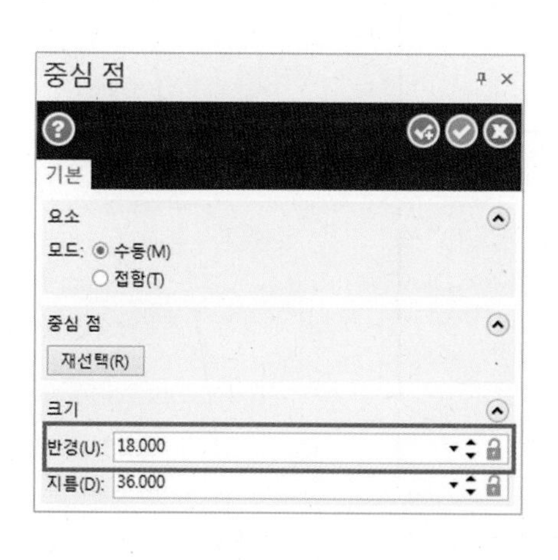

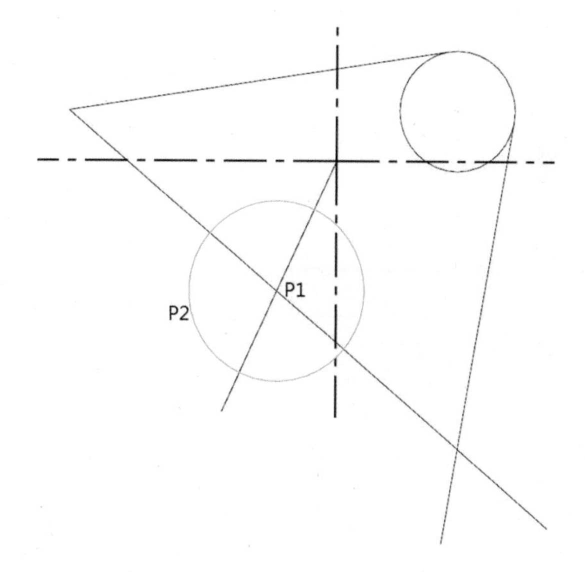

⑩ 나누기 기능을 활성화하여 트림 기능으로 노란 점선이 있는 부분을 지운다.

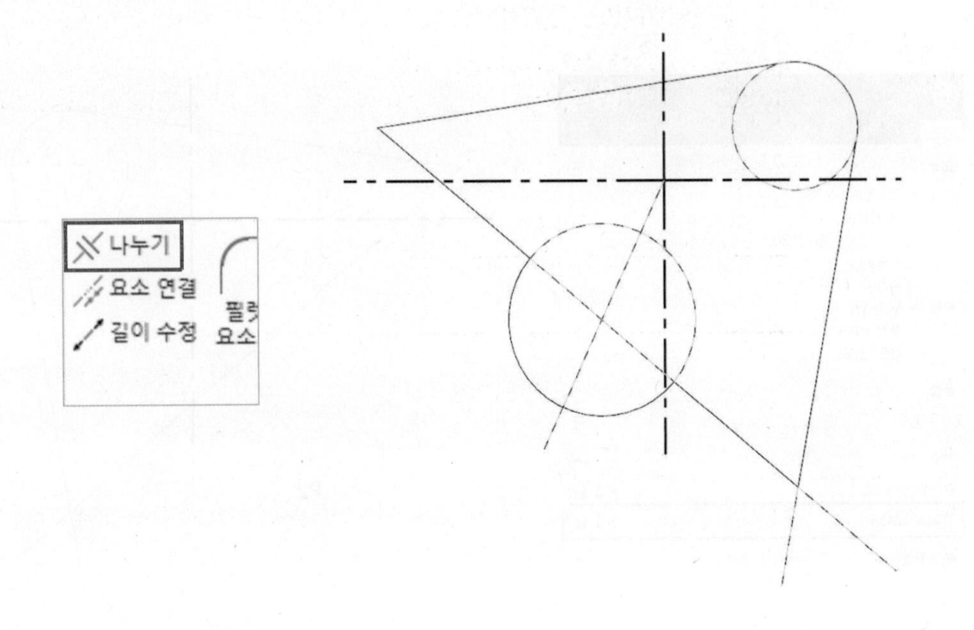

⑪ 도면을 확인한 후 점 P1, P2, P3가 있는 위치에 각각 R4, R16, R10 필렛을 넣어준다.

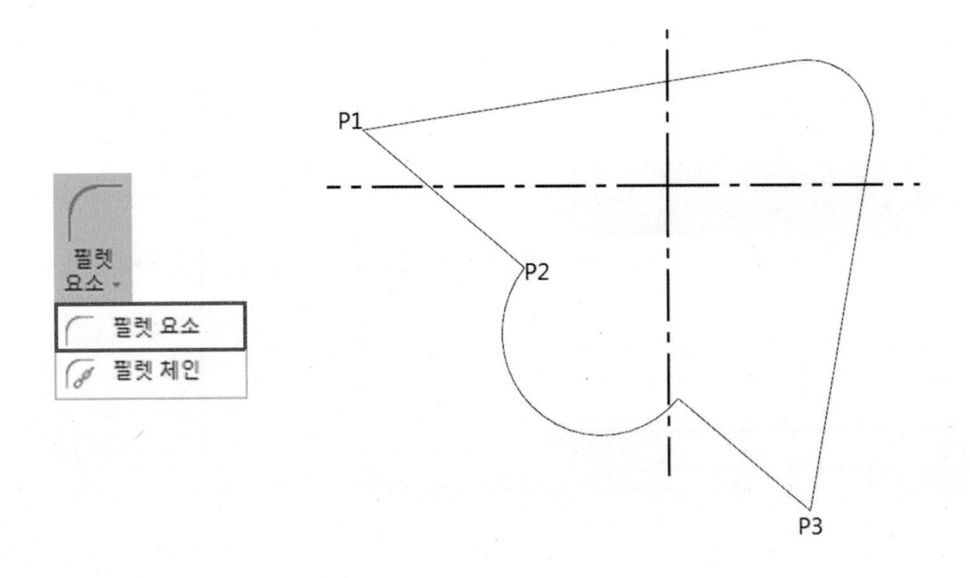

⑫ 필렛을 주어 완성한 모습이다.

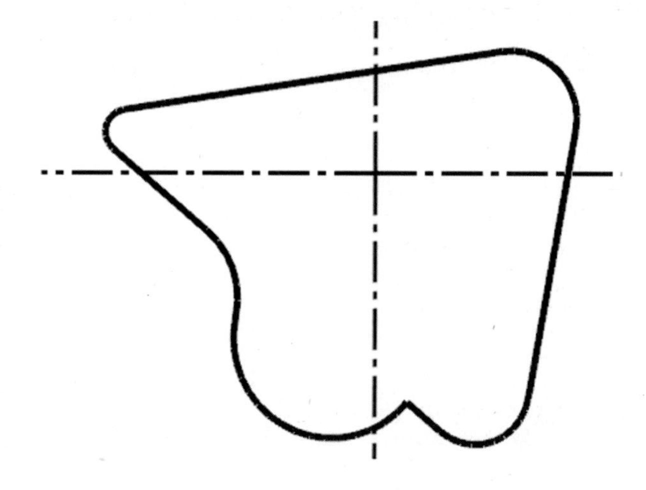

(6) 필렛

1) 필렛 요소

화면에 현재 그려져 있는 기존 요소에 필렛 요소를 적용하는 기능으로 반경값을 입력한 후 필렛 요소 5가지 중 한 가지를 골라 선택한 도형요소의 각진 부분에 필렛을 생성한다.

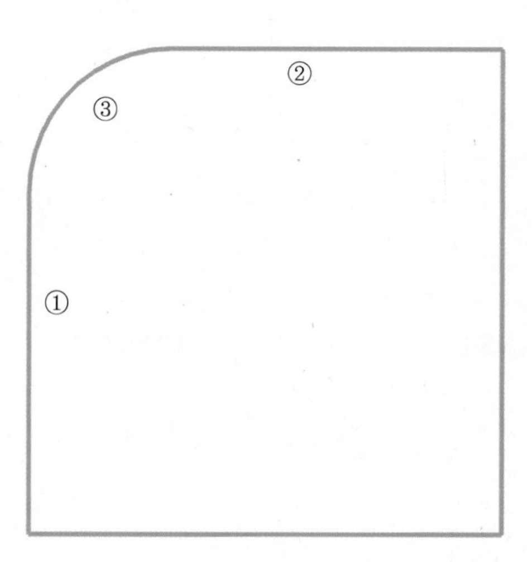

위의 그림과 같이 직선 ①과 직선 ②를 선택하면 ③의 필렛이 생성된다.

[필렛 요소 조건창]

❶ **노말** : 일반적인 필렛으로 선택한 요소들의 각진 부위에 라운드를 생성한다.

❷ **역방향** : 선택한 요소들의 각진 부위에 일반적인 필렛과 반대로 라운드를 생성한다.

❸ **원** : 선택한 요소들의 각진 부위에 원을 생성한다.

❹ **간격** : 선택한 요소들의 각진 부위에 외측호를 생성, 입력칸에 수치를 입력하여 외측호의 간격값을 조절할 수 있다.

❺ **반경** : 생성할 필렛의 반경을 수정하는 기능이다.

❻ **릴리프** : 장홀형태의 와이어프레임을 생성할 때 유용한 기능이다.

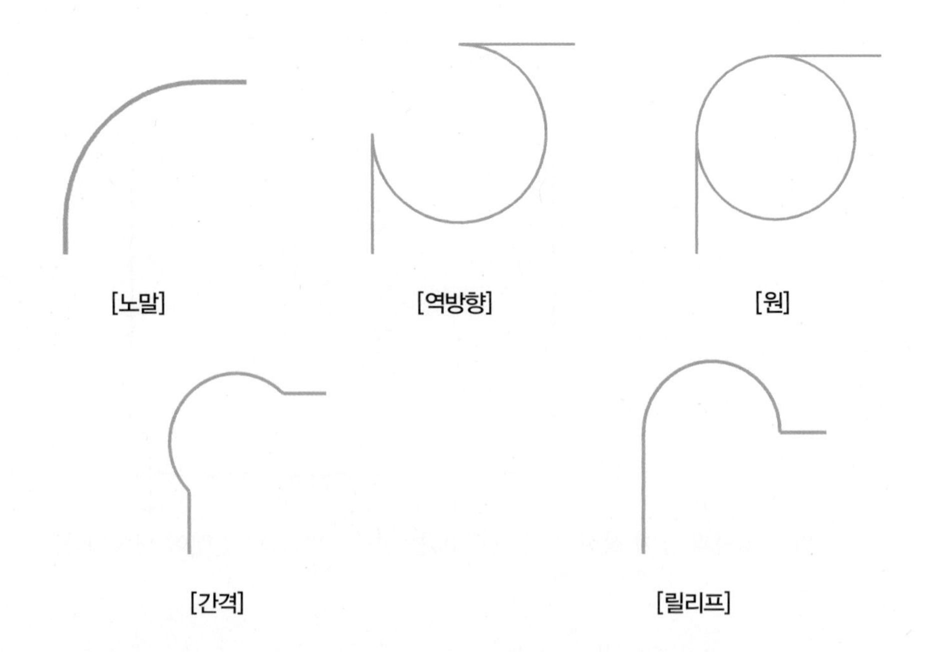

[노말] [역방향] [원]

[간격] [릴리프]

❼ **요소 트림** : 필렛을 하기 위해 선택된 요소들의 트림 여부를 선택하는 기능으로 체크 시 트림이 실행되고 체크 해제 시 트림이 실행되지 않는다.

2) 필렛 체인

서로 연결되어 있는 도형요소의 각진 부위를 체인작업으로 한 번에 필렛을 생성하는 기능이다. 노말, 역방향, 원, 간격 등의 기능 일부는 '1) 필렛 요소'를 참조한다.

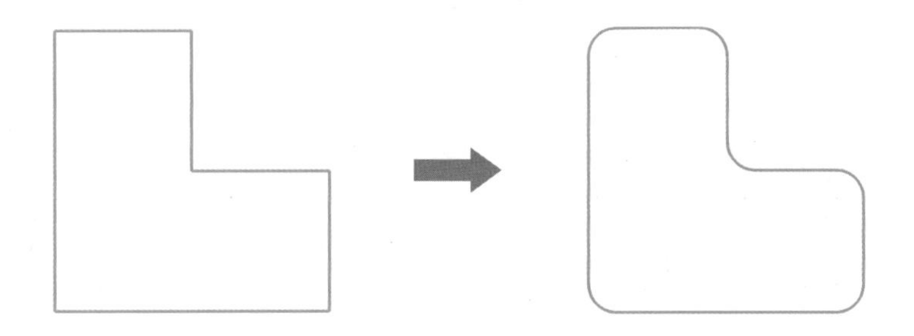

위 그림과 같이 서로 연결되어 있는 도형을 체인작업으로 선택하면 각진 부위에 그림과 같이 한 번에 필렛을 생성한다.

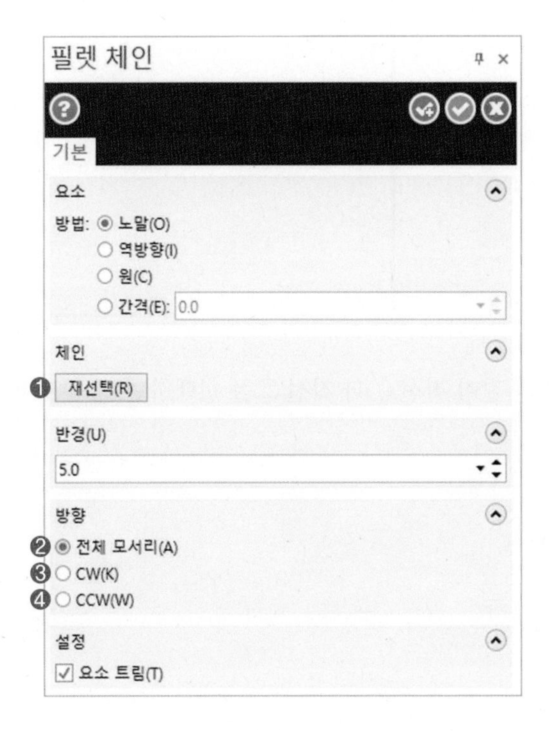

[필렛 체인 조건창]

❶ **재선택** : 체인작업으로 선택된 도형요소를 다시 선택하는 기능이다.

❷ **전체 모서리** : 방향과 상관없이 체인작업으로 선택된 도형요소의 각진 부위 전체에 필렛을 생성하는 기능이다.

❸ CW : 선택된 체인의 시계방향으로만 필렛을 생성하는 기능이다.

❹ CCW : 선택된 체인의 반시계방향으로만 필렛을 생성하는 기능이다.

(7) 모따기

1) 모따기 요소

각각의 코너에 모따기를 그리는 기능이다. 일반적인 45° 모따기뿐만 아니라 각 변의 길이가 다른 모따기, 각도가 다른 모따기 등을 그릴 수 있다.

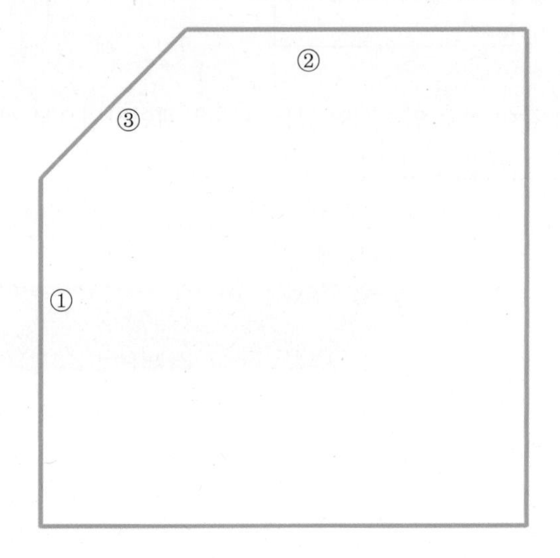

위의 그림과 같이 직선 ①과 직선 ②를 선택하면 ③의 모따기가 생성된다.

[모따기 요소 조건창]

❶ **거리 1** : 일반적인 45° 모따기를 생성하는 기능이다.

❷ **거리 2** : 각 변의 크기가 다른 모따기를 생성하는 기능이다.

❸ **거리와 각도** : 거리와 각도값을 수정하여 각 변의 크기가 다른 모따기를 생성하는 기능이다.

❹ **너비** : 일반적인 45° 모따기를 생성하지만 생성되는 모따기의 대각선 길이값을 입력한다.

❺ **거리 1** : 첫 번째 선택한 도형의 모따기 크기를 수정하는 기능이다. 방법에서 거리 1을 선택 시 일반적인 45° 모따기 크기를 수정하며 거리 2를 선택 시 첫 번째 선택한 도형의 모따기 크기를 수정한다.

❻ **거리 2** : 방법에서 거리 2를 선택 시 활성화되며 두 번째 선택한 도형의 모따기 크기를 수정한다.

❼ **각도** : 방법에서 거리+각도를 선택 시 모따기의 각도를 수정하는 기능이다.

❽ **너비** : 방법에서 너비를 선택 시 모따기의 대각선 길이를 수정하는 기능이다.

❾ **요소 트림** : 모따기를 위해 선택된 요소들의 트림 여부를 선택하는 기능으로 체크 시 트림이 실행되고, 체크 해제 시 트림이 실행되지 않는다.

2) 모따기 체인

서로 연결되어 있는 도형요소의 각진 부위에 한 번에 모따기를 생성하는 기능이다.

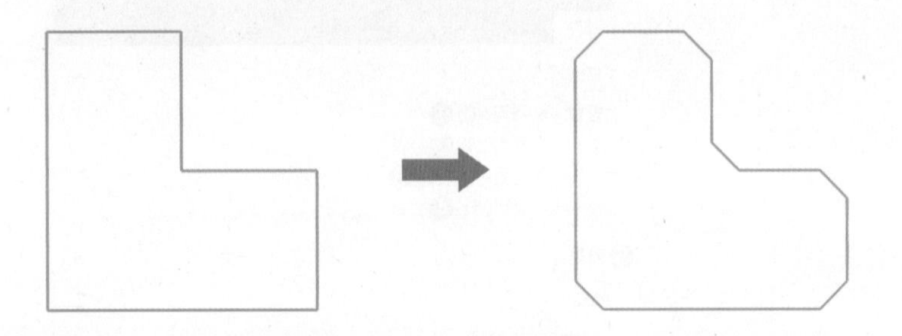

위 그림과 같이 서로 연결되어 있는 도형을 체인작업으로 선택하면 각진 부위에 그림과 같이 한 번에 모따기가 생성된다. 모따기 체인 기능은 일반적인 45° 모따기만 생성할 수 있으므로 조건창에는 길이와 너비의 값만 수정할 수 있다.

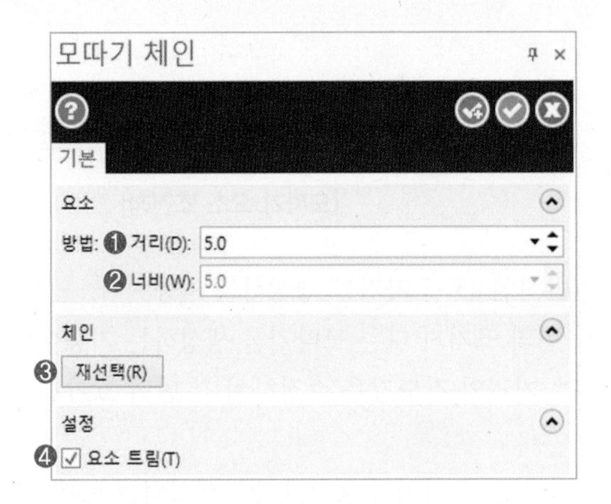

[모따기 체인 조건창]

❶ **거리** : 일반적인 45° 모따기의 크기를 수정하는 기능이다.
❷ **너비** : 일반적인 45° 모따기를 생성하지만 대각선의 길이를 수정하는 기능이다.
❸ **재선택** : 모따기 할 도형요소를 다시 선택하는 기능이다.
❹ **요소 트림** : 모따기를 위해 선택된 요소들의 트림 여부를 선택하는 기능으로 항목 체크 시 트림이 실행되고 해제 시 트림이 실행되지 않는다.

(8) 오프셋

1) 요소 오프셋

화면에 있는 도형요소에 오프셋 거리와 방향을 입력하고 그 값만큼 떨어진 오프셋 도형을 그리는 기능이다. 이동, 복사, 연결, 슬롯 형태의 도형을 생성할 수 있다. 또, 방향전환 버튼을 이용하여 원하는 방향으로 오프셋 도형을 그릴 수 있다.

[요소 오프셋 조건창]

❶ **복사** : 기준 도형을 유지하면서 새로운 위치에 도형을 복사한다.
❷ **이동** : 기준 도형을 제거하면서 새로운 위치로 도형을 이동한다.
❸ **연결** : 기준 도형을 유지하면서 기준 도형과 복사된 도형의 끝점을 연결하는 직선을 생성한다.
❹ **슬롯** : 기준 도형을 유지하면서 기준 도형과 복사된 도형의 끝점을 연결하는 원호를 생성한다.
❺ **개수** : 이동 또는 복사하려는 도형의 개수를 입력한다.
❻ **거리** : 기준 도형과 이동된 도형 사이의 거리값(오프셋 거리)을 입력한다.
❼ **방향** : 생성될 도형의 방향을 선택된 측면, 반대 측면 혹은 양쪽 측면 중 하나로 선택한다.

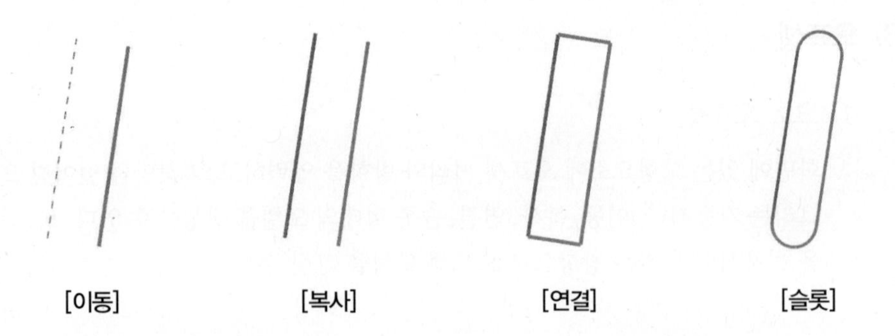

[이동] [복사] [연결] [슬롯]

2) 윤곽 오프셋

이 기능은 끝점이 연결되어 있는 여러 개의 도형을 체인 기능을 이용하여 지정된 거리값과 방향으로 한꺼번에 오프셋 커브를 그릴 수 있는 기능이다.

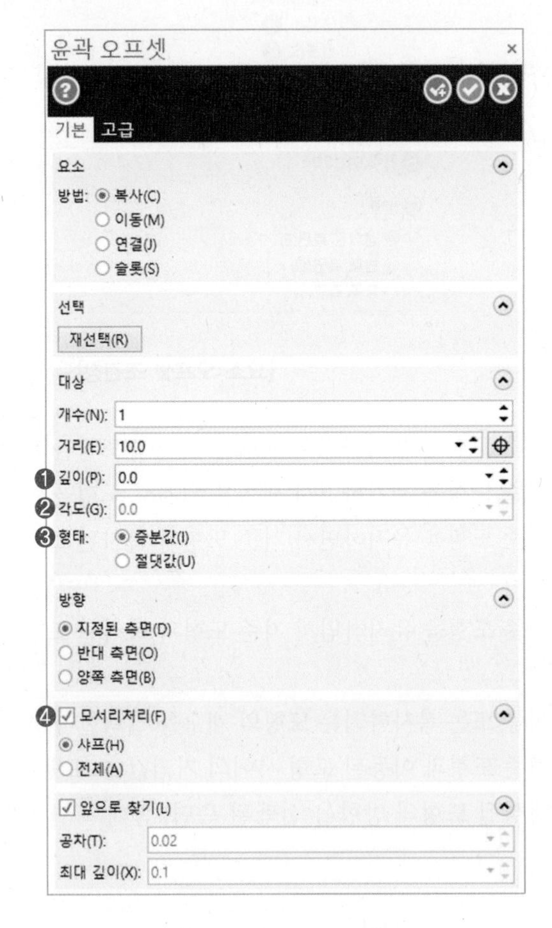

[윤곽 오프셋 조건창]

❶ **깊이** : 윤곽 오프셋으로 생성될 도형의 높이를 다른 높이에 그리기 위한 기능이다.

❷ **각도** : 윤곽 오프셋으로 생성될 도형의 높이가 원본 도형과 다른 높이에 있을 경우 두 도형이 이루는 각도가 표시된다.

❸ **형태** : 위의 깊이 또는 각도 기능을 사용하여 윤곽 오프셋을 실행할 경우 생성될 도형의 높이를 적용시키기 위한 기준을 증분값과 절댓값 중 선택한다.

❹ **모서리 처리** : 체인으로 설정한 하나 이상의 도형의 이동방향을 밖으로 설정하였을 때 이동된 도형의 벌어진 모서리 부분을 어떻게 생성할지 설정한다. 사용을 안 할 경우 도형의 모서리를 각진 형태로 생성하며, 샤프를 선택할 경우 모서리의 각도가 135°보다 작으면 원호의 형태로, 135°보다 크면 각진 형태로 생성한다. 전체를 선택하면 모서리 전체를 원호 형태로 생성한다.

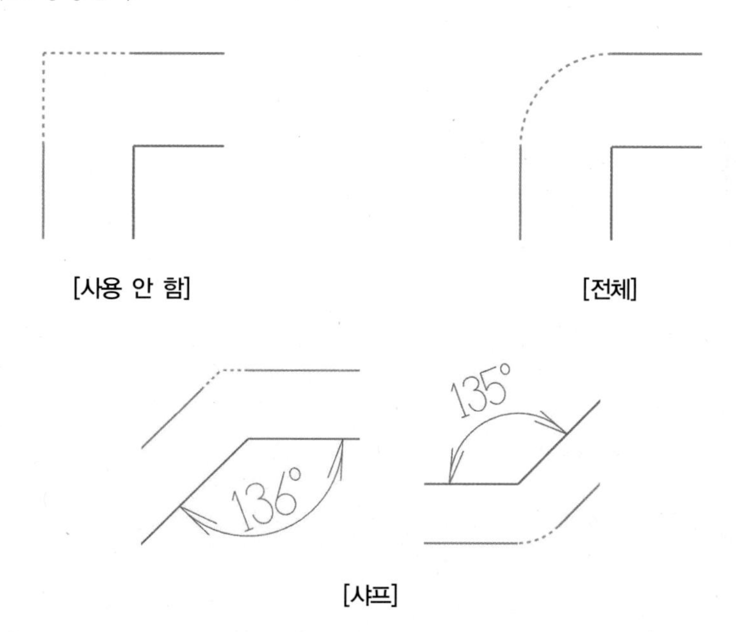

(9) 투영 이동

이 기능은 높이가 다르게 그려져 있는 3차원의 도형을 특정 평면이나 동일한 Z의 높이로 투영시키거나, 동일한 높이에 그려져 있는 2차원의 도형을 곡면도형에 투영시켜 3차원의 도형으로 생성하는 기능이다.

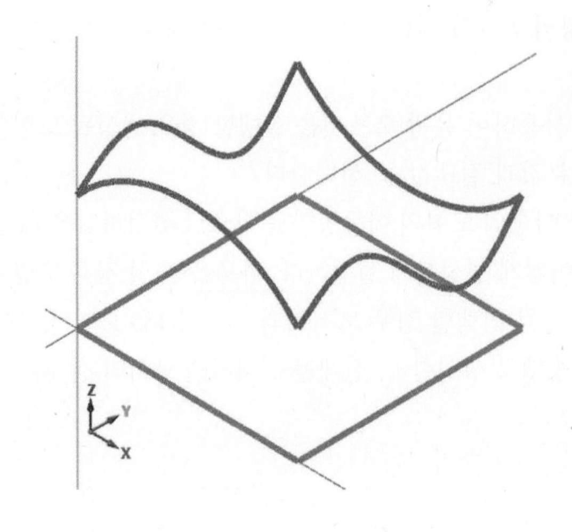

[투영 이동 조건창]

❶ **깊이** : 현재 작업평면을 기준으로 입력한 값을 Z의 높이로 인식하여 선택 도형을 투영한다.
❷ **평면** : 이미 생성되어 있는 평면이나 임의의 평면으로 선택한 도형을 이동시키는 기능이다.
❸ **곡면 / 솔리드** : 화면상의 곡면 혹은 솔리드에 선택한 도형을 투영시키는 기능이다.

(10) 원 수정

1) 원호 닫기

열려 있는 호 도형을 닫혀 있는 원 도형으로 만들어 주는 기능이다.

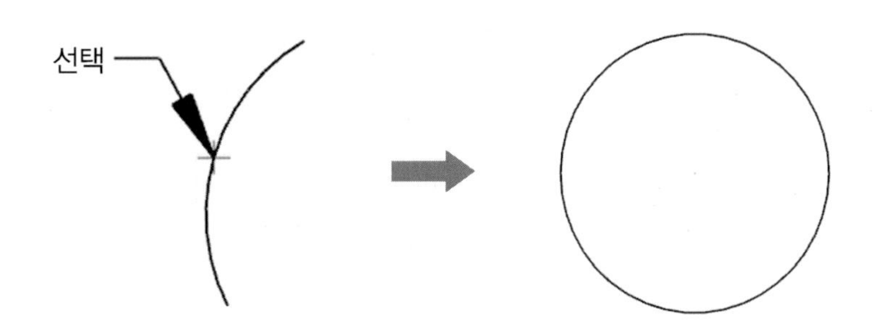

2) 원 자르기

특정한 원을 입력한 일정 개수만큼의 균등한 호로 나누어 주는 기능이다.

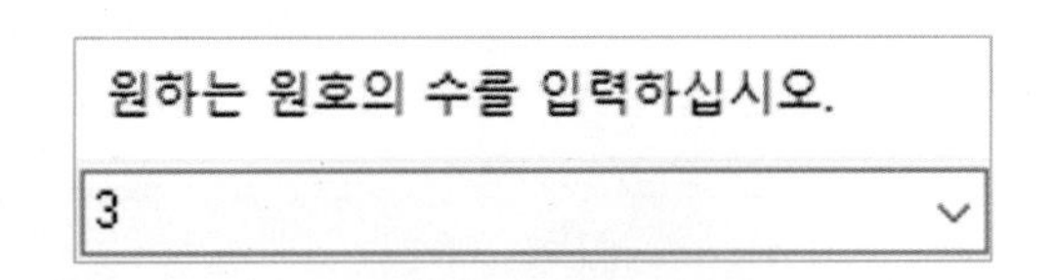

[원 자르기 입력창]

자를 원호의 수를 입력하고 작업화면에서 자를 원호들을 선택하면 선택한 원호들이 입력한 수만큼의 원호로 잘라진다.

(11) 콤바인뷰

서로 다른 뷰 번호에 원호가 각각 그려진 경우 콤바인뷰 기능을 통하여 원호의 뷰번호를 통합할 수 있다.

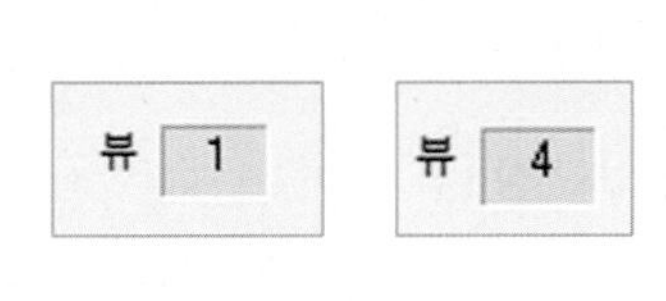

[서로 다른 원호의 뷰]

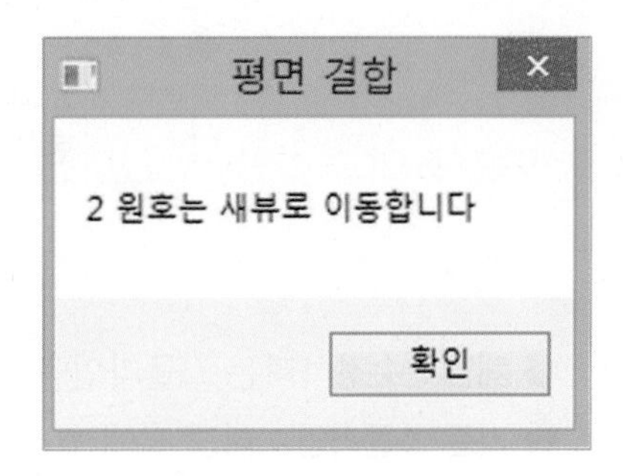

[콤바인뷰 적용 모습]

(12) 리핏 스플라인

1) 리핏 스플라인

기존에 정의된 스플라인의 노드 점(컨트롤 점) 개수를 조절하여, 예리한 모서리 부분을 부드럽게 처리하는 기능이다.

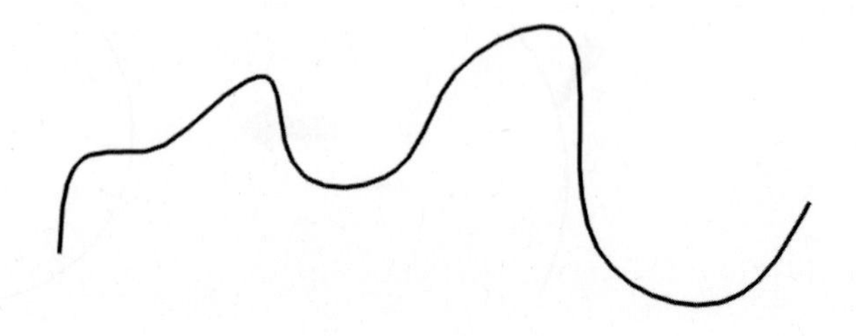

[수정 전 스플라인]

리핏 스플라인 기능을 실행한 후 수정할 스플라인을 선택한다. 아래의 리핏 스플라인 조건창을 참고하여 적용할 값을 입력한다.

[리핏 스플라인 조건창]

❶ **체인** : 수정하려는 스플라인을 재선택하는 기능이다.

❷ **기존 스플라인** : 리핏 후에 원래의 스플라인을 삭제 또는 보존하는 기능이다.

❸ **추가적인 컨트롤 점** : 예리한 모서리에 컨트롤 / 노드 점의 수 증가를 허용하는 기능이다.

❹ **커브 적용공차** : 리핏될 스플라인에 끝단과 커브 사이에 허용되는 최대 거리를 적용하는 기능이다.

❺ **감지 각도** : 뾰족한 모서리로 적용될 각도를 지정하는 기능이다.

❻ **블렌드** : 리핏될 스플라인에 뾰족한 모서리 부분을 부드럽게 할 거리값을 적용하는 기능이다.

❼ **자르기** : 리핏될 스플라인에 뾰족한 모서리 부분을 자르는 기능이다.

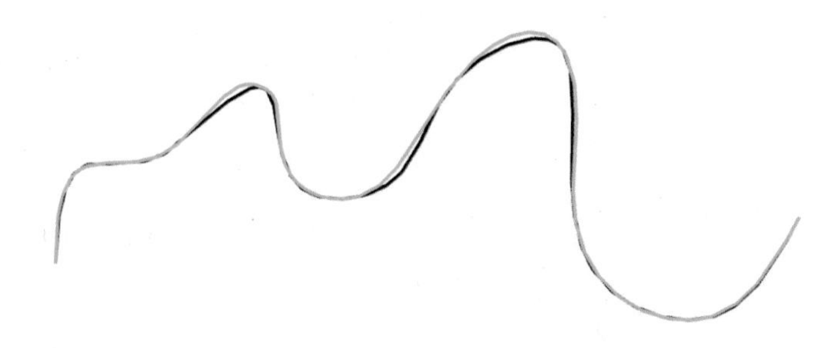

[파란색 요소가 리핏된 스플라인]

2) 언트림 스플라인

트림된 스플라인과 너브스 커브로 변환된 도형요소들을 원래 상태로 복귀시키는 기능이다.

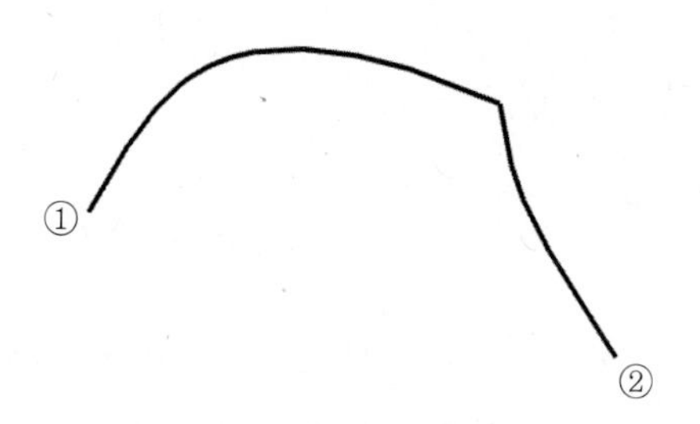

[기존에 트림된 스플라인]

위의 그림에서 요소 ①과 ②를 연속적으로 선택한 후 '선택 완료' 버튼을 클릭한다.

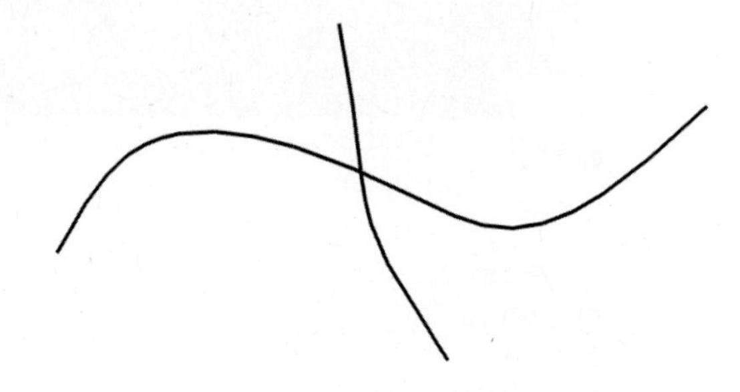

[언트림이 적용된 스플라인]

3) 스플라인 단순화

원호 형태의 스플라인 도형을 원호 도형으로 변환하는 기능이다.

[스플라인 도형]

위의 그림처럼 '요소 측정' 기능을 활용하여, 선택한 도형요소의 속성을 확인한 후 스플라인 단순화(Simplify) 기능을 실행한다. 이후 스플라인 도형을 선택한 후 '선택 완료' 버튼을 클릭한다.

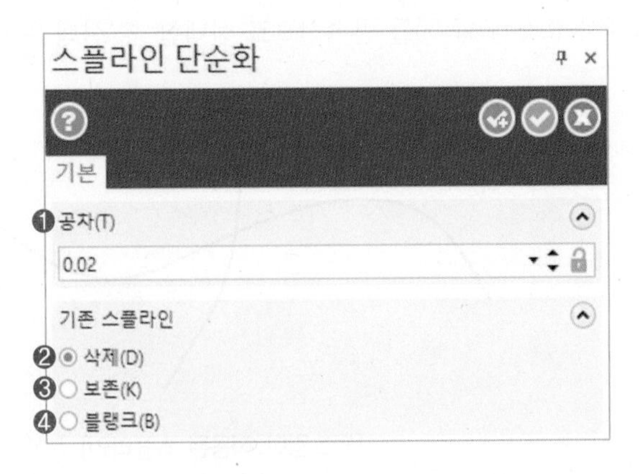

[스플라인 단순화 조건창]

❶ **공차** : 스플라인 도형을 원호 도형으로 변환 시 적용될 공차다.
❷ **삭제** : 기존의 스플라인 도형을 원호 도형으로 변환한 후 삭제하는 기능이다.
❸ **보존** : 기존의 스플라인 도형이 원호 도형으로 변환된 후에도 같은 위치를 유지하는 기능이다.
❹ **블랭크** : 기존의 스플라인 도형이 원호 도형으로 변환된 후 감춰지는 기능이다.

블랭크된 스플라인은 언블랭크 기능을 활용해 불러올 수 있다.

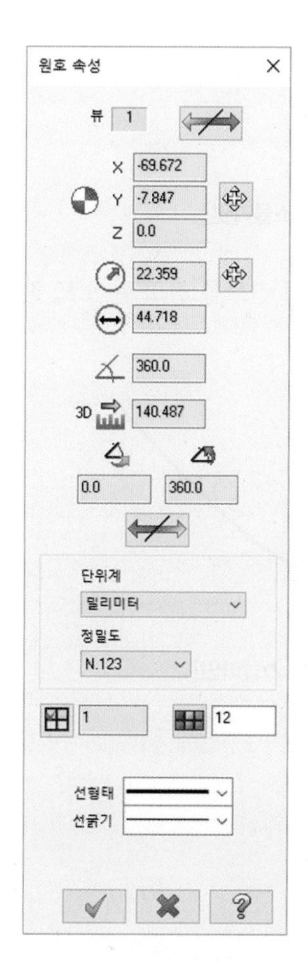

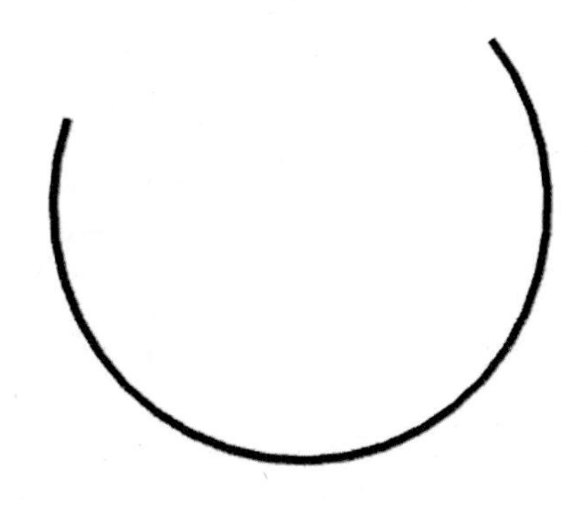

[원호 도형으로 변환]

4) 스플라인 수정

너브스 스플라인과 파라메트릭 스플라인 도형의 컨트롤 점 또는 노드 점의 위치를 변경하여 도형 형태를 변화시키는 기능이다.

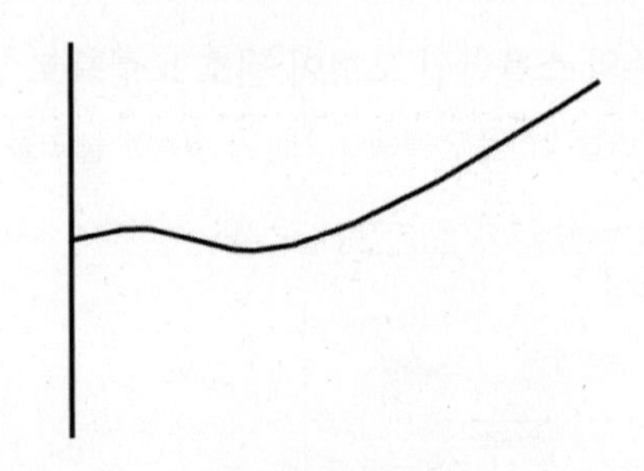

[기존 스플라인]

수정할 스플라인을 선택한 후 아래 그림처럼 컨트롤 점 또는 노드 점의 위치를 조절한다.

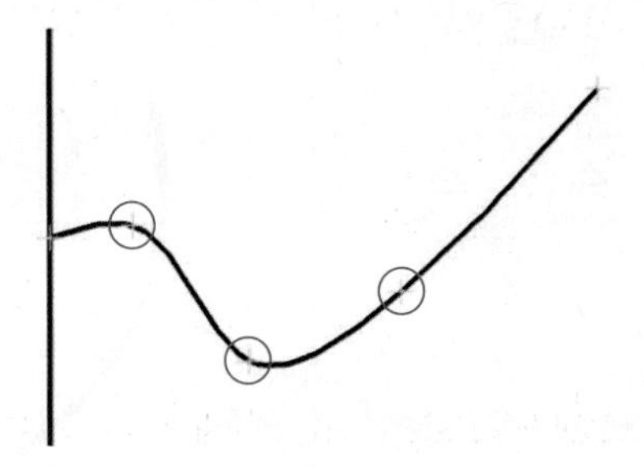

[수정된 스플라인]

7 3차원 도형

X, Y 평면상에 도형요소가 존재하면 2차원 도형이라 부르며, 도형요소가 X, Y, Z 공간상에 존재하면 3차원 도형이라 정의한다(아래 그림 참조).

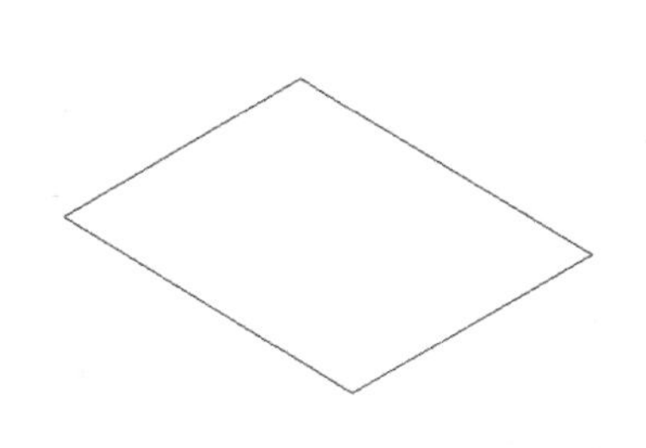

[2차원 도형]

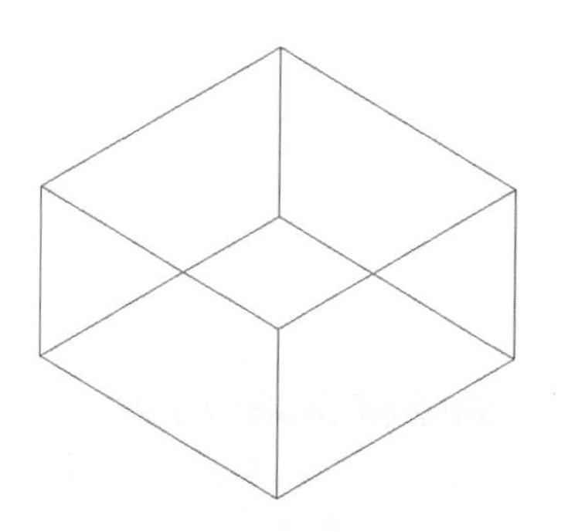

[3차원 도형]

:: 3차원 모델링 작업

참고로 '3차원 모델링 작업을 한다'는 말의 의미는 위와 같이 3차원상에서 도형을 생성하는 작업을 말하며, 이러한 3차원 모델링 작업을 실행하는 모델러(Modeler)의 종류는 모델링 방식에 따라 곡면 방식(Surface Model)과 솔리드 방식(Solid Model)으로 구분할 수 있다.

곡면 방식과 솔리드 방식의 도형요소를 생성하는 차이점을 입체 사각형을 만드는 과정으로 살펴보면, 곡면 방식으로 입체 사각형을 만들면 겉면을 마치 종이로 붙이듯이 6개의 곡면(Surface)이 연결되어 만들어지고 이 입체 사각형의 내부는 비어 있는 상태가 된다. 솔리드 방식은 입체 사각형을 진흙으로 만들었을 때처럼 입체 사각형의 내부가 채워진 상태로 만들어진다. 두 모델링 작업은 방식에 따른 장단점이 있다. Mastercam은 곡면 방식 및 솔리드 방식 기능을 모두 사용하여 3차원 모델링을 할 수 있다.

8 3차원 도형 기본 설정

(1) WCS / 그래픽뷰 / 작업평면 / 공구평면

Mastercam에는 여러 개의 평면이 존재하는데, WCS, 그래픽뷰, 작업평면, 공구평면을 설정하게 된다.

① **그래픽뷰** : 사용자가 작업대상을 바라보는 평면을 나타낸다. 화면을 회전하며 도형을 확인할 수 있다.

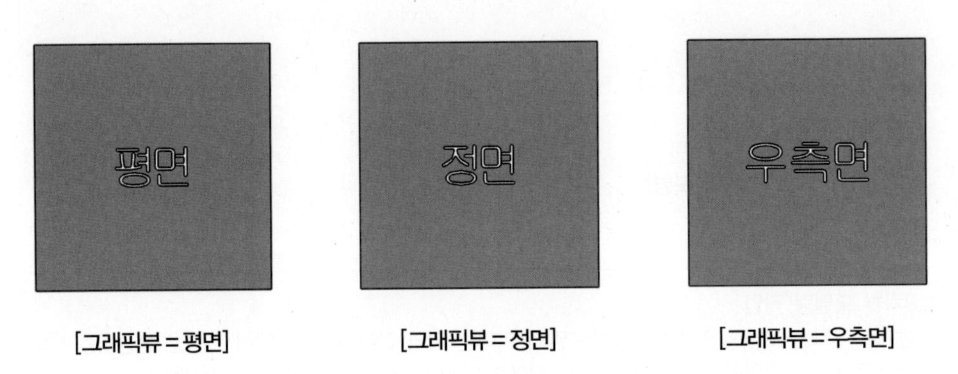

[그래픽뷰 = 평면] [그래픽뷰 = 정면] [그래픽뷰 = 우측면]

② **작업평면** : 기능이 실행되어 작업이 진행되는 평면을 나타낸다. 설정된 작업평면에 도형이 그려진다.

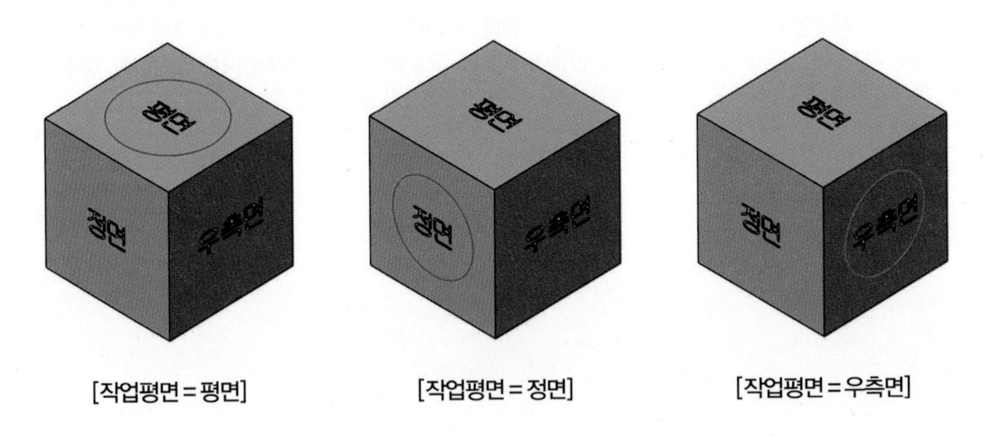

[작업평면 = 평면] [작업평면 = 정면] [작업평면 = 우측면]

③ **공구평면** : 가공작업이 실행되어 작업이 진행되는 평면을 나타낸다. 설정된 공구평면의 노말방향으로 공구축이 위치한다.

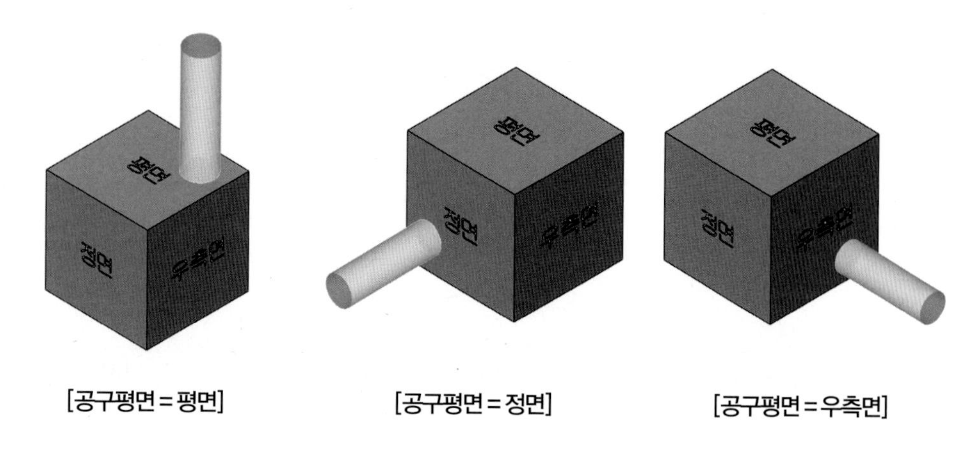

[공구평면 = 평면] [공구평면 = 정면] [공구평면 = 우측면]

④ WCS(Work Coordinate System) : 다른 좌표계를 정의하기 위한 기준이 되는 좌표계이다.

(2) Z 높이

2개의 축을 이용한 2차원의 평면에 수직한 방향으로 +, −높이를 Z 높이라 한다. 특정평면을 기준으로 도형요소를 생성할 때 Z 높이를 제한할 수 있다.

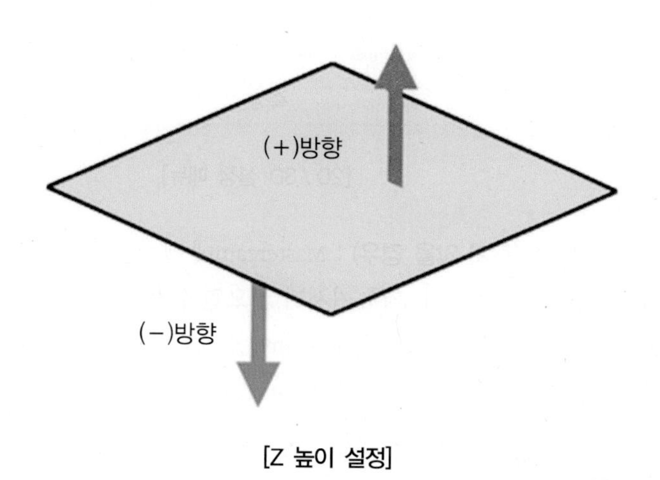

[Z 높이 설정]

▶ **설정방법**

- 높이를 직접 입력할 경우 숫자를 입력하여 높이를 설정한다.

- 이미 그려져 있는 도형의 한 지점과 동일한 Z 높이를 사용할 경우 Z 아이콘을 선택하여 화면상의 도형의 자동커서 위치를 선택한다.

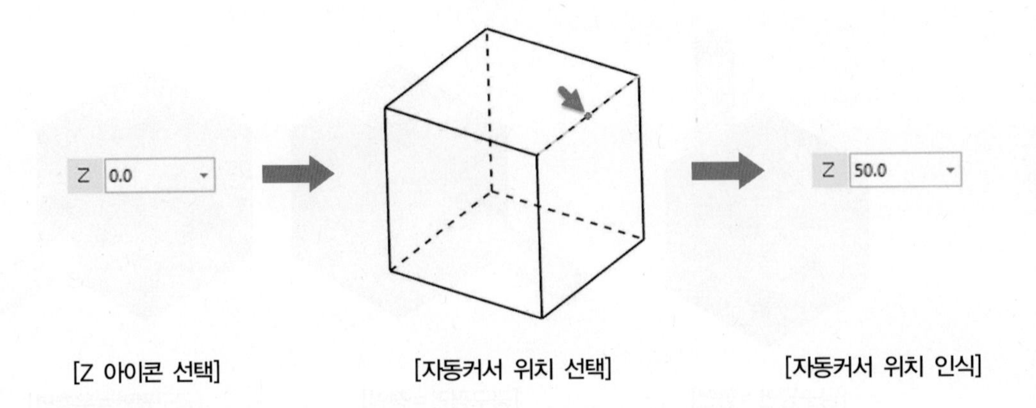

[Z 아이콘 선택]　　[자동커서 위치 선택]　　[자동커서 위치 인식]

(3) 2D / 3D

Z 높이로 도형이 그려지는 높이를 설정하지만 2D / 3D를 통해 높이를 제한하거나 제한하지 않게 설정할 수 있다.

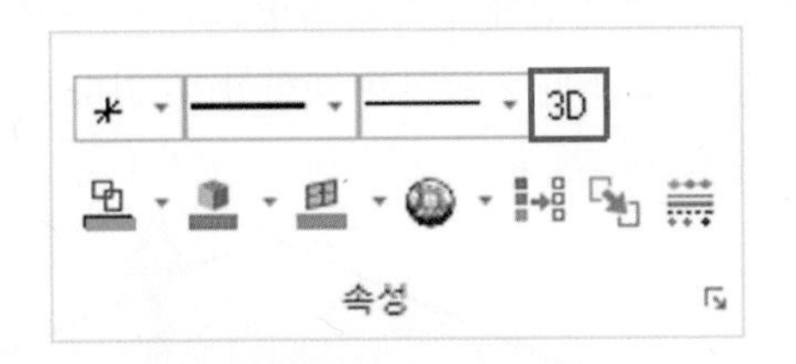

[2D / 3D 설정 메뉴]

❶ **3D(Z의 높이를 제한하지 않을 경우)** : Mastercam에 설정한 Z의 높이와 상관없이 자동커서의 높이에 요소를 그릴 수 있다. 자동커서가 없으면 설정된 Z 높이에 요소가 그려진다.

❷ **2D(Z의 높이를 제한하는 경우)** : Mastercam에 설정한 Z의 값을 인식하여 동일한 높이에 요소가 그려진다.

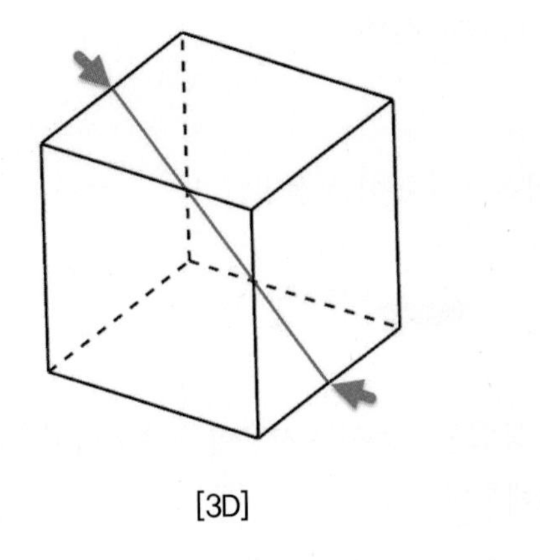

[3D]

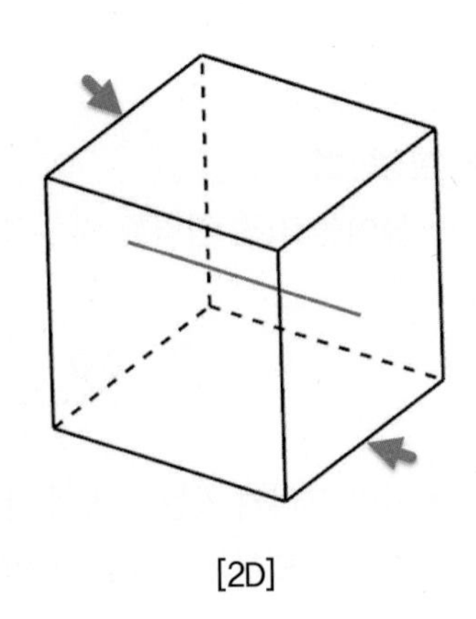

[2D]

9 커브 그리기

곡면, 솔리드 모델링에서 작업자의 필요에 따라 모델링에서 커브를 추출하거나, 작성하는 다양한 커브 생성방법을 제공하는 메뉴이다.

[커브 메뉴]

(1) 커브 한 끝단

곡면의 한쪽 끝단 부분에 커브를 그리는 기능이다. 곡면을 선택하면 화살표가 나타나는데, 화살표를 커브가 생성될 끝단으로 이동시켜 마우스 좌측 버튼을 누르면 커브가 생성된다.

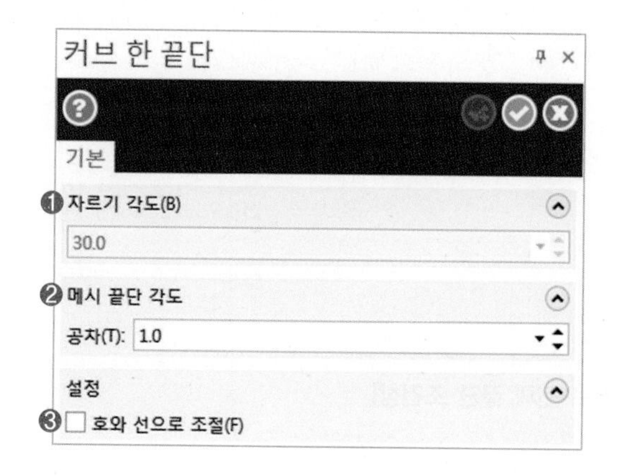

[커브 한 끝단]

❶ **자르기 각도** : 곡면 끝단 끝점의 진행 방향에서 지정된 자르기 각도 내에 연결된 끝단을 하나의 끝단으로 인식해 커브를 생성한다.

❷ **메시 끝단 각도** : 메시속성을 가진 도형 형상의 끝단 위치에, 공차값을 조정하여 원하는 위치에 커브를 생성할 수 있게 하는 기능이다.

❸ **호와 선으로 조절** : 커브 한 끝단을 생성 가능한 범위 내에서 직선 또는 원호로 생성하는 기능이다.

[커브 한 끝단]

(2) 커브 전체 끝단

곡면의 모든 끝단 부분에 커브를 생성하는 기능이다.

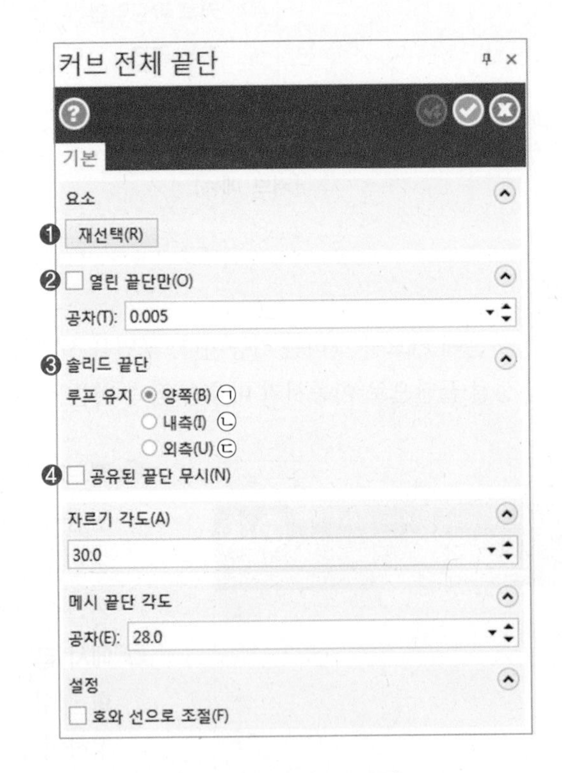

[커브 전체 끝단 조건창]

❶ **재선택** : 끝단에 커브를 생성할 곡면을 다시 선택하는 기능이다.
❷ **열린 끝단만** : 연결된 면의 끝단 중에서 하나의 면에만 사용되는 끝단(열린 끝단)에만 커브를 생성한다.
❸ **솔리드 끝단** : 솔리드 선택 시 생성할 커브의 위치를 선택하는 기능이다.
  ㉠ **양쪽** : 선택한 솔리드 면의 내측 및 외측에 커브를 만들어 주는 기능이다.
  ㉡ **내측** : 선택한 솔리드 면의 내측에만 커브를 만들어 주는 기능이다.
  ㉢ **외측** : 선택한 솔리드 면의 외측에만 커브를 만들어 주는 기능이다.
❹ **공유된 끝단 무시** : 선택한 솔리드의 연결된 면에 끝단이 있을 경우 끝단을 무시하는 기능이다.

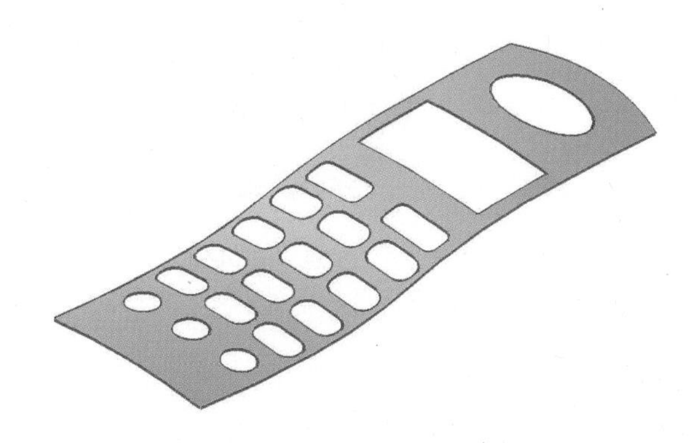

[커브 전체 끝단]

(3) 커브 슬라이스

하나 이상의 곡면을 지정된 특정 평면과의 교차 부위를 기준으로 곡면의 커브를 그리는 기능이다.

[커브 슬라이스 조건창]

❶ **재선택** : 곡면과 교차될 평면을 지정하는 기능이다.

❷ **간격** : 생성되는 커브로부터 입력한 간격만큼 오프셋된 커브를 그리는 기능이다.

❸ **오프셋** : 선택된 곡면 또는 솔리드를 슬라이스하기 위한 오프셋할 거리를 설정한다. 선택된 요소의 실제 위치는 변하지 않지만, 커브는 곡면의 노말방향으로 오프셋된 위치에 생성된다.

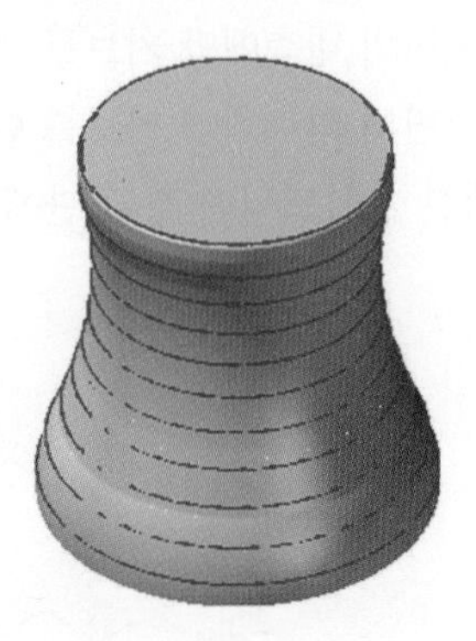

[커브 슬라이스]

(4) 커브 교차 커브

2개 이상의 곡면들이 교차되는 부분 또는 하나의 곡면에 여러 개의 곡면들이 교차될 때 곡면들이 교차되는 위치에 커브를 그리는 기능이다.

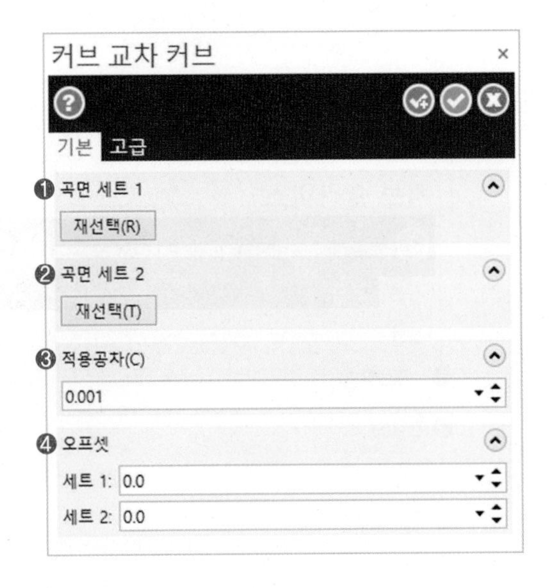

[커브 교차 커브]

❶ **곡면 세트 1 재선택** : 곡면의 첫 번째 세트를 다시 선택하는 기능이다.

❷ **곡면 세트 2 재선택** : 곡면의 두 번째 세트를 다시 선택하는 기능이다.

❸ **코달 높이 공차** : 곡면이나 솔리드에서 커브가 떨어질 수 있는 최대 거리인 적용공차를 지정한다. 값이 작을수록 커브가 곡면이나 솔리드와 더 정밀하게 붙지만, 더 많은 데이터를 생성하여 연산시간을 연장시킨다.

❹ **오프셋** : 생성될 교차 커브의 위치가 첫 번째 선택한 곡면들의 위치로부터 일정 거리 오프셋된 거리상에 생성되도록 설정하는 기능이다.

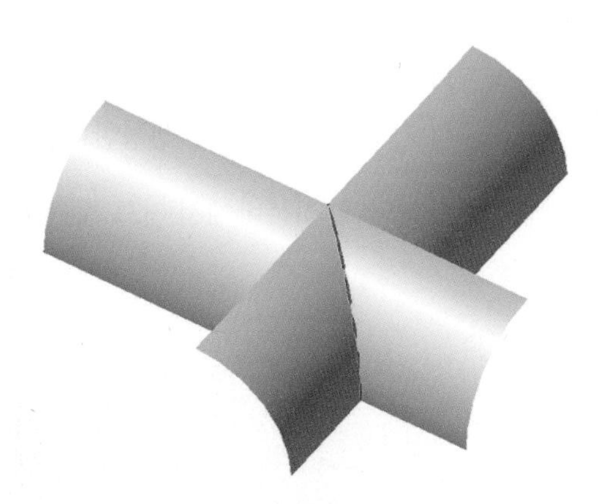

[커브 교차 커브]

(5) 커브 다중 커브

곡면 또는 솔리드의 면방향에 따라 다수의 커브를 생성하는 기능이다.

[커브 다중 커브 조건창]

1) 커브 개수

❶ **적용 공차** : 커브가 생성되는 곡면 또는 솔리드의 실제 외형과 만들어질 커브와의 오차범위값을 지정한다.
❷ **거리** : 곡면 또는 솔리드를 따라서 커브가 생성되는 거리를 설정한다.
❸ **개수** : 생성될 커브의 수를 정의한다.
❹ **패치 윤곽** : 곡면의 패치 윤곽을 따라가는 커브를 생성하는 기능이다.

2) 방향

❺ U : 곡면 또는 솔리드의 커브를 U방향으로 생성한다.
❻ V : 곡면 또는 솔리드의 커브를 V방향으로 생성한다.

곡면을 선택하면 커브가 생성된다. 리본바에서 커브 개수 기준에 따라서 거리, 개수 등으로 생성이 가능하다.

[커브 다중 커브]

(6) 커브 단일 커브

곡면상에 곡면의 생성방향과 동일한 방향으로 커브를 그리는 기능이다.

[커브 단일 커브 조건창]

곡면을 선택하면 화살표가 생기는데 이 화살표를 커브가 그려질 위치에 두고 마우스 왼쪽 버튼을 누르면 커브가 생성된다. 커브는 조건설정의 방향을 이용하여 선택할 수 있다.

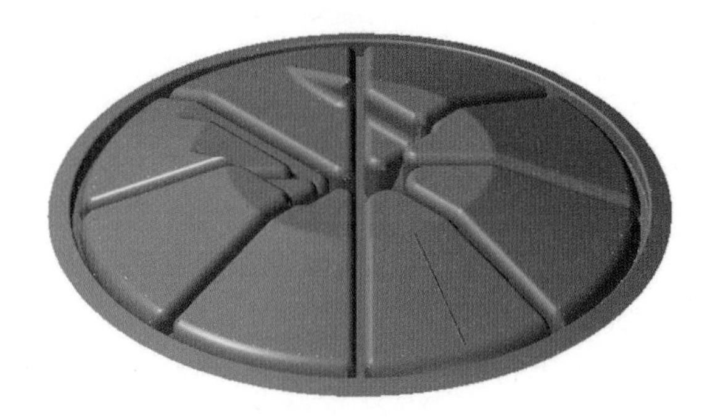

[커브 단일 커브]

(7) 커브 파팅라인

파팅라인은 곡면의 일부분을 분할한 위치에 커브를 그리는 기능으로, 생성되는 파팅라인 커브는 수평한 직선으로 곡면을 특정 뷰에서 보았을 때 수평한 직선 형태이며 곡면의 외곽 부분을 감싸고 있는 형태가 된다. 이 파팅라인은 주로 금형 제조 시 파팅면을 구하는 공정에 많이 사용된다.

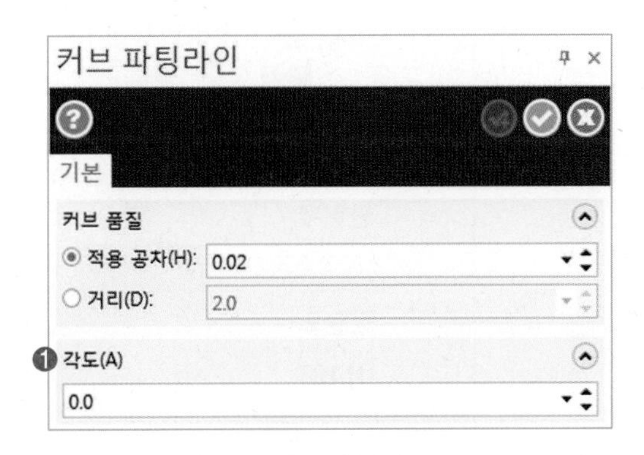

[커브 파팅라인 조건창]

❶ **각도** : 대상 곡면의 노말방향(0°로 인식됨)과 설정되는 뷰의 XY면 사이의 각도를 설정하여 커브가 생성되도록 설정하는 기능이다.

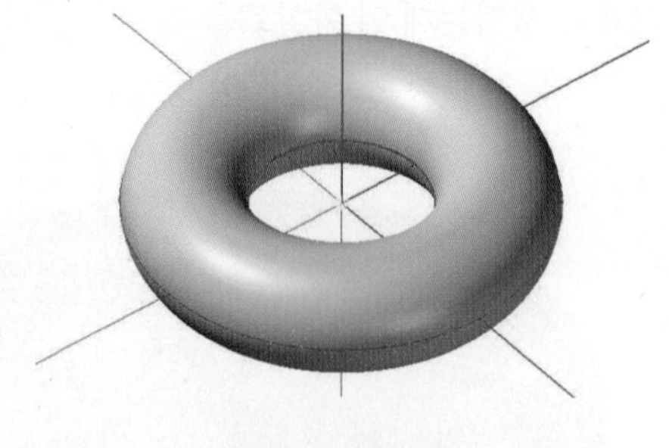

[커브 파팅라인]

(8) 커브 곡면

커브의 속성을 곡면 커브로 변환시키는 기능이다.

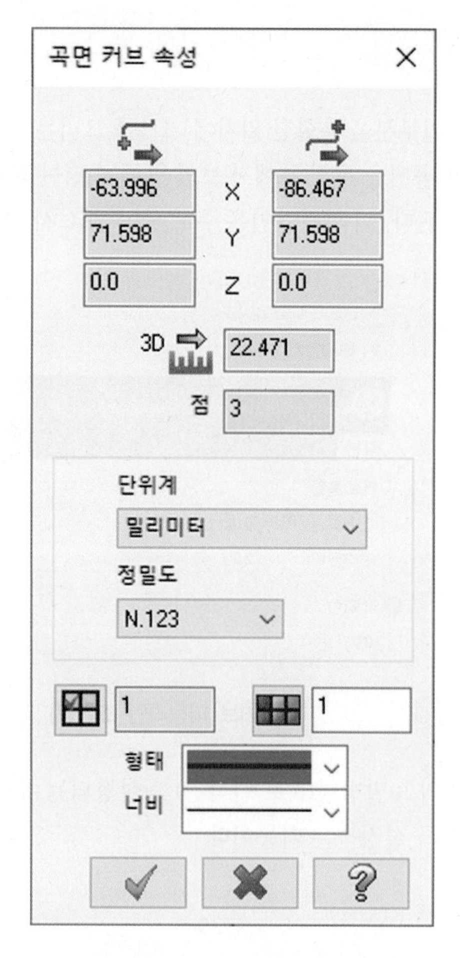

[곡면 커브로 속성이 전환된 커브]

(9) 커브 다이내믹

곡면상에 다이내믹하게 스플라인을 그리는 기능이다.

[커브 다이내믹 조건창]

마우스를 이용하여 곡면상에 다이내믹하게 2개 이상의 점들을 지정하면 스플라인이 생성된다.

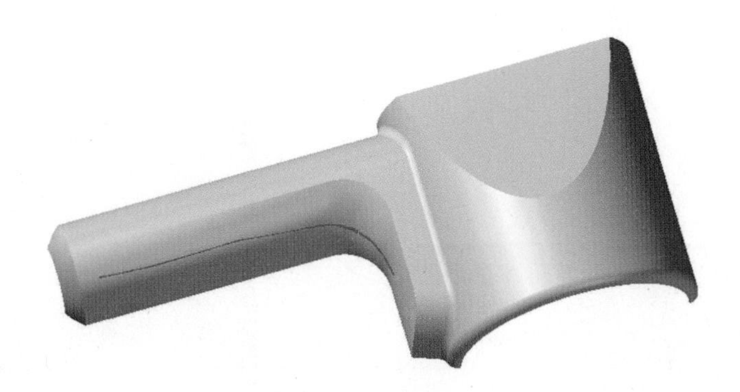

[커브 다이내믹]

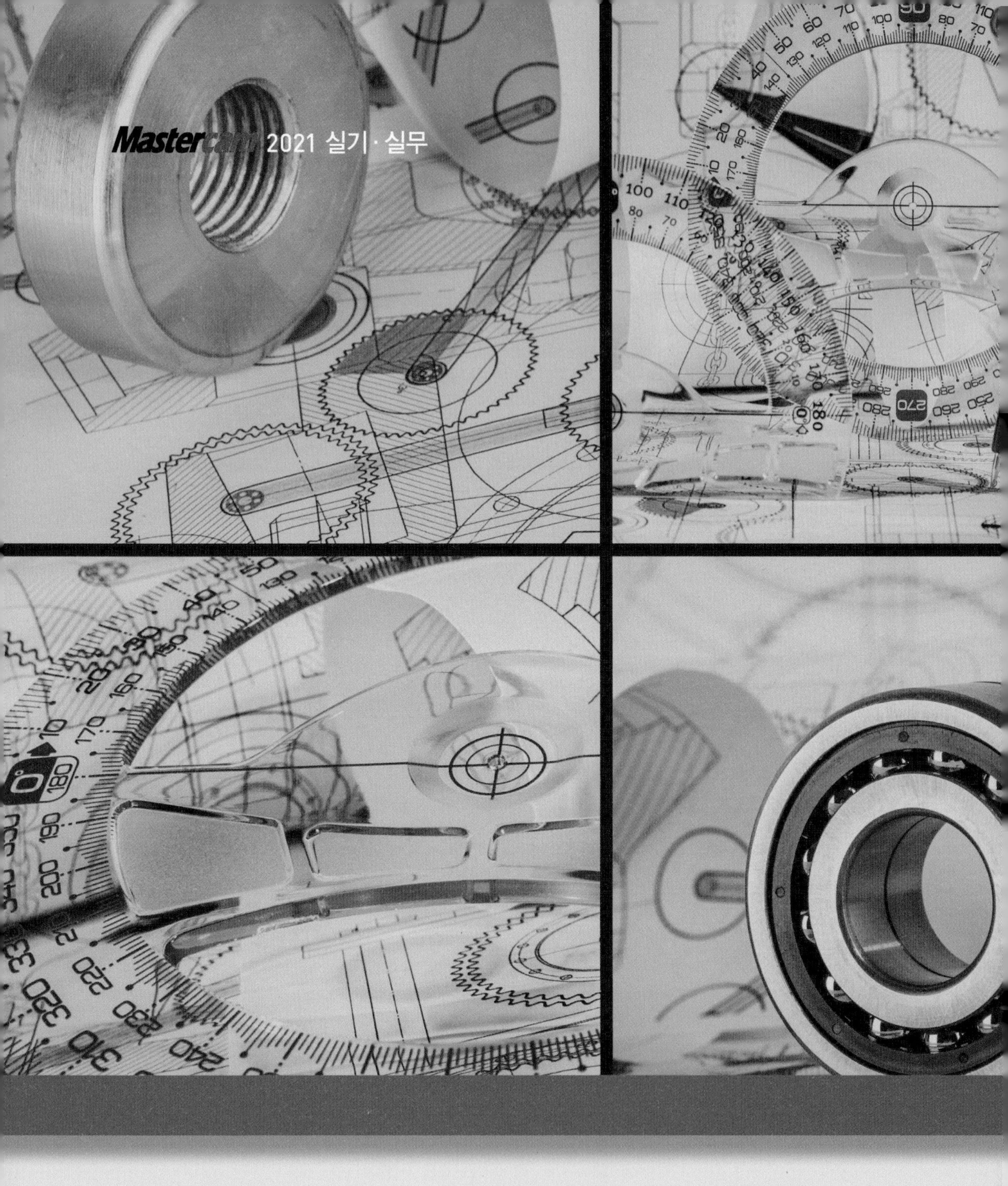
Mastercam 2021 실기·실무

CHAPTER 05

곡 면

CHAPTER

05 곡 면

1 단순곡면

원통, 육면체, 구, 원뿔, 링과 같은 형상이 미리 정해진 도형에 값을 입력하여 빠르게 기본 모델링을 생성한다.

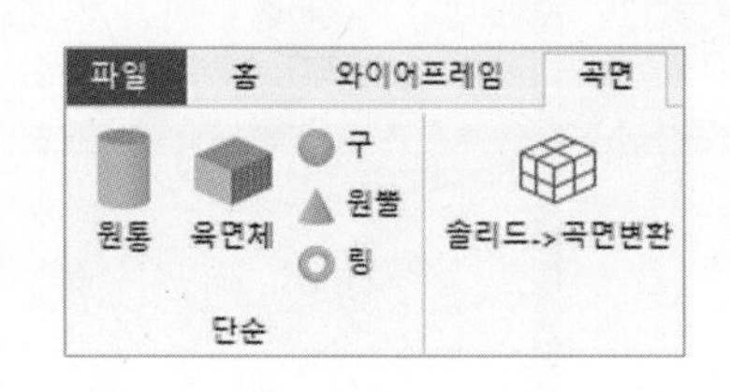

[곡면-단순 메뉴]

(1) 원통

원통을 작성하는 기능으로 주어진 조건에 값을 입력하여 원통을 생성한다.

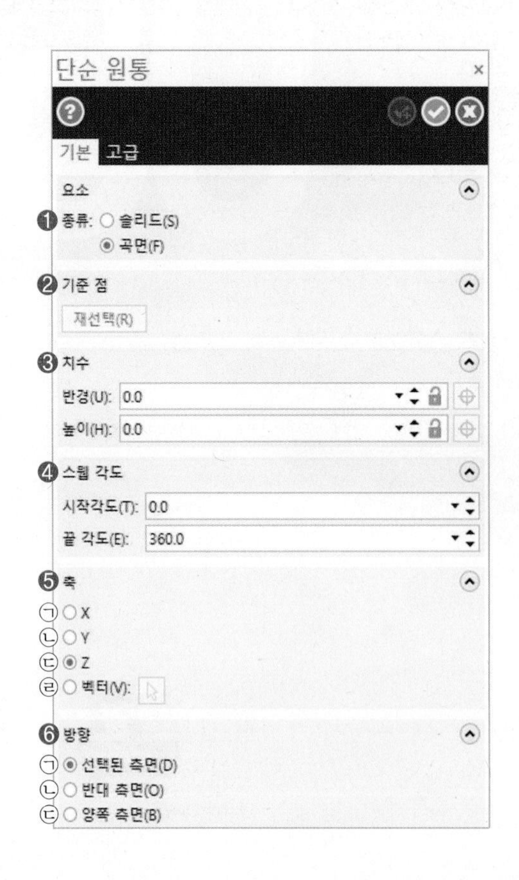

❶ **종류 : 솔리드 / 곡면** : 생성되는 도형을 솔리드 또는 곡면으로의 생성 여부를 결정한다.

❷ **기준점 – 재선택** : 원통이 생성될 기준점의 위치를 재선택한다.

❸ **치수 – 반경 / 높이** : 원통의 반경값 및 높이값을 입력한다.

❹ **스웹 각도** : 원통의 시작 각도와 끝 각도를 입력해 완전한 원통 형태가 아닌 부분 원통을 생성한다.

❺ **축**

㉠ X : X축을 원통의 중심축으로 지정한다.

㉡ Y : Y축을 원통의 중심축으로 지정한다.

㉢ Z : Z축을 원통의 중심축으로 지정한다.

㉣ **벡터** : 임의의 직선을 그려 해당 직선을 원통의 중심축으로 지정한다.

❻ **방향**

㉠ **선택된 측면** : 마우스 커서 방향으로 원통이 생성된다.

㉡ **반대 측면** : 마우스 커서 반대방향으로 원통이 생성된다.

㉢ **양쪽 측면** : 원통의 중심으로부터 양쪽 방향으로 원통이 생성된다.

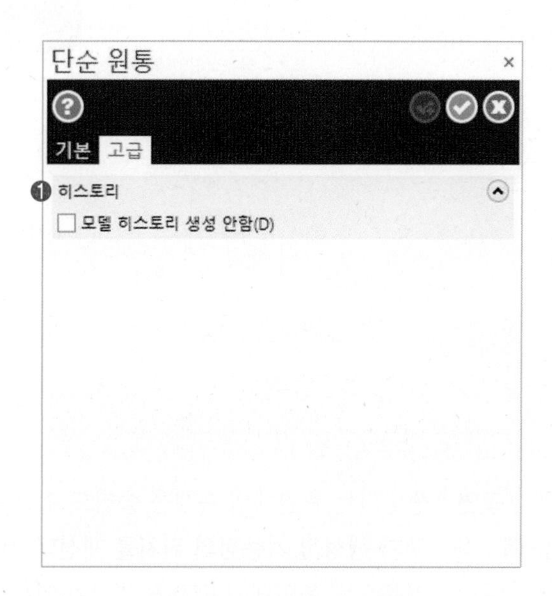

[단순 원통 조건창의 고급 탭]

❶ **히스토리 – 모델 히스토리 생성 안 함** : 솔리드 관리자에 작업을 생성하지 않고 곡면을 생성한다.

(2) 육면체

X(길이), Y(너비), Z(높이)의 값을 입력하여 입체의 육면체를 생성한다.

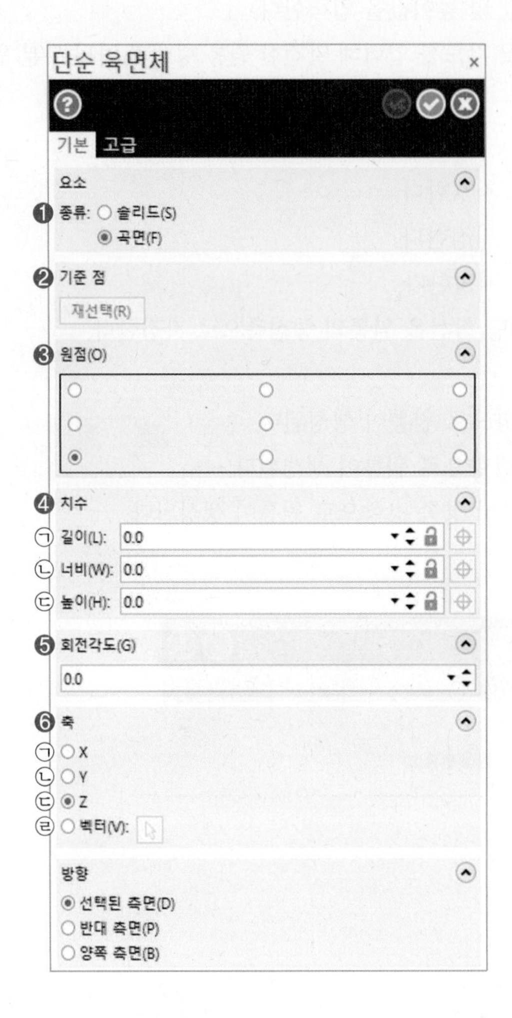

❶ **종류 : 솔리드 / 곡면** : 생성되는 육면체의 속성을 솔리드 또는 곡면 중에서 선택한다.

❷ **기준점 – 재선택** : 육면체가 생성될 기준점의 위치를 재선택한다.

❸ **원점** : 선택한 위치를 기준으로 육면체의 바닥면 생성이 이루어진다.

❹ **치수**

㉠ **길이** : 육면체의 가로방향 거리값을 정의한다.

㉡ **너비** : 육면체의 세로방향 거리값을 정의한다.

㉢ **높이** : 육면체의 높이값을 정의한다.

❺ **회전각도** : 선택된 축을 기준으로 입력된 값으로 각도를 회전시킨다. 단, 각도는 반시계방향의 +값으로 진행된다.

❻ **축** : 육면체의 중심이 되는 축을 지정한다.

㉠ **X** : X축을 육면체의 중심축으로 지정한다.

㉡ **Y** : Y축을 육면체의 중심축으로 지정한다.

㉢ **Z** : Z축을 육면체의 중심축으로 지정한다.

㉣ **벡터** : 임의의 직선을 그려 해당 직선을 육면체의 중심축으로 지정한다.

✎ 고급의 설명은 단순 원통과 동일하므로 생략한다.

(3) 구

반경값과 각도를 입력하여 구 형태를 생성한다.

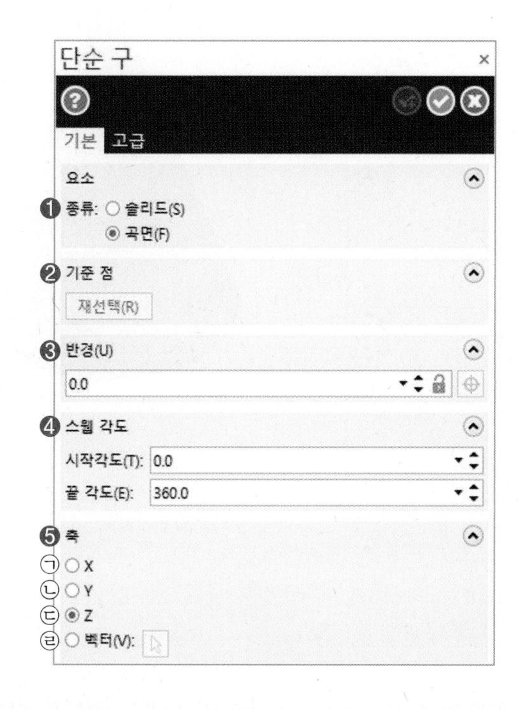

❶ **종류 : 솔리드 / 곡면** : 생성되는 구의 솔리드 또는 곡면으로의 생성 여부를 결정한다.

❷ **기준점 – 재선택** : 구가 생성될 기준점의 위치를 재선택한다.

❸ **반경** : 생성될 구의 반경을 입력한다.

❹ **스윕 각도** : 구의 회전되는 시작 각도와 끝 각도의 범위를 지정한다.

❺ **축** : 구의 중심이 되는 축을 지정한다.

㉠ **X** : X축을 구의 중심축으로 지정한다.

㉡ **Y** : Y축을 구의 중심축으로 지정한다.

㉢ **Z** : Z축을 구의 중심축으로 지정한다.

㉣ **벡터** : 임의의 직선을 그려 해당 직선을 구의 중심축으로 지정한다.

(4) 원뿔

기준 반경값과 높이, 상단 반경 또는 각도를 입력하여 원뿔 형태를 생성한다.

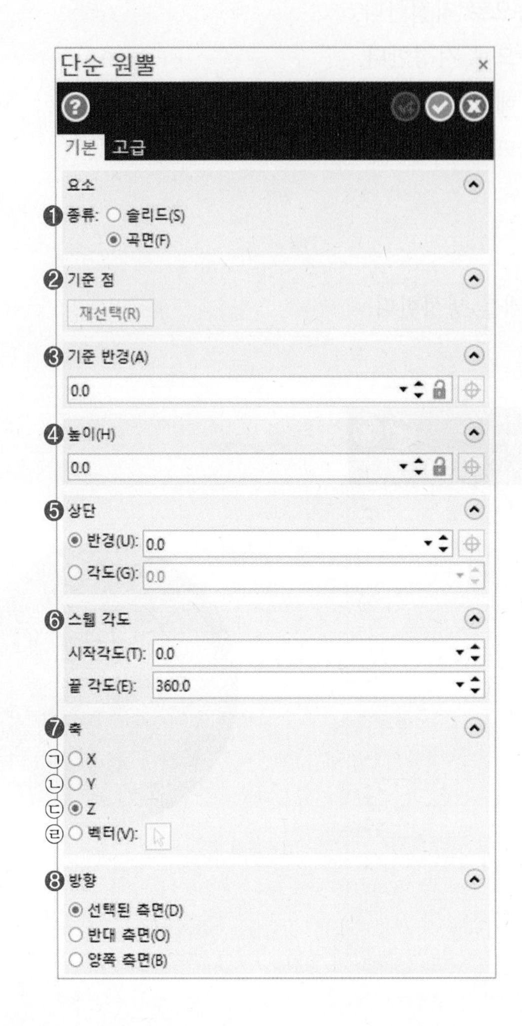

❶ **종류 : 솔리드 / 곡면** : 생성되는 원뿔의 솔리드 또는 곡면으로의 생성 여부를 결정한다.

❷ **기준점 – 재선택** : 원뿔이 생성될 기준점의 위치를 재선택한다.

❸ **기준 반경** : 원뿔 바닥면에 해당하는 원호의 반경을 정의한다.

❹ **높이** : 원뿔의 높이를 정의한다.

❺ **상단 – 반경 / 각도** : 원뿔 상단의 반경을 입력하거나 기준 반경으로부터 상단 반경까지의 각도를 정의한다.

❻ **스윕 각도** : 원뿔의 회전되는 시작 각도와 끝 각도의 범위를 지정한다.

❼ **축** : 원뿔의 중심이 되는 축을 지정한다.

㉠ **X** : X축을 원뿔의 중심축으로 지정한다.

㉡ **Y** : Y축을 원뿔의 중심축으로 지정한다.

ⓒ **Z** : Z축을 원뿔의 중심축으로 지정한다.

ⓓ **벡터** : 임의의 직선을 그려 해당 직선을 원뿔의 중심축으로 지정한다.

❽ **방향** : 원뿔의 돌출방향을 지정한다.

(5) 링

링의 회전반경과 단면의 반경을 지정하여 링 형태의 모델을 생성한다.

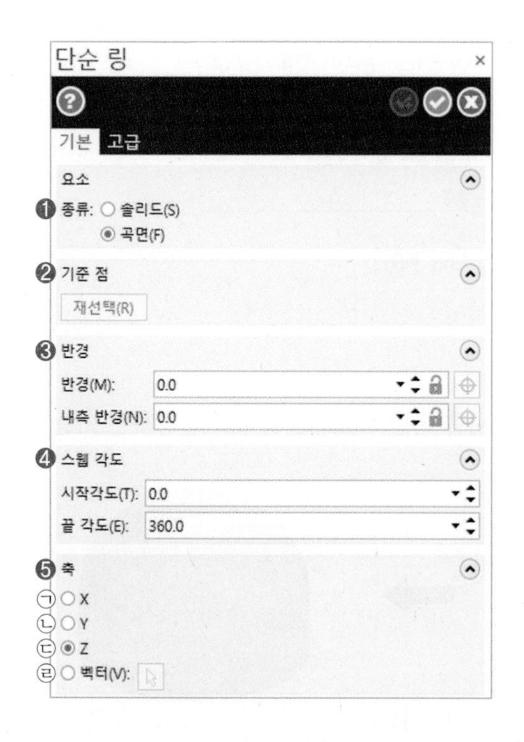

❶ **종류 : 솔리드 / 곡면** : 생성되는 링의 솔리드 또는 곡면으로의 생성 여부를 결정한다.

❷ **기준점 – 재선택** : 링이 생성될 기준점의 위치를 재선택한다.

❸ **반경 – 반경 / 내측 반경** : 링의 외측 반경값 및 내측 반경값을 입력한다.

❹ **스웹 각도** : 링이 회전되는 시작 각도와 끝 각도의 범위를 지정한다.

❺ **축** : 링의 중심이 되는 축을 지정한다.

ⓐ **X** : X축을 원뿔의 중심축으로 지정한다.

ⓑ **Y** : Y축을 원뿔의 중심축으로 지정한다.

ⓒ **Z** : Z축을 원뿔의 중심축으로 지정한다.

ⓓ **벡터** : 임의의 직선을 그려 해당 직선을 원뿔의 중심축으로 지정한다.

2 곡면 그리기

곡면도형이란 직선, 원호, 스플라인 등 2차원 도형과 달리 닫힌 윤곽 형태에 하나의 면(Surface)을 갖는 도형이다. 입체 형상 모델링의 경우, 솔리드 모델은 내부 영역이 채워져 있는 반면, 곡면 모델링의 경우는 외부의 표면 형태로만 구성되어 있다. 곡면은 생성하고자 하는 형태와 방법에 따라 다음의 방법들을 제공한다.

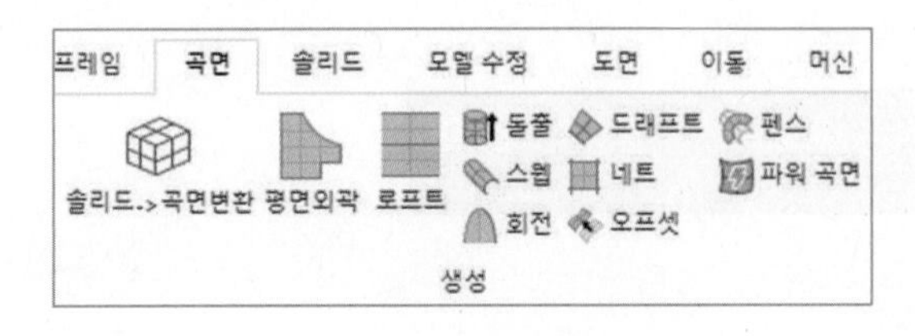

[곡면-생성 메뉴]

(1) 솔리드 → 곡면 변환

선택한 솔리드 도형의 보디 또는 면(Face)을 곡면(Surface) 형태로 변경하는 기능이다.

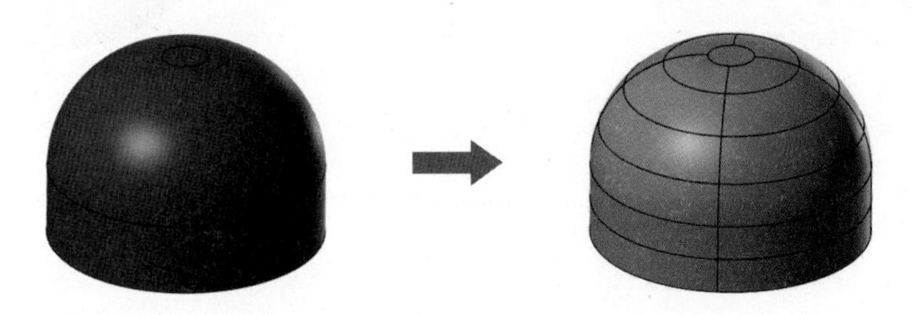

[솔리드 → 곡면 변환]

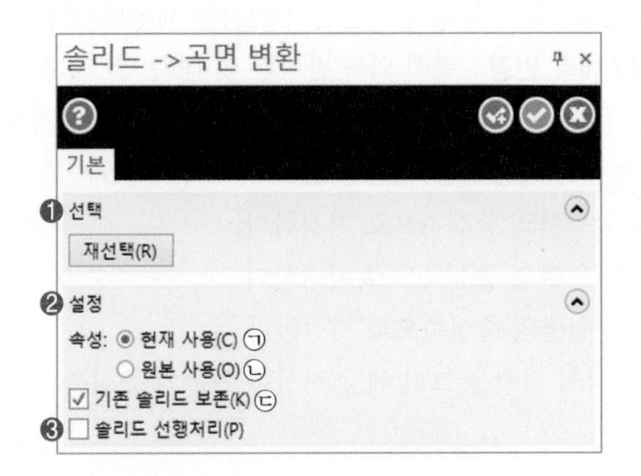

[솔리드 → 곡면 변환 조건창]

❶ **선택 – 재선택** : 곡면을 생성할 솔리드 또는 솔리드의 면을 다시 선택한다.

❷ **설정 – 속성**

㉠ **현재 사용** : 현재 설정된 시스템 요소 속성을 현재 변환된 도형에 적용한다. 예 현재 레벨은 1번이고 선택한 솔리드의 레벨이 3번이라면, 변환된 곡면은 레벨 1번의 속성을 가진다.

㉡ **원본 사용** : 원본 솔리드의 요소 속성을 현재 변환된 곡면도형에 적용한다. 예 현재 레벨은 1번이고 선택한 솔리드의 레벨이 3번이라면, 변환된 곡면은 레벨 3번의 속성을 가진다.

㉢ **기존 솔리드 보존** : 곡면을 생성한 후 솔리드의 보존 여부를 결정한다.

❸ **솔리드 선행처리** : 곡면의 생성 시 변환할 솔리드의 복사본을 만들고 복사된 솔리드에서 곡면을 변환하며, 복사본 솔리드는 지우고 원본 솔리드를 보존한 채 변환작업을 마무리하는 기능이다.

(2) 평면 외곽 곡면

닫힌 윤곽 또는 열린 윤곽 형태의 도형요소로 평평한 상태의 곡면을 생성하는 방법이다. 열린 윤곽 형태의 경우는 열린 윤곽의 시작위치와 끝위치를 직선으로 연결하여 닫힌 윤곽을 만들게 된다. 그리고 닫힌 윤곽 내의 또 다른 윤곽의 체인은 곡면으로 채워지지 않은 상태로 남는다.

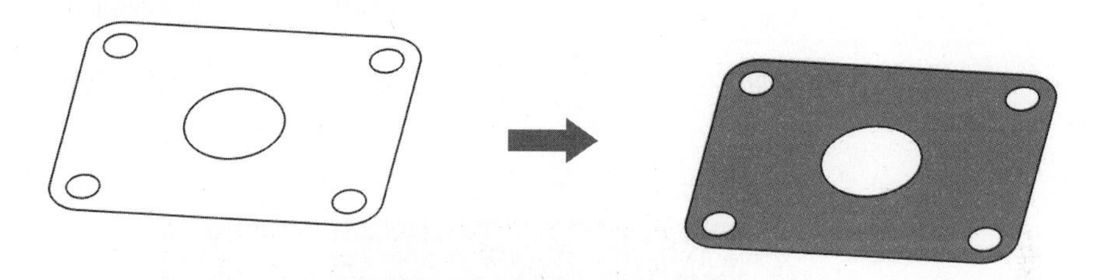

[평면 외곽 곡면 생성 예]

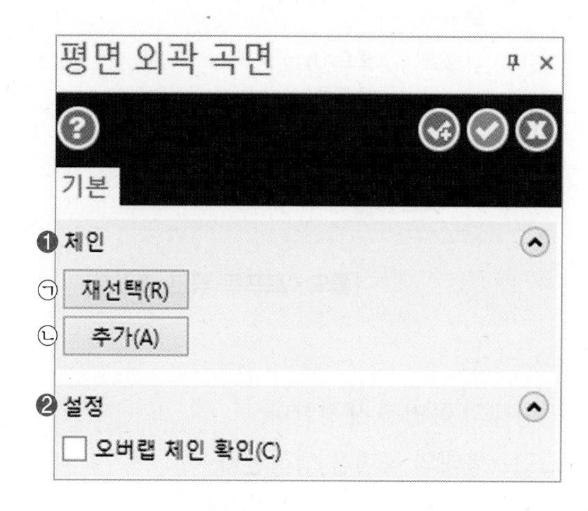

[평면 외곽 곡면 조건창]

❶ **체인**

㉠ **재선택** : 평면 외곽 곡면을 생성할 윤곽 체인을 다시 선택한다.

㉡ **추가** : 평면 외곽 곡면을 생성할 윤곽 체인을 추가 시 사용한다.

❷ **설정-오버랩 체인 확인** : 오버랩되는 체인이 인식될 경우 해당 영역을 모두 포함하는 곡면을 생성한다.

(3) 로프트 곡면

두 개 이상의 단면 윤곽을 연결하여 도형요소 사이의 곡면 형태를 직선형태(룰드), 접하는 형태(로프트)로 생성하는 기능으로 하나의 단면 윤곽은 여러 개의 도형요소로 구성될 수 있으며, 각 단면 윤곽의 체인방향을 같은 방향으로 일정하게 맞추어야 한다.

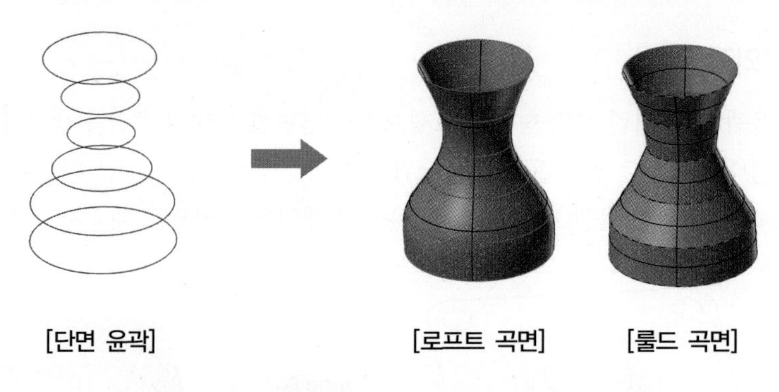

[단면 윤곽] [로프트 곡면] [룰드 곡면]

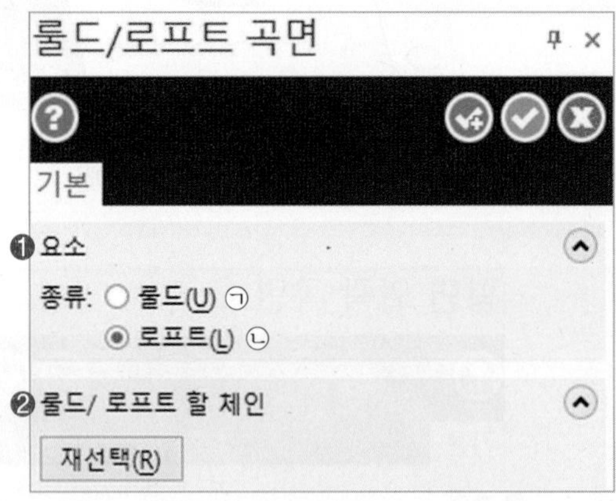

[룰드 / 로프트 곡면 조건창]

❶ **요소-종류**

㉠ **룰드** : 룰드 형태의 곡면을 생성한다.

㉡ **로프트** : 로프트 형태의 곡면을 생성한다.

❷ **룰드 / 로프트할 체인-재선택** : 이미 선택되어 있는 모든 단면의 체인을 취소하고 다시 단면 체인을 선택한다.

(4) 돌출 곡면

솔리드 모델링의 돌출(Extrude)과 유사한 기능으로 평면상의 닫힌 단면 윤곽을 정해진 축방향으로 돌출시켜 측면과 상면, 배면이 닫힌 형태의 곡면을 생성하는 방법이다.

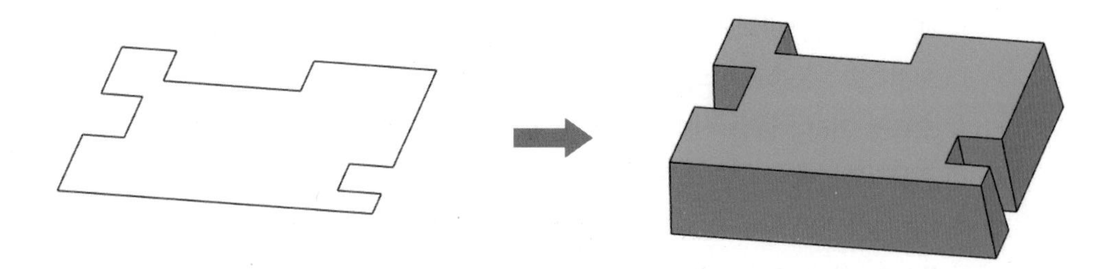

[돌출 곡면 예]

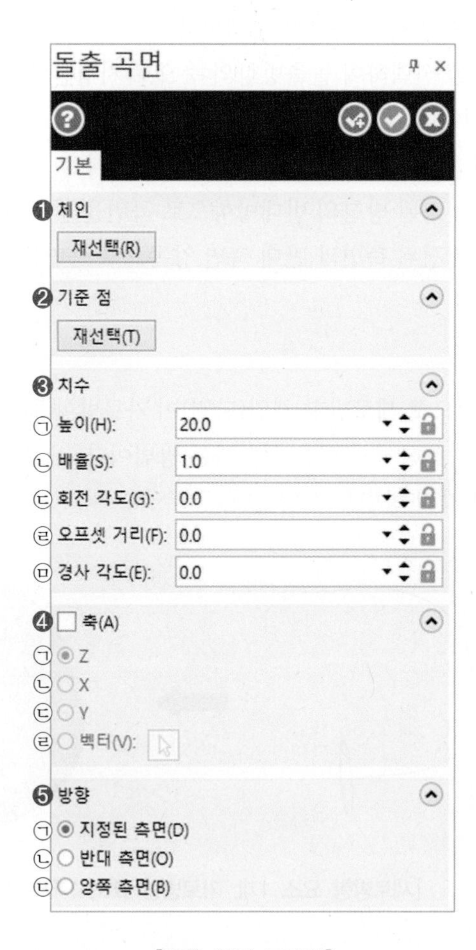

[돌출 곡면 조건창]

❶ **체인-재선택** : 돌출시킬 커브 체인을 다시 선택한다.

❷ **기준점** : 돌출곡면이 생성될 기준점의 위치를 선택한다.

❸ **치수**

㉠ **높이** : 돌출될 곡면의 높이값을 입력하고 돌출방향을 조절한다.

㉡ **배율** : 돌출곡면의 배율을 조절한다.

㉢ **회전각도** : 돌출곡면의 회전값을 입력한다.

㉣ **오프셋 거리** : 돌출곡면 측벽면의 오프셋 거리를 조절한다.

㉤ **경사각도** : 돌출곡면 측벽면의 경사각도를 입력한다.

❹ **축** : 돌출곡면의 돌출이 되는 축을 지정한다.

㉠ **Z** : Z축을 돌출방향의 축으로 지정한다.

㉡ **X** : X축을 돌출방향의 축으로 지정한다.

㉢ **Y** : Y축을 돌출방향의 축으로 지정한다.

㉣ **벡터** : 두 점을 선택하여 돌출방향의 축으로 지정한다.

❺ **방향** : 돌출곡면이 생성될 방향을 지정한다.

㉠ **지정된 측면** : 지정된 방향으로 곡면을 돌출한다.

㉡ **반대 측면** : 지정된 방향의 반대방향으로 곡면을 돌출한다.

㉢ **양쪽 측면** : 지정된 측면과 반대 측면 양쪽으로 곡면을 돌출한다.

(5) 스웹 곡면

스웹 곡면은 기본적으로 세로방향 체인(단면)이 가로방향 체인(가이드커브)을 따라가면서 만들어 내는 궤적을 이용하여 곡면을 생성하는 방법이다. 세로방향 체인과 가로방향 체인의 대응 기준에 의한 몇 가지 방법으로 나뉜다.

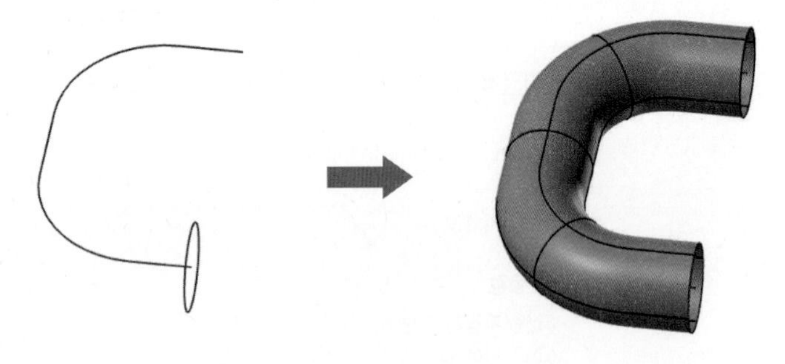

[세로방향 요소 1개, 가로방향 요소 1개일 경우의 예]

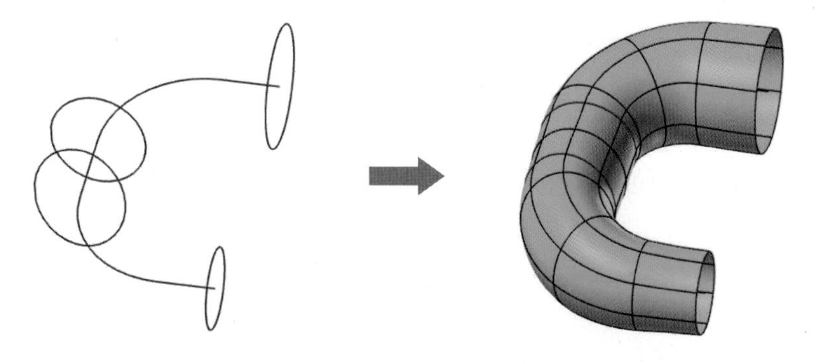

[세로방향 요소 4개, 가로방향 요소 1개일 경우의 예]

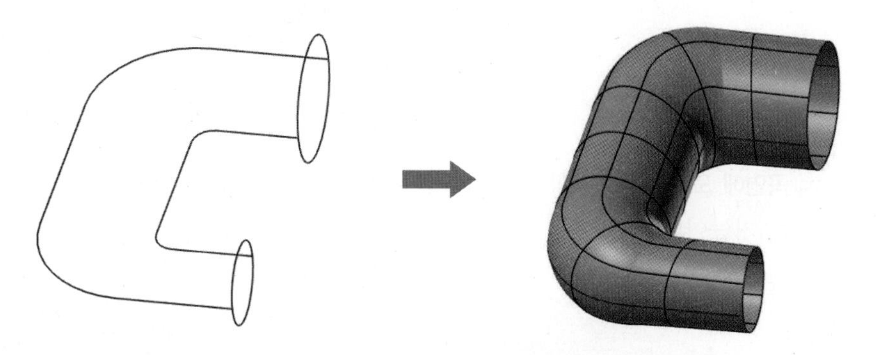

[세로방향 요소 2개, 가로방향 요소 2개(두 레일)일 경우의 예]

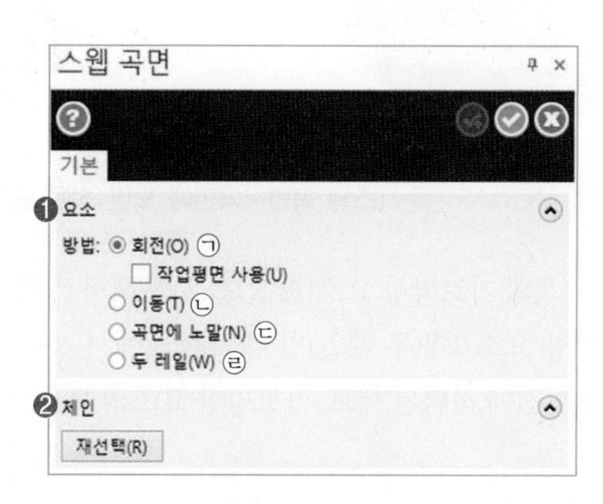

[스웹 곡면 조건창]

❶ **요소 – 방법**

㉠ **회전** : 세로방향 요소가 가로방향 요소를 따라 회전하면서 곡면을 생성한다. '회전'에서 '작업평면 사용'에 체크하면 현재 작업평면의 Z축을 세로방향 요소가 이동하는 좌표축으로 사용한다.

㉡ **이동** : 세로방향 요소가 가로방향 요소를 평행하게 따라가면서 곡면을 생성한다.

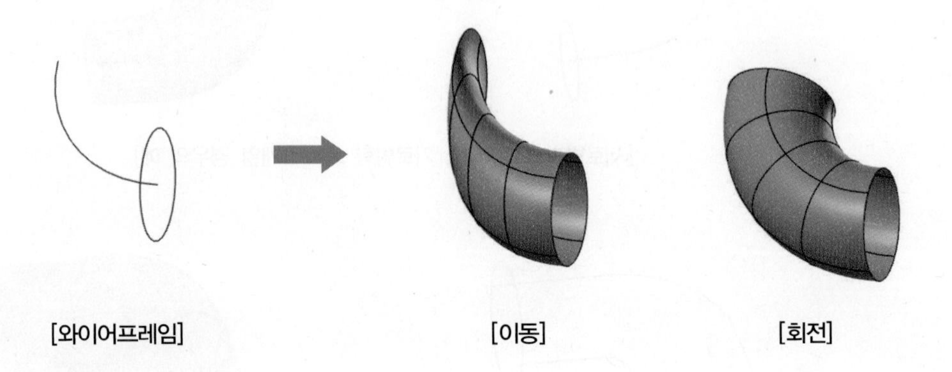

㉢ **곡면에 노말** : 가로방향 윤곽이 곡면 위에 있을 때 곡면의 노말방향으로 스웹곡면을 만드는 기능이다.

[스웹 곡면 – 곡면에 노말 적용 예]

㉣ **두 레일** : 두 개의 가로방향 요소(레일)를 사용해서 스웹 곡면을 생성한다. 앞 페이지의 그림 가로방향 요소 2개(두 레일)일 때의 예시에서 사용 예를 확인할 수 있다.

❷ **체인 – 재선택** : 이전에 선택된 세로, 가로방향 요소의 모든 체인을 취소하고 다시 체인을 선택한다.

(6) 회전 곡면

회전 곡면은 특정 축을 기준으로 도형요소를 일정 각도만큼 회전시킬 때 생기는, 즉 도형요소가 회전하며 지나가는 궤적으로 곡면이 생성되는 기능이다.

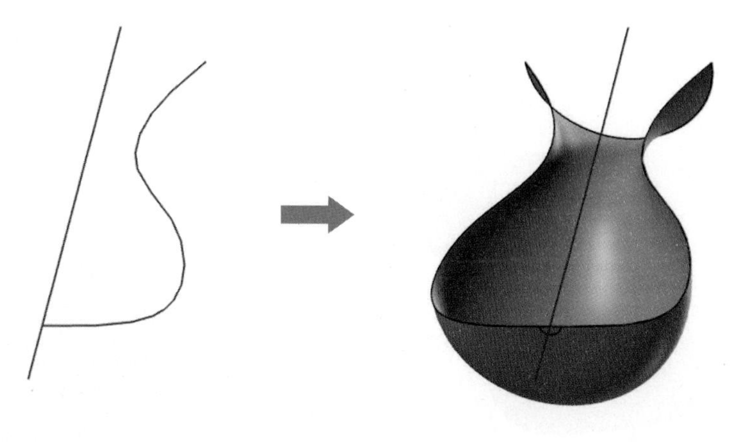

[회전 곡면 예]

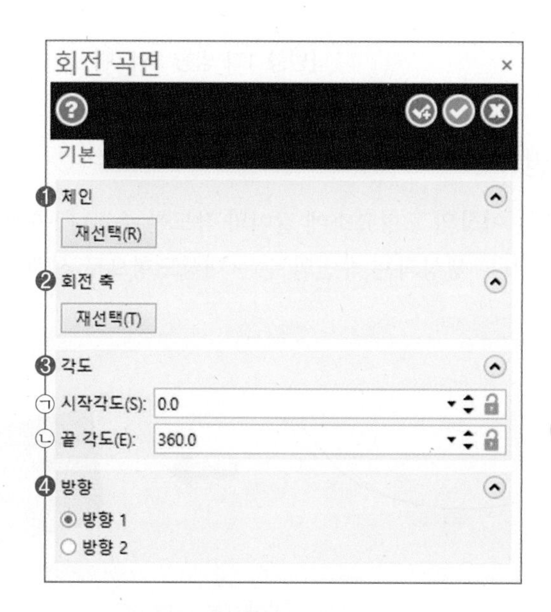

[회전 곡면 조건창]

❶ **체인 – 재선택** : 회전 곡면을 작성할 단면에 해당하는 이전에 선택된 모든 체인을 취소하고 다시 체인을 선택한다.

❷ **회전축 – 재선택** : 회전 곡면의 선택된 축을 취소하고 회전축을 다시 선택한다.

❸ **각도**

㉠ **시작 각도** : 회전 곡면의 회전 시작 각도를 지정한다.

㉡ **끝 각도** : 회전 곡면의 회전 끝 각도를 지정한다.

❹ **방향** : 입력한 각도를 기준으로 방향 1과 방향 2를 선택 시 선택한 각도의 반대방향으로 회전곡면을 생성한다. 단, 방향의 기준은 선택한 단면의 체인 시작 위치의 방향에 따라 달라질 수 있다.

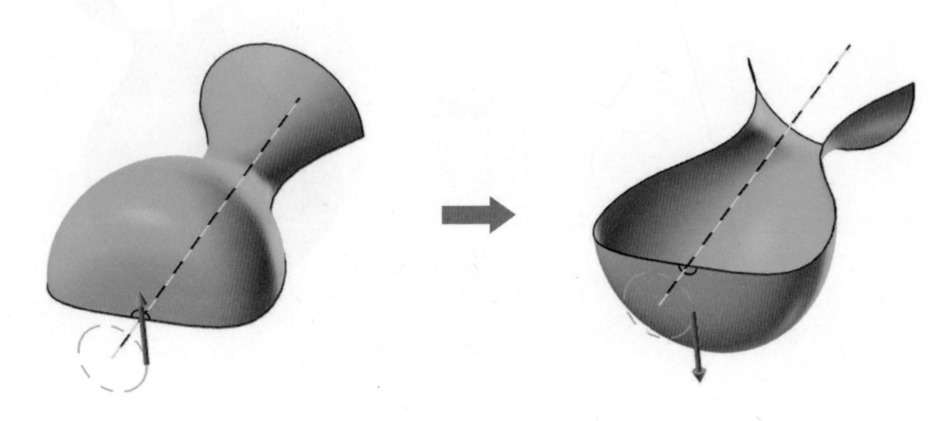

[방향 1과 방향 2의 예]

(7) 드래프트 곡면

체인된 하나 또는 이상의 도형요소에 길이와 각도를 주거나, 특정 뷰를 기준으로 경사진 곡면을 만드는 기능이다. 생성되는 곡면의 수는 대상도형으로 선택된 도형의 개수만큼의 곡면을 생성하게 된다.

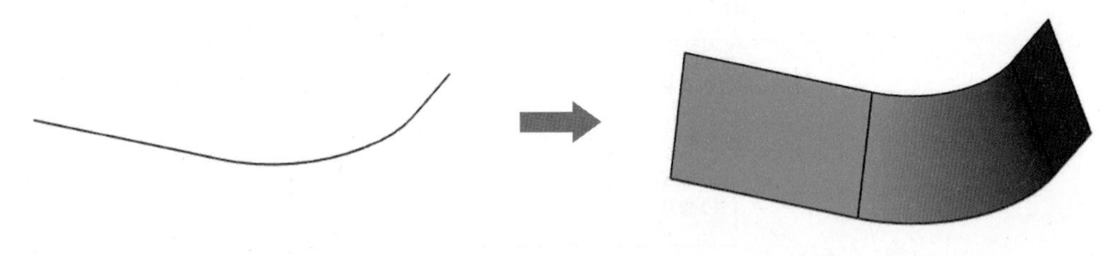

[드래프트 곡면 예]

[드래프트 곡면 조건창]

❶ **방법 : 길이 / 평면** : 길이와 각도를 입력하여 곡면을 생성하거나, 특정 평면을 지정해서 곡면을 생성할지를 선택한다. 평면에 의한 드래프트 곡면 생성 시, 평면 위치를 지정해주면 그 위치까지 드래프트 곡면이 생성되도록 한다.

❷ **체인 – 재선택** : 가로방향, 세로방향 요소의 선택을 모두 취소하고 작업화면으로 돌아가서 체인을 다시 선택한다.

❸ **치수**

㉠ **길이** : 드래프트(경사)시킬 곡면의 길이를 입력한다.

㉡ **실행길이** : 각도가 적용된 상태에서 드래프트 곡면의 길이를 지정한다.

㉢ **각도** : 경사시킬 곡면의 각도를 입력한다 +/–값을 입력하여 경사방향을 조절할 수 있다.

❹ **방향**

㉠ **지정된 측면** : 선택된 작업평면의 노말방향의 +방향으로 곡면을 생성한다.

㉡ **반대 측면** : 선택된 작업평면의 노말방향의 –방향으로 곡면을 생성한다.

㉢ **양쪽 측면** : 선택된 작업평면의 노말방향의 +/–방향으로 곡면을 생성한다.

- 드래프트 분리 : 이 조건은 위의 '길이' 조건에서 방향을 '양쪽 측면'으로 선택한 경우만 활성화되며, 선택 시 경사시킬 곡면을 선택된 도형이 위치한 평면을 기준으로 양쪽 측면으로 드래프트(경사)를 주게 된다.

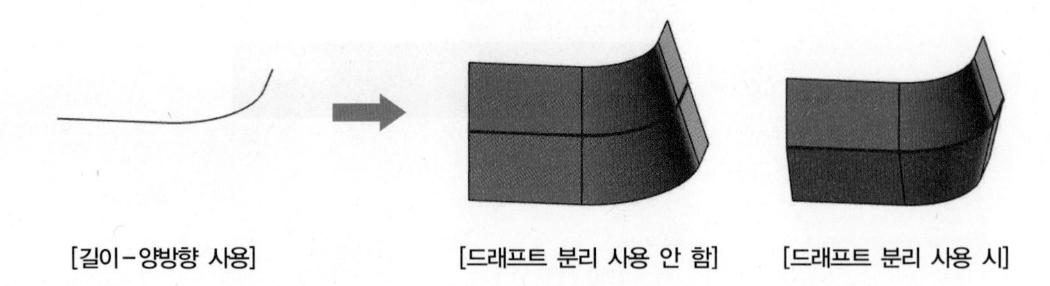

[길이-양방향 사용] [드래프트 분리 사용 안 함] [드래프트 분리 사용 시]

(8) 네트 곡면

열린 윤곽이나 닫힌 윤곽의 교차점들을 찾아 교차되는 외곽을 기준으로 곡면을 생성하는 방법으로 최소 두 개의 가로방향 요소의 두 개의 세로방향 요소가 필요하다.

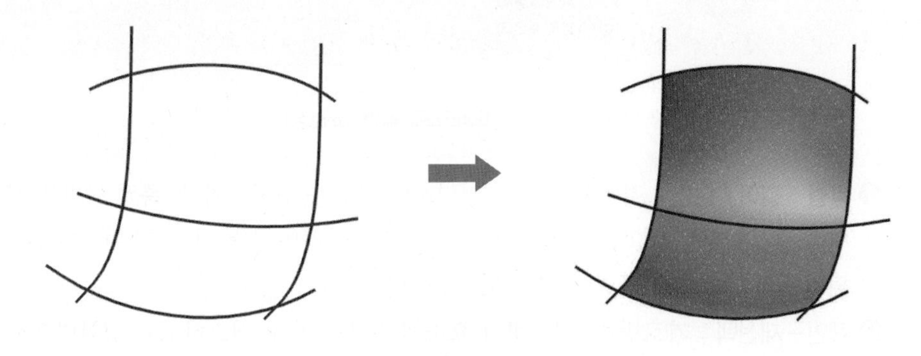

[네트 곡면 예]

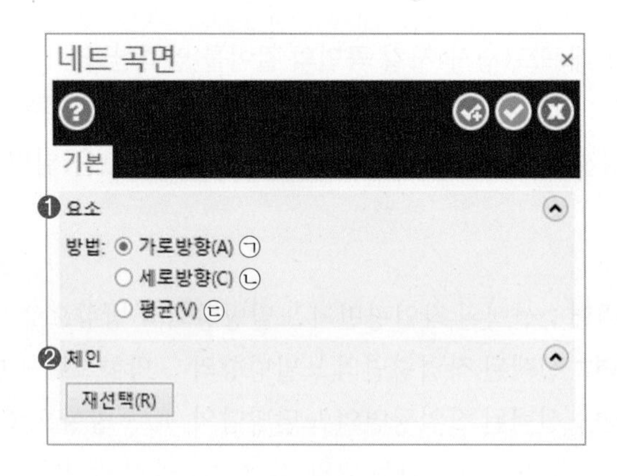

[네트 곡면 조건창]

❶ 요소–모드

㉠ **가로방향** : 가로방향과 세로방향 요소들의 교차점이 공간상에서 떨어져 있는 경우, 가로방향 요소를 기준으로 곡면을 생성한다.

㉡ **세로방향** : 가로방향과 세로방향 요소들의 교차점이 공간상에서 떨어져 있는 경우, 세로방향 요소를 기준으로 곡면을 생성한다.

㉢ **평균** : 가로방향과 세로방향 요소들의 교차점이 공간상에서 떨어져 있는 경우, 가로방향 요소와 세로방향 요소 사이의 중간을 기준으로 곡면을 생성한다.

❷ 체인–재선택

가로방향, 세로방향 요소의 선택을 모두 취소하고 작업화면으로 돌아가서 체인을 다시 선택한다.

(9) 펜스 곡면

펜스 곡면은 열린 윤곽이나 닫힌 윤곽 또는 곡면상에 생성된 커브를 이용하여 울타리 형태의 곡면을 생성한다.

[펜스 곡면 예]

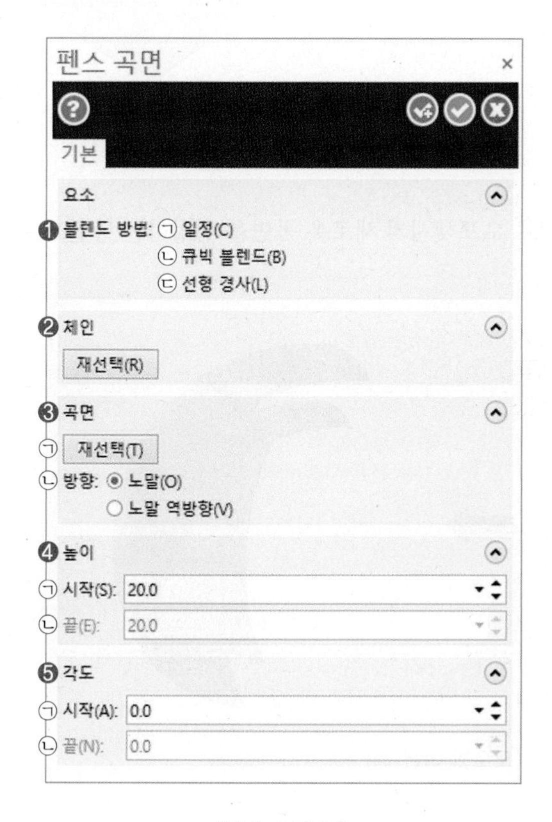

[펜스 조건창]

❶ 블렌드 방법

㉠ **일정** : 커브를 따라서 일정한 높이를 가지는 곡면을 생성한다.

㉡ **큐빅 블렌드** : 'S'자 형태의 큐빅 블렌드 기능으로 높이와 각도가 변하는 곡면을 생성한다.

㉢ **선형 경사** : 커브를 따라서 선형으로 높이와 각도가 변하는 곡면을 생성한다.

❷ 체인–재선택 : 이전 선택을 취소하고 펜스 곡면으로 생성할 커브를 다시 선택한다.

❸ 곡면

㉠ **재선택** : 이전 선택을 취소하고 펜스 곡면에 사용할 곡면을 다시 선택한다.

㉡ **방향**

- 노말 : 선택한 곡면의 노말방향으로 펜스 곡면을 생성한다.
- 노말 역방향 : 선택한 곡면의 노말방향의 역방향으로 곡면을 생성한다.

❹ 높이

㉠ **시작** : 선택한 커브 체인이 시작되는 지점의 높이를 설정한다.

㉡ **끝** : 선택한 커브 체인이 끝나는 지점의 높이를 설정한다.

❺ 각도

㉠ **시작** : 선택한 커브 체인의 시작 위치 각도를 설정한다.

㉡ **끝** : 선택한 커브 체인의 끝 위치 각도를 설정한다.

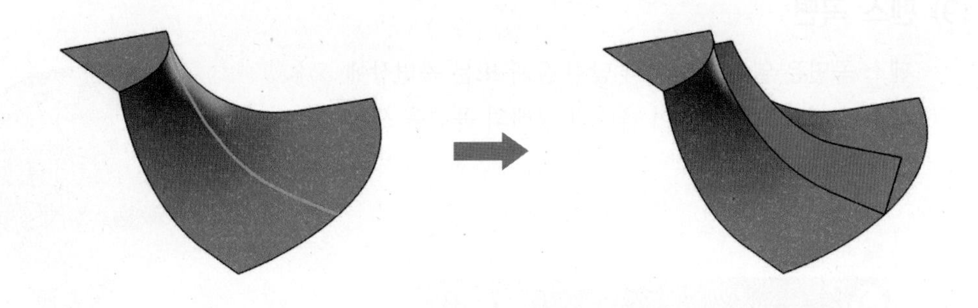

(10) 오프셋 곡면

이미 생성되어 있는 곡면을 일정 거리로 오프셋시켜 새로운 곡면을 생성하는 방법으로 2차원 도형의 오프셋 기능과 유사하다.

[오프셋 곡면 예]

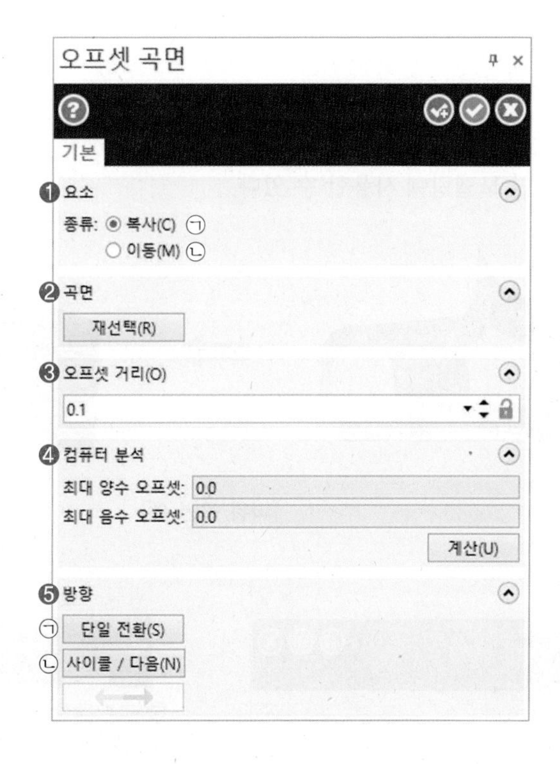

[오프셋 곡면 조건창]

❶ **요소 – 종류**

㉠ **복사** : 입력한 오프셋 거리를 적용하여 원래의 곡면을 보존하고 새로운 오프셋 곡면을 생성한다.

㉡ **이동** : 입력한 오프셋 거리를 적용하여 원래의 곡면을 지우고 새로운 오프셋 곡면을 생성한다.

❷ **곡면 – 재선택** : 이전 선택을 취소하고 오프셋할 곡면을 다시 선택한다.

❸ **오프셋 거리** : 오프셋 곡면을 생성할 곡면의 오프셋 거리를 입력한다.

❹ **컴퓨터 분석** : '계산' 버튼을 누르면 현재 오프셋할 곡면의 최대 +오프셋 크기와 축소할 수 있는 최대 –오프셋 거리를 보여준다.

❺ **방향**

㉠ **단일 전환** : 여러 곡면을 오프셋할 경우 특정 단일곡면의 오프셋방향을 반대방향으로 전환시키는 기능이다.

㉡ **사이클 / 다음** : 여러 개의 곡면에 대해 순차적 오프셋방향을 확인, 변경하는 기능이다. 사이클 버튼을 눌러 해당 곡면의 화살표가 표시되면, ⟵⟶ 버튼을 눌러 오프셋방향을 변경한다.

(11) 파워 곡면

파워 곡면은 다수의 커브 및 점을 통해 기존의 곡면에 가장 잘 맞춰진 곡면을 빠르게 만들 수 있는 독특하고 다양한 곡면 생성 도구이다. 파워 곡면은 홀 채우기, 패칭, 곡면 블렌드, 곡면 최적화 등 다양한 곡면 모델링에 사용할 수 있다.

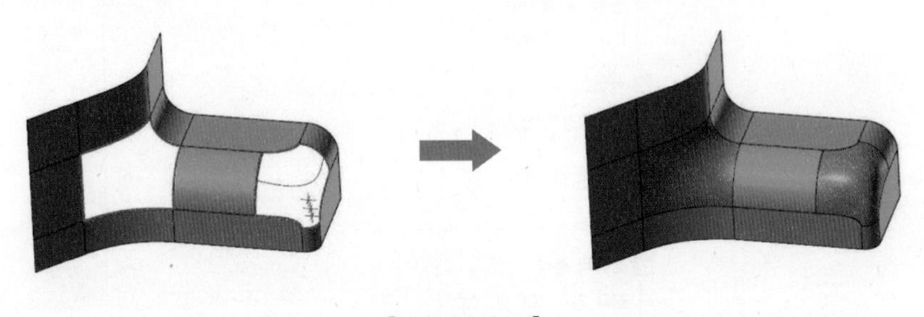

[파워 곡면 예]

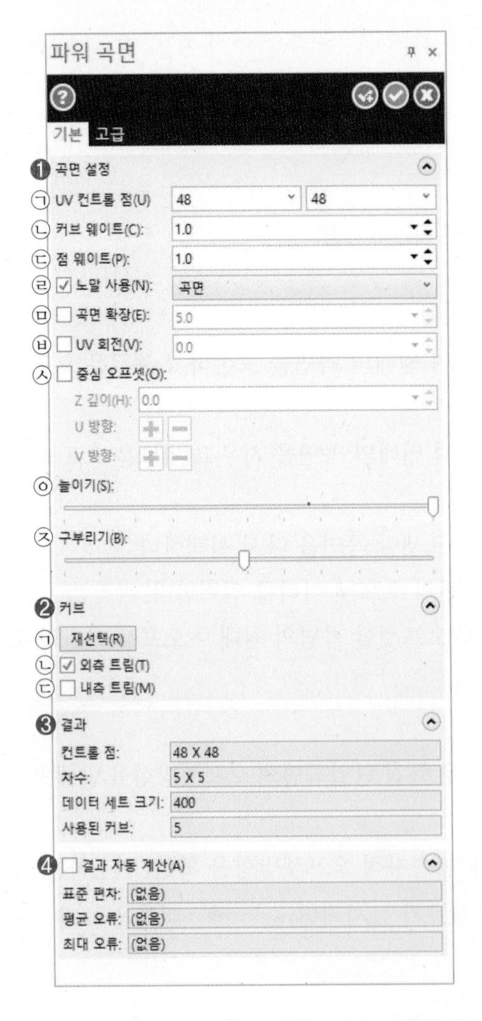

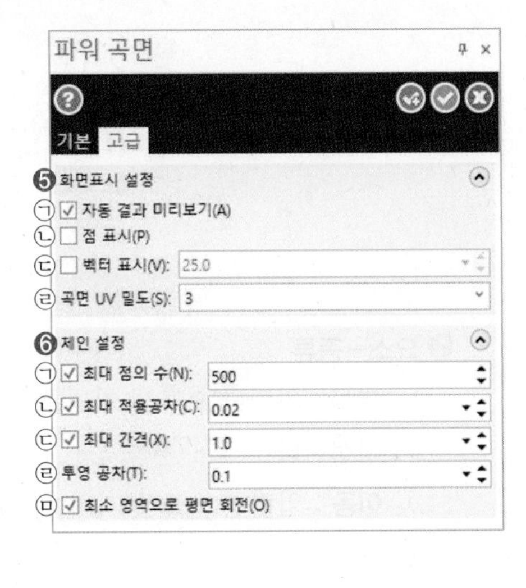

[파워 곡면 조건창]

❶ **곡면 설정**

㉠ **UV 컨트롤 점** : 곡면의 부드러움을 조절하기 위한 UV 그리드상의 점의 수를 입력한다. 높은 수의 컨트롤 점을 사용하면 곡면의 크기가 커지게 되며, 일반적으로 복잡한 곡면의 경우 높은 수의 컨트롤 점이 필요하다.

㉡ **커브 웨이트** : 곡면에 커브가 맞는 정도를 입력한다. 값이 낮을수록 곡면은 평면에 가까워지게 된다.

㉢ **점 웨이트** : 선택한 점이 곡면에 맞는 정도를 조절한다.

㉣ **노말 사용** : 새 곡면을 만들 때 주변 곡면 / 평면등 선택 조건에 따른 노말방향으로 곡면을 생성한다.

㉤ **곡면 확장** : 생성될 곡면의 확장 비율을 입력한다. 이 옵션은 '외측트림', '내측 트림' 조건이 해제된 경우에만 확인이 가능하다.

㉥ **UV 회전** : 생성될 곡면의 UV 그리드의 방향을 회전한다.

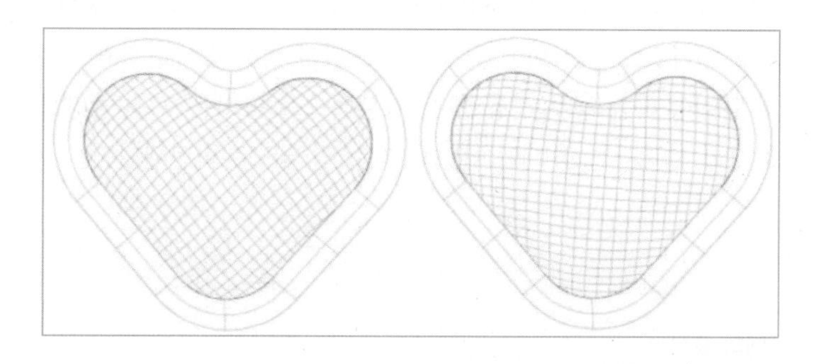

[UV 회전 : 45° 입력 시]

㉦ **중심 오프셋** : 생성된 곡면의 중심 위치 및 높이를 조절하여 곡면의 형태를 변형한다.

㉧ **늘이기** : 곡면의 코너를 제어하여 슬라이드 바를 이동시켜 코너를 완만하게 변형할 수 있다.

㉨ **구부리기** : 선택된 체인의 접합을 조절하여 곡면의 형태를 조절한다.

❷ **커브**

㉠ **재선택** : 이전 선택을 취소하고 커브를 다시 선택한다.

㉡ **외측 트림** : 선택된 커브의 외측 곡면부분을 트림한다.

㉢ **내측 트림** : 선택된 커브의 내측 부분을 트림한다.

❸ **결과** : 생성된 곡면의 컨트롤 점의 수, 차수(너브스 직선 및 폴리선은 1, 원은 2, 자유 형태의 커브는 3 또는 5로 표시), 데이터 세트의 크기(사용된 점의 최소 개수), 사용된 커브의 수 등의 결과치의 정보를 표시한다.

❹ **결과 자동 계산** : 선택된 체인의 곡면 결과를 자동으로 계산하여 표준편차, 평균 오류, 최대 오류치를 표시하며, 위의 값들을 확인하여 보다 정확한 곡면을 생성하는 데 도움을 준다.

❺ **화면표시 설정**

㉠ **자동 결과 미리보기** : 기능이 완료되기 전 생성될 곡면을 미리 표시하며 각종 조건의 변경 시에도 동시에 화면에 표시한다.

㉡ **점 표시** : 곡면 생성에 사용된 컨트롤 점을 화면에 표시한다.

㉢ **벡터 표시** : 사용된 커브상에 곡면의 벡터를 표시하며 입력한 값으로 벡터의 길이를 나타낸다.

㉣ **곡면 UV 밀도** : 셰이딩 되지 않은 상태에서 곡면에 표시되는 UV 그리드의 밀도를 조정한다. 높은 값일수록 표시되는 그리드의 간격이 조밀하다.

❻ **체인 설정**

㉠ **최대 점의 수** : 생성된 곡면의 컨트롤 점의 최대 수를 설정한다.

㉡ **최대 적용공차** : 커브에서 각 컨트롤 점이 떨어질 수 있는 최대 거리를 입력한다.

㉢ **최대 간격** : 컨트롤 점 사이의 최대 간격을 설정한다.

㉣ **투영 공차** : 각 커브의 점에서 곡면으로의 거리 한계를 설정한다.

㉤ **최소 영역으로 평면 회전** : UV 그리드를 수정해서 생성된 곡면과 선택된 체인을 더 정확히 맞춰야 하는 경우 사용한다. 기본적으로 평면은 WCS 방향으로 설정되어 있으며, 이 조건이 선택되면 평면인 체인의 최소 영역으로 회전된다.

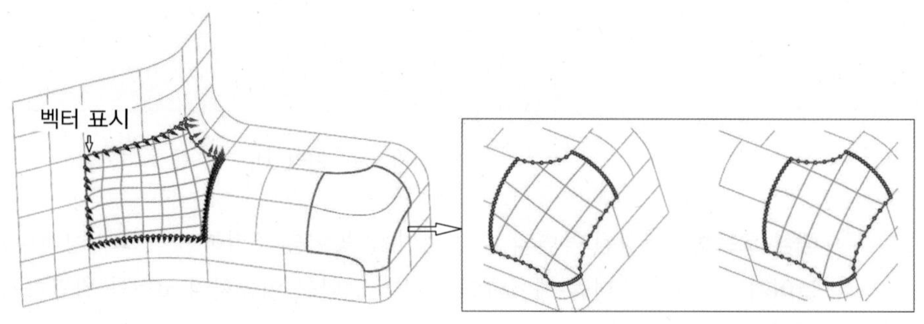

[파워 곡면]

3 곡면의 수정

(1) 곡면 트림

2차원에서의 트림 기능과 비슷한 기능으로 곡면을 트림하는 기능이다. 곡면을 트림하는 방법으로는 아래 그림과 같이 커브로 트림, 곡면으로 트림, 평면으로 트림 등이 있다.

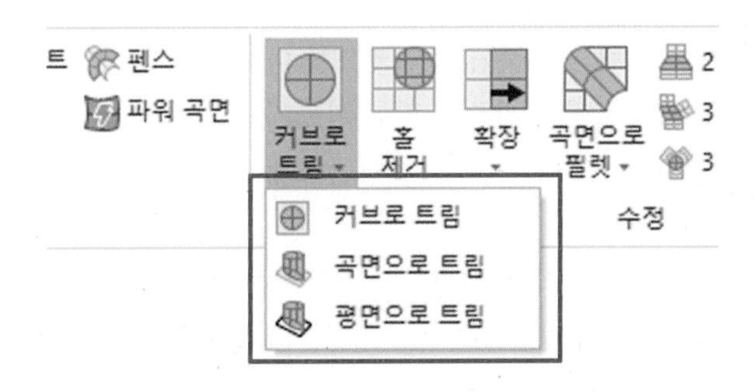

1) 커브로 트림

곡면도형을 커브(직선, 원호, 스플라인, 곡면 커브 등)를 기준으로 트림하는 기능이다. 커브가 곡면상에 있지 않은 경우에도 시스템이 자동으로 곡면에 커브를 투영하여 트림을 실행한다. 대상 곡면을 선택하고 경계가 될 커브를 선택하면 곡면에 남길 위치를 지정하라는 메시지가 표시된다. 곡면상에 나타난 화살표를 마우스로 움직여서 트림의 기준으로 선택한 커브 도형을 기준으로 곡면의 남겨질 부위의 위치 쪽으로 화살표를 이동시킨 후 선택하면 트림이 실행된다.

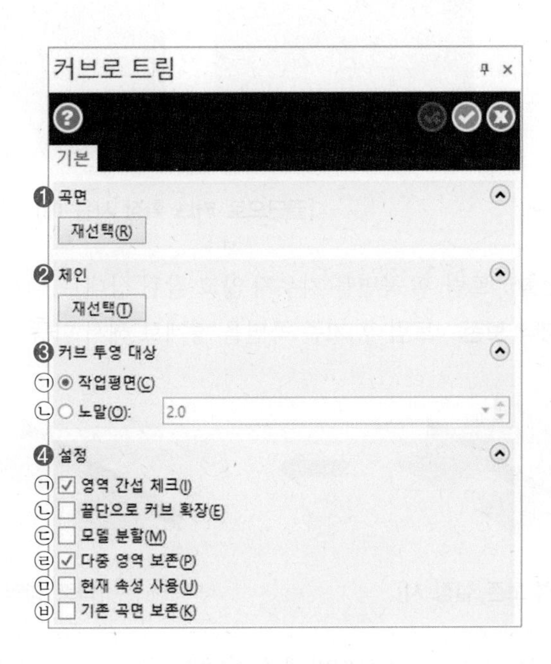

[커브로 트림 조건창]

❶ **곡면–재선택** : 트림될 곡면을 다시 선택할 수 있는 기능이다.

❷ **체인–재선택** : 트림의 기준이 되는 커브를 다시 선택할 수 있는 기능이다.

❸ **커브 투영 대상** : 트림의 기준이 되는 커브가 곡면상에 있지 않은 경우 커브를 곡면으로 투영하여 트림하게 된다. 이때 작업평면 또는 노말 두 가지의 조건으로 기준을 설정할 수 있다.

㉠ **작업평면** : 작업평면의 법선방향으로 트림하는 기능이다.

㉡ **노말** : 대상 곡면의 법선방향으로 트림을 실행하는 기능이다. 입력창에는 곡면으로부터 커브까지의 거리를 입력하며, 입력된 거리 안에 포함하는 커브에 대해서만 트림을 실행한다.

❹ **설정**

㉠ **영역 간섭 체크** : 트림 대상의 곡면영역에 대한 간섭을 체크하는 기능이다.

㉡ **끝단으로 커브 확장** : 트림의 기준이 되는 커브가 끝단을 지나지 않는 경우 커브를 자동으로 확장하여 트림하는 기능이다.

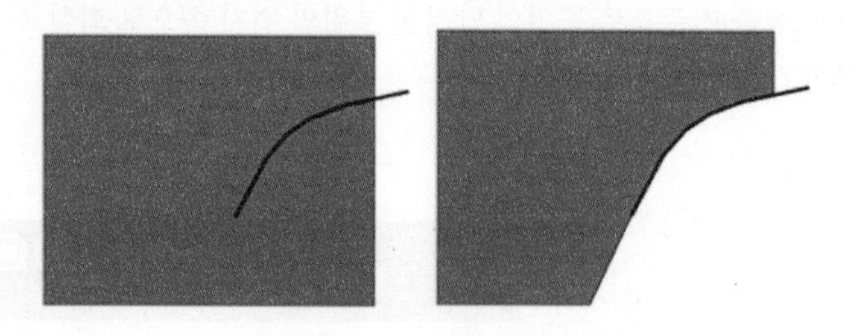

[끝단으로 커브 확장 사용 예]

㉢ **모델 분할** : 트림 후 곡면을 지우지 않고 잘린 상태로 남겨두는 기능이다.

㉣ **다중 영역 보존** : 트림 후 기준 곡면을 경계로 해서 다중 영역을 보존하는 기능이다.

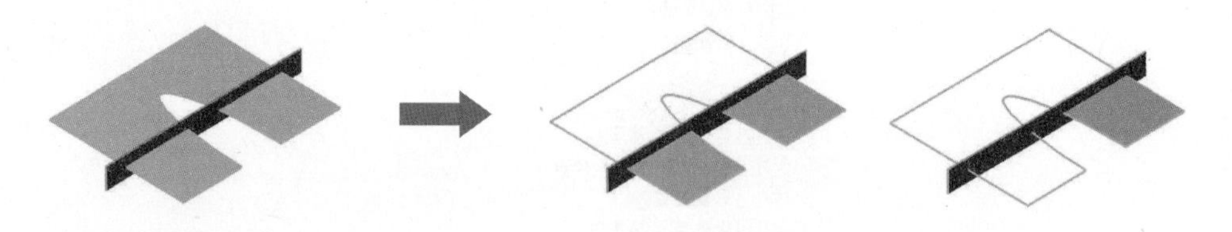

[다중 영역 보존 설정 시] **[다중 영역 보존 미설정 시]**

㉤ **현재 속성 사용** : 현재 상태바에 설정된 도형요소의 속성을 사용하는 기능이다.

㉥ **기존 곡면 보존** : 기존 곡면을 보존하는 기능이다.

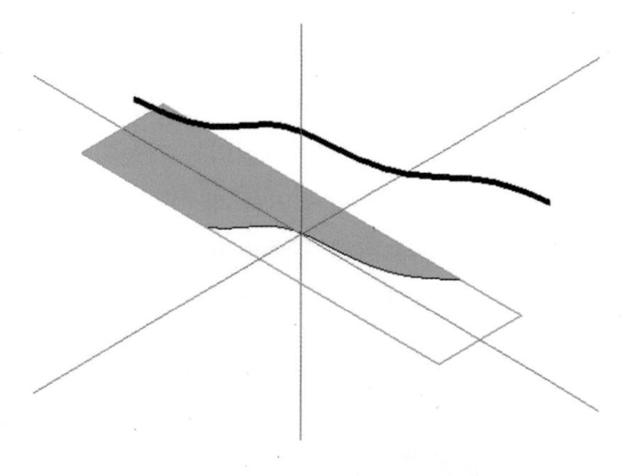

[커브로 트림의 예]

2) 곡면으로 트림

하나의 곡면과 이 곡면에 접하는 다른 곡면들과의 교차 위치를 기준으로 양쪽 곡면 모두를 트림하는 기능이다. 첫 번째 곡면들을 선택하고 두 번째 곡면들을 선택하면 화면에 남길 위치를 지정하라는 메시지가 표시된다. 작업화면에서 첫 번째 트림 대상 곡면을 선택한 후, 곡면상에 나타난 화살표를 마우스를 움직여 곡면의 남겨질 부위의 위치 쪽으로 이동시킨 다음 클릭한다. 계속해서 두 번째 트림 대상 곡면의 하나를 선택하여 첫 번째 곡면에서 실행한 과정을 동일하게 반복하면 트림이 실행된다.

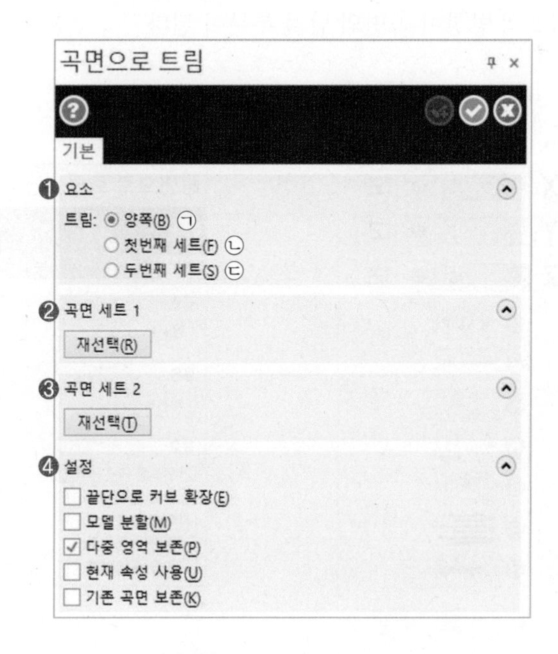

[곡면으로 트림 조건창]

❶ **요소-트림**

㉠ **양쪽** : 선택된 곡면 모두 트림하는 기능이다.

㉡ **첫 번째 세트** : 첫 번째 곡면만 트림하는 기능이다.

㉢ **두 번째 세트** : 두 번째 곡면만 트림하는 기능이다.

❷ **곡면 세트 1-재선택** : 첫 번째 곡면을 재선택하는 기능이다.

❸ **곡면 세트 2-재선택** : 두 번째 곡면을 재선택하는 기능이다.

❹ **설정** : 커브로 트림에서의 설정과 동일한 기능으로 여기서는 생략한다.

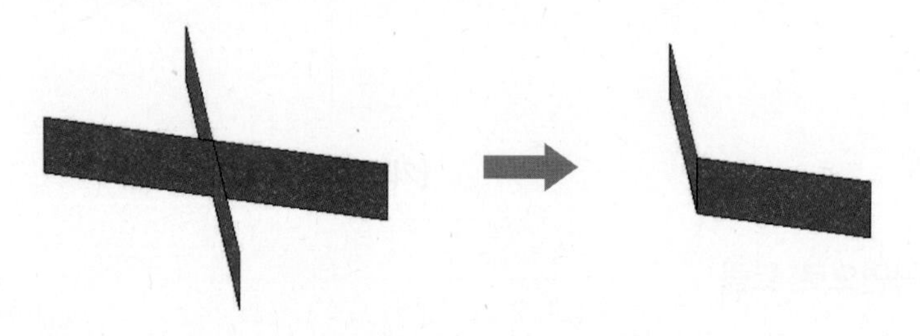

[곡면으로 트림 사용 예]

3) 평면으로 트림

하나 이상의 곡면을 특정 평면의 위치를 지정하여 지정된 평면의 위치와 곡면들의 교차점을 기준으로 트림하는 기능이다. 트림 대상 곡면을 선택하고 선택 완료 버튼을 누르면 기준 평면을 설정하는 창이 나타난다. 기준 평면을 설정하면 남길 위치를 선택하는데 화면에 표시된 화살표의 방향이 곡면의 남길 부분이 된다.

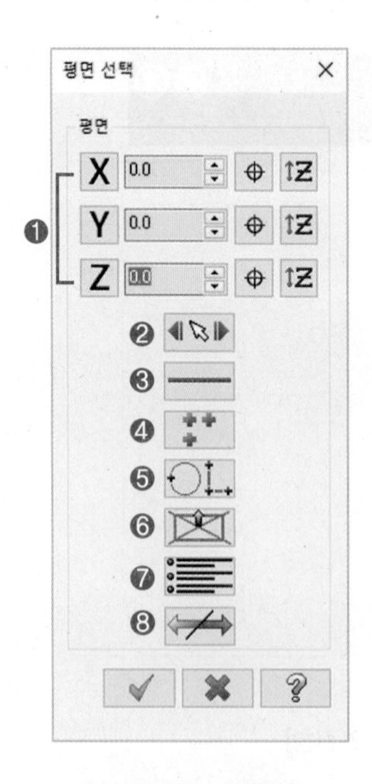

[평면 선택 조건창]

평면으로 트림
기본
곡면
재선택(R)
평면
재선택(T)
설정
언트림 곡면 삭제(D)
모델 분할(M)
다중 영역 보존(P)
현재 속성 사용(U)
기존 곡면 보존(K)

[평면으로 트림 조건창]

❶ : X, Y, Z 축 값을 입력하여 평면 위치를 지정하는 기능이다.

❷ : 다이내믹 지시침을 사용해 평면 위치를 지정하는 기능이다.

❸ : 선택한 직선 기준으로 평면 위치를 지정하는 기능이다.

❹ : 세 점을 선택하여 평면 위치를 지정하는 기능이다.

❺ : 도형요소를 선택하여 평면 위치를 지정하는 기능이다.

❻ : 선택한 직선에 수직한 평면 위치를 지정하는 기능이다.

❼ : 저장된 작업평면을 이용하여 평면 위치를 지정하는 기능이다.

❽ : 지정된 평면 위치의 역방향 설정 기능이다.

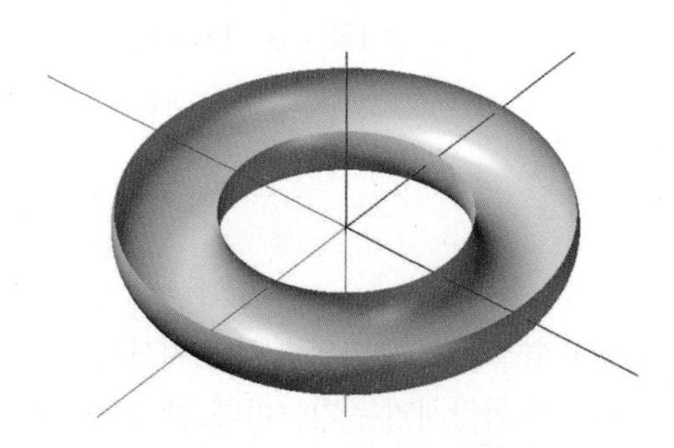

[평면으로 트림 사용 예]

(2) 홀 제거

홀 모양으로 트림된 부위를 트림 처리 이전의 곡면 상태로 복귀시키는 기능으로, 해당 부분은 새로운 곡면으로 생성된다.

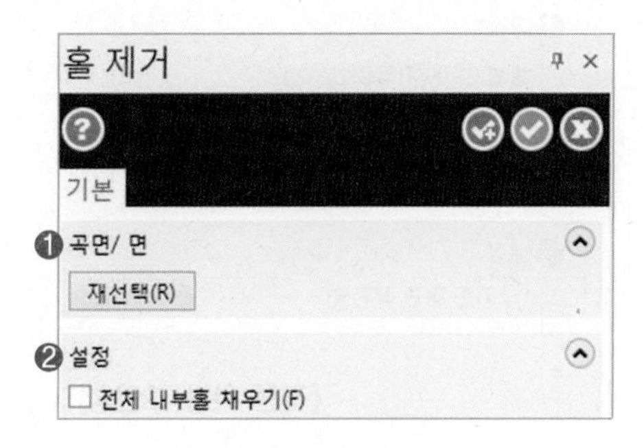

[홀 제거 조건창]

❶ **곡면 / 면 – 재선택** : 곡면 또는 면을 다시 선택하는 기능이다.

❷ **설정 – 전체 내부 홀 채우기** : 곡면 전체의 내부 홀을 채우는 기능이다.

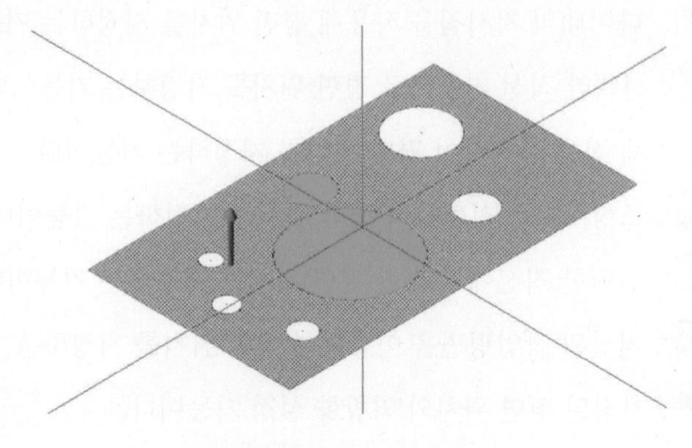

[곡면 홀 제거 사용 예]

(3) 곡면 확장

1) 확장

이미 생성된 곡면도형을 특정 평면의 특정 위치까지 또는 곡면도형의 한쪽 끝단을 기준으로 설정되는 길이만큼 확장시키는 기능이다. 대상 곡면을 선택하고 생성된 화살표를 확장시킬 위치로 움직여 마우스 왼쪽 버튼을 클릭한다. 클릭한 후 조건창에 입력하는 정보에 따라 곡면을 확장시킬 수 있다.

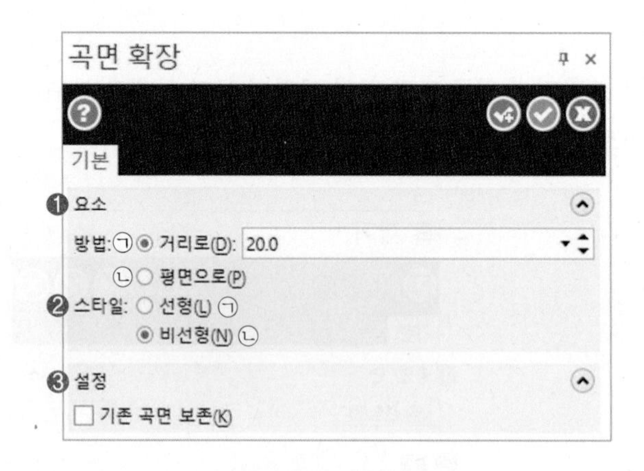

[곡면 확장 조건창]

❶ **요소 – 방법**

㉠ **거리로** : 입력한 거리값으로 곡면을 확장할 수 있는 기능이다.

㉡ **평면으로** : 평면을 기준으로 곡면을 확장할 수 있는 기능이다.

❷ **스타일**

㉠ **선형** : 직선 형태로 곡면을 확장하는 기능이다.

㉡ **비선형** : 곡면의 곡률을 따라 곡면을 확장하는 기능이다.

❸ **설정－기존 곡면 보존** : 기존 곡면을 보존하는 기능이다.

2) 트림된 끝단 확장

곡면 확장과 비슷한 기능으로 트림된 곡면이나 언트림된 곡면의 끝단을 확장할 수 있으며 사용방법은 곡면 확장과 동일하다.

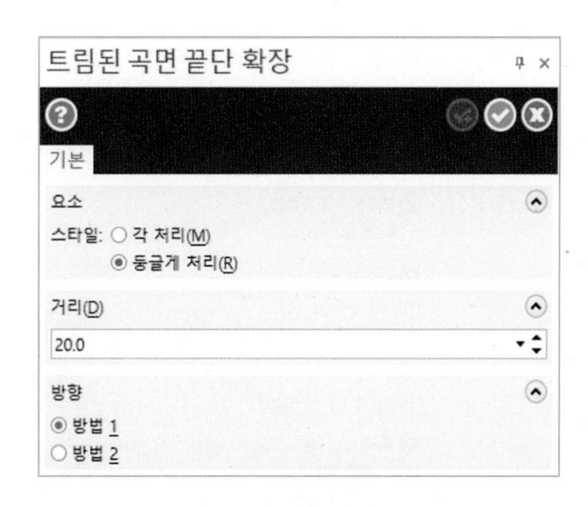

[트림된 곡면 끝단 확장 조건창]

(4) 곡면 필렛

2차원 도형요소의 필렛(두 요소 간에 R 생성)과 같이 곡면 도형요소를 다른 곡면, 평면 또는 커브를 기준으로 필렛시켜 R값을 갖는 새로운 필렛 곡면을 생성할 수 있다. 또한, 필렛 처리 대상 곡면으로 여러 개의 곡면들을 선택하여 이 곡면들에 대한 필렛 곡면을 한 번의 실행으로 생성할 수도 있고, 필렛 처리 위치에 따라 생성될 필렛 곡면의 R값을 다르게 설정하여 가변 필렛 곡면을 생성할 수도 있다.

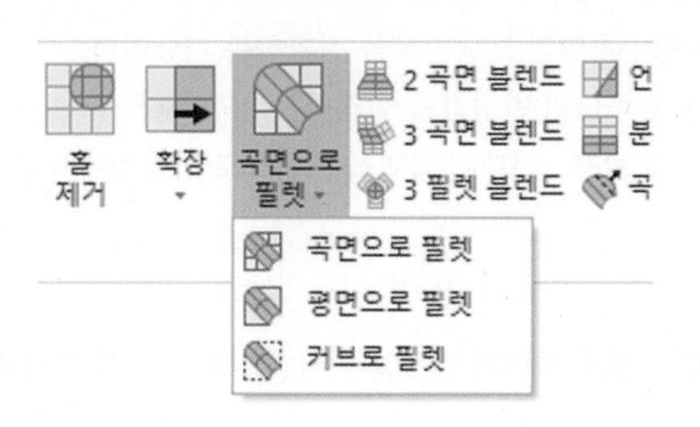

1) 곡면으로 필렛

교차하는 하나 또는 여러 개의 곡면에 대하여 필렛 곡면을 생성시키는 기능이다.

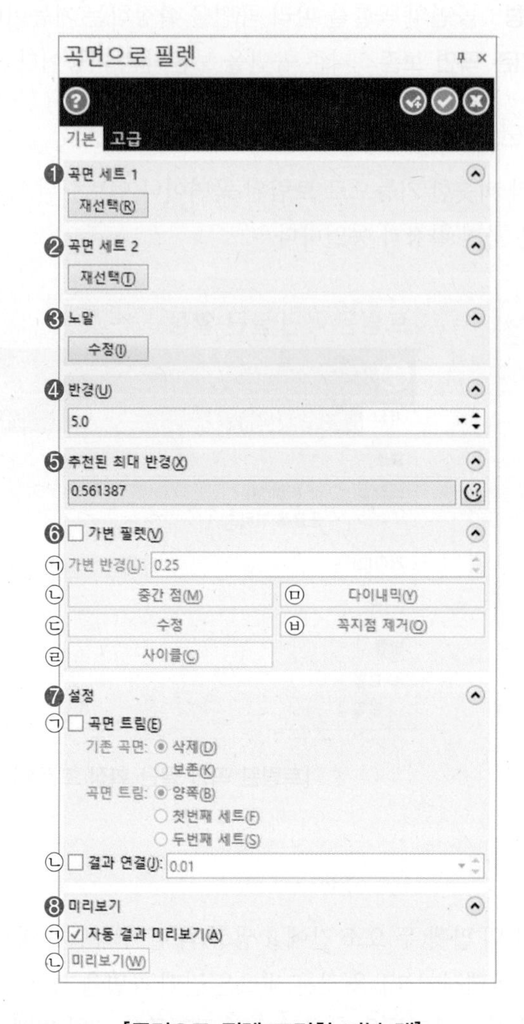

[곡면으로 필렛 조건창 기본 탭]

❶ **곡면 세트 1－재선택** : 첫 번째 곡면을 재선택하는 기능이다.

❷ **곡면 세트 2－재선택** : 두 번째 곡면을 재선택하는 기능이다.

❸ **노말－수정** : 곡면의 노말방향을 전환하는 기능이다.

❹ **반경** : 필렛 곡면의 반경값을 설정하는 기능이다.

❺ **추천된 최대 반경** : 선택된 곡면을 기준으로 시스템에서 추천하는 반경값을 표시하는 기능이다.

반경 측정 : 추천된 최대 반경을 다시 연산하는 기능이다.

❻ **가변 필렛** : 필렛 곡면의 반경을 위치에 따라 다르게 설정해 가변 필렛 곡면을 생성하는 기능이다.

㉠ **가변 반경** : 생성된 필렛 곡면상의 위치에 적용될 반경값을 입력하는 기능이다.

㉡ **중간점** : 생성된 필렛 곡면에서 두 반경 위치를 선택해 두 위치의 중간점에 가변 필렛을 생성하는 기능이다.

㉢ **수정** : 필렛 곡면상의 반경 위치를 선택하고 해당 위치의 필렛 반경을 수정하는 기능이다.

㉣ **사이클** : 필렛 곡면상의 반경 위치를 하나씩 확인하며 필렛 반경을 확인 및 수정하는 기능이다.

㉤ **다이내믹** : 필렛 곡면의 중심 커브를 선택하고 원하는 위치를 선택해 가변 필렛을 생성하는 기능이다.

㉥ **꼭지점 제거** : 필렛 곡면의 양끝 위치를 제외한 반경 위치를 제거하는 기능이다.

❼ **설정**

㉠ **곡면 트림** : 생성된 필렛 곡면을 기준으로 기존 곡면을 트림하는 기능. 삭제 또는 보존을 선택해 트림된 곡면을 삭제하거나 유지시킬 수 있다. 또한, 양쪽, 첫 번째 세트, 두 번째 세트 옵션을 사용해 트림 작업의 대상이 될 곡면을 지정할 수 있다.

㉡ **결과 연결** : 끝단이 떨어져 있는 필렛 곡면을 하나의 곡면으로 연결시키는 기능. 연결될 수 있는 끝단 사이의 최대 거리를 입력해 필렛 곡면을 하나로 연결시킬 수 있다.

❽ **미리보기**

㉠ **자동 결과 미리보기** : 곡면으로 필렛 기능의 옵션을 변경할 때 실시간으로 작업화면에 결과를 미리 보여주는 기능이다.

㉡ **미리보기** : 자동 결과 미리보기 기능이 해제된 경우에만 활성화된다. 곡면으로 필렛 기능의 옵션을 변경한 후 이 버튼을 클릭하면 작업화면에서 결과를 미리 볼 수 있다.

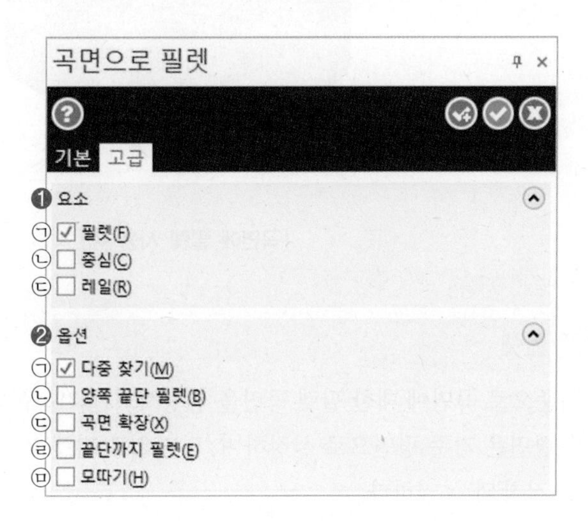

[곡면으로 필렛 조건창의 고급 탭]

❶ 요소

㉠ **필렛** : 필렛 곡면을 생성하는 기능이다.

㉡ **중심** : 필렛 곡면의 중심점 위치를 연결하는 커브를 생성하는 기능이다.

㉢ **레일** : 필렛 곡면의 양쪽 끝단(대상 곡면들에 접하는 끝단) 형태에 따라 직선, 원호 또는 스플라인 도형을 생성하는 기능이다.

❷ 옵션

㉠ **다중 찾기** : 필렛 곡면 생성 시 시스템에서 실행 가능한 모든 방법으로 계산하여 필렛을 실행하는 기능으로, 일반적인 경우 사용하지 않는 것이 좋다.

㉡ **양쪽 끝단 필렛** : 곡면의 노말방향뿐만 아니라 양쪽 모든 방향으로 곡면을 생성한다.

㉢ **곡면 확장** : 교차하는 양방향 곡면들의 길이가 차이나는 경우 이 항목을 선택하면 길이가 긴 쪽의 곡면위치까지 필렛 곡면이 확장되어 생성되며, 항목을 선택하지 않은 경우 대상 곡면들의 길이가 짧은 곡면 위치까지만 생성된다.

㉣ **끝단까지 필렛** : 두 곡면 세트의 끝이 일치하지 않는 경우 한 곡면의 끝단까지만 필렛하는 기능이다.

㉤ **모따기** : 필렛이 아닌 모따기 형상을 만드는 기능이다.

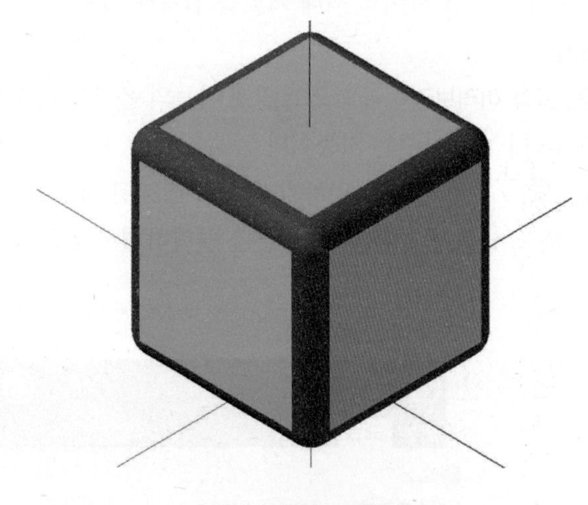

[곡면에 필렛 사용 예]

2) 평면으로 필렛

평면을 기준으로 곡면에 대한 필렛 곡면을 생성시키는 기능이다. 아래의 평면으로 필렛 조건창에서 평면은 기준 평면으로 설정하며, 평면으로 필렛 조건창에서의 조작법은 '곡면으로 필렛 조건창'과 동일하다.

✎ 메뉴 설명은 '곡면으로 필렛'과 동일하므로 생략한다.

[평면으로 필렛 조건창]

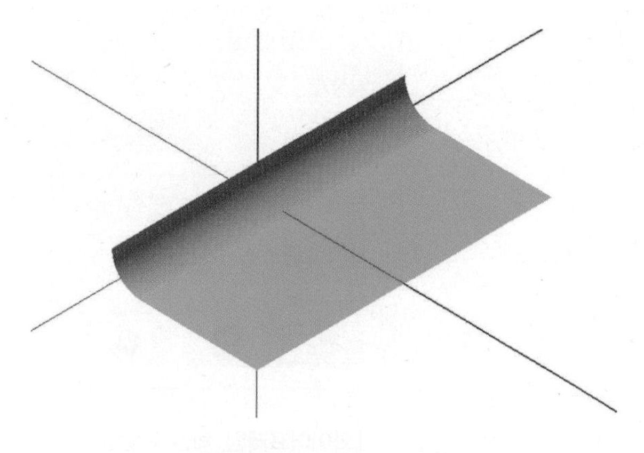

[평면으로 필렛 사용 예]

3) 커브로 필렛

커브를 기준으로 곡면에 대한 필렛 곡면을 생성시키는 기능이다. 아래의 와이어프레임 체인 작업창에서 기준 커브를 지정하고 커브로 필렛 조건창에서 '곡면으로 필렛'과 동일한 방법으로 옵션을 설정한다.

✎ 메뉴 설명은 '곡면으로 필렛'과 동일하므로 생략한다.

[와이어프레임 체인 작업창]

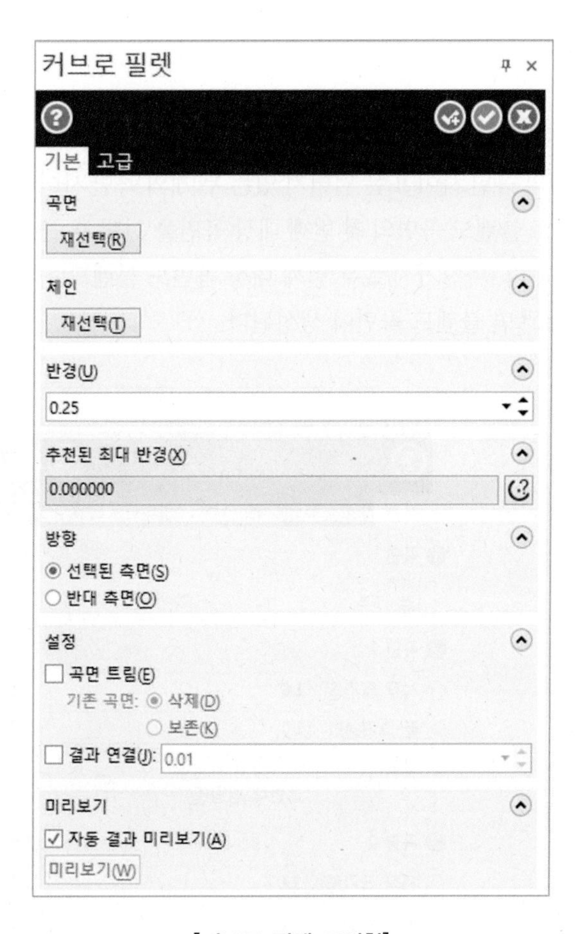

[커브로 필렛 조건창]

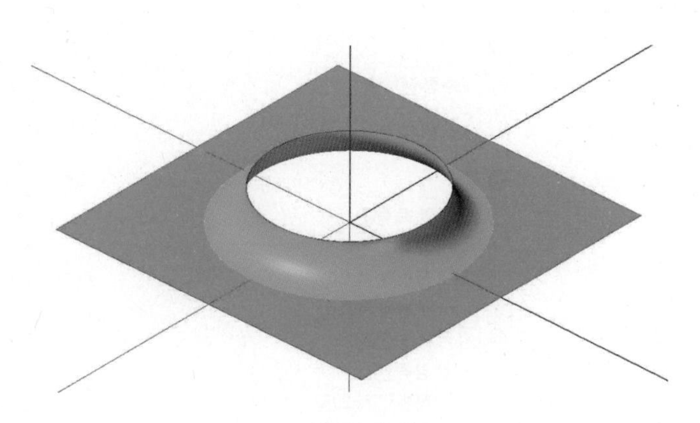

[커브로 필렛 사용 예]

(5) 블렌드

1) 2 곡면 블렌드

접하는 두 개의 곡면 사이 또는 떨어져 있는 두 개의 곡면 사이에 새로운 블렌드 곡면을 생성하는 기능으로 블렌드 곡면의 첫 번째 대상 곡면을 선택 후 블렌드 곡면이 생성될 위치를 마우스로 지정한다. 마찬가지로 두 번째 대상 곡면도 블렌드 곡면이 생성될 위치를 설정하고 Enter 키를 누르면 블렌드 곡면이 생성된다.

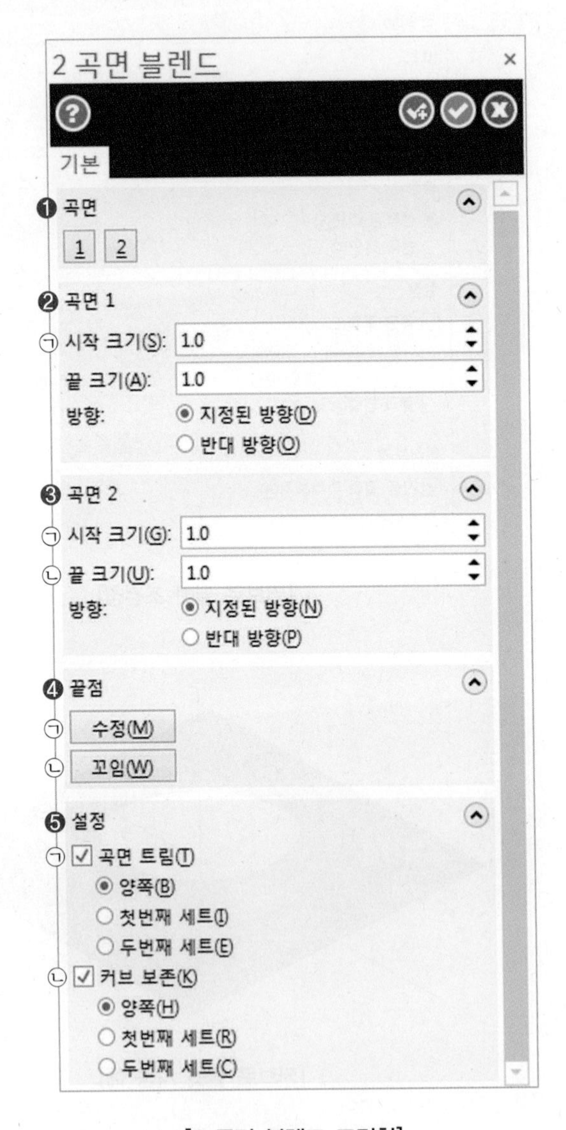

[2 곡면 블렌드 조건창]

❶ **곡면**

㉠ 1 : 첫 번째 대상 곡면을 다시 선택하는 기능이다.

㉡ 2 : 두 번째 대상 곡면을 다시 선택하는 기능이다.

❷ **곡면 1**

㉠ **시작 / 끝 크기** : 선택한 첫 번째 곡면 곡률에 영향을 주고 지정된 참고 스플라인의 시작점과 끝점에 크기를 설정하는 기능이다.

❸ **곡면 2**

㉠ **시작 / 끝 크기** : 선택한 두 번째 곡면 곡률에 영향을 주고 지정된 참고 스플라인의 시작점과 끝점에 크기를 설정하는 기능이다.

㉡ **방향** : 생성될 블렌드 곡면방향을 평행 또는 법선방향으로 설정하는 기능이다.

❹ **끝점**

㉠ **수정** : 블렌드 곡면 생성 끝단을 수정하는 기능이다.

㉡ **꼬임** : 곡면의 꼬임을 전환시키는 기능이다.

❺ **설정**

㉠ **곡면 트림** : 블렌드 곡면 생성 시 대상 곡면들에 대한 트림 처리를 설정하는 기능이다.

- 양쪽 : 첫 번째, 두 번째 대상 곡면 모두 트림하는 기능이다.
- 첫 번째 세트 : 선택된 첫 번째 대상 곡면만 트림하는 기능이다.
- 두 번째 세트 : 선택된 두 번째 대상 곡면만 트림하는 기능이다.

㉡ **커브 보존** : 블렌드 곡면 생성 시 대상 곡면의 끝단에 스플라인의 생성 여부를 설정하는 기능이다.

- 양쪽 : 첫 번째, 두 번째 대상 곡면에 끝단 스플라인을 생성하는 기능이다.
- 첫 번째 세트 : 선택된 첫 번째 대상 곡면에 끝단 스플라인을 생성하는 기능이다.
- 두 번째 세트 : 선택된 두 번째 대상 곡면에 끝단 스플라인을 생성하는 기능이다.

[2 곡면 블렌드 사용 예]

2) 3 곡면 블렌드

접하는 세 개의 곡면 사이 또는 떨어져 있는 세 개의 곡면 사이에 새로운 블렌드 곡면을 생성하는 기능이다.

✐ 생성방법과 조건 설정방법은 '2 곡면 블렌드'와 동일하므로 생략한다.

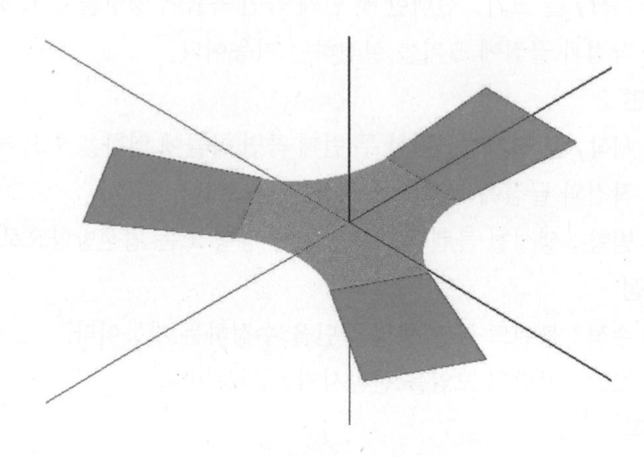

[3 곡면 블렌드 사용 예]

3) 3 필렛 블렌드

접하는 세 개의 대상 곡면에 블렌드 곡면을 생성하는 기능이다. 3 곡면 블렌드와 마찬가지로 3개의 곡면을 선택하면 필렛 블렌드 곡면이 생성된다.

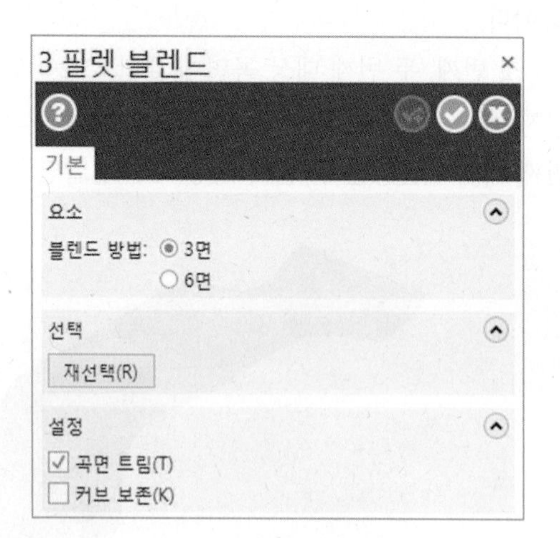

[3 필렛 블렌드 조건창]

3면 설정 시와 6면 설정 시 차이는 아래 그림과 같다.

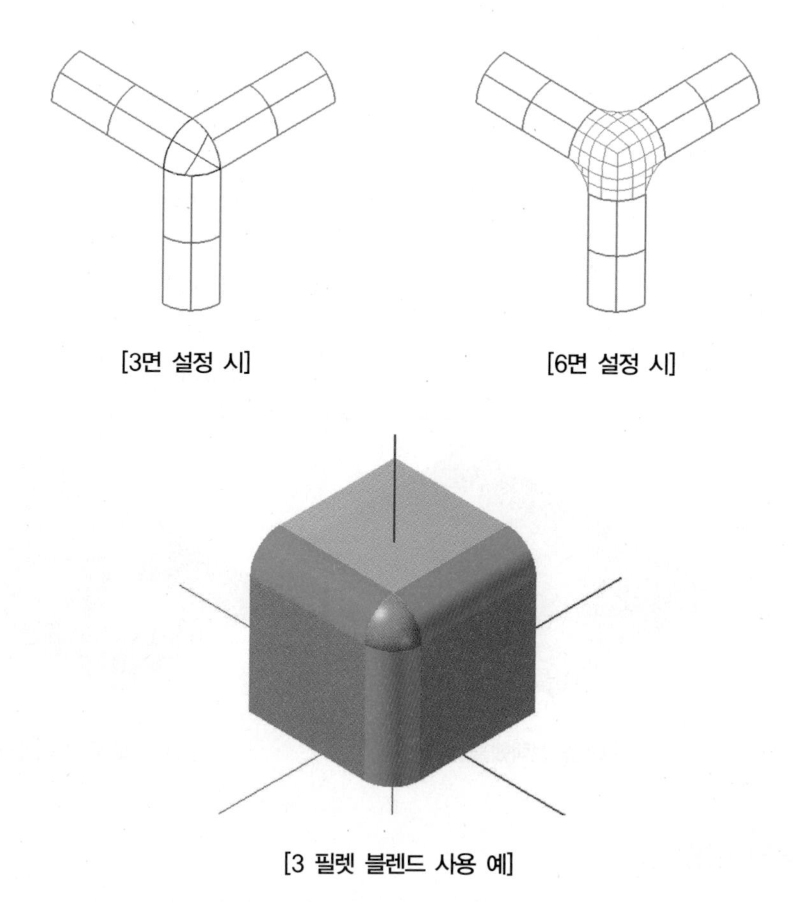

[3면 설정 시] [6면 설정 시]

[3 필렛 블렌드 사용 예]

(6) 곡면 언트림

1) 언트림

특정 작업 실행 직후 실행된 작업을 취소하는 'UNDO' 기능과 달리 곡면을 트림한 후, 다른 작업을 실행한 상태에서 트림된 곡면을 트림 이전의 곡면 상태로 복귀시키는 기능이다.

[곡면 언트림 조건창]

2) 트림 곡면 외곽 삭제

곡면 홀 제거와 비슷한 기능으로, 차이점은 새로운 곡면을 생성하는 것이 아니라 기존에 선택된 곡면의 트림된 윤곽이 채워지는 곡면을 생성한다. 곡면 생성방법은 홀 제거와 동일하다.

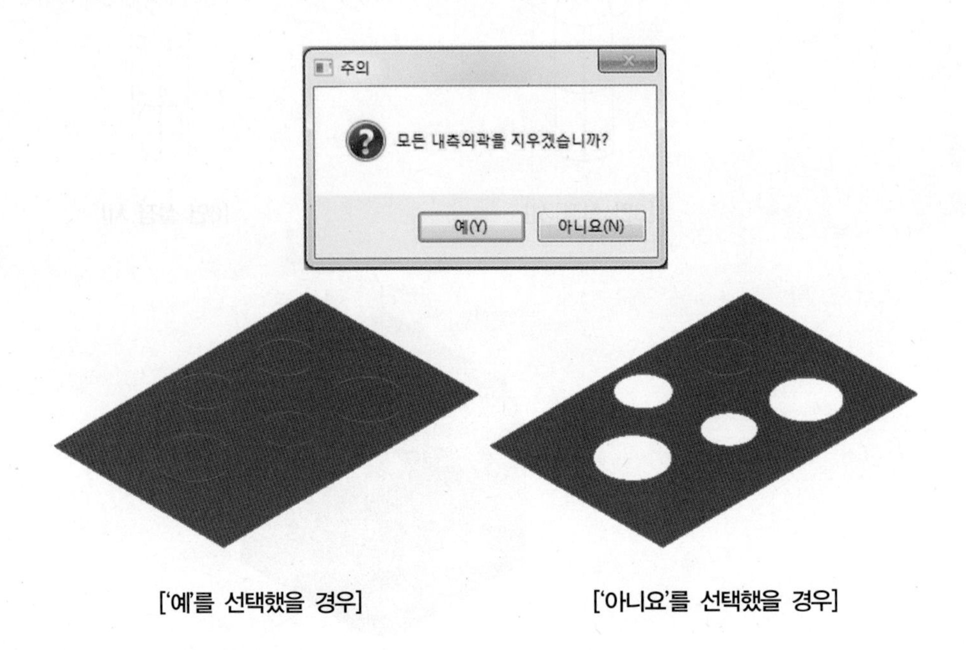

['예'를 선택했을 경우] ['아니요'를 선택했을 경우]

(7) 곡면 분할

2등분 대상이 될 곡면도형을 선택하면 곡면도형상에 화살표가 나타나는데 마우스를 움직여서 나타난 화살표를 곡면도형이 2등분될 위치로 이동시킨 후, 마우스 왼쪽 버튼을 클릭하면 곡면이 2등분으로 분할된다.

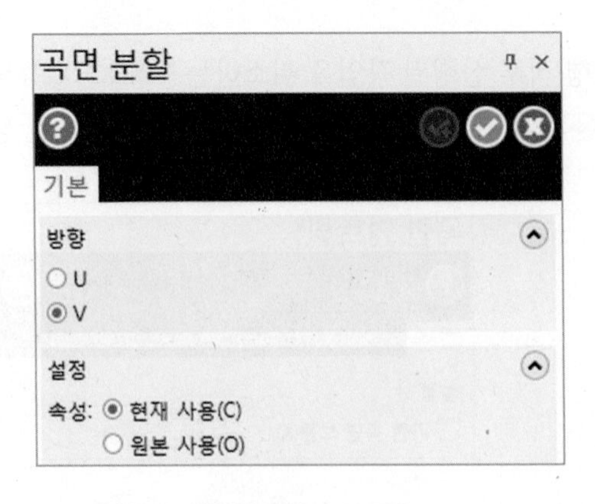

[곡면 분할 조건창]

(8) 곡면 수정

생성된 기존의 곡면을 노드 점, 컨트롤 점, 아이소 커브를 이용하여 수정하는 기능이다.

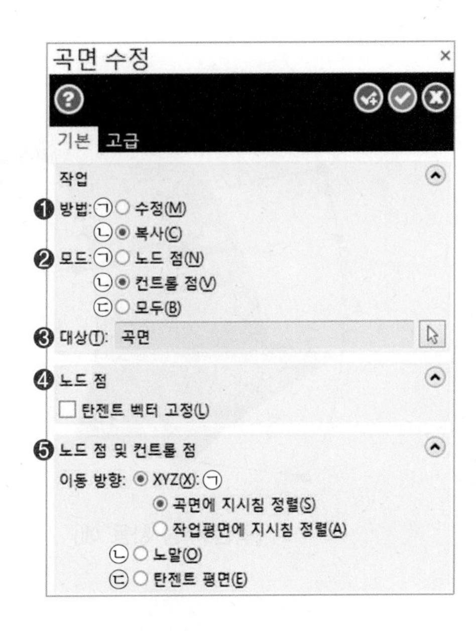

[곡면 수정 조건창]

❶ **방법**

㉠ **수정** : 선택한 곡면을 수정하는 기능이다.

㉡ **복사** : 기존의 원본 곡면을 유지하며, 선택한 곡면에 사본을 수정하는 기능 모드이다.

❷ **모드**

㉠ **노드 점** : 선택한 곡면의 노드 점과 아이소 커브를 표시하며, 지시침의 위치를 이동하여 곡률을 수정하는 기능이다.

㉡ **컨트롤 점** : 선택한 곡면의 컨트롤 점을 표시하며, 지시침의 위치를 이동하여 곡률을 수정하는 기능이다.

㉢ **모두** : 곡면의 노드 점, 컨트롤 점, 아이소 커브를 표시하며, 지시침의 위치를 이동하여 곡률을 수정하는 기능이다.

❸ **대상-곡면** : 작업화면 내 수정할 곡면을 선택하는 기능이다.

❹ **노드 점-탄젠트 벡터 고정** : 탄젠트 벡터가 회전하지 않도록 고정하는 기능이다.

❺ **노드 점 및 컨트롤 점**

㉠ **XYZ** : 노드 점, 컨트롤 점, 아이소 커브를 이용해 X, Y, Z축 방향을 따라 위치를 이동한다.

- 곡면에 지시침 정렬 : 지시침을 곡면에 노말방향으로 정렬하는 기능이다.
- 작업평면에 지시침 정렬 : 지시침을 현재 작업평면에 노말방향으로 정렬하는 기능이다.

㉡ **노말** : 노드 점, 아이소 커브를 이용해 노말 벡터방향으로 위치 이동한다.

㉢ **탄젠트 평면** : 노드 점, 아이소 커브를 이용해 탄젠트 벡터를 회전시키는 기능이다.

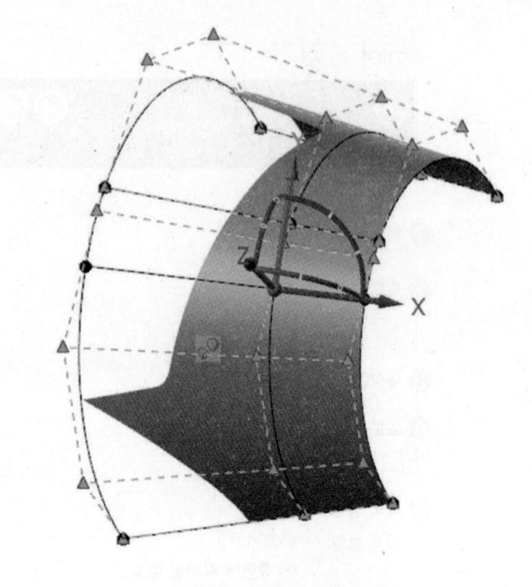

[곡면 수정 사용 예]

4 면방향

작업화면 내에 있는 곡면의 UV방향을 다양한 방법으로 변경할 수 있는 기능이다.

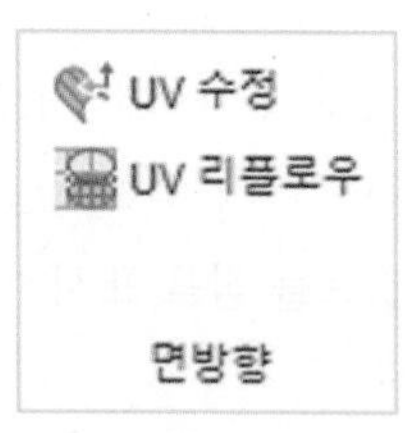

(1) UV 수정

작업화면 내에 있는 곡면의 면방향을 수정하는 기능이다. 기능을 실행한 후 면방향을 수정할 곡면을 선택하면 각 곡면의 면방향을 나타내는 가상의 선과 U방향 및 V방향 지시침이 나타난다. 이후 지시침을 클릭하거나 조건창의 버튼을 사용해 곡면의 면방향을 수정할 수 있다.

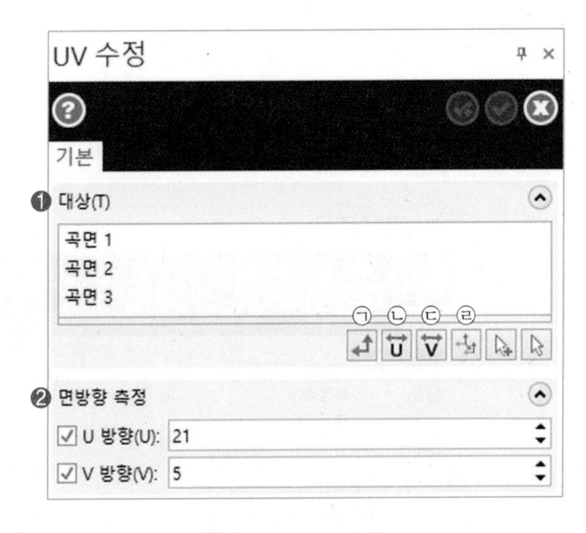

[UV 수정 조건창]

❶ **대상** : 선택된 곡면의 목록

㉠ **UV방향 전환** : 선택된 곡면의 U방향과 V방향을 전환하는 기능이다.

㉡ **U역방향** : 선택된 곡면의 U방향을 전환하는 기능이다.

㉢ **V역방향** : 선택된 곡면의 V방향을 전환하는 기능이다.

㉣ **UV방향 일치** : 기준이 될 곡면을 선택해 다른 곡면의 면방향을 기준 곡면의 면방향과 일치시키는 기능이다.

❷ **면방향 측정**

㉠ **U방향** : 곡면의 U방향 면방향에 대한 가상선의 개수를 설정하고 화면에 표시하는 기능이다.

㉡ **V방향** : 곡면의 U방향 면방향에 대한 가상선의 개수를 설정하고 화면에 표시하는 기능이다.

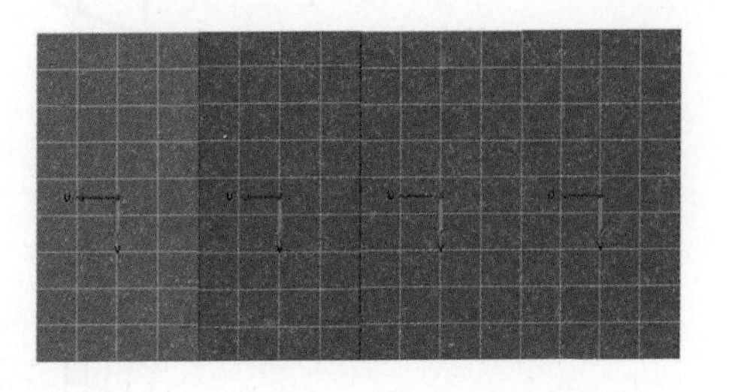

[UV 수정 사용 예]

(2) UV 리플로우

작업화면 내에 있는 곡면의 면방향을 다시 설정하는 기능이다. 면방향을 다시 설정할 곡면을 선택하고 회전각도를 설정하거나 윤곽 커브를 선택해 조건에 맞춰 면방향을 재설정한다.

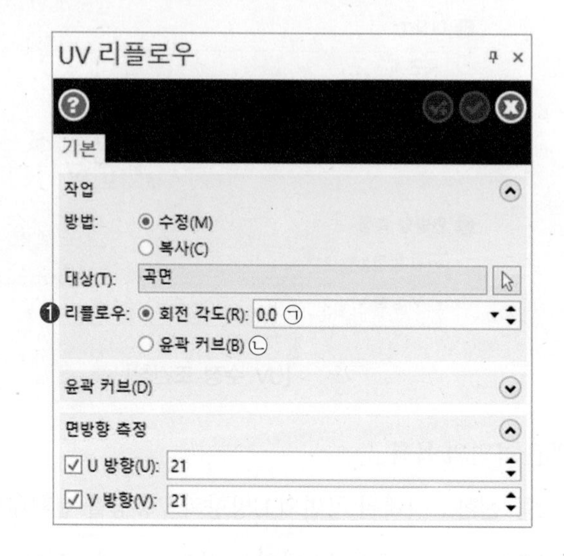

[UV 리플로우 조건창]

❶ **리플로우**

㉠ **회전각도** : 선택한 곡면의 면방향을 지정한 각도로 회전시키는 기능이다.

㉡ **윤곽 커브** : 선택한 곡면의 면방향을 선택한 윤곽 커브에 맞춰 다시 생성하는 기능이다.

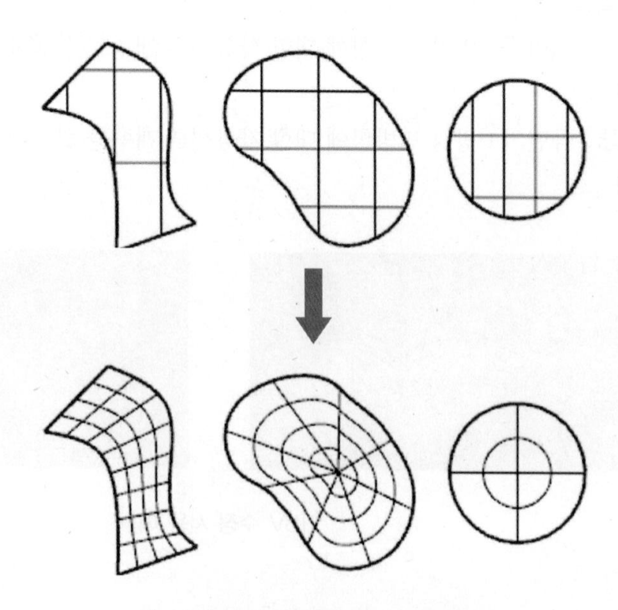

[UV 리플로우의 윤곽 커브 사용 예]

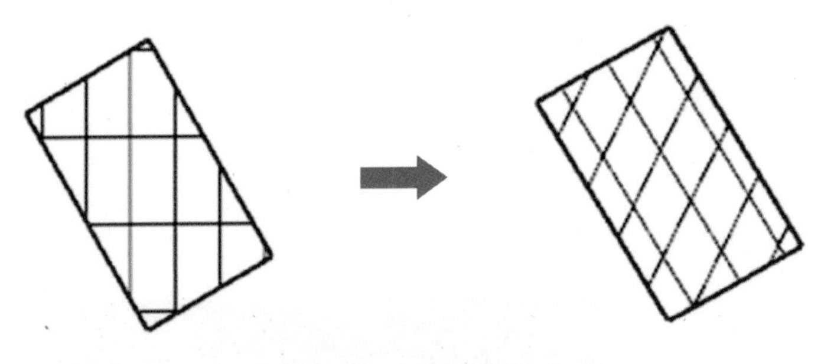

[UV 리플로우의 회전각도 사용 예]

5 노말방향

작업화면 내에 있는 곡면의 노말방향을 다양한 방법으로 변경할 수 있는 기능이다.

변경
설정
방향

(1) 변경

작업화면 내에 있는 곡면 1개의 노말방향을 변경하는 기능이다. 기능을 실행한 후 방향 변경을 원하는 곡면을 선택하면 노말방향이 바뀌게 된다. 다시 한 번 클릭하면 다시 반대방향으로 바뀐다.

노말방향을 전환할 곡면을 선택하시오

[노말방향 변경 사용 예]

(2) 설정

작업화면 내에 있는 다수 곡면의 노말방향을 사용자가 원하는 한 방향으로 변경할 수 있는 기능이다.

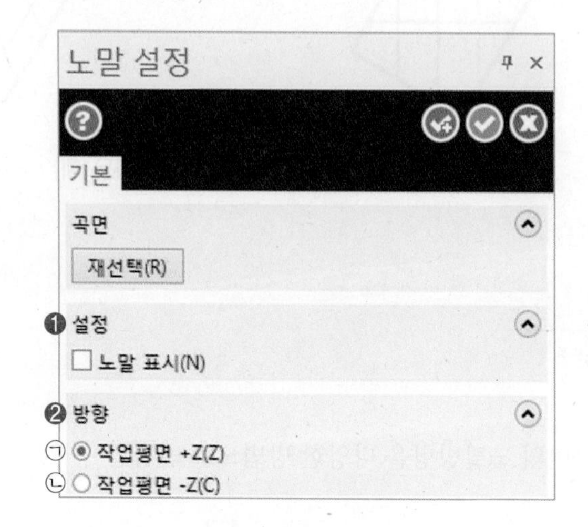

[노말 설정 조건창]

❶ **설정-노말 표시** : 항목을 선택하면 곡면의 노말방향을 표시해 준다.

❷ **방향**

㉠ **작업평면 +Z** : 항목을 선택하면 선택된 다수 곡면의 노말방향이 +Z방향으로 변경된다.

㉡ **작업평면 -Z** : 항목을 선택하면 선택된 다수 곡면의 노말방향이 -Z방향으로 변경된다.

[노말 설정 사용 예]

(3) 방향

작업화면 내에 있는 다수 곡면의 노말방향을 반대방향으로 변경할 수 있는 기능이다.

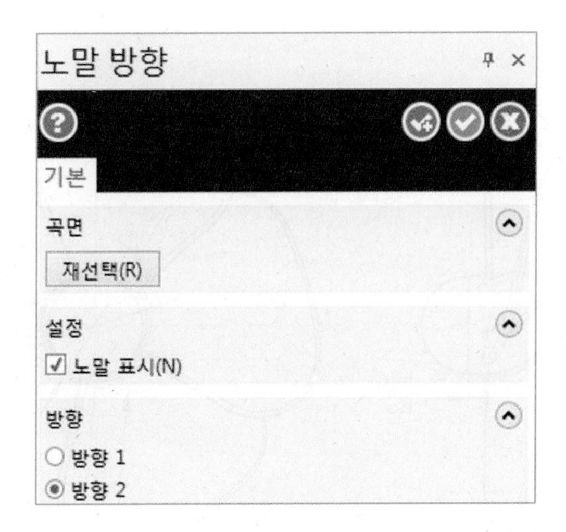

[노말방향 조건창]

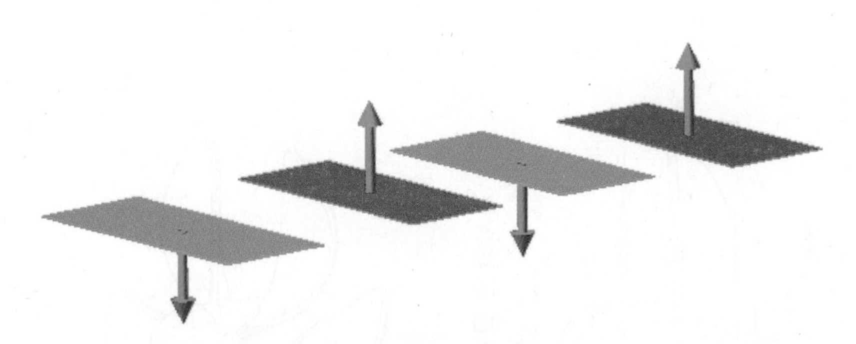

[노말방향 사용 예]

6 곡면 모델링 예제 : 프로펠러

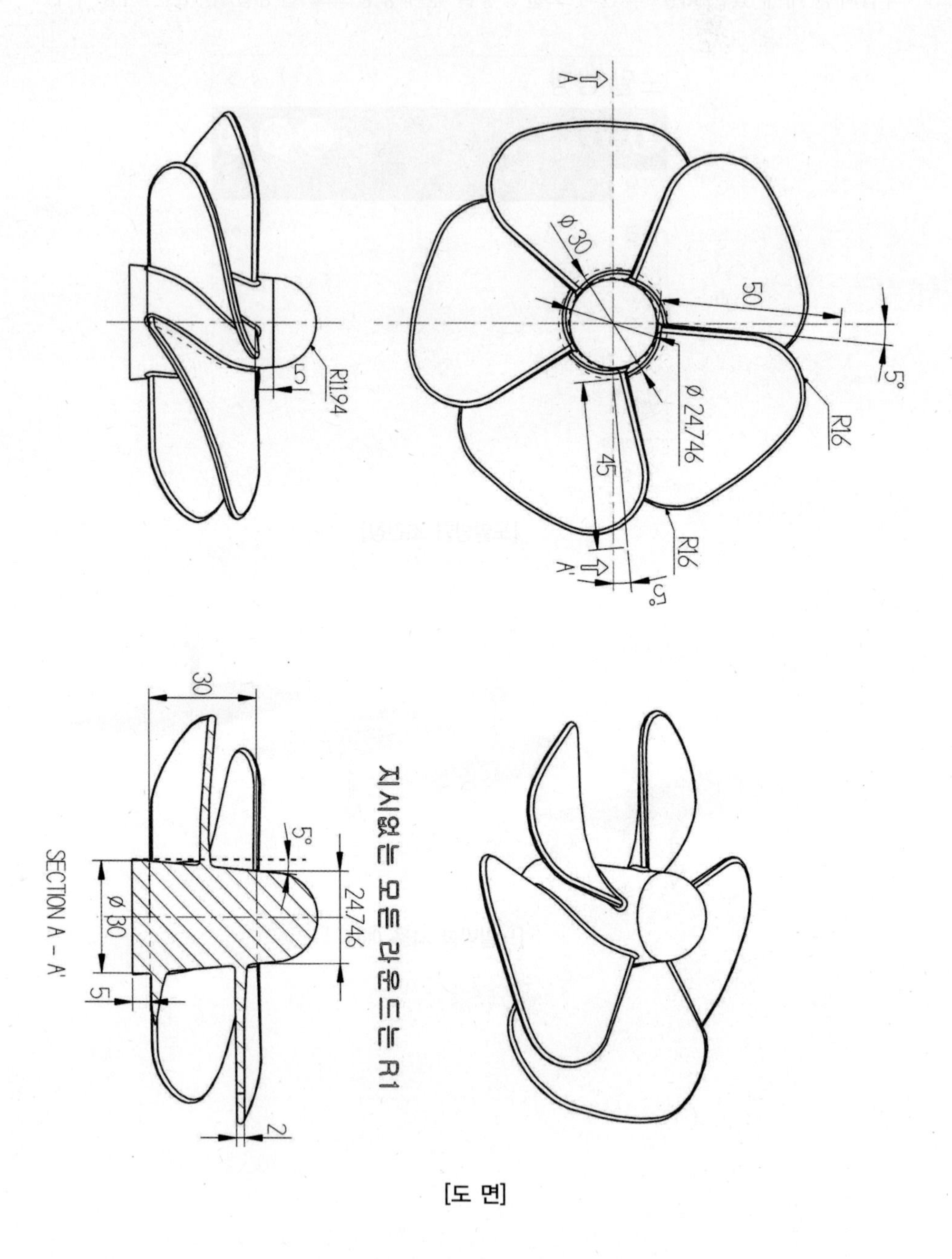

[도 면]

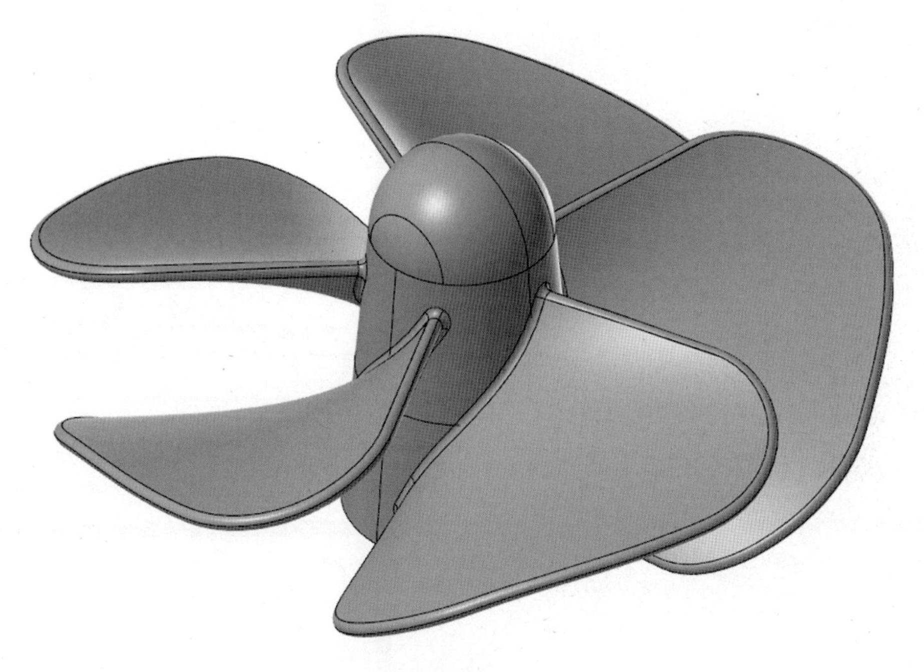

[모델링]

동영상 바로가기 QR code

해답의 참조는 동영상으로 작성했으며 아래의 링크 또는 QR코드로 접속하면 볼 수 있습니다.
(QR코드 어플은 Play Store 혹은 App Store에서 다운로드 후 이용 가능)

동영상 URL : https://youtu.be/HwU5OFh6ipc

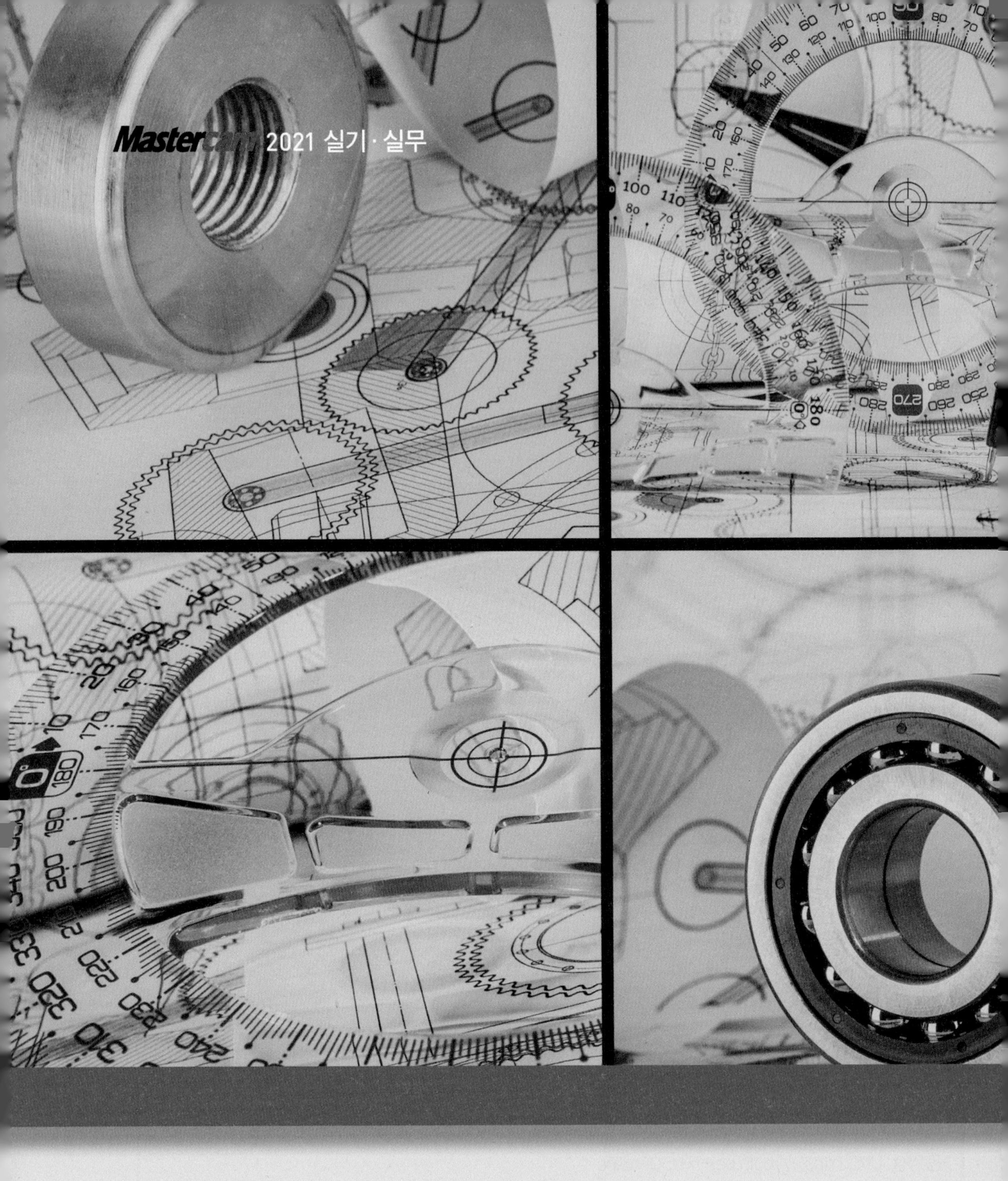
Mastercam 2021 실기·실무

CHAPTER 06

솔리드

CHAPTER

06 솔리드

1 솔리드의 일반적 선택방법

❶ ❷ ❸ ❹ ❺

자동커서

(1) 솔리드 선택방법

일반적인 선택에서 솔리드 선택 부분은 비활성화 상태로 있다가 솔리드에 관한 메뉴 사용 시 활성화된다.

❶ : 솔리드 선택 메뉴를 활성화하는 기능

❷ : 솔리드의 끝단을 선택하는 기능

끝단(Edge)이란 솔리드 형상의 각진 구간에 대한 명칭으로 버튼이 눌린 상태로 작업화면에서 마우스 커서를 움직이면 시스템이 해당 영역의 끝단 요소만을 자동으로 인식하여 선택된다. 선택된 끝단을 다시 한 번 선택하면 선택이 취소된다.

❸ : 솔리드의 면을 선택하는 기능

면이란 솔리드 도형 형상의 평면 또는 라운딩 형태 영역에 대한 명칭이다. 선택방법이나 취소방법은 솔리드의 끝단방법과 같다.

❹ : 솔리드 보디를 선택하는 기능

솔리드란 하나의 솔리드 형상 전체에 대한 명칭으로 아이콘이 선택된 상태이면 작업화면에서 솔리드 도형 형상 전체를 한꺼번에 선택할 수 있다. 솔리드 요소에 대한 선택 및 선택 취소 실행방법은 위 솔리드 끝단방법과 같다.

❺ : 솔리드의 뒷면을 선택하는 기능

솔리드 뒷면은 셰이딩 상태에서 현재 보이는 면이 아닌 반대쪽에 보이지 않는 면을 말한다. 뒷면을 선택하려면 솔리드 도형을 회전시킨 후에 선택하여야 하지만 뒷면 버튼을 이용하면 도형을 이동시키지 않고 간편하게 솔리드의 뒷면을 선택할 수 있다.

(2) 솔리드 면 선택방법

모델수정(밀기－당기기, 이동, 피처수정 등)에서 이동 또는 복사될 형상을 선택할 때 혹은 3D 가공경로의 가공도형, 회피도형을 선택할 때 솔리드 선택방법의 아이콘을 클릭하지 않고 마우스 클릭과 키보드 단축키만으로 간단하게 다양한 솔리드 선택방법을 사용할 수 있다.

이동 또는 복사될 형상을 선택:
- 단일면을 선택하려면 클릭
- 형상을 선택하려면 더블클릭
- 접하는 면을 선택하려면 Shift-클릭
- 일치하는 지름을 가지는 홀을 모두 선택하려면 Ctrl-클릭
- 여러 면을 선택하려면 윈도 선택
- 비슷한 면을 모두 선택하려면 Ctrl+Shift-클릭
- 비슷한 형상을 모두 선택하려면 Ctrl+Shift 더블클릭

선택이 완료되면 Enter를 누릅니다.

❶ **단일 면을 선택하려면 클릭** : 형상 전체가 아닌 각각의 단일 면만 선택하려면, 단일 면만 클릭하면 된다.

❷ **형상을 선택하려면 더블클릭** : 형상 전체를 선택하려면, 형상을 더블클릭하면 된다.

❸ **접하는 면을 선택하려면 Shift 클릭** : 접하는 면을 선택하려면, Shift 키를 누른 상태에서 접하는 면을 클릭하면 된다.

❹ **일치하는 지름을 가지는 홀을 모두 선택하려면 Ctrl 클릭** : 일치하는 지름을 가지는 홀을 모두 선택하려면, Ctrl 키를 누른 상태에서 형상을 클릭하면 된다.

❺ **여러 면을 선택하려면 윈도 선택** : 여러 면을 한꺼번에 선택하려면 윈도 기능을 사용한다.

❻ **비슷한 면을 모두 선택하려면 Ctrl + Shift 클릭**

❼ **비슷한 형상을 모두 선택하려면 Ctrl + Shift 더블클릭**

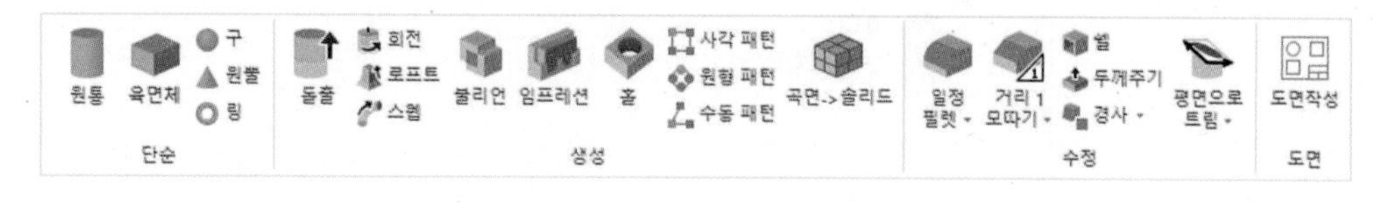

[솔리드 메뉴]

2 솔리드 관리자 활용방법

현재 작업화면에 생성된 솔리드 도형의 작업별 실행 내용이 솔리드 관리자 대화창에 표시되며 실행된 솔리드 작업의 수정, 수정된 작업의 적용, 선택된 특정 작업의 삭제, 솔리드 도형 생성메뉴 실행 등 솔리드 도형 관련 작업을 관리하는 기능이다.

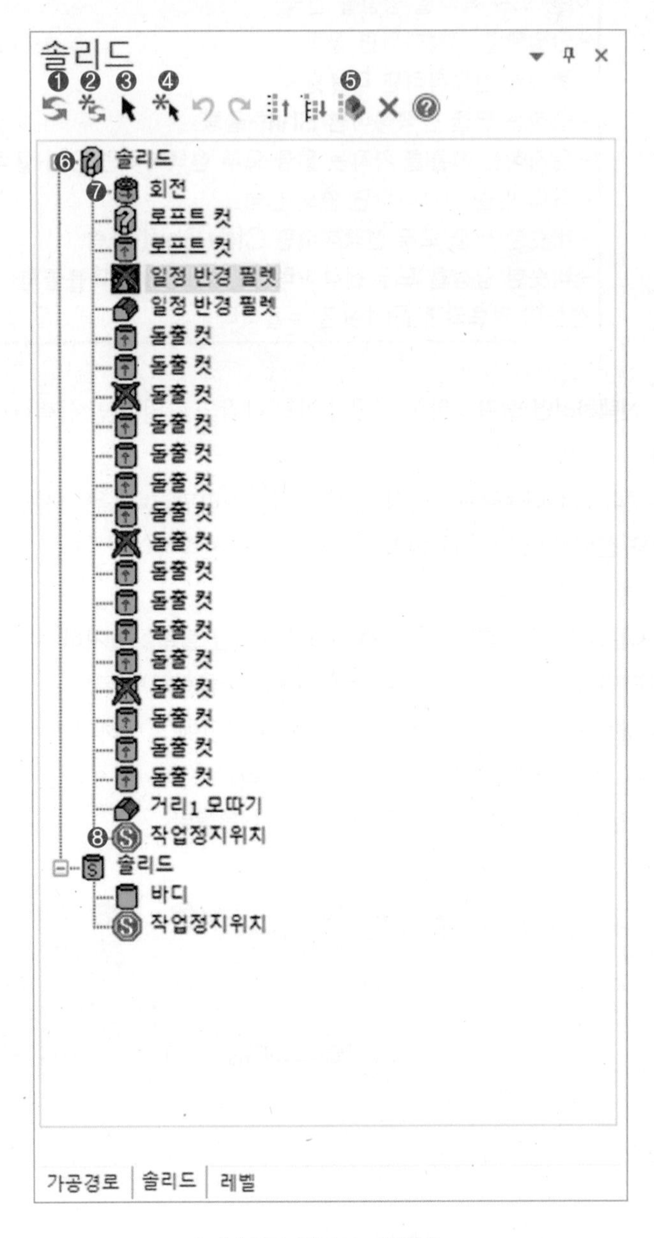

[솔리드 관리자 대화창]

(1) 문제 있는 작업표시

사용자가 선택한 특정 작업의 솔리드 조건을 수정하거나 솔리드 작업에 관련 있는 도형을 수정하였을 때 해당 관련 작업에 'X'(돌출 컷) 표시가 나타나게 된다. 이 표시는 솔리드 도형에 문제가 있는 것을 나타내므로 재생성 기능을 실행하여 솔리드 도형을 다시 생성해야 한다.

(2) 인식 불가능한 작업표시

특정 작업에 솔리드 조건을 수정하거나 도형을 변경하고 재생성 버튼을 클릭하여 솔리드 도형을 다시 생성한 경우 '솔리드 관리자 대화창'의 솔리드 작업에 '?'(로프트 컷) 표시가 생성되면 인식이 불가능한 솔리드로서 솔리드 형상을 생성할 수 없음을 나타낸다. 이 표시가 나타났을 때 솔리드 조건을 수정하거나 변경된 도형을 수정하여 재생성을 해야 한다.

❶ **선택 재생성** : '솔리드 관리자 대화창'의 특정 솔리드 항목을 수정하면 '문제 있는 작업표시'가 표시된다. 이때 사용자가 원하는 항목만을 선택하여 선택 재생성 아이콘을 클릭하면 선택된 작업만 재생성되며, '문제 있는 작업표시'가 없어지게 된다.

❷ **전체 재생성** : '솔리드 관리자 대화창'의 특정 솔리드 항목과 관련된 하위의 솔리드 작업 내용들의 조건을 수정하면 '문제 있는 작업표시'가 표시된다. 이때 전체 재생성 버튼을 클릭하면 수정된 작업내용들을 다시 생성하며 전체 재생성이 완료되면 '솔리드 관리자 대화창'의 수정된 작업내용들의 '문제 있는 작업표시'가 없어지게 된다.

❸ **선택** : 선택 버튼 클릭 후 작업화면에서 특정 솔리드 도형의 면 요소를 선택하면 시스템이 선택된 면 요소의 생성과 관련된 '솔리드 관리자 대화창'에서 해당 작업을 자동으로 파악하여 선택한다.

❹ **전체선택** : 전체선택을 클릭하면 솔리드 히스토리에 있는 작업이 모두 선택된다.

❺ **삭제** : 삭제하고 싶은 작업을 선택한 후 클릭하면 선택된 작업이 삭제된다.

(3) 솔리드 관리자 대화창의 구성내용 및 기호표시 내용

❻ **솔리드** : 특정 솔리드 생성 메뉴(돌출, 회전, 로프트 등)를 실행하여 솔리드를 생성하면 표시되는 항목으로 독립적인 하나의 솔리드 도형요소임을 의미한다. 해당 솔리드 도형요소를 기준으로 실행된 모든 솔리드 관련 작업의 명칭 및 내용은 하위 항목에 자동으로 표시된다.

❼ **돌출 / 회전 / 스웹 / 필렛 / 모따기 / 쉘 / 면경사 / 트림** : 위 특정 솔리드 도형요소를 구성하는 하위 항목들의 명칭으로 처음 보디를 생성할 때 솔리드 관리자 대화창에 자동으로 선택한 작업의 명칭이 표시된다. 이후 솔리드 생성메뉴를 실행하는 과정에서 해당 작업 대화창의 작업 이름 항목에 입력된 이름들이 자동으로 표시되며, 마우스 오른쪽 버튼 메뉴에서 '이름

변경'을 선택하여 다른 이름으로 변경할 수 있다. 또한 생성된 특정 하위 솔리드 항목을 두 번 클릭하여 솔리드 조건 및 선택한 와이어프레임을 변경할 수 있다.

❽ **작업 정지 위치** : '솔리드 관리자 대화창'의 솔리드 항목별로 위치하며 해당 작업 정지 위치 그림 표시 아이콘을 마우스로 드래깅하여 현재 표시 위치에서 다른 위치로 이동시키면 이동 위치 기준 아래쪽에 있는 솔리드 작업의 내용은 작업화면에서 해당 솔리드 형상에 반영되지 않은 상태로 자동으로 표시된다. 이렇게 위치가 변경된 상태에서 수행된 솔리드 생성 작업은 작업실행 위치 아이콘 이하 작업보다 선행된다.

(4) 솔리드 관리자 대화창의 마우스 오른쪽 버튼 메뉴

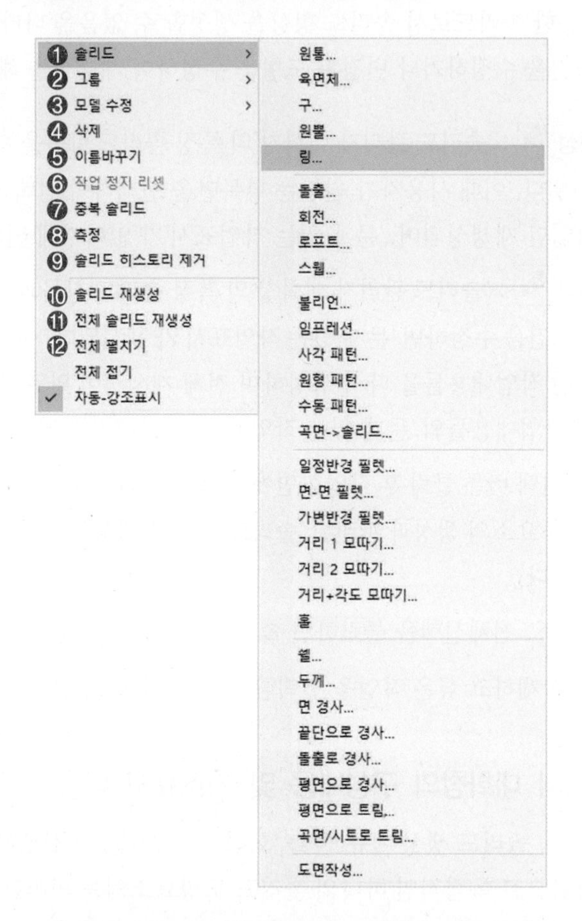

[솔리드 관리자 대화창의 마우스 오른쪽 버튼 메뉴]

❶ **솔리드** : 메뉴에 마우스 커서를 위치하면 주 메뉴 영역의 솔리드 메뉴가 나타난다.

❷ **그룹** : 솔리드를 분류할 수 있는 그룹을 만들 수 있다.

❸ **모델 수정** : 메뉴에 마우스 커서를 위치하면 모델 수정 메뉴를 선택하는 메뉴들이 나타나며, 특정 메뉴들은 선택하면 해당 수정 메뉴의 기능이 바로 실행된다.

❹ **삭제** : '솔리드 관리자 대화창'에서 솔리드 또는 하위 작업을 선택하여 삭제하는 기능으로 솔리드 또는 하위 작업이 삭제되면서 작업화면의 선택된 솔리드 도형이나 하위 작업의 해당하는 실행 내용이 자동으로 취소된다.

❺ **이름 바꾸기** : '솔리드 관리자 대화창'의 선택된 특정 솔리드 또는 작업의 현재 이름을 다른 이름으로 변경하는 기능이다.

❻ **작업 정지 리셋** : 위치가 변경된 작업 정지 위치를 초기 위치로 되돌리는 기능이다.

❼ **중복 솔리드** : 이 기능을 선택하면 선택한 솔리드의 동일 내용이 솔리드 관리자 대화창의 아래쪽 위치로 복사된다.

❽ **측정** : 요소 속성 관리자를 불러와서 솔리드의 색상, 레벨, 선 종류, 굵기 등을 변경할 수 있다.

❾ **솔리드 히스토리 제거** : 선택한 솔리드의 히스토리를 제거하는 기능이다.

❿ **솔리드 재생성** : 선택한 솔리드만 재생성하는 기능이다.

⓫ **전체 솔리드 재생성** : 생성되어 있는 모든 솔리드를 재생성하는 기능이다.

⓬ **전체 펼치기 / 접기** : '솔리드 관리자 대화창'의 현재 선택된 솔리드 또는 작업의 구성내용을 펼치거나 닫는 기능이다.

3 단순 솔리드

단순한 기본적인 솔리드 형상을 와이어프레임을 그리지 않고 빠르게 생성할 수 있는 기능이다.

(1) 원통

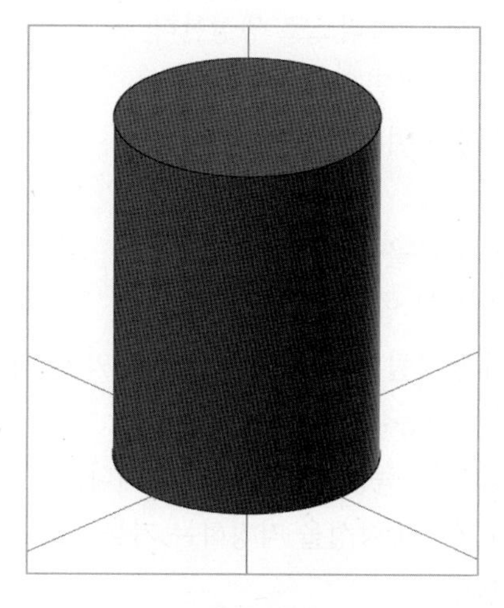

[원통 형상]

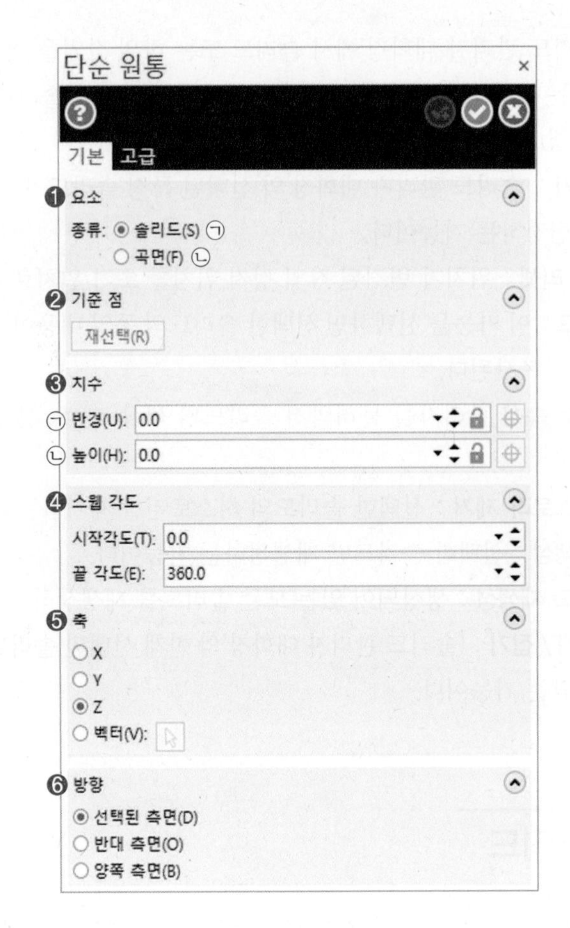

[원통 조건창]

❶ **종류**

㉠ **솔리드** : 도형 생성 시 솔리드로 생성한다.

㉡ **곡면** : 도형 생성 시 곡면으로 생성한다.

❷ **기준점(재선택)** : 원통의 위치 이동 기능이다.

❸ **치수**

㉠ **반경** : 원통의 반지름을 입력하는 창이다.

㉡ **높이** : 원통의 높이를 입력하는 창이다.

❹ **스웹 각도** : 원통이 생성될 때 임의의 시작 각도와 끝 각도를 이용하여 사용자가 원하는 각도만큼 그릴 수 있는 기능이다.

❺ **축** : 원통이 생성될 기준 축을 지정하는 기능이다.

❻ **방향** : 원통이 생성되어 방향성을 지정하는 기능으로 선택된 측면 또는 반대, 양쪽 측면 등으로 지정할 수 있다.

(2) 육면체

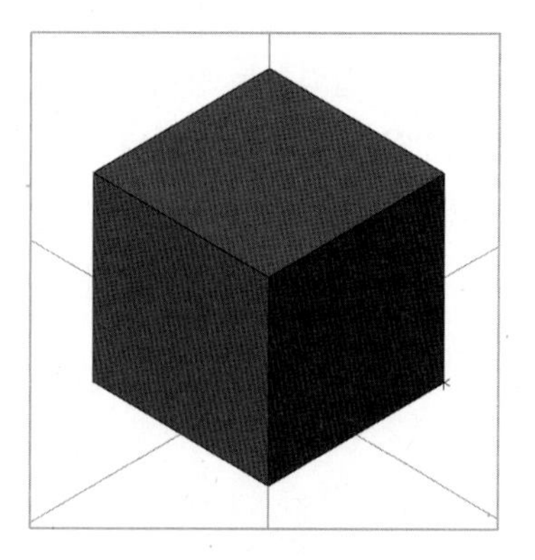

[육면체의 형상]

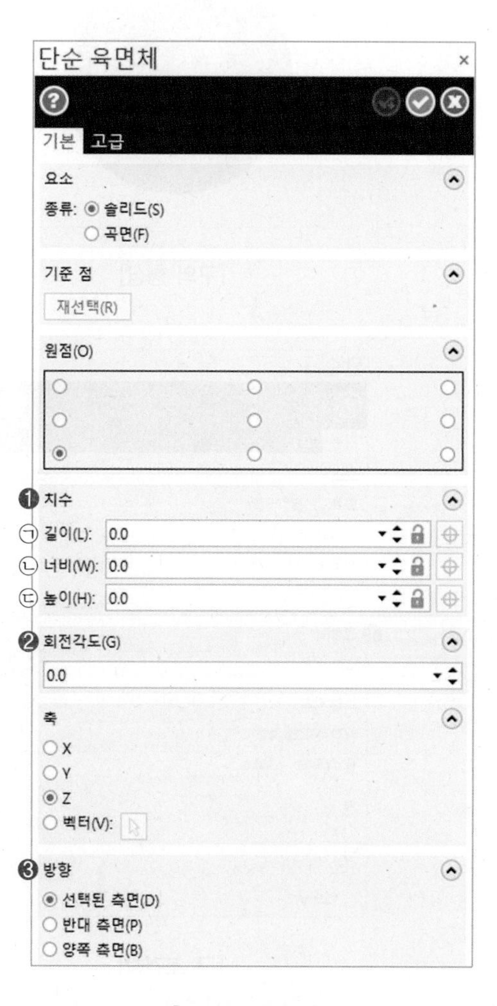

[육면체 조건창]

❶ **치수**

㉠ **길이** : 육면체의 길이값을 입력하는 창이다.

㉡ **너비** : 육면체의 너비값을 입력하는 창이다.

㉢ **높이** : 육면체의 높이값을 입력하는 창이다.

❷ **회전각도** : 회전될 각도를 입력하는 창이다.

❸ **방향** : 도형이 생성되어 방향성을 지정해주는 기능으로 선택된 측면 또는 반대, 양쪽 측면 등으로 지정할 수 있다.

(3) 구

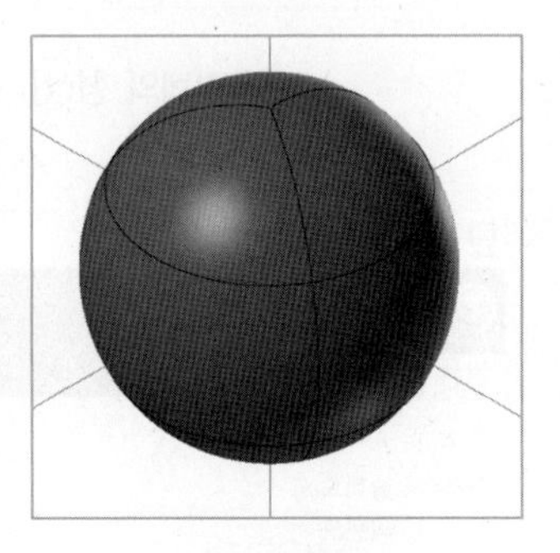

[구의 형상]

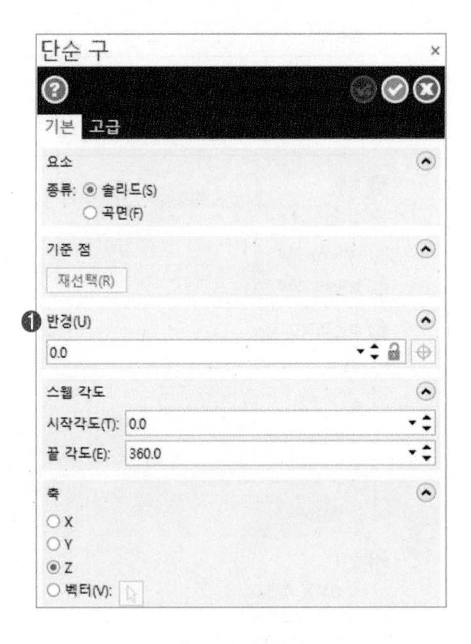

[구 조건창]

❶ **반경** : 구가 생성될 반지름값을 입력하는 창이다.

(4) 원뿔

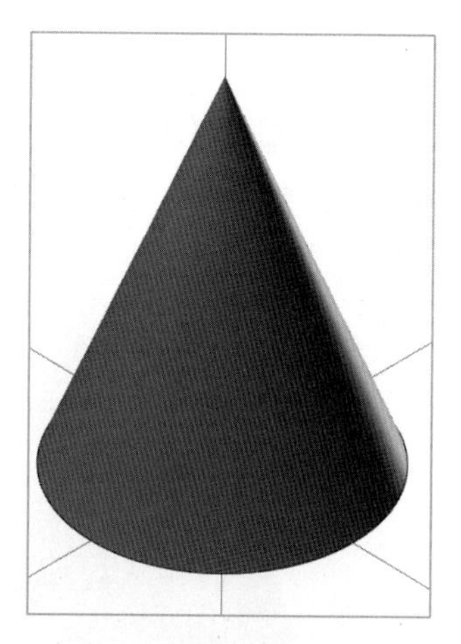

[원뿔의 형상]

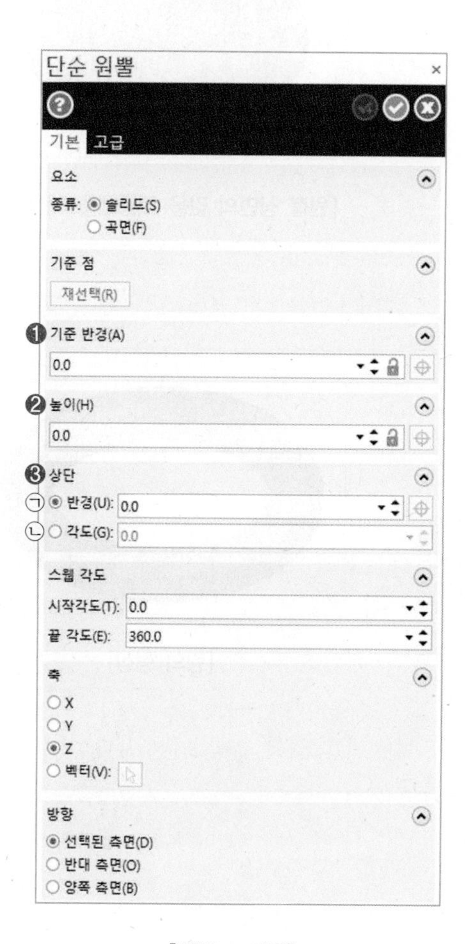

[원뿔 조건창]

❶ **기준 반경** : 원뿔 밑면의 반지름을 입력하는 창이다.

❷ **높이** : 원뿔의 높이를 입력한다.

❸ **상단**

㉠ **반경** : 원뿔 상단의 반경값을 입력한다.

㉡ **각도** : 원뿔의 경사각도값을 입력한다.

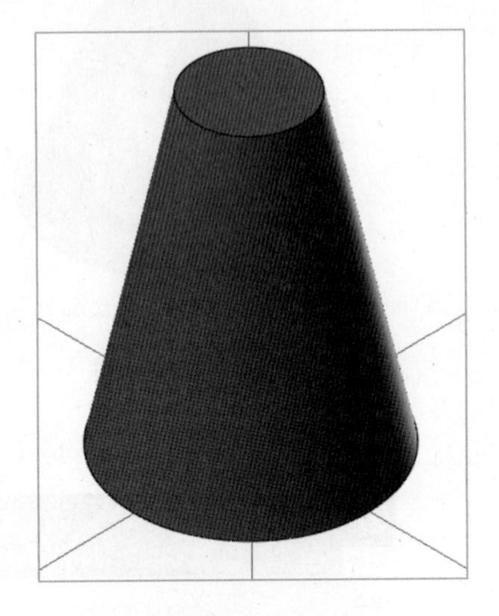

[원뿔 상면의 값을 적용했을 때 형상]

(5) 링

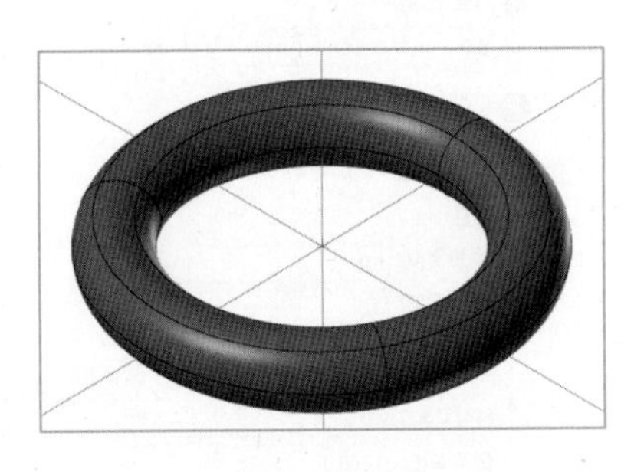

[링의 형상]

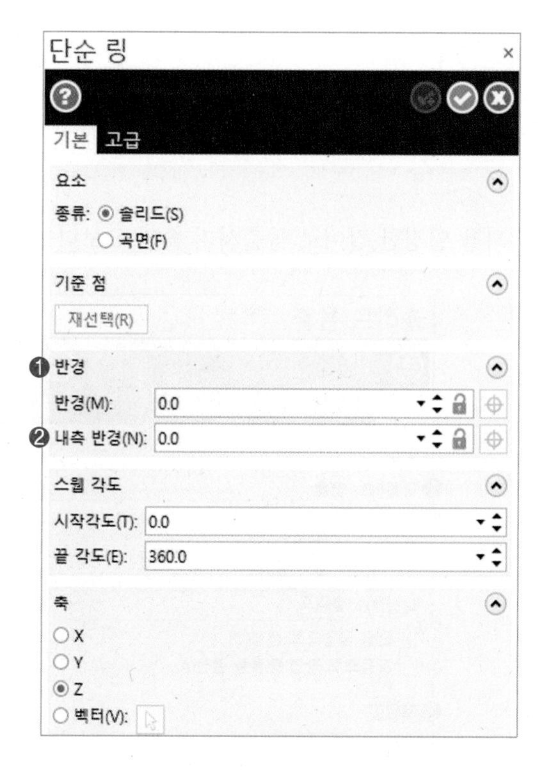

[링 조건창]

❶ **반경** : 링의 반경을 입력하는 창이다.

❷ **내측 반경** : 링의 반경이 생성된 후 링의 내측 반경을 입력하는 창이다.

4 솔리드 그리기

(1) 돌출

평면상의 도형 윤곽을 일정한 길이로 돌출시켜 솔리드 보디를 만드는 기능이다.

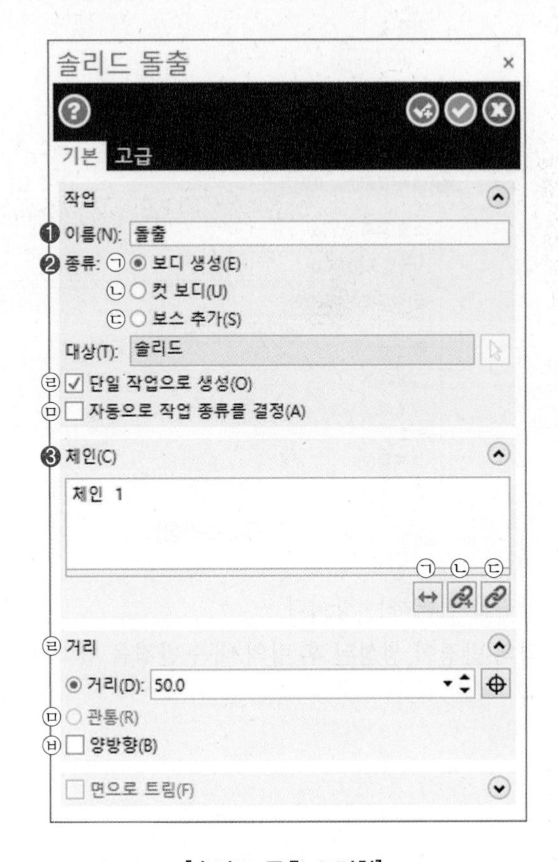

[솔리드 돌출 조건창]

❶ **이름** : 실행되는 돌출 작업내용에 대하여 특정 이름을 부여하는 기능이다.

❷ **종류** : 실행될 돌출 작업형태를 설정하는 영역이다.

㉠ **보디 생성** : 이 항목을 선택하면 선택된 도형 윤곽의 형태로 새로운 솔리드 보디를 생성한다.

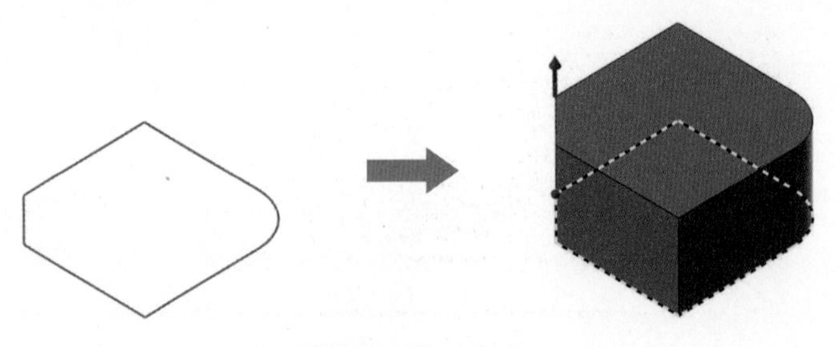

[돌출-보디 생성]

㉡ **컷 보디** : 작업화면에 이미 다른 솔리드 도형 형상이 있는 경우에만 활성화되는 항목으로, 선택된 대화창의 돌출설정 조건을 적용하여 선택된 도형 윤곽 형태로 작업화면에서 선택되는 솔리드 보디를 커팅할 수 있다.

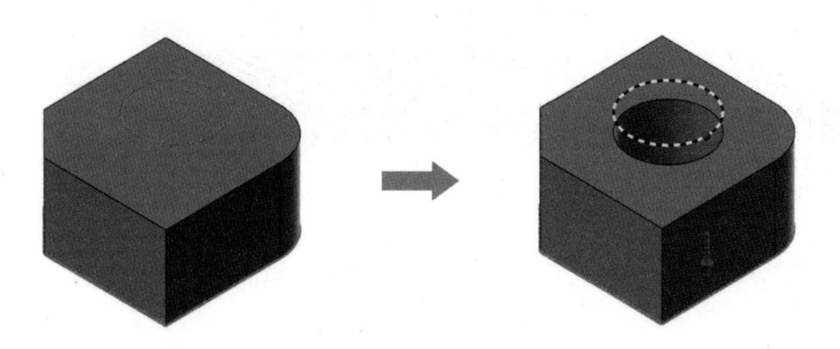

[돌출–보디 커팅]

㉢ **보스 추가** : 작업화면에 이미 솔리드 보디가 있는 경우에만 활성화되며 보스로 추가된 도형은 대상이 된 솔리드 보디와 합쳐진다.

[돌출–보스 추가]

㉣ **단일 작업으로 생성** : 여러 개의 솔리드 도형을 하나로 묶는 기능으로 길이나 돌출방향을 한 번에 컨트롤할 수 있다.

㉤ **자동으로 작업 종류를 결정** : 자동으로 선택된 도형에 기초한 보스 추가 작업 또는 컷 보디 작업을 선택한다.

❸ **체인** : 돌출할 도형 윤곽을 설정한다.

㉠ [↔] : 체인의 방향을 전환해주는 기능이다.

㉡ [icon] : 체인을 추가하는 기능이다.

㉢ [icon] : 전체 체인을 지우고 새로운 체인을 추가하는 기능이다.

㉣ **거리** : 화살표방향으로 돌출작업을 적용할 거리를 설정한다.

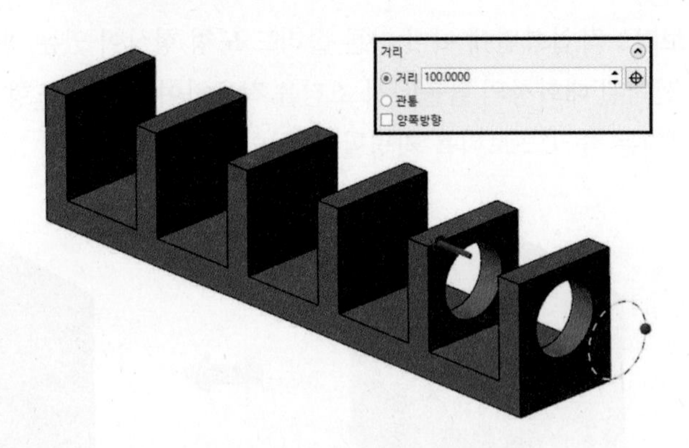

[입력된 돌출길이 적용]

ⓜ **관통** : 보디 커팅을 선택한 경우에만 활성화되며, 항목 선택 시 작업화면에서 선택되는 커팅 대상 솔리드 보디를 일정길이가 아닌 관통하는 형태로 커팅을 실행한다.

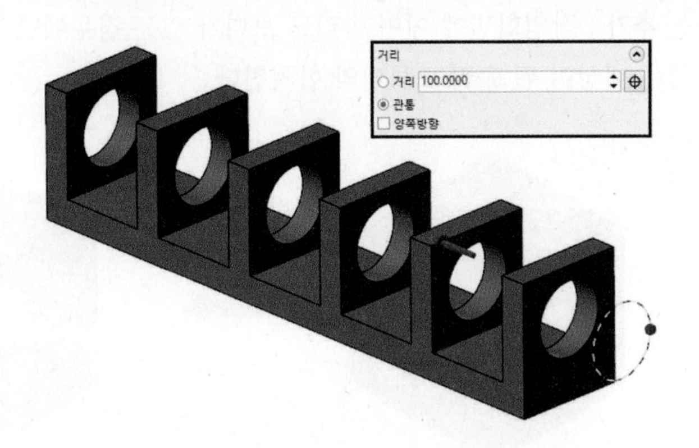

[형상 관통]

ⓑ **양방향** : 돌출 작업을 양쪽 방향으로 실행하는 기능이다.

❹ **면으로 트림** : 보디 커팅 또는 보스 추가 항목을 선택한 경우에만 활성화된다. 커팅 또는 추가 적용조건을 작업화면의 다른 솔리드 보디 면을 기준으로 실행하는 기능이다.

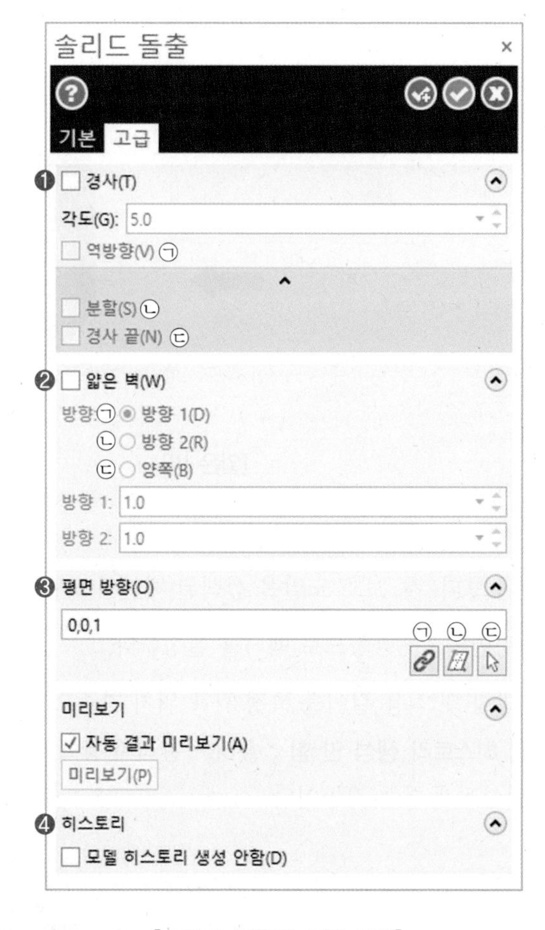

[솔리드 돌출의 고급 설정]

❶ **경사** : 각도 항목에 입력된 경사각도값만큼 선택된 도형 윤곽의 내측 방향으로 경사가 적용되어 작업이 실행된다.

㉠ **역방향** : 경사의 방향을 내측에서 외측으로 전환한다.

㉡ **분할** : 커브의 체인으로 지정된 중간 평면으로부터의 경사각도를 계산하고 미선택 시, 돌출방향으로 지정된 벡터를 따라 경사각도를 계산한다.

㉢ **경사 끝** : 선택된 대상 도형의 윤곽 형태가 열린 윤곽 형태이면서 돌출영역의 경사 항목과 이 영역의 측벽생성 항목을 모두 선택한 경우에만 적용되는 기능이다. 선택된 도형 윤곽의 양쪽 끝 위치에서도 설정된 경사각도값이 적용되어 경사 형태로 생성한다.

❷ **얇은 벽** : 선택된 도형 윤곽의 내측 방향, 외측 방향 또는 양방향으로 도형 윤곽의 형태를 기준으로 일정 간격의 범위로만 솔리드 도형이 생성되는 조건을 설정하는 영역이다.

㉠ **방향 1** : 내측 항목에 입력된 길이만큼 선택된 도형 윤곽 기준 내측 방향으로 측벽을 생성한다.

㉡ **방향 2** : 외측 항목에 입력된 길이만큼 선택된 도형 윤곽 기준 외측 방향으로 측벽을 생성한다.

㉢ **양쪽** : 내측 및 외측 항목에 입력된 길이만큼 선택된 도형 윤곽 기준 내측 · 외측 방향으로 측벽을 생성한다.

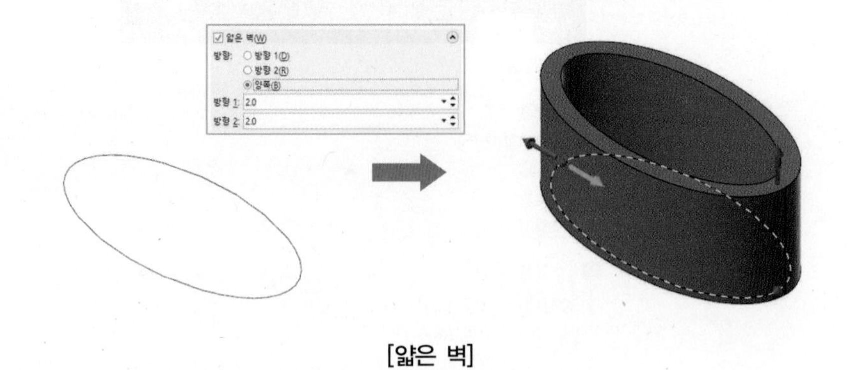

[얇은 벽]

❸ **평면방향**

㉠ : 돌출된 보디, 컷, 보스 노말을 선택된 체인의 노말방향으로 연장한다.

㉡ : 작업평면의 Z+방향으로 벡터를 설정한다.

㉢ : 돌출방향 및 적용 길이를 특정 좌표 위치 기준으로 적용하는 기능이다.

❹ **히스토리-모델 히스토리 생성 안 함** : 솔리드 관리자 창에 히스토리를 생성하지 않고, 보디의 속성으로 생성되게 하는 기능이다.

(2) 회전

평면상의 닫힌 형태 또는 열린 형태의 도형 윤곽을 선택하여 특정 축 기준으로 일정 각도 범위만큼 회전하여 대상 도형 윤곽이 회전하는 궤적을 따라 솔리드 형상을 생성하는 기능이다.

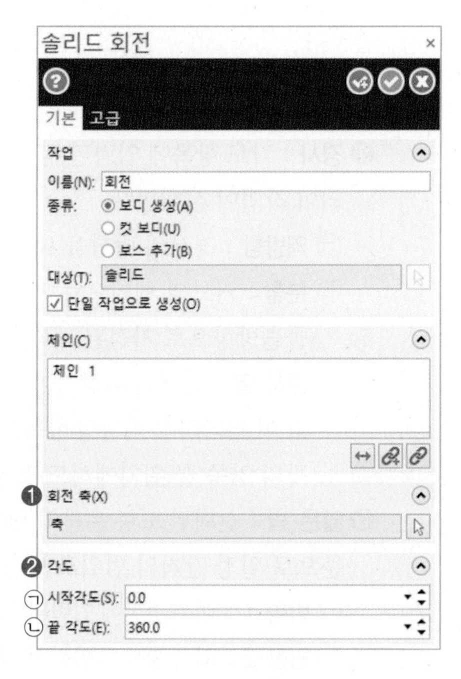

[회전 조건창]

❶ **회전축** : 회전의 기준이 될 축을 선택하는 기능이다.

❷ **각도**

㉠ **시작 각도** : 선택된 도형 윤곽의 회전 시작 각도값을 설정하는 항목으로 입력되는 각도는 선택된 도형의 적용 평면 기준으로 적용되며, 양수값이 입력되면 화면에 표시된 화살표방향으로 적용되고 음수값이 입력되면 화살표 반대방향으로 적용된다.

㉡ **끝 각도** : 선택된 도형 윤곽의 회전 종료위치의 각도값을 설정하는 항목으로 각도값 적용은 위 시작 각도 항목과 같다.

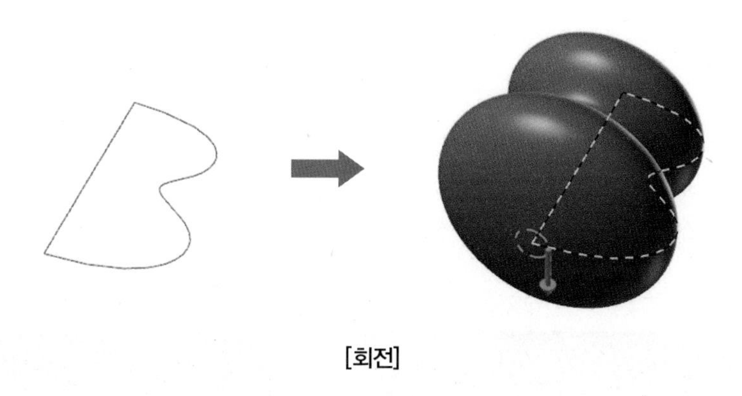

[회전]

(3) 로프트

2개 이상의 도형 윤곽들을 선택하여 선택하는 순서와 방향에 따라 직선 또는 자연스러운 R형태로 연결하는 방법으로 새로운 솔리드 보디를 생성하거나, 기존 솔리드 보디에 대한 커팅 및 보스 추가 등의 조건으로 실행한다.

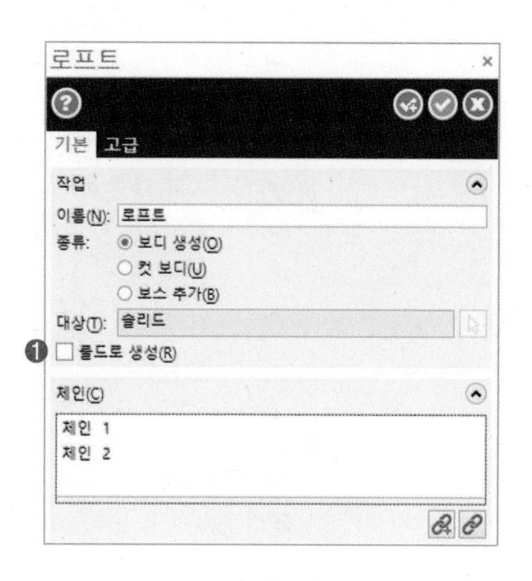

[로프트 조건창]

❶ **룰드로 생성** : 솔리드 도형을 직선 형태로 생성하는 기능이다.

[로프트 형태]　　[룰드 형태]

(4) 스웹

선택되는 특정 평면상의 닫힌 형태의 단면이 스웹경로로 선택된 도형의 방향을 따라서 평행하게 이동 또는 회전한 궤적대로 새로운 솔리드를 생성하거나, 기존 솔리드 도형 형상에 대한 커팅 및 보스 추가 등의 조건으로 실행할 수 있다.

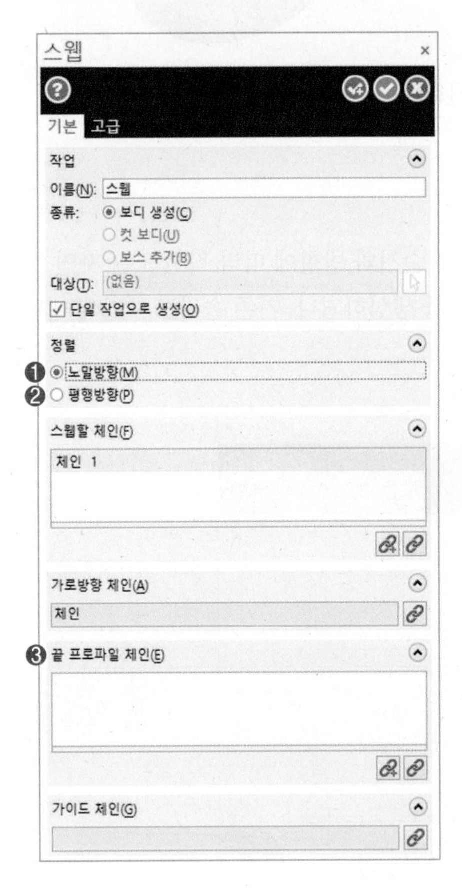

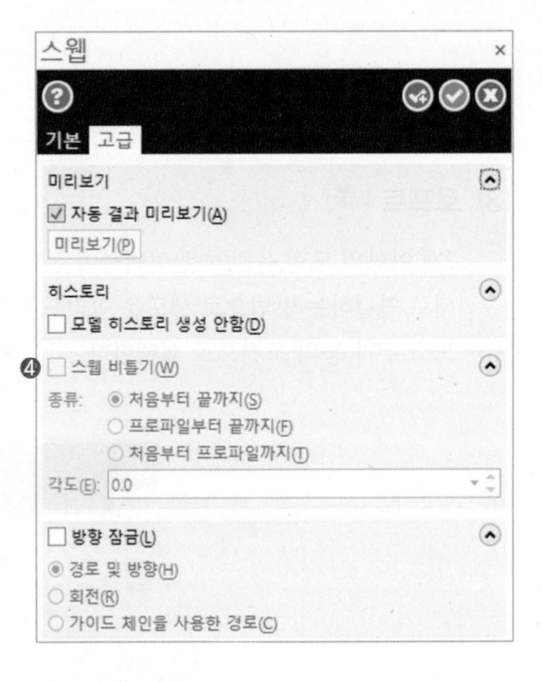

[스웹 조건창]

스웹할 체인을 선택한 후에 가로방향 체인을 선택하게 된다. 이때 경로 도형이 심하게 굴곡져 솔리드의 유지 조건을 만족하지 못하면 솔리드 도형이 생성되지 않고 주의 메시지가 뜬다.

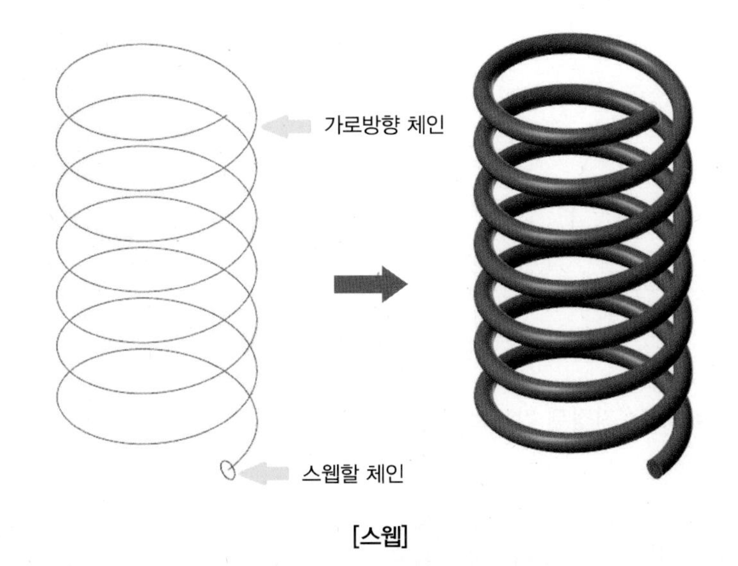

[스웹]

❶ **노말방향** : 가로방향 체인의 교차점 위치의 각도를 유지하여 스웹할 체인의 모양으로 솔리드 도형을 생성한다.

❷ **평행방향** : 가로방향 체인의 교차점 위치의 각도가 아닌 스웹할 체인이 평행하도록 솔리드 도형을 생성한다.

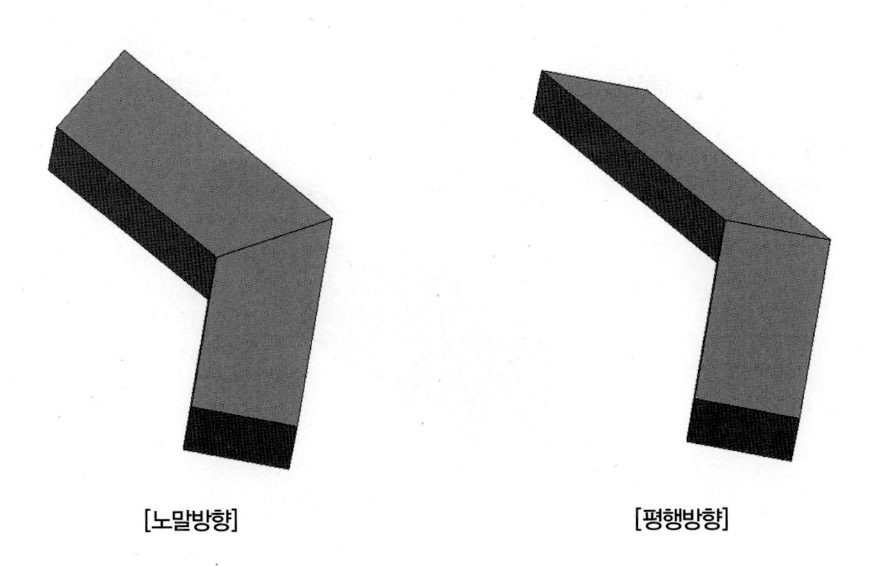

[노말방향] [평행방향]

❸ **끝 프로파일 체인** : 스웹할 체인과 가로방향 체인을 선택한 후 끝 프로파일 체인을 선택하여 아래 그림과 같이 솔리드의 시작과 끝이 다른 형태의 솔리드 도형을 생성할 수 있다.

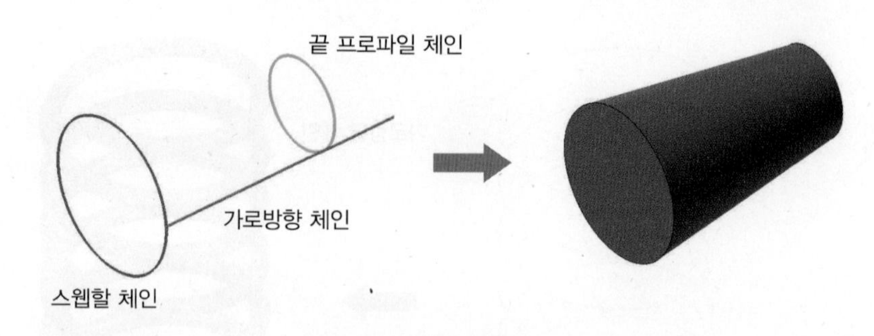

[끝 프로파일 체인]

❹ **스웹 비틀기** : 지정된 각도로 스웹 솔리드 보디에 비틀기를 적용할 수 있다.

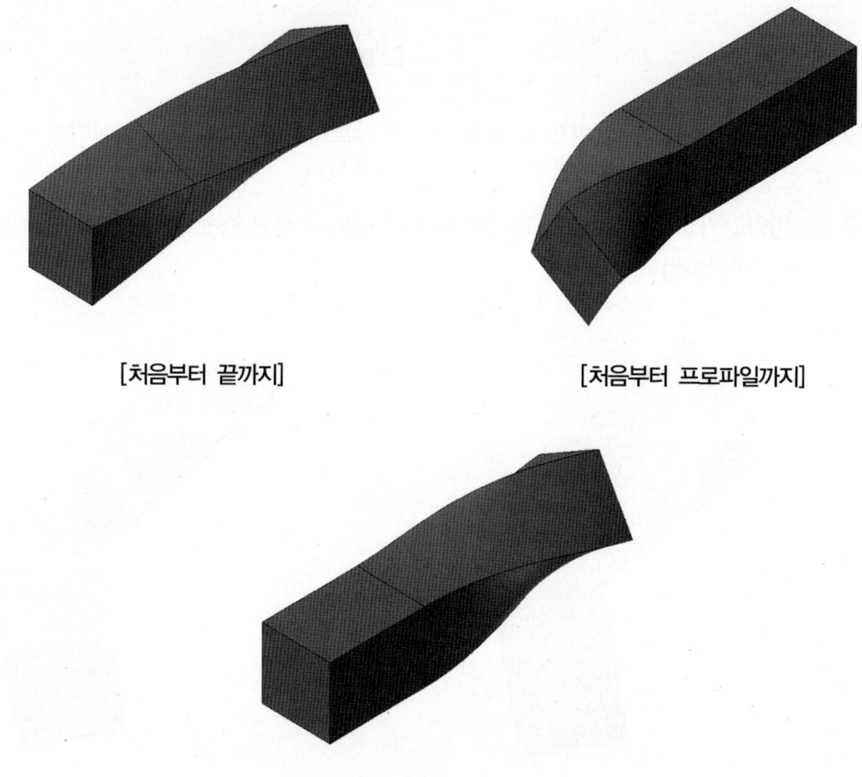

[처음부터 끝까지]

[처음부터 프로파일까지]

[프로파일부터 끝까지]

(5) 불리언

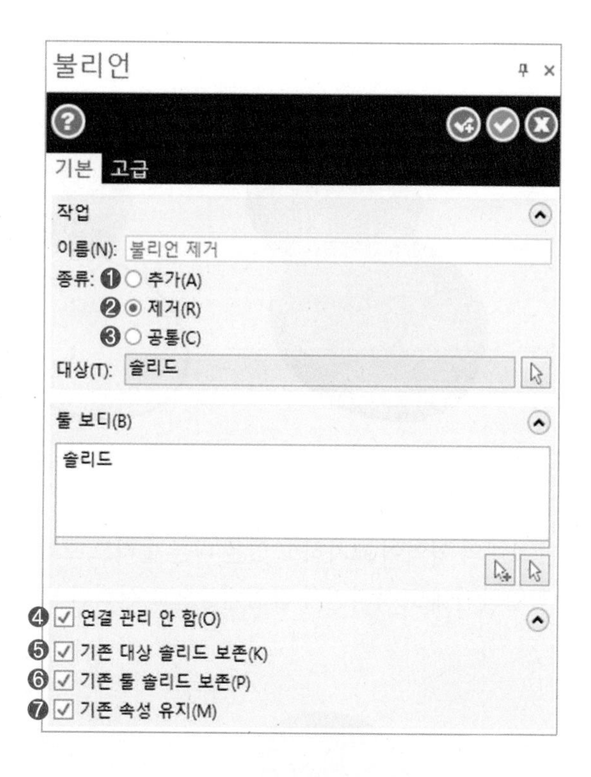

[불리언 조건창]

❶ **추가** : 선택된 모든 솔리드 보디가 하나의 솔리드 보디로 결합하는 기능으로 결합한 솔리드 보디는 첫 번째 선택한 솔리드 보디의 색상과 저장 레벨번호로 자동 적용된다.

[추가 적용]

❷ **제거** : 첫 번째 선택한 솔리드 보디와 이후 선택한 솔리드 보디 형상들의 교차영역 범위에 해당하는 영역만큼이 첫 번째 선택한 솔리드 보디의 영역에서 일부 삭제되면서 다른 솔리드 도형 형상들은 자동으로 삭제된다.

[제거 적용]

❸ **공통** : 선택된 보디와 영역이 교차하고 있는 다른 솔리드 보디의 교차영역 범위에 해당하는 영역만큼만 작업화면에 표시되면서 작업대상으로 선택된 모든 솔리드 보디들은 자동으로 삭제된다.

[공통 적용]

❹ **연결관리 안 함** : 제거와 공통일 때 활성화된다. 불리언 작업을 하지 않은 원본 솔리드를 보존할 수 있다.

❺ **기존 대상 솔리드 보존** : 처음 선택한 솔리드를 보존할 수 있다.

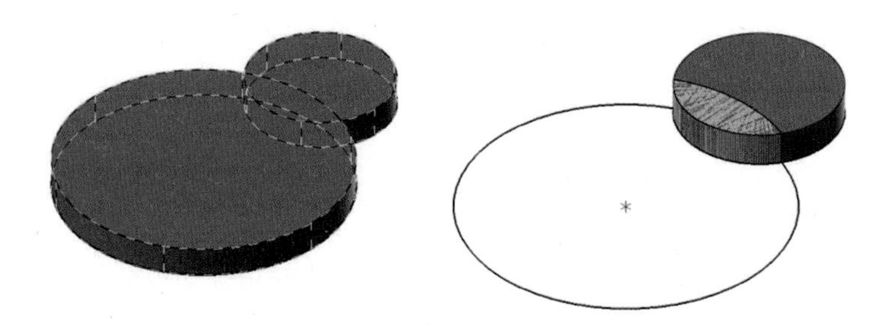

[공통 선택 후 대상 솔리드 보존]

❻ **기존 툴 솔리드 보존** : 두 번째 선택한 솔리드를 보존할 수 있다.

[공통 선택 후 툴 솔리드 보존]

❼ **기존 속성 유지** : 불리언을 사용하여 새로운 솔리드 보디 생성 시 선택한 기존 대상 솔리드의 속성(솔리드 색상, 레벨)을 유지해주는 기능이다.

(6) 임프레션

솔리드 임프레션 기능을 이용해 만들어진 캐비티 형상을 그대로 복사하여 코어 형상을 만들 수 있는 기능이다.

[임프레션 진행 모습]

형상을 만들기 위해서는 위의 그림과 같이 복사할 도형 위에 와이어프레임을 생성하여 선택한 후 솔리드 보디를 선택하게 되면 자동으로 돌출하여 캐비티 형상을 그대로 복사하게 된다.

(7) 홀

생성된 솔리드 보디에 평면, 솔리드 면 등의 점, 원호 도형을 선택하여 홀과 드릴 형상의 솔리드를 추가하는 기능이다.

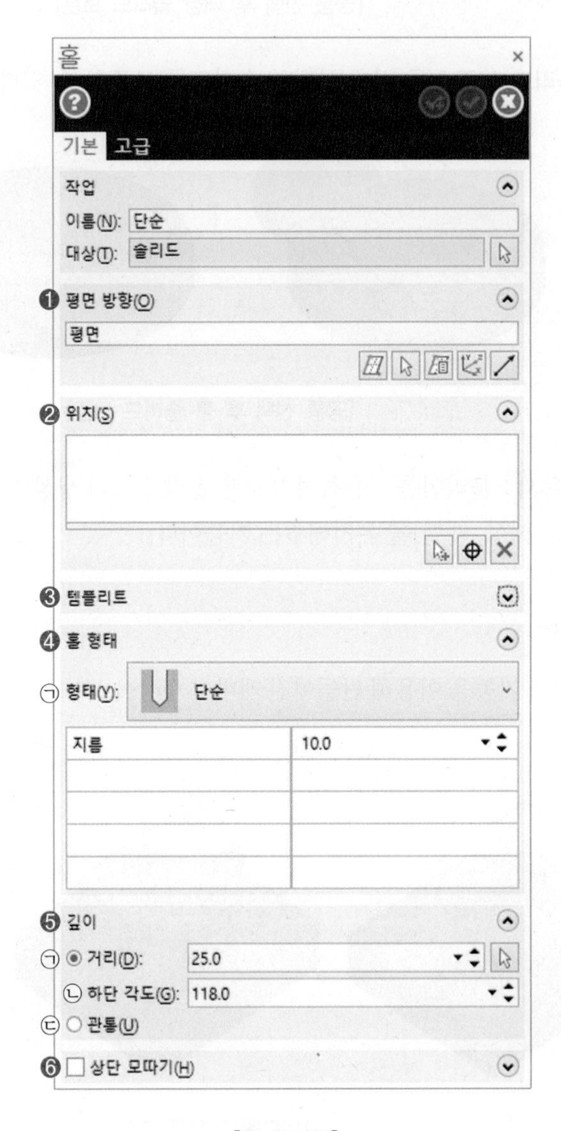

[홀 조건창]

❶ **평면 방향** : 작업 평면, 솔리드 면, 벡터 등을 선택하여 생성될 홀의 방향을 지정하는 기능이다.

❷ **위치** : 홀이 생성될 위치의 원이나 점을 선택하는 기능이다.

❸ **템플리트** : 카테고리에 저장된 드릴을 불러오는 기능이다.

❹ **홀 형태** : 홀의 형태를 선택하는 기능이다.

㉠ **형태** : 단순, 카운트 보어, 카운트 싱크 등의 홀의 형상을 선택하여 아래 목록에서 홀의 형상과 관련된 치수(지름, 카운트 보어 깊이)를 수정하는 기능이다.

❺ **깊이** : 홀의 깊이를 지정하는 기능이다.

㉠ **거리** : 홀 깊이의 거리값을 지정하는 기능이다.

㉡ **하단 각도** : 홀 하단의 각도를 지정하는 기능이다.

㉢ **관통** : 거리값과 상관없이 솔리드 전체를 관통하는 홀을 생성하는 기능이다.

❻ **상단 모따기** : 홀 형상의 상단 위치에 지름과 각도값을 입력하여 모따기를 실행하는 기능이다.

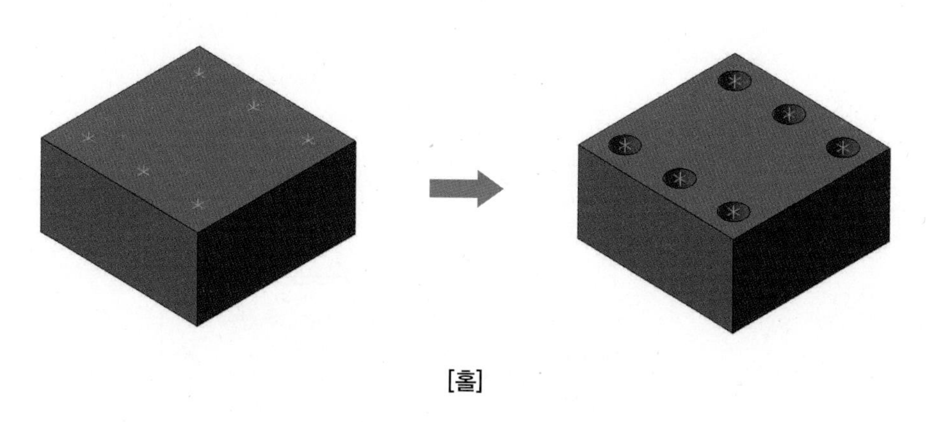

[홀]

(8) 사각 패턴

선형배열 이동처럼 두 가지 방향으로 솔리드 피처 또는 보디를 복사하여 패턴을 생성하는 기능이다.

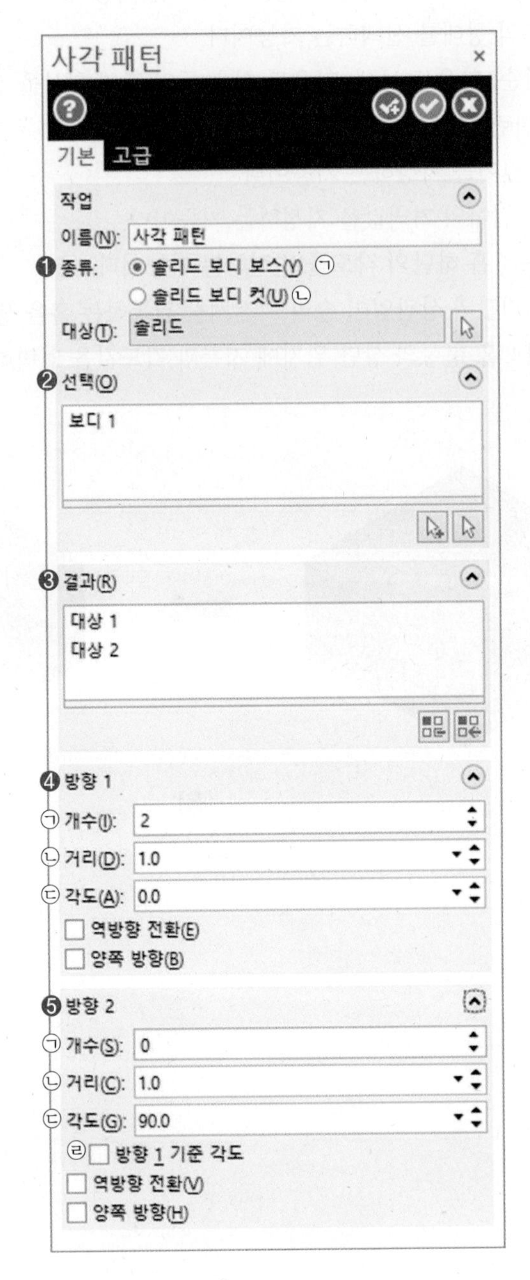

[사각 패턴 조건창]

❶ **종류**

㉠ **솔리드 보디 보스** : 하나의 솔리드 보디에 다른 솔리드 보디를 합치는 기능이다.

㉡ **솔리드 보디 컷** : 하나의 솔리드 보디에서 다른 솔리드 보디를 빼내는 기능이다.

❷ **선택** : 패턴을 실행하기 위해 선택한 원본 툴보디를 표시한다.

❸ **결과** : 툴보디가 복사된 전체 위치들을 표시한다.

❹ **방향 1**

㉠ **개수** : 첫 번째 방향으로 이동될 솔리드 도형의 개수를 입력하는 기능으로 원본 도형을 포함한 개수를 나타낸다.

㉡ **돌출길이** : 첫 번째 방향으로 이동될 솔리드 도형의 거리이다.

㉢ **각도** : 첫 번째 방향으로 이동될 솔리드 도형의 각도이다.

❺ **방향 2**

㉠ **개수** : 두 번째 방향으로 이동될 솔리드 도형의 개수를 입력하는 기능으로 원본 도형을 포함한 개수를 나타낸다.

㉡ **돌출길이** : 두 번째 방향으로 이동될 솔리드 도형의 거리이다.

㉢ **각도** : 두 번째 방향으로 이동될 솔리드 도형의 각도이다.

㉣ **방향 1 기준 각도** : 방향 1을 기준으로 방향 2의 각도 기준을 설정하는 기능이다.

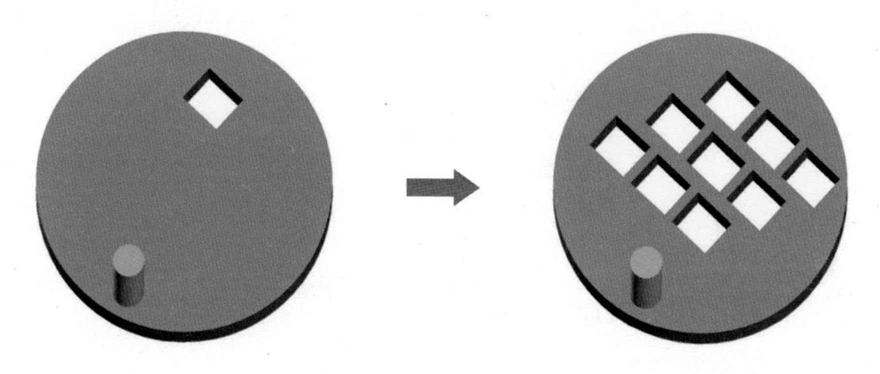

[사각 패턴]

(9) 원형 패턴

회전이동과 같이 특정 점을 기준으로 솔리드 피처 또는 보디를 회전시켜 패턴을 만드는 기능이다.

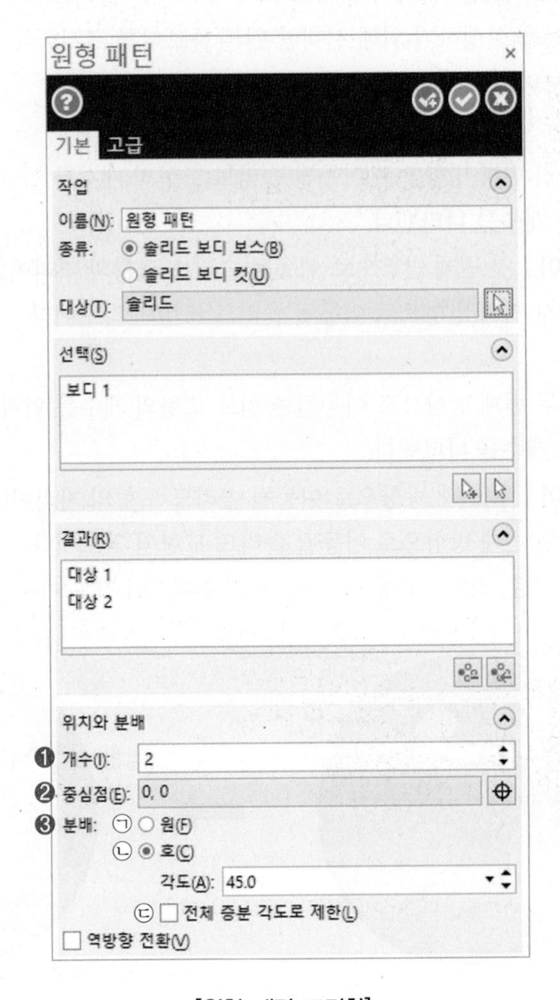

[원형 패턴 조건창]

❶ **개수** : 원형 패턴의 개수를 설정하는 기능이다.

❷ **중심점** : 원형 패턴의 기준이 될 중심점을 지정하는 기능으로 따로 지정해 주지 않으면 원점으로 설정된다.

❸ **분배**

㉠ **원** : 원의 배열에 체크를 하면 아래의 각도를 설정할 수 없으며 입력한 개수만큼 360° 상에 배열한다.

㉡ **호** : 각도를 설정하여 솔리드 보디 1개씩 입력한 각도만큼 배열한다.

㉢ **전체 증분 각도로 제한** : 각도 안에 입력한 개수를 모두 배열한다.

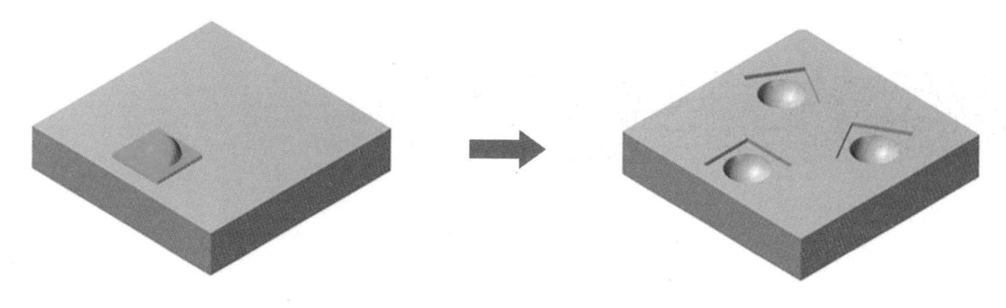

[원형 패턴]

(10) 수동 패턴

사용자가 직접 위치를 지정해서 패턴을 생성하는 기능이다.

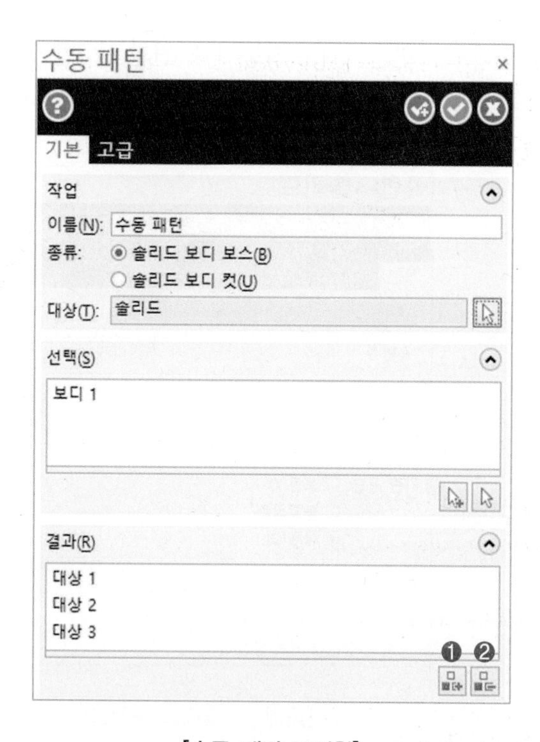

[수동 패턴 조건창]

❶ : 수동 패턴의 기준 위치를 선택하는 기능으로 버튼을 클릭하고 화면상에서 수동 패턴의 기준이 될 점을 지정한다.

❷ : 패턴을 취소하는 기능으로 버튼을 클릭하고 그래픽 화면상에서 취소할 패턴을 클릭한다.

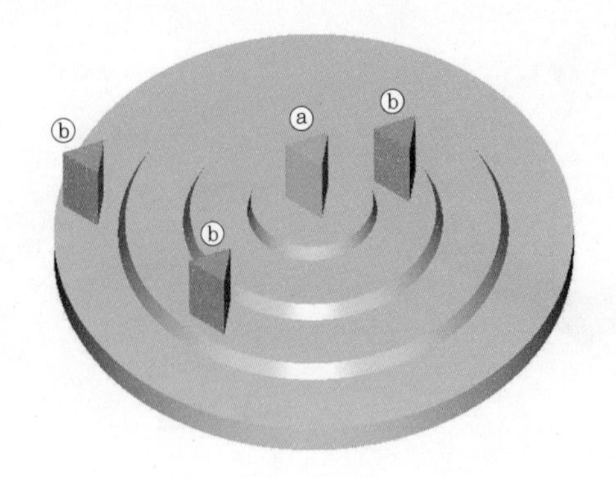

[수동 패턴]

(11) 곡면 → 솔리드 변환

곡면(Surface)을 솔리드로 변환시키는 기능이다. 변환 시 6면이 막힌 곡면의 경우는 솔리드 보디로 생성하고, 곡면의 면에 문제가 있거나 열려 있는 경우는 시트 솔리드로 생성하게 된다.

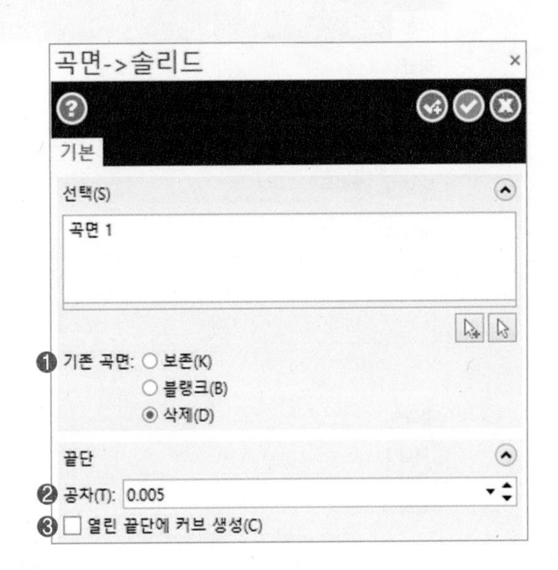

[곡면 → 솔리드 조건창]

❶ **기존 곡면** : 기존 곡면을 보존하거나 블랭크 또는 삭제할 수 있다.

❷ **공차** : 솔리드 변환에 사용되는 공차로 입력한 값보다 곡면 사이의 틈새 크기가 크면 열린 형상으로 변환된다.

❸ **열린 끝단에 커브 생성** : 솔리드 변환 중 열린 형상으로 생성되는 경우 그 끝단에 자동으로 커브를 생성하는 기능이다.

5 솔리드의 수정

(1) 필렛

1) 일정 반경 필렛

작업화면에 생성된 솔리드 형상의 끝단을 선택하고 반경 항목에 값을 입력하면 입력한 값과 같은 반경값의 필렛 형상을 생성한다.

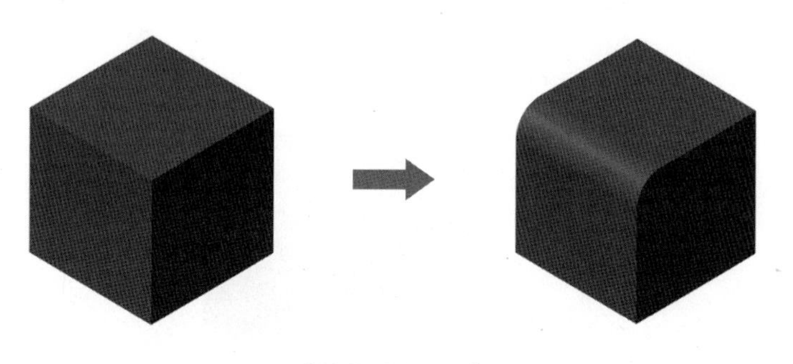

[일정 반경 필렛]

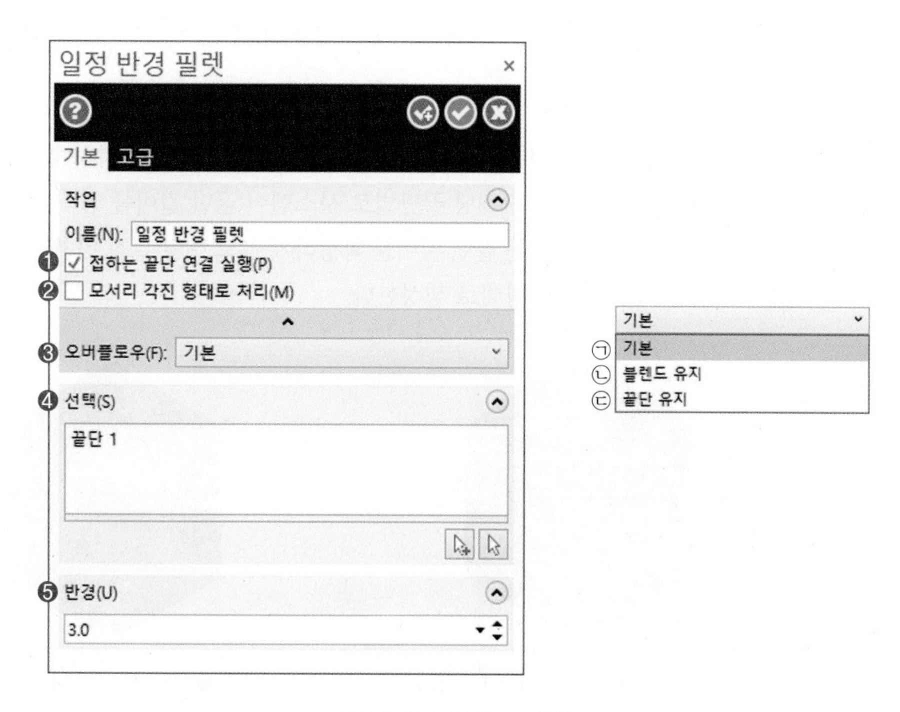

[일정 반경 필렛 조건창]

❶ **접하는 끝단 연결 실행** : 작업화면에 생성된 솔리드 형상의 끝단 중 하나를 선택하여 선택한 끝단과 접하는 다른 끝단들에도 같은 반경의 필렛을 적용하는 기능이다.

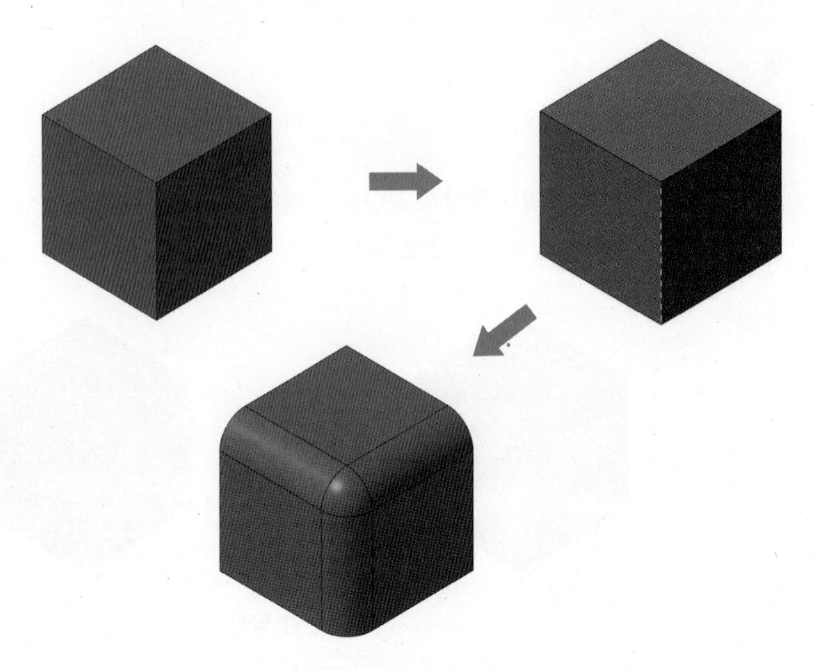

[접하는 끝단 연결 실행]

❷ **모서리 각진 형태로 처리** : '일정 반경 필렛'을 선택한 경우에만 활성화되는 항목이다. 항목에 체크 시 대상으로 적용되는 끝단 요소 중 끝단의 한쪽 끝점 위치에 3개 이상의 끝단들이 연결된 영역에 대하여 해당 끝단별로 시스템이 끝단 길이를 임의 확장하여 라운딩 처리한다. 체크 해제 시에는 끝단 길이를 확장하지 않고 해당 끝점 위치를 기준으로 해당 영역 범위만 자연스러운 형태로 생성한다.

[모서리 각진 형태로 처리 안 함]

[모서리 각진 형태로 처리]

❸ **오버플로우** : 선택한 끝단 요소에 반경값을 적용하여 시스템이 계산한 라운딩 형태의 끝단 부분에 인접한 솔리드 면 요소의 영역을 넘어 다른 면 요소의 영역으로 위치하는 경우 실행될 필렛 처리형태를 설정하는 항목이다. 아래 항목 중 적용될 처리 형태를 선택한다.

㉠ **기본** : 해당 필렛 영역에 대하여 아래의 블렌드 유지 또는 끝단 유지 처리방식 중 시스템이 최적의 처리방법을 자동으로 선택하여 필렛 형태를 생성하는 기능이다.

㉡ **블렌드 유지** : 선택한 끝단 요소에 반경값이 적용된 라운딩 형태를 유지하면서 연결된 끝단들의 라운딩 형태와 다른 면 요소의 영역으로 위치하는 라운딩 끝단들을 확장 및 트림 처리하여 자연스럽게 접하는 형태로 필렛을 생성하는 기능이다.

㉢ **끝단 유지** : 선택한 끝단 요소에 반경값이 적용된 라운딩 형태를 유지하면서 라운딩 형태의 끝단이 다른 면 요소의 영역으로 위치하면 해당 면 요소의 형태만을 자동으로 수정한다. 이때 생성되는 라운딩의 형태는 해당 면 요소에 자연스러운 형태가 되지 않을 수도 있다.

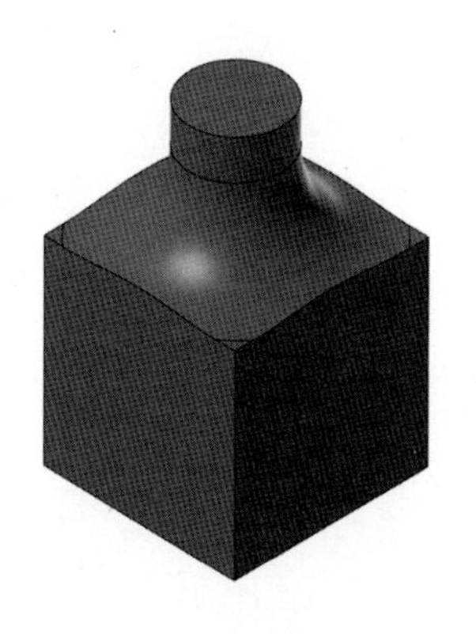

[끝단 유지]

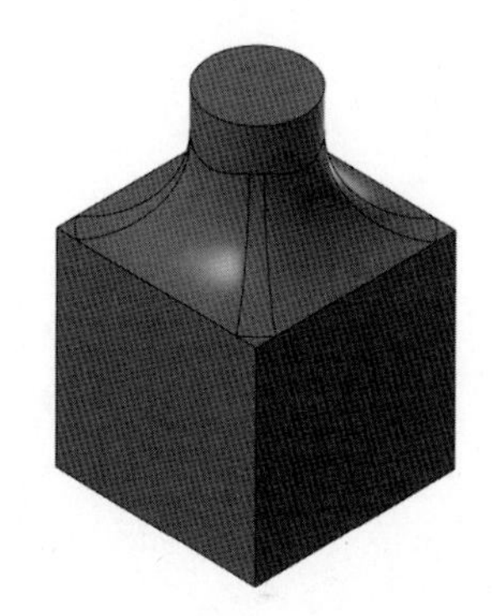

[블렌드 유지]

❹ **선택** : 필렛을 생성하기 위해 선택된 요소들을 표시하며 요소에는 끝단 면, 보디가 있다. 선택영역에서 마우스 우측 버튼을 이용하거나 우측 하단에 보이는 마우스 그림의 아이콘 두 가지를 사용하여 요소들을 추가 또는 제거할 수 있다.

❺ **반경** : 필렛에 적용될 반경값을 입력하는 기능이다.

2) 면-면 필렛

선택한 첫 번째 면과 두 번째 면 사이 모서리에 필렛을 생성하는 기능으로 반경과 너비, 홀드 라인 3가지의 형태로 생성할 수 있다. 반경은 일정 반경 필렛과 같이 라운딩 형태, 너비는 필렛의 너비, 홀드 라인은 선택한 면을 기준으로 가변 반경 필렛을 자연스럽게 생성하는 기능이다.

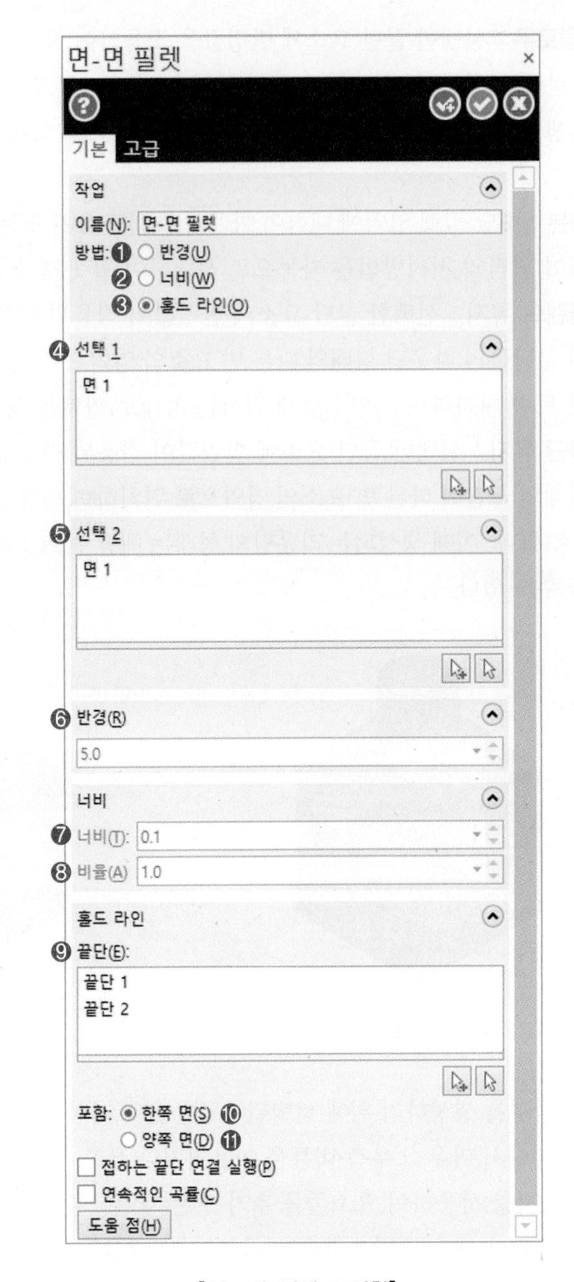

[면–면 필렛 조건창]

❶ **반경** : 입력된 반경값을 기준으로 필렛을 생성하는 기능이다.

❷ **너비** : 입력된 너비값과 비율을 사용하여 필렛을 일정한 너비로 생성하는 기능이다.

❸ **홀드 라인** : 선택한 면과 끝단을 기준으로 가변 반경 필렛을 자연스럽게 생성하는 기능이다.

[반경]

[너비]

[홀드 라인]

❹ **선택 1** : 첫 번째로 선택된 면들을 목록에 차례대로 표시한다.
❺ **선택 2** : 두 번째로 선택된 면들을 목록에 차례대로 표시한다.
❻ **반경** : 방법에서 반경을 선택하면 활성화되며 필렛의 반경값을 설정한다.
❼ **너비** : 방법에서 너비를 선택하면 활성화되며 필렛의 너비값을 설정한다.
❽ **비율** : 방법에서 너비를 선택하면 활성화되며 첫 번째 선택한 면과 두 번째 선택한 면의 너비의 비율을 설정한다.
❾ **끝단** : 형태에서 홀드 라인을 선택하면 활성화되는 기능으로 홀드 라인에 사용될 끝단을 선택하면 목록에 차례대로 표시한다.
❿ **한쪽 면** : 홀드 라인을 선택하면 활성화되는 기능으로 홀드 라인에 사용될 첫 번째 끝단을 기준으로 가변 반경 필렛을 생성하는 기능이다.
⓫ **양쪽 면** : 홀드 라인을 선택하면 활성화되는 기능으로 홀드 라인에 사용될 선택된 끝단들을 기준으로 가변 반경 필렛을 생성하는 기능이다.

3) 가변 반경 필렛

필렛 생성 대상 요소 선택을 끝단으로 선택한 경우에만 적용되는 기능이다. 선택된 끝단들에 대하여 '선형' 또는 '부드럽게' 형태로 적용되는 각 끝단 요소의 위치별 반경값이 변화하는 형태로 라운딩 형상을 생성할 수 있다.

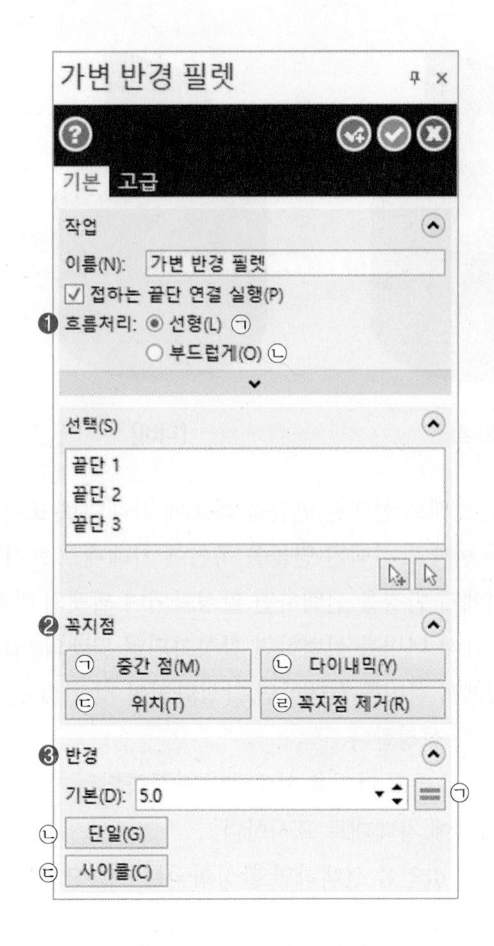

[가변 반경 필렛 조건창]

❶ **흐름처리**

㉠ **선형** : 하나의 선택 꼭지점에서 다른 선택 꼭지점까지의 형상을 직선으로 처리한다.

㉡ **부드럽게** : 하나의 선택 꼭지점에서 다른 선택 꼭지점까지의 형상을 자연스러운 형태로 생성한다.

[선형] [부드럽게]

❷ **꼭지점** : 위 '선택'에 표시면 끝단 요소들을 대상으로 특정 꼭지점에 적용될 반경값을 수정하는 기능으로 메뉴 내용은 다음과 같다.

㉠ **중간점** : '중간점' 선택 후 작업화면에서 특정 대상 끝단 요소를 선택하면 선택된 끝단 요소의 중간점 위치에 새로운 꼭지점이 생성되어 특정 반경값을 적용할 수 있다.

㉡ **다이내믹** : '다이내믹' 선택 후 작업화면에서 특정 대상 끝단 요소를 선택하여 선택 끝단 요소상에 표시되는 화살표를 마우스로 이동 후 특정 위치에서 마우스 왼쪽 버튼을 클릭하면 가상의 꼭지점이 생성되고 생성된 꼭지점 위치에 적용될 반경값을 입력할 수 있으며, 입력된 위치에는 반경 적용 상태를 나타내는 가상의 꼭지점이 표시된다.

㉢ **위치** : '위치' 선택 후 작업화면에서 '중간점' 또는 '다이내믹' 기능을 사용하여 생성한 꼭지점을 마우스 좌측 버튼으로 클릭 후 위치를 이동하고 마우스 좌측 버튼을 클릭하면 이동 위치로 해당 꼭지점 위치가 자동 변경된다.

㉣ **꼭지점 제거** : '꼭지점 제거' 선택 후 작업화면에서 '중간점' 또는 '다이내믹' 기능을 사용하여 생성한 꼭지점을 마우스 좌측 버튼으로 클릭하면 해당 위치의 꼭지점이 화면에서 지워지고 적용 중인 해당 꼭지점 위치의 반경값도 자동으로 취소된다.

❸ **반경** : 생성될 라운딩 형태의 반지름값을 설정하는 항목이다.

㉠ **전체 설정** : 반경 입력창인 '기본'에 반경값을 입력하고 '전체 설정'을 클릭하면 선택된 끝단의 반경이 변경된다.

㉡ **단일** : '단일 꼭지점 변경'을 선택하면 기존의 반경 마커를 선택할 수 있다. 반경 마커를 선택하고 반경값을 입력하면 솔리드 끝단의 단일 반경값이 수정된다.

㉢ **사이클** : '사이클'을 클릭하면 작업화면에 표시된 '꼭지점' 위치들 중 필렛이 적용될 처음 위치가 흰색 점으로 표시되면서 화면에 해당 위치에 적용 중인 반경값이 자동으로 표시된다.

표시된 값을 수정하면 입력된 값이 해당 위치 반경값으로 적용되며 순차적으로 '꼭지점' 위치들이 선택되어 반경값을 수정할 수 있다.

(2) 모따기

1) 거리 1 모따기

작업화면에 생성된 솔리드 도형의 특정 끝단을 선택하여 선택한 끝단 요소 기준 양쪽 면방향으로 같은 거리의 45° 모따기를 실행하는 기능이다.

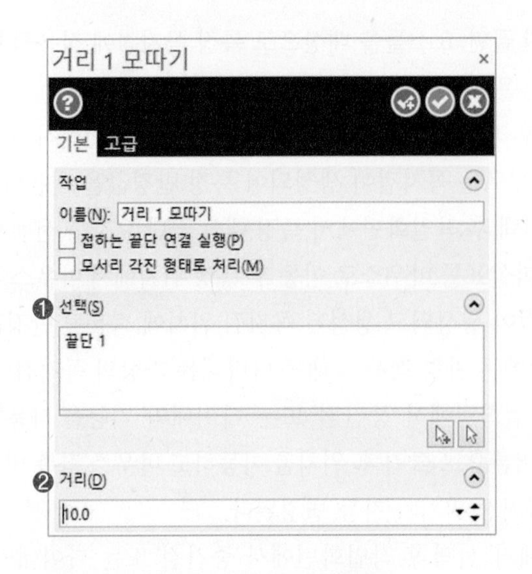

[거리 1 모따기 조건창]

[거리 1 모따기]

❶ **선택** : 선택한 끝단 요소를 수정 및 추가하는 기능이다.

❷ **거리** : 선택한 끝단 요소를 기준으로 45° 모따기의 길이를 입력하는 기능이다.

2) 거리 2 모따기

작업화면에 생성된 솔리드 도형의 특정 끝단을 선택하여 끝단 요소 기준 양쪽 면방향으로 각기 다른 거리로 모따기를 생성하는 기능이다.

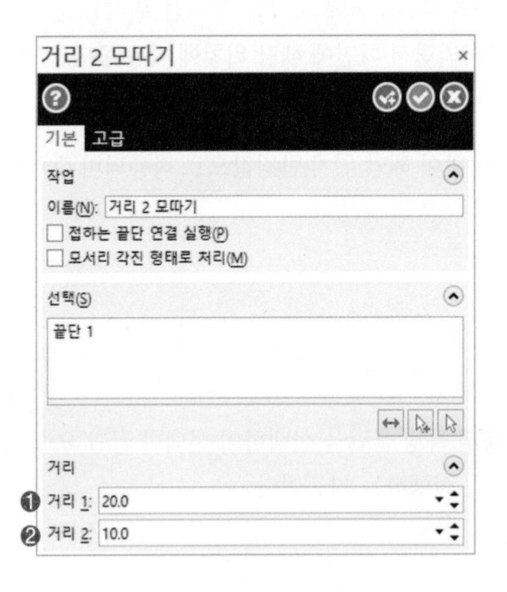

[거리 2 모따기 조건창]

[거리 2 모따기]

❶ **거리 1** : 선택한 끝단 요소를 기준으로 참고면으로 선택된 면의 모따기 길이를 입력하는 기능이다.

❷ **거리 2** : 선택한 끝단 요소를 기준으로 참고면이 아닌 면의 모따기 길이를 입력하는 기능이다.

3) 거리+각도 모따기

솔리드 끝단 기준 거리와 각도로 모따기를 생성하는 기능이다.

[거리+각도 모따기 조건창]

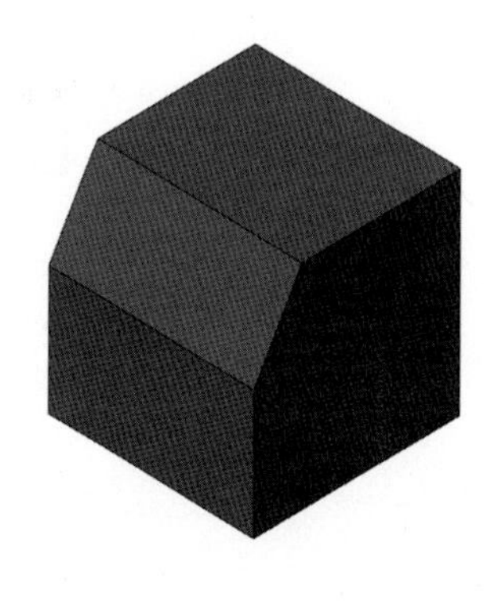

[거리+각도 모따기]

❶ **선택** : 선택한 끝단 요소를 수정 및 추가하는 기능이다.

❷ **거리** : 선택한 끝단 요소를 기준으로 참고면으로 선택된 면의 모따기 길이를 입력하는 기능이다.

❸ **각도** : 선택한 끝단 요소를 기준으로 참고면으로 선택된 면의 모따기 각도를 입력하는 기능이다.

(3) 쉘

솔리드 형상의 외측 면 기준 또는 특정 면을 제외한 다른 면을 기준으로 설정된 간격만큼 면의 두께를 남긴 채 솔리드 도형 형상의 내측 영역을 모두 제거하는 기능이다. 현재 형상을 모두 제거하고 외측 방향으로 간격만큼 면의 두께를 남기거나 내측, 외측 양방향으로 면의 두께를 남기는 등 다양한 형태로 실행할 수 있다. 실행 결과는 도형 형상 그래픽 실행 처리를 반투명 또는 그래픽 실행 해제하여 도형의 내측 윤곽 형태로 파악한다.

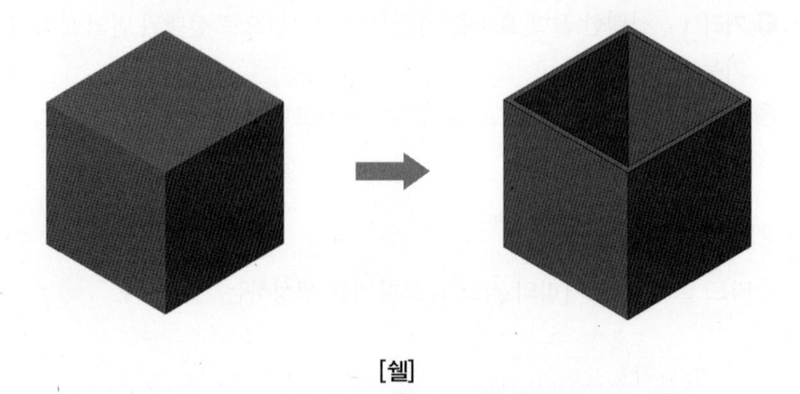

[쉘]

쉘
기본 고급
작업
이름(N): 쉘
❶ 방향: ◉ 방향 1(D) ○ 방향 2(R) ○ 양쪽(B)
❷ 선택(S)
면 1
❸ 쉘 두께
방향 1: 2.0
방향 2: 2.0

[쉘 조건창]

❶ **방향** : 선택된 솔리드 형상의 외측 면을 기준으로 면의 두께가 적용될 방향을 설정하는 기능이다. 방향 1은 내측, 방향 2는 외측, 양쪽은 내측 · 외측 방향이다.

❷ **선택** : 면을 선택하면 선택된 면 부분이 오픈되는 형태로 쉘 작업이 되고, 보디를 선택하면 보디의 내부가 비어 있는 형태로 쉘 작업이 완성된다.

❸ **쉘 두께** : 위의 방향에서 선택된 방향을 기준으로 솔리드 도형 형상의 외측 면의 두께를 설정하는 기능으로 방향 1, 방향 2의 적용될 간격값을 설정한다.

(4) 두께 주기

두께가 없는 시트 솔리드를 두께를 적용하여 솔리드 보디를 생성하는 기능이다. 곡면으로 구성된 모델을 시트 솔리드로 변경하거나 면 제거를 통해 '모델 수정' 탭의 '면 제거' 기능을 사용하여 한쪽 면을 제거하고 시트 솔리드로 변경한 후 변경된 시트 솔리드에 두께를 적용하여 솔리드 보디를 생성한다.

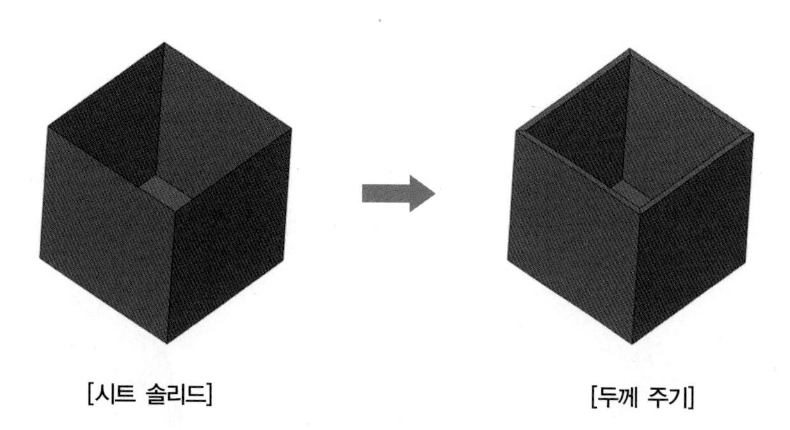

[시트 솔리드] [두께 주기]

[두께 주기 조건창]

❶ **방향** : 선택한 시트 솔리드에 두께가 적용될 방향을 지정하는 기능이다. 방향 1은 내측, 방향 2는 외측, 양쪽은 내측 · 외측으로 두께를 적용한다.

❷ **두께 주기** : 선택한 시트 솔리드에 적용할 두께의 값을 입력한다. 방향 1은 내측, 방향 2는 외측으로 두께의 값을 적용한다.

(5) 경사

솔리드 보디의 면에 기울기를 줄 수 있는 기능이다.

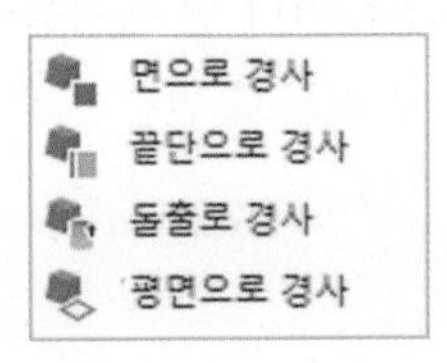

1) 면으로 경사

선택한 경사를 줄 면과 각진 형태로 인접해 있는 다른 특정 참고면(평평한 면)을 기준으로 각도에 입력한 값만큼 경사각도를 적용하여 대상 면을 경사 형태로 수정하는 기능이다.

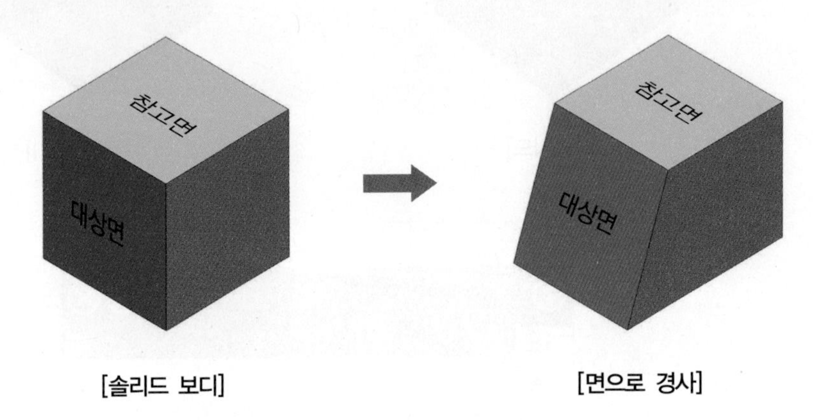

[솔리드 보디] [면으로 경사]

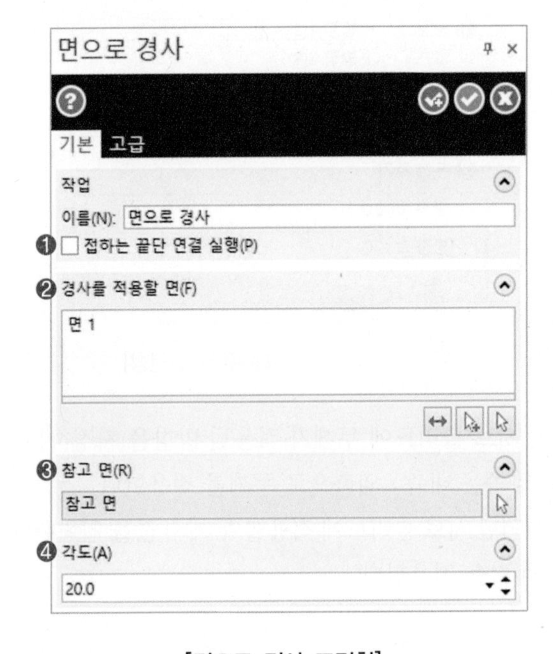

[면으로 경사 조건창]

❶ **접하는 끝단 연결 실행** : 면으로 경사를 선택한 경우에만 활성화되는 항목이다. 선택된 면에 접하는 형태로 인접한 모든 면에 동일한 경사가 주어진다.
❷ **경사를 적용할 면** : 경사 형태로 생성될 선택된 면들을 차례대로 표시한다.
❸ **참고면** : 경사 형태로 생성될 선택된 면과 교차하는 평평한 면을 선택하는 기능으로 경사를 줄 면과 교차하지 않으면 면으로 경사작업은 실패하게 된다.
❹ **각도** : 적용될 경사각도값을 설정하는 기능이다.

2) 끝단으로 경사

단일 또는 다수의 끝단 요소를 기준으로 대상 면을 경사 형태로 수정하는 기능이다. 각도 입력창에 입력된 각도값을 적용하여 선택한 참고 끝단과 경사방향을 지정할 끝단이나 면을 기준으로 선택한 대상 면에 경사 형태를 생성한다.

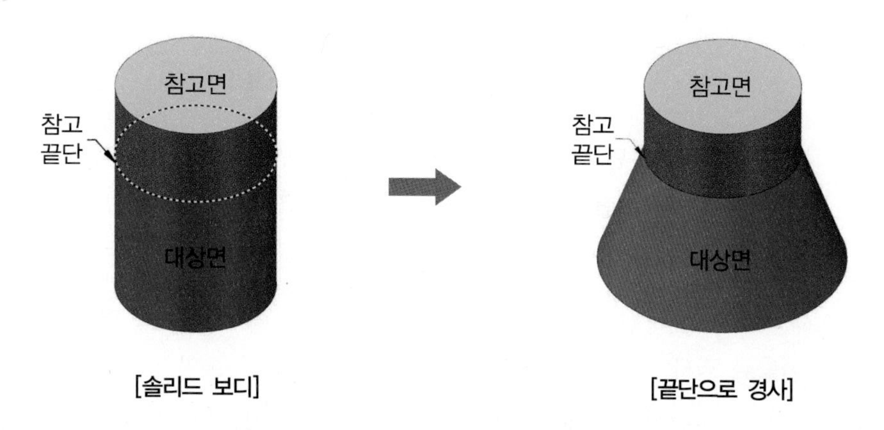

[솔리드 보디] [끝단으로 경사]

얼핏, 면으로 경사와 끝단으로 경사가 같아 보일 수 있으나, 같은 도형으로 비교를 해보면 차이를 알 수 있다.

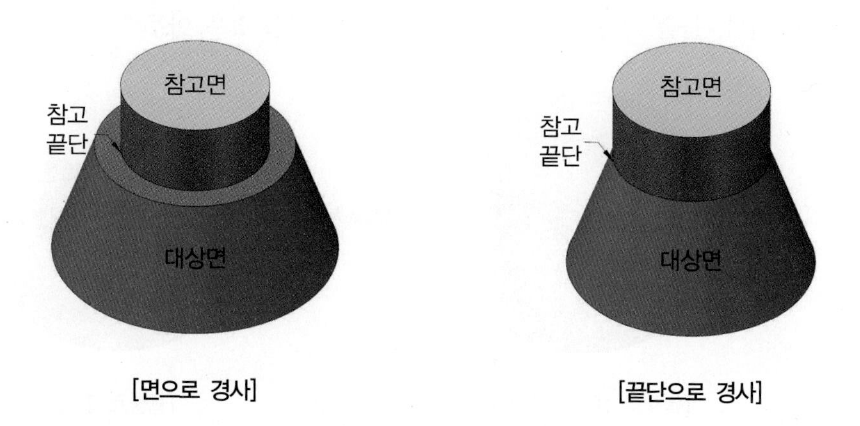

[면으로 경사] [끝단으로 경사]

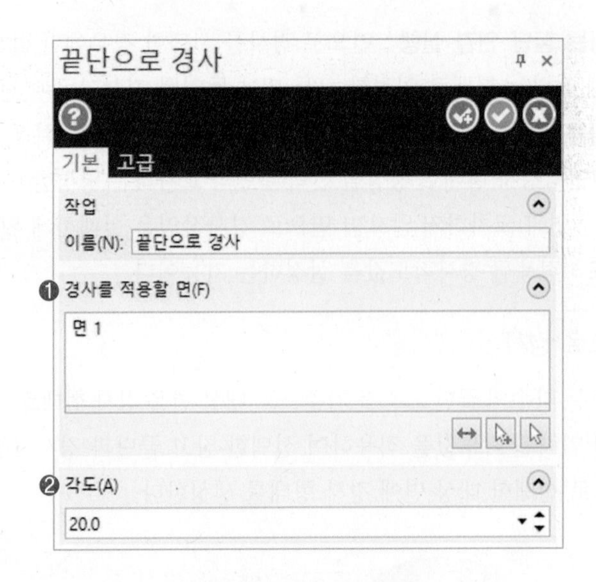

[끝단으로 경사 조건창]

❶ **경사를 적용할 면** : 선택된 경사 형태가 생성될 면을 차례대로 표시해주며 목록에서 마우스 우측 버튼을 클릭하여 경사 형태가 생성될 면을 추가 및 수정, 역방향, 전체 재선택이 가능하다.

❷ **각도** : 선택된 경사 형태가 생성될 면의 각도값을 입력한다.

3) 돌출로 경사

솔리드 '돌출' 기능을 사용하여 생성한 솔리드 도형의 특정 면을 선택하여 경사 형태로 솔리드 도형을 수정하는 기능이다. 작업화면에 솔리드 '돌출' 기능을 사용하여 솔리드 도형을 생성하고 그 솔리드 도형의 경사 형태로 수정할 면을 선택한 후 각도값을 입력하여 경사면을 생성한다. '돌출' 기능으로 솔리드를 생성하지 않았을 경우, 아무런 변화가 없다.

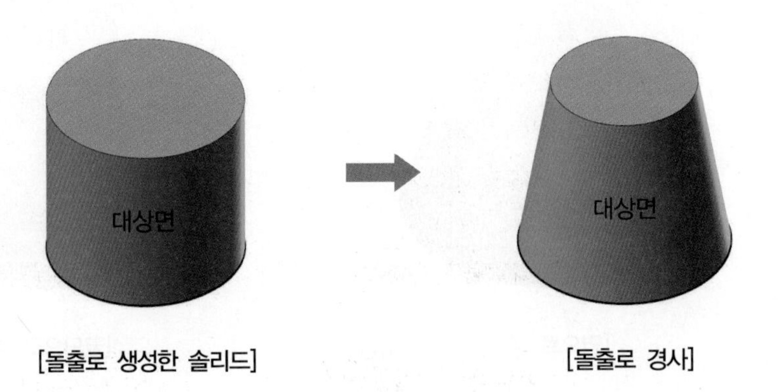

[돌출로 생성한 솔리드] [돌출로 경사]

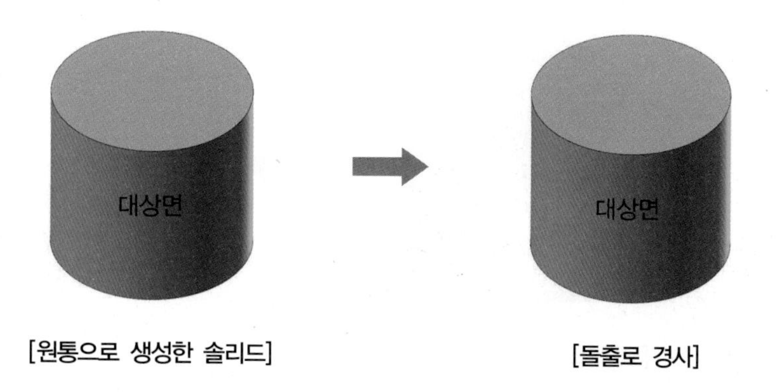

[원통으로 생성한 솔리드] [돌출로 경사]

[돌출로 경사 조건창]

❶ **경사를 적용할 면** : 선택된 경사 형태가 생성될 면을 차례대로 표시해주며 목록에서 마우스 우측 버튼을 클릭하여 경사 형태가 생성될 면을 추가 및 수정, 역방향, 전체 재선택이 가능하다.

❷ **각도** : 선택된 경사 형태가 생성될 면의 각도값을 입력한다.

4) 평면으로 경사

평면, 정면, 우측면 등 기존의 평면이나 생성된 새로운 평면을 기준으로 선택한 대상 면을 경사 형태로 수정하는 기능이다. 경사 형태가 적용될 솔리드 면을 선택하고 기준이 될 평면을 생성하거나 기존의 평면을 선택하면 입력된 각도값이 적용된 경사면을 생성한다.

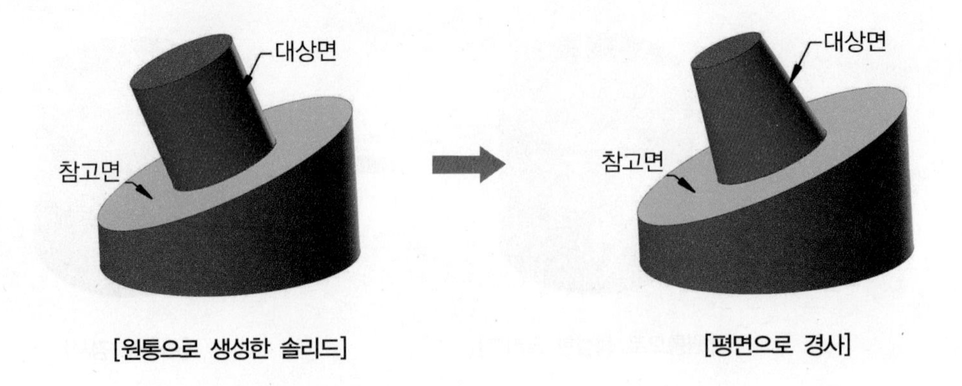

[원통으로 생성한 솔리드]　　　　[평면으로 경사]

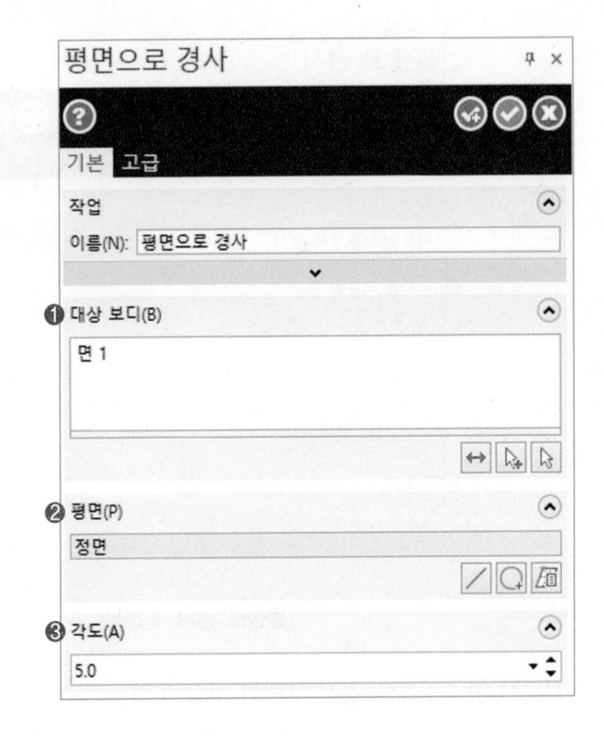

[평면으로 경사 조건창]

❶ **대상 보디** : 선택한 경사 형태로 적용될 솔리드 면을 차례대로 표시하고 경사 형태의 역방향, 수정, 전체 재선택 등을 통하여 선택된 솔리드 면을 수정할 수 있다.

❷ **평면** : 기준이 될 평면을 선택하는 기능으로 직선으로 평면, 요소로 평면, 이름 있는 평면 중 하나를 선택할 수 있다.

❸ **각도** : 선택한 경사 형태로 적용될 솔리드 면의 각도값을 입력한다.

(6) 트림

솔리드 도형을 평면 혹은 곡면 / 시트를 이용하여 트림하는 기능이다. 솔리드를 트림하는 방법에는 평면으로 트림, 곡면 / 시트로 트림 등이 있다.

평면으로 트림
곡면/시트로 트림

1) 평면으로 트림

솔리드 도형 형상을 선택한 특정 평면을 사용하여 트림하는 기능이다. 트림할 솔리드를 선택한 후 직선, 요소, 다이내믹 평면, 이름 있는 평면 중 원하는 기능을 선택하여 평면을 지정하면 선택한 평면을 기준으로 솔리드를 트림한다.

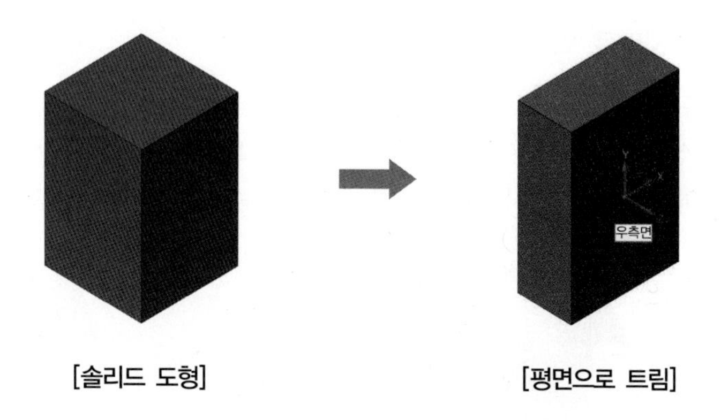

[솔리드 도형] [평면으로 트림]

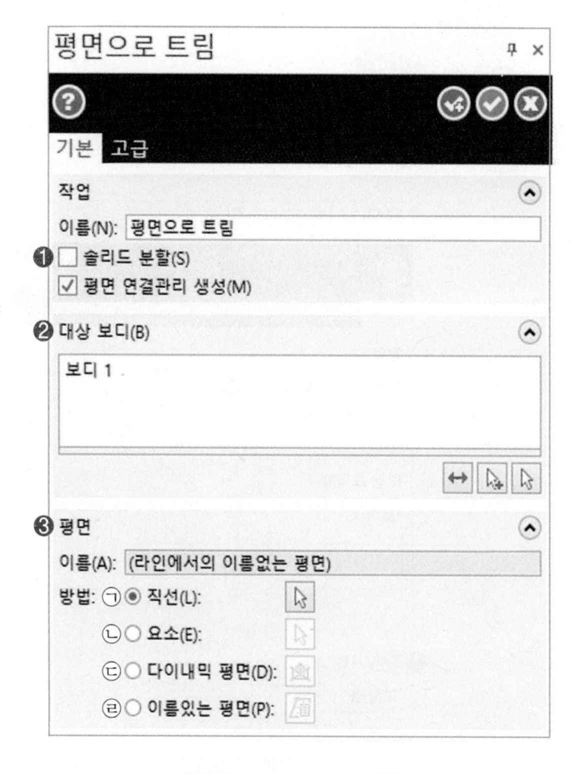

[평면으로 트림 조건창]

❶ **솔리드 분할** : 이 기능을 체크하면 솔리드를 트림하는 것이 아니라 선택한 평면을 기준으로 두 개의 솔리드 도형으로 솔리드를 나누어 준다.

❷ **대상 보디** : 트림 대상으로 선택한 솔리드 보디들을 선택한 순서로 차례대로 표시한다.

❸ **평면** : 기준이 될 평면을 선택하는 기능으로 직선, 요소, 다이내믹 평면, 이름 있는 평면 중 하나를 선택할 수 있다.

㉠ **직선** : 선택한 직선을 기준으로 평면 위치를 지정하는 기능이다.

㉡ **요소** : 원호 혹은 2개 직선, 3개의 점을 선택하여 평면 위치를 지정하는 기능이다.

㉢ **다이내믹 평면** : 지시침(Gnomon)을 이용하여 평면 위치를 지정하는 기능이다.

㉣ **이름 있는 평면** : 저장된 작업평면을 이용하여 평면 위치를 지정하는 기능이다.

2) 곡면 / 시트로 트림

트림 대상 솔리드 도형과 곡면도형 또는 시트 솔리드(두께가 없는 솔리드) 도형을 선택하여 두 형상의 교차면을 기준으로 솔리드 도형을 트림하는 기능이다. 트림 대상 솔리드 도형을 선택하고 곡면이나 시트 솔리드를 선택하여 솔리드 도형의 트림을 실행한다.

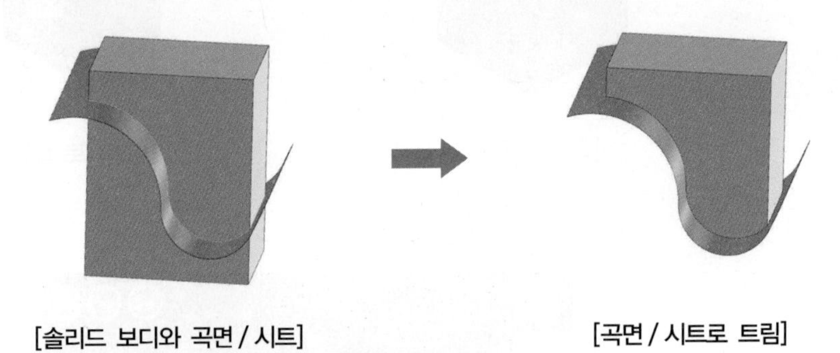

[솔리드 보디와 곡면 / 시트]　　　　[곡면 / 시트로 트림]

곡면/시트로 트림

기본 고급

작업

이름(N): 곡면/시트로 트림

☐ 솔리드 분할(S)

대상 보디(B)

보디 1

❶ 곡면/시트(U)

트림 툴

[곡면 / 시트로 트림 조건창]

❶ **곡면 / 시트** : 선택한 곡면이나 시트 솔리드를 마우스 포인트 아이콘을 클릭하여 다른 도형으로 변경하는 기능이다.

6 솔리드 모델링 예제 : 임펠러

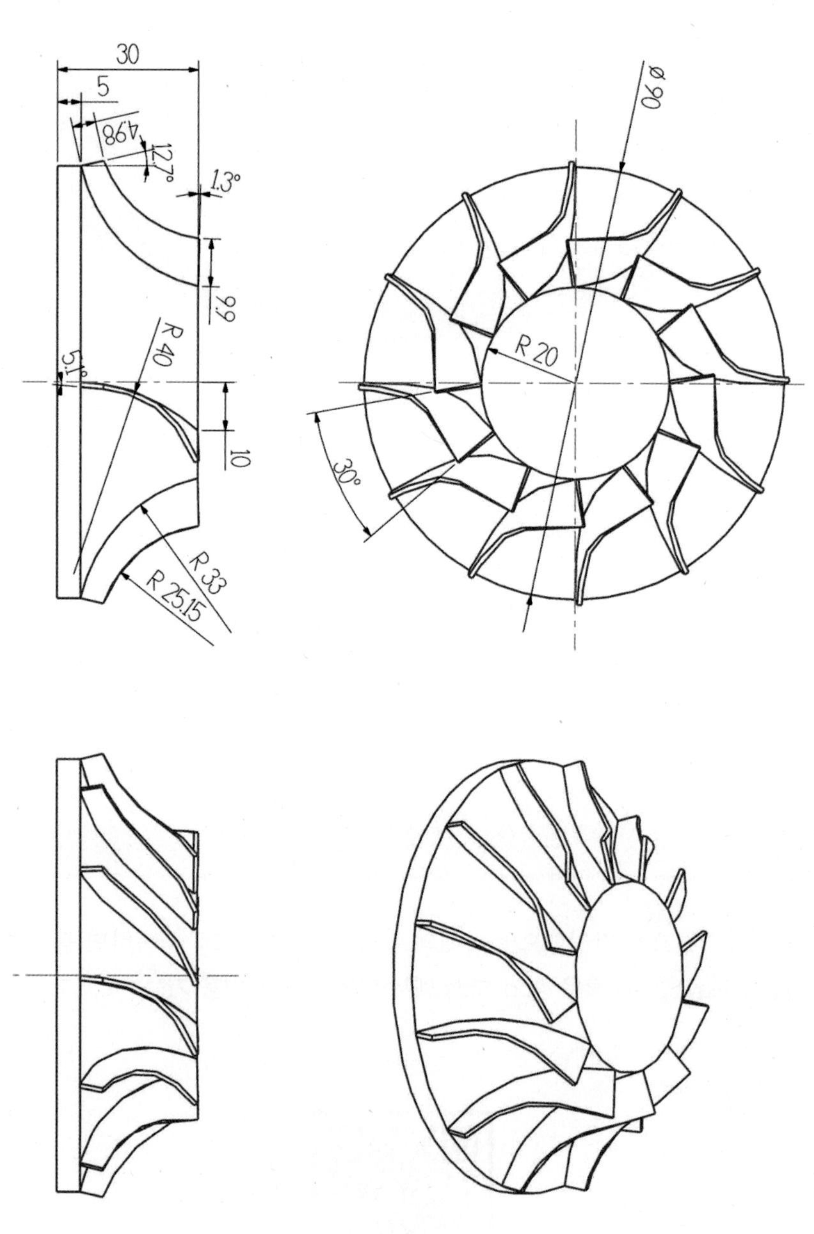

[도 면]

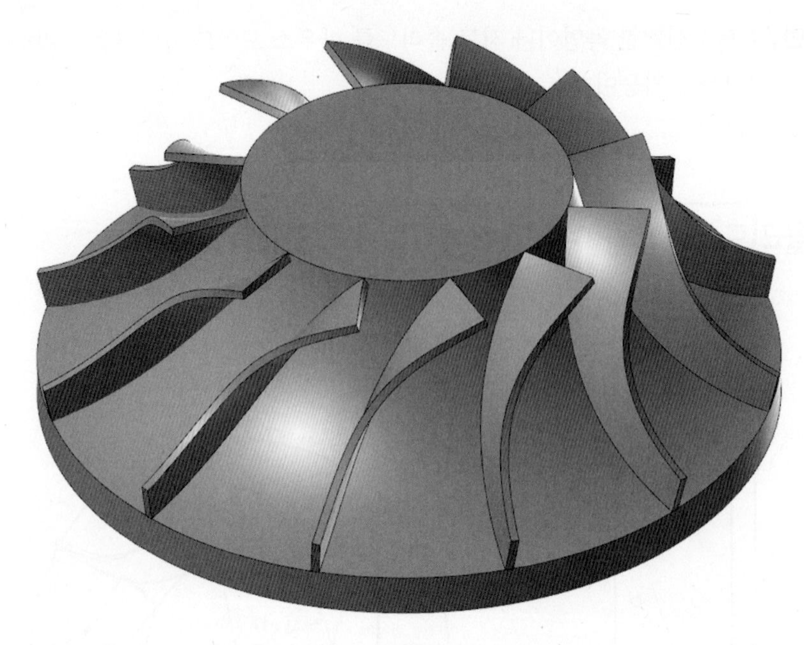

[모델링]

동영상 바로가기 QR code

해답의 참조는 동영상으로 작성했으며 아래의 링크 또는 QR코드로 접속하면 볼 수 있습니다.
(QR코드 어플은 Play Store 혹은 App Store에서 다운로드 후 이용 가능)

동영상 URL : https://youtu.be/ql8kSDfK9O0

MEMO

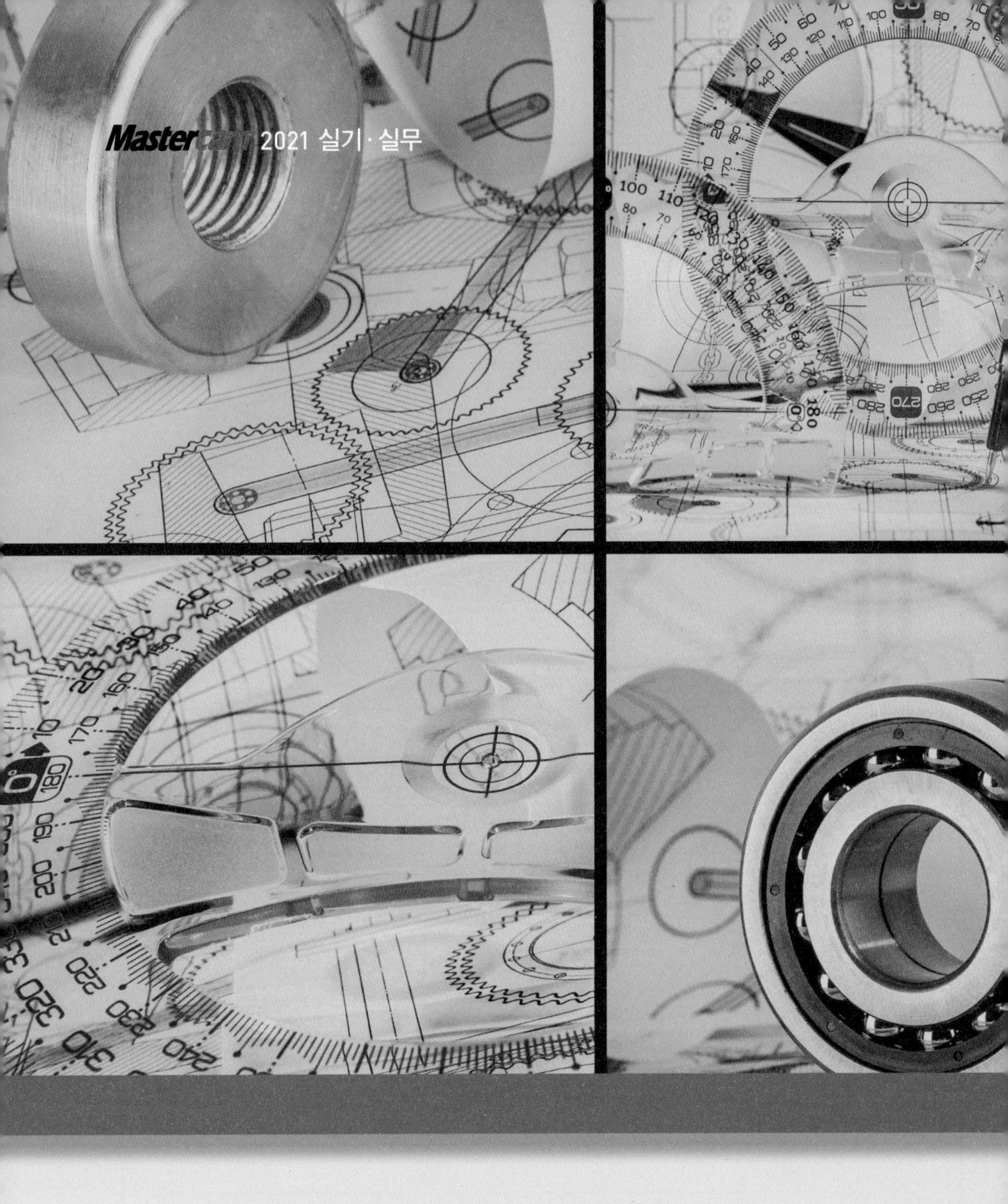
Mastercam 2021 실기·실무

CHAPTER 07

모델 수정

CHAPTER

07 모델 수정

1 홀 축 생성

(1) 홀 축

솔리드 모델링의 원형 홀에 직선(축), 점, 원 등을 생성해주는 기능이다.

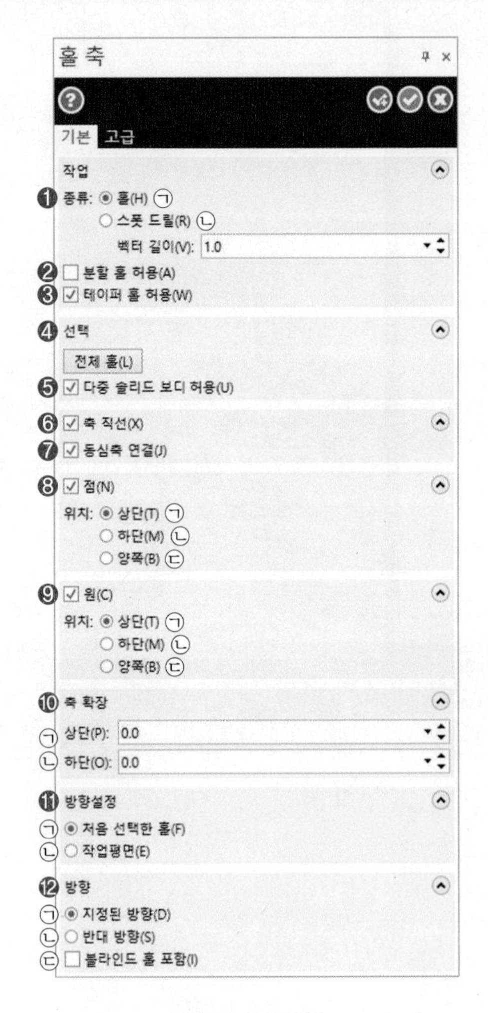

[홀 축 조건창]

❶ **종류**

㉠ **홀** : 선택된 홀의 상단과 하단 높이를 연결하는 직선 축선을 생성한다.

㉡ **스폿 드릴** : 선택된 홀의 상단에 직선 축선을 생성하며 생성될 축선의 길이를 벡터 길이 값을 이용하여 설정한다.

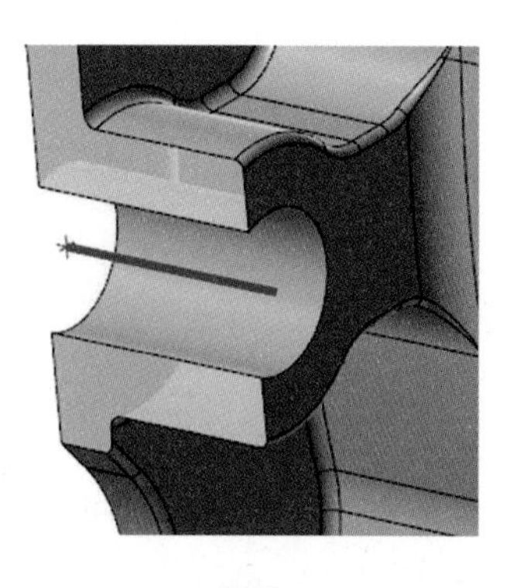

[홀]

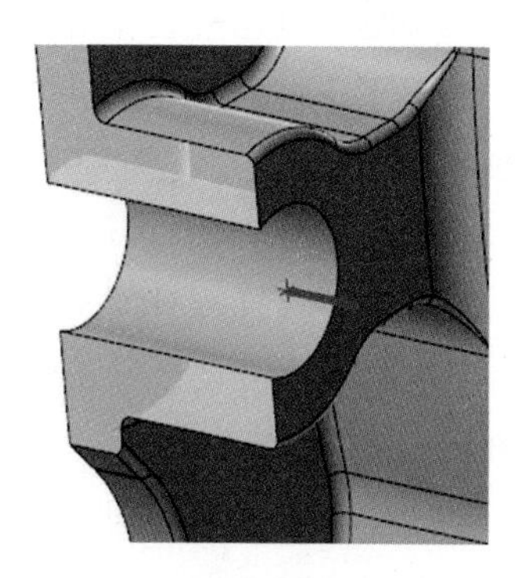

[스폿 드릴]

❷ **분할 홀 허용** : 분할된 홀(호 형상의 홀)도 인식할 수 있도록 하는 기능이다.

❸ **테이퍼 홀 허용** : 테이퍼 형태의 홀도 인식할 수 있도록 하는 기능이다.

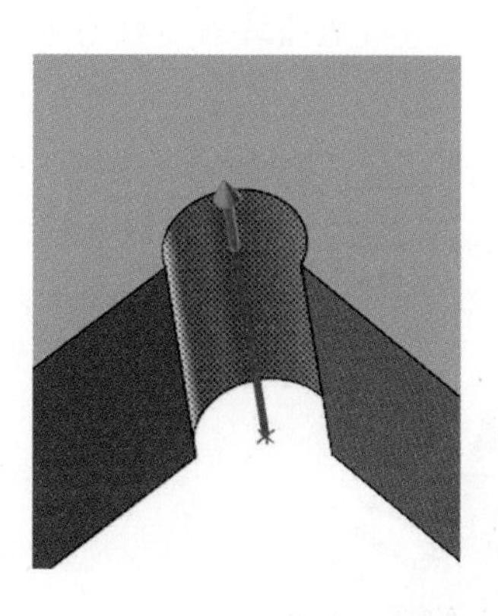

[분할 홀]

[테이퍼 홀]

❹ **선택–전체 홀** : 솔리드 모델링이 가진 전체 홀을 자동으로 선택한다.

❺ **다중 솔리드 보디 허용** : 여러 개의 솔리드 보디를 허용하는 기능이다.

❻ **축 직선** : 선택된 홀 중심에 직선 속성의 축선을 생성한다.

❼ **동심축 연결** : 같은 동심축을 갖는 두 개의 홀을 선택할 경우 축선을 나누지 않고, 하나의 직선으로 생성해주는 기능이다.

❽ **점** : 직선 축선에 점을 생성해 주는 기능이다.

㉠ **상단** : 직선 축선의 상단에 점을 생성한다.

㉡ **하단** : 직선 축선의 하단에 점을 생성한다.

㉢ **양쪽** : 직선 축선의 양쪽 끝에 점을 생성한다.

❾ **원** : 직선 축에 원을 생성하는 기능이다.

㉠ **상단** : 직선 축선의 상단에 원을 생성한다.

㉡ **하단** : 직선 축선의 하단에 원을 생성한다.

㉢ **양쪽** : 직선 축선의 양쪽 끝에 원을 생성한다.

❿ **축 확장** : 직선 축선의 길이를 연장해 주는 기능으로 상단 / 하단에 입력된 길이만큼 직선을 확장한다.

㉠ **상단** : 직선 축선의 상단방향 길이를 연장한다.

㉡ **하단** : 직선 축선의 하단방향 길이를 연장한다.

⓫ **방향 설정**

㉠ **처음 선택한 홀** : 처음 선택한 홀의 축선방향을 솔리드 모델링 과정에서 정의된 홀의 방향을 사용하며 나머지 홀의 축선방향도 같은 방향으로 한다.

㉡ **작업평면** : 현재 사용 중인 작업평면의 Z+방향으로 축선의 방향을 정의한다.

⓬ **방향**

㉠ **지정된 방향** : 위 '방향 설정' 기능에서 선택된 방향대로 축선의 방향을 설정하는 기능이다.

㉡ **반대방향** : 위 '방향 설정' 기능에서 선택된 방향의 반대로 축선의 방향을 설정하는 기능이다.

㉢ **블라인드 홀 포함** : 위 '지정된 방향' 또는 '반대방향' 기능을 사용하여 직선 축선의 방향을 반대로 변경할 때 블라인드 홀(관통되지 않은 홀)의 방향도 반대로 변경하는 기능이다. 이 기능을 사용하지 않을 경우 블라인드 홀의 방향은 변경되지 않는다.

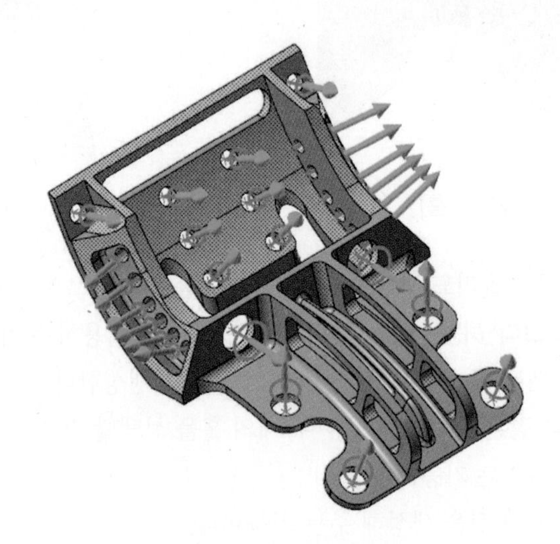

[홀 축 기능을 활용한 샘플]

2 직접 수정

(1) 밀기-당기기

면을 오프셋하거나 끝단에 필렛을 넣을 때 사용하는 기능으로 수정을 원하는 면이나 끝단을 선택하고 화살표를 이용하여 솔리드 형상을 수정하는 기능이다.

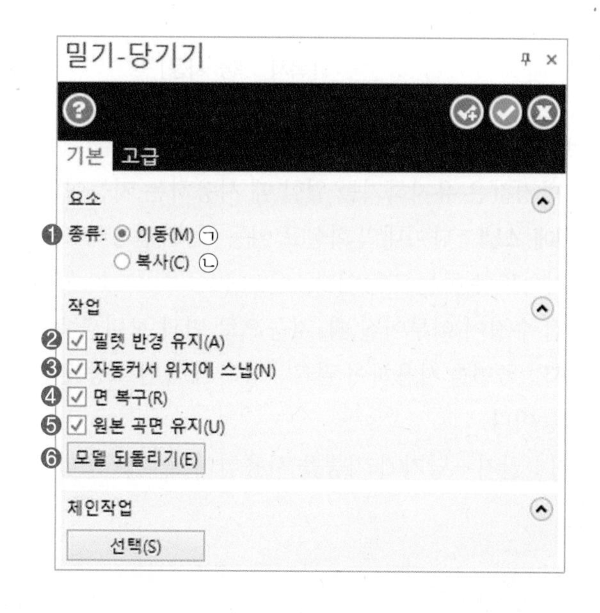

[밀기-당기기 조건창]

❶ 종류

㉠ **이동** : 원본의 솔리드를 수정하여 모양을 변형시킨다.

㉡ **복사** : 원본 솔리드는 그대로 두고 수정된 형태의 솔리드 보디를 추가로 생성한다.

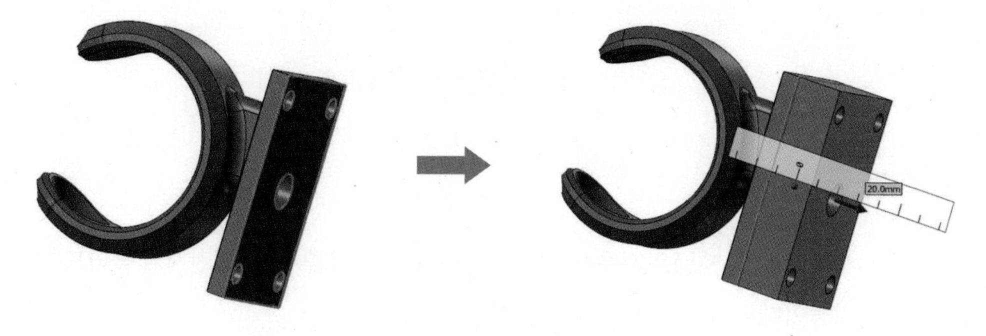

[이동 기능 사용]

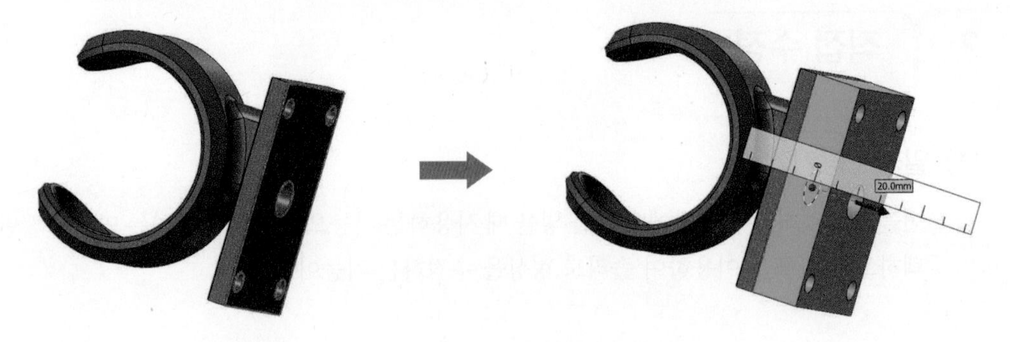

[복사 기능 사용]

❷ **필렛 반경 유지** : 선택된 다수의 면 중에 필렛 형상이 있을 경우에 적용하며, 면을 오프셋시켜도 필렛의 반경값은 유지하기를 원할 때 사용하는 기능이다.

❸ **자동커서 위치에 스냅** : 다이내믹 화살표 이동 시, 화면상의 도형에 마우스 커서가 스냅과 자동커서를 감지하도록 하는 기능이다.

❹ **면 복구** : 직접 수정이 이루어질 때, 자동으로 면과 보디를 복구하도록 하는 기능이다.

❺ **원본 곡면 유지** : 곡면을 사용하여 밀기－당기기 작업 도중 원본 곡면이 삭제되는 것을 방지하기 위한 기능이다.

❻ **모델 되돌리기** : 밀기－당기기 기능을 사용하여 솔리드 보디를 수정 전 형태로 되돌린다.

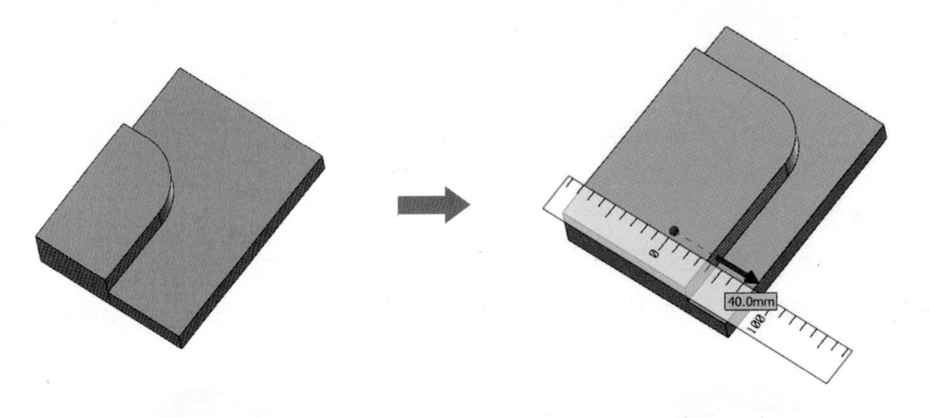

[밀기－당기기 기능을 이용한 샘플]

(2) 이동

다이내믹 지시침( )을 사용하여 선택한 면 또는 피처를 이동, 회전시켜 솔리드 형상을 수정하는 기능이다.

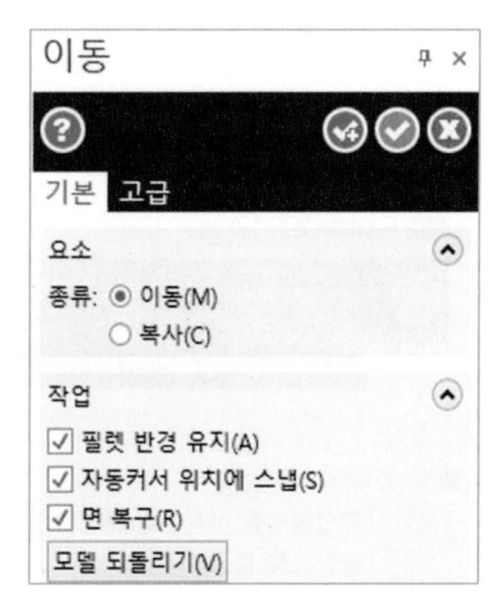

[이동]

✎ 설정 기능들은 앞에서 다룬 밀기–당기기와 중복되므로 생략한다.

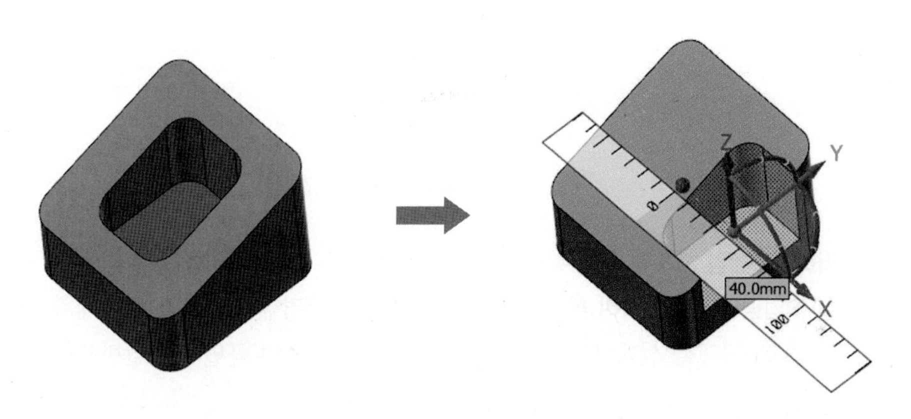

[이동 기능 사용]

[회전 기능 사용]

(3) 솔리드 면 분할

하나의 면을 와이어프레임이나 면방향(U, V방향)을 이용해서 분할하는 기능이다.

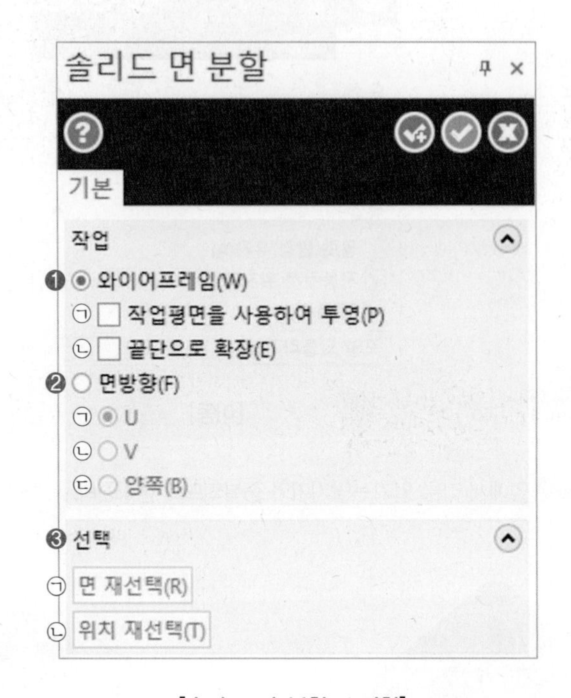

[솔리드 면 분할 조건창]

❶ **와이어프레임** : 면 분할을 위한 기준으로 와이어프레임 커브를 사용한다.

㉠ **작업평면을 사용하여 투영** : 현재 사용 중인 작업평면에 기준하여 면에 투영할 스플라인, 원호, 직선을 선택한다. 이 항목을 선택하지 않으면 곡면의 노말방향에 기준하여 투영한다.

㉡ **끝단으로 확장** : 가까운 끝단으로 와이어프레임 도형을 자동 확장하는 기능이다.

❷ **면방향** : 면이 가지고 있는 고유의 방향(U, V방향)을 이용하여 면을 분할한다.

㉠ **U** : 면의 가로방향을 사용하여 면을 분할한다.

㉡ **V** : 면의 세로방향을 사용하여 면을 분할한다.

㉢ **양쪽** : U방향과 V방향을 모두 사용하여 면을 분할한다.

❸ **선택**

㉠ **면 재선택** : 분할될 면을 다시 선택하기 위한 기능이다.

㉡ **위치 재선택** : 면방향을 사용할 때 새로운 위치로 다시 선택하기 위한 기능이다.

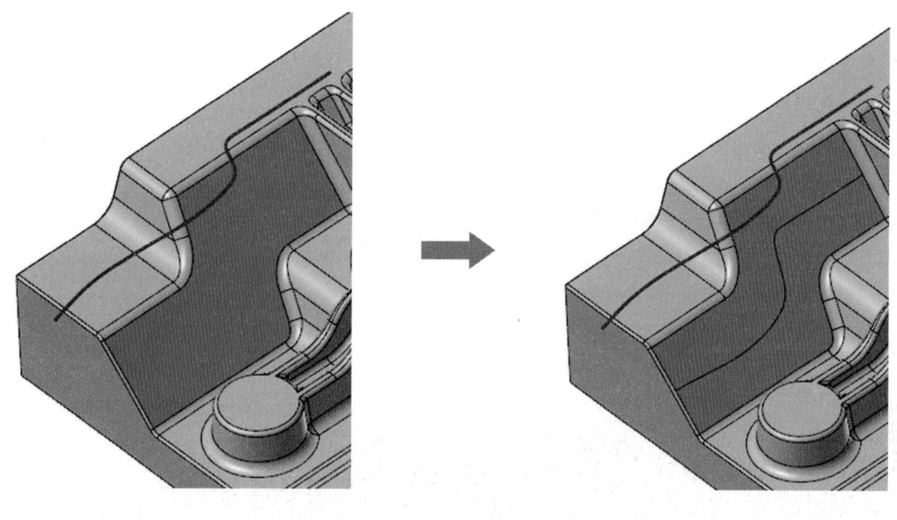

[솔리드 면 분할을 이용한 샘플]

3 솔리드 모델 수정

(1) 피처 수정

작업 히스토리가 없는 솔리드 형상으로부터 새로운 보디를 생성하거나 피처를 제거하는 기능으로 Mastercam 이외의 다른 소프트웨어에서 제작된 솔리드 형상을 수정할 때 유용하다. 수정할 솔리드 형상의 면을 선택한 후 적용될 조건을 선택한다.

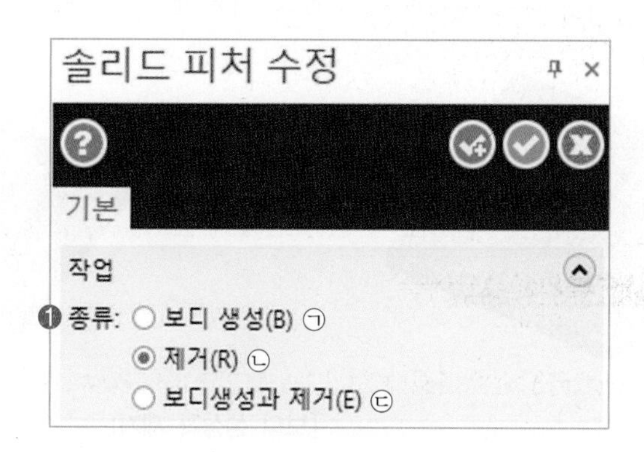

[피처 수정 조건창]

❶ 종류

㉠ **보디 생성** : 기존의 솔리드 모델링으로부터 새로운 보디를 생성한다.

[보디 생성]

㉡ **제거** : 기존의 솔리드 모델링에서 특정 피처 형상을 제거한다.

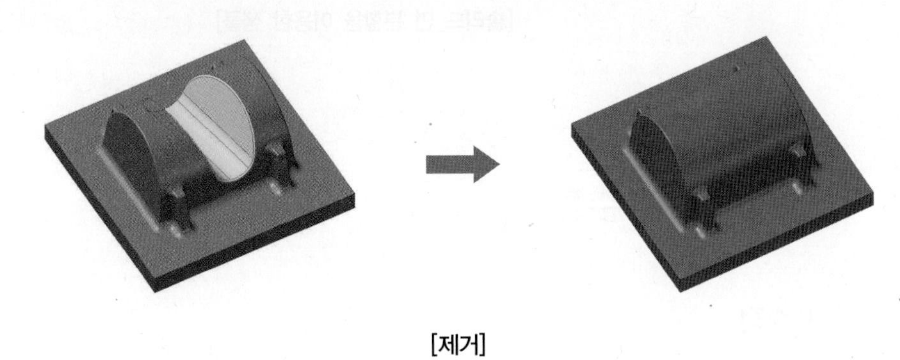

[제거]

㉢ **보디 생성과 제거** : 기존의 솔리드 모델링에서 새로운 보디를 생성함과 동시에 특정 피처 형상을 제거한다. 새로 생성된 피처는 원래의 피처와 같은 공간에 위치하지만 아래 그림에서는 이해를 돕기 위해 다른 위치로 이동하였다(초록색 도형).

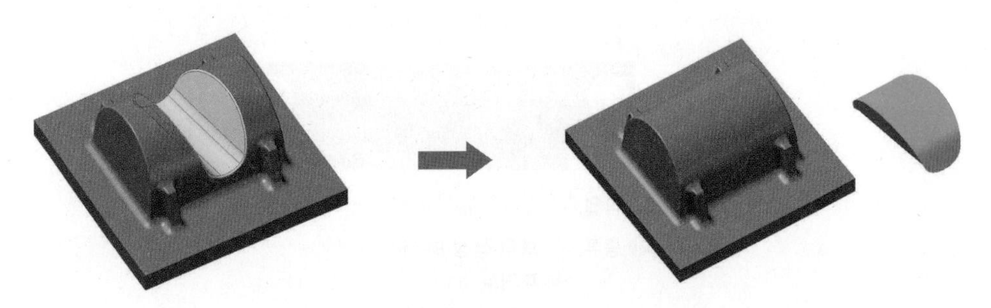

[보디 생성과 제거]

이 기능을 이용하여 솔리드 모델링 도형을 수정한 경우 원래의 형상으로 되돌릴 수 없으므로 단계적으로 작업을 진행하는 것을 권장한다.

(2) 필렛 수정

작업 히스토리가 없는 솔리드 보디의 필렛 반경을 수정하는 기능이다.

[필렛 수정 조건창]

❶ **반경** : 수정되어 적용될 필렛 반경값을 입력한다.

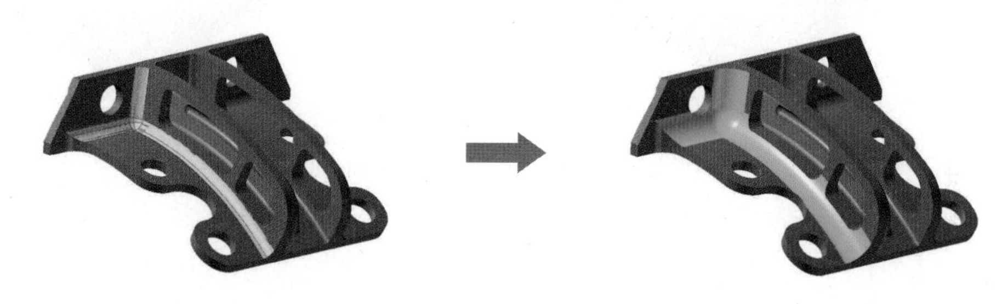

[필렛 수정 기능을 활용한 샘플]

(3) 면 제거

솔리드 보디에서 면을 제거하여, 솔리드 보디를 시트 솔리드로 변경한다.

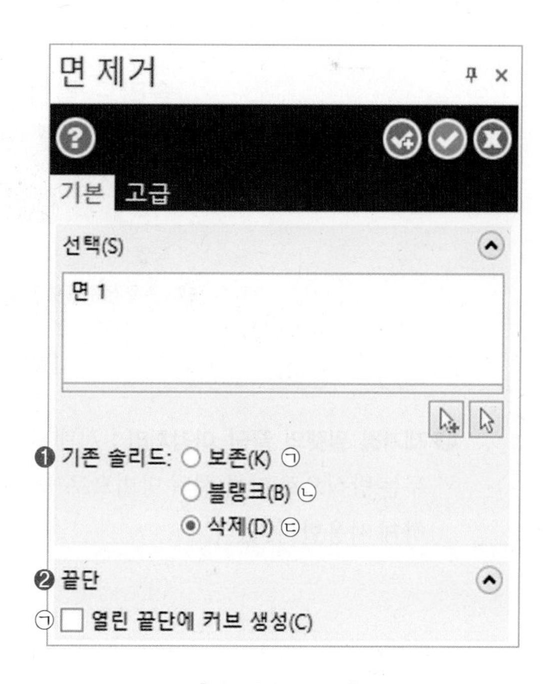

[면 제거 조건창]

❶ **기존 솔리드** : 원래의 솔리드를 처리할 방법을 선택한다.

㉠ **보존** : 면 제거 후 원래의 솔리드를 보존하여 남겨둔다.

㉡ **블랭크** : 면 제거 후 원래의 솔리드는 언블랭크로 숨긴다.

㉢ **삭제** : 면 제거 후 원래의 솔리드를 삭제한다.

❷ **끝단**

㉠ **열린 끝단에 커브 생성** : 솔리드 면 제거 후 시트 솔리드의 열린 부분에 커브를 생성한다.

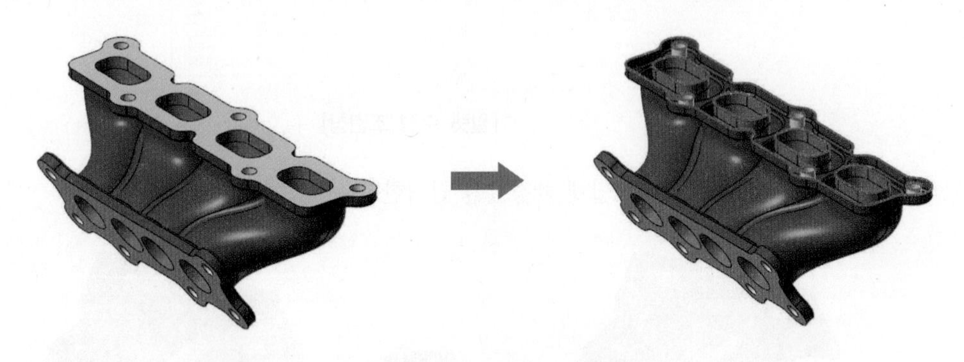

[면 제거 기능을 활용한 샘플]

열린 끝단에 커브 생성 기능을 사용한다.

(4) 필렛 제거

작업 히스토리가 없는 솔리드 형상에서 필렛을 제거하는 기능으로 솔리드 보디에서 제거할 필렛을 선택한 후 확인 및 새 작업 생성 버튼(◎)을 선택하거나 확인 버튼(◎)을 선택한다.

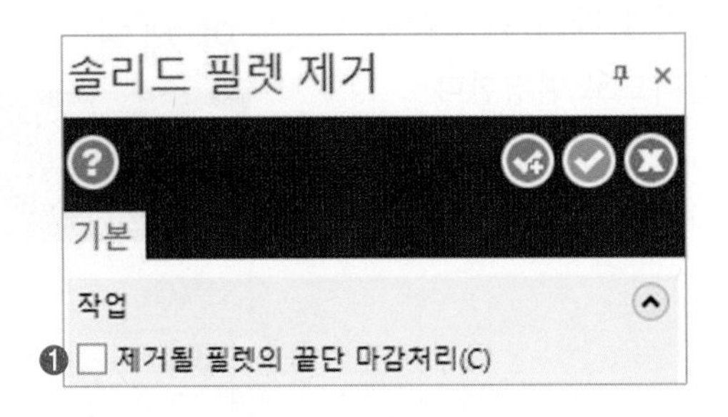

[필렛 제거 조건창]

❶ **제거될 필렛의 끝단 마감처리** : 선택된 필렛 면을 부분적으로 제거하고 끝부분에 일부분을 두는 방식으로 다른 선택 방법으로 제거할 수 없는 복잡한 구조의 필렛 면을 제거할 때 유용하게 사용할 수 있다.

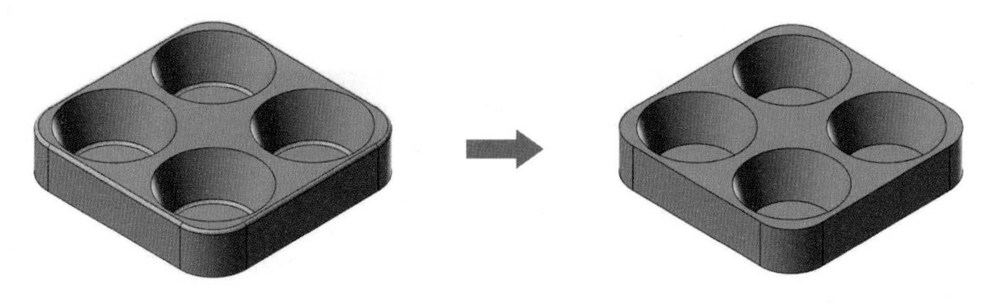

[필렛 제거 기능을 활용한 샘플]

(5) 히스토리 제거

솔리드 모델링 과정에서 기록된 작업에 대한 히스토리를 솔리드 관리자상에서 제거하는 기능이다. 기능 실행 후 히스토리 제거를 원하는 솔리드 모델링을 화면상에서 선택한다.

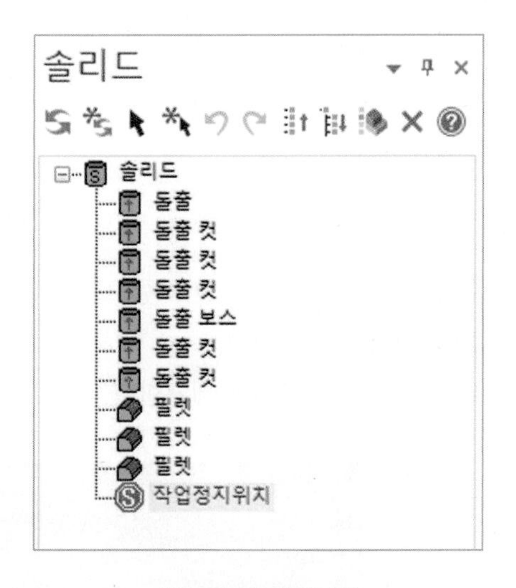

[히스토리 제거 전]

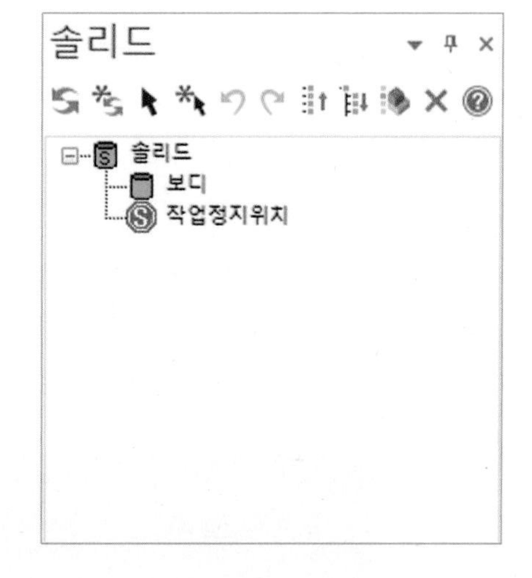

[히스토리 제거 후]

(6) 히스토리 추가

모델링 과정에 대한 히스토리가 없는 솔리드 보디에서 홀과 필렛에 대한 정보를 찾아서 작업관리자에 등록시키거나 형상을 삭제하는 기능이다.

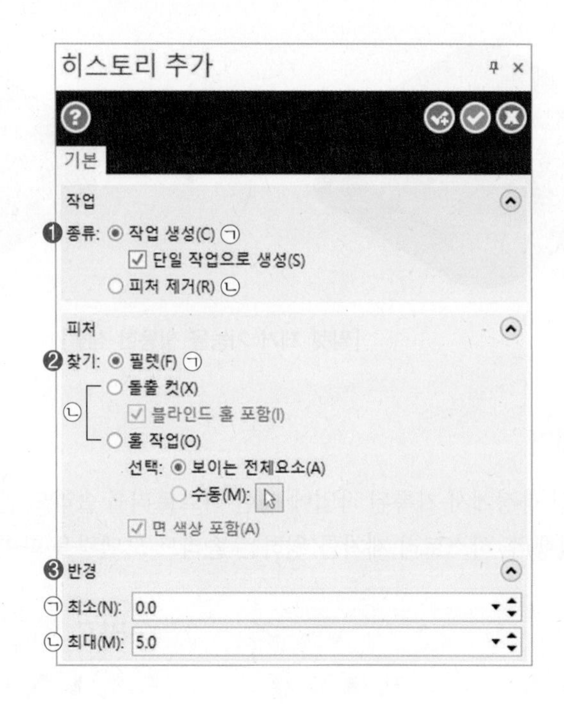

[히스토리 추가 조건창]

❶ 종류

㉠ **작업 생성** : 종류를 작업 생성으로 할 경우에만 사용할 수 있는 기능으로 감지된 홀이나 필렛을 단일 작업으로 구성하여 솔리드 관리자에 등록한다.

㉡ **피처 제거** : 구성 찾기로 찾은 필렛이나 홀을 모델링상에서 제거한다.

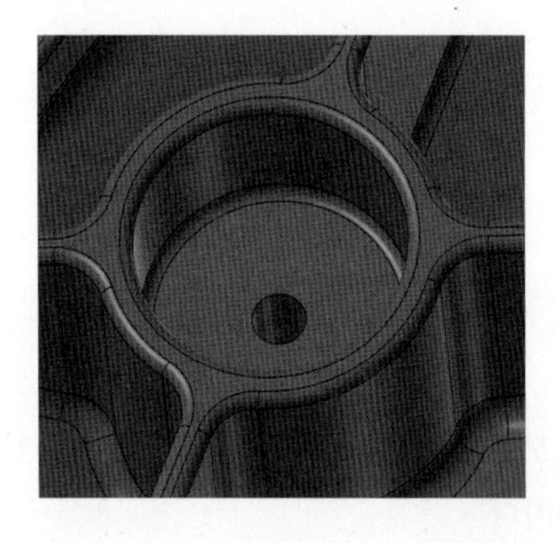
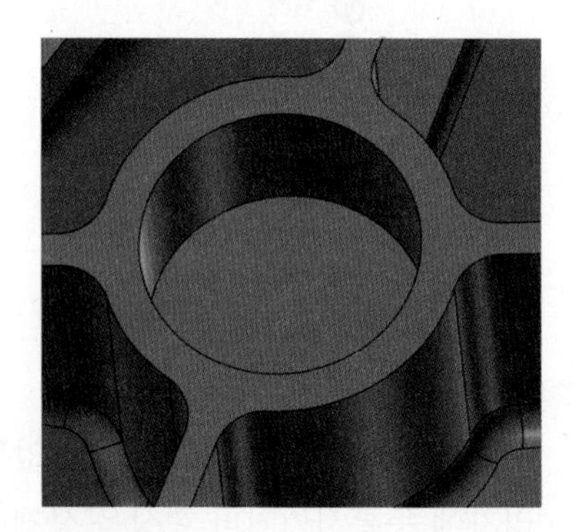

[피처 제거 전(좌)과 후(우) 비교]

상단의 필렛과 홀이 제거되었다.

❷ 찾기

㉠ **필렛** : 솔리드 보디에서 필렛을 감지하여 찾아낸다.

ⓛ **홀** : 솔리드 보디에서 홀을 감지하여 찾아낸다.

- 돌출 컷 : 솔리드 관리자에 홀을 등록할 때 돌출 컷 속성으로 등록한다.
- 홀 작업 : 솔리드 관리자에 홀을 등록할 때 홀 속성으로 등록한다.

❸ 반경

㉠ **최소** : 감지하여 찾아내기 위한 필렛이나 홀의 최소 반경값을 입력한다.

ⓛ **최대** : 감지하여 찾아내기 위한 필렛이나 홀의 최대 반경값을 입력한다.

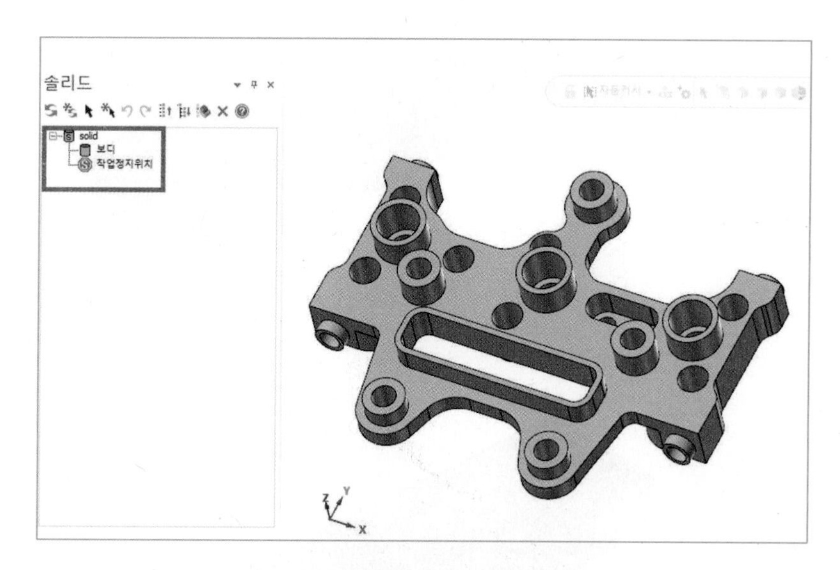

[히스토리 추가 실행 전]

솔리드 관리자에 하나의 솔리드 보디만 존재한다.

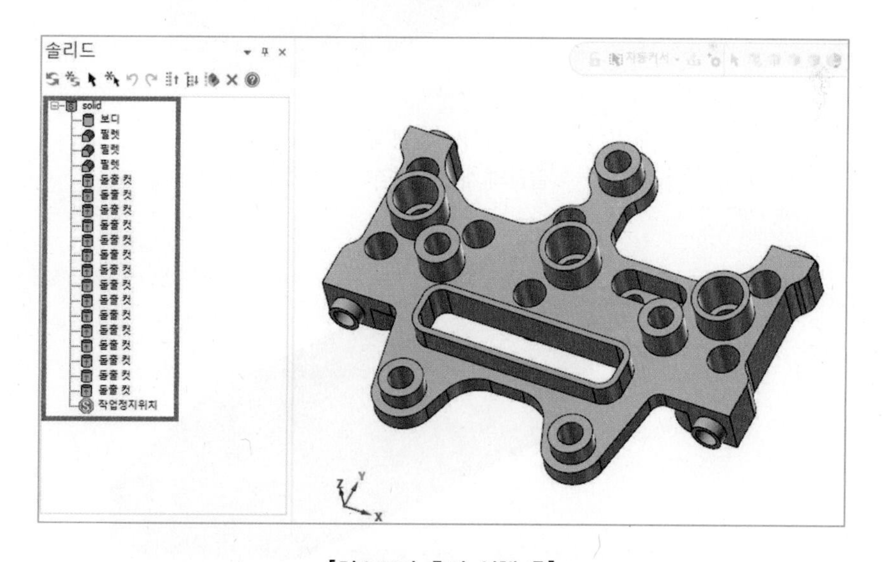

[히스토리 추가 실행 후]

솔리드 관리자에 홀과 필렛에 대한 정보가 등록되었다.

(7) 솔리드 단순화

솔리드 모델링 생성에 사용되지 않은 불필요한 면이나 끝단들을 제거하는 기능이다. 기능 실행 후 단순화를 원하는 솔리드 모델링의 끝단이나 면 또는 보디를 선택한다.

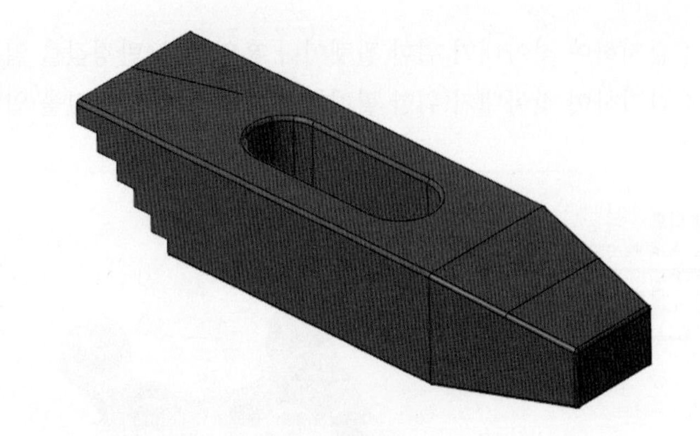

[단순화 전]

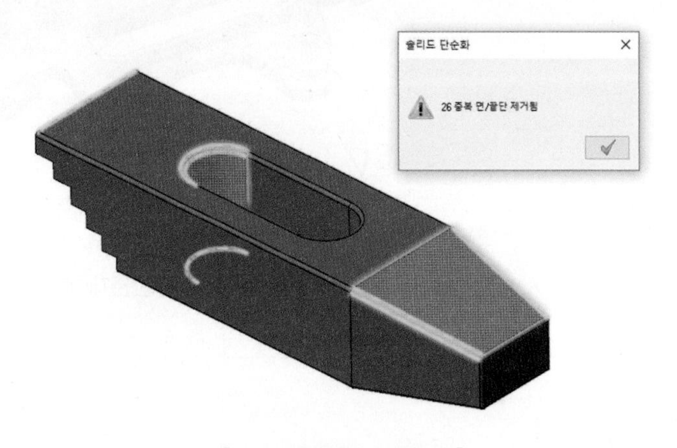

[기능 실행 후 제거될 면]

끝단의 개수와 영역이 화면에 표시된다.

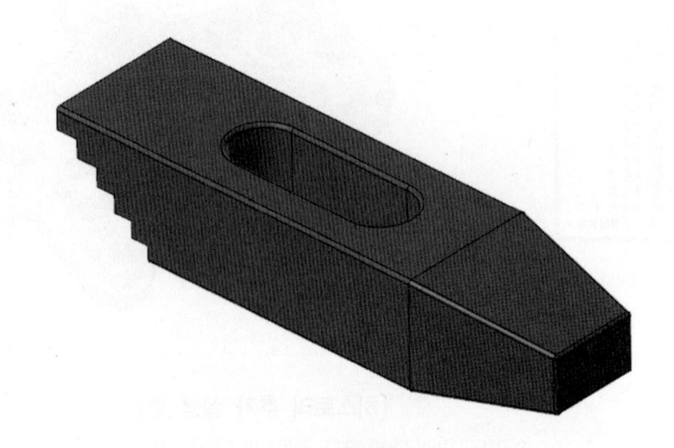

[단순화 후]

(8) 최적화

선택된 솔리드 모델링의 문제점을 자동으로 수리하거나 개선하여 최적화하는 기능이다. 기능 실행 후 최적화할 솔리드 모델을 선택하면 시스템은 다음 과정을 거쳐서 자동으로 모델링을 최적화한다.

1) B－스플라인 커브 / 곡면 단순화
2) 면 및 끝단 연결
3) 끝단 정밀도 향상
4) 블렌드 확인 및 최적화

[최적화 전]

[기능 실행 후 최적화된 영역의 개수와 영역이 화면에 표시]

[최적화 후]

(9) 작은 면 수리

입력된 공차값을 선택된 솔리드 보디에 적용하여 문제가 있는 부분(작은 면, 작은 끝단, 뾰족한 부분, 조각 면, 상처)을 확인 후 수리하는 기능으로 사용방법은 다음과 같다.

1) 확인할 요소 형태를 선택하고 공차값을 설정한다.
2) 미리보기 버튼을 클릭하여 결과영역에 표시된 요소들 목록을 확인한다.
3) 선택 확인 버튼()을 클릭하여 화면상에서 문제 있는 요소들을 확인한다.
4) 확인 및 새 작업 생성 버튼() 또는 확인 버튼()을 클릭하여 모델링을 수리한다.

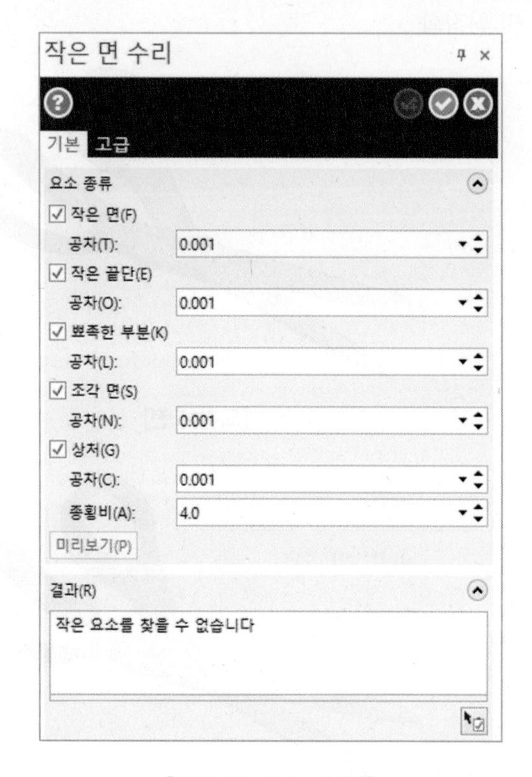

[작은 면 수리 조건창]

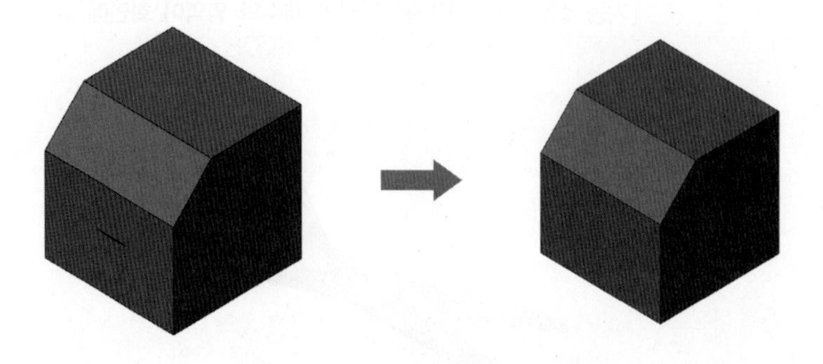

[작은 면 수리 사용 전(좌)과 후(우)]

4 도면 작성

(1) 어셈블리 분해

조립된 솔리드 어셈블리를 각각의 솔리드 부품으로 분해하여 일정하게 배열하는 기능이다.

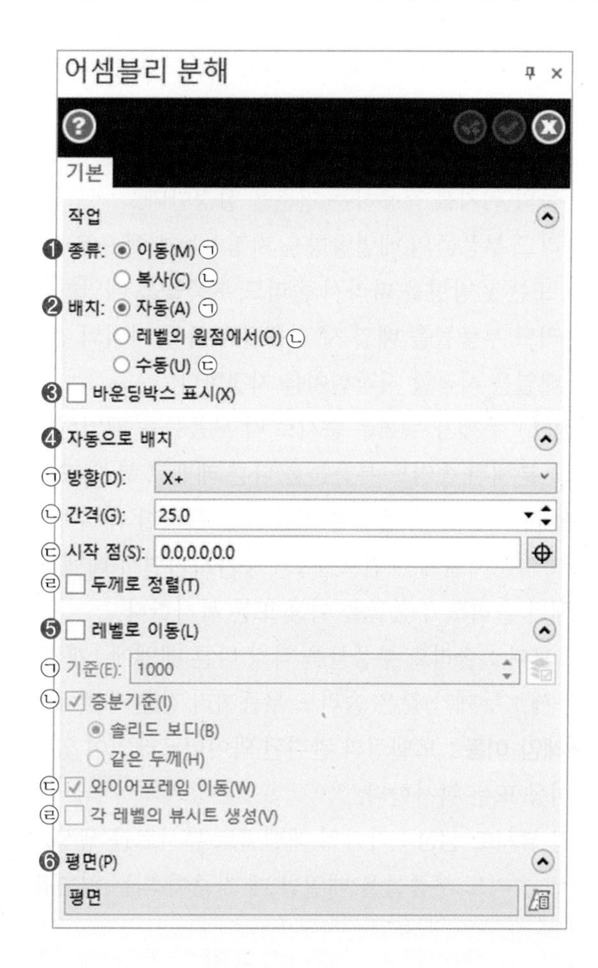

[어셈블리 분해 조건창]

❶ **종류**

㉠ **이동** : 분해된 솔리드 부품들을 이동해서 배열한다.

㉡ **복사** : 분해된 솔리드 부품들을 복사해서 배열한다.

❷ **배치**

㉠ **자동** : 분해된 솔리드 부품들을 '자동으로 배치' 항목에 설정된 조건들을 적용하여 자동으로 배열한다.

㉡ **레벨의 원점에서** : 분해된 솔리드 부품들을 전부 원점에 위치시킨 후 '레벨로 이동' 항목에 설정된 값을 기준으로 1씩 증가시키면서 각각의 레벨로 이동 또는 복사한다. 예를 들어, 30개의 부품을 가진 솔리드 모델링을 기준 레벨 1000으로 설정 후 기능을 실행하면 1000번 레벨을 시작으로 1029번까지 레벨을 생성 후 각각의 레벨에 하나씩의 부품을 이동 또는 복사한다. 이때 각 부품의 위치는 설정된 평면의 원점이다.

㉢ **수동** : 솔리드 각 부품들의 위치를 수동으로 하나씩 배열한다.

❸ **바운딩 박스 표시** : 분해되어 배열된 솔리드 부품들을 외곽 형태 대신 바운딩 박스로 화면에 표시한다.

❹ **자동으로 배치** : 위 '배치' 항목의 조건을 '자동'으로 할 경우에만 사용되는 기능으로 배열된 솔리드 부품들의 위치를 적용하는 기준을 설정한다.

㉠ **방향** : 솔리드 부품들의 배열방향을 지정하는 항목으로 아래 '평면' 항목에 설정된 기준 평면의 X 또는 Y 방향을 따라서 솔리드 부품들을 배열한다.

㉡ **간격** : 솔리드 부품들을 배열 시 적용될 부품들 사이의 간격을 지정한다.

㉢ **시작점** : 배열을 시작할 시작위치를 지정한다.

㉣ **두께로 정렬** : 두께가 두꺼운 순서로 각 부품들을 배열한다.

❺ **레벨로 이동** : 분해된 솔리드 부품들을 다른 레벨로 복사 또는 이동하는 기능이다.

㉠ **기준** : 분해된 솔리드 부품들을 이동 또는 복사할 레벨 번호를 입력한다.

㉡ **증분기준** : 기준레벨에서 번호를 1씩 증가시키면서 레벨을 생성 후 생성된 레벨들에 각각의 분해된 솔리드 부품들을 이동 또는 복사한다.

- 솔리드 보디 : 솔리드 부품들을 각각 다른 레벨에 1개씩 이동 또는 복사한다.
- 같은 두께 : 두께가 같은 솔리드 부품끼리 같은 레벨에 이동 또는 복사한다.

㉢ **와이어프레임 이동** : 모델링과 관련된 와이어프레임이 있는 경우 같은 레벨로 와이어프레임도 이동 또는 복사한다.

㉣ **각 레벨의 뷰시트 생성** : 각각의 레벨별로 뷰시트를 생성한다.

❻ **평면** : 분해된 솔리드 부품들을 배열할 때 기준이 되는 평면을 설정한다.

[솔리드 어셈블리 사용 전(좌)과 후(우)]

(2) 평면에 정렬

선택한 솔리드 보디를 WCS 평면으로 추가하거나, 선택한 솔리드 보디를 기존에 있던 작업평면으로 정렬시키는 기능이다.

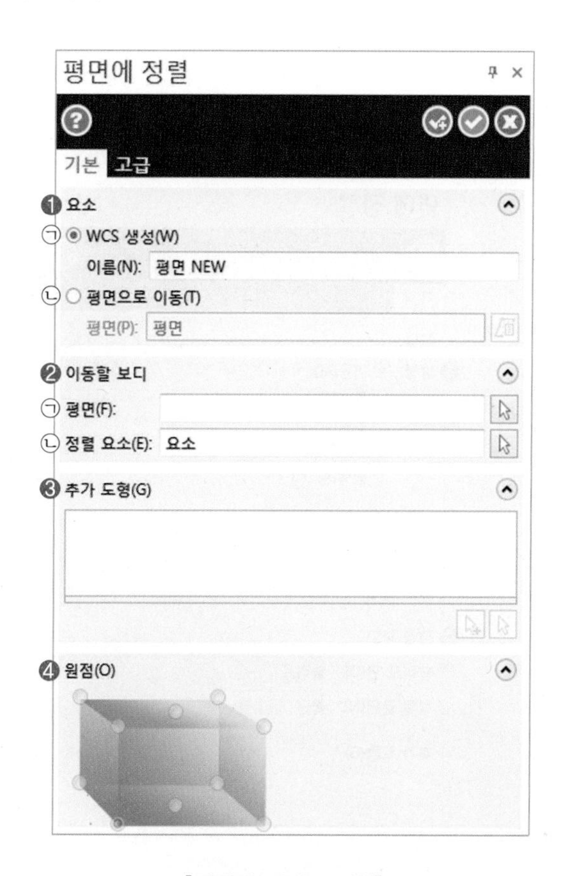

[평면에 정렬 조건창]

❶ 요소

㉠ **WCS 생성** : 선택된 솔리드 보디의 새로운 평면을 생성하는 기능이다.

㉡ **평면으로 이동** : 선택한 솔리드 보디를 기존에 있던 평면의 위치로 이동하는 기능이다.

❷ 이동할 보디

㉠ **평면** : 선택한 솔리드 면의 이름을 표시하는 창이다.

- 재선택 : 작업화면으로 돌아가 지시침이 놓이게 될 면을 재선택하는 기능이다.

㉡ **정렬 요소** : 솔리드 보디를 정렬하기 위해 끝단을 선택하여 지시침방향을 설정하는 기능이다.

- 재선택 : 작업화면으로 돌아가 지시침의 방향을 재정렬할 새로운 끝단을 선택하는 기능이다.

❸ **추가 도형** : '요소 – 평면으로 이동' 항목을 선택했을 경우에만 기능이 활성화되며 이동이 될 솔리드 보디를 추가하거나 제거하는 기능이다.

❹ **원점** : 솔리드 보디에 지정된 지시침의 원점을 이동시키는 기능이다.

(3) 면에 정렬

두 개의 솔리드 면을 선택하여 선택한 면끼리 맞닿도록 솔리드 부품을 이동시키는 기능이다.

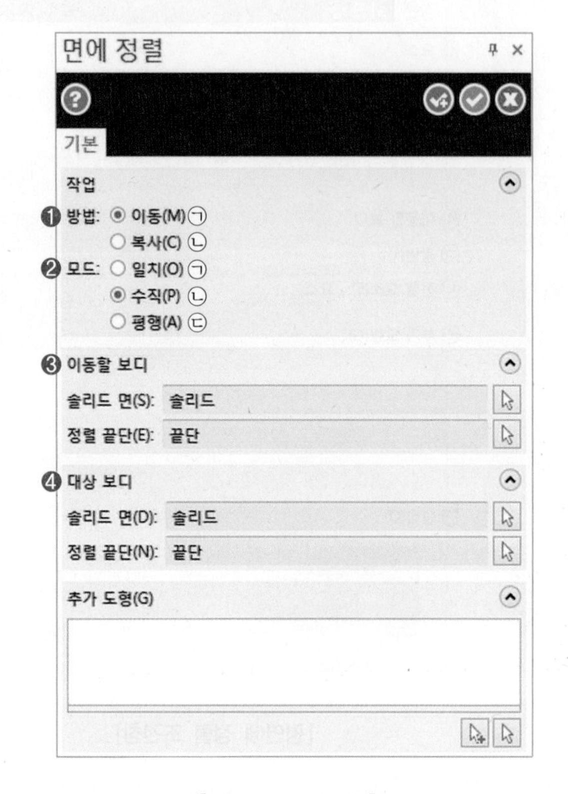

[면에 정렬 조건창]

❶ **방법**

㉠ **이동** : 솔리드 보디를 이동하는 기능이다.

㉡ **복사** : 솔리드 보디를 복사하는 기능이다.

❷ **모드**

㉠ **일치** : 이동할 보디와 대상 보디를 선택하여 면이 맞닿도록 하는 기능이다.

㉡ **수직** : 이동할 보디와 대상 보디를 선택하고 정렬 끝단을 선택하여 수직으로 배치시키는 기능이다.

㉢ **평행** : 이동할 보디와 대상 보디를 선택하고 정렬 끝단을 선택하여 평행하게 배치시키는 기능이다.

❸ **이동할 보디** : 이동할 솔리드 보디의 맞닿는 면과 정렬할 끝단을 선택하는 기능이다.
❹ **대상 보디** : 맞닿을 솔리드 보디의 면과 정렬 끝단을 선택하는 기능이다.

:: '면에 정렬' 기능의 사용방법
1) 이동시킬 부품에서 하나의 면을 선택한다(맞닿을 면).
2) 이동의 기준점이 될 위치를 다이내믹 좌표측( )을 이용하여 지정한다.
3) 다른 부품에서도 과정 1)에서 선택한 면과 맞닿게 할 면을 선택한다.
4) 다이내믹 좌표측( )을 이용하여 정확한 위치와 방향을 설정한다.

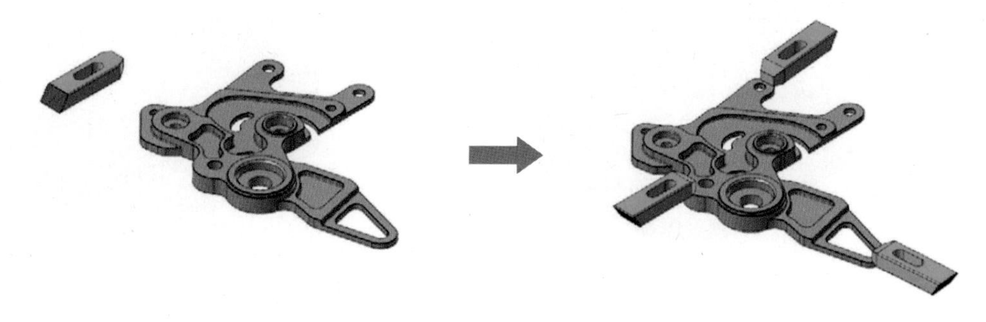
[솔리드 면에 정렬을 이용한 샘플]

(4) Z축에 정렬

선반작업에 사용될 솔리드 보디의 한 면을 선택하여 새로운 평면을 생성하거나, 기존에 있던 작업평면을 선택하여 작업평면 원점의 위치로 이동시키는 기능이다. 이동된 보디의 면은 선반 Z축 방향으로 정렬하게 된다.

❶ **방향** : Z축 방향을 정해주는 기능이다.
❷ **뷰 업데이트** : 기능 활성화 시 Z축 방향을 조정하면 그래픽뷰가 Z축 방향을 기준으로 화면이 회전하는 기능이다.

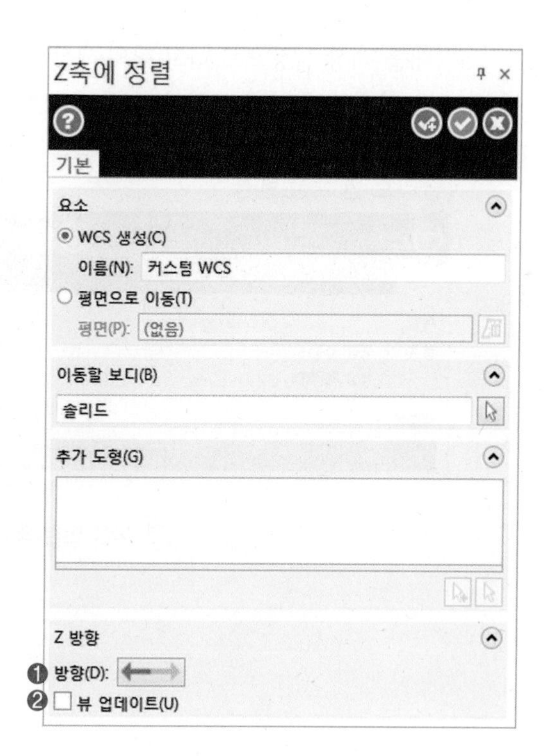

[Z축에 정렬 조건창]

5 색상 수정

(1) 전체 색상 지우기

솔리드 모델링의 색상이 면 단위 또는 피처 단위로 지정된 경우 지정된 색상을 취소시켜 기본 색상으로 되돌리는 기능이다.

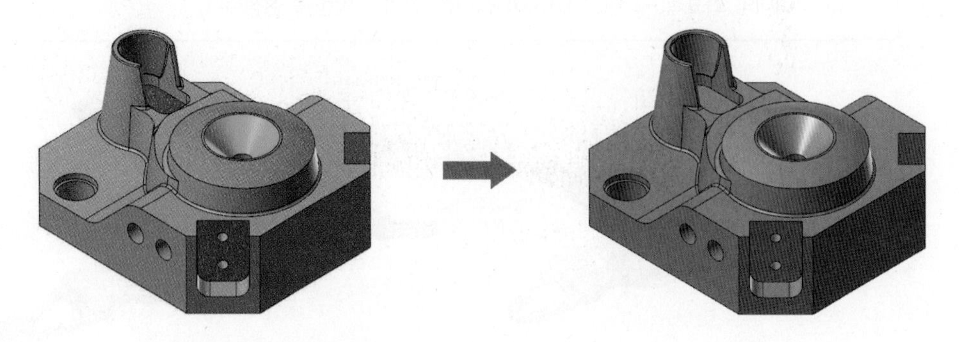

[전체 색상 지우기 사용 전(좌)과 후(우)]

(2) 면 색상 변경

솔리드 모델링의 색상을 면 단위로 변경하는 기능이다. 솔리드 면의 색상을 변경할 경우에는 형태를 '색상 설정'으로 하고 면의 색상을 취소할 경우에는 '색상 제거'를 선택한다. 원하는 색상을 선택한 후 아래 그림의 면 선택방법을 참고하여 색상을 변경할 솔리드 면을 선택한다.

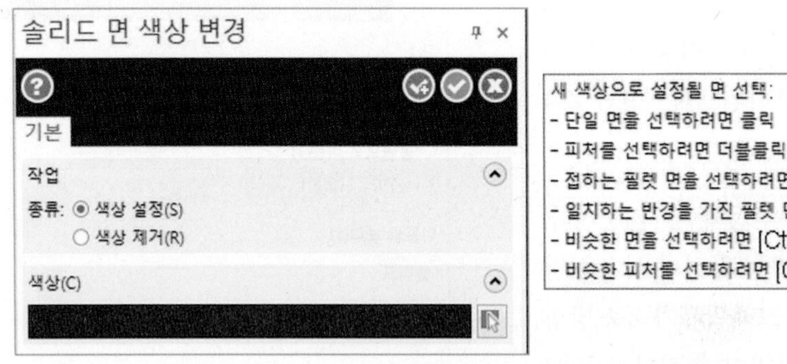

[면 색상 변경 조건창(좌)과 면 선택방법(우)]

[면 색상 변경 사용 전(좌)과 후(우)]

(3) 피처 색상 지우기

솔리드 모델링의 색상이 피처 단위로 지정된 경우 지정된 색상을 취소시키는 기능이다. 색상을 취소할 피처를 모델링에서 선택하거나 솔리드 관리자의 히스토리에서 선택한다.

[피처 색상 지우기 사용 전(좌)과 후(우)]

(4) 피처 색상 변경

솔리드 모델링의 색상을 피처 단위로 변경하는 기능이다. 색상을 선택한 후 색상 변경을 원하는 부분을 솔리드 모델링에서 직접 선택하거나 솔리드 관리자의 히스토리에서 선택하여 변경한다.

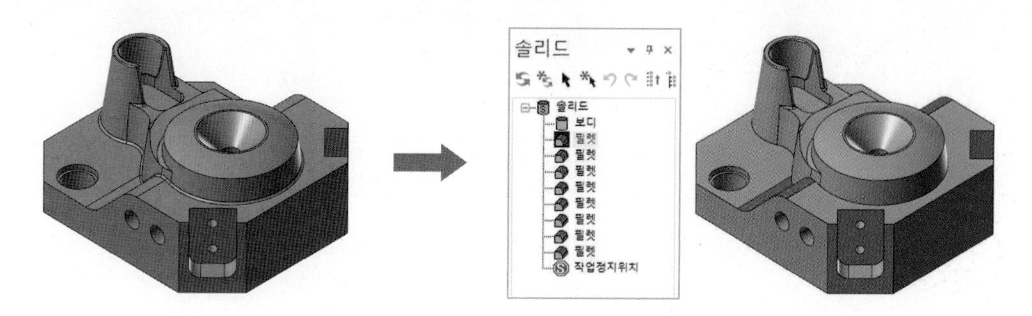

[피처 색상 변경 사용 전(좌)과 후(우)]

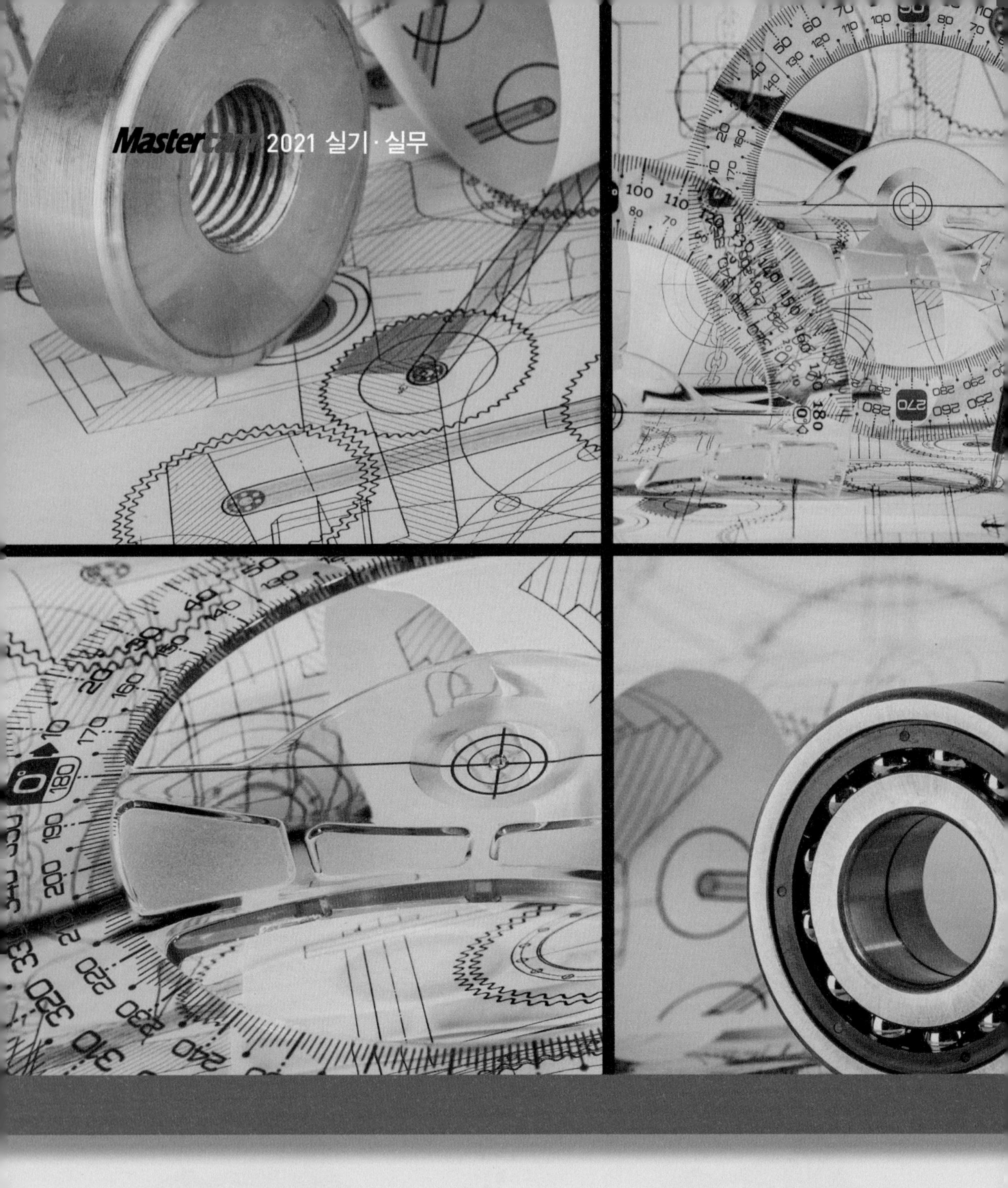
Mastercam 2021 실기·실무

CHAPTER 08

도면작업

CHAPTER

08 도면작업

1 치수 기입

(1) 스마트 치수

점, 직선, 원호를 선택하여 각각의 속성이나 형태에 맞게 치수를 기입하거나 이미 기입되어 있는 치수, 노트, 라벨을 선택하여 위치, 내용 등을 변경하는 기능이다.

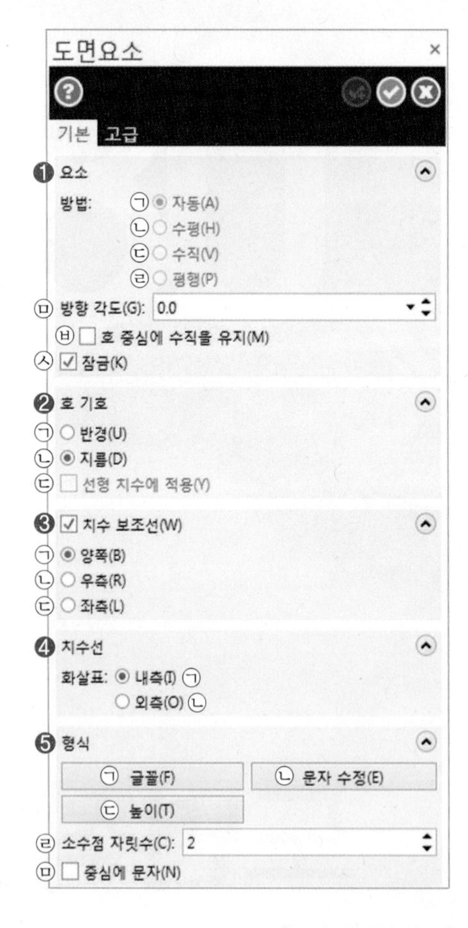

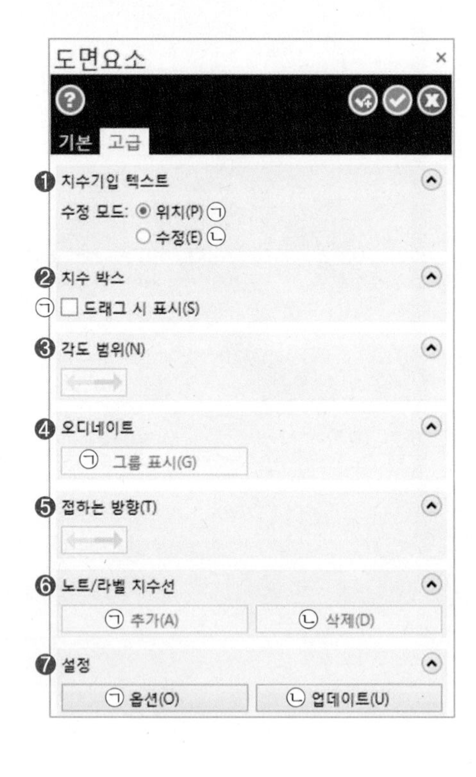

[스마트 치수의 기본(좌)과 고급(우) 조건창]

1) 기본

❶ 요소

㉠ **자동** : 치수선의 방향을 선택된 직선 또는 두 점의 기울기에 평행하게 자동으로 정렬시킨다.

㉡ **수평** : 치수선의 방향을 수평으로 정렬시킨다.

㉢ **수직** : 치수선의 방향을 수직으로 정렬시킨다.

㉣ **평행** : 치수선의 방향을 평행하게 정렬시킨다.

㉤ **방향 각도** : 입력된 각도대로 치수의 방향을 정렬시킨다.

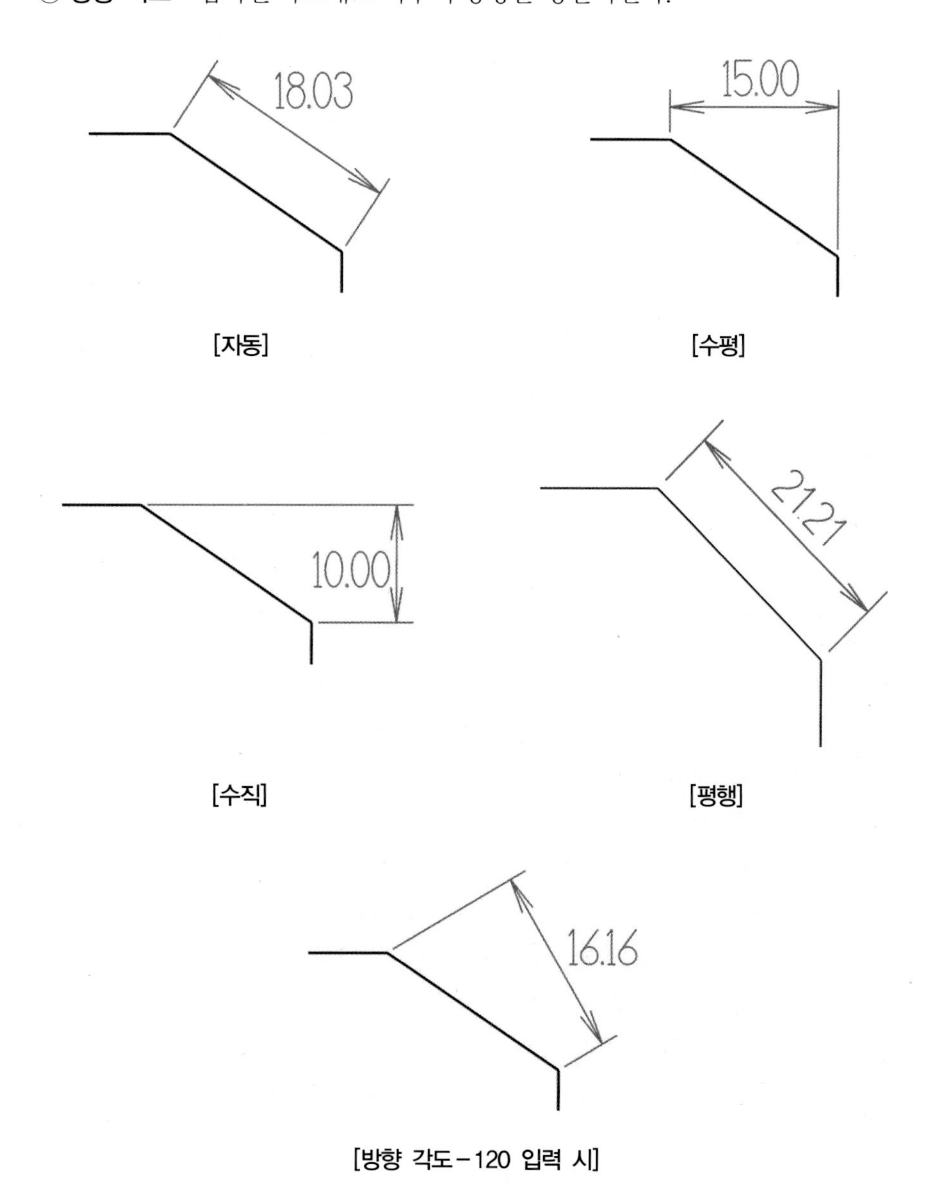

[자동] [수평] [수직] [평행] [방향 각도-120 입력 시]

ⓑ **호 중심에 수직을 유지** : 호 중심에 연결된 직선에 수직하도록 각도방향을 설정한다.

ⓢ **잠금** : 치수를 기입할 경우 치수선의 방향이 더 이상 변경되지 않도록 고정시키는 기능이다.

❷ **호 기호**

㉠ **반경** : 원이나 호에 치수를 기입할 경우 도면 기호를 반지름(R)으로 표시한다.

㉡ **지름** : 원이나 호에 치수를 기입할 경우 도면 기호를 지름(∅)으로 표시한다.

㉢ **선형 치수에 적용** : 직선 또는 두 점을 선택하여 선형 치수를 기입할 경우에도 'R' 또는 '∅' 기호를 이용하여 치수를 기입한다.

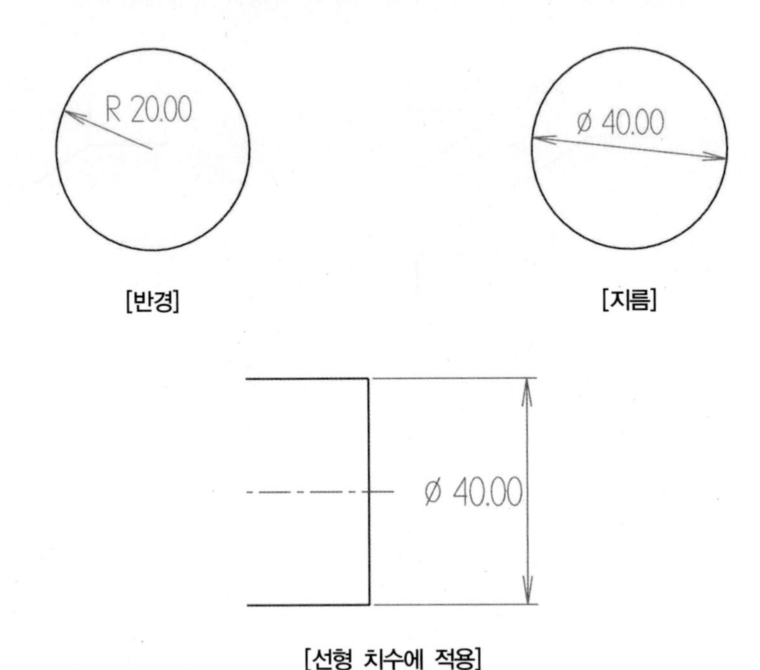

[반경] [지름]

[선형 치수에 적용]

❸ **치수 보조선** : 치수 보조선의 표시 여부를 선택한다.

㉠ **양쪽** : 치수선의 양쪽에 치수 보조선을 표시한다.

㉡ **우측** : 치수선의 우측에 치수 보조선을 표시한다.

㉢ **좌측** : 치수선의 좌측에 치수 보조선을 표시한다.

❹ **치수선** : 치수선의 화살표 위치를 결정한다.

㉠ **내측** : 치수선의 화살표를 치수 보조선 기준으로 내측에 표시한다.

㉡ **외측** : 치수선의 화살표를 치수 보조선 기준으로 외측에 표시한다.

❺ **형식** : 치수 문자, 라벨, 노트의 글꼴, 문자 수정, 높이를 설정한다.

㉠ **글꼴** : 치수 문자, 라벨, 노트의 글꼴을 설정한다.

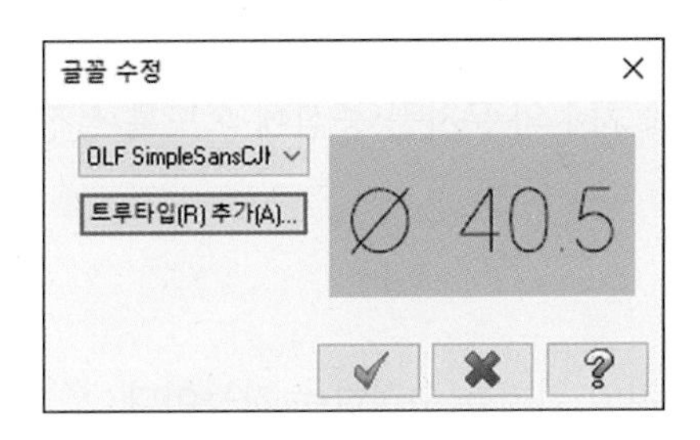

[글꼴 수정 조건창]

㉡ **문자 수정** : 치수 문자, 라벨, 노트의 내용을 직접 입력하여 수정한다.

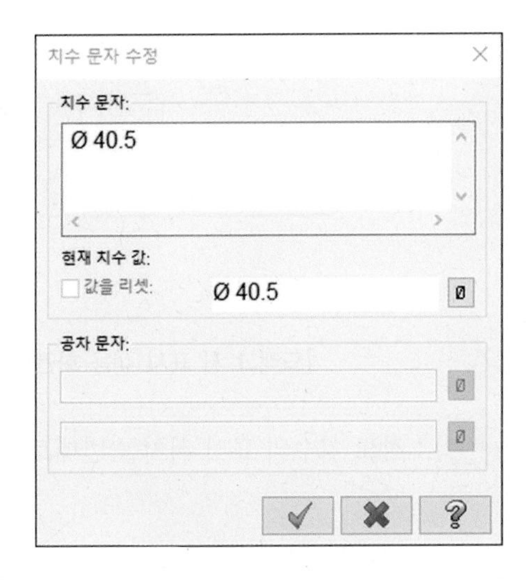

[치수 문자 수정 조건창]

㉢ **높이** : 치수 문자, 라벨, 노트의 문자 크기를 설정한다.

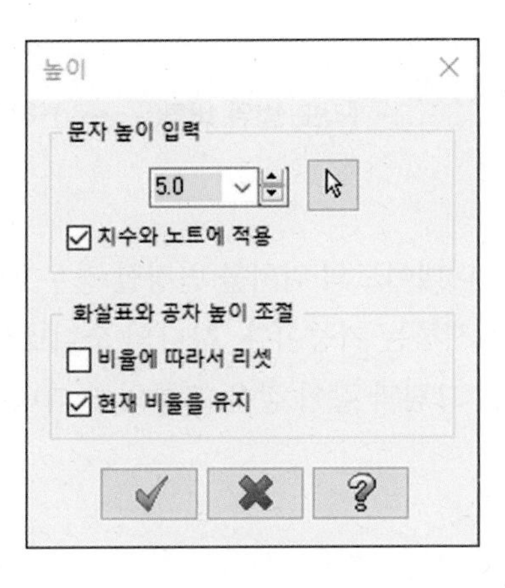

[높이 설정 조건창]

㉣ **소수점 자릿수** : 치수의 소수점 자릿수를 설정한다.

㉤ **중심에 문자** : 치수의 문자를 중심에 오도록 설정하는 기능이다.

2) 고급

❶ 치수 문자

㉠ **위치** : 치수 기입 위치를 수정하는 기능이다.

㉡ **수정** : 치수 문자 수정창을 열고 수정할 치수의 선택을 허용한다.

❷ 치수 박스

㉠ **드래그 시 표시** : 치수 기입 요소를 드래그하여 움직일 경우 치수 문자를 박스 형태로 표시한다.

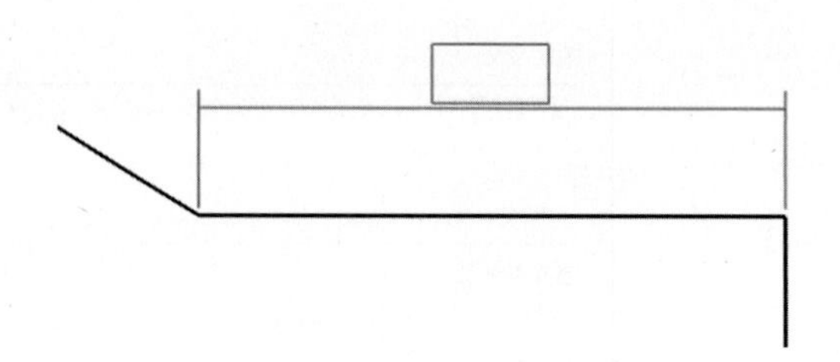

[드래그 시 표시 적용 화면]

❸ 각도 범위( ) : 각도 치수의 표시 위치를 반대로 변경한다.

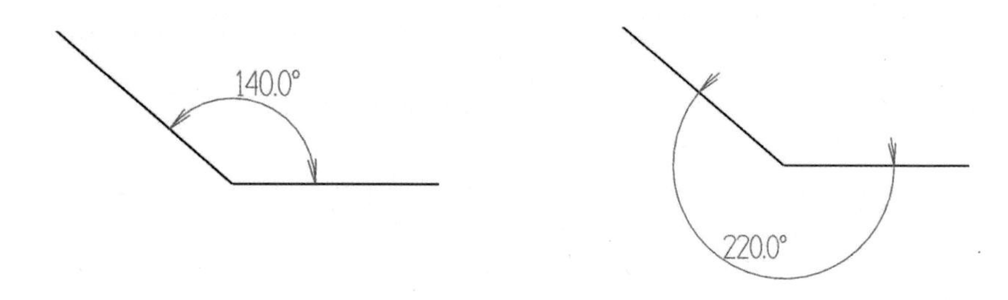

[각도 범위 버튼( ) 적용 전후]

❹ 오디네이트

㉠ **그룹 표시** : 오디네이트의 위치를 변경할 경우 한 번에 같이 변경될 같은 그룹의 오디네이트들을 표시하는 기능이다. 하나의 오디네이트를 선택한 후 '그룹 표시' 버튼을 클릭하면 아래 그림과 같이 같은 그룹의 오디네이트들이 표시된다.

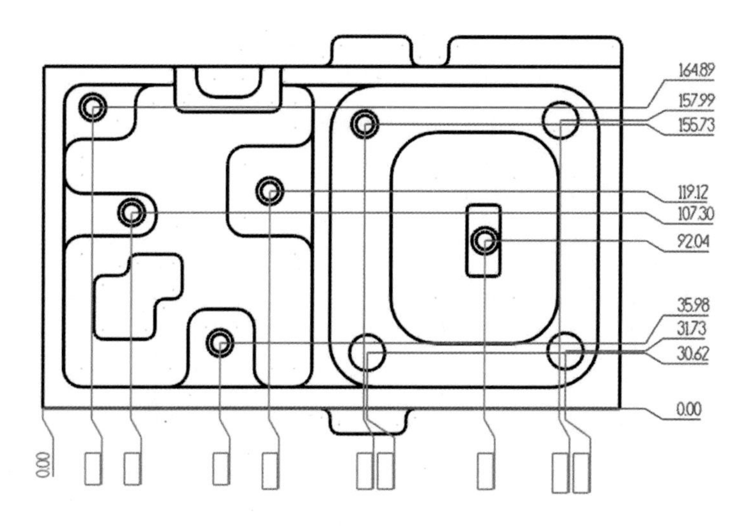

[회색으로 표시된 같은 그룹의 오디네이트들]

❺ **접하는 방향( )** : 원호에 접하는 치수를 기입할 경우 치수 보조선이 원호에 접하는 방향을 변경하는 기능이다.

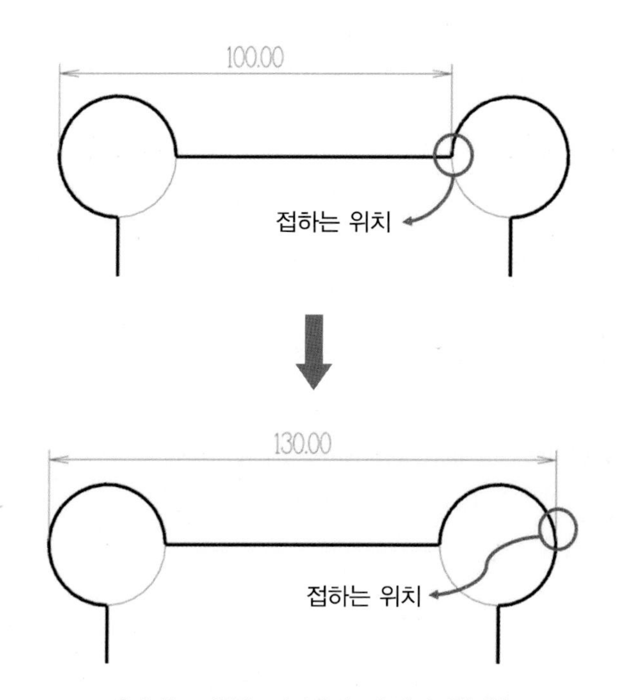

[접하는 방향을 변경하기 전(상)과 후(하)]

❻ **노트 / 라벨 치수선**

㉠ **추가** : 노트 또는 라벨에 치수선을 추가하는 기능으로 노트에 치수선을 추가하는 경우 하나의 치수선이 추가되고 라벨에 치수선을 추가하는 경우에는 여러 개의 치수선이 추가된다.

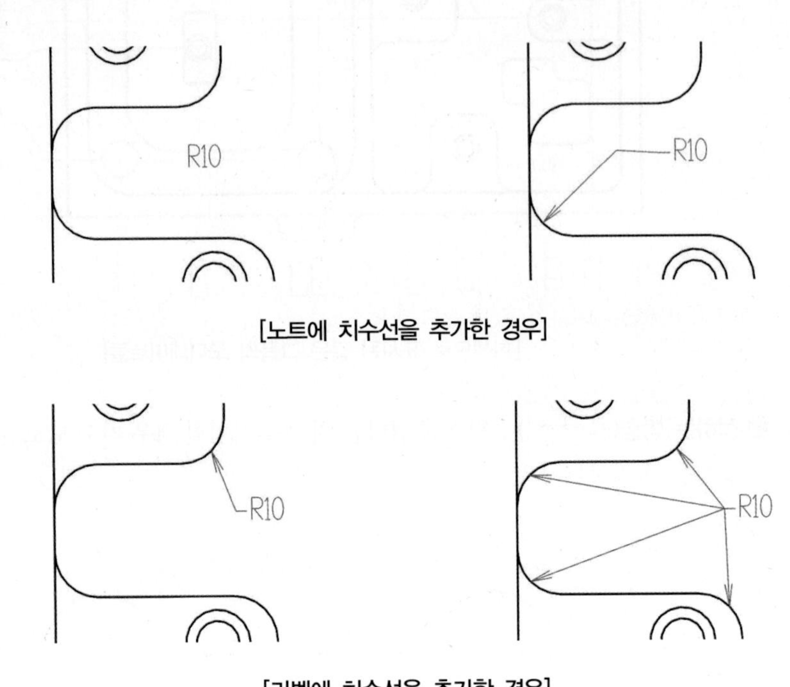

[노트에 치수선을 추가한 경우]

[라벨에 치수선을 추가한 경우]

㉡ **삭제** : 노트나 라벨에 추가된 치수선을 삭제하는 기능이다.

❼ **설정**

㉠ **옵션** : 치수 기입 조건창을 열어서 여러 가지 치수 기입 조건들을 한 번에 편집하는 기능이다.

㉡ **업데이트** : 현재 선택된 치수 기입 요소의 설정값들을 치수조건 환경파일 기본값으로 업데이트한다.

(2) 수평 / 수직

수평방향 또는 수직방향의 거리 치수를 기입하는 기능이다.

✐ 조건창의 기능 설명은 스마트 치수에서 이미 다루었으므로 생략한다.

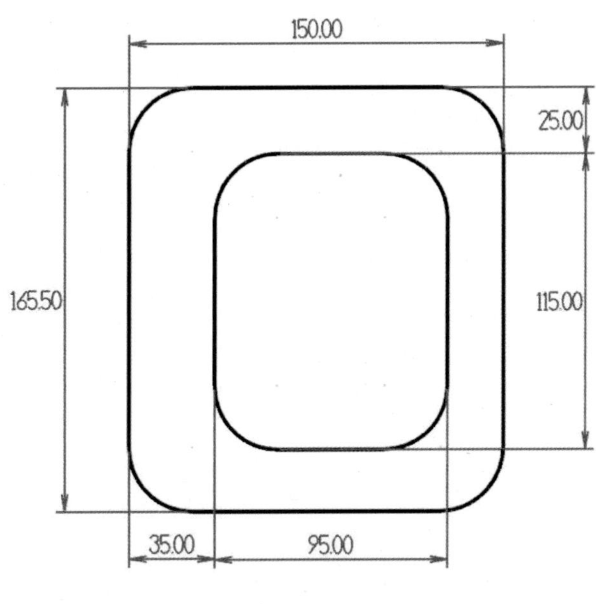

[수평 · 수직 방향의 치수]

(3) 원형

원이나 호에 지름 또는 반지름 치수를 기입하는 기능이다.

✐ 조건창의 기능 설명은 스마트 치수에서 이미 다루었으므로 생략한다.

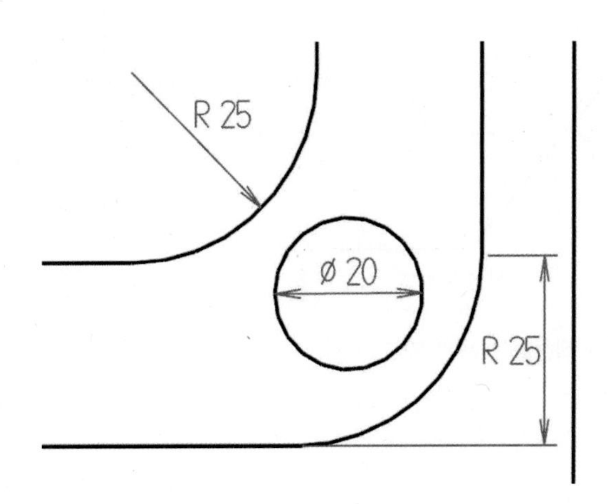

[원과 호에 기입된 지름 및 반지름 치수]

(4) 점

선택한 점들의 좌표를 지시선을 이용하여 기입하는 기능이다.

조건창의 기능 설명은 스마트 치수에서 이미 다루었으므로 생략한다.

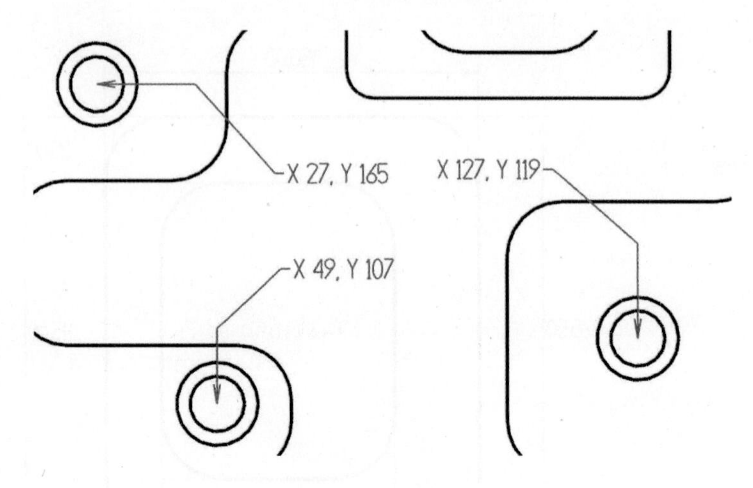

[지시선으로 표시된 점들의 좌표]

(5) 각도

두 개의 직선을 선택하여 두 직선이 이루는 각도를 기입하거나 세 개의 점을 선택하여 세 개의 점이 이루는 각도를 기입하는 기능이다. 세 개의 점을 선택하는 경우 첫 번째 선택한 점이 세 개의 점 중 가운뎃점이 된다.

조건창의 기능 설명은 스마트 치수에서 이미 다루었으므로 생략한다.

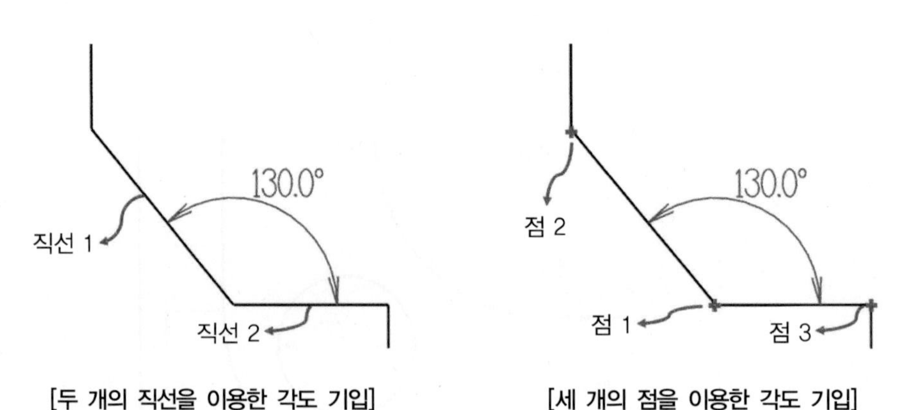

[두 개의 직선을 이용한 각도 기입]　　[세 개의 점을 이용한 각도 기입]

(6) 평행

선택한 두 점이나 하나의 직선을 이루는 경사에 평행한 치수를 기입한다.

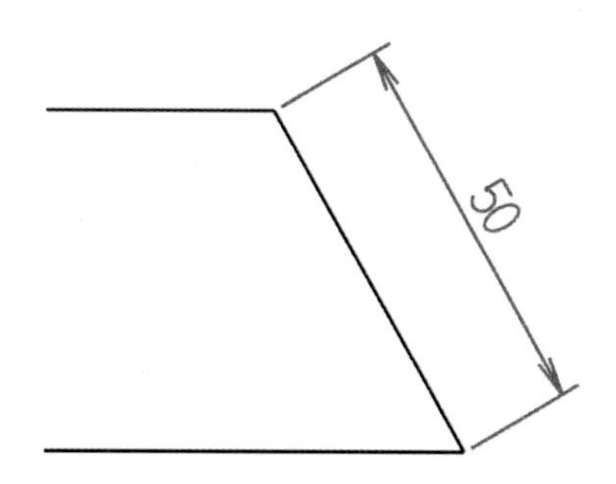

(7) 법선

평행한 두 직선 또는 한 점과 직선 사이의 거리에 법하는 거리를 치수로 표기한다.

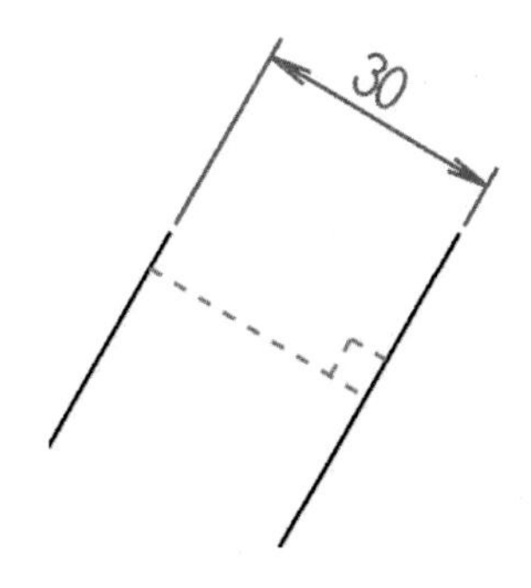

(8) 기준선

이미 화면에 생성되어 있는 치수를 기준으로 다음 선택 지점의 치수가 더해져서 치수를 생성한다.

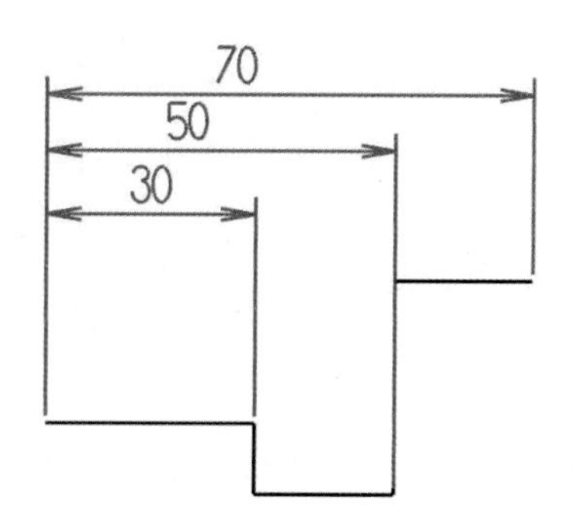

(9) 체인

화면에 생성되어 있는 치수를 기준으로 다음 선택 지점을 이어서 치수를 생성한다.

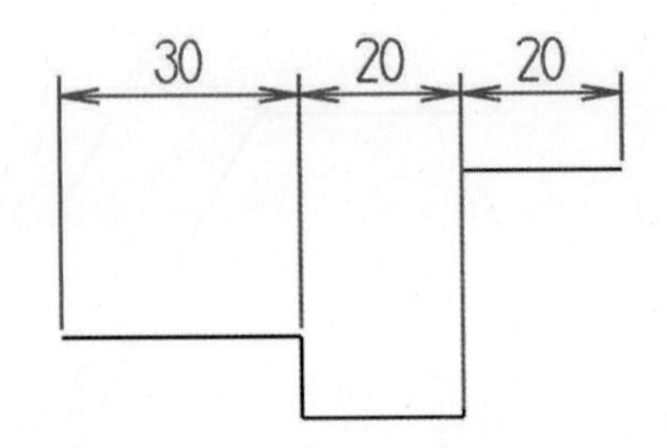

(10) 접선

한 점과 지정한 원호에 접하는 치수를 생성한다.

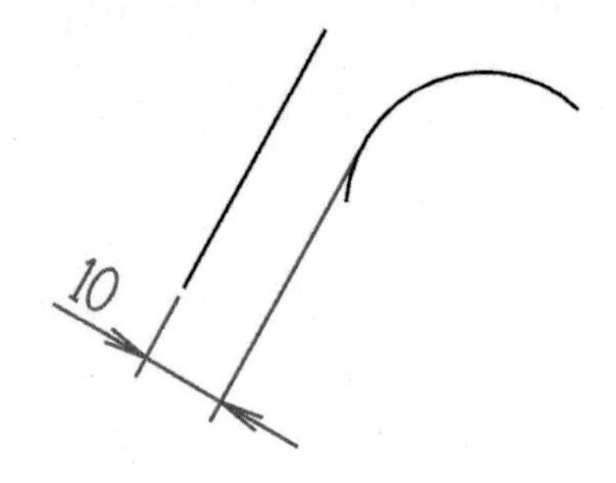

2 오디네이트

특정 기준 치수 또는 사용자가 지정한 원점 위치를 기준으로 선형 치수를 생성하는 기능이다.

(1) 수평

초기 위치(0, 0)를 기준으로 이후에 지정된 추가 위치들에 대하여, 수평방향으로 치수들을 생성하는 기능이다.

(2) 수직

초기 위치(0, 0)를 기준으로 이후에 지정된 추가 위치들에 대하여, 수직방향으로 치수들을 생성하는 기능이다.

(3) 기존에 추가

기존에 생성된 오디네이트 치수 이외에 추가적으로 치수들을 생성하는 기능이다.

(4) 윈도

오디네이트 치수 조건을 설정한 후 다수의 도형들을 선택하면 선택된 도형들의 끝점 위치를 기준으로 치수들이 일시에 생성되는 기능이다.

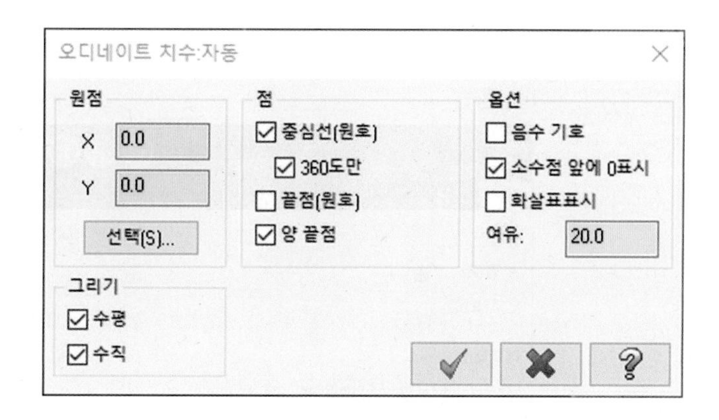

(5) 정렬

기존에 생성된 오디네이트 치수 위치를 재정렬하는 기능이다.

(6) 평행

초기 위치(0, 0)를 기준으로 이후에 지정된 추가 위치들에 대하여, 평행한 방향으로 치수들을 생성하는 기능이다.

3 주석

화면에 표시될 도면 정보에 도움을 주기 위하여 사용된다.

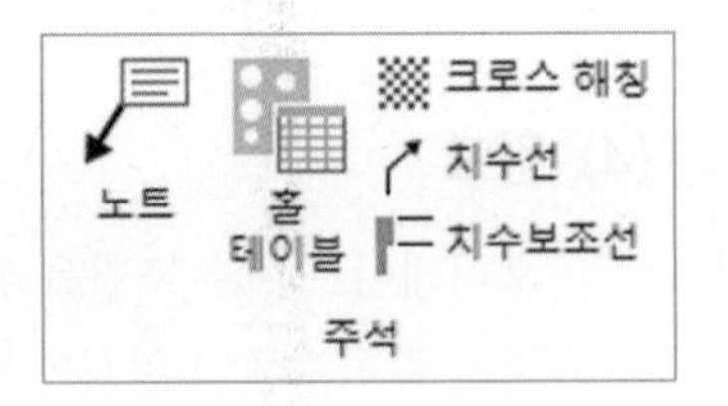

[주석 메뉴]

(1) 노트

도형에 삽입할 수 있는 한 줄 이상의 텍스트 상자이다. 문자는 직접 입력하거나 ASCII 파일 형태로 불러올 수 있다.

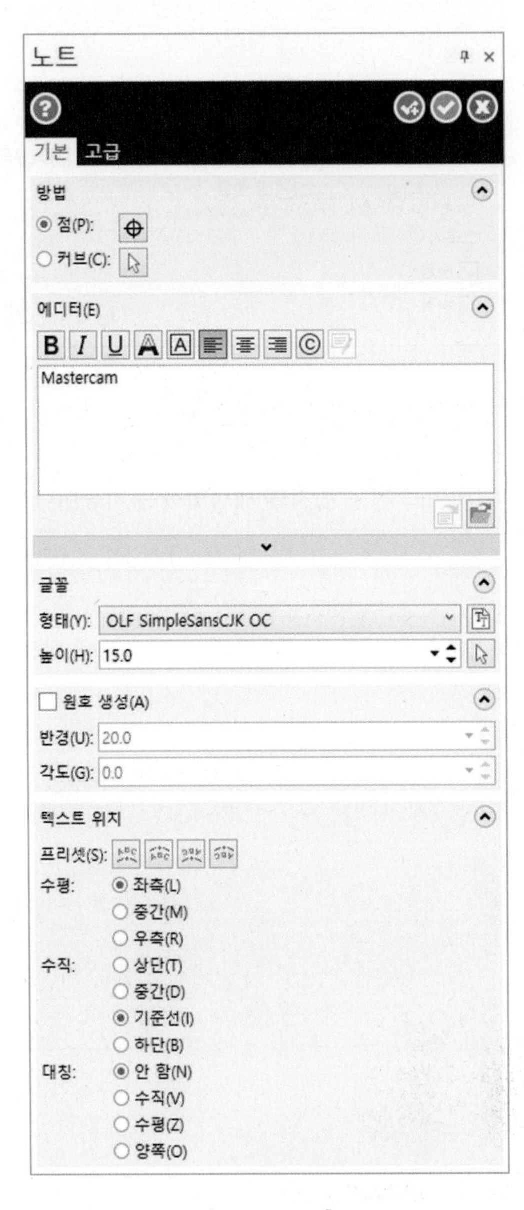

[노트 조건창]

(2) 홀 테이블

와이어프레임, 면, 끝단, 보디 형태의 홀을 선택하여 홀의 지름과 위치 등의 정보를 텍스트 테이블로 생성한다.

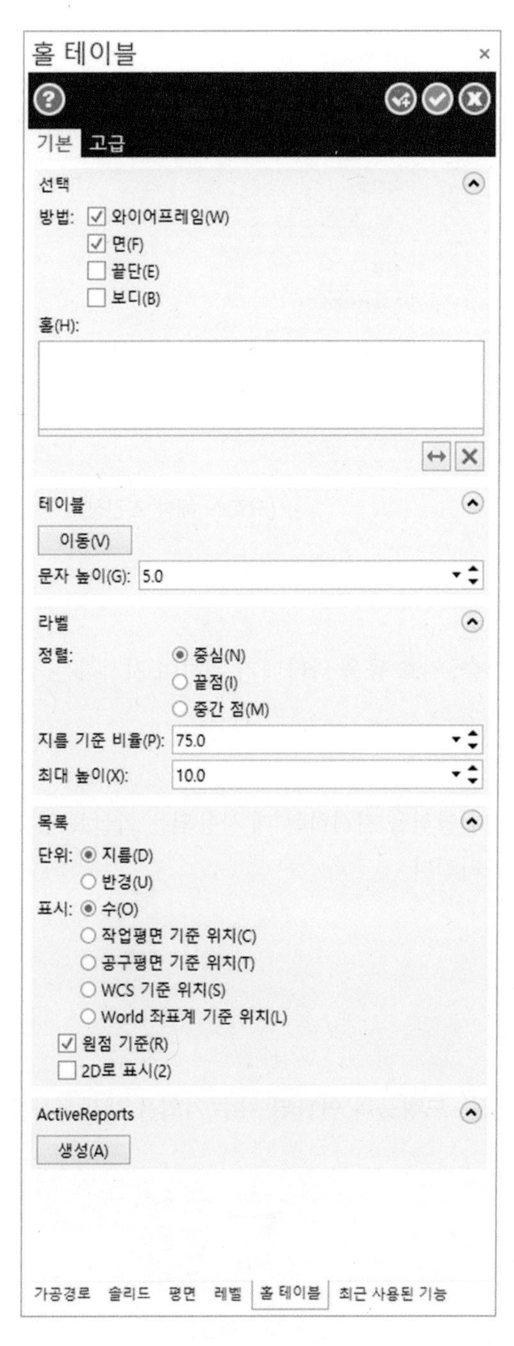

[홀 테이블 조건창]

(3) 크로스 해칭

도형의 단면을 표시하기 위한 평행한 사선을 등간격으로 기입하는 해칭선으로, 닫힌 윤곽에서 해칭선의 간격과 회전각도를 정의할 수 있다.

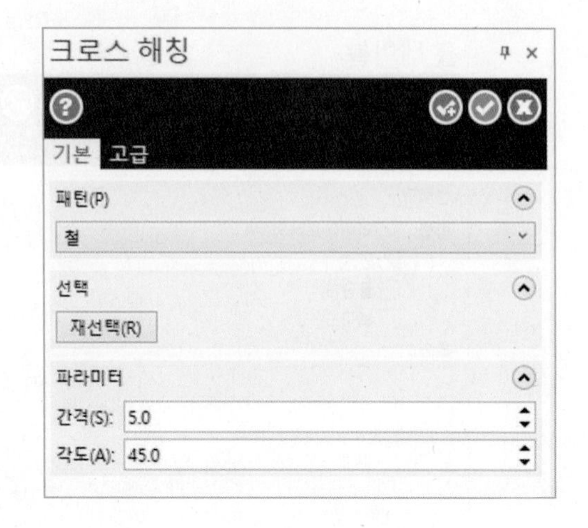

[크로스 해칭 조건창]

(4) 지시선

치수 문자에서 기술, 기호 등을 나타내기 위하여 지시하는 선을 생성한다.

(5) 치수 보조선

요소를 연결하거나 영역을 지시하는 데 사용되는 화살표 없는 직선을 말한다. 평행된 선으로 치수의 끝점을 가리킨다.

4 재생성

현재 화면에 생성되어 있는 도형들과 연관된 치수 기입을 재생성하는 기능이다.

[재생성 메뉴]

(1) 자동

현재 작업의 도형들과 연관된 치수 기입 요소들을 도형이 수정될 때마다 재생성한다.

(2) 유효

연관성에 관계없이 모든 치수 요소들을 재생성한다. 현재 작업에서 사용된 치수 기입 옵션 파라미터에 기준하여 각 요소들을 재생성하거나 재설정한다.

(3) 선택

재생성할 연관된 치수 요소들을 일부분 선택하여 재생성한다.

(4) 전체

모든 연관된 치수 요소들을 재생성한다.

5 수정

화면에 생성되어 있는 치수 기입을 수정하거나 직선, 원호, 너브스 스플라인으로 전환하는 기능이다.

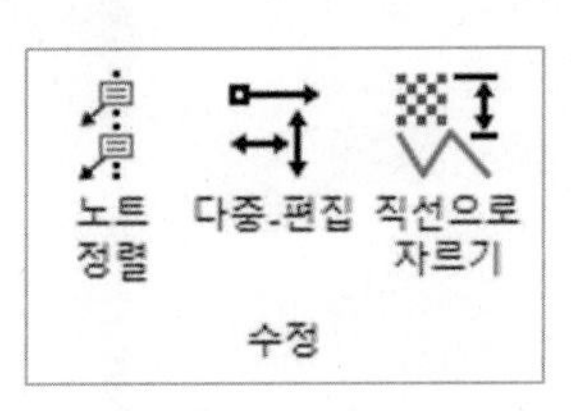

[수정 메뉴]

(1) 노트 정렬

참고 노트 도형을 기준으로 선택한 노트 도형을 수평 또는 수직으로 정렬하는 기능이다.

(2) 다중-편집

하나 또는 그 이상 선택된 치수 기입 요소의 파라미터를 수정할 수 있는 치수 기입 조건창을 연다.

(3) 직선으로 자르기

도면치수, 노트, 라벨, 치수 보조선, 해칭 등을 직선, 호, 너브스 스플라인의 형태로 전환한다.

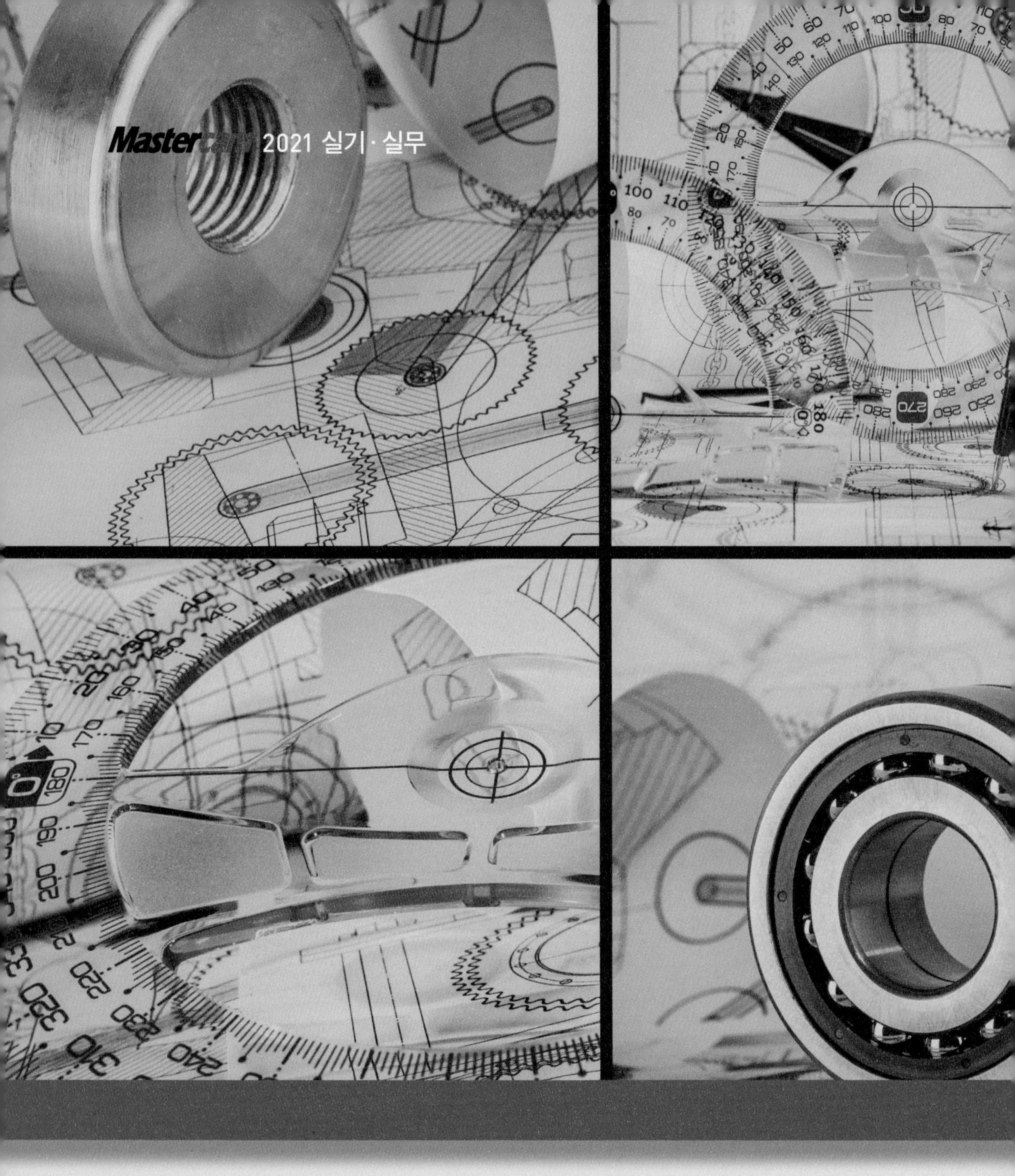
Mastercam 2021 실기·실무

CHAPTER 09

도형 이동

CHAPTER

09 도형 이동

1 위치 이동

(1) 다이내믹 이동

선택한 도형을 지시침(Gnomon) 기능을 활용하여 빠르고 편하게 평행이동 또는 회전이동시키는 기능이다.

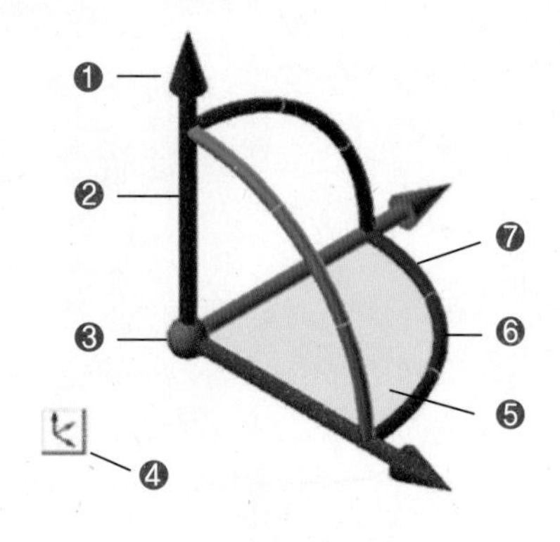

[지시침 기능]

❶ 축 정렬
❷ 축방향 이동
❸ 축 원점 및 XYZ 이동
❹ 지시침 및 도형 이동
❺ XY 평면 정렬
❻ 2D 회전
❼ 3D 회전

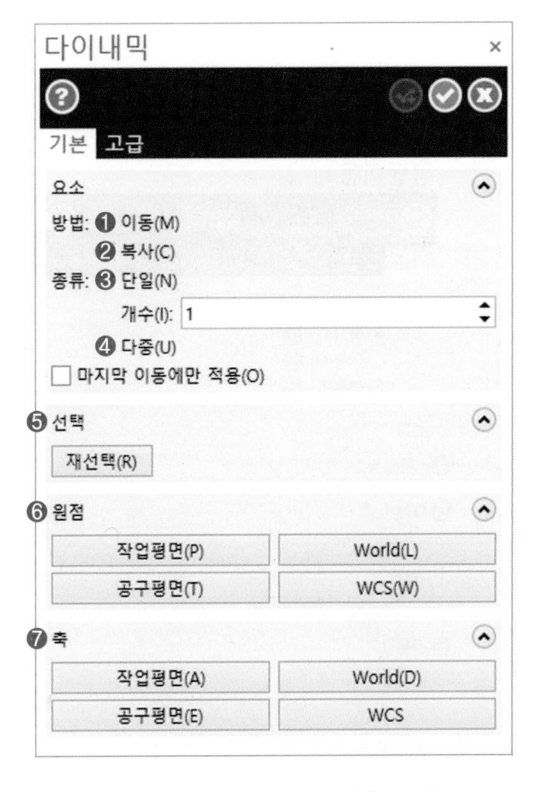

[다이내믹 이동 조건창]

❶ **이동** : 원본 도형을 새로운 위치로 이동시키는 기능이다.

❷ **복사** : 원본 도형은 현재 위치에 유지시키고, 복사된 도형을 새로운 위치로 이동시키는 기능이다.

❸ **단일** : 선택한 도형을 입력한 개수만큼 지정한 위치에 복사 또는 이동하는 기능이다.

❹ **다중** : 선택한 도형을 클릭하는 위치에 연속으로 복사 또는 이동하는 기능이다.

❺ **선택** : 다이내믹 이동시킬 도형을 재선택하는 기능이다.

❻ **원점** : 지시침(Gnomon)의 원점 위치를 선택하는 기능이다.

❼ **축** : 지시침(Gnomon)의 축 정렬을 선택하는 기능이다.

(2) 평행이동

선택한 대상 도형들을 현재 위치에서 새로운 위치로 이동하는 기능이다.

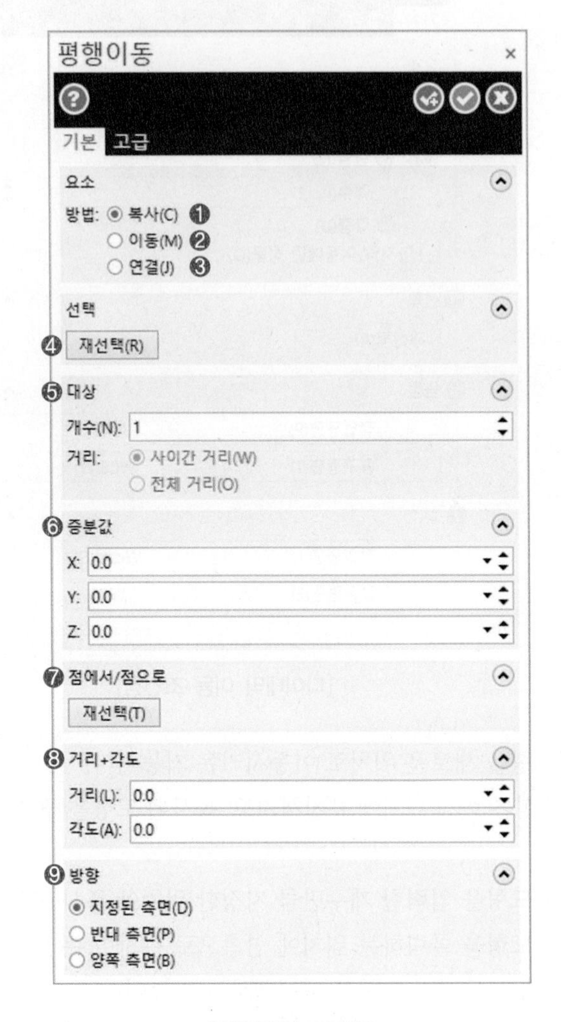

[평행이동 조건창]

❶ **복사** : 원본 도형은 현재 위치에 유지시키고, 복사된 도형을 새로운 위치로 이동시키는 기능이다.

❷ **이동** : 원본 도형을 새로운 위치로 이동시키는 기능이다.

❸ **연결** : 원본 도형과 복사된 도형의 끝점을 서로 연결해주는 기능이다.

❹ **재선택** : 평행이동시킬 도형을 재선택하는 기능이다.

❺ **대상** : 선택한 도형을 입력한 개수와 거리, 각도값으로 복사하는 기능이다.

❻ **증분값** : 도형의 현재 위치에서 각 축방향 거리를 입력하여 이동하는 기능이다.

❼ **점에서 / 점으로** : 선택한 특정 점 위치에서 새로운 위치 점으로 이동하는 기능이다.

❽ **거리+각도** : 도형의 현재 위치 기준에서 일정 거리와 각도(방향)를 입력하여 이동하는 기능이다.

❾ **방향** : 이동시킨 도형을 지정한 방향, 반대방향, 아니면 양쪽 방향 모두에 표현할 것을 선택한다.

(3) 평행이동 3D

선택한 대상 도형을 특정 평면에서 다른 특정 평면으로 이동시키는 기능이다.

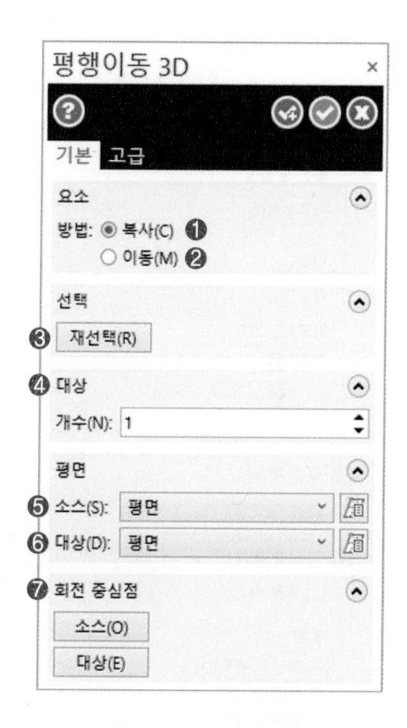

[평행이동 3D 조건창]

❶ **복사** : 원본 도형은 현재 위치에 유지시키고, 복사된 도형을 새로운 위치에 이동시키는 기능이다.

❷ **이동** : 원본 도형을 새로운 위치로 이동시키는 기능이다.

❸ **재선택** : 평행이동시킬 도형을 재선택하는 기능이다.

❹ **대상** : 이동 · 복사할 도형의 개수를 입력한다.

❺ **소스** : 이동시킬 도형의 현재 평면 선택 기능이다.

❻ **대상** : 이동될 도형의 평면 선택 기능이다.

❼ **회전 중심점** : 도형을 회전시킬 때 중심이 되는 곳을 지정하는 기능이다.

(4) 회전이동

특정 위치를 중심점으로 입력한 각도만큼 회전시킨 위치로 도형을 이동하는 기능이다.

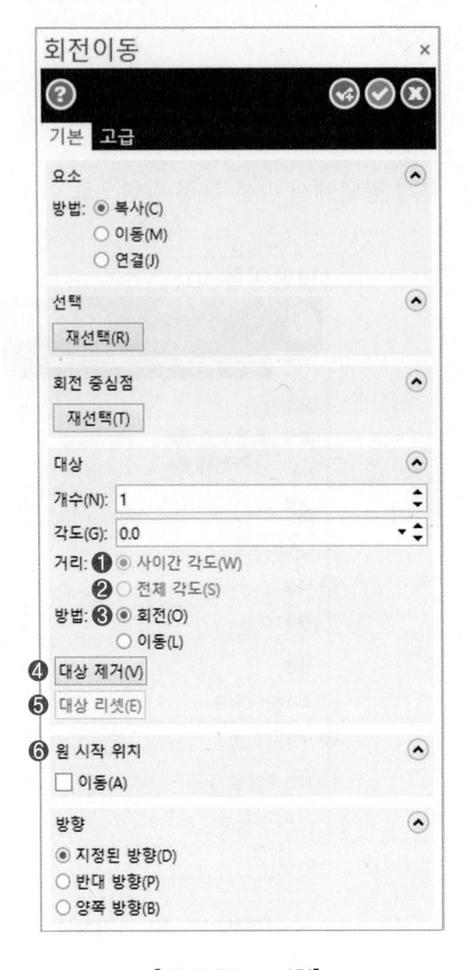

[회전이동 조건창]

❶ **사이간 각도** : 한 도형과 다른 도형 사이의 각도이다.

❷ **전체 각도** : 이동시킬 전체 도형의 총 각도이다.

❸ **회전 / 이동** : 이동시킬 대상 도형을 회전시켜 이동할지 아니면 대상 도형의 형태는 그대로 유지한 상태에서 각도만 적용시켜 이동할지 선택하는 기능이다.

❹ **대상 제거** : 여러 개의 도형을 회전 이동시킬 경우 불필요한 도형을 제거하는 기능이다.

❺ **대상 리셋** : 제거한 도형을 복구하는 기능이다.

❻ **원 시작 위치** : 원의 끝점을 이동하는 기능이다.

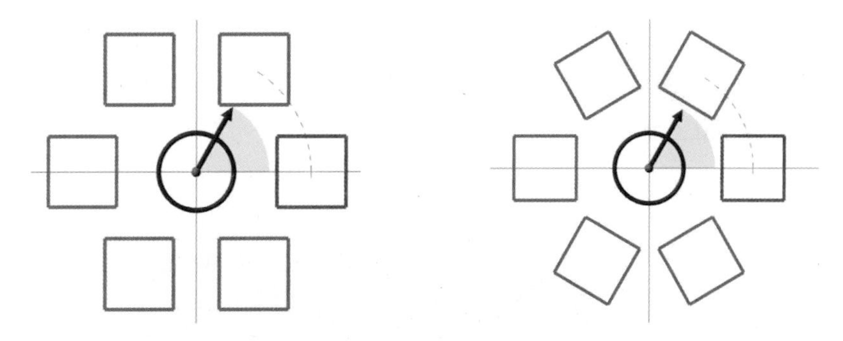

[회전이동 및 평행이동의 비교]

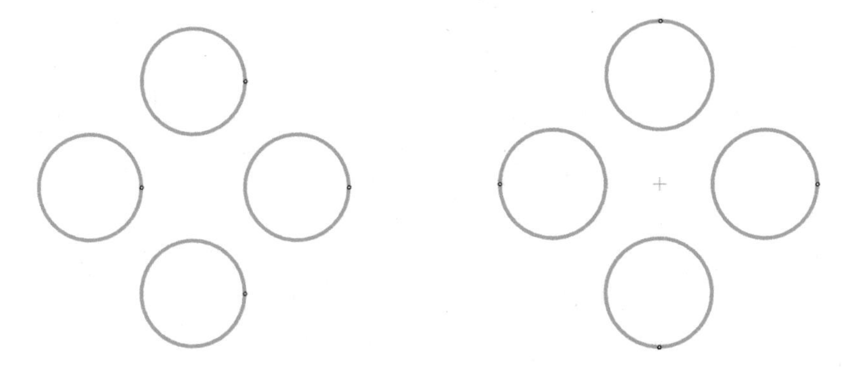

[원 시작 위치 체크와 체크 해제의 비교]

(5) 투영이동

3차원 도형을 지정된 깊이로 특정 평면상에 이동시키거나, 특정 평면상에 그려진 2차원 도형을 곡면 도형요소에 투영하는 기능이다.

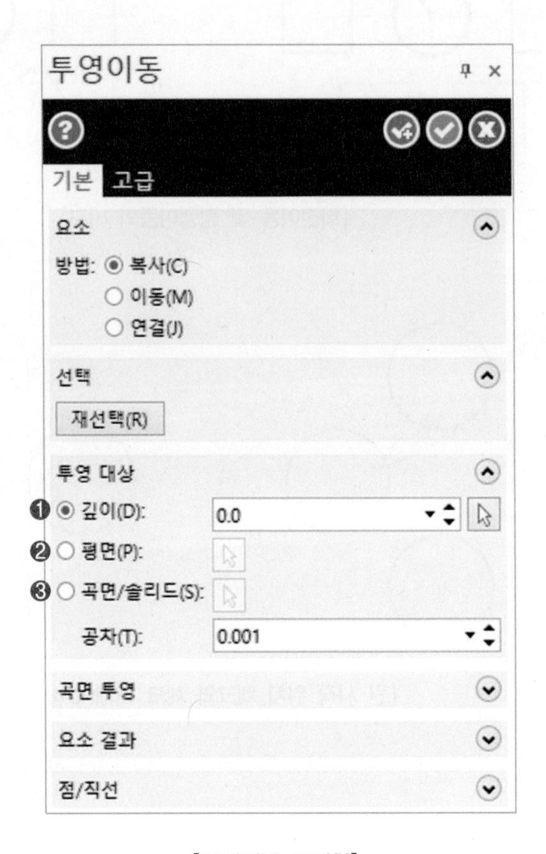

[투영이동 조건창]

❶ **깊이** : 입력한 Z값만큼 도형을 투영이동하는 기능이다.
❷ **평면** : 선택한 평면으로 도형을 투영하는 기능이다.
❸ **곡면 / 솔리드** : 선택한 곡면 / 솔리드로 도형을 투영하는 기능이다.

(6) 원점으로 이동

현재 작업화면의 모든 도형요소들을 WCS 원점으로 이동시키는 기능으로, 사용자가 지정한 점을 기준으로 모든 도형들이 원점으로 이동한다.

(7) 대칭이동

선택한 대상 도형들을 일정한 축의 반대방향으로 이동시키는 기능이다.

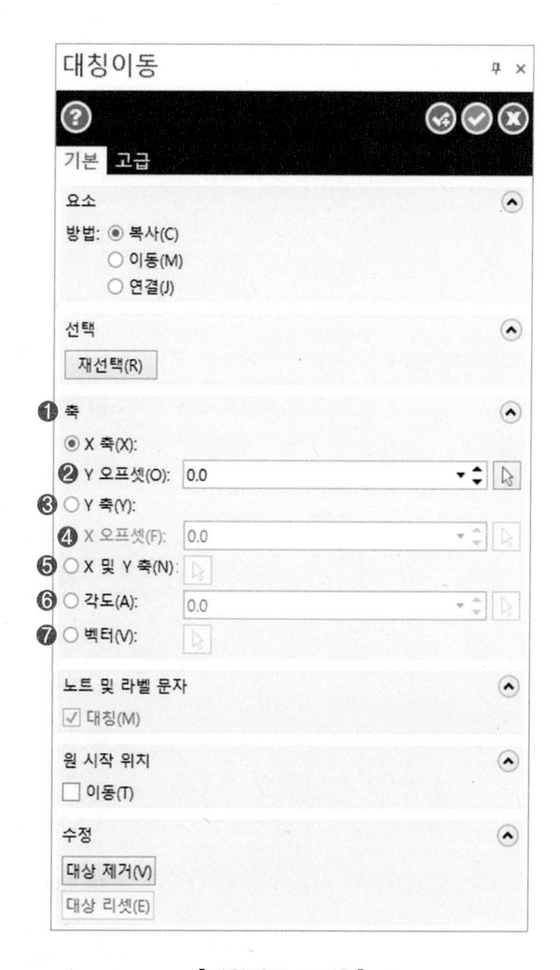

[대칭이동 조건창]

❶ **X축** : 설정된 작업평면의 X축 기준으로 도형을 대칭이동시키는 기능이다.
❷ **Y 오프셋** : 기준 도형의 중심점에서 Y방향으로 오프셋값만큼 이동시키는 기능이다.
❸ **Y축** : 설정된 작업평면의 Y축 기준으로 도형을 대칭이동시키는 기능이다.
❹ **X 오프셋** : 기준 도형의 중심점에서 X방향으로 오프셋값만큼 이동시키는 기능이다.
❺ **X 및 Y축** : 설정된 작업평면의 X축과 Y축을 기준으로 도형을 대칭이동시키는 기능이다.
❻ **각도** : 입력한 각도로 설정된 가상의 축을 기준으로 도형을 대칭이동시키는 기능이다.
❼ **벡터** : 작업화면 내 선택된 특정 직선을 기준으로 대칭이동시키는 기능이다.

(8) 롤

가상의 원통에 특정 평면 도형을 말거나 또는 원통에 말린 도형을 특정 평면으로 펴는 기능이다.

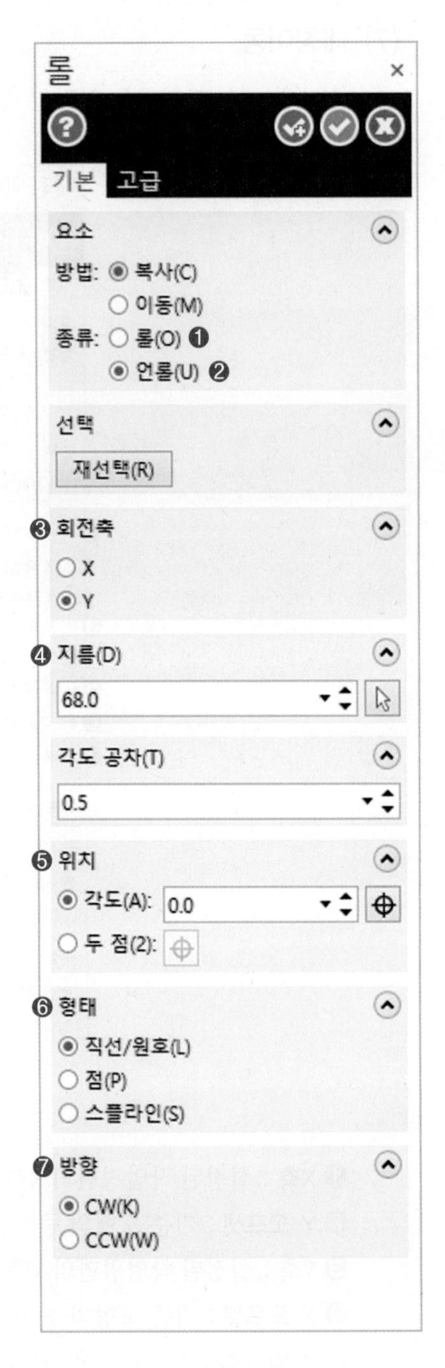

[롤 조건창]

❶ **롤** : 특정 평면 도형을 가상의 원통에 말고자 하는 경우에 사용하는 기능이다,
❷ **언롤** : 가상의 원통에 말린 도형을 특정 평면에 펴는 경우에 사용하는 기능이다.
❸ **회전축** : 회전의 기준이 되는 축을 설정하는 기능이다.
❹ **지름** : 가상 원통에 지름값을 설정하는 기능이다.
❺ **위치** : 롤 / 언롤하는 도형의 각도를 지정하는 기능이다.
❻ **형태** : 롤 / 언롤하는 도형의 요소를 선택하는 기능이다.
❼ **방향** : 롤 / 언롤하는 도형을 CW(시계) 또는 CCW(반시계)방향으로 롤 / 언롤시키는 기능이다.

2 오프셋

(1) 요소 오프셋

대상 도형 기준 좌 / 우측 방향으로 설정된 오프셋 거리만큼 도형을 이동시킨다.

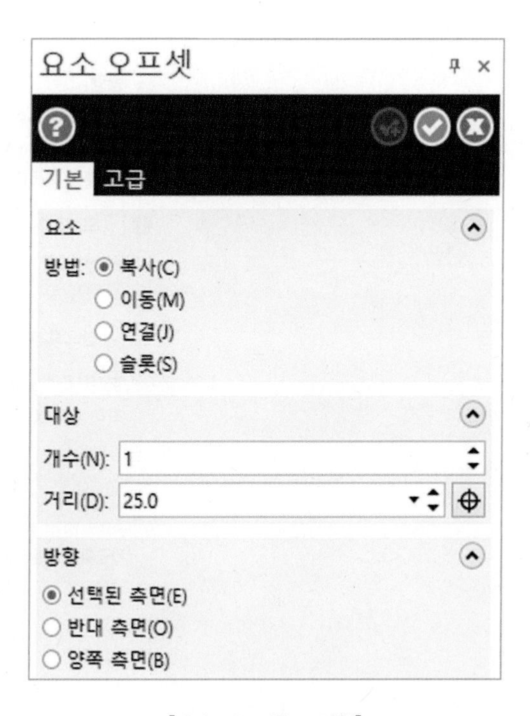

[요소 오프셋 조건창]

(2) 윤곽 오프셋

다수의 연결된 도형으로 이루어진 윤곽을 한꺼번에 입력한 거리만큼 오프셋시킨다.

❶ **모서리 처리**

㉠ **샤프** : 대상 도형들의 사이각이 135° 이하인 부위들만 R(원호)을 생성하고, 135°가 넘으면 각진 형태로 오프셋을 생성한다.

㉡ **전체** : 대상 도형들의 사이각도에 관계없이 각진 부위는 모두 R(원호)을 생성한다.

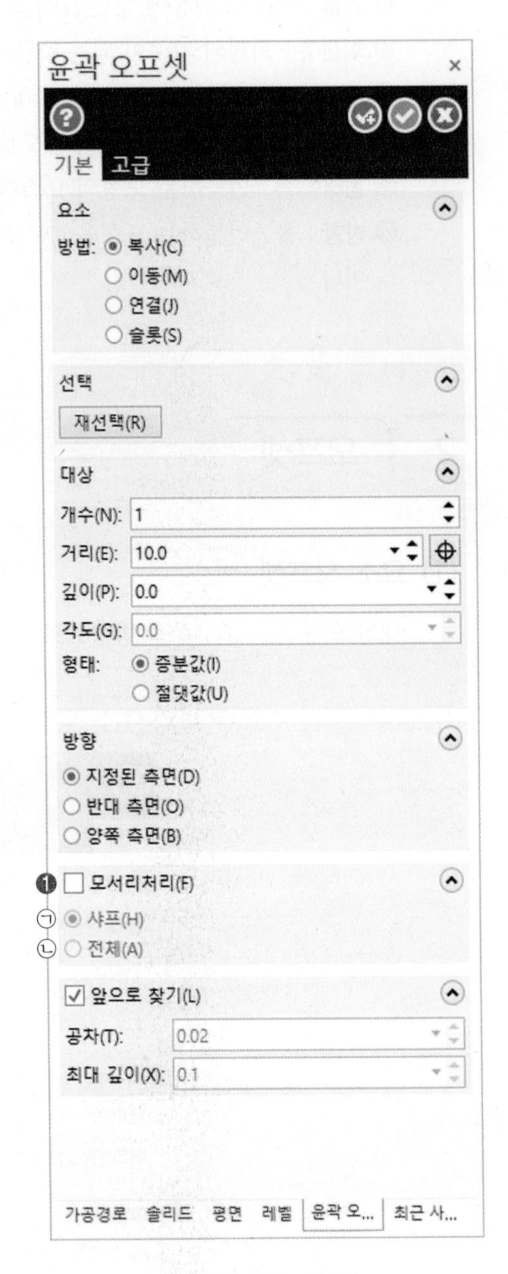

[윤곽 오프셋 조건창]

3 레이아웃 이동

(1) 네스팅

선택된 시트 도형 내측에 배치되는 파트 도형들을 효과적으로 배치시키는 기능이다.

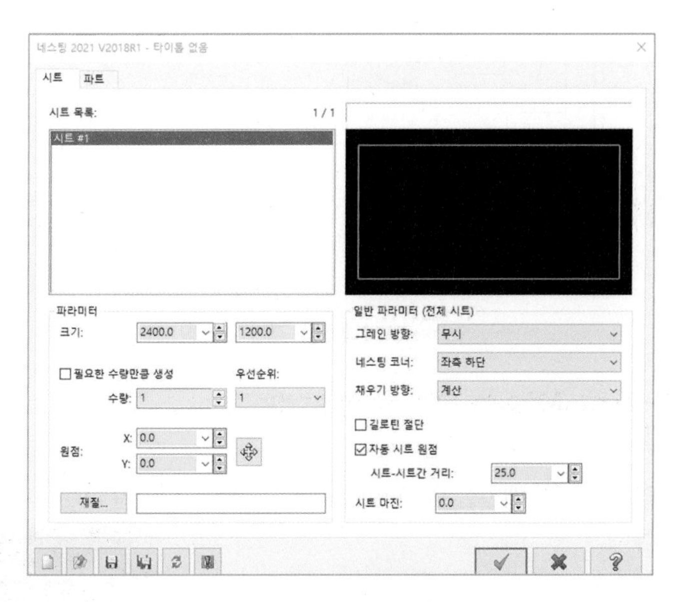

[네스팅 시트 조건창]

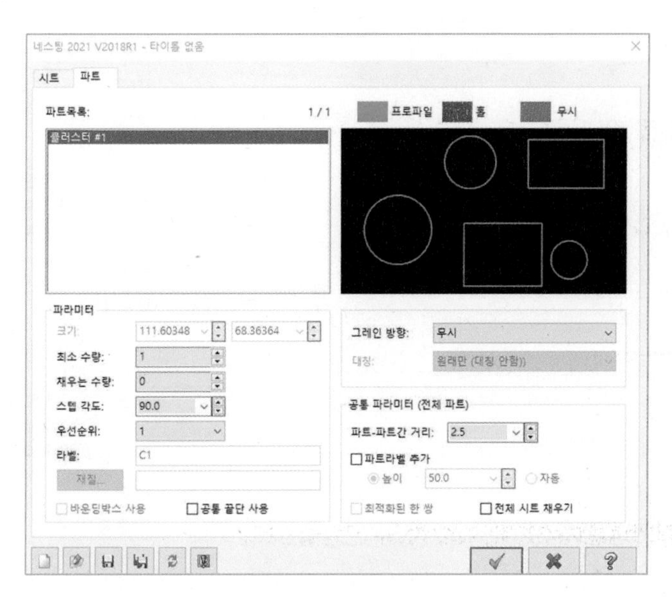

[네스팅 파트 조건창]

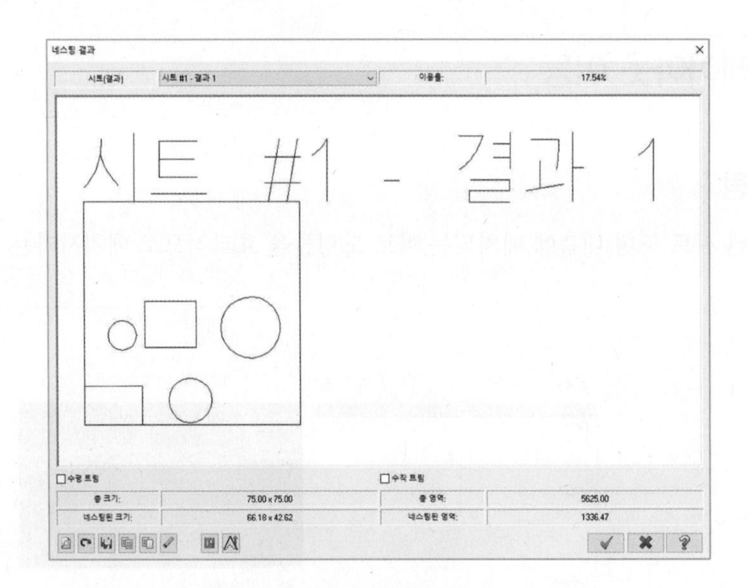

[네스팅 결과 조건창]

(2) 선형 배열

많은 개수의 규칙적인 배열을 쉽고 빠르게 할 수 있는 기능이다.

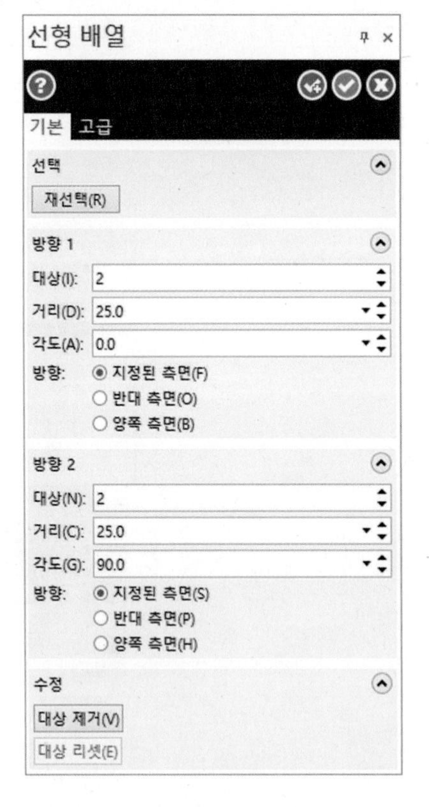

[선형 배열 조건창]

(3) 벡터 이동

대상 도형과 특정 직선을 선택한 후 직선이 가지고 있는 벡터 성질을 이용하여 도형을 이동하는 기능이다.

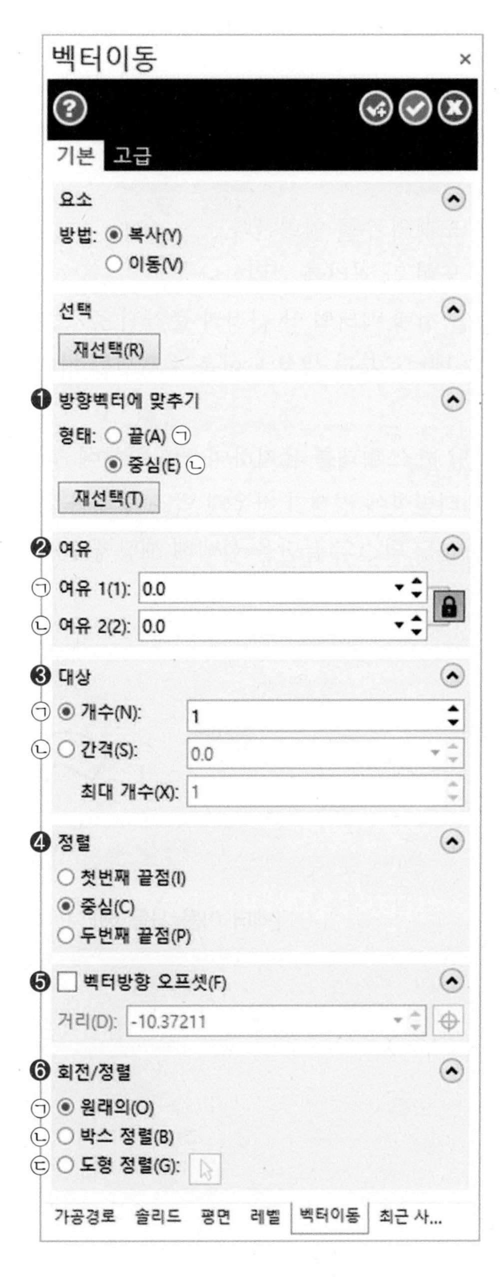

[벡터 이동 조건창]

❶ **방향벡터에 맞추기**

㉠ **끝** : 2개 이상의 도형을 생성할 때 벡터의 범위 안에 도형을 위치시킨다.

㉡ **중심** : 2개 이상의 도형을 생성할 때 벡터 끝점을 도형의 중심으로 지정한다.

❷ **여유** : 선택된 벡터의 길이를 확장하거나 축소하는 기능으로 아래의 숫자 입력란에 값을 입력하면 입력된 값만큼 벡터가 확장되거나 축소된다.

㉠ **여유 1** : 벡터의 확장 또는 축소길이를 양쪽으로 동일하게 할지 설정한다.

㉡ **여유 2** : 도형의 중심을 벡터에 맞출지, 끝점을 벡터에 맞출지 설정한다.

❸ **대상**

㉠ **개수** : 생성될 도형의 수를 입력한다.

㉡ **간격** : 생성될 도형 간 거리를 입력한다.

❹ **정렬** : 생성 도형을 선택 벡터의 양 끝점과 중간점 중 어느 쪽에 둘지 설정한다.

❺ **벡터방향 오프셋** : 벡터로부터 생성 도형을 오프셋할 거리값을 입력한다.

❻ **회전 / 정렬**

㉠ **원래의** : 바운딩 박스 형태를 유지하며 벡터방향에 정렬한다.

㉡ **박스 정렬** : 벡터방향에 평행한 바운딩 박스 형태를 기준으로 정렬한다.

㉢ **도형 정렬** : 바운딩 박스의 끝단을 선택해 해당 끝단을 방향벡터에 정렬한다.

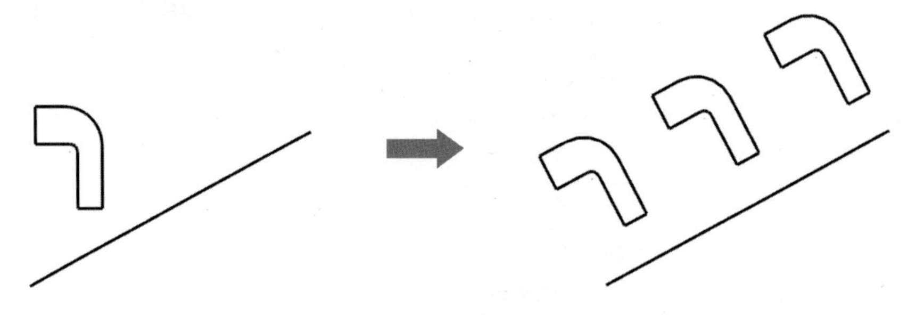

[벡터 이동 사용 예]

4 사이즈 이동

(1) 스트레치

도형의 일부만을 선택하여 연장시켜 주는 기능으로 교차점을 포함하고 있는 직선 도형에 사용할 수 있다.

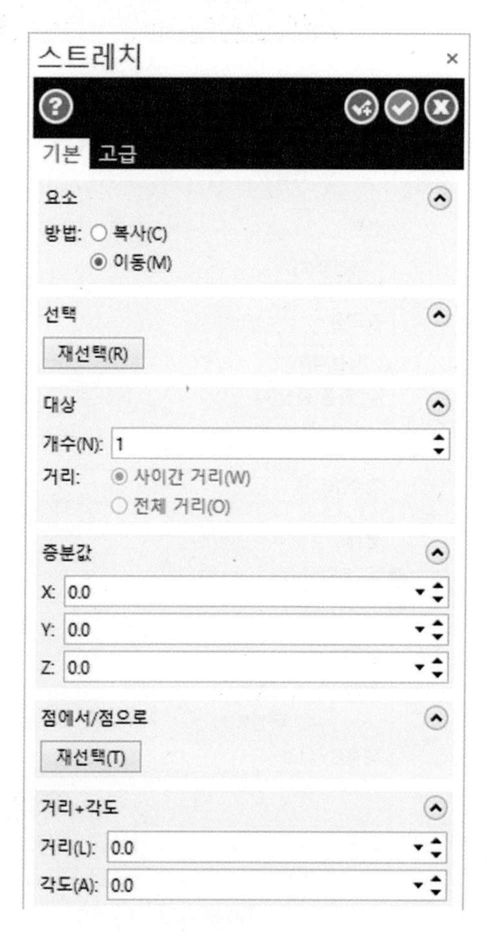

[스트레치 조건창]

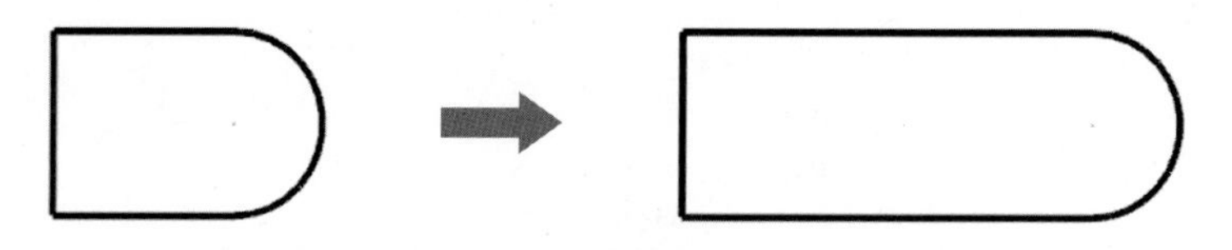

[스트레치 사용 예]

(2) 배율 이동

특정위치 기준 대상 도형들을 일정 배율 및 각 축별(X, Y, Z)로 확대 또는 축소시켜 도형 이동을 실행하는 기능이다.

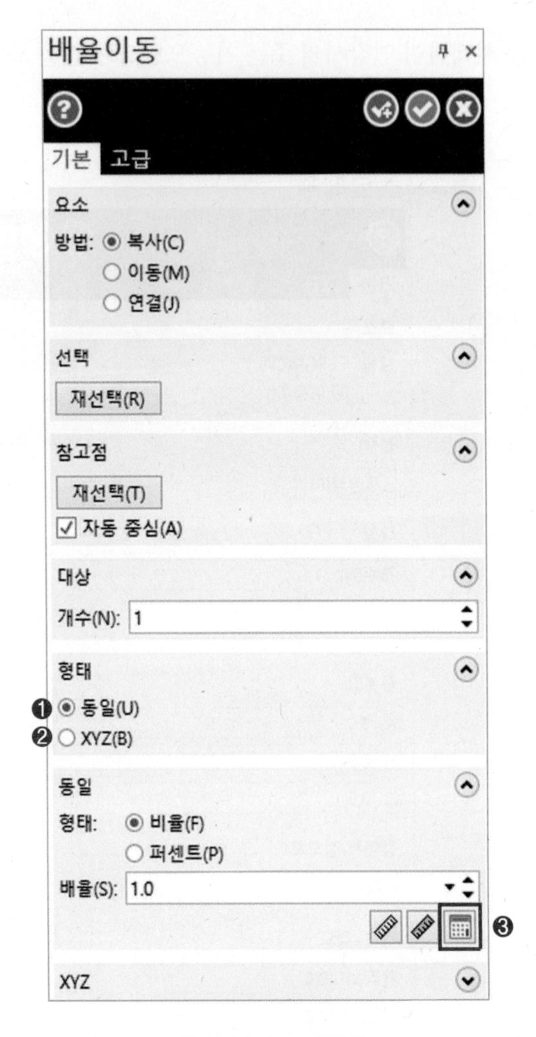

[배율 이동 조건창]

❶ **동일** : X, Y, Z축 방향에 동일한 배율이나 퍼센트를 줄 때 사용한다.

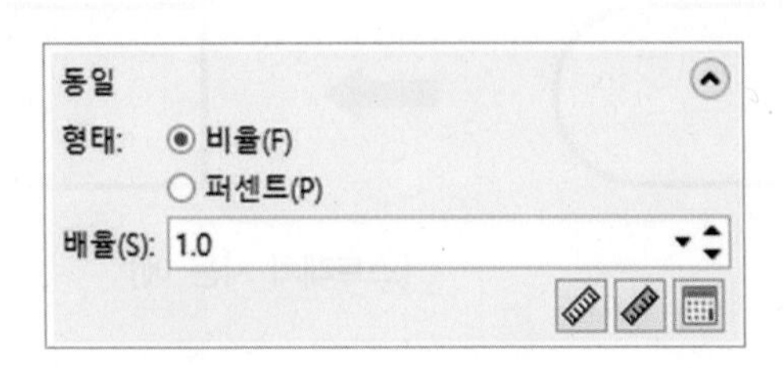

❷ XYZ : 각 축 방향별로 배율이나 퍼센트를 줄 때 사용한다.

❸ **배율 계산기** : 기준값과 결과값을 입력해 배율을 계산한다.

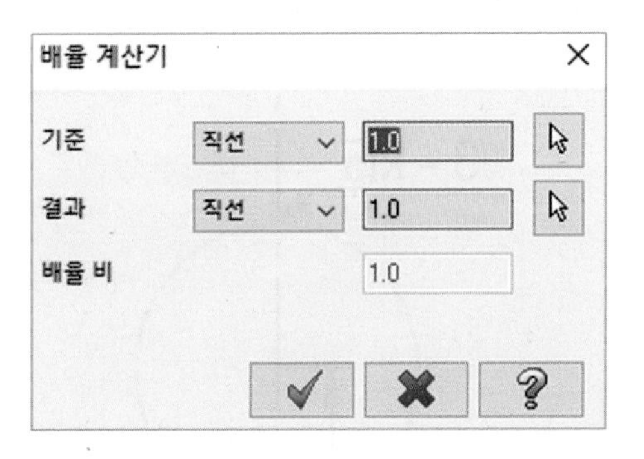

예 제

예 제 1

평행이동 예제 도면

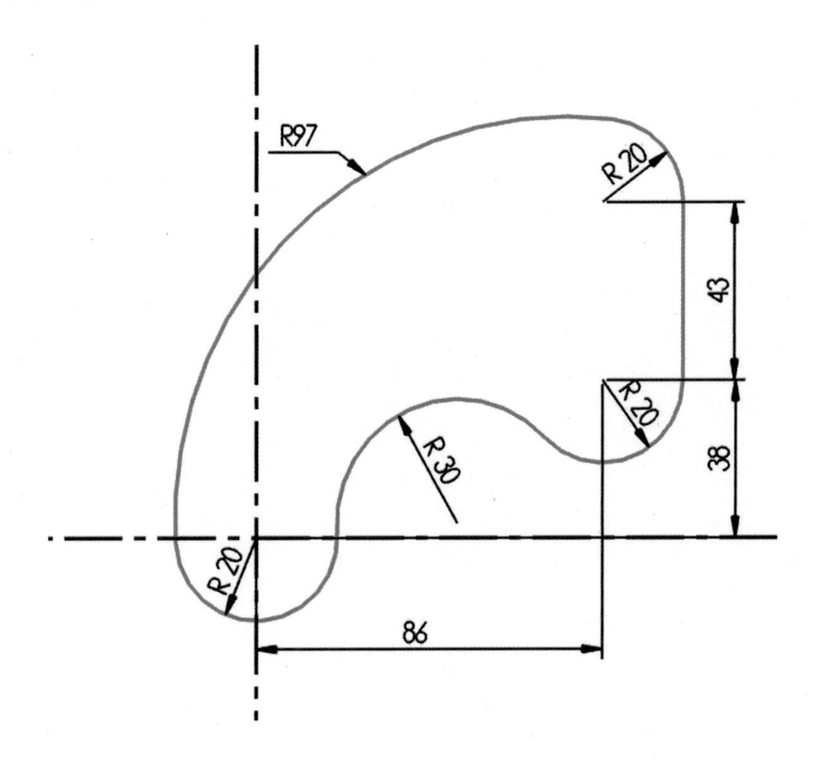

예 제 2

회전이동 예제 도면

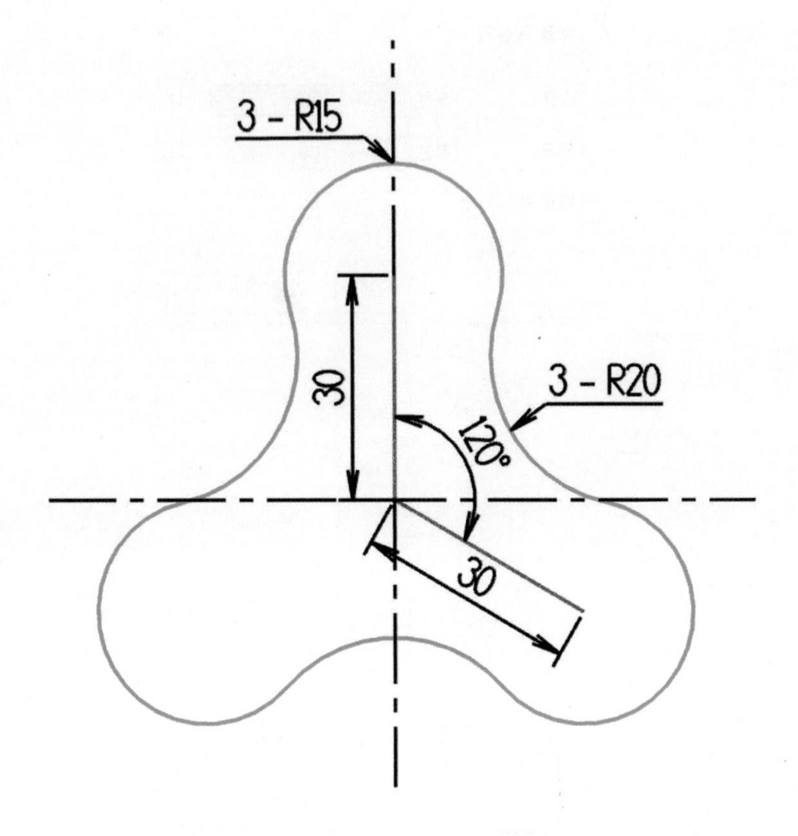

예제 1 해답

① 와이어프레임 탭에서 원호 메뉴의 중심점 기능을 실행하고 원점을 클릭하여 반경 20을 입력한 후 OK 버튼(✔)을 클릭한다.

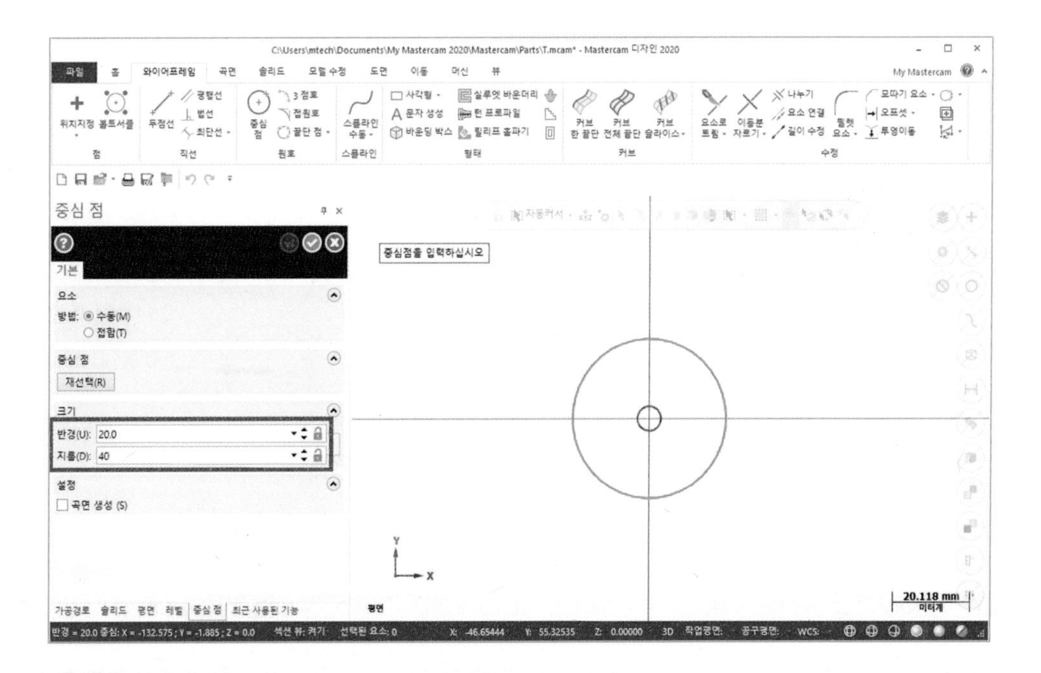

② 원 도형을 선택하고 이동 탭의 평행이동 기능을 실행한다. 다시 복사 기능을 클릭하고 개수는 1, 증분값 X에 86, Y에 38을 입력한 후 OK 버튼(✔)을 누른다.

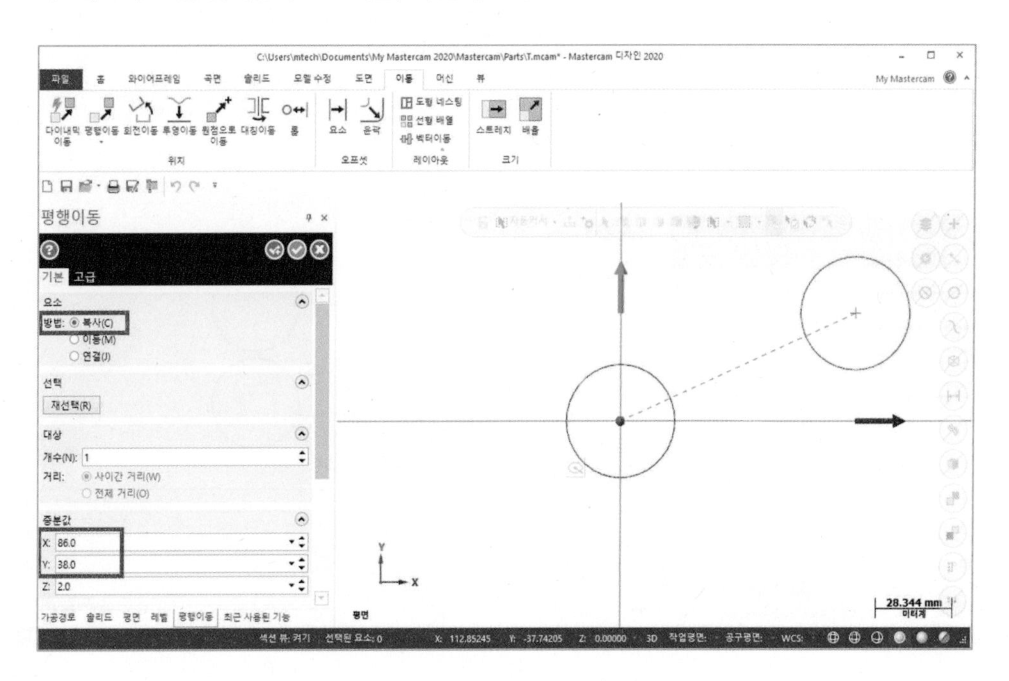

③ 아래 그림에서 원 도형 A2를 선택하고 평행이동 기능을 실행한다. 평행이동 조건창의 복사 기능을 클릭하고 개수에 1, 증분값 Y에 43을 입력한 후 OK 버튼(✓)을 누른다.

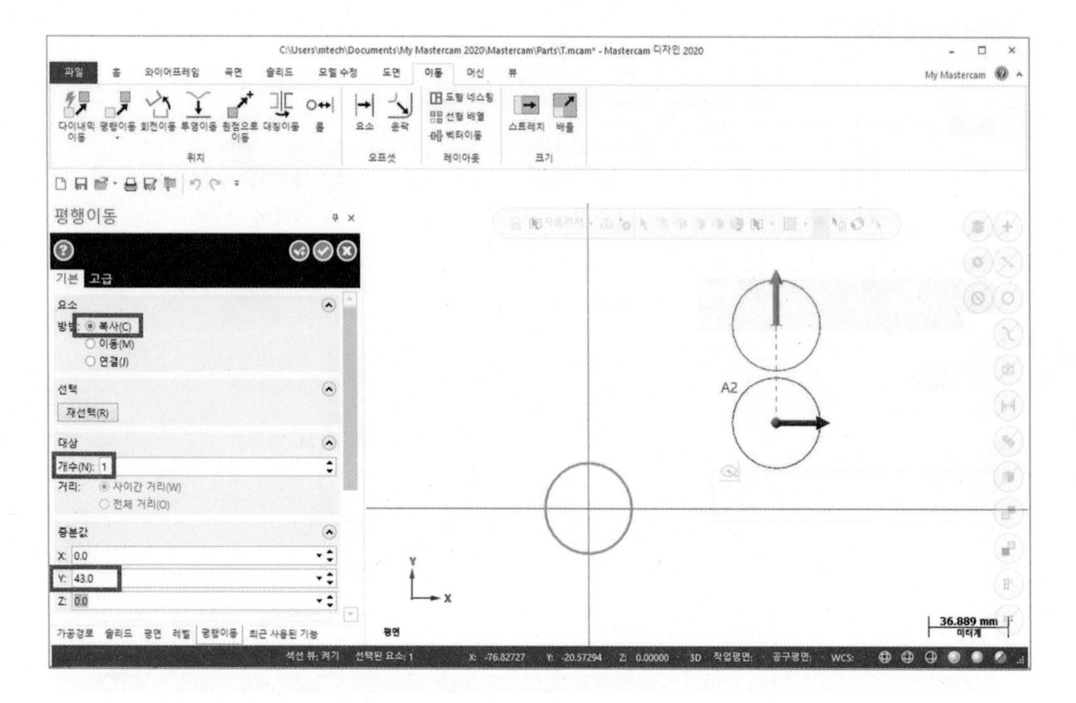

④ 와이어프레임 탭의 원호 메뉴 중 접원호 기능을 실행하고 모드는 두 요소, 반경은 30을 입력한 후 A1과 A2 원을 연속으로 클릭한다.

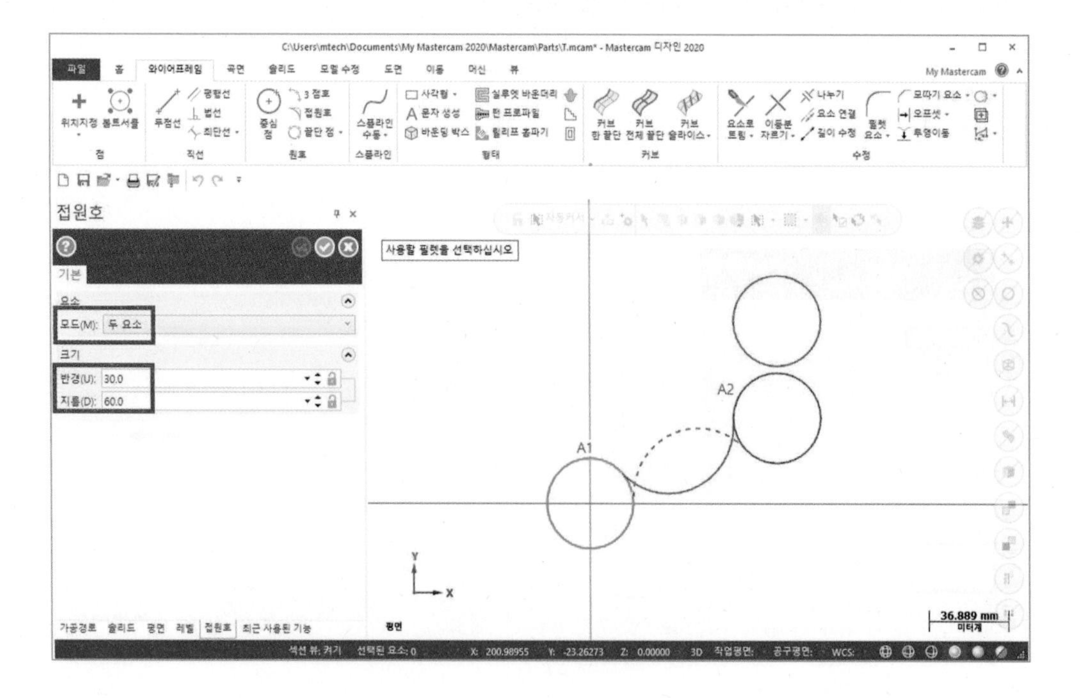

⑤ 아래 그림처럼 접원호 B1 요소를 선택하고 '확인 및 새 작업 생성' 버튼(⊕)을 클릭한다.

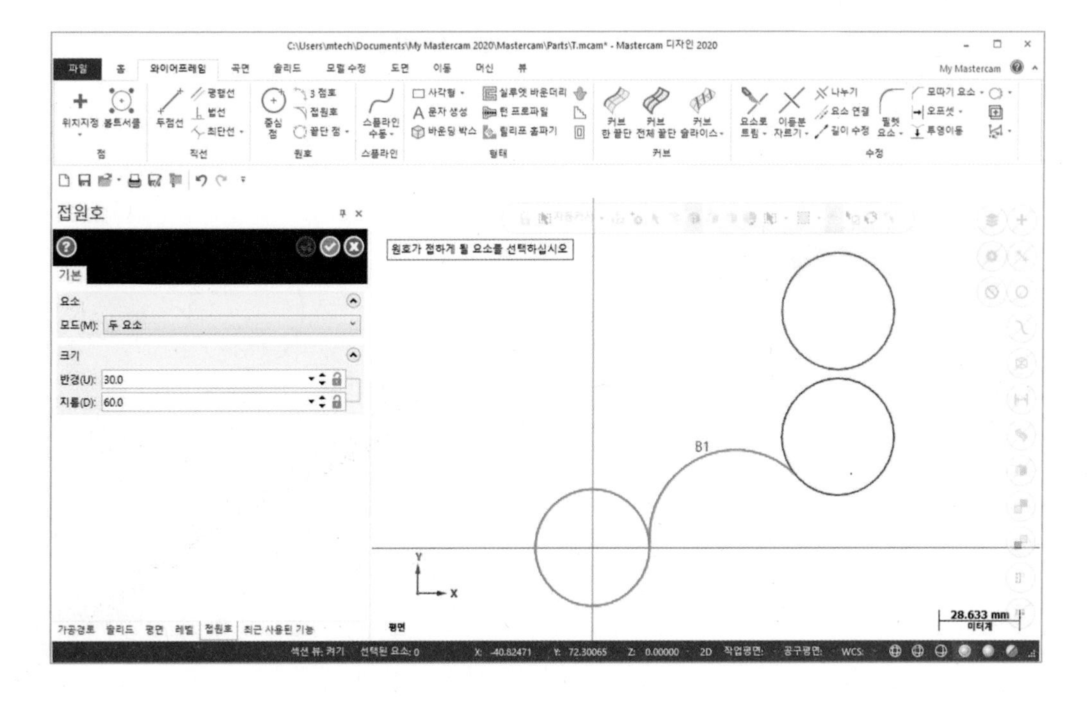

⑥ 반경값에 97을 입력한 후 A1과 A3 원 도형을 연속으로 선택한다.

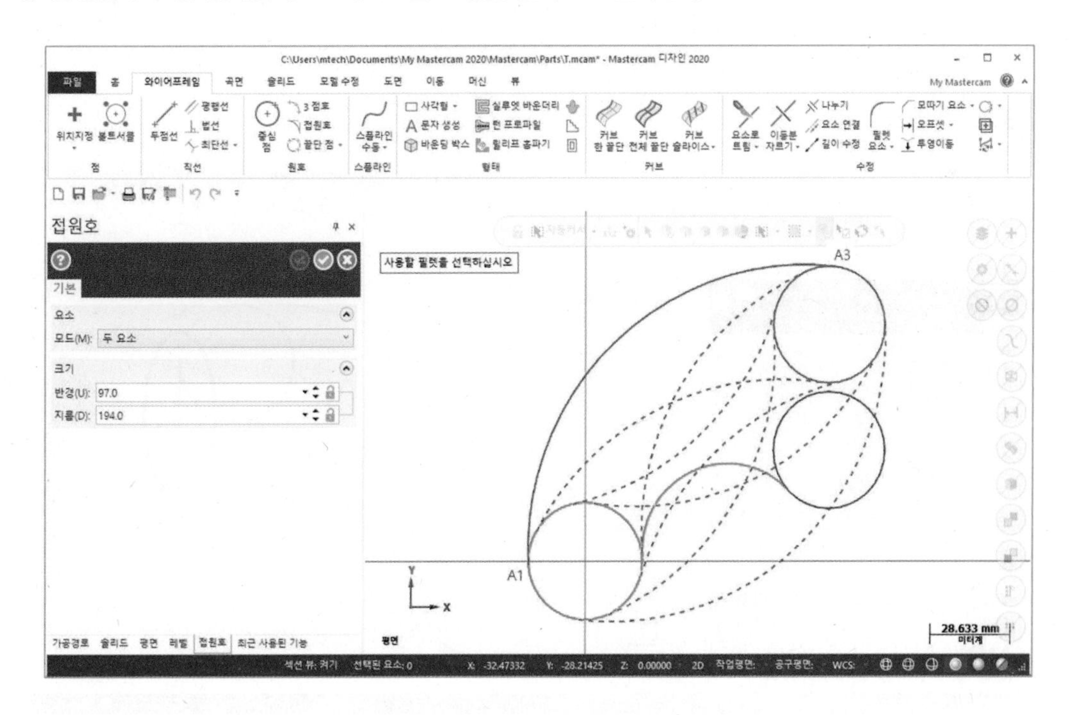

⑦ 아래 그림에서 접원호 B2 요소를 선택하고 OK 버튼(✅)을 누른다.

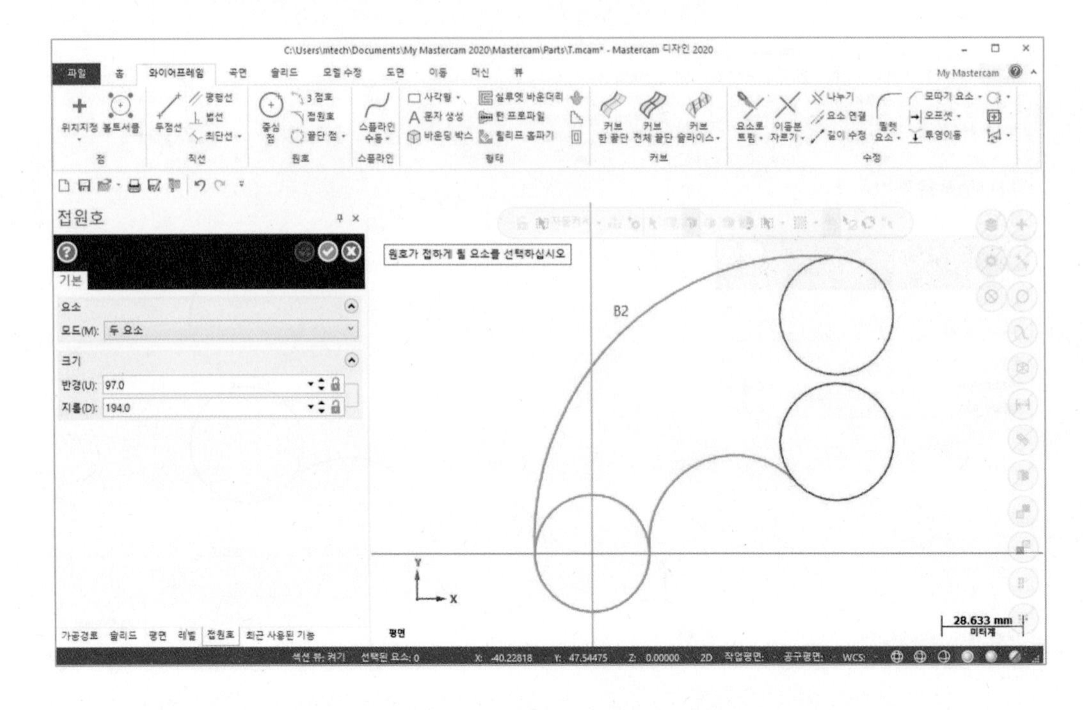

⑧ 와이어프레임 탭의 두점선을 선택하고 모드는 자유형, 접함을 클릭한다. A3와 A2 원 도형을 차례로 클릭한 후 OK 버튼(✅)을 누른다.

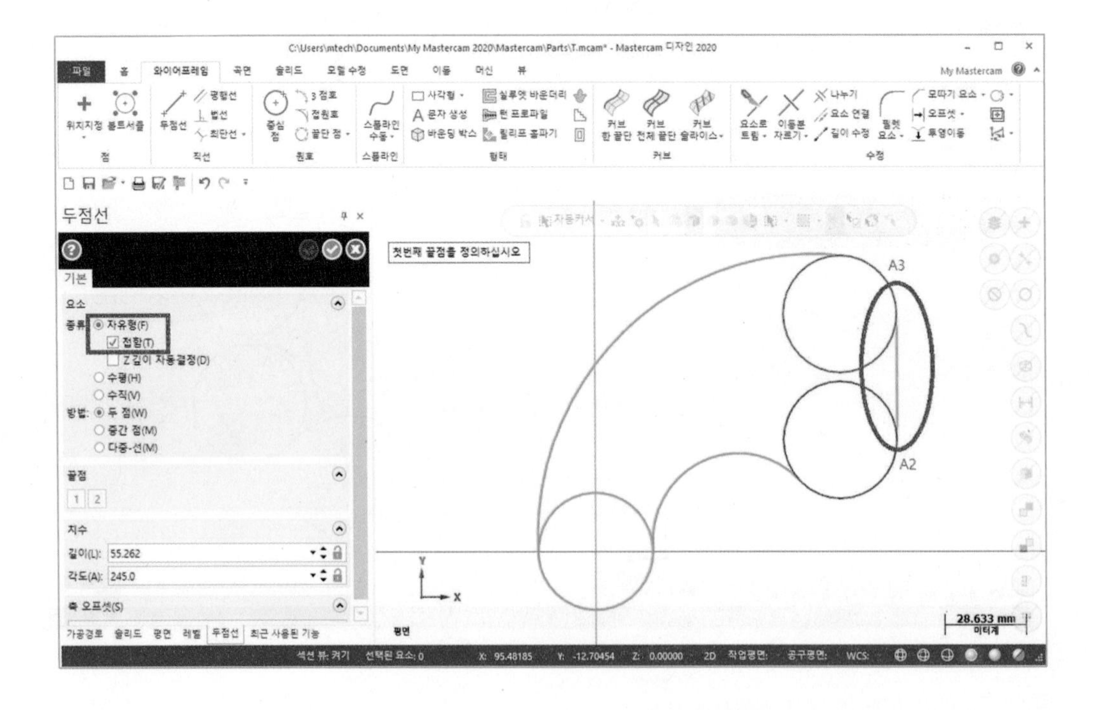

⑨ 와이어프레임 탭의 '수정' 메뉴에서 '나누기' 기능을 실행한 후 아래 그림처럼 불필요한 요소를 클릭하여 삭제한다.

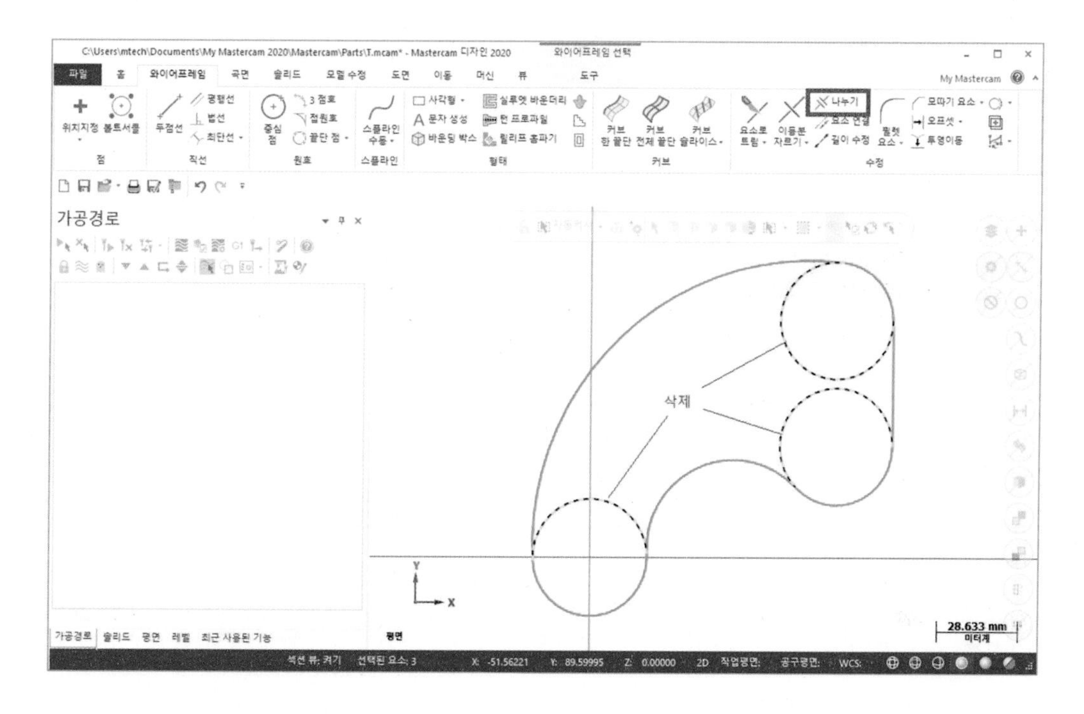

⑩ 완성된 도면을 확인한다.

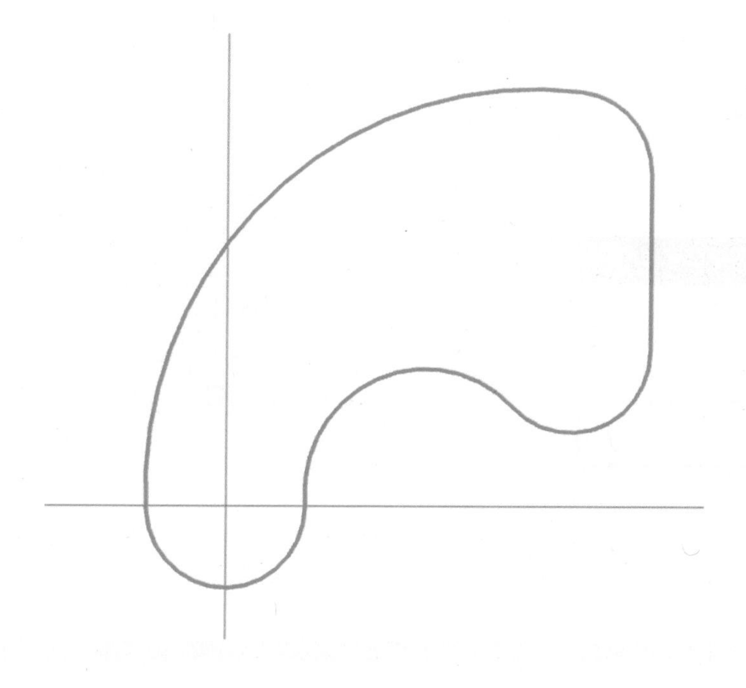

예제 2 해답

① 와이어프레임 탭에서 두점선 기능을 실행한 후 원점 A1을 클릭하고 길이 30, 각도 90을 입력한 후 OK 버튼(◎)을 누른다.

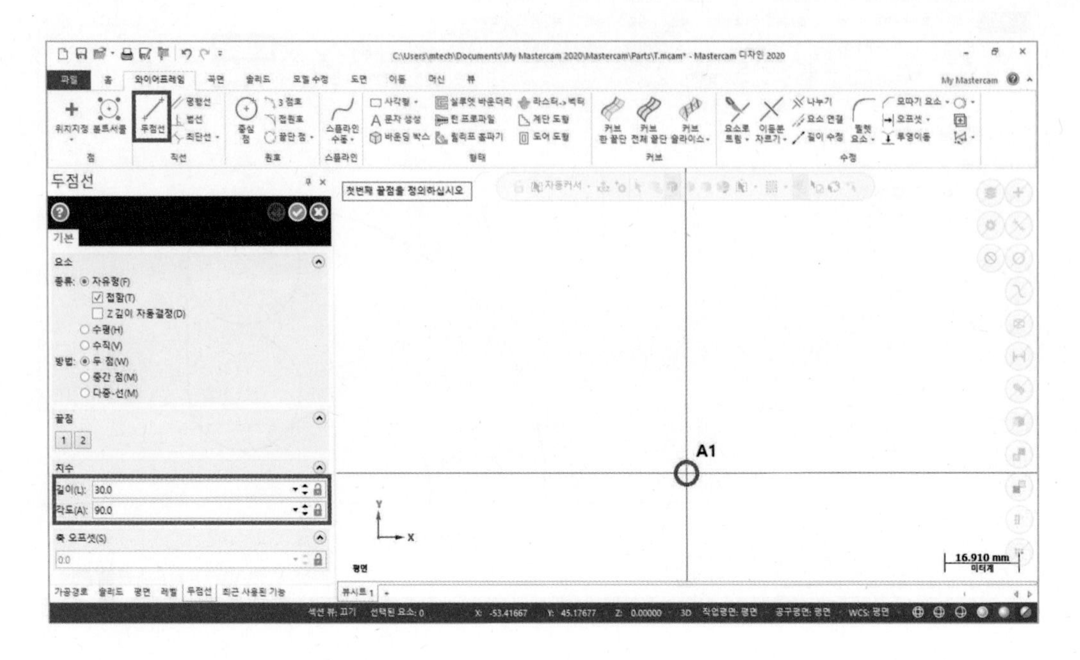

② 원호 그룹의 중심점 기능을 실행한 후 A2(직선의 끝점)를 클릭하고 반경 15를 입력한 후 OK 버튼(◎)을 누른다.

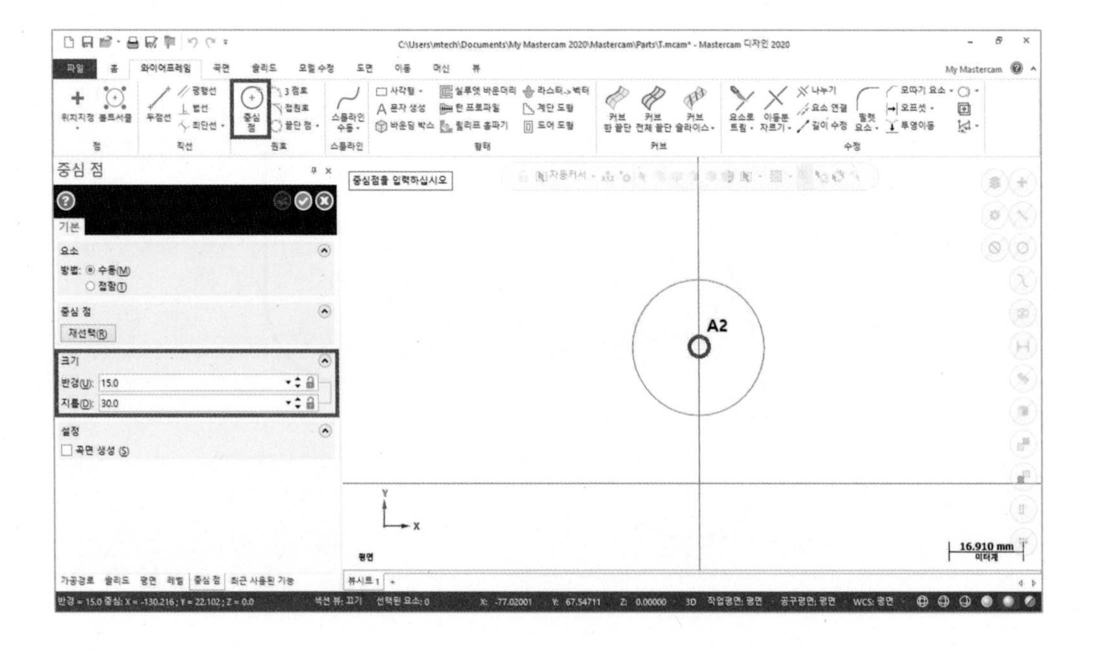

③ 원 도형을 선택한 후 이동 탭에서 회전이동 기능을 실행하고, 아래 그림처럼 개수 2, 각도 120을 입력한 후 OK 버튼(◎)을 클릭한다.

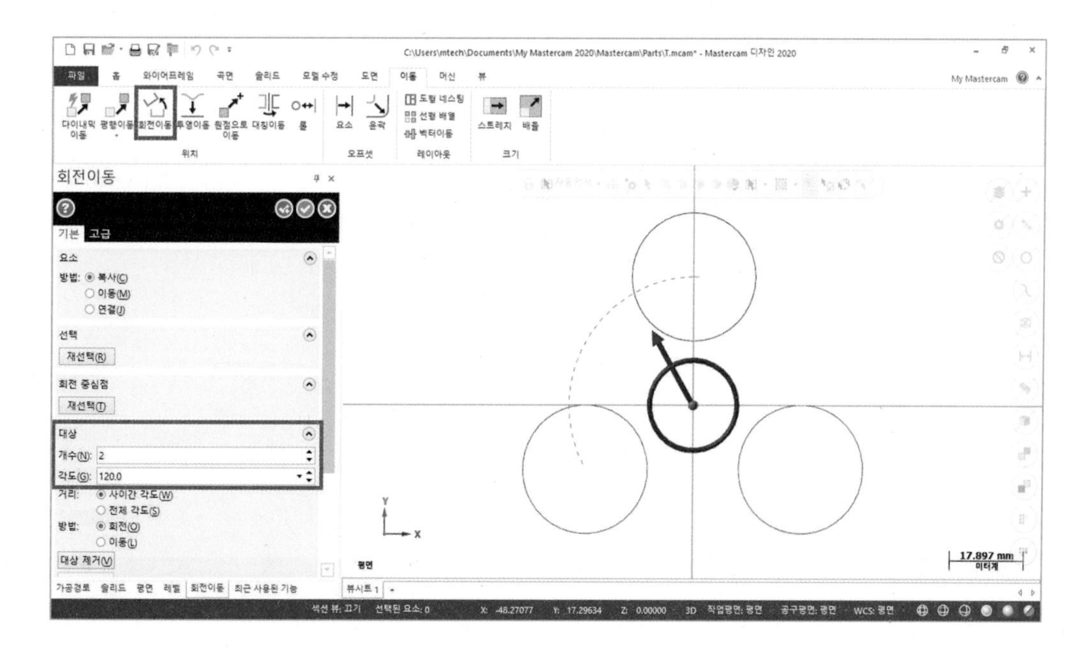

④ 와이어프레임 탭에서 원호 그룹의 접원호 기능을 실행하고 모드는 두 요소 선택, 반경은 20을 입력한 후 OK 버튼(◎)을 클릭한다.

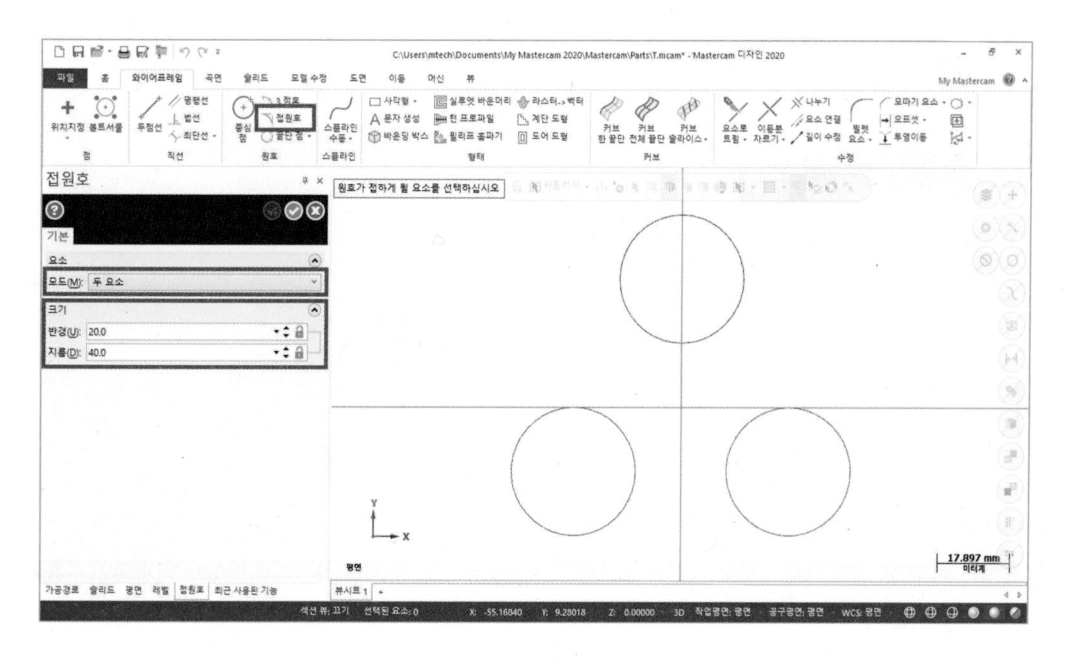

⑤ B1과 B2 원을 차례대로 클릭하고 C1을 선택한 후 OK 버튼(◎)을 클릭한다.

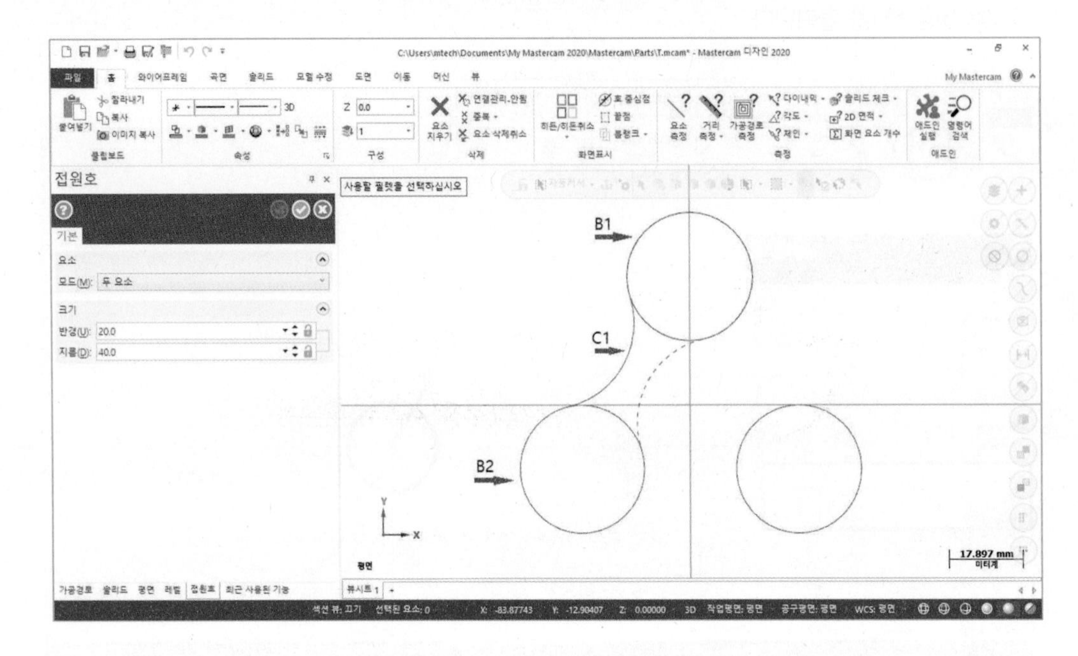

⑥ 위 그림의 C1을 선택한 후 이동 탭에서 회전이동 기능을 실행하고 개수 2, 각도 120을 입력한 후 OK 버튼(◎)을 클릭한다.

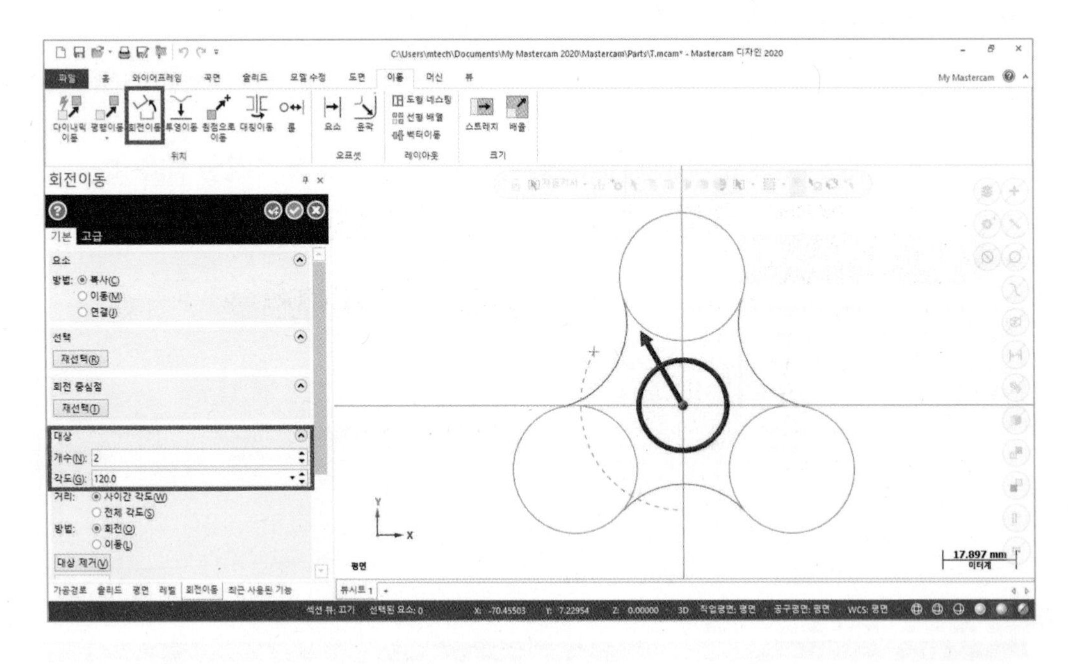

⑦ 처음에 그려진 길이 30의 수직선을 선택한 후 F5 키를 눌러 삭제하고, 와이어프레임 탭의 '나누기' 기능을 실행한다. 종류를 트림으로 설정하고 차례로 D1, D2, D3를 클릭해 삭제한다.

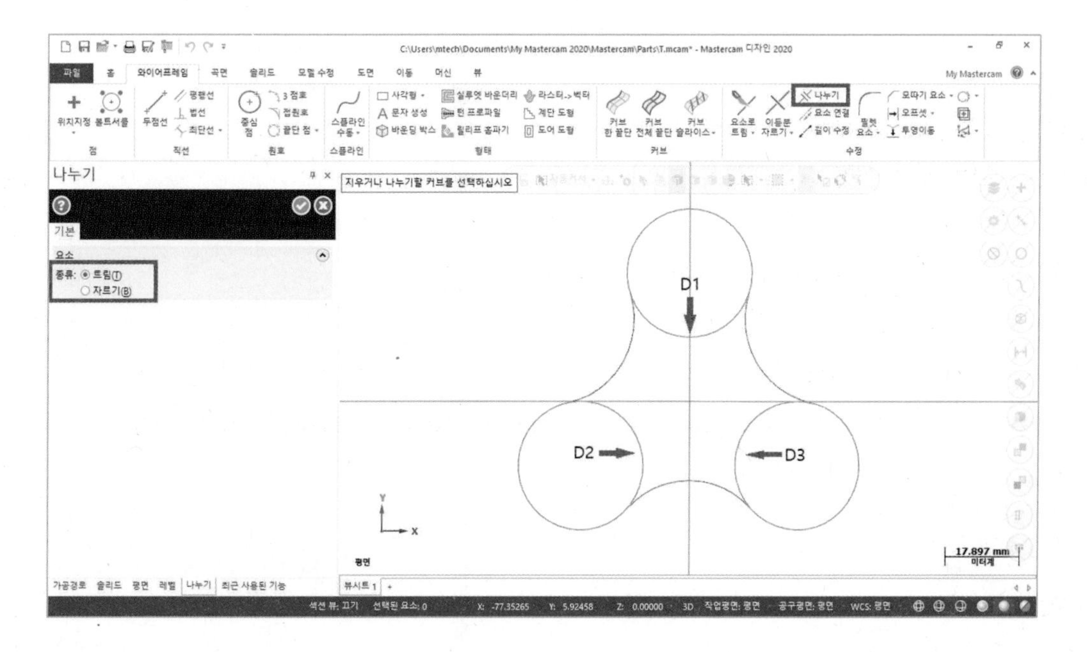

⑧ 완성된 도면을 확인한다.

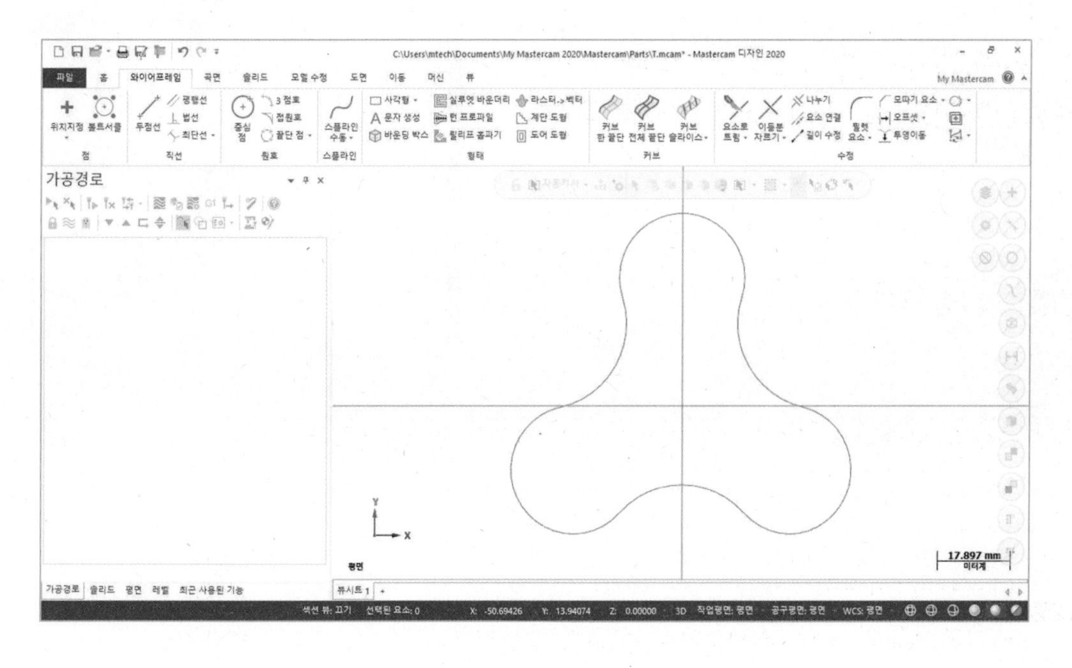

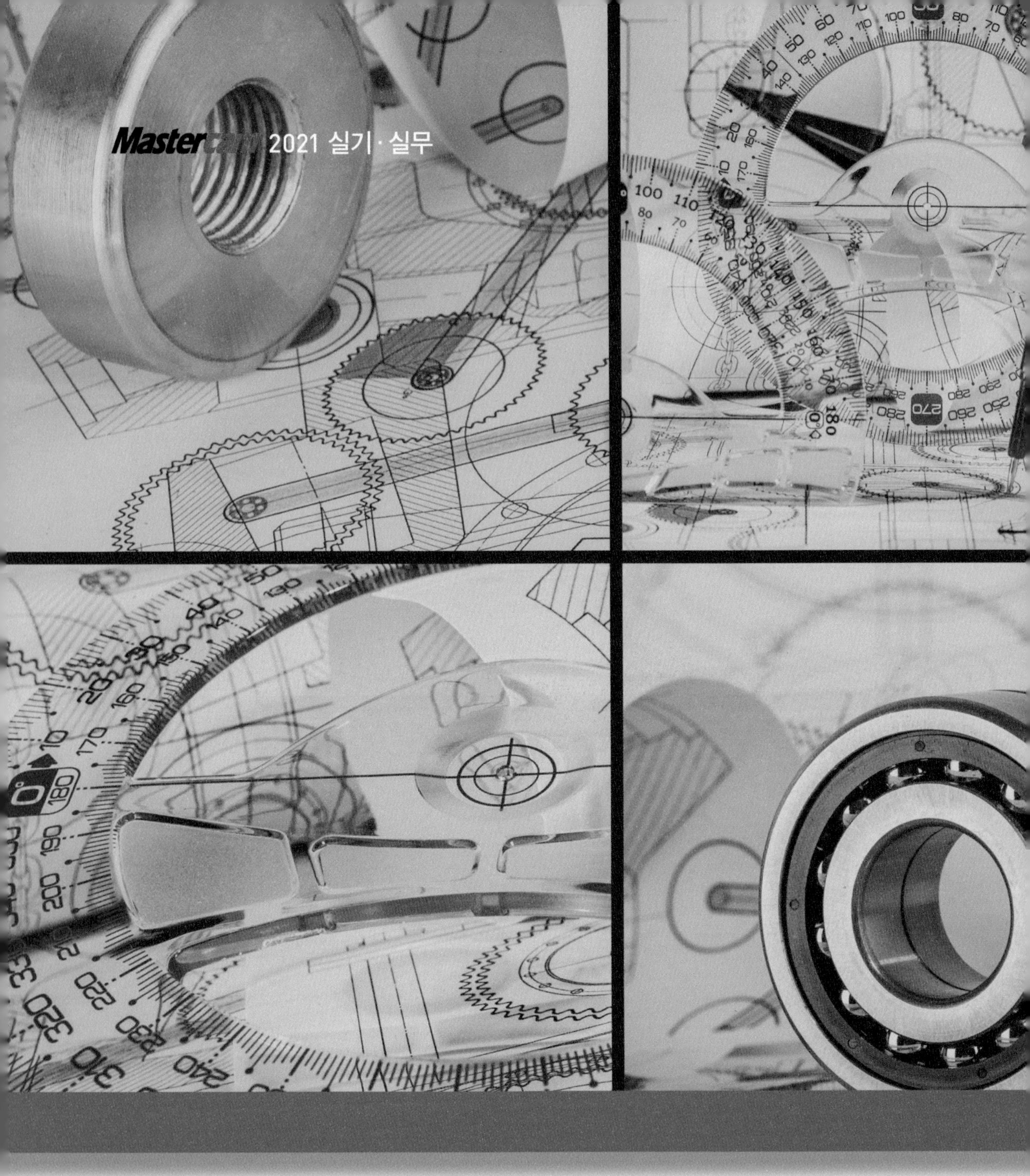
Mastercam 2021 실기·실무

CHAPTER 10

뷰

CHAPTER

10 뷰

1 화면 확대

(1) 자동배율

현재 작업화면상에 있는 도형과 가공경로가 최대로 보일 수 있도록 화면의 배율을 조절하는 기능이다.

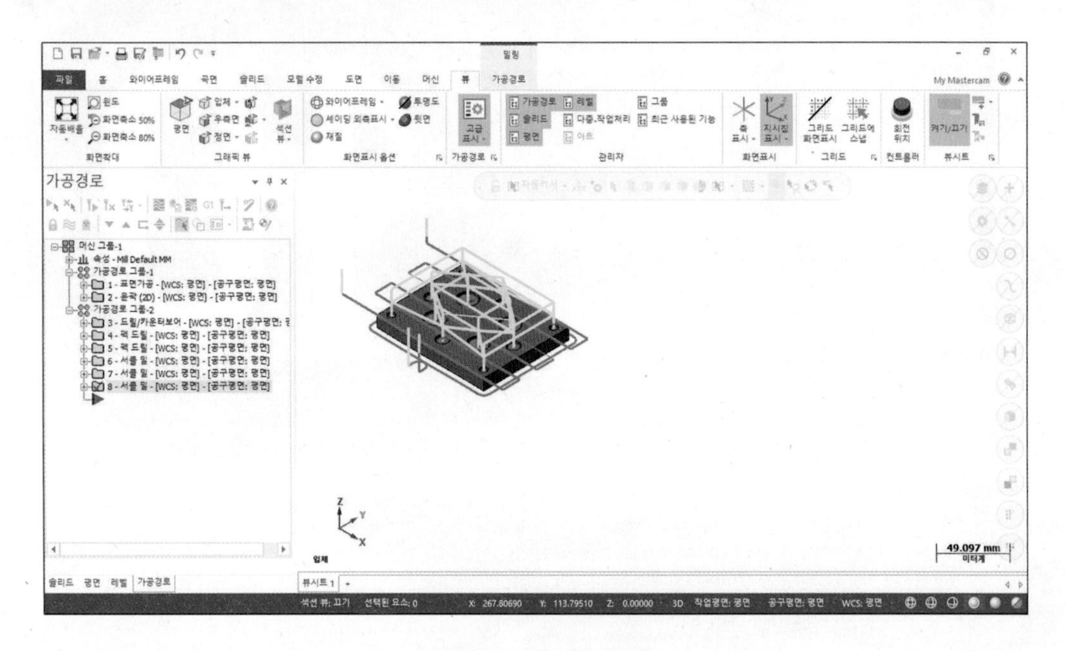

[자동배율 실행 전 화면]

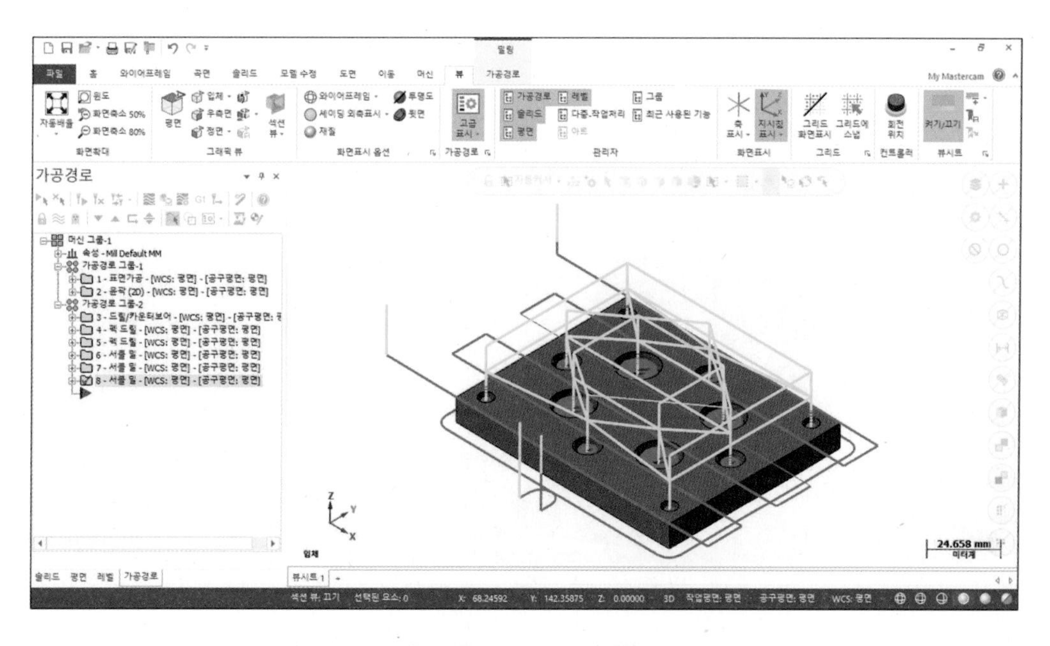

[자동배율 실행 후 화면]

(2) 선택

선택된 도형에 맞게 화면을 확대하는 기능이다. 도형을 미리 선택하고 '선택' 버튼을 클릭하면 선택된 도형이 최대가 되도록 화면을 확대한다.

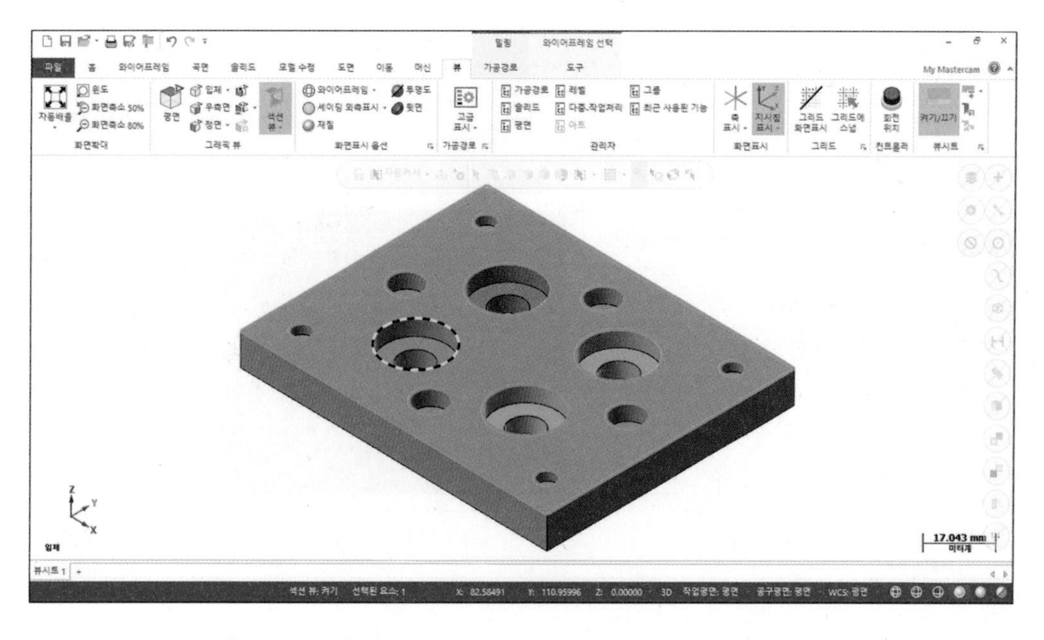

[노란 점선으로 표시된 원 선택 후 선택기능으로 화면 확대 전]

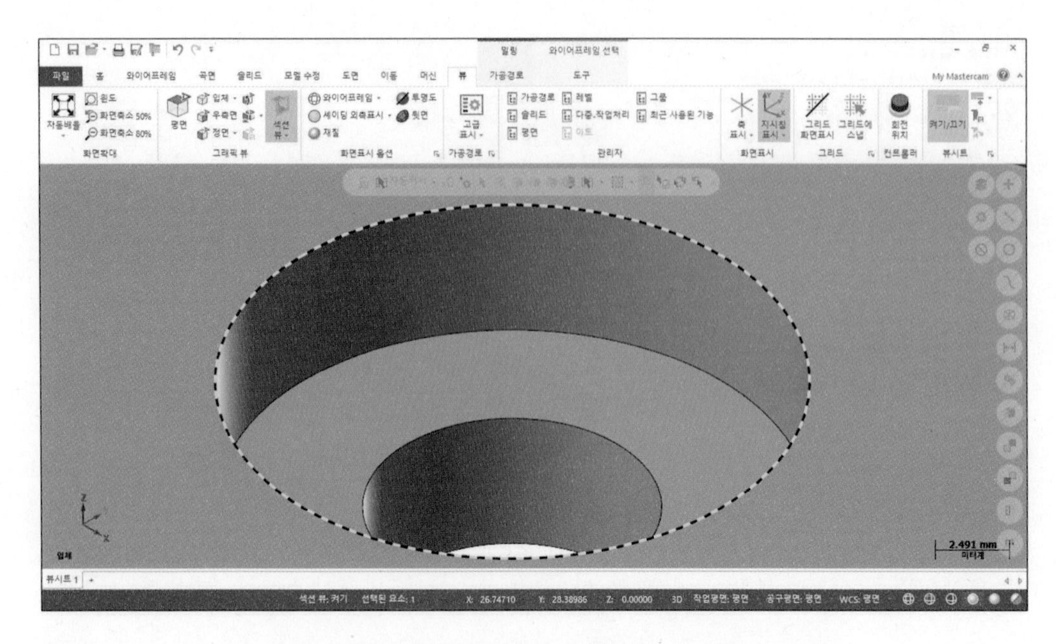

[노란 점선으로 표시된 원 선택 후 선택기능으로 화면 확대 후]

(3) 윈도

마우스 드래그로 선택된 영역만을 확대하는 기능이다. '윈도' 버튼을 선택한 후 마우스 드래그로 사각 형태의 영역을 지정하면 지정된 영역을 최대로 확대한다.

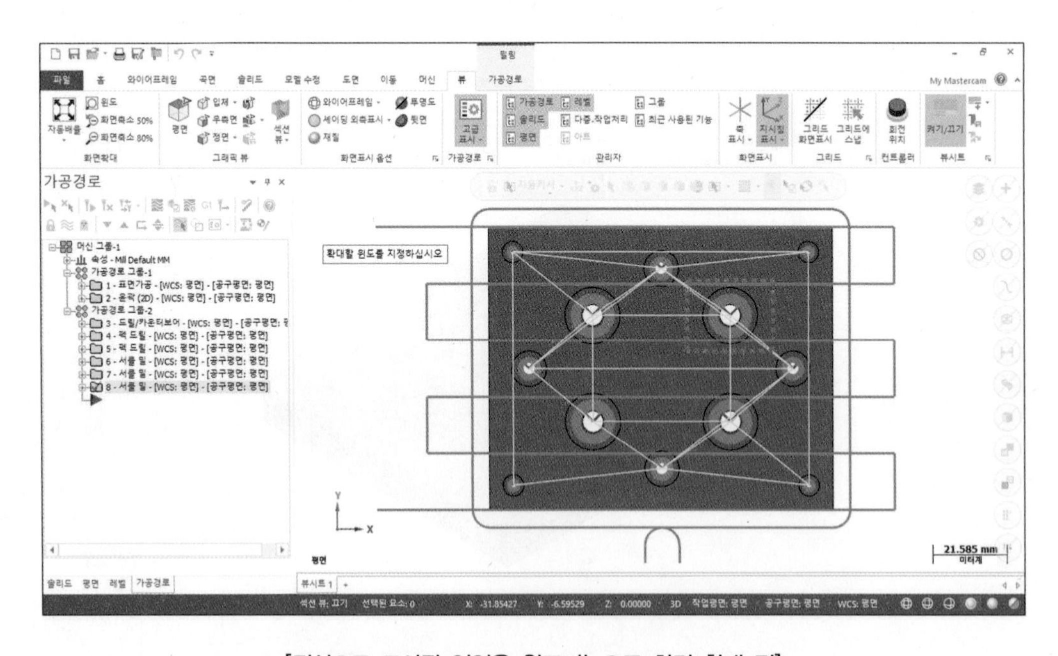

[점선으로 표시된 영역을 윈도기능으로 화면 확대 전]

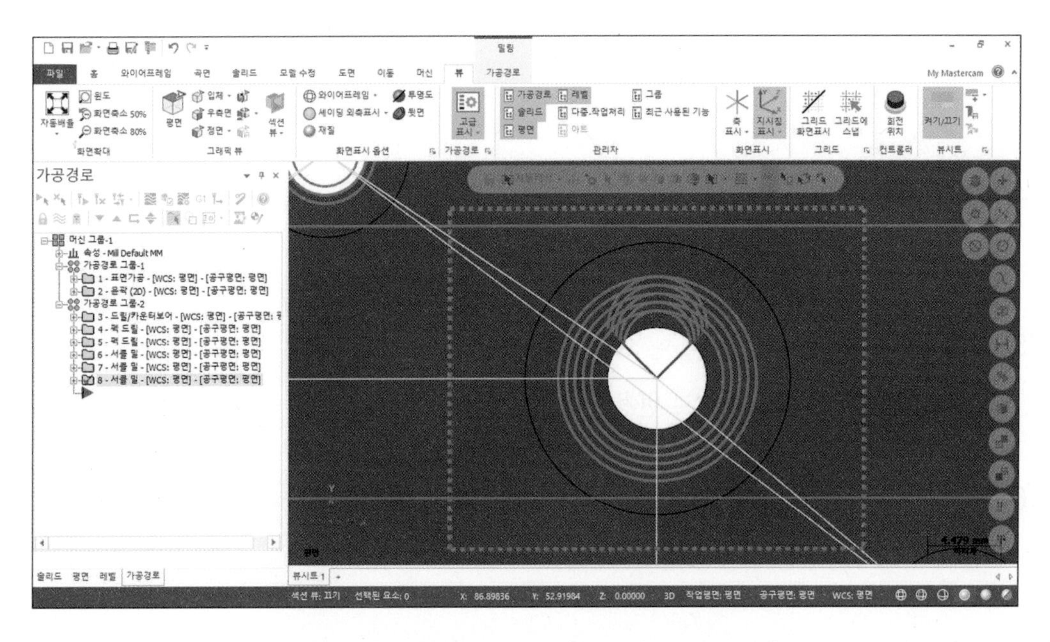

[점선으로 표시된 영역을 윈도기능으로 화면 확대 후]

(4) 화면축소 50%

이전 상태의 뷰로 변경하는 기능으로 이전 상태의 뷰가 없을 경우에는 화면의 배율을 현재 화면의 50%로 축소한다.

(5) 화면축소 80%

화면의 배율을 현재 화면의 80%로 축소하는 기능이다.

2 그래픽 뷰

(1) 평면

그래픽 뷰의 방향을 평면으로 변경한다.

(2) 입체

그래픽 뷰의 방향을 입체로 변경한다.

(3) 역입체

그래픽 뷰의 방향을 역입체로 변경한다.

(4) 삼각 투상

그래픽 뷰의 방향을 삼각 투상으로 변경한다.

(5) 정면

그래픽 뷰의 방향을 정면으로 변경한다.

(6) 우측면

그래픽 뷰의 방향을 우측면으로 변경한다.

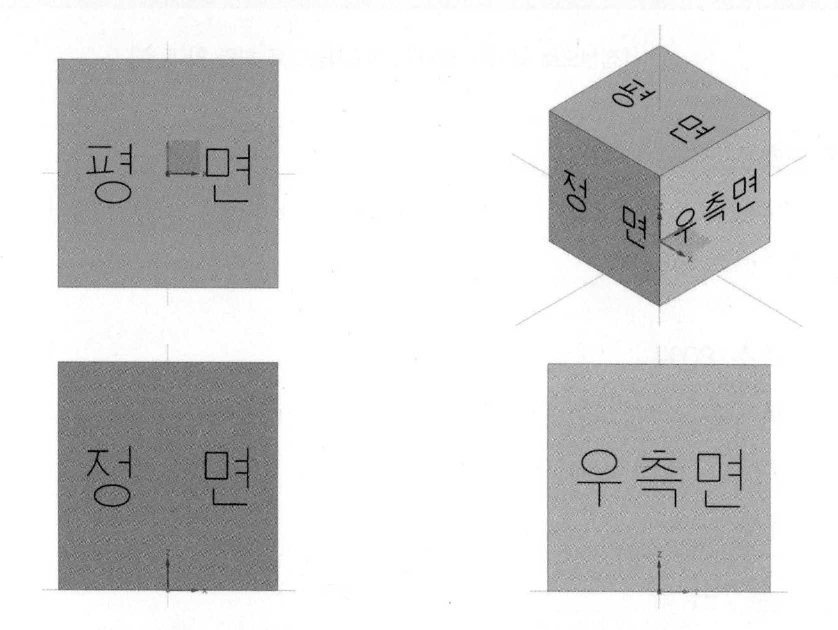

[그래픽 뷰를 평면, 입체, 정면, 우측면으로 설정했을 때 화면]

(7) 좌측면

그래픽 뷰의 방향을 좌측면으로 변경한다.

(8) 뒷면

그래픽 뷰의 방향을 뒷면으로 변경한다.

(9) 바닥면

그래픽 뷰의 방향을 바닥면으로 변경한다.

(10) 회전

그래픽 뷰의 방향을 X, Y, Z축을 기준으로 입력된 각도대로 회전한다. 회전 버튼을 클릭한 후 회전시킬 축에 해당하는 각도를 입력한다.

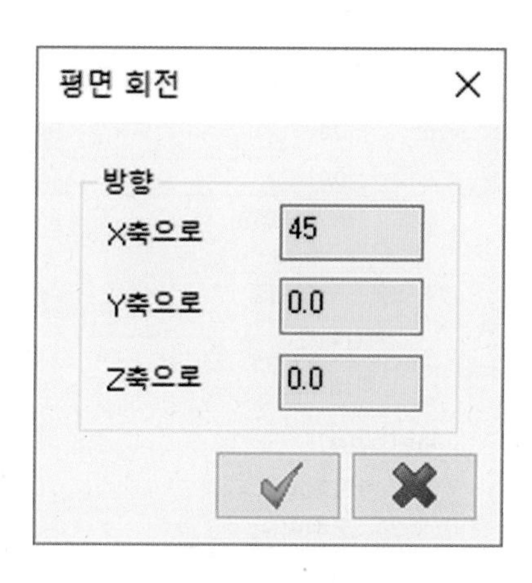

[평면 회전 입력창]

(11) 작업평면

현재 설정된 작업평면과 같은 뷰로 그래픽 뷰를 변경한다.

작업평면 : 도형 생성에 관련된 평면으로 설정된 작업평면에 도형이 그려진다.

(12) 공구평면

현재 설정된 공구평면과 같은 뷰로 그래픽 뷰를 변경한다.

공구평면 : 가공경로 생성에 관련된 평면으로 설정된 작업평면에 노말방향으로 공구축이 위치한다.

(13) 저장

현재 뷰가 목록으로 저장되어 있지 않을 경우 현재의 뷰를 목록으로 저장하는 기능이다. 뷰가 저장되어 있지 않은 경우에만 아이콘이 활성화되며 아이콘을 클릭할 경우 아래와 같은 조건창이 열린다.

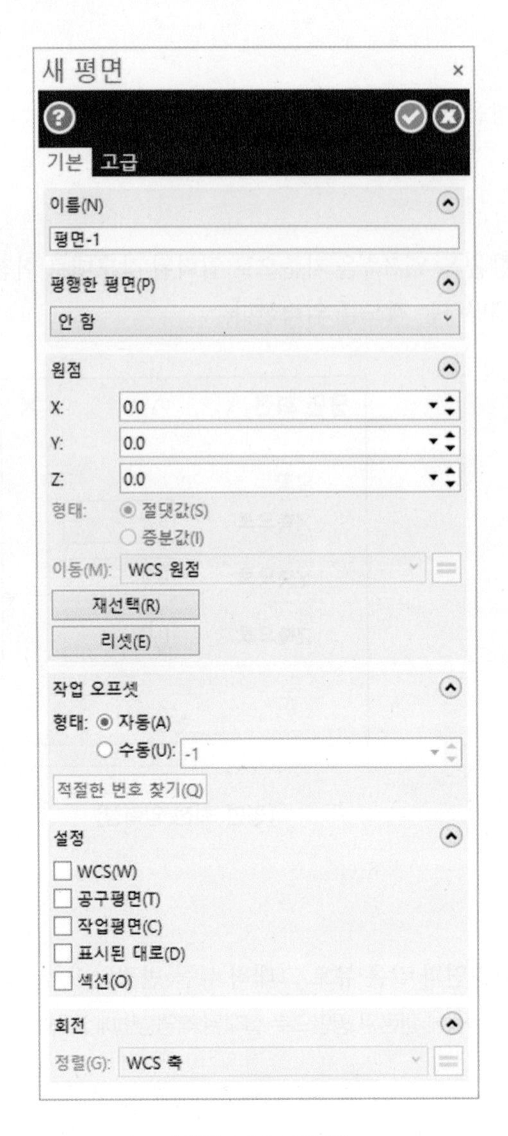

[평면 저장 조건창]

(14) 섹션뷰

저장되어 있는 평면을 이용하여 공작물 모델, 셰이딩 요소, 와이어프레임 요소, 가공경로 등의 단면을 볼 수 있는 기능이다. 여기서는 기능의 활성화만 가능하며, 단면을 보기 위해서는 평면 관리자의 '섹션' 칸이 체크되어 있어야 한다.

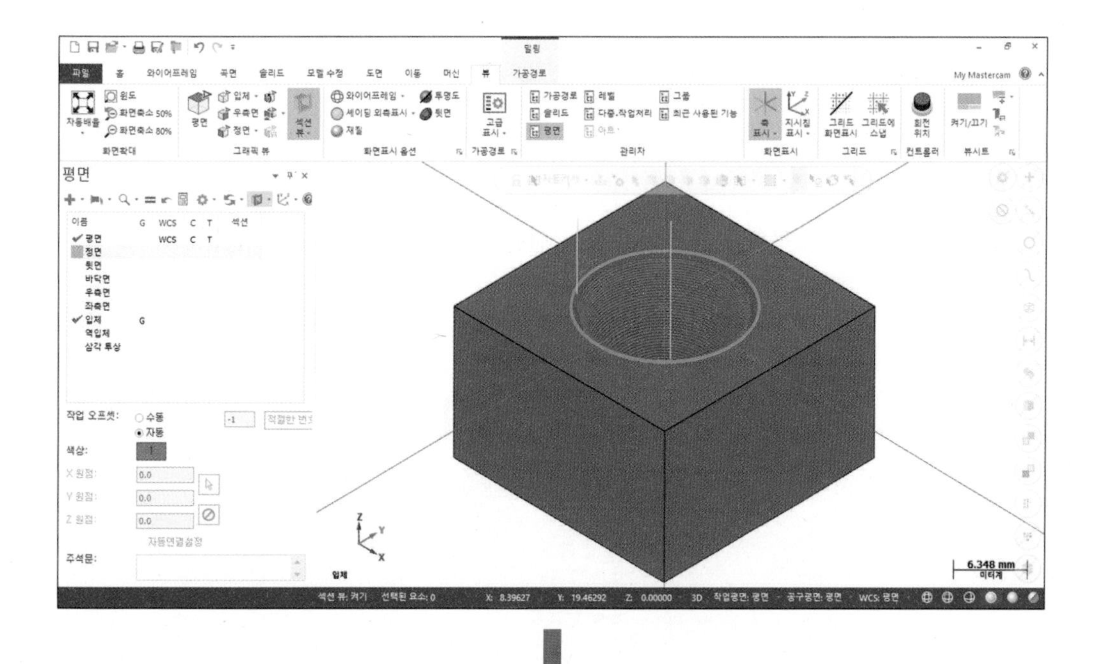

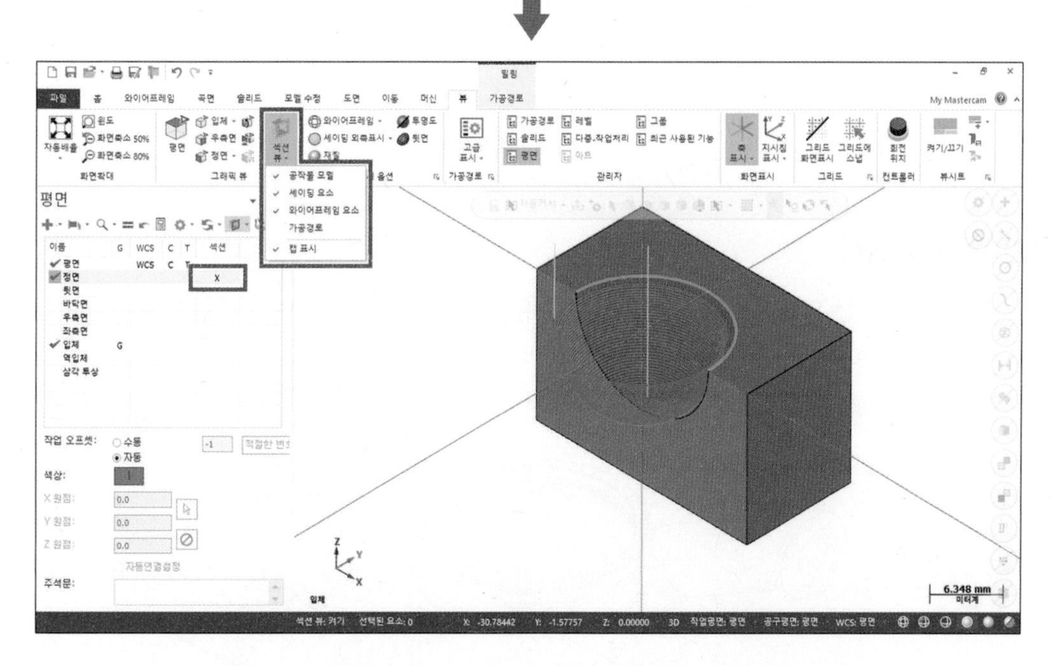

[섹션 뷰 기능을 활성화하고 평면 관리자의 '정면' 섹션 칸을 체크한 화면]

3 표면 표시

(1) 와이어프레임

작업화면의 솔리드, 곡면 모델링의 모든 끝단을 화면에 표시하는 기능이다.

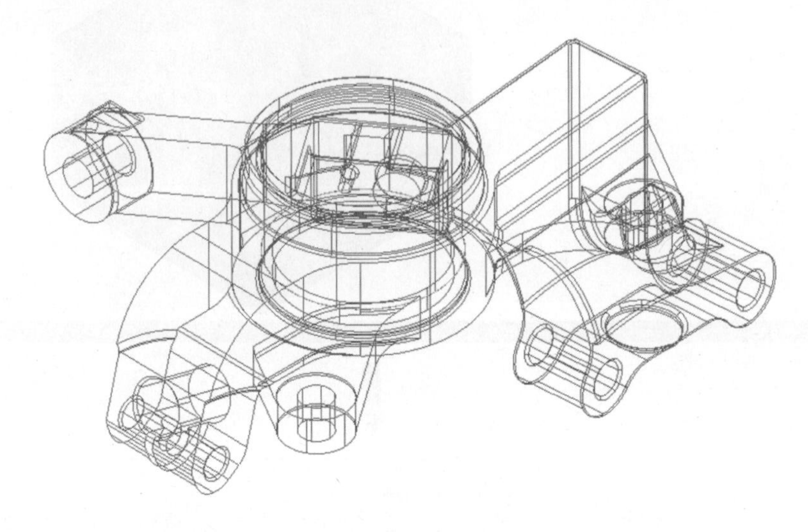

[와이어프레임]

(2) 흐리게 표시

흐리게 표시는 위의 와이어프레임 기능과 유사하지만 솔리드, 곡면 모델링의 보이지 않는 뒷면 끝단을 흐리게 표시해주는 기능이다.

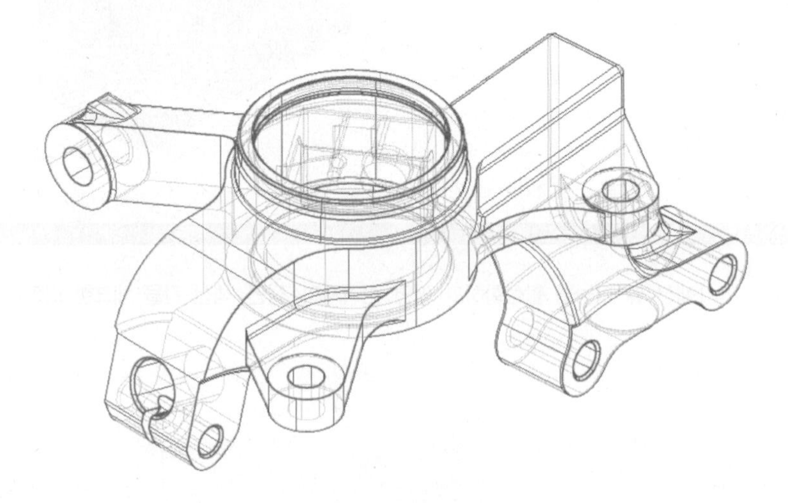

[흐리게 표시]

(3) 보이는 대상만

위의 흐리게 표시 기능과 유사하지만 솔리드, 곡면 모델링의 보이는 끝단만 표시하고 보이지 않는 뒷면 끝단은 표시하지 않는 기능이다.

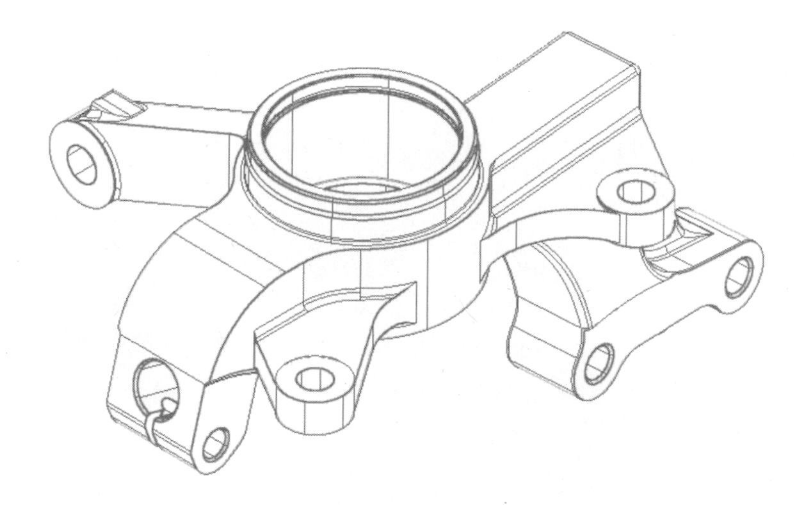

[보이는 대상만]

(4) 셰이딩 외측 표시

솔리드, 곡면 모델링 외측에 음영을 부여하는 셰이딩과 보이는 끝단들을 화면상에 표시하는 기능이다.

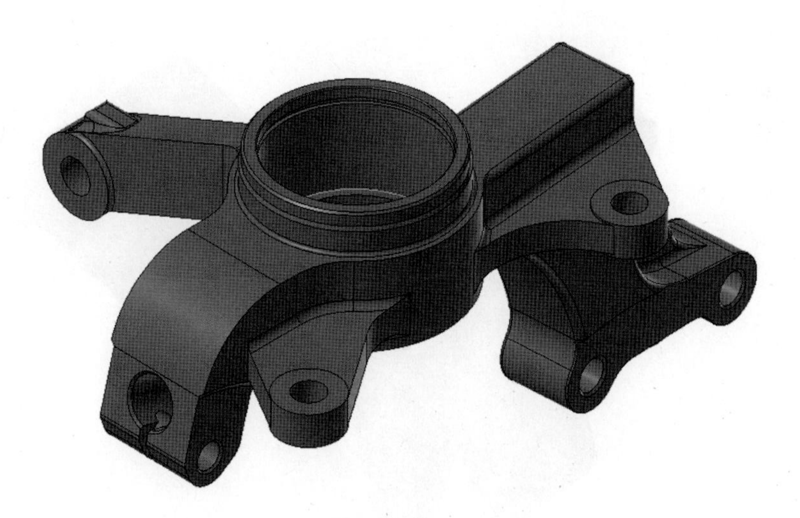

[셰이딩 외측 표시]

(5) 셰이딩

솔리드, 곡면 모델링 외측에 음영을 부여하는 셰이딩을 화면상에 표시하는 기능으로, 위 셰이딩 외측 표시와는 다르게 끝단을 표시하지 않는다.

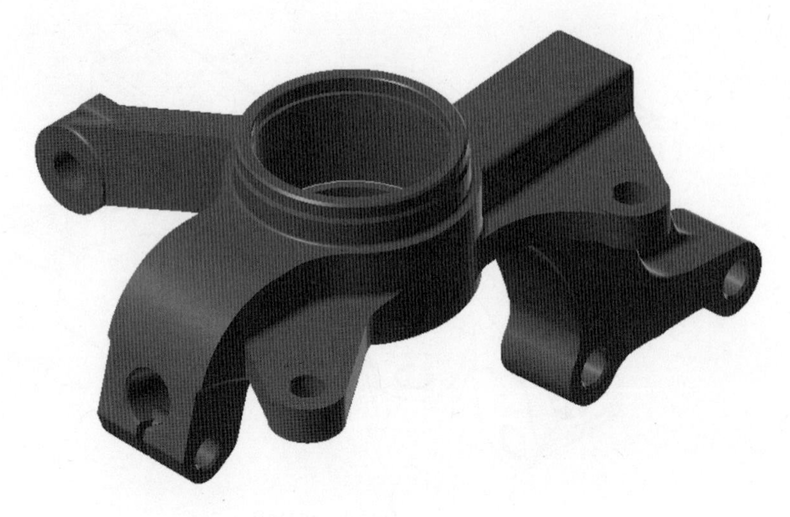

[셰이딩]

(6) 재질

솔리드, 곡면 모델링 외측이 셰이딩된 상태에서 설정된 재질과 비슷한 음영으로 모델링을 표현하는 기능이다.

[재질]

(7) 투명도

솔리드, 곡면 모델링 외측이 셰이딩된 상태에서 모델링을 반투명한 상태로 화면상에 표시하는 기능이다.

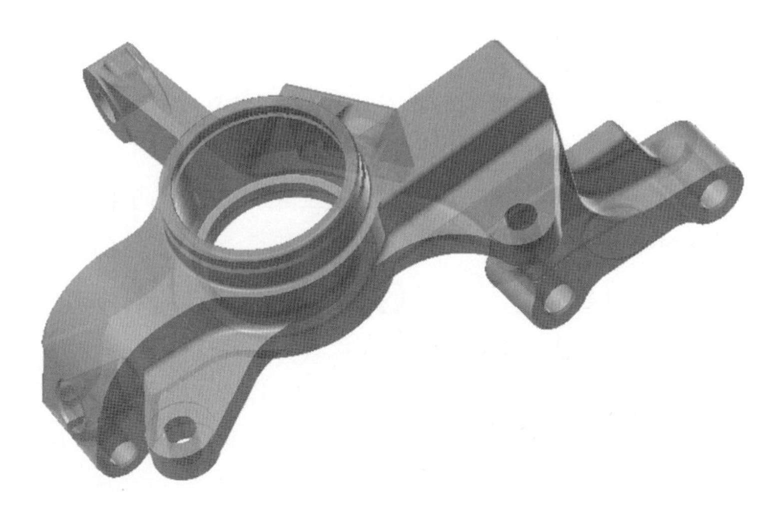

[투명도]

(8) 뒷면

환경설정에서 곡면의 앞면 색상, 뒷면 색상을 다르게 설정하면 아래 그림과 같이 곡면의 앞면, 뒷면의 색상이 다르게 표시되는 기능이다.

[뒷면]

4 가공경로 표시

(1) 고급 표시

가공경로의 절삭동작, 급속이송 복귀동작, 절삭이송 복귀동작, 진입동작 등을 구분하여 각각 다른 색상과 선 형태, 굵기 등으로 표시해주는 기능이다.

그림에 보여지는 항목들을 서로 구분할 수 있으며, ✔ 표시가 있는 항목들이 화면에 표시된다.

고급 가공경로 표시 옵션버튼(가공경로 ⧉)을 클릭하여 각각 동작에 대한 표시속성을 변경할 수 있다.

고급 표시 ▾

- ✔ 절삭 동작
- ✔ 급속이송 복귀 동작
- ✔ 절삭이송 복귀 동작
- ✔ 진입 동작
- ✔ 복귀 동작
- ✔ 이송형태 동작
- ✔ 미세들기 동작
- ✔ 드릴 공구 지름
- ✔ 벡터설정
- ✔ 원호 중간점
- 끝점

[고급 표시 가능 항목]

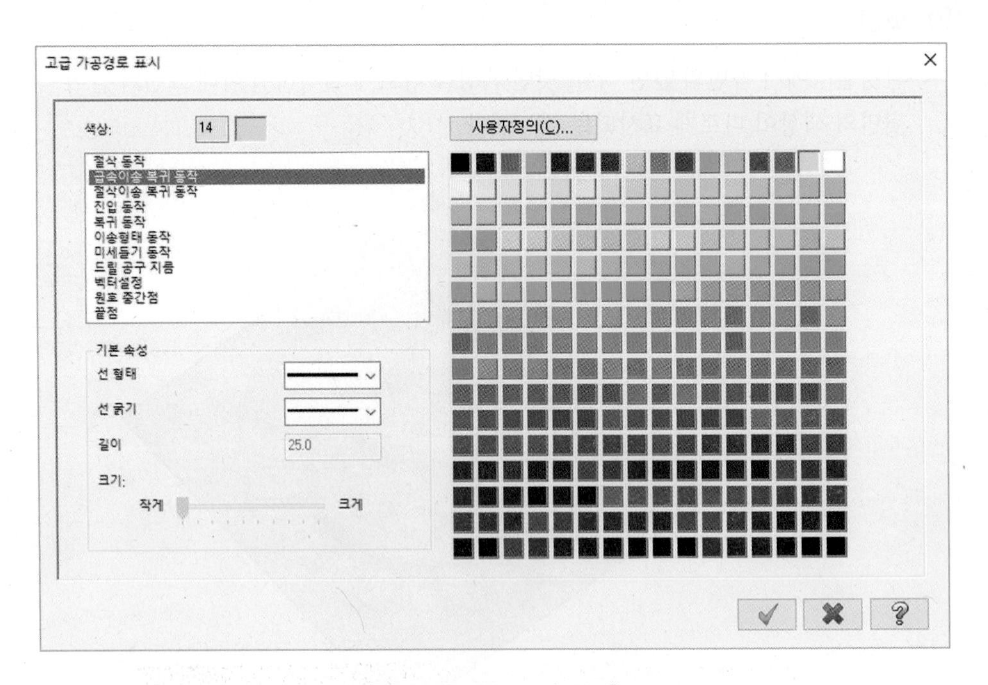

[고급 가공경로 표시 화면]

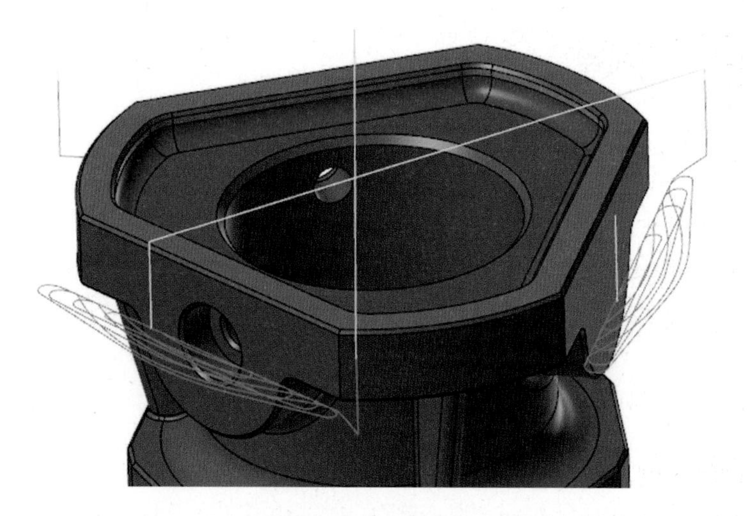

[고급 표시 사용 안 함]

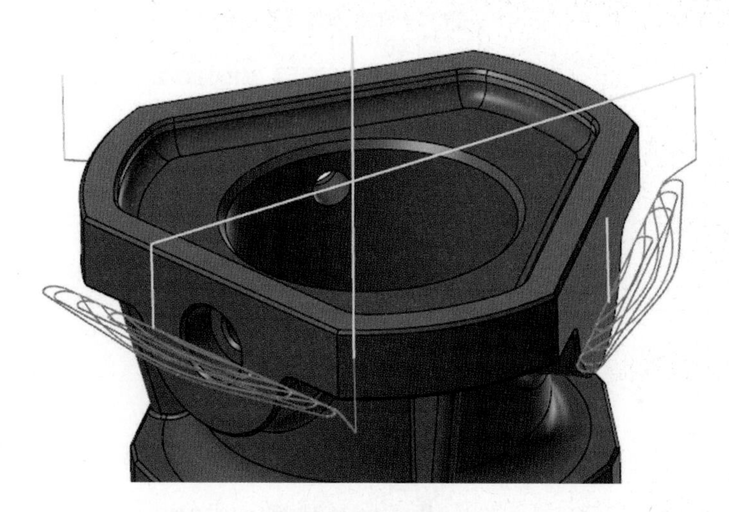

[고급 표시 사용]

5 관리자 패널

(1) 가공경로 관리자

머신을 선택한 후 가공경로를 생성하거나 가공경로에 선택된 도형, 가공경로 조건, 사용공구 등을 수정할 수 있으며, NC 데이터 생성, 모의가공, 경로확인 등을 실행할 수 있는 가공경로 관련 기능을 종합적으로 관리한다.

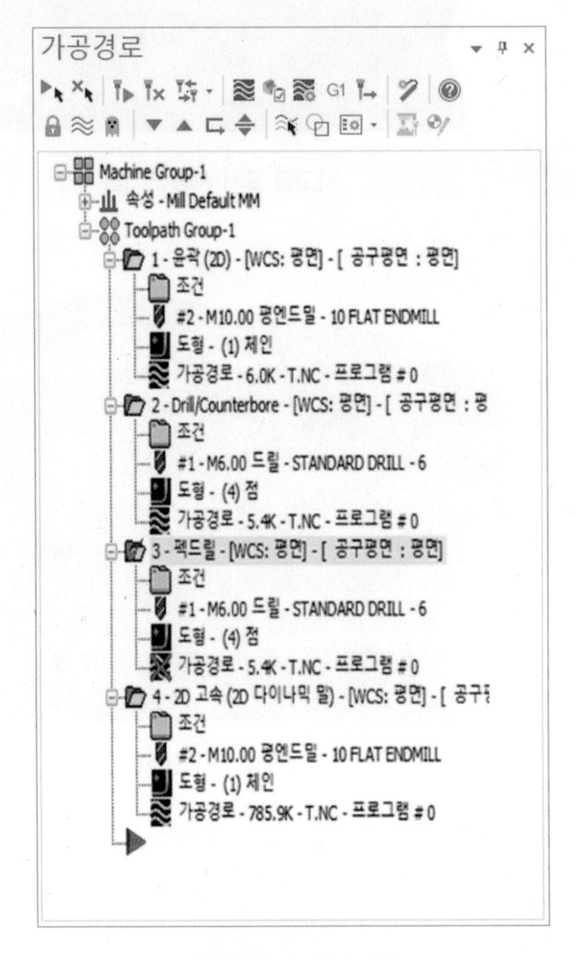

[가공경로 관리자 창]

(2) 솔리드 관리자

화면상의 도형요소를 사용하여 솔리드를 생성하면 아래 그림과 같이 솔리드 관리자 창에 작업 순서대로 솔리드 기능들이 표시된다. 이와 같이 솔리드 관리자는 솔리드 생성, 수정, 솔리드 재생성 등 솔리드 생성 및 솔리드 수정과 같은 솔리드 관련 기능들을 종합적으로 관리한다.

[솔리드 관리자 창]

(3) 평면 관리자

평면 관리자 창은 시스템 원점이 아닌 사용자가 지정한 임의의 원점을 설정하여 새로운 평면을 생성하거나 생성된 평면을 수정하는 기능이다. 공구평면, 그래픽 뷰, 작업평면, WCS(Work Coordinate System, 작업 좌표계) 등을 선택한 평면으로 변경함으로써 모델링과 특정 가공경로(5축 가공, 5면 가공) 등에 사용되는 기존 평면과 생성 평면을 종합적으로 관리한다.

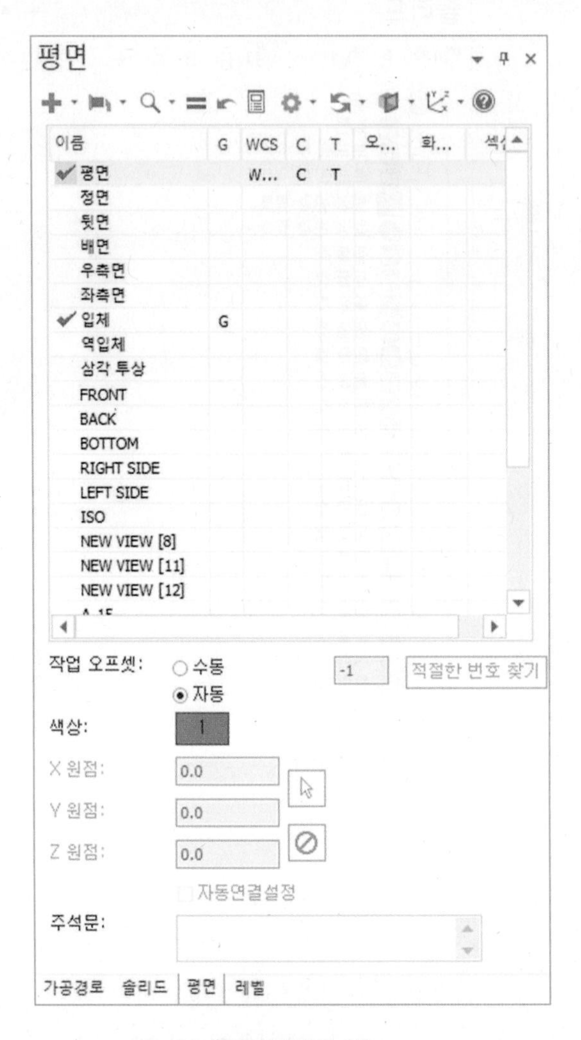

[평면 관리자 창]

(4) 레벨 관리자

레벨 관리자는 레벨을 생성하거나 해당 레벨의 저장된 도형을 화면에 표시하는데, 이때 생성될 도형요소의 레벨번호를 다르게 하여 효율적으로 관리한다.

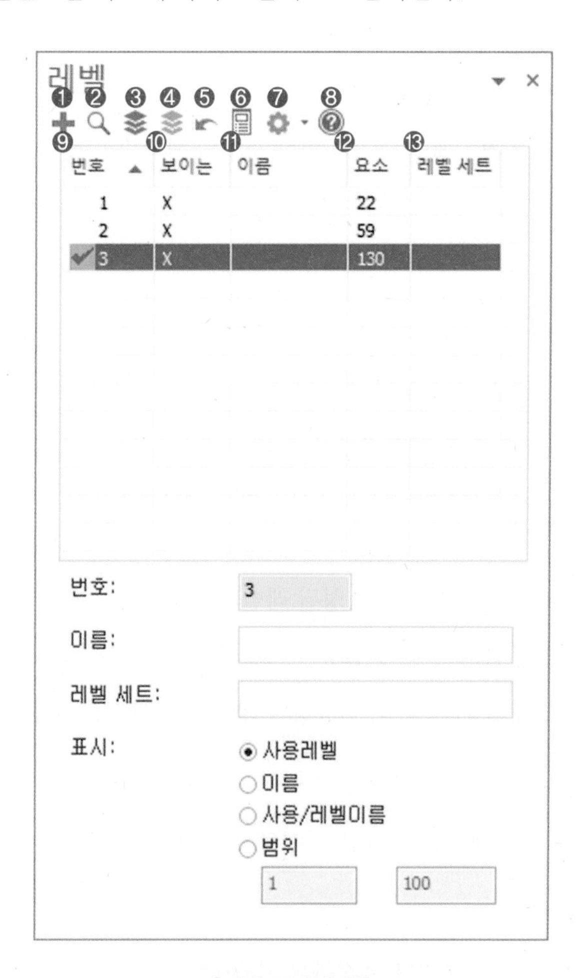

[레벨 관리자 창]

1) 레벨 관리자 아이콘

❶ **새 레벨을 추가** : 새로운 레벨을 레벨 관리자 창에서 번호 순서대로 생성하는 기능이다.

❷ **도형으로부터 레벨 찾기** : 화면에 생성되어 있는 도형을 클릭하여 해당 도형이 저장되어 있는 레벨을 메인 레벨로 선택하는 기능이다.

❸ **전체 레벨 켜기** : 레벨 관리자에 생성되어 있는 모든 레벨에 저장 중인 모든 도형을 화면에 표시하는 기능이다.

❹ 전체 레벨 끄기 : 레벨 관리자에 생성되어 있는 모든 레벨 중 메인 레벨에 저장되어 있는 도형만 화면에 표시하는 기능이다.

❺ 전체 레벨 리셋 : MCAM 파일을 로드했을 때의 상태로 레벨을 리셋하는 기능이다.

❻ 레벨 속성 감추기 : 레벨 관리자 창 하단에 번호, 이름, 레벨 세트 등의 속성을 표시하거나 감추는 기능이다.

❼ 표시 조건 : 레벨 관리자 창에 생성된 레벨의 도형요소를 표시조건 설정 후 화면에 표시하거나 감추는 기능이다.

❽ 도움말 : 레벨 관리자 창 관련 도움말을 실행하는 기능이다.

2) 레벨 목록창

❾ 번호 : 레벨 관리자 창에 생성된 레벨의 번호를 표시한다.

❿ 보이는 : 레벨 관리자 창에 생성된 레벨의 도형요소를 화면에 표시하거나 숨기는 기능으로 X표시가 있으면 화면에 도형요소를 표시하고 X표시가 없으면 화면에 도형요소를 숨긴다.

⓫ 이름 : 레벨 관리자 창에 생성된 레벨의 이름을 표시한다.

⓬ 요소 : 레벨 관리자 창에 생성된 레벨의 저장된 도형요소의 수량을 표시한다.

⓭ 레벨 세트 : 레벨 관리자 창에 생성된 레벨의 레벨 세트 이름을 표시한다.

3) 번호

번호에 숫자를 입력하여 레벨을 생성하거나 레벨을 변경하는 기능이다.

4) 이름

레벨의 이름을 생성하거나 수정하는 기능이다.

5) 레벨 세트

레벨의 레벨 세트 이름을 생성하거나 수정하는 기능이다.

6) 표시

레벨 관리자에서 사용레벨, 이름, 사용 / 레벨이름, 범위 등으로 설정하여 레벨 관리자 목록에 차례대로 표시하는 기능이다.

(5) 다중 작업처리 관리자

다중 작업처리를 지원하는 가공경로를 생성하거나 재성생할 때마다 가공경로 연산작업을 확인하는 기능이다. (다중 작업처리를 지원하는 가공경로는 고속 가공, 5축 가공 등) 아래 그림과 같이 진행률을 확인할 수 있다.

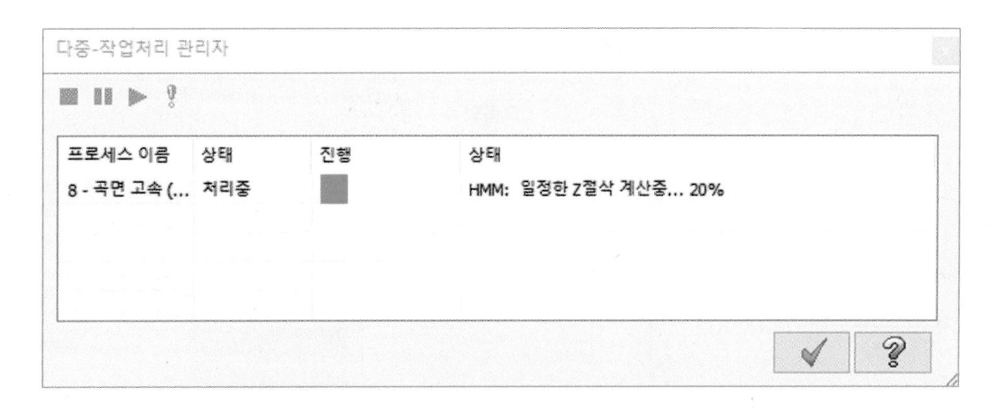

[다중 작업처리 관리자 창]

(6) 아트 관리자

아트 관리자는 그림이나 사진파일을 불러와 모델링과 가공경로를 실행할 수 있는 아트기능을 종합적으로 관리한다. 아트 관리자는 아트 모듈을 구매하고 설치를 하여야만 활성화된다.

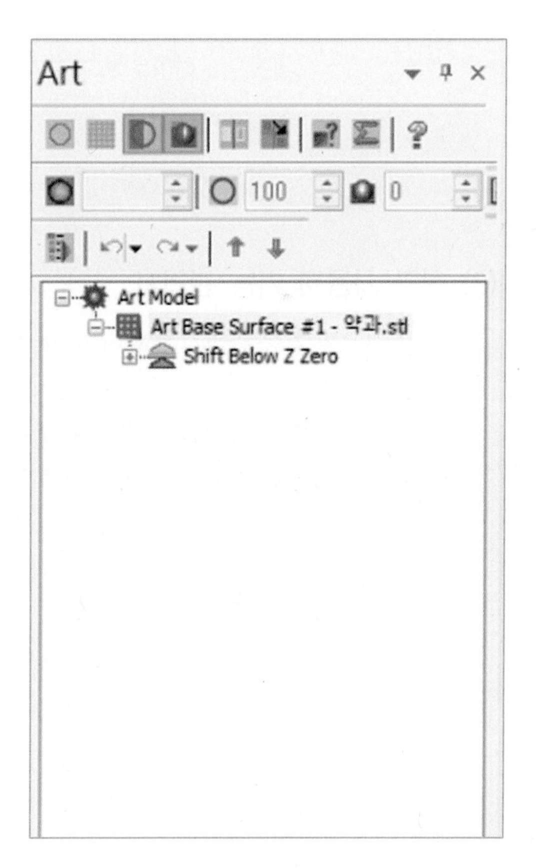

[아트 관리자 창]

(7) 그룹 관리자

그룹 관리자는 도형 선택을 쉽게 할 수 있도록 다수의 도형을 하나의 그룹으로 설정하여 관리하는 기능이다.

✎ 그룹보다는 레벨 관리자 기능을 주로 이용한다.

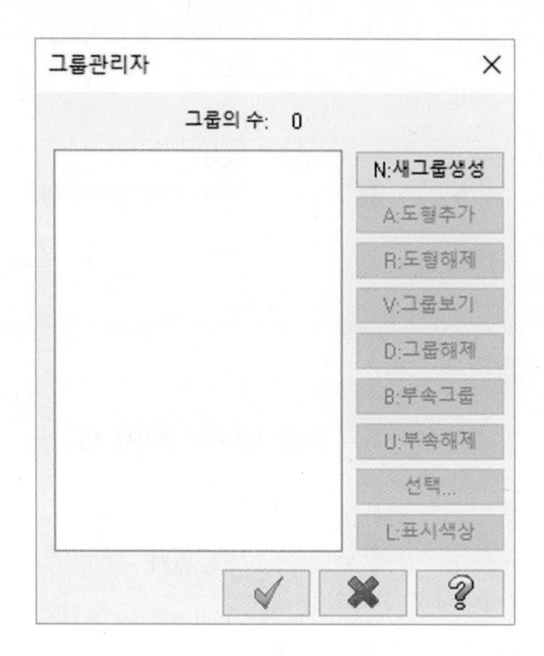

[그룹 관리자 창]

(8) 최근 사용된 기능 관리자

최근 사용된 기능 관리자는 Mastercam 2021에서 사용자가 가장 최근에 사용한 기능을 위에서부터 차례대로 표시하여 다시 그 기능을 사용하고 싶을 때 마우스 좌측 버튼을 클릭하여 선택한 기능을 다시 사용할 수 있는 기능이다.

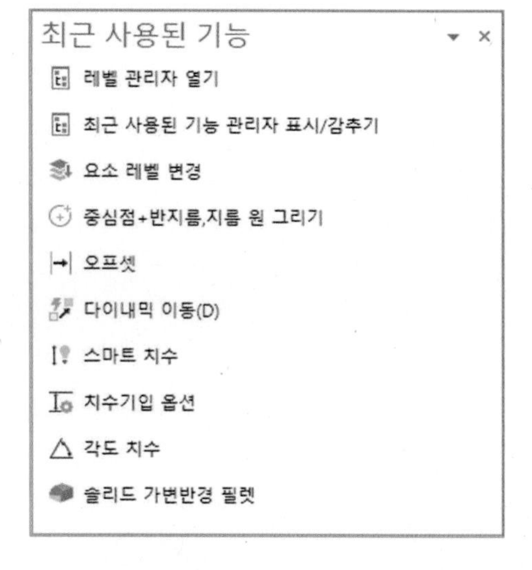

[최근 사용된 기능 관리자 창]

6 화면 표시

Mastercam 작업화면과 인쇄 페이지에서 WCS, 작업평면, 공구평면 등을 표시한다.

[화면 표시 메뉴]

(1) 축 표시

Mastercam 작업화면과 인쇄 페이지에 축을 표시한다.

(2) 지시침(Gnomon) 표시

Mastercam 작업화면과 인쇄 페이지에 지시침(Gnomon)을 표시한다.

[축 및 지시침 표시]

7 그리드

Mastercam 작업화면에 격자무늬로 특정 위치에 요소가 선택될 수 있도록 도와주는 참고점들의 행렬이다.

[그리드 메뉴]

(1) 그리드 화면 표시

설정에서 선택된 조건들을 활성화하여 작업화면에 가상의 그리드를 표시한다.

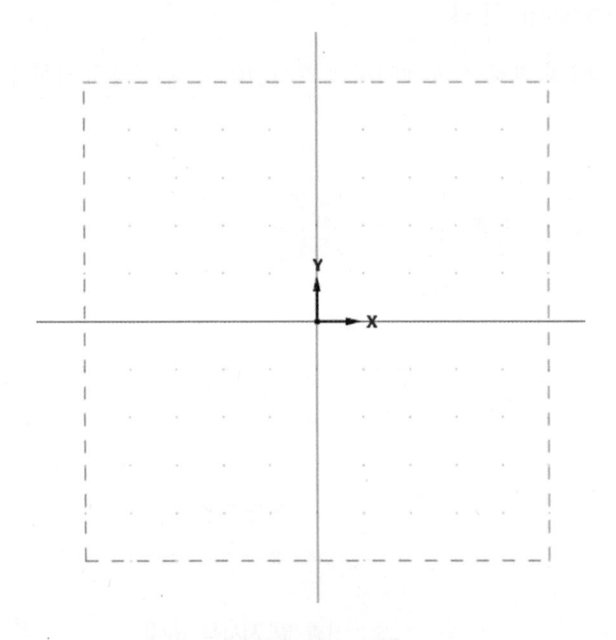

[가상 그리드 표시]

(2) 그리드 활성화

활성화된 가상 그리드의 점을 선택할 수 있도록 설정한다.

(3) 그리드 설정

가상 그리드를 표시하기 위한 조건을 설정한다.

❶ **가공간격** : 그리드 점 간의 XY 간격을 설정한다.

❷ **원점** : 그리드의 중심위치 좌표를 설정하며 위치선택 아이콘을 통해 작업화면의 특정위치를 선택할 수 있다.

❸ **스냅** : 작업화면에 가상 그리드가 활성화되었을 때 그리드 점에 대한 위치인식을 설정한다.

㉠ **근접 시** : 마우스 이동 시 그리드 점에 근접했을 때 위치를 인식

㉡ **정위치** : 그리드 점 간의 사이에서 마우스가 좀 더 가까이 위치한 그리드 점을 인식

❹ **크기** : 가상 그리드(정사각형)의 크기를 설정하며 원점에 설정된 좌표위치를 기준으로 너비 / 높이값이 설정된다.

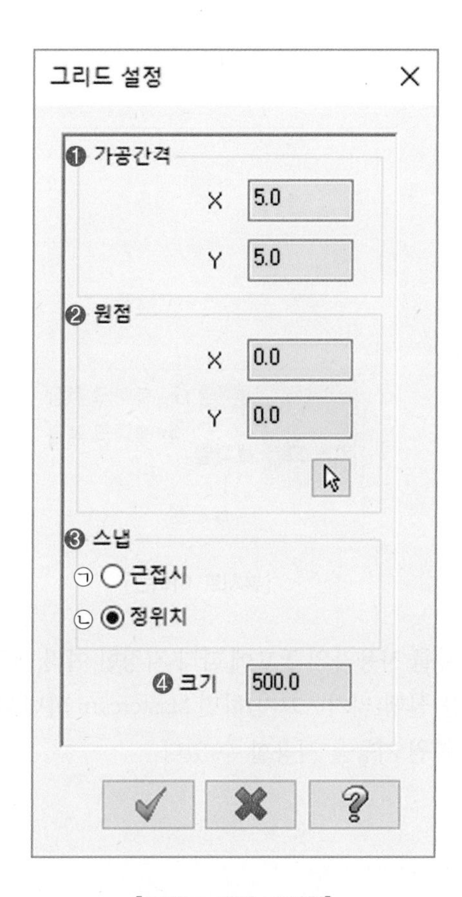

[그리드 설정 조건창]

8 컨트롤러

(1) 회전위치

스페이스볼, 3D 커넥션 등을 구동하기 위한 기능이다.

[컨트롤러 메뉴]

9 뷰시트

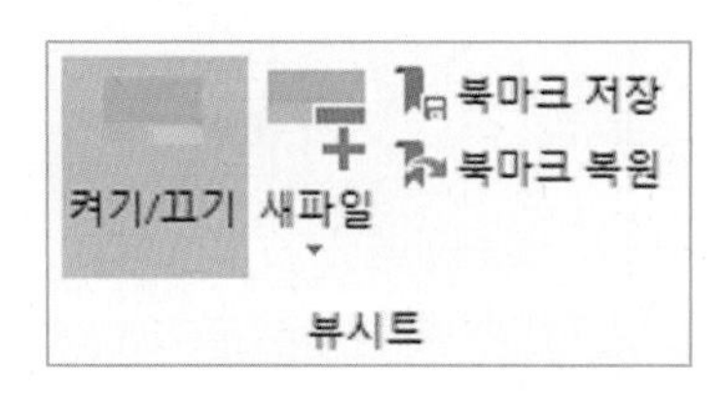

[뷰시트 아이콘]

Mastercam 화면에 도형의 뷰를 사용자의 필요에 따라 지정한 여러 개의 특정 뷰로 저장하여 볼 수 있는 기능이다. 뷰시트 아이콘을 실행(켜기 / 끄기)하면 Mastercam 화면 하단에 뷰시트 탭이 생성되며, 필요에 따라 북마크 저장과 복원 기능을 사용할 수 있다.

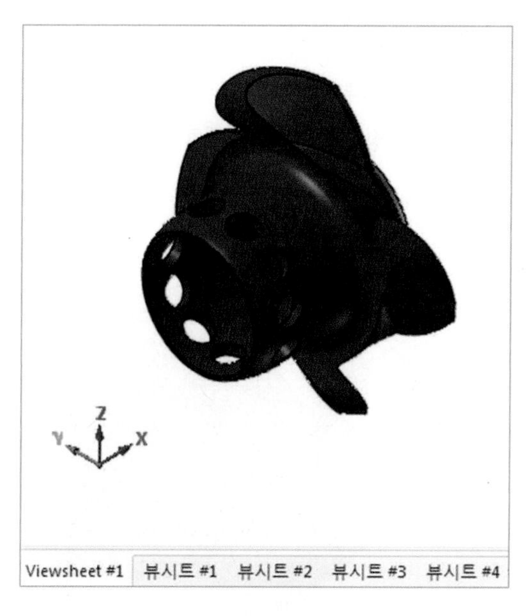

[생성된 뷰시트]

(1) 켜기 / 끄기

뷰시트 기능을 켜거나 끌 수 있으며, 클릭하면 화면 하단에 뷰시트가 생성된다.

(2) 새 파일

새로운 뷰시트를 생성하는 기능이다. 새 파일을 클릭하면, 화면 하단에 다른 하나의 뷰시트가 생성된다.

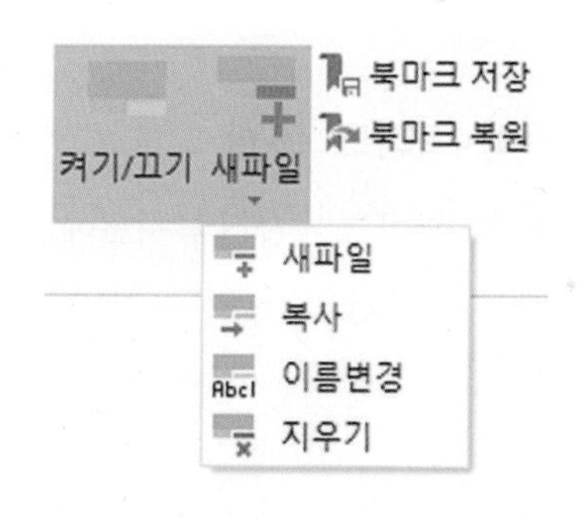

[새 파일 메뉴]

1) 복사

뷰시트를 복사하는 기능이다. 복사를 클릭하면, 선택된 뷰시트가 복사된다.

2) 이름 변경

설정된 뷰시트의 이름을 변경할 수 있는 기능이다. 이름 변경을 클릭하면, 뷰시트의 이름을 수정할 수 있다.

3) 지우기

설정된 뷰시트를 삭제할 수 있는 기능이다. 지우기를 클릭하면, 선택된 뷰시트가 삭제된다.

(3) 북마크 저장

선택된 뷰시트의 도형 레벨, 배율, 뷰를 저장하는 기능이다. 북마크 저장 후 도형의 레벨 또는 배율, 뷰 등을 변경해도 다시 저장된 상태로 되돌릴 수 있다.

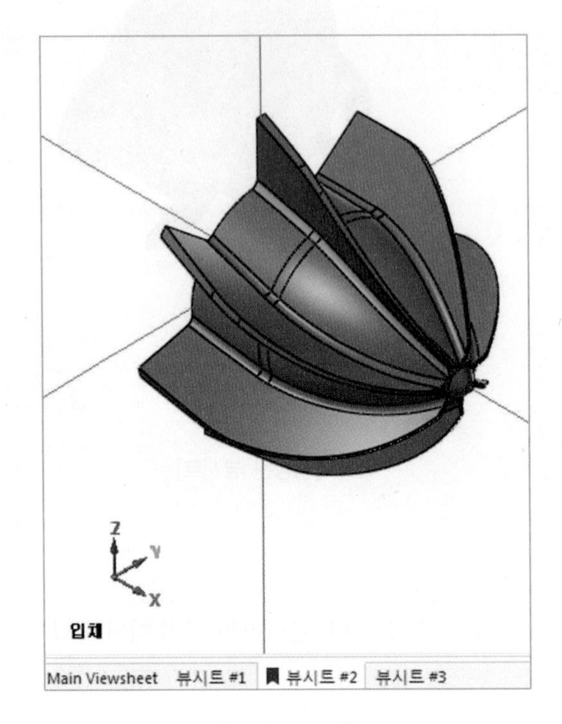

[북마크 표시]

(4) 북마크 복원

북마크 저장된 뷰시트에 도형의 레벨 또는 배율, 뷰 등을 변경한 후 다시 저장된 상태로 되돌릴 수 있는 기능이다. 북마크 복원을 클릭하면, 처음 북마크 저장 상태로 되돌려진다.

MEMO

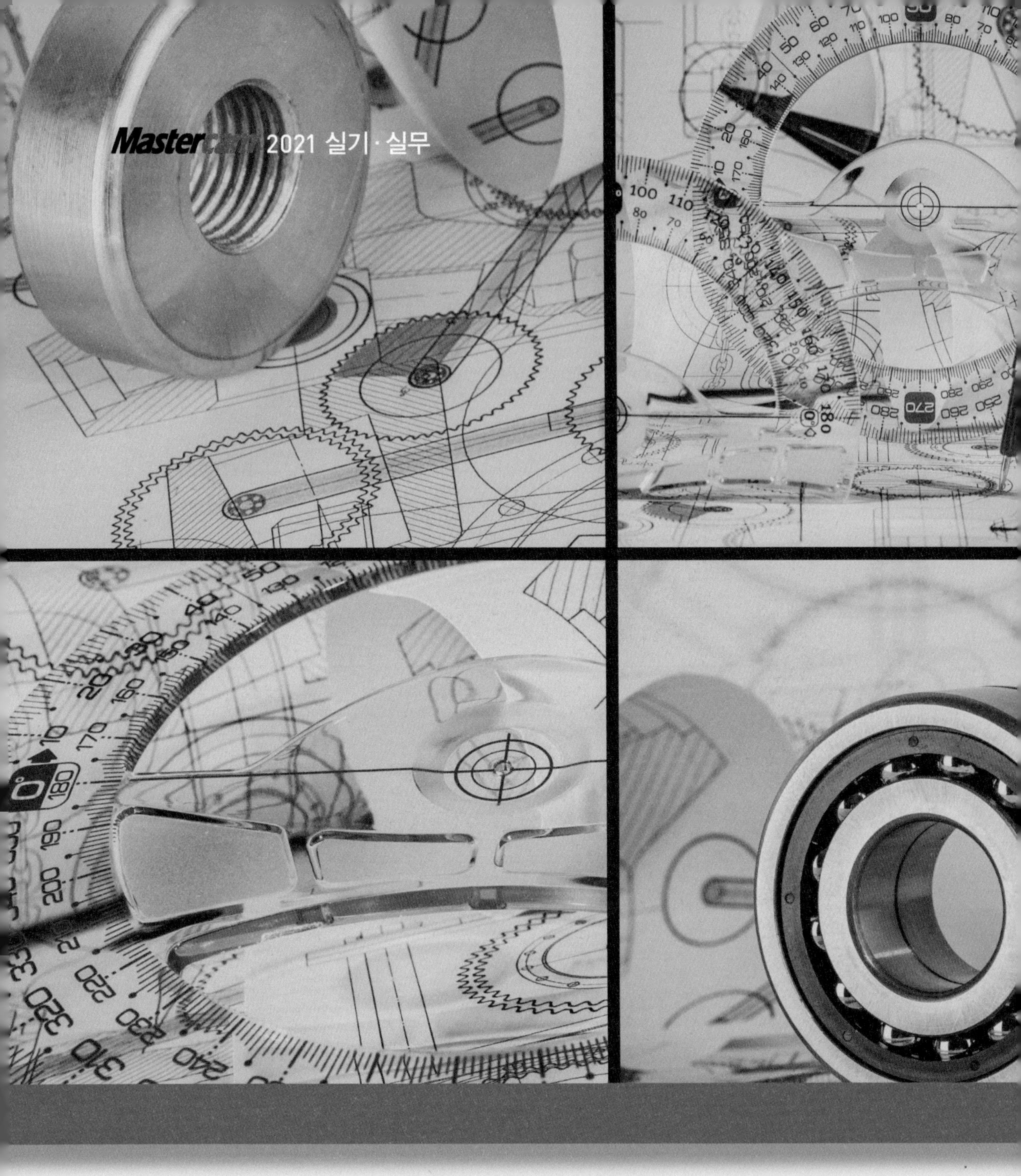
Mastercam 2021 실기·실무

CHAPTER 11

머 신

CHAPTER

11 머 신

1 머신 종류

머신 종류란, Mastercam에서 지원하는 모듈 또는 사용자가 작업하려는 머신의 종류를 정하는 그룹이다. 사용하려는 모듈을 선택한 후 하단 목록에서 머신을 선택하면, 이에 해당하는 가공경로 탭이 우측 상단의 뷰 탭 옆에 나타난다.

[머신 메뉴]

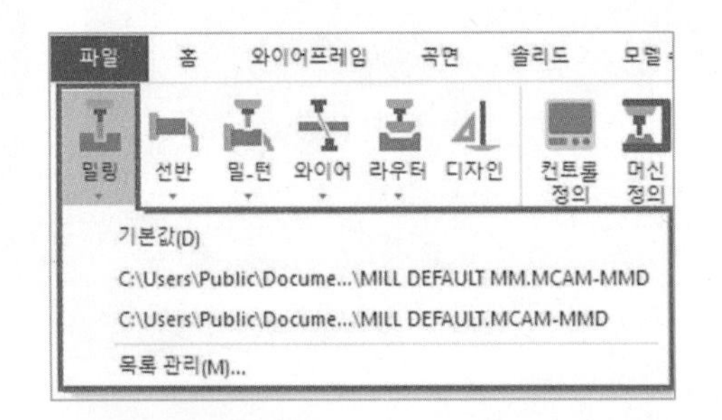

[머신 종류-밀링 선택 시 표시되는 머신 목록]

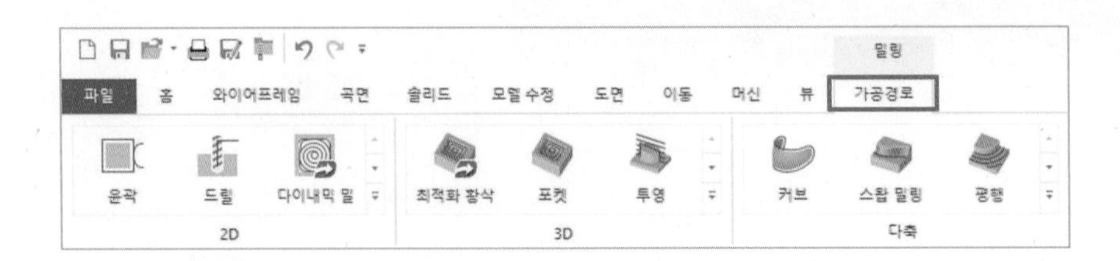

[머신 선택 후 나타나는 가공경로 탭]

2 작업 설정

(1) 컨트롤 정의

컨트롤 정의는 머신 정의에서 선택된 머신 파일에 연결된 포스트 프로세서로 가공경로 데이터를 처리하는 데 필요한 컨트롤러 조건 정보를 제공한다. 즉, 컨트롤 정의는 NC 데이터의 출력 형식에 영향을 주는 옵션들을 포함하고 있어 이 옵션들을 조절하면 포스트 프로세싱 시 출력되는 NC 데이터가 변경된다.

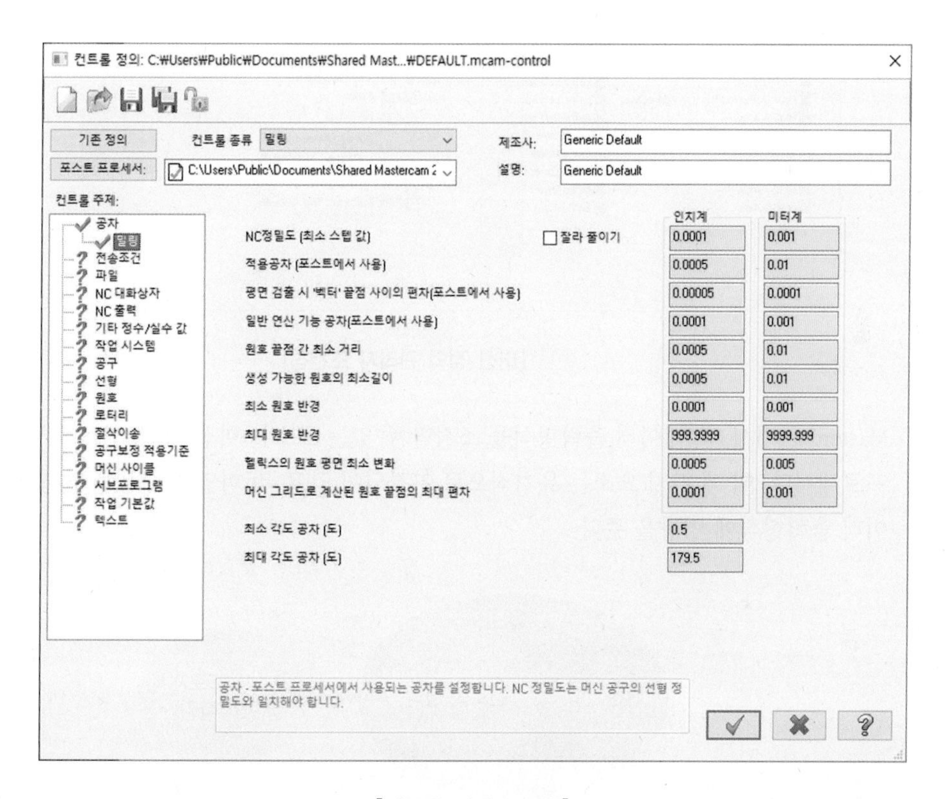

[컨트롤 정의 조건창]

(2) 머신 정의

새로운 머신을 생성하거나 기존 머신 정의의 내용을 수정하는 기능으로, 머신에서의 축방향, 각 축의 스트로크 범위 등을 수정할 수 있으며 연결된 컨트롤 정의의 조건도 수정이 가능하다.

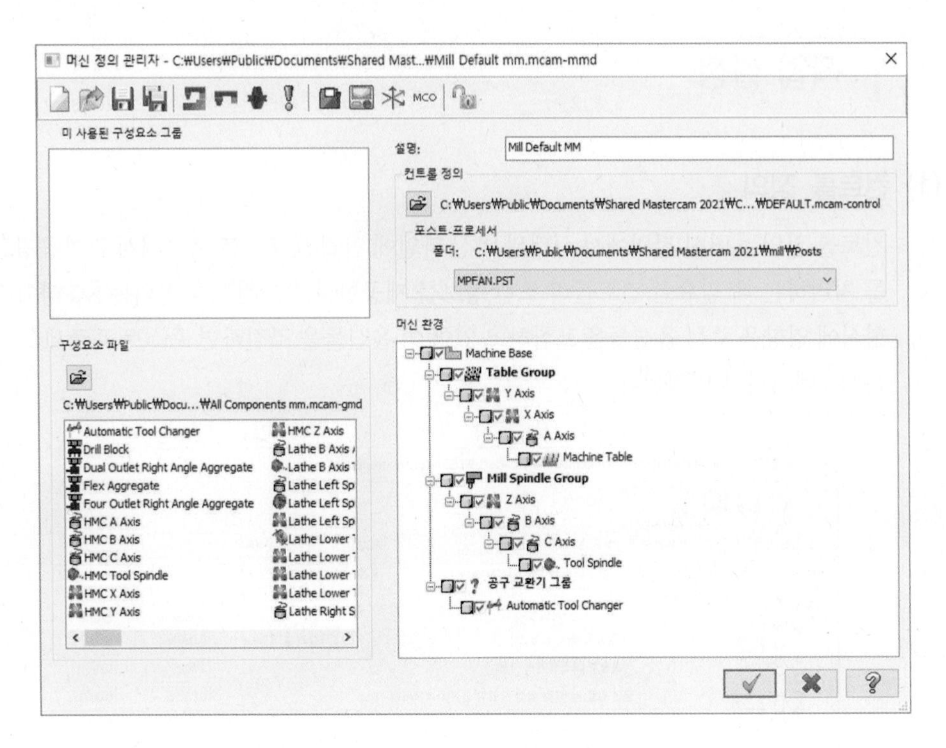

[머신 정의 관리자 조건창]

Mastercam에서 NC 데이터 출력형식을 조절할 수 있는 요소는 머신 정의, 컨트롤 정의, 포스트 프로세서다. 이 세 가지 요소는 유기적으로 연결되어 있고, 각 파일의 내용을 변경하면, NC 데이터 출력형식에 영향을 준다.

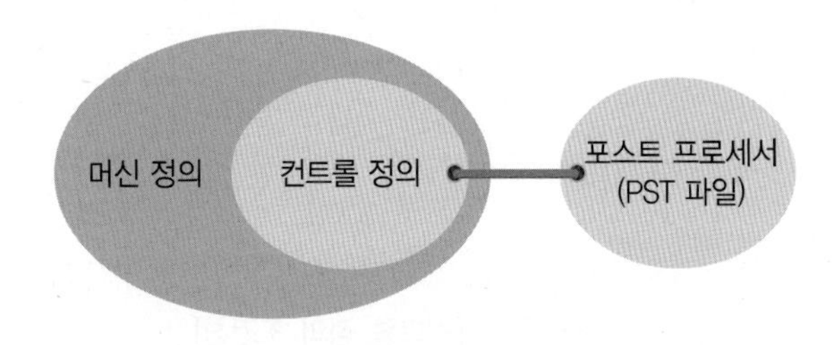

[머신 정의, 컨트롤 정의, 포스트 프로세서의 관계]

(3) 재질

새로운 재질 목록을 생성, 수정 또는 삭제하는 기능으로 현재 선택된 재질을 텍스트 파일로 변환하거나, 반대로 텍스트로 작성된 재질을 재질 목록으로 추가할 수도 있다. Mastercam은 선택된 공작물 재질과 공구의 값을 고려해 가공작업에 필요한 스핀들 회전수와 이송속도 비율을 자동으로 설정한다.

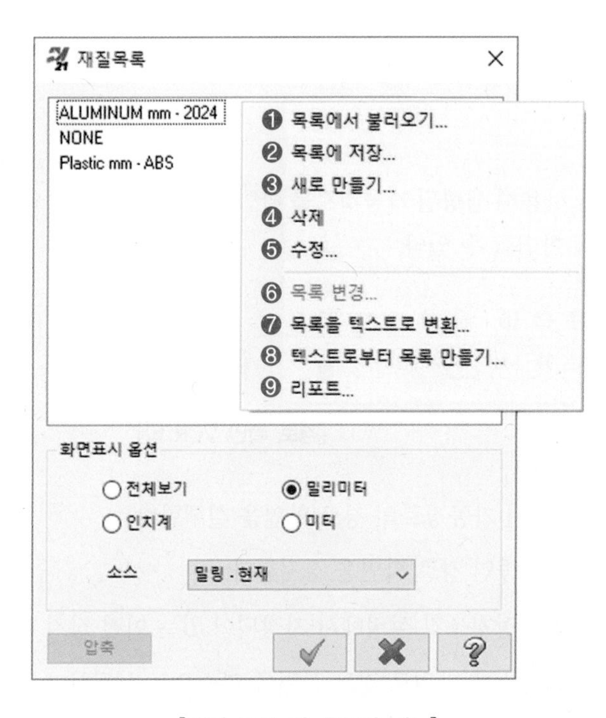

[재질 목록 및 우클릭 메뉴]

❶ **목록에서 불러오기** : 재질 목록에서 선택한 재질을 현재 파일의 재질 목록으로 가져온다.
❷ **목록에 저장** : 선택한 재질을 재질 목록 파일(확장자명 : mcam－materials)로 저장한다.
❸ **새로 만들기** : 재질 정의창에서 적용 비율을 작성하여 새로운 재질을 생성한다.
❹ **삭제** : 선택한 재질을 목록에서 삭제한다.
❺ **수정** : 선택한 재질의 재질 정의를 열어 적용 비율을 수정한다.
❻ **목록 변경** : 재질 목록 파일을 다른 파일로 변경한다.
❼ **목록을 텍스트로 변환** : 선택한 재질 목록 파일을 텍스트 형식의 문서 파일로 변환한다.
❽ **텍스트로부터 목록 만들기** : 텍스트 형식의 문서로 만들어진 파일을 재질 목록 파일로 변환한다. ✎ 다른 버전의 재질 목록 파일을 현재 버전에 맞는 재질 목록으로 구성 시 유용하다.
❾ **리포트** : 재질 목록의 각 항목별 적용 비율을 액티브 리포츠(Active Reports) 형식의 보고서로 출력한다. 또한 액티브 리포츠 뷰어에서 출력된 형식을 다양한 확장자(pdf, html, txt, xls 등)로 저장할 수 있다.

3 시뮬레이터

(1) 경로 확인

다양한 옵션을 사용해 생성된 가공경로를 확인하는 기능이다. 필요한 옵션을 설정해서 가공경로를 정확하게 확인할 수 있다.

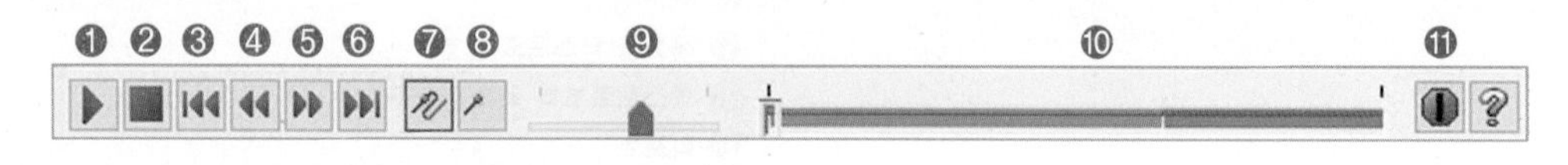

[경로 확인 VCR 바]

❶ **실행** : 선택된 가공경로의 경로 확인을 실행한다.

❷ **정지** : 실행 중인 경로 확인을 정지한다.

❸ **이전 정지** : 정지조건 설정에서 지정되어 있는 이전 정지 위치로 경로바를 이동한다.

❹ **뒤로 스텝** : 스텝 단위로 경로 확인을 역순으로 실행한다.

❺ **앞으로 스텝** : 스텝 단위로 경로 확인을 실행한다.

❻ **다음 정지** : 정지조건 설정에서 지정되어 있는 다음 정지 위치로 경로바를 이동한다.

❼ **트레이스 모드** : 선택된 경로의 궤적을 모두 미리 표시한 후 공구가 궤적을 따라가는 움직임을 보여준다.

❽ **실행 모드** : 선택된 경로의 궤적을 공구의 움직임을 따라 표시한다.

❾ **속도 조절바** : 경로 확인이 실행되는 속도를 조절하며, 슬라이더를 왼쪽으로 움직일수록 느리게, 오른쪽으로 움직일수록 빠르게 실행된다.

❿ **경로바** : 전체 범위에서 각 경로별로 범위와 색상이 다르게 표시되며, 경로바의 슬라이더를 움직여 빠르게 경로를 확인하거나 원하는 위치에 정지해 확인도 가능하다.

⓫ **정지 조건 설정** : 각 조건을 선택하거나 좌표 등을 입력하여 사용자가 원하는 위치에서 경로 확인을 정지시키며, 다시 실행 버튼을 누르면 계속 실행되도록 설정한다.

1) 정지 조건 설정

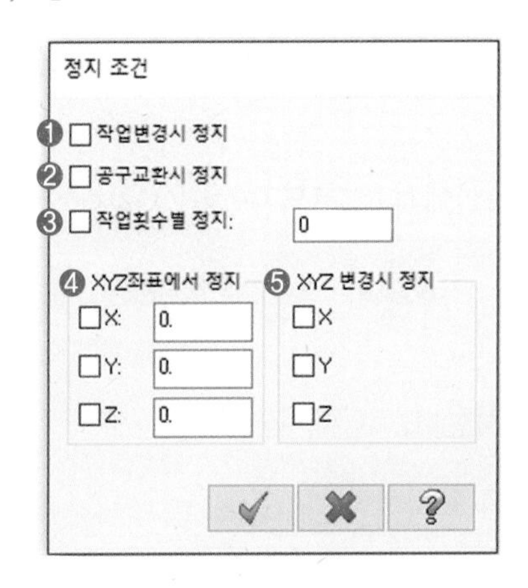

[정지 조건 조건창]

❶ **작업 변경 시 정지** : 경로 확인 중 작업이 변경되면 정지한다. 예를 들어, 윤곽경로와 드릴작업이 선택되었다면 윤곽경로를 확인한 후 드릴작업 확인 전에 공구가 멈춘 상태로 대기한다. 이때 실행 버튼을 다시 누르면 경로 확인이 다시 실행되며 공구의 움직임을 확인할 수 있다.

❷ **공구 교환 시 정지** : 경로 확인 진행 중 공구가 바뀌면 정지한다.

❸ **작업횟수별 정지** : 입력한 수만큼의 경로가 진행된 후 경로 확인을 정지한다.

❹ **XYZ 좌표에서 정지** : 경로 확인 진행 중 공구가 입력된 좌푯값을 지나면 정지한다.

❺ **XYZ 변경 시 정지** : 경로 확인 진행 중 X, Y, Z 항목에 체크된 좌푯값이 변경되면 정지한다.

2) 경로 확인 조건

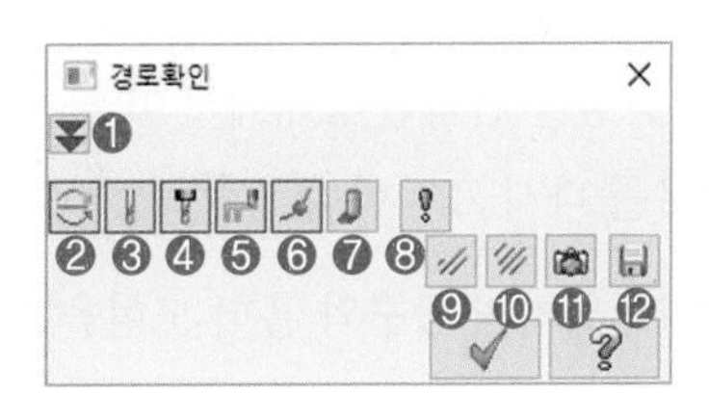

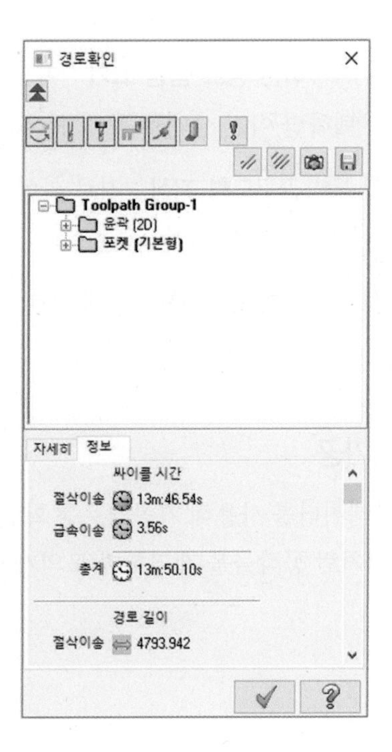

[경로 확인 조건창]

❶ **이 창을 확대 또는 축소** : 경로 확인 조건창을 확대하거나 축소한다. 조건창을 확대하면 각 경로의 가공시간 및 경로길이, 최대 또는 최소 깊이 등의 상세 경로 정보를 확인할 수 있다.

❷ **색상코드로 표시** : 경로를 표시할 때 옵션에서 NC코드 G0, G1, G2, G3에 맞춰 설정된 색상으로 경로를 표시한다.

❸ **공구 표시** : 화면에 공구를 표시한다.

❹ **홀더 표시** : 화면에 공구의 홀더를 표시한다.

❺ **급속이송 표시** : 급속이송(G00) 경로를 표시한다.

❻ **끝점 표시** : 선택 시 각 경로의 이동 좌표 위치에 점을 표시한다.

❼ **빠른 검증** : 공구가 이동하는 궤적을 공구의 크기로 따라가며 셰이딩 처리해 표시한다.

❽ **옵션** : 스텝, 색상 루프, 경로 종류별 색상 등 경로 확인의 다양한 옵션을 설정한다.

❾ **이전 경로 숨김** : 경로 확인 진행 중 이 버튼을 누르면 이전에 진행된 경로를 감추고 일시정지하며, 다시 실행 버튼을 누르면 이후에 진행되는 경로만 표시한다.

❿ **이전 경로 숨김 끄기** : 이전 경로 숨김을 선택한 상태에서 이전 경로 숨김 끄기를 선택하면 이전 상태로 돌아가 감춘 경로를 다시 표시한다.

⓫ **공구도형 저장** : 경로 확인 중 현재 위치의 공구와 홀더 도형을 사용자가 지정하는 레벨로 저장한다.

⓬ **도형으로 저장** : 현재 경로 확인 중인 경로를 사용자가 지정하는 레벨에 도형 데이터로 저장한다.

(2) 모의가공

시뮬레이터를 사용해 가공경로를 확인하는 기능으로 솔리드 형태의 공작물을 실제로 절삭하는 것처럼 공작물을 제거하며 모의가공을 실행한다.

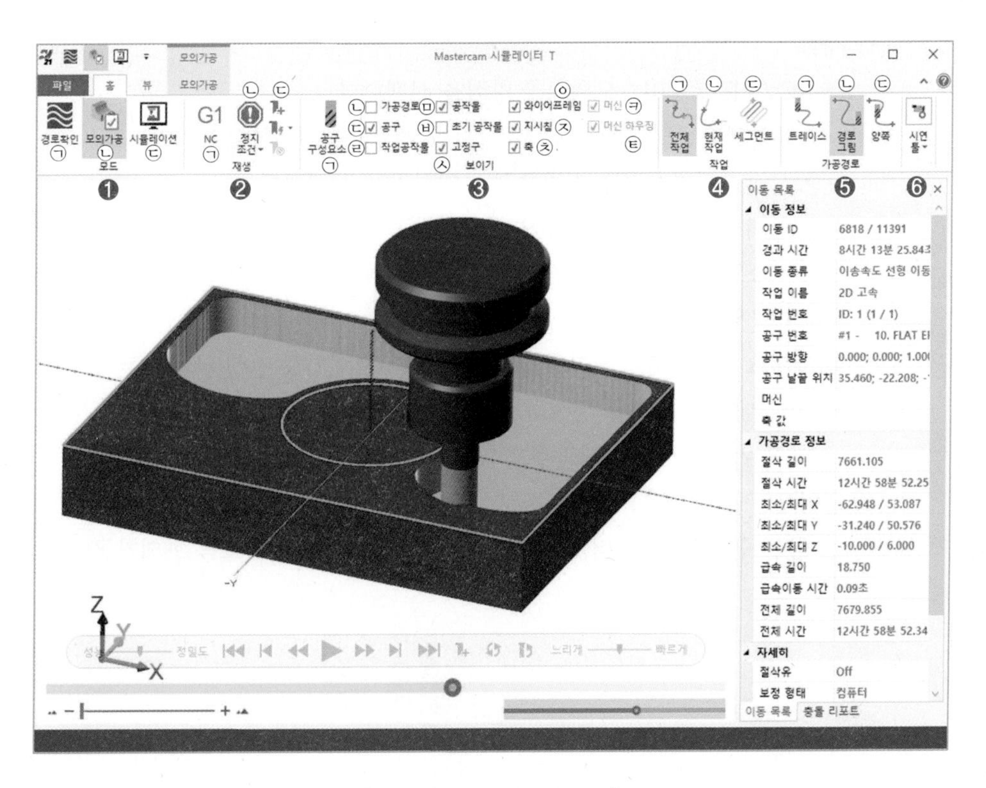

[모의가공 시뮬레이터 화면]

1) 홈

❶ 모드

㉠ **경로 확인** : 시뮬레이터로 경로 확인을 실행한다.

㉡ **모의가공** : 시뮬레이터로 모의가공을 실행한다.

㉢ **시뮬레이션** : 시뮬레이터로 머신 시뮬레이션을 실행한다.

❷ **재생**

㉠ **NC / 시간 / 길이** : 모의가공 방식을 선택한다.

- NC : NC 코드의 위치를 기준으로 모의가공을 실행한다.
- 시간 : 가공시간을 기준으로 모의가공을 실행한다.
- 길이 : 경로길이를 기준으로 모의가공을 실행한다.

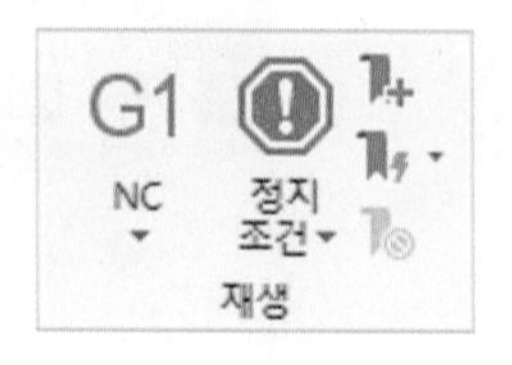

[재생 메뉴]

㉡ **정지조건** : 정지조건을 선택하거나 입력해 모의가공 진행 중 일시정지시킨다.

㉢ **북마크 생성 / 자동 북마크 / 북마크 해제** : 모의가공 진행 위치 또는 공구 교환 등의 조건에 대해 북마크를 생성하거나, 북마크를 해제한다. 북마크 위치를 클릭하면 각 북마크 위치에서의 절삭과정을 확인할 수 있다.

❸ **보이기**

㉠ **공구 구성요소** : 홀더, 생크, 숄더, 날 길이, 홀더, 인서트를 모의가공에서 표시한다.

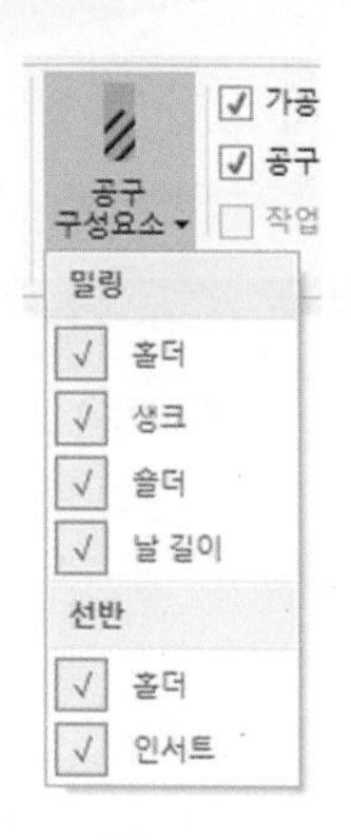

[공구 구성요소 메뉴]

㉡ **가공경로** : 가공경로의 표시 여부를 선택한다.

㉢ **공구** : 공구의 표시 여부를 '표시, 반투명, 표시 안 함'의 세 가지 중에 선택한다.

㉣ **작업공작물** : 모의가공 시 최종 파트의 형상을 '표시, 반투명, 표시 안 함'의 세 가지 중에 선택한다.

㉤ **공작물** : 현재 처리 중인 공작물을 '표시, 반투명, 표시 안 함'의 세 가지 중에 선택한다.

㉥ **초기 공작물** : 가공 전의 초기 상태 공작물을 '표시, 반투명, 표시 안 함'의 세 가지 중에 선택한다.

㉦ **고정구** : 고정구를 '표시, 반투명, 표시 안 함'의 세 가지 중에 선택한다.

㉧ **와이어프레임** : 와이어프레임 도형의 표시 여부를 선택한다.

㉨ **지시침** : 좌측 하단의 지시침 표시 여부를 선택한다.

㉩ **축** : WCS 축과 좌표원점의 표시 여부를 선택한다.

㉪ **머신** : 머신 시뮬레이션 모드에서 머신의 표시 여부를 선택한다.

㉫ **머신 하우징** : 머신 시뮬레이션 모드에서 머신 하우징의 표시 여부를 선택한다.

❹ **작업**

㉠ **전체 작업** : 가공경로 관리자에서 선택된 전체 작업의 경로를 화면에 표시한다.

㉡ **현재 작업** : 현재 작업의 경로를 화면에 표시한다.

㉢ **세그먼트** : 현재 공구가 이동 중인 경로만을 화면에 표시한다.

❺ **가공경로**

㉠ **트레이스** : 먼저 표시된 경로를 따라 공구가 이동하며 이미 공구가 이동한 위치의 경로는 표시하지 않는다.

㉡ **경로 그림** : 공구가 이동하며 절삭과 경로를 표시한다. 이미 공구가 이동한 위치의 경로도 표시된다.

㉢ **양쪽** : 전체 가공경로를 표시하고 표시된 경로를 따라 공구가 이동한다.

❻ **시연 툴**

[시연 툴 메뉴]

㉠ **녹화** : 녹화 버튼을 누르고 난 후 진행되는 모의가공 및 시뮬레이터 화면을 녹화하고, 다시 녹화 버튼을 누르면 MP4 파일로 저장한다.

㉡ **녹화 옵션** : 비디오 품질, 녹화영역, 오디오 녹음 조건을 설정한다.

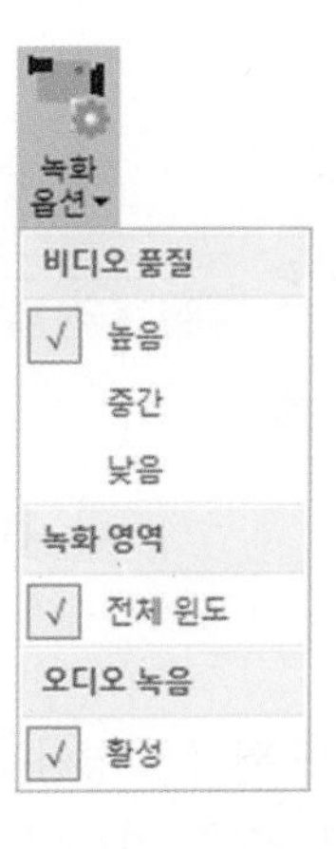

[녹화 옵션 메뉴]

㉢ **프레젠테이션 저장** : 실행파일(exe)의 형태로 프레젠테이션 파일을 생성한다. 생성된 실행 파일을 클릭하면 Mastercam이 설치되어 있지 않은 PC에서도 해당 가공경로의 모의가공을 볼 수 있다.

2) 파일

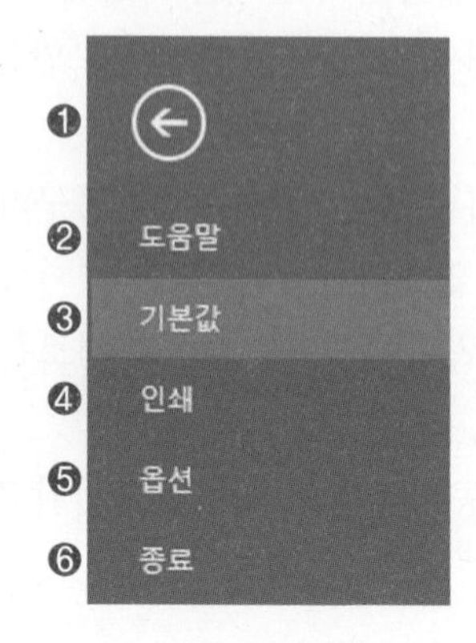

[파일 메뉴]

❶ ⊖ : 선택 시 홈 화면으로 복귀한다.

❷ **도움말** : 시뮬레이터 도움말 및 시뮬레이터 정보를 확인할 수 있다.

❸ **기본값** : 시뮬레이터 옵션을 기본값으로 초기화한다.

❹ **인쇄** : 현재 시뮬레이터 작업화면을 인쇄한다.

❺ **옵션** : STL 저장 공차, 충돌 체크 옵션, 시뮬레이션 엔진 옵션, 가공경로 색상, 공구 색상, 공작물 색상 등 시뮬레이터의 다양한 옵션을 설정한다.

❻ **종료** : 시뮬레이터를 마치고 Mastercam의 작업화면으로 복귀한다.

3) 뷰

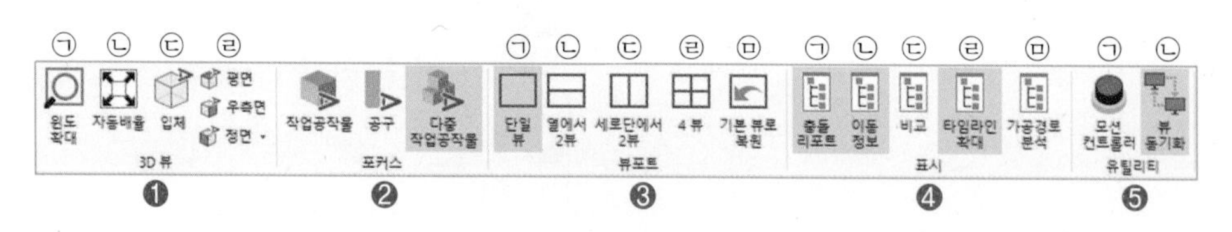

[뷰 메뉴]

❶ 3D 뷰

㉠ **윈도 확대** : 화면 내에 원하는 영역을 윈도로 선택해서 해당 영역을 확대한다.

㉡ **자동배율** : 공구와 공작물을 자동배율해 화면에 맞춘다.

㉢ **입체** : 모의가공 뷰를 입체로 표시한다.

㉣ **평면, 우측면, 정면** : 선택한 평면으로 화면의 뷰를 변경한다.

❷ **포커스** : 작업공작물, 공구, 다중 작업공작물 중 하나를 선택해 화면에 고정시키고 나머지 부분을 움직여 모의가공을 실행한다. 예를 들어 공구가 선택되면 화면에 공구는 고정되고 공작물이 움직이며 모의가공이 진행된다.

❸ **뷰포트**

㉠ **단일 뷰** : 하나의 뷰로 화면을 표시한다.

㉡ **열에서 2뷰** : 화면을 가로로 이등분하여 표시한다.

㉢ **세로단에서 2뷰** : 화면을 세로로 이등분하여 표시한다.

㉣ **4뷰** : 화면을 4개의 뷰로 분할하여 표시한다.

㉤ **기본 뷰로 복원** : 분할된 창의 크기가 변경된 경우 기본 화면 크기로 복원한다.

❹ **표시**

㉠ **충돌리포트** : 공구와 공작물의 충돌 상황을 표시한다.

㉡ **이동 정보** : 공구의 움직임에 따른 이동 좌표, 이송형태, 이송속도 등의 정보를 표시한다.

㉢ **비교** : 설정한 공차별 색상으로 공작물 모델과 절삭된 공작물을 비교한다.

㉣ **타임라인 확대** : 전체화면 하단의 타임라인 확대창을 표시한다.

㉤ **가공경로 분석** : 가공경로 분석창을 표시한다.

❺ **유틸리티**

㉠ **모션 컨트롤러** : 화면조작을 보다 용이하게 해주는 3D 마우스 또는 스페이스볼 등의 장비를 활성화한다.

㉡ **뷰 동기화** : Mastercam과 시뮬레이터 화면의 뷰를 동기화한다.

4) 모의가공

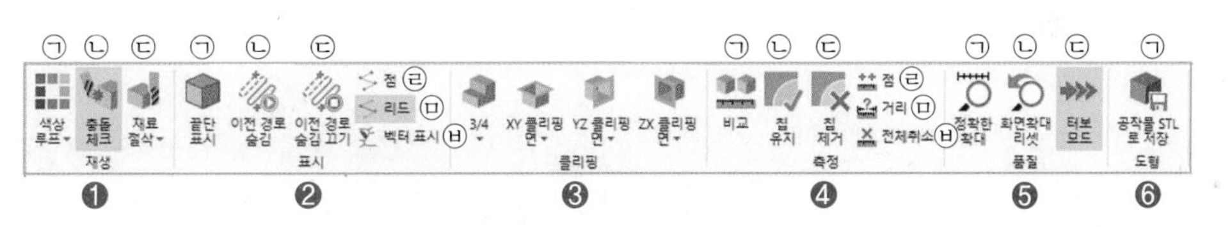

[모의가공 메뉴]

❶ **재생**

㉠ **색상루프** : 각 공구별로 절삭되는 영역의 색상을 변경하며 표시한다.

㉡ **충돌체크** : 선택된 공구와 공작물의 충돌을 검사한다. 충돌 시 해당 영역이 적색으로 표시되며 충돌 리포트 항목에 추가된다.

㉢ **재료절삭** : 모의가공 중 공구 구성요소의 표시 여부를 결정한다.

❷ 표시

㉠ **끝단 표시** : 공구 및 공작물의 끝단에 선을 표시하여 선명하게 보이도록 한다.

㉡ **이전 경로 숨김** : 모의가공 중 이 버튼을 클릭하면, 이미 진행된 경로를 감추고 남아 있는 경로만을 표시한다. 이 버튼을 다시 클릭하면, 클릭한 지점을 기준으로 이전의 위치에 해당하는 경로는 감추고, 진행할 위치의 경로만을 표시한다.

㉢ **이전 경로 숨김 끄기** : 이전 경로 숨김을 취소하고 원래의 가공경로를 다시 표시한다.

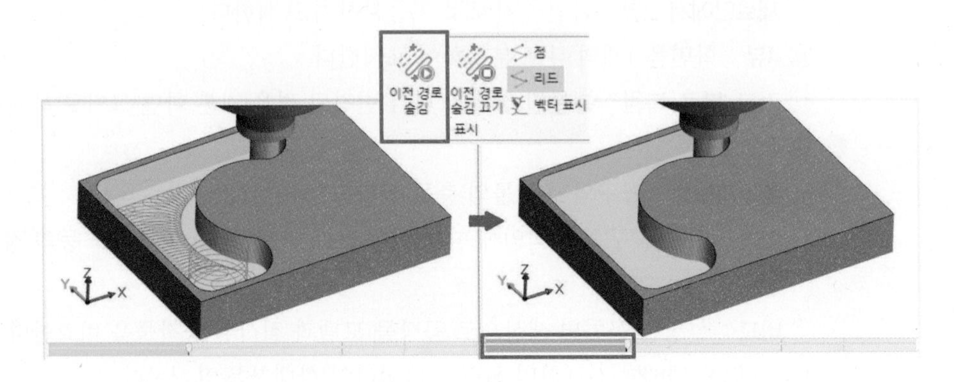

[이전 경로 숨김 사용 예]

㉣ **점** : 가공경로의 끝점에 점을 표시한다.

㉤ **리드** : 경로에서 급속이송(G00) 및 다음 경로까지의 이동 동작을 표시한다.

㉥ **벡터표시** : 가공경로의 벡터를 표시한다.

❸ 클리핑

사분면 또는 평면 기준 단면으로 공작물의 일부분을 감춘 후 화면에 표시한다.

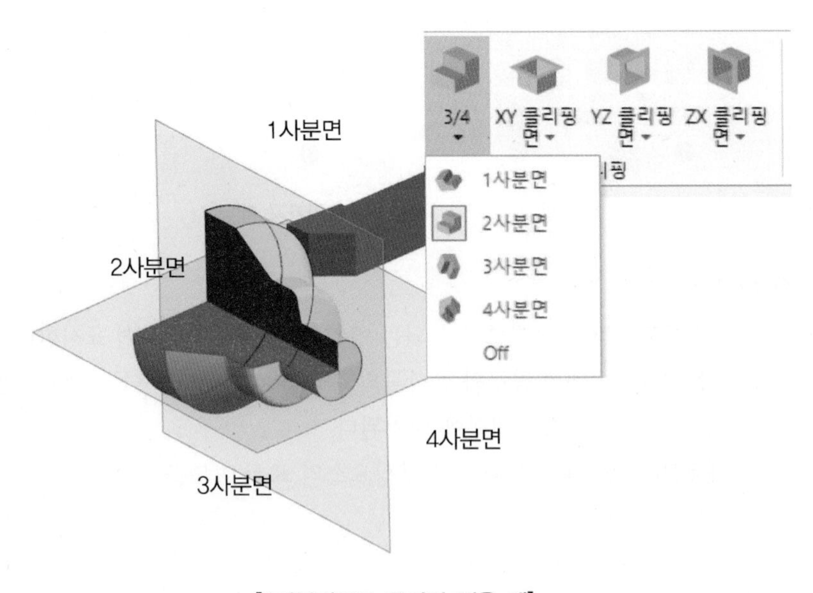

[2사분면으로 클리핑 적용 예]

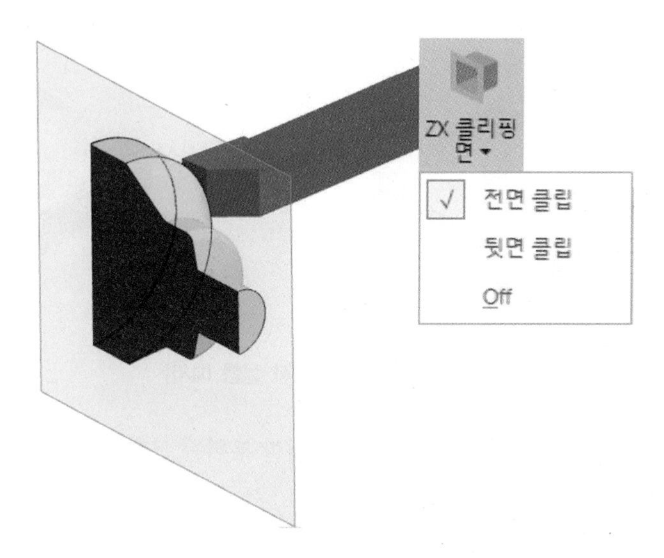

[ZX 클리핑면 적용 예]

❹ **측정**

㉠ **비교** : 외부의 STL 파일 또는 파트 모델링과 절삭한 공작물을 비교해 색상으로 여유범위를 표시한다.

[비교 사용 예]

㉡ **칩 유지** : 화면에서 보존할 절삭 부위를 선택하는 기능으로, 선택영역 이외의 부분은 화면에서 지워진다.

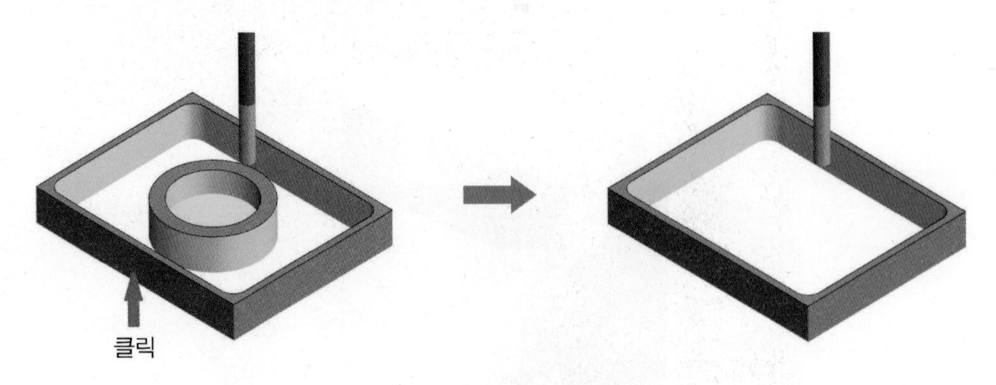

[칩 유지 실행 예시]

㉢ **칩 제거** : 모의가공 후 화면에서 제거할 부위를 선택하면, 선택 부분이 화면에서 지워진다.

㉣ **점** : 화면의 공작물에서 선택한 위치의 정보를 표시한다.

㉤ **거리** : 화면의 공작물에서 선택한 두 위치의 거리를 표시한다.

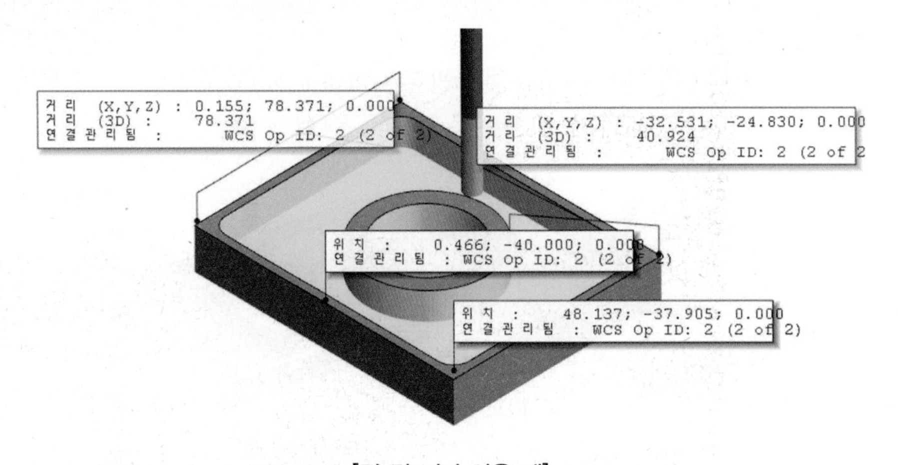

[점 및 거리 사용 예]

㉥ **전체 취소** : 화면상 점 및 거리 표시를 모두 삭제한다. 점과 거리 표시를 클릭해 삭제할 수도 있다.

❺ **품질**

㉠ **정확한 확대** : 공작물을 확대할 때 화면표시 품질을 향상시킨다.

㉡ **화면확대 리셋** : 향상된 화면표시 품질을 원래대로 복원한다.

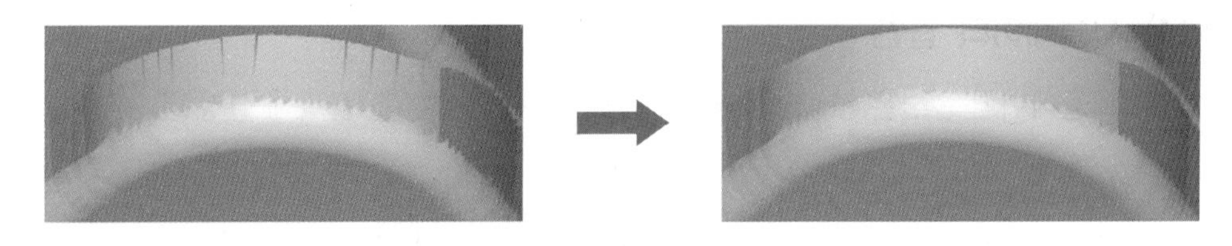

[정확한 확대 적용 예]

㉢ **터보 모드** : 모의가공 중 공작물 모델의 정밀도를 거칠게 설정해 시뮬레이션한다. 큰 파일에서 유용하게 사용된다.

❻ **도형**

㉠ **공작물 STL로 저장** : 현재 모의가공된 공작물을 STL 파일로 저장한다.

(3) 시뮬레이션 실행

머신 시뮬레이션 모드에서 공작물의 모의가공을 진행하며, 각 메뉴의 구성은 모의가공 모드와 동일하다.

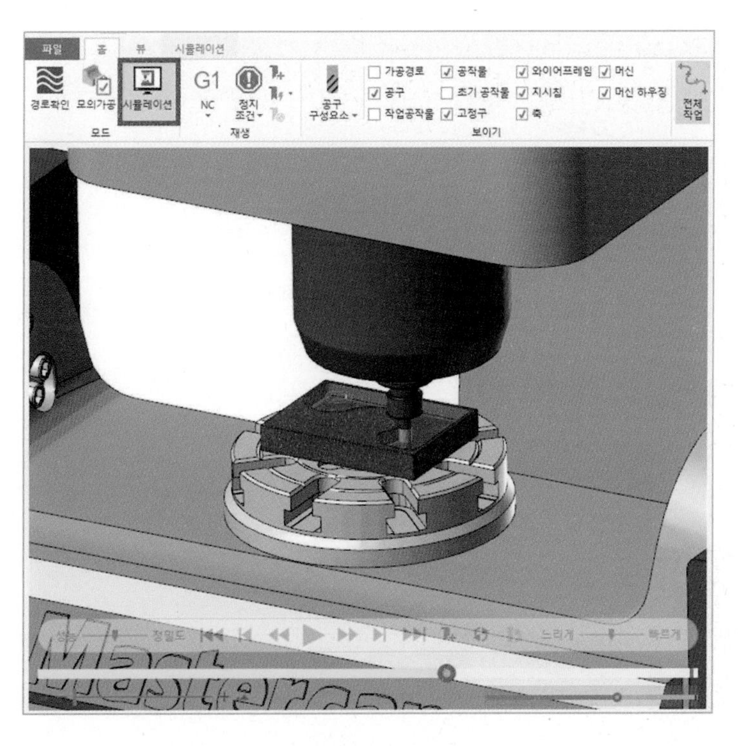

[시뮬레이션 예]

(4) 시뮬레이터 옵션

시뮬레이터 옵션은 시뮬레이터 그룹 우측 하단의 버튼을 클릭해 설정할 수 있다.

1) 구성요소

시뮬레이터상에 표시될 공작물과 고정구에 대한 조건을 설정한다.

시뮬레이터 옵션

구성요소 | 데이터 | 시뮬레이션

공작물

공작물 설정

	최소 점:	최대 점:	여유:	
X	-156.789949	158.828801	0.0	가공경로 검색(S)
Y	-112.99008	91.750925	0.0	공작물 설정값 사용(U)
Z	-15.0	0.0	0.0	공작물 대각모서리(P)...

육면체

원통

원통 축: X Y Z

원통 지름: 0.0 축에 중심을 고정

솔리드/메시

파일 찾아보기...

공작물 모델

고정구

레벨

번호	이름
1	

솔리드/메시

파일 찾아보기...

[구성요소 조건창]

2) 데이터

시뮬레이션에서의 공구보정과 공차를 설정한다.

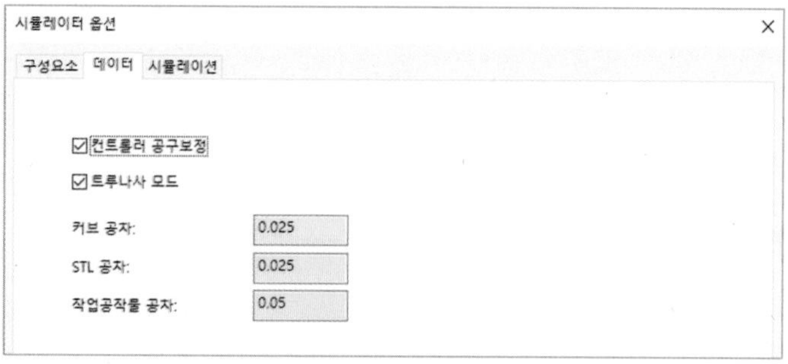

시뮬레이터 옵션

구성요소 | 데이터 | 시뮬레이션

☑ 컨트롤러 공구보정

☑ 트루나사 모드

커브 공차: 0.025

STL 공차: 0.025

작업공작물 공차: 0.05

[데이터 조건창]

3) 시뮬레이션

시뮬레이션에 사용될 머신을 선택하고 포스트 설정을 수정한다.

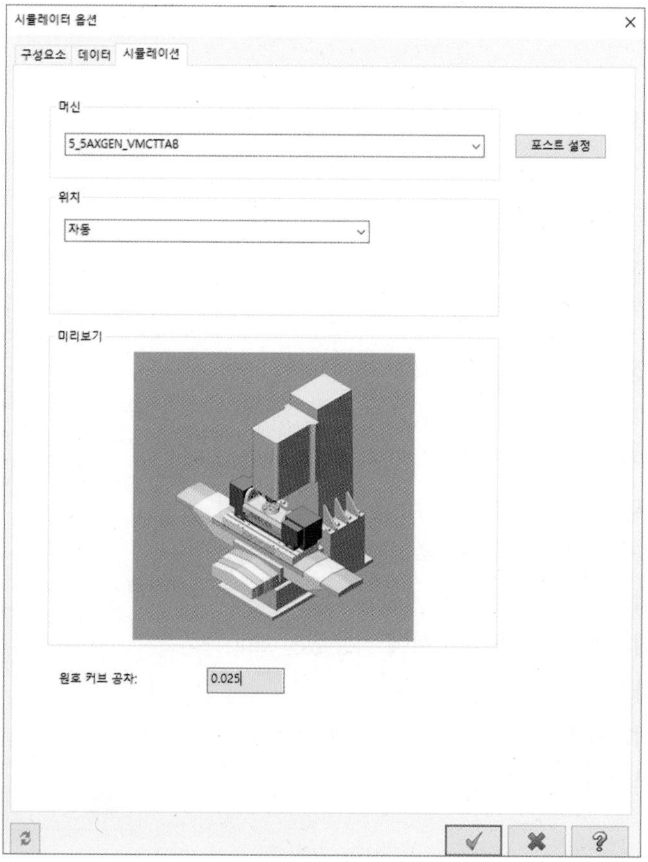

시뮬레이터 옵션

구성요소 | 데이터 | 시뮬레이션

머신

5_5AXGEN_VMCTTA8

포스트 설정

위치

자동

미리보기

원호 커브 공차: 0.025

[시뮬레이션 조건창]

4 포스트

포스트 프로세싱 대화상자를 열어 조건을 설정하고 OK 버튼을 눌러 NC 데이터를 생성한다.

G1
NC생성
포스트

5 작업지시서

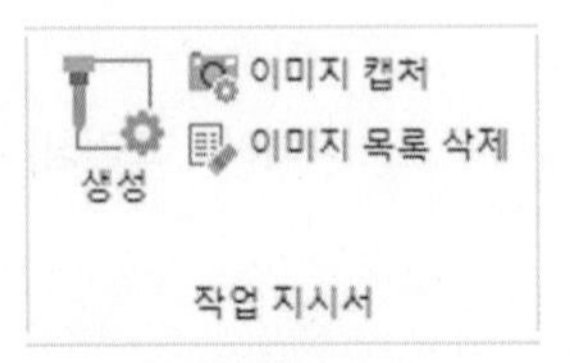

[작업지시서 메뉴]

(1) 생성

설정된 작업지시서 프로그램을 이용해 작업지시서를 생성한다. 기본값은 Mastercam의 액티브 리포츠(Active Reports)로 설정되어 있으며, SET 파일을 활용한 작업지시서 또는 별도의 프로그램을 선택해 생성할 수 있다.

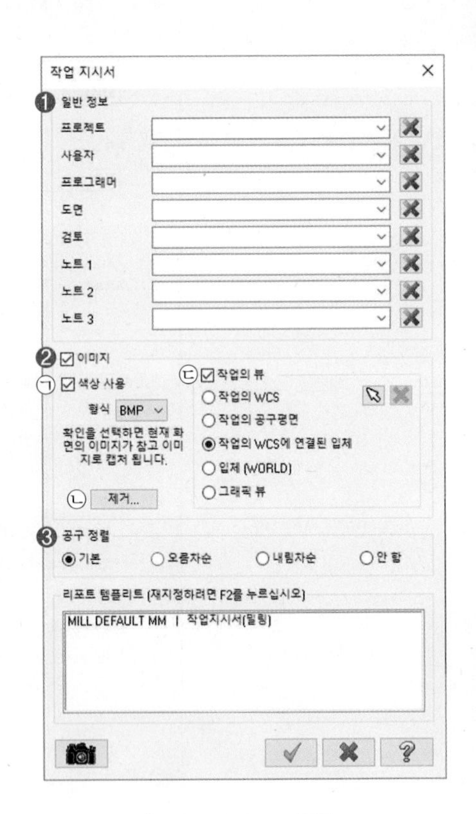

[작업지시서 조건창]

❶ **일반정보** : 도면의 작성자, 프로젝트명, 프로그래머, 도면번호, 리비전, 기타 노트 등 일반정보를 입력한다.

❷ **이미지** : 공작물, 공구, 작업, 공작물 오프셋의 이미지를 작업지시서에 추가한다.

㉠ **색상 사용** : 컬러 이미지를 추가한다.

㉡ **제거** : 이전 작업지시서에 적용했던 xml 파일과 bmp 파일을 지운다.

㉢ **작업의 뷰** : 작업자가 선택한 뷰를 작업지시서에 적용한다.

❸ **공구 정렬** : 작업지시서에 출력할 공구의 순서를 결정한다. 기본은 작업순서로 공구 리스트를 출력하고, 공구번호의 오름차순, 내림차순, 안 함으로 설정할 수 있다.

(2) 이미지 캡처

작업지시서에 이미지 또는 치수를 추가할 수 있다.

❶ **색상** : 컬러 이미지로 캡처한다.

❷ : 캡처된 이미지의 저장 위치를 연다.

❸ : 현재 화면을 캡처한다.

❹ : 캡처된 뷰로 화면을 되돌린다.

❺ : 현재까지 캡처된 이미지의 목록을 보여주며, 각 이미지를 선택해 확인할 수 있다.

❻ : 이미지 목록의 모든 이미지를 삭제한다.

❼ : 추가할 파일을 선택한다.

❽ : 추가할 레벨을 선택한다.

❾ : 추가할 뷰시트를 선택한다.

❿ : 스마트 치수 기능을 실행해 치수를 추가한다.

⓫ : 노트 기능을 실행해 노트를 추가한다.

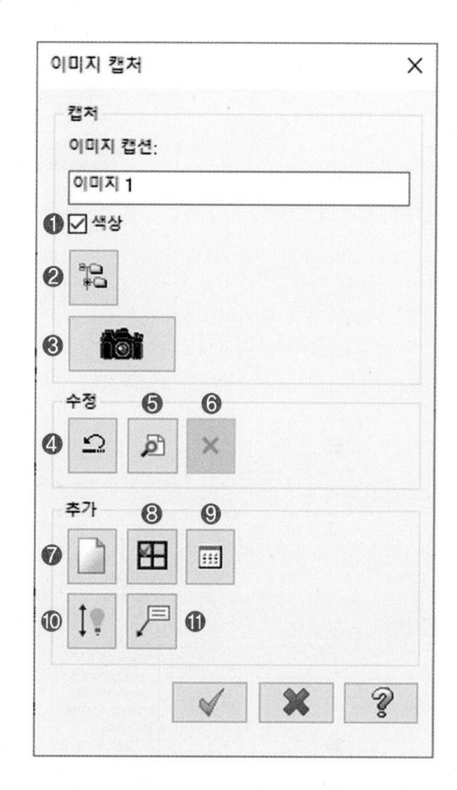

[이미지 캡처 조건창]

(3) 이미지 목록 삭제

목록의 모든 캡처 이미지를 삭제한다.

Mastercam. *Setup Sheet Report*

3-AXIS VMC

GENERAL INFORMATION

PROJECT NAME: 작업지시서 소개
CUSTOMER NAME: 한국엠텍
PROGRAMMER: 홍길동
DRAWING: MT-B1 REVISION: 2.0
DATE: 2016년 9월 29일 목요일
TIME: 오후 8:07

C:\USERS\MTECH\DOWNLOADS\HELLO_KITTY_1_136874\T4.MCAM

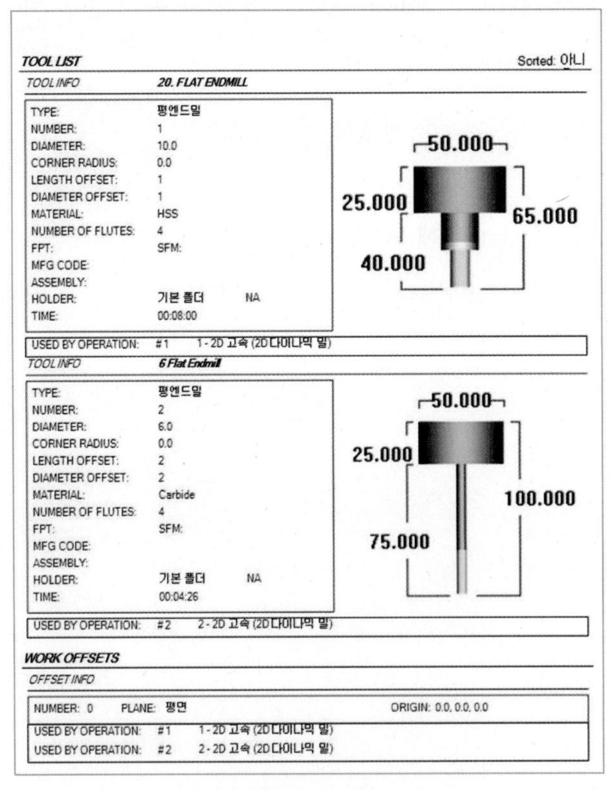

TOOL LIST Sorted: 아니

TOOL INFO *20. FLAT ENDMILL*

TYPE: 평엔드밀
NUMBER: 1
DIAMETER: 10.0
CORNER RADIUS: 0.0
LENGTH OFFSET: 1
DIAMETER OFFSET: 1
MATERIAL: HSS
NUMBER OF FLUTES: 4
FPT: SFM:
MFG CODE:
ASSEMBLY:
HOLDER: 기본 홀더 NA
TIME: 00:08:00

USED BY OPERATION: #1 1-2D 고속 (2D 다이나믹 밀)

TOOL INFO *6 Flat Endmill*

TYPE: 평엔드밀
NUMBER: 2
DIAMETER: 6.0
CORNER RADIUS: 0.0
LENGTH OFFSET: 2
DIAMETER OFFSET: 2
MATERIAL: Carbide
NUMBER OF FLUTES: 4
FPT: SFM:
MFG CODE:
ASSEMBLY:
HOLDER: 기본 홀더 NA
TIME: 00:04:26

USED BY OPERATION: #2 2-2D 고속 (2D 다이나믹 밀)

WORK OFFSETS

OFFSET INFO

NUMBER: 0 PLANE: 평면 ORIGIN: 0.0, 0.0, 0.0

USED BY OPERATION: #1 1-2D 고속 (2D 다이나믹 밀)
USED BY OPERATION: #2 2-2D 고속 (2D 다이나믹 밀)

[액티브 리포츠 작업지시서 출력 예]

6 머신 시뮬레이션

머신 시뮬레이션은 공작기계를 Mastercam 내에서 구현하여 실제 공작기계의 움직임을 화면에서 보여준다. 로터리 축, 헤드 틸팅과 같은 다축 동작도 확인할 수 있으며, 공구와 공작물의 간섭을 체크할 수도 있다.

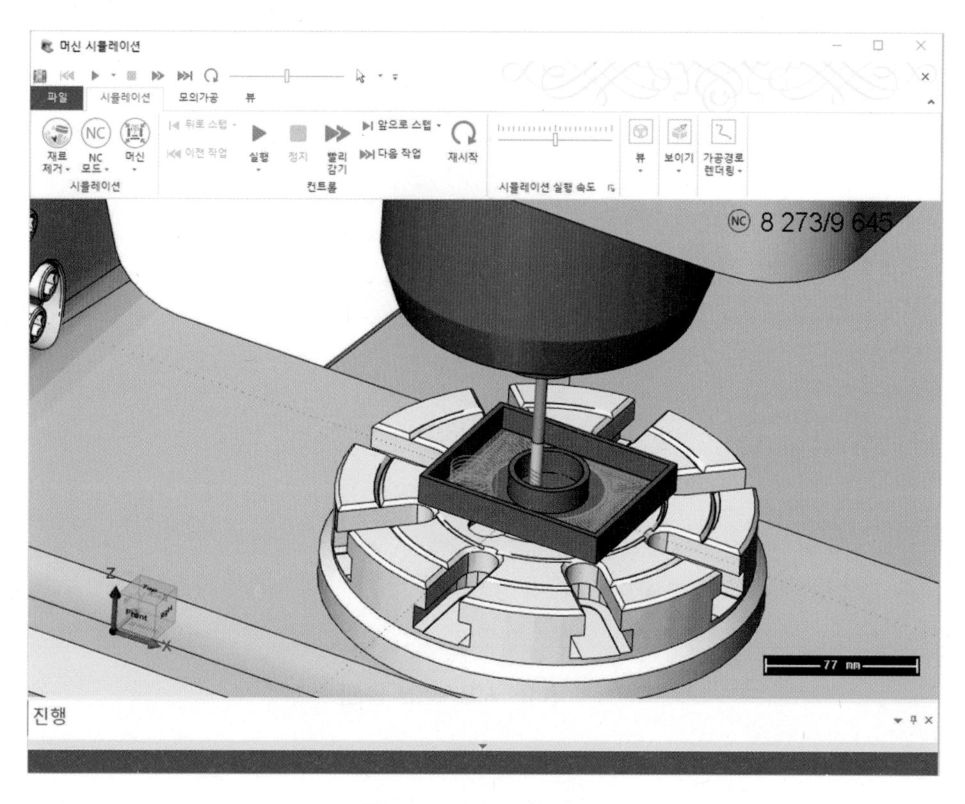

[머신 시뮬레이션 화면]

(1) 머신 시뮬레이션 옵션

[머신 시뮬레이션 메뉴]

머신 시뮬레이션에서 사용할 공작기계를 선택하고 작업공작물, 시뮬레이션 공차 등의 조건을 설정할 수 있다.

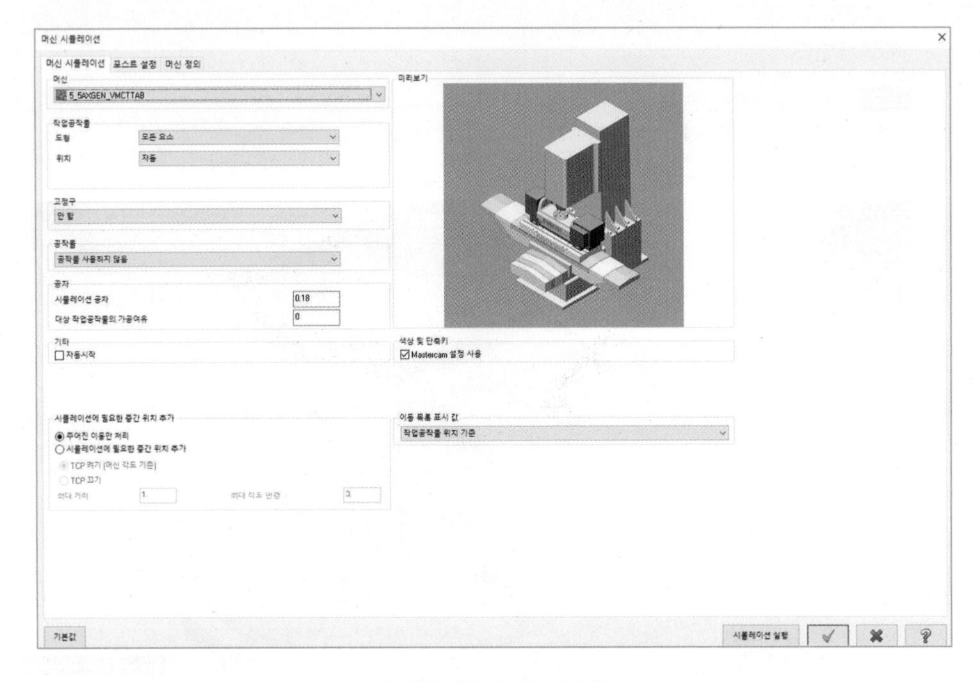

[머신 시뮬레이션 옵션]

7 자동 가공경로 생성

자동 가공경로 생성(ATP – automatic Toolpathing)은 Mastercam NET – Hook 프로그램으로, 가공방법을 사용해 대상 도형에 가공경로를 자동으로 지정한다.

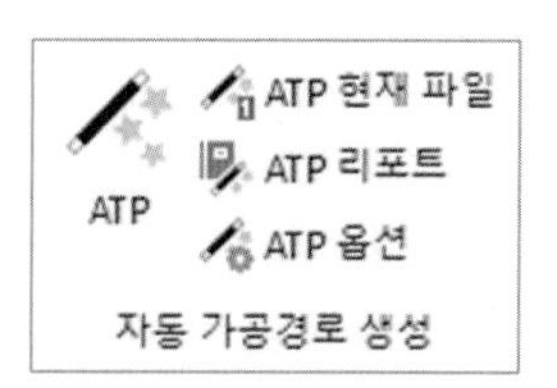

[자동 가공경로 생성 메뉴]

가공방법은 하나 이상의 레벨에 적용된 가공경로를 포함하며, 작업할 도면의 레벨과 가공방법의 조건이 일치하는 레벨을 스캔해 각 레벨의 도형에 가공작업을 적용한다.

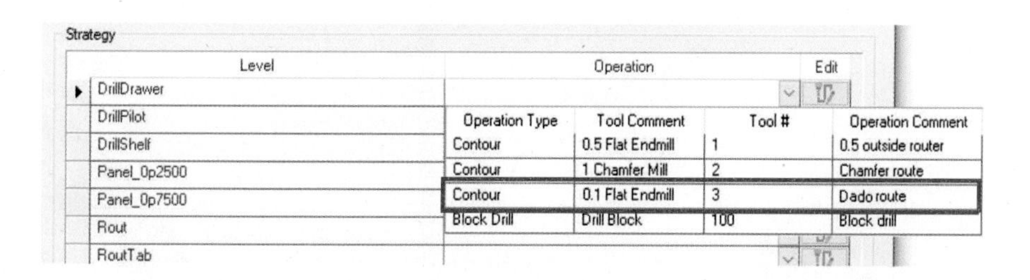

[가공방법 예]

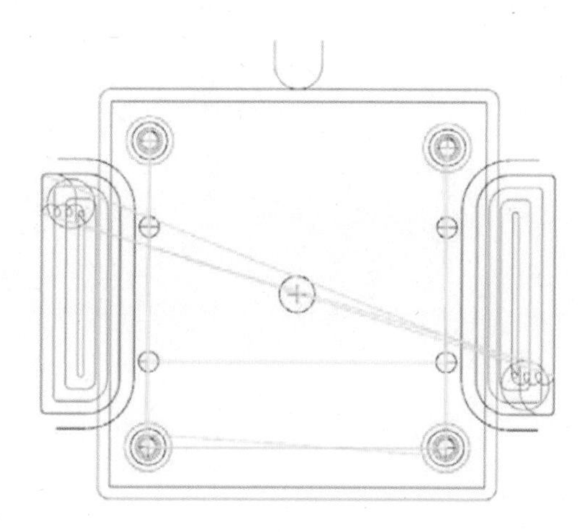

[ATP 적용 예]

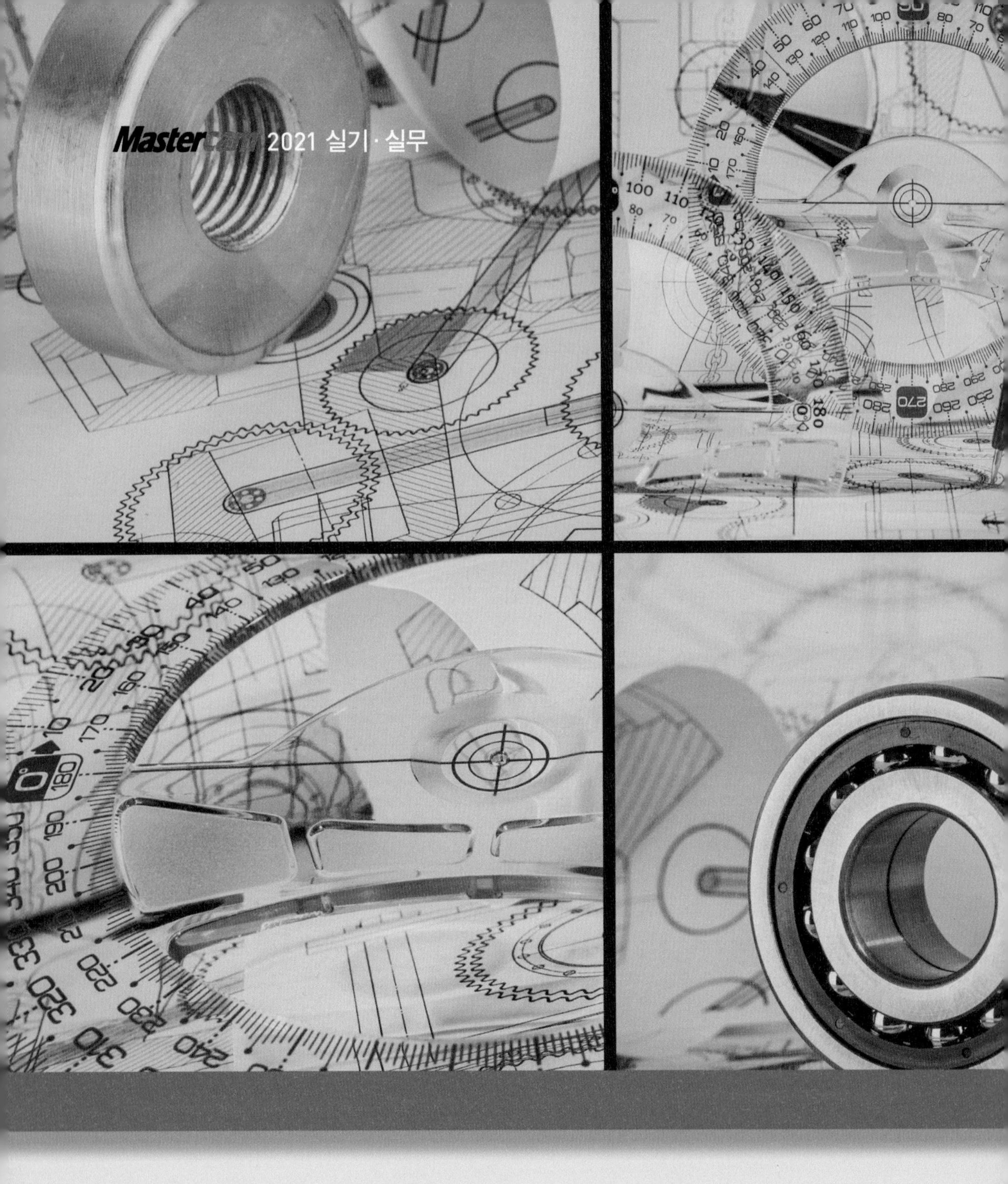
Mastercam 2021 실기·실무

CHAPTER

12

가공경로

CHAPTER

12 가공경로

1 2차원 가공경로 소개

Mastercam 작업화면 내에 가공경로 메뉴를 선택하면 아래와 같이 여러 가지의 2차원 가공경로를 사용할 수 있다. 2차원 가공경로 메뉴는 2차원 형상 가공을 위한 다양한 가공방법들로 구성되어 있으며, 커브와 직선을 이용해 가공경로를 생성한다. 대표적인 가공방법으로는 윤곽, 드릴, 포켓, 다이내믹 밀 등이 있으며, 이외에도 다양한 가공방법을 지원한다.

[2차원 가공경로 메뉴]

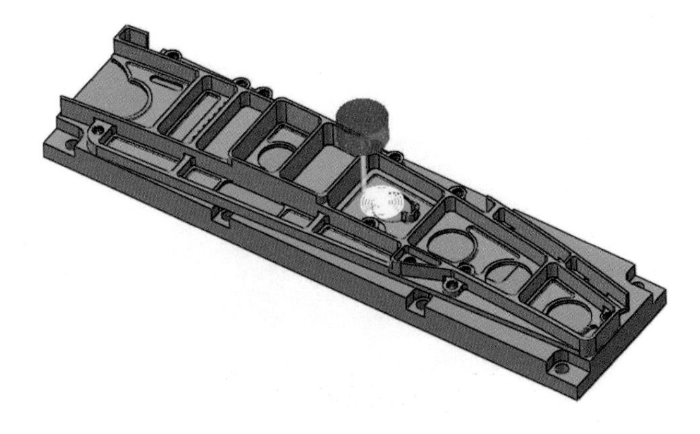

[2차원 가공경로의 사용 예]

2 3차원 가공경로 소개

Mastercam 작업화면 내에 가공경로 메뉴를 선택하면 아래와 같이 여러 가지의 3차원 가공경로를 사용할 수 있다. 3차원 가공경로 메뉴는 3차원 형상 가공을 위한 다양한 가공방법들로 구성되어 있으며, 곡면과 솔리드를 이용해 가공경로를 생성한다. 대표적인 가공방법으로는 최적화 황삭, 워터라인, 하이브리드, 스켈롭 등이 있으며, 이외에도 다양한 가공방법을 지원한다.

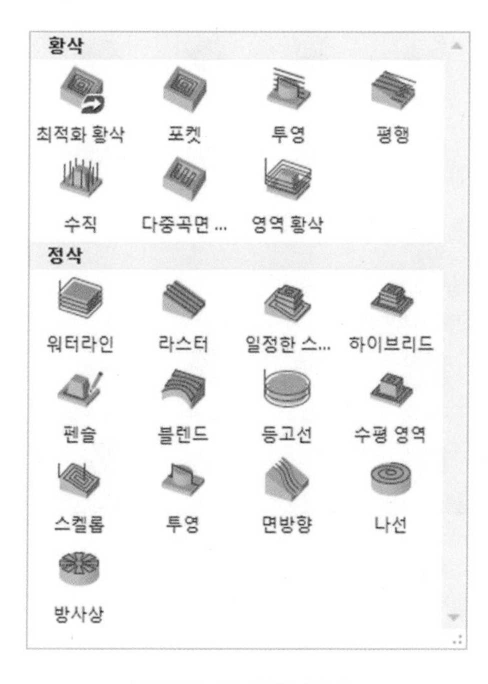

[3차원 가공경로 메뉴]

[3차원 가공경로의 사용 예]

3 다축 가공경로 소개

Mastercam 작업화면 내에 가공경로 메뉴를 선택하면 아래와 같이 여러 가지의 다축 가공경로를 사용할 수 있다. 다축 가공경로는 X, Y, Z 축 이외에 A, B, C 중 2개의 축이 추가로 사용 가능한 기계에서 사용하는 가공방법이다.

[다축 가공경로 메뉴]

다축 가공경로는 가공형상에 따라 다양한 방법으로 가공경로를 선택할 수 있게 패턴과 어플리케이션 두 종류로 나뉘어 있으며, 종류별 가공경로는 아래와 같다.

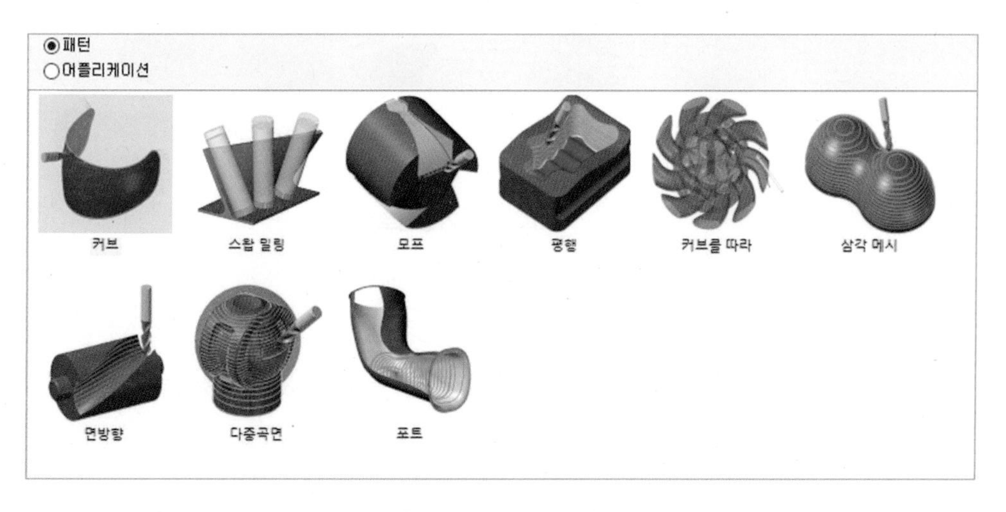

[패턴 다축 가공경로]

[어플리케이션 다축 가공경로]

다축 가공은 별도의 매뉴얼이 있으므로 여기서는 특징적인 가공경로의 내용과 예시들만 다루기로 한다.

(1) 커브 5축 가공경로

곡면도형의 끝단 커브, 곡면커브 또는 곡면도형에 투영된 커브를 기준으로 5축 가공경로를 생성한다. 벡터(Vector)를 생성하여 공구 축 컨트롤 기능을 활용하면 공구의 충돌 방지 및 제품형상과의 간섭을 피할 수 있다.

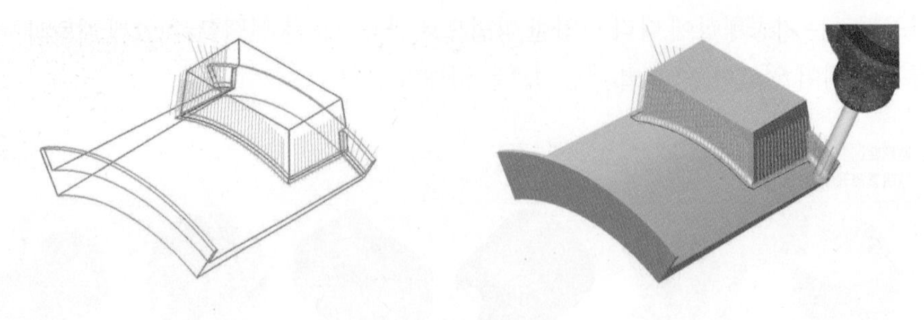

[커브 5축 가공경로]

(2) 스왑밀링 5축 가공경로

상단과 하단 윤곽 도형을 직선 형태로 연결하는 곡면, 즉 룰드 형태로 생성된 곡면을 가공하는 방법이다.

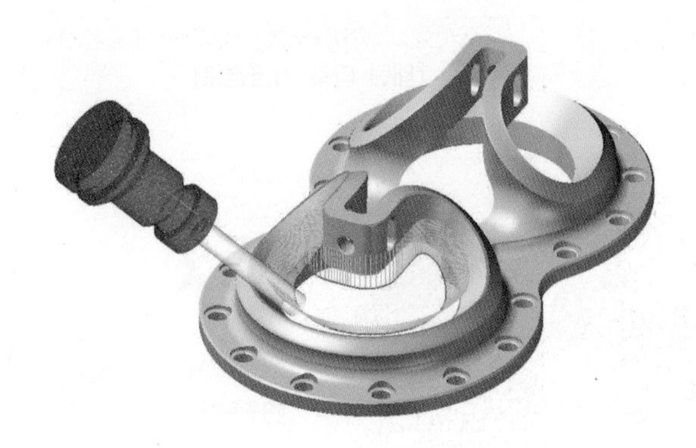

[스왑밀링 5축 가공경로]

(3) 다중곡면 5축 가공경로

다수의 곡면을 한 번에 가공할 수 있으며 다양한 형태의 제품을 가공할 때 쓰는 가공방법이다.

[다중곡면 5축 가공경로]

(4) 면방향 5축 가공경로

가공 대상 곡면의 노말방향과 공구 축을 일치하게 설정하고 일정한 공구 궤적 높이로 가공하는 방법이다.

[면방향 5축 가공경로]

(5) 로터리 4축 가공경로

로터리 축을 부가 축으로 사용하여 가공하는 방법으로 원통 형태의 제품을 가공할 때 많이 쓰는 가공방법이다.

[로터리 4축 가공경로]

4 공작물 모델 소개

모델링 파일을 기초로 공작물 모델을 생성해 가공 전과 후를 비교하거나, 생성된 공작물 모델을 3차원 가공경로의 형상으로 활용해 주물 형상 가공이나 특정 파트 가공 시 효율적으로 가공경로를 생성할 수 있게 해준다. 또한, 모의가공의 공작물로도 사용할 수 있다.

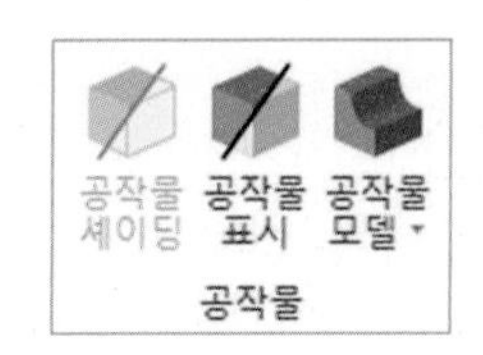

[공작물 모델 메뉴]

(1) 공작물 셰이딩

공작물 표시를 사용할 경우 활성화되며, 공작물 셰이딩 기능을 On / Off 할 수 있는 기능이다.

(2) 공작물 표시

공작물의 표시를 On / Off 할 수 있는 기능이다.

(3) 공작물 모델

공작물 모델 작업을 생성하는 기능이다. 기능을 실행하면 조건창이 나타나며, 세 페이지의 파라미터를 사용해 원하는 형태의 공작물 모델을 생성할 수 있다.

1) 공작물 정의

공작물 정의 페이지에서는 공작물의 이름과 형태 같은 기본적인 정의를 설정할 수 있다. 공작물을 정의하려면 먼저 공작물의 이름을 정하고, 색상을 설정한다. 그 후 솔리드, 곡면, 메시도형, STL 파일 등을 이용해 초기 공작물 형태를 설정하고 공작물 원점과 크기를 조절해 새로운 공작물을 생성한다.

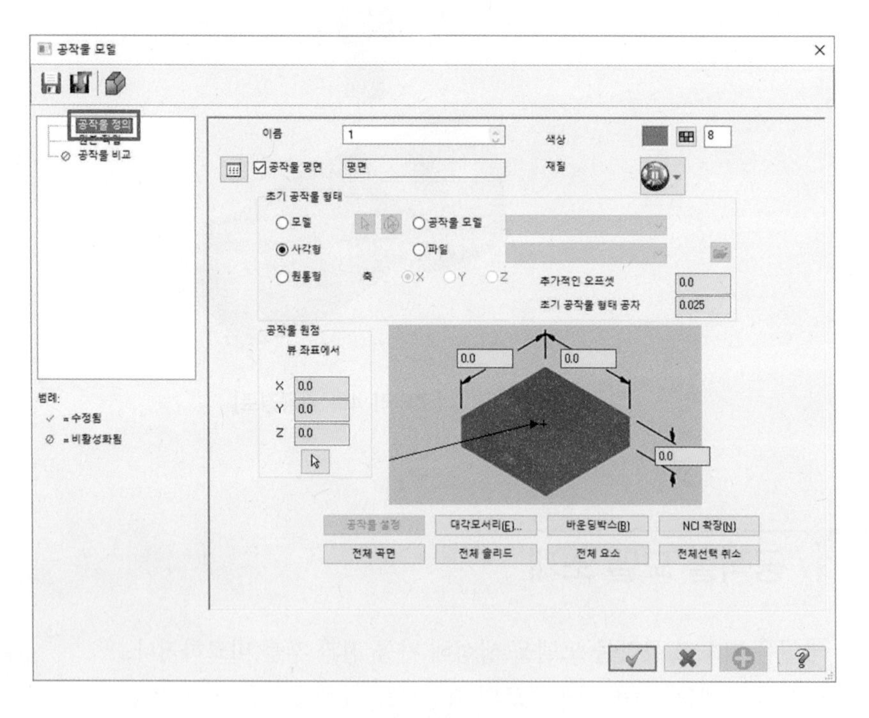

[공작물 정의 조건창]

2) 원본 작업

생성한 공작물에 적용시킬 가공경로를 선택한다. 페이지 우측의 현재 파일에 생성된 가공경로 목록이 표시되며, 원하는 작업을 선택해 공작물에 적용시킬 수 있다.

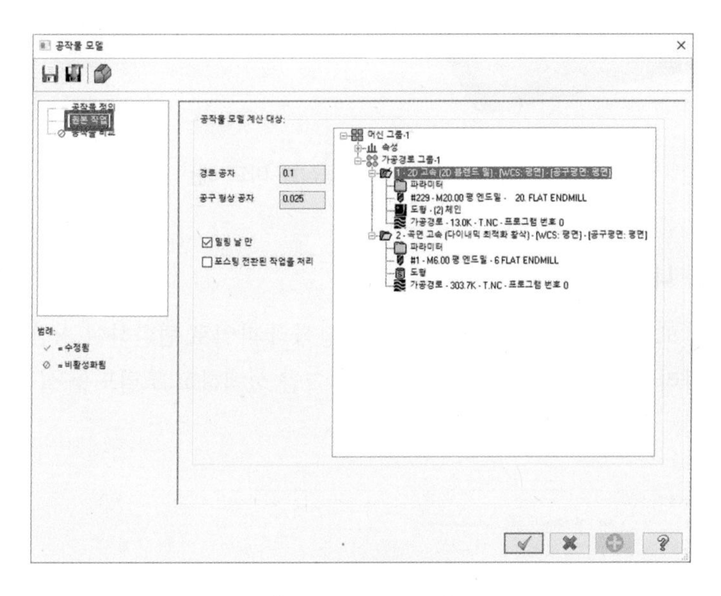

[원본 작업 조건창]

3) 공작물 비교

색상과 조건을 설정해 파트 모델 기준 공작물의 미절삭 또는 과절삭 부위를 확인할 수 있다.

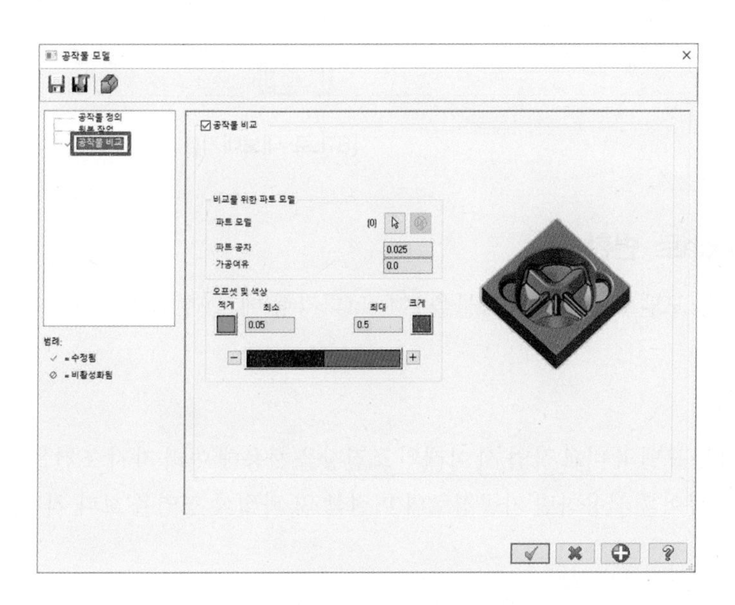

[공작물 비교 조건창]

[공작물 비교 예]

(4) STL로 내보내기

공작물 모델로 생성된 모델 파일을 STL 형식의 파일로 변환하여 저장할 수 있는 기능이다. 아래의 파라미터 창에서 바이너리 또는 ASCII를 선택하고 조밀도를 설정해 파일 형식을 조절할 수 있다.

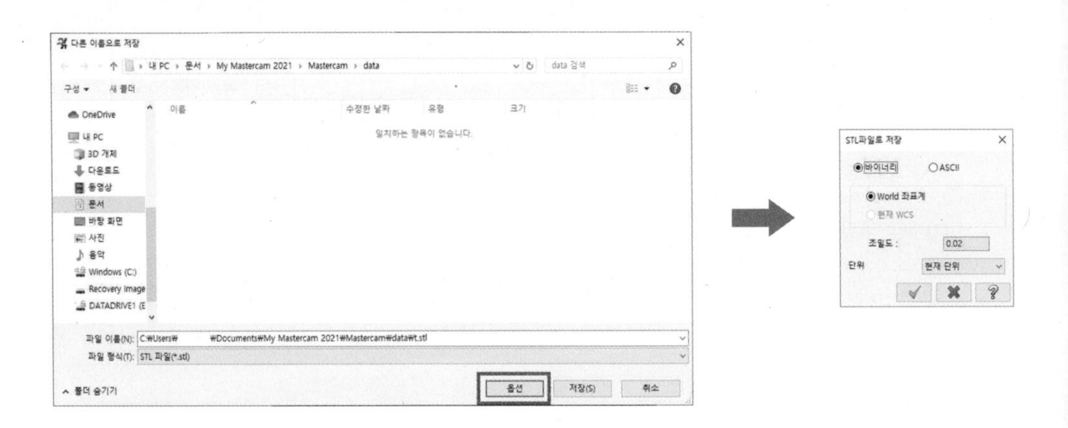

[STL로 내보내기]

(5) PMesh로 변환

공작물 모델로 생성된 공작물을 PMesh(다각형 메시) 형식의 모델로 변환하는 기능이다.

(6) 뷰어

공작물 모델의 비교 작업 시 아래의 조건창을 사용해 여러 가지 조건을 설정할 수 있다. 공작물 모델 뷰어를 사용하면 가공경로의 미절삭 및 과절삭 영역을 보다 자세히 확인할 수 있다.

[공작물 모델 뷰어]

5 유틸리티

(1) 공구 관리자

가공에 사용될 공구들의 여러 가지 조건을 설정하여 미리 지정하거나 이미 가공에 사용된 공구들을 표시 및 수정하는 기능이다. 공구 관리자에 표시된 공구들은 해당 파일에서 가공경로를 생성할 때마다 가공경로 파라미터 대화상자의 공구 페이지에 자동으로 표시된다. 우측 상단의 드롭다운 메뉴를 사용해 공구 관리자에서 현재 파일의 머신그룹에 생성된 공구 목록과 선택된 공구 목록 파일에 저장된 공구 목록의 표시 여부를 설정할 수 있다.

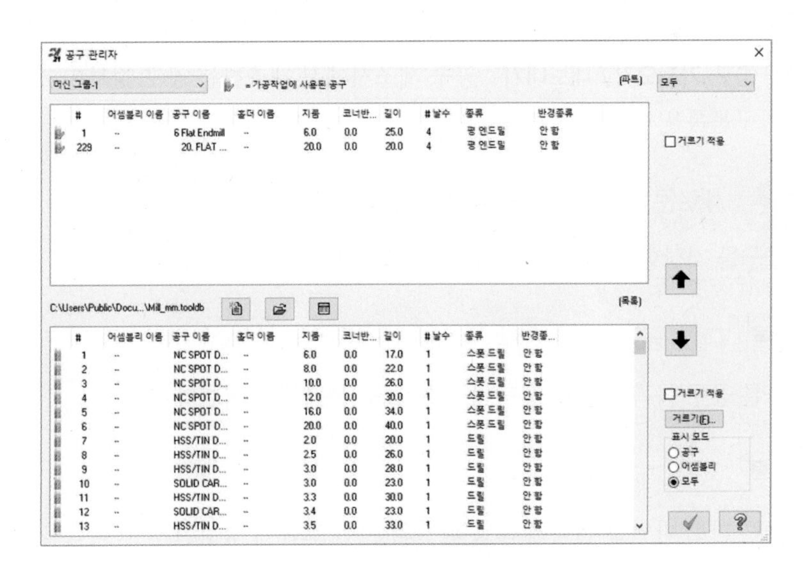

[공구 관리자 조건창]

1) 파트 공구 목록

현재 파일의 머신 그룹에 생성된 공구를 표시한다. 좌측 상단의 드롭다운 메뉴를 사용해 다른 머신 그룹의 공구를 표시할 수도 있다.

2) 파일 공구 목록

현재 선택된 공구 목록 파일에 저장된 공구를 보여준다.

3) 목록 마우스 우클릭 메뉴

❶ **공구 생성** : 새로운 공구를 만들어 추가한다.
❷ **공구 수정** : 선택된 공구의 조건을 수정한다.
❸ **홀더 수정** : 공구 홀더의 조건을 수정한다.
❹ **홀더 위치 수정** : 공구 홀더의 높이를 수정한다.
❺ **어셈블리 이름 수정** : 공구와 홀더의 어셈블리 이름을 변경한다.
❻ **공구 삭제** : 선택된 공구들을 삭제한다.
❼ **미사용 공구 삭제** : 작업에 사용되지 않은 공구들을 삭제한다.
❽ **보기** : 공구 표시 방법을 설정한다.
❾ **공구 정렬** : 공구 정렬 조건을 설정한다.
❿ **공구 복사** : 공구를 복사한다.
⓫ **공구 붙여넣기** : 복사한 공구를 붙여 넣는다.
⓬ **목록에 공구 저장** : 선택된 공구를 공구 목록에 저장한다.
⓭ **공구 가져오기 / 내보내기** : 공구 제조사에서 제공하는 공구 정보를 가져오거나, 현재 공구목록을 리포트로 출력한다.

❶ 공구 생성(A)...
❷ 공구 수정(E)...
❸ 홀더 수정...
❹ 홀더 위치 수정...
❺ 어셈블리 이름 수정...
❻ 공구 삭제(D)
❼ 미사용 공구 삭제(U)
❽ 보기(V) >
❾ 공구 정렬(R) >
❿ 공구 복사(C)
⓫ 공구 붙여넣기(P)
⓬ 목록에 공구 저장(S)...
⓭ 공구 가져오기/내보내기(I)... >

[목록 마우스 우클릭 메뉴]

4) 새로운 공구 목록 만들기

공구를 저장할 수 있는 목록을 새로 생성한다.

5) 다른 공구 목록 선택

다른 공구 목록 파일을 선택해 파일 공구 목록에 표시한다.

6) 공구 가져오기 파일 선택

다른 파트 파일을 선택해 해당 파일의 머신 그룹에 생성된 공구 목록을 표시한다.

7) 거르기 적용

해당 공구 목록에 대해 거르기 설정 적용 여부를 설정한다. 거르기 조건은 거르기 버튼을 클릭해 설정할 수 있다.

8) 선택된 목록에 있는 공구를 머신 그룹으로 복사

파일 공구 목록에서 선택한 공구들을 머신 그룹으로 복사한다.

9) 선택된 머신 그룹에 있는 공구를 목록으로 복사

파트 공구 목록에서 선택한 공구들을 공구 목록으로 복사한다.

10) 거르기

거르기 버튼을 클릭하면 아래와 같이 공구 목록 거르기 조건창이 열린다. 공구 목록 거르기는 조건창에 표시된 여러 공구 중 특정 조건에 부합하는 공구들만 표시되도록 한다.

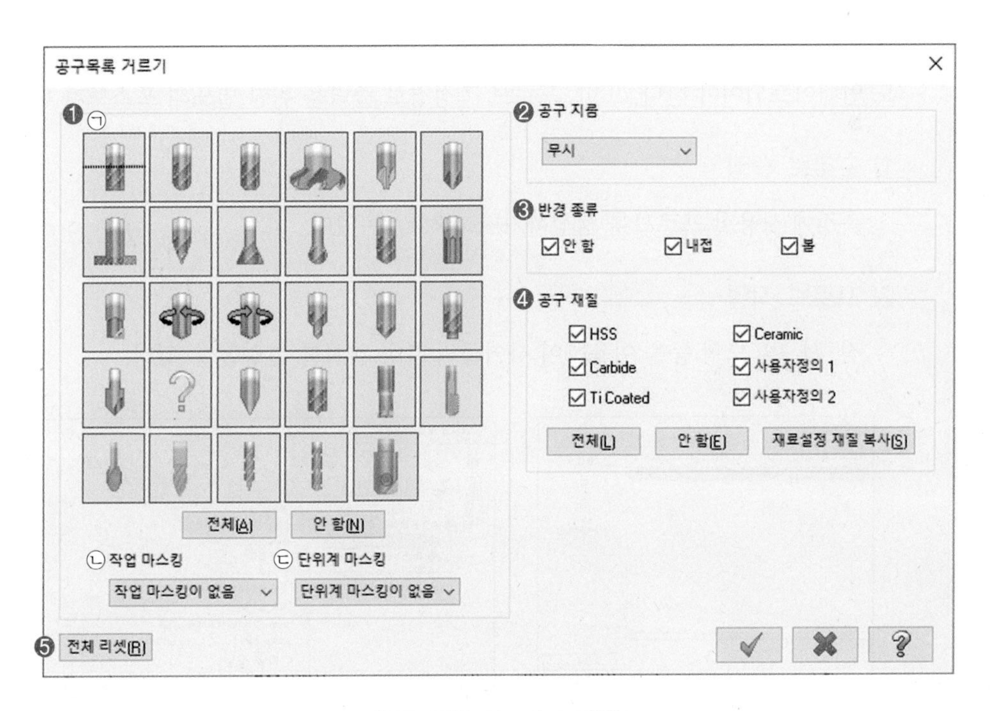

[공구 목록 거르기 조건창]

❶ **공구 형태** : 표시될 공구의 형태 및 기타 조건을 설정하는 영역이다.

㉠ **공구 그림** : 공구형태를 설정하는 영역으로 표시될 공구의 공구그림을 클릭하거나 전체 또는 안 함을 클릭해 선택 또는 취소할 수 있다.

㉡ **작업 마스킹** : 가공정의에서의 사용 여부에 따라 공구의 표시 여부를 설정한다.

㉢ **단위계 마스킹** : 단위계(미터계, 인치계)에 따라 공구의 표시 여부를 설정한다.

❷ **공구 지름** : 공구형태 기준에 특정 공구지름(또는 무시)을 추가 표시 조건으로 설정한다.
❸ **반경 종류** : 위 기준들에 공구의 반경 종류를 추가 표시 조건으로 설정한다.
❹ **공구 재질** : 위 기준들에 공구의 재질 종류를 추가 표시 조건으로 설정한다.
❺ **전체 리셋** : 전체 설정을 기본값으로 되돌린다.

11) 표시 모드

목록에서 공구와 어셈블리의 표시 여부를 선택한다.

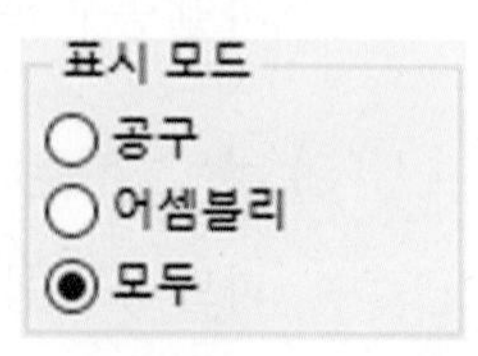

[표시 모드 메뉴]

❶ **공구** : 파일 공구 목록에 공구 정보만 표시한다.
❷ **어셈블리** : 파일 공구 목록에 어셈블리 정보만 표시한다.
❸ **모두** : 파일 공구 목록에 모든 정보를 표시한다.

(2) 프로브

Renishaw 사의 프로브를 이용하여 위치, 형상, 방향, 보정 등을 고려한 측정경로를 생성한다. 측정경로는 도형과 연관되어 있기 때문에, 도형이 이동하거나 변경되면, 그에 맞게 측정경로도 업데이트되어야 한다. 또한, 프로브 측정경로 출력을 위한 별도의 포스트가 필요하다.

1) 프로브 선택

측정에 사용할 프로브를 생성하거나 가져올 수 있다.

2) 프로브 작업

점, 선, 원, 도형 등을 이용하여 사이클의 측정 위치를 설정할 수 있다.

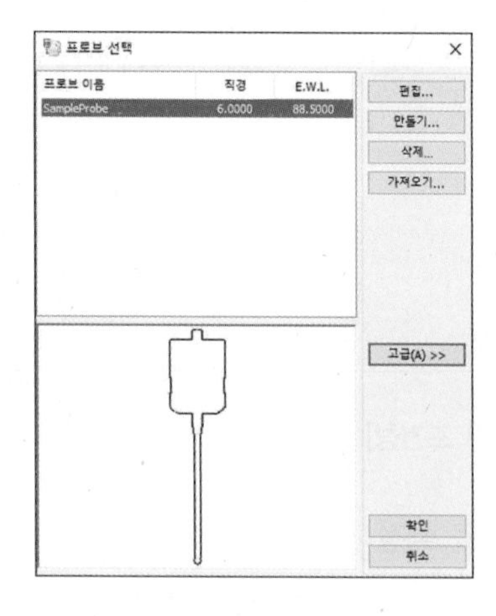

[프로브 선택]

[프로브 작업]

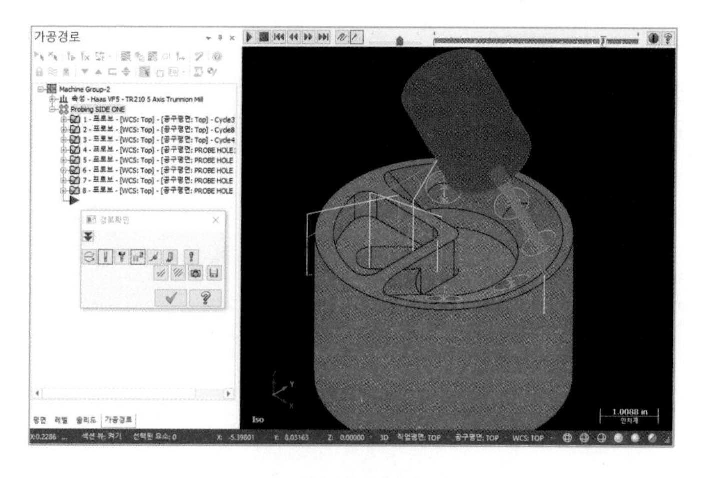

[프로브 사용 예]

(3) 다축링크

여러 가공정의 사이에서의 공구 이송 동작이 안전한 위치를 점유하면서 진행되도록 하기 위해 사용한다. 다수의 작업 중 원하는 작업들 사이에만 작업할 수 있게 특정 가공경로만 선택할 수 있으며, 모델링 형상에 따라 여러 가지 형태로 이동 경로를 생성할 수 있다.

1) 소스작업

오른쪽 창에 표시된 현재 파일의 가공경로 목록에서 원하는 가공경로들을 선택해 다축링크 동작을 생성할 수 있다.

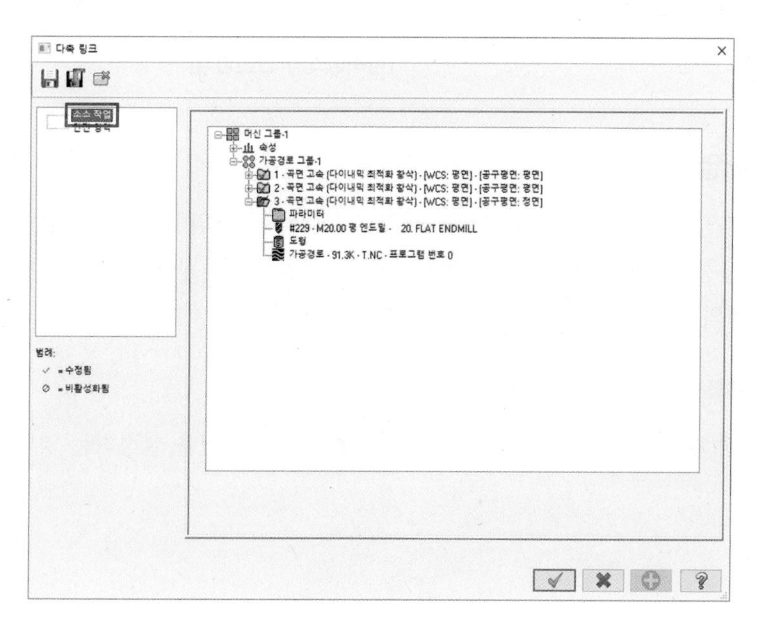

[다축링크의 소스작업]

2) 안전영역

가공경로 사이 이송 동작의 안전영역을 설정하는 기능이다. 공작물의 형상에 따라 이송 동작의 안전영역을 육면체, 구, 원통 등으로 선택할 수 있으며, 회전의 축이나 각도 스텝 등도 설정할 수 있다.

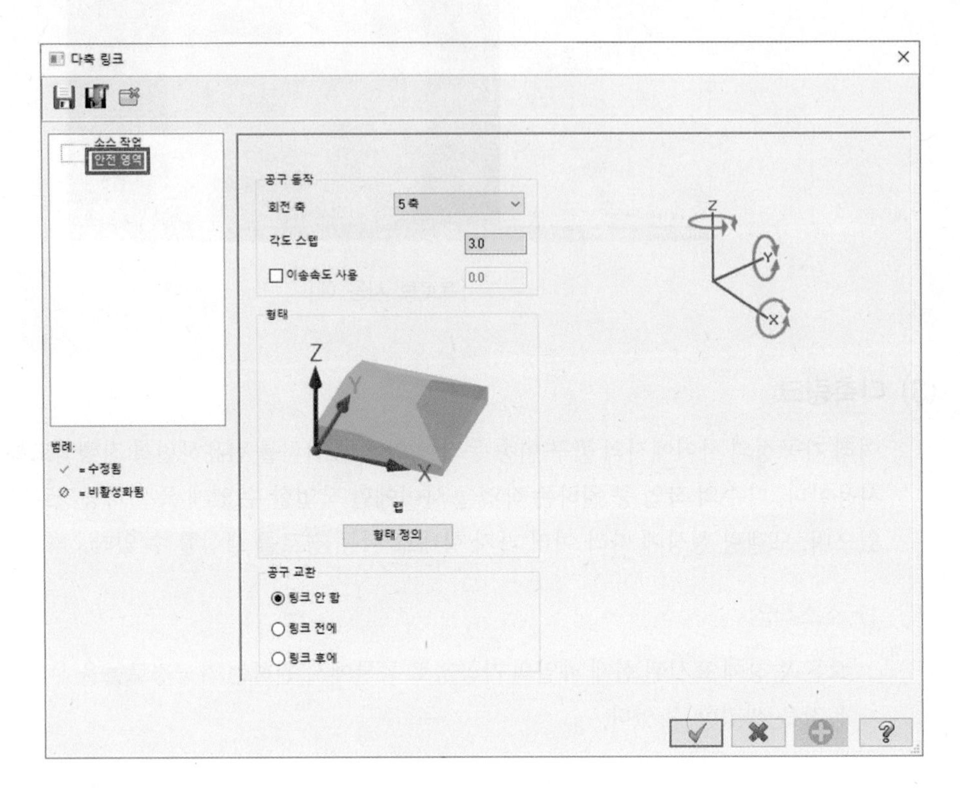

[다축링크의 안전영역]

(4) 선형배열

현재 파일의 가공정의 중 특정 가공정의를 선택해 다른 위치에 배열하는 기능으로, 기능 실행 전 가공경로 관리자에 선형배열의 대상이 될 가공정의가 생성되어 있어야 한다. 또한, 선택된 가공정의는 재생성 작업이 필요 없는 상태여야 한다.

1) 종류와 방법

대상 가공정의 선택, 선형배열 방법 및 기타 적용조건을 설정하는 영역이다.

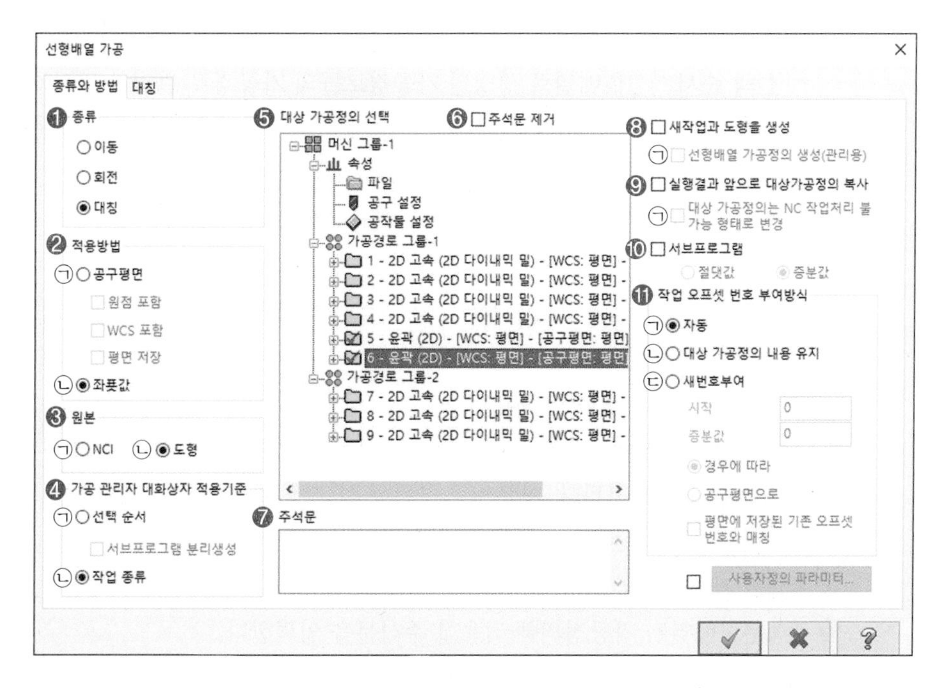

[선형배열 가공의 종류와 방법]

❶ **종류** : 선택된 대상 가공정의가 배열될 종류를 설정한다. 이동, 회전, 대칭을 사용해 배열할 수 있다. 종류를 선택하면 선형배열의 두 번째 페이지가 해당 종류에 대한 페이지로 변경된다.

❷ **적용방법**

㉠ **공구평면** : 가공정의 배열 위치에 연산을 위한 새로운 공구평면을 생성한다. 연산을 위해 생성된 평면은 실제 평면으로 저장되지는 않으며, 평면 저장 기능을 사용해 실제 평면으로 생성할 수 있다. 이 항목을 사용하려면 사용될 공작기계에서 적용 공구평면을 수동으로 변경할 수 있는 기계여야 한다.

- 원점 포함 : 공구평면과 작업 원점을 함께 배열한다.
- WCS 포함 : 배열 위치에 연산을 위한 새로운 WCS 평면을 생성한다.
- 평면 저장 : 연산을 위해 생성된 평면들을 실제 평면으로 저장한다.

㉡ **좌푯값** : 대상 가공정의의 공구평면을 기준으로 새로 생성되는 가공경로의 좌푯값을 계산한다.

❸ **원본**

㉠ **NCI** : 대상 가공정의의 NCI 정보만 복사해 배열한다.

㉡ **도형** : 대상 가공정의의 도형을 복사해 배열한다. 이 경우 복사된 도형에 대한 새로운 NCI 정보가 생성된다.

❹ 가공 관리자 대화상자 적용기준

㉠ **선택 순서** : 선형배열로 생성된 가공경로들의 가공경로 관리자 정렬 기준을 종류와 방법 페이지의 대상 가공정의 선택 순서로 설정한다. 대상 가공정의를 포켓–윤곽 순으로 선택한 경우, 포켓–윤곽–포켓–윤곽 순으로 정렬된다.

- 서브프로그램 분리 생성 : 다수의 대상 가공정의가 선택된 경우, 각 가공정의에 대한 서브프로그램을 별도로 생성한다.

㉡ **작업 종류** : 선형배열로 생성된 가공경로들의 가공경로 관리자 정렬 기준을 가공경로 종류로 설정한다. 대상 가공정의를 포켓–윤곽 순으로 선택한 경우, 포켓–포켓–윤곽–윤곽 순으로 정렬된다.

❺ 대상 가공정의 선택 : 배열의 대상 가공정의를 선택하는 영역으로 이미 생성된 가공정의들이 자동으로 표시된다. 마우스로 클릭해 선택할 수 있으며, 여러 가공정의를 선택하려면 Shift 키 또는 Ctrl 키를 활용한다.

❻ 주석문 제거 : 대상 가공정의의 주석문을 배열된 가공정의에서 삭제한다.

❼ 주석문 : 배열된 가공정의에 적용할 주석문을 입력한다.

❽ 새 작업과 도형을 생성 : 모든 배열 위치에 대상 가공정의의 명칭 및 구성내용과 동일한 형태로 가공정의를 생성한다. 배열의 개수만큼 가공경로 관리자에 가공정의가 생성되며, 해당 가공정의의 도형 또한 생성된다. 이 옵션을 선택하지 않으면 모든 배열 위치에 대한 가공정의를 모두 포함하는 하나의 가공정의만 생성된다.

㉠ **선형배열 가공정의 생성(관리용)** : 새 작업과 도형을 생성 옵션 사용 시 활성화되며, 배열된 가공경로들의 파라미터를 관리할 수 있는 선형배열 가공정의가 별도로 생성된다.

❾ 실행결과 앞으로 대상 가공정의 복사 : 가공경로 관리자에서 대상 가공정의를 선형배열 가공정의 이전 위치에 복사한다.

㉠ **대상 가공정의는 NC작업처리 불가능 형태로 변경** : 대상 가공정의에 대한 NC 데이터가 출력되지 않도록 포스팅 전환한다. 이 옵션을 선택하지 않고 실행결과 앞으로 대상 가공정의 복사를 사용하면 대상 가공정의에 대한 NC 데이터가 중복 출력된다.

❿ 서브프로그램 : 반복적으로 실행되는 NC 데이터를 하나의 서브프로그램으로 생성한다. 서브프로그램 호출 및 취소는 M98과 M99 코드를 사용하며, 프로그램에 대한 코드는 NC 데이터상에서 최하단 위치에 출력된다. 서브프로그램으로 생성된 NC 데이터는 NC 데이터 내에서 반복적으로 호출해 사용할 수 있으며, 이를 통해 전체 데이터 길이를 줄일 수 있다.

⓫ 작업오프셋 번호 부여방식

㉠ **자동** : 선형배열된 가공정의의 작업 오프셋 번호를 자동으로 부여한다. 매칭된 작업 오프셋 번호가 존재할 경우 해당 번호가 부여되며, 존재하지 않는 경우 사용할 수 있는 다음 작업 오프셋 번호가 부여된다.

㉡ **대상 가공정의 내용 유지** : 대상 가공정의에 부여된 작업 오프셋 번호를 사용한다. 이 옵션은 종류가 이동 또는 회전이고 적용방법이 공구평면인 경우에만 사용할 수 있다.

㉢ **새 번호 부여** : 선형배열된 가공정의마다 새로운 작업 오프셋 번호를 부여한다.

- 시작 : 새로운 작업 오프셋 번호 부여 시 적용될 첫 번째 오프셋 번호를 입력한다. G54를 기준으로 첫 번째 가공정의에 추가될 오프셋 값을 입력하며, 1을 입력하면 G55, 2를 입력하면 G56이 첫 번째 오프셋 번호로 부여된다.
- 증분값 : 첫 번째 오프셋 번호로부터 증분될 오프셋 번호를 입력한다. 예를 들어, 배열된 가공정의가 3개인 경우에 시작을 0, 증분값을 1로 설정하면 각 가공정의의 작업 오프셋 번호는 G54, G55, G56이 된다.
- 경우에 따라 : 공구평면 생성 여부에 관계없이 배열된 가공정의 전체에 새로운 작업 오프셋 번호를 부여한다.
- 공구평면으로 : 새로운 공구평면이 사용될 때마다 새로운 작업 오프셋 번호를 부여한다.
- 평면에 저장된 기본 오프셋 번호와 매칭 : 선형배열로 생성된 작업 오프셋 평면이 기존 평면과 일치하는 경우, 해당 평면의 오프셋 번호를 부여한다. 일치하는 평면이 존재하지 않는 경우 새로운 작업 오프셋 번호를 부여한다.

2) 이동

종류와 방법 페이지에서 이동을 선택한 경우에만 나타나는 페이지이다.

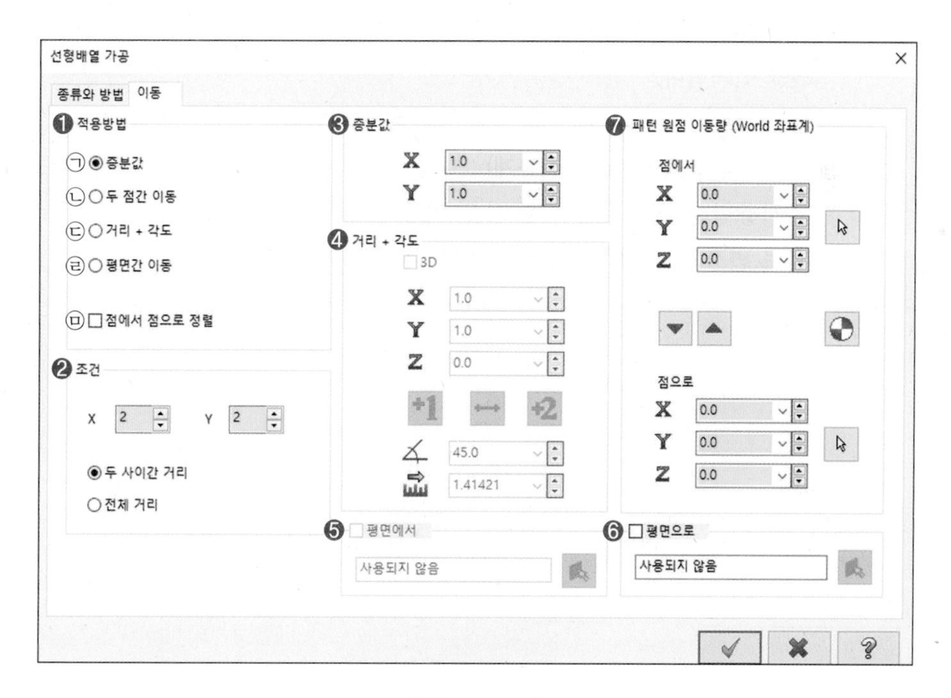

[이동 조건창]

❶ **적용방법**

㉠ **증분값** : 입력한 X축 및 Y축 방향 거리만큼 가공정의를 이동시켜 생성한다.

㉡ **두 점 간 이동** : 두 점을 선택하거나 좌푯값을 입력해 두 점 사이의 거리를 간격으로 가공정의를 배열한다.

㉢ **거리+각도** : 거리와 각도값을 입력해 가공정의를 배열한다.

㉣ **평면 간 이동** : '평면에서' 기능으로 기준 평면을 선택하고, '평면으로' 기능으로 결과 평면을 선택해 두 평면 간의 이동을 통해 가공정의를 배열한다.

㉤ **점에서 점으로 정렬** : 적용방법이 증분값인 경우에만 활성화된다. 이 옵션을 사용하면 배열된 가공정의의 X축 및 Y축 방향 거리를 비교해 가장 가까운 방향의 가공정의를 우선적으로 가공하도록 정렬한다.

❷ **조건** : 적용방법을 증분값으로 선택한 경우에만 위 이미지처럼 X와 Y 방향 개수를 입력하도록 설정되며, 그 외의 적용방법이 선택된 경우 생성될 가공정의의 개수를 입력하도록 변경된다. 대상 가공정의들의 이동기준이 될 위치 및 이동되어 새로 생성될 가공정의 이동기준 위치를 지정하는 버튼 선택 후 작업화면에서 적용될 위치를 지정하거나 버튼 항목 위의 X, Y, Z 항목 입력란에 해당 위치 좌푯값을 직접 입력한다.

❸ **증분값** : 적용방법을 증분값으로 선택한 경우에만 활성화되는 영역으로 생성될 가공정의들의 X축 및 Y축 방향 이동거리를 입력한다.

❹ **거리+각도** : 이동방법을 '거리+각도' 항목으로 선택하면 화면 오른쪽 창의 거리+각도 창이 활성화되며 이동되는 거리와 각도를 기준으로 배열할 수 있다.

❺ **평면에서** : 적용방법이 '평면 간 이동'인 경우에만 활성화된다. 가공정의 배열의 기준 평면을 선택한다.

❻ **평면으로** : 가공정의 배열의 결과 평면을 선택한다.

❼ **패턴 원점 이동량(World 좌표계)** : 대상 가공정의와 배열된 가공정의들의 원점이 다를 경우 사용한다. 적용방법이 '두 점 간 이동'인 경우, 이 옵션은 '좌표계는 World 좌표계입니다'로 변경되며, 평행이동의 점에서 / 점으로 기능과 동일한 역할을 수행한다.

3) 회전

종류와 방법 페이지에서 회전을 선택한 경우에만 나타나는 페이지이다. 옵션들의 사용방법은 회전이동과 동일하므로 추가된 옵션들에 대한 설명만 진행하기로 한다.

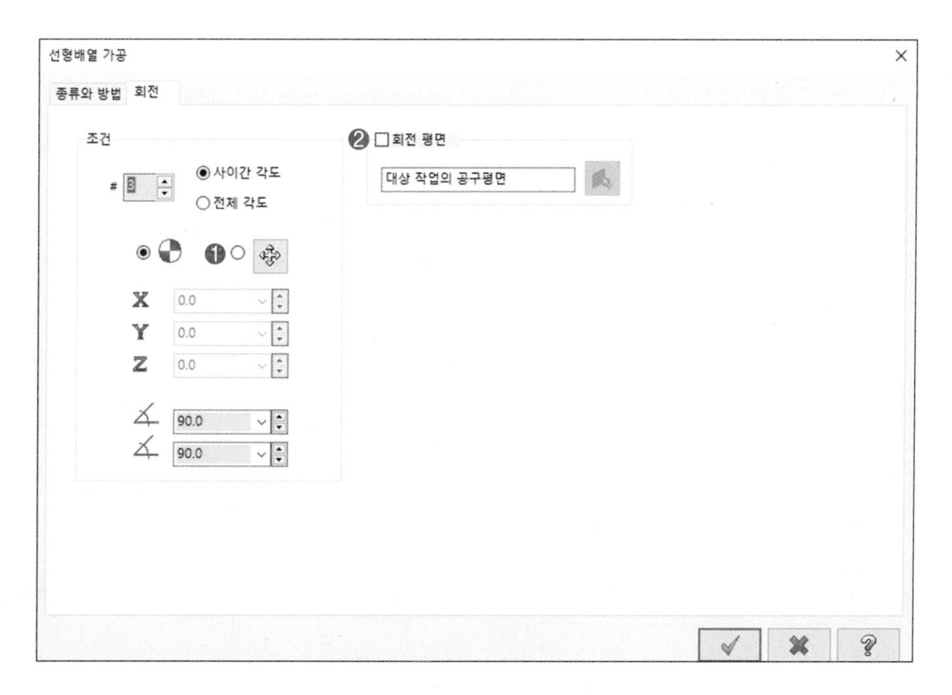

[회전 조건창]

❶ 회전 중심(점) 지정 : 회전이동의 중심 위치를 원점이 아닌 다른 좌표 위치로 선택하는 기능이다. 버튼 클릭 후 작업화면에서 새로운 회전 중심 위치를 지정하면 X, Y, Z 필드에 해당 위치의 좌푯값이 자동으로 입력된다.

❷ **회전 평면** : 체크상자를 클릭해 활성화할 수 있으며, 회전이동 시 적용될 기준평면을 설정한다. 비활성화 시 현재 설정된 공구평면 기준으로 회전이동이 적용된다.

4) 대칭

종류와 방법 페이지에서 대칭을 선택한 경우에만 나타나는 페이지이다.

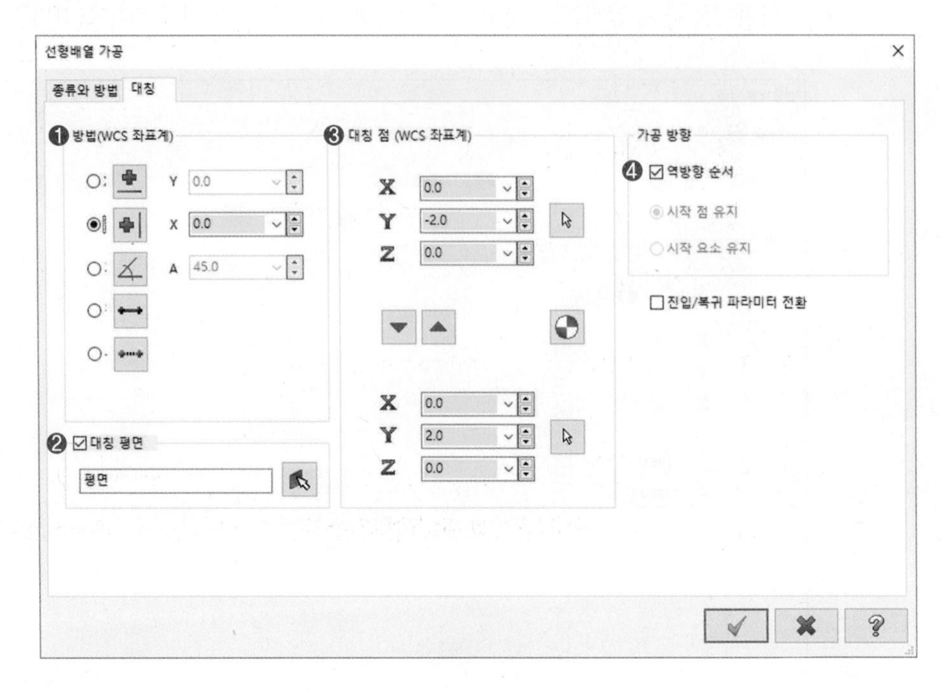

[대칭 조건창]

❶ **방법(WCS 좌표계)** : 대칭의 기준 축을 설정한다. X축, Y축, 각도, 직선 또는 두 점에 해당하는 버튼을 클릭해 작업화면에서 해당 기준에 맞는 도형을 선택할 수 있으며, X축, Y축, 각도의 경우 버튼 우측에 값을 입력해 기준을 설정할 수도 있다.

❷ **대칭 평면** : 가공정의 대칭이 실행될 평면을 선택한다.

❸ **대칭 점(WCS 좌표계)** : WCS 좌표계를 기준으로 대칭되는 가공정의의 좌푯값을 입력한다. 방법 영역에서 기준 축 선택방법을 변경하면 해당 기준에 맞춰 좌푯값이 변경된다.

❹ **역방향 순서** : 이 옵션을 사용하면 대칭된 가공정의의 체인 관련 데이터가 역방향으로 설정되어 대상 가공정의의 진행방향과 반대방향으로 설정된다.

(5) 5축으로 변환

3축 가공정의를 사용자의 필요에 따라 5축 동작으로 실행하기 위해 공구 축 방향을 면의 노말 방향으로 정의하여 3축 데이터를 5축 데이터로 변환하는 기능이다.

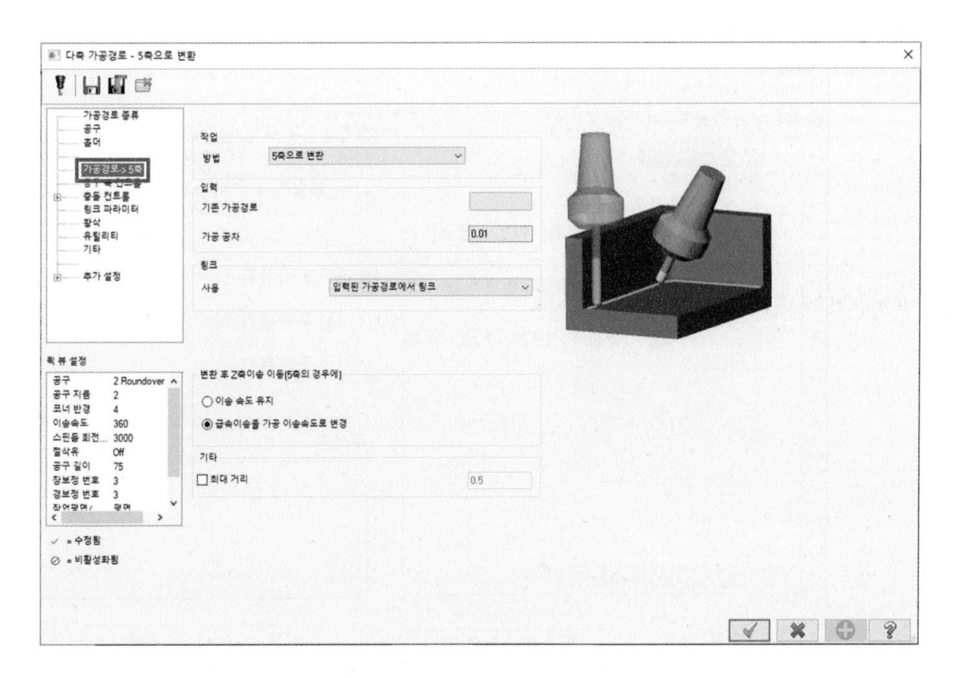

[5축으로 변환 조건창]

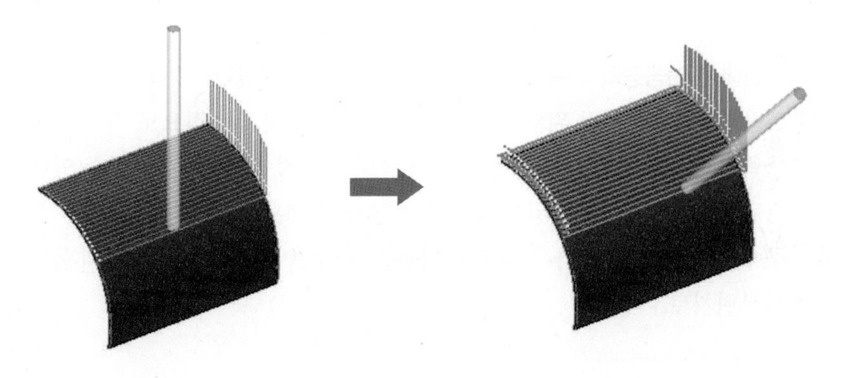

[5축으로 변환 사용 예]

(6) 트림

가공작업된 가공경로를 사용자의 필요에 따라 트림할 수 있는 기능이다. 불필요한 가공경로를 디자인 기능의 트림과 같은 방법으로 제거할 수 있다.

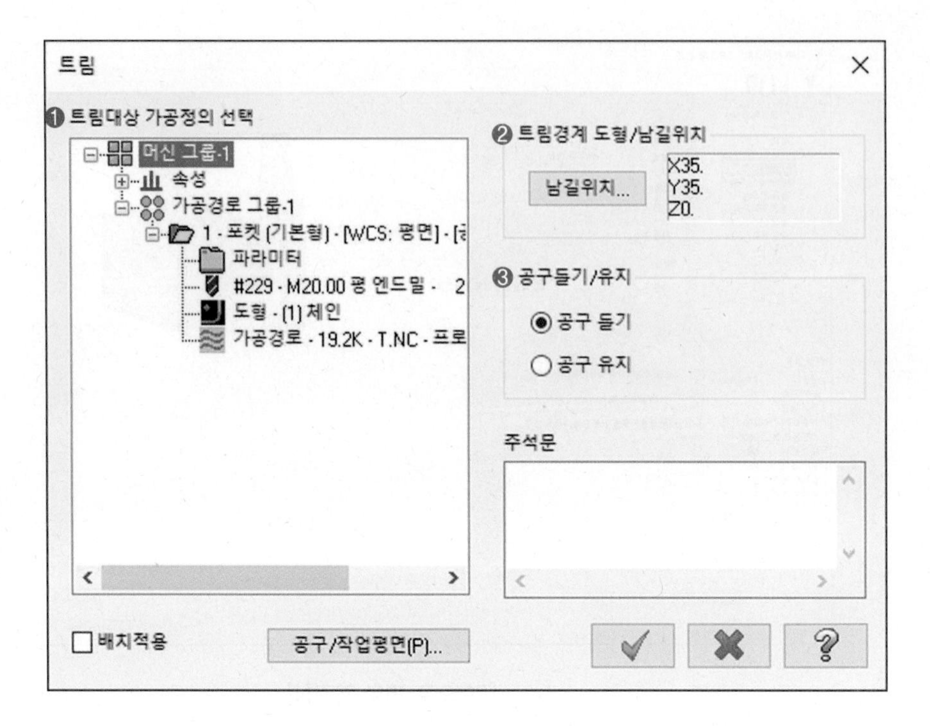

[트림 조건창]

❶ **트림대상 가공정의 선택** : 트림할 가공정의를 선택한다.

❷ **트림경계 도형 / 남길 위치** : 트림할 대상의 남길 위치를 점으로 지정한다. 남길 위치 버튼을 클릭하면 경계도형을 기준으로 가공경로를 남길 위치를 선택할 수 있다.

❸ **공구 들기 / 유지** : 트림된 가공경로 진행 중 경계도형 위치에서의 공구 동작을 제어한다. 공구 들기를 선택하면 다음 경로로 이동 시 공구를 급속이송 높이까지 들어올린 후 다음 경로 시작위치로 이동한다.

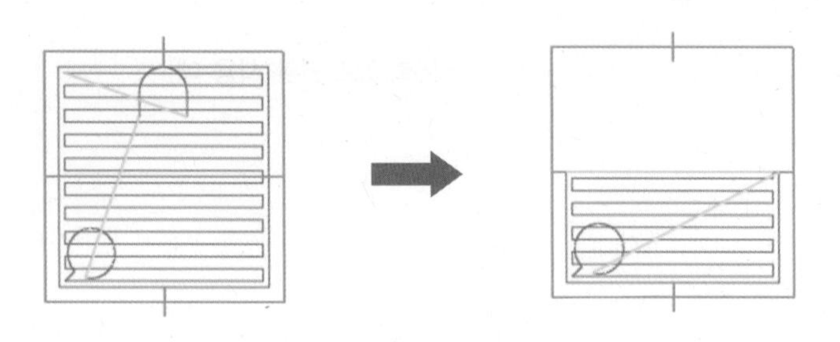

[트림 사용 예]

(7) 네스팅

가공정의된 여러 작업들을 특정 크기의 시트에 효율적으로 배치하는 기능이다. 아래의 조건창에서 시트의 크기 및 가공작업을 선택할 수 있으며, 사용자의 필요에 따라 다수의 작업을 생성할 수도 있다.

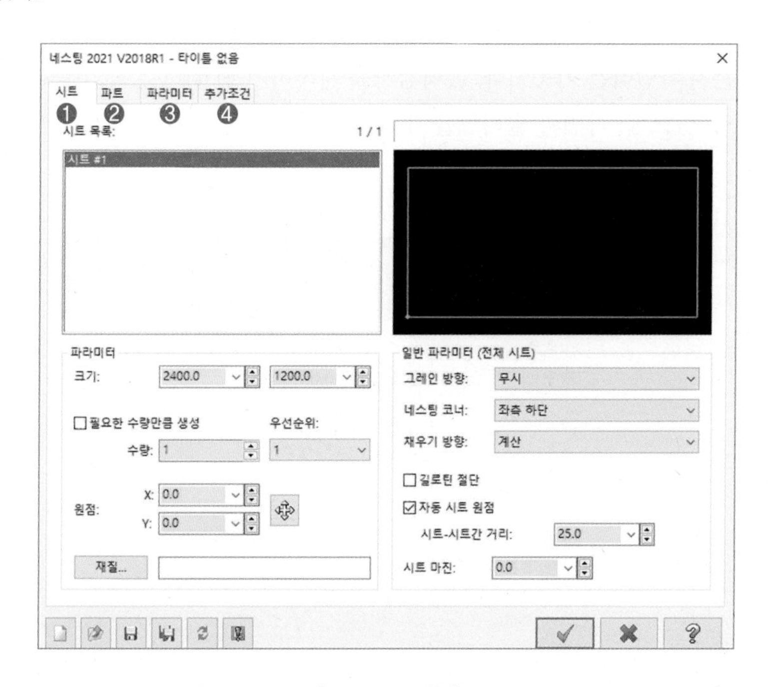

[네스팅 조건창]

❶ **시트** : 시트의 크기를 설정하거나, 가공정의들이 배치될 방향의 우선순위를 설정한다. 또한, 다수의 작업 생성 여부를 선택할 수도 있다.

❷ **파트** : 가공정의 대상을 설정하거나, 그레인방향 등을 선택할 수 있다.

❸ **파라미터** : 가공정의의 정렬방법이나 정지조건, 작업 오프셋 등을 설정한다.

❹ **추가 조건** : 정렬방법과 같이 효율적인 배치를 위한 추가 조건들을 사용자의 필요에 따라 설정할 수 있다.

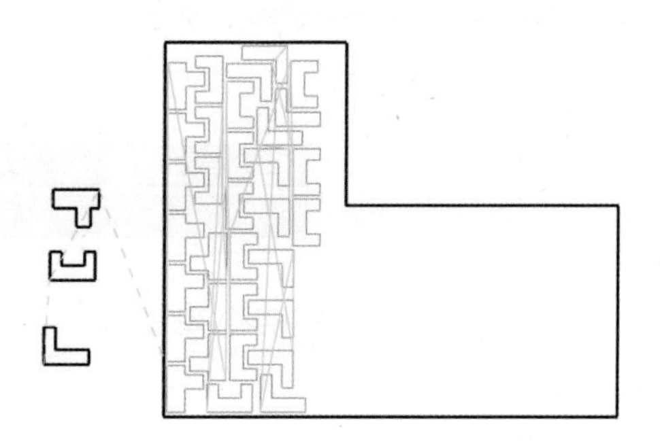

[네스팅 사용 예]

6 측정

(1) 홀더검사

연산이 완료된 가공경로를 토대로, 가공경로에 지정된 공구와 홀더가 드라이브 대상 도형에 충돌하는지 확인하는 기능이다. 홀더검사를 시작하기 전 원하는 작업을 먼저 선택해야 검사를 진행할 수 있으며, 곡면과 솔리드를 대상으로 연산하는 3D 가공경로에서만 실행된다.

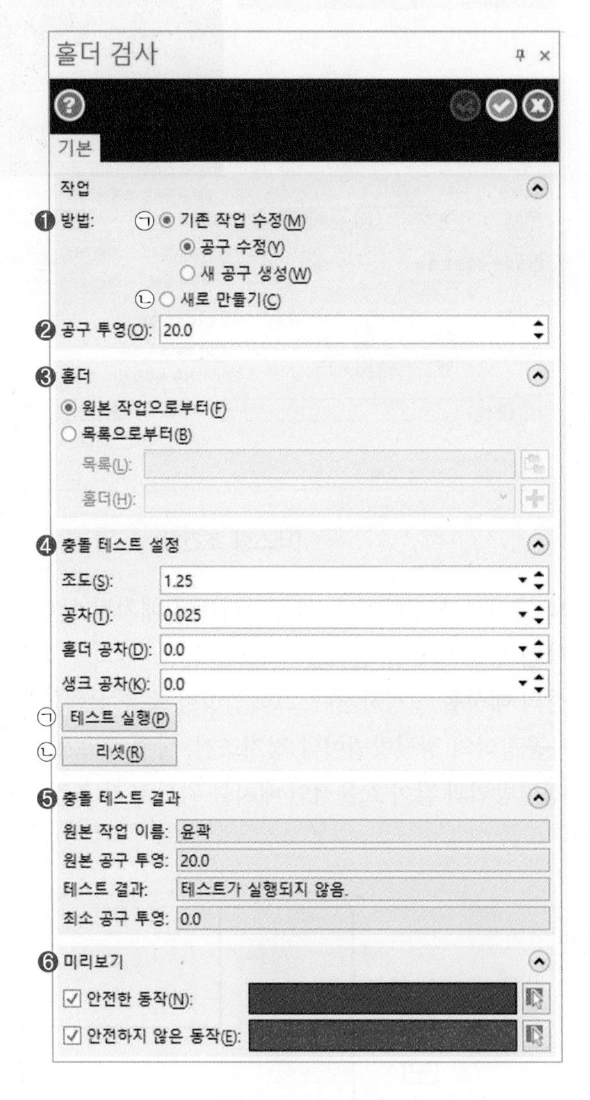

[홀더검사 조건창]

❶ **방법** : 홀더검사를 통해 간섭이 발생된 공구를 수정하는 방법을 선택한다.

㉠ **기존 작업 수정** : 현재 선택된 작업에서 공구를 수정하거나 새로운 공구를 생성하여 작업을 수정한다.

- 공구 수정 : 선택된 기존 작업의 공구를 수정한다.
- 새 공구 생성 : 선택된 기존 작업의 공구를 새로운 공구로 생성한다.

㉡ **새로 만들기** : 새로운 공구를 생성하고, 해당 공구를 사용하는 홀더검사 작업을 생성한다.

❷ **공구 투영** : 선택된 작업의 공구 길이이다.

❸ **홀더** : 검사에 사용할 기준 홀더의 불러오는 위치를 작업 또는 파일로 설정한다.

❹ **충돌 테스트 설정** : 충돌 체크를 위한 조도와 공차를 설정한다.

㉠ **테스트 실행** : 홀더검사를 실행한다.

㉡ **리셋** : 충돌 테스트 설정 및 결과를 기본값으로 되돌린다.

❺ **충돌 테스트 결과** : 테스트를 실행한 후 충돌 여부와 최소 공구 길이를 표시한다.

❻ **미리보기** : 공구 충돌이 일어나는 구간과 일어나지 않는 구간을 구분하기 위해 색상을 설정한다.

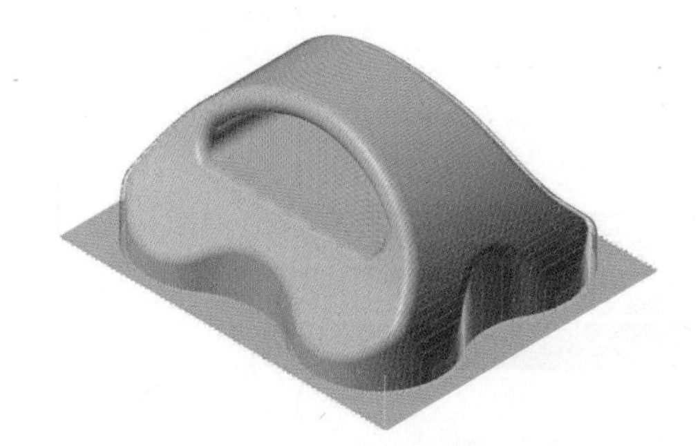

[홀더검사 진행 전 예]

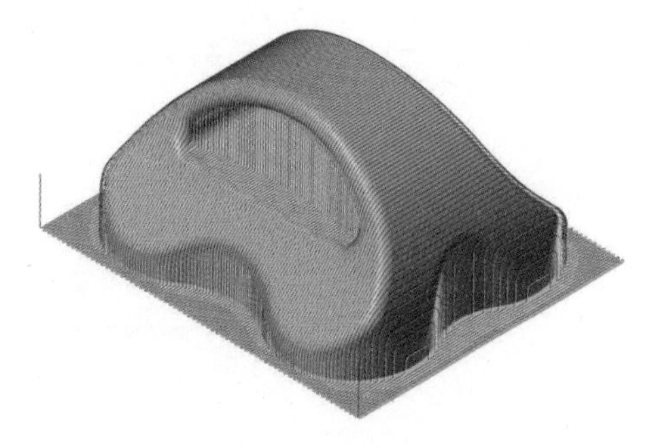

[홀더검사 진행 후 예]

(2) 가공영역 검사

작업화면에서 선택한 모델 도형에 대해 공구를 지정하고 해당 공구가 가공할 수 있는 영역과 가공하지 못하는 영역을 설정된 색상으로 표현한다.

[가공영역 검사 조건창]

❶ **작업**

㉠ **대상** : 검사 대상 모델 도형을 표시한다. 우측의 마우스 커서 버튼을 클릭해 검사하려는 모델 도형을 선택할 수 있다.

㉡ **공차** : 선택한 모델 도형의 공차값을 설정한다.

㉢ **다각형 메시 생성** : 현재 레벨에 선택한 모델의 메시 도형을 생성하는 기능이다. 고급 탭에서 레벨 옵션을 활성화하고 레벨 번호를 정의하면 해당 레벨에 도형이 생성된다.

❷ **공구** : 우측 하단의 목록에서 공구 선택 버튼을 클릭해 공구를 불러오거나 수동 조건을 통해 직접 공구를 정의할 수 있는 기능이다.

㉠ **절삭 지름** : 공구의 지름값을 입력한다.

㉡ **코너 반경** : 공구 날끝의 코너 반경값을 입력한다.

㉢ **전체 길이** : 공구의 총장값을 입력한다.

㉣ **절삭 길이** : 공구의 날장값을 입력한다.

❸ **홀더**

㉠ **공구 어셈블리의 홀더 사용** : 공구 어셈블리의 단순화한 홀더를 사용하는 기능이다. 이 옵션을 선택하면 수동 입력 필드는 비활성화된다.

㉡ **지름** : 홀더의 지름값을 입력한다.

㉢ **공구 투영** : 홀더 하단부터의 공구 길이를 입력한다.

❹ **미리보기** : 정의한 공구 및 홀더에 대한 작업을 통해 결과를 미리보기하는 기능이다.

㉠ **가공 가능** : 체크상자를 선택해 공구가 가공할 수 있는 영역을 표시하도록 설정한다. 해당 영역은 우측에 표시된 색상으로 표시되며, 색상 선택 버튼을 사용해 색상을 변경할 수 있다.

㉡ **가공 불가(공구)** : 체크상자를 선택해 공구가 지나갈 수 없는 영역을 표시하도록 설정한다.

㉢ **가공 불가(홀더)** : 체크상자를 선택해 홀더가 지나갈 수 없는 영역을 표시할 색상을 설정한다.

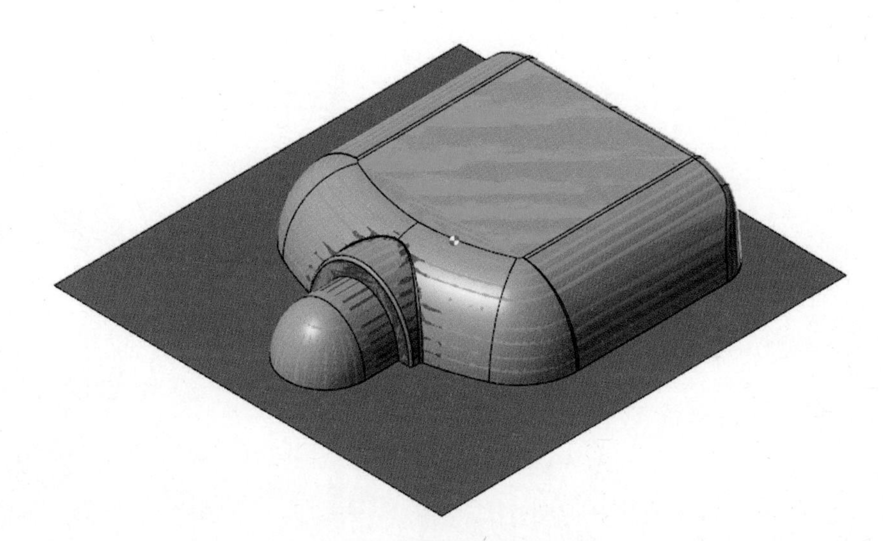

[가공영역 검사 사용 결과 예]

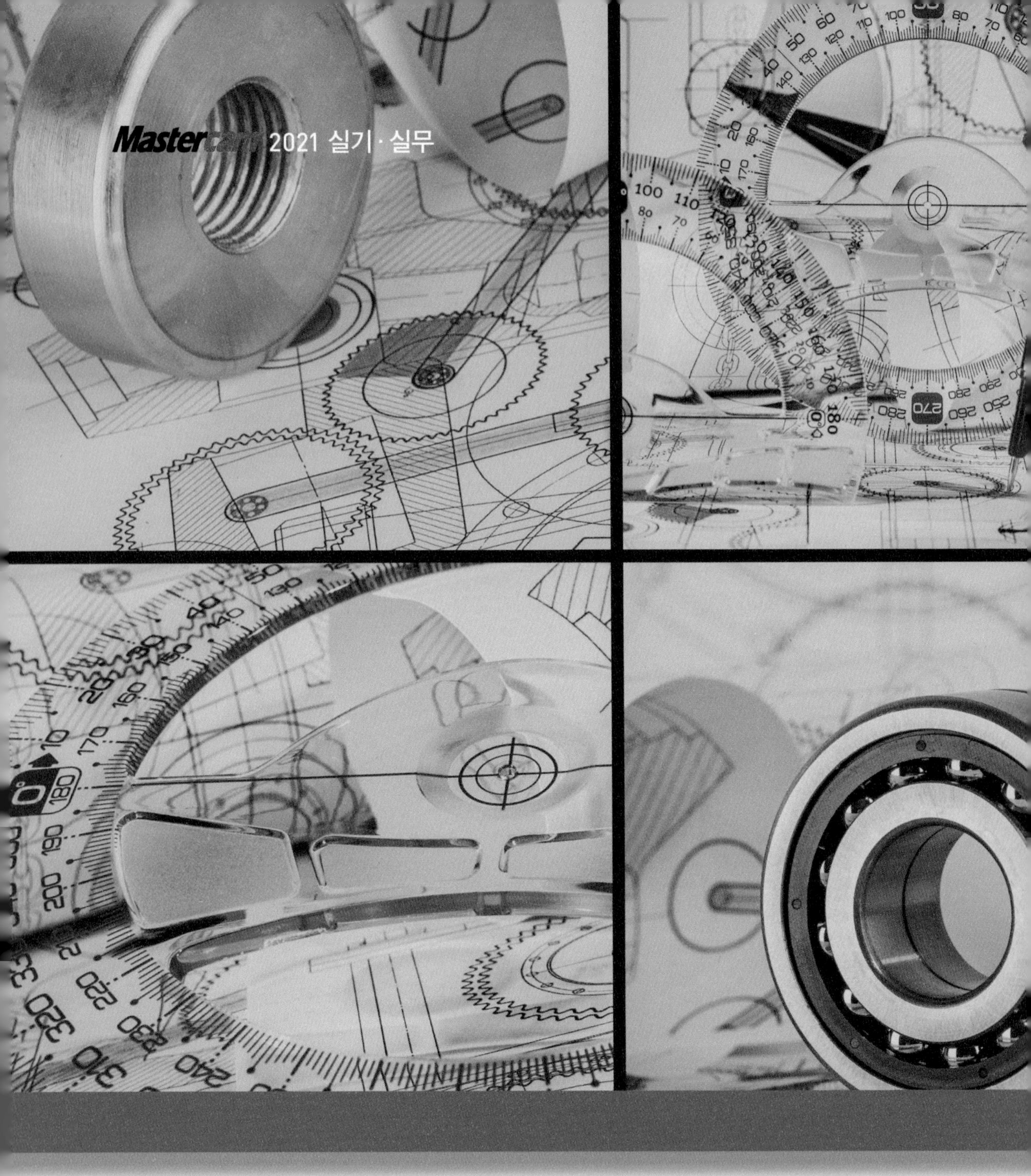
Mastercam 2021 실기·실무

CHAPTER 13

2차원 가공정의

CHAPTER

13 2차원 가공정의

1 2차원 가공정의

공구가 특정 평면을 기준으로 두 축(X축, Y축) 방향으로만 움직이며 가공하는 작업을 2차원 가공이라고 하고, 2차원 가공을 위한 NC 데이터를 만드는 작업과정을 2차원 프로그래밍이라 한다. 밀링 머신에서 실행할 수 있는 가공경로 종류로는 윤곽, 다이내믹 밀, 드릴 등이 있다.

2 가공경로 관리자

선택된 머신에서 생성된 가공정의 목록을 보여주며, 각 가공정의의 파라미터를 수정하고 수정된 파라미터를 기준으로 가공정의를 재생성할 수 있다. 또한, 원하는 가공정의를 선택해 NC 데이터를 출력하거나 경로 확인, 모의가공 등 확인작업을 진행할 수도 있다.

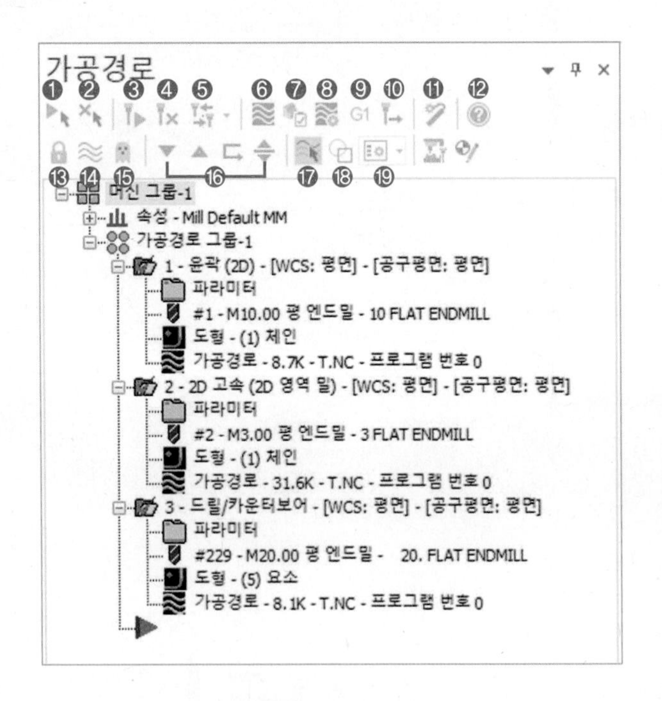

[가공경로 관리자]

(1) 가공경로 관리자 내 버튼

❶ **전체 작업 선택** : 표시된 모든 가공정의들을 작업 대상으로 선택한다.

❷ **문제 있는 전체 작업 선택** : 표시된 모든 문제 있는(표시) 가공정의를 작업 대상으로 선택한다.

❸ **선택된 모든 작업 재생성** : 가공정의 파라미터 또는 도형이 수정된 경우, 해당 내용이 반영되도록 가공경로를 재생성한다.

❹ **문제 있는 모든 작업 재생성** : 모든 문제 있는(표시) 가공정의를 재생성한다.

❺ **기준** : 조건에 따라 작업을 자동으로 선택 / 재생성한다.

㉠ **선택** : 모 작업 선택 시 할당된 모든 작업을 일괄적으로 선택한다.

㉡ **재생성** : 모 작업 재생성 시 할당된 모든 작업을 일괄적으로 재생성한다.

❻ **선택된 작업 경로 확인** : 선택된 가공정의의 공구 이동 경로를 확인한다.

❼ **선택된 작업 모의가공** : 선택된 가공정의의 공작물 모의가공을 확인한다.

❽ **시뮬레이터 옵션** : 모의가공에서 사용될 공작물을 설정한다.

❾ G1 **선택된 작업 포스트** : 선택된 가공정의의 NC 데이터를 출력한다.

❿ **고속가공** : 가공정의의 가공시간을 최대한 단축하고 효율성을 높이도록 이송속도를 최적화한다.

⓫ **전체 작업, 그룹, 공구 삭제** : 가공경로 관리자의 모든 가공정의를 삭제한다.

⓬ **도움말** : 가공경로 관리자에 대한 도움말을 확인한다.

⓭ **선택된 작업의 잠금 전환** : 선택된 가공정의의 내용을 수정할 수 없도록 잠그거나 해제한다.

⓮ **선택된 작업의 가공경로 표시 전환** : 선택된 가공정의의 경로를 화면에서 감추거나 표시한다.

⓯ **선택된 작업의 포스팅 작업 전환** : 선택된 가공정의의 NC 데이터가 출력되지 않도록 잠그거나 해제한다.

⓰ **입력 화살표 컨트롤** : 가공경로 관리자의 빨간 삼각형 위치를 수정한다. 새로운 가공경로를 생성하면 삼각형 위치에 생성된다.

⓱ **선택된 경로만 화면 표시** : 선택한 가공정의의 경로만 화면에 표시한다.

⓲ **연결된 도형만 화면 표시** : 선택한 가공정의의 도형만 화면에 표시한다.

⓳ **고급 표시** : 진입동작, 절삭동작, 급속이송과 같은 경로 종류를 색상으로 구분해 표시한다.

3 속성

(1) 파일

가공경로 작업에서 사용될 머신 정의, 공구 목록, 작업 목록 등의 파일을 선택한다.

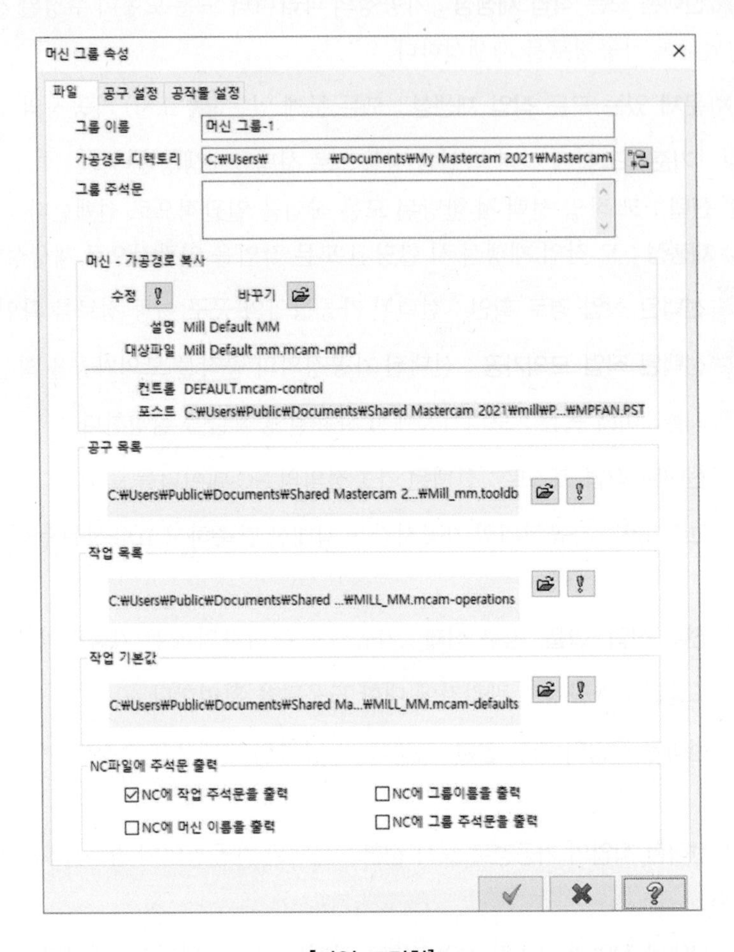

[파일 조건창]

(2) 공구 설정

선택된 머신 그룹에서 사용될 공구 조건을 설정한다.

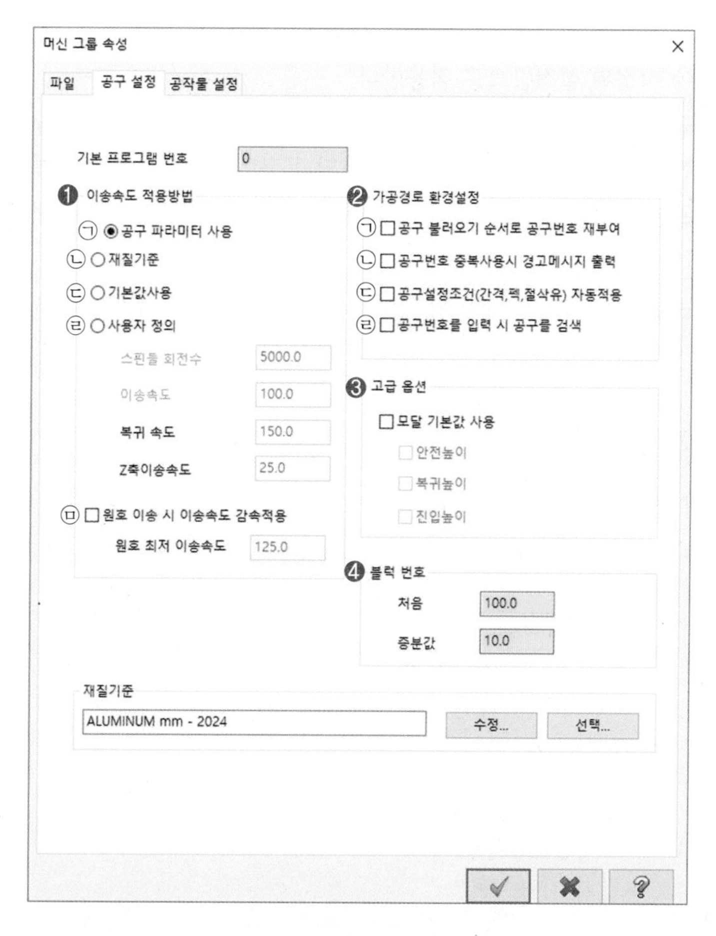

[공구 설정 조건창]

❶ **이송속도 적용방법** : 가공경로 파라미터 공구 페이지의 공구별 이송속도의 적용기준을 설정한다.

㉠ **공구 파라미터 사용** : 공구 생성 시 설정한 이송속도를 적용한다.

㉡ **재질기준** : 하단의 재질기준에 설정된 이송속도를 적용한다.

㉢ **기본값 사용** : 가공경로의 기본 설정 이송속도를 적용한다.

㉣ **사용자 정의** : 사용하려는 이송 속도값을 직접 입력한다.

㉤ **원호 이송 시 이송속도 감속 적용** : 원호 최저 이송속도를 설정해 가공동작 중 원호 구간에서 해당 이송속도를 적용한다.

❷ **가공경로 환경설정**

㉠ **공구 불러오기 순서로 공구번호 재부여** : 새 공구를 생성하거나 목록에서 공구를 불러올 경우 현재 적용 중인 공구 목록 파일의 공구 번호를 무시하고 순차적으로 다시 부여한다.

㉡ **공구번호 중복 사용 시 경고 메시지 출력** : 중복된 공구번호를 가지는 공구가 있는 경우 경고 메시지를 표시한다.

㉢ **공구 설정 조건(간격, 펙, 절삭유) 자동 적용** : 가공경로의 간격, 펙, 절삭유 파라미터를 공구에 지정된 설정값으로 적용한다.

㉣ **공구번호를 입력 시 공구를 검색** : 가공경로 공구 페이지에서 공구번호를 입력하면 현재 적용 중인 공구 목록을 검색해 입력된 공구번호가 부여된 공구를 불러온다.

❸ **고급 옵션** : 모달 기본값 사용을 활성화하고 원하는 높이 조건을 선택해 이전 작업에서의 높이값을 사용하도록 설정한다.

❹ **블럭 번호** : NC 데이터 출력 시 데이터 앞에 표시되는 블록 번호의 시작값과 증분값을 입력한다. 이 옵션의 기본값은 컨트롤 정의에서 설정할 수 있다.

(3) 공작물 설정

가공에서 사용될 공작물에 대한 조건을 설정한다. 공작물은 모의가공이나 시뮬레이션 등에서 가공 결과와 충돌 여부를 검색하는 용도로 사용된다.

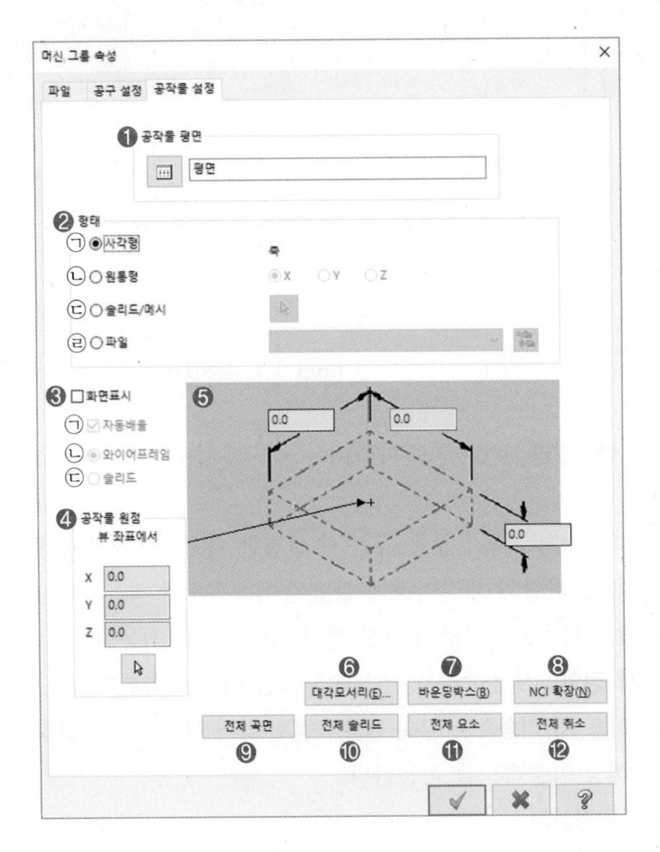

[공작물 설정 조건창]

❶ **공작물 평면** : 공작물이 정렬될 평면을 선택한다.

❷ **형태**

㉠ **사각형** : 공작물을 육면체 형태로 설정한다.

㉡ **원통형** : 공작물을 원통형으로 설정한다. 원통형 사용 시 우측의 X, Y, Z 버튼이 활성화되며, 원하는 축을 선택해 원통의 회전축으로 설정할 수 있다.

㉢ **솔리드 / 메시** : 파일의 솔리드 또는 메시를 선택해 공작물로 설정한다.

㉣ **파일** : 공작물 정보가 저장된 파일을 선택해 공작물로 설정한다.

❸ **화면표시** : 작업화면에 현재 페이지의 설정값을 기준으로 공작물을 빨간색으로 표시한다.

㉠ **자동배율** : 화면표시가 선택된 경우에만 활성화되며, 자동배율 기능 사용 시 공작물을 인식하도록 설정한다.

㉡ **와이어프레임** : 작업화면에서 공작물을 와이어프레임으로 표시한다.

㉢ **솔리드** : 작업화면에서 공작물을 솔리드로 표시한다.

❹ **공작물 원점** : 공작물의 원점 위치 좌푯값을 설정한다. 직접 좌푯값을 입력하거나 작업화면에서 원점을 클릭해 설정할 수 있다.

❺ **공작물 크기** : 공작물 원점에서 설정한 좌푯값을 기준으로 공작물의 크기를 설정한다. 사각형의 경우 X, Y, Z 축 방향 크기, 원통형의 경우 지름과 길이를 설정할 수 있다.

❻ **대각모서리** : 사각형에서만 사용할 수 있으며, 작업화면에서 대각선상의 두 점을 클릭해 공작물 크기를 설정한다. 이 기능을 사용하면 공작물 원점의 좌푯값과 공작물 크기가 자동으로 설정된다.

❼ **바운딩 박스** : 작업화면에서 공작물이 포함할 도형을 선택하고 바운딩 박스 기능을 사용해 공작물로 설정한다. 이 기능을 사용하면 공작물 원점의 좌푯값과 공작물 크기가 자동으로 설정된다.

✎ 사용방법은 Chapter 4에서 다룬 바운딩 박스와 동일하다.

❽ **NCI 확장** : 사각형에서만 사용할 수 있으며, 이미 생성된 가공경로의 NCI 데이터를 확인해 공구 이송범위를 기준으로 공작물 크기를 설정한다. 버튼을 클릭하면 자동으로 공작물 원점과 크기가 설정된다.

❾ **전체 곡면** : 작업화면에 존재하는 모든 곡면을 포함하도록 공작물을 설정한다.

❿ **전체 솔리드** : 작업화면에 존재하는 모든 솔리드를 포함하도록 공작물을 설정한다.

⓫ **전체 요소** : 작업화면의 모든 요소를 포함하도록 공작물을 설정한다.

⓬ **전체 취소** : 설정된 공작물을 취소한다. 공작물 원점과 크기는 0으로 초기화된다.

4 밀링가공

(1) 윤곽가공

여러 도형이 연결되어 형상을 이루는 것을 윤곽이라 하며, 이러한 윤곽의 형태는 아래 그림과 같이 닫힌 윤곽과 열린 윤곽의 2가지 종류가 있다. 닫힌 윤곽은 처음 요소와 마지막 요소가 연결되는 형태이고, 열린 윤곽은 연결되어 있지 않은 형태이다. 윤곽가공은 이러한 형태를 이루는 도형요소를 따라 가공하는 방법이다.

[2D 밀링 가공경로]

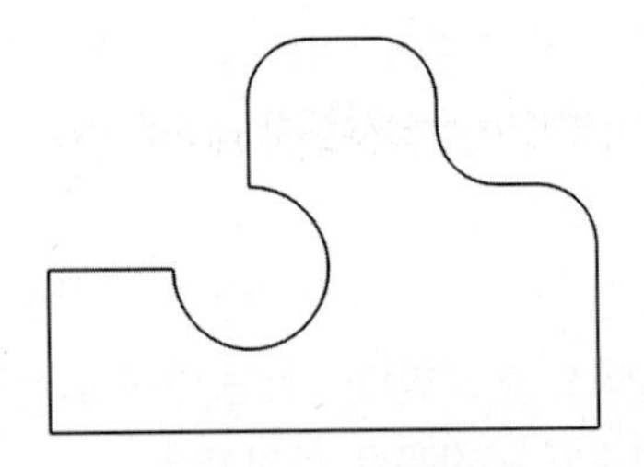

[닫힌 윤곽 형태]

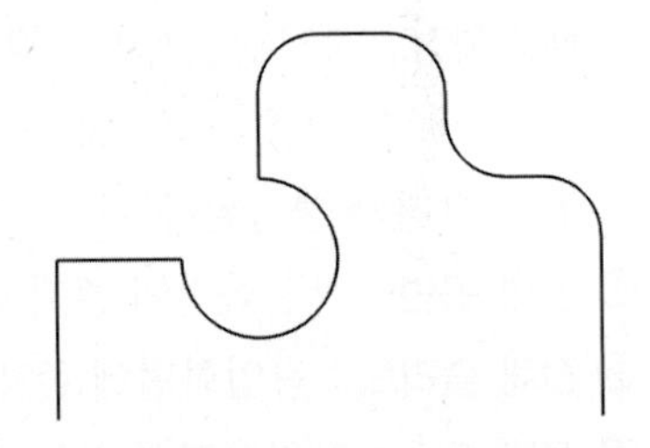

[열린 윤곽 형태]

1) 가공경로 종류

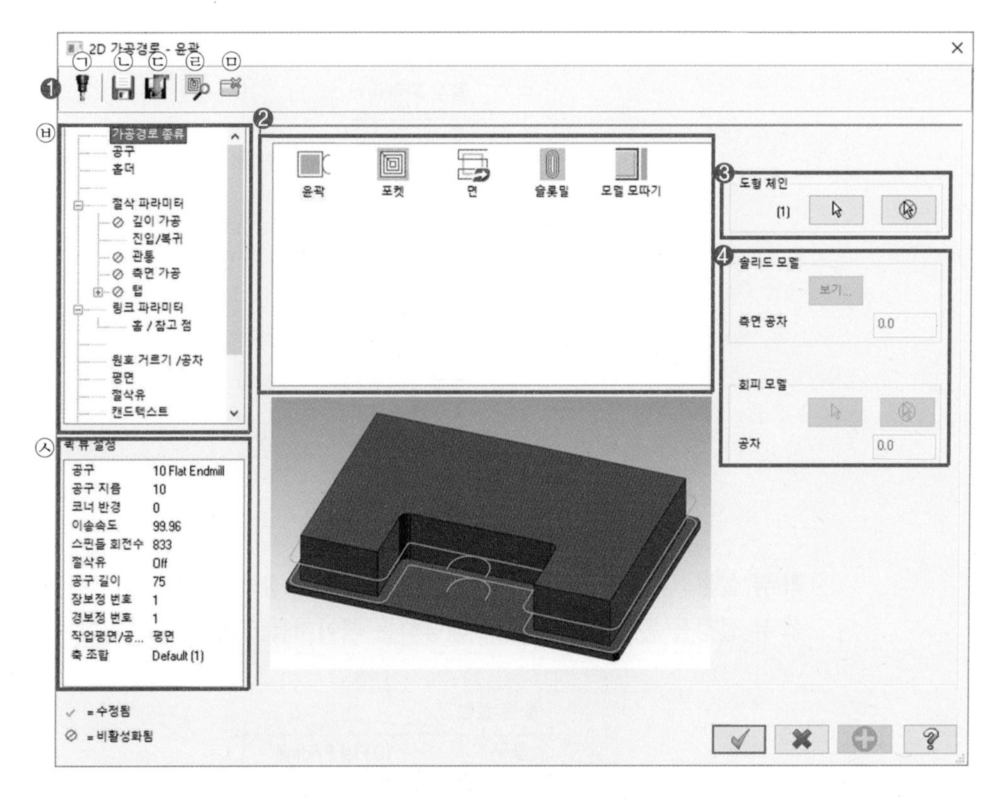

[가공경로 종류 조건창]

❶ 가공경로 대화상자 공통 기능

㉠ **공구 관리자** : 공구 관리자를 연다.

㉡ **조건을 기본값 파일로 저장** : 현재 가공경로 대화상자의 파라미터를 기본값으로 저장한다.

㉢ **기본값 파일에서 파라미터 다시 불러오기** : 기본값 설정을 현재 가공경로 파라미터에 적용한다.

㉣ **가공경로 미리보기** : 가공경로 생성 또는 재생성 전에 현재 파라미터를 기준으로 생성될 가공경로를 미리볼 수 있다. 공구가 선택되지 않으면 이 기능을 사용할 수 없다.

㉤ **대화상자 감추기** : 가공경로 대화상자를 최소화해 작업화면을 확인할 수 있다.

㉥ **파라미터 목록** : 현재 가공경로에 대한 파라미터 페이지들이 표시된다.

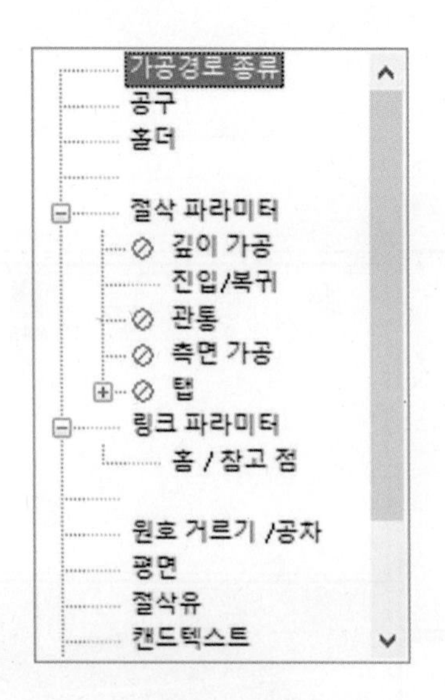

[파라미터 목록 예]

ⓢ **퀵 뷰 설정** : 가공경로의 공구, 평면, 축 조합 등의 정보가 표시된다. 파라미터 수정 중 퀵 뷰 설정을 통해 위 정보들에 해당하는 페이지를 열지 않고 확인할 수 있다.

퀵 뷰 설정

공구	10 Flat Endmill
공구 지름	10
코너 반경	0
이송속도	99.96
스핀들 회전수	833
절삭유	Off
공구 길이	75
장보정 번호	1
경보정 번호	1
작업평면/공...	평면
축 조합	Default (1)

[퀵 뷰 설정]

❷ **가공경로 종류 목록** : 사용하려는 가공경로 종류를 선택한다. 가공경로 탭에서 선택한 가공경로가 기본값으로 설정되며, 다른 가공경로를 선택해 생성할 가공경로를 변경할 수도 있다.

❸ **도형 체인** : 가공대상으로 선택한 체인을 수정, 추가 또는 제거한다.

❹ **솔리드 모델 / 회피 모델** : 모델 모따기 가공경로에 사용되는 기능으로, 해당 가공경로 설명 시 다루기로 한다.

2) 공구

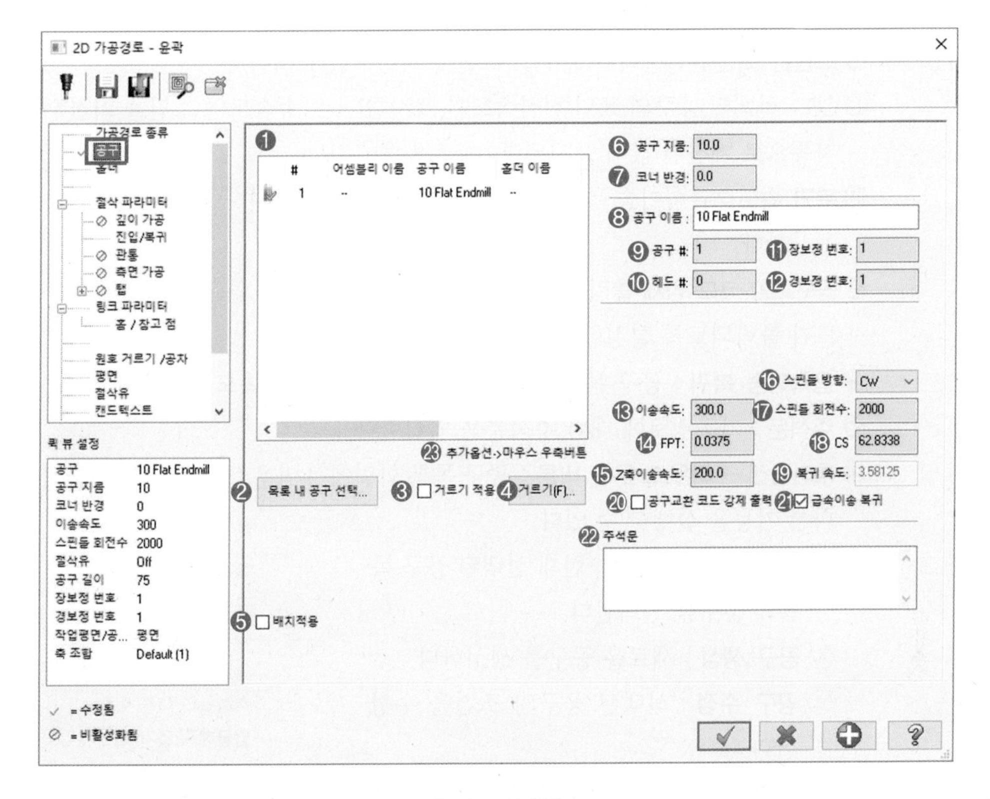

[공구 조건창]

❶ **공구 목록** : 현재 머신 그룹에 저장된 공구 목록을 보여준다.

❷ **목록 내 공구 선택** : 현재 선택된 공구 목록의 공구를 선택한다.

❸ **거르기 적용** : 공구 목록에 거르기 조건을 적용한다.

❹ **거르기** : 공구 목록에 적용할 거르기 조건을 설정한다.

❺ **배치 적용** : 현재 가공경로를 배치 프로세싱 작업으로 전환한다.

❻ **공구 지름** : 선택된 공구의 지름을 표시한다.

❼ **코너 반경** : 선택된 공구의 코너 반경을 표시한다.

❽ **공구 이름** : 선택된 공구의 이름을 표시한다.

❾ **공구 #** : 선택된 공구의 공구번호를 표시한다.

❿ **헤드 #** : 선택된 공구의 헤드번호를 표시한다.

⓫ **장보정 번호** : 선택된 공구의 장보정 번호를 표시한다.

⓬ **경보정 번호** : 선택된 공구의 경보정 번호를 표시한다.

⓭ **이송속도** : 선택된 공구의 이송속도를 표시한다.

⓮ **FPT** : 선택된 공구의 날당 이송속도를 표시한다. 이송속도와 스핀들 회전수를 설정하면 자동으로 계산된 값이 표시된다.

⑮ **Z축 이송속도** : 선택된 공구의 Z축 이송속도를 표시한다.

⑯ **스핀들 방향** : 선택된 공구의 스핀들 회전방향을 표시한다.

⑰ **스핀들 회전수** : 선택된 공구의 스핀들 회전수를 표시한다.

⑱ **CS** : 선택된 공구의 표면 절삭속도를 표시한다. 이송속도와 스핀들 회전수를 설정하면 자동으로 계산된 값이 표시된다.

⑲ **복귀 속도** : 급속이송 복귀를 해제한 경우에만 활성화된다. 공구 복귀 시 적용될 속도를 표시한다.

⑳ **공구교환 코드 강제 출력** : 같은 공구를 사용하는 작업이 연속되는 경우에도 공구 교환 코드가 출력되도록 설정한다.

㉑ **급속이송 복귀** : 공구 복귀 시 적용될 속도를 급속이송속도로 설정한다.

㉒ **주석문** : 가공경로에 대한 주석문을 입력한다.

㉓ **추가옵션 → 마우스 우측 버튼** : 공구 목록 화면에서 마우스 우측 버튼을 클릭하여 추가로 다른 기능을 실행할 수 있다.

㉠ **목록 내 공구 선택** : 현재 선택된 공구 목록의 공구를 선택한다.

㉡ **공구 생성** : 새로운 공구를 생성한다.

㉢ **공구 수정** : 선택된 공구의 조건을 수정한다.

㉣ **홀더 위치 수정** : 공구와 홀더를 화면에 표시해 홀더의 높이를 수정한다.

㉤ **어셈블리 이름 수정** : 공구와 홀더의 어셈블리 이름을 수정한다.

㉥ **앵글헤드 열기** : 머신 정의에 다중 헤드가 정의된 경우에만 사용할 수 있다. 앵글헤드 또는 다중헤드에 대한 조건을 설정한다.

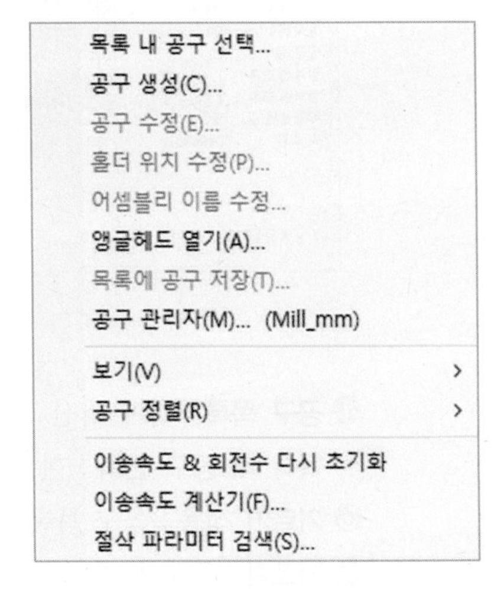

[마우스 우측 버튼 메뉴]

㉦ **목록에 공구 저장** : 선택된 공구 목록에 공구를 저장한다.

㉧ **공구 관리자** : 공구 관리자를 연다.

㉨ **보기** : 공구 목록의 공구 표시 방법을 설정한다. 큰 아이콘, 작은 아이콘, 자세히 중 선택할 수 있다.

㉩ **공구 정렬** : 공구 목록의 공구 정렬 방법을 설정한다. 공구번호 또는 공구이름을 기준으로 공구를 정렬할 수 있다.

㉪ **이송속도 & 회전수 다시 초기화** : 이송속도와 스핀들 회전수를 기본값으로 초기화한다.

㉫ **이송속도 계산기** : 재질과 공구 파라미터를 수정해 이송속도와 스핀들 회전수를 계산한다.

㉣ **절삭 파라미터 검색** : 공구 관리자의 검색 마법사를 열어 설정한 조건으로 공구를 검색한다.

3) 홀더

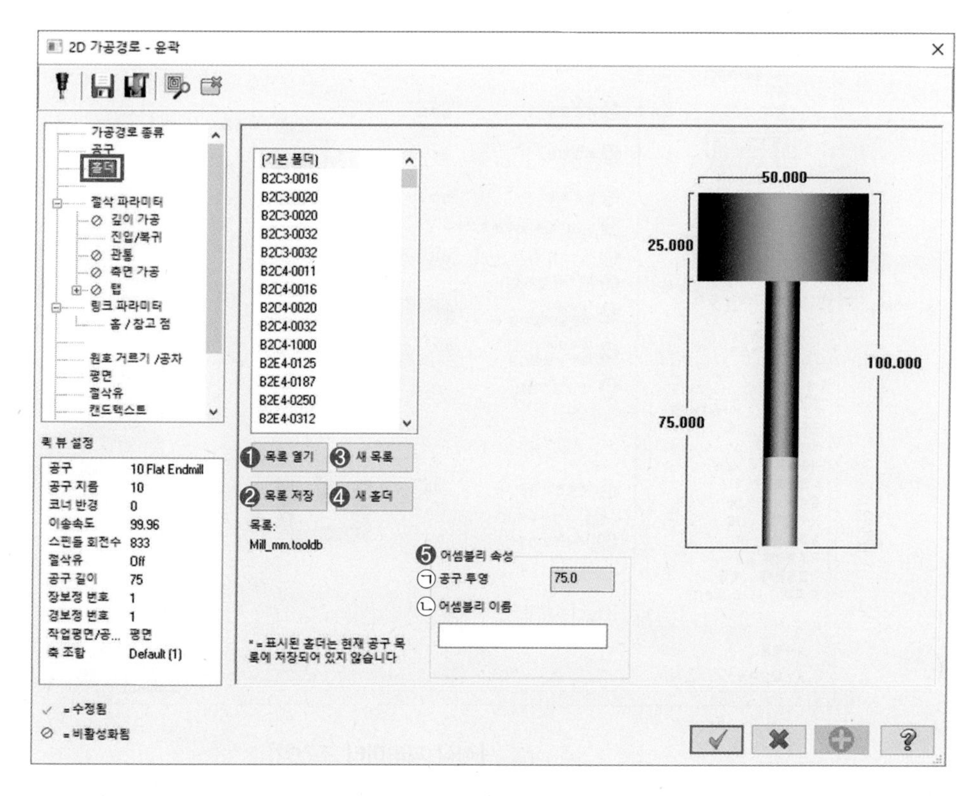

[홀더 조건창]

❶ **목록 열기** : 저장된 홀더 목록을 연다.

❷ **목록 저장** : 현재 표시된 홀더 목록을 파일로 저장한다.

❸ **새 목록** : 새 목록을 생성한다.

❹ **새 홀더** : 새 홀더를 생성한다.

❺ **어셈블리 속성** : 홀더가 포함된 어셈블리의 속성을 표시한다.

㉠ **공구 투영** : 어셈블리상에서 공구가 실제로 노출되는 길이를 설정한다.

㉡ **어셈블리 이름** : 홀더가 포함된 어셈블리의 이름을 표시한다.

4) 절삭 파라미터

가공경로 생성 시 기본적으로 적용될 파라미터를 설정한다.

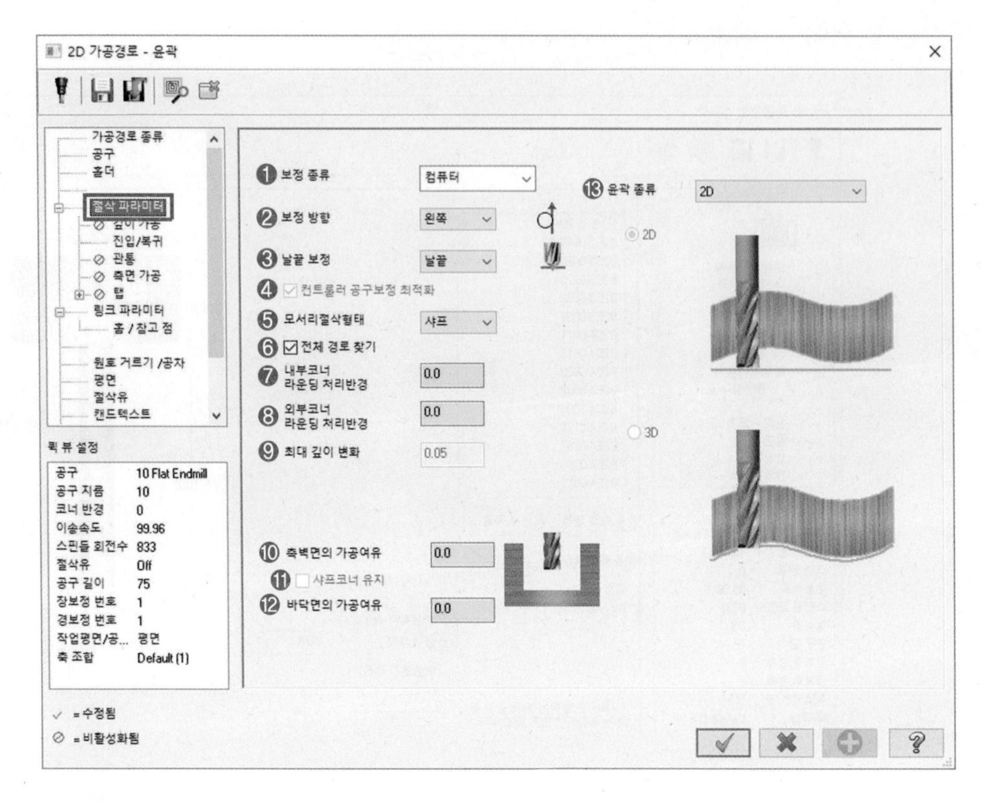

[절삭 파라미터 조건창]

❶ 보정 종류

㉠ **컴퓨터** : 공구의 반경만큼 이동(보정)된 위치의 좌푯값을 NC 데이터로 출력한다.

㉡ **컨트롤** : 경보정 코드(G41, G42)를 출력한 후 가공대상 체인의 각 끝점 위치를 좌푯값으로 출력한다.

㉢ **중복 보정** : 경보정 코드를 출력한 후 공구의 반경만큼 보정된 위치의 좌푯값을 NC 데이터로 출력한다.

㉣ **역중복 보정** : 중복 보정과 같으나, 중복 보정과 반대의 경보정 코드를 사용한다.

㉤ **안 함** : 공구를 보정시키지 않고 체인 끝점 위치의 좌푯값을 NC 데이터로 출력한다.

❷ 보정방향

㉠ **왼쪽** : 공구 중심을 가공 진행방향 왼쪽으로 공구 반경값만큼 이동해 가공한다(컨트롤 보정 종류 사용 시 G41 출력).

㉡ **오른쪽** : 공구 중심을 가공 진행방향 오른쪽으로 공구 반경값만큼 이동해 가공한다(컨트롤 보정 종류 사용 시 G42 출력).

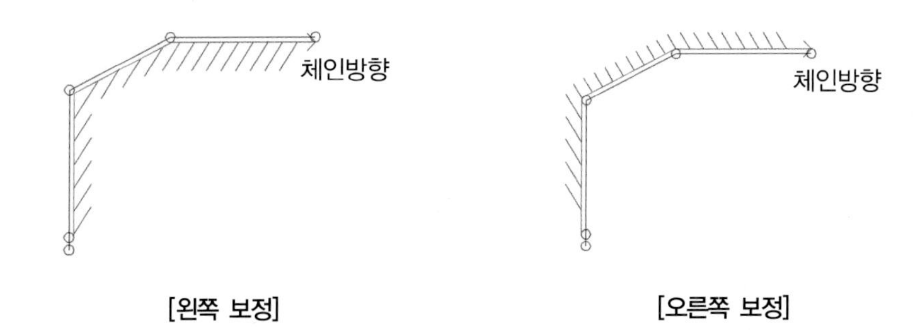

[왼쪽 보정] [오른쪽 보정]

❸ **날 끝 보정** : 가공 깊이에 닿을 공구 위치 기준을 설정한다. 공구 날 중심 또는 날 끝 중 선택할 수 있다.

▼ 공구별 날 중심과 날 끝

평엔드밀	볼엔드밀	볼노즈엔드밀
	반지름	반지름

▼ 공구별 가공의 차이점

구분	평엔드밀	볼엔드밀	볼노즈엔드밀
중심			
날 끝			

※ • **실선** : 연산된 가공경로
• **점선** : 실제 가공 시 공구가 이동하는 경로

❹ **컨트롤러 공구보정 최적화** : 보정 종류가 컨트롤인 경우에만 활성화되며, 공구 반경보다 작은 원호구간의 가공을 생략해 간섭을 방지한다.

❺ **모서리 절삭 형태** : 보정 종류를 컴퓨터로 선택한 경우에만 활성화되며, 모서리 구간에서의 공구 이송형태를 설정한다.

㉠ **안 함** : 변환 없이 모든 모서리 구간에 대한 이송형태를 각진 형태로 출력한다.

㉡ **샤프** : 모서리각이 135° 이내에 해당하는 구간은 원호 이송으로 변환하고 135°를 초과하는 구간은 각진 형태로 출력한다.

㉢ **전체** : 모든 모서리 구간을 원호 이송으로 변환 출력한다.

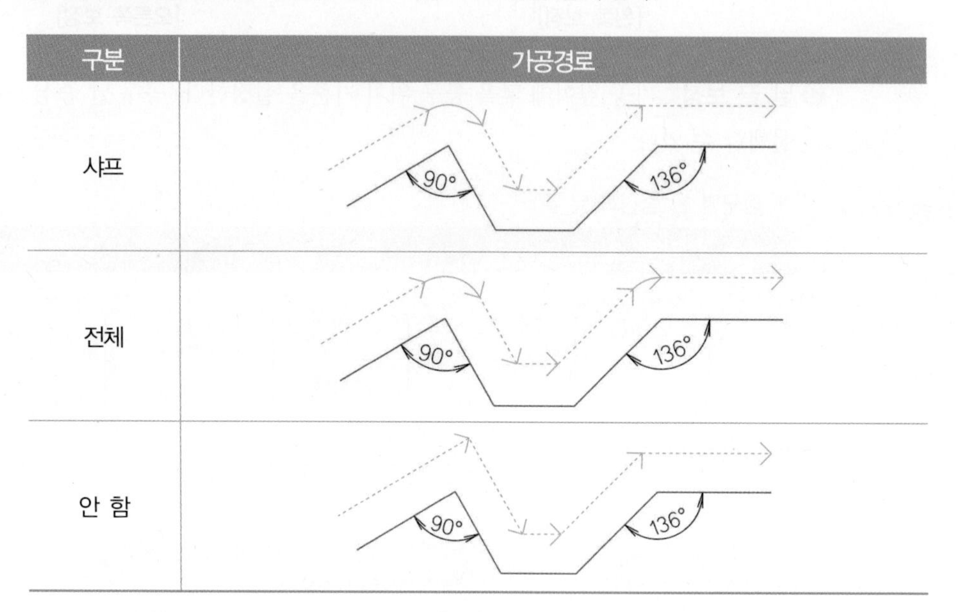

※ — : 가공경로, — : 와이어프레임

❻ **전체 경로 찾기** : 가공경로 진행 중 경로 교차로 인한 간섭이 발생하지 않도록 설정한다.

❼ **내부 코너 라운딩 처리 반경** : 내부 코너 가공 시 원호 형태로 가공경로를 생성한다.

❽ **외부 코너 라운딩 처리 반경** : 외부 코너 가공 시 원호 형태로 가공경로를 생성한다. 설정값에 따라 도형에 간섭이 생길 수 있으므로 신중히 사용해야 한다.

❾ **최대 깊이 변화** : 공구 보정이 적용될 수 있는 최대 깊이 변화량을 설정한다. 작은 값을 사용할수록 결과가 더 정확해지지만 스텝 동작이 많아질 수 있다.

❿ **측벽면의 가공 여유** : 가공대상 도형의 측면 방향에 후가공을 위해 남겨둘 여유값을 입력한다. 양의 값을 입력해 여유를 남기거나 음의 값을 입력해 과절삭이 발생하도록 할 수 있다.

⓫ **샤프 코너 유지** : 측벽면의 가공 여유가 양의 값인 경우에만 사용할 수 있다. 코너 부분 가공 시 샤프 코너가 유지되도록 가공경로를 생성한다.

⓬ **바닥면의 가공 여유** : 가공대상 도형의 바닥면 방향에 후가공을 위해 남겨둘 여유값을 입력한다.

⑬ **윤곽 종류** : 가공대상 도형에 대한 윤곽가공 종류를 설정한다.

㉠ **2D** : 일반적인 윤곽가공 형태로 대상도형의 윤곽을 설정된 절삭 조건에 따라 가공한다. 선택된 가공대상 도형이 3D 형상인 경우 이 옵션은 3D로 변경된다.

㉡ **2D 모따기** : 가공대상 도형에 대한 2차원 모따기 가공을 실행한다. 챔퍼밀, 테이퍼밀 등 측면으로 모따기 가공이 가능한 형태의 공구만 사용할 수 있다.

ⓐ **모따기 너비** : 생성될 모따기의 너비(C값)를 입력한다.

ⓑ **상단 오프셋** : 모따기 상단에서 공구의 테이퍼 시작점까지의 높이를 설정한다.

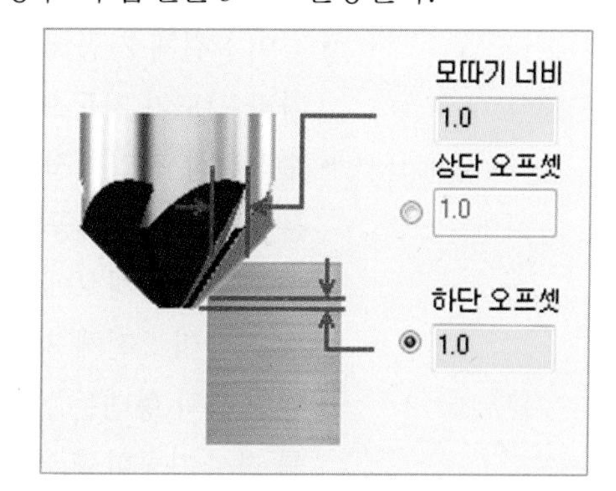

[2D 모따기]

ⓒ **하단 오프셋** : 모따기 하단에서 공구 날 끝까지의 높이를 설정한다.

㉢ **램프** : 전체 가공 깊이를 가공방향을 따라 경사진 형태로 가공한다. 램프를 선택하면 파라미터 목록의 깊이가공 페이지는 비활성화된다.

[램프]

ⓐ **램프 이송 형태** : 램프 절삭 진입방법을 설정한다.

- 각도 : 경로에 적용할 경사를 각도값으로 설정한다. 램프 깊이와 마지막 깊이에 경로 생성 옵션은 비활성화된다.
- 깊이 : 전체 가공 깊이를 램프 깊이에 입력한 깊이로 나누어 가공한다. 깊이에 따라 각도가 자동으로 계산되며, 램프 각도 옵션은 비활성화된다.
- 수직절삭 진입 : 전체 가공 깊이를 램프 깊이에 입력한 깊이로 나누어 가공한다. 분할된 깊이가 가공되면 다음 가공깊이 위치로 바로 수직진입해 가공을 진행한다.
- 램프 각도 : 경로에 적용할 각도값을 입력한다.
- 램프 깊이 : 전체 가공깊이를 분할할 깊이값을 입력한다.
- 열린 윤곽 형태는 한 방향으로만 진행 : 도형 윤곽이 열린 형태인 경우 분할 깊이를 경사 가공한 후 가공 시작 위치로 되돌아와 다음 깊이를 가공하도록 설정한다.
- 마지막 깊이에 경로생성 : 마지막 가공 깊이에 가공경로를 추가한다.

ⓑ **헬릭스 형태 선형출력** : 원호 및 스플라인 도형의 경우 램프 가공 데이터가 헬릭스(나선형) 형태로 출력된다. 이 옵션을 사용해 출력 데이터를 직선이송 형태로 변환할 수 있다.

㉣ **재가공** : 이전 공구로 가공되지 않은 도형 윤곽의 미절삭 영역(내측의 각진 모서리, 공구 지름보다 작은 원호 구간 등)에 대해서만 추가적인 윤곽 가공을 실행한다.

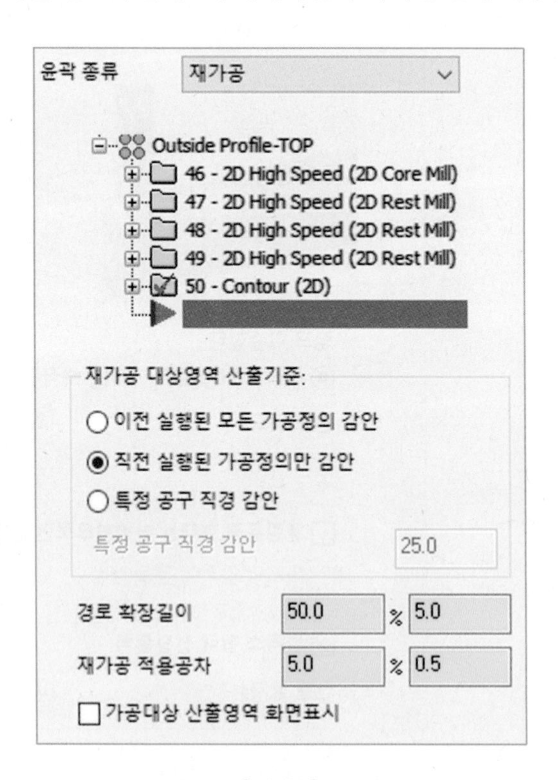

[재가공]

ⓐ **재가공 대상영역 산출기준** : 재가공이 진행될 영역을 설정할 기준을 선택한다.
- 이전 실행된 모든 가공정의 감안 : 가공경로 관리자의 모든 가공경로를 가공대상 도형 윤곽에 적용해 미절삭 영역을 계산한다.
- 직전 실행된 가공정의만 감안 : 가공경로 관리자의 마지막 가공경로를 가공대상 도형 윤곽에 적용해 미절삭 영역을 계산한다.
- 특정 공구직경 감안 : 공구 지름을 입력해 해당 지름의 공구가 진입할 수 없는 영역을 계산해 미절삭 영역으로 설정한다.

ⓑ **경로 확장길이** : 미절삭 영역에 대한 가공경로의 시작과 끝 위치 경로를 입력한 거리만큼 확장한다.

ⓒ **재가공 적용공차** : 가공경로의 공차를 설정한다. 작은 값을 사용할수록 정밀도는 높아지나 경로 생성 시간이 길어지게 되며, 권장 사용값은 5%이다.

ⓓ **가공대상 산출영역 화면표시** : 작업화면에 계산된 미절삭 영역을 표시한 후 가공경로를 표시한다.

㉤ **진동** : 공구가 Z축 기준 위아래로 움직이면서 가공한다.

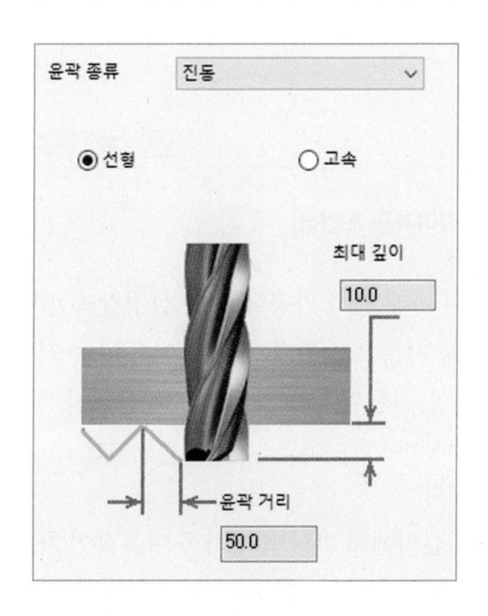

[선형]

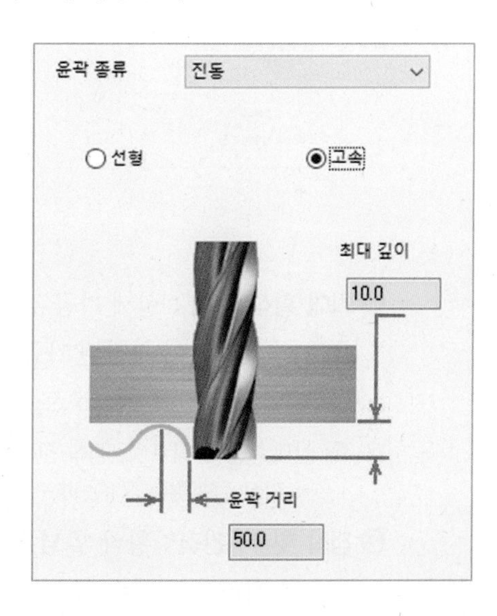

[고속]

ⓐ **선형** : 공구가 선택한 대상도형 윤곽을 따라 선형 동작으로 왕복운동하며 진동 동작을 생성한다.

ⓑ **고속** : 공구가 선택한 대상도형 윤곽을 따라 고속 동작(sine 커브 형태)을 사용해서 진동 동작을 생성한다.

ⓒ **최대 깊이** : 진동 동작의 깊이 변화 범위를 설정한다.

ⓓ **윤곽 거리** : 진동 깊이 최고점에서 최저점으로 이동할 때 공구가 이동할 거리를 입력한다.

5) 깊이가공

가공경로의 전체 가공깊이를 나누어 가공한다.

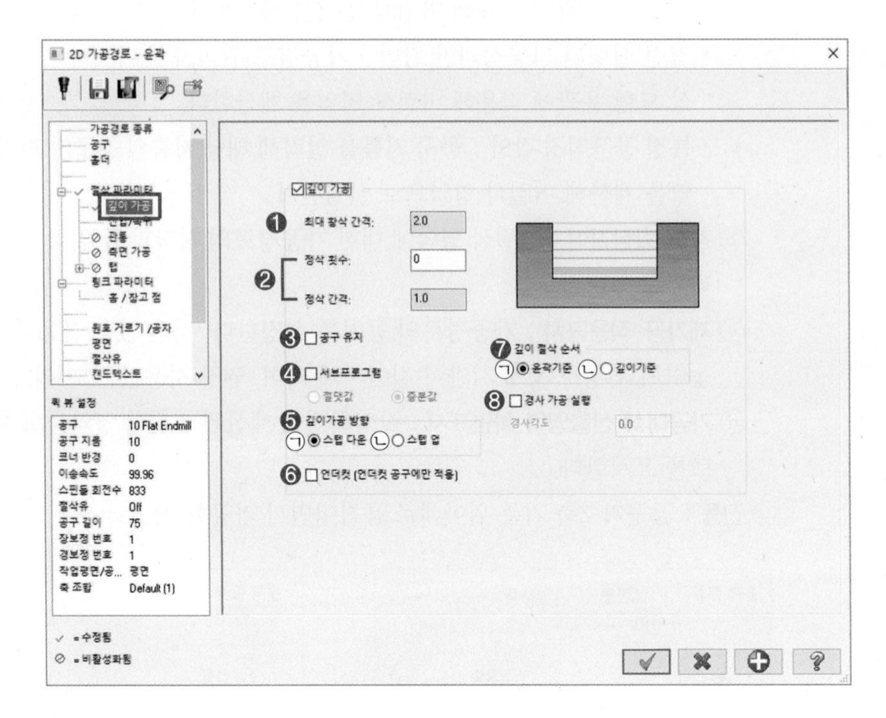

[깊이가공 조건창]

❶ **최대 황삭 간격** : 실제 가공 깊이에서 아래 정삭 가공에 대한 설정값과 바닥면의 가공 여유로 설정된 값이 차감된 가공 깊이를 기준으로 황삭 가공 깊이를 나눌 최대 간격을 설정한다. 입력된 값을 기준으로 황삭가공 실행횟수가 자동으로 계산된다.

예 실제 가공 깊이=10, 정삭 간격=1, 바닥면의 가공 여유=1, 최대 황삭 간격=2
⇒ 황삭 실행횟수 : (10−1−1) / 2=4회

❷ **정삭 횟수 / 간격** : 황삭 후 남은 가공 깊이에서 바닥면의 가공 여유값이 차감된 깊이를 기준으로 정삭가공 횟수 및 간격을 설정한다. 황삭 경로 이후에 적용된다.

전체 정삭 깊이=정삭 횟수 × 정삭 간격

❸ **공구 유지** : 분할된 가공 깊이에 대한 가공을 완료한 후 공구를 이송높이까지 복귀시키지 않고 다음 가공 깊이로 바로 절삭 진입해 가공 시간을 단축시킨다. 옵션을 선택하지 않으면 한 깊이에 대한 가공 완료 후 다음 경로의 시작점으로 이동할 때 공구를 이송높이까지 복귀시킨 후 진입하는 형태의 가공경로가 생성된다.

❹ **서브프로그램** : 가공경로 선형배열의 서브프로그램과 동일하다.

❺ **깊이가공 방향**

㉠ **스텝 다운** : 위에서 아래로 깊이가공을 실행한다.

㉡ **스텝 업** : 아래에서 위로 깊이가공을 실행한다.

❻ **언더컷(언더컷 공구에만 적용)** : 언더컷 공구의 상면을 인식시킨다.

❼ **깊이 절삭 순서** : 다수의 가공대상 도형에 대한 가공깊이 분할 실행 시 깊이가공 실행 기준을 설정한다.

㉠ **윤곽 기준** : 도형 선택 순서를 기준으로 깊이가공을 실행한다. 한 도형에 대한 깊이가공을 모두 완료한 후 다음 도형에 대한 가공을 진행한다.

㉡ **깊이 기준** : 가공 깊이를 기준으로 깊이가공을 실행한다. 모든 도형에 한 깊이에 대한 가공을 완료한 후 다음 깊이에 대한 가공을 진행한다.

❽ **경사가공 실행** : 경사각도를 입력해 측벽면을 경사면으로 인식시켜 깊이가공을 진행한다. 서브프로그램을 사용하는 경우 이 옵션은 사용할 수 없다.

6) 진입 / 복귀

가공 깊이별 가공경로의 시작 위치로 공구의 진입, 또는 종료 위치에서 공구의 복귀를 설정한다.

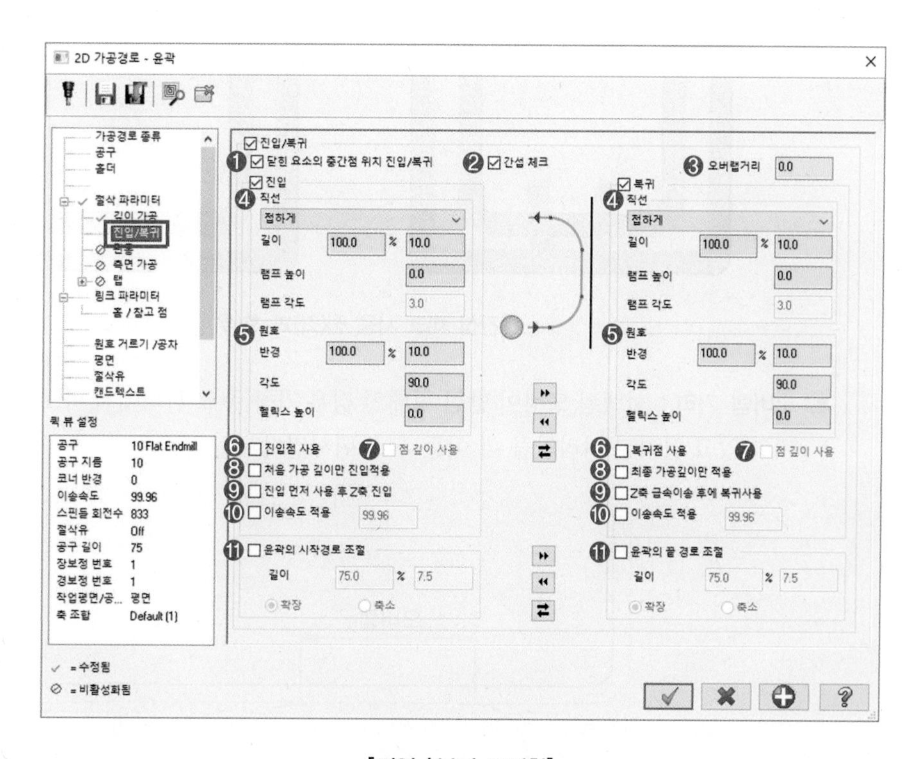

[진입 / 복귀 조건창]

❶ **닫힌 요소의 중간점 위치 진입 / 복귀** : 선택된 도형이 닫힌 형태인 경우, 공구 진입 / 복귀 위치를 체인의 첫 번째 도형 중간 위치로 설정한다.

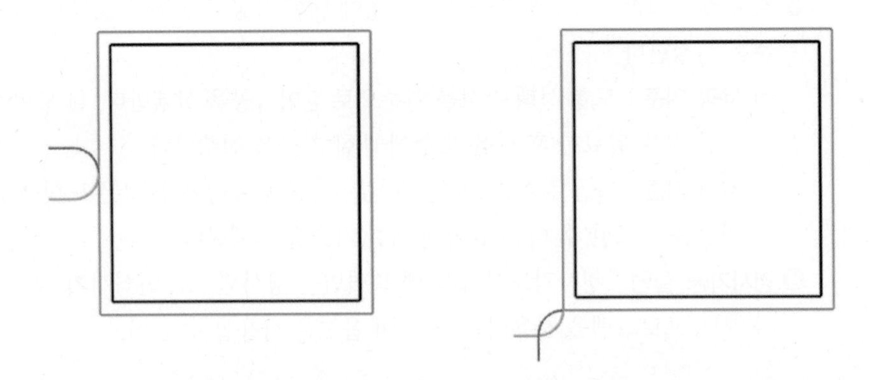

[닫힌 요소의 중간점 위치 진입 / 복귀 사용 전(좌)과 후(우)]

❷ **간섭 체크** : 진입 / 복귀 동작이 선택된 도형을 침범하는 경우 해당 동작을 트림한다.

[간섭 체크 사용 전(좌)과 후(우)]

❸ **오버랩 거리** : 선택된 도형이 닫힌 형태인 경우 가공 종료 위치에서 바로 공구를 복귀시키지 않고 입력된 거리만큼 더 이동 후 복귀시킨다.

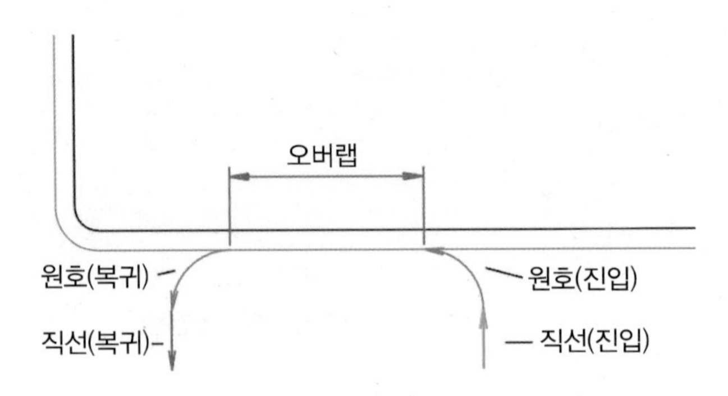

[오버랩 / 직선 / 원호 동작]

❹ **직선** : 진입 / 복귀 동작에 직선 형태의 동작을 추가한다. 직선의 길이를 입력하고, 램프 형태의 동작을 원할 경우 램프 높이를 입력한다.

❺ **원호** : 진입 / 복귀 동작에 원호 형태의 동작을 추가한다. 원호의 반지름과 원호를 구성하는 각도를 입력하고, 헬릭스 형태의 동작을 원할 경우 헬릭스 높이를 입력한다.

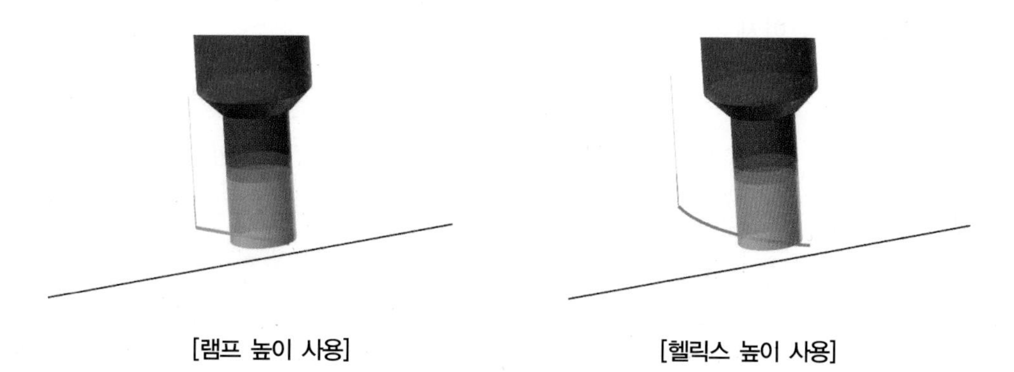

[램프 높이 사용] [헬릭스 높이 사용]

❻ **진입점 / 복귀점 사용** : 가공 도형 체인 작업 시 선택한 점 체인을 공구의 진입점 / 복귀점으로 사용한다. 진입점을 사용하면 공구가 가공 시작 위치로 이동할 때 해당 점을 거쳐 이동하고, 복귀점을 사용하면 가공 완료 후 공구가 복귀점을 거쳐 복귀한다.

❼ **점 깊이 사용** : 진입점 또는 복귀점 사용 옵션을 선택한 경우에만 활성화된다. 점 체인의 Z높이부터 가공 시작 위치까지 경사 형태의 경로가 추가된다. 복귀 동작에서는 반대 순서로 적용된다.

❽ **처음 / 최종 가공 깊이만 진입 / 복귀 적용** : 깊이가공을 사용할 경우 진입 동작을 처음 깊이에만 적용하고 복귀 동작을 마지막 깊이에만 적용시킨다.

❾ **진입 먼저 사용 후 Z축 진입 / Z축 급속이송 후에 복귀 사용** : Z축으로 진입하기 전에 설정된 진입 동작을 실행한다. 복귀 동작의 경우 Z축 급속이송 후 실행된다.

❿ **이송속도 적용** : 진입 / 복귀 동작 실행 시 적용할 이송속도를 별도로 설정한다. 이 옵션을 사용하지 않는 경우 진입 / 복귀 동작의 이송속도는 공구 파라미터에서 설정한 이송속도로 설정된다.

⓫ **윤곽의 시작 / 끝 경로 조절** : 가공 시작 위치와 끝 위치에서의 공구 경로를 확장 또는 축소한다.

:: 진입 / 복귀 활용방법

직선, 원호, 각도 세 가지 방법을 사용해 공구 충돌을 방지하기 위한 가공경로의 시작과 끝 위치 진입 / 복귀 동작를 정의할 수 있다. 이 세 가지 방법을 혼용한 예시는 그림과 같다.

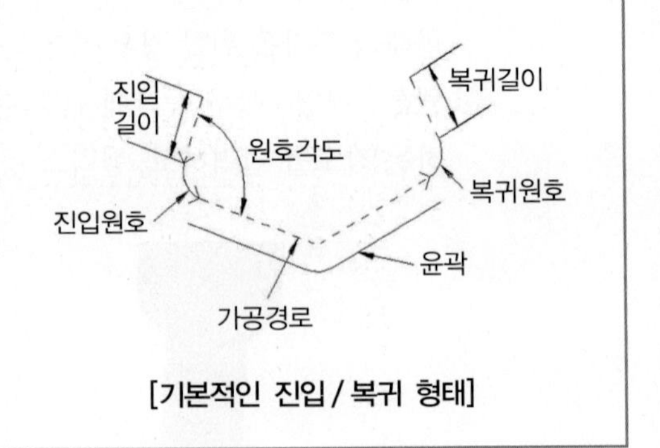

[기본적인 진입 / 복귀 형태]

7) 관통

관통 길이량에 입력된 값을 가공 깊이에 추가해 공작물의 하단 절단면을 미절삭 부분 없이 깨끗하게 처리한다.

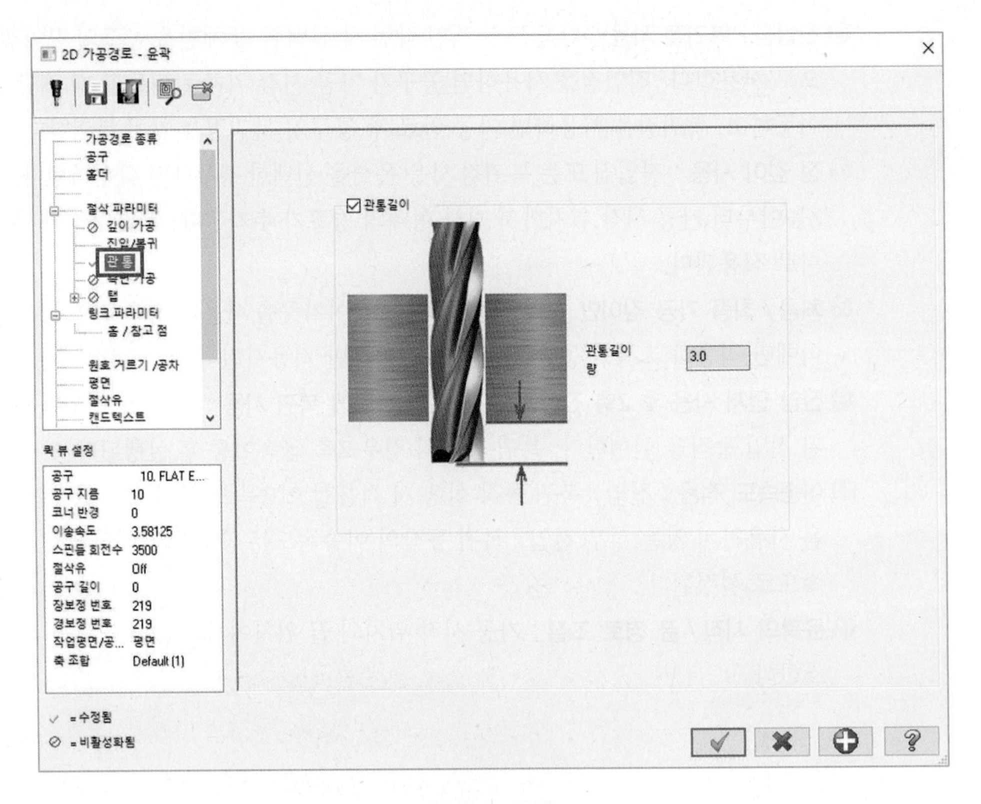

[관통 조건창]

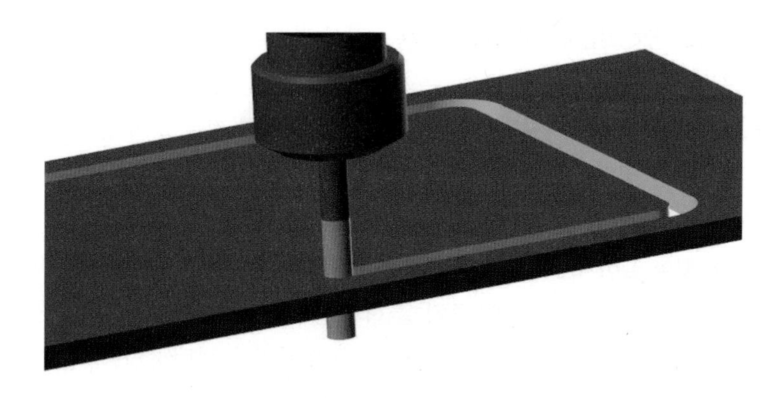

[관통 기능 사용 예]

8) 측면 가공

측벽에 대한 가공을 2회 이상으로 나누어 가공한다.

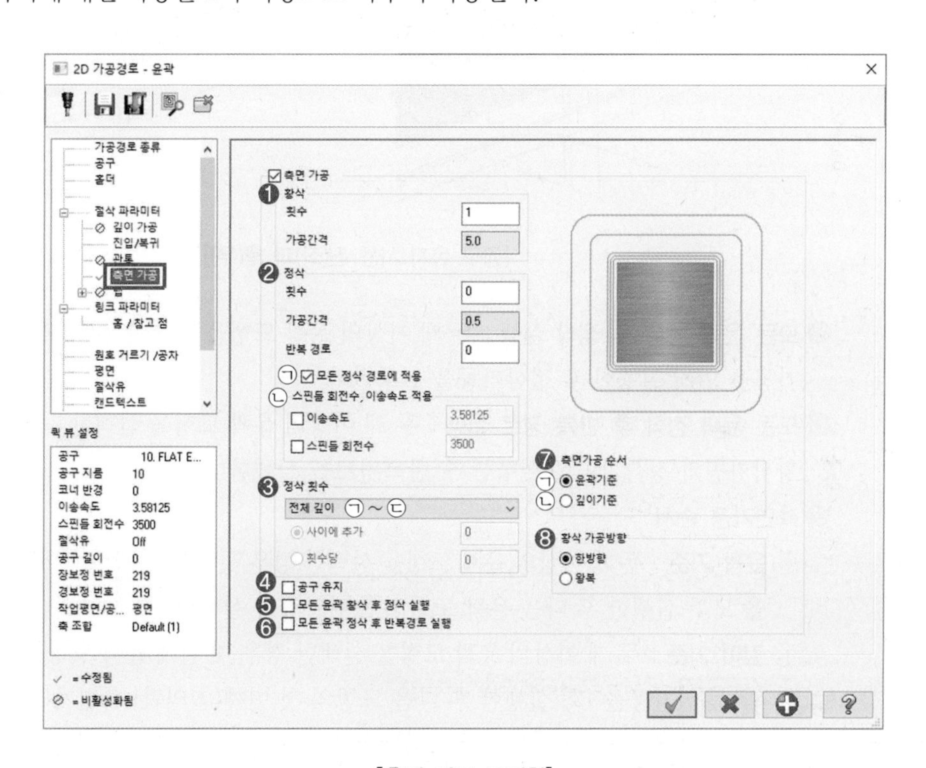

[측면 가공 조건창]

❶ **황삭** : 측벽에 정삭가공을 실행하기 전 실행할 황삭가공의 횟수와 간격을 설정한다.

❷ **정삭** : 측벽에 황삭가공을 실행 후 실행될 정삭가공 횟수와 간격, 반복횟수를 설정한다. 반복 경로 입력 시 같은 경로를 반복하는 동작을 생성한다.

㉠ **모든 정삭 경로에 적용** : 반복 경로를 모든 정삭 경로에 적용시킨다.

㉡ **스핀들 회전수, 이송속도 적용** : 정삭 경로에 적용될 스핀들 회전수와 이송속도를 설정한다.

❸ **정삭횟수** : 깊이가공과 측면가공을 같이 실행할 경우 정삭 동작의 적용방법을 설정한다.

㉠ **전체 깊이** : 모든 깊이에 정삭 동작을 생성한다.

㉡ **최종 깊이** : 마지막 깊이가공에만 정삭 동작을 생성한다.

㉢ **황삭 깊이가공** : 황삭가공과 정삭가공의 깊이가공 횟수를 다르게 적용할 경우 사용하는 기능이다. '사이에 추가'를 사용할 경우 각각의 황삭 깊이가공 사이에 지정한 횟수만큼의 정삭 깊이가공을 추가한다. 횟수당을 선택하면 입력한 수만큼의 황삭 깊이가공 후 정삭 깊이가공을 1회 실행한다.

❹ **공구 유지** : 측면가공 중 공구의 Z축 복귀동작을 원하지 않을 경우 사용한다.

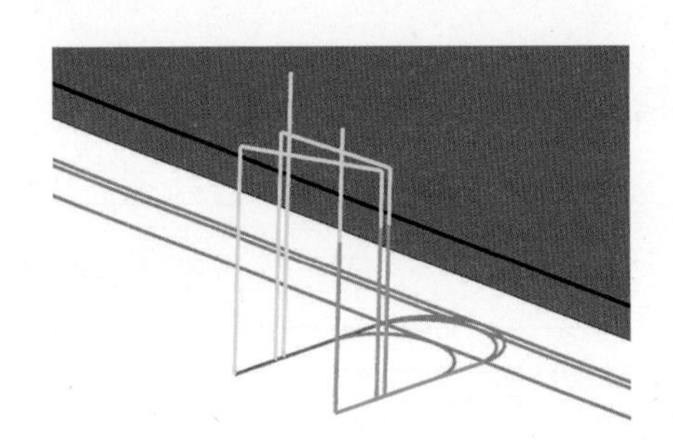
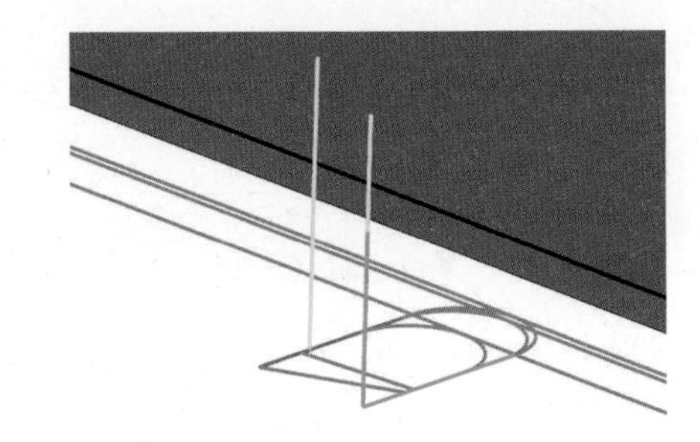

[공구 유지 사용 전(좌)과 후(우)]

❺ **모든 윤곽 황삭 후 정삭 실행** : 두 개 이상의 윤곽 도형을 선택한 경우 모든 윤곽에 황삭가공을 먼저 실행한 후 정삭가공을 실행한다.

❻ **모든 윤곽 정삭 후 반복 경로 실행** : 두 개 이상의 윤곽 도형을 선택한 경우 모든 윤곽에 황삭가공과 정삭가공을 실행한 후 반복경로를 실행한다.

❼ **측면가공 순서**

㉠ **윤곽 기준** : 두 개 이상의 윤곽 도형을 선택한 경우 첫 번째 윤곽 도형에 대한 측면가공을 모두 실행한 후 다음 윤곽 도형의 측면가공을 실행한다.

㉡ **깊이 기준** : 두 개 이상의 윤곽 도형을 선택한 경우 첫 번째 윤곽 도형의 첫 번째(최외곽) 측면가공을 1회 실행한 후 다음 도형의 첫 번째(최외곽) 측면가공을 1회 실행한다. 그 다음 다시 첫 번째 윤곽 도형의 두 번째 측면가공을 1회 실행 후 다음 도형의 두 번째 측면가공을 1회 실행하는 순서로 동작하며 이 과정을 측면가공이 끝날 때까지 반복한다.

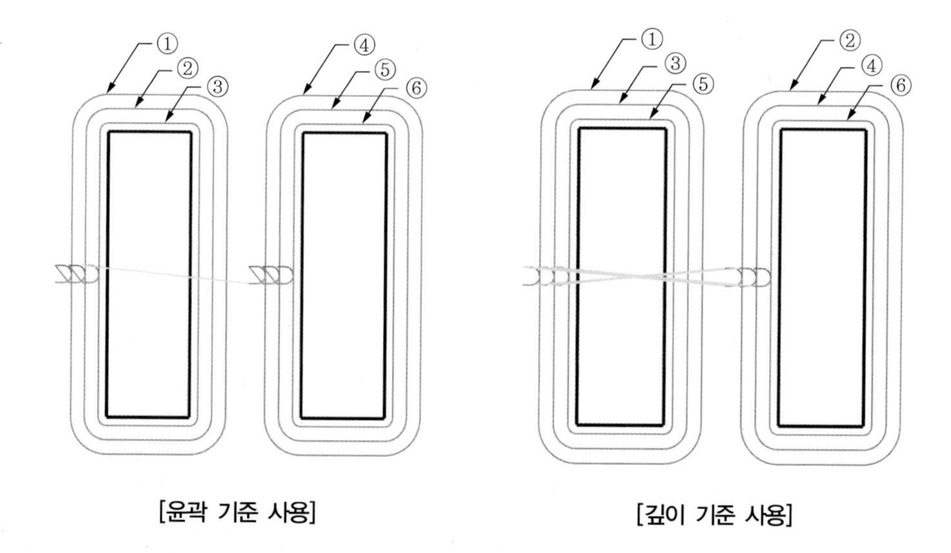

[윤곽 기준 사용] [깊이 기준 사용]

❽ **황삭가공 방향** : 황삭가공을 실행하는 동작을 한 방향 또는 왕복으로 설정한다.

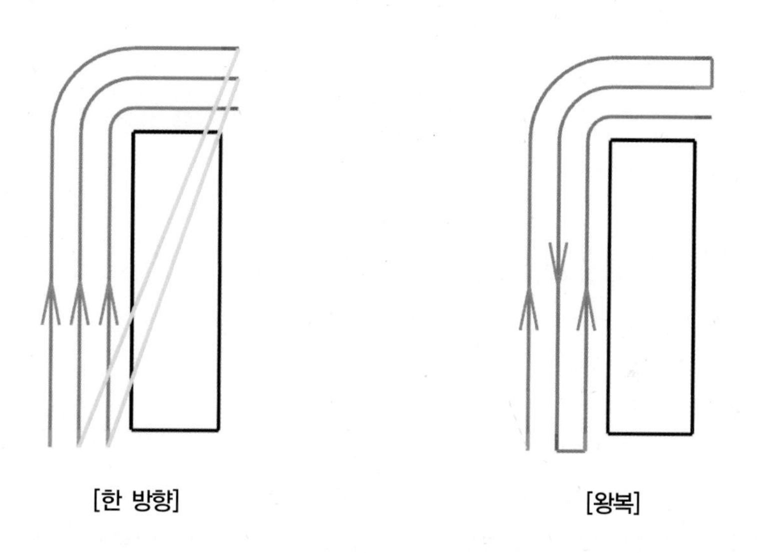

[한 방향] [왕복]

9) 탭

절삭한 공작물이 스크랩에서 떨어지지 않도록 미절삭 구간을 남겨 공작물을 지지한다.

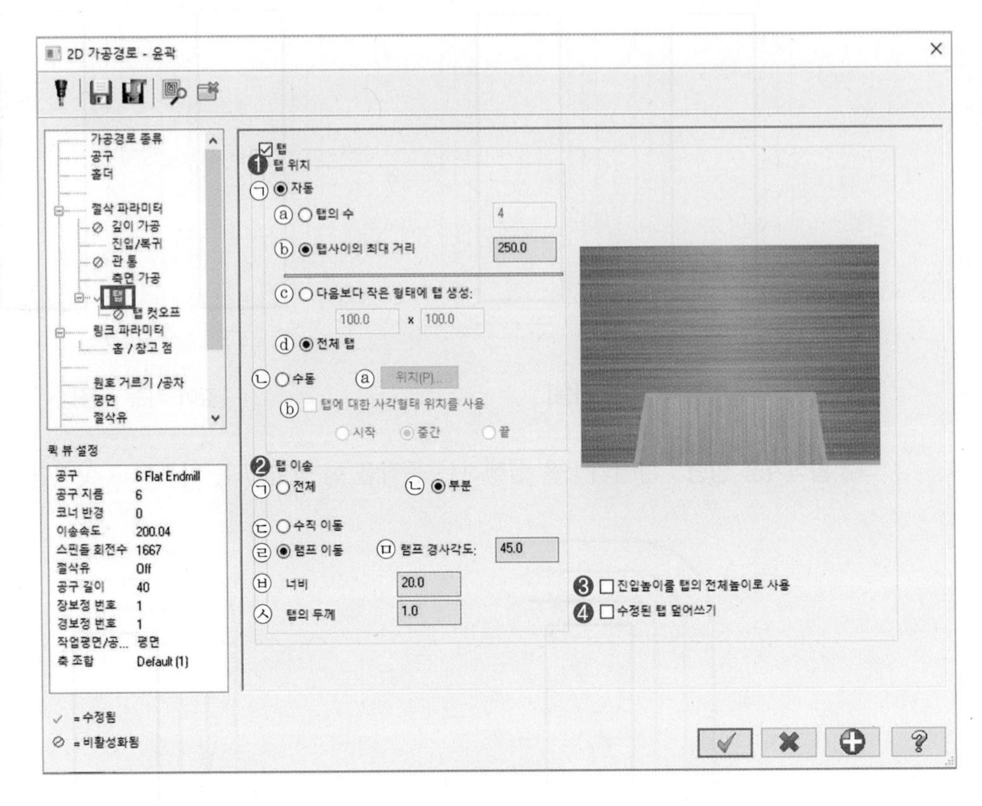

[탭 조건창]

❶ 탭 위치

㉠ **자동** : 설정한 조건을 사용해 탭의 위치를 자동으로 계산한다.

ⓐ **탭의 수** : 생성될 탭의 개수를 입력한다.

ⓑ **탭 사이의 최대거리** : 생성될 탭 사이의 거리를 입력하는 칸으로, 탭의 수를 사용하는 경우 비활성화된다.

ⓒ **다음보다 작은 형태에 탭 생성** : 도형의 넓이를 입력하고 해당 넓이보다 도형이 작을 경우에만 탭을 생성한다.

ⓓ **전체 탭** : 다음보다 작은 형태에 탭 생성 기능을 사용하지 않는 경우에만 활성화된다. 도형의 넓이에 상관없이 탭을 생성한다.

㉡ **수동** : 탭의 위치를 직접 선택하거나 조건을 설정해 위치를 지정한다.

ⓐ **위치** : 탭의 위치를 작업화면상에서 직접 지정한다.

ⓑ **탭에 대한 사각형태 위치를 사용** : 미리 사각형태(ㅁ)로 점 도형을 생성해 놓은 경우 해당 점 위치에 자동으로 탭을 생성한다.

❷ **탭 이송**

㉠ **전체** : 공작물의 두께를 탭의 두께로 설정한다.

㉡ **부분** : 탭의 두께를 별도로 설정한다.

㉢ **수직 이동** : 공구의 Z방향 이송을 수직방향으로 설정한다.

㉣ **램프 이동** : 공구의 Z방향 이송을 램프경사각도의 각도대로 설정한다.

㉤ **램프 경사각도** : 램프이동의 경사각도를 입력한다.

㉥ **너비** : 탭의 너비를 입력한다.

㉦ **탭의 두께** : 탭의 두께를 입력한다. 부분을 선택한 경우에만 활성화된다.

❸ **진입 높이를 탭의 전체 높이로 사용** : 다음 탭으로 이동 시 공구의 복귀높이를 안전높이나 이송높이가 아닌 진입높이로 설정한다.

❹ **수정된 탭 덮어쓰기** : 이미 수정된 탭에 전체적인 탭의 변경사항을 덮어쓴다.

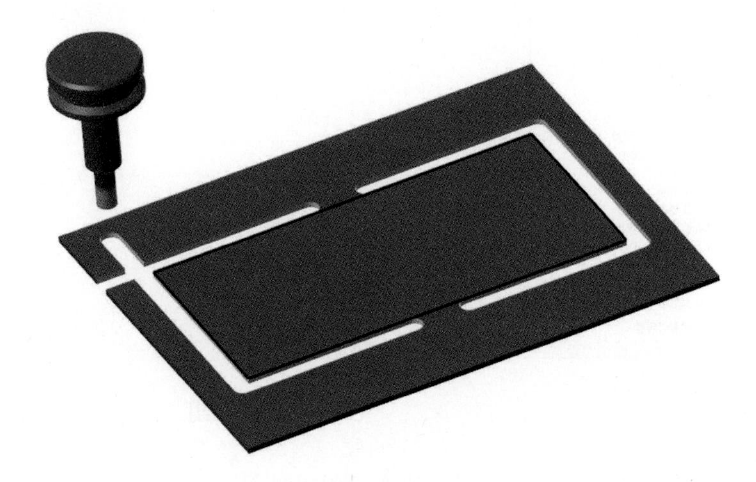

[탭 사용 예]

10) 탭 컷오프

탭 기능을 사용한 경우 남아 있는 탭의 처리방법을 설정한다.

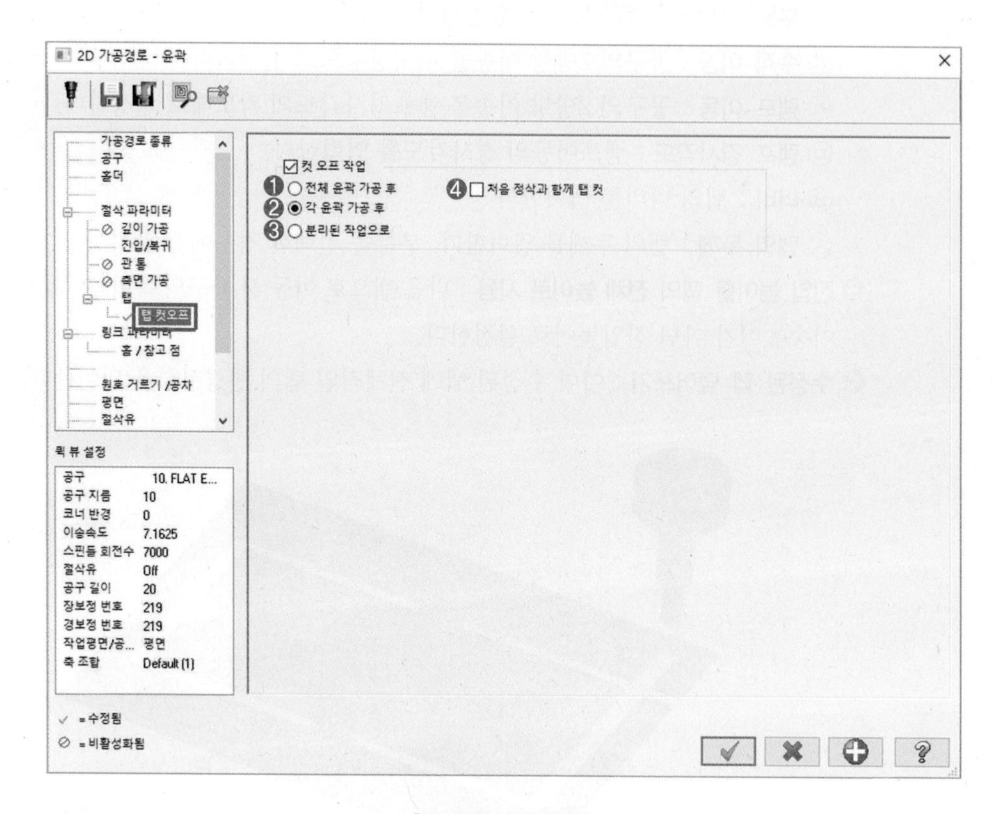

[탭 컷오프 조건창]

❶ **전체 윤곽 가공 후** : 전체 윤곽가공 작업이 끝난 후 탭을 제거한다.

❷ **각 윤곽 가공 후** : 선택한 윤곽이 두 개 이상일 때 각 윤곽가공 완료 후 탭을 제거한다.

❸ **분리된 작업으로** : 탭을 제거하는 가공경로를 별도의 작업으로 생성한다.

❹ **처음 정삭과 함께 탭 컷** : 각 윤곽가공 후를 선택했을 때 활성화된다. 황삭에서 탭 작업을 한 후 처음 정삭가공 실행 시 탭을 제거한다.

11) 링크 파라미터

가공경로의 Z축 방향 공구 이송높이를 설정한다.

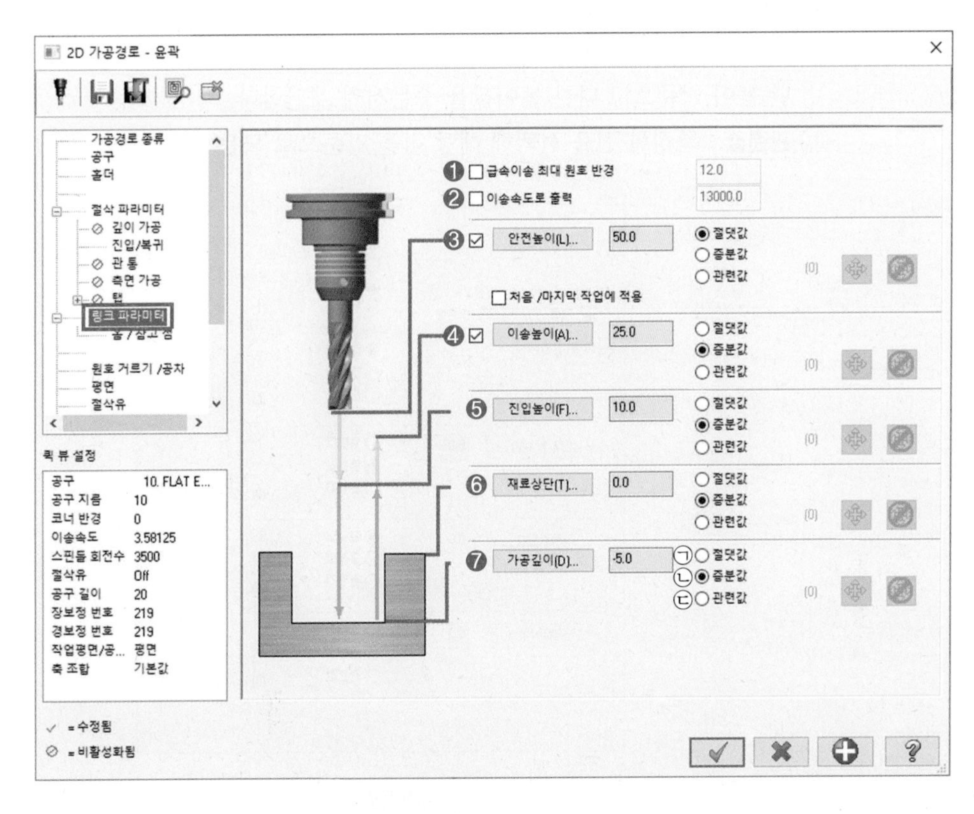

[링크 파라미터 조건창]

❶ **급속이송 최대 원호 반경** : 급속이송 시 입력된 원호 최대 반경의 형태로 이송하도록 설정한다.

❷ **이송속도로 출력** : 급속이송 시 출력되는 원호동작을 이송속도로 동작하도록 설정한다.

❸ **안전높이** : 가공 실행 시 공구가 공구 교환위치에서 가공시작 위치로 이동 시 처음으로 위치해야 할 공구의 높이값을 설정한다.

㉠ **처음 / 마지막 작업에 적용** : 두 개 이상의 윤곽 도형을 선택한 경우 첫 번째 도형과 마지막 도형에만 안전높이를 적용한다.

❹ **이송높이** : 두 개 이상의 윤곽 도형을 선택하거나 깊이가공, 측면가공 등을 사용해 공구를 Z방향으로 복귀해 이송하는 경우 공구를 복귀시켜 이송하기 위한 높이를 설정한다.

❺ **진입높이** : –Z방향으로 공구 진입 시 급송이송(G0)에서 절삭이송(G1)으로 변경되는 높이이다.

❻ **재료상단** : 가공대상 공작물의 상단 높이값을 설정한다.

❼ **가공깊이** : 가공이 실행될 최종 깊이를 설정한다. 재료상단 높이부터 가공깊이까지가 실제 가공 깊이로 인식된다.

㉠ **절댓값** : 적용 중인 공구평면의 Z축 원점 기준으로 높이를 계산한다.

㉡ **증분값** : 선택한 도형이 위치한 높이를 기준으로 모든 높이를 계산한다. 또한, 재료상단 높이 기준으로 다른 높이값을 증분시켜 계산한다.

㉢ **관련값** : 특정한 점을 선택해 해당 점을 기준으로 모든 높이값을 계산한다.

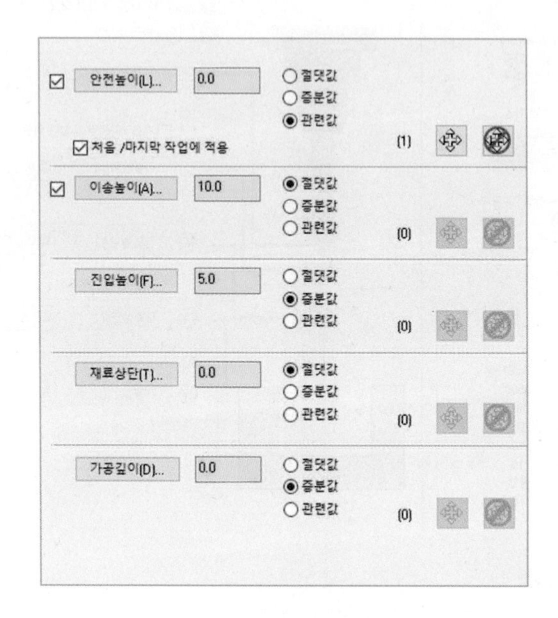

[가공깊이]

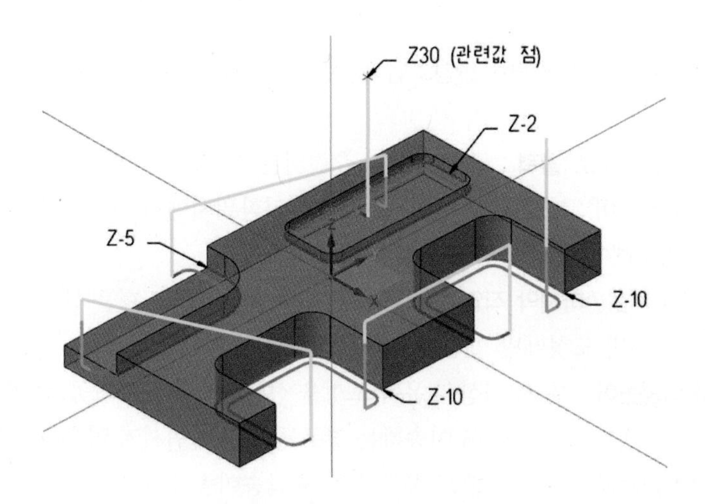

[절댓값, 증분값, 관련값 사용 예]

(2) 드릴가공

선택된 점 또는 원호에 고정사이클을 이용해 다양한 홀(Hole) 가공경로를 생성한다.

1) 가공경로 홀 정의

아래의 조건창에서 드릴 가공에 사용될 위치 정보를 포함하는 도형요소를 선택한다.

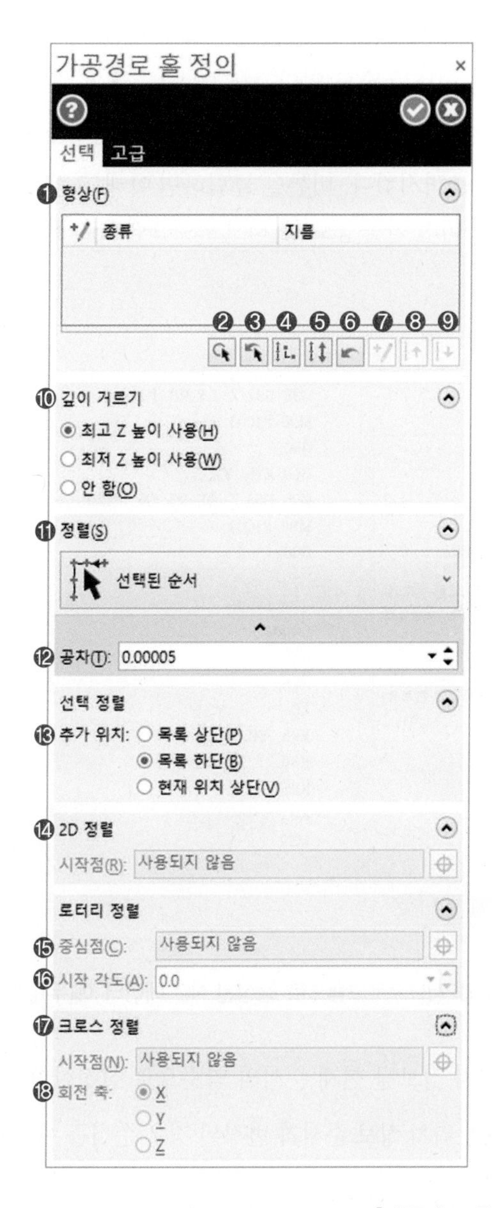

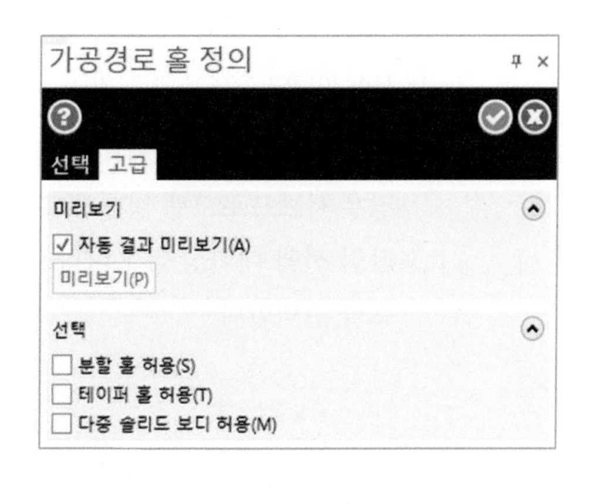

[가공경로 홀 정의 조건창]

❶ **형상** : 드릴가공을 위해 선택된 도형요소의 목록을 표시한다.

❷ **원호마스크** : 작업화면에서 기준 원호를 선택한 후 윈도 선택으로 영역을 선택해 선택된 영역 내에 기준 원호와 같은 지름값을 가지는 원호의 중심점을 자동으로 선택한다. 기준 원호로 원을 선택할 경우 완전한 원이 아닌 원호들은 선택되지 않으며, 기준 원호로 원호를 선택할 경우 완전한 원은 선택되지 않는다.

❸ **이전 점 복사** : 이전 드릴작업에서 선택한 위치들을 자동으로 재선택한다. 이 기능을 사용한 후 추가적으로 가공 위치를 선택할 수도 있다.

❹ **서브프로그램** : 미리 생성된 드릴 가공경로가 있고 같은 위치에 드릴작업을 생성할 경우 서브프로그램 형태로 코드를 출력시킨다. 버튼을 클릭하면 아래 그림과 같이 드릴 작업 선택 대화상자가 나타나는데 이전 가공경로 중 서브프로그램으로 적용할 가공경로를 선택한다.

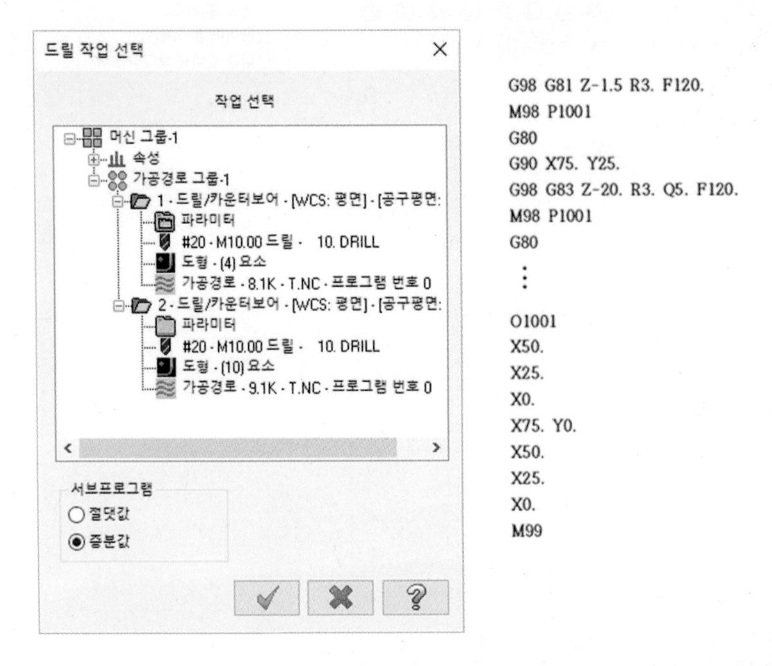

[드릴작업 선택 대화상자(좌)와 서브프로그램으로 생성된 NC 데이터 예(우)]

❺ **역방향 순서** : 형상 목록의 위치 정보를 현재 순서의 역순으로 설정한다.

❻ **기존 순서로 리셋** : 형상 목록의 위치 정보 순서가 변경된 경우 순서를 변경되기 이전으로 되돌린다.

❼ **점에서 파라미터 변경** : 선택된 위치 중 특정 점들을 다시 선택해 가공 조건의 일부 내용을 편집한다. 형상 목록에서 가공 위치를 선택한 후 버튼을 클릭하면 아래의 파라미터 창이 나타나며 일부 내용을 편집할 수 있다.

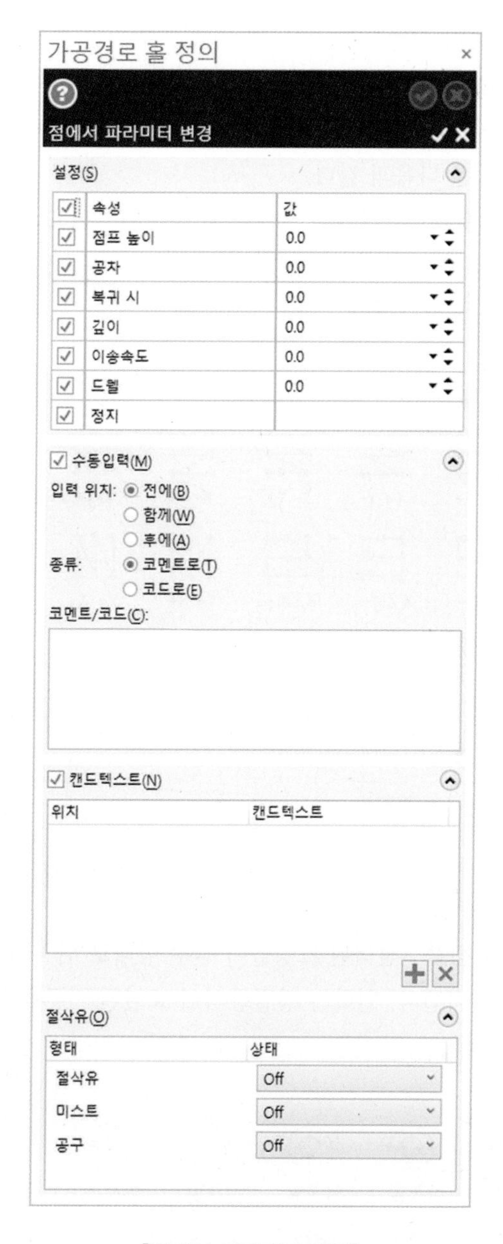

[점에서 파라미터 변경]

⑧ **위로 이동** : 선택된 위치들을 현재 순서를 기준으로 형상 목록에서 위쪽으로 이동시킨다.

⑨ **아래로 이동** : 선택된 위치들을 현재 순서를 기준으로 형상 목록에서 아래쪽으로 이동시킨다.

⑩ **깊이 거르기** : 같은 X, Y 좌표를 가지지만 Z높이가 다른 가공 위치에 대해 거르기를 실행한다. 두 가지 옵션으로 거르기를 실행할 수 있다.

㉠ **최고 Z높이 사용** : Z높이가 가장 높은 위치만 선택한다.

㉡ **최저 Z높이 사용** : Z높이가 가장 낮은 위치만 선택한다.

⑪ **정렬** : 선택된 위치들을 조건에 맞는 순서로 정렬시킨다. 네 가지 정렬방법으로 구분되며, 각 방법은 다음과 같다.

㉠ **선택된 순서** : 위치들을 선택한 순서로 가공되도록 정렬시킨다.

㉡ **2D 정렬** : X, Y 축의 일정방향으로 가공순서를 정렬시킨다. 원하는 정렬방식이 표현된 버튼을 클릭한다.

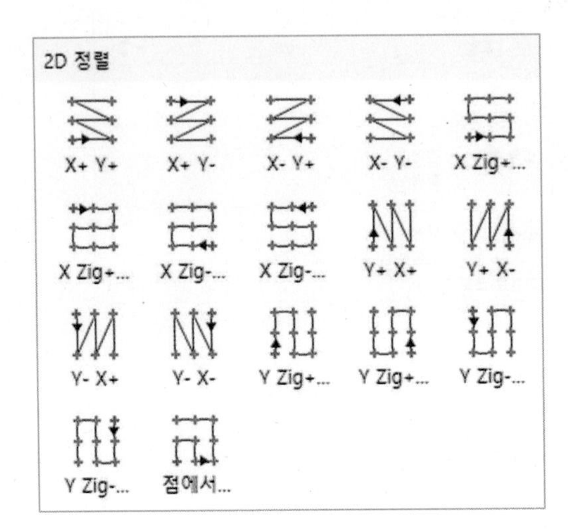

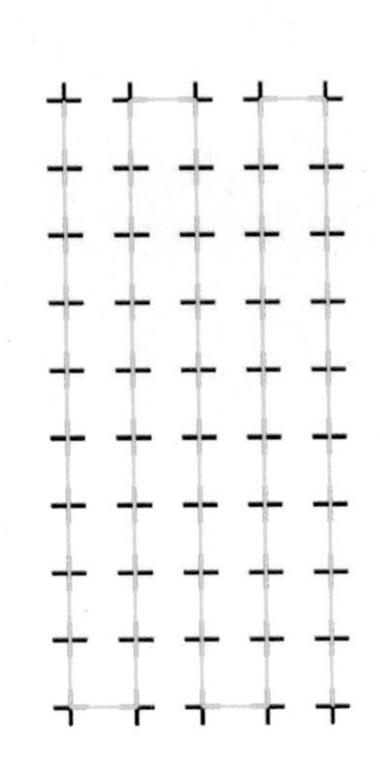

[2D 정렬 옵션과 적용 예]

㉢ **로터리 정렬** : 선택된 도형들이 원주 형태로 위치한 경우 가공순서를 회전하는 형태로 정렬시킨다. 원하는 정렬방식이 표현된 버튼을 클릭한다.

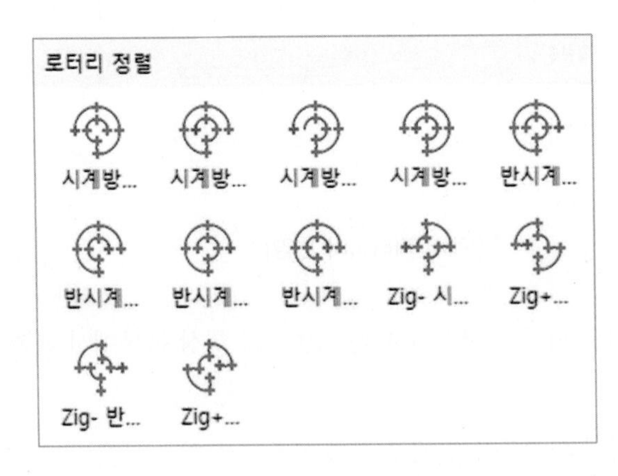

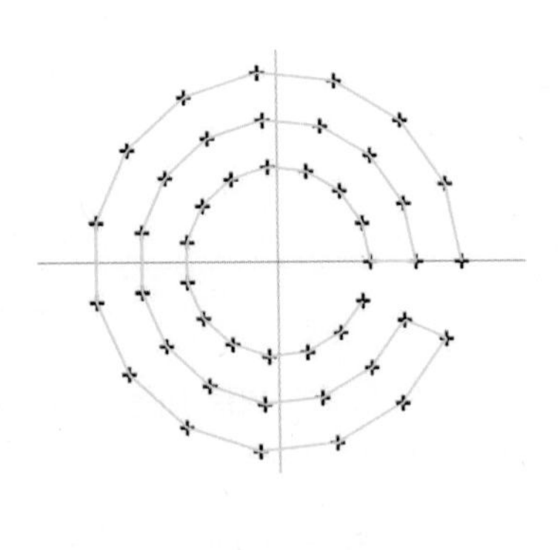

[로터리 정렬 옵션과 적용 예]

ㄹ **크로스 정렬** : 선택된 도형들이 가상의 원통상에 위치한 경우 원통의 회전축을 기준으로 회전하는 형태로 가공순서를 정렬시킨다. 이 기능을 사용하더라도 실제로 로터리 축을 사용하는 가공경로가 만들어지는 것은 아니며, 도형의 선택 순서에만 영향을 준다.

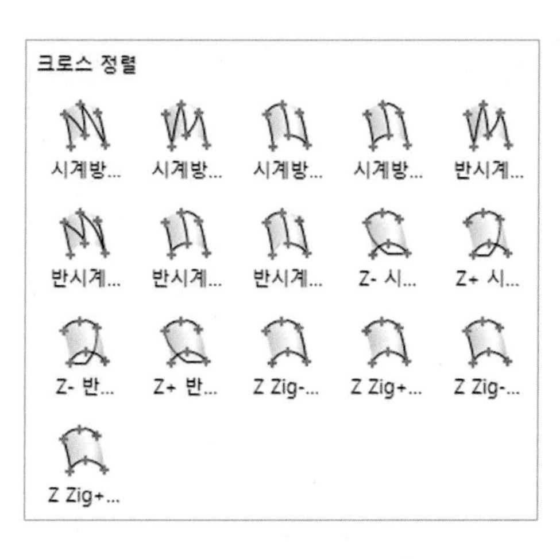

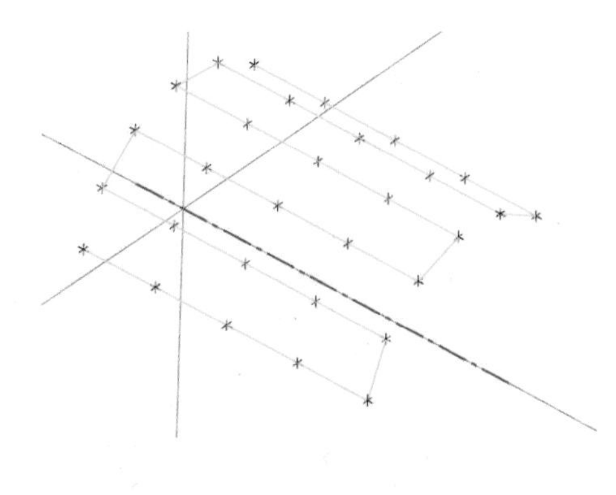

[크로스 정렬 옵션과 적용 예]

⑫ **공차** : 처음 선택된 위치를 기준으로 다음 위치를 찾을 때 사용될 거리 공차값을 입력한다.

⑬ **추가 위치** : 선택된 순서 정렬방법을 사용하는 경우에만 활성화된다. 가공 위치를 추가적으로 선택했을 때, 형상 목록에서 해당 위치가 추가될 위치를 설정한다. 세 가지 옵션을 사용할 수 있다.

ㄱ **목록 상단** : 선택된 위치를 형상 목록의 최상단에 추가한다.

ㄴ **목록 하단** : 선택된 위치를 형상 목록의 최하단에 추가한다.

ㄷ **현재 위치 상단** : 선택된 위치를 형상 목록 현재 위치 상단에 추가한다.

⑭ **시작점(2D 정렬)** : 2D 정렬방법의 점에서 점으로 옵션을 사용하는 경우에만 활성화된다. 정렬의 시작점으로 사용될 점을 선택한다.

⑮ **중심점** : 로터리 정렬방법을 사용하는 경우에만 활성화된다. 로터리의 중심점으로 사용될 점을 선택한다.

⑯ **시작 각도** : 선택된 중심점을 기준으로 가공 위치 정렬을 시작할 각도를 설정한다.

⑰ **시작점(크로스 정렬)** : 크로스 정렬방법을 사용하는 경우에만 활성화된다. 가공 위치 정렬을 시작할 점을 선택한다.

⑱ **회전축** : 크로스 정렬방법 적용 시 사용되는 가상의 원통 회전축을 선택한다. X, Y, Z 축을 선택할 수 있다.

2) 공작물

홀 가공 작업 시 공작물 데이터를 사용해 공구가 공작물을 가공하지 않는 구간을 트림할 수 있도록 설정한다.

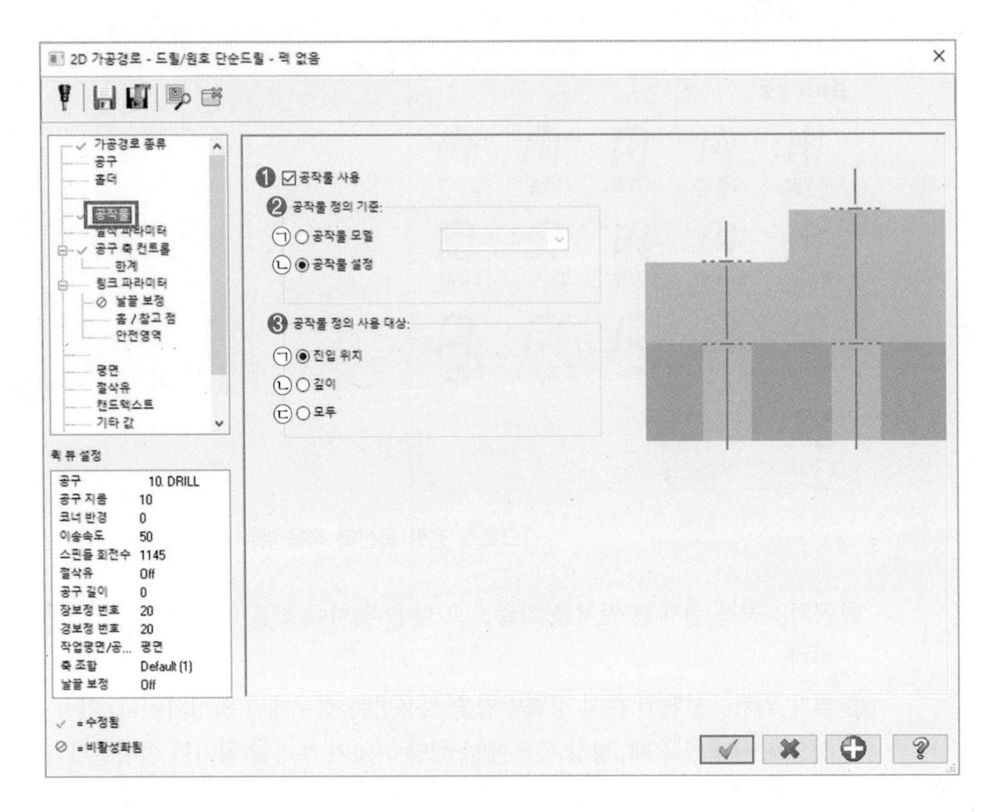

[공작물 조건창]

❶ **공작물 사용** : 공작물 데이터 사용 여부를 설정한다. 공작물 사용 체크박스를 선택해야 이 페이지의 다른 기능들을 사용할 수 있다.

❷ **공작물 정의 기준** : 가공경로 트림에 사용될 공작물 데이터를 선택한다. 두 가지 옵션을 사용할 수 있다.

㉠ **공작물 모델** : 목록에서 미리 생성된 공작물 모델 작업을 선택해 사용한다.

㉡ **공작물 설정** : 머신 그룹 속성에서 설정한 공작물 설정을 사용한다.

❸ **공작물 정의 사용 대상** : 선택된 공작물을 사용해 계산할 위치를 선택한다. 세 가지 옵션을 사용할 수 있다.

㉠ **진입 위치** : 공구의 진입 위치를 공작물로부터 계산한다.

㉡ **깊이** : 공구가 가공할 깊이를 공작물로부터 계산한다.

㉢ **모두** : 진입 위치와 깊이를 모두 공작물로부터 계산한다.

3) 절삭 파라미터

홀 가공을 위해 적용될 고정사이클과 고정사이클 선택 후 사용될 각종 설정값을 설정한다.

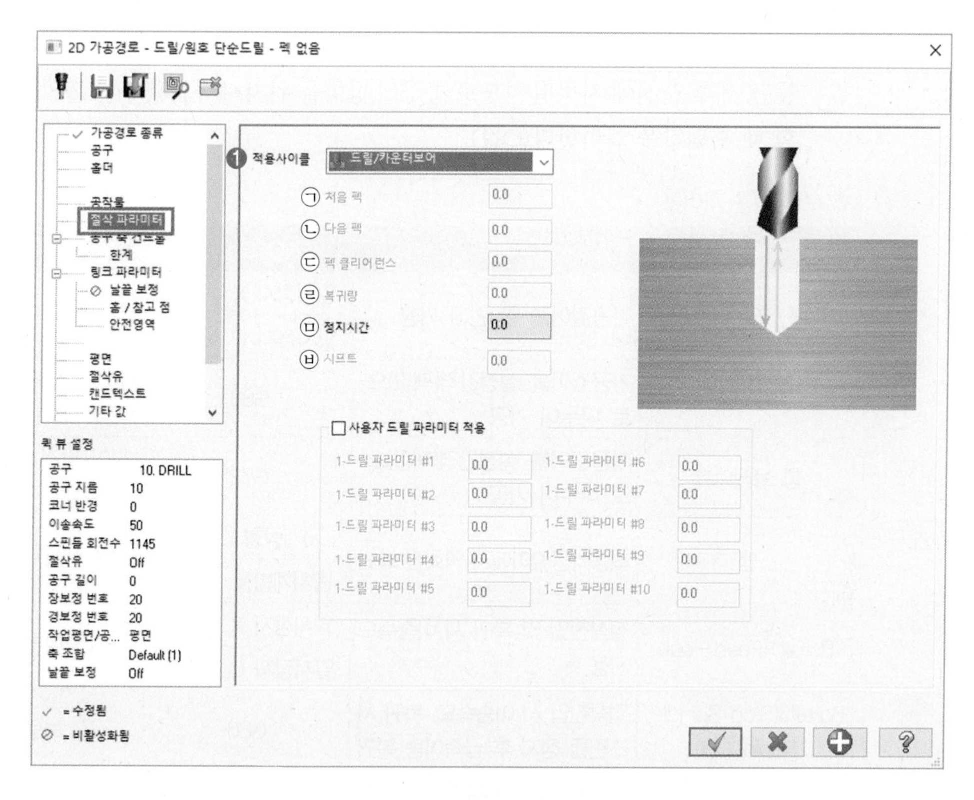

[절삭 파라미터 조건창]

❶ **적용 사이클** : 드릴가공 방법에서 적용될 형태(고정사이클)를 설정한다.

㉠ **처음 펙** : 일반적으로 펙드릴(G83)과 칩 브레이크(G73) 사이클에서 사용되는 설정값으로 드릴 깊이를 나누어서 가공할 경우 한 번에 가공하는 깊이값이다(Q값).

㉡ **다음 펙** : 처음 펙에서 설정한 값으로 깊이가공을 1회 실행 후 나머지 깊이를 나누어서 가공할 때 사용되는 간격 값이다. 일반적인 포스트를 사용할 경우 이 값은 코드로 출력되지 않는다.

㉢ **펙 클리어런스** : 펙드릴이나 칩 브레이크 사이클 사용 시 펙값만큼 가공하고 공구 복귀 후 급속이송으로 내려오는 깊이다. 이 값은 이전의 펙값만큼 가공된 깊이에 +Z방향으로 추가된다. 일반적인 포스트를 사용할 경우 이 값은 코드로 출력되지 않는다.

㉣ **복귀량** : 칩 브레이크 사이클 사용 시 펙값만큼 가공 후 공구를 급속이송으로 +Z방향으로 복귀하는 높이다. 이 값은 펙 클리어런스와 마찬가지로 이전의 펙값만큼 가공된 깊이에 +Z방향으로 추가된다. 일반적인 포스트를 사용할 경우 이 값은 코드로 출력되지 않는다.

ⓜ **정지시간** : 일반적으로 드릴 / 카운터보어와 Bore#1(Feed－out) 사이클에서 사용되는 설정값으로 최종 가공깊이에서 공구를 공회전시킬 경우 공회전 시간을 초단위로 설정한다.

ⓑ **시프트** : Fine Bore(Shift) 사이클에서 사용되는 설정값으로 최종 가공깊이에서 스핀들 정지 후 사전에 지정된 각도로 공구의 방향을 위치시키고 공구를 홀의 벽에서 후퇴할 때 후퇴값을 입력한다(Q값).

▼ 드릴 적용 사이클

사이클	내용	NC Code		적용분야
드릴 / 카운터보어	가공깊이를 한 번에 가공	일시정지 X	G81	깊이가 얕은 홀의 가공
		일시정지 O	G82	
펙드릴	가공깊이를 설정간격(펙값)으로 나누어 가공	G83		깊이가 깊어서 칩 배출이 용이하지 않은 경우
칩 브레이크	가공깊이를 설정간격(펙값)으로 나누어 가공	G73		칩이 말리지 않게 칩을 끊어서 가공할 경우
탭	최종가공깊이에서 역회전 복귀	시계방향	G84	나사가공
		반시계방향	G74	
Bore#1(Feed－out)	절삭진입 및 복귀 시 이송속도 사용	일시정지 X	G85	보링가공
		일시정지 O	G89	
Bore#2(Stop Spindle, Rapid Out)	절삭진입 시 이송속도, 복귀 시 스핀들 정지 후 급속이송 복귀	G86		보링가공
Fine Bore(Shift)	최종가공깊이에서 스핀들 정지 후 사전에 지정된 각도로 공구의 방향을 위치시키고 홀의 측벽에서 후퇴 후 복귀	G76		보링가공
Rigid Tapping Cycle	탭 작업에서 스핀들 회전각과 이송량의 비가 항상 일정하도록 제어하는 기능(스핀들 회전속도와 이송속도의 비를 일정하게 제어하는 기능)	M29		나사가공
사용자 사이클 9－20	특수한 사이클을 포스트에 추가해 사용			특수사이클

:: 드릴 사이클 적용 예

드릴가공 시 다음과 같이 설정하였을 때 공구가 움직이는 동작의 예시이다. 그림들은 위 설정들을 설명하기 위한 것일 뿐, 일반적인 포스트 사용 시 아래와 같이 동작하지는 않는다.

㉠ 적용 사이클 : 칩 브레이크
㉡ 이송높이(R점) : 2
㉢ 재료 상단 : 0
㉣ 가공깊이 : －15

㉤ 첫 번째 펙 : 5	㉥ 다음 펙 : 4
㉦ 펙 클리어런스 : 2	㉧ 복귀량 : 3
㉨ 정지시간 : 2	㉩ 시프트 : 사용 안 함

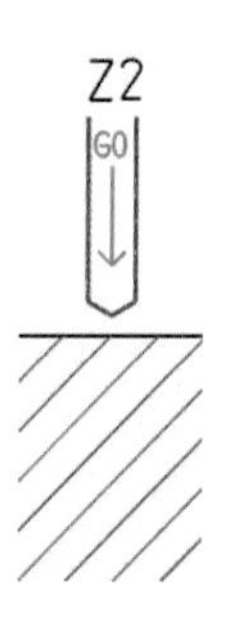

R점 2까지 −Z방향 급속이송

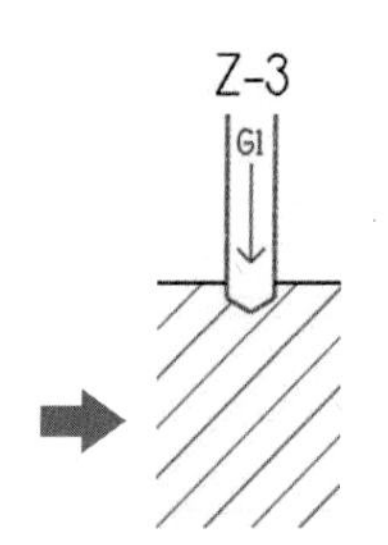

처음 펙 5만큼 −Z방향 절삭이송

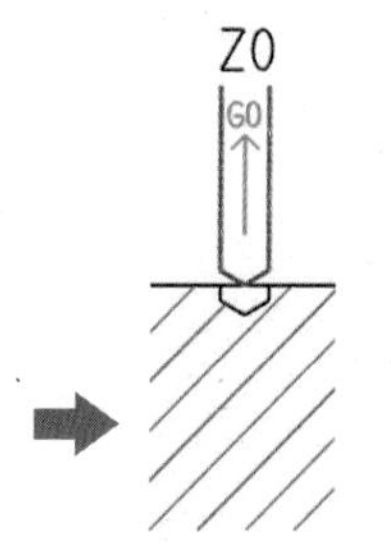

복귀량 3만큼 +Z방향 급속이송

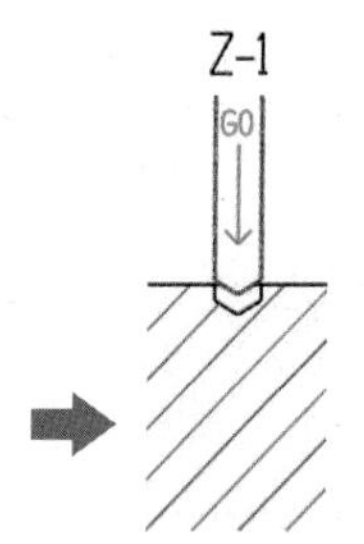

처음 펙 실행 높이인 −3에서 펙 클리어런스 2가 더해진 −1까지 −Z방향 급속이송

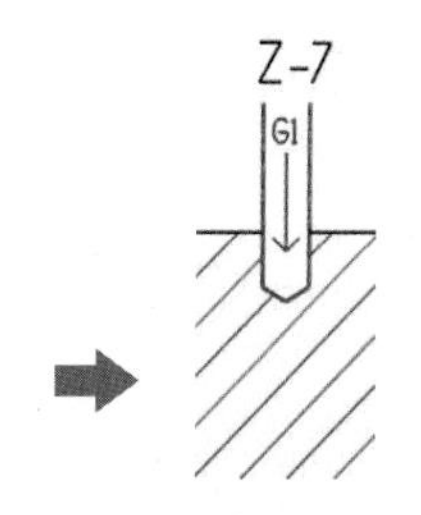

처음 펙 실행 높이인 −3에서 다음 펙 4만큼 −Z방향 절삭이송

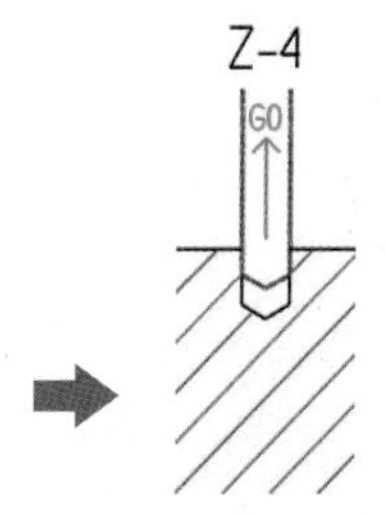

복귀량 3만큼 +Z방향 급속이송

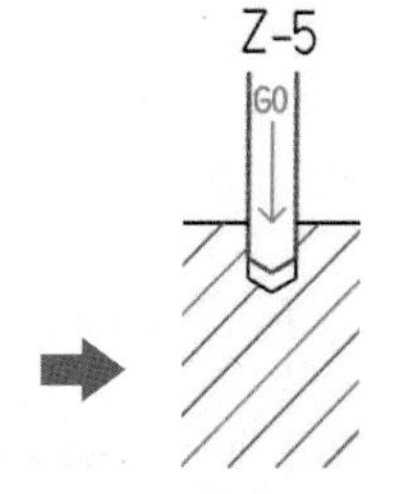

두 번째 펙 실행 높이인 −7에서 펙 클리어런스 2가 더해진 −5까지 −Z방향 급속이송

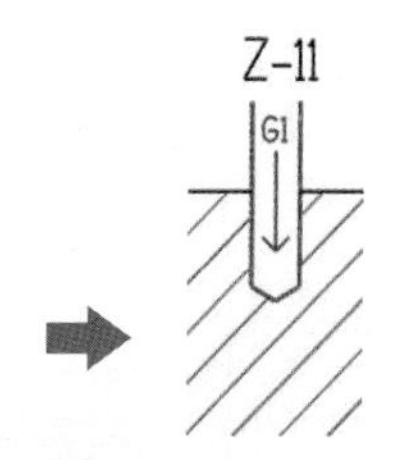

두 번째 펙 실행 높이인 −7에서 다음 펙 4만큼 −Z방향 절삭이송

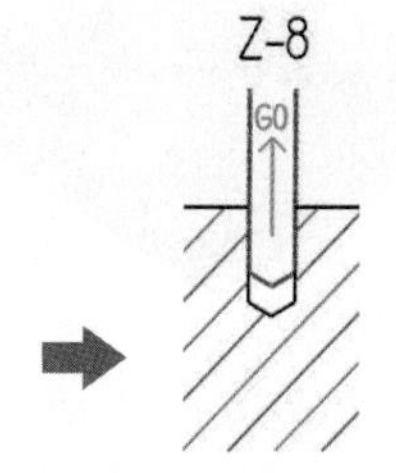

복귀량 3만큼 +Z방향 급속이송

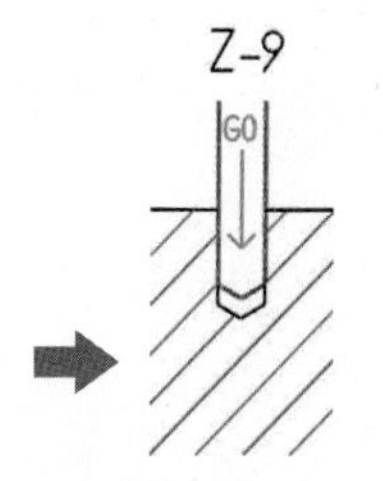

세 번째 펙 실행 높이인 −11에서 펙 클리어런스 2가 더해진 −9까지 −Z방향 급속이송

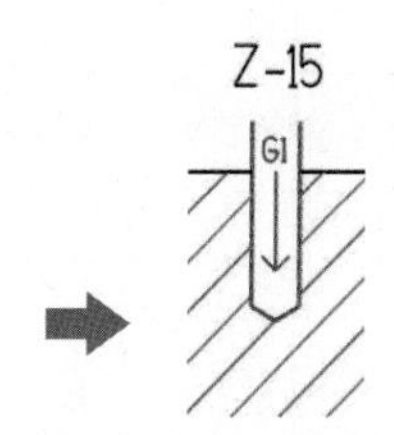

세 번째 펙 실행 높이인 −11에서 다음 펙 4만큼 −Z방향 절삭이송

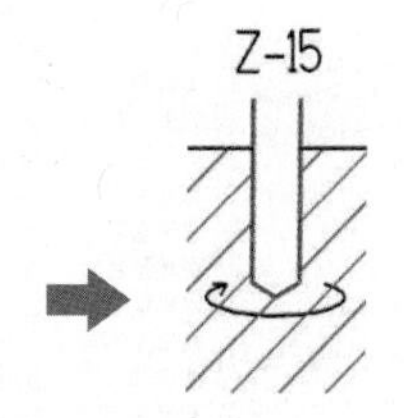

최종 가공 깊이인 −15높이에서 2초 동안 공회전

4) 공구 축 컨트롤

드릴 가공경로가 연산될 축 형태를 설정한다. 2D 가공의 경우 3축 옵션만 사용할 수 있으며, 4축이나 5축 옵션을 선택해도 NC 데이터는 3축 기준으로 출력된다.

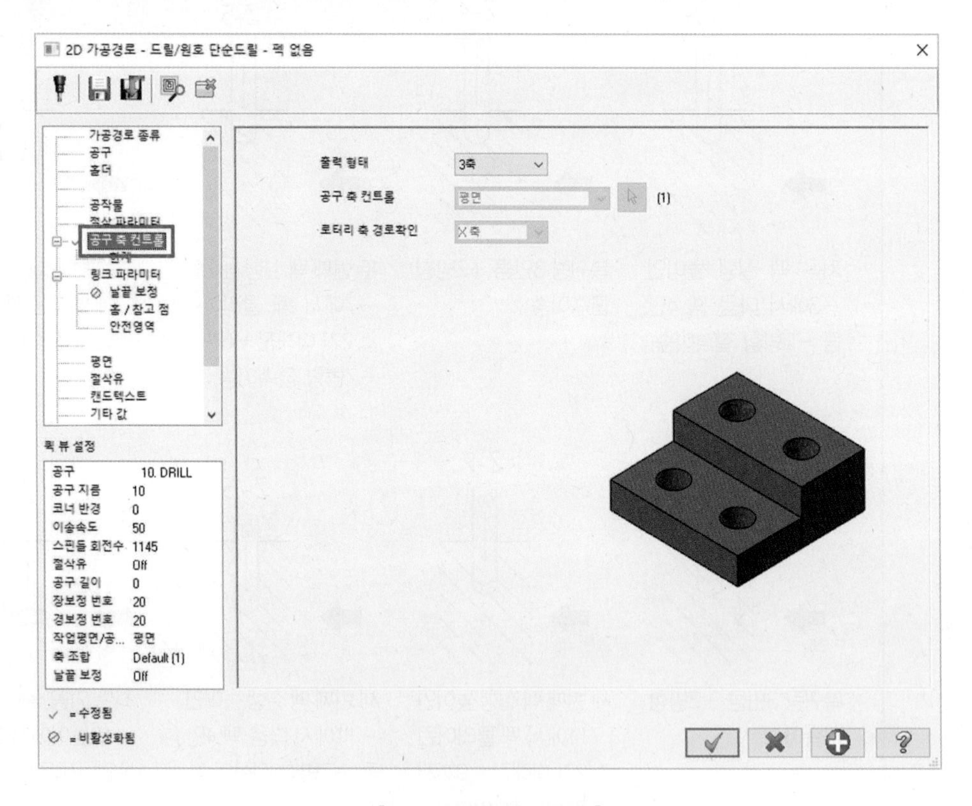

[공구 축 컨트롤 조건창]

5) 한계

공구 축 컨트롤의 출력 형태를 4축 이상으로 설정했을 때 활성화된다. 각 축방향의 이송 거리 한계값을 설정할 수 있다.

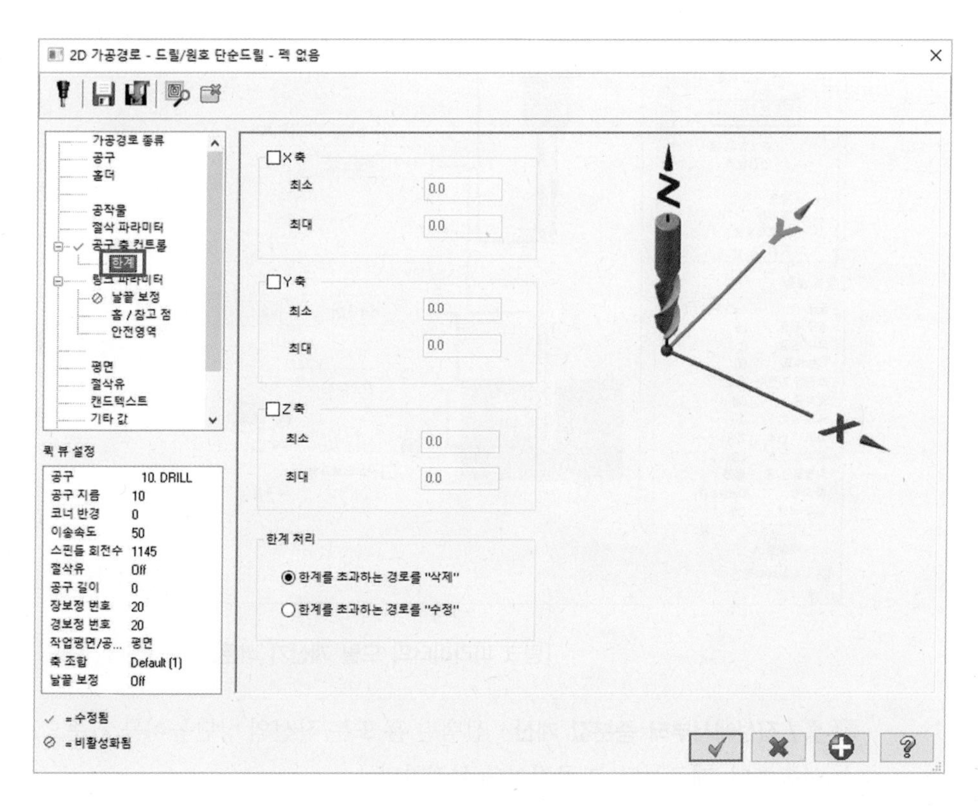

[한계 조건창]

6) 링크 파라미터

공구가 드릴작업을 위해 움직일 때 사용될 각종 이송높이를 설정한다. 다른 항목들은 윤곽 가공에서 설명한 내용과 동일하므로 설명을 생략하고 새로 추가된 옵션과 드릴 깊이 계산기에 대해서만 설명한다.

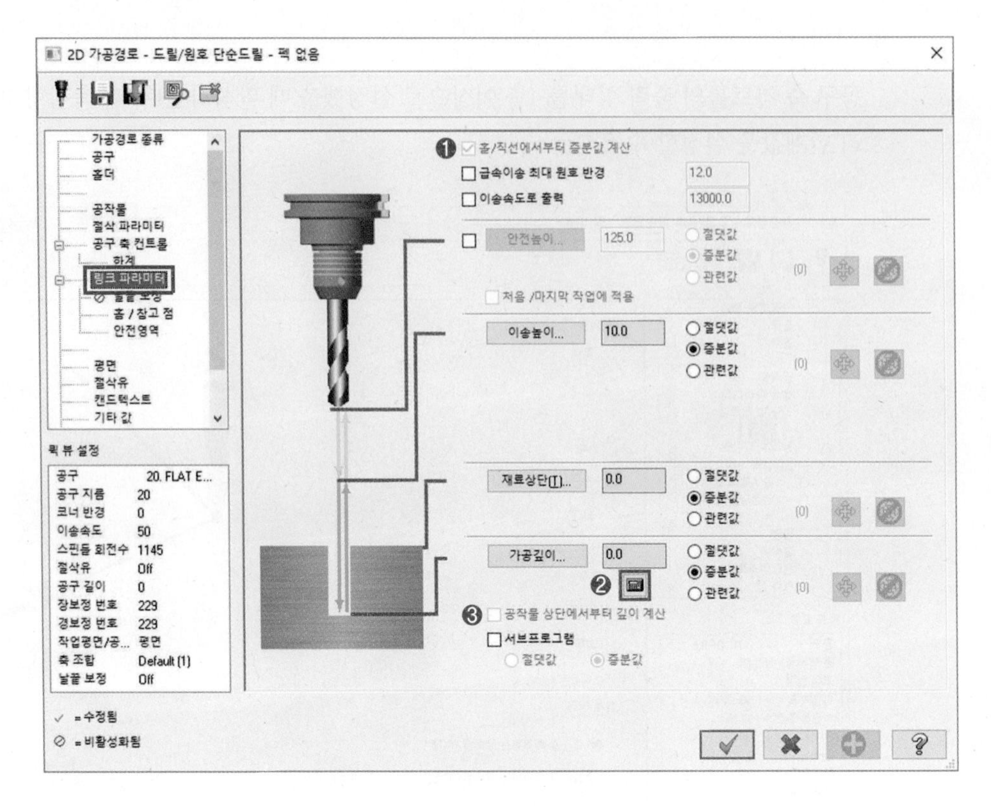

[링크 파라미터의 드릴 계산기 버튼]

❶ **홀 / 직선에서부터 증분값 계산** : 선택된 홀 또는 직선의 상단높이를 기준으로 안전높이, 이송높이, 재료상단, 가공깊이를 설정한다.

❷ **드릴 깊이 계산기** : 지정한 공구의 지름과 날 끝 각도를 고려하여 공구의 날 끝 길이를 계산하는 기능으로 계산된 날 끝 길이를 가공깊이에 추가하거나 가공깊이로 대체할 수 있다.

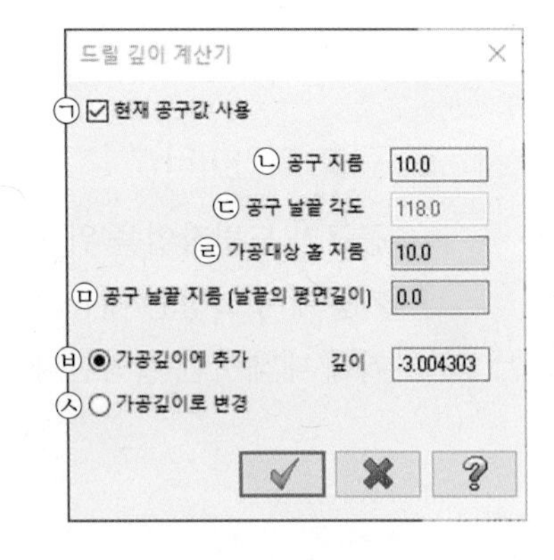

[드릴 깊이 계산기]

㉠ **현재 공구값 사용** : 날 끝 길이의 계산을 위해 현재 지정된 공구의 지름과 날 끝 각도를 자동으로 가져온다. 이 옵션을 사용하지 않을 경우 공구 지름과 날 끝 각도를 직접 입력해야 한다.

㉡ **공구 지름** : 공구의 날 끝 길이 계산을 위해 사용될 공구 지름을 입력한다.

㉢ **공구 날 끝 각도** : 공구의 날 끝 길이 계산을 위해 사용될 공구의 날 끝 각도를 입력한다.

㉣ **가공대상 홀 지름** : 드릴 가공될 홀의 지름을 입력한다.

㉤ **공구 날 끝 지름(날 끝의 평면길이)** : 공구의 날 끝에 평면영역이 존재할 경우 이 영역의 지름을 입력한다.

㉥ **가공깊이에 추가** : 계산된 날 끝 길이값을 가공깊이에 추가한다.

예 계산된 날 끝 길이가 1.8이고 가공깊이가 −20일 경우 최종가공깊이는 −21.8이 된다.

㉦ **가공깊이로 변경** : 계산된 날 끝 길이값을 가공깊이로 변경한다.

예 계산된 날 끝 길이가 1.8이고 가공깊이가 −20일 경우 최종가공깊이는 −1.8로 변경된다.

❸ **공작물 상단에서부터 깊이 계산** : 공작물 설정을 했을 때, 해당 공작물의 상면을 인식해 증분값으로 이송높이, 재료상단, 가공깊이를 설정한다.

7) 날 끝 보정

가공하려는 홀의 형상이 관통 형상인 경우 사용한다. 공구의 관통 길이를 지정하면 공구의 날 끝 길이와 관통 길이를 가공깊이에 추가시킨다.

예 가공깊이가 −20이고 공구의 날 끝 길이가 1.8일 경우 관통 길이로 3을 입력하면 최종 가공깊이는 −24.8이 된다. 관통 길이로는 양(+)의 값을 입력해야 한다.

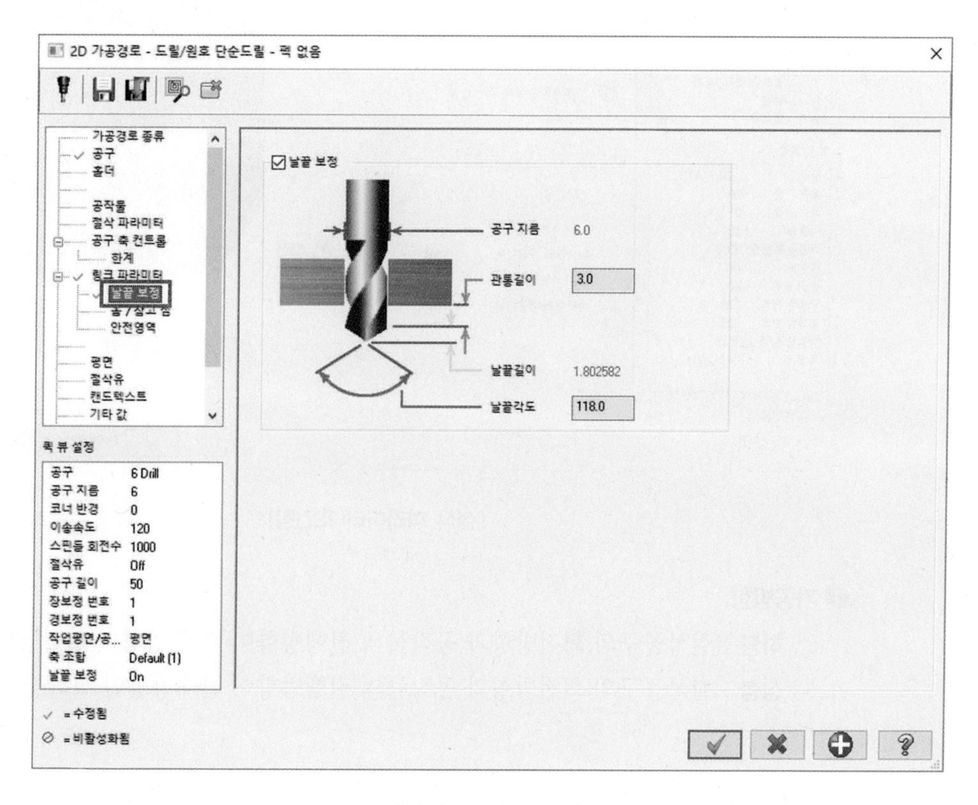

[날 끝 보정 조건창]

(3) 포켓가공

닫힌 형태의 도형 내측 영역을 가공한다. 포켓 종류를 열린 포켓으로 설정할 경우 열린 형태의 도형에도 적용할 수 있다. 포켓가공의 파라미터 중 윤곽가공에서 설명한 부분은 생략하고 추가된 항목들만 설명한다.

1) 절삭 파라미터

포켓 종류, 가공방향, 가공 여유 등 포켓가공에 필요한 여러 가지 변수를 설정한다.

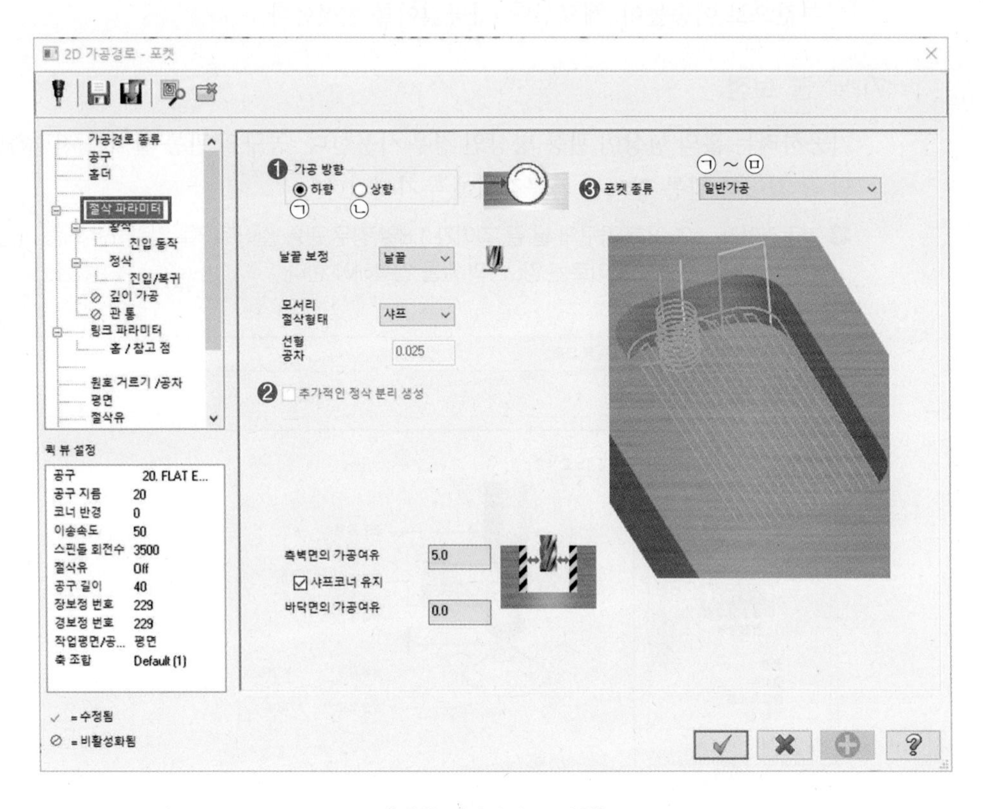

[절삭 파라미터 조건창]

❶ 가공방향

㉠ **하향** : 절삭공구의 회전방향과 공작물의 진행방향이 같은 방향인 절삭방법이다.

㉡ **상향** : 절삭공구의 회전방향과 공작물의 진행방향이 반대방향인 절삭방법이다.

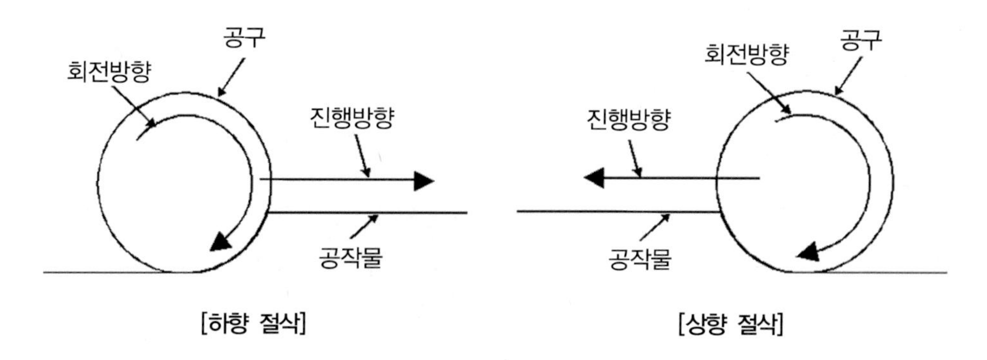

[하향 절삭] [상향 절삭]

❷ **추가적인 정삭 분리 생성** : 측벽면을 가공하는 정삭 경로를 가공경로 관리자에 별도의 작업으로 생성한다. 추가된 정삭 가공경로는 기존 포켓 가공경로와 같은 파라미터 설정들과 도형을 사용하지만 정삭 경로만 포함한다.

❸ **포켓 종류** : 실행될 포켓가공 형태를 설정한다.

㉠ **일반가공** : 일반적인 포켓가공을 생성한다. 선택된 닫힌 도형의 내측 영역을 가공한다.

[일반가공 선택 시 화면]

㉡ **표면가공** : 링크 파라미터에 입력된 재료상단 높이부터 가공깊이까지 면가공을 실행한다. 선택된 닫힌 도형의 외곽을 공구가 벗어나는 형태로 가공을 실행한다.

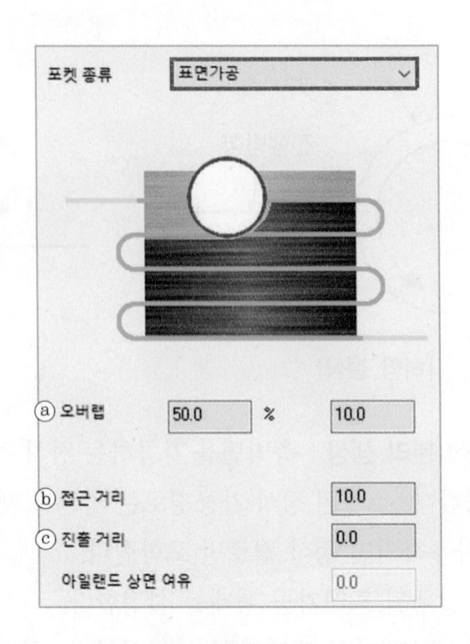

[표면가공 조건창]

ⓐ **오버랩** : 이때 공구가 외곽을 기준으로 밖으로 벗어나는 양을 설정한다. 왼쪽 칸에 공구 지름의 비율값(%)을 입력하거나 오른쪽 칸에 일정 거리값을 입력해 설정한다.

ⓑ **접근거리** : 공구가 재료의 위에서 수직으로 하강하며 진입하는 것을 방지하기 위해서 첫 번째 경로의 시작 위치에 진입거리를 추가한다.

ⓒ **진출거리** : 공구가 재료를 완전히 벗어난 후 +Z방향으로 복귀시키기 위해 최종 경로의 끝 위치에 진출거리를 추가한다.

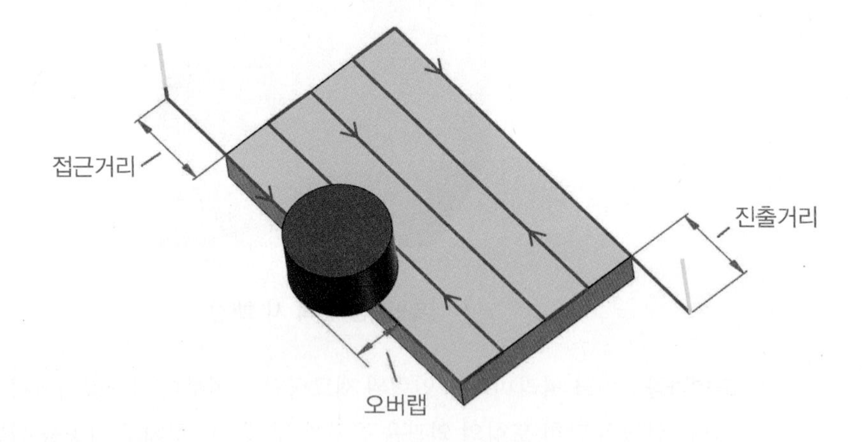

ⓒ **아일랜드 면가공** : 서로 Z 높이가 다른 아일랜드 도형들과 외곽 도형을 선택했을 때 도형들의 높이까지 계산해 포켓 가공경로를 생성한다. 포켓가공 대상으로 선택된 가장 외측의 닫힌 도형 안에 다른 닫힌 도형들이 있는 경우 이 도형들을 아일랜드라 칭한다.

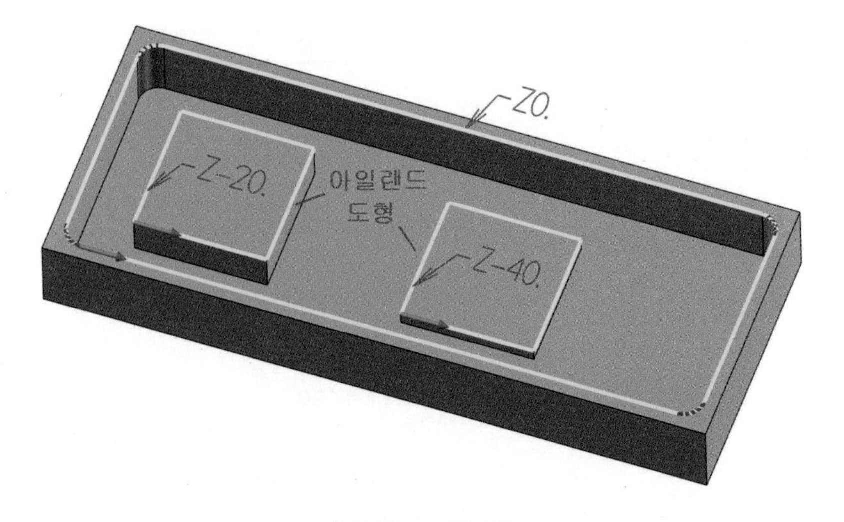

[아일랜드 도형 예]

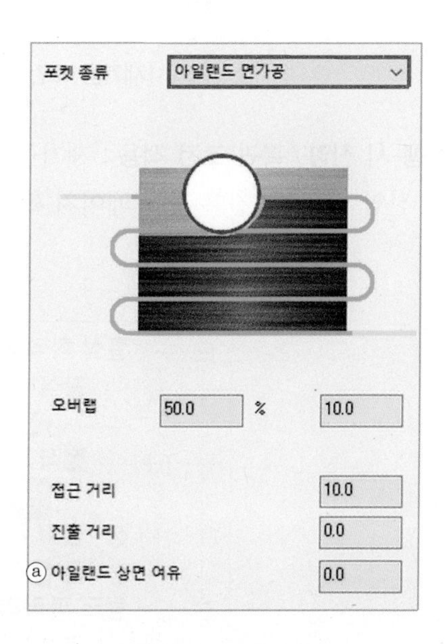

[아일랜드 면가공 조건창]

ⓐ **아일랜드 상면 여유** : 아일랜드 도형의 상면에 적용될 여유값을 입력한다.

㉣ **재가공** : 윤곽가공의 재가공과 동일한 내용으로 이전에 실행된 포켓가공에서 미절삭된 영역만을 대상으로 추가적인 포켓가공을 실행한다.

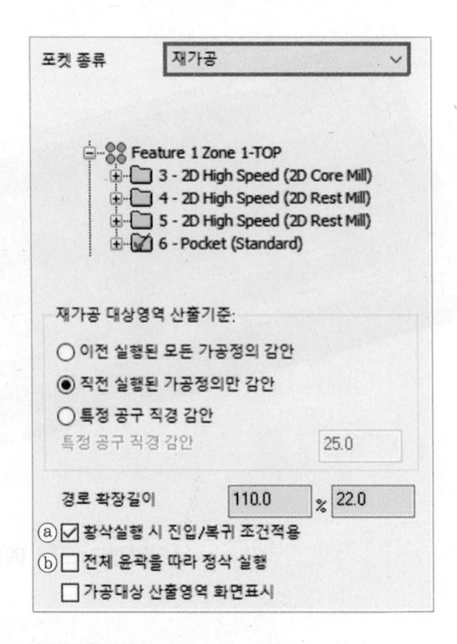

[재가공 조건창]

ⓐ **황삭 실행 시 진입 / 복귀 조건 적용** : 재가공의 황삭경로에 진입 / 복귀 조건을 적용한다. 진입 / 복귀 조건은 정삭 페이지 확장 메뉴의 진입 / 복귀 페이지에서 설정한다.

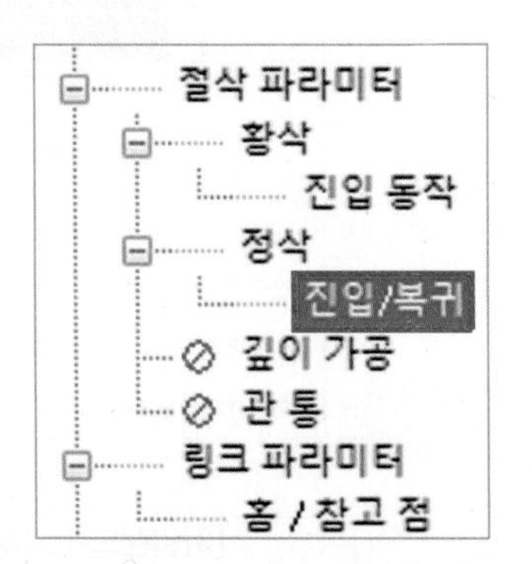

[진입 / 복귀 페이지에서 진입 / 복귀 조건을 설정]

ⓑ **전체 윤곽을 따라 정삭 실행** : 재가공 후 선택된 도형들의 모든 윤곽 형태를 따라서 정삭경로를 생성한다.

ⓜ **열린 포켓** : 열린 윤곽 형태의 도형을 선택한 경우에만 적용할 수 있다. 열린 윤곽 도형의 양쪽 끝점을 직선으로 연결해 닫힌 윤곽 도형으로 수정한 후 내측 영역을 포켓 가공 대상영역으로 계산한다. 직선 연결은 가공경로 연산을 위해서만 실행되며, 실제로 화면상에 직선 도형이 생성되진 않는다.

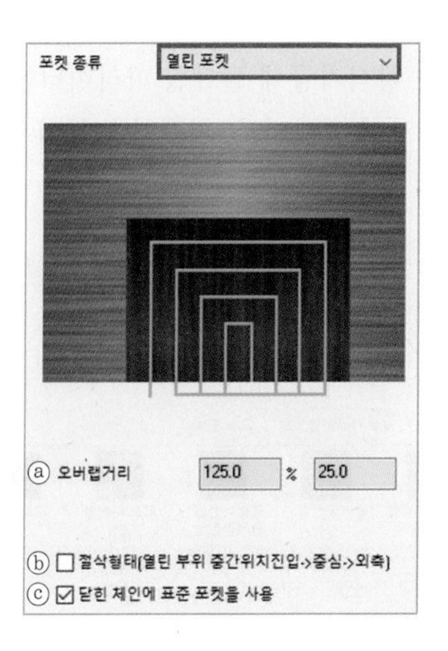

[열린 포켓]

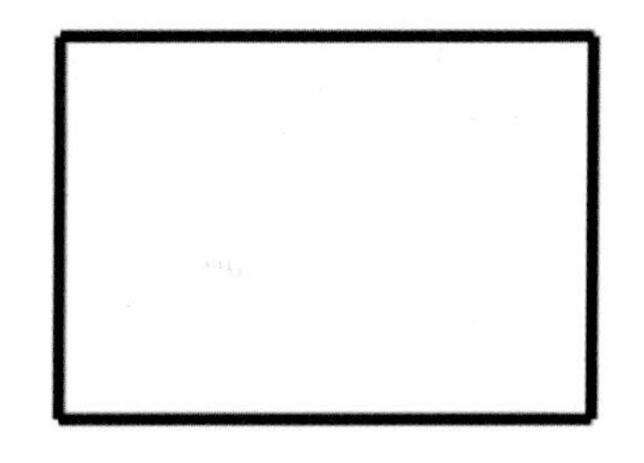

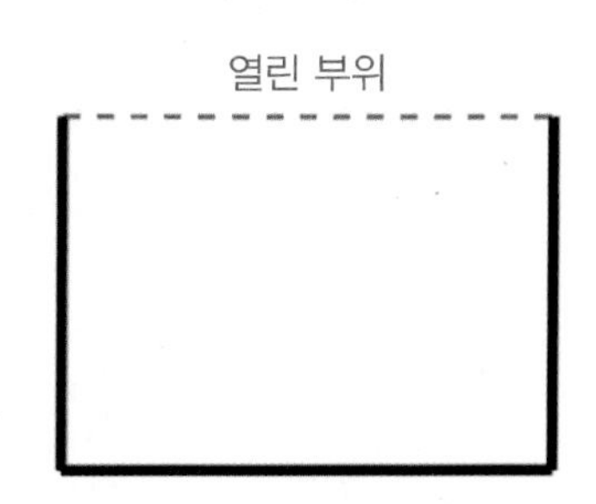

[닫힌 윤곽(상)과 열린 윤곽(하)]

ⓐ **오버랩 거리** : 가공영역 계산을 위해 열린 부위의 양쪽 끝점을 연결하는 가상의 직선을 생성하면 이 직선 기준 외측 방향에 추가 절삭될 거리값(또는 공구지름의 비율값)을 입력한다.

ⓑ **절삭형태(열린 부위 중간위치 진입 → 중심 → 외측)** : 황삭과 정삭 페이지의 설정 조건을 적용한 가공경로를 생성하지 않고 아래와 같은 가공경로를 생성한다. 이 옵션을 사용하면 가상으로 연결된 직선의 중간점 위치에서 절삭을 실행한 후 설정된 간격만큼씩 도형 윤곽의 외측 방향으로 절삭을 진행하는 형태로 가공경로가 생성된다.

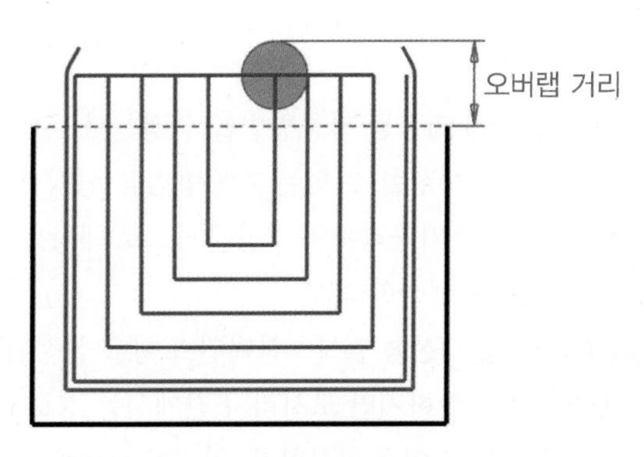

[절삭형태 기능을 적용한 열린 포켓]

ⓒ **닫힌 체인에 표준 포켓을 사용** : 닫힌 윤곽 도형을 선택한 후 포켓 종류를 열린 포켓으로 설정한 경우에만 활성화된다. 닫힌 윤곽 도형에 열린 포켓 형태의 가공경로를 적용한다.

2) 황삭

포켓가공의 황삭가공 방법과 간격 등 황삭가공에 필요한 파라미터를 설정한다. 포켓가공 경로를 생성하면 황삭과 정삭가공 동작이 생성된다. 황삭가공 동작은 대부분의 재료를 빠르게 제거하기 위해 사용된다.

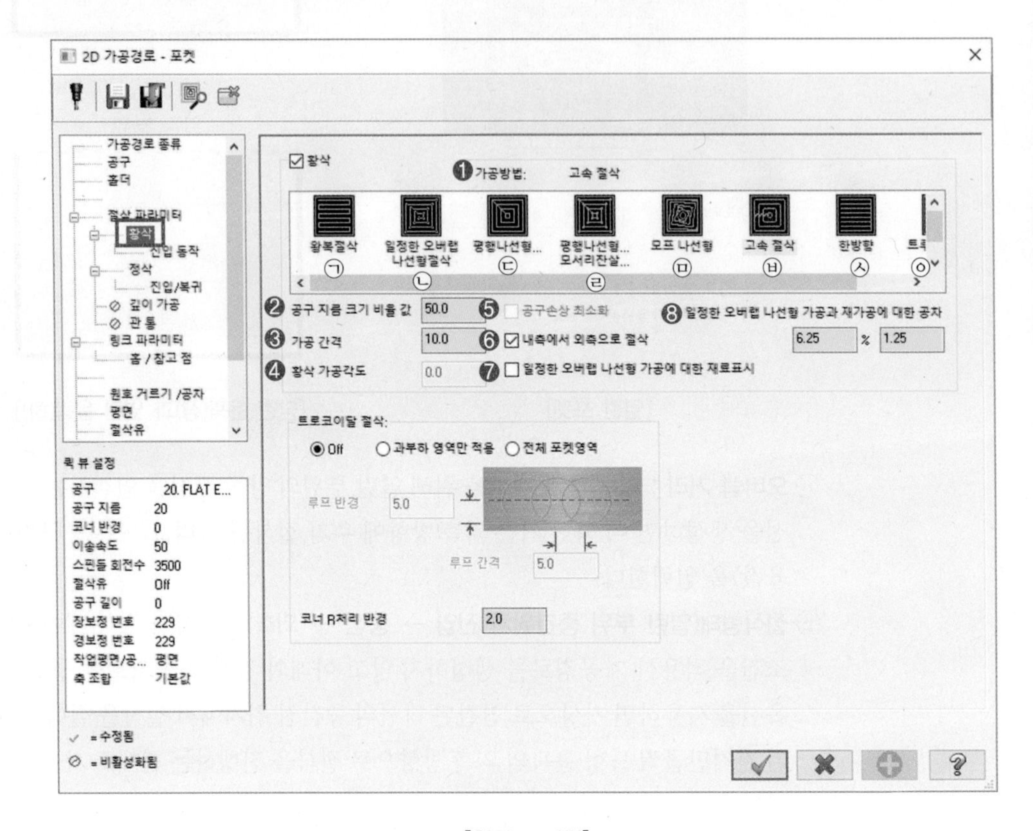

[황삭 조건창]

❶ **가공방법** : 황삭에 적용될 가공방법을 설정한다. 선택한 도형의 형태에 따라 가장 효율적인 가공경로를 생성할 수 있는 가공방법을 선택한다.

㉠ **왕복절삭** : 황삭 가공각도와 가공간격으로 대상도형 내측 영역을 왕복하는 형태의 황삭 가공경로를 생성한다.

㉡ **일정한 오버랩 나선형 절삭** : 선택된 도형을 설정된 가공간격만큼 오프셋하는 형태로 가공경로를 생성하지만 모서리 구간에서는 경로 사이의 거리가 멀어지는 것을 방지하기 위해 경로길이를 확장한다. 일정한 오버랩 나선형 절삭은 하나의 경로를 생성하고 남아 있는 공작물을 계산한 뒤 계산된 공작물을 기준으로 다시 하나의 경로를 생성한다. 이 과정을 반복해 설정된 형상에 대한 가공을 완료한다.

㉢ **평행나선형 절삭** : 선택된 도형을 설정된 가공간격만큼씩 오프셋하는 형태로 가공경로를 생성한다. 위 일정한 오버랩 나선형 절삭과 비교했을 때 모서리 구간에서 경로

길이를 확장하지 않기 때문에, 해당 구간에서는 경로 사이의 거리가 멀어진다는 차이점이 있다.

㉣ **평행나선형 절삭, 모서리 잔살 제거** : 평행나선형 절삭과 같은 방식으로 경로가 생성되지만 모서리 구간에서 미절삭 재료가 발생하지 않도록 루프 형태의 경로를 추가한다.

㉤ **모프 나선형 절삭** : 아일랜드 도형과 외측 윤곽 도형의 형태가 자연스럽게 이어지는 형태로 가공경로를 생성한다. 이 방법을 사용하면 공구손상을 최소화할 수 있다.

㉥ **고속절삭** : 트로코이드 형태의 부드러운 동작으로 공구의 부하를 최소화하는 가공경로를 생성한다. 고속절삭 방법을 선택하면 트로코이달 절삭영역이 활성화된다.

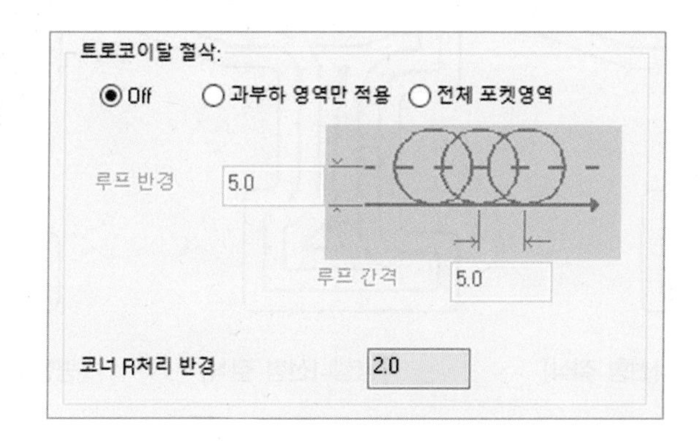

[트로코이달 절삭 조건창]

- 과부하 영역만 적용 : 모서리 구간 등 공구의 부하가 많이 걸리는 영역에만 트로코이달 모션을 생성한다.
- 전체 포켓 영역 : 포켓 영역 전체에 트로코이달 모션을 생성한다.
- 루프반경 : 트로코이달 모션에 사용될 원의 반경값을 입력한다.
- 루프간격 : 트로코이달 모션 사이에 적용될 간격값을 입력한다.
- 코너 R처리 반경 : 코너에서 공구 동작을 부드럽게 하기 위해 가공경로에 필렛 형태를 적용한다. 필렛 반경값을 입력한다.

㉦ **한 방향 절삭** : 황삭 가공각도와 가공간격으로 대상도형 내측 영역을 한 방향으로 이동하면서 가공경로를 생성한다.

㉧ **트루나선형 절삭** : 선택된 외곽 도형의 형태에 상관없이 일정한 나선 형태로만 가공경로를 생성한다.

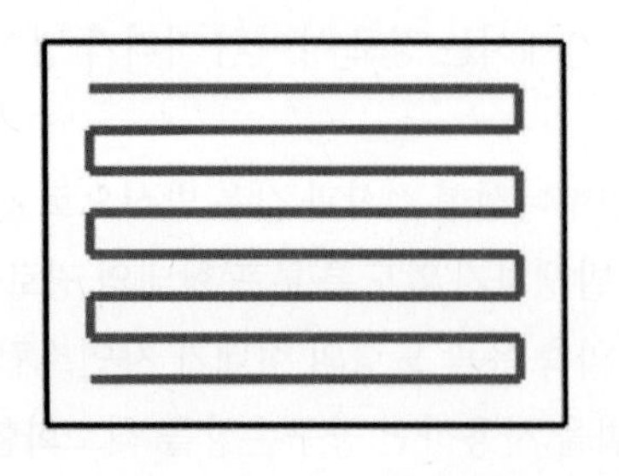
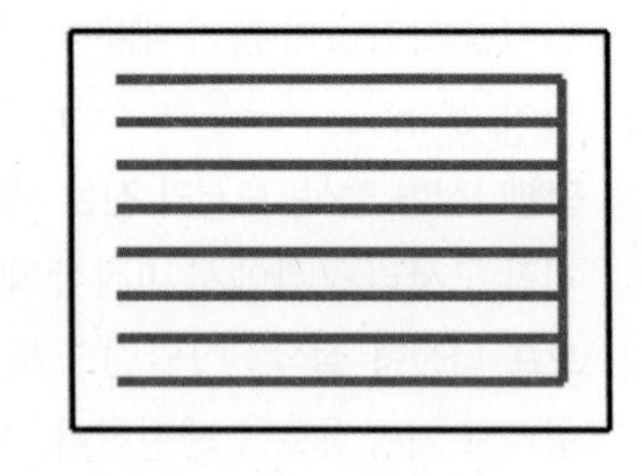

[왕복절삭(좌)과 한 방향 절삭(우)]

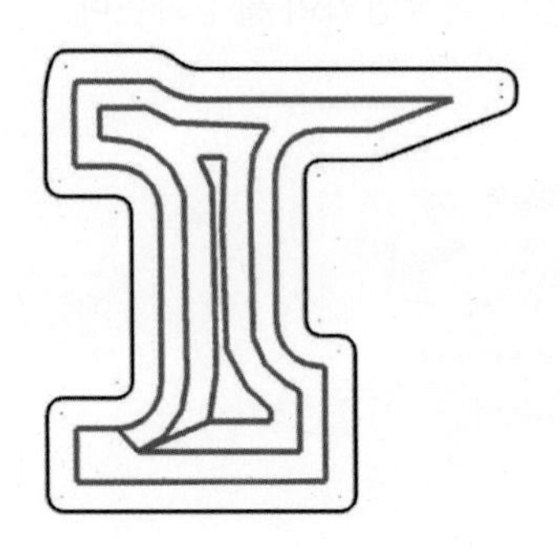

[일정한 오버랩 나선형 절삭]

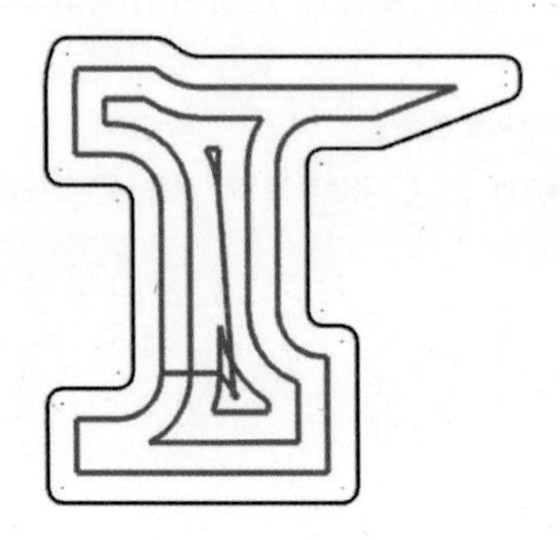

[평행나선형 절삭]

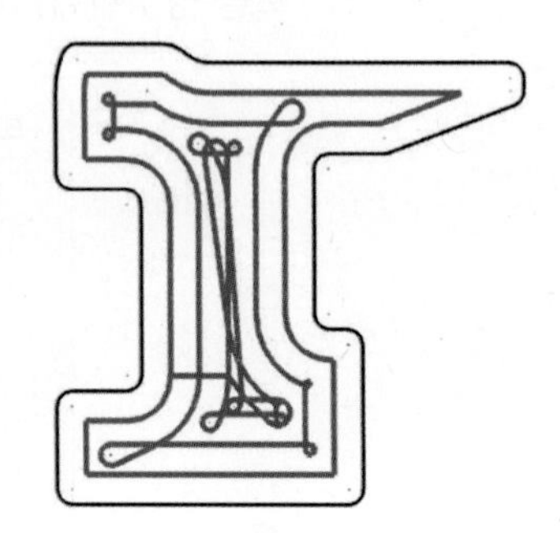

[평행나선형 절삭-모서리 잔살 제거]

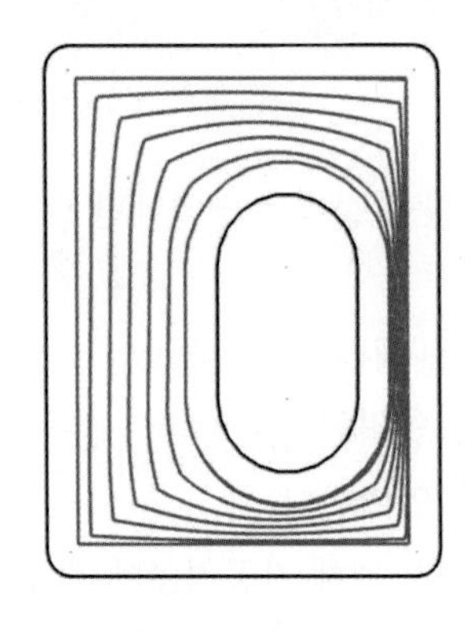

[모프 나선형 절삭]

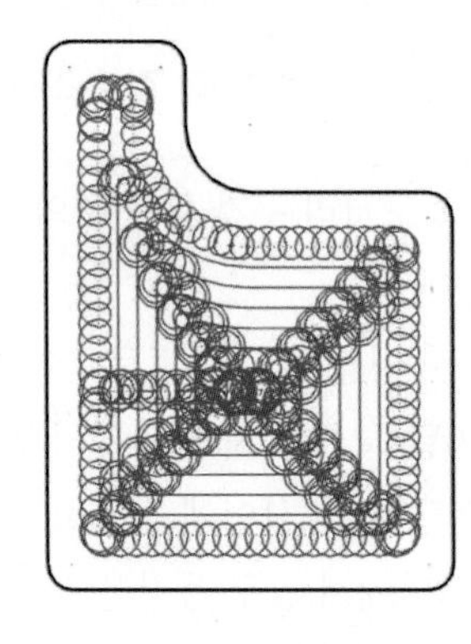

[고속 절삭]

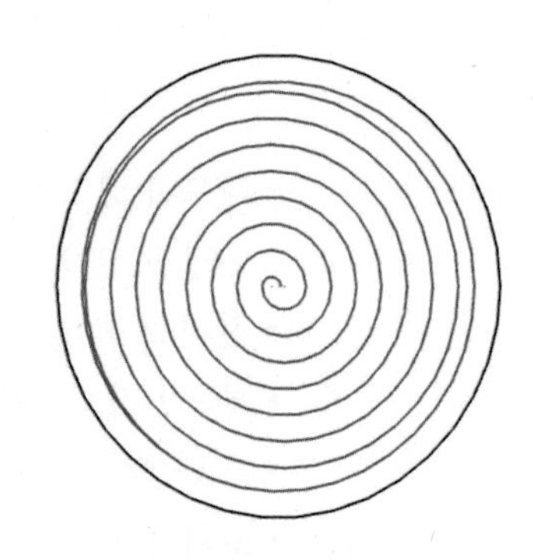

[트루 나선형 절삭]

❷ **공구 지름 크기 비율값** : 황삭가공에 적용될 가공간격을 설정한다. 공구의 지름크기 비율값을 입력한다(%).

❸ **가공간격** : 황삭가공에서 적용될 가공간격을 설정한다. 간격값을 직접 입력해야 하며, 공구 지름 크기 비율값을 입력할 경우 자동으로 계산된다.

예 지름 10의 평엔드밀을 사용하고 공구 지름 크기 비율값으로 50을 입력하면 가공간격에는 5가 입력된다. 반대로, 같은 공구를 사용하고 가공간격에 5를 입력하면 공구 지름 크기 비율값이 50으로 자동계산되어 입력된다.

❹ **황삭 가공각도** : 왕복 절삭 또는 한 방향 절삭을 선택한 경우에만 활성화된다. 가공방향의 각도값을 입력한다.

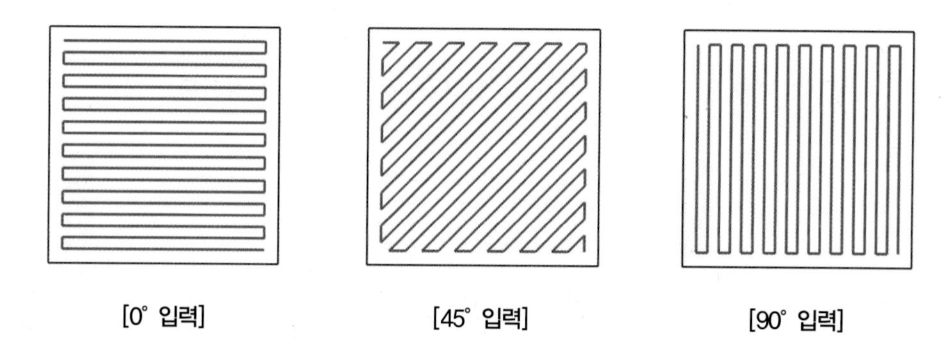

[0° 입력] [45° 입력] [90° 입력]

❺ **공구 손상 최소화** : 왕복 절삭, 일정한 오버랩 나선형 절삭, 평행나선형 절삭, 평행나선형 절삭–모서리 잔살 제거를 선택할 경우 활성화된다. 선택된 도형 중 아일랜드 도형이 있는 경우에 사용되며, 공구가 너무 많은 재료에 묻혀 손상되는 것을 방지하기 위해 아일랜드 도형 주위의 영역을 미리 제거한다.

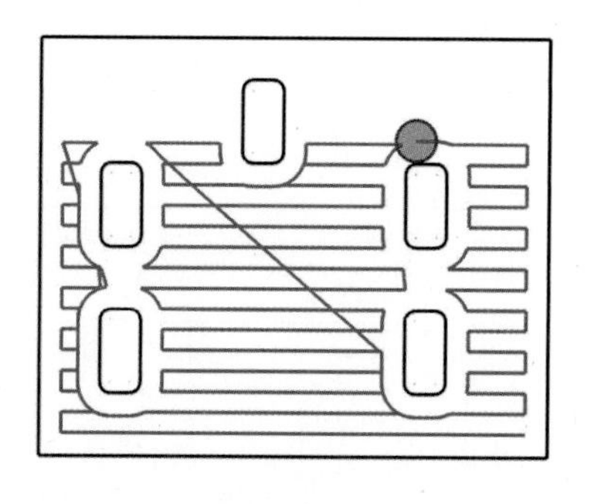

[공구손상 최소화 사용]

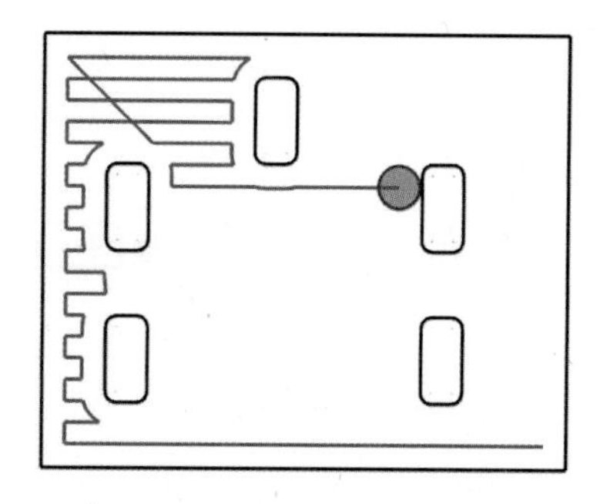

[공구손상 최소화 사용 안 함]

❻ **내측에서 외측으로 절삭** : 나선형 절삭과 고속절삭을 선택한 경우에만 활성화된다. 가공 진행방향을 내측에서 외측으로 설정한다. 이 옵션을 사용하지 않을 경우 외측에서 내측으로 설정된다.

❼ **일정한 오버랩 나선형 가공에 대한 재료 표시** : 일정한 오버랩 나선형 절삭을 선택한 경우에만 활성화된다. 제거될 재료의 양을 화면에 미리 표시한다.

❽ **일정한 오버랩 나선형 가공과 재가공에 대한 공차** : 일정한 오버랩 나선형 절삭을 선택하거나 포켓 종류를 재가공으로 선택했을 때 남은 재료의 영역을 계산하기 위해 쓰이는 공차이다. 사용된 공구 지름의 비율값(%) 또는 공차값을 직접 입력한다.

3) 진입동작

공구가 황삭을 위해 −Z방향으로 진입할 때의 동작을 결정한다.

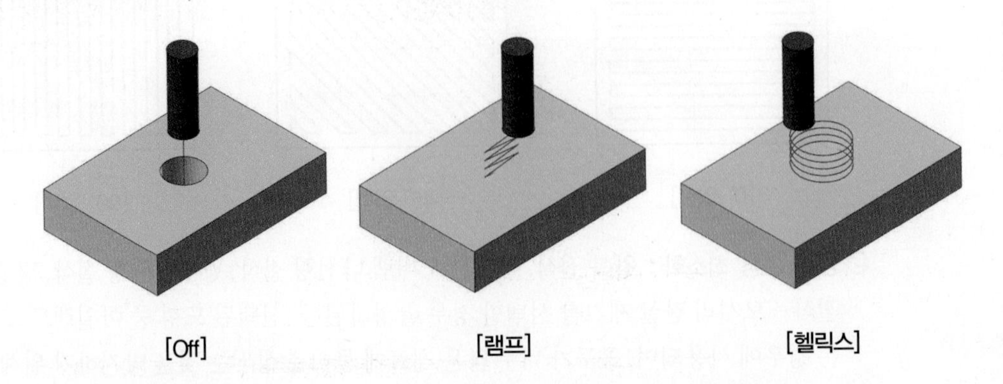

[Off] [램프] [헬릭스]

❶ Off : 공구가 특별한 동작 없이 수직방향(−Z축 방향)으로 진입한다.

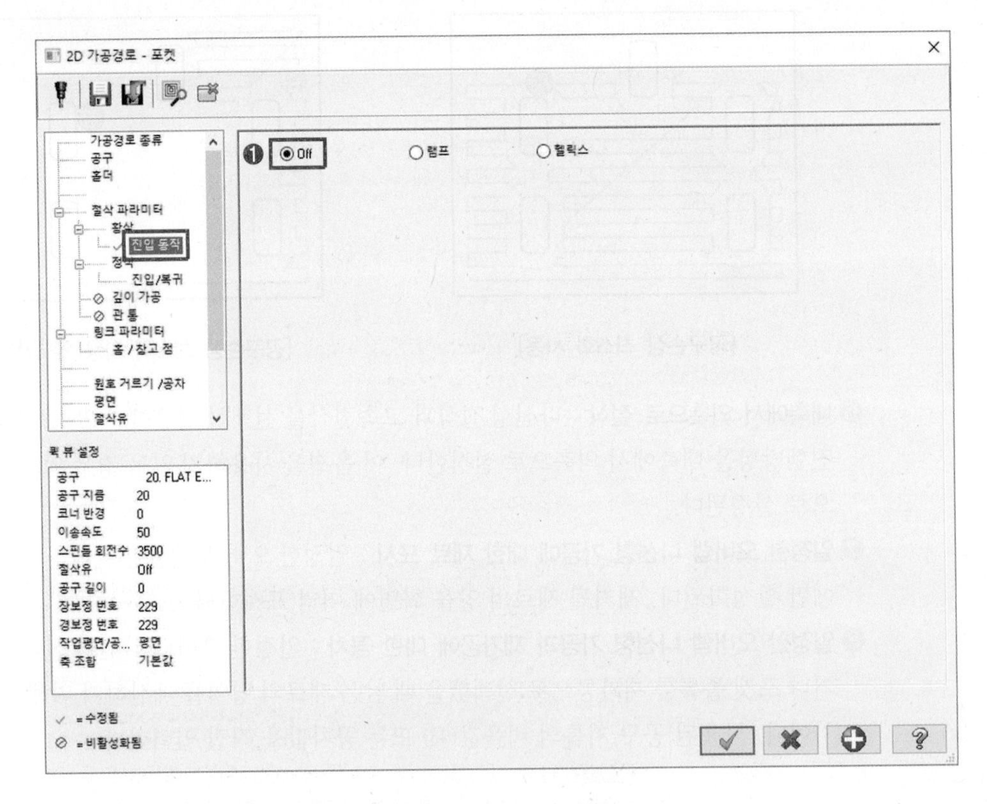

[진입 동작-Off 조건창]

❷ **램프** : 램프 형태를 유지하며 왕복 동작으로 진입한다. 램프 동작은 최소 길이와 최대 길이 범위에서 생성된다.

> 예 최소 길이가 50이고 최대 길이가 10일 경우 램프 동작의 폭은 5~10 사이로 설정된다. 포켓 영역의 폭이 좁아 램프 동작을 크게 만들 수 없는 경우 램프 동작의 폭을 줄이는데, 이때 최소 길이로 입력된 5까지 줄일 수 있다. 포켓 영역의 폭이 램프 동작을 만드는 데 지장을 주지 않을 정도로 넓다면 최대 길이인 10으로 램프가 만들어진다.

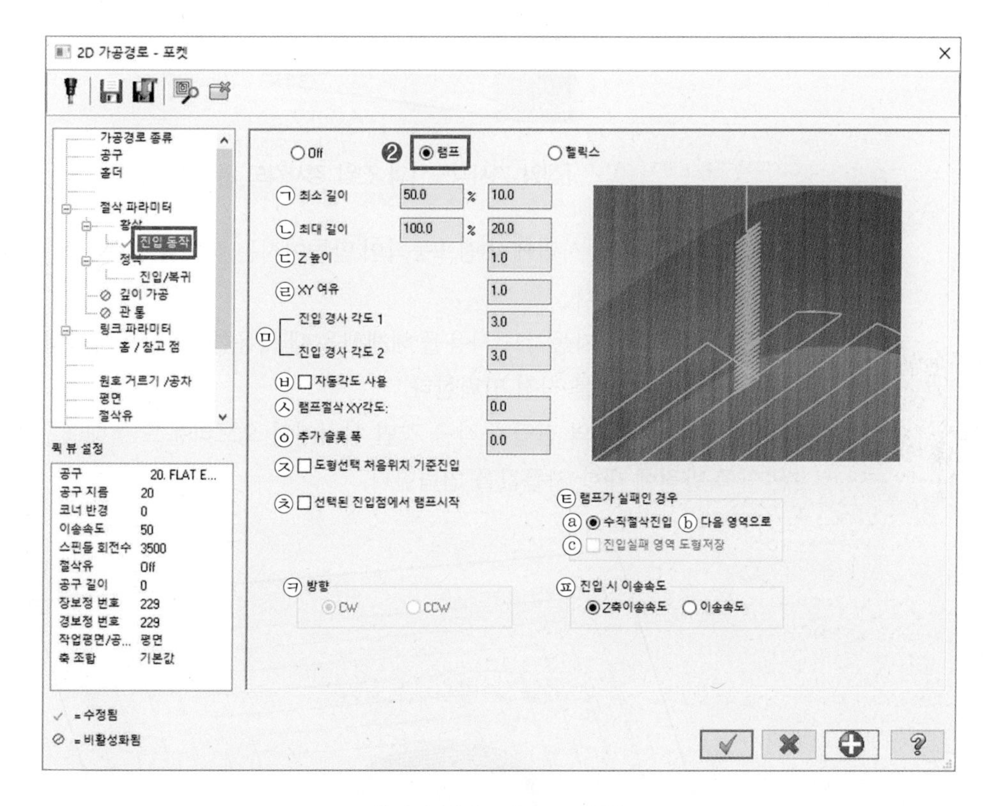

[진입 동작–램프 조건창]

㉠ **최소 길이** : 램프 형태로 만들 수 있는 최소 폭을 입력한다.

㉡ **최대 길이** : 램프 형태로 만들 수 있는 최대 폭을 입력한다.

㉢ **Z높이** : 램프동작을 시작할 높이를 입력한다.

> 예 재료 상단의 높이가 0이고 Z 높이가 3이면 Z3. 좌표에서부터 램프동작을 실행한다. 깊이가공을 사용할 경우 제거된 깊이에 입력된 Z 높이가 더해진다.

㉣ **XY 여유** : 진입 동작이 정삭 벽면에서 떨어질 거리를 입력한다.

㉤ **진입 경사각도 1 / 진입 경사각도 2** : 램프에 적용될 경사각도값을 입력한다. 경사각도 1은 왕복 동작의 첫 번째 경사각도이며, 경사각도 2는 두 번째 경사각도다.

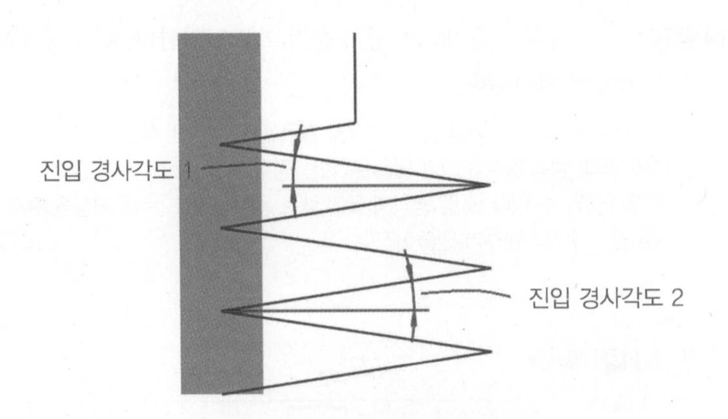

[진입 경사각도 1과 진입 경사각도 2]

ⓑ **자동각도 사용** : 평면 시점에서 램프동작이 만들어지는 각도를 선택된 도형 형태에 따라 자동으로 계산한다.

ⓢ **램프절삭 XY 각도** : 자동각도 사용을 해제했을 때 사용한다. 평면 시점에서 램프동작이 만들어지는 각도를 직접 입력한다.

ⓞ **추가 슬롯 폭** : 공구의 진입 동작을 평면 시점에서 오브라운드 형태(⬭)로 생성한다. 양쪽 반원에 대한 지름값을 입력한다.

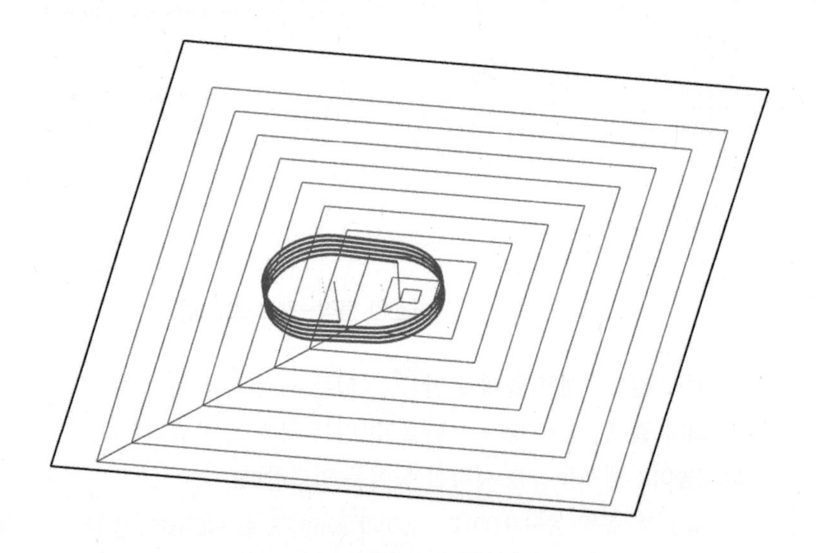

[추가 슬롯 폭 사용 예]

ⓙ **도형선택 처음 위치 기준 진입** : 도형선택 과정에서 진입점을 추가로 지정한 경우 진입점 위치에서 램프동작을 생성한다.

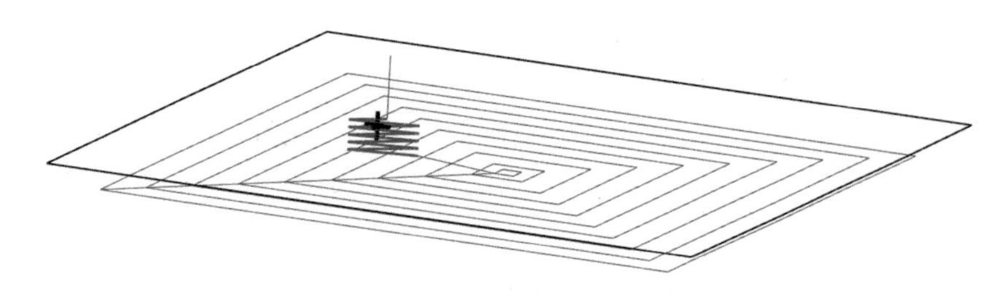

[도형선택 처음 위치 기준 진입 사용 예]

ⓩ **선택된 진입점에서 램프 시작** : 도형선택 과정에서 진입점을 추가로 지정한 경우 진입점에서 가공 시작 위치까지 일직선으로 연결되는 진입동작을 생성한다.

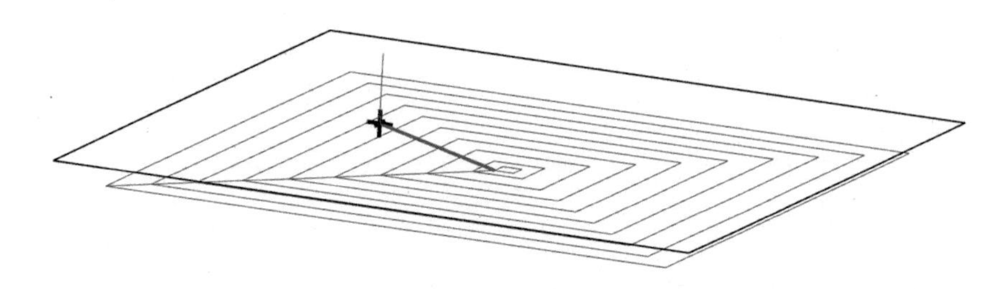

[선택된 진입점에서 램프시작 사용 예]

ⓚ **방향** : '추가 슬롯 폭'에 값을 입력했을 때만 활성화된다. 공구의 진입방향을 시계방향(CW) 또는 반시계방향(CCW)으로 설정한다.

ⓣ **램프가 실패인 경우** : 선택한 도형이 램프동작의 범위보다 작아 램프진입이 불가능한 경우 적용될 방법을 설정한다.

ⓐ **수직 절삭 진입** : 램프동작을 만들지 않고 －Z방향으로 수직 진입한다. 이 방법을 사용하면 공작물의 재질에 따라 공구 손상이 발생할 수 있다.

ⓑ **다음 영역으로** : 램프동작으로 진입할 수 없는 영역은 가공경로를 생성하지 않고 진입 가능한 영역에 대해서만 가공경로를 생성한다. 가공 대상 영역이 하나이고 램프동작으로 진입할 수 없는 경우 가공경로는 생성되지 않는다.

ⓒ **진입실패 영역 도형 저장** : 다음 영역으로 기능을 선택한 경우에만 활성화된다. 가공경로가 생성되지 않은 영역을 도형으로 생성해 작업화면에 표시한다.

ⓟ **진입 시 이송속도** : 진입할 때의 이송속도를 설정한다. 공구 페이지에서 설정한 이송속도와 Z축 이송속도 중 하나를 선택해 사용할 수 있다.

❸ **헬릭스** : 헬릭스 형태를 유지하며 진입한다. 헬릭스 동작은 최소 반경과 최대 반경 범위에서 생성된다. 포켓 영역이 헬릭스 동작을 만드는 데 지장을 주지 않을 정도로 충분히 넓으면 최대 반경을 이용해 헬릭스를 만들고, 충분히 넓지 않을 경우 크기를 줄여 만드는데 이때, 최소 반경까지 크기를 줄일 수 있다.

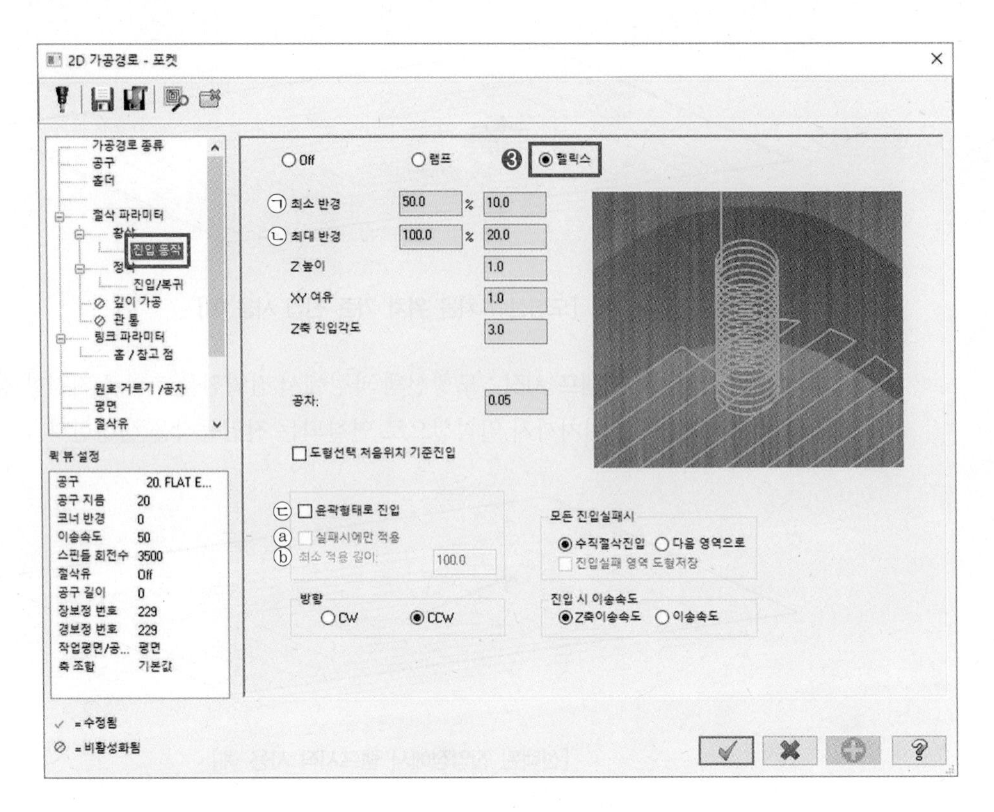

[진입 동작-헬릭스 조건창]

㉠ **최소 반경** : 헬릭스 동작에 사용될 원호의 최소 반경값을 입력한다.

㉡ **최대 반경** : 헬릭스 동작에 사용될 원호의 최대 반경값을 입력한다.

㉢ **윤곽 형태로 진입** : 절삭 진입 형태를 헬릭스가 아닌 가공대상으로 선택한 도형의 외측 윤곽 형태로 설정한다.

ⓐ **실패 시에만 적용** : 윤곽 형태로 진입을 사용하는 경우에만 활성화된다. 절삭 진입 형태를 헬릭스 동작으로 우선 적용하고, 대상 도형의 외측 윤곽 크기가 작아 헬릭스 동작을 만들 수 없는 경우 외측 윤곽의 형태로 진입한다.

ⓑ **최소 적용 길이** : 시스템이 계산한 황삭영역의 외측 윤곽 길이가 입력된 값보다 짧은 경우 윤곽 형태의 진입 동작이 아닌 -Z방향으로 수직 진입하도록 설정한다.

4) 정삭

정삭가공 횟수, 간격 등 정삭가공에 필요한 파라미터를 설정한다.

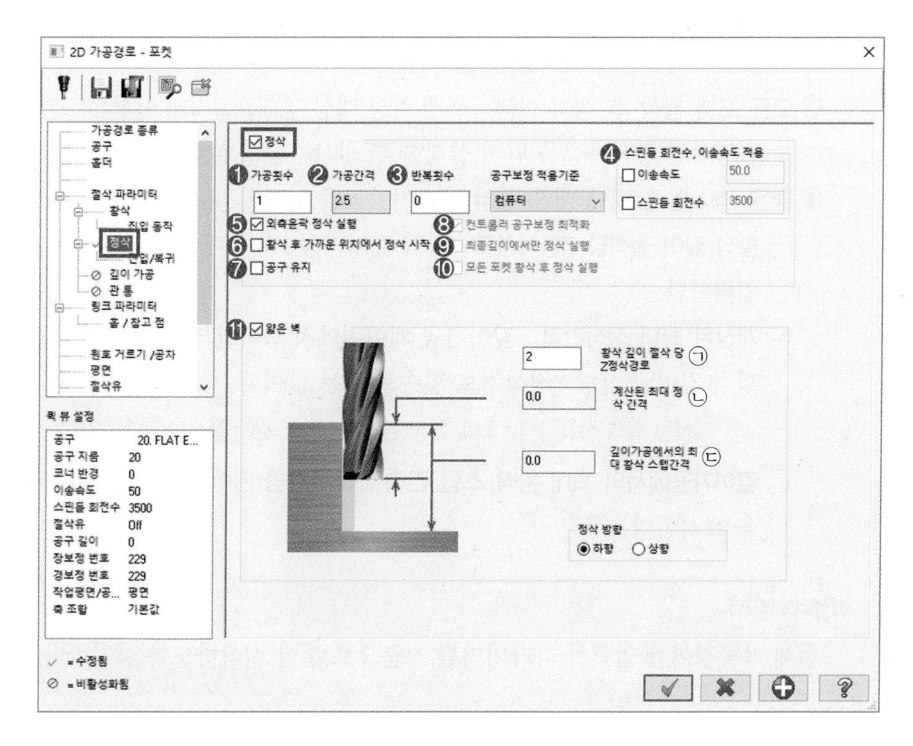

[정삭]

❶ **가공횟수** : 정삭가공을 실행할 횟수를 입력한다.

❷ **가공간격** : 정삭가공을 실행할 간격을 입력한다. 가공횟수로 2 이상의 값을 입력한 경우 정삭 경로 사이의 간격을 의미하며, 가공횟수로 1을 입력한 경우 정삭영역을 의미한다.

예 가공횟수에 1을 입력하고 가공간격에 2.5를 입력하면 황삭가공 후 측벽에는 2.5의 정삭 여유값이 남게 된다. 이 여유값을 정삭가공에서 제거한다.

❸ **반복 횟수** : 입력한 횟수만큼 같은 경로의 정삭가공을 반복한다.

❹ **스핀들 회전수, 이송속도 적용** : 정삭가공을 실행하는 동안 적용될 스핀들 회전수와 공구의 절삭 이송속도를 입력한다.

❺ **외측 윤곽 정삭 실행** : 선택한 포켓가공 도형의 외측 윤곽에 정삭경로를 생성한다. 선택한 도형에 아일랜드 도형이 포함되어 있다. 이 기능을 사용하지 않는 경우 아일랜드 도형에만 정삭경로를 생성하고 외측 윤곽에는 정삭경로를 생성하지 않는다.

❻ **황삭 후 가까운 위치에서 정삭 시작** : 황삭가공 후 황삭가공의 종료점과 가까운 위치의 도형에서 정삭가공을 실행한다.

❼ **공구 유지** : 가공횟수가 2회 이상일 경우 정삭 경로 사이에서 공구를 이송높이까지 복귀시키지 않고 현재 Z 깊이에서 다음 시작 위치로 이송하도록 설정한다.

❽ **컨트롤러 공구보정 최적화** : '윤곽가공'의 '절삭 파라미터'에서 다루었으므로 설명을 생략한다.

❾ **최종 깊이에서만 정삭실행** : 깊이가공을 사용할 경우 깊이별로 황삭가공을 전부 끝낸 후 최종 깊이에서만 정삭가공을 실행한다.

❿ **모든 포켓 황삭 후 정삭 실행** : 포켓 가공 대상 영역으로 2개 이상의 도형을 선택한 경우 모든 영역의 황삭가공을 먼저 실행한 후 정삭가공을 실행한다.

⓫ **얇은 벽** : 얇은 벽에 대해 정삭의 깊이가공을 입력된 횟수로 나누어 실행한다.

㉠ **황삭 깊이 절삭당 Z정삭경로** : 황삭 깊이가공 1회에 대한 정삭의 깊이가공 분할횟수를 입력한다.

㉡ **계산된 최대 정삭간격** : 깊이가공 페이지에서 입력한 최대 황삭 간격값을 위에 입력한 황삭 깊이 절삭당 Z정삭경로 횟수로 나눈 값이다.

✎ 계산된 최대 정삭간격＝최대 황삭 간격값 / 황삭 깊이 절삭당 Z정삭경로

㉢ **깊이가공에서의 최대 황삭 스텝 간격** : 깊이가공 페이지에서 입력한 최대 황삭 간격값을 표시한다.

5) 깊이가공

전체 가공깊이를 입력한 파라미터를 기준으로 분할 절삭하도록 설정한다.

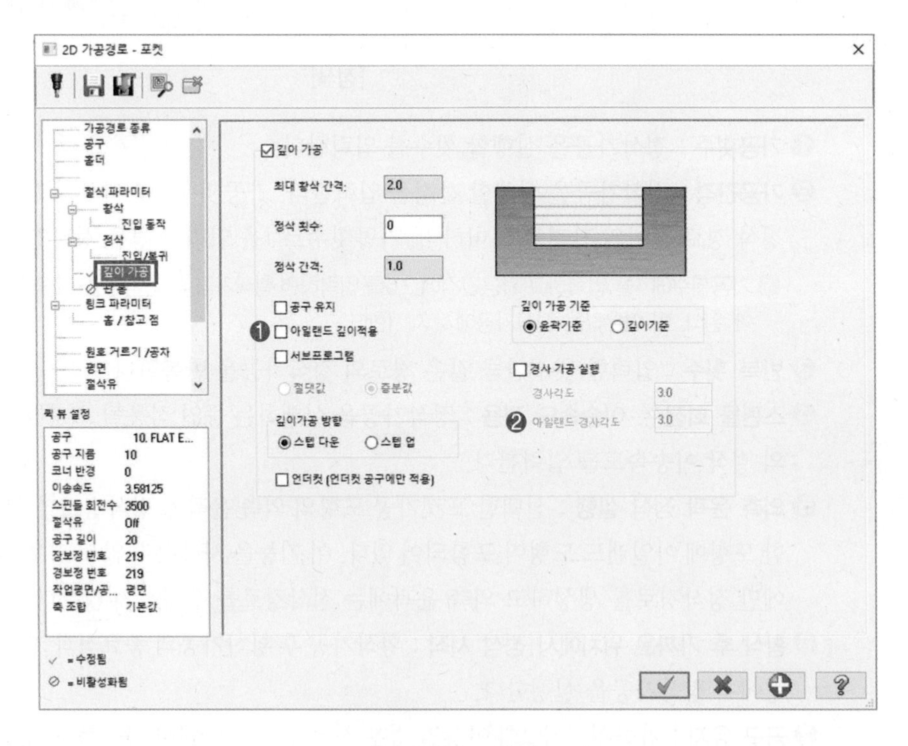

[깊이가공 조건창]

❶ **아일랜드 깊이적용** : 서로 Z 높이가 다른 아일랜드 도형들과 외곽 도형을 선택했을 때 해당 도형들의 높이를 계산해 포켓 가공경로를 생성한다.

❷ **아일랜드 경사각도** : 아일랜드 도형에 경사각도를 적용해 테이퍼 형상을 생성한다.

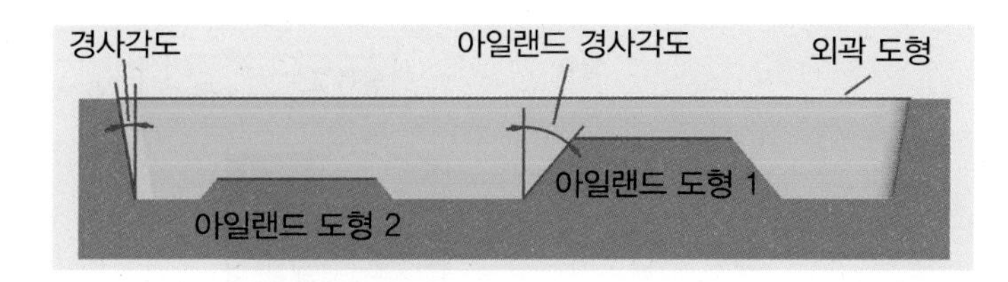

[아일랜드 깊이적용과 경사각도 적용 예]

(4) 면 가공경로

공작물의 상단 표면을 평평하게 가공하는 가공경로이다. 체인 작업으로 닫힌 형태 도형을 선택하여 공작물의 상단에서부터 설정한 깊이로 면 가공경로를 생성한다.

✎ 표면가공에 적용될 각종 조건을 설정하는 항목 중 앞에서 설명한 윤곽가공과 포켓가공에서 미리 다룬 항목들은 적용 내용도 동일하므로 설명을 생략하고 추가된 항목들만 설명한다.

1) 절삭 파라미터

형태(포켓 종류), 최대 스텝간격, 가공방향 등 면 가공경로에 필요한 여러 가지 변수를 설정하는 페이지이다.

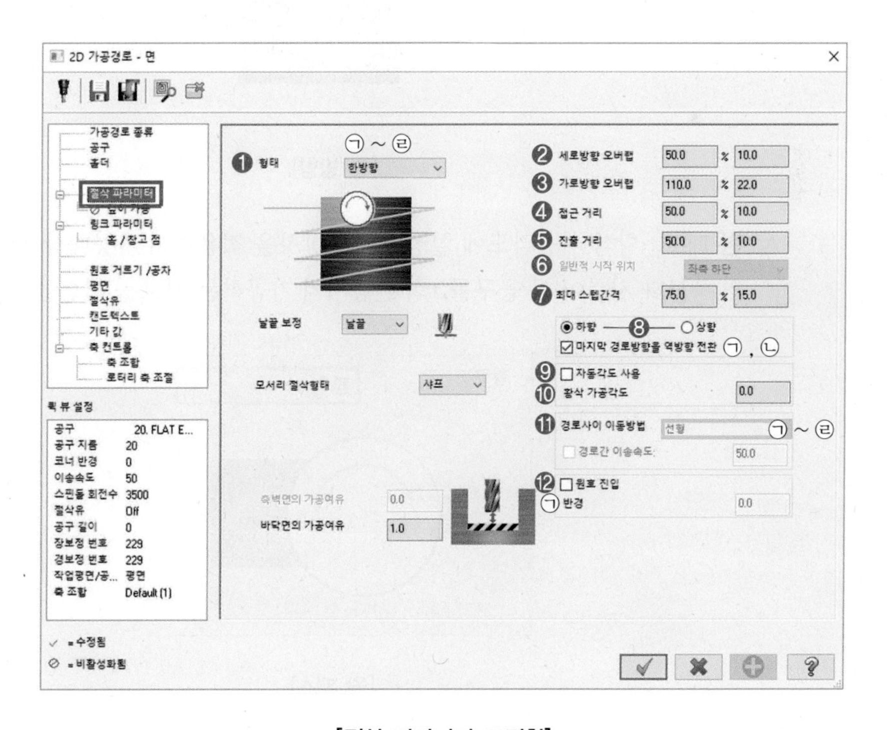

[절삭 파라미터 조건창]

❶ **형태** : 면 가공경로를 위한 동작 형태를 설정한다.

㉠ **왕복절삭** : 황삭 가공각도에 설정된 각도방향을 적용하여 설정한 최대 스텝간격만큼씩 가공대상 영역을 왕복(Zig－Zag)하는 형태의 경로를 생성한다.

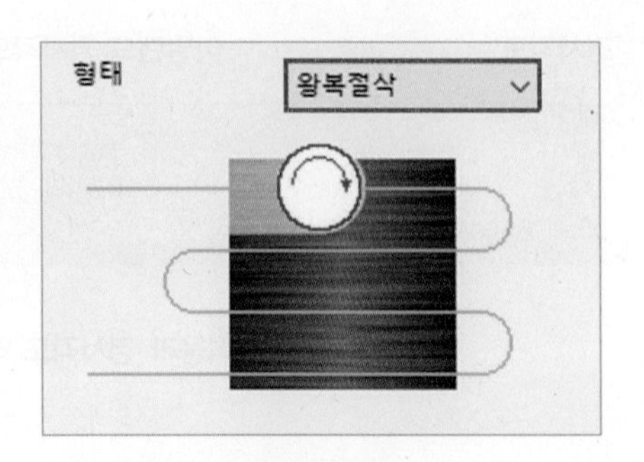

[왕복절삭]

㉡ **한 방향** : 황삭 가공각도에 설정된 각도방향을 적용하여 설정된 최대 스텝 간격만큼씩 가공대상 영역을 한 방향으로 이동하는 형태의 경로를 생성한다.

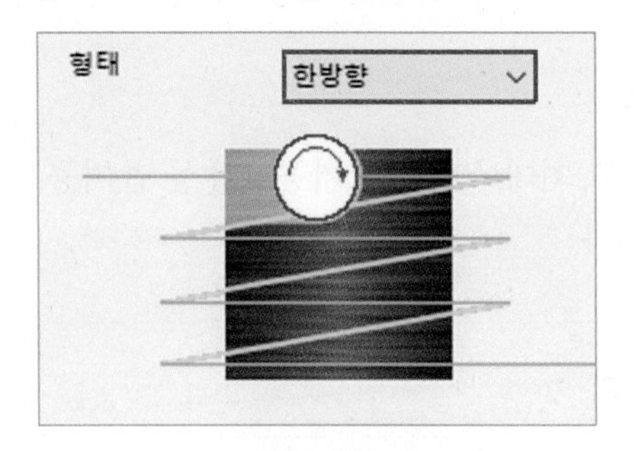

[한 방향]

㉢ **원 패스** : 황삭 가공각도에 설정된 각도방향을 적용하여 가공대상으로 선택한 도형의 폭보다 지름이 큰 공구를 1회 관통시켜 가공하는 경로를 생성한다.

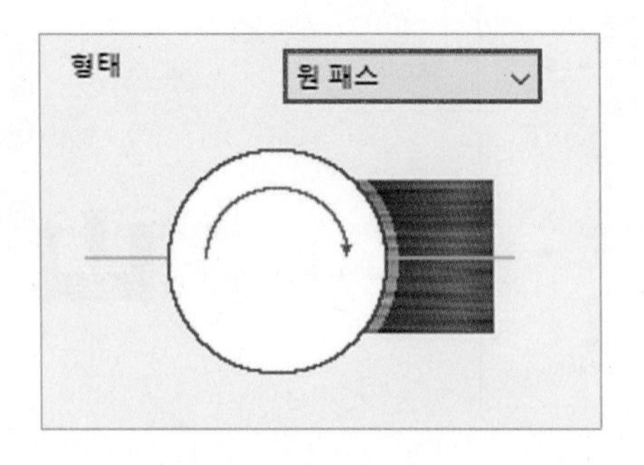

[원 패스]

㉣ **다이내믹** : 가공대상 영역의 외측에서 내측으로 절삭하며 최소 진입과 최소 복귀동작으로 재료의 절삭량을 일정하게 유지하는 부드러운 동작을 생성한다.

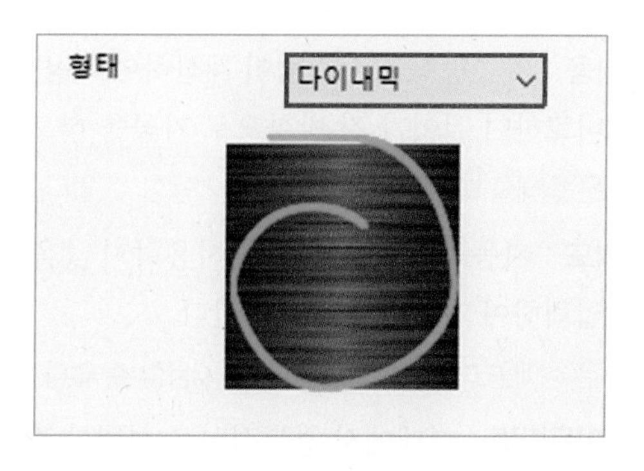

[다이내믹]

❷ **세로방향 오버랩** : 황삭 가공각도에 설정된 각도방향을 기준으로 법선방향의 가공경로를 확장하는 기능이다. 적용될 오버랩 거리값은 사용된 공구 지름의 일정 비율(%)값을 설정하거나 거리값을 직접 설정하며 형태를 왕복절삭 또는 한 방향으로 설정할 경우에만 사용할 수 있다.

❸ **가로방향 오버랩** : 황삭 가공각도에 설정된 각도방향을 기준으로 가공경로를 확장하는 기능으로 설정방법은 위 세로방향 오버랩과 동일하다. 주의할 점은 위 세로방향 오버랩의 값보다 크거나 같게 설정해야 된다.

❹ **접근거리** : 공구가 재료의 위에서 수직으로 하강하며 진입하는 것을 방지하기 위해서 첫 번째 경로의 시작 위치에 진입거리를 추가한다.

❺ **진출거리** : 공구가 재료를 완전히 벗어난 후 +Z방향으로 복귀시키기 위해서 최종 경로의 끝 위치에 진출거리를 추가한다.

❻ **일반적 시작 위치** : 형태를 다이내믹으로 할 경우만 사용되는 기능으로 대략적인 가공 시작 위치를 리스트에서 선택한다.

❼ **최대 스텝 간격** : 가공간격을 설정하는 항목으로 절삭 형태를 원 패스로 할 경우 사용할 수 없다.

❽ **하향 / 상향** : 절삭 형태를 왕복절삭 또는 한 방향으로 할 경우 활성화되는 기능으로 가공방향을 하향 또는 상향 중에 선택한다.

㉠ **일정 가공횟수** : 절삭 형태를 왕복절삭으로 할 경우 사용되는 항목으로 마지막 모서리 부분의 버(Burr) 제거를 위해서 마지막 경로의 가공방향(하향 또는 상향)을 반대로 바꿔주는 기능이다.

✎ 이 기능을 사용하면 가공경로의 횟수가 홀수일 경우 마지막 경로의 가공방향을 반대로 전환하기 위해 1회의 가공경로를 추가하여 짝수로 만들어준다.

㉡ **마지막 경로방향을 역방향 전환** : 절삭 형태를 한 방향으로 할 경우 사용되는 기능으로 마지막 모서리 부분의 버(Burr)를 제거하기 위해서 마지막 경로의 가공방향(하향 또는 상향)을 반대로 바꿔주는 기능이다.

❾ **자동각도 사용** : 가공방향을 시스템이 계산하여 적용하는 기능으로 선택된 도형의 가로, 세로 폭을 비교하여 길이가 긴 방향으로 가공을 하도록 경로를 생성한다.

이 기능은 형태를 다이내믹으로 할 경우 사용할 수 없다.

❿ **황삭 가공각도** : 자동각도 사용 기능을 사용하지 않을 경우에만 적용되는 항목으로 각도값을 직접 입력하여 가공방향을 설정한다.

이 기능은 형태를 다이내믹으로 할 경우 사용할 수 없다.

⓫ **경로 사이 이동방법** : 형태에서 왕복절삭을 선택한 경우에만 적용되는 항목으로 하나의 경로가 끝나고 다음 경로의 시작 위치까지 공구의 이송동작을 설정한다.

㉠ **고속 루프** : 하나의 경로가 끝나고 다음 경로의 시작 위치까지 공구의 이송동작을 접원호 형태로 생성한다.

㉡ **선형** : 하나의 경로가 끝나고 다음 경로의 시작 위치까지 공구의 이송동작을 직선 형태로 생성한다.

㉢ **급속** : 선형과 비슷하지만 이송동작을 절삭이송(G1)이 아닌 급속이송(G0)으로 한다.

㉣ **연결경로 이송속도** : 경로 사이 이동방법을 고속 루프 또는 선형을 선택한 경우 사용할 수 있는 기능으로 경로 사이의 이송속도를 따로 설정하는 항목이다. 이 기능을 사용하지 않을 경우에는 공구 설정 페이지의 이송속도 항목에 설정된 값으로 적용된다.

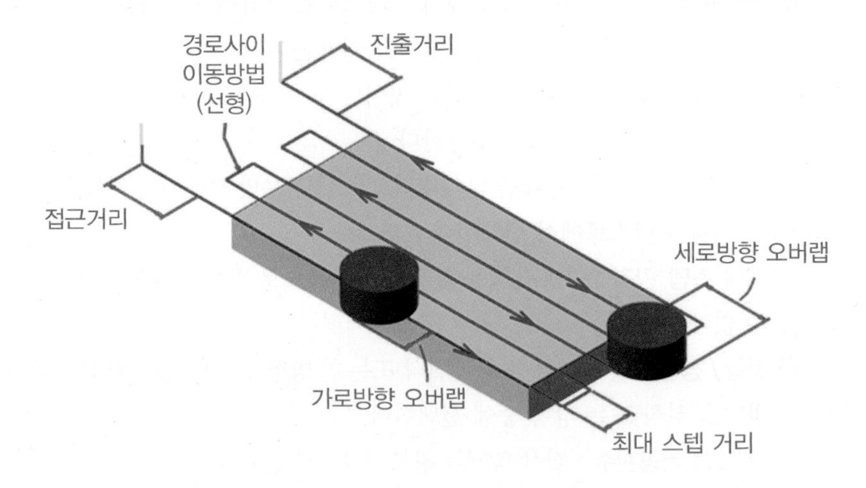

[절삭 파라미터 설정값들이 적용된 면의 예]

⓬ **원호 진입** : 진입 동작을 원호 동작으로 진입하게 설정한다.

㉠ **반경** : 원호 동작의 반경을 설정한다.

(5) 다이내믹 밀

다이내믹 밀은 일반적인 2D 가공경로에 비해 높은 주축 회전수와 빠른 이송속도를 설정하여 공작물을 가공하는 방법이다. 공구의 날장을 모두 사용하여 마모와 부하를 최소화하고 공구 묻힘 현상을 방지하며 일반적인 2D 가공경로에 비해 효과적으로 칩을 배출시켜주는 가공경로를 생성한다.

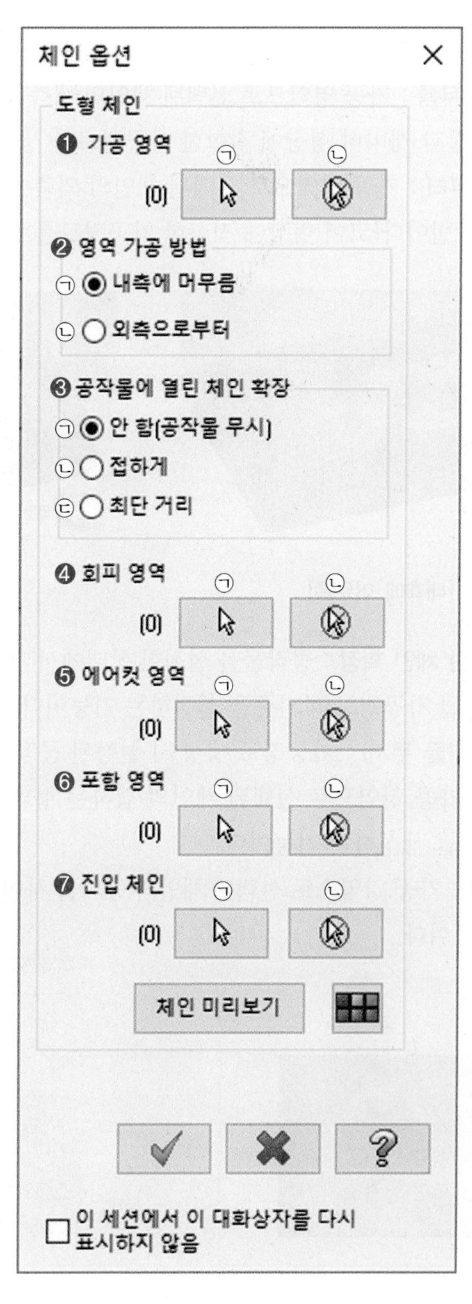

[체인 옵션 조건창]

1) 체인 조건

❶ **가공 영역** : 가공 영역의 체인을 선택, 삭제 및 수정하는 기능이다.

㉠ [아이콘] : 가공 영역의 체인을 선택하거나 수정하는 기능이다.

㉡ [아이콘] : 가공 영역으로 선택한 체인을 모두 제거하는 기능이다.

❷ **영역 가공 방법** : 가공 영역으로 선택된 체인의 내측만 가공경로를 생성할지 외측에서부터 진입하여 가공경로를 생성할지 선택하는 기능이다.

㉠ **내측에 머무름** : 가공 영역으로 선택된 체인의 내측만 가공경로를 생성하는 방법이다(포켓 형상과 캐비티 형상에 적합한 가공경로를 생성한다).

㉡ **외측으로부터** : 가공 영역으로 선택된 체인의 외측에서부터 내측으로 가공경로를 생성하는 방법이다(코어 형상에 적합한 가공경로를 생성한다).

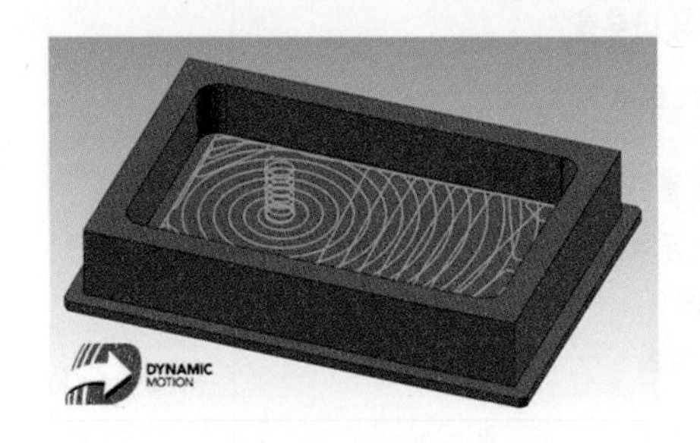

[내측에 머무름]

DYNAMIC MOTION

[외측으로부터]

❸ **공작물에 열린 체인 확장** : 공작물을 설정한 상태에서 가공 영역으로 열린 체인을 선택한 경우에 생성될 가공경로의 기준을 설정하는 기능이다.

㉠ **안 함(공작물 무시)** : 가공경로 생성 시 설정된 공작물을 고려하지 않는 기능이다.

㉡ **접하게** : 가공 영역으로 선택된 체인의 접하는 형태로 공작물까지 경로를 연장하여 가공경로를 생성하는 기능이다.

㉢ **최단거리** : 가공 영역으로 선택된 체인과 공작물 사이의 최단거리로 가공경로를 생성하는 기능이다.

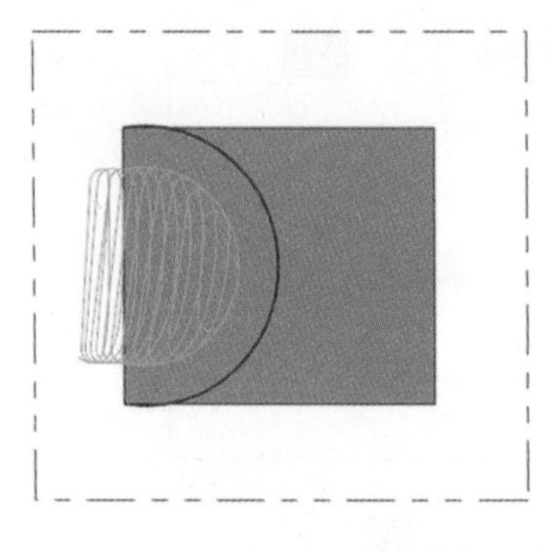

[안 함(공작물 무시)]

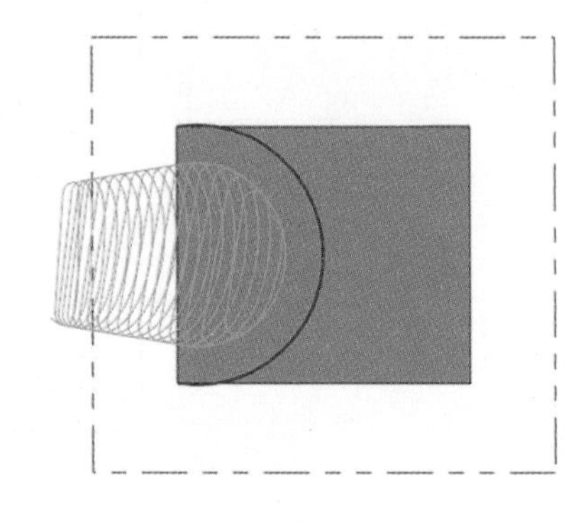

[접하게]

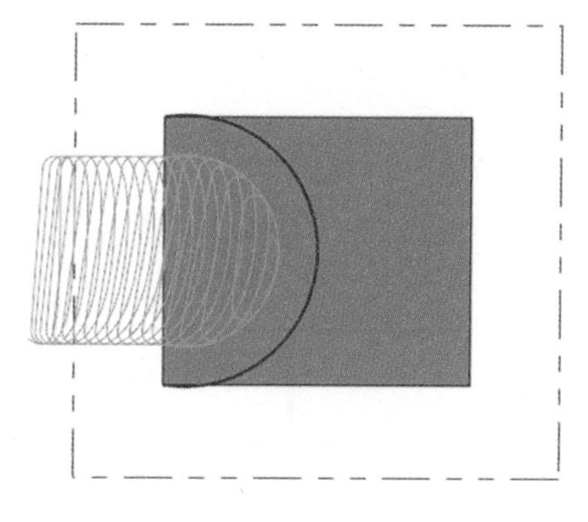

[최단거리]

❹ **회피영역** : 선택된 가공영역 중 가공경로를 생성하지 않고 회피할 영역의 체인을 선택, 수정 또는 삭제하는 기능이다.

㉠ [선택 아이콘] : 회피영역의 체인을 선택하거나 수정하는 기능이다.

㉡ [제거 아이콘] : 회피영역으로 선택한 체인을 모두 제거하는 기능이다.

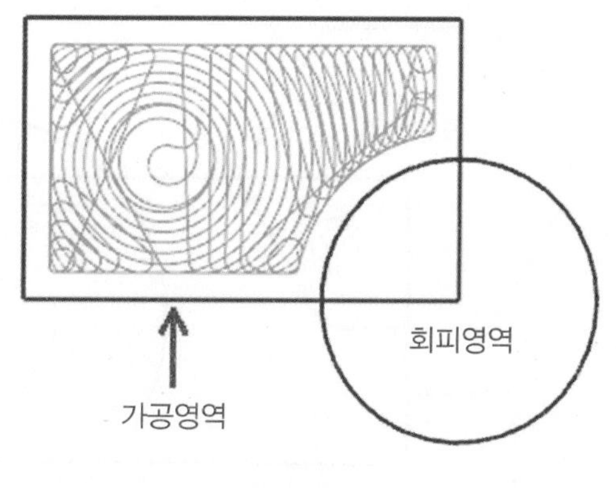

[회피영역]

❺ **에어컷 영역** : 가공 중 공구가 공작물을 절삭하지 않고 이동할 수 있는 영역의 체인을 선택하는 기능이다.

㉠ [선택 아이콘] : 에어컷 영역의 체인을 선택하거나 수정하는 기능이다.

㉡ [제거 아이콘] : 에어컷 영역으로 선택한 체인을 모두 제거하는 기능이다.

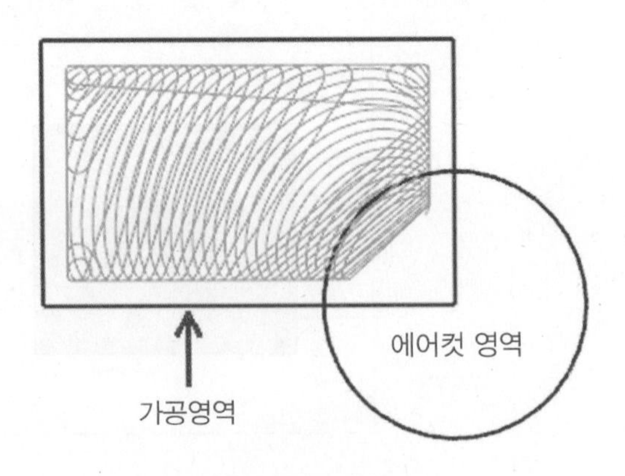

[에어컷 영역]

❻ **포함영역** : 다중으로 가공영역의 체인을 선택할 수 있으며, 가공영역과 포함영역으로 선택된 체인의 중복되는 영역의 가공경로를 생성하는 기능이다.

㉠ [선택 버튼] : 포함영역의 체인을 선택하거나 수정하는 기능이다.

㉡ [제거 버튼] : 포함영역으로 선택한 체인을 모두 제거하는 기능이다.

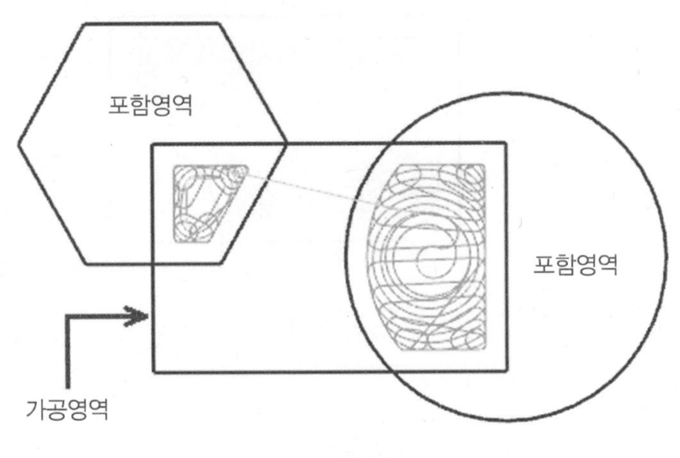

[포함영역]

❼ **진입 체인** : 가공영역에서 공구 진입 시 진입 형태로 사용할 도형을 선택하는 기능이다.

✎ 다이내믹 밀 가공경로 기능 중 진입방법에 사용자, 열린 체인을 사용 기능을 선택해야 한다.

㉠ [선택 버튼] : 진입 체인을 선택하거나 수정하는 기능이다.

㉡ [제거 버튼] : 진입 체인을 모두 제거하는 기능이다.

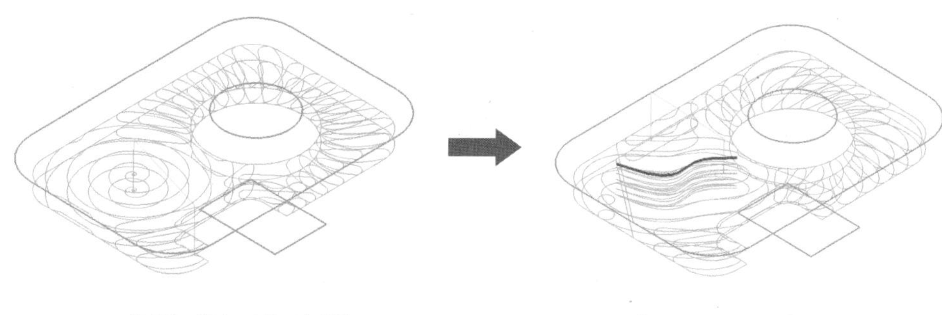

[진입 체인 사용 안 함]　　　　　　[진입 체인 사용]

2) 다이내믹 밀 대화창의 구성

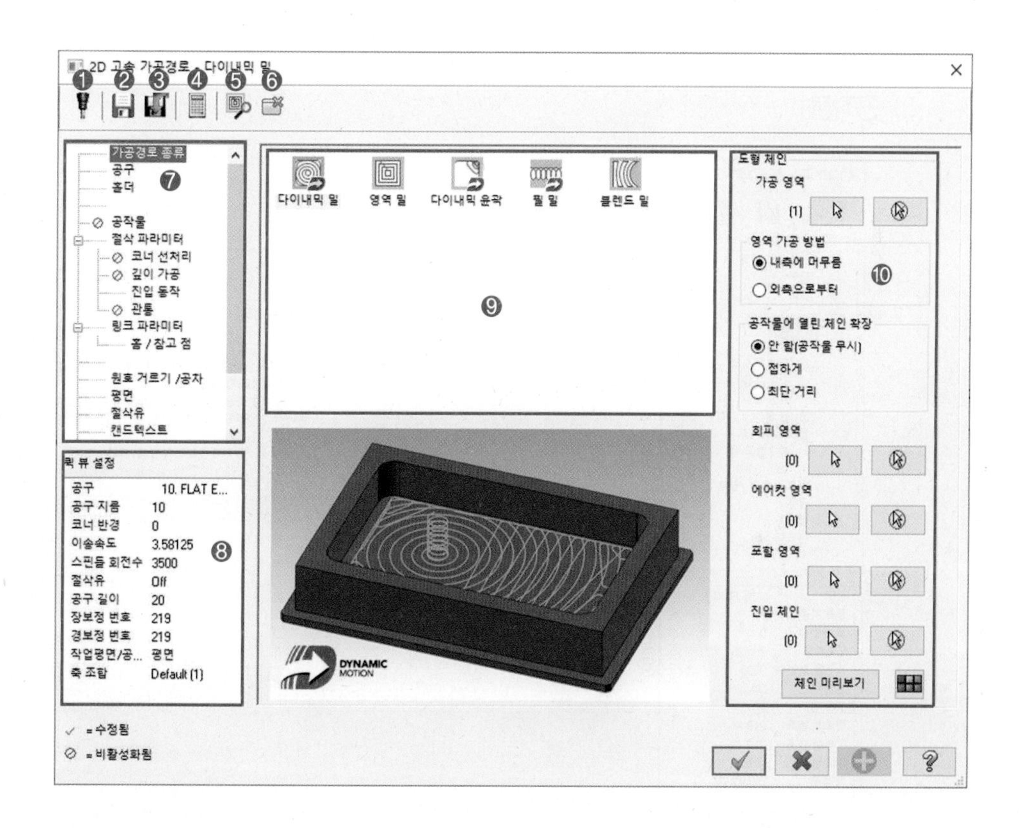

❶ **공구 관리자** : 기본 공구 목록 및 사용자가 저장한 공구 목록을 불러와서 가공경로에 적용시킬 공구를 선택하는 기능이다.

❷ **조건을 기본값 파일로 저장** : 사용자가 현재 설정한 절삭 조건들을 작업 기본값 파일로 저장하는 기능이다.

❸ **기본값 파일에서 파라미터 다시 불러오기** : 기본값으로 저장되어 있는 파라미터의 절삭 조건들을 재로딩하는 기능이다.

❹ **스핀들 회전수와 이송속도 계산기** : 재질과 공구 지름 크기에 따라 공구의 이송속도 및 주축 회전수를 계산하는 기능이다.

❺ **가공경로 미리보기** : 현재 설정한 파라미터의 절삭 조건들을 적용한 가공경로를 화면에서 미리볼 수 있는 기능이다.

❻ **대화창 감춤** : 대화창을 화면에서 감추고 그래픽 화면을 확인하기 위한 기능이다.

❼ **절삭 조건창** : 사용자가 선택한 가공경로에 적용할 절삭 조건들을 설정할 수 있다.

❽ **퀵 뷰 설정** : 사용자가 설정한 가공 조건들을 한 창에서 빠르게 확인할 수 있다.

❾ **가공경로 종류** : 사용자가 원하는 2D 고속 가공경로를 선택할 수 있는 창이다.

❿ **도형 체인** : 가공영역 및 회피영역, 에어컷 영역 등의 선택한 체인을 수정, 추가 또는 제거하는 기능이다.

3) 공작물

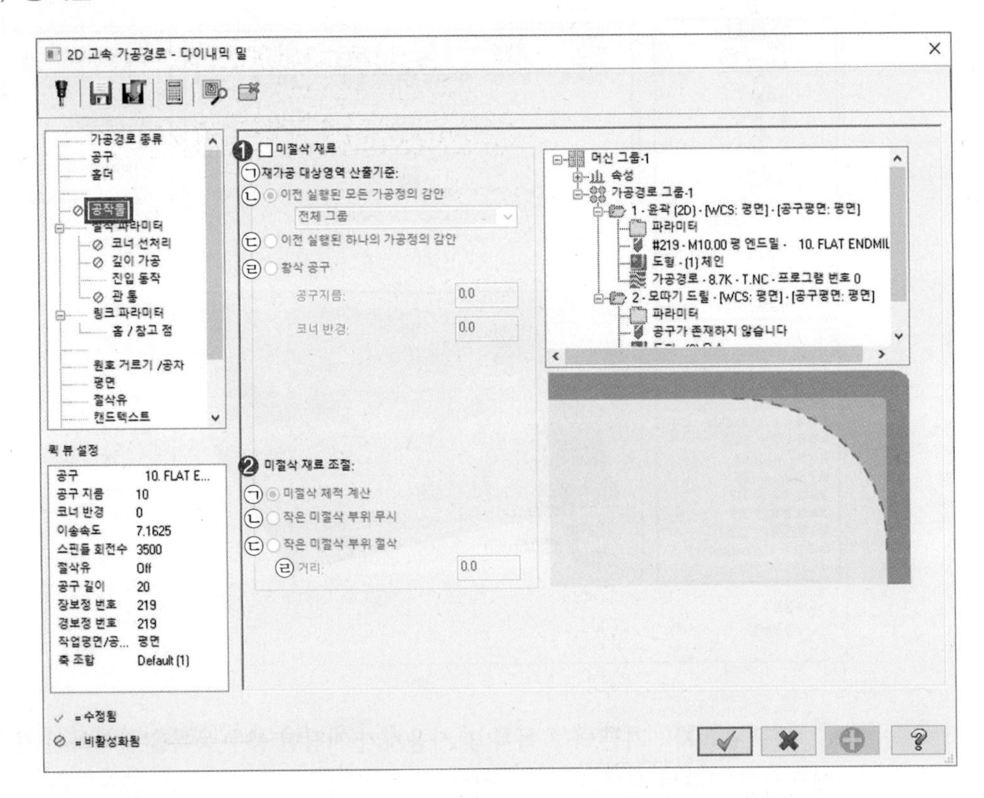

❶ **미절삭 재료**

㉠ **재가공 대상영역 산출기준** : 이전에 생성한 가공경로나 황삭 공구를 기준으로 미절삭 공작물을 자동으로 계산하여 가공경로를 생성하는 기능이다.

㉡ **이전 실행된 모든 가공정의 감안** : 잔삭 가공경로 전에 실행된 모든 가공을 감안하여 재가공 대상영역을 산출하는 기능이다.

㉢ **이전 실행된 하나의 가공정의 감안** : 우측의 창에서 선택한 하나의 가공경로를 기준으로 재가공 대상영역을 산출하는 기능이다.

㉣ **황삭 공구** : 특정 공구의 지름과 날끝 반경을 입력하여 재가공 대상영역을 산출하는 기능이다.

❷ 미절삭 재료 조절

㉠ **미절삭 체적 계산** : 공작물 모델에 거리를 주지 않는다.

㉡ **작은 미절삭 부위 무시** : 이 설정을 사용해 거리를 설정하여 공작물 모델을 줄인다. 설정한 거리값만큼 공작물 모델을 무시하는 가공경로를 생성한다.

㉢ **작은 미절삭 부위 절삭** : 이 설정을 사용해 거리를 설정하여 공작물 모델을 늘린다. 설정한 거리값만큼 공작물 모델을 늘린 가공경로를 생성한다.

㉣ **거리** : 값을 입력하여 계산된 공작물 모델을 늘이거나 줄인다.

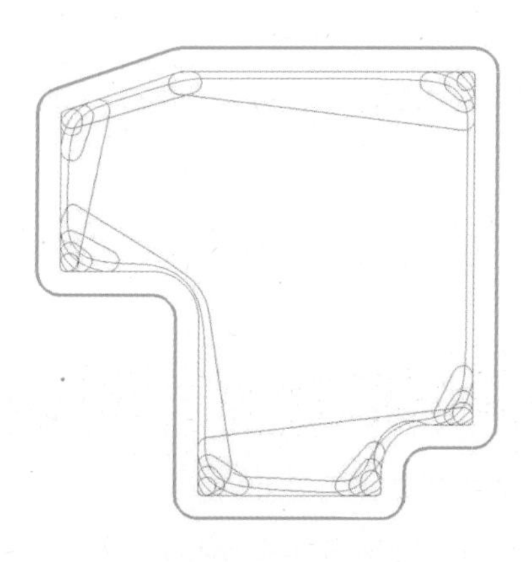

[미절삭 체적 계산]

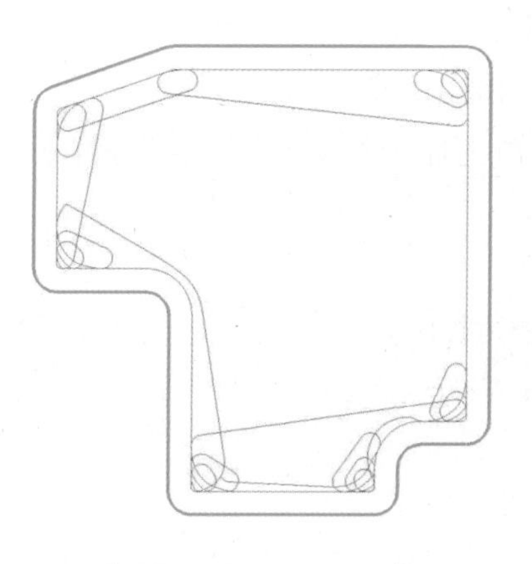

[작은 미절삭 부위 무시]

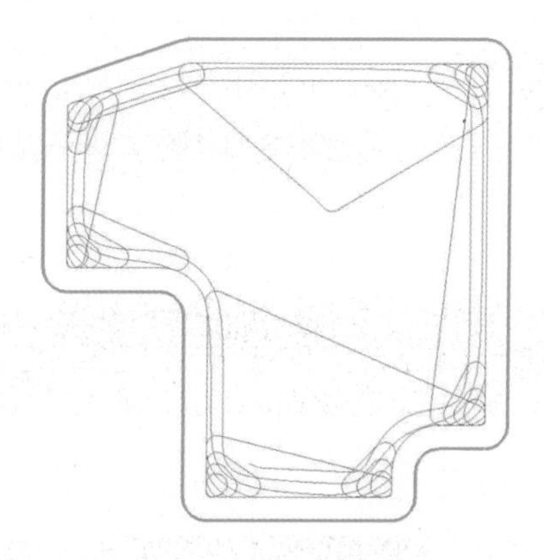

[작은 미절삭 부위 절삭]

4) 절삭 파라미터

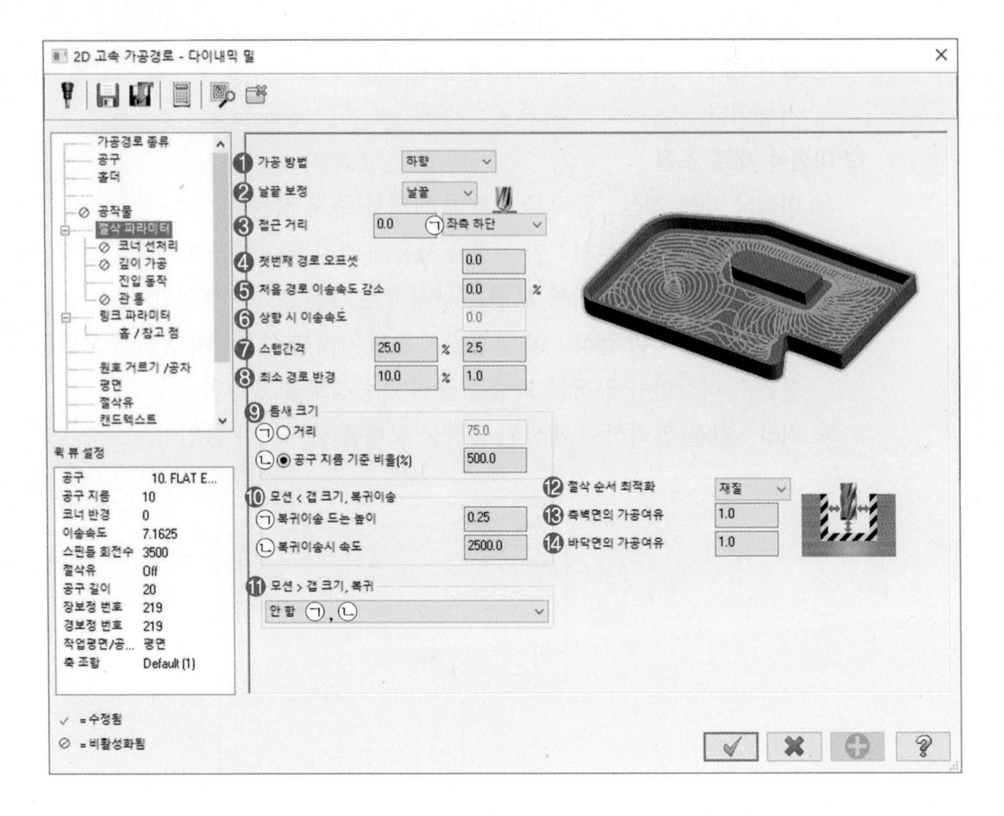

❶ **가공방법** : 공구가 재료를 가공할 때, 가공방법을 설정하는 기능이다(상향, 하향, 왕복절삭 3가지 중 한 가지를 선택할 수 있다).

❷ **날끝 보정** : 공구의 길이 보정을 날 끝 또는 중심으로 선택하는 기능이다.

❸ **접근 거리** : 공구가 절삭을 위해 재료로 진입할 때, 접근 거리를 설정하여 보다 안전하게 공구의 진입 경로를 생성하는 기능이다.

㉠ **진입 위치 제어** : 공구의 대략적인 진입 위치를 설정하는 기능이다.

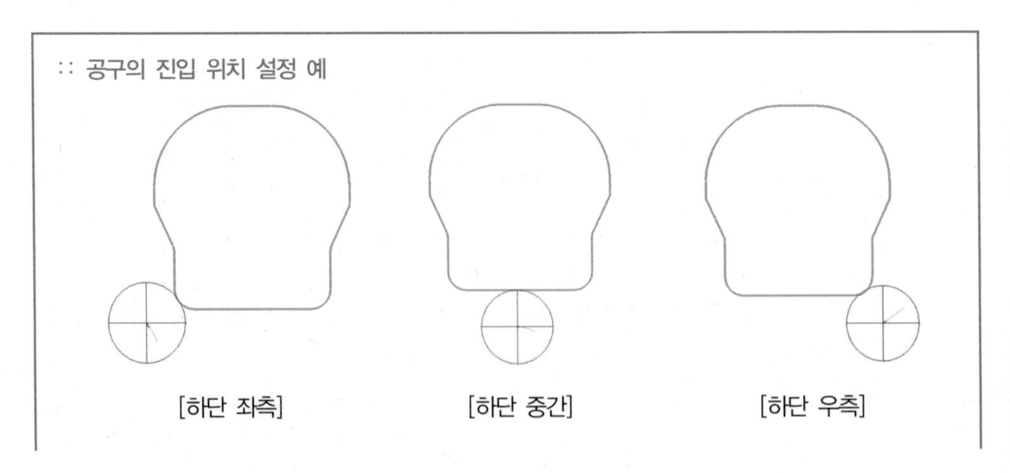

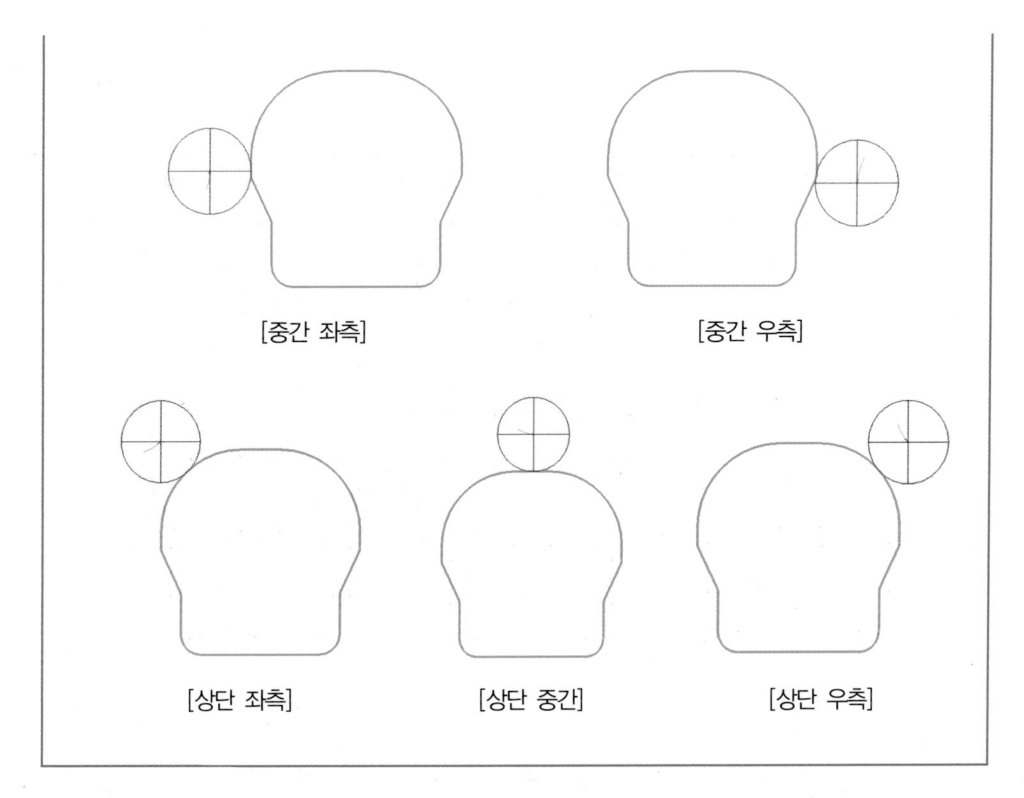
[중간 좌측] [중간 우측]
[상단 좌측] [상단 중간] [상단 우측]

❹ **첫 번째 경로 오프셋** : 재료의 외부에서 진입하는 첫 번째 경로에서 공구가 묻힘 상태로 많은 재료가 절삭되므로 공구의 부하를 감소시키기 위해 첫 번째 경로를 재료의 외부 방향으로 오프셋하는 기능이다.

❺ **처음 경로 이송속도 감소** : 생성되는 가공경로에서 첫 번째 경로의 이송속도를 입력한 % 만큼 감속하는 기능이다.

❻ **상향 시(왕복가공) 이송속도** : 가공방법에서 왕복으로 할 경우 공구가 상향 절삭할 때 적용될 이송속도를 설정하는 기능이다.

❼ **스텝 간격** : 공구 크기를 고려하여 가공경로 간의 간격을 공구 퍼센티지나 길이로 설정하는 기능이다.

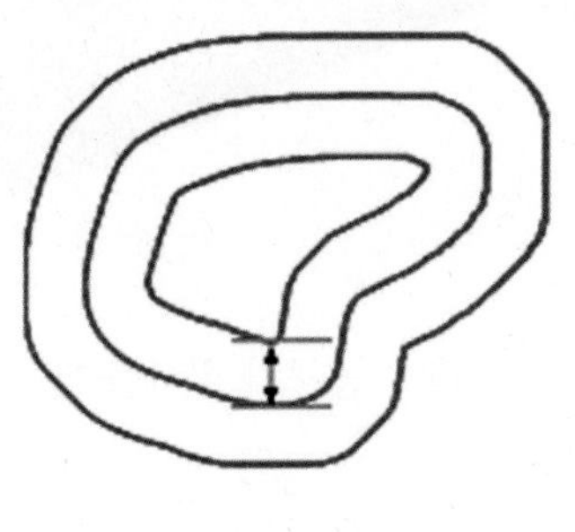

[스텝 간격]

❽ **최소 경로 반경** : 생성될 가공경로의 최소 반경값을 설정하는 기능이다.

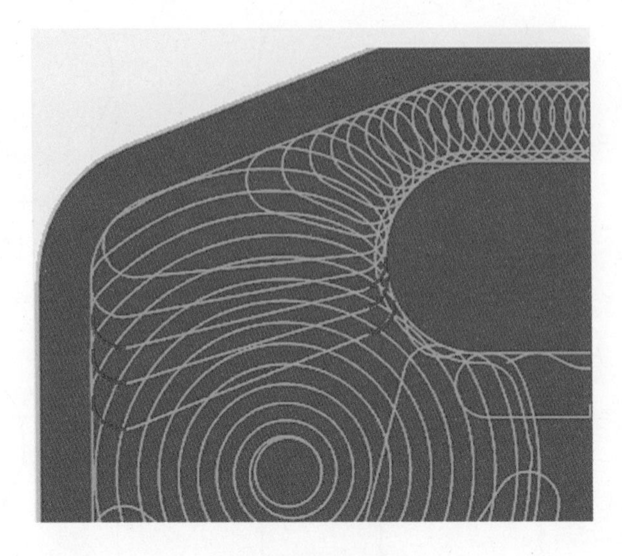

[최소 경로 반경]

❾ **틈새 크기**

㉠ **거리** : 현재 가공경로 종료 위치에서 다음 가공경로 시작 위치의 거리가 설정한 거리값 보다 작은 경우에 공구 복귀를 하지 않고, 바로 절삭이송 형태로 이동한다.

㉡ **공구 지름의 기준 비율(%)** : 현재 가공경로 종료 위치에서 다음 가공경로 시작 위치의 거리가 설정한 공구 지름의 비율보다 작은 경우에 공구 복귀를 하지 않고, 바로 절삭이송 형태로 이동한다.

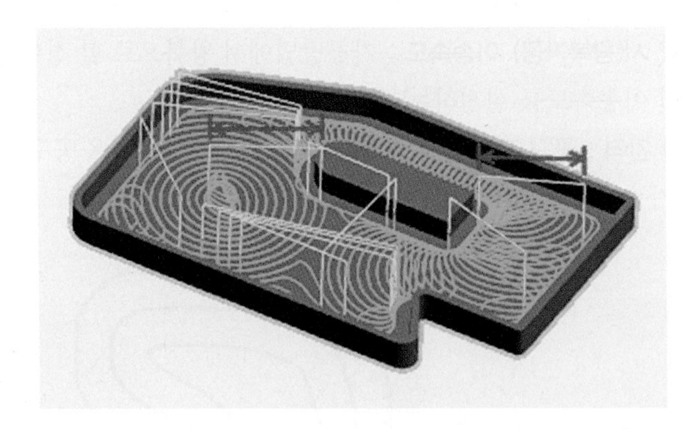

❿ **모션 < 갭 크기, 복귀이송** : 공구가 절삭을 한 후 다음 절삭으로 복귀이송 시 들어 올리는 가공경로를 생성한다.

㉠ **복귀이송 드는 높이** : 다음 그림과 같이 경사진 램프 높이값을 설정할 수 있다.

㉡ **복귀이송 시 속도** : 복귀이송 시 적용될 이송속도를 설정할 수 있다.

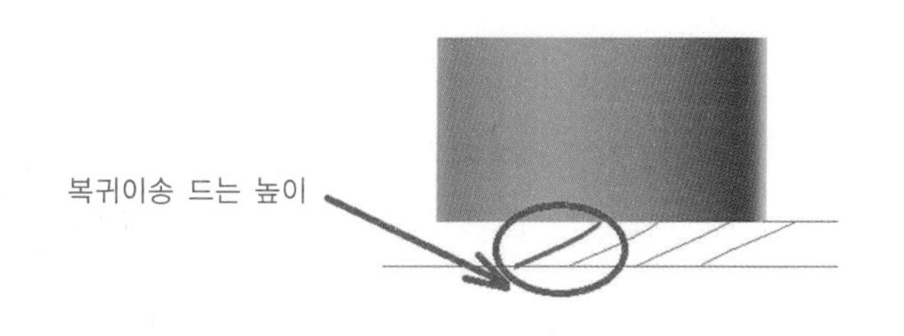

⑪ **모션 > 갭 크기, 복귀** : 공구의 절삭이송과 복귀이송을 제어하는 기능으로 절삭이송과 복귀이송을 어떻게 제어할지 선택할 수 있다.

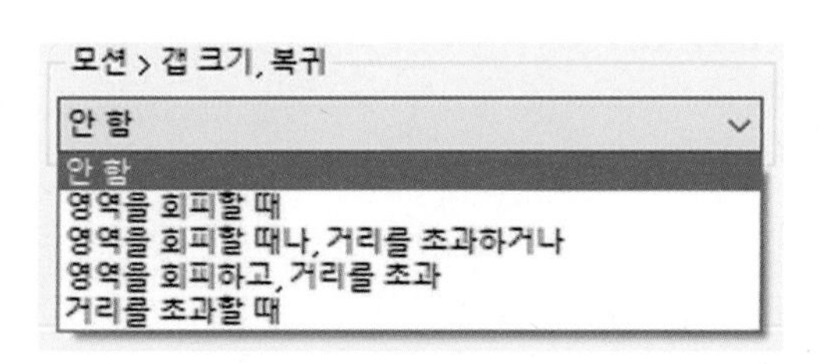

㉠ **안 함** : 공구가 복귀이송을 하지 않으므로 절삭 시간을 단축시킬 수 있다.

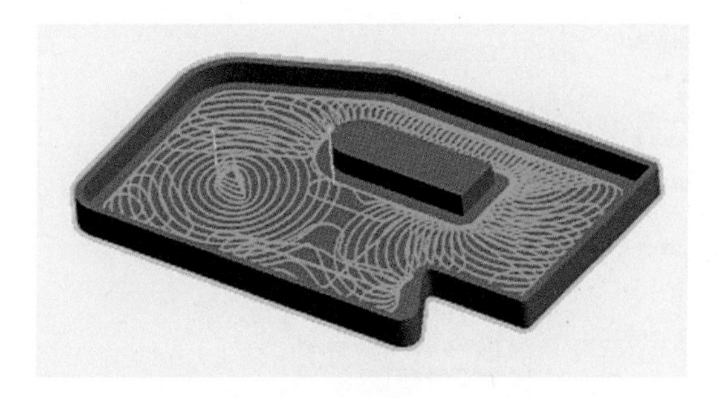

㉡ **영역을 회피할 때와 나머지 기능들을 선택할 때** : 갭 크기 기능에 설정한 거리값 또는 공구 지름의 % 값보다 큰 경우 복귀이송이 추가되며, 시스템이 절삭이송 과정에서 가공대상의 형상을 인식하여 공구의 복귀이송을 추가한다.

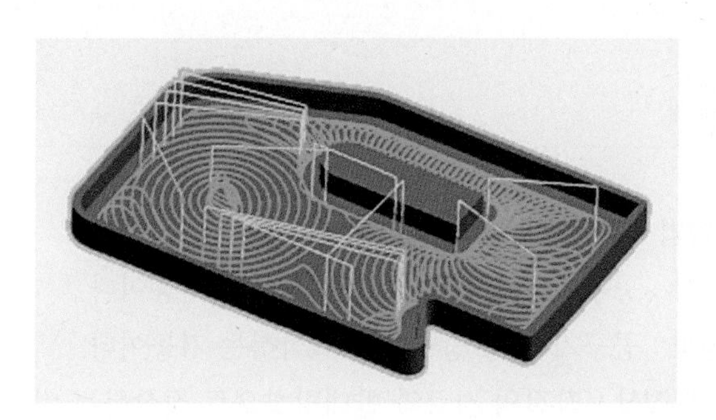

⑫ **절삭 순서 최적화** : 가공경로에 적용될 절삭순서를 설정하는 기능으로 선택한 도형의 형상에 따라 움직임이 달라질 수 있다.

㉠ **재질** : 공구에서 가장 가까운 공작물에서 시작하는 기능이다.

㉡ **안 함** : 가장 최근 가공한 재료부터 시작하는 기능이다.

㉢ **에어** : 공구에서 가장 가까운 곳에서 시작하는 기능이다.

⑬ **측벽면의 가공 여유** : 가공대상의 측면 방향으로 남겨질 재료의 여유값을 설정하는 기능이다.

⑭ **바닥면의 가공 여유** : 최종 가공깊이 기준으로 위쪽 방향으로 남겨질 재료의 여유값을 설정하는 기능이다.

5) 코너 선처리

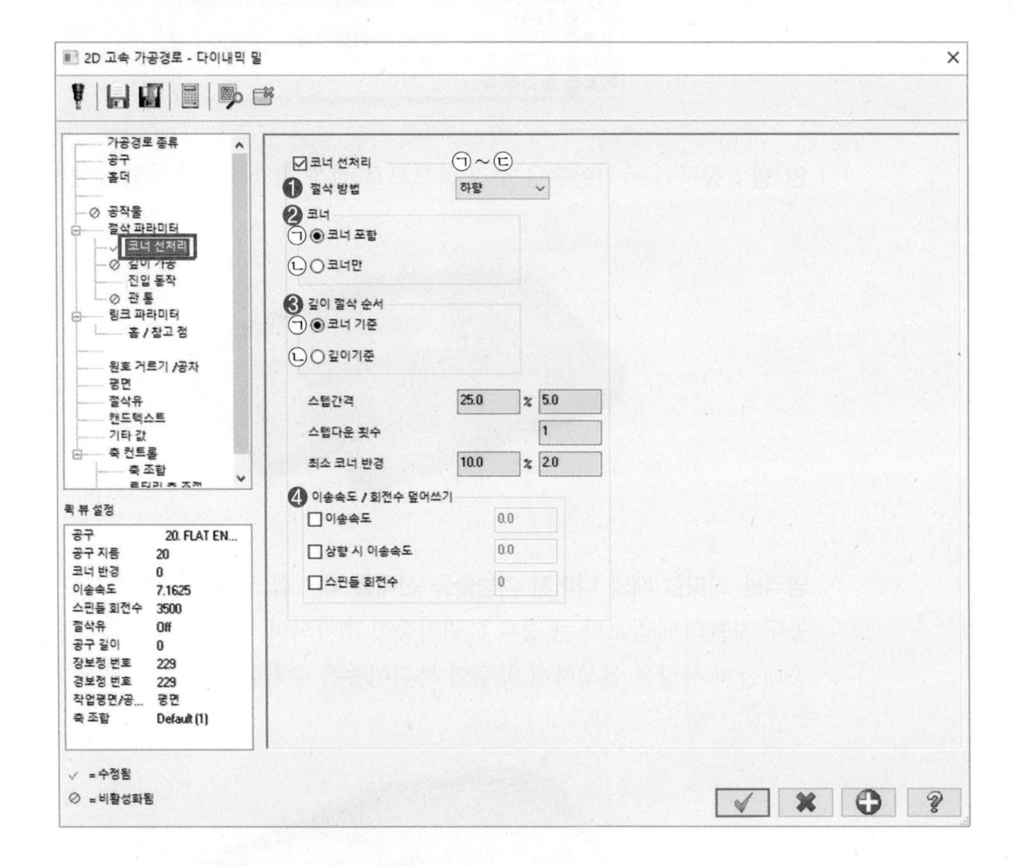

❶ **절삭방법** : 절삭방법을 선택하는 기능이다.

㉠ **하향** : 공구가 하향 방향으로 절삭하는 기능이다.

㉡ **상향** : 공구가 상향 방향으로 절삭하는 기능이다.

㉢ **왕복절삭** : 직전의 경로와 반대방향으로 절삭하는 기능이다.

❷ **코너** : 코너 가공에 대한 옵션을 선택하는 기능이다.

㉠ **코너 포함** : 기존 가공경로에 코너 가공을 추가하는 기능이다.

㉡ **코너만** : 기존 가공경로를 제외한 코너 가공만을 하는 기능이다.

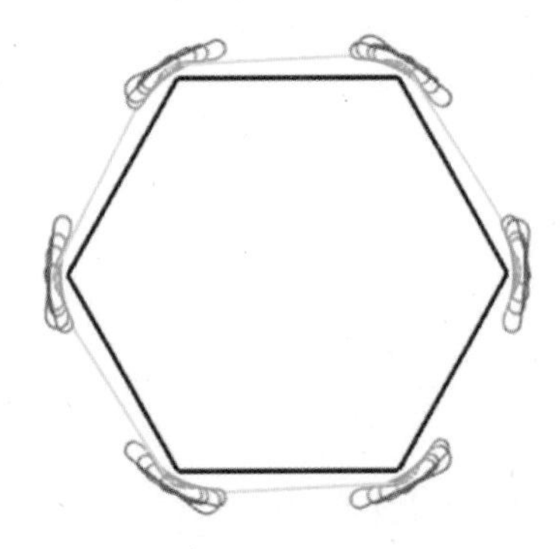

❸ **깊이가공 순서** : 가공의 순서를 설정하는 기능이다.

㉠ **코너 기준** : 하나의 코너에 대한 깊이가공을 모두 하고 다음 코너로 진행한다.

㉡ **깊이 기준** : 해당 깊이의 모든 코너를 차례대로 가공하고 다음 깊이로 진행한다.

❹ **이송속도 / 회전수 덮어쓰기** : 코너 선처리에 대한 별도의 이송속도 / 회전수를 설정하는 기능이다.

6) 깊이가공

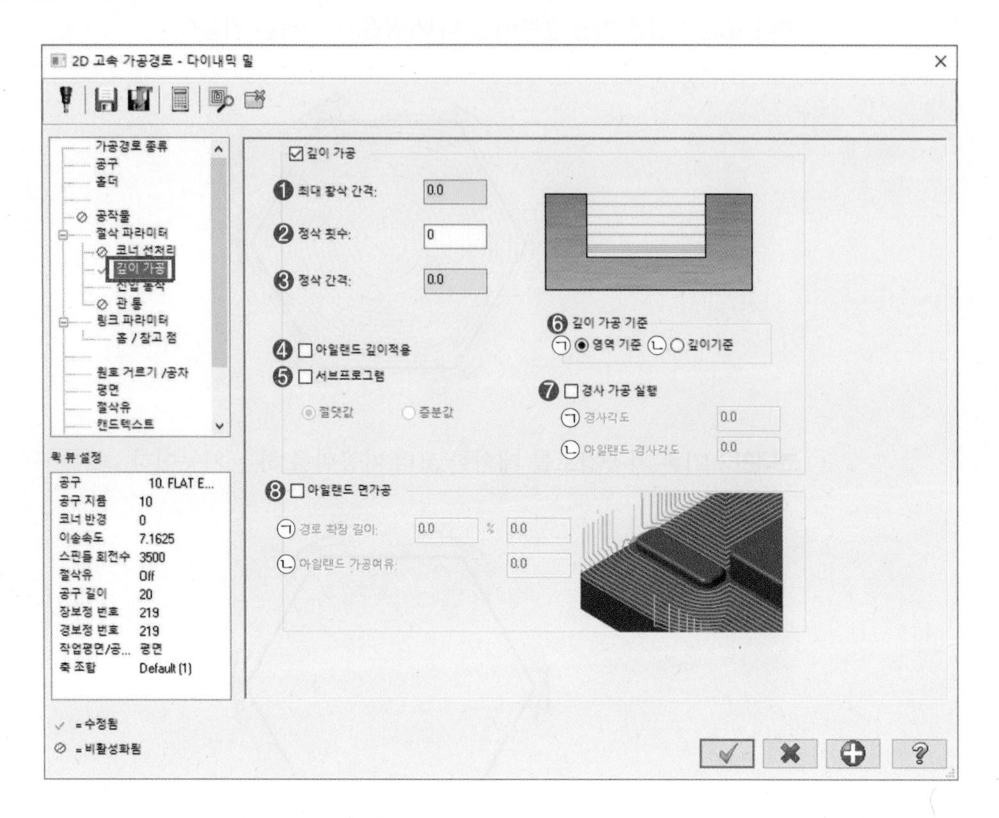

❶ **최대 황삭 간격** : 링크 파라미터에서 설정된 가공 깊이에서 아래 정삭 횟수, 정삭 간격의 설정값과 바닥면의 가공 여유에 설정된 값이 차감된 가공 깊이를 기준으로 깊이를 나누어 절삭 실행될 최대 간격값을 설정하는 기능이다.

❷ **정삭 횟수** : 링크 파라미터에서 설정된 가공 깊이에서 바닥 가공 여유에 설정된 값이 차감된 가공 깊이를 기준으로 정삭가공의 횟수를 설정하는 기능이다.

❸ **정삭 간격** : 링크 파라미터에서 설정된 가공 깊이에서 바닥 가공 여유에 설정된 값이 차감된 가공 깊이를 기준으로 정삭가공의 간격을 설정하는 기능이다.

❹ **아일랜드 깊이 적용** : 외측 윤곽 도형은 가공영역으로 선택하고 Z높이가 서로 다른 아일랜드 도형을 회피영역으로 선택한 경우 서로 다른 아일랜드 도형의 Z높이까지 단차 가공을 실행하는 기능이다. 여기서 아일랜드 도형은 외측 윤곽 도형의 내측에 있는 도형을 의미한다.

❺ **서브프로그램** : 가공대상으로 선택한 도형윤곽(또는 다수의 도형윤곽)에 대하여 처음 깊이 단계 실행 후 다음 단계부터는 처음 깊이가공 실행 내용을 동일하게 실행하는 서브 프로그램(M98) 형태로 출력시켜 이후 생성될 NC 데이터 파일의 크기까지 감소시키는 기능이다.

❻ **깊이가공 기준** : 가공대상 도형으로 다수의 도형윤곽을 선택하고 가공깊이를 분할하여 실행하는 경우 깊이로의 가공 실행 기준을 설정하는 기능이다.

㉠ **영역 기준** : 도형윤곽 선택 순서대로 개별 도형윤곽에 대한 깊이가공 실행 완료 후 다음 도형윤곽에 대한 깊이가공을 반복하는 방법이다.

㉡ **깊이 기준** : 가공 깊이 단계별로 대상 도형윤곽들을 이동하면서 가공을 실행하는 방법이다.

❼ **경사 가공 실행** : 링크 파라미터에서 재료 상단의 설정값과 가공 깊이 설정값까지 공구의 Z축 절삭이 경사각도에 설정된 값을 적용하여 경사 형태로 가공경로를 생성한다.

㉠ **경사각도** : 가공영역에 선택된 도형을 기준으로 내측 혹은 외측 방향으로 경사 가공 각도를 설정하는 기능이다.

㉡ **아일랜드 경사각도** : 회피영역에 아일랜드 도형을 선택했을 때 선택된 아일랜드 도형을 기준으로 외측 방향으로 경사 가공 각도를 설정하는 기능이다.

❽ **아일랜드 면가공** : 외측 윤곽 도형은 가공영역으로 선택하고 Z높이가 서로 다른 아일랜드 도형을 회피영역으로 선택한 경우 서로 다른 아일랜드 도형의 Z높이까지 계산하여 가공경로를 생성하는 기능이다.

㉠ **경로 확장 길이** : 선택된 아일랜드 도형들의 XY 간격 기준으로 가공경로 길이를 확장하는 기능이다.

㉡ **아일랜드 가공 여유** : 선택된 아일랜드 도형 윤곽의 Z높이값 기준으로 미절삭될 높이 값을 설정하는 기능이다.

7) 진입 동작

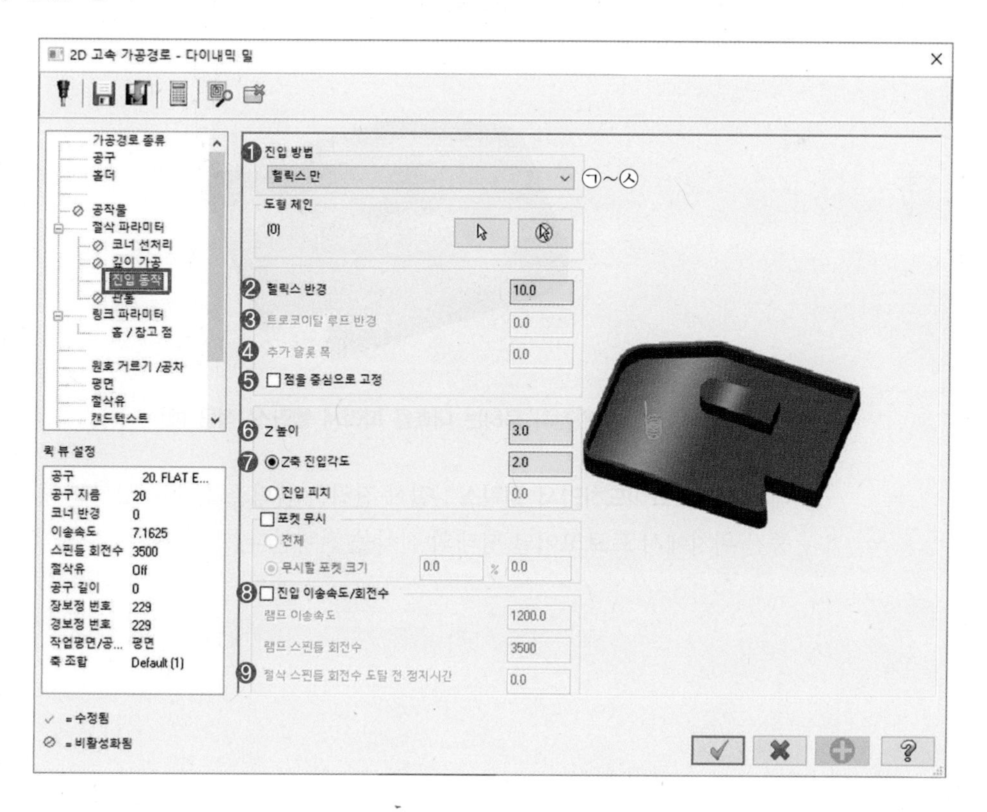

❶ **진입 방법** : 공구의 절삭 진입 시 아래 그림과 같이 다양한 방법으로 진입시킬 수 있다.

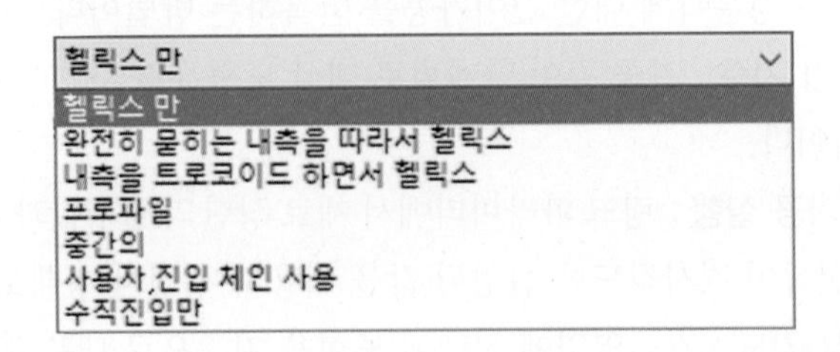

㉠ **헬릭스만** : 공구의 Z축 진입을 헬릭스 형태로만 생성, 헬릭스 진입 후 다이내믹 밀 가공경로를 진행한다.

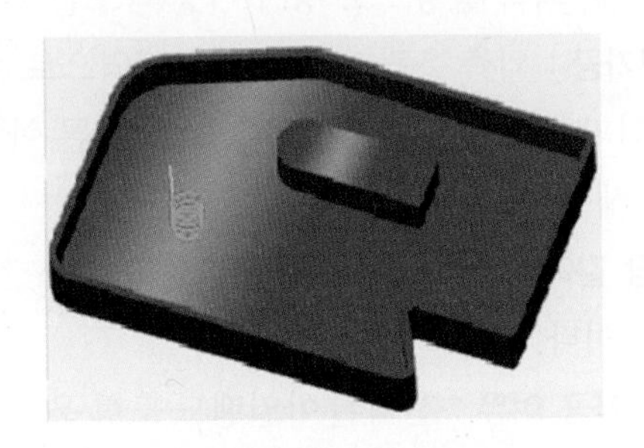

['헬릭스만' 적용 예]

㉡ **완전히 묻히는 내측을 따라서 헬릭스** : 절삭진입을 헬릭스 형태로 생성한 후 가공영역의 중간 위치에 나선형 형태의 절삭을 진행한다.

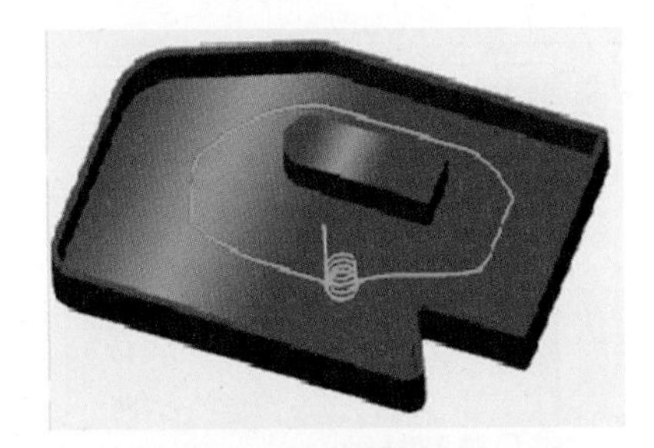

['완전히 묻히는 내측을 따라서 헬릭스' 적용 예]

㉢ **내측을 트로코이드하면서 헬릭스** : 절삭 진입을 헬릭스 형태로 생성한 후 가공영역의 중간 위치에서 트로코이달 형태의 절삭을 진행한다.

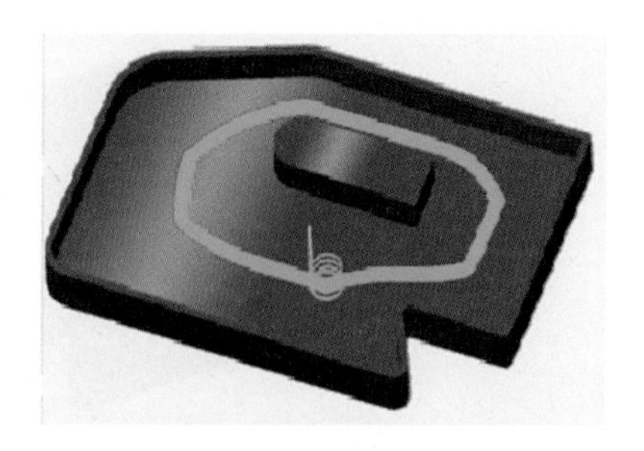

['내측을 트로코이드하면서 헬릭스' 적용 예]

㉣ **프로파일** : 가공영역으로 선택된 체인의 모양을 바탕으로 램프 형태로 진입한 후 절삭을 진행한다.

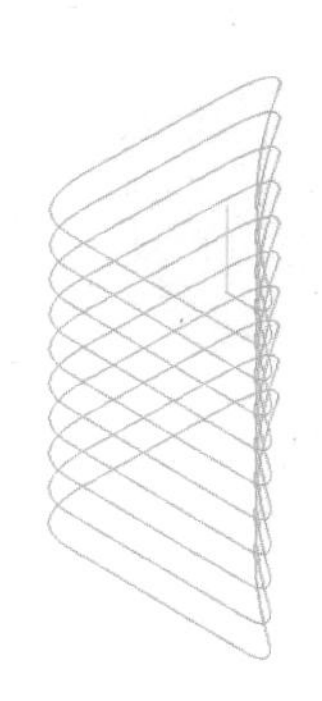

['프로파일' 적용 예]

㉤ **중간의** : 가공영역으로 선택된 체인의 모양을 바탕으로 가공영역의 중간 위치에서 램프 형태로 진입한 후 절삭을 진행한다.

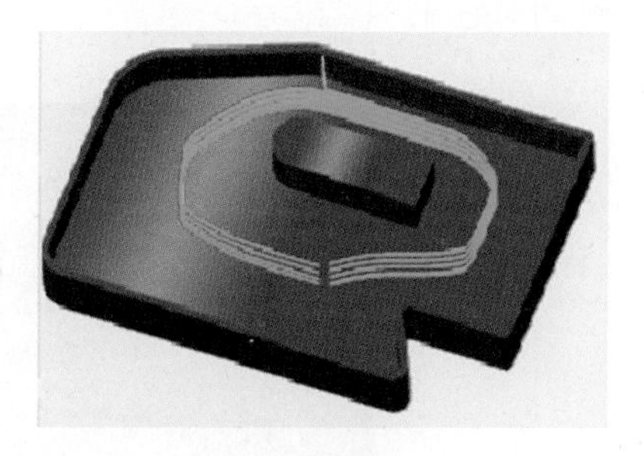

['중간의' 적용 예]

㉥ **사용자, 진입체인 사용** : 사용자가 임의로 만든 열린 체인을 사용하여 진입한 후 절삭을 진행한다.

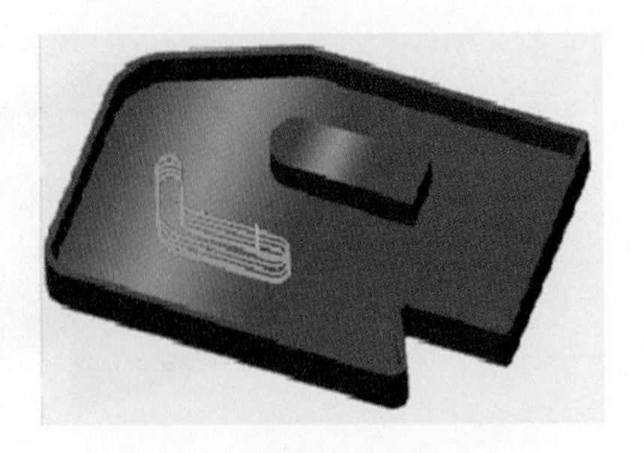

['사용자, 진입체인 사용' 적용 예]

ⓢ **수직진입만** : 공구의 Z축 진입을 수직형태로만 생성, 수직진입 후 다이내믹 밀 가공경로를 진행한다.

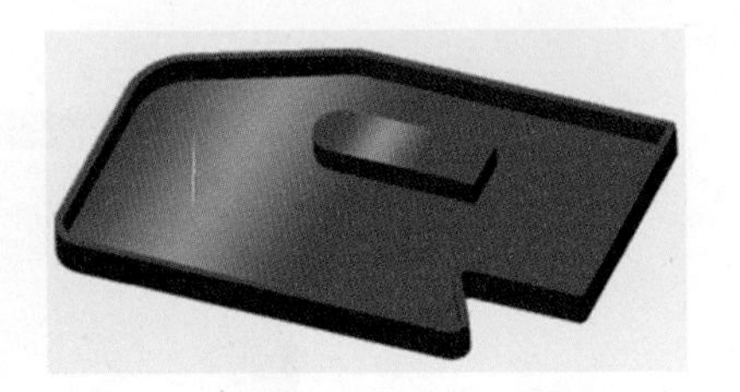

['수직진입만' 적용 예]

❷ **헬릭스 반경** : 공구가 Z축으로 진입할 때 헬릭스 형태를 이용하여 진입하는 방법을 선택 시 진입할 헬릭스의 반경값을 설정하는 기능이다.

❸ **트로코이달 루프 반경** : 내측을 트로코이드하면서 헬릭스의 진입방법 선택 시 생성될 트로코이달 형태의 반경값을 입력하는 기능이다.

❹ **추가 슬롯 폭** : 중간의, 사용자, 진입 체인 사용의 진입방법 선택 시 설정한 슬롯폭만큼 XY 진입 간격이 확장된다.

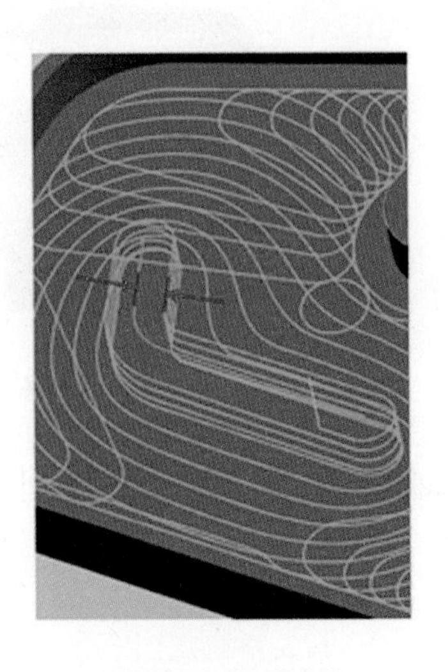

[추가적인 슬롯 폭]

⑤ **점을 중심으로 고정** : 사용자가 선택한 임의점에서 헬릭스 동작을 만드는 기능이다.

⑥ **Z 높이** : 헬릭스 또는 램프동작을 시작할 Z높이값을 설정하는 기능이다.

⑦ **Z축 진입각도** : 헬릭스 또는 램프 동작에 적용될 경사각도 또는 피치값을 설정하는 기능이다.

⑧ **진입 이송속도 / 회전수** : 헬릭스 또는 램프동작에 사용될 공구의 회전수와 이송속도를 설정하는 기능이다.

⑨ **절삭 스핀들 회전수 도달 전 정지시간** : 공구가 절삭이송 전에 일정시간 정지를 하고자 할 때 값[초]을 설정하는 기능이다.

(6) 다이내믹 윤곽

다이내믹 윤곽 밀은 닫힌 윤곽, 열린 윤곽을 따라 내측 또는 외측을 가공하는 방법으로 기존의 2D 윤곽가공과 비슷하지만 윤곽벽, 정삭 등의 기능을 활용해 가공할 영역을 유동적인 절삭 형태로 가공경로를 생성한다.

✎ 절삭 파라미터, 깊이가공 등은 다이내믹 밀과 같으므로 다이내믹 윤곽에선 다루지 않는다.

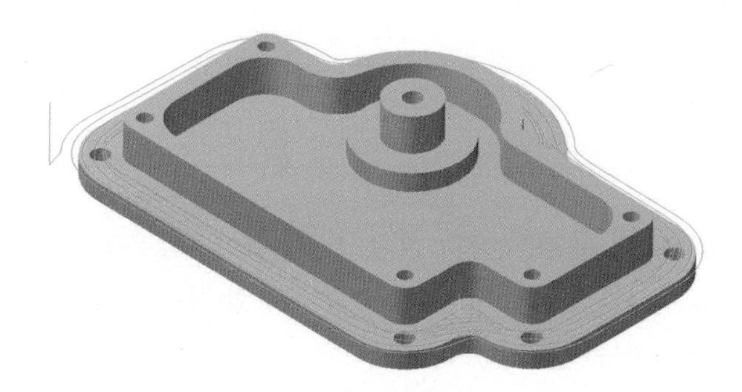

[다이내믹 윤곽]

1) 윤곽 벽

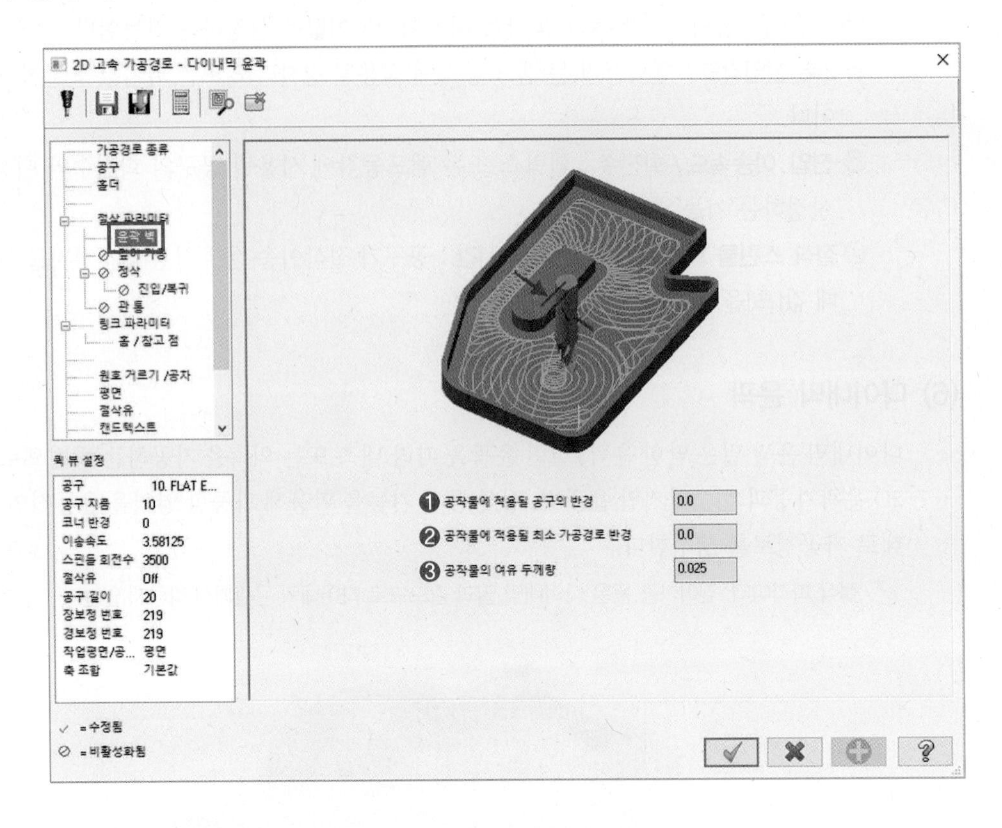

❶ **공작물에 적용될 공구의 반경** : 현재 생성할 다이내믹 윤곽 가공경로 이전에 이미 생성된 다른 가공경로가 있어서 잔삭의 용도로 사용할 경우 이전 가공경로에서 사용된 공구의 반경을 설정하는 기능이다.

❷ **공작물에 적용될 최소 가공경로 반경** : 각이 진 예리한 부위 절삭 시 보다 부드러운 가공경로를 생성하기 위해서 다이내믹 윤곽 가공경로에 적용될 가공경로 반경값을 설정하는 기능이다.

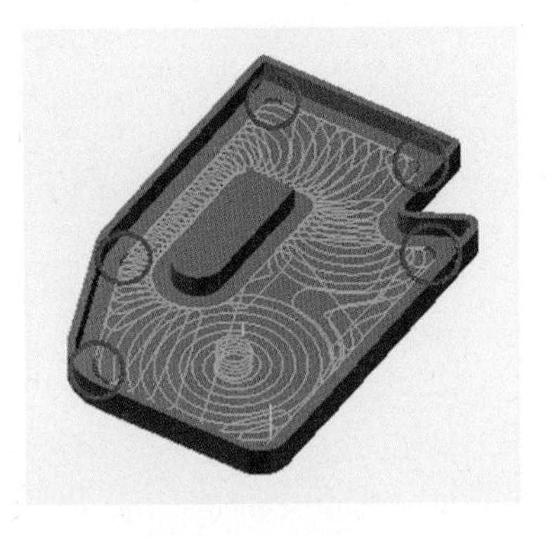

['공작물에 적용될 최소 가공경로 반경' 적용 예]

❸ **공작물의 여유 두께량** : 제거될 공작물의 남은 두께값을 설정하는 기능이다.

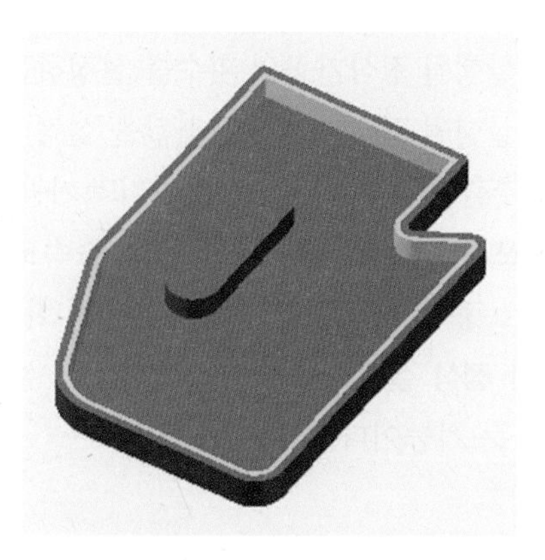

['공작물의 여유 두께량' 적용 예]

2) 정삭 파라미터

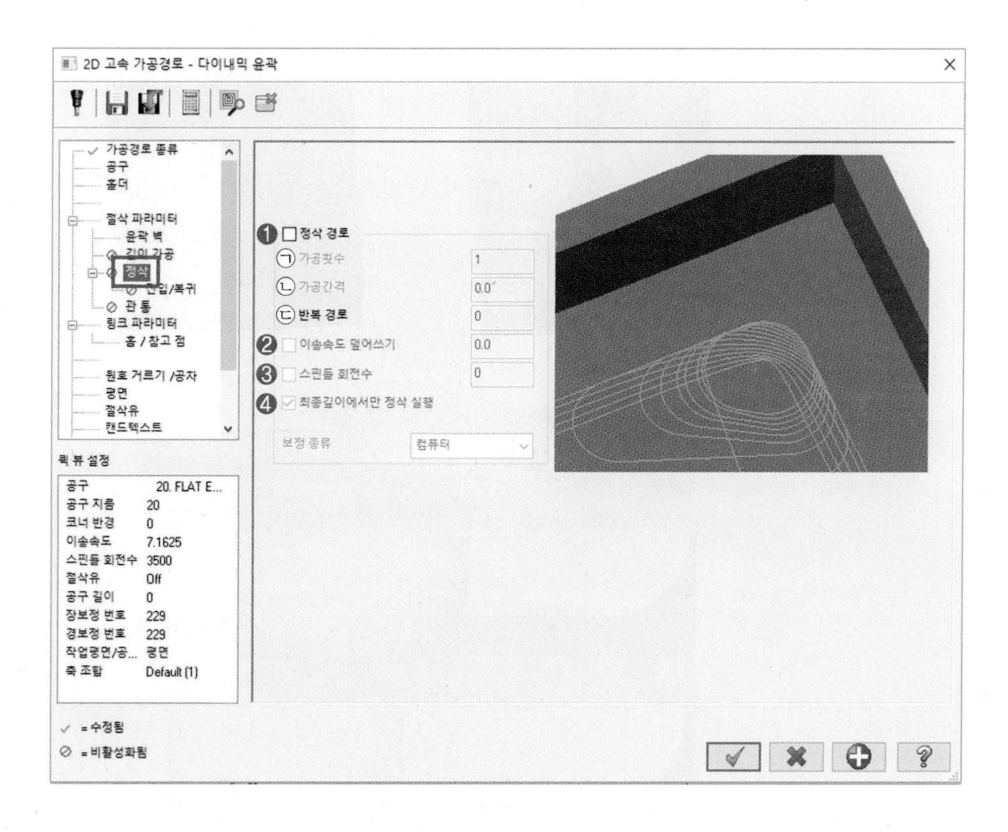

❶ **정삭 경로** : 가공영역으로 선택한 도형윤곽의 형태를 따라서 추가적인 절삭이송을 생성한다.

㉠ **가공횟수** : 실행될 정삭가공의 횟수를 설정하는 기능이다.

㉡ **가공간격** : 실행될 정삭가공의 간격값을 설정하는 기능이다.

㉢ **반복경로** : 추출된 정삭가공 경로 중 마지막 가공경로의 반복횟수를 설정하는 기능이다.

❷ **이송속도 덮어쓰기** : 정삭가공 시 적용될 이송속도를 설정하는 기능이다.

❸ **스핀들 회전수** : 정삭가공 시 적용될 스핀들의 회전수를 설정하는 기능이다.

❹ **최종깊이에서만 정삭 실행** : 링크 파라미터에서 설정한 최종 가공깊이에서만 정삭 가공 경로를 생성하는 기능이다.

(7) 필 밀

두 커브 사이 또는 단일 커브의 윤곽을 따라 헬릭스와 비슷한 형태로 가공경로를 생성하며, 공구에 부하를 최소화시키는 가공경로이다.

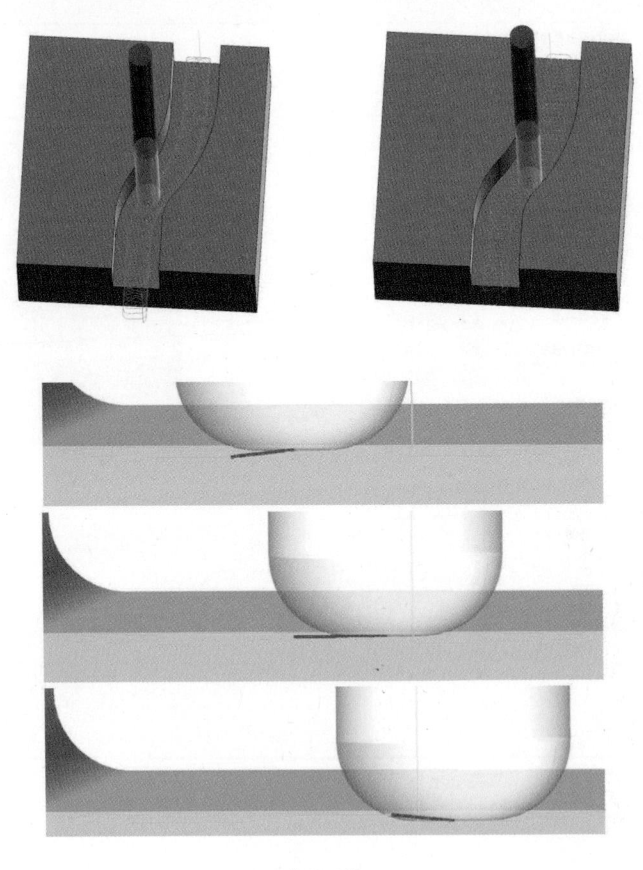

[필 밀]

1) 절삭 파라미터

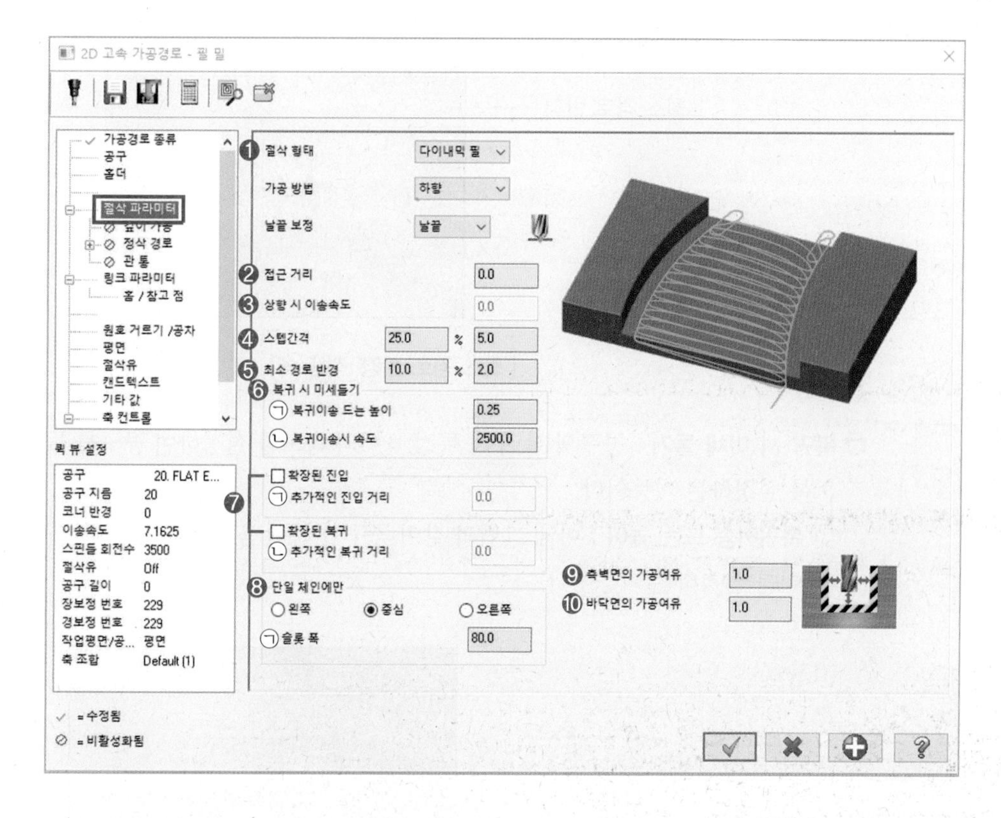

❶ **절삭 형태** : 절삭 형태를 설정하는 기능으로 절삭 형태에는 다이내믹 필과 필 두 가지가 있다.

❷ **접근 거리** : 공작물에 공구가 진입하기 위한 접근 거리를 설정하는 기능이다.

❸ **상향 시 이송속도** : 가공방법에서 왕복 절삭을 선택한 후 이 기능을 이용하여 왕복절삭 시 공구가 상향으로 움직일 때 이송속도를 설정할 수 있다.

❹ **스텝 간격** : 가공경로의 간격을 설정하는 기능이다.

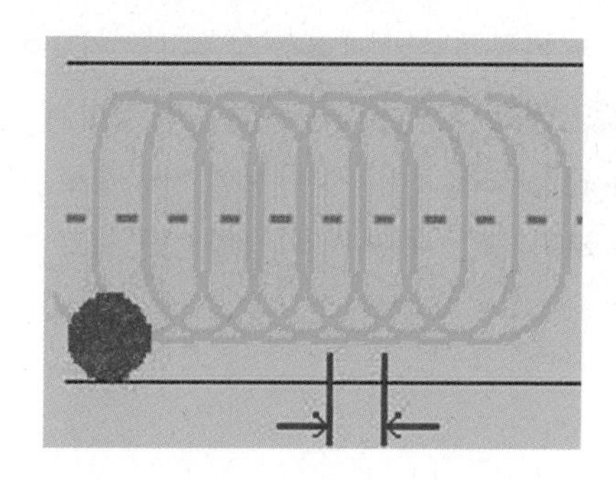

['스텝 간격' 적용 예]

⑤ **최소 경로 반경** : 가공경로의 양끝에 생성될 원호의 최소 반경값을 설정하는 기능이다.

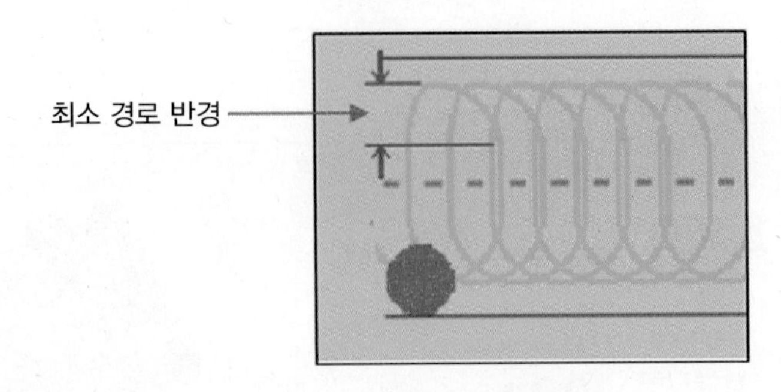

['최소 경로 반경' 적용 예]

⑥ **복귀 시 미세 들기** : 공구의 복귀 시 특정 높이와 속도를 설정하여 공구를 들어서 복귀하도록 설정하는 기능이다.

㉠ **복귀이송 드는 높이** : 아래 그림과 같이 공구가 복귀 움직임을 가질 때 공구의 드는 높이를 설정하는 기능이다.

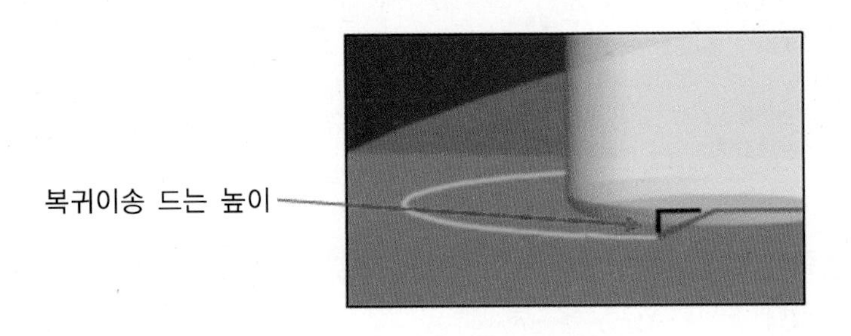

['복귀이송 드는 높이' 적용 예]

㉡ **복귀이송 시 속도** : 공구가 복귀 시 미세 들기 움직임을 가질 때 특정 이송속도를 설정하는 기능이다.

⑦ **확장된 진입 / 복귀** : 가공대상으로 선택한 도형 기준으로 확장시킬 초기 진입 가공경로와 마지막 진출 가공경로의 거리를 설정하는 기능이다. 가공대상으로 선택한 도형 사이의 형상을 감안하여 생성될 가공경로를 확장시켜 절삭하는 데 효과적이다.

㉠ **추가적인 진입거리** : 진입 시 확장할 가공경로 거리값을 설정할 수 있다.

㉡ **추가적인 복귀거리** : 복귀 시 확장할 가공경로 거리값을 설정할 수 있다.

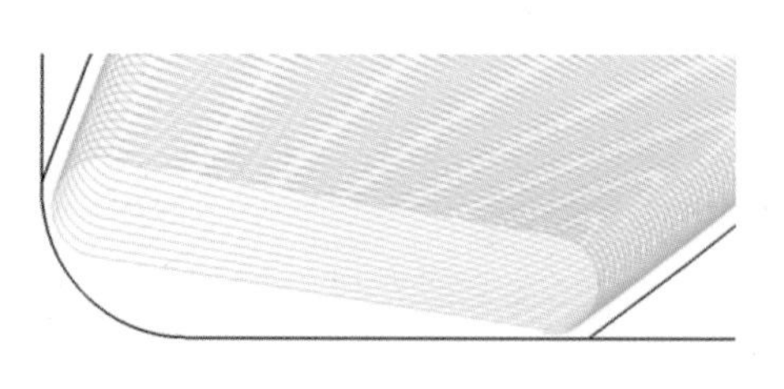

[확장된 진입 기능 미사용]　　[확장된 복귀 기능 사용]

❽ **단일 체인에만** : 가공대상 도형을 하나만 선택하면 자동으로 활성화되며 가공대상 도형의 가공경로방향을 왼쪽, 중심, 오른쪽으로 설정할 수 있다.

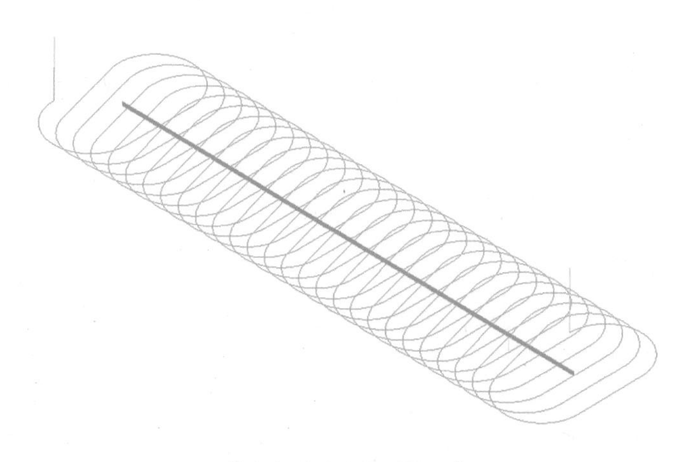

['단일 체인에만' 적용 예]

㉠ **슬롯 폭** : 아래 그림처럼 생성될 가공경로의 너비를 설정하는 기능이다.

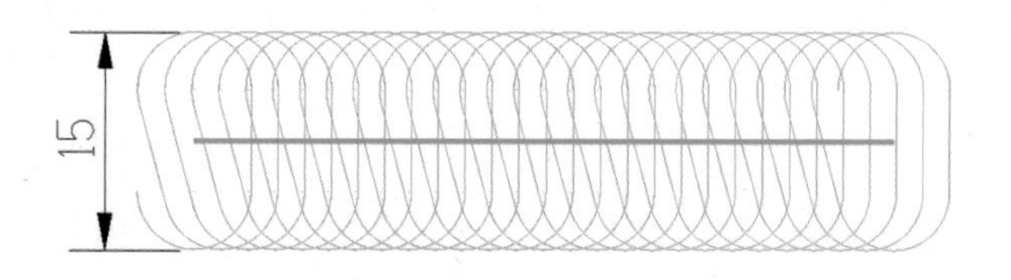

['슬롯 폭' 적용 예]

❾ **측벽면의 가공 여유** : 가공대상 도형 기준으로 측면 방향(좌측 또는 우측)으로 미절삭될 재료의 여유값을 설정하는 기능이다.

❿ **바닥면의 가공 여유** : 링크 파라미터에서 설정된 가공깊이 기준으로 바닥면의 미절삭될 재료의 여유값을 설정하는 기능이다.

2) 정삭 경로

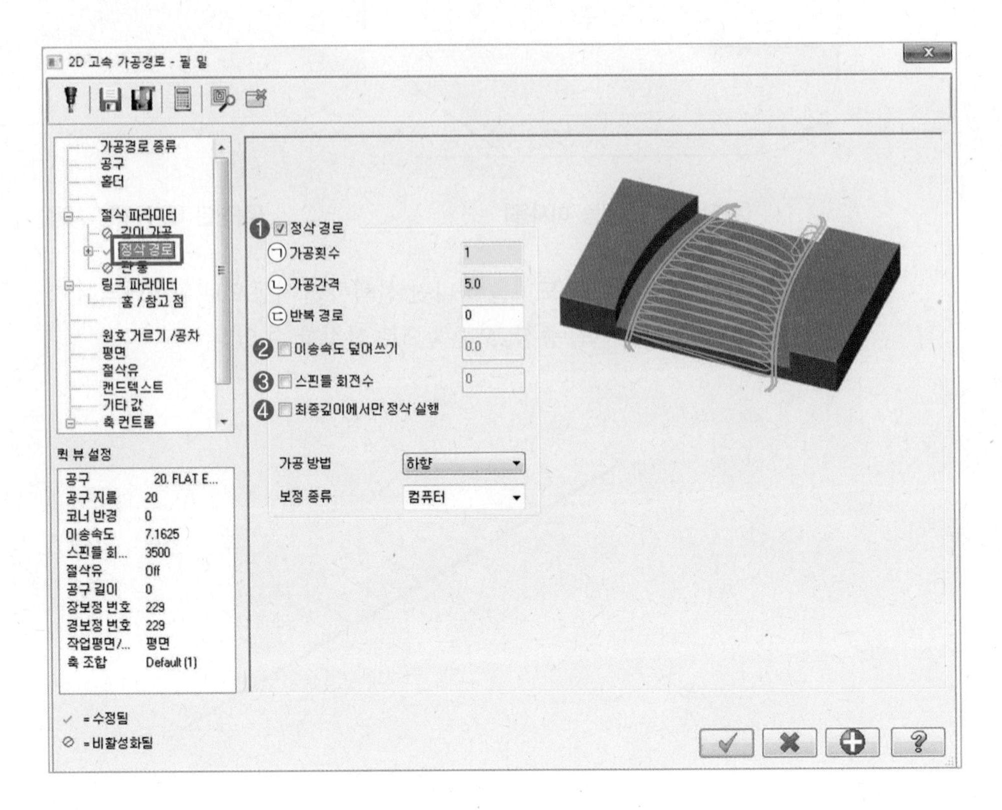

❶ **정삭경로**

㉠ **가공횟수** : 정삭을 실행할 횟수를 설정하는 기능이다.

㉡ **가공간격** : 정삭 간격을 설정하는 기능이다.

㉢ **반복경로** : 마지막 정삭가공 위치를 반복해서 절삭하는 기능이다.

❷ **이송속도 덮어쓰기** : 정삭 가공경로에 적용될 이송 속도값을 설정하는 기능이다.

❸ **스핀들 회전수** : 정삭 가공경로에 적용될 스핀들 회전수값을 설정하는 기능이다.

❹ **최종 깊이에서만 정삭 실행** : 깊이가공을 할 경우 링크 파라미터에서 설정된 가공 깊이의 위치에서 정삭 가공경로를 한 번만 실행하는 기능이다.

(8) 영역 밀

영역 밀 가공경로는 선택한 영역에 따라 포켓형상의 영역 밀과 코어 형상의 코어 밀로 가공경로를 생성한다. 일반적인 2D포켓가공과는 다르게 트로코이달 모션 기능을 이용해 공구 부하를 최소화하는 가공경로를 생성할 수 있다.

['내측에 머무름' 적용 예]

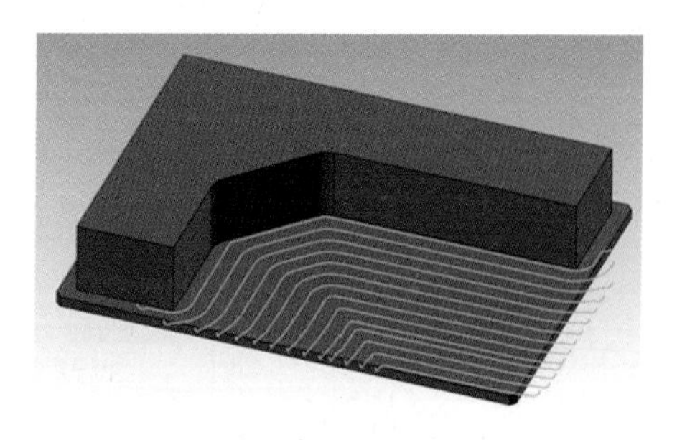

['외측으로부터' 적용 예]

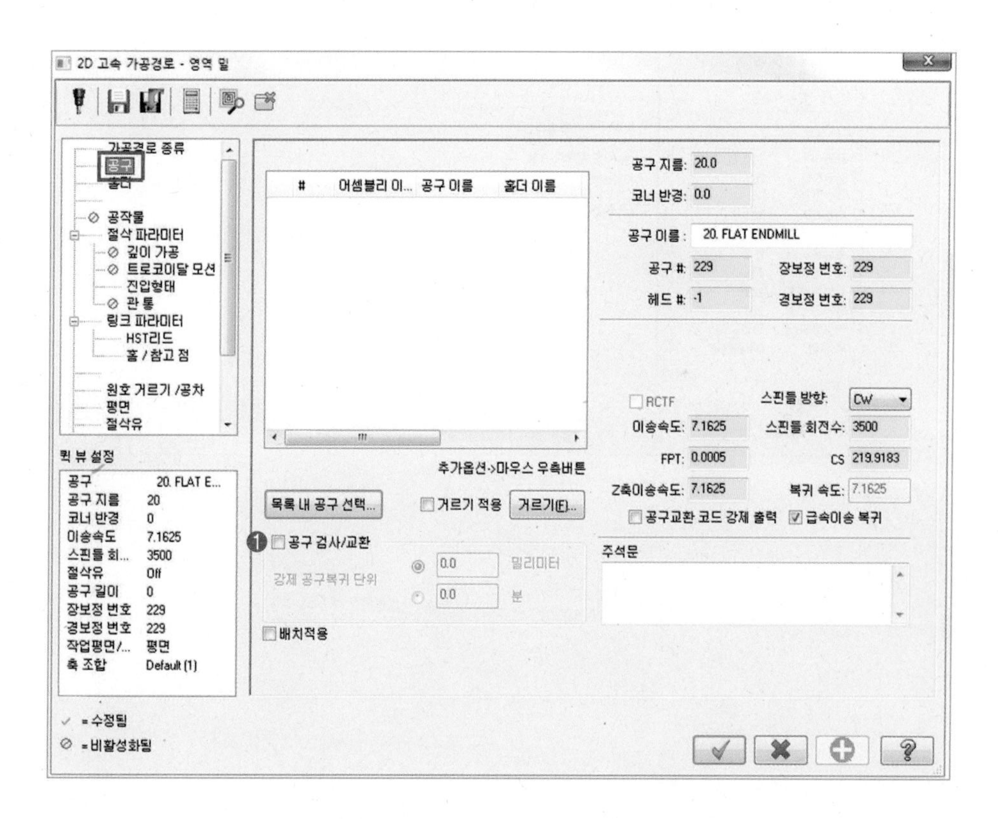

❶ **공구 검사 / 교환** : 공구 파손을 고려하여 사용자가 가공경로 길이 또는 가공시간을 적용하여 공구를 강제로 복귀시키는 기능이다.

1) 공작물

중삭이나 정삭가공을 하기 전에 가공부하를 줄이기 위해 코어 밀 또는 영역 밀 등 다른 형태의 2D 가공경로를 사용한 후 남은 미절삭 부분을 시스템이 계산하여 절삭하는 기능이다(잔삭가공으로 사용된다).

✐ 다이내믹 밀에서 설명한 기능으로 다이내믹 밀을 참고한다.

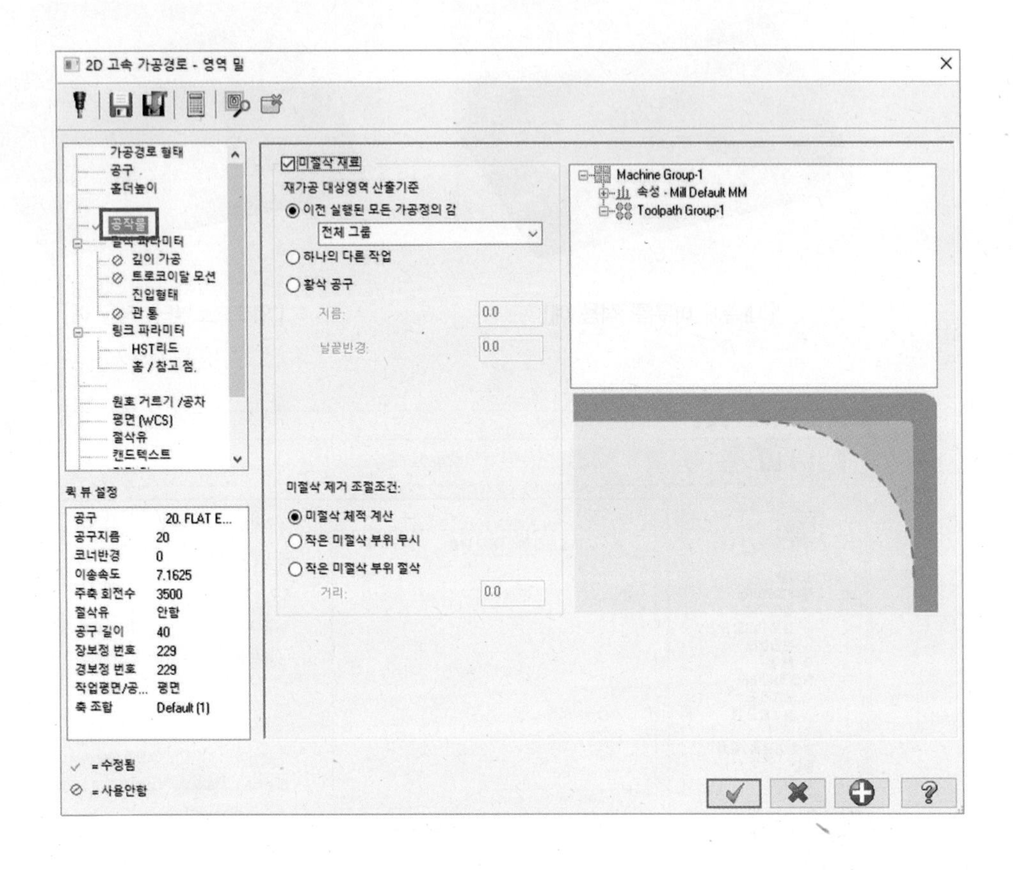

2) 절삭 파라미터

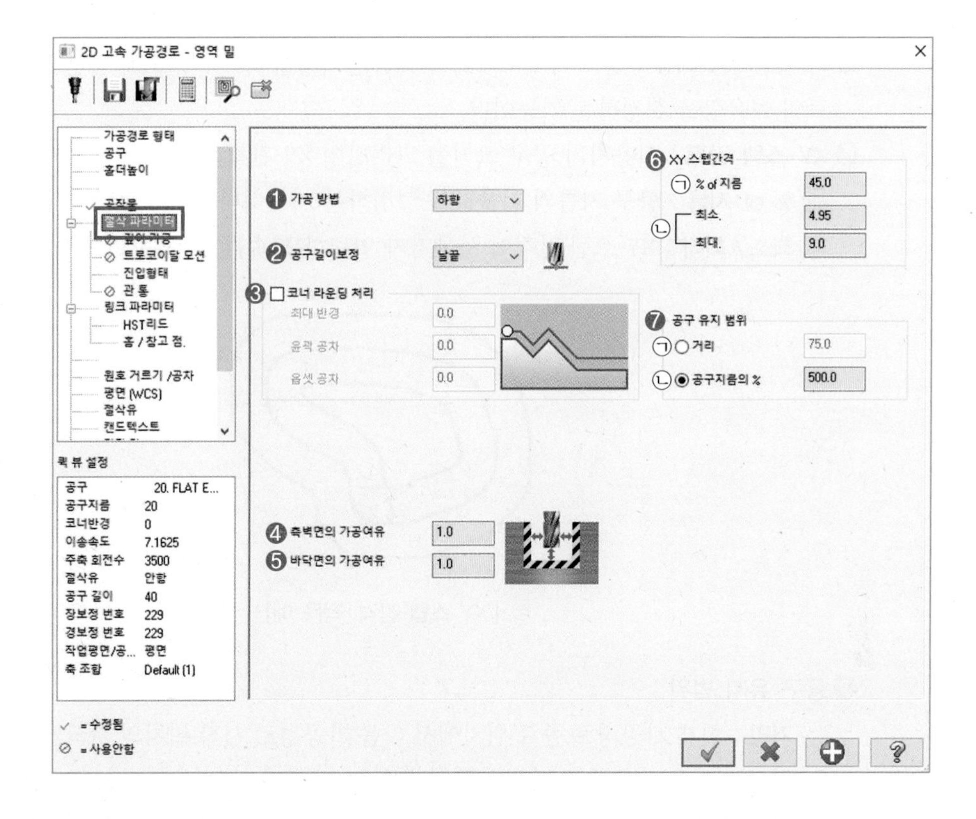

❶ **가공방법** : 하향과 상향으로 절삭방법을 선택하는 기능이다.

❷ **공구길이 보정** : 공구의 길이 보정을 날 끝 또는 중심으로 선택하는 기능이다.

❸ **코너 라운딩 처리** : 공구가 예리한 코너 부위를 빠르고 매끄럽게 가공하기 위한 기능이다.

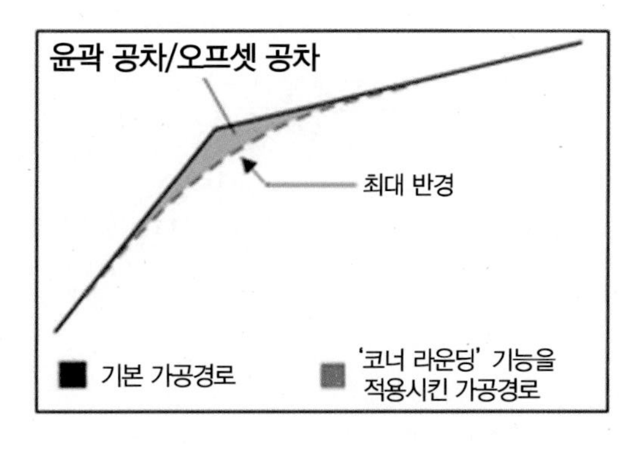

['코너 라운딩 처리' 적용 예]

❹ **측벽면의 가공 여유** : 가공대상의 측면 방향으로 남겨질 미절삭될 재료의 여유값을 설정하는 기능이다.

❺ **바닥면 가공 여유** : 링크 파라미터에서 설정된 가공깊이 기준으로 바닥면의 미절삭될 재료의 여유량을 설정하는 기능이다.

❻ **XY 스텝 간격** : 사용자가 공구 크기를 고려하여 XY 간격값을 입력하는 기능이다.

㉠ **% of 지름** : 공구 지름의 비율값을 설정하는 기능이다.

㉡ **최소 / 최대** : XY 스텝 간격이 사용자가 입력한 최솟값, 최댓값 안에서 산출된다.

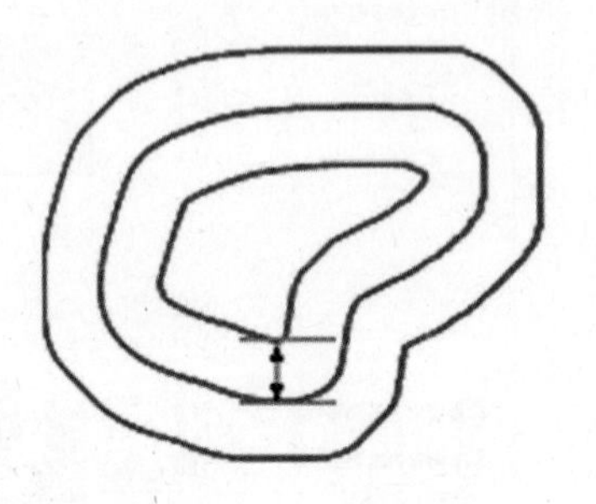

['XY 스텝 간격' 적용 예]

❼ **공구 유지 범위**

㉠ **거리** : 현재 가공경로 종료 위치에서 다음 가공경로 시작 위치의 거리가 입력한 거리값보다 작은 경우에 공구 복귀를 하지 않고, 공구가 바로 절삭 이송 형태로 이동한다.

㉡ **공구 지름의 %** : 현재 가공경로 종료 위치에서 다음 가공경로 시작 위치의 거리가 설정한 공구 지름의 비율보다 작은 경우에 공구 복귀를 하지 않고 공구가 바로 절삭이송 형태로 이동한다.

3) 트로코이달 모션

좁은 미절삭 구간을 보다 효율적으로 가공하기 위한 기능으로, 공구의 묻힘, 파손을 최소화 할 수 있다.

❶ **스텝 간격조절(% of 최대 스텝 간격)** : 루프 형태로 진입할 간격을 설정하는 기능이다. 최대 스텝 간격의 비율값이 적용된다.

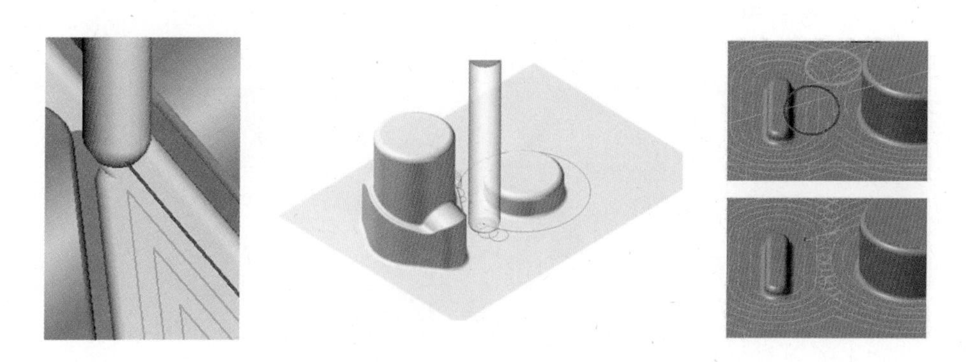

❷ **초기 루프 반경(% of 공구 지름)** : 처음 진입할 루프 형태의 반경값을 설정하는 기능이다. 사용자가 지정한 공구 지름의 비율값이 적용된다.

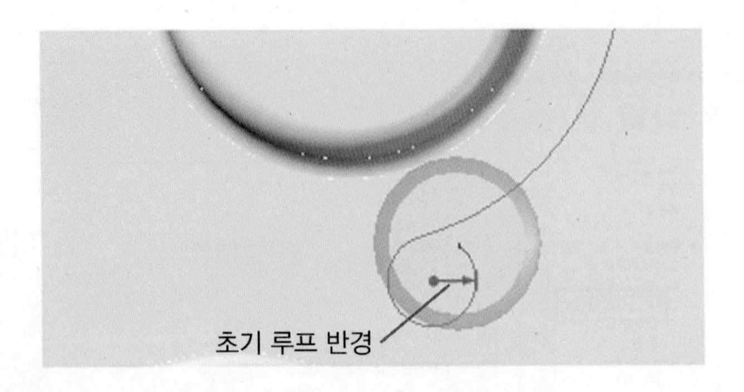

❸ **재시도 루프 반경(% of 초기 루프)** : 공구가 위의 초기 루프 반경 형태로 진입을 하지 못할 경우 재시도 루프 형태를 설정하는 기능이다. 초기 루프 반경값의 %로 적용된다.

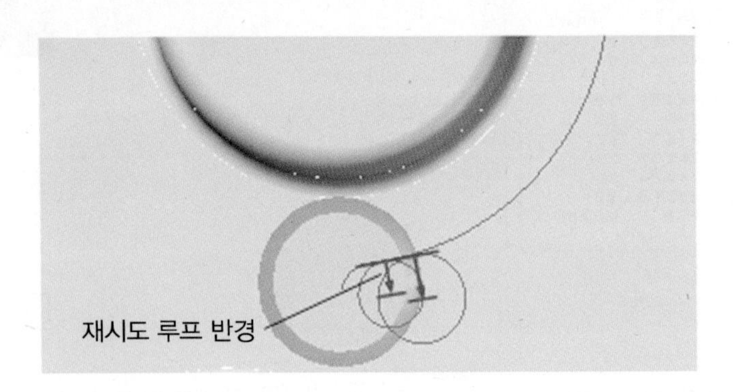

❹ **최소 루프 반경(% of 공구 지름)** : 최소 루프 형태의 반경값을 설정하는 기능이다. 설정한 공구 지름의 비율값이 적용된다.

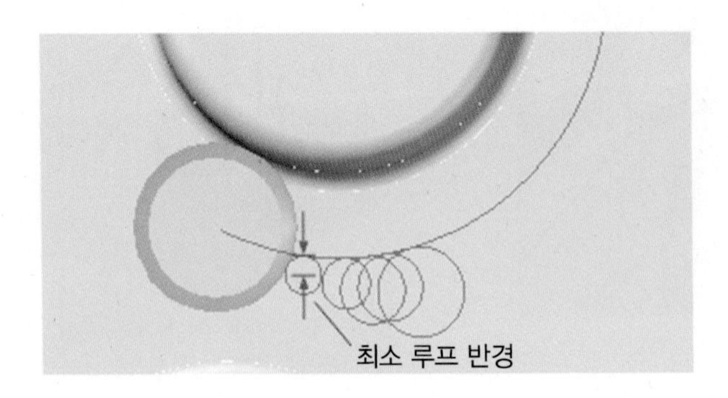

❺ **이송속도 조절(% of 이송속도)** : 루프 형태로 진입할 때 적용될 이송속도를 설정하는 기능이다. 사용자가 지정한 이송속도의 비율값이 적용된다.

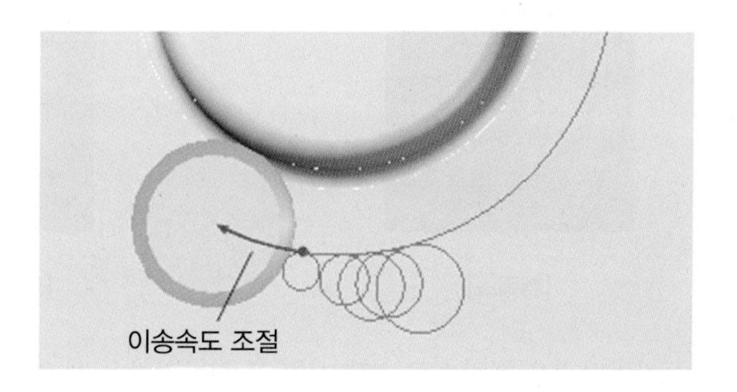

4) 진입 형태

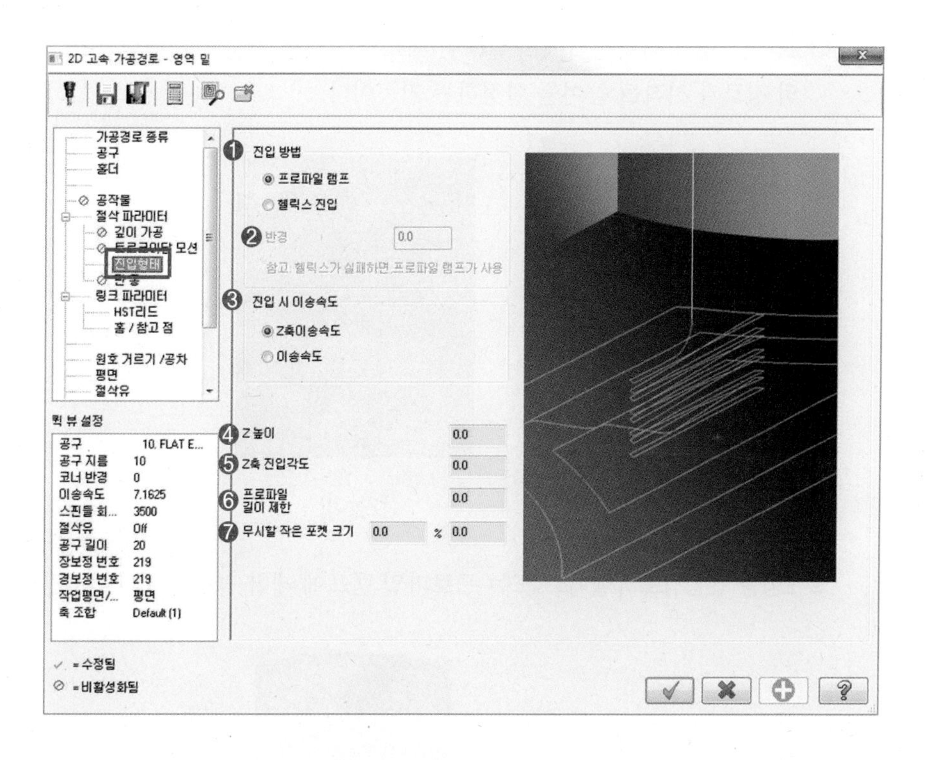

❶ **진입방법** : 공구의 Z축 진입방법을 설정하는 기능이다. 헬릭스 진입방법과 프로파일 램프 진입방법이 있다.

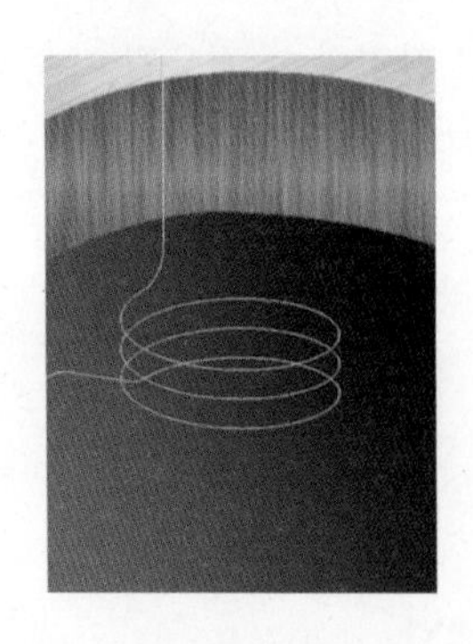

[헬릭스]

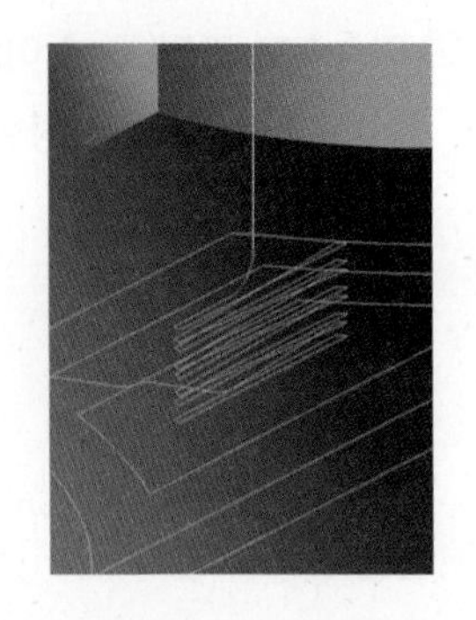

[프로파일 램프]

❷ **반경** : 진입방법을 헬릭스로 선택 시 적용될 반경값을 설정하는 기능이다.

❸ **진입 시 이송속도** : 헬릭스 또는 프로파일 램프로 진입 시 적용될 절삭 속도를 설정하는 기능이다.

❹ **Z높이** : 링크 파라미터에서 설정한 재료 상단값을 기준으로 헬릭스 또는 프로파일 램프의 경로가 시작될 높이를 설정하는 기능이다.

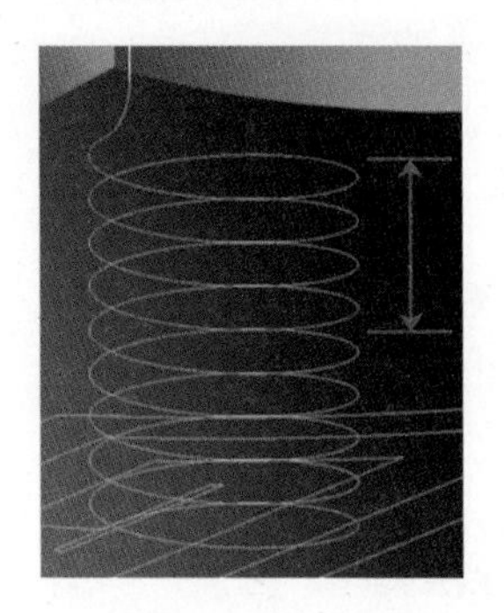

[Z높이]

❺ **Z방향 진입각도** : 헬릭스 또는 프로파일 램프에 대한 경사각도값을 설정하는 기능이다.

[Z방향 진입각도]

❻ **프로파일 길이 제한** : 진입 형태를 프로파일 램프로 선택하였을 때 설정값을 입력하여 프로파일 램프의 절삭 진입경로 길이를 조절하는 기능이다.

❼ **무시할 작은 포켓 크기** : 사용자가 입력한 값보다 포켓 형상의 크기가 작은 경우 가공경로가 생성되지 않는다.

5) HST 리드

수직 호 진입, 수직 호 복귀에 원호의 반경값을 설정하여 공구의 절삭 진입과 복귀 경로에 바닥면으로부터 수직한 원호 가공경로를 생성하는 기능이다.

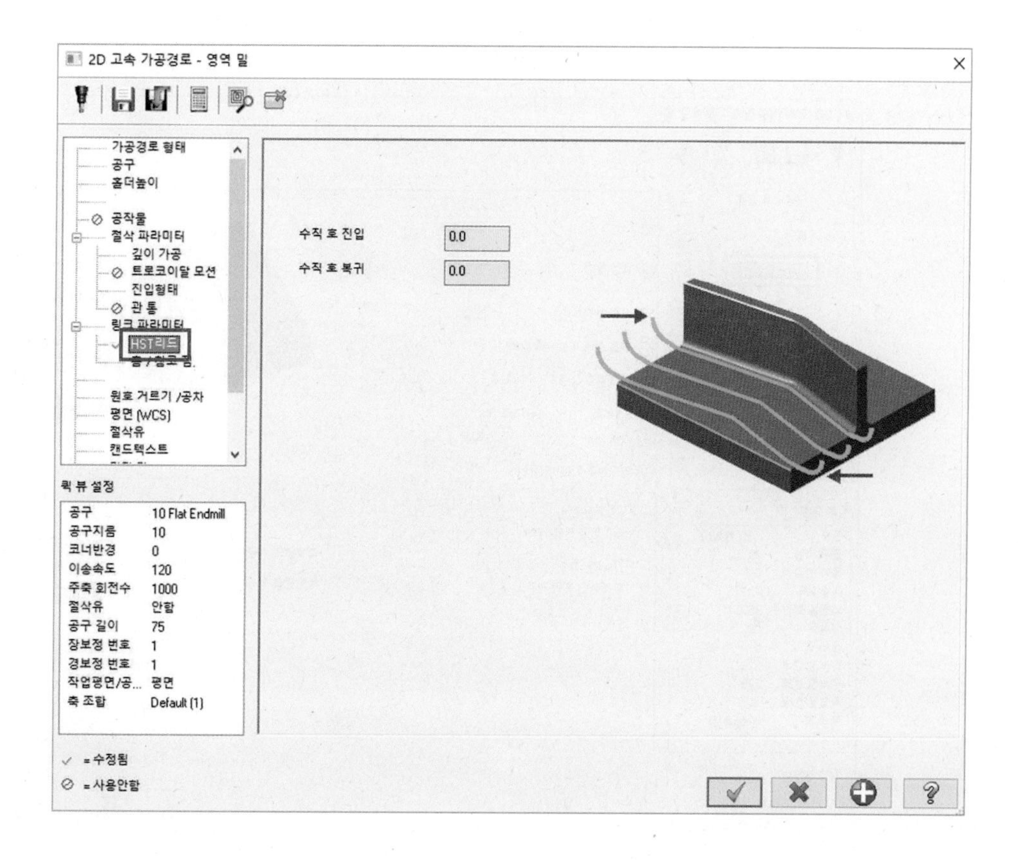

(9) 블렌드 밀

블렌드 밀 가공경로는 선택한 두 개의 프로파일 커브를 기준으로 첫 번째 프로파일 커브 형태에서 두 번째 프로파일 커브 형태로 자연스럽게 변화하는 가공경로를 생성한다. 블렌드 밀은 절삭과정에서 공구 복귀를 최소화시켜 절삭시간을 절약할 수 있다.

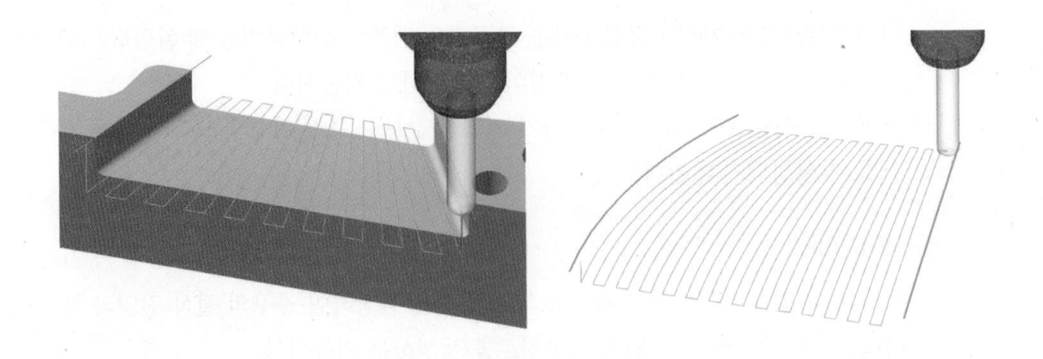

1) 절삭 파라미터

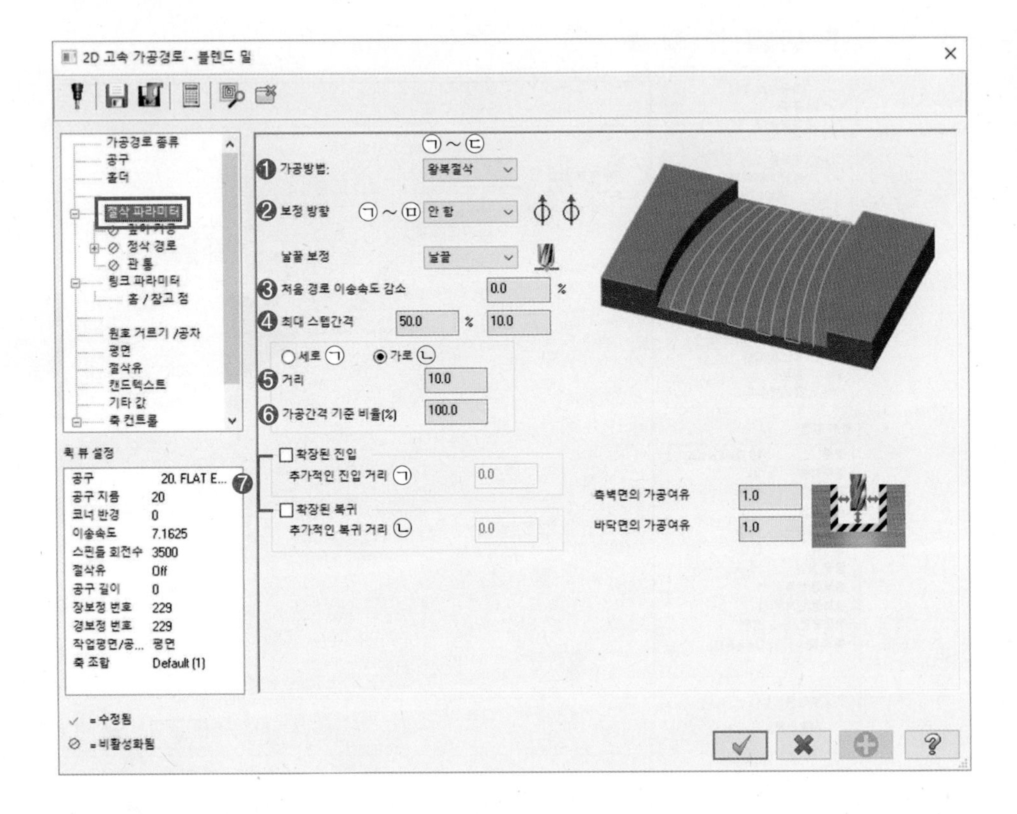

❶ **가공방법** : 공구가 재료를 가공하는 방법을 설정하는 기능으로 왕복절삭, 한 방향 절삭, 나선형 절삭 등으로 선택할 수 있다.

㉠ **왕복절삭** : 공구가 복귀동작 없이 선택한 두 커브 도형을 따라 지그재그 형태로 절삭 이송되는 기능이다.

㉡ **한 방향 절삭** : 공구가 선택한 두 커브 중 첫 번째 선택한 커브에서부터 두 번째 선택한 커브까지 절삭이송 후 이송높이까지 급송이송으로 수직이송하고 다음 가공경로의 시작 위치로 수평 이동하는 움직임을 모든 가공경로에서 반복하는 기능이다.

㉢ **나선형 절삭** : 선택한 두 커브 도형을 따라 나선 형태로 절삭이송하는 기능이다.

❷ **보정방향** : 가공대상 두 커브 기준으로 절삭할 공구 보정방향을 설정하는 기능이다.

㉠ **안 함** : 공구의 센터를 선택한 두 커브의 중심에 맞춰 절삭하는 방법이다.

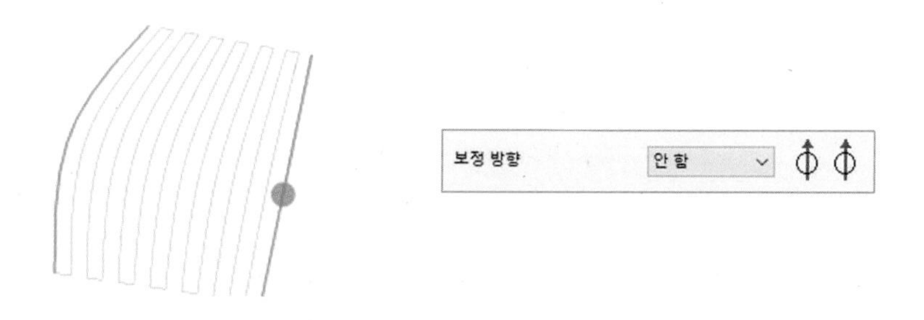

㉡ **왼쪽** : 선택한 두 커브에서 공구 크기의 반경만큼 왼쪽으로 벗어나 절삭하는 방법이다.

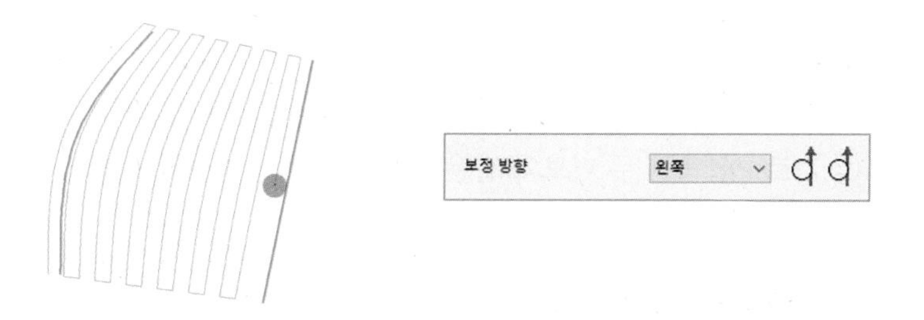

㉢ **오른쪽** : 선택한 두 커브에서 공구 크기의 반경만큼 오른쪽으로 벗어나 절삭하는 방법이다.

㉣ **내측** : 선택한 두 커브 사이로 공구 크기의 반경만큼 내측으로 벗어나 절삭하는 방법이다.

ⓜ **외측** : 선택한 두 커브에서 공구 크기의 반경만큼 외측으로 벗어나 절삭하는 방법이다.

❸ **처음 경로 이송속도 감소** : 가공경로의 첫 번째 경로에서 이송속도를 감속하는 기능이다. 공구에 입력된 이송속도에 입력한 비율이 곱해진 속도로 감속된다.

❹ **최대 스텝 간격** : 생성될 가공경로 사이의 간격값을 설정하는 기능이다.

㉠ **세로** : 선택한 두 커브의 법선방향으로 가공경로가 생성되는 기능이다.

㉡ **가로** : 선택한 두 커브와 같은 방향으로 가공경로가 생성되는 기능이다.

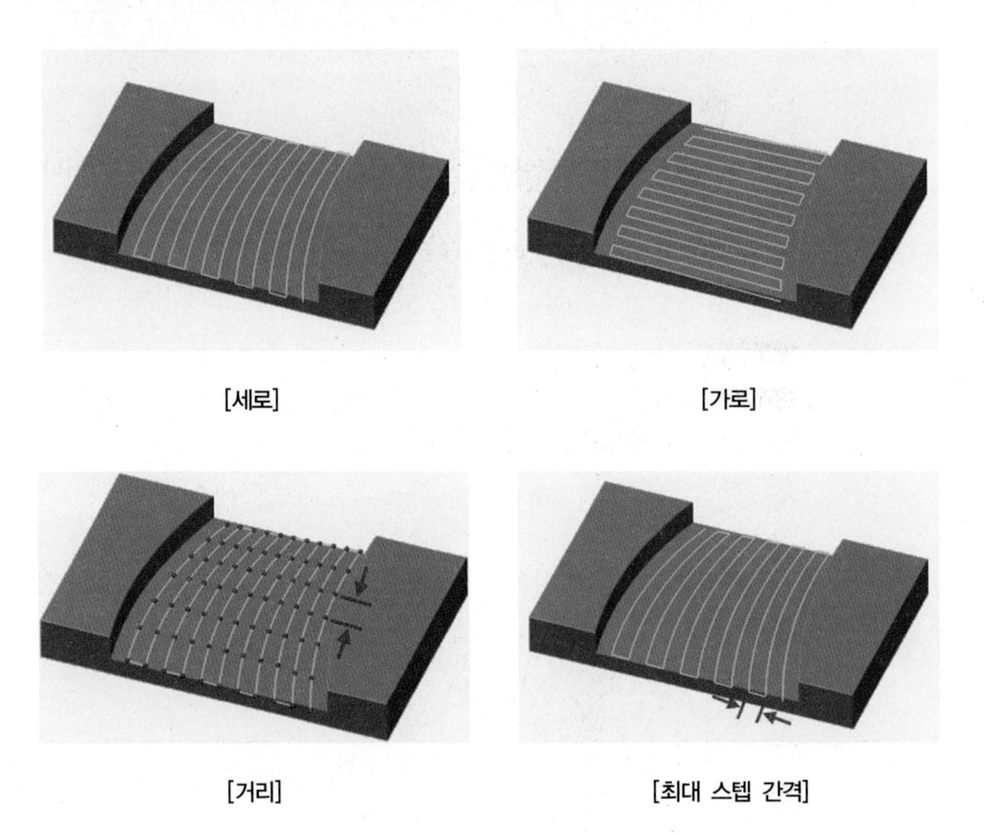

[세로] [가로]

[거리] [최대 스텝 간격]

❺ **거리** : 선택한 커브 도형을 따라 생성될 가공경로의 거리값을 설정하는 기능이다.

❻ **가공간격 기준 비율(%)** : 선택한 두 커브 도형을 따라 생성될 가공경로의 스텝 간격값을 설정하는 기능으로 백분율로 입력한다.

❼ **확장된 진입 / 복귀** : 선택한 커브 도형 기준으로 가공경로의 진입 부분 또는 복귀 부분을 확장시키는 기능이다. 아래 그림처럼 ①번과 ②번 체인 사이 가공 대상형상을 감안하여 생성될 가공경로를 확장시켜 절삭하는 데 효과적이다.

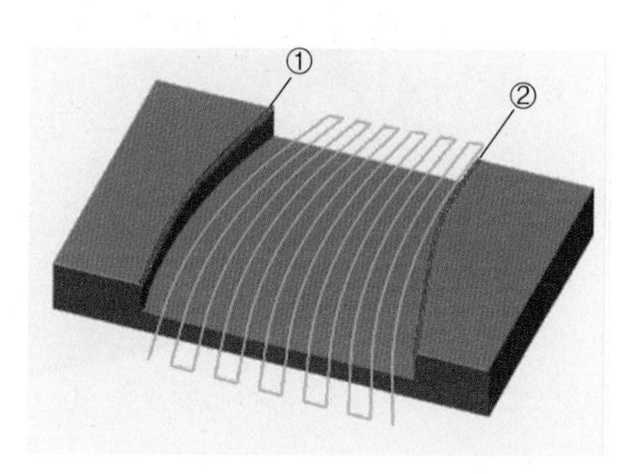

㉠ **추가적인 진입거리** : 진입 시 확장시킬 가공경로 거리값을 설정하는 기능이다.

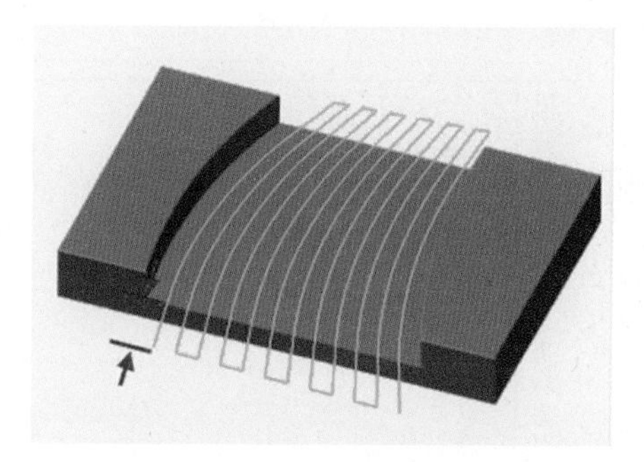

㉡ **추가적인 복귀거리** : 복귀 시 확장시킬 가공경로 거리값을 설정하는 기능이다.

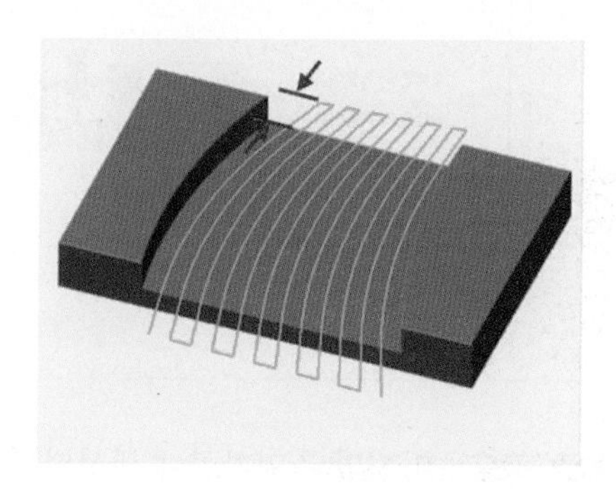

(10) 슬롯 밀

슬롯 밀은 슬롯 형태의 도형에 적합한 가공경로로서 램프 형태로 가공경로를 생성한다. 선택한 도형의 윤곽 형태를 따라 램프 절삭방법으로 진입하여 측벽면 가공 시 처음 시작은 진입동작 없이 들어간 후 스텝마다 선택한 공구 반경 크기의 헬릭스 형태로 경로를 생성하여 가공 부하를 줄여주는 절삭방법이다.

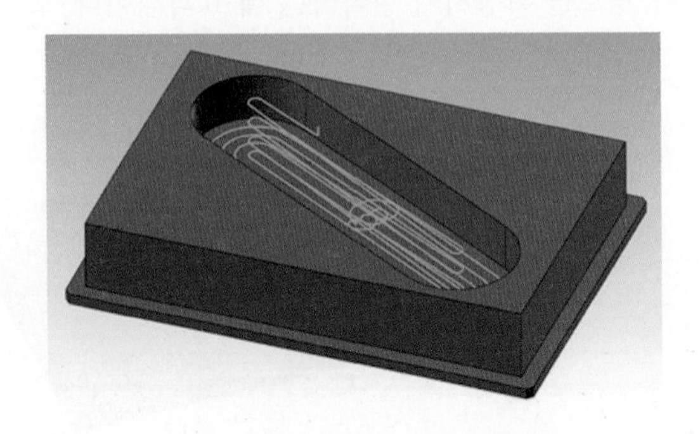

1) 절삭 파라미터

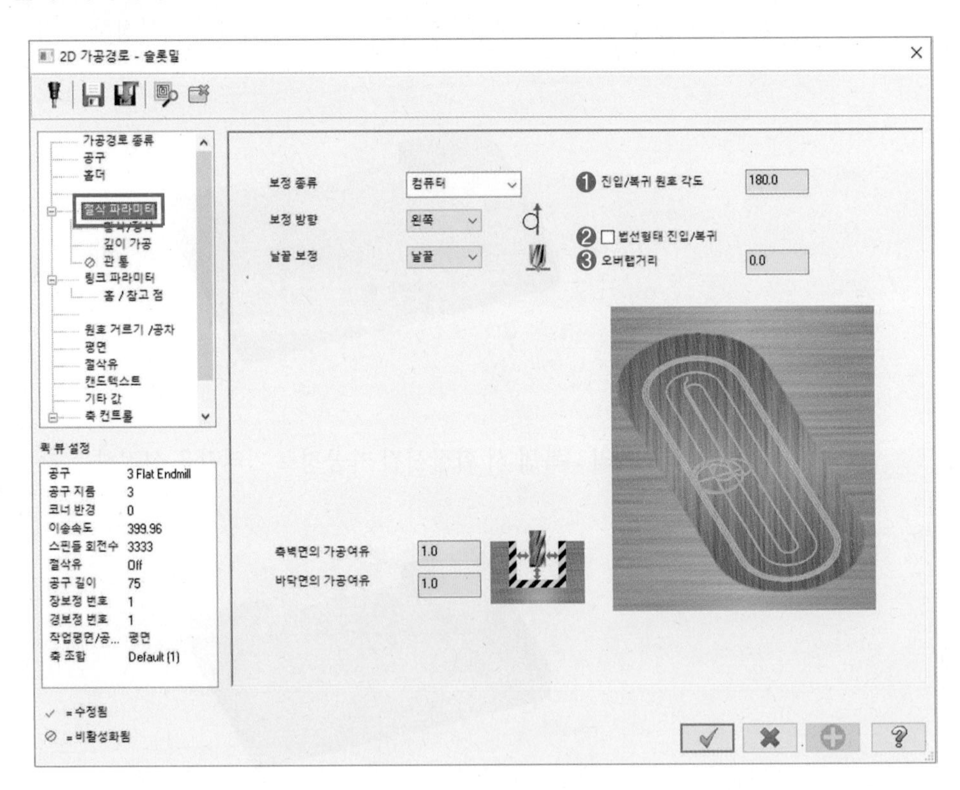

❶ **진입 / 복귀 원호 각도** : 마지막 측면가공에 생성되는 진입, 복귀 원호의 각도값을 입력하는 기능이다. 황삭 / 정삭에서 정삭 기능을 사용하지 않으면 복귀 원호의 가공경로만 생성된다(진입, 복귀 원호의 반경은 설정할 수 없다).

❷ **법선형태 진입 / 복귀** : 이 기능을 사용할 경우 진입, 복귀 원호의 가공경로가 법선 형태로 생성된다.

❸ **오버랩 거리** : 복귀 원호의 가공경로에 추가되는 항목으로, 설정된 거리값만큼 가공경로 종료 위치에서 가공경로를 접선형태로 확장한 후에 설정한 복귀 원호가 적용된다.

2) 황삭 / 정삭

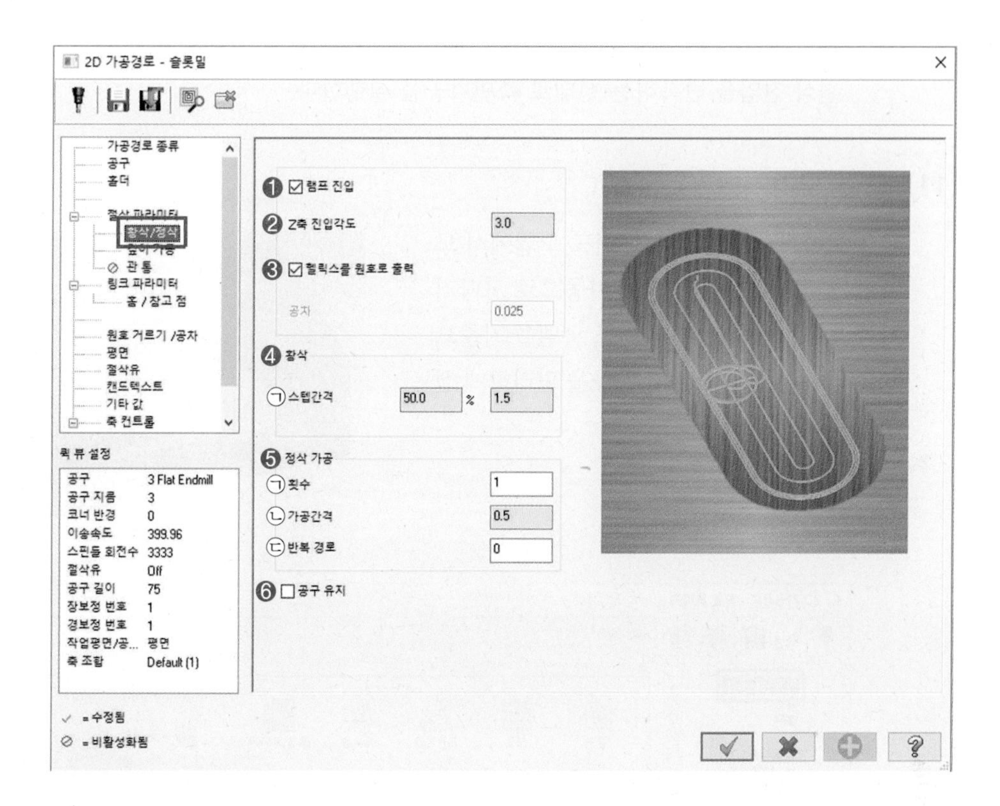

❶ **램프 진입** : 선택한 윤곽 형태를 따라 램프가공을 하는 기능이다.

❷ **Z축 진입각도** : 램프가공에서 Z축 방향으로 절삭이송하는 각도를 설정하는 기능이다.

❸ **헬릭스를 원호로 출력** : NC 데이터 출력 시 헬리스 형태의 가공경로 데이터를 원호 보간인 G2, G3를 사용하여 데이터를 출력하는 기능. 이 기능을 사용하면 데이터 용량을 줄일 수 있다.

❹ **황삭** : 선택한 윤곽 형태 기준 정삭가공 실행 전에 실행될 가공경로를 생성한다.

㉠ **스텝 간격** : 측벽면 황삭가공의 간격값을 입력하는 기능으로 공구 지름 기준 비율 또는 거리값으로 설정할 수 있다.

❺ **정삭 가공** : 선택한 윤곽 형태 기준이 실행될 정삭 횟수 / 간격을 설정하는 기능이다.

㉠ **횟수** : 선택한 윤곽 형태에서 실행될 정삭가공의 횟수를 설정하는 기능이다.

㉡ **가공간격** : 선택한 윤곽 형태에서 실행될 정삭가공의 간격을 설정하는 기능이다.

ⓒ **반복 경로** : 마지막 정삭 가공경로와 같은 가공경로를 생성할 횟수를 설정하는 기능이다.

❻ **공구 유지** : 이 항목을 선택하면 측면 방향으로의 황삭, 정삭가공 실행 시 공구가 현재 측면 가공경로 종료 위치에서 다음 측면 가공경로 시작 위치로 공구 복귀 없이 바로 절삭이송하는 형태로 모든 측면 가공경로에서 반복적으로 실행된다. 항목을 선택하지 않는 경우에는 현재 가공경로 종료 위치에서 링크 파라미터에서 설정된 이송높이까지 급속이송 후 다음 가공경로의 시작 위치로 공구를 이동하여 해당 경로의 시작 위치 깊이까지 Z축 절삭 진입을 반복하는 형태로 측면가공을 실행한다.

(11) 모델 모따기

모델 모따기 가공경로는 솔리드 모델에서 모따기 처리할 끝단을 선택해 자동으로 모따기 가공경로를 생성한다. 솔리드 모델을 기준으로 작업하는 경우 모따기 가공을 편리하게 실행할 수 있다.

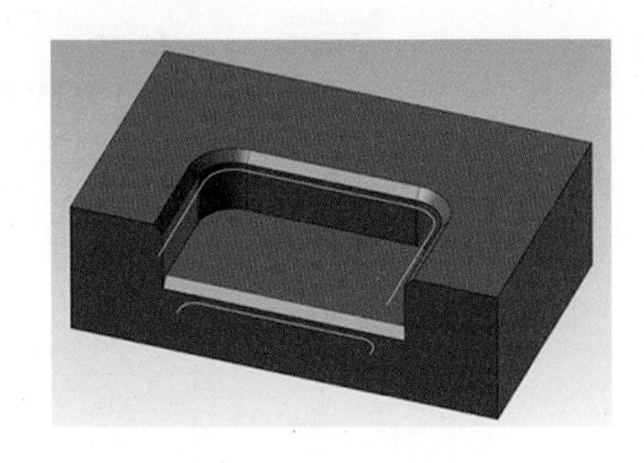

1) 가공경로 종류

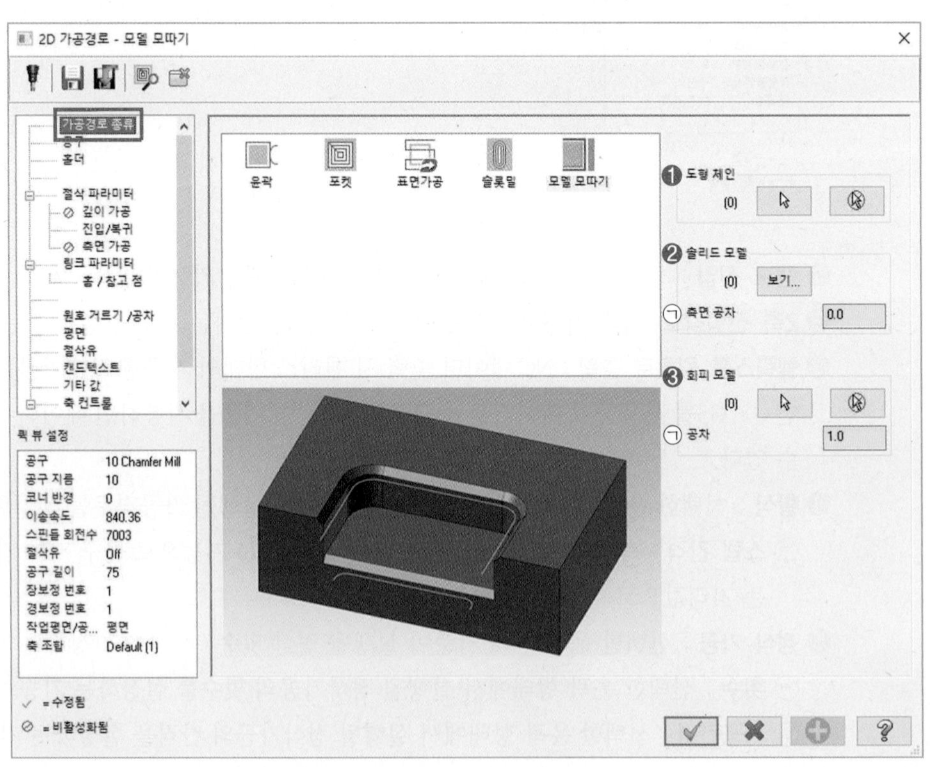

❶ **도형 체인** : 솔리드 모델에서 모따기할 끝단을 선택하는 기능이다.

❷ **솔리드 모델** : 선택한 끝단이 포함된 솔리드 모델을 확인하는 기능이다.

㉠ **측면 공차** : 솔리드로부터 공구 측면을 떨어뜨릴 거리를 설정하는 기능이다.

❸ **회피 모델** : 솔리드 모델에서 공구가 회피할 영역을 선택하는 기능이다.

㉠ **공차** : 선택한 회피 모델로부터 공구가 떨어질 거리를 설정하는 기능이다.

2) 진입 / 복귀

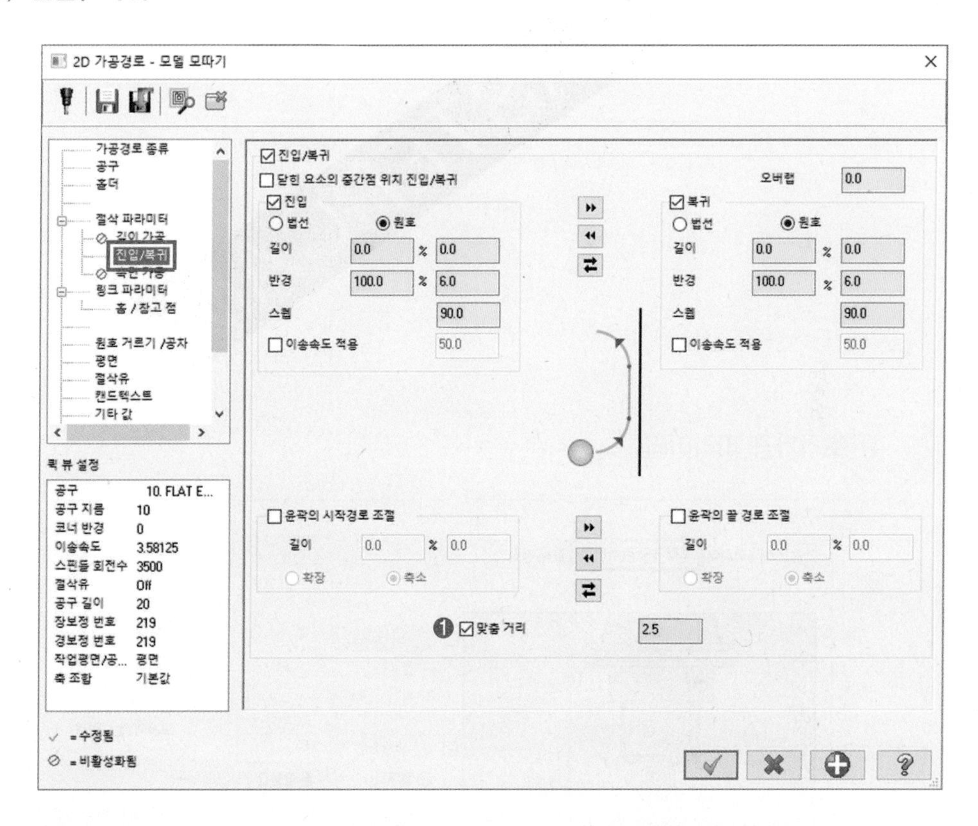

❶ **맞춤거리** : 아래 그림과 같이 모따기 작업을 진행할 도형위치에 수직 벽면 등의 간섭이 생길 경우 맞춤거리의 값을 입력하여 가공경로를 트림하여 생성하는 기능이다.

[맞춤거리 사용 안 함]

[맞춤거리 사용]

(12) 조각가공

닫힌 윤곽 체인을 선택하고 조각공구를 사용해서 선택한 닫힌 윤곽 체인의 내측을 가공하는 가공방법이다. 일반적인 2D가공경로들과 마찬가지로 황삭과 정삭가공을 나누어 할 수 있으며 깊이가공, 가공방향, 진입 위치 등을 설정할 수 있고 문자 또는 로고 등의 형상을 공작물에 각인할 때 효과적이다.

1) 조각가공 파라미터

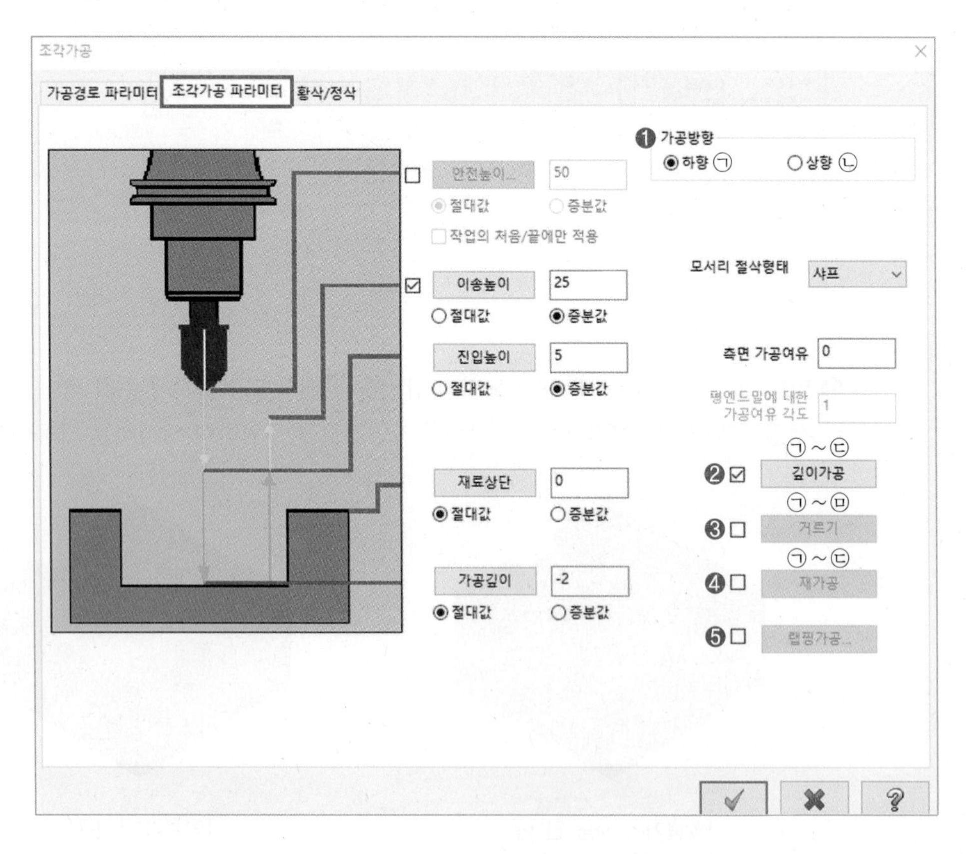

❶ **가공방향** : 절삭공구의 가공방향을 설정하는 기능으로 하향과 상향으로 설정할 수 있다.

㉠ **하향** : 절삭공구의 회전방향과 공작물의 진행방향이 같은 방향으로 절삭한다.

㉡ **상향** : 절삭공구의 회전방향과 공작물의 진행방향이 반대방향으로 절삭한다.

❷ **깊이가공** : 가공깊이에 입력된 값을 기준으로 Z축 절삭을 나누어 가공하는 기능이다.

㉠ **절삭횟수** : 가공깊이에 입력된 값을 기준으로 실행될 깊이가공의 분할 횟수를 설정하는 기능이다.

㉡ **깊이가 같게** : 절삭횟수의 값을 기준으로 각 깊이가공의 절삭간격은 동일하고 절삭량은 동일하지 않게 분할절삭을 실행한다.

㉢ **일정한 절삭량으로** : 절삭횟수의 값을 기준으로 각 깊이가공의 절삭간격은 다르지만 동일한 절삭량으로 분할절삭을 실행한다.

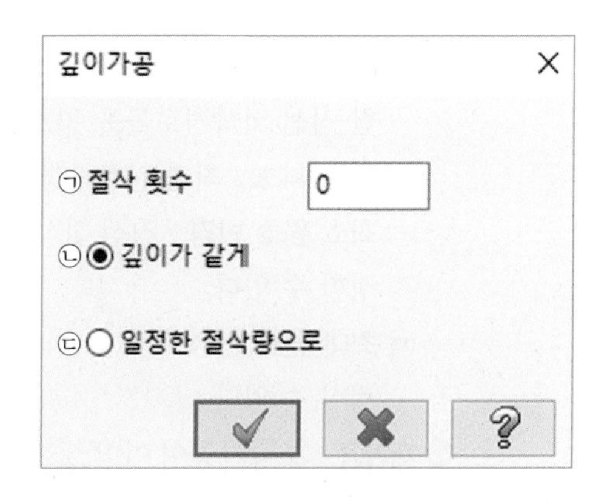

[깊이가공]

❸ **거르기** : 시스템이 기본적으로 계산한 가공경로들 중 일정길이 이하 삭제 및 원호 형태 구간의 직선 이송형태 생성경로를 원호이송 형태로의 경로변환 등 경로 형태를 최적화 형태로 다시 변경하는 기능이다. 최적화된 가공경로는 적용되지 않은 가공경로보다 가공실행시간 단축, 경로 데이터 크기의 감소 및 절삭면 조도가 향상되는 효과가 있다.

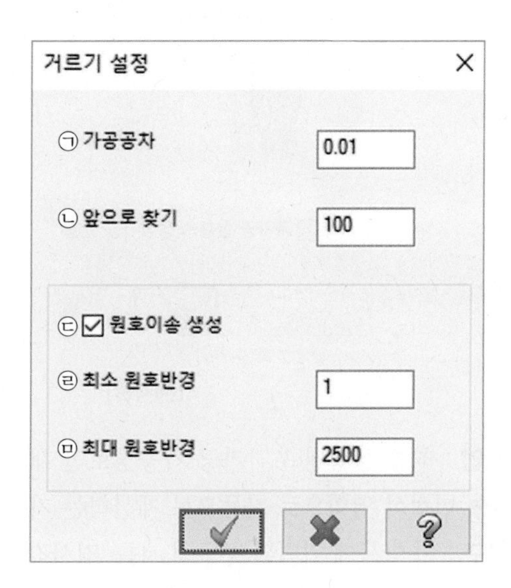

[거르기]

㉠ **가공공차** : 대상 가공경로에서 경로 간 간격과 직선 또는 원호 절삭경로의 길이가 항목에 입력된 값과 같거나 작은 경우에는 시스템이 해당 경로구간을 삭제하는 기능이다.

㉡ **앞으로 찾기** : 위 가공공차의 설정값을 기준으로 비교 검색될 대상 가공경로의 분할경로 연결개수를 설정하는 기능으로 1～100까지 입력 가능하나 100 이하로 입력하면 거르기 실행속도는 신속한 반면 최적화 효과는 감소한다.

㉢ **원호이송 생성** : 계산된 직선이송 가공경로 형태 중 연결하여 원호이송으로 변환 가능한 직선 절삭경로들을 원호이송으로 자동으로 변경한다. 이때, 원호이송 생성의 범위는 최소 / 최대 원호반경에서 설정된 값의 범위 내에서 실행된다.

㉣ **최소 원호 반경** : 직선 절삭경로 형태에서 자동으로 변환될 원호의 최소 반경값을 설정할 수 있다.

㉤ **최대 원호 반경** : 직선 절삭경로 형태에서 자동으로 변환될 원호의 최대 반경값을 설정할 수 있다.

❹ **재가공** : 조각가공이 이미 실행된 상태에서 선택한 도형 윤곽의 형태상 실행된 조각가공의 사용된 공구의 날 끝 지름 및 각도에 의하여 가공되지 않은 도형 윤곽의 미절삭 영역들에 대해서만 추가적인 조각가공을 실행하는 기능이다.

[재가공]

㉠ **이전 작업** : 최종 실행된 조각가공 가공경로만 재가공대상으로 선택한 도형 윤곽에 적용하여 미절삭 영역으로 자동으로 계산하는 기능이다.

㉡ **황삭 공구** : 이 항목에 입력된 공구의 지름, 경사각도, 날 끝 지름을 가공대상 도형 윤곽에 적용하여 미절삭 영역을 자동으로 계산하는 기능이다.

㉢ **재가공 실행 후 정삭가공 실행** : 미절삭 영역을 재가공한 후 마지막에 정삭가공을 실행하는 기능이다.

⑤ **랩핑가공** : 조각가공을 3D형태의 가공경로로 생성하는 기능이다. 두 개의 커브선택 또는 곡면을 선택하여 3D형태의 조각가공경로를 생성할 수 있다.

✎ 아래 그림과 같이 4축 또는 5축을 지원하는 기계가 필요할 수도 있다.

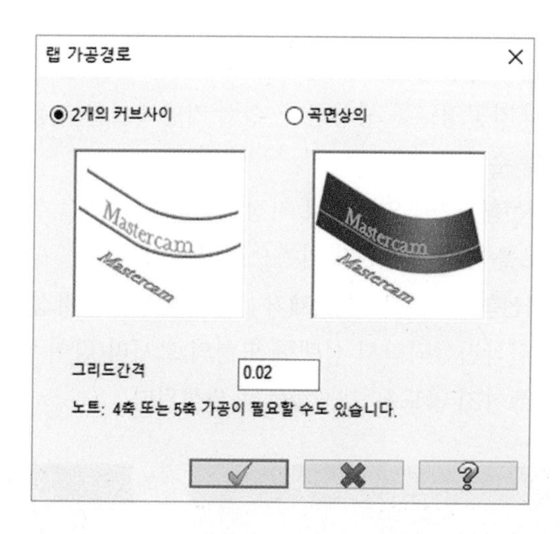

2) 황삭 / 정삭

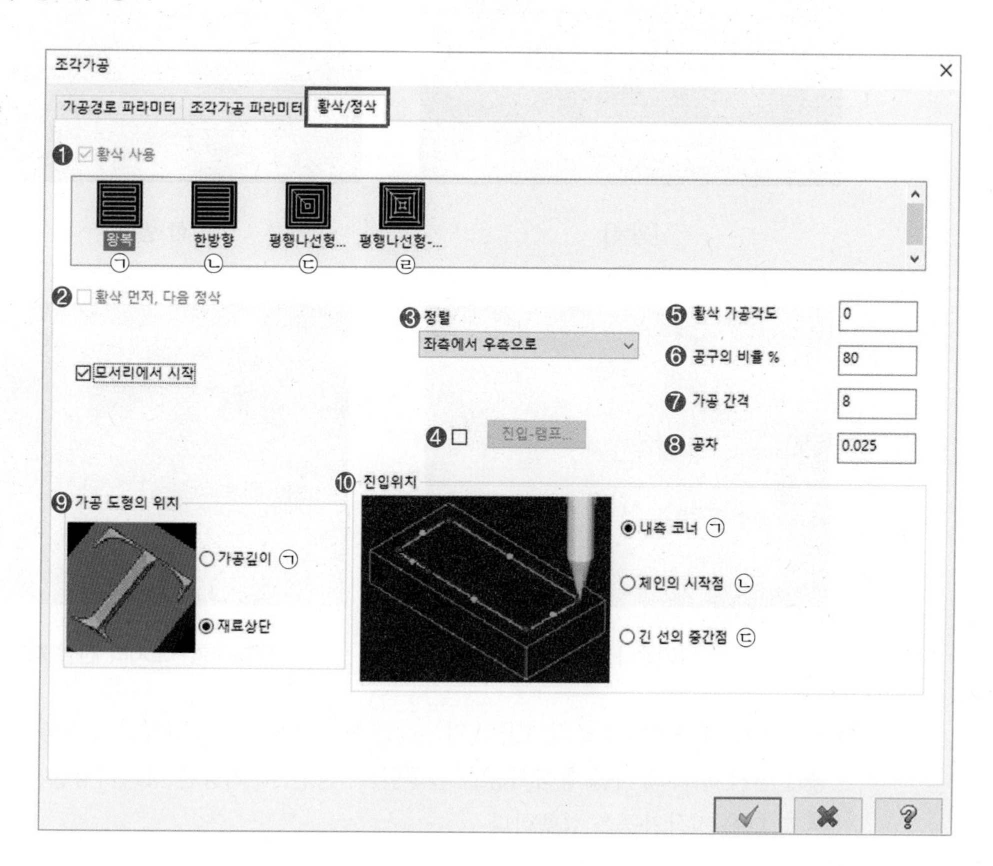

❶ **황삭 사용** : 조각가공에서 황삭가공의 실행 여부를 선택하는 기능이다.

㉠ **왕복** : 가공영역으로 지정한 도형의 내측을 설정한 스텝 간격으로 왕복(Zig－Zag)하는 형태로 황삭 가공경로를 생성한다. 황삭 가공각도를 사용하여 왕복 가공경로의 방향을 수정할 수 있다.

㉡ **한 방향** : 가공영역으로 지정한 도형의 내측을 설정한 스텝 간격씩 한 방향으로 이동하면서 가공경로를 생성한다. 황삭 가공각도를 사용하여 한 방향 가공경로의 방향을 수정할 수 있다.

㉢ **평행나선형** : 가공영역으로 지정한 도형의 내측을 설정한 스텝 간격씩 나선형태의 가공경로를 내측에서부터 외측으로 생성한다.

㉣ **평행나선형－모서리 잔살 제거** : 가공영역으로 지정한 도형의 내측을 평행나선형 형태로 절삭진행되면서 선택한 도형의 모서리(각이 있는 부위) 부분들에 대한 미절삭이 발생하지 않도록 가공경로가 생성된다.

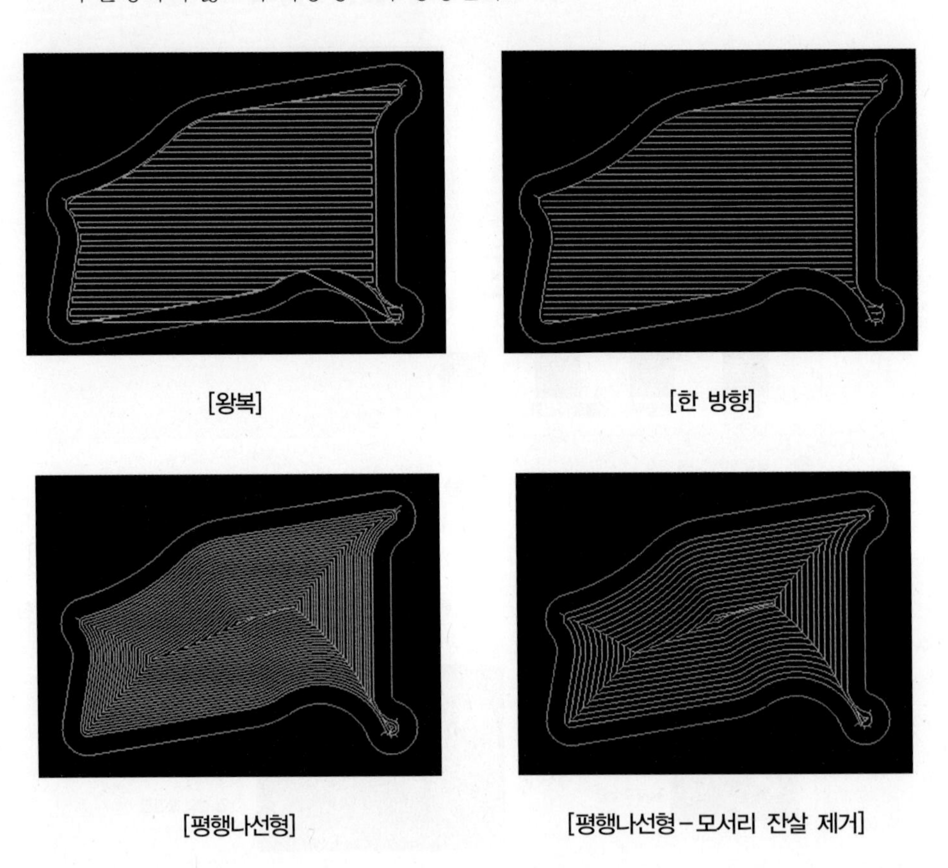

[왕복] [한 방향]

[평행나선형] [평행나선형－모서리 잔살 제거]

❷ **황삭 먼저, 다음 정삭** : 조각가공의 기본값은 선택한 도형윤곽 모양으로 측벽면에 정삭가공을 먼저 하고 그 다음 황삭가공을 실행한다. 반면, 이 기능은 황삭가공을 먼저 실행한 후 그 다음 정삭가공을 실행한다.

❸ **정렬** : 다수의 도형윤곽을 선택했을 경우 선택한 다수의 윤곽의 조각가공 시작방향을 결정하는 기능이다.

㉠ **선택 순서** : 조각가공을 위한 다수의 도형윤곽을 선택했을 때 선택한 첫 번째 도형윤곽부터 차례대로 가공을 실행하는 기능이다.

㉡ **위에서 아래로** : 수직형태의 도형윤곽을 다수 선택했을 때 선택한 도형윤곽의 가장 위에 있는 도형윤곽을 시작으로 위에서 아래방향으로 도형윤곽을 가공하는 기능이다.

㉢ **좌측에서 우측으로** : 수평형태의 도형윤곽을 다수 선택했을 때 선택한 도형윤곽의 가장 좌측 도형윤곽을 시작으로 좌측에서부터 우측으로 도형윤곽을 가공하는 기능이다.

❹ **진입–램프** : 이 기능을 사용하여 Z축 절삭진입을 할 때 수직으로 진입하지 않고 아래 그림(램프 절삭진입 조건설정)에서 진입각도를 입력하여 수직이 아닌 설정한 각도로 Z축 절삭진입을 할 수 있다.

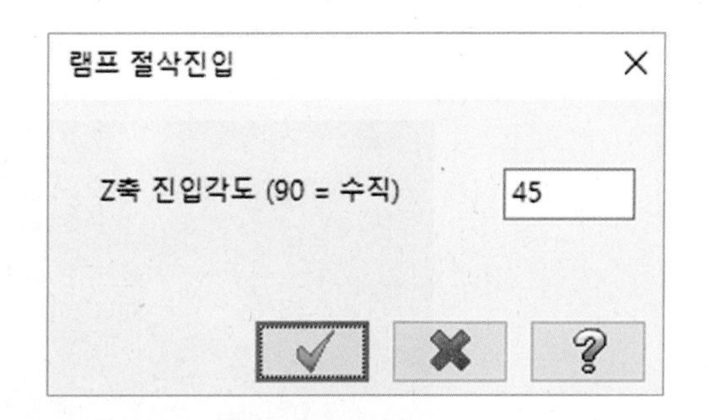

❺ **황삭 가공각도** : 왕복 또는 한 방향 가공방법을 선택하면 활성화가 되어 설정한 각도방향으로 왕복 또는 한 방향 절삭가공을 실행한다.

❻ **공구의 비율 %** : 황삭가공에 적용될 가공 간격을 설정하는 기능으로 선택한 공구 직경의 퍼센트지로 가공 간격을 설정한다.

❼ **가공 간격** : 황삭가공에 적용될 가공 간격을 설정하는 기능으로 특정 길이값을 입력하여 가공 간격을 설정한다.

❽ **공차** : 조각가공의 가공공차를 설정하는 항목으로 공차가 작을수록 보다 정밀하게 제품을 만들 수 있지만 NC 데이터의 용량은 늘어나게 된다. 반대로 공차가 높을수록 정밀하지 않은 제품이 만들어지며 NC 데이터의 용량은 공차가 작을 때보다 줄어들게 된다.

❾ **가공 도형의 위치** : 다수의 도형윤곽을 선택하고 가공깊이를 분할하여 가공할 때 깊이가공을 실행하는 순서를 설정하는 기능이다.

㉠ **가공깊이** : 하나의 도형윤곽에 대한 깊이가공을 모두 실행하고 다음 도형윤곽에 대한 깊이가공을 도형윤곽을 선택한 순서대로 반복하는 기능이다.

❿ **진입위치** : 조각가공의 Z축 절삭 진입 위치를 설정하는 기능이다.

㉠ **내측 코너** : 선택한 도형에 체인의 시작점과 가까운 내측 코너에서 Z축 절삭 진입을 하는 기능이다.

㉡ **체인의 시작점** : 선택한 도형에 체인의 시작점을 기준으로 Z축 절삭 진입을 하는 기능이다.

㉢ **긴 선의 중간점** : 선택한 도형에 길이가 가장 긴 도형의 중간점을 기준으로 Z축 절삭 진입을 하는 기능이다.

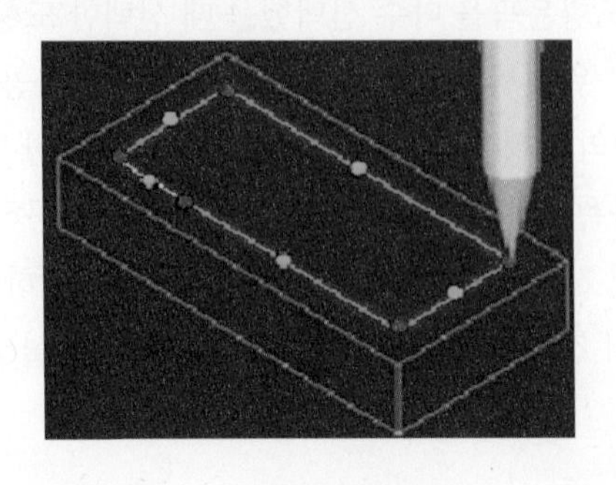

[내측 코너]

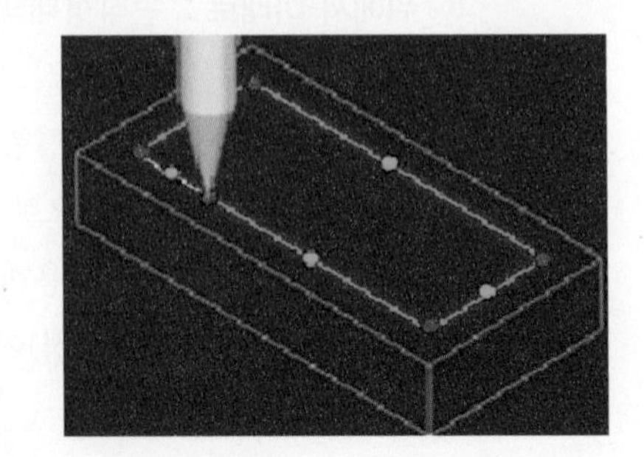

[체인의 시작점]

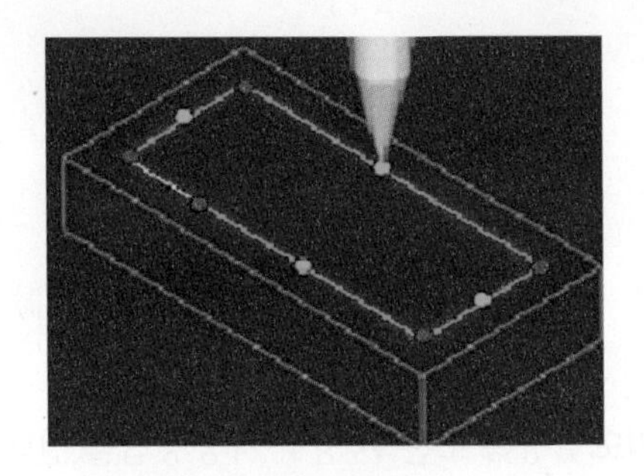

[긴 선의 중간점]

(13) FBM MILL

1) 가공경로의 특징

- 가공될 솔리드 파트에 재료설정을 한 후 FBM Mill과 FBM Drill 중 필요로 하는 가공경로를 선택한다. 그리고 해당 형상의 모든 특징을 측정 · 분석하여 가공에 필요한 가공영역을 검출한다. 검출된 가공영역을 확인한 후에 사용자가 필요한 가공영역과 불필요한 가공영역을 선택적으로 변경 · 제거할 수 있다.
- 빠르고 효과적으로 가공경로를 자동 생성하여 준다.
- 형상을 가공하기 위한 적합한 공구를 선택한다. 사용자가 필요로 하는 공구 목록을 만든 후에 해당 공구 목록을 지정할 수 있다.
- 또한 불필요한 공구가 선택되지 않도록 원하는 공구의 특징(공구의 종류 및 크기)을 지정할 수 있다.

사용자는 FBM 가공경로를 손쉽게 수정할 수 있으며, 필요로 하는 가공경로를 모두 생성할 수 있다.

2) 재료 설정

가공에 사용될 피삭재 크기 및 형태를 설정하는 영역으로 설정된 피삭재 크기는 작업화면에 가상의 빨간색 선으로 표시된다.

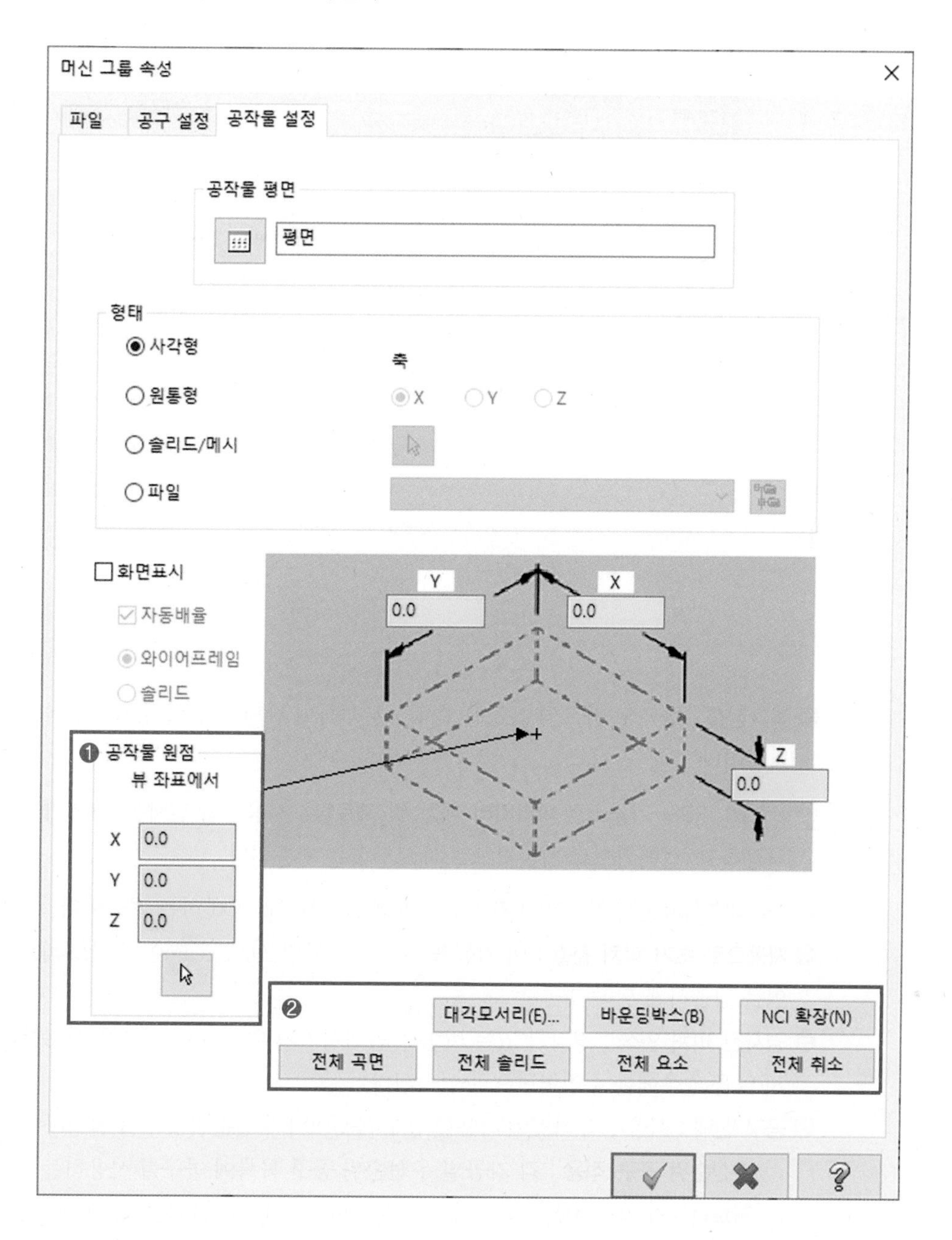

❶ **공작물 원점** : 솔리드 파트의 정확한 재료 원점을 좌푯값을 이용해 설정한다.

❷ **전체 솔리드, 전체 요소, 대각모서리** : 작업화면에 있는 형상 혹은 대각 모서리 두 점을 활용해 피삭재의 크기를 설정한다.

3) 설정

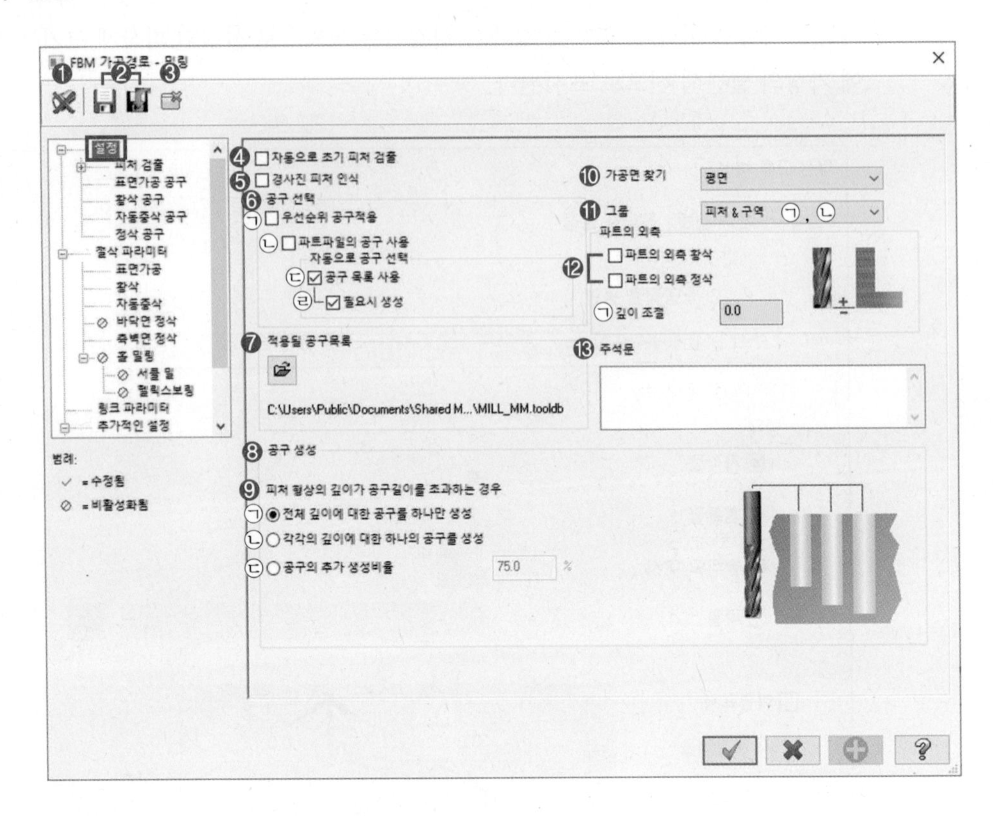

❶ **검출** : 솔리드 파트의 특징을 측정 · 분석하여 해당 모델링의 가공영역을 검출하는 기능이다.

❷ **FBM 가공조건 파라미터 저장 및 재로딩** : 사용자가 원하는 FBM 가공 조건들을 저장하고, 선택적으로 기본값으로 재로딩하는 기능이다.

❸ **대화상자 감추기** : FBM 가공경로의 조건창을 On / Off 하는 기능이다.

❹ **자동으로 초기 피처 검출** : 이 기능을 사용하게 되면, Mastercam이 솔리드 파트의 가공영역을 검출하게 된다.

❺ **경사진 피처 인식** : 경사가 있는 벽면을 인식시키기 위해서 이 기능을 사용한다(사용하지 않을 경우에는 수직벽면으로 인식된다).

❻ **공구 선택** : 사용자가 가공에 사용될 공구 목록이나 우선순위 공구를 설정하는 기능이다.

㉠ **우선순위 공구 적용** : 각 가공별 우선순위 공구 목록에 공구를 사용하는 기능이다.

㉡ **파트파일의 공구 사용** : 파트파일에 사용한 공구를 사용하는 기능이다.

㉢ **공구 목록 사용** : 아래 '적용될 공구 목록' 기능에 선택한 공구 목록에서 공구를 사용하는 기능이다.

㉣ **필요시 생성** : 검출한 피처에 맞는 공구가 없을 시 자동으로 공구를 생성하는 기능이다.

❼ **적용될 공구 목록** : 저장된 공구 목록을 설정하는 기능이다.

❽ **공구 생성** : '필요시 생성' 기능을 사용할 때에만 활성화되는 기능이다.

❾ **피처 형상의 깊이가 공구의 길이를 초과하는 경우**

　㉠ **전체 깊이에 대한 공구를 하나만 생성** : 깊이가 가장 긴 부위를 기준으로 하나의 공구를 생성한다.

　㉡ **각각의 깊이에 대한 하나의 공구를 생성** : 깊이별로 필요한 공구를 생성한다.

　㉢ **공구의 추가 생성 비율** : 새로운 공구가 추가될 때 비율만큼 길어진 공구를 생성한다.

❿ **가공면 찾기** : 가공경로를 생성할 작업평면을 설정하는 기능이다.

⓫ **그룹** : 가공경로 그룹 생성을 결정하는 기능으로 가공순서를 조절할 수 있다.

　㉠ **공구 변경 최소화** : 가공경로 그룹을 공구교환을 최소화하는 방향으로 생성한다.

　㉡ **피처 & 구역** : 가공경로 그룹을 영역별로 생성한다.

⓬ **파트의 외측 황삭 / 정삭** : 솔리드 파트의 외측에 가공경로를 생성하는 기능이다.

　㉠ **깊이 조절** : 솔리드 파트의 바닥면을 기준으로 깊이를 조절하는 기능이다.

⓭ **주석문** : 사용자가 필요로 하는 코멘트를 작성하는 기능이다.

4) 피처 검출

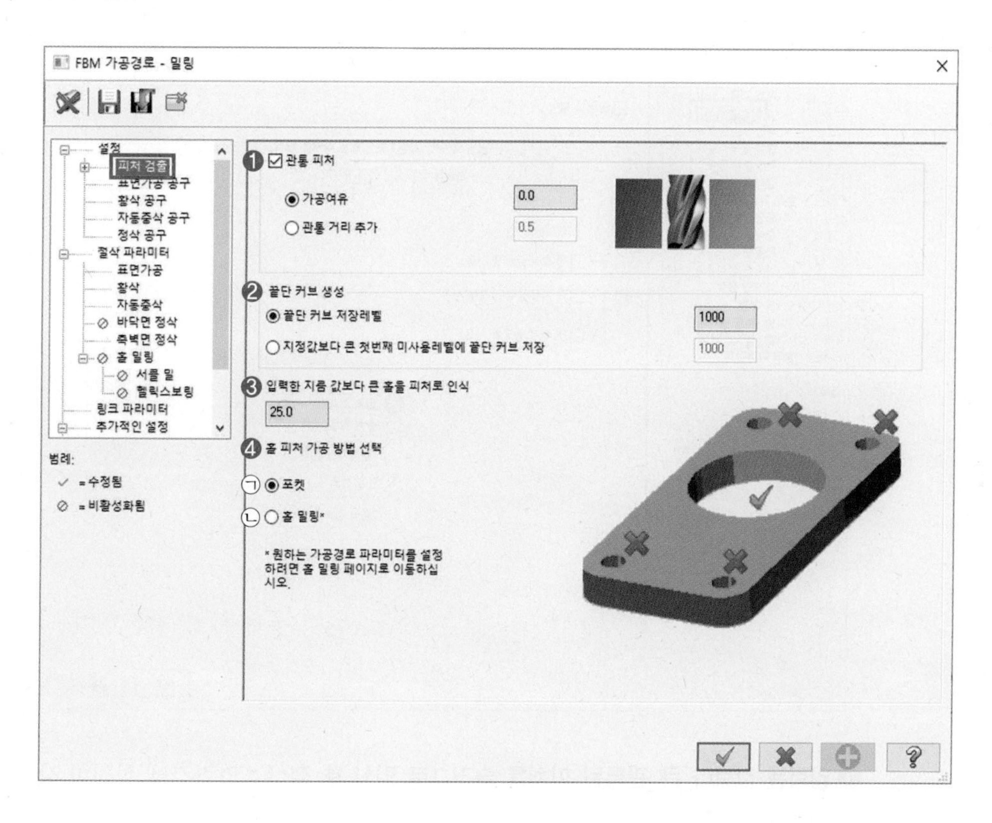

❶ **관통 피처** : 관통되어 있는 피처 형상에 가공 여유 또는 관통거리를 추가할 수 있는 기능이다.

❷ **끝단 커브 생성** : 가공경로에 사용된 솔리드 파트의 끝단 커브를 저장하는 기능이다.

❸ **입력한 지름값보다 큰 홀을 피처로 인식** : 입력창에 설정한 크기보다 큰 홀들을 피처형상으로 인식하여 가공경로를 생성한다.

❹ **홀 피처 가공방법 선택**

㉠ **포켓** : 홀 피처형상에 대해서 포켓가공으로 가공경로를 생성한다.

㉡ **홀 밀링** : 홀 피처형상에 대해서 홀 밀링(서클 밀 또는 헬릭스 보링)으로 가공경로를 생성한다.

이 기능을 사용할 경우 '홀 밀링' 파라미터에서 가공조건을 설정할 수 있다.

5) 슬러그 절삭

위 피처 검출 파라미터의 관통 형상 기능을 사용할 경우에만 활성화되는 메뉴로 관통된 형상을 절단할 때 사용하는 기능이다.

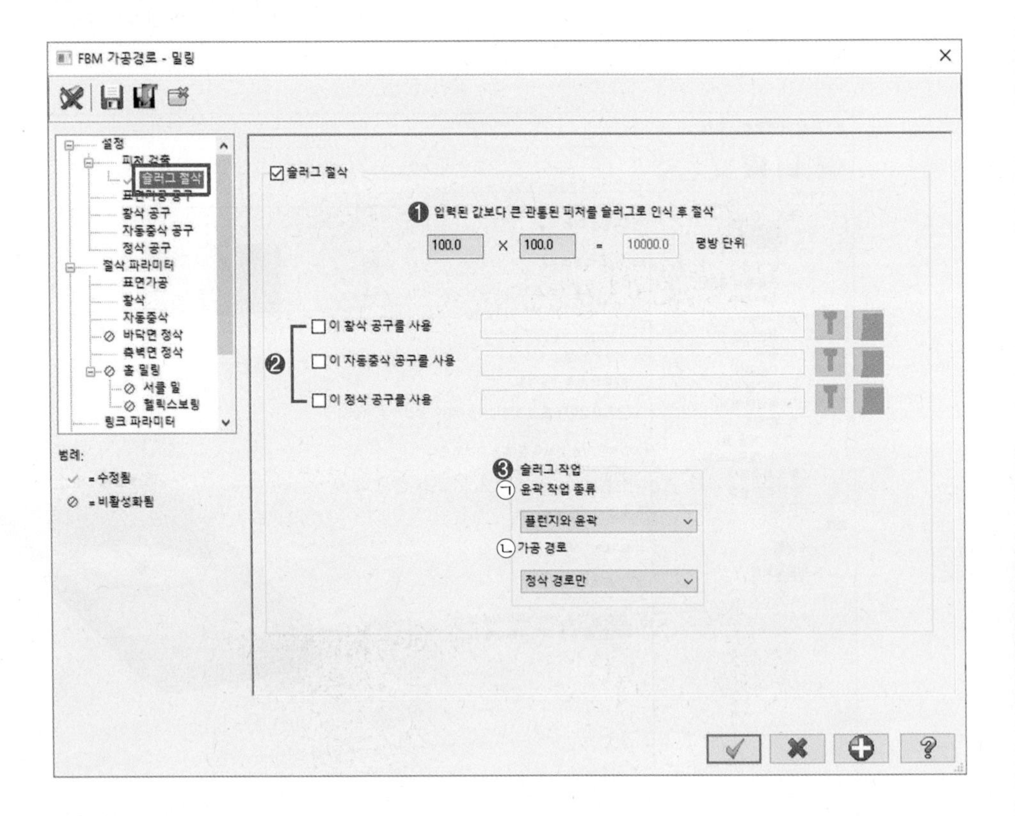

❶ **입력된 값보다 큰 관통된 피처를 슬러그로 인식 후 절삭** : 입력칸에 설정한 값보다 관통된 피처 형상이 큰 경우에만 슬러그 절삭 가공경로를 생성한다.

❷ **이 황삭 / 자동중삭 / 정삭공구를 사용** : 작업에 사용할 공구를 설정하는 기능이다.

❸ **슬러그 작업**

㉠ **윤곽작업 종류** : 절단방법을 선택하는 기능이다.

- 램프윤곽 : 윤곽가공의 램프를 사용할 때처럼 공구가 경사를 가지고 내려가면서 절삭이 이루어진다.
- 플런지와 윤곽 : 윤곽가공의 깊이가공을 사용할 때처럼 공구가 같은 깊이씩 나누어서 가공한다.

㉡ **가공경로** : 슬러그 작업의 순서를 설정하는 기능이다.

- 황삭, 잔삭과 정삭 : 황삭 → 잔삭 → 정삭의 순으로 가공경로가 생성된다.
- 황삭과 정삭 : 황삭 → 정삭의 순으로 가공경로가 생성되며 잔삭작업은 만들지 않는다.
- 정삭 경로만 : 정삭 가공경로만 생성되며 황삭, 잔삭 작업은 만들지 않는다.

6) 표면가공 공구

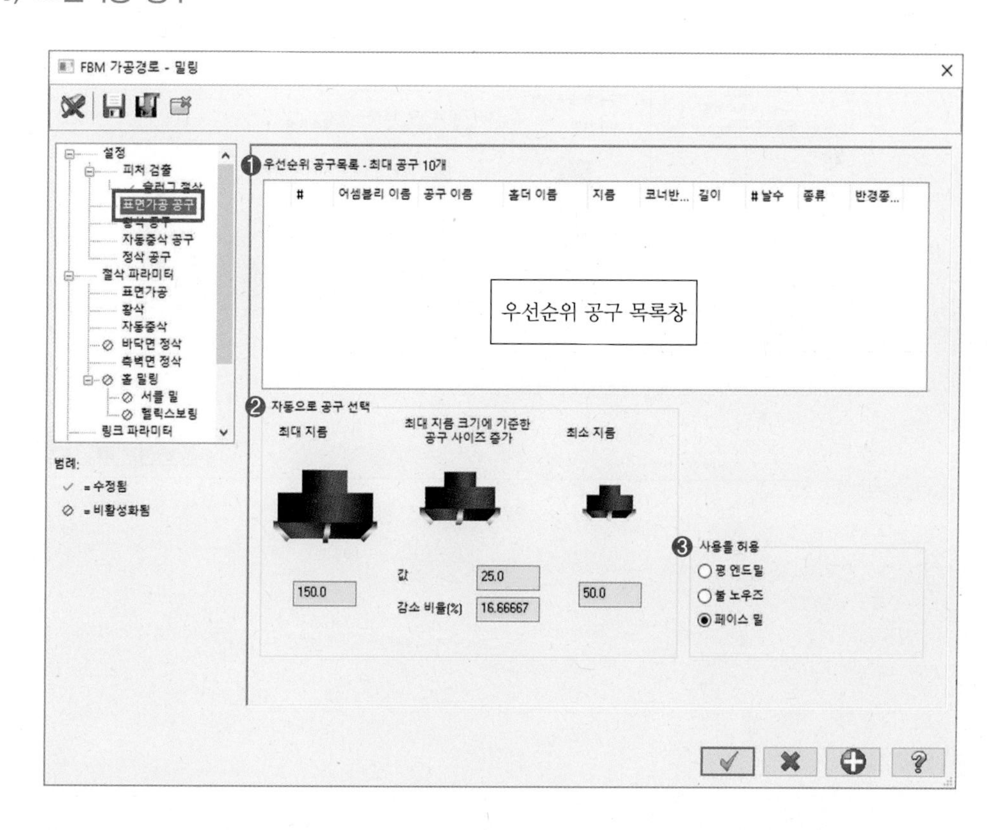

❶ **우선순위 공구 목록** : 가공에 사용될 공구를 설정하는 기능으로, 우선순위를 10개까지 지정할 수 있으며, 사용자가 만든 공구 또는 공구 목록에서 직접 불러올 수 있다.

❷ **자동으로 공구 선택** : 설정 파라미터에서 공구 선택 중 자동으로 공구 선택 기능을 사용할 때에만 적용되며, 설정한 공구의 지름에 따라 공구가 자동 선택된다.

❸ **사용을 허용** : 가공에 필요한 공구 유형을 선택하는 기능이다.

7) 황삭 공구

'표면가공 공구' 설정 파라미터와 내용이 동일하므로 '표면가공 공구' 내용을 참고한다.

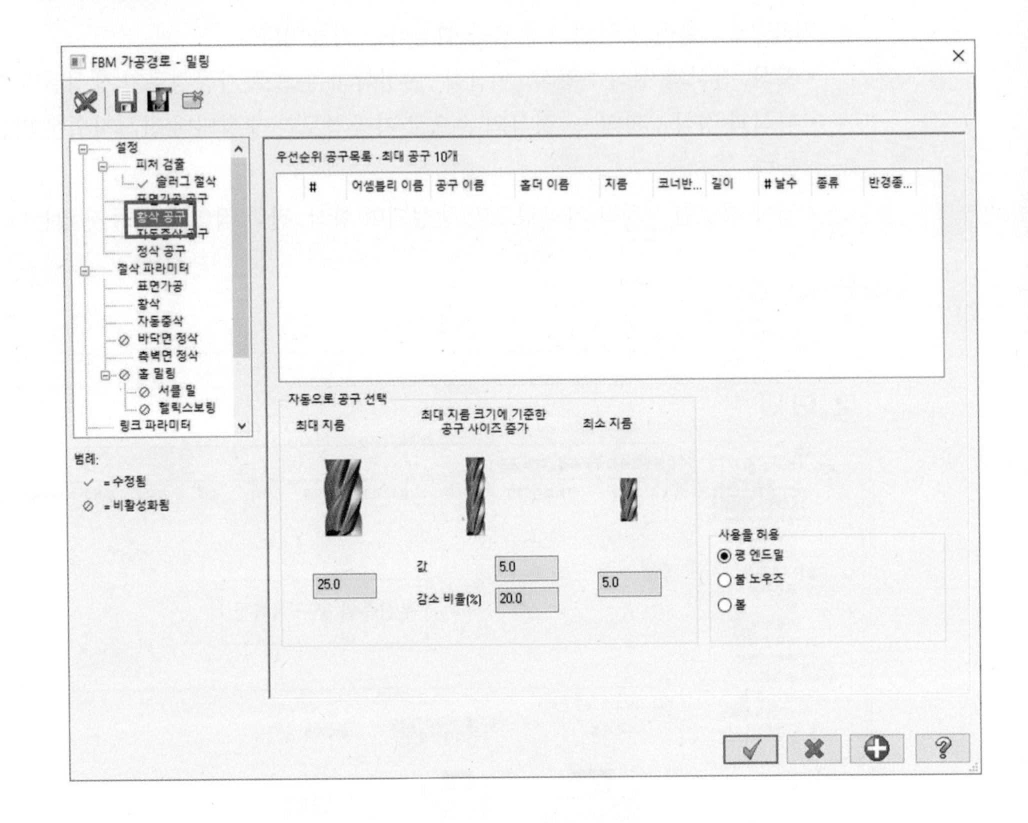

8) 자동중삭 공구

'표면가공 공구' 설정 파라미터와 내용이 동일하므로 '표면가공 공구' 내용을 참고한다.

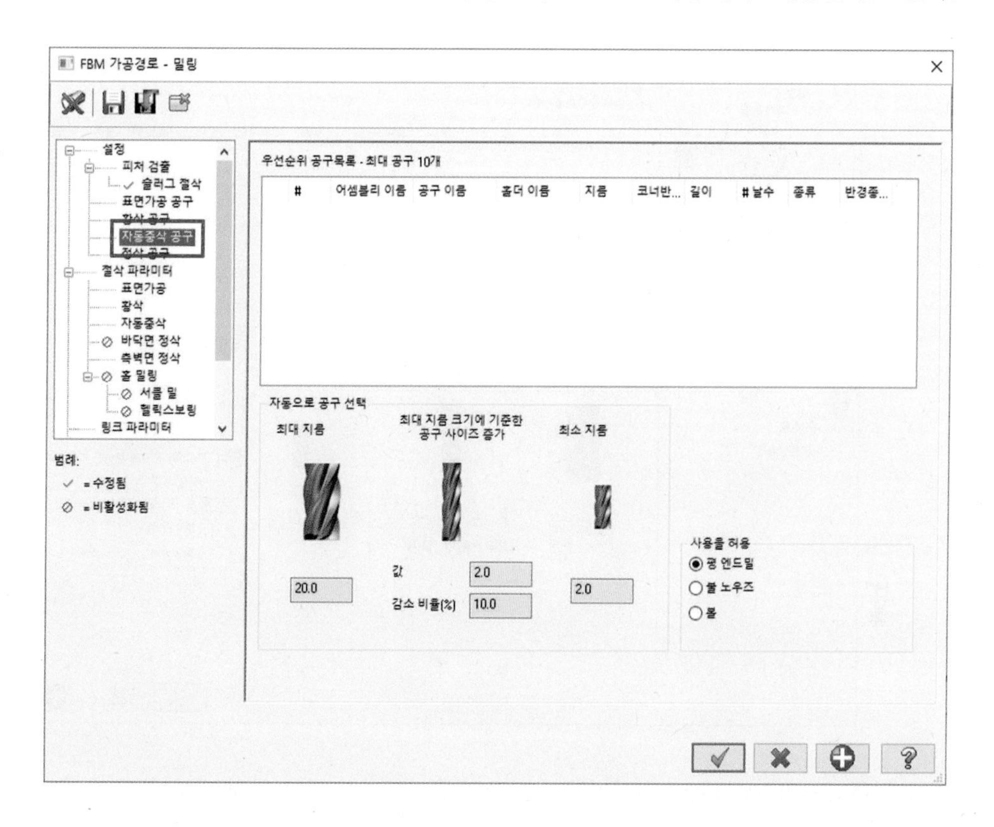

9) 정삭 공구

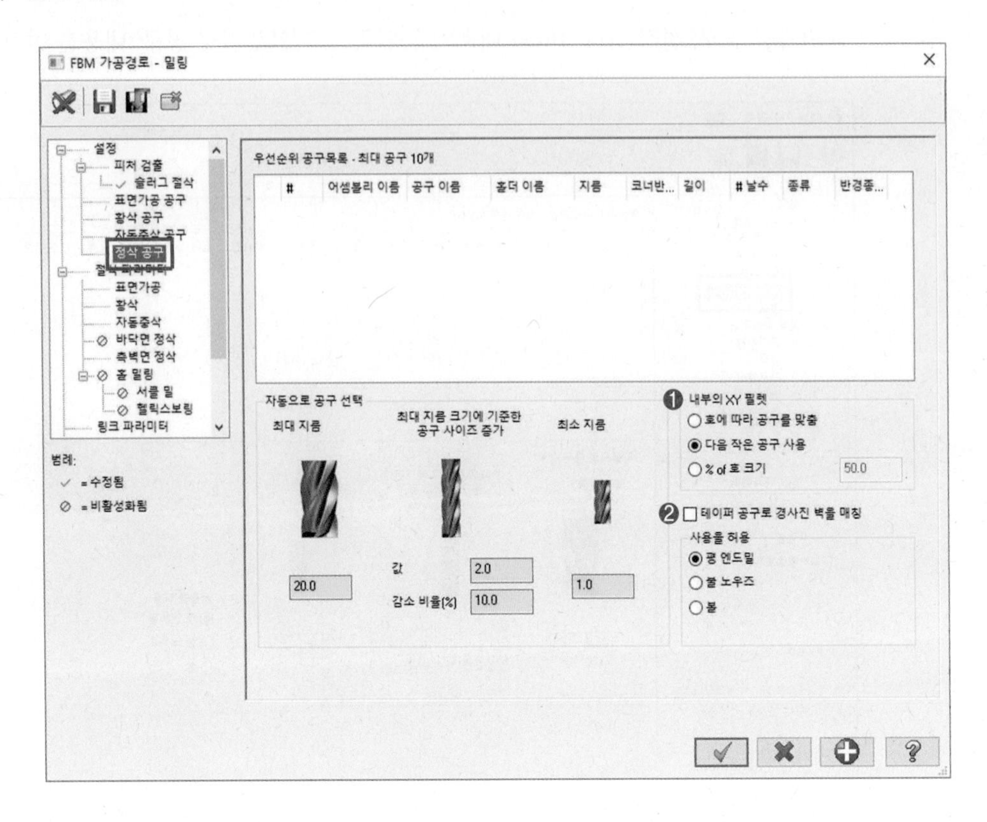

❶ **내부의 XY 필렛** : 정삭가공에 사용될 공구보다 솔리드 피처 내부 필렛의 크기가 작거나 동일한 경우에만 적용되는 기능으로, 사용자가 선택적으로 사용할 수 있다.

❷ **테이퍼 공구로 경사진 벽을 매칭** : 솔리드 피처에 경사진 영역이 있을 경우 같은 경사각을 가진 공구를 매칭하여 가공경로를 생성하는 기능이다.

10) 절삭 파라미터 – 표면가공

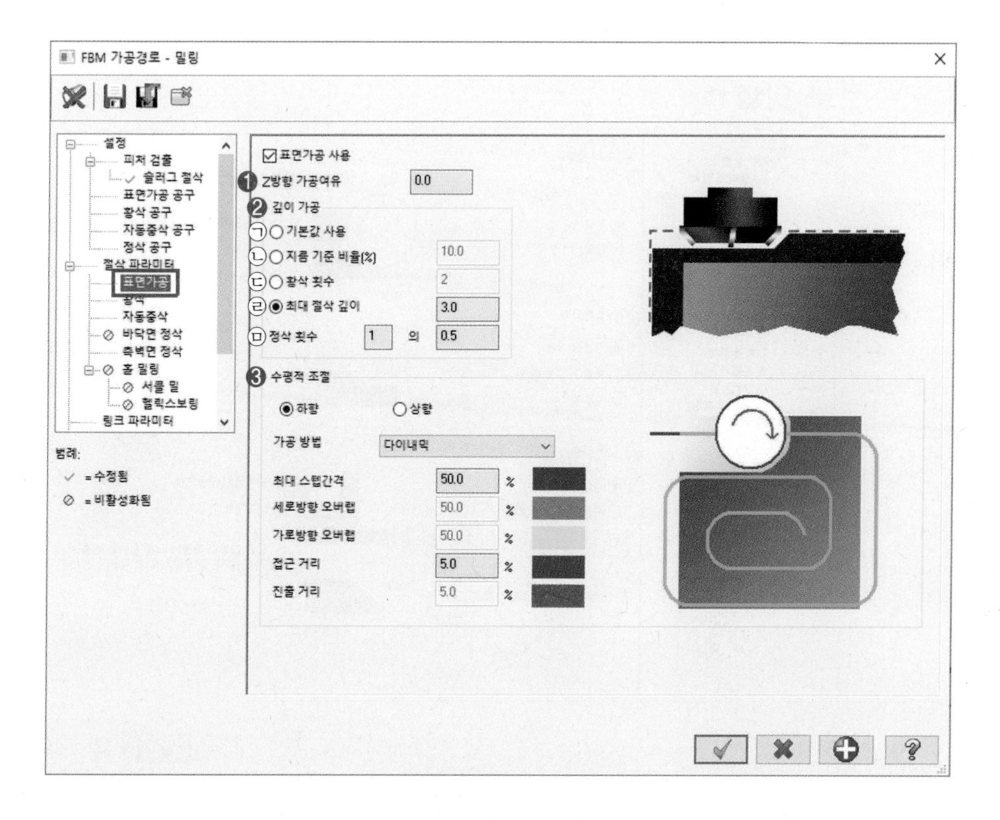

❶ **Z방향 가공 여유** : 입력한 값만큼의 Z축 방향의 가공 여유를 줄 수 있다.

❷ **깊이가공** : 절삭 깊이의 횟수와 간격을 설정하는 기능이다.

㉠ **기본값 사용** : 기본값으로 저장되어 있는 표면 가공경로 조건값을 사용한다.

㉡ **지름 기준 비율(%)** : 가공에 사용될 공구 지름의 비율값을 적용한다.

㉢ **황삭횟수** : 사용자가 필요한 황삭횟수를 설정하는 기능이다.

㉣ **최대 절삭 깊이** : Z축 원점까지 절삭하는 기능이다.

㉤ **정삭횟수** : 사용자가 정삭가공할 횟수와 간격을 설정하는 기능이다.

❸ **수평적 조절** : 절삭방향(하향, 상향)과 절삭방법(다이내믹, 왕복 절삭, 한 방향 절삭) 및 가공경로 궤적을 수정하는 기능이다.

11) 황삭

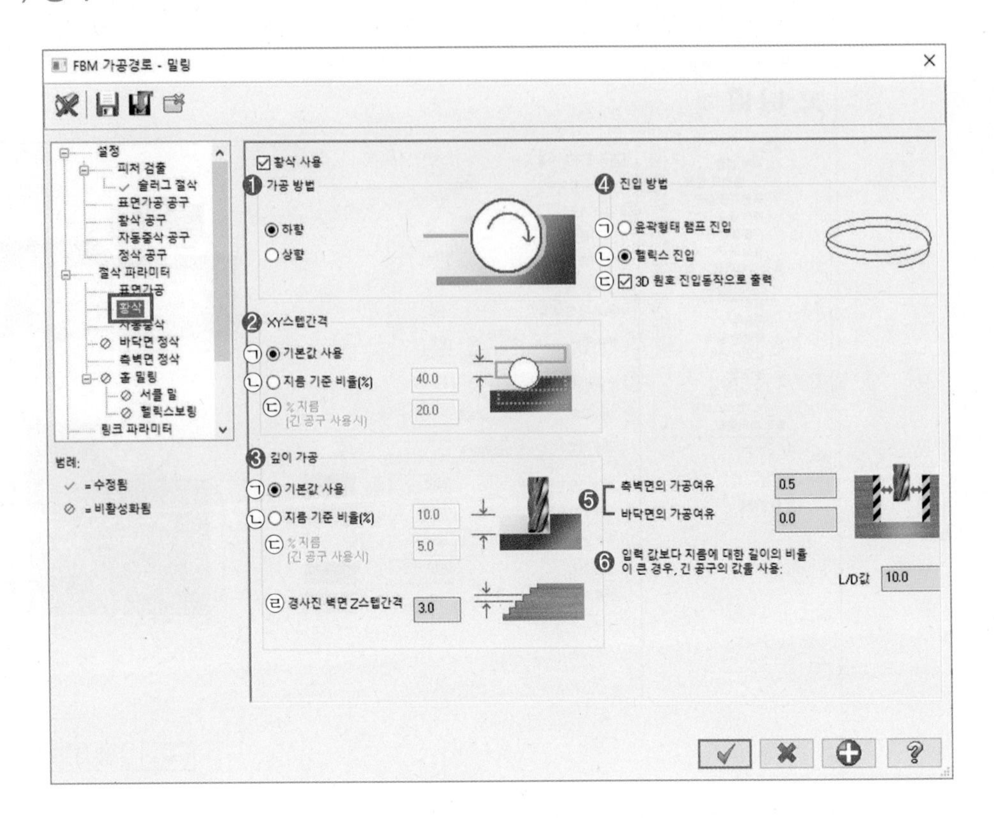

❶ **가공방법** : 절삭방향을 설정하는 기능이다.

❷ **XY 스텝 간격** : XY축 사이 간격값을 설정하는 기능이다.

㉠ **기본값 사용** : 기본값 파일 또는 절삭 공구에 저장되어 있는 XY 스텝 간격값을 사용한다.

㉡ **지름 기준 비율(%)** : 가공에 사용될 공구 지름의 비율값을 적용한다.

㉢ **%지름(긴 공구 사용 시)** : L / D 값을 활용해서 %지름(긴 공구 사용 시) 비율 기능을 사용할 수 있다.

❸ **깊이가공**

㉠ **기본값 사용** : 기본값 파일에 저장되어 있는 조건값을 사용한다.

㉡ **지름 기준 비율(%)** : 가공에 사용될 공구 지름의 비율값을 적용한다.

㉢ **%지름(긴 공구 사용 시)** : L / D 값을 활용해서 %지름(긴 공구 사용 시) 비율 기능을 사용할 수 있다.

㉣ **경사진 벽면 Z스텝 간격** : 솔리드 도형에 경사진 벽면이 있을 경우 이 부분의 Z스텝 간격이다.

❹ **진입방법** : 공구의 부하량 감소 및 효율적인 절삭을 위한 진입방법 설정기능이다.

㉠ **윤곽형태 램프 진입** : 형상의 윤곽을 기준으로 경사지며 진입한다.

ⓛ **헬릭스 진입** : 헬릭스 형태(원호)로 돌면서 진입한다.

ⓒ **3D 원호 진입 동작으로 출력** : NC 데이터 출력 시 원호보간코드(G02 또는 G03)로 출력하는 기능이다.

❺ **측벽면의 / 바닥면의 가공 여유** : 형상의 측벽면과 바닥면의 가공 여유를 설정한다.

❻ **입력값보다 지름에 대한 길이의 비율이 큰 경우, 긴 공구의 값을 사용** : 공구 길이(오버롤 값)값과 공구 지름값의 비율값이 L / D 값이 되며, L / D 값을 활용해서 %지름(긴 공구 사용 시)비율 기능을 사용할 수 있다.

12) 자동 중삭

자동 중삭의 기능은 황삭과 동일하므로 앞의 내용을 참고한다.

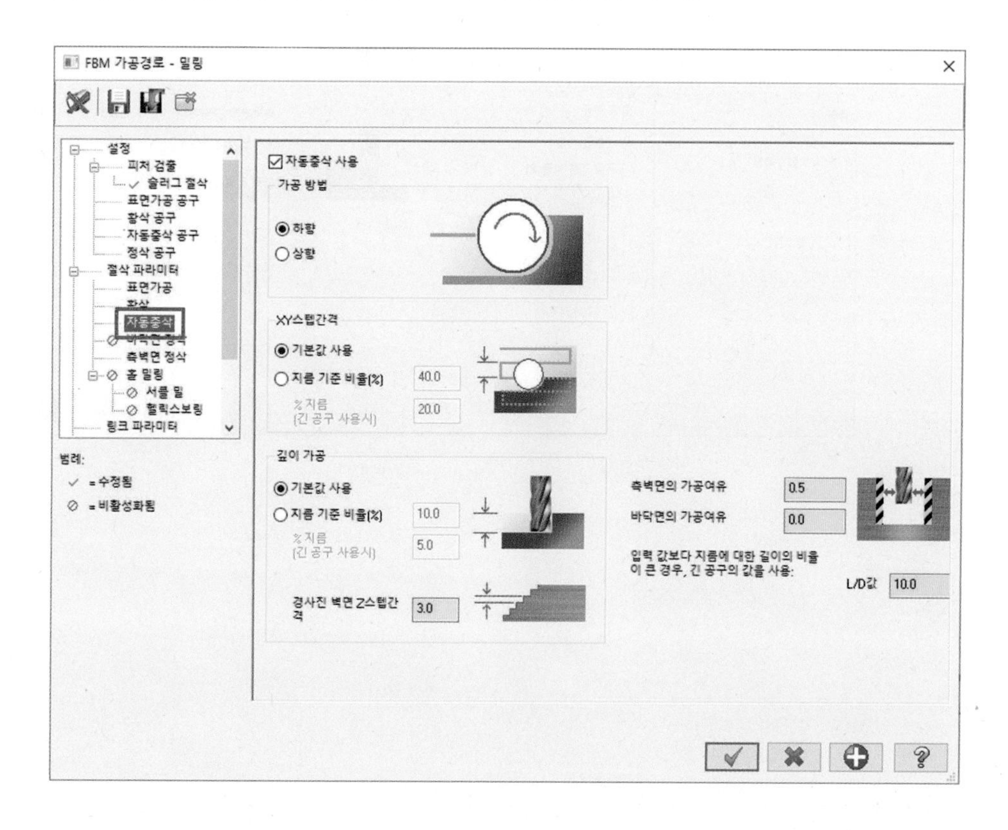

13) 바닥면 정삭

바닥면 정삭의 기능은 황삭과 동일하므로 앞의 내용을 참고한다.

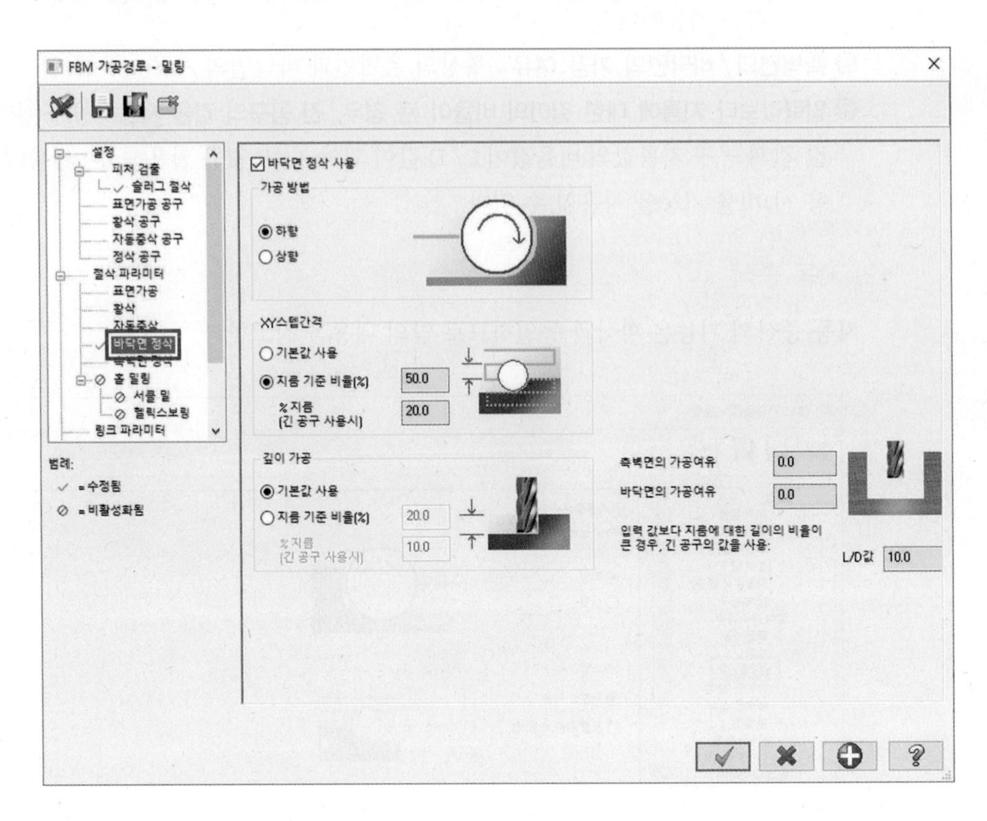

14) 측벽면 정삭

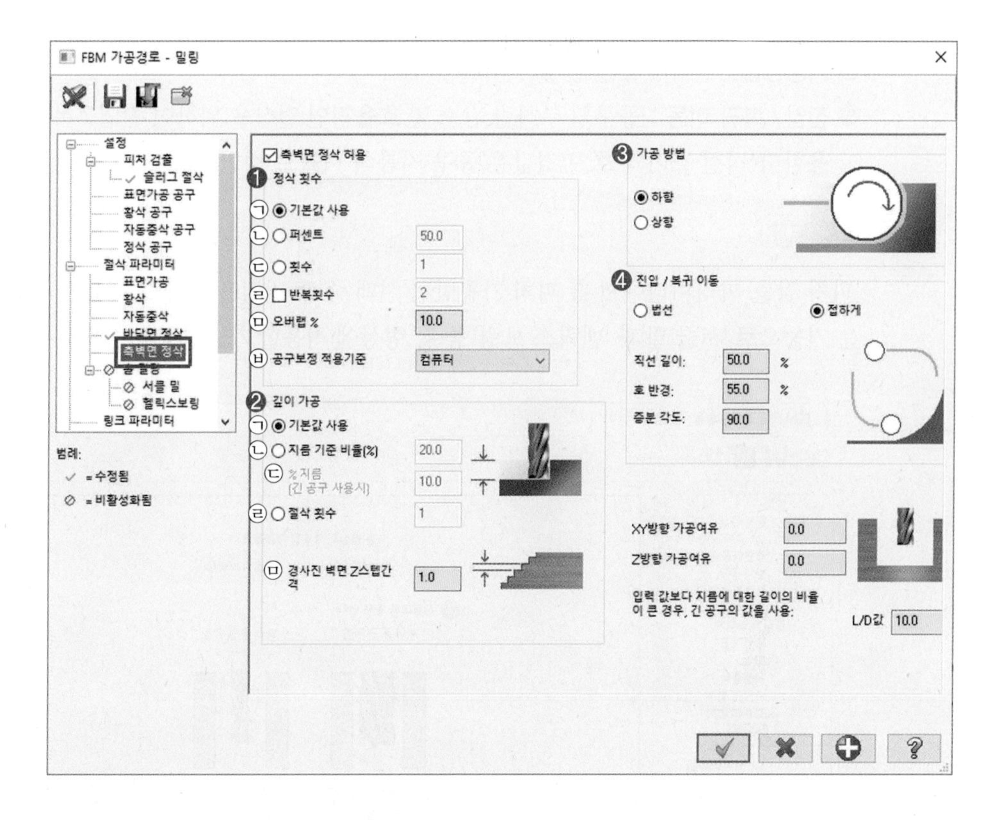

❶ 정삭횟수

㉠ **기본값 사용** : 기본값 파일에 저장되어 있는 값을 사용한다.

㉡ **퍼센트** : 사용자가 선택한 정삭공구의 지름 비율값을 통해 횟수를 정한다.

㉢ **횟수** : 사용자가 직접 정삭횟수를 지정한다.

㉣ **반복횟수** : 측벽면 정삭가공 시 마지막 가공 패스의 동일 위치에서 반복적으로 절삭 가공할 횟수를 지정한다.

㉤ **오버랩 %** : 첫 번째 가공 패스와 두 번째 가공 패스의 중복되는 공구 폭을 비율로 설정하는 기능이다.

㉥ **공구보정 적용 기준** : 공구의 경보정 기준을 설정하는 기능이다(컴퓨터, 컨트롤러, 중복보정, 역중복보정, 안 함).

❷ 깊이가공

㉠ **기본값 사용** : 기본값 파일에 저장되어 있는 조건값을 사용한다.

㉡ **지름 기준 비율(%)** : 가공에 사용될 공구 지름의 비율값을 적용한다.

㉢ **%지름(긴 공구 사용 시)** : L / D 값을 활용해서 %지름(긴 공구 사용 시) 비율 기능을 사용할 수 있다.

㉣ **절삭횟수** : 사용자가 나누어서 가공할 깊이가공 횟수를 적어준다.

㉤ **경사진 벽면 Z스텝 간격** : 솔리드 도형에 경사진 벽면이 있을 경우 이 부분의 Z스텝 간격이다.

❸ **가공방법** : 절삭방향을 설정하는 기능이다.

❹ **진입 / 복귀 이동** : 공구의 부하량 감소 및 효율적인 절삭을 위하여 진입 / 복귀 기능을 이용한다(직선 길이와 호 반경값은 공구 지름의 비율로 정한다).

15) 홀 밀링

'피처 검출' 파라미터에서 홀 피처 가공방법 선택 중 홀 밀링을 사용할 때에만 사용할 수 있는 기능으로 '서클 밀'과 '헬릭스 보링' 중 홀 형상에 적용할 가공방법을 선택하는 메뉴이다.

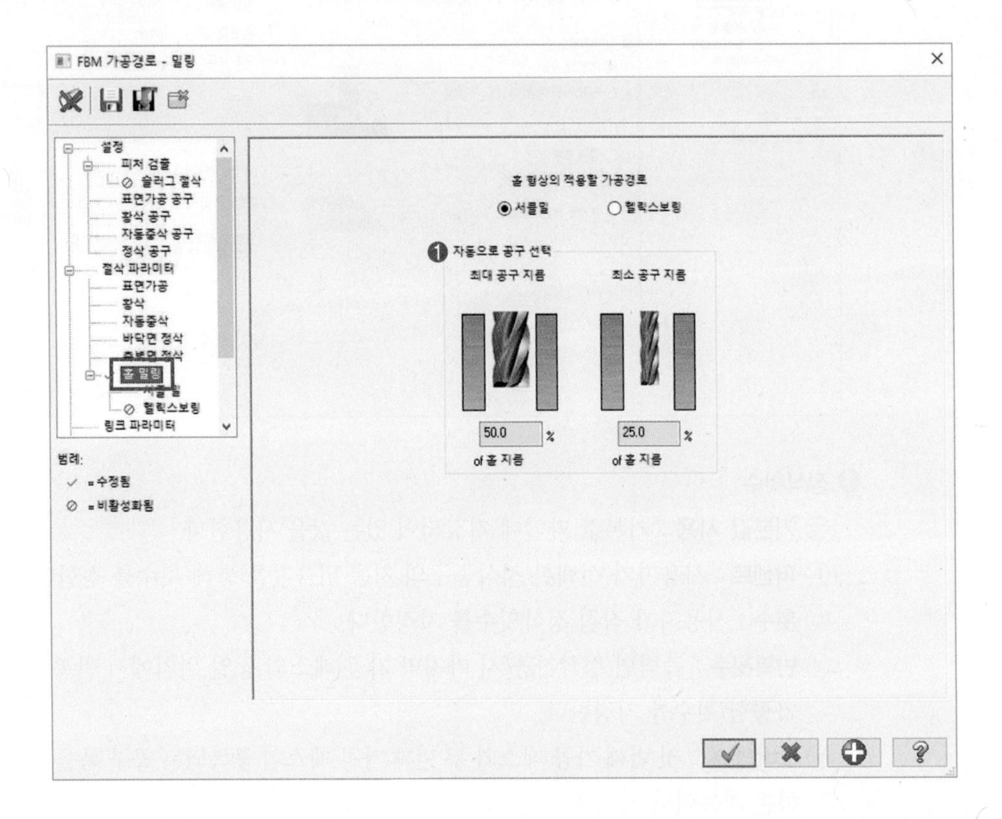

❶ **자동으로 공구 선택** : 설정 파라미터의 공구 라이브러리 사용 또는 필요시 공구 생성 기능을 사용할 때에만 적용되며 가공에 필요한 공구를 설정하는 기능이다. 아래의 최대 / 최소 공구 지름의 범위에서 공구를 선택 또는 생성하며 홀 지름의 %비율로 공구 지름의 범위가 결정된다.

16) 서클 밀

'홀 밀링' 파라미터에서 '서클 밀'을 선택할 경우 활성화되는 메뉴로 '원호가공'의 '서클 밀 가공'을 이용하여 가공경로를 생성한다.

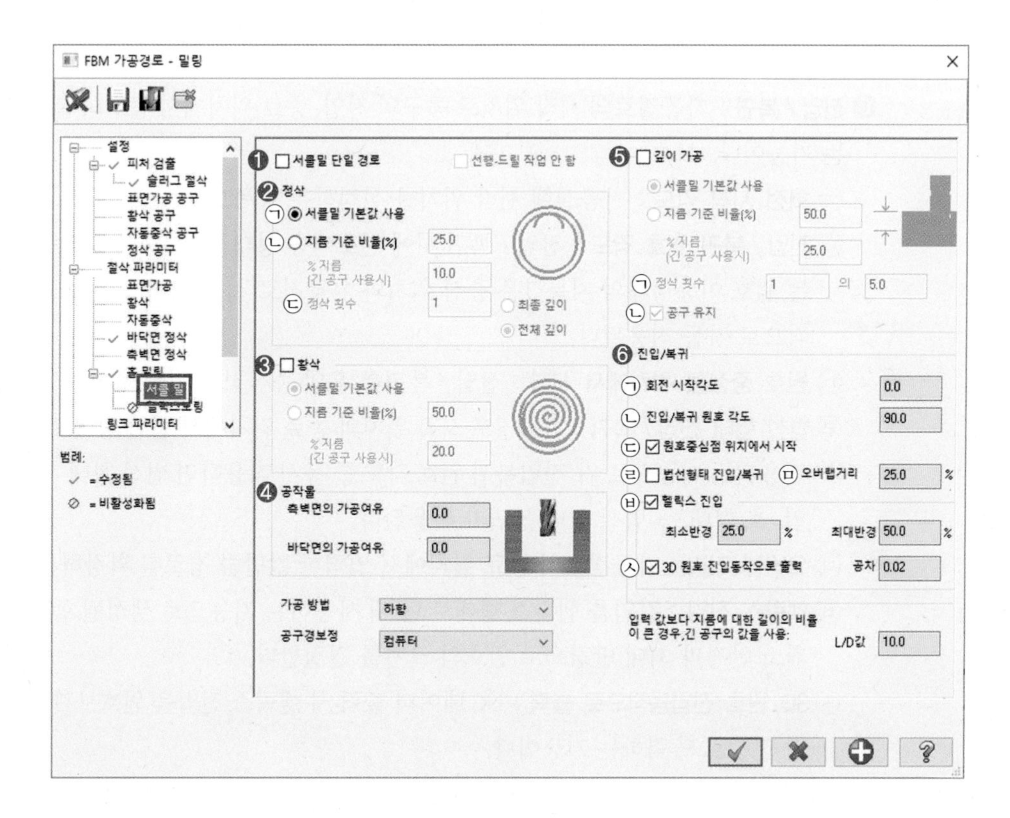

❶ **서클밀 단일 경로** : 아래의 정삭, 황삭 기능을 사용하지 않고 단일패스를 만드는 기능이다.

❷ **정삭** : 서클 밀 정삭가공의 가공횟수와 스텝 간격을 설정하는 기능이다.

㉠ **서클 밀 기본값 사용** : 기본값 파일에 저장되어 있는 조건값을 스텝 간격으로 사용한다.

㉡ **지름 기준 비율(%)** : 가공에 사용될 공구 지름의 비율값을 스텝 간격으로 적용한다.

- %지름(긴 공구 사용 시) : L / D 값을 활용해서 %지름(긴 공구 사용 시) 비율 기능을 스텝 간격으로 사용할 수 있다.

㉢ **정삭횟수** : 사용자가 나누어서 가공할 정삭가공 횟수를 적어준다.

❸ **황삭** : 황삭가공의 사용 여부와 스텝 간격을 설정하는 기능으로 내용은 위 정삭 메뉴와 동일하다.

❹ **공작물** : 측벽면과 바닥면의 가공 여유를 설정한다.

❺ **깊이가공** : 서클 밀 가공의 깊이를 특정 간격이나 횟수로 나누어서 가공하는 기능으로 앞에서 설명한 내용은 생략하기로 한다.

㉠ **정삭횟수** : 바닥면에 대해서 정삭가공을 실행하는 기능으로 정삭횟수와 간격을 입력한다.

㉡ **공구 유지** : 분할 절삭되는 가공 깊이 단계별 해당 경로 종료 위치에서 이송높이까지 공구를 복귀하지 않고 다음 가공깊이로 바로 절삭 진입하여 가공시간을 단축시키는 기능이다.

❻ **진입 / 복귀** : 가공경로의 시작 위치로 공구의 진입, 종료 위치에서 공구의 복귀를 설정하는 기능이다.

㉠ **회전 시작 각도** : 가공실행 시작 위치를 설정하는 항목으로 각도값으로 조절한다.

㉡ **진입 / 복귀 원호 각도** : 진입 / 복귀 시에 원호이송 형태를 추가하는 기능으로 적용되는 원호 이송형태의 지름값은 중심 위치와 가공경로 시작 위치 또는 종료 위치의 간격으로 자동 적용된다.

㉢ **원호 중심점 위치에서 시작** : 진입 / 복귀를 홀의 중심점 위치에서 하는 기능이다.

㉣ **법선 형태 진입 / 복귀** : 가공경로 시작 위치와 종료 위치에서 법선 형태로 진입복귀가 적용되는 기능으로 위 '진입복귀 원호 각도'를 동시 적용하면 법선 형태 → 호 형태 진입, 호 형태 → 법선 형태 복귀가 적용된다.

㉤ **오버랩 거리** : 가공경로의 종료 위치에서 입력한 값만큼 경로를 확장하는 기능이다.

㉥ **헬릭스 진입** : 진입을 헬릭스 형태로 할 때 사용하는 기능으로 생성될 헬릭스 형태의 최소 반경과 최대 반경으로 원호의 크기를 결정한다.

㉦ **3D 원호 진입동작으로 출력** : NC 데이터 출력 시 헬릭스 진입을 원호보간코드(G02 또는 G03)로 출력하는 기능이다.

17) 헬릭스 보링

'홀 밀링' 파라미터에서 '헬릭스 보링'을 선택할 경우 활성화되는 메뉴로 원호가공의 헬릭스 보링 가공을 이용하여 가공경로를 생성한다. 항목 중 서클 밀 파라미터와 중복되는 내용은 생략한다.

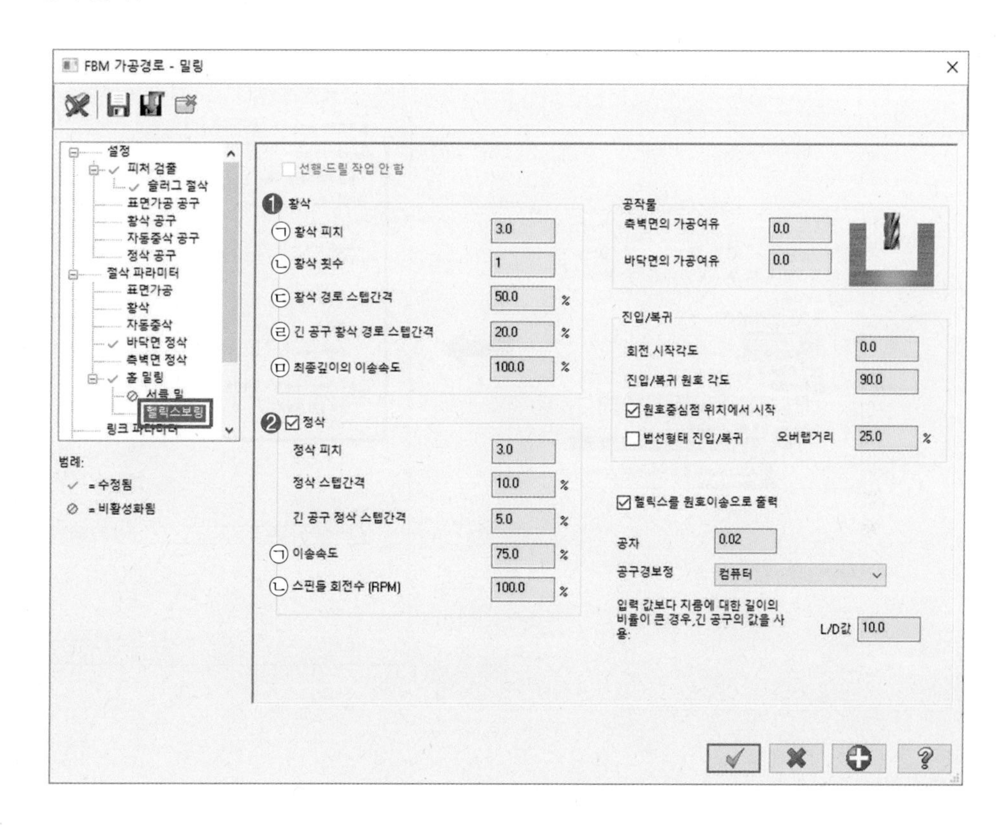

❶ 황삭

㉠ **황삭 피치** : 헬릭스의 피치를 설정하는 기능이다.

㉡ **황삭횟수** : 황삭가공의 횟수를 설정하는 기능이다.

㉢ **황삭 경로 스텝 간격** : 황삭횟수에 설정된 값이 2 이상일 경우에 적용될 스텝 간격이다.

㉣ **긴 공구 황삭 경로 스텝 간격** : L / D 값을 활용해서 %지름(긴 공구 사용 시) 비율 기능을 스텝 간격으로 사용할 수 있다.

㉤ **최종 깊이의 이송속도** : 최종 깊이에서의 이송속도를 따로 설정하는 기능으로 %값을 입력한다.

❷ 정삭

㉠ **이송속도** : 정삭가공의 이송속도를 설정하는 기능이다(이송속도는 공구에 설정한 이송속도의 %로 적용된다).

ⓛ **스핀들 회전수(RPM)** : 정삭가공의 주축 회전수를 설정하는 기능이다(스핀들 회전수는 공구에 설정한 주축 회전수의 %로 적용된다).

✎ FBM 가공에는 이송속도 조건을 설정하는 메뉴가 따로 없으므로 미리 작업관리자의 머신 그룹 메뉴에서 공구설정 기능의 이송속도 적용방법을 설정한다.

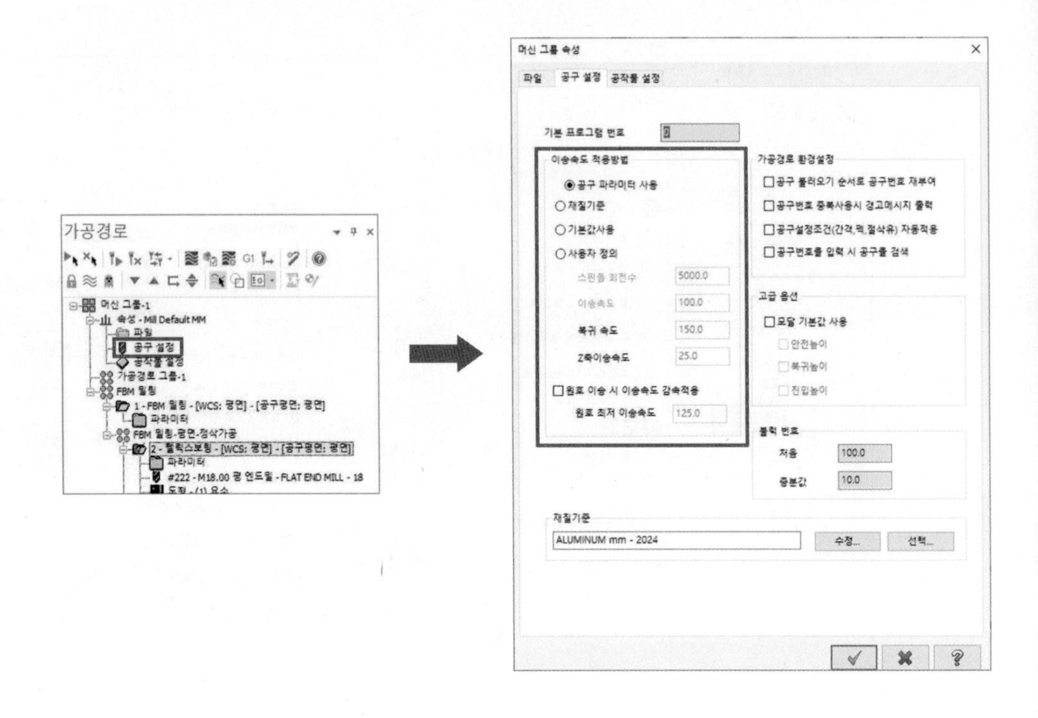

18) 링크 파라미터

생성되는 가공경로에서 Z축 방향으로의 공구 이송높이를 설정할 수 있다.

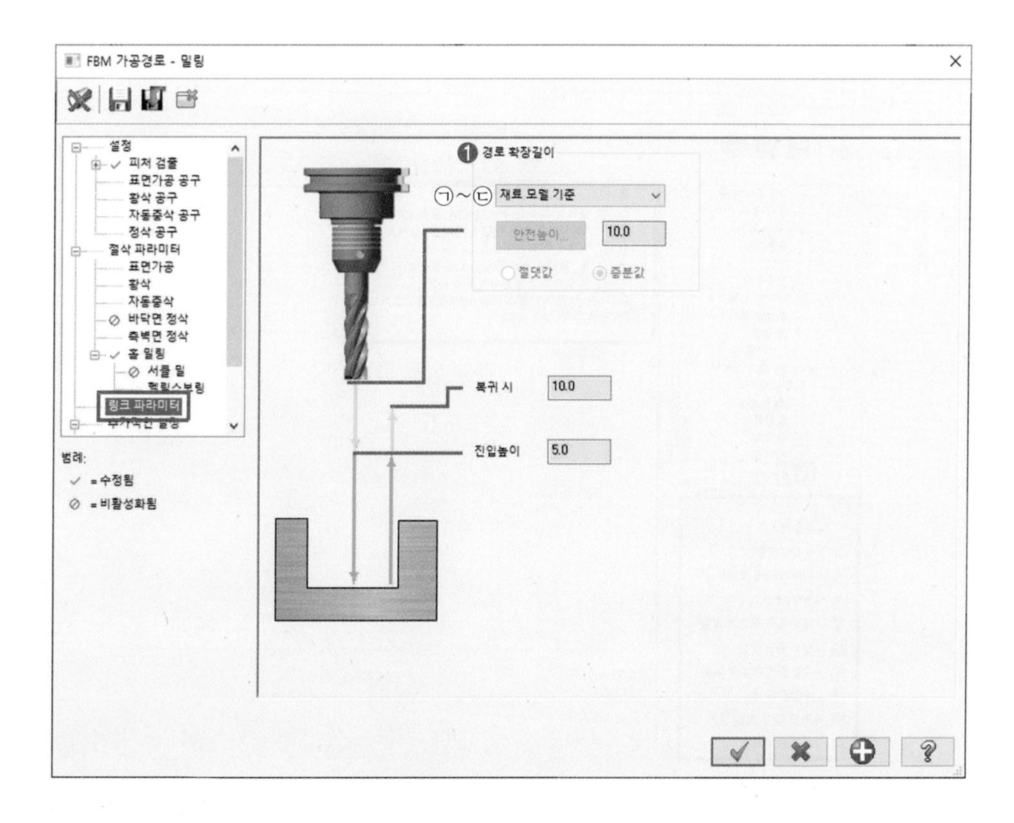

❶ 경로 확장길이

㉠ **솔리드 높이 기준** : 솔리드 피처를 기준으로 Z축 방향의 이송높이를 설정하는 기능이다.

㉡ **재료 모델 기준** : 머신 그룹 내에서 설정한 재료설정 기준으로 Z축 방향의 이송 높이를 설정하는 기능이다.

㉢ **수동** : 사용자가 직접 Z축 방향의 이송 높이값을 지정하는 기능이다.

19) 추가적인 설정-피처

검출된 FBM 가공영역을 검출피처 목록에서 선택하여 현재 화면에서 FBM 가공경로의 영역을 와이어프레임 형태로 확인할 수 있다(검출 피처 목록의 아이콘은 아래 범례 참고).

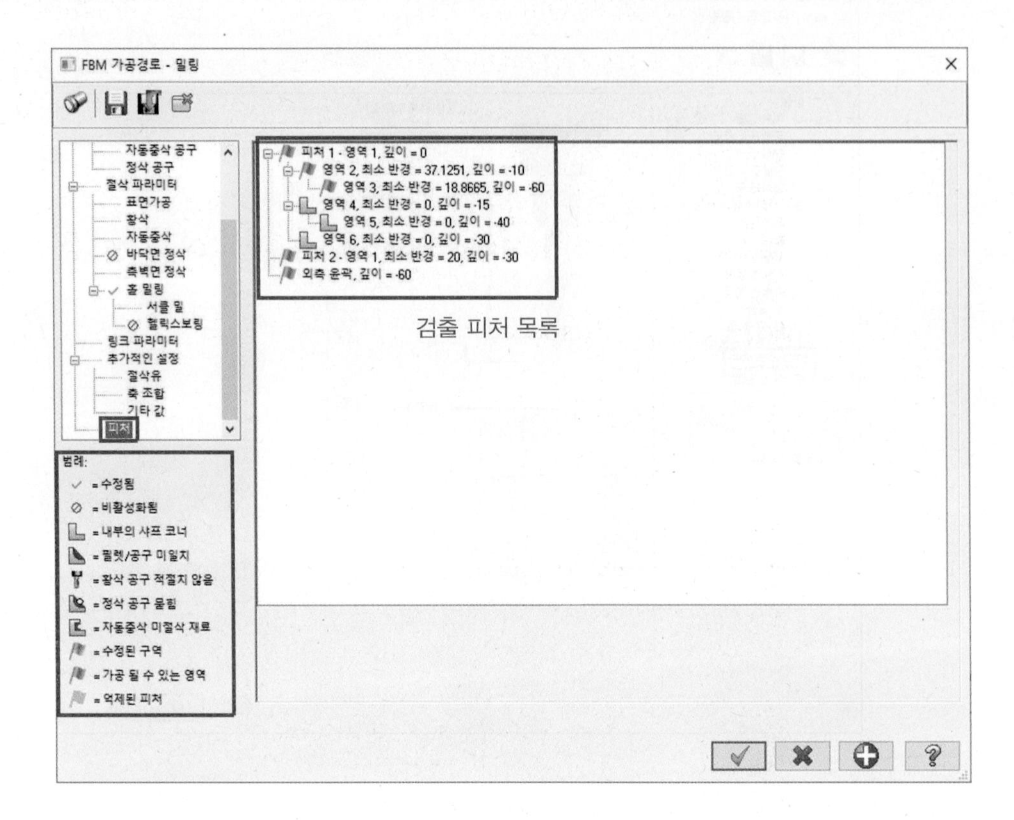

(14) 스웹 2D

와이어프레임을 이용해 세로방향 도형과 가로방향의 도형을 지정하여 스웹 2D 가공을 할 수 있다.

1) 체인 설정방법

- 스웹 2D를 선택해 체인작업창은 단일로 놓은 뒤 세로방향 윤곽의 도형을 선택한다.

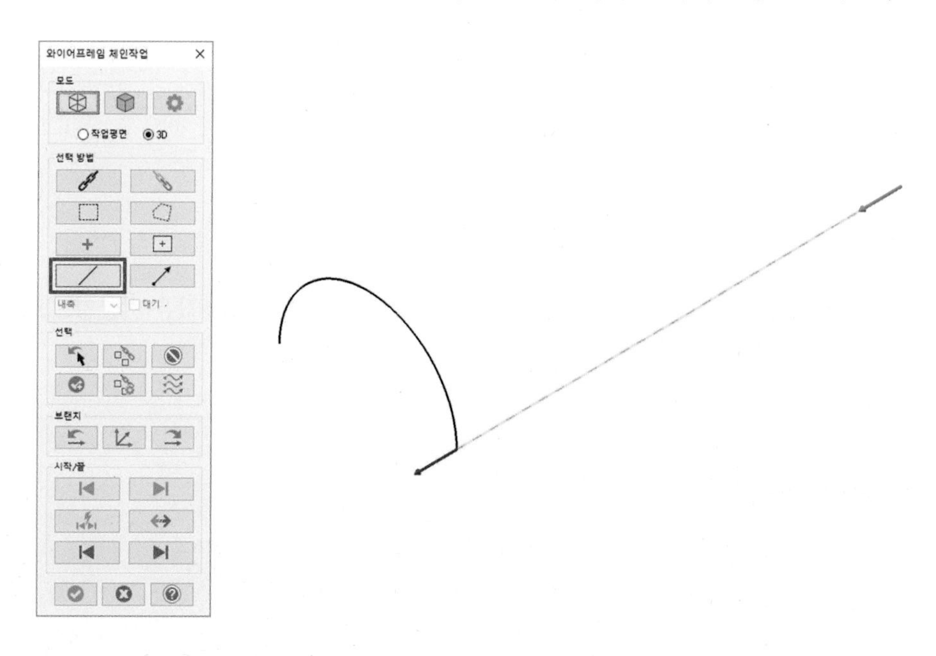

- 나머지 가로방향의 도형을 선택해 지정 후 확인을 누른다.

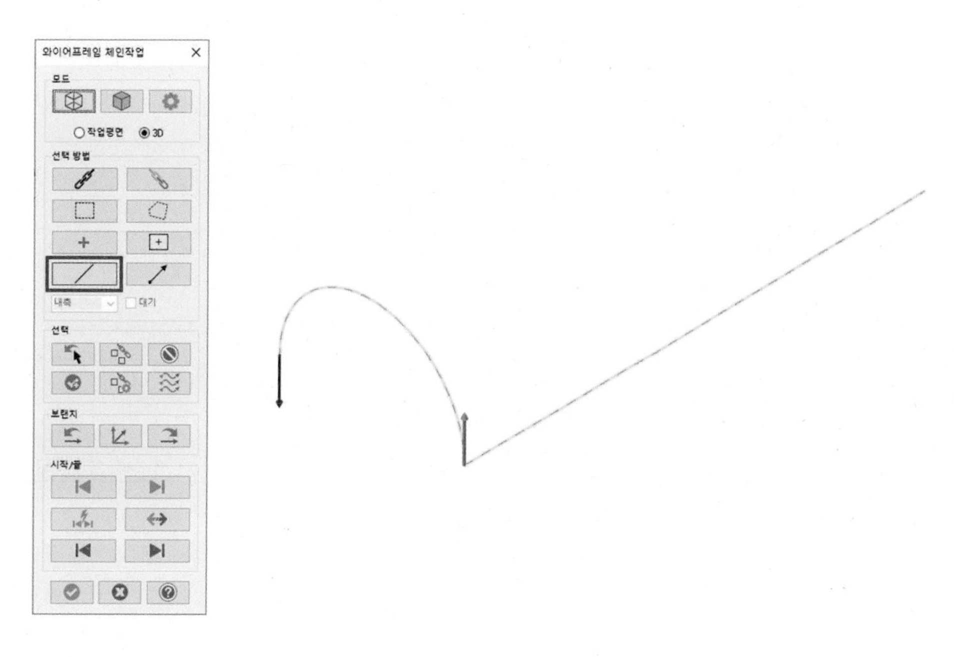

• 체인작업 확인 후 윤곽의 교차점을 아래 그림과 같이 도형들이 만나는 교차점으로 선택한다.

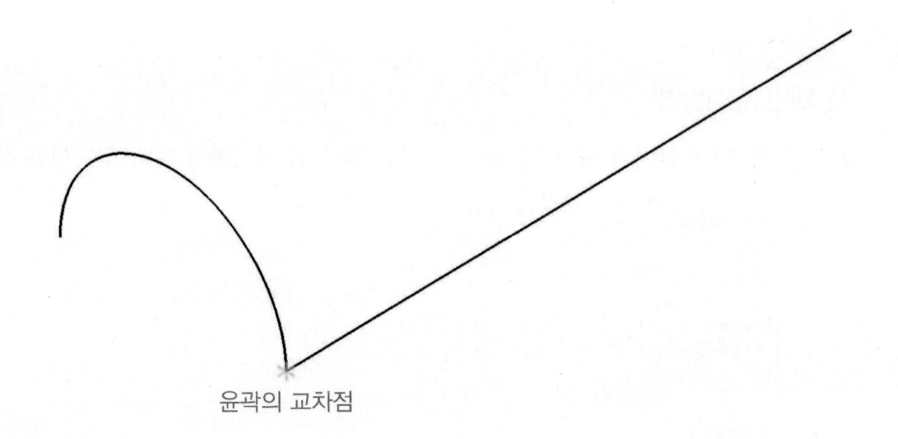

• 교차점을 찍으면 스웹 2D 가공경로창이 열린다. 파라미터 값은 기본값으로 설정한 후 가공경로를 생성한다.

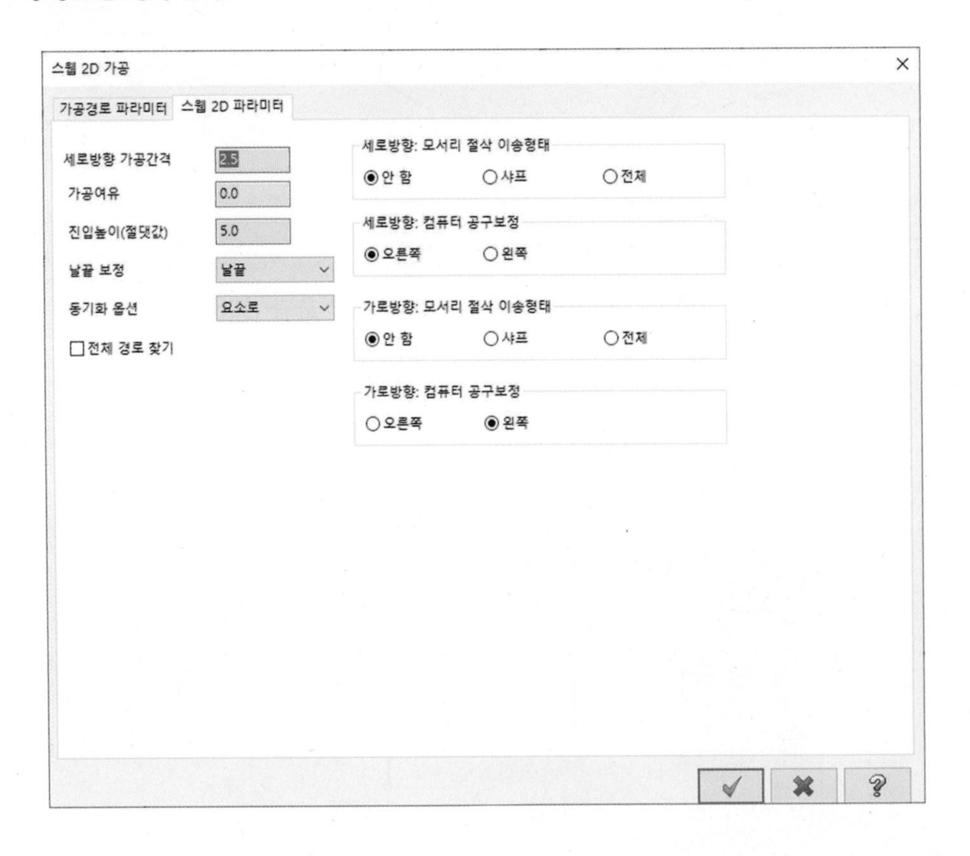

• 스웹 2D를 이용하여 가공경로를 생성한 모습이다.

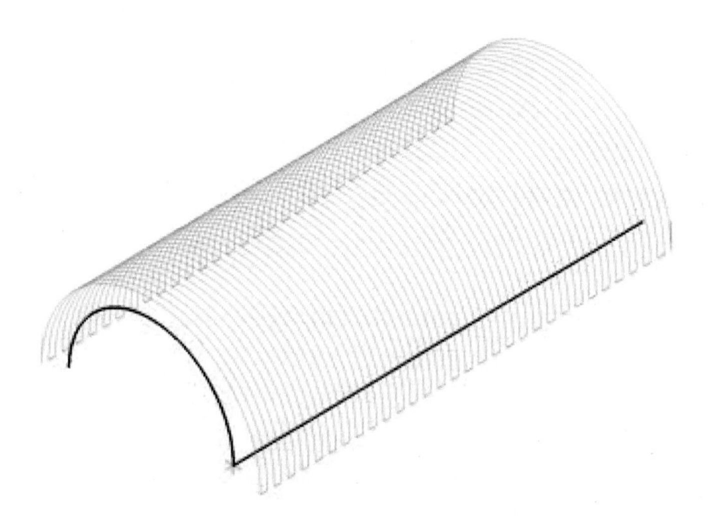

2) 스웹 2D 파라미터

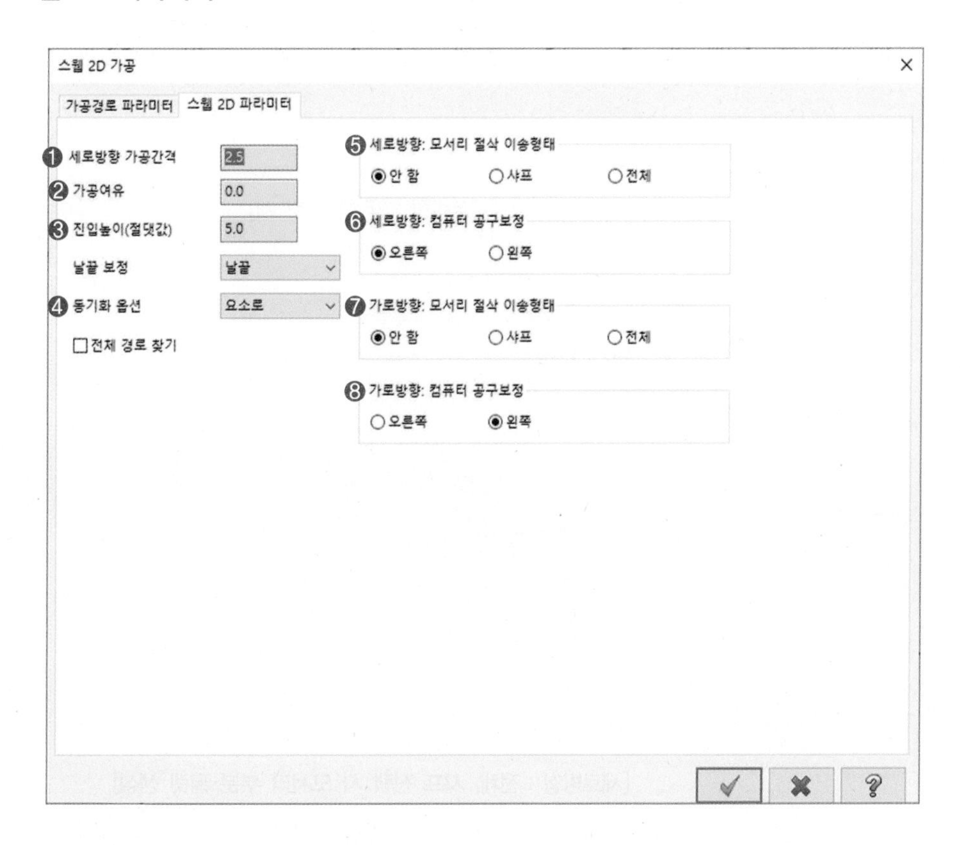

❶ **세로방향 가공간격** : 세로방향에 가공할 스텝의 간격값을 설정하는 기능이다.

❷ **가공 여유** : 입력하는 값만큼 후가공 여유량을 설정하는 기능이다.

❸ **진입높이(절댓값)** : 공구가 가공하기 전 진입할 높이를 설정하는 기능이다.

❹ **동기화 옵션** : 선택된 체인을 도형에 대응시키는 방법이다. 이 기능을 사용하는 이유는 브랜치 점이 그려진 도형들의 위치를 인식시켜 사용자가 원하는 형상으로 생성하기 위해서다. 대응체인을 이용하는 기능들에는 로프트 솔리드, 곡면 생성 및 룰드 가공경로 등이 있다.

❺ **세로방향 : 모서리 절삭 이송형태** : 세로방향으로 선택한 도형의 모서리 절삭 형태를 '안함, 샤프, 전체' 기능을 적용시키는 기능이다.

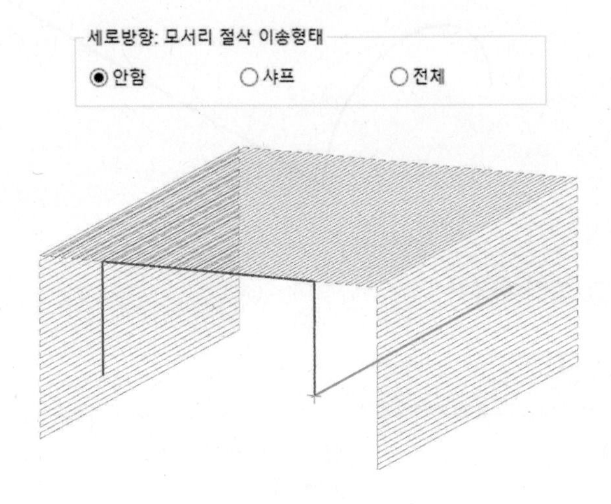

[세로방향 : 안 함 선택 시]

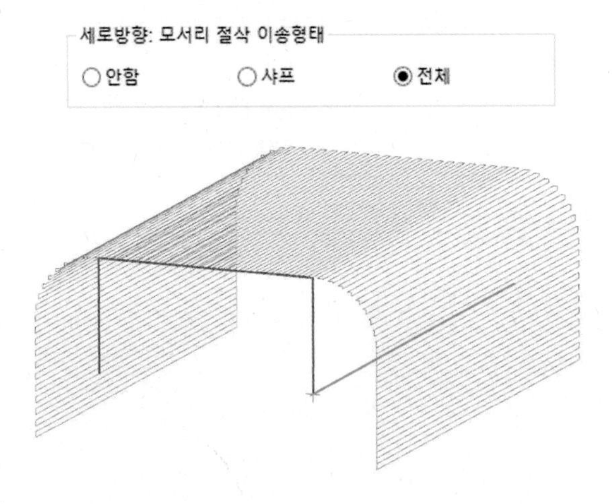

[세로방향 : 전체, 샤프 선택 시 모서리 부분 필렛 생성]

❻ **세로방향 : 컴퓨터 공구보정** : 선택한 세로방향 도형의 보정방향을 왼쪽, 오른쪽으로 선택하는 기능이다.

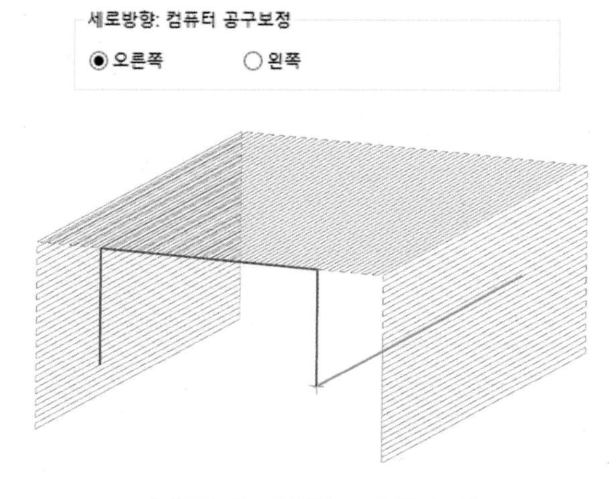

[세로방향 : 오른쪽 보정 선택 시]

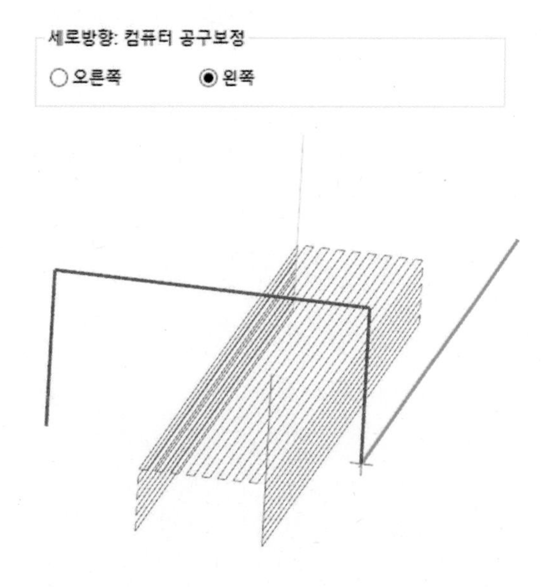

[세로방향 : 왼쪽 보정 선택 시]

❼ **가로방향 : 모서리 절삭 이송형태** : 가로방향으로 선택한 도형의 모서리 절삭형태를 '안 함, 샤프, 전체'로 적용시키는 기능이다.

[가로방향 : 안 함 선택 시]

[가로방향 : 전체, 샤프 선택 시 모서리 부분 필렛 생성]

❽ **가로방향 : 컴퓨터 공구보정** : 선택한 가로방향의 도형 보정방향을 선택하는 방법이다.

[가로방향 : 오른쪽 보정 선택 시]

[가로방향 : 왼쪽 보정 선택 시]

(15) 3D 스웹

2D 스웹과 기능이 비슷하지만 세로방향 윤곽의 개수를 추가하여 다양한 형상을 가공할 수 있다.

1) 체인 설정방법

• 세로방향 윤곽의 수를 2로 입력 후 Enter 키를 누른다.

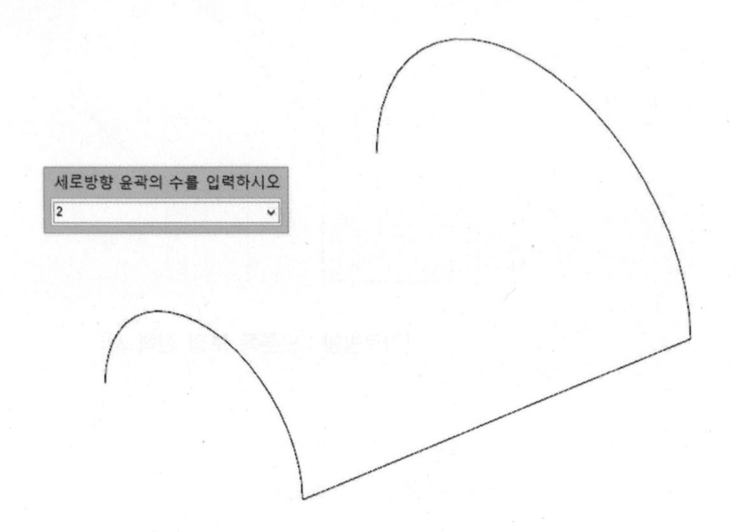

• 단일로 설정하고 그림과 같이 첫 번째 세로방향 ⓐ를 선택한 후, 두 번째 세로방향 ⓑ를 선택한다.

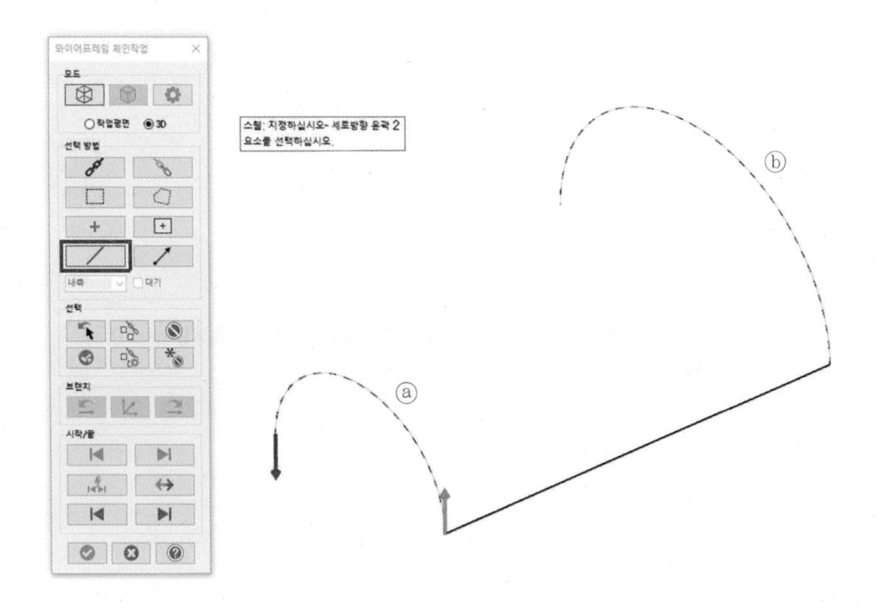

• 마지막 가로방향을 선택한 후 확인을 누른다.

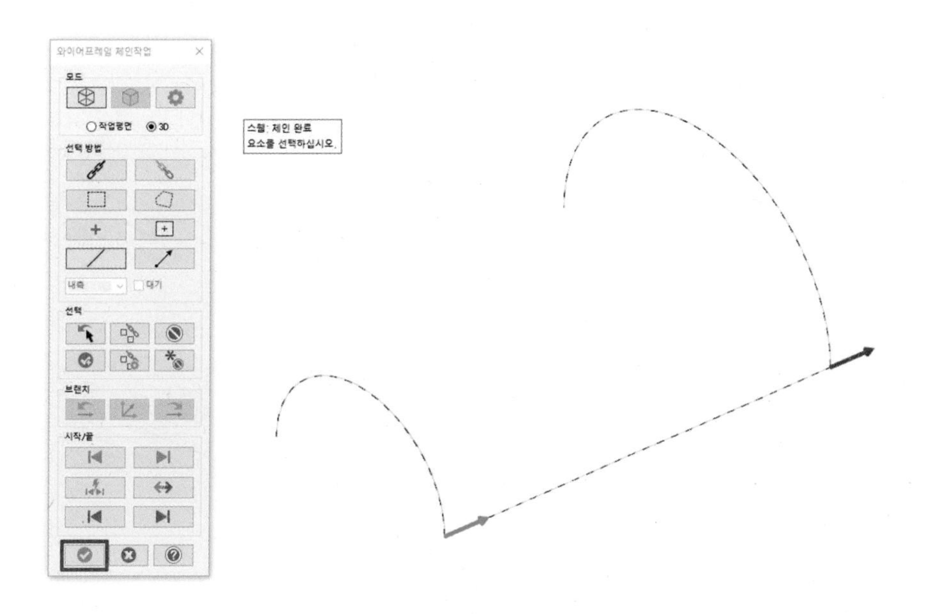

• 그림과 같이 설정 후 확인을 누른다.

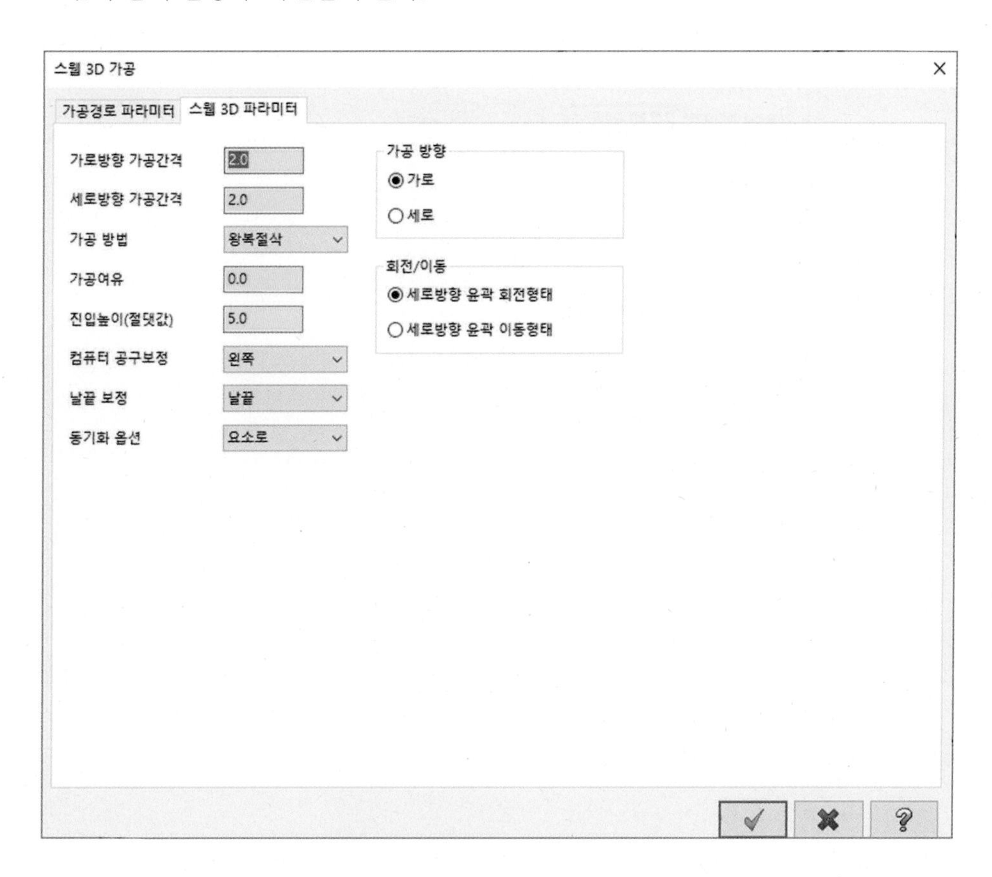

• 완성된 가공경로이다.

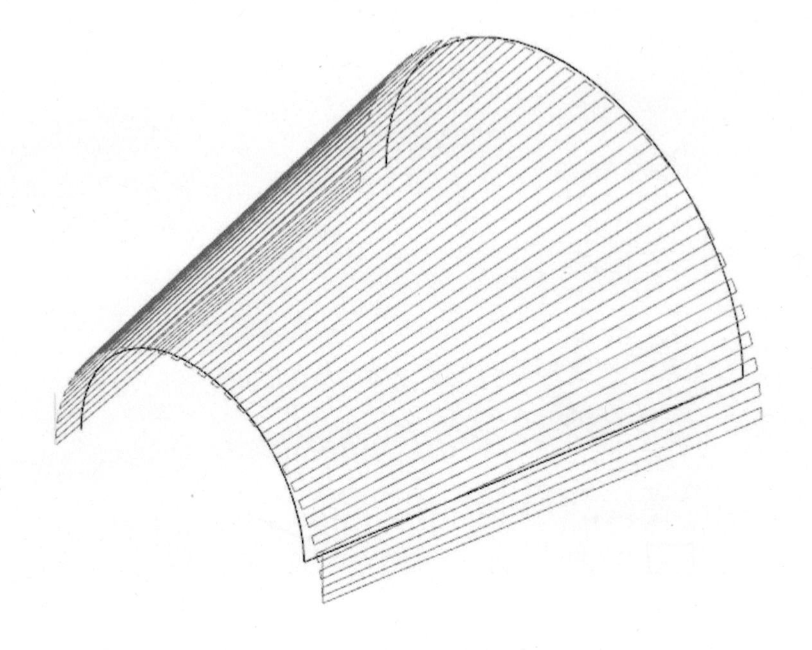

2) 스웹 3D 파라미터

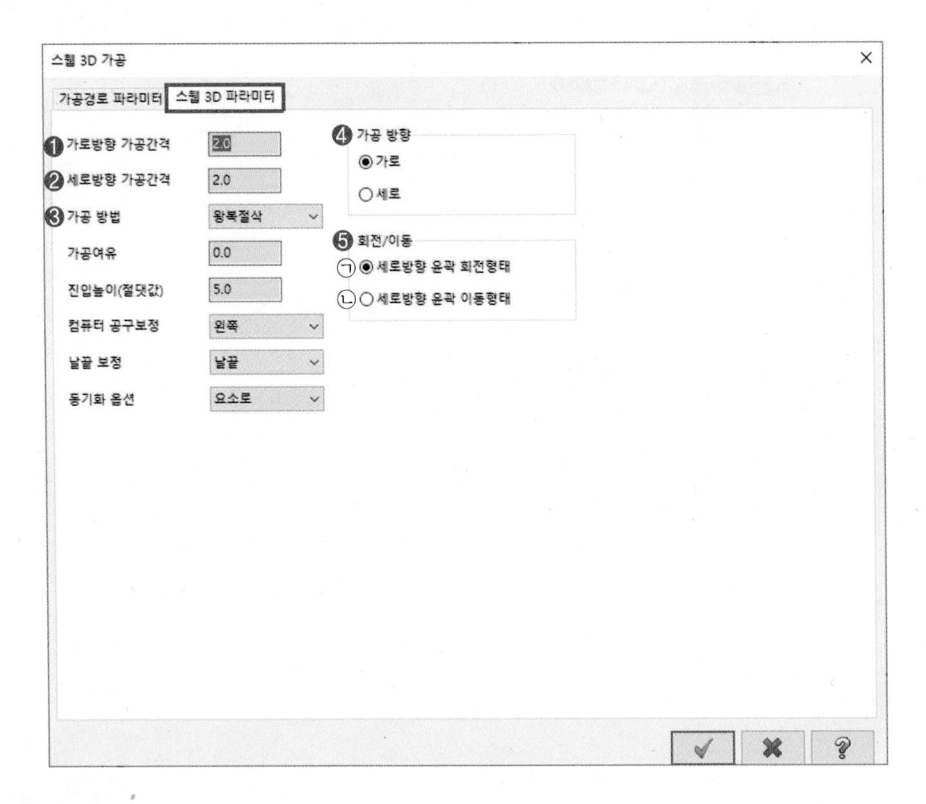

❶ **가로방향 가공간격** : 가공방향을 세로로 지정했을 때 가공의 간격값을 설정하는 기능이다.
❷ **세로방향 가공간격** : 가공방향을 가로로 지정했을 때 가공의 간격값을 설정하는 기능이다.
❸ **가공방법** : 왕복 절삭, 한 방향, 원형을 이용하여 절삭방법을 선택할 수 있다.
❹ **가공방향** : 가로 / 세로 기능을 이용해 가공경로의 방향을 변경할 수 있다.
❺ **회전 / 이동**

㉠ **세로방향 윤곽 회전형태** : 가로방향 윤곽의 요소가 세로방향 요소를 따라 회전되어 가공경로가 생성되는 형태이다. 단, 가로방향의 윤곽이 2개를 선택하면 기능이 생성되지 않는다.

㉡ **세로방향 윤곽 이동형태** : 가로방향 윤곽의 요소가 세로방향 요소를 평행하게 따라가면서 가공경로가 생성되는 형태이다. 단, 가로방향의 윤곽이 2개를 선택하면 기능이 생성되지 않는다.

(16) 회전가공

선택된 도형을 회전축에 회전시켜 가공하는 방법이다.

1) 체인 설정방법

- Y축 원점에서 50만큼 오프셋한 직선 하나를 그린 다음, 회전가공을 선택하여 그림과 같이 빨간색 원이 끝점 부분을 선택한다.

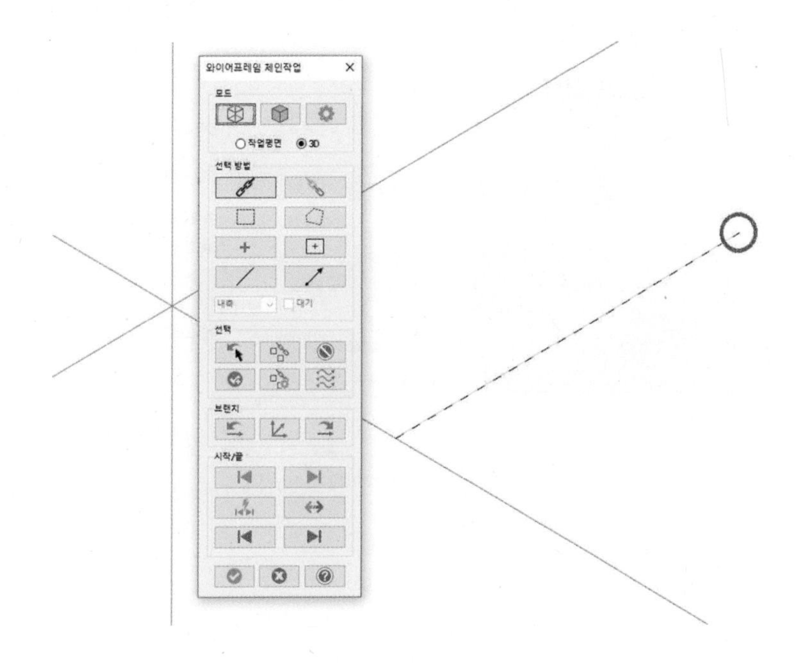

• 회전축상의 점은 빨간색 원(원점)이 있는 부분을 선택한다.

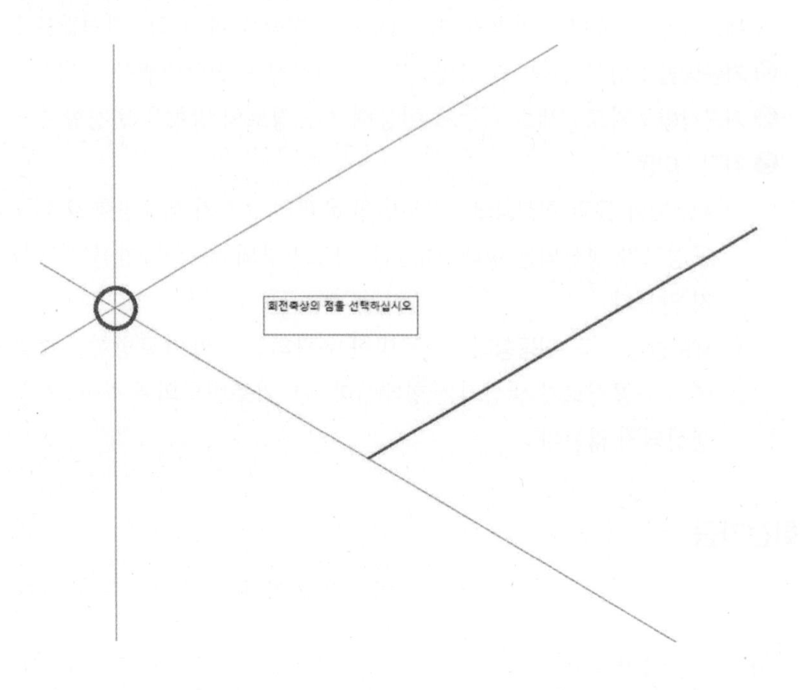

• 점을 선택하면 회전 가공창이 뜨는데 아래 그림과 같이 조건을 설정한 후 확인을 누른다.

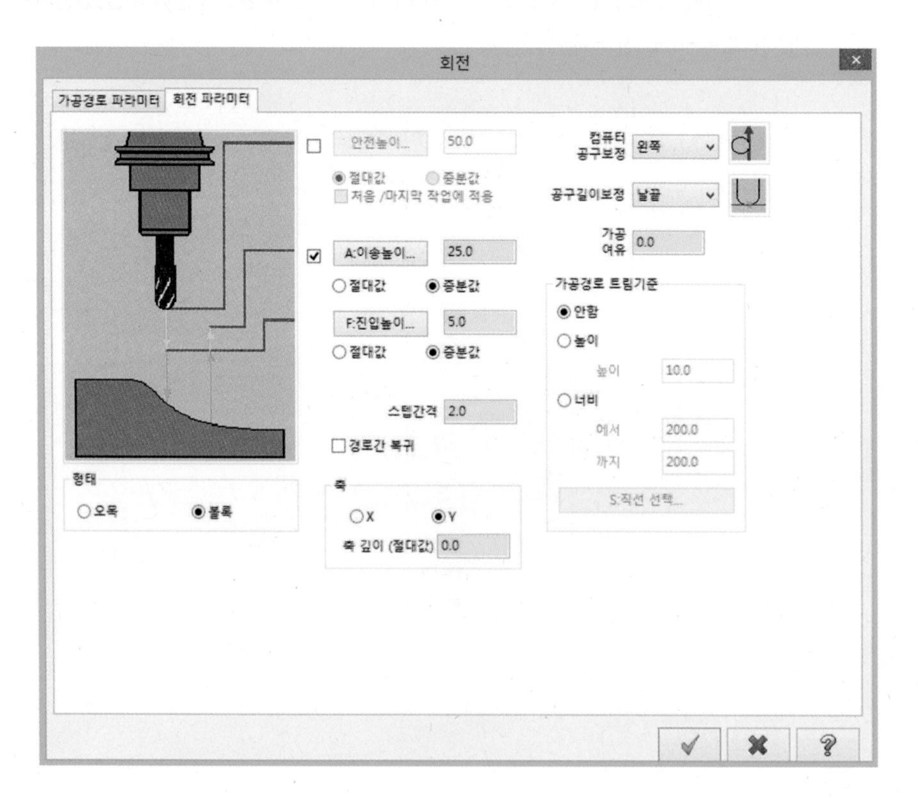

- 회전가공의 가공경로가 생성된다.

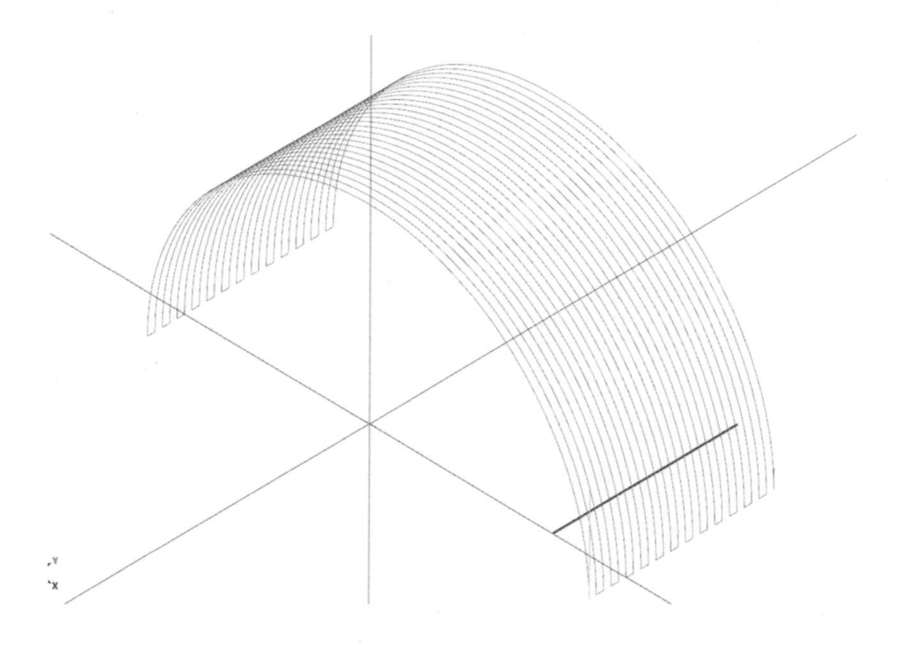

2) 회전 파라미터

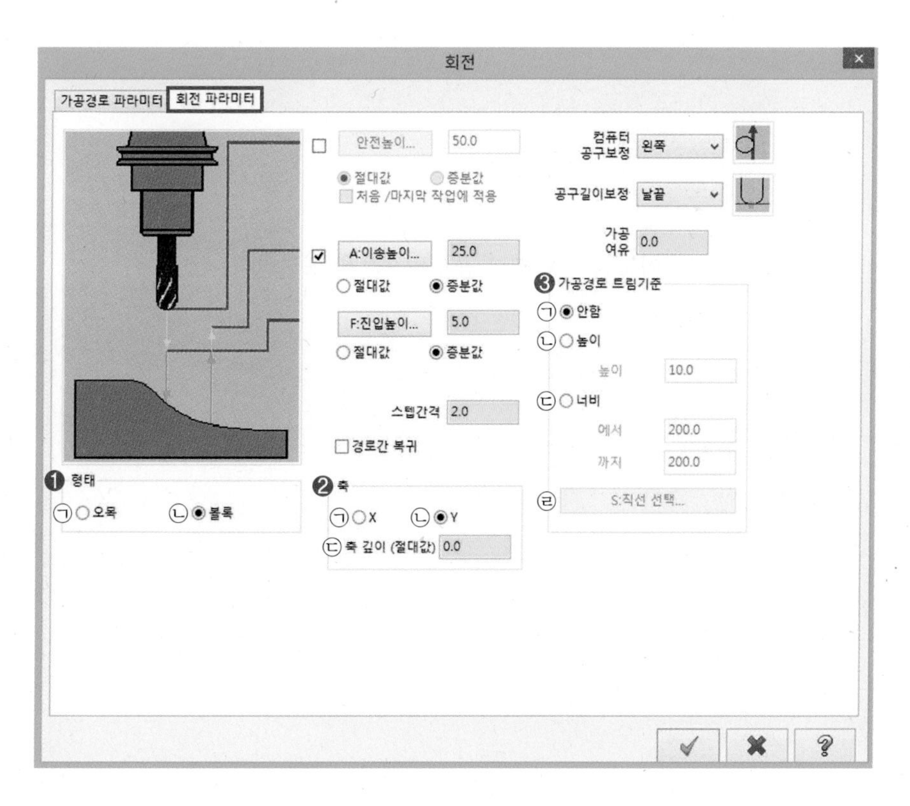

❶ **형태**

㉠ **오목** : 축상의 점을 기준으로 회전시킨 도형의 위치에서 오목한 형태의 회전가공을 생성한다.

㉡ **볼록** : 축상의 점을 기준으로 회전시킨 도형의 위치에서 볼록한 형태의 회전가공을 생성한다.

❷ **축**

㉠ **X** : 현재의 작업평면에서 X축으로 회전하며 가공경로가 생성된다.

㉡ **Y** : 현재의 작업평면에서 Y축으로 회전하며 가공경로가 생성된다.

㉢ **축 깊이(절댓값)** : 회전할 도형의 위치를 절댓값 좌표로 설정하며 임의 위치값을 넣어 설정할 수도 있다.

❸ **가공경로 트림기준**

㉠ **안 함** : 가공경로 트림기준 기능을 사용하지 않는다.

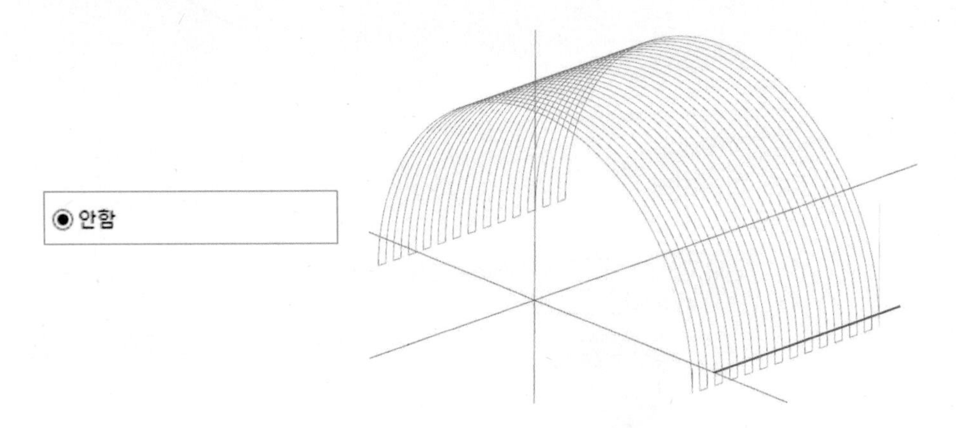

㉡ **높이** : 높이값을 입력해 가공부위 Z값을 조절한다.

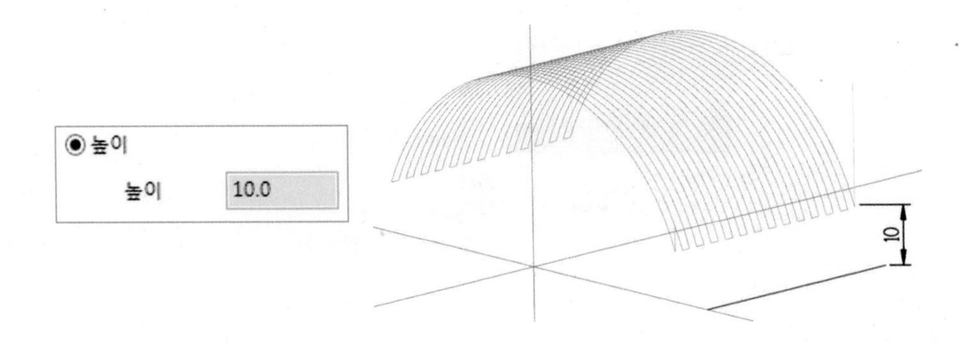

ⓒ **너비** : '에서'와 '까지' 조건창에 값을 입력하고 입력한 값만큼의 너비로 가공경로를 트림하여 부분적인 가공을 진행할 수 있다.

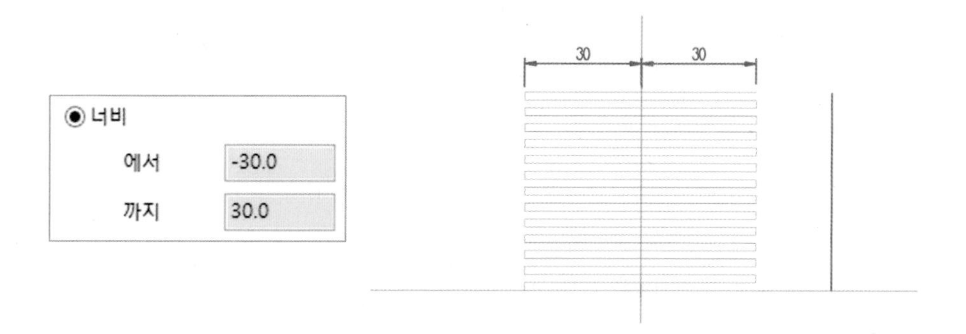

ⓔ **직선 선택** : 트림을 할 직선은 출력이 된 가공경로와 방향이 동일해야 하며 두 개의 직선을 선택해야만 기능이 활성화된다. '에서'와 '까지'의 거리값은 선택된 도형의 위치좌표를 인식해 자동으로 값이 입력된다.

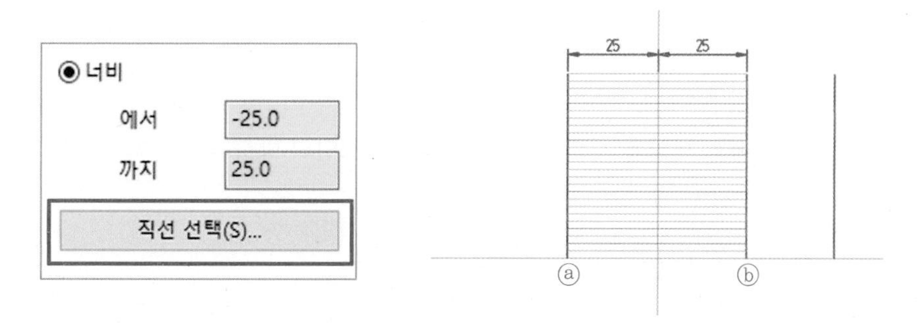

(17) 룰드 가공

2개 이상의 윤곽 도형요소를 선택하여 도형요소 사이를 직선 형태로 연결하는 가공경로를 생성하는 방법이다.

1) 체인 설정방법

- 로프트 가공과 마찬가지로 똑같이 ⓐ, ⓑ, ⓒ 순서대로 체인을 선택한다.

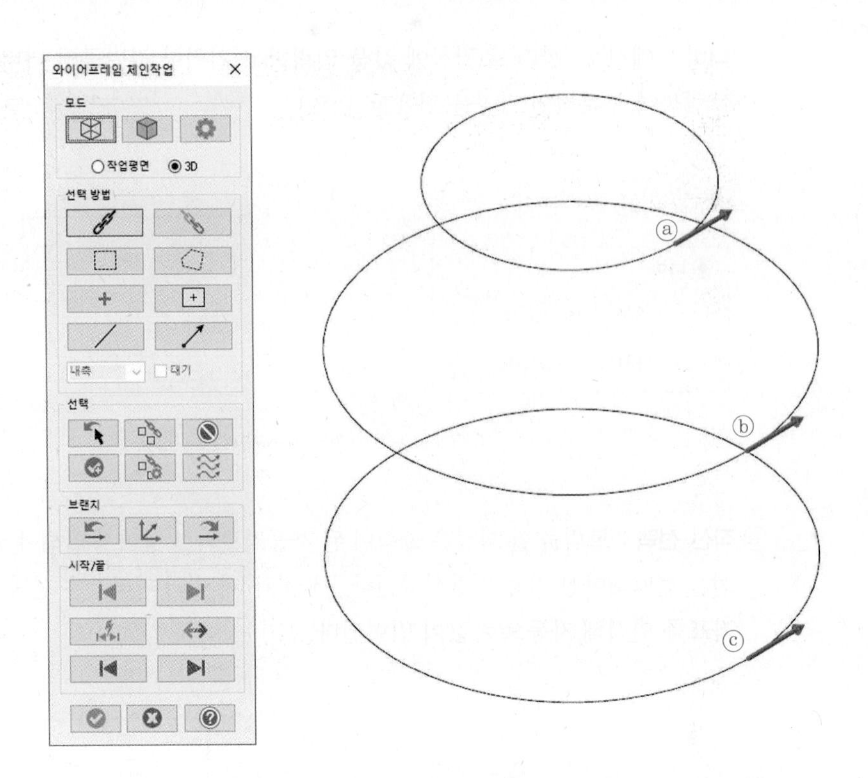

• 순서대로 체인을 선택하고 그림과 같이 체인의 방향을 동일하게 설정한 다음 확인을 누른다.

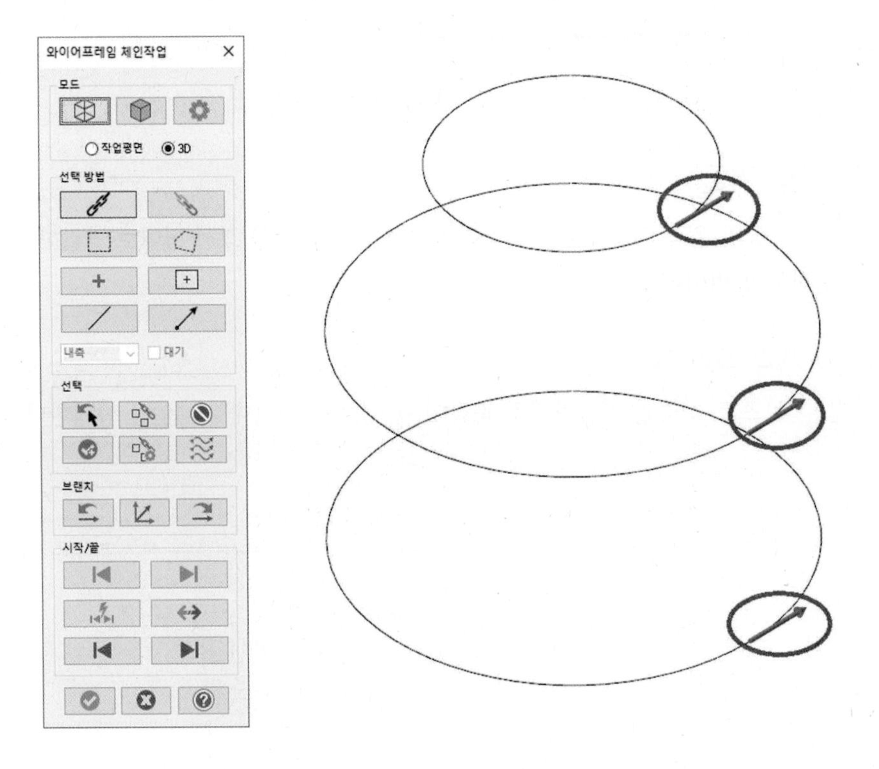

- 룰드 파라미터 창과 동일하게 값을 입력한 후 확인을 누른다.

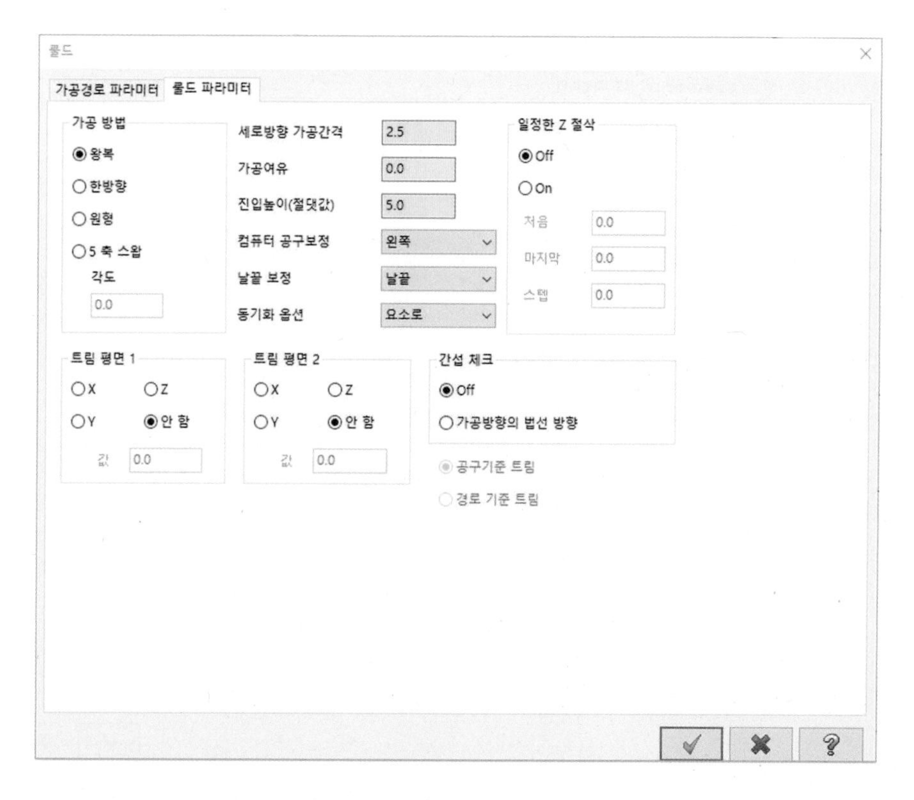

- 완성된 룰드 가공경로의 형상이다.

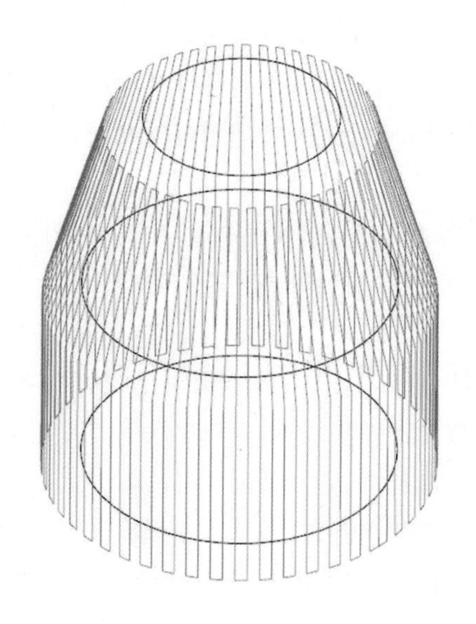

2) 룰드 파라미터

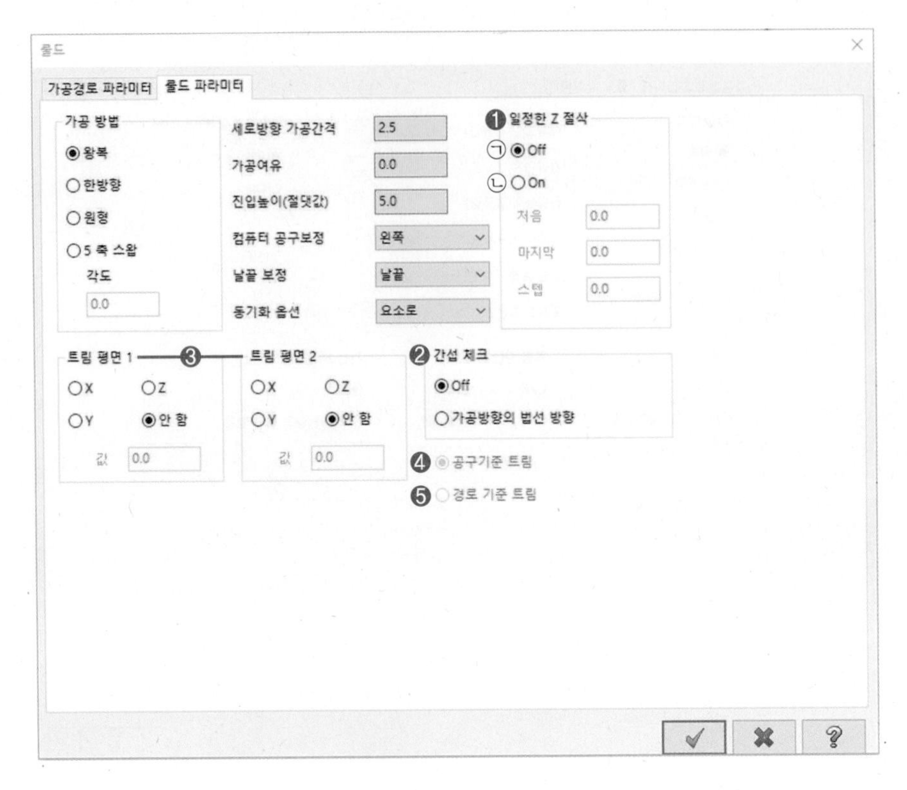

[룰드 파라미터 조건창]

❶ **일정한 Z절삭** : 가공할 부위의 높이를 조절하며 가공할 간격도 조절하는 기능이다.

㉠ **Off** : 일정한 Z절삭 기능을 사용하지 않는다.

㉡ **On** : 일정한 Z절삭 기능이 활성화되며 가공패턴이 바뀌게 된다.

- 처음 : 공구가 처음 진입할 시 가공경로의 Z값을 설정한다.
- 최종 : 최종 가공깊이에 들어갈 가공경로의 Z값을 설정한다.
- 스텝 : 각 경로 사이의 Z값을 설정한다.

❷ **간섭 체크**

㉠ **Off** : 간섭 체크 기능을 비활성화하는 기능이다.

㉡ **가공방향의 법선방향** : 간섭 체크 기능을 실행하며 시스템이 간섭을 발견하면 주의 메시지를 띄운다.

❸ **트림 평면 1 / 트림 평면 2** : 공구가 선택된 X, Y, Z 중에 좌표의 위치를 넘어가면서 가공하는 것을 방지하는 기능이다. 값을 입력해 선택된 X, Y, Z 축을 인지해 입력한 값만큼 오프셋시키는 기능이다.

❹ **공구 기준 트림** : 트림 평면기능을 활성화하면 사용할 수 있는 기능이며, 공구가 트림 평면을 지나 가공하는 것을 방지한다.

❺ **경로 기준 트림** : 트림 평면기능을 활성화하면 사용할 수 있는 기능이며, 가공경로가 트림 평면을 넘어서 생성되는 것을 방지한다.

5 홀 생성

원호 형태의 가공경로를 생성하는 방법들로 드릴, 모따기 드릴, 어드밴스 드릴, 서클 밀, 나사 밀, 자동 드릴, 시작 홀, 헬릭스 보링가공 등이 있다.

[홀 생성 메뉴]

(1) 모따기 드릴

원호의 직경과 상관없이 여러 개의 원호를 날 끝에 각도가 있는 한 개의 공구를 사용하여 원하는 폭 또는 깊이를 적용한 모따기를 생성하는 가공경로이다.

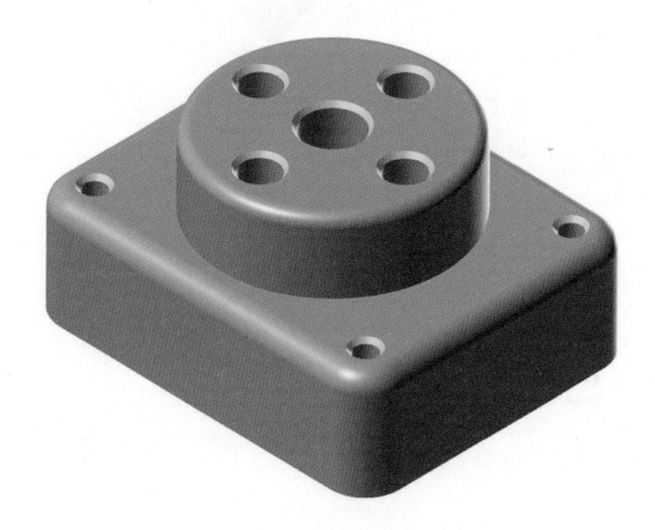

[모따기 드릴 가공경로 예]

1) 가공경로 홀 정의

직경이 다른 원호들을 한꺼번에 선택하여 각각의 원호에 깊이를 산출하기 때문에 가공경로 홀 정의 시 선택하는 요소는 원호를 선택해야 한다.

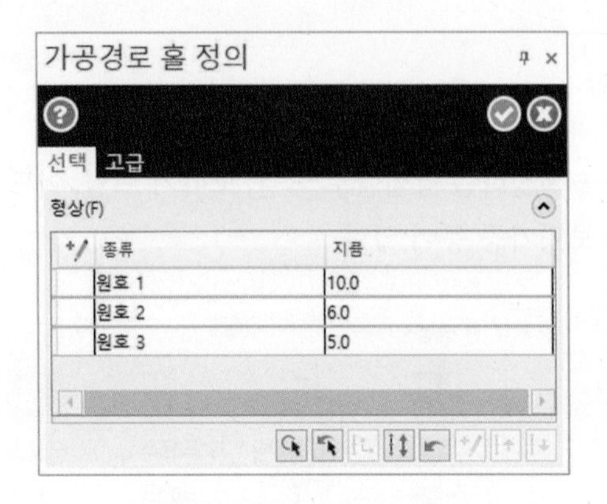

[가공경로 홀 정의창]

2) 절삭 파라미터

선택한 원호에 적용될 모따기의 크기를 설정한다.

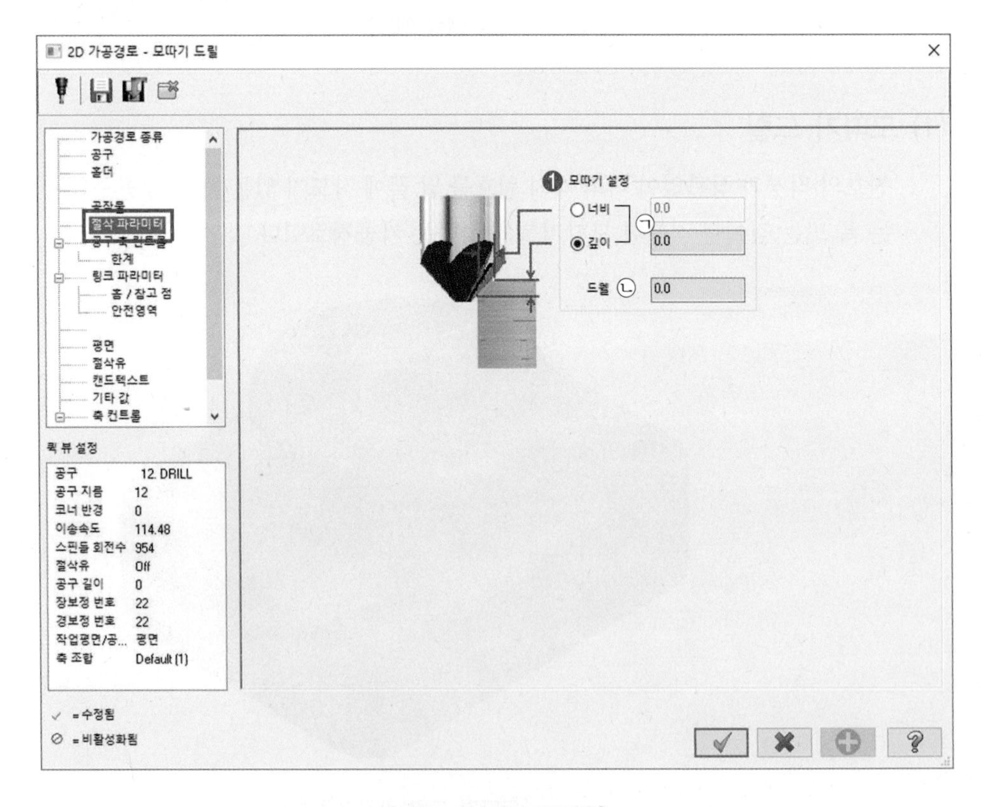

[절삭 파라미터 조건창]

❶ 모따기 설정

㉠ **너비 / 깊이** : 모따기의 크기를 너비 또는 깊이로 설정한다.

㉡ **드웰** : 최종 가공 깊이에서 공구를 공회전시키는 시간을 초단위로 설정한다.

(2) 어드밴스 드릴

사용자 정의가 가능한 드릴 사이클로 세그먼트별로 깊이, 처음 펙, 다음 펙, 이송속도, 절삭유 등의 조건을 원하는 값으로 동작하게 설정할 수 있다.

1) 절삭 파라미터

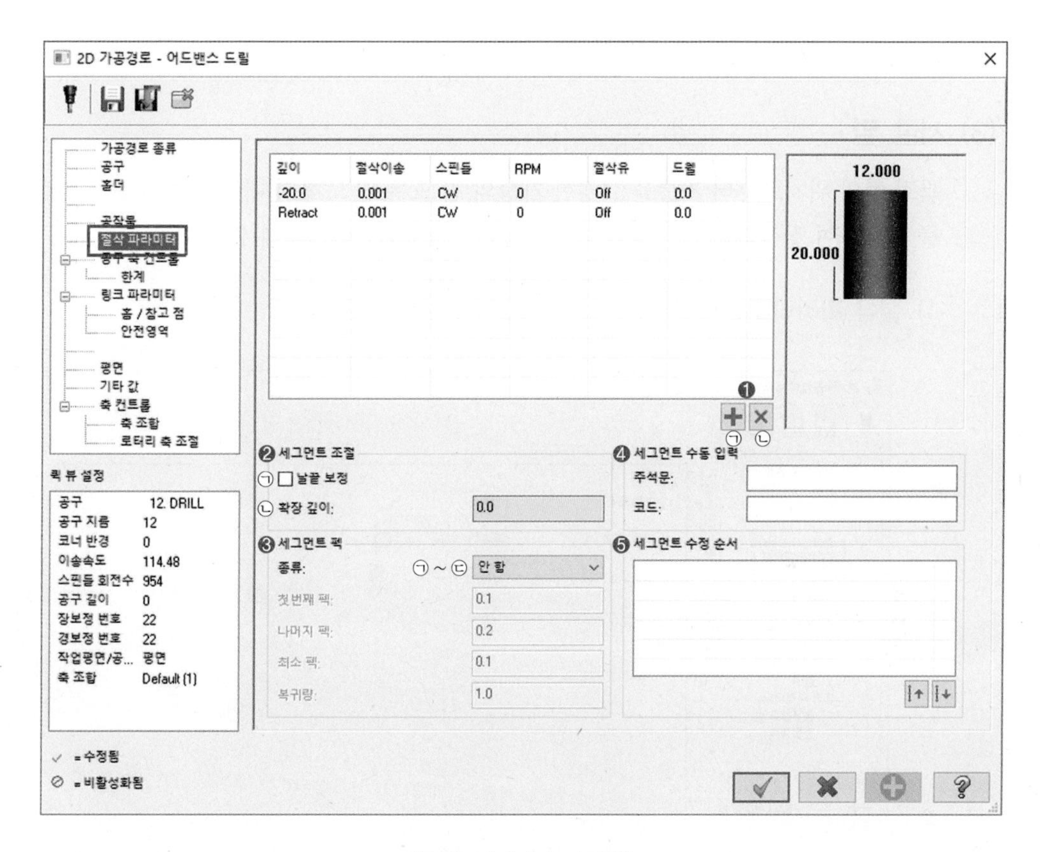

[절삭 파라미터 조건창]

❶ + / ×

㉠ + : 새로운 세그먼트를 추가한다.

㉡ × : 선택한 세그먼트를 제거한다.

❷ 세그먼트 조절

㉠ **날 끝 보정** : 선택한 세그먼트에 공구의 날 끝 깊이값을 추가한다.

ⓛ **확장 깊이** : 입력한 값만큼 깊이를 추가한다. 양수를 입력할 경우 입력한 값만큼 깊이가 줄어들고, 음수를 입력할 경우 입력한 값만큼 깊이가 늘어나게 된다.

❸ **세그먼트 펙**

㉠ **안 함** : 펙을 사용하지 않고, 입력한 깊이까지 한 번에 움직인다.

ⓛ **전체 세그먼트** : 선택한 세그먼트를 입력한 펙 간격으로 움직인다.

ⓒ **칩 브레이크** : 선택한 세그먼트를 입력한 펙 간격으로 움직이며 복귀 간격을 따로 설정한다.

❹ **세그먼트 수동 입력** : 선택한 세그먼트에 주석문 혹은 코드를 추가한다.

❺ **세그먼트 수정 순서** : 선택한 세그먼트에 수정사항이 표시되며, 두 개의 아이콘 (,)을 이용하여 순서를 변경한다.

(3) 서클 밀

특정 점의 위치로부터 지름을 설정한 가상의 원 또는 원 도형의 내측 영역에 진입 / 복귀 형태를 적용하여 절삭하는 가공방법으로 주로 원 형태의 보링가공에 유용하다.

1) 절삭 파라미터

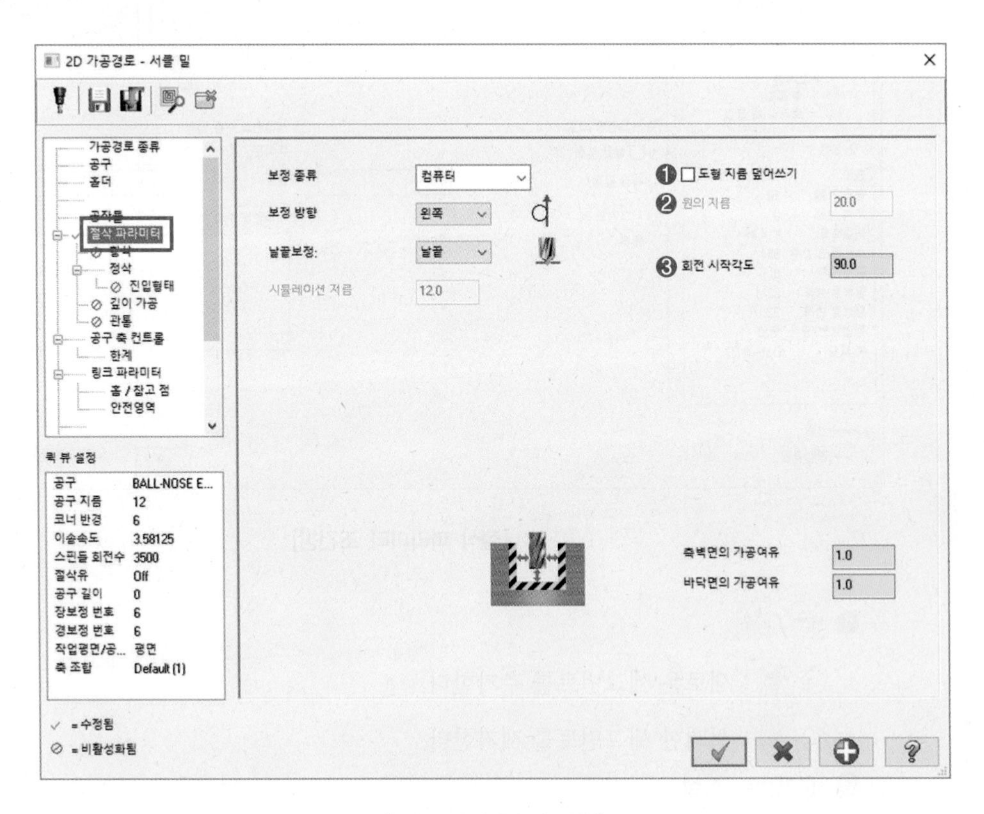

[절삭 파라미터 조건창]

❶ **도형 지름 덮어쓰기** : 도형으로 원호를 선택할 경우 활성화되는 항목으로, 선택한 원호를 입력된 원의 지름값으로 통일시켜 가공경로를 생성한다.

❷ **원의 지름** : 도형 지름 덮어쓰기를 활성화하거나, 가공경로 홀 정의에서 점을 선택할 경우 활성화되는 항목으로 원호의 중심점 위의 위치 또는 지정된 점의 위치를 중심으로 생성될 원의 지름 크기를 설정한다.

❸ **회전 시작 각도** : 선택된 특정 위치 또는 원 도형에 대하여 가공경로가 시작하는 위치를 설정하는 항목으로 각도로 설정한다.

2) 황삭

가공대상 도형의 내측 영역에 황삭을 실행하는 기능으로 대화창의 항목들은 포켓가공에서 설명하였으므로 생략한다.

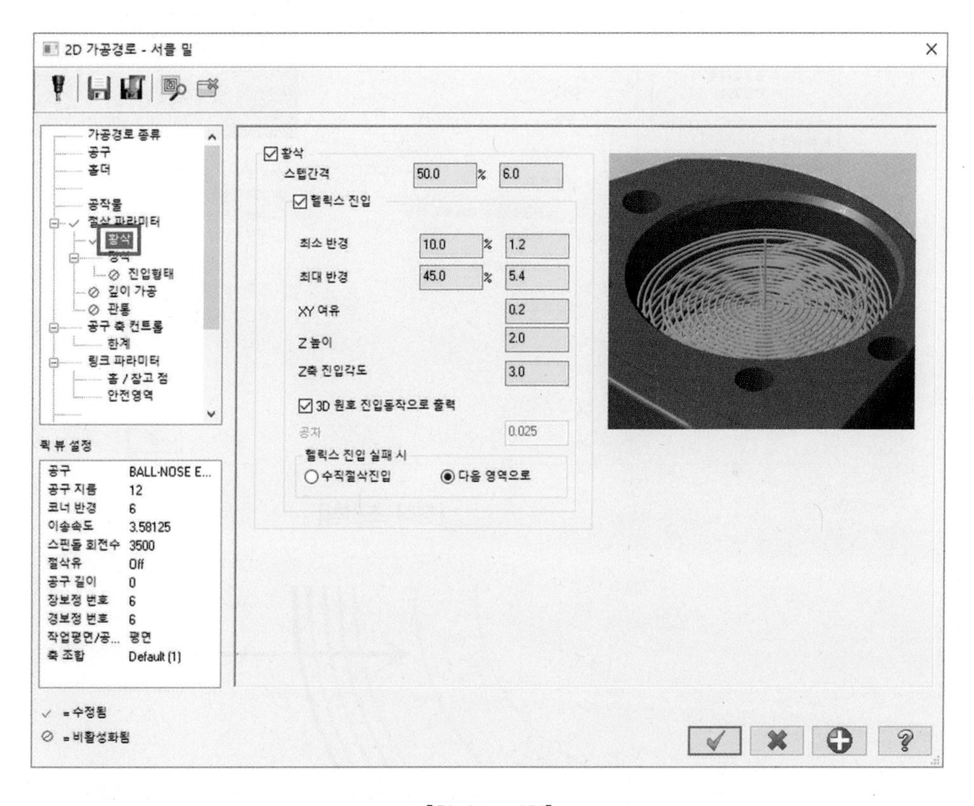

[황삭 조건창]

3) 정삭

세미－정삭과 정삭으로 나뉘며 도형에 바로 진입하는 대신 여러 간격으로 나누어 진행한다. 경로의 횟수와 가공간격 그리고 회전수, 이송속도를 지정할 수 있다. 대화창의 항목들은 윤곽가공에서 다루었기에 생략한다.

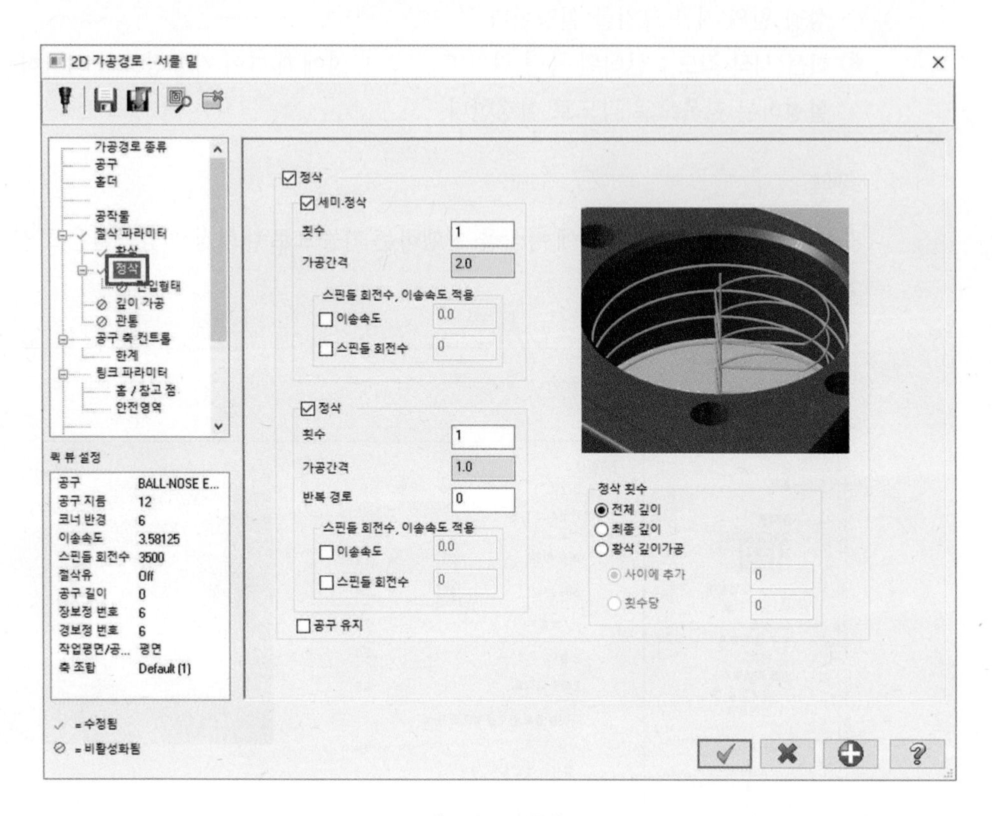

[정삭 조건창]

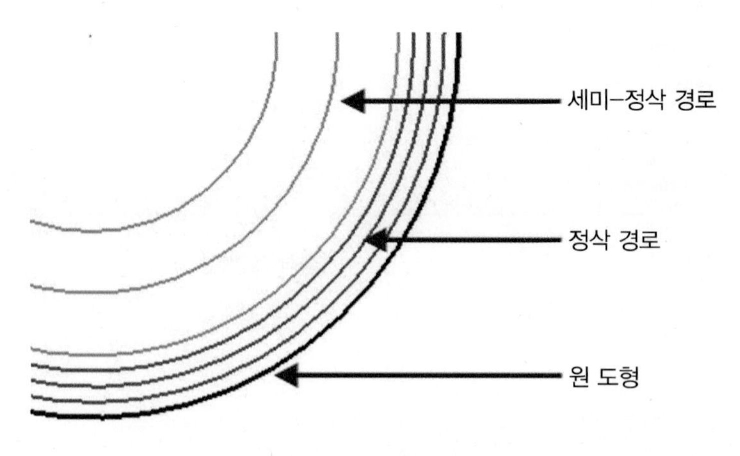

[세미－정삭과 정삭의 구분 예]

4) 진입 형태

정삭의 진입 형태로 고속진입과 진입 / 복귀를 이용하여 생성할 수 있다.

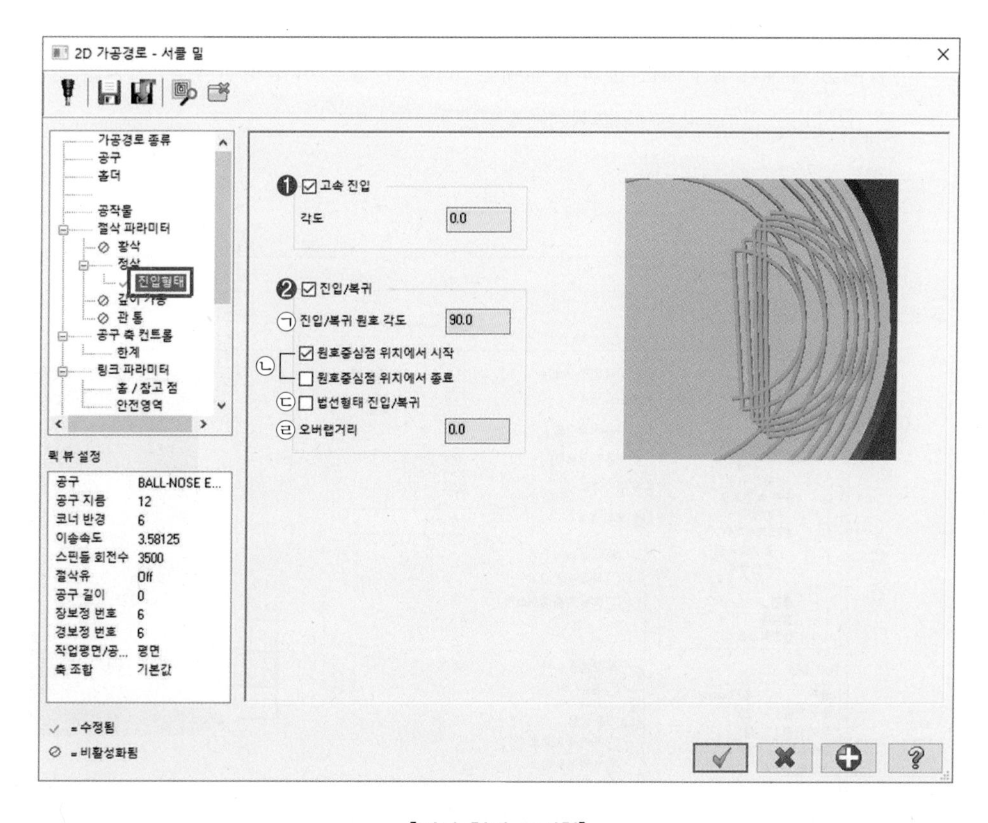

[진입 형태 조건창]

❶ **고속 진입** : 가공경로와 경로 사이 간 이동 시 고속진입 사용 여부를 선택하는 기능으로 각도는 가공경로와 가공경로 사이 이동직선의 교차점을 기준으로 계산하여 지정한다.

❷ **진입 / 복귀** : 가공 시작 전 공구의 진입방법과 종료 후 공구의 복귀방법을 설정하는 기능이다.

㉠ **진입 / 복귀 원호 각도** : 가공 시작 위치와 종료 위치에서 공구의 진입 / 복귀 각도를 설정하는 영역으로 설정된 각도만큼 공구가 원호를 그리면서 움직인다.

㉡ **원호중심점 위치에서 시작 / 종료** : 선택한 원 도형의 중심으로 공구를 진입할 때 / 종료할 때 사용한다.

㉢ **법선 형태 진입 / 복귀** : 진입과 복귀 동작에 법선 형태의 움직임을 추가하기 위해 사용한다.

㉣ **오버랩 거리** : 가공이 끝난 지점에서 입력한 값만큼 경로를 확장시켜 가공을 진행한다.

(4) 나사 밀

특정 위치를 중심으로 하는 가상원을 대상으로 내경 나사 또는 외경 나사 형태의 가공경로를 생성하는 가공방법이다. 내경 나사인 경우에는 먼저 해당 원 도형에 대한 드릴가공 후 실행해야 하며, 외경 나사인 경우에는 원 도형에 대한 보스가공을 먼저 실행한 후 이 기능을 실행해야 한다.

✎ 앞서 다룬 항목들과 중복되는 내용은 생략한다.

1) 절삭 파라미터

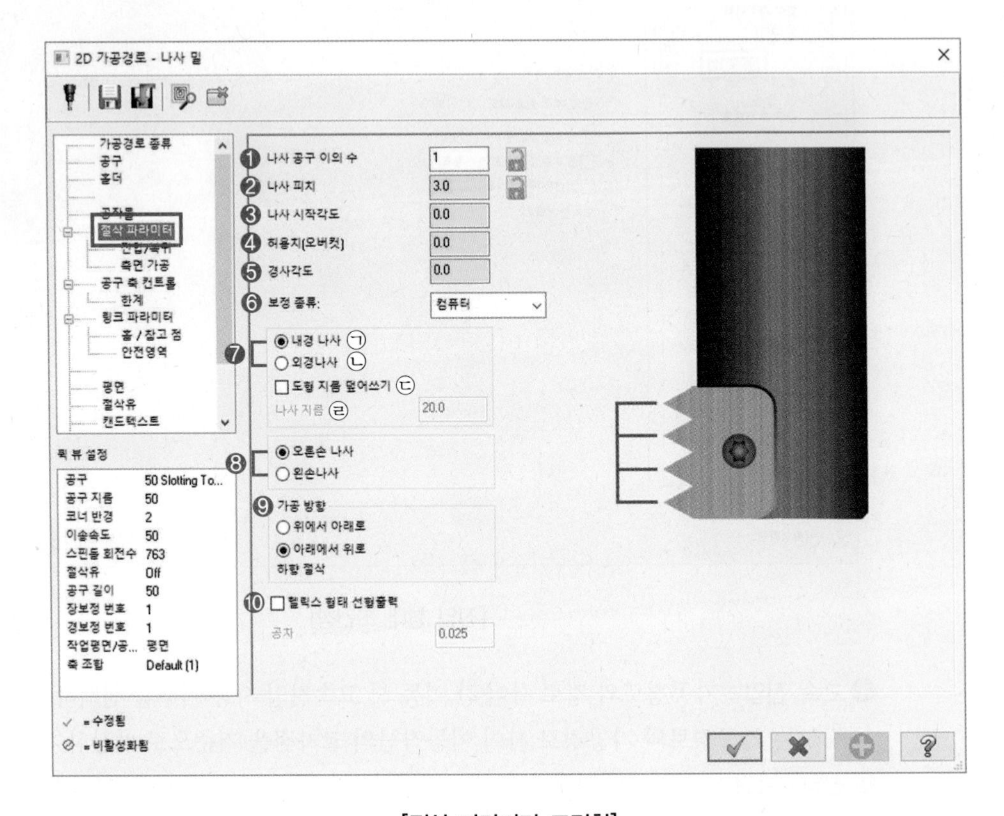

[절삭 파라미터 조건창]

❶ **나사 공구 이의 수** : 가공에 사용할 나사 공구의 잇수를 설정한다.

❷ **나사 피치** : 생성될 나사의 피치값을 입력한다.

❸ **나사 시작 각도** : 나사가공이 시작될 위치를 설정하는 항목으로 각도값으로 설정한다.

❹ **허용치(오버컷)** : 원 도형의 윤곽을 기준으로 내측 또는 외측 방향으로 과절삭 간격값을 설정하는 항목이다. 내경 나사인 경우에는 입력된 값만큼 나사 지름이 커지게 되며, 외경 나사인 경우에는 작아진다.

❺ **경사각도** : 내측 또는 외측 방향으로 처음 가공경로 시작 위치부터 주어진 각도를 유지하며 가공경로를 생성한다.

[경사각도 사용 예]

⑥ **보정 종류** : 사용공구에 대한 보정적용 기준을 설정하는 항목이다. 보정 형태는 윤곽가공의 절삭 파라미터에서 다룬 내용과 동일하다.

⑦ **내경 나사 / 외경 나사** : 가공경로가 생성될 나사 형태를 설정하는 기능이다.

㉠ **내경 나사** : 원 도형을 기준으로 내측에 나사 가공경로를 생성한다.

㉡ **외경 나사** : 원 도형을 기준으로 외측에 나사 가공경로를 생성한다.

㉢ **도형 지름 덮어쓰기** : 도형으로 원호를 선택할 경우 활성화되는 항목으로 선택한 원호의 지름을 이용하여 가공경로를 생성하지 않고 입력된 나사 지름을 이용하여 가공경로를 생성한다.

㉣ **나사 지름** : 도형선택 과정에서 특정 점 위치를 선택한 경우 지정된 위치를 중심으로 실행될 나사가공의 가상원 지름 크기를 입력하거나 위 도형 지름 덮어쓰기를 사용할 경우 사용할 지름을 입력한다.

⑧ **오른손 나사 / 왼손 나사** : 생성될 나사의 종류를 설정하는 항목으로 오른손 나사 또는 왼손 나사의 형태를 선택한다. 설정 내용에 따라 가공방향 영역 하단에 실행될 나사가공이 상향 절삭인지 하향 절삭인지를 시스템이 자동으로 표시한다.

⑨ **가공방향** : 나사절삭 진행을 나사 상단에서 하단으로 진행할지 또는 하단에서 상단으로 진행할지를 설정하는 항목으로 설정 내용에 따라 영역 하단에 시스템이 실행될 나사가공이 하향 또는 상향인지를 자동 표시한다.

⑩ **헬리스 형태 선형출력** : 이 항목을 선택하면 NC 데이터를 출력할 때, 나선 이송형태를 아래의 공차 항목에 입력된 값을 기준으로 직선이송 형태로 변환시켜 출력되고, 이 항목을 선택하지 않으면 나선 형태로 출력된다. 보통 나선 형태 이송을 지원하지 않는 기계에서 가공할 경우에 사용한다.

2) 진입 / 복귀

가공경로 시작 위치와 종료 위치에서의 진입, 복귀 동작을 설정한다.

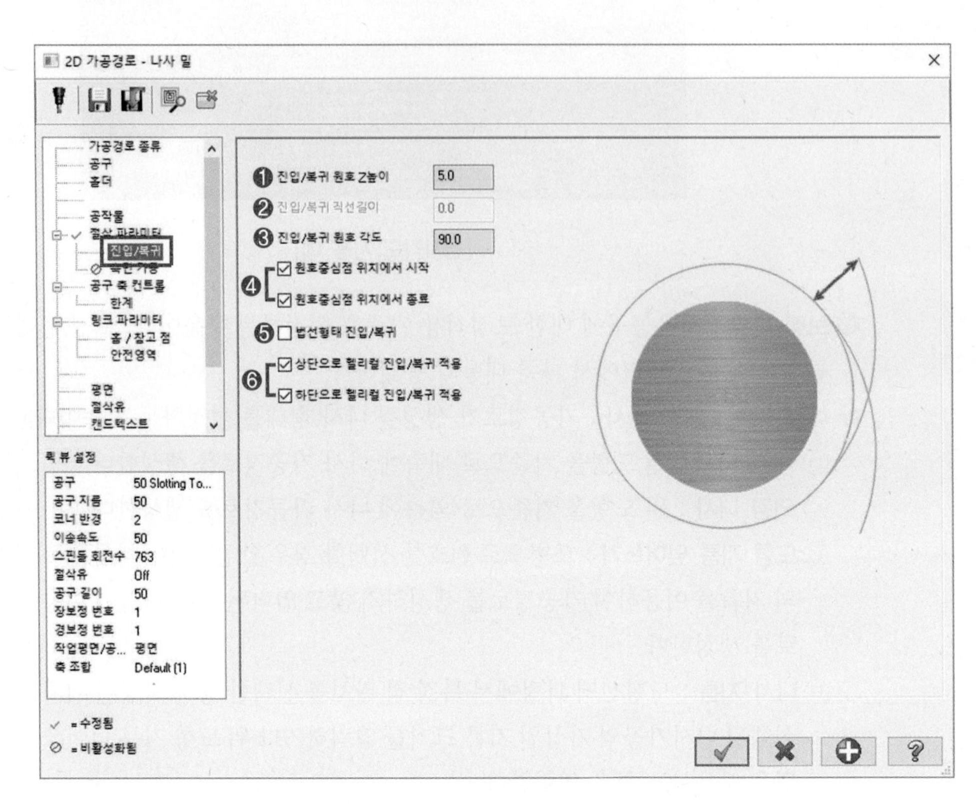

[진입 / 복귀 조건창]

❶ **진입 / 복귀 원호 Z높이** : 아래의 그림과 같이 진입 / 복귀 동작이 생성될 때 진입 / 복귀 동작이 원래의 나사가공 경로에서 떨어질 거리값을 입력한다.

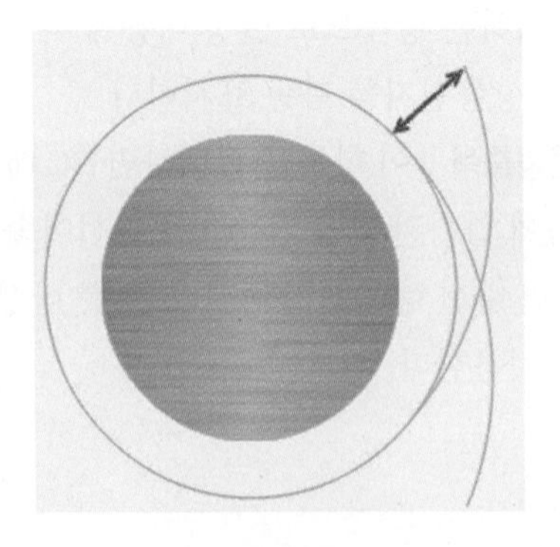

[진입 / 복귀 원호 Z높이 설정 시]

❷ **진입 / 복귀 직선 길이** : 그림과 같이 진입 / 복귀 동작에 직선 움직임을 추가하는 기능으로 생성될 직선의 길이를 입력한다.

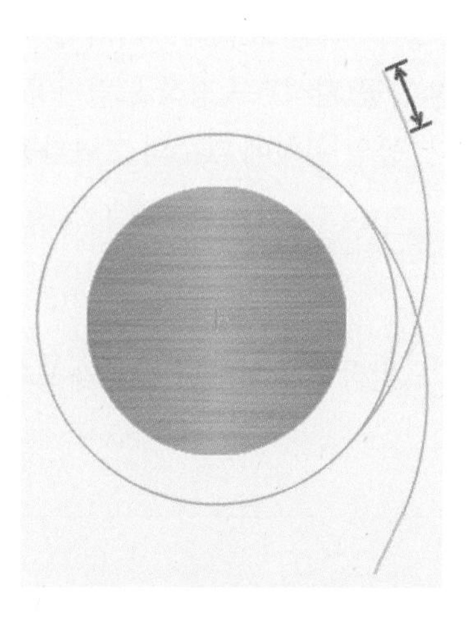

[진입 / 복귀 직선 길이 설정 시]

❸ **진입 / 복귀 원호 각도** : 진입 / 복귀 시에 추가될 원호 동작의 각도를 지정한다.

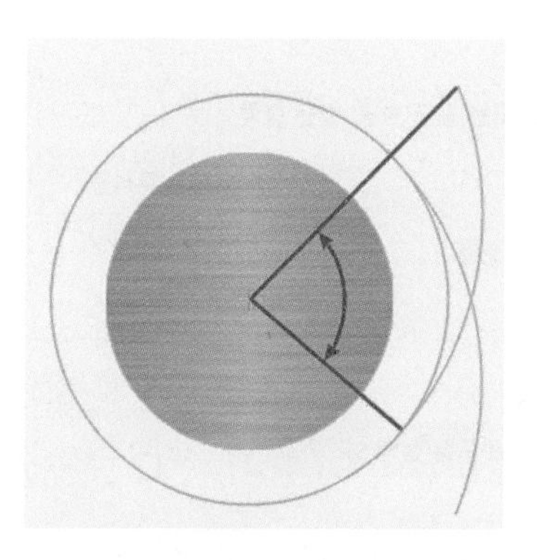

[진입 / 복귀 원호 각도 설정 시]

❹ **원호중심점 위치에서 시작 / 종료** : 내경 나사가공에서만 적용하는 기능으로 가공경로를 원호 중심점에서 시작 / 종료하는 기능이다.

❺ **법선 형태 진입 / 복귀** : 진입 / 복귀 동작에서 공구의 이송을 법선 형태로 적용시키는 기능이다.

❻ **상단 / 하단으로 헬리컬 진입 / 복귀 적용** : 상단 / 하단으로 헬리컬 진입 / 복귀 적용 항목을 선택하면 나사 상단 또는 나사 하단 위치에 헬릭스 동작의 진입 / 복귀 형태가 생성된다. 이 항목을 선택 안 한 경우에는 시스템이 나사상단 또는 나사하단 높이로 원호 형태 진입 / 복귀를 적용한다.

(5) 자동 드릴

점 도형을 선택하여 해당 위치를 중심으로 하는 가상의 원 형태나 원 도형을 선택하였을 때, 지정된 공구 목록의 드릴 공구 중 원 도형의 크기와 일치하는 공구들을 자동으로 선택하여 스폿 드릴 가공 → 선행 드릴 가공(황삭) → 정삭 드릴가공 순서로 다수의 드릴가공정의를 한 번에 생성하는 가공방법이다. 동일 위치에 다수의 드릴가공정의 생성에서 실행시간이 단축되는 효과를 기대할 수 있다.

1) 공구 파라미터

자동으로 생성되는 드릴작업에 필요한 공구와 모따기 가공에 대한 여러 가지 설정을 정의한다.

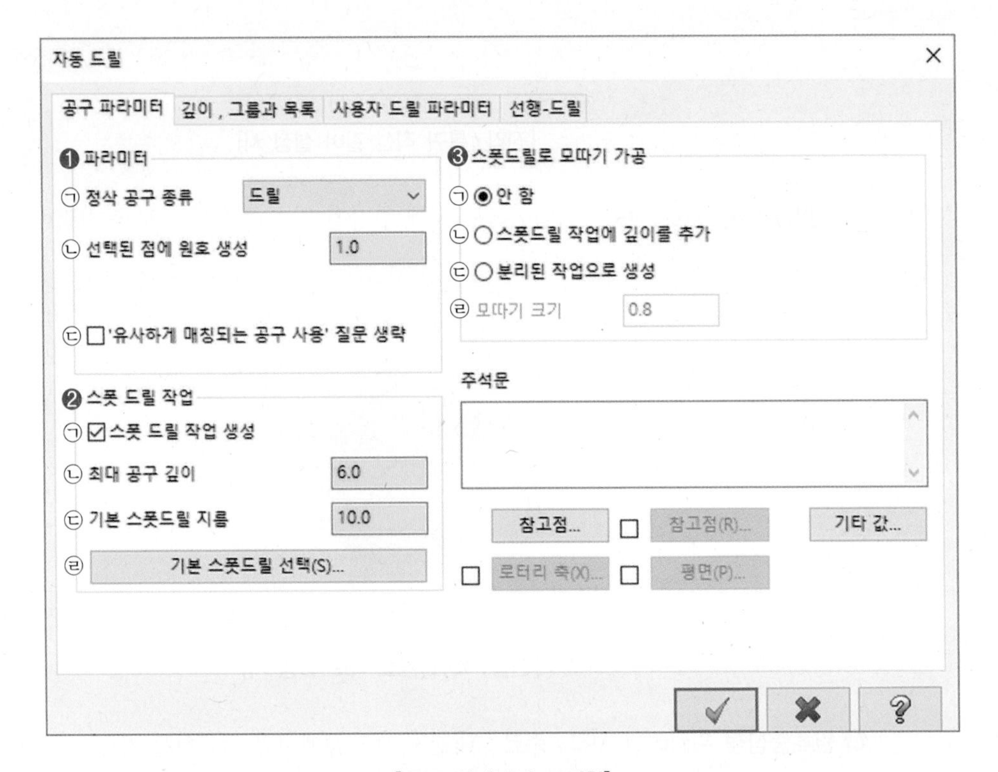

[공구 파라미터 조건창]

❶ **파라미터** : 최종적으로 실행될 드릴 가공 형태 및 기타 내용을 설정한다.

㉠ **정삭 공구 종류** : 생성될 최종 드릴 가공에 사용될 공구의 형태를 설정한다.

㉡ **선택된 점에 원호 생성** : 가공대상으로 점 도형을 선택한 경우에 활성화되며, 선택된 점 도형 위치를 중심 위치로 하는 가상의 원 도형 지름값을 설정하면 가공경로와 함께 작업화면에 원 도형을 자동으로 생성한다.

㉢ **'유사하게 매칭되는 공구 사용' 질문 생략** : 지정된 공구 목록 파일에서 깊이, 그룹과 목록 조건창 영역의 직경검색 적용공차 항목에 입력된 공차값을 적용한 공차범위 이내에 드릴 공구 중 해당하는 지름의 공구들로 시스템이 사용 공구를 자동 선택한다. 이 항목을 선택하지 않은 경우, 대상 도형의 지름 크기와 일치하는 공구만 사용하도록 시스템이 선택한다.

❷ **스폿 드릴작업** : 생성될 스폿드릴 가공조건을 설정한다.

㉠ **스폿 드릴작업 생성** : 선행드릴 가공정의 또는 최종 가공정의 생성 전에 스폿 드릴 가공이 생성된다.

㉡ **최대 공구 깊이** : 실행될 스폿 드릴의 가공깊이를 설정한다.

㉢ **기본 스폿 드릴 지름** : 실행될 스폿 드릴 가공정의에 사용될 공구의 크기를 설정한다. 단, 공구 목록이 생성되어 있어야 한다.

㉣ **기본 스폿 드릴 선택** : 지정된 공구 목록에서 스폿 드릴작업에 사용될 공구를 선택하는 기능으로 지정된 공구의 지름값은 위 기본 스폿 드릴 지름 항목에 자동으로 표시된다.

❸ **스폿 드릴로 모따기 가공** : 선택한 드릴로 모따기 가공 진행 여부를 설정한다.

㉠ **안 함** : 항목 선택 시 모따기 가공 관련 형태를 생성하지 않는다.

㉡ **스폿 드릴작업에 깊이를 추가** : 스폿 드릴작업 생성항목을 선택한 경우에만 활성화되며, 항목 선택 시 생성되는 스폿 드릴 최종 가공경로에 대상 원 도형 윤곽을 기준으로 실행되는 모따기 가공경로 형태가 추가되어 생성된다.

㉢ **분리된 작업으로 생성** : 모따기 가공 실행순서를 최종 가공 후에 실행하는 형태로 가공경로를 생성한다.

㉣ **모따기 크기** : 실행될 모따기 가공의 크기를 설정한다.

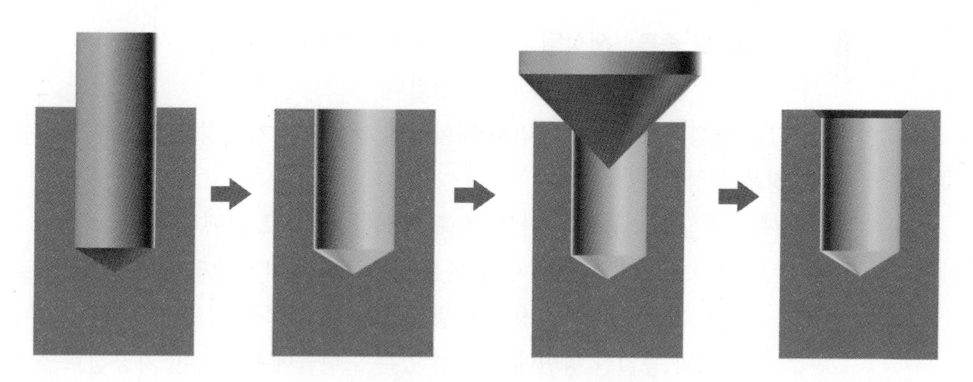

[스폿 드릴로 모따기 가공 사용 예]

2) 깊이, 그룹과 목록

안전높이, 이송높이, 재료상단, 가공깊이 등과 같은 링크 파라미터를 입력한다. 드릴가공 조건창의 항목과 동일한 항목들은 적용 내용도 같다.

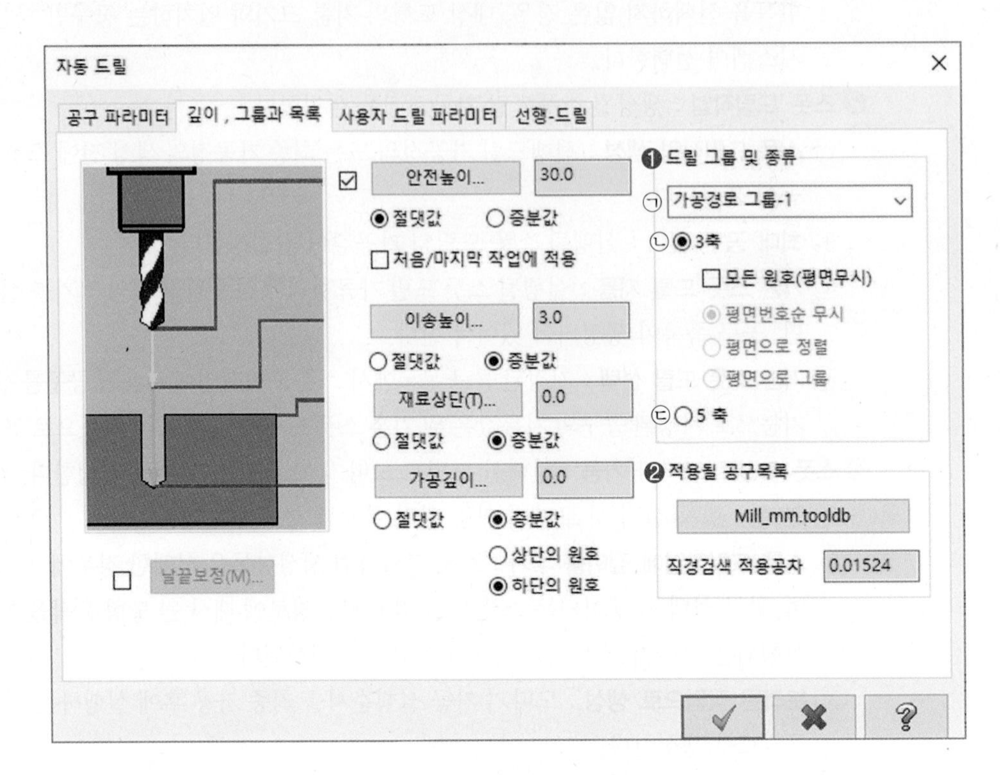

[깊이, 그룹과 목록 조건창]

❶ **드릴 그룹 및 종류** : 생성될 가공경로가 작업 관리자 대화창에서 표시될 그룹의 이름 및 가공경로에서 사용될 축 형태를 설정한다.

㉠ **그룹 설정** : 가공경로 관리자 대화창에 생성되는 가공경로에 대한 가공경로 그룹 명칭을 설정한다.

㉡ **3축** : 대상 도형들에 대한 공구 축 형태를 3축으로 실행한다.

- 모든 원호(평면 무시) : 이 항목을 선택하면 평면 상관없이 가공대상으로 선택된 원 도형을 기준으로 가공경로를 생성한다. 이 항목을 선택하지 않은 경우, 설정된 공구평면과 동일한 평면에 그려져 있는 도형들에 대해서만 가공경로를 생성한다.
- 평면 번호순 무시 : 위 '모든 원호(평면 무시)' 항목을 선택한 경우에만 활성화되며 가공정의 정렬순서를 무시하고 시스템 임의순서로 가공정의를 생성한다.
- 평면으로 정렬 : 위 '모든 원호(평면 무시)' 항목을 선택한 경우에만 적용되는 항목으로 평면번호 순서대로 가공정의들을 생성한다.

- 평면으로 그룹 : 위 '모든 원호(평면 무시)' 항목을 선택한 경우에만 활성화되며 평면번호 순서대로 가공경로 그룹을 생성하고 평면별로 가공정의를 생성한다.

㉢ **5축** : 대상 도형들에 대한 공구 축 형태를 5축으로 가공경로를 생성한다.

❷ **적용될 공구 목록** : 사용될 공구 목록 파일을 설정하는 항목이다. 버튼 선택 후 사용 대상이 될 공구 목록 파일을 지정하며, 직경검색 적용공차 항목은 시스템이 사용 공구를 자동으로 선택할 때 선택된 원 도형과 공구 목록의 공구 직경을 비교하는 과정에서 적용될 공차 범위를 설정한다.

3) 사용자 드릴 파라미터

특수한 드릴 사이클을 포스트 프로세서에 추가하여 적용할 때 사용한다.

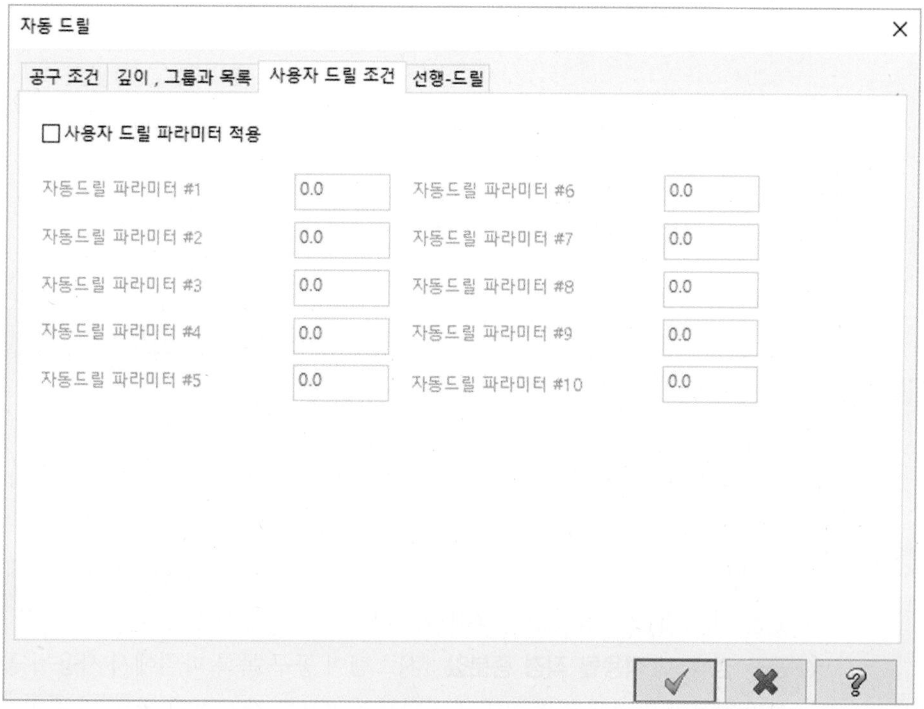

자동 드릴

공구 조건 | 깊이 , 그룹과 목록 | 사용자 드릴 조건 | 선행-드릴

☐ 사용자 드릴 파라미터 적용

자동드릴 파라미터 #1	0.0	자동드릴 파라미터 #6	0.0
자동드릴 파라미터 #2	0.0	자동드릴 파라미터 #7	0.0
자동드릴 파라미터 #3	0.0	자동드릴 파라미터 #8	0.0
자동드릴 파라미터 #4	0.0	자동드릴 파라미터 #9	0.0
자동드릴 파라미터 #5	0.0	자동드릴 파라미터 #10	0.0

[사용자 드릴 조건창]

4) 선행–드릴

스폿 드릴 가공 실행 후 최종 드릴가공 실행 전에 실행될 드릴가공의 가공조건을 설정한다.

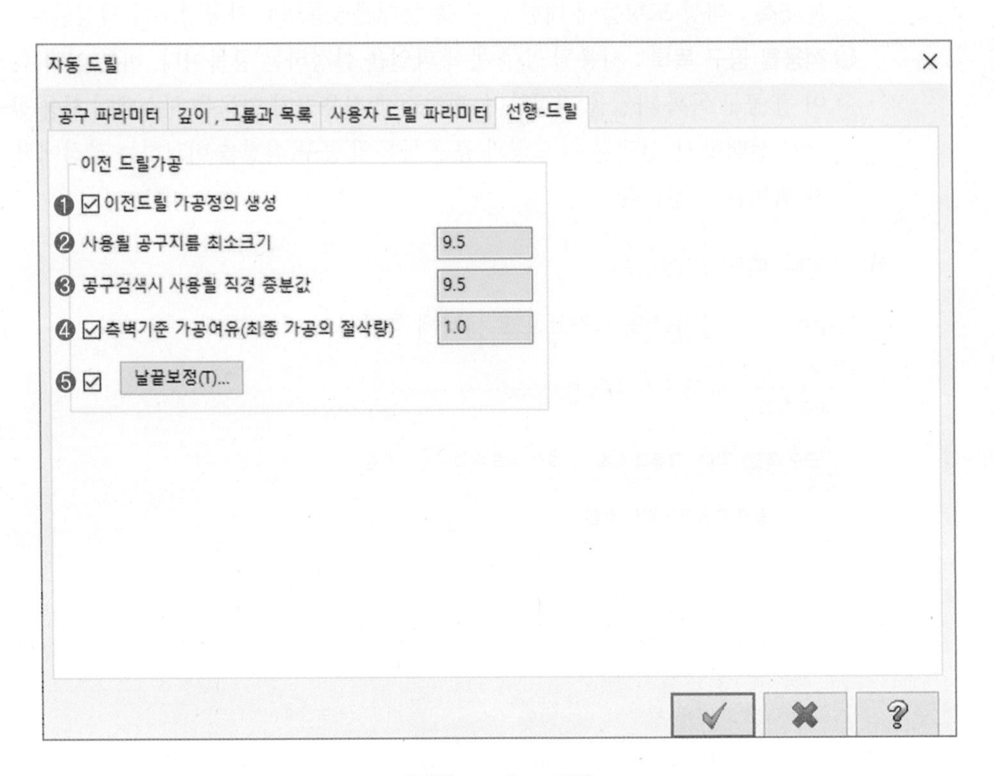

[선행–드릴 조건창]

❶ **이전 드릴 가공정의 생성** : 최종 드릴가공 실행 전에 실행될 드릴가공 정의를 생성하며, 이 항목을 선택하지 않은 경우에는 생성하지 않는다.

❷ **사용될 공구지름 최소 크기** : 선행드릴로 사용될 공구를 지정한 공구 목록에서 검색할 수 있는 최소 지름 크기값을 설정한다.

❸ **공구 검색 시 적용될 직경 증분값** : 시스템이 공구 목록 파일에서 사용될 공구지름 최소 크기 항목에 입력된 지름 크기에 일치하는 공구를 찾지 못한 경우, 다른 공구를 검색하는 과정에서 적용될 증분값을 설정하는 항목이다.

❹ **측벽기준 가공 여유(최종 가공의 절삭량)** : 선행드릴 가공 실행에서 최종 실행될 드릴가공 시 절삭될 재료 양을 원 도형 윤곽의 측벽을 기준으로 여유값을 남기도록 설정하는 항목이다.

❺ **날끝 보정** : 드릴가공 조건창의 내용과 동일하다.

(6) 시작 홀

이미 생성된 가공경로를 기준으로 가공경로 이전에 시작 홀 드릴가공을 생성하는 기능이다.

[드릴 시작 홀 조건창]

❶ **시작 홀을 드릴할 가공작업** : 시작 홀 작업의 기준이 될 가공경로를 지정하는 기능이다. 드릴 가공일 경우에는 적용이 안 된다.

❷ **추가적인 직경 여유량** : 기준 가공경로에서 사용된 공구의 직경에 여유값을 더해 이전 드릴 작업(시작 홀)에 사용될 공구의 직경을 설정할 수 있다. 입력한 값을 기준으로 아래 적용될 공구 목록에서 공구를 찾아 드릴작업을 실행한다.

❸ **추가적인 깊이 여유량** : 이곳에 값을 입력하면 기준 가공경로의 가공 깊이값에 입력한 값이 더해져 최종 가공깊이를 결정한다.

❹ **기본 또는 추가 조건** : '기본 – 드릴작업만 생성 – 센터드릴 또는 추가 드릴가공 없음' 선택 시 기준 가공경로 앞에 이전 드릴작업(시작 홀)을 생성시키며, '추가 – OK를 누르면 추가적인 드릴메뉴가 표시됨'을 선택하면, 앞에서 배운 자동 드릴 대화창이 나타나 추가적인 드릴 가공을 생성할 수 있다.

❺ **적용될 공구 목록** : 시작 홀에서 사용될 공구를 검색하기 위한 기준 목록으로 영역 하단의 직경 적용 공차를 이용해 적당한 공구를 찾아준다.

(7) FBM 드릴

FBM 드릴은 단일 연산으로 홀 가공할 솔리드 파트를 측정 · 분석하고, 관통된 홀, 관통되지 않은 홀, 모따기 된 홀, 분할된 홀 등을 인식하여 가공경로를 자동 생성한다. 딥 드릴링, 스폿 드릴링, 선행 드릴링 등 다양한 가공경로를 활용해 효과적이고 빠른 가공경로를 생성하여 준다.

1) 설정

FBM 드릴의 드릴점을 정렬하거나, 서브프로그램을 생성하거나, 검출한 솔리드 모델과는 개별작업을 생성할 수 있도록 설정하는 방법이다.

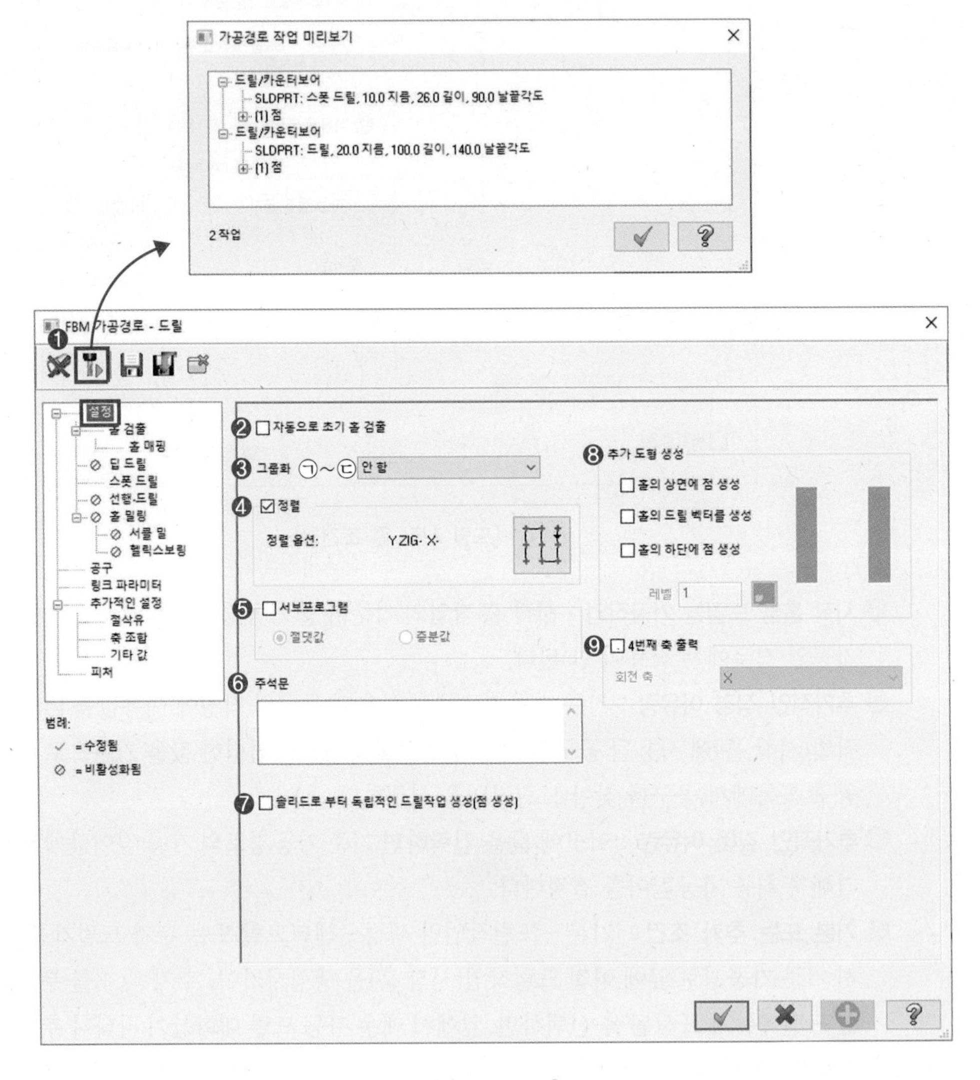

[설정 조건창]

❶ **가공경로 작업 미리보기** : 앞으로 생성될 FBM 드릴 가공경로를 미리 확인할 수 있다.

❷ **자동으로 초기 홀 검출** : FBM 드릴이 로딩 시 자동으로 솔리드 파트의 홀들을 검출하게 된다.

❸ **그룹화** : 사용자가 지정한 조건을 기준으로 FBM 드릴의 가공경로 그룹이 생성된다.

㉠ **공구** : 홀 작업에 쓰이는 공구별로 가공경로 그룹이 생성된다.

㉡ **안 함** : 가공경로 그룹이 생성되지 않는다.

㉢ **평면** : 작업평면 기준으로 가공경로 그룹이 생성된다.

❹ **정렬** : 다수의 가공대상 위치들에 대한 가공실행 순서 형태를 설정한다.

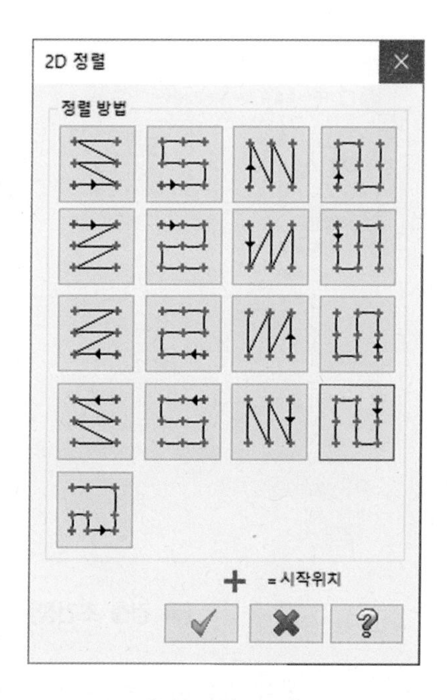

[2D 정렬 메뉴]

❺ **서브프로그램** : NC 데이터를 서브프로그램 형식으로 출력하는 기능이다.

❻ **주석문** : 사용자가 필요로 하는 코멘트를 작성할 수 있다.

❼ **솔리드로부터 독립적인 드릴작업 생성(점 생성)** : 홀들의 중심에 점을 생성하여 독립된 작업으로 드릴가공 작업을 생성하는 기능이다.

❽ **추가 도형 생성** : 홀의 중심에 점과 벡터를 이용하여 도형을 생성하는 기능으로 생성된 도형은 지정한 레벨에 속하게 된다.

❾ **4번째 축 출력** : 축을 하나 더 추가하여 로터리 가공할 때 사용하는 기능으로 회전축을 선택할 수 있다.

2) 홀 검출

솔리드 모델링에서 FBM 드릴을 사용하기 위해 찾아낸 홀의 형태를 제어한다. 예를 들어, 미관통 홀이나 분할 홀을 제외시킬 수 있으며, 특정 지름 또는 원호를 가진 홀만 포함할 수 있다.

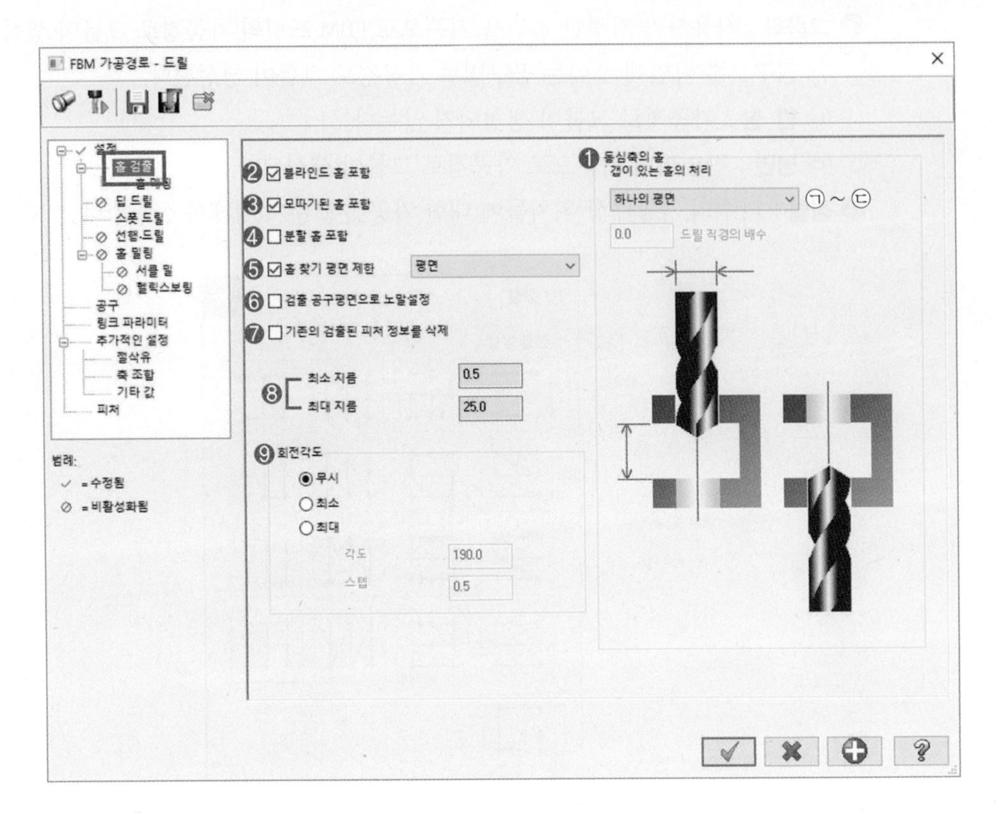

[홀 검출 조건창]

❶ **동심축의 홀** : 같은 축 선상에 있는 홀 중에서 절삭해야 할 깊이가 깊거나, 갭이 있을 때 사용자가 선택적으로 FBM 드릴 가공경로를 생성할 수 있다.

㉠ **갭< = 입력값일 때 하나의 평면 사용** : 사용자가 갭의 크기를 고려해서 원하는 드릴 직경의 배수값을 넣은 후에 입력한 값이 갭의 크기보다 작거나 같을 경우 하나의 평면을 설정하여 가공경로를 생성한다.

㉡ **두 개의 평면** : 같은 축 선상에 있는 홀 중에서 두 개의 작업평면으로 나누어 가공경로를 생성한다.

㉢ **하나의 평면** : 같은 축 선상에 있는 홀 중에서 하나의 작업평면을 설정하여 가공경로를 생성한다.

❷ **블라인드 홀 포함** : 관통되어 있지 않은 홀을 인식하여 가공경로를 생성하는 기능이다.

❸ **모따기된 홀 포함** : 모따기가 되어 있는 홀을 인식하여 가공경로를 생성하는 기능이다.

❹ **분할 홀 포함** : 아래 그림처럼 분할된 홀(호 형상의 홀)을 인식하여 가공경로를 생성한다.

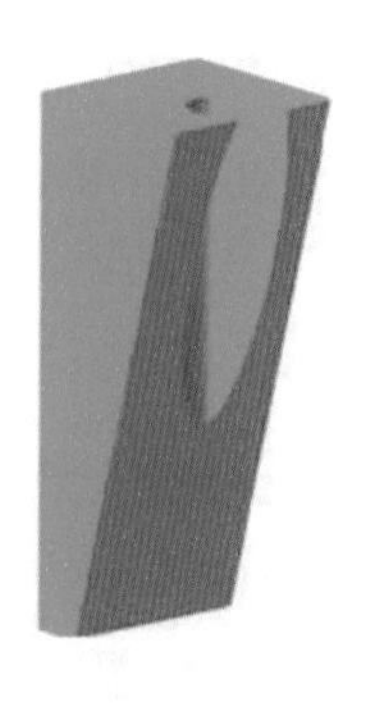

[분할 홀 예]

⑤ **홀 찾기 평면 제한** : 작업자가 원하는 작업평면에만 FBM 드릴 가공경로를 생성할 수 있다.

⑥ **검출 공구평면으로 노말 설정** : 홀 검출 시 홀의 노말방향을 현재의 공구평면에 맞추는 기능이다.

⑦ **기존의 검출된 피처 정보를 삭제** : 기존 홀의 정보 및 수정된 사항을 삭제하고 재검출하는 기능이다.

⑧ **최소 지름 / 최대 지름** : FBM 드릴 가공경로를 내기 위하여 솔리드 피처의 홀 크기 범위를 설정하는 기능이다.

⑨ **회전각도** : 아래 그림처럼 경사진 형상에 회전각도와 스텝 값을 적용시켜 FBM 드릴 가공경로를 생성한다.

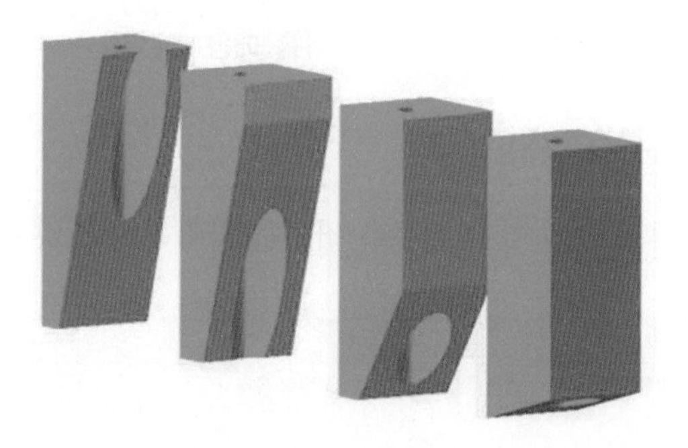

[회전각도 예]

3) 홀 매핑

특정 직경의 홀에 특정 가공방법과 특정 공구를 적용하는 기능이다.

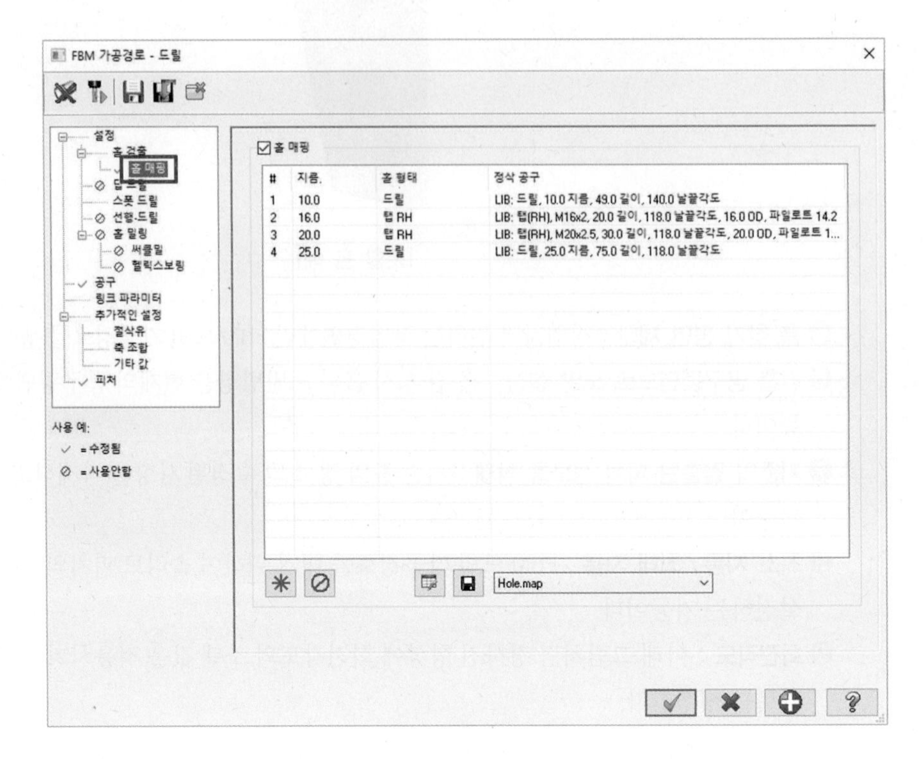

[홀 매핑 조건창]

다음과 같은 순서로 사용한다.

• 아래의 그림과 같이 마우스 우측 버튼을 클릭하여 특정 홀을 추가할 수 있다.

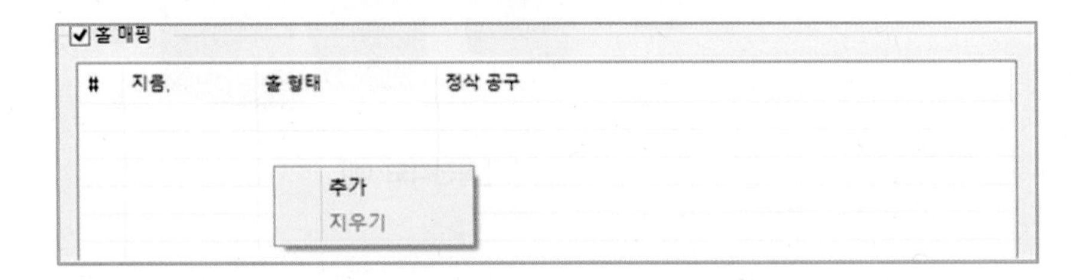

• 매핑을 위한 특정 홀의 직경을 입력한다.

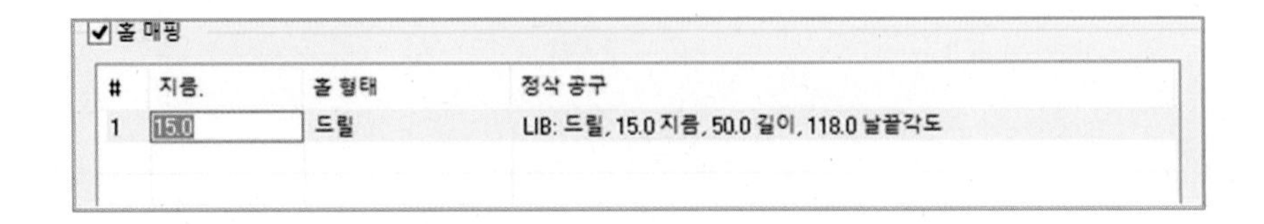

• 홀의 형태를 리스트에서 선택한다.

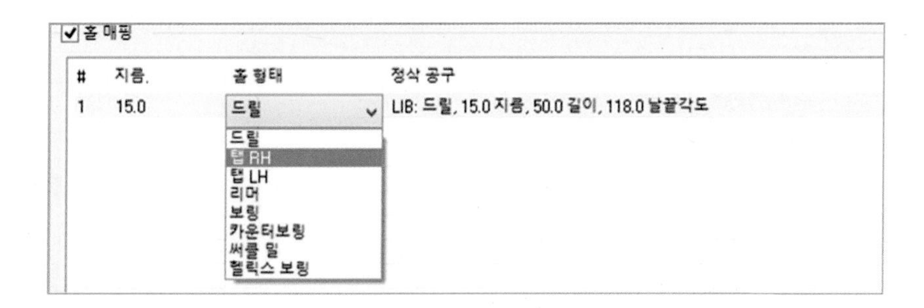

• 가공을 위한 공구를 리스트에서 선택한다.

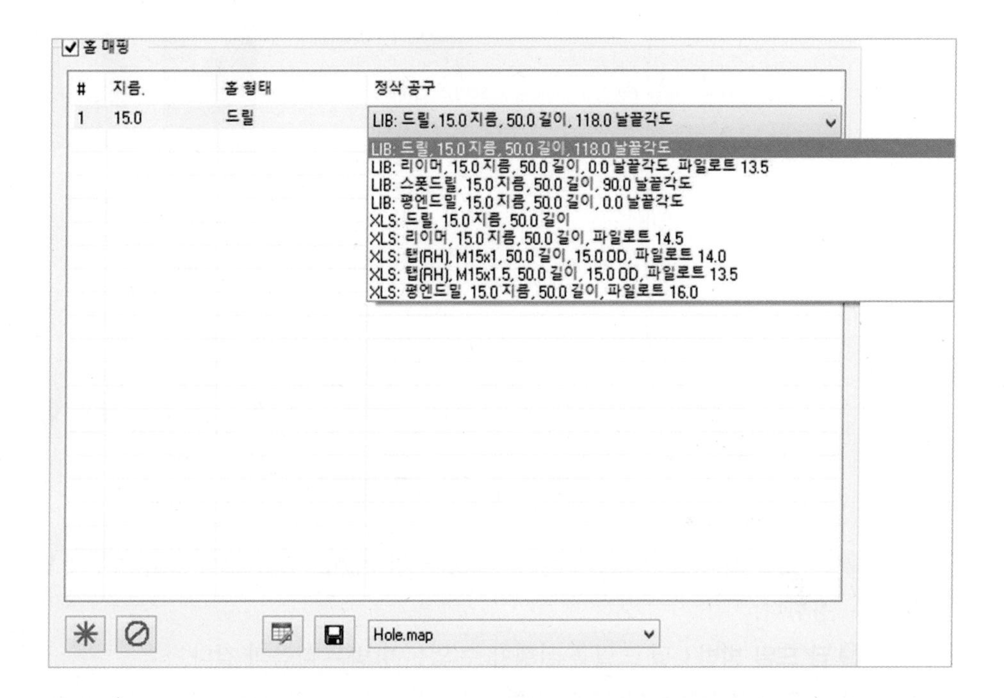

4) 딥 드릴

홀의 깊이가 깊은 경우 공구의 길이를 고려해서 경로를 생성하는 기능이다.

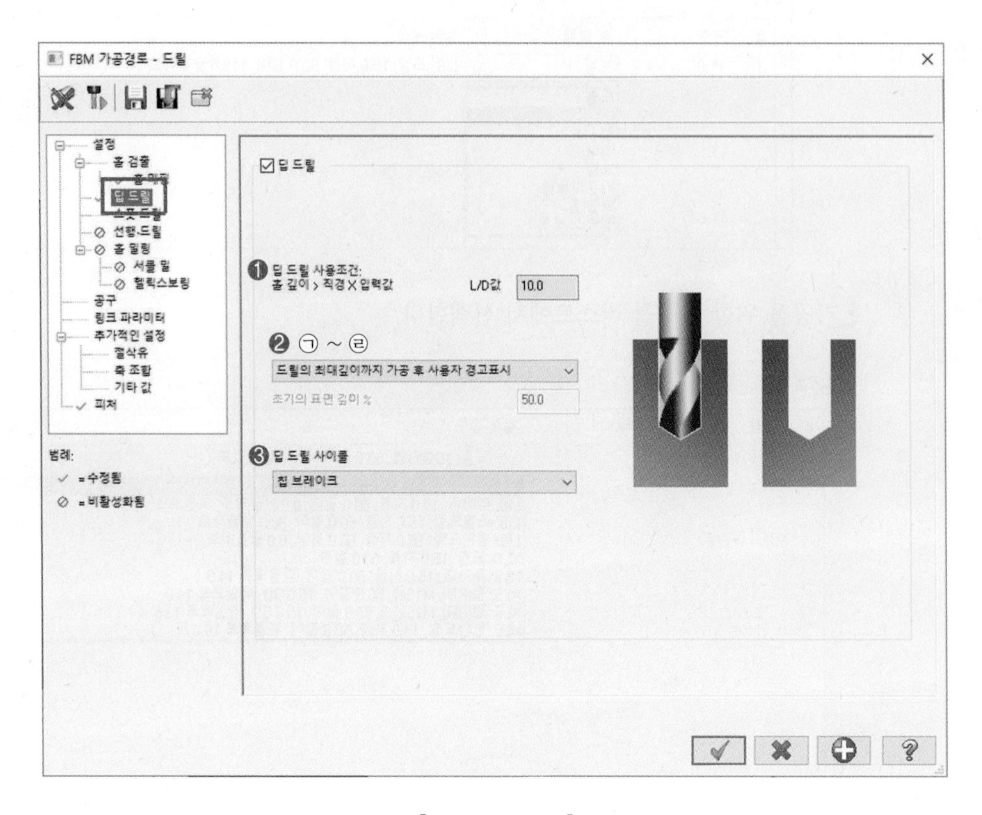

[딥 드릴 조건창]

❶ **딥 드릴 사용 조건** : 홀의 깊이가 직경 × 입력값(L / D값)보다 깊을 경우에 딥 드릴을 적용한다.

❷ **딥 드릴 방법** : 딥 드릴을 실행할 수 있는 방법은 다음과 같다.

㉠ **양쪽 방향으로 분할하여 관통** : 그림 a와 같이 양쪽 방향으로 분할하여 가공하는 방법이다.

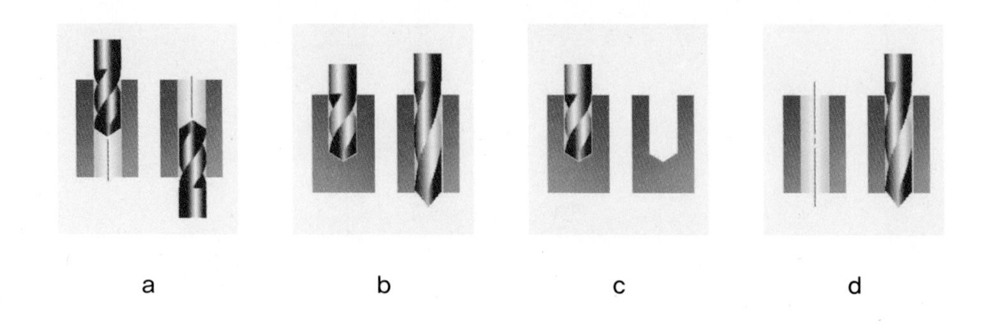

ⓛ **드릴가공 후 롱드릴 정삭 실행** : 그림 b와 같이 짧은 공구로 가공 후 긴 공구를 사용해서 한 번 더 가공한다.

ⓒ **드릴의 최대 깊이까지 가공 후 사용자 경고 표시** : 그림 c와 같이 가능한 한 최대깊이까지 가공 후 피처 페이지에 사용자 주의 표시를 나타낸다.

☑전체노말 화면표시 20 피쳐, 0 선택됨, 8 주의

상태	홀 형태	지름.	평면	Z1	깊이	CB	CS	미...	분...	정삭 공구
	드릴	5.5	평면	21.42	21.42					SLDPRT: 드릴,
	드릴	5.5	평면	21.42	21.42					SLDPRT: 드릴,
	드릴	5.5	평면	21.42	21.42					SLDPRT: 드릴,
	드릴	5.5	평면	21.42	21.42					SLDPRT: 드릴,
	드릴	11.0	평면	18.15	18.15					SLDPRT: 드릴,
	드릴	11.0	평면	18.15	18.15					SLDPRT: 드릴,
	드릴	11.0	평면	18.15	18.15					SLDPRT: 드릴,
	드릴	11.0	평면	18.15	18.15					SLDPRT: 드릴,
	드릴	22.0	평면	11.6	11.6					SLDPRT: 드릴,
	드릴	22.0	평면	11.6	11.6					SLDPRT: 드릴,
	드릴	22.0	평면	11.6	11.6					SLDPRT: 드릴,

ⓔ **전체 홀을 롱드릴로 절삭** : 그림 d와 같이 전체 홀을 긴 드릴을 사용하여 가공한다.

❸ **딥 드릴 사이클** : 딥 드릴에 적용될 사이클을 아래 목록에서 선택할 수 있다.

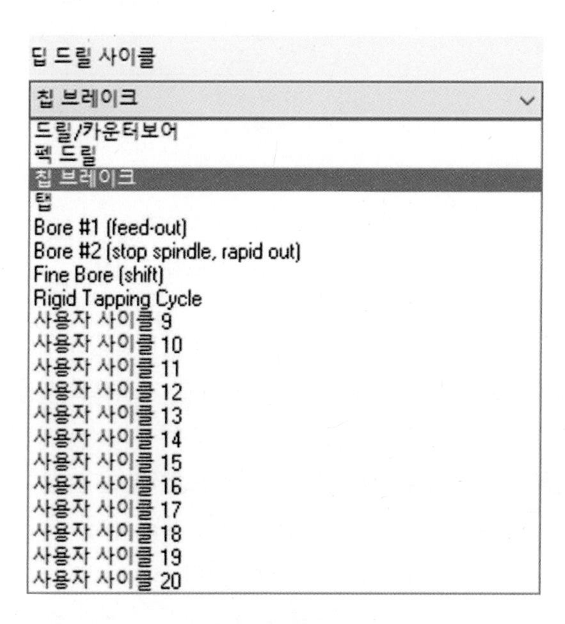

[딥 드릴 사이클 목록]

5) 스폿 드릴

드릴 황삭 또는 드릴 정삭 가공경로 이전에 사용자가 선택적으로 스폿 드릴링 작업을 실행하도록 선택할 수 있는 기능이다.

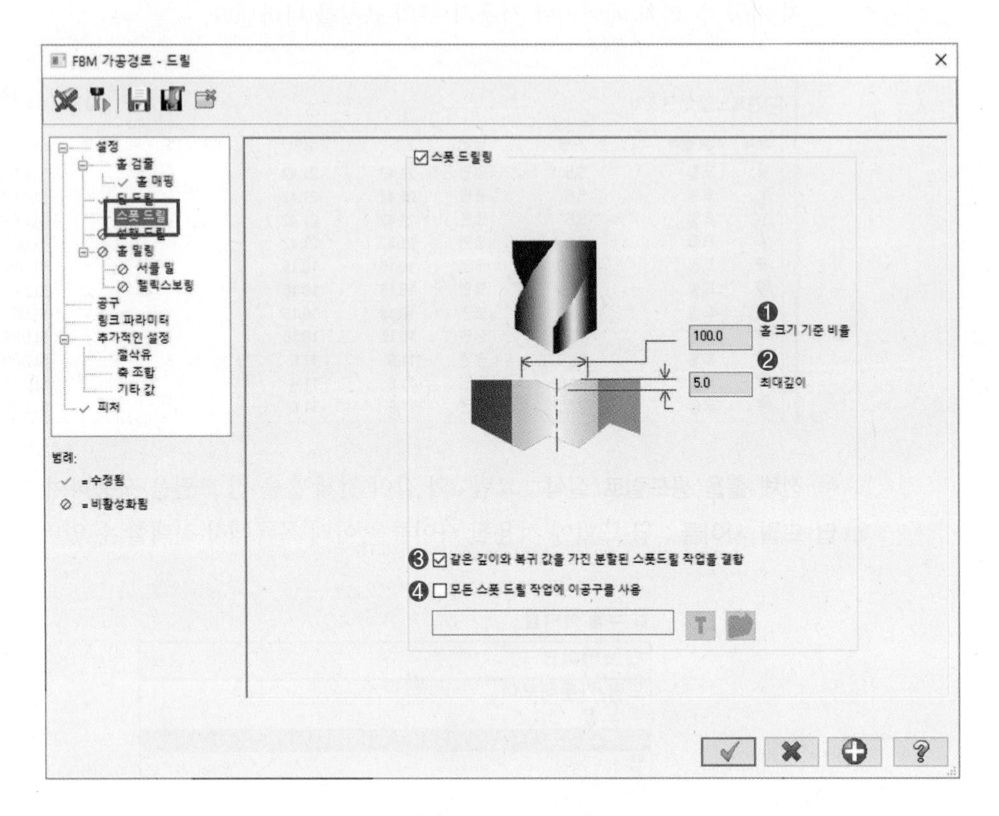

[스폿 드릴 조건창]

❶ **홀 크기 기준 비율** : 사용자가 원하는 홀 크기 비율값을 입력해 가공 깊이를 조절할 수 있다.

❷ **최대 깊이** : 스폿 드릴링에 사용되는 공구를 기준으로 사용자가 원하는 최대 깊이를 입력한다.

❸ **같은 깊이와 복귀값을 가진 분할된 스폿 드릴작업을 결합** : 기능 사용 시 모든 홀에 우선적으로 스폿 드릴링 가공경로가 생성되며, 기능 해제 시 각 홀의 작업평면을 고려해 스폿 드릴링 후 바로 드릴링 작업을 할 수 있다.

❹ **모든 스폿 드릴작업에 이 공구를 사용** : 모든 홀에 원하는 공구를 이용해 스폿 드릴링을 실행할 수 있다.

6) 선행－드릴

작업자가 홀 크기나 절삭해야 할 홀 부위의 절삭성을 고려해서 정삭 경로 이전에 황삭 경로를 생성한다.

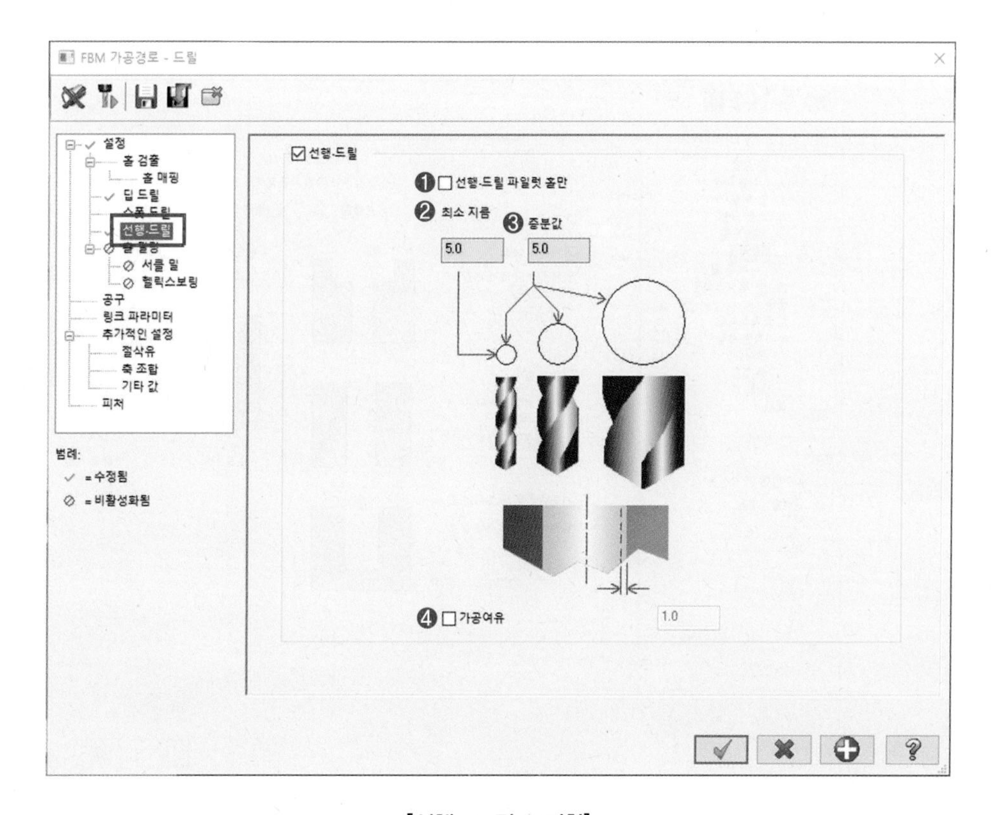

[선행－드릴 조건창]

❶ **선행－드릴 파일럿 홀만** : 파일럿 홀에만 선행－드릴을 생성하는 기능이다.

파일럿 홀 : 홀 매핑에서 설정한 홀들의 기준 홀이다.

❷ **최소 지름** : 선행－드릴에서 사용할 수 있는 공구의 최소 지름값을 입력한다.

❸ **증분값** : 공구직경의 증분값을 입력한다.

예 최솟값 : 10, 증분값 : 5를 입력하고 Ø20홀을 가공할 경우 Ø10, Ø15, Ø20의 드릴공구가 생성된다.

❹ **가공여유** : 홀 가공의 여유값을 조절한다.

7) 홀 밀링

홀의 종류(카운터 보링, 관통 홀, 블라인드 평면－하단 홀)와 직경값을 지정하여 서클 밀 또는 헬릭스 보링가공을 적용시키는 기능이다.

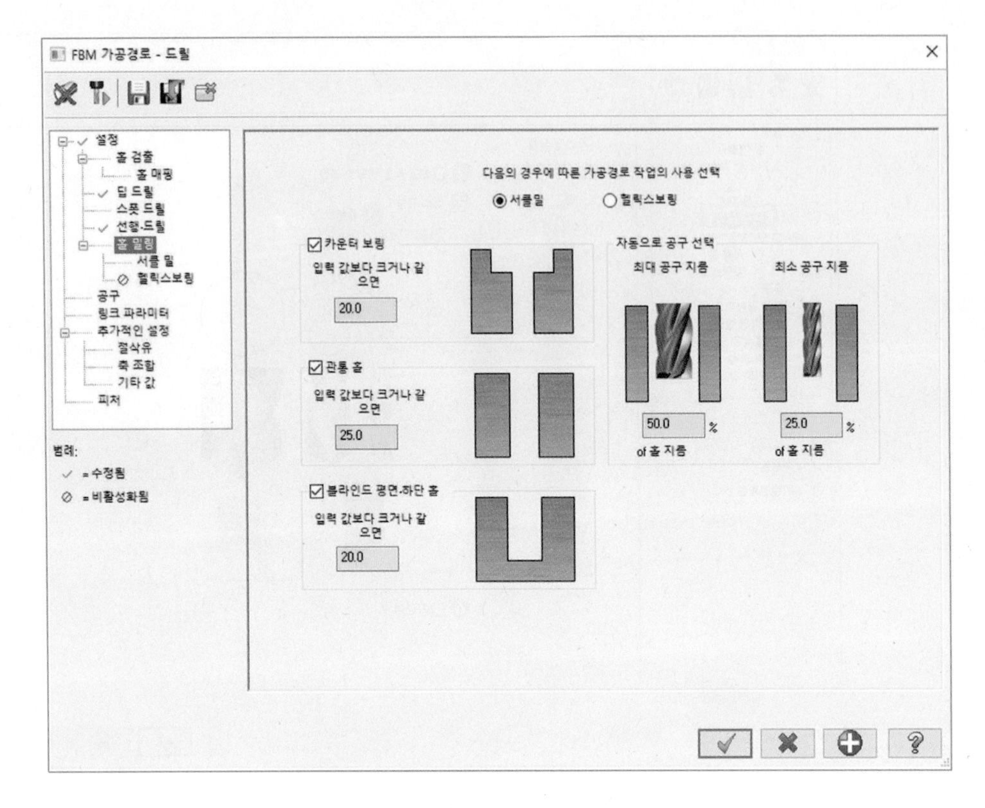

[홀 밀링 조건창]

❶ **다음의 경우에 따른 가공경로 작업의 사용 선택** : 서클 밀, 헬릭스 보링 중 사용할 가공방법을 선택한다.

❷ **카운터 보링 / 관통 홀 / 블라인드 평면－하단 홀** : 홀 밀링에 적용할 홀의 종류를 선택한다.

㉠ **카운터 보링** : 2개의 동심축 홀로 평면 상단의 지름이 큰 홀과 상단보다 작은 지름의 홀을 가진다.

㉡ **관통 홀** : 솔리드 모델링을 관통하는 홀이다.

㉢ **블라인드 평면－하단 홀** : 솔리드 모델링을 관통하지 않는 깊이가 있는 홀이다.

❸ **입력값보다 크거나 같으면** : 입력한 값 이상의 직경을 가진 홀에 홀 밀링을 적용한다.

❹ **자동으로 공구 선택** : 홀 밀링에 사용할 공구를 지정하는 기능으로 최대 공구 지름과 최소 공구 지름에서 입력한 값의 범위에서 공구가 자동으로 선택된다.

예 '홀의 직경 : 50, 최대 공구 지름 : 50% of 홀 지름, 최소 공구 지름 : 20% of 홀 지름'일 경우 공구는 Ø10 ~ Ø25 범위의 공구가 선택된다.

8) 서클 밀

위의 '홀 밀링' 페이지에서 서클 밀을 선택했을 경우에만 사용할 수 있는 기능으로 '원호가공'의 '서클 밀 가공'을 이용하여 가공경로를 생성한다.

✎ 서클 밀 가공의 내용들은 FBM 밀링에서 다루었기 때문에 중복되는 내용은 생략한다.

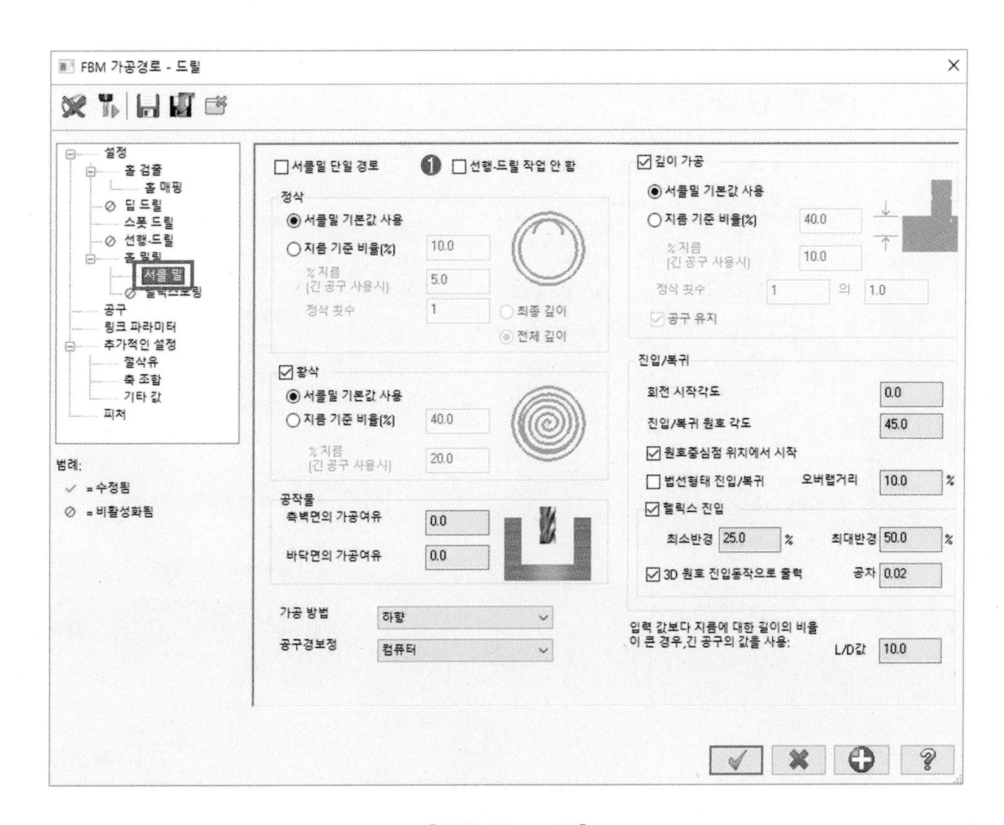

[서클 밀 조건창]

❶ **선행-드릴 작업 안 함** : 서클 밀 가공이 적용될 홀에 대해서는 선행 드릴작업을 적용시키지 않는 기능이다.

✎ FBM 밀링에서는 사용할 수 없다.

9) 헬릭스 보링

위의 '홀 밀링' 페이지에서 헬릭스 보링을 선택했을 경우에만 사용할 수 있는 기능으로 '원호 가공'의 '헬릭스 보링가공'을 이용하여 가공경로를 생성한다.

헬릭스 보링가공의 내용들은 FBM 밀링에서 다루었기 때문에 자세한 설명은 생략한다.

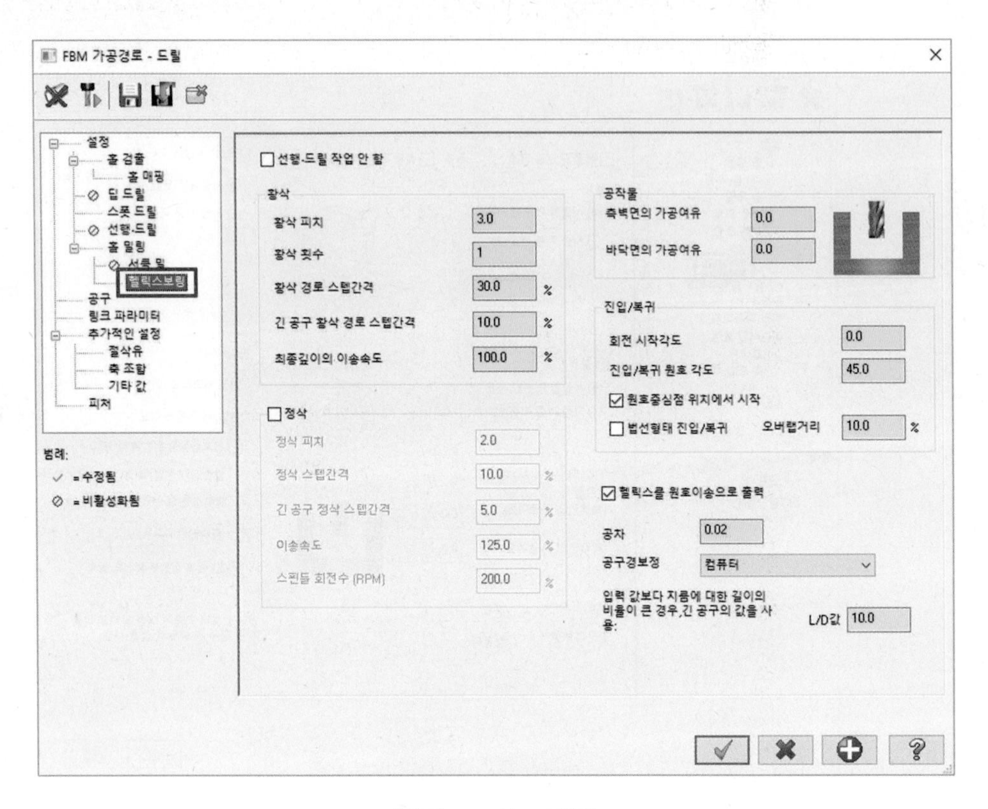

[헬릭스 보링 조건창]

10) 공구

FBM 드릴에서 생성하는 드릴가공에 사용할 공구를 선택한다.

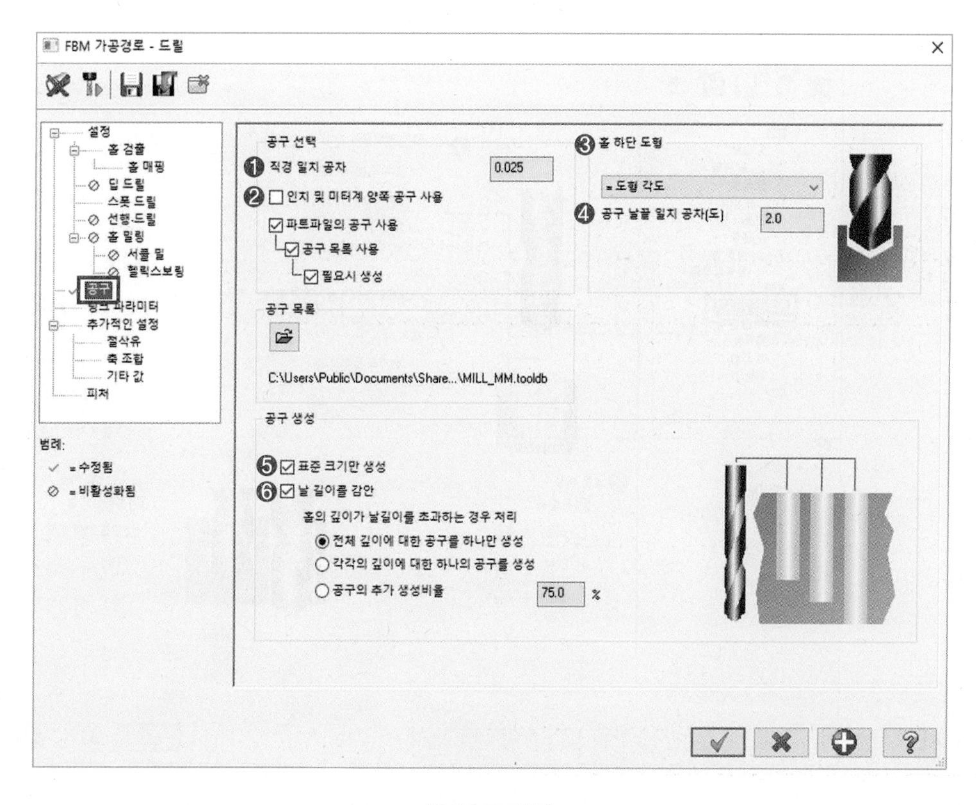

[공구 조건창]

❶ **직경 일치 공차** : 가공에 적용될 공구 선택 시 공구와 형상의 홀 크기와의 공차를 설정한다.

❷ **인치 및 미터계 양쪽 공구 사용** : 인치계, 미터계 공구를 모두 사용할 때 선택한다.

❸ **홀 하단 도형** : 아래의 그림처럼 솔리드 형상의 홀 하단 도형을 감안해서 공구를 선택한다.

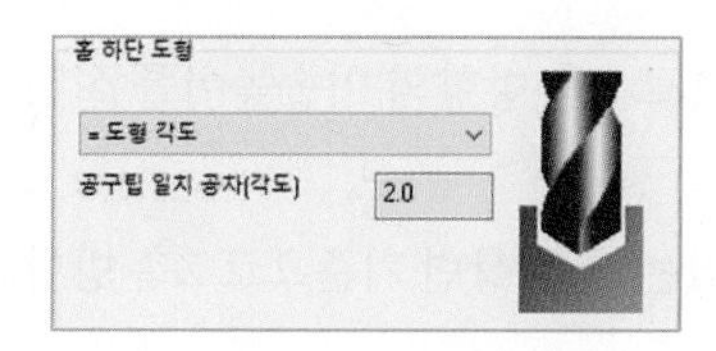

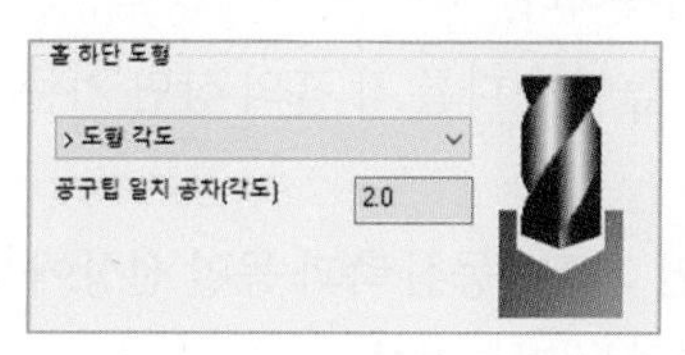

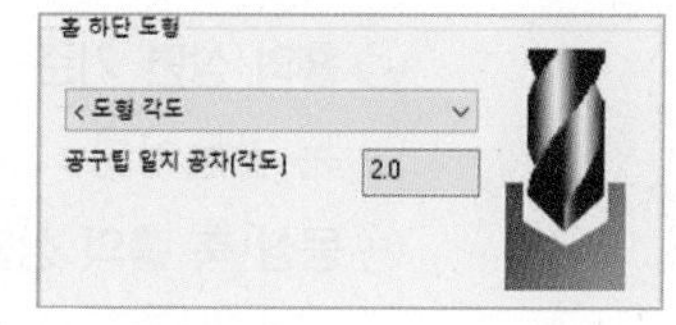

❹ **공구 날 끝 일치 공차(도)** : 솔리드 형상의 홀 하단 도형과 공구 팁의 일치 각도를 설정하는 기능이다.

❺ **표준 크기만 생성** : 홀 가공 시 표준 크기의 공구만 생성할 수 있다.

❻ **날 길이를 감안** : 가공할 홀의 깊이가 공구의 날 길이를 초과하는 경우 사용자가 선택적으로 공구 생성 조건을 고를 수 있다.

11) 링크 파라미터

생성되는 가공경로에서 Z축방향으로의 공구 이송높이를 설정한다.

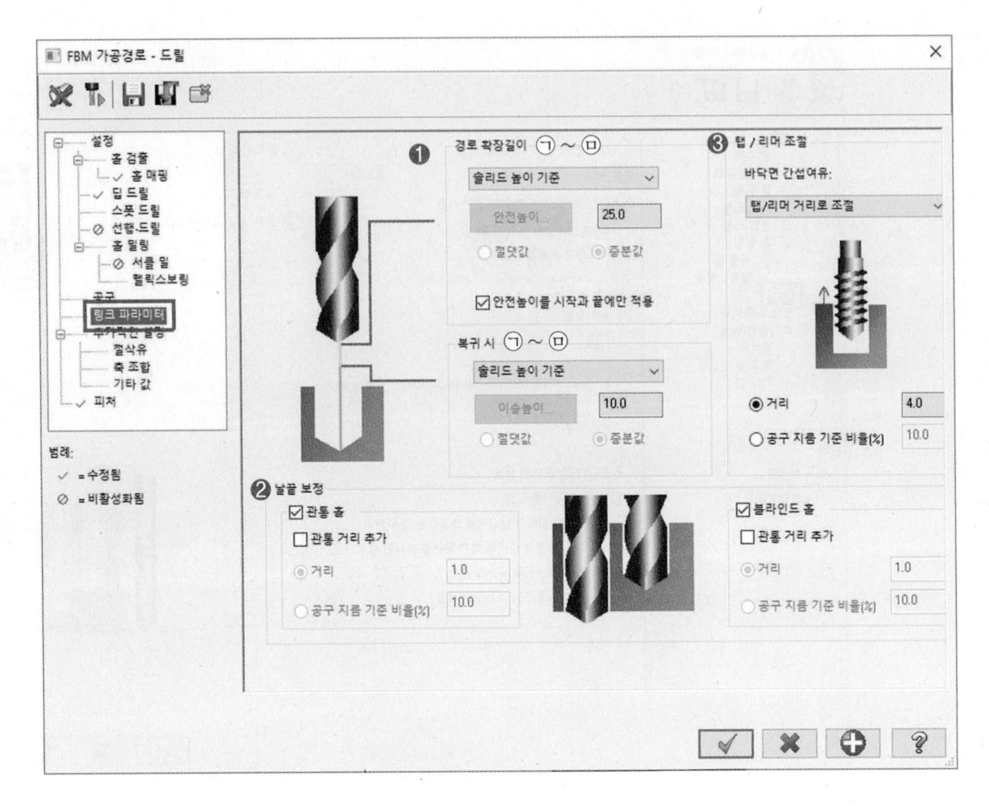

[링크 파라미터 조건창]

❶ 경로 확장길이(안전높이) / 복귀 시(이송높이)

㉠ **솔리드 높이 기준** : 솔리드 피처를 기준으로 Z축 방향의 이송높이를 설정하는 기능이다.

㉡ **공작물 모델 기준** : 머신 그룹 내에서 설정한 재료설정을 기준으로 Z축 방향의 이송높이를 설정하는 기능이다.

㉢ **홀의 상면 기준** : 높이가 다른 각 홀의 상면 기준으로 Z축 방향의 이송높이를 설정하는 기능이다.

㉣ **동심 축 홀의 상면 기준** : 동심 축과 동일 선상에 있는 홀의 상면 기준으로 Z축 방향의 이송높이를 설정하는 기능이다.

㉤ **수동** : 사용자가 직접 Z축 방향의 이송 높이값을 지정한다.

❷ 날 끝 보정 : 드릴공구 특성상 공구의 날 끝 각도로 인한 공구 날 끝 길이를 가공깊이에 대하여 어떻게 적용할지 설정하는 항목이다(자세한 내용은 드릴가공의 날 끝 보정 참조).

❸ 탭 / 리머 조절 : 탭과 리머 가공경로 생성 시 형상의 바닥면 여유값을 주는 기능으로 거리값 또는 공구 지름의 비율값으로 조절한다.

12) 피처

검출된 홀 가공영역을 확인하고, 해당 홀 가공영역들을 사용자가 편집할 수 있다.

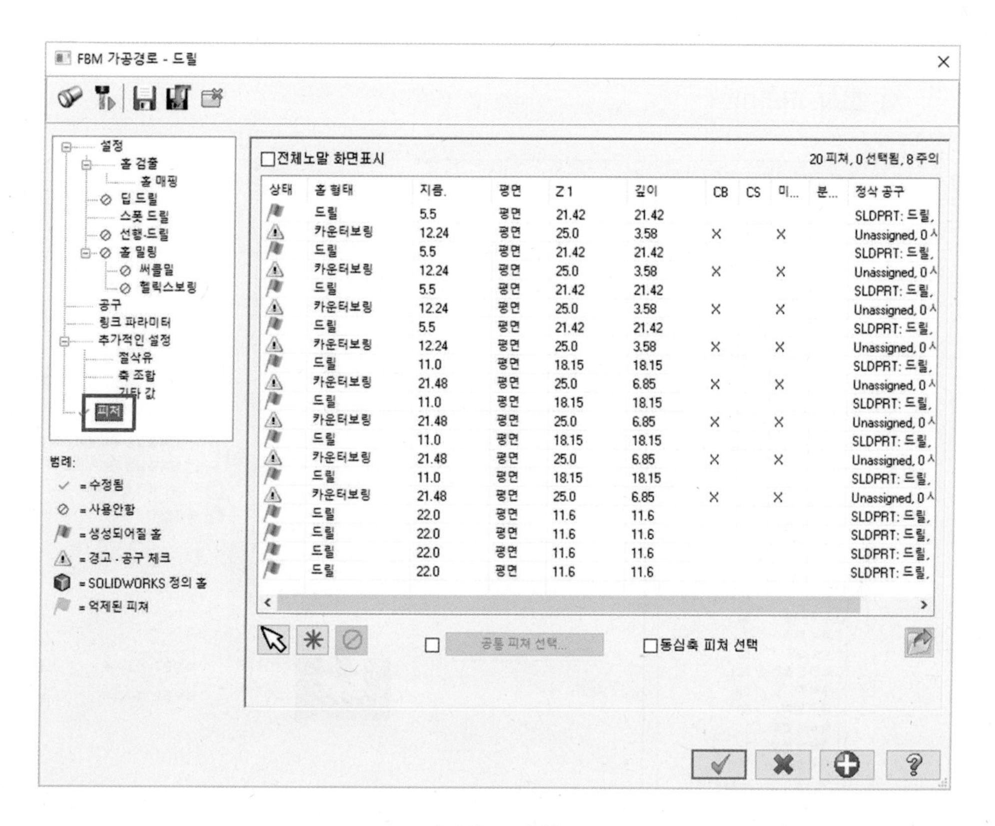

[피처 조건창]

(8) 헬릭스 보링

재료의 내부에 보링 바를 이용하여 헬릭스 동작으로 홀을 가공한다. 이 작업을 이용해서 황삭과 정삭 가공경로를 생성할 수 있다.

1) 절삭 파라미터

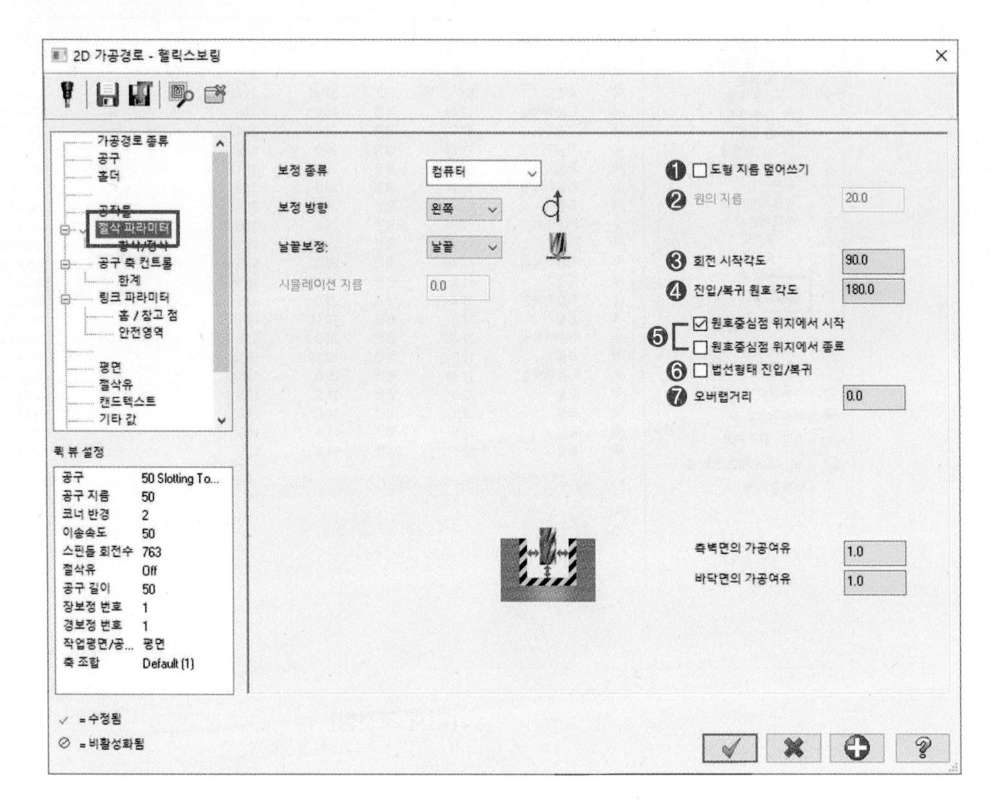

[절삭 파라미터 조건창]

❶ **도형 지름 덮어쓰기** : 원호, 솔리드 원호, 원통 형상을 선택했을 때만 활성화된다. 선택한 도형의 모든 지름값을 설정한 지름값으로 덮어쓰며, 정의한 원의 지름값으로 출력한다.

❷ **원의 지름** : 도형 지름 덮어쓰기를 활성화하거나, 가공경로 홀 정의에서 점을 선택할 경우 활성화되는 항목으로 원호의 중심점 위의 위치 또는 지정된 점의 위치를 중심으로 생성될 원의 지름 크기를 설정한다.

❸ **회전 시작 각도** : 선택된 특정 위치 또는 원 도형들에 대한 가공실행 시작 위치를 설정하는 항목으로 각도값으로 설정한다.

❹ **진입 / 복귀 원호 각도** : 가공 시작 위치와 종료 위치에서 공구의 진입 / 복귀 각도를 설정하는 영역으로 설정된 각도만큼 진입 / 복귀 원호 동작이 생성된다.

❺ **원호 중심점 위치에서 시작 / 종료** : 가공경로의 시작 위치를 원호 중심에서 시작 / 종료하는 기능이다.

❻ **법선 형태 진입 / 복귀** : 진입 / 복귀를 법선 형태로 적용하는 기능이다.

❼ **오버랩 거리** : 입력한 값만큼 가공경로 종료 위치에서 가공경로를 확장하는 기능이다.

2) 황삭 / 정삭

헬릭스 보링가공에 황삭 / 정삭 가공경로를 추가한다.

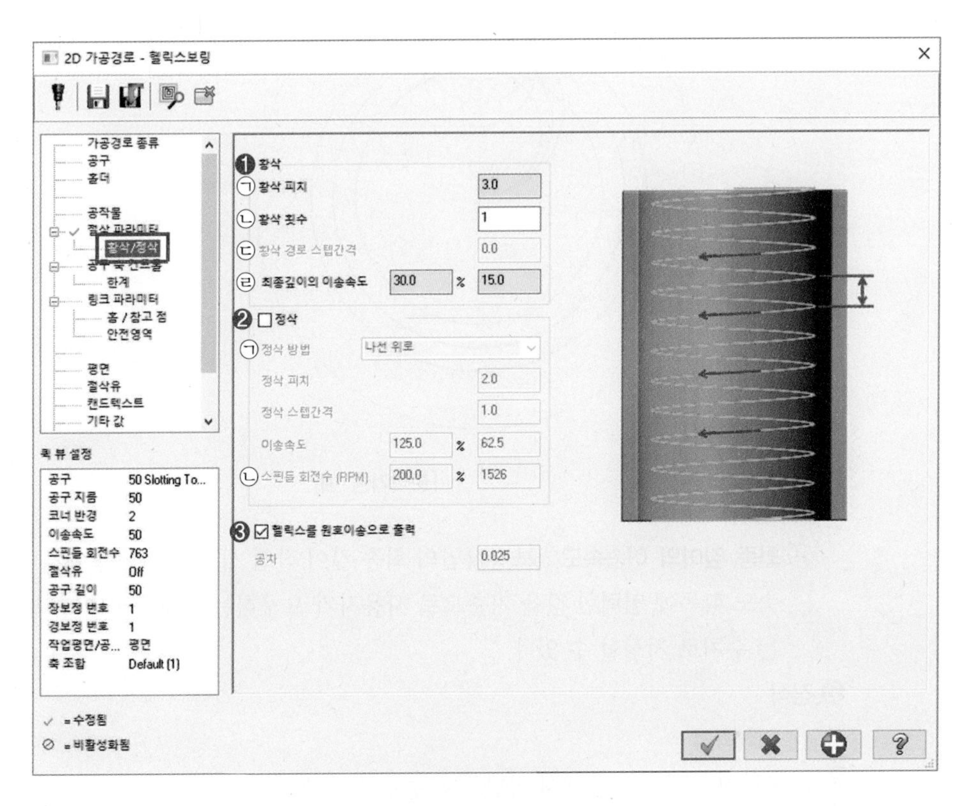

[황삭 / 정삭 조건창]

❶ 황삭

㉠ **황삭 피치** : 헬릭스 가공 시 한 바퀴 회전되었을 때 피치(Pitch)의 간격을 지정하는 기능이다.

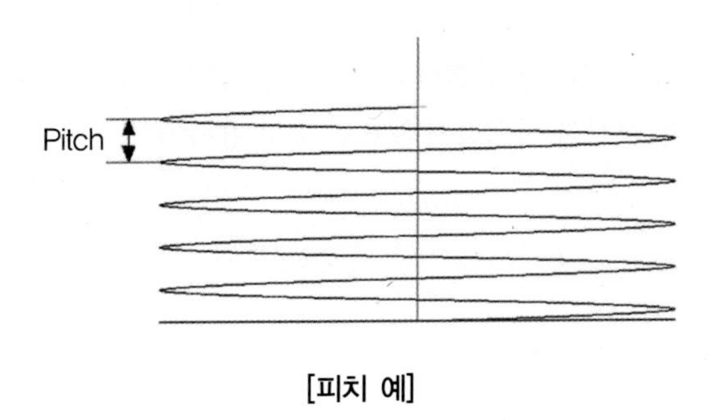

[피치 예]

㉡ **황삭횟수** : 황삭가공의 횟수를 지정하는 기능이다.

㉢ **황삭 경로 스텝 간격** : 황삭횟수를 2회 이상으로 지정할 때 사용될 경로와 경로 사이의 가공간격을 설정한다.

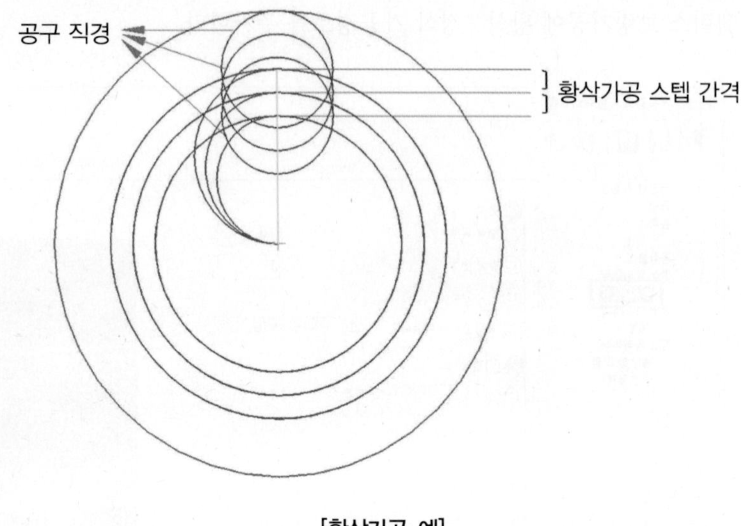

[황삭가공 예]

㉣ **최종 깊이의 이송속도** : 보링작업의 최종 깊이 작업 시 공구 조건창에서 지정한 이송속도 항목에 입력한 값을 기준으로 사용자가 요구하는 속도를 %(이송속도 기준) 또는 수치로 지정할 수 있다.

❷ **정삭**

㉠ **정삭방법**

- 나선 위로 : 하단에서 상단으로 경로를 생성한다.
- 나선 아래로 : 공구가 재료 상단까지 복귀 후, 상단에서 하단으로 경로를 생성한다.
- 원 : 공구가 최종 깊이에서 원호 형태의 경로를 생성한다.

㉡ **스핀들 회전수(RPM)** : 정삭가공의 주축의 회전수를 따로 지정해주는 기능으로 공구 조건창에서 정의한 주축 회전수의 % 또는 수치로 지정할 수 있다.

✎ 정삭피치, 정삭 스텝 간격, 이송속도에 관한 설명은 위 황삭의 내용과 동일하므로 생략한다.

❸ **헬릭스를 원호이송으로 출력** : 항목을 선택하면 헬릭스 형태를 원호이송(G02, G03)으로 출력하며, 항목을 선택하지 않으면 공차 항목에 입력한 값에 따라 직선 형태로 출력한다.

6 수동

데이터상에서 원하는 위치에 텍스트를 입력하거나 화면상에서 특정 위치를 선택하여 가공경로를 생성할 수 있다.

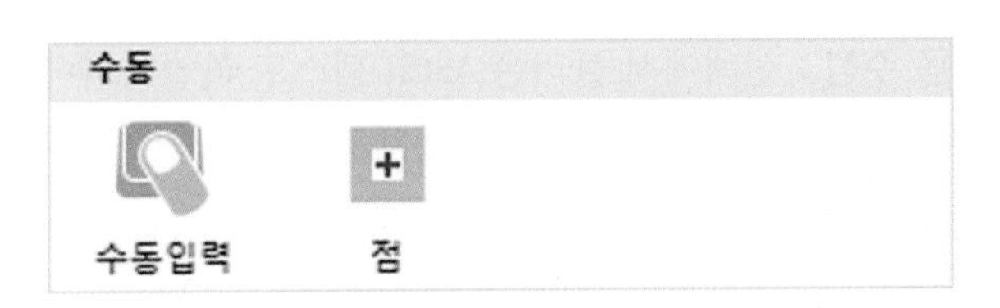

[수동 메뉴]

(1) 수동 입력

NC 데이터를 출력할 때 텍스트, 주석문 혹은 코드를 직접 입력할 수 있다.

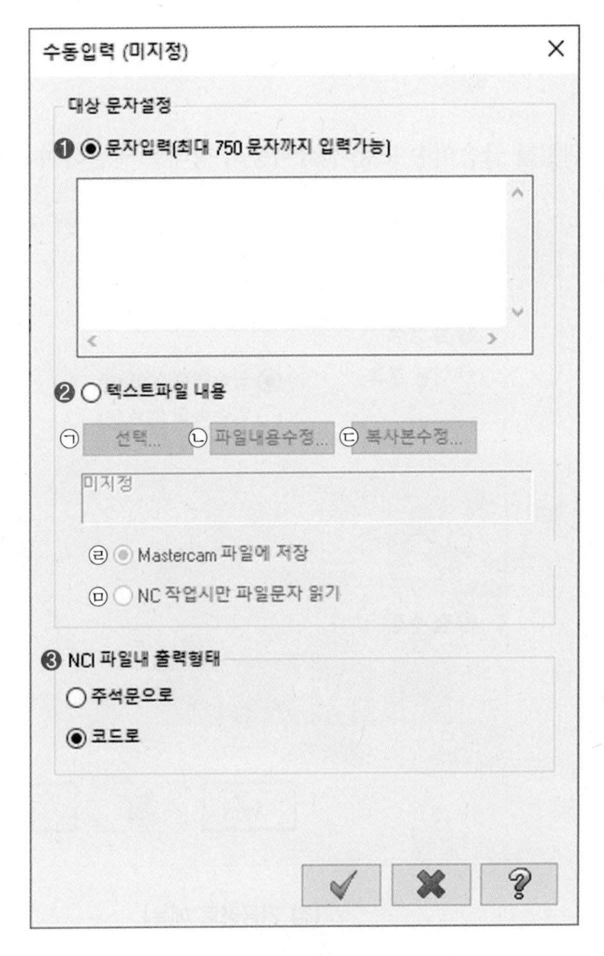

[수동 입력(미지정) 메뉴]

❶ **문자 입력(최대 750문자까지 입력 가능)** : NC 데이터에 입력될 내용을 문자로 직접 작성한다.

❷ **텍스트 파일 내용** : NC 데이터로 입력될 내용을 외부에서 ASCII 텍스트 파일에 저장된 문자를 삽입한다.

㉠ **선택** : 외부에서 불러올 ASCII 텍스트 파일을 선택한다.

㉡ **파일 내용 수정** : 선택에서 불러온 ASCII 텍스트 파일을 수정할 수 있다.

㉢ **복사본 수정** : 기본 텍스트 에디터로 선택된 텍스트 파일의 복사본을 열어 수정한다.

㉣ **Mastercam 파일에 저장** : 선택한 파일의 정보를 Mastercam 파일에 저장하여 데이터를 출력한다.

㉤ **NC 작업 시만 파일문자 읽기** : NC 데이터를 출력할 때 선택한 경로에 위치한 파일을 불러와 NC 데이터를 출력한다. 같은 파일을 여러 번 사용할 경우, 따로 Mastercam 파일로 저장하지 않아도 된다.

❸ **NCI 파일 내 출력 형태** : NC 데이터에서 입력한 텍스트를 코드로 출력할지, 주석문으로 출력할지 선택한다.

(2) 점

선택한 점의 위치를 급송이송 또는 절삭이송의 형태로 연결하여 가공경로를 생성한다.

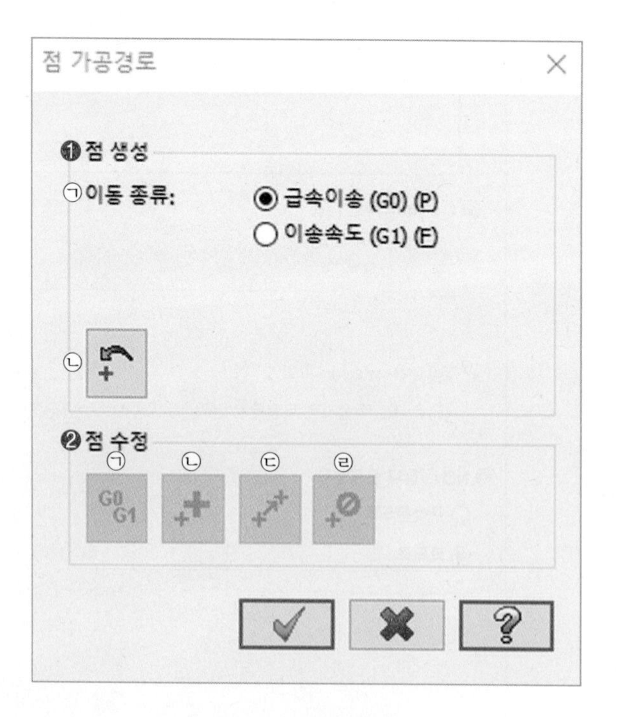

[점 가공경로 메뉴]

❶ **점 생성**

㉠ **이동 종류** : 선택한 점의 위치를 급속이송으로 이동할지 또는 이송속도로 이동할지 선택한다.

㉡ **백업** : 방금 선택한 점의 위치를 이전에 선택한 점의 위치로 되돌리는 기능이다. 단, 새로운 가공경로를 생성할 때에만 사용할 수 있다.

❷ **점 수정**

㉠ **이동 형태 / 수정** : 선택되어 있는 점의 이동 형태를 변경한다.

㉡ **추가** : 추가적으로 점의 위치를 지정한다.

㉢ **이동** : 선택되어 있는 점의 위치를 이동한다.

㉣ **제거** : 선택한 점을 제거하기 위해 사용한다.

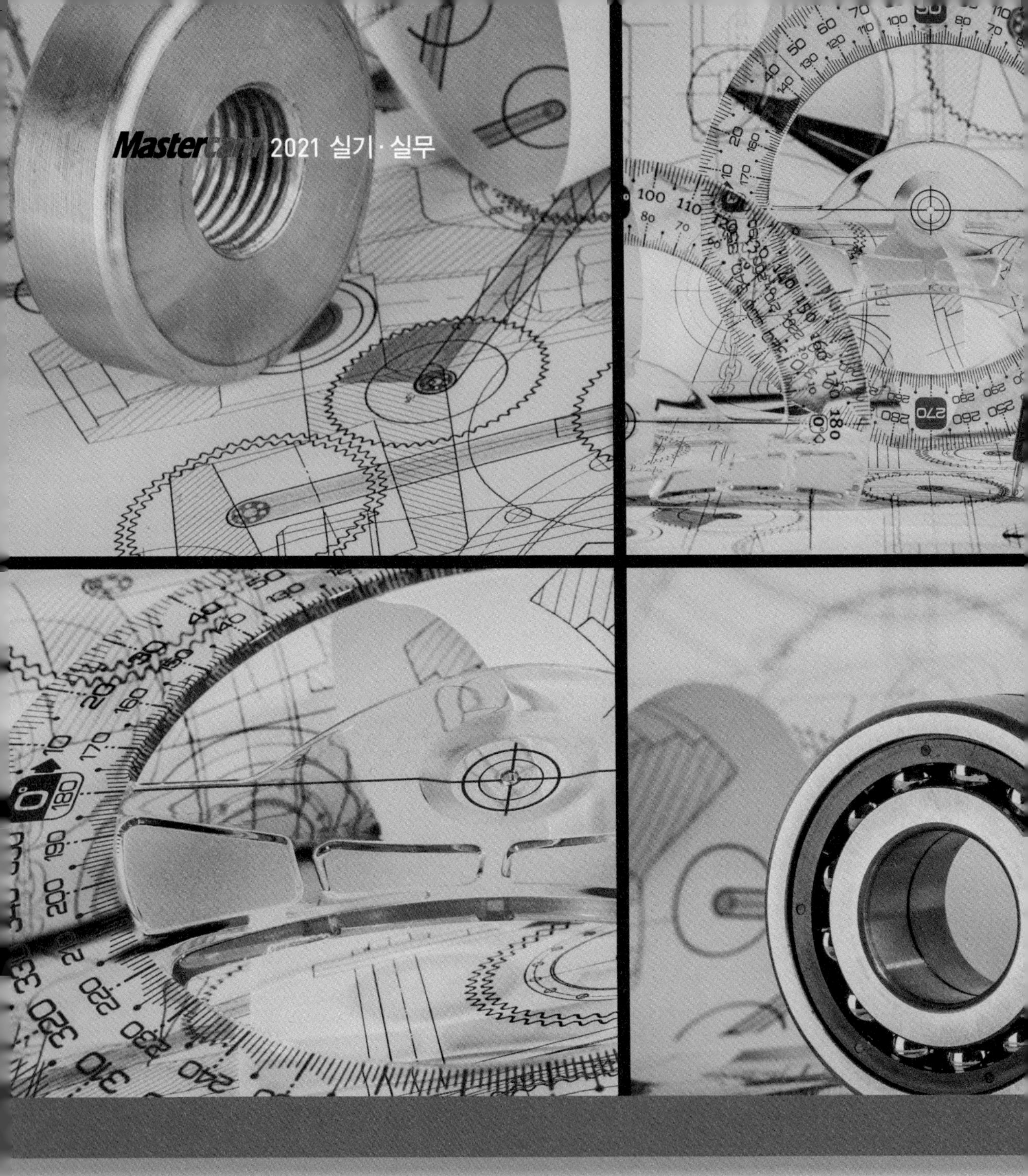
Mastercam 2021 실기·실무

CHAPTER 14

2차원 가공 실습

CHAPTER

14 2차원 가공 실습

1 연습 예제 1 : 윤곽, 드릴, 포켓 가공 1

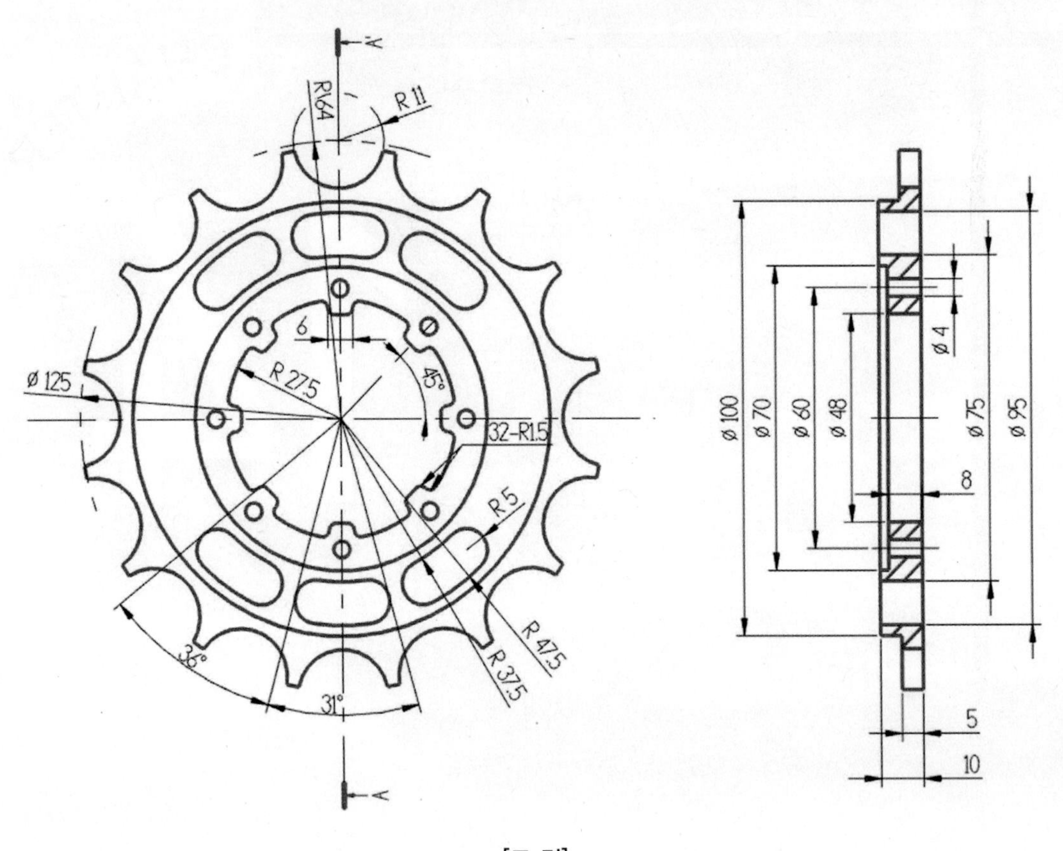

[도 면]

[모델링]

동영상 바로가기 QR code

해답의 참조는 동영상으로 작성했으며 아래의 링크 또는 QR코드로 접속하면 볼 수 있습니다.
(QR코드 어플은 Play Store 혹은 App Store에서 다운로드 후 이용 가능)

동영상 URL : https://youtu.be/tbK_ld_bQ5s

2 연습 예제 2 : 윤곽, 드릴, 포켓 가공 2

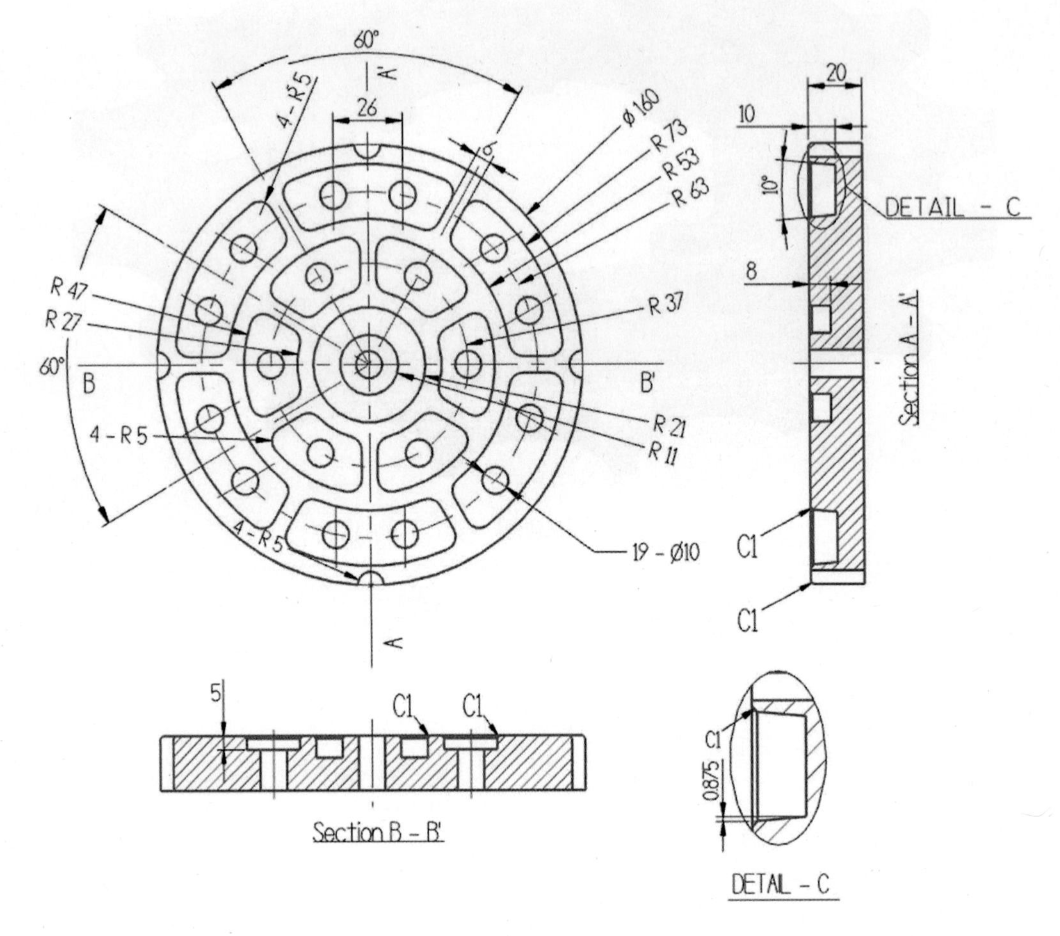

[도 면]

[모델링]

동영상 바로가기 QR code

해답의 참조는 동영상으로 작성했으며 아래의 링크 또는 QR코드로 접속하면 볼 수 있습니다.
(QR코드 어플은 Play Store 혹은 App Store에서 다운로드 후 이용 가능)

동영상 URL : https://youtu.be/24oznzH3FHs

3 연습 예제 3 : 고속가공 다이내믹 밀

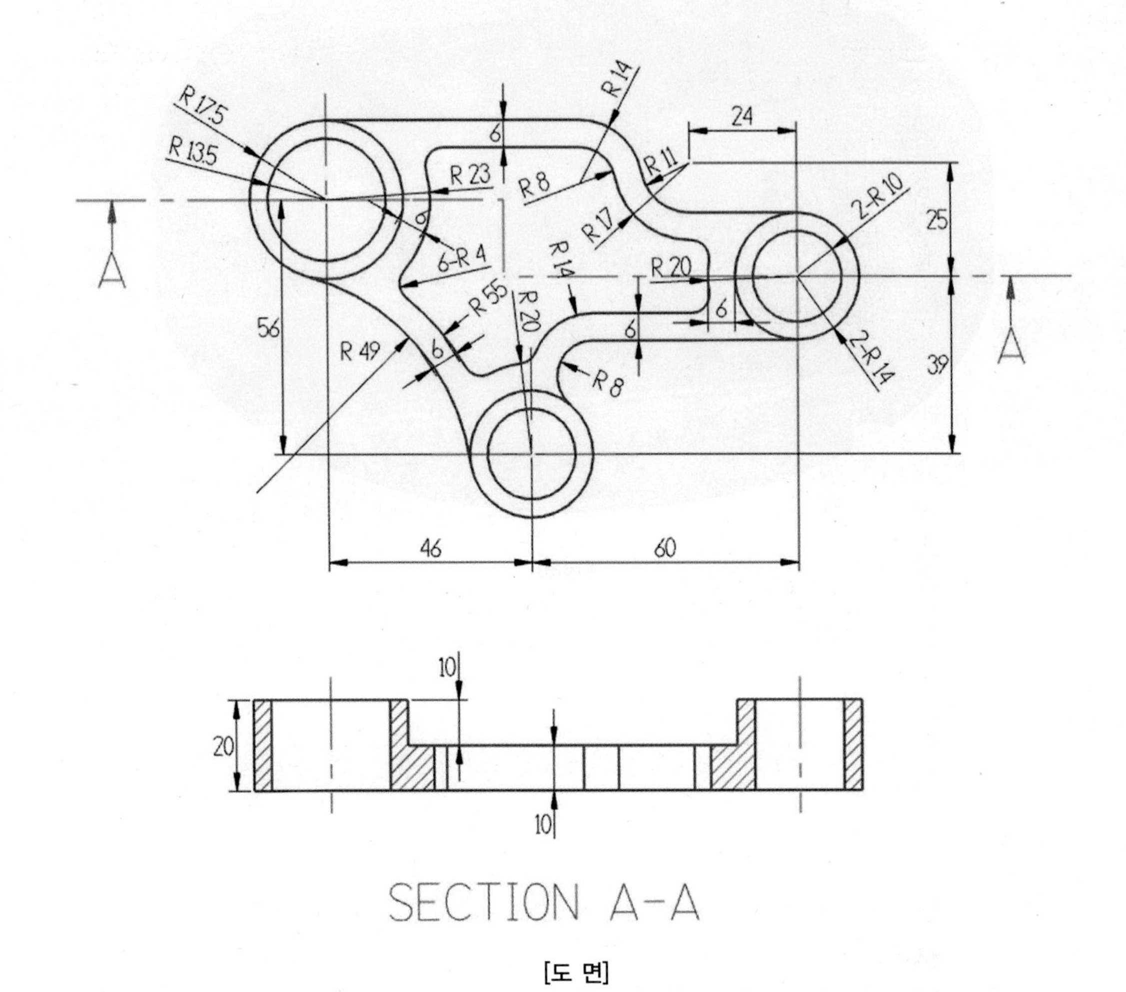

[도 면]

[모델링]

동영상 바로가기 QR code

해답의 참조는 동영상으로 작성했으며 아래의 링크 또는 QR코드로 접속하면 볼 수 있습니다.
(QR코드 어플은 Play Store 혹은 App Store에서 다운로드 후 이용 가능)

동영상 URL : https://youtu.be/7jy9pzHud5k

4 연습 예제 4 : FBM 가공

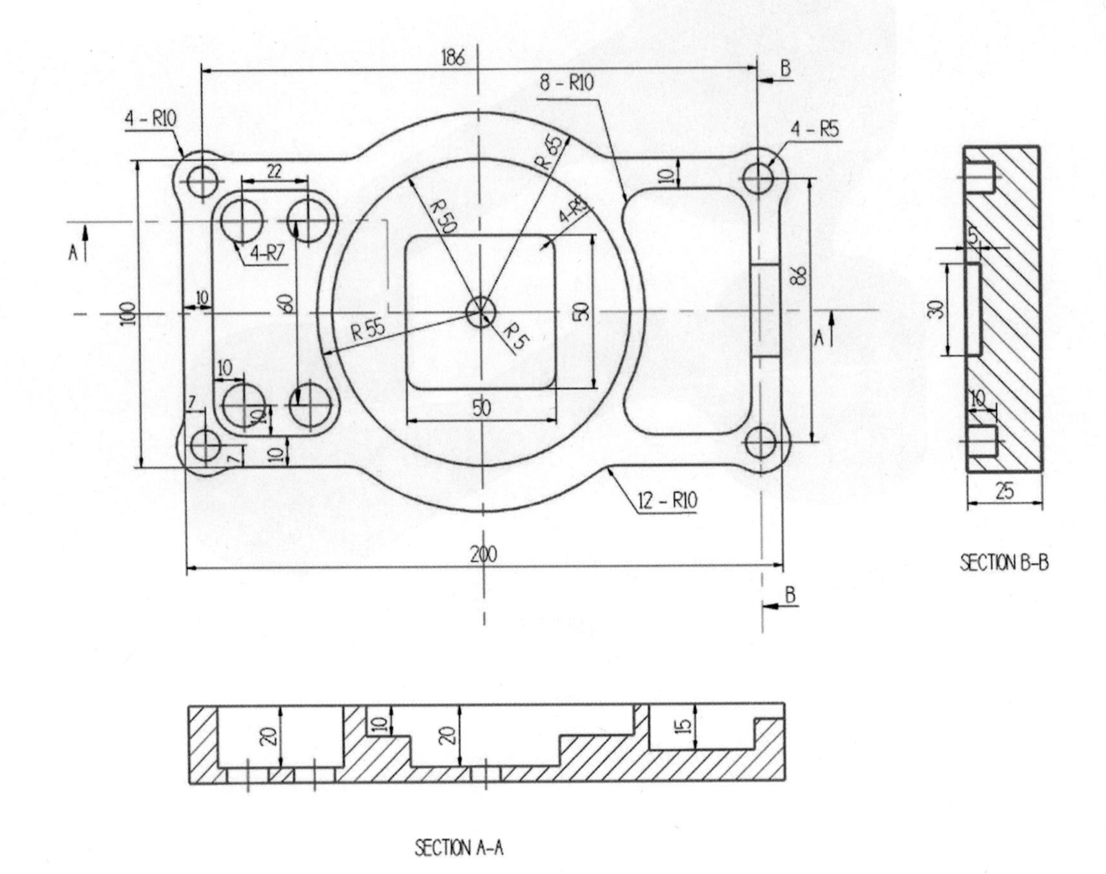

[도 면]

[모델링]

동영상 바로가기 QR code

해답의 참조는 동영상으로 작성했으며 아래의 링크 또는 QR코드로 접속하면 볼 수 있습니다.
(QR코드 어플은 Play Store 혹은 App Store에서 다운로드 후 이용 가능)

동영상 URL : https://youtu.be/4iPK7q80lW0

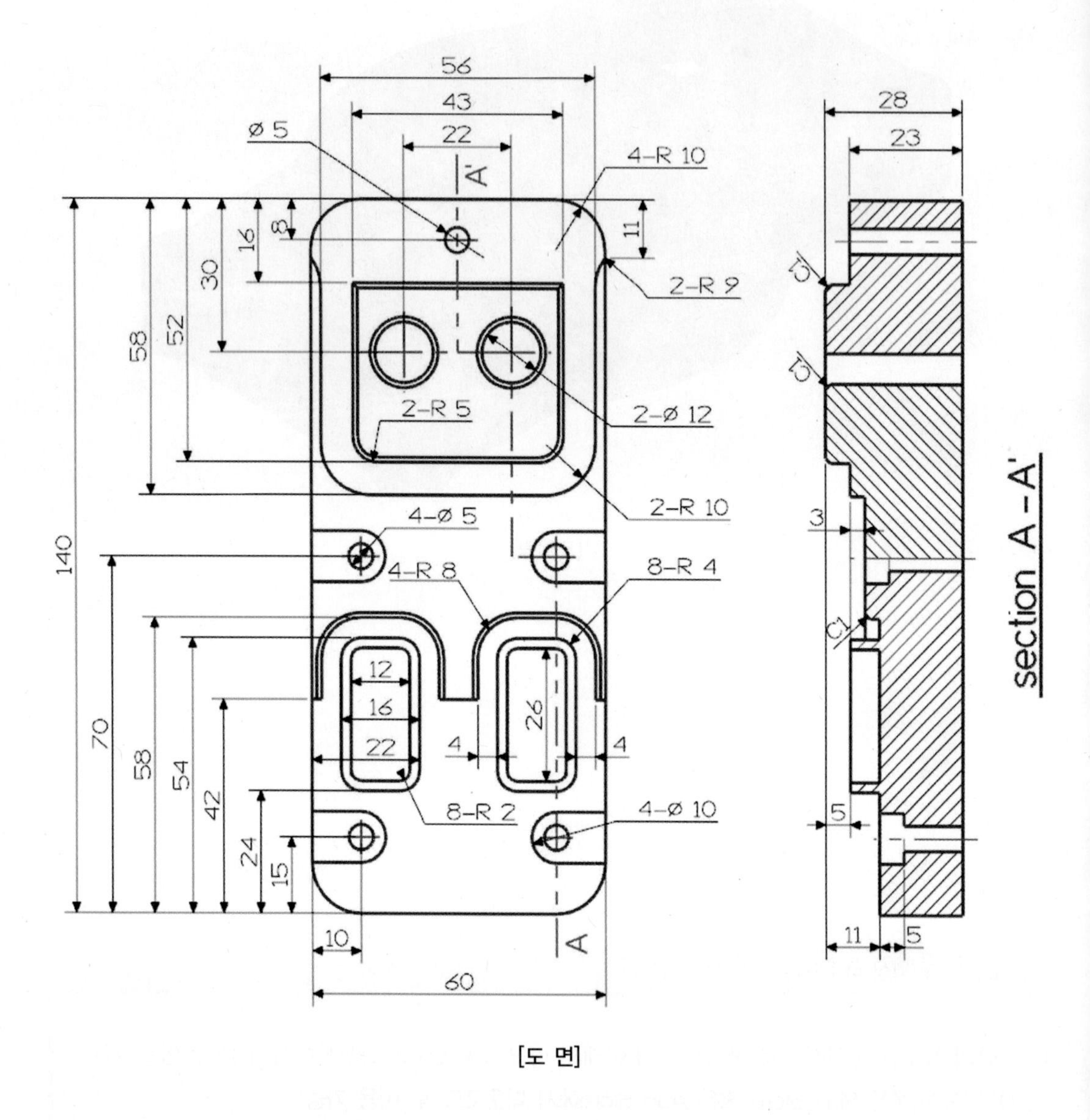
56
43
22
ø 5
A'
4-R 10
16
8
11
30
2-R 9
58
52
2-R 5
2-ø 12
2-R 10
140
4-ø 5
4-R 8
8-R 4
70
58
54
42
24
15
12
16
22
26
4
4
8-R 2
4-ø 10
10
A
60
28
23
C1
C1
3
C1
5
11
5
section A-A'

[도 면]

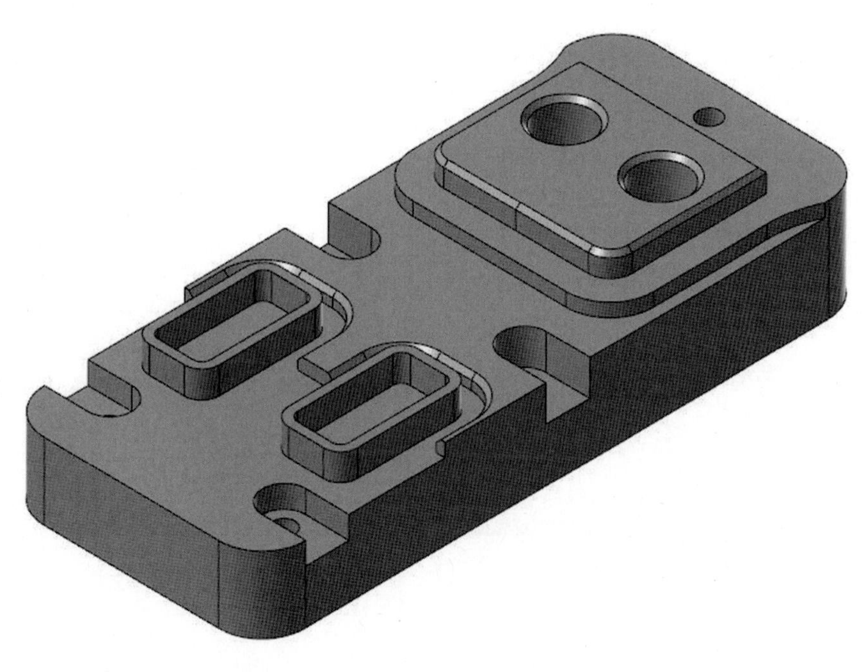

[모델링]

동영상 바로가기 QR code

해답의 참조는 동영상으로 작성했으며 아래의 링크 또는 QR코드로 접속하면 볼 수 있습니다.
(QR코드 어플은 Play Store 혹은 App Store에서 다운로드 후 이용 가능)

동영상 URL : https://youtu.be/njDzzYxe92c

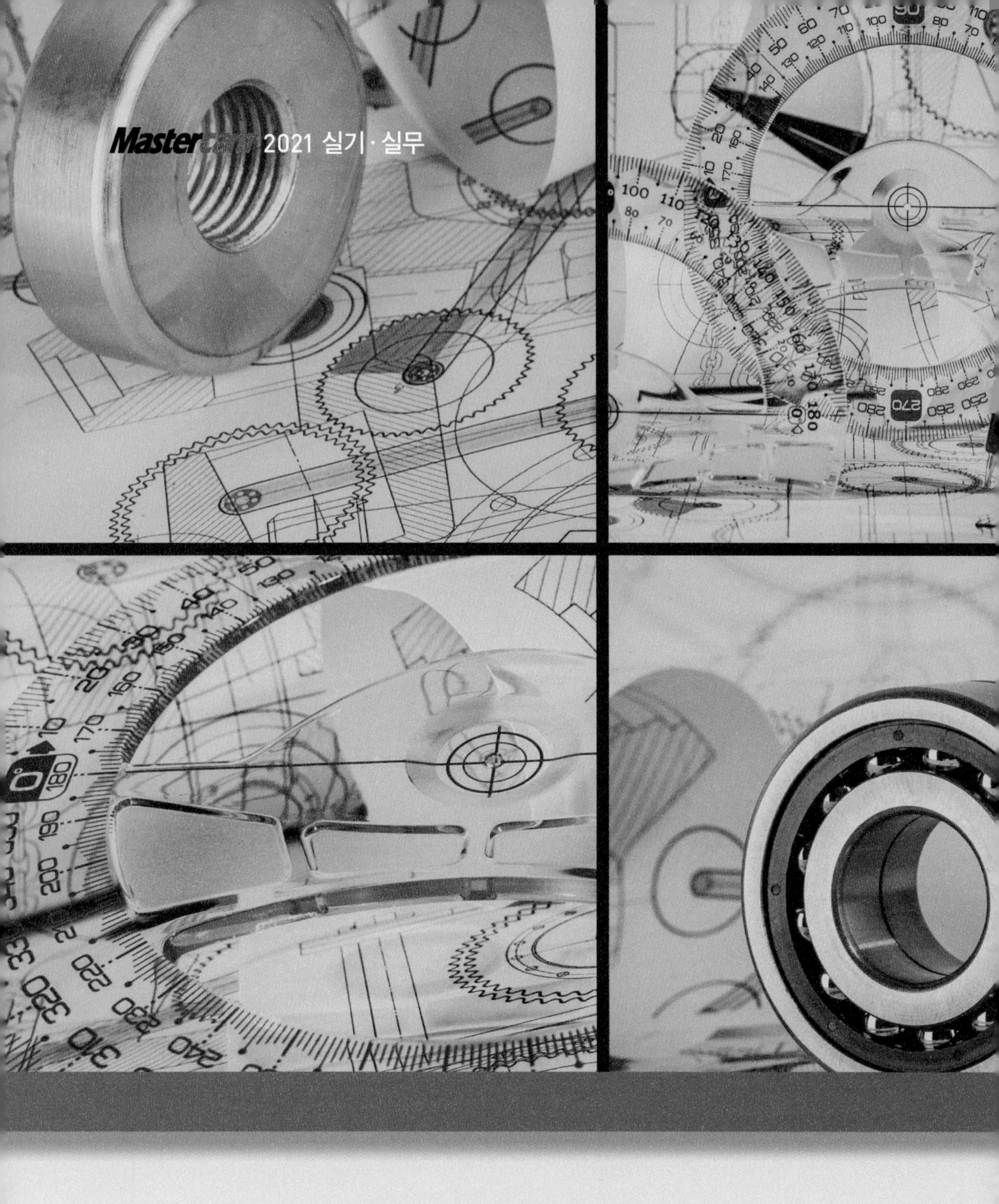
Mastercam 2021 실기·실무

CHAPTER 15

3차원 가공정의

CHAPTER

15 3차원 가공정의

1 가공대상 솔리드 / 곡면도형들에 대한 사전 검사

곡면에 대한 가공정의를 실행하기 전 곡면도형들의 이상 유무를 미리 검사하여, 발생할 수 있는 가공 데이터의 오류를 줄이는 것이 효율적인 방법이다. 가공 대상 곡면도형들에 대한 이상 유무는 앞에서 설명한 3차원 도형의 측정에서 솔리드 / 곡면 측정 메뉴들을 이용하여 검사할 수 있다.

2 황삭 및 정삭 가공조건 설정

황삭가공은 가공할 제품 형상에 비해 가공할 재료의 부피가 큰 경우에 가공 실행시간을 단축하기 위해 가능한 한 큰 공구를 사용하여 제품 형상에서 일정한 여유량을 남기고 나머지 재료의 부위를 빠르게 절삭하는 가공방법이고, 정삭가공은 가공할 제품 형상에 일치하게 재료를 절삭가공하는 가공방법이다.

일부 정삭가공은 황삭가공의 내용과 일치하기에 황삭 가공방법 설명을 참조하면 된다. 그림과 같이 황삭가공 방법을 선택하여 가공정의를 실행하면 설정할 수 있는 황삭가공 조건창이 나타나는데, 일부 항목들은 2D 가공경로의 윤곽가공 조건설정에서 설명한 내용과 동일하므로 여기서는 추가적인 항목들만 설명하도록 한다.

✐ 가공 조건창은 실행하는 가공방법의 형태에 따라 조금 다를 수 있다.

[황삭, 정삭 가공정의 메뉴]

(1) 곡면 파라미터

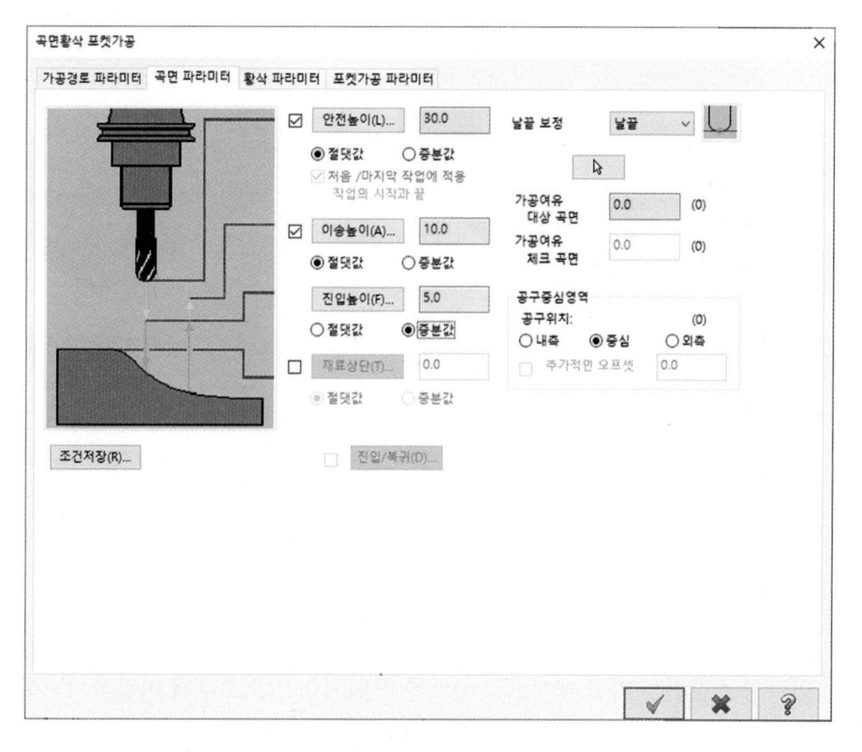

[곡면 파라미터 조건창]

1) 가공경로 / 곡면 선택

드라이브 대상 곡면, 체크 곡면, 공구 중심 영역 등을 하는 기능이다.

❶ **드라이브 대상곡면** : 작업대상이 될 곡면을 지정 혹은 지정 취소하는 기능이다.

❷ **체크곡면** : 작업대상에서 제외될 곡면을 지정 혹은 지정 취소하는 기능이다.

✎ 3차원 곡면으로 모델링되어 있는 형상의 일부분을 가공할 때, 그 가공 부분과 인접해 있는 곡면을 침범하여 가공하지 않도록 미리 인접한 곡면들을 지정하는 것을 체크곡면이라 한다.

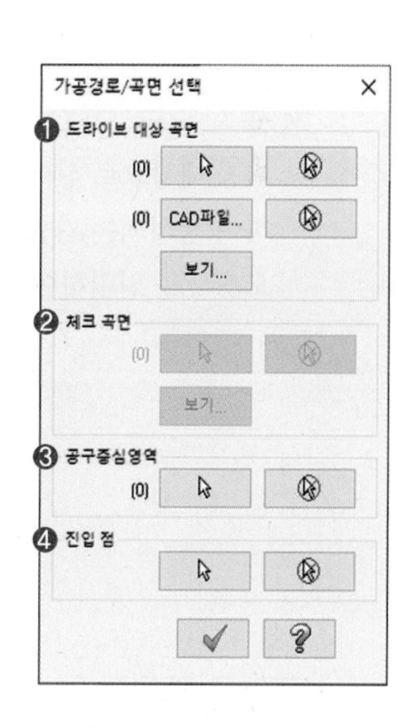

[가공경로 / 곡면 선택]

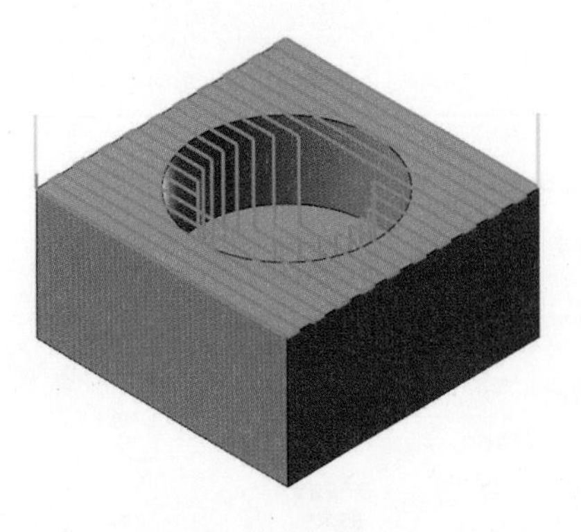

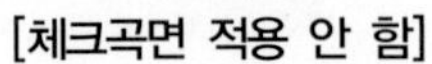

[체크곡면 적용 안 함]

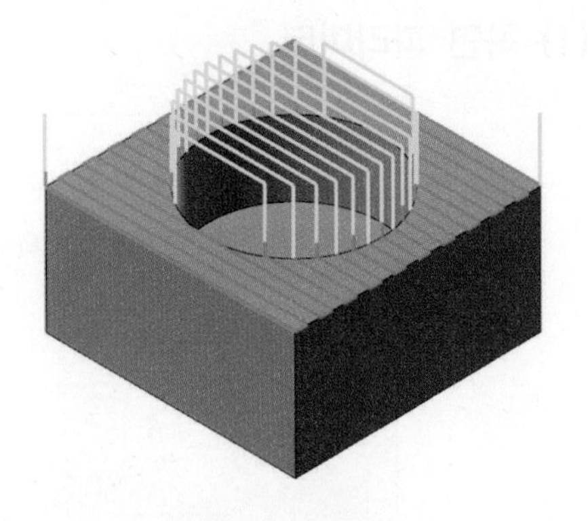

[체크곡면 적용]

❸ **공구 중심 영역** : 가공대상으로 선택된 곡면도형상에 존재하거나 곡면도형에 근접한 닫힌 윤곽 형태를 지정하여 생성되는 가공경로의 공구 중심을 지정 혹은 지정 취소하는 기능이다.

❹ **진입점** : 작업 시작에 근접할 점을 지정 혹은 지정 취소하는 기능이다.

2) 가공 여유 대상곡면

입력하는 값만큼 가공 대상으로 선택한 곡면의 표면으로부터 미절삭되도록 설정하는 기능이다.

3) 가공 여유 체크곡면

입력하는 값만큼 체크곡면의 표면으로부터 공구가 높이를 유지하게 된다.

4) 공구 중심 영역 / 공구 위치

가공 대상으로 선택된 곡면도형상에 존재하거나 곡면도형에 근접한 닫힌 윤곽 형태를 지정하여 생성되는 가공경로의 공구 중심이 내측 / 중간 / 외측으로 위치할 수 있으며 추가적인 오프셋을 입력하여 오프셋양을 추가로 입력할 수 있다.

5) 진입 / 복귀

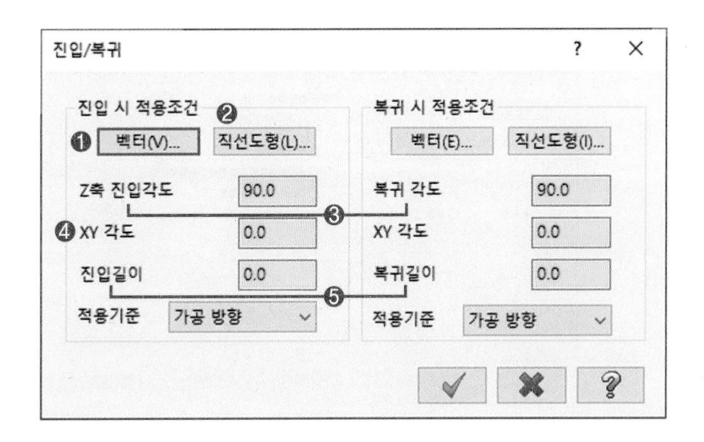

[진입 / 복귀 조건창]

❶ **벡터** : 공구가 가공경로상으로 진입하거나 가공경로에서 복귀하는 방향을 X, Y, Z 좌푯값으로 설정할 수 있는 아래의 벡터 대화창이 나타나는데, 이 창의 해당 항목에 적용될 좌푯값을 입력한다.

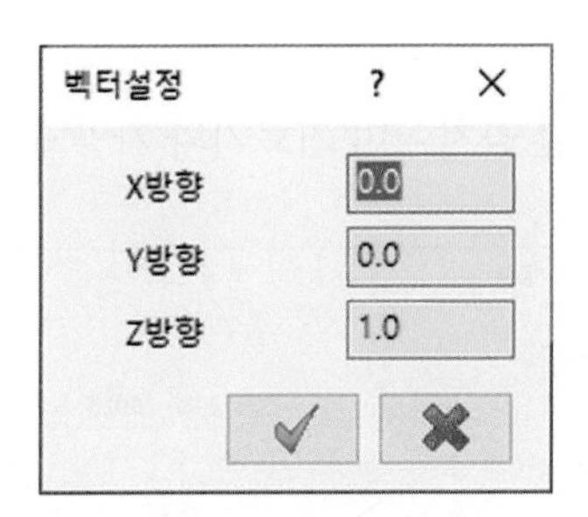

[벡터 설정]

❷ **직선도형** : 작업화면에 있는 직선도형을 선택하여 선택된 직선을 따라서 공구가 진입 및 복귀하도록 설정하는 기능으로 선택된 직선의 좌푯값으로 위의 방향 벡터 대화창의 관련 항목 값이 자동 적용되어 표시된다.

❸ **Z축 진입 / 복귀 각도** : 공구가 Z축상으로 진입 및 복귀할 때의 각도, 즉 수직 각도를 설정하는 기능으로 0의 값이 입력되면 절삭방향으로 진입 및 복귀를 하게 된다.

❹ **XY 각도** : 공구가 XY축상으로 진입 및 복귀할 때의 각도, 즉 수평 각도를 설정하는 기능으로 0의 값이 입력되면 절삭방향으로 진입 및 복귀하게 된다.

❺ **진입 / 복귀길이** : 길이를 입력한 만큼 직선으로 진입 및 복귀하게 된다.

(2) 황삭 파라미터

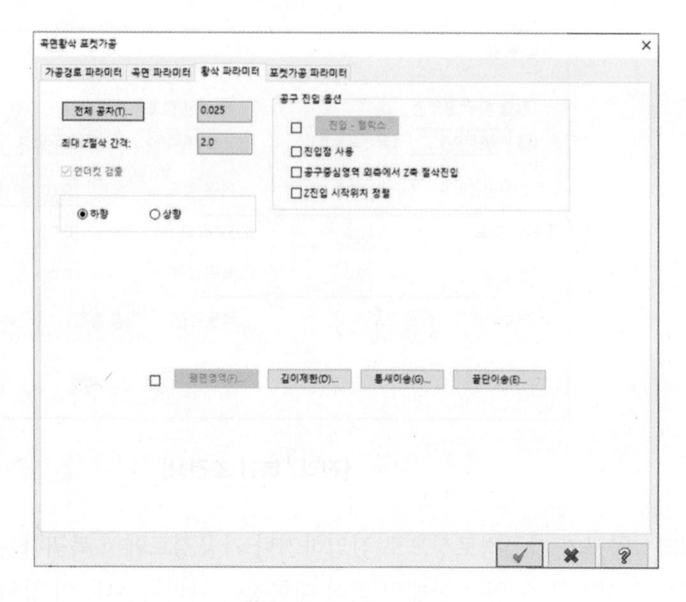

[황삭 파라미터 조건창]

1) 전체공차

곡면을 가공하기 위한 공차이며 거르기와 가공 공차를 동시에 지정할 수 있다.

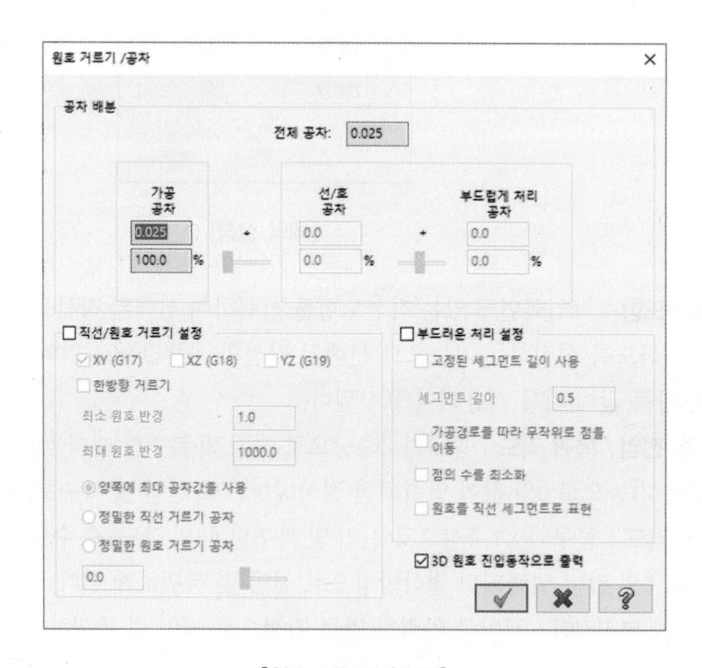

[원호 거르기 / 공차]

2) 최대 Z절삭 간격

가공될 Z축상의 전체 깊이를 가공경로 단계별로 나누어 공구가 절삭 진입할 수 있는 가공경로 단계 간의 최대 간격값을 설정하는 기능으로 우측 입력란에 적용될 값을 입력한다.

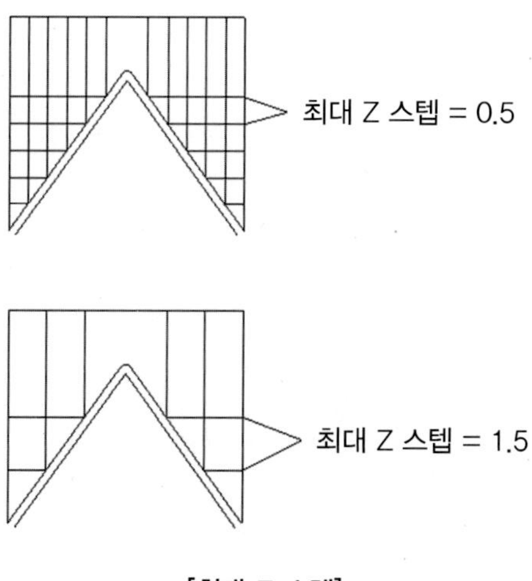

[최대 Z 스텝]

3) 평면영역

경사가 완만한 평면 구간에 대하여 설정하는 기능으로 깊이 제한과 함께 사용할 수 없다.

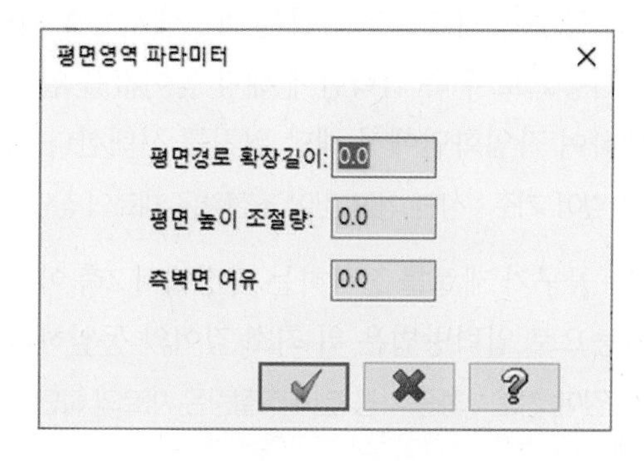

[평면영역 파라미터]

4) 깊이 제한

실질적인 가공 깊이 위치를 설정할 수 있다.

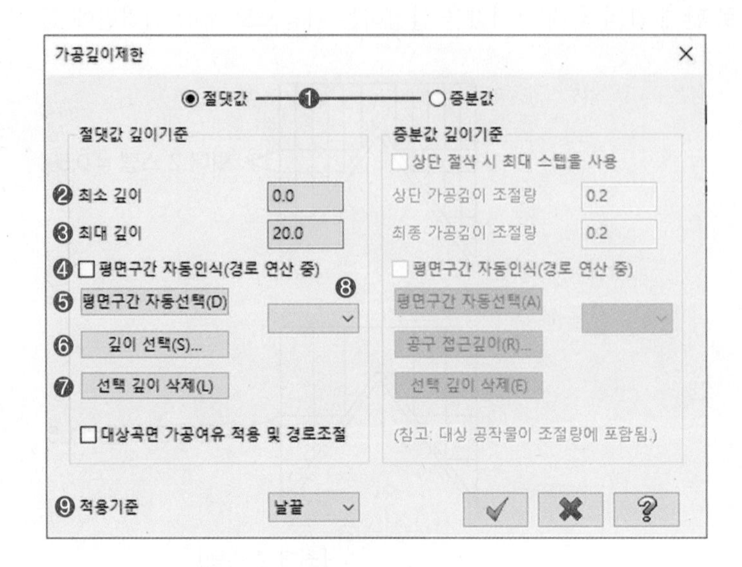

[가공 깊이 제한]

❶ **절댓값 / 증분값** : 가공경로 간 거리의 최소 / 최대 깊이 계산기준을 절댓값 또는 증분값 중 어떤 방법으로 적용할지 설정하는 기능이다.

❷ **최소 깊이** : 공구가 재료를 절삭하는 과정에서 Z축 위로 올라올 수 있는 최고의 높이를 설정하는 기능으로 우측 입력란에 해당 높이값을 입력하거나 아래의 공구접근 깊이 버튼을 선택하여 작업화면에서 해당 위치를 선택한다.

✎ **증분값 깊이 기준** : 상단 가공 깊이 조절량은 재료의 상단 기준으로 처음 절입할 양을 설정한다.

❸ **최대 깊이** : 공구가 재료를 절삭하는 과정에서 Z축 아래로 내려갈 수 있는 최저높이를 설정하는 기능으로 입력방법은 위 최소 깊이와 동일하다.

✎ **증분값 깊이 기준** : 최종 가공 깊이 조절량은 재료의 하단 기준으로 마지막 절입 시 남길 여유량을 설정한다.

❹ **평면구간 자동인식(경로 연산 중)** : 평면구간 자동선택에서 찾은 값을 자동으로 인식시키는 기능이다.

❺ **평면구간 자동 선택** : 곡면가공 시 평면구간의 깊이를 자동으로 찾아서 깊이목록에 추가시켜 주는 기능으로 황삭가공 시 가공 부하를 줄일 수 있다.

❻ **깊이 선택** : 작업화면에서 위의 최소 깊이 및 최대 깊이 등 가공경로상의 정확한 깊이 위치를 지정하여 선택하는 기능이다. 지정 위치는 반드시 가공경로 범위 내에 존재하는 위치여야 하며, 지정된 위치들은 위의 깊이가공 대화창 내 해당 항목의 값으로 자동 적용되어 표시된다.

❼ **선택 깊이 삭제** : 깊이 LIST에 선택된 모든 깊이를 삭제하는 기능으로 만약 리스트상에 표시된 특정 위치값을 삭제하려면 해당 깊이값을 선택한 후 Delete 키를 누르면 된다.

❽ **깊이 LIST** : 위 평면 구간 자동선택 버튼 우측에 있는 항목으로 설정된 각종 깊이 리스트가 나타나는데, 이 리스트상에 위치값을 추가하려면 리스트 입력란에 직접 위치값을 입력하거나 위의 공구 접근 깊이 버튼을 선택하여 위치 지정을 새롭게 한다.

❾ **적용 기준** : 깊이를 계산할 때 공구의 날 끝 또는 중심 중 어느 곳의 위치를 기준으로 계산하여 가공경로를 생성할지 설정하는 기능이다.

5) 틈새이송

가공경로상에 존재하는 틈새부분(가공경로가 연결되어 있지 않고 떨어져 있는 부분)에 대한 공구의 가공 실행 조건을 설정할 수 있다.

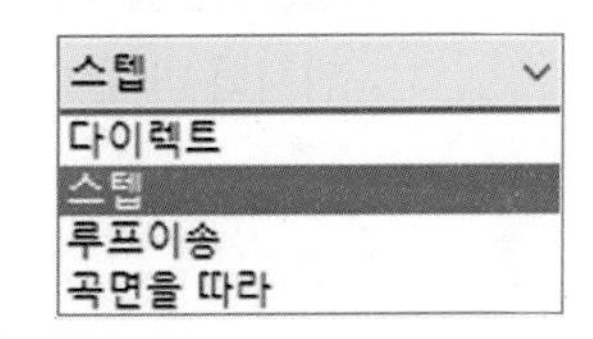

[틈새이송 조건창]

❶ **틈새 크기** : 틈새는 곡면과 곡면이 만나는 부위에서 적용된 공차값으로 인해 발생하게 되는데 시스템이 가공경로를 체크할 때 떨어져 있는 가공경로 사이의 간격 길이가 아래의 '거리'와 '% of 가공간격' 항목에 입력된 값을 기준으로 입력된 값보다 큰 경우에만 틈새로 인식하게 된다.

㉠ **거리** : 틈새의 크기를 거리값으로 설정하는 기능이다.

㉡ **가공간격 기준 비율(%)** : 가공방법에서 설정된 공구의 이동 간격값의 비율로 틈새 크기를 설정하는 기능으로 우측 입력란에 비율값을 입력한다. 이 항목은 간격 값으로 가공하지 않는 방사상 가공과 투영 가공에서는 적용되지 않는다.

❷ **실제 간격<틈새 크기 → 절삭이송** : 가공경로상의 실제 틈새 크기가 설정된 틈새 크기보다 작은 경우에 이 틈새 부분에서 공구가 복귀하지 않고 아래의 세부 항목 중 선택되는 방법의 형태로 절삭이송되도록 설정하는 기능이다.

㉠ **다이렉트** : 틈새의 시작 위치와 마지막 위치 사이를 공구가 절삭이송하는 형태이다.

㉡ **스텝** : 틈새가 발견되면 틈새 시작 위치에서 공구가 가공경로 위로 이송하여 틈새의 마지막 위치까지 이동한 후, 마지막 위치 높이로 내려가서 이후의 가공경로를 따라 절삭이송을 진행하는 형태이다.

㉢ **루프이송** : 틈새의 시작 위치와 마지막 위치 사이를 공구가 부드러운 원호 형태로 절삭이송하는 형태로 이 방법은 고속가공 실행 시 유용한 방법이다.

㉣ **곡면을 따라** : 틈새에 해당하는 곡면 부위의 형상을 따라서 공구가 틈새의 시작 위치와 마지막 위치 사이를 절삭이송하는 형태이다.

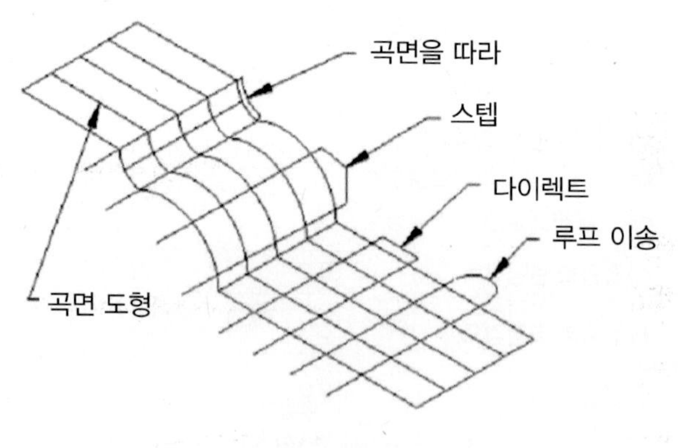

[절삭이송 예]

㉤ **틈새에서 공구복귀 Z축 이송** : 틈새에서 다음 경로로 이동 시 Z축만 이동되면 복귀속도를 사용하도록 한다.

ⓑ **틈새 이송 시 간섭체크 실행** : 항목 선택 시 공구의 동작이 가공경로상의 틈새 크기보다 큰 경우에 발생할 수 있는 간섭(GOUGE)을 시스템이 자동으로 체크하여 수정하도록 설정하는 기능이다. 공구 동작의 크기가 틈새 크기보다 크거나 작은 것에 관계없이 이 체크 기능이 실행된다.

❸ **모션>갭 크기, 복귀** : 가공경로상의 틈새 크기가 설정된 틈새 크기보다 큰 경우에 이 틈새의 시작 위치에서 공구가 복귀하였다가 틈새의 마지막 위치로 다시 내려가 가공 진행이 되도록 설정하는 기능으로 시스템은 이러한 상황이 발생되면 가공경로에 공구의 복귀 동작을 자동으로 추가하게 된다.

❹ **아래에서 위로** : 가공경로의 진행방향을 아래에서 위로 바꿔주는 기능이다.

❺ **절삭순서 최적화** : 틈새가 발생된 영역 내에서 공구의 급속이송을 정리해서 최소한의 급속이송 형태를 갖도록 한다.

❻ **이전 절삭 영역으로 Z축 진입** : 틈새 발생 부분을 미절삭된 상태로 남기고 다른 영역을 절삭가공한 후에 공구가 현재 영역에서 미절삭 영역으로 Z축 이송하여 다른 절삭방법으로 미절삭 부위를 절삭하는 기능이다.

❼ **공구 중심 영역 윤곽형태 이송** : 틈새 이송 시 공구 중심 영역을 벗어나지 않도록 한다. 다축 가공경로에서는 사용할 수 없다.

❽ **접원호 반경 크기** : 틈새 부분에 대하여 공구의 진입 / 복귀를 사용하는 것으로 설정한 경우 진입 / 복귀의 형태를 원호 형태로 할 때 적용될 원호의 반지름값을 설정하는 기능이다.

❾ **접원호 회전각도** : 틈새 부분에 대하여 공구의 진입 / 복귀를 사용하는 것으로 설정한 경우 진입 / 복귀의 형태를 원호 형태로 할 때 적용될 원호의 각도값을 설정하는 기능이다.

❿ **접선길이** : 공구의 진입 / 복귀에 입력한 값만큼 접선의 길이를 추가한다.

6) 끝단이송

드라이브 대상 곡면의 끝단 위치에 대한 공구의 이송형태를 설정할 수 있다.

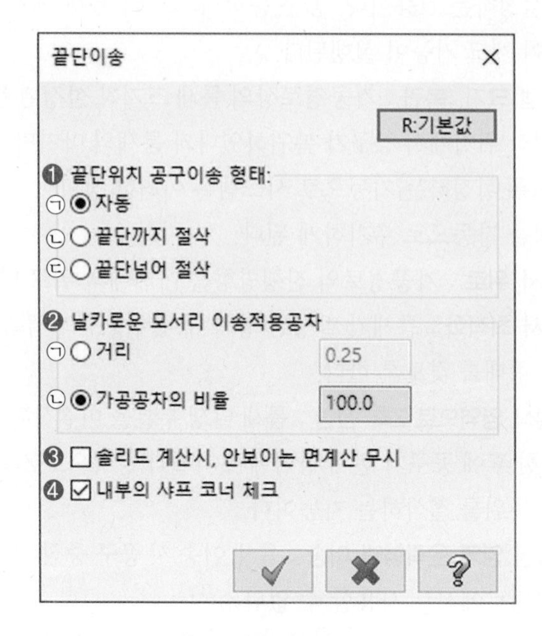

[끝단이송]

❶ **끝단위치 공구이송 형태** : 곡면도형들의 끝단부분에서 공구의 절삭형태를 설정하는 기능으로 아래 항목 중 하나의 가공방법을 선택한다.

㉠ **자동** : 공구 중심 영역을 사용하지 않는 경우에는 곡면의 사이(공유 끝단)에 대하여만 공구의 절삭이송이 실행된다.

㉡ **끝단까지 절삭** : 곡면들의 사이(공유 끝단)에 대하여만 공구의 절삭이송이 실행된다.

㉢ **끝단 넘어 절삭** : 곡면들의 모든 끝단을 넘어서 공구가 절삭이송된다.

❷ **날카로운 모서리 이송 적용공차** : 곡면도형의 각진 부위에 대한 정밀가공을 위해 절삭이송 간격을 계산하는 공차값을 설정하는 기능이다. 설정되는 공차값이 작을수록 공구의 절삭이송 움직임이 각진 형태가 되며, 공차값이 클수록 둥근 형태가 된다.

㉠ **거리** : 길이에 대한 공차값을 입력하여 입력된 공차값을 계산기준으로 설정하는 방법이다.

㉡ **가공 공차의 비율** : 가공 조건창에서 설정된 가공경로 생성의 가공공차에 대한 일정비율 크기로 적용될 공차값을 설정하는 방법으로 우측 입력란에 해당 비율을 입력한다.

❸ **솔리드 계산 시, 안 보이는 면 계산 무시** : 솔리드 도형을 가공하는 경우 내측 또는 언더컷 부분의 계산을 무시하여 가공경로 산출시간을 단축시킨다.

❹ **내부의 샤프 코너 체크** : 곡면의 내부에 발생하는 샤프 코너를 검색할 경우에 사용한다.

3 황삭 가공경로

3차원 곡면도형들을 대상으로 가공하는 방법에는 곡면에 대한 황삭가공, 정삭가공, 잔삭가공, 재가공 등이 있으며, 각각의 가공방법별로 여러 가지 형태의 세부적인 가공방법을 사용할 수 있다. 가공할 재료의 부피가 가공될 제품의 형상에 비해 여유량이 많은 경우 가공시간 단축을 위해 제품의 형상에 근접한 부피 외의 재료 부분을 지름이 큰 공구를 사용하여 빠르게 절삭시키는 가공방법이 황삭가공이다.

[황삭가공 메뉴]

(1) 최적화 황삭

최적화 황삭 가공경로는 공구의 부하를 일정하게 유지하는 움직임을 특징으로 난삭 재질의 가공에 유용하게 사용할 수 있다. 또한 Z스텝 간격을 입력하는 항목이 두 개가 있어서 가공물의 형상에 따라 황삭과 중삭을 같이 처리할 수 있다는 특징과 공구의 복귀시기를 비교적 쉽게 조절할 수 있다는 특징도 있다.

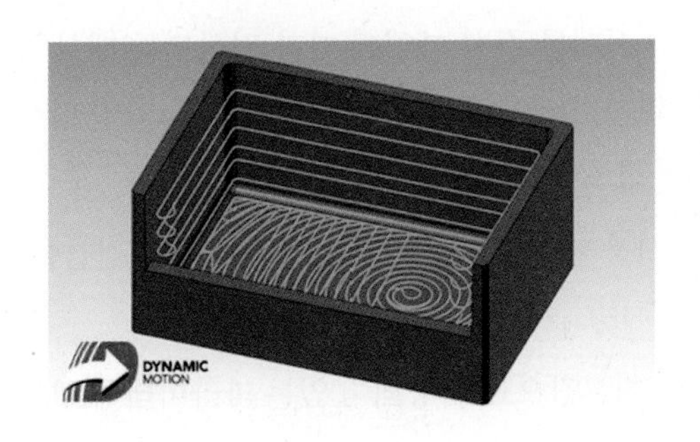

[내부 유지]

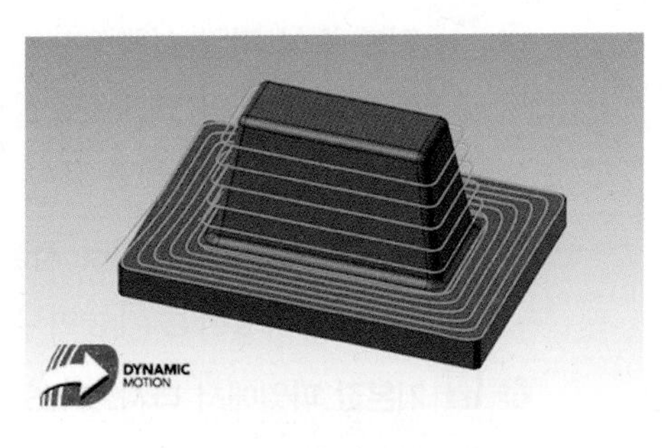

[외부로부터]

1) 다이내믹 최적화 황삭 창의 구성

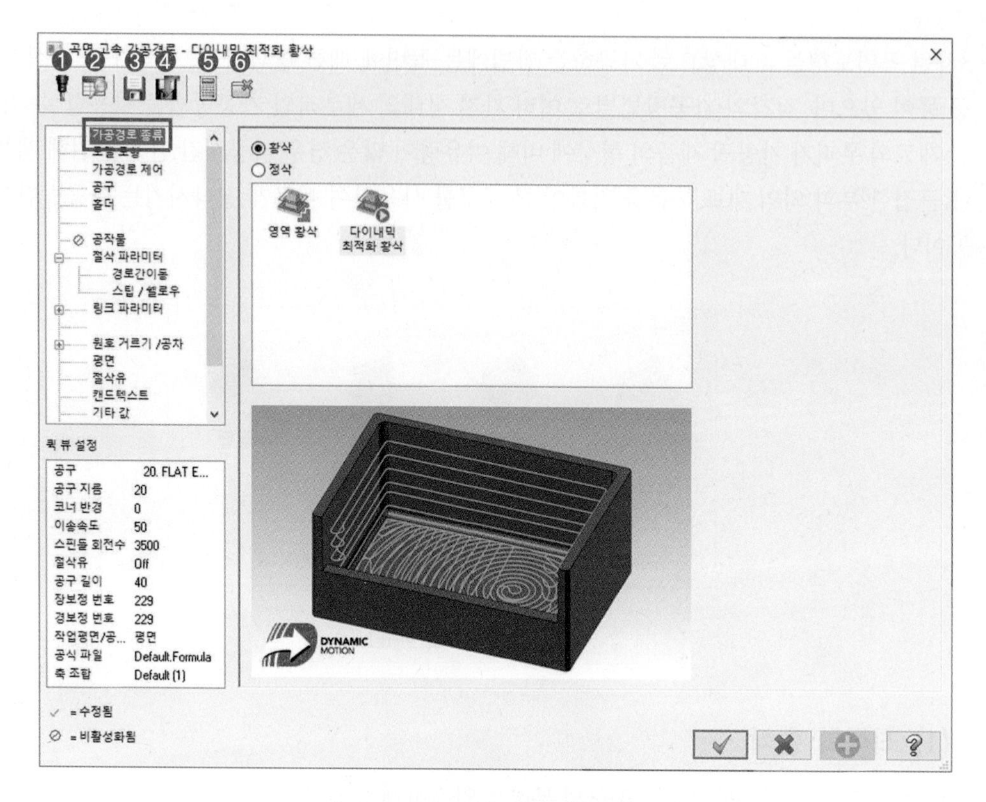

[다이내믹 최적화 황삭가공 조건창]

❶ **공구 관리자** : 기본 공구 목록 및 사용자가 원하는 공구 목록을 불러 가공경로에 적용시킬 공구를 선택하는 기능이다.

❷ **기본 수식 파일 선택** : 사용자가 선택한 수식 파일에 따라 절삭되는 대상 공작물의 재질에 따른 경도의 조건으로 절삭 파라미터의 조건 기준이 달라진다. 파일 형식은 XML 형식이며, 이 기능은 곡면 고속 가공경로에만 지원된다.

❸ **기본값 파일로 파라미터 저장** : 사용자가 원하는 파라미터의 절삭 조건들을 작업 기본값 파일로 저장하는 기능이다.

❹ **기본값 파일에서 다시 불러오기** : 기본값으로 저장되어 있는 파라미터의 절삭 조건들을 다시 로딩하는 기능이다.

❺ **이송속도 및 회전수 계산기** : 재질과 공구 조건에 따라 이송속도 및 주축 회전수를 계산하는 기능이다.

❻ **대화창 감추기** : 작업 중 대화창을 숨기고 그래픽 화면을 보여주는 기능으로 그래픽 화면을 확인한 후 다시 대화창을 표시할 때는 ESC 키를 누른다.

2) 모델 도형

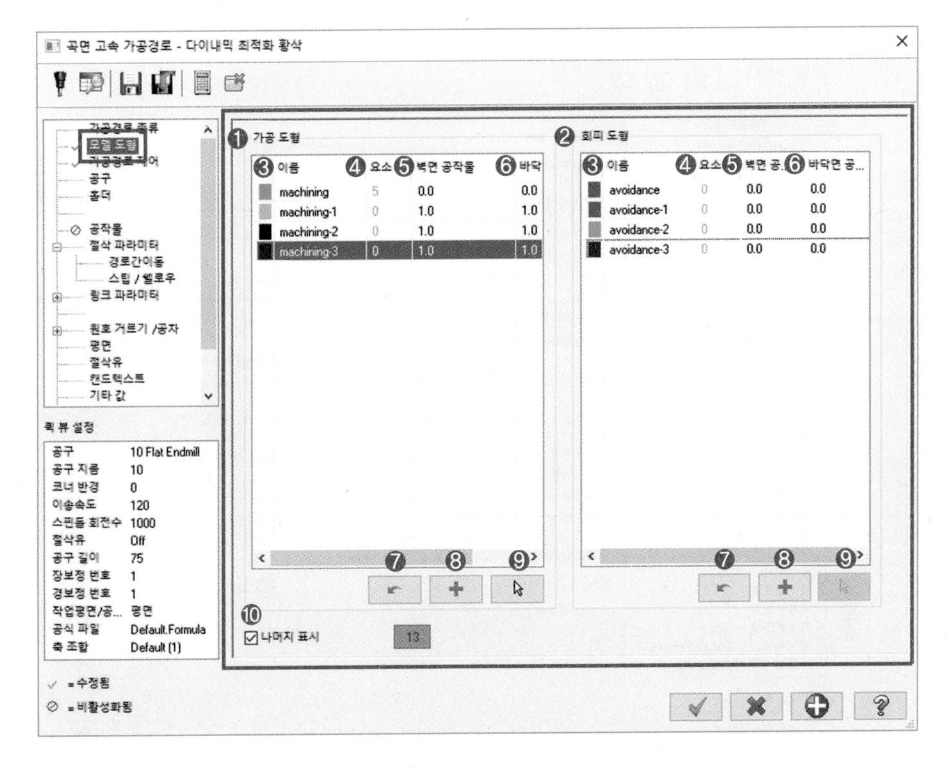

[모델 도형 조건창]

❶ **가공 도형** : 가공할 솔리드 도형의 면을 선택하는 기능이다. 아래 목록에 새로운 그룹을 생성하고 새로운 색상을 설정하여 세부적으로 가공할 솔리드 도형을 나눌 수 있다.

❷ **회피 도형** : 회피할 솔리드 도형의 면을 선택하는 기능이다. 아래 목록에 새로운 그룹을 생성하고 새로운 색상을 설정하여 세부적으로 회피할 솔리드 도형을 나눌 수 있다.

❸ **이름** : 생성한 도형 목록의 이름을 수정하는 기능이다.

❹ **요소** : 목록의 선택된 면의 개수를 표시하는 기능이다.

❺ **벽면 공작물** : 측벽면의 가공 여유값을 입력하는 기능이다.

❻ **바닥면 공작물** : 바닥면의 가공 여유값을 입력하는 기능이다.

❼ **공작물 값 초기화** : 벽면 / 바닥면 공작물의 입력된 가공 여유값을 초기화한다.

❽ **새 그룹 추가** : 가공 도형 및 회피 도형의 새로운 그룹을 추가할 수 있다.

❾ **요소 선택** : 가공 도형 및 회피 도형의 요소를 선택하여 추가할 수 있다.

❿ **나머지 표시** : 가공 도형과 회피 도형에 속하지 못한 부분을 표시한다.

3) 가공경로 제어

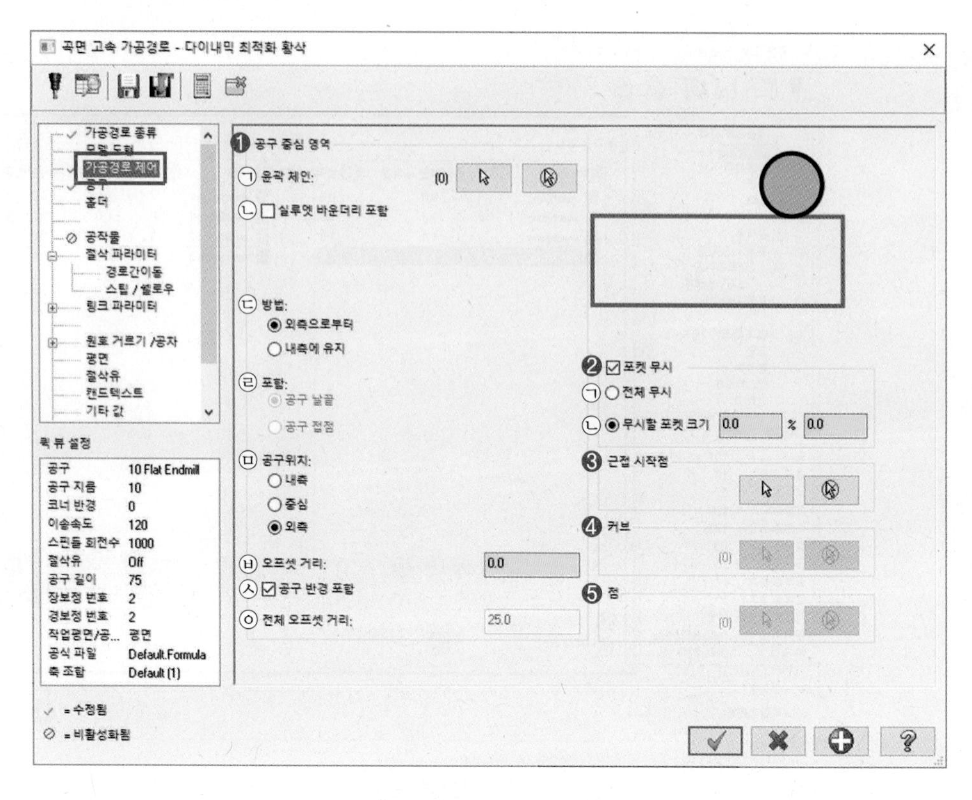

[가공경로 제어 조건창]

❶ 공구 중심 영역

㉠ **윤곽 체인** : 공구 중심 영역을 선택 또는 제거하는 기능이다.

㉡ **실루엣 바운더리 포함** : 선택한 윤곽 체인에 가공 도형의 외곽을 추가적인 공구 중심 영역으로 설정한다.

㉢ **방법** : 공구의 가공 진행방향을 선택할 수 있다.

- 외측으로부터 : 공구가 가공 도형으로 선택한 솔리드 도형의 외측에서부터 진입한다.
- 내측에 유지 : 공구가 선택한 가공 도형의 내측부터 시작하여 외측 끝단까지만 가공을 진행한다.

㉣ **포함** : 중심 영역 범위 안에서 공구가 마지막까지 접할 수 있는 기준을 공구의 날 끝까지 인식할지, 공구와 공작물의 접점으로 인식할지 지정할 수 있다.

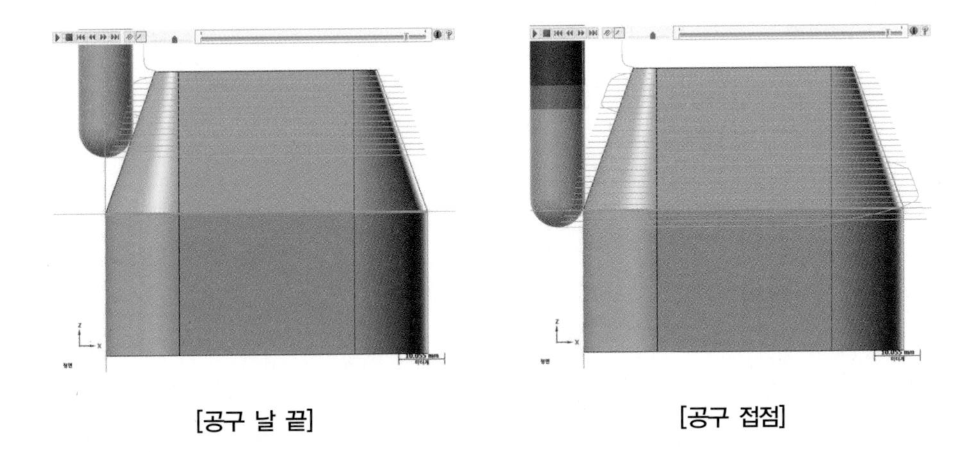

[공구 날 끝] [공구 접점]

ⓜ **공구 위치** : 가공영역을 공구 기준으로 내측 / 중심 / 외측으로 제한할 수 있다.

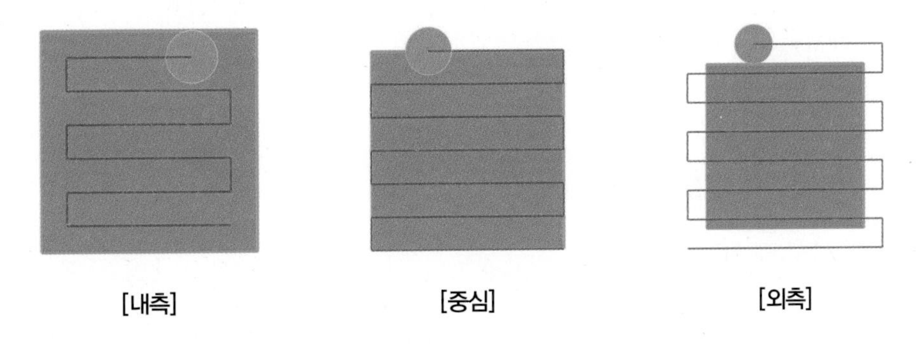

[내측] [중심] [외측]

ⓑ **오프셋 거리** : 공구 중심 영역에 오프셋양을 추가로 지정할 수 있다.

ⓢ **공구 반경 포함** : 사용자가 지정한 공구의 반경을 인식하여 오프셋 거리값을 자동 적용시켜준다.

ⓞ **전체 오프셋 거리** : 공구 반경 포함 및 오프셋 거리의 값을 더하여 전체 오프셋 거리를 표시한다.

❷ **포켓 무시** : 포켓 형상에 가공경로가 생성되지 않도록 설정한다.

㉠ **전체 무시** : 크기와 상관없이 모든 포켓 형상에 경로가 생성되지 않도록 설정한다.

㉡ **무시할 포켓 크기** : 기준 크기를 지정하여 설정한 값보다 작은 크기의 형상에는 경로가 생성되지 않도록 설정한다.

❸ **근접 시작점** : 이 기능으로 지정한 가장 가까운 위치에서 가공경로가 생성된다.

❹ **커브** : 스켈롭과 일정한 스켈롭에서는 오프셋될 도형, 블렌드에선 블렌드에 사용될 도형, 투영에선 투영될 도형 등과 같이 가공경로에 사용될 커브를 선택한다.

❺ **점** : 곡면 솔리드에 투영을 위해 사용될 점을 선택하는 기능이다.

4) 공작물

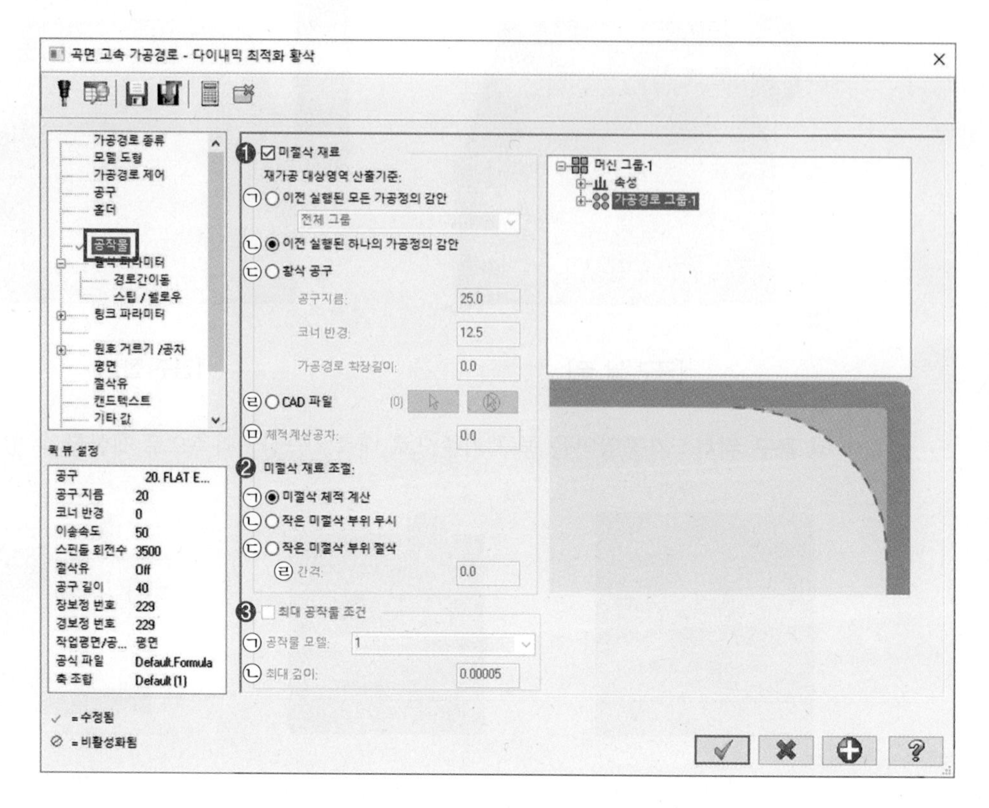

[공작물 조건창]

❶ **재가공 대상영역 산출 기준**

㉠ **이전 실행된 모든 가공정의 감안** : 황삭, 잔삭 가공경로 전에 실행된 모든 가공을 감안하여 재가공 대상영역을 산출한다.

㉡ **이전 실행된 하나의 가공정의 감안** : 우측의 창에서 선택한 하나의 가공정의를 기준으로 재가공 대상영역을 산출한다.

㉢ **황삭 공구** : 특정 공구의 지름과 코너 반경을 입력하여 재가공 대상영역을 산출한다.

㉣ **CAD 파일** : 사용자가 지정한 STL 파일을 이용해 재가공 대상영역을 산출한다.

㉤ **체적계산공차** : 이전 가공들의 미절삭 체적을 계산하기 위한 공차이다. 공차를 정밀하게 주면 부드러운 경로를 생성할 수 있지만 산출 시간이 더 오래 걸리게 된다.

❷ **미절삭 재료 조절** : 이전 가공이 끝난 가공 체적의 추가량을 늘리거나 줄이는 기능이다.

㉠ **미절삭 체적 계산** : 이전 가공된 가공 체적에 추가량을 적용하지 않는 기능이다.

㉡ **작은 미절삭 부위 무시** : 미절삭 적용간격 설정값에 의해 작은 미절삭 부위를 무시하므로 '작은 미절삭 부위' 절삭보다 빠르게 경로가 생성된다.

㉢ **작은 미절삭 부위 절삭** : 미절삭 적용간격 설정값에 의해 작은 미절삭 부위를 절삭하는 경로가 생성된다.

㉣ **간격** : 이전에 가공된 가공 체적에 추가로 체적량을 늘리거나 줄이는 기능으로 수치를 입력한다.

❸ **최대 공작물 조건**

㉠ **공작물 모델** : 생성되어 있는 공작물 모델을 선택한다.

㉡ **최대깊이** : 공작물 모델과 모델링의 차이로 인한 언더컷을 제한하기 위해 최대깊이를 설정한다.

5) 절삭 파라미터

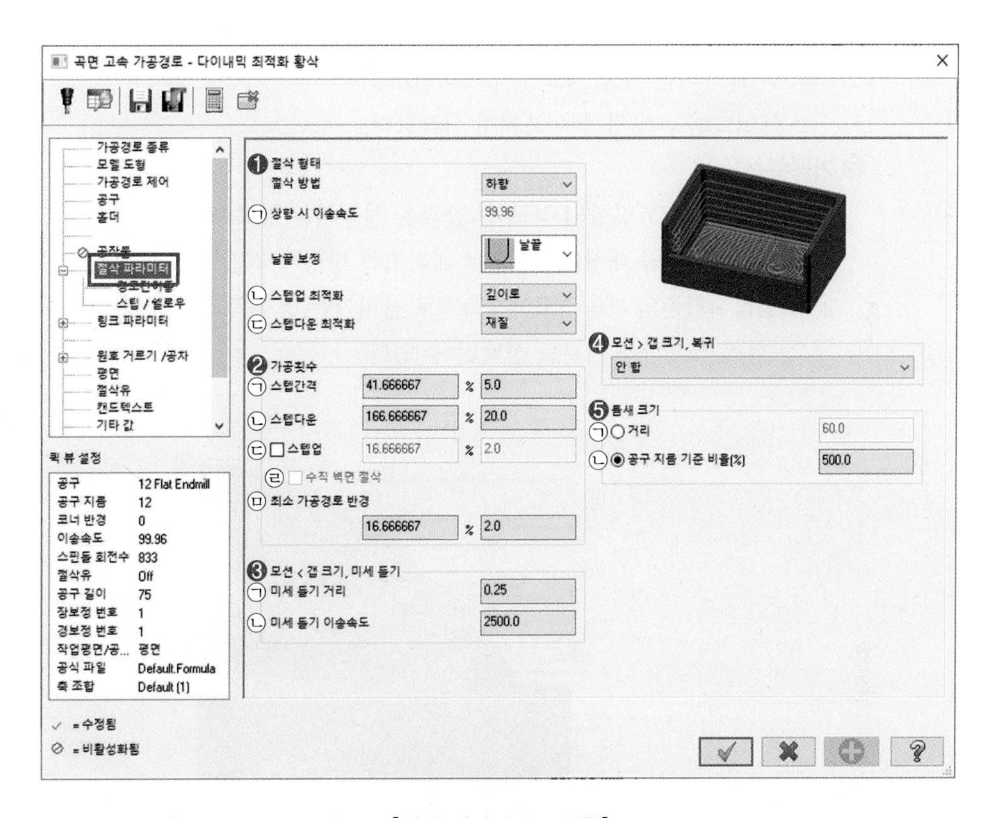

[절삭 파라미터 조건창]

❶ **절삭 형태**

㉠ **상향 시 이송속도** : 기존 왕복 운동의 대체 이송속도를 설정하는 기능이다.

㉡ **스텝업 최적화** : 서로 다른 영역들에서의 절삭 순서를 조절하는 기능이다.

- 깊이로 : 모든 절삭 순서를 Z높이 기준으로 결정한다.
- 다음 근접한 : 이전 절삭 지점과 가장 가까운 절삭 지점으로 이동하도록 순서를 결정한다.
- 포켓으로 : 포켓에서 포켓으로 이동하며 모든 스텝다운 가공을 끝낸 후, 다음 영역의 스텝업 가공을 한다.

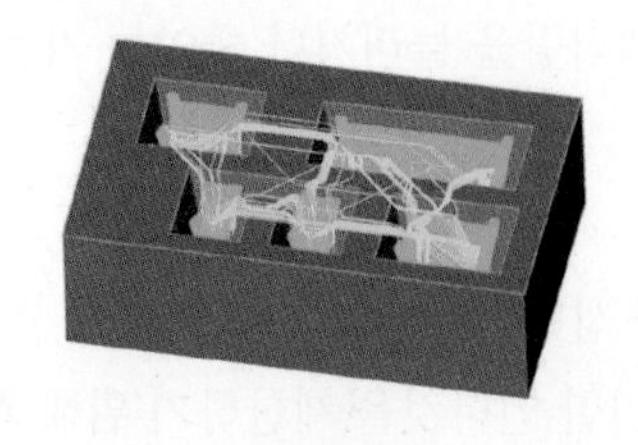

[깊이로]

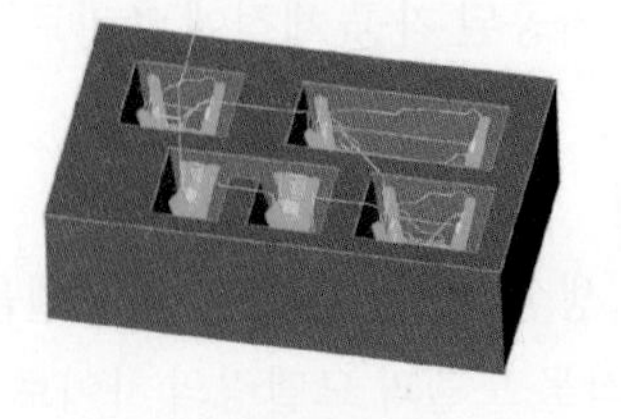

[다음 근접한]

[포켓으로]

㉢ **스텝다운 최적화** : 다음 가공경로로 넘어갈 때의 시작점을 제어한다.

- 재질 : 공구에서 가장 가까운 공작물에서 시작한다.
- 안 함 : 최근 가공 재료에서 시작한다.
- 에어 : 공구가 가까운 곳에서 시작한다.

❷ 가공횟수

㉠ **스텝 간격** : XY 방향의 경로 간 간격을 설정하는 항목이다.

㉡ **스텝다운** : 가공 대상에 Z축으로 내려가는 방향 간격값을 설정하는 항목이다.

㉢ **스텝업** : 기존의 가공경로에 Z축으로 올라가는 방향의 간격값을 추가적으로 설정하는 항목으로 사용 여부도 선택할 수 있다.

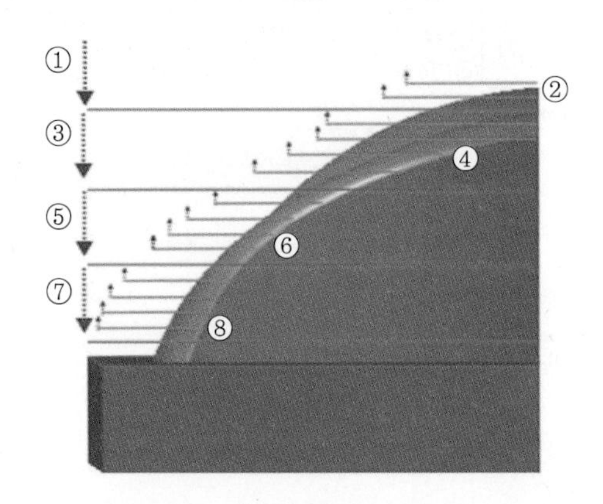

[스텝다운 / 스텝업 적용 시 절삭순서 예]

㉣ **수직 벽면 절삭** : 수직인 벽면을 워터라인 가공경로 형태를 활용하여 효과적으로 가공하는 기능이다. 이 기능은 스텝업 기능을 사용해야 지원된다.

㉤ **최소 가공경로 반경** : 생성될 가공경로에 적용될 반경값을 설정하는 항목이다.

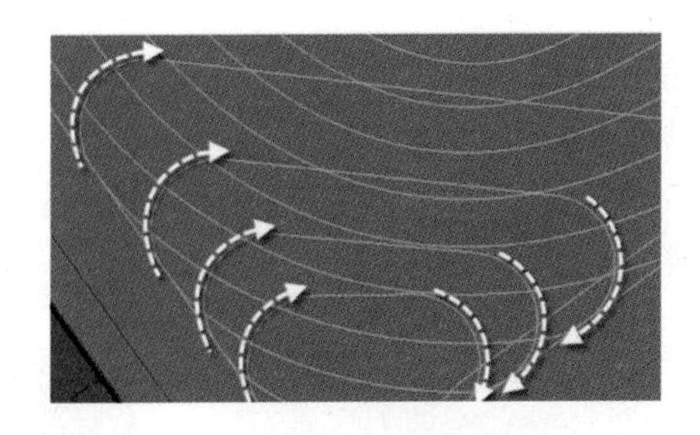

[최소 가공경로 반경 예]

❸ **모션<갭 크기, 미세 들기** : 미세 들기를 사용하여 절삭 동작이 아닌 영역에서 공구를 미세하게 들어서 움직일 수 있다.

㉠ **미세 들기 거리** : 미세 들기 거리값을 설정하여 공구의 충돌 방지 및 칩 배출을 원활하게 할 수 있다.

㉡ **미세 들기 이송속도** : 미세 들기 구간의 이송속도를 별도로 설정할 수 있다.

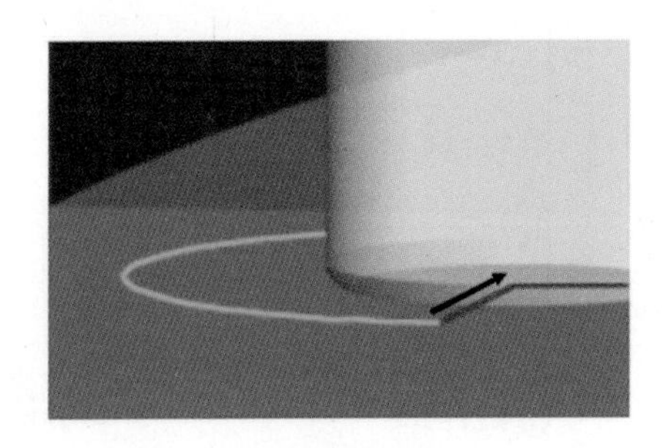

[미세 들기 예]

❹ **모션>갭 크기, 복귀** : 가공경로상의 실제 틈새 크기가 설정된 틈새 크기보다 큰 경우에 이 틈새의 시작 위치에서 공구가 복귀하였다가 틈새의 마지막 위치로 다시 내려가 가공 진행이 되도록 설정하는 기능으로 다섯 가지 설정방법이 있다.

❺ **틈새 크기** : Mastercam에서의 틈새는 하나의 절삭패스가 끝나는 지점에서 다음 패스의 시작 지점까지를 의미하는데, 상황에 따라 모델링된 곡면 사이의 갭에 의해서 발생될 수 있다. 이 항목은 틈새의 크기를 정의하는 영역으로 아래의 두 가지 기준 중 하나를 사용한다.

㉠ **거리** : 틈새의 크기를 사용자가 입력한 거리값으로 정의한다.

㉡ **공구 지름 기준 비율(%)** : 틈새의 크기를 사용자가 설정한 공구 지름의 비율값으로 정의한다.

[가공 곡면 사이의 갭으로 발생된 틈새에서의 공구 이송 예]

6) 경로 간 이동

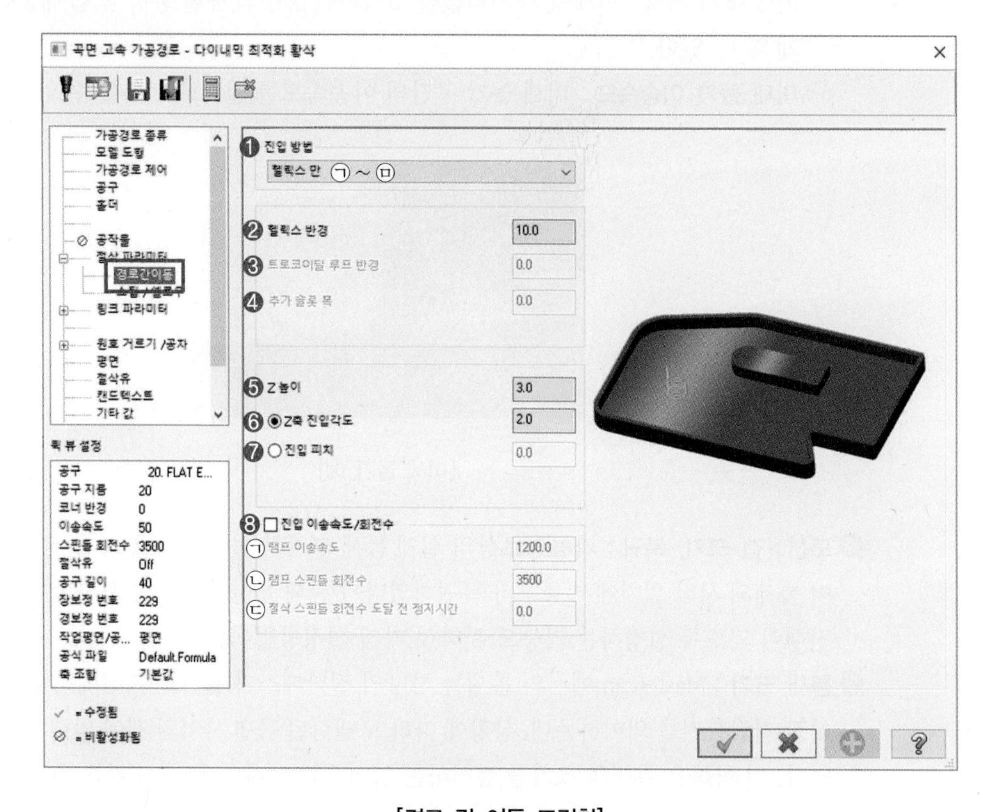

[경로 간 이동 조건창]

[진입방법]

❶ 진입방법

㉠ **헬릭스만** : 헬릭스 형태로 절삭 진입을 하며, 가공대상의 가장 안쪽에서 헬릭스 형태를 생성한다.

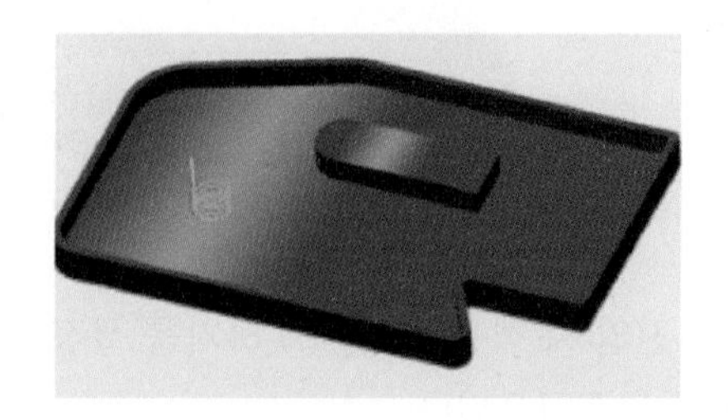

㉡ **완전히 묻히는 내측을 따라서 헬릭스** : 헬릭스 형태로 진입 후 가공대상의 중심부터 절삭이송의 형태를 생성한다.

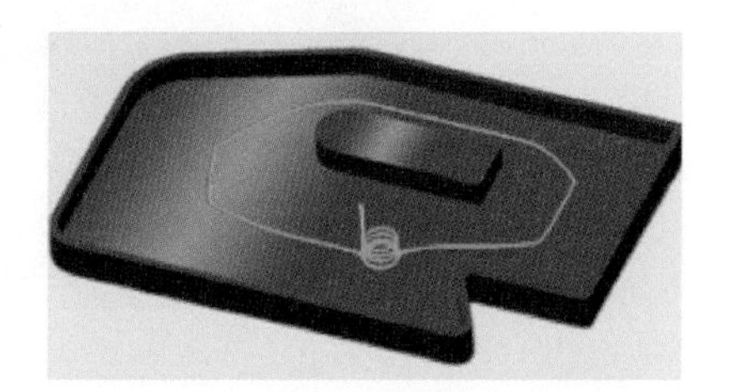

㉢ **내측을 트로코이드하면서 헬릭스** : 가공대상의 내측을 트로코이달 형태로 절삭이송하는 기능이다. 다른 진입방법보다 가공경로를 생성하는 데 시간이 걸린다.

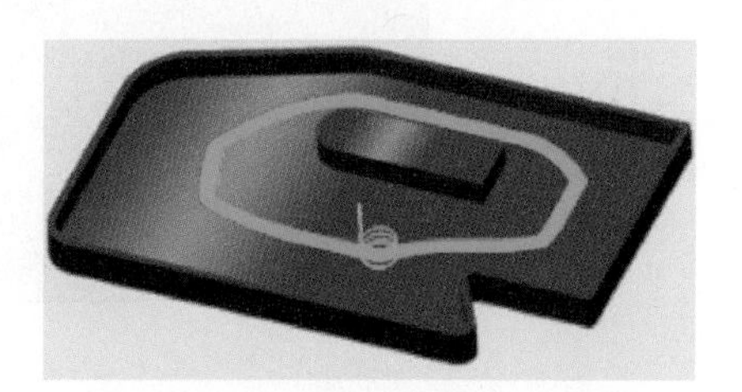

㉣ **프로파일** : 시스템이 가공대상의 바운더리를 감안하여 램프형태로 절삭진입하는 기능이다.

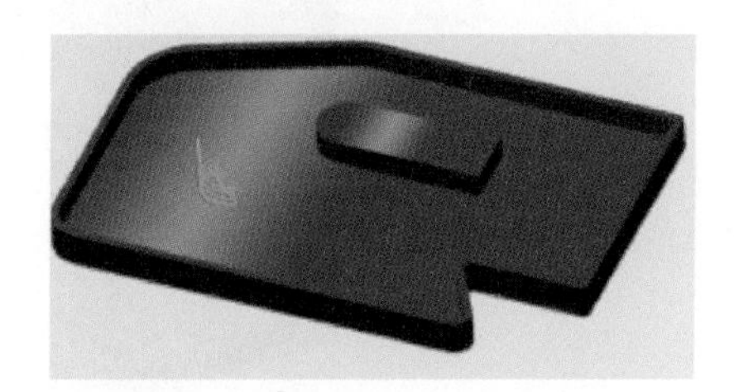

㉤ **내측의** : 가공대상의 내측부터 절삭이송의 형태를 생성한다.

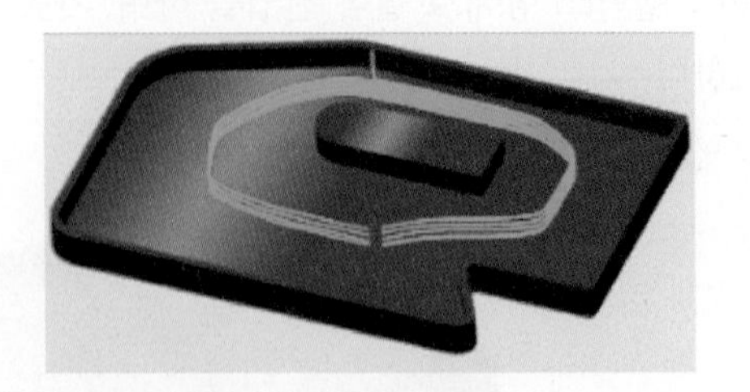

❷ **헬릭스 반경** : 진입 시 적용될 헬릭스 크기를 설정하는 기능으로 진입방법 중 헬릭스를 이용한 진입방법에 사용된다.

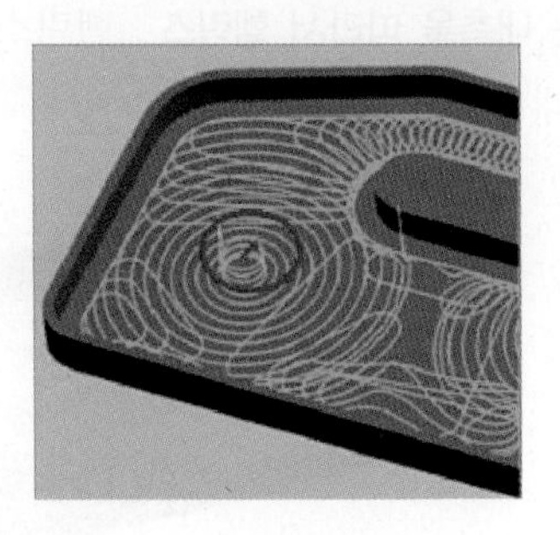

❸ **트로코이달 루프 반경** : 내측을 트로코이달 형태 및 헬릭스 진입방법일 경우에만 적용된다. 트로코이달 형태로 절삭이송될 루프 반경값을 입력한다.

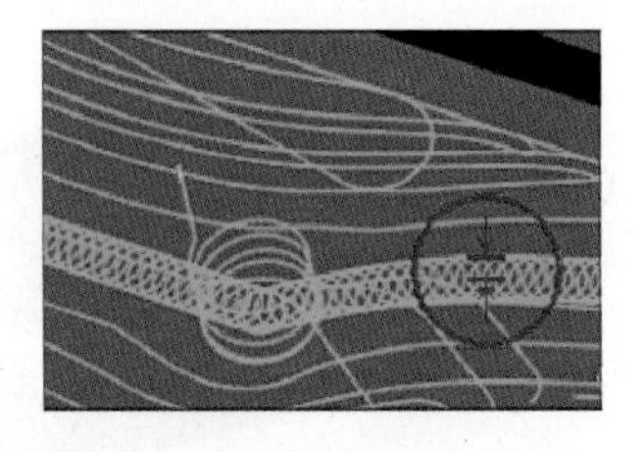

❹ **추가 슬롯 폭** : 내측의 진입방법 사용 시 적용되며, 추가적으로 슬롯의 폭값을 설정하는 기능이다.

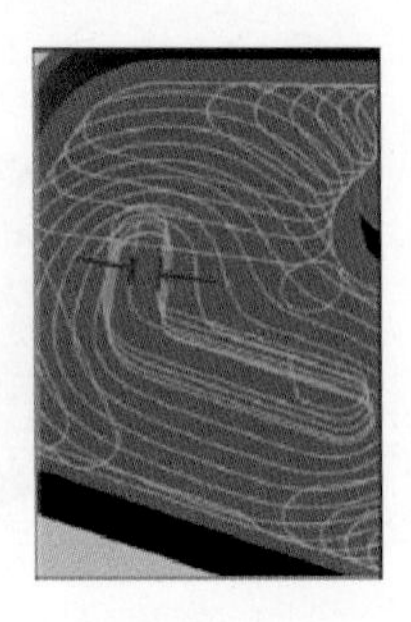

⑤ **Z높이** : Z축을 기준으로 헬릭스 형태의 절삭 이송이 시작될 높이를 설정하는 기능이다.

⑥ **Z축 진입각도** : 헬릭스 형태로 진입 시 처음 시작 높이와 최종 높이 간의 단차에 대한 각도값을 설정하는 기능이다.

⑦ **진입 피치** : 헬릭스 형태로 진입 시 처음 시작 높이와 최종 높이 간의 단차에 대한 깊이값을 설정하는 기능이다.

⑧ **진입 이송속도 / 회전수** : 이 기능을 사용하면 진입 시 별도로 이송속도와 회전수값을 지정할 수 있다.

㉠ **램프 이송속도** : 램프 형태로 진입 시 이송속도를 지정한다.

㉡ **램프 스핀들 회전수** : 램프 형태로 진입 시 스핀들 회전수를 지정한다.

㉢ **절삭 스핀들 회전수 도달 전 정지시간** : 사용자가 지정한 스핀들 회전수값에 도달하기 전, 절삭이송을 시작하기 전에 잠시 멈춰 있을 시간을 설정한다.

7) 스팁 / 쉘로우

Z깊이 방향으로 최소 / 최대 깊이값을 설정하여 부분적인 Z깊이가공을 실행한다.

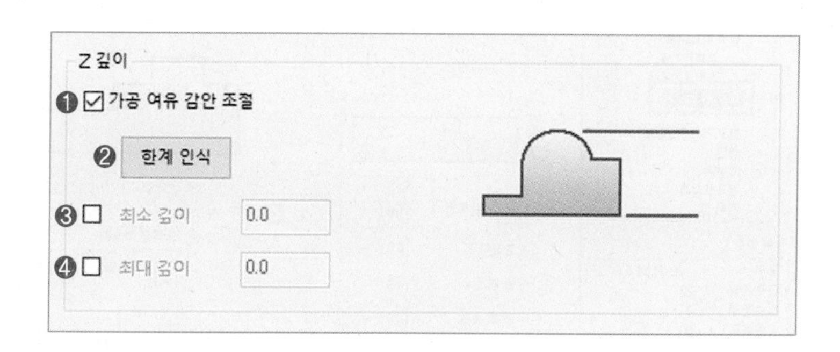

[스팁 / 쉘로우]

❶ **가공 여유 감안 조절** : 모델도형, 가공도형의 바닥면 공차값을 적용해 가공경로를 수정하는 기능이다.

> 바닥면 공차값이 모두 양수의 값이라면 가장 높은 양수의 값을 사용해 최소 깊이 및 최대 깊이를 설정한다. 또는, 바닥면 공차값이 모두 음수의 값이라면 가장 낮은 음수의 값을 사용해 최소 깊이 및 최대 깊이를 설정한다. 양수값 및 음수값을 모두 사용한다면 가장 높은 양수의 값을 최소 깊이로, 가장 낮은 음수의 값을 최대 깊이로 설정한다.

❷ **한계 인식** : 이 기능을 실행하면 시스템이 가공대상을 인식하여 자동으로 최소 / 최대를 설정해 준다.

❸ **최소 깊이** : 공작물에 대한 절삭깊이 구간을 설정하는 기능으로 공구가 재료 절삭을 시작하는 높이를 설정하는 기능이다.

❹ **최대 깊이** : 공작물에 대한 절삭깊이 구간을 설정하는 기능으로 공구가 재료 절삭을 종료하는 깊이를 설정하는 기능이다.

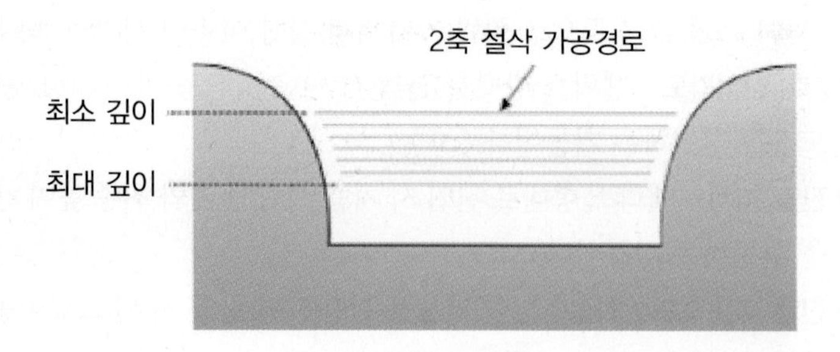

[스텝 / 쉘로우 예]

8) 링크 파라미터

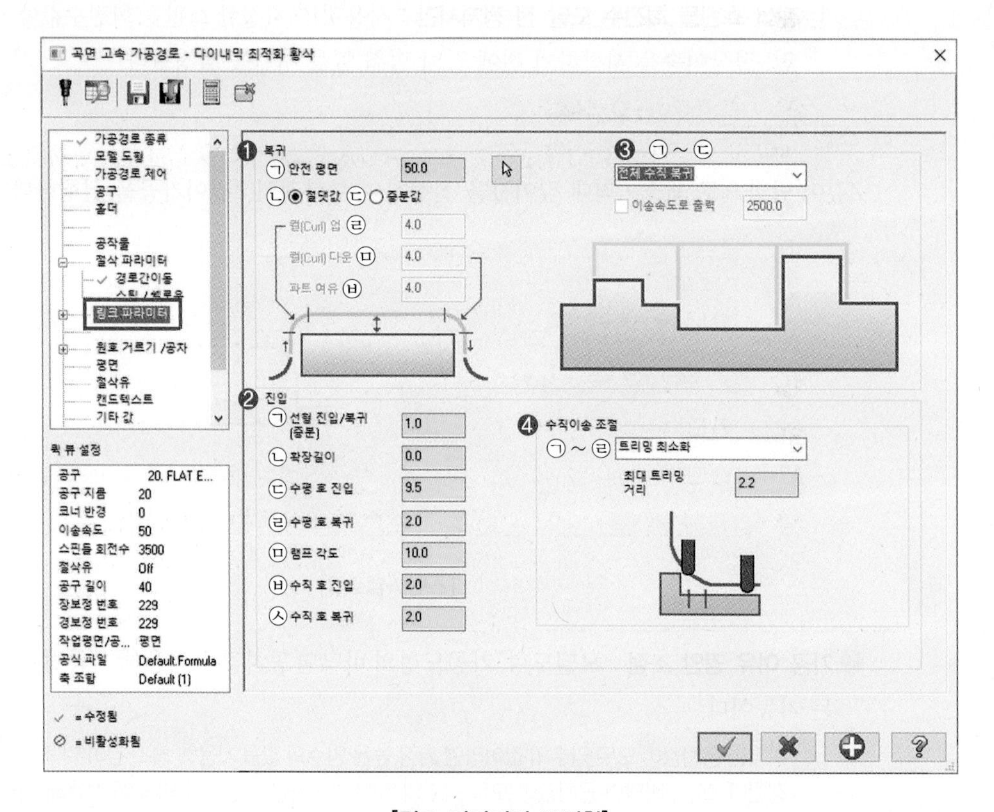

[링크 파라미터 조건창]

❶ 복귀

㉠ **안전 평면** : 가공 시작 위치로 이동 시에 처음으로 위치해야 할 공구의 안전 높이값을 설정한다.

㉡ **절댓값** : 설정된 공구평면의 Z축 원점 기준으로 높이가 적용된다.

㉢ **증분값** : 재료의 상단 높이 기준으로 높이가 적용된다.

ⓔ **컬(Curl) 업** : 공구의 복귀 시 +Z방향으로 급속이송 복귀값을 설정하고 최소 거리 복귀방법을 사용할 경우에만 적용되며 입력값은 반경값을 적용시킨다.

ⓜ **컬(Curl) 다운** : 공구의 복귀 시 −Z방향으로 급속이송 복귀값을 설정하고 최소 거리 복귀방법을 사용할 경우에만 적용되며 입력값은 반경값을 적용시킨다.

ⓑ **파트 여유** : 공구 복귀 시 파트(가공 대상)에서 떨어질 최소 거리를 설정하는 기능으로 복귀방법 중 최소 수직 복귀와 최소 거리 방법을 사용할 경우에만 적용된다.

❷ 진입

ⓖ **선형 진입 / 복귀(증분)** : 파트의 측벽면 진입 / 복귀 시 선형길이를 설정한다.

ⓝ **확장길이** : 가공경로의 시작과 끝에서 접선방향으로 입력한 값만큼 연장한다.

ⓓ **수평 호 진입** : 가공 시 수평방향으로 파트에 접근하는 원호의 크기를 설정한다.

ⓔ **수평 호 복귀** : 가공 시 수평방향으로 파트에서 떨어져 복귀하는 원호의 크기를 설정한다.

ⓜ **램프 각도** : 나선 동작의 높이를 설정한다.

ⓑ **수직 호 진입** : 가공 시 파트에 접근하는 원호의 크기를 설정한다.

ⓢ **수직 호 복귀** : 가공 시 파트에서 떨어져 복귀하는 원호의 크기를 설정한다.

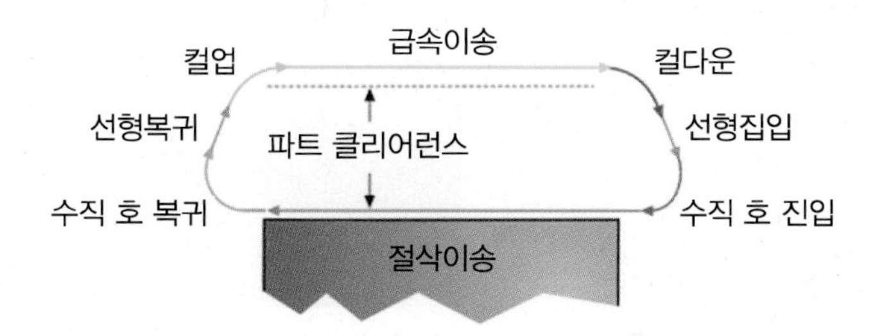

❸ 복귀방법

ⓖ **최소 수직 복귀** : 현재 가공경로에서 다음 가공경로로 급속이송 시 파트의 표면과 파트의 측벽면을 고려하여 급속이송 복귀 시 수직으로 움직인다.

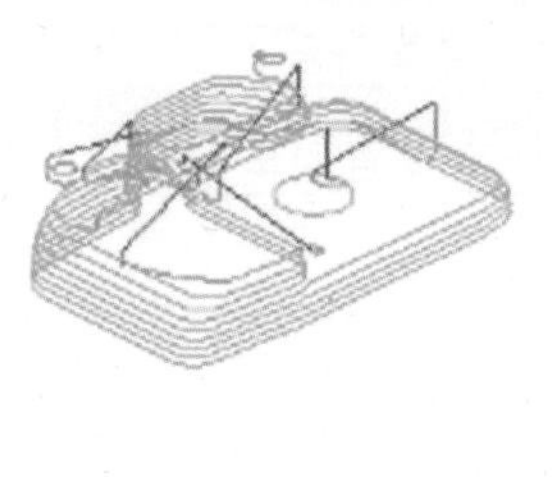
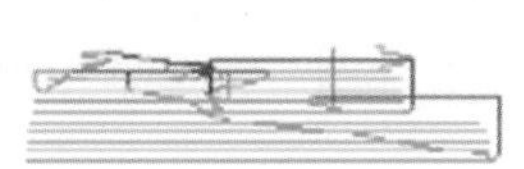
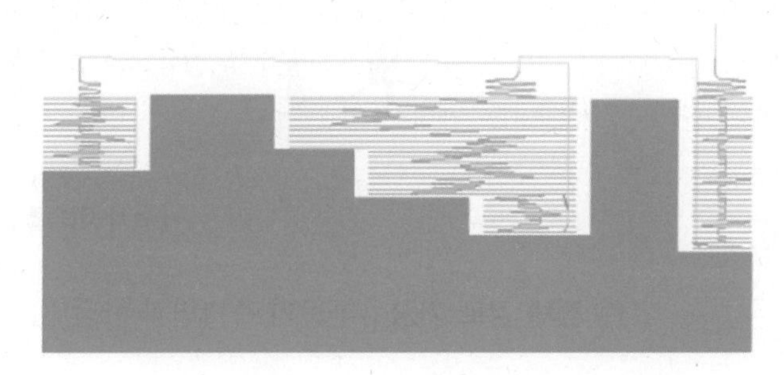

㉡ **전체 수직 복귀** : 현재 가공경로에서 다음 가공경로로 급속이송 시 시스템이 파트와 파트를 인식하여 급속이송 복귀 시 수직으로 움직이며, 설정된 안전평면 높이값으로 급속이송 복귀를 한다.

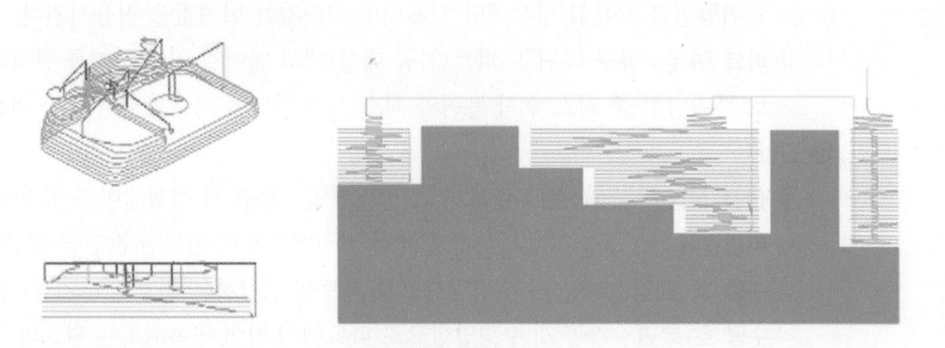

㉢ **최소 거리** : 현재 가공경로에서 다음 가공경로로 급속이송 시 시스템이 파트와 파트를 인식하여 가장 짧은 거리로 급속이송 복귀를 한다.

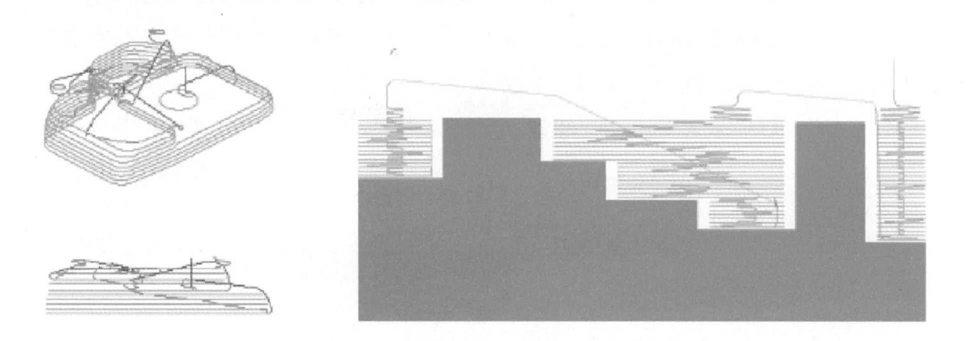

❹ 수직 이송조절

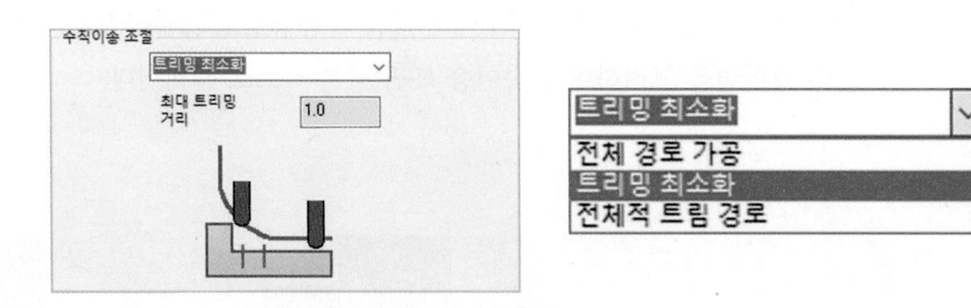

[수직 이송조절]

㉠ **전체 경로 가공** : 파트의 측벽면과 바닥면, 코너 진입 시 수직으로 진입 설정된다.

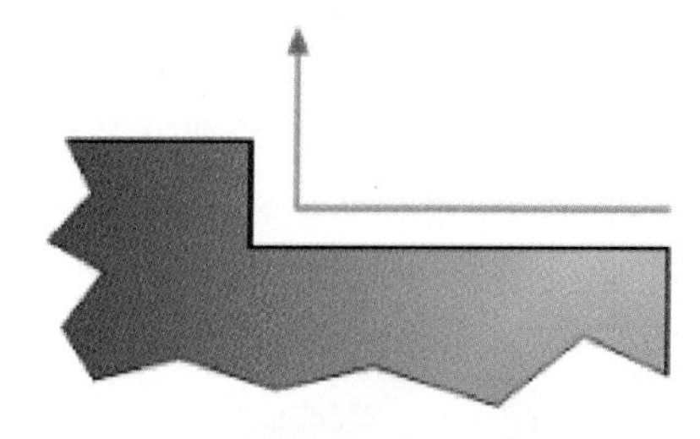

ⓑ **전체적 트림 경로** : 파트의 측벽면과 바닥면, 코너 진입 시 트리밍된 진입으로 설정된다. 사용자가 트리밍 거리값을 지정한다.

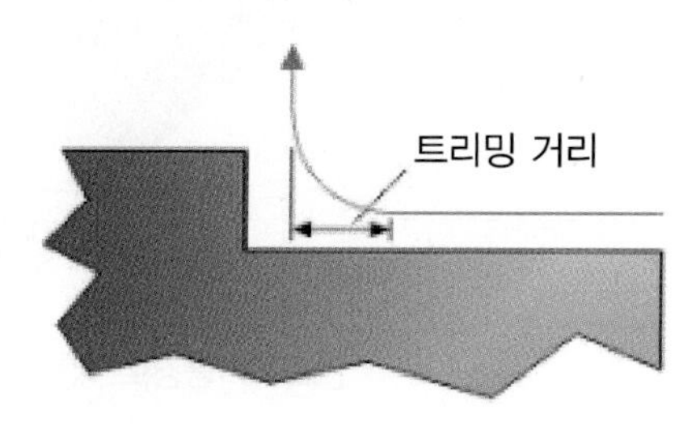

ⓒ **트리밍 최소화** : 파트의 측벽면과 바닥면, 코너 진입 시 최소 거리값을 지정하여 최소화된 트리밍 진입이 설정된다.

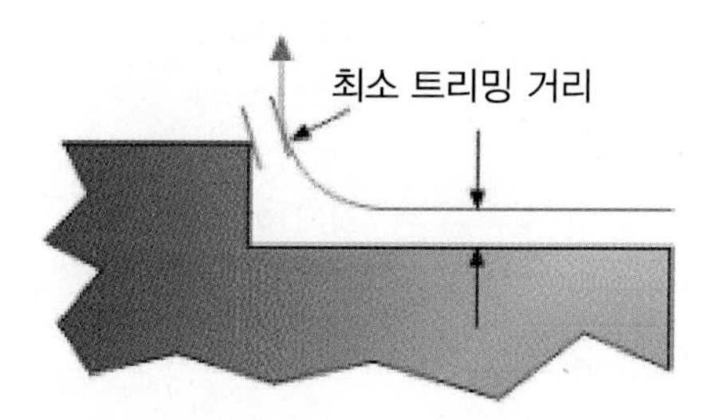

ⓓ **최대 트리밍 거리** : 가파른 가공경로에서 트림되는 길이가 너무 길어지지 않게 트림되는 길이를 설정한다.

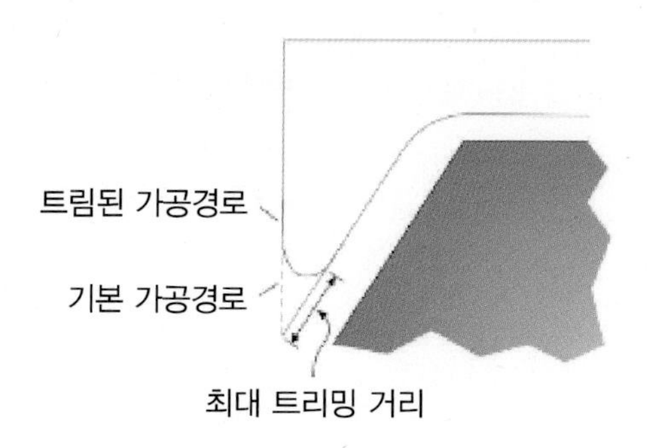

(2) 포켓

2차원 포켓가공과 동일한 가공방법으로 시스템이 포켓의 영역을 드라이브 대상 곡면의 외곽 끝단으로 자동인식하고, 곡면도형들의 높이를 최저높이로 인식하는 점이 다르다.

[포켓 가공경로 예]

1) 황삭 파라미터

곡면황삭 포켓가공

가공경로 파라미터 | 곡면 파라미터 | 황삭 파라미터 | 포켓가공 파라미터

전체 공차(T)... 0.025

최대 Z절삭 간격: 2.0

❶ ☑ 언더컷 검출

◉ 하향 ○ 상향

❷ 공구 진입 옵션

㉠ ☐ 진입 - 헬릭스

㉡ ☐ 진입점 사용

㉢ ☐ 공구중심영역 외측에서 Z축 절삭진입

㉣ ☐ Z진입 시작위치 정렬

☐ 평면영역(F)... 깊이제한(D)... 틈새이송(G)... 끝단이송(E)...

[황삭 파라미터 조건창]

❶ **언더컷 검출** : 언더컷 공구를 사용할 때만 활성화되며, 언더컷 작업에서 이 옵션을 선택하지 않으면 언더컷 작업이 실행되지 않는다.

❷ **공구 진입 옵션**

㉠ **진입-헬릭스 / 진입-램프** : 가공 진입 시 헬릭스 또는 램프를 선택하는 기능이다. 해당 아이콘을 선택하면 2D 포켓가공의 진입동작 기능과 똑같이 설정하여 사용할 수 있다.

㉡ **진입점 사용** : 가공경로 / 곡면 선택 대화상자에서 진입점을 선택하고 위치를 지정해 주면 사용자가 선택한 진입점에서 공구가 진입하게 된다.

㉢ **공구 중심 영역 외측에서 Z축 절삭 진입** : 공구가 공구 중심 영역 외측에서 진입하게 하는 기능이다.

㉣ **Z진입 시작 위치 정렬** : 진입의 시작 위치를 같은 위치로 정렬하는 기능이다.

2) 포켓가공 파라미터

✎ 곡면황삭 포켓가공의 파라미터 조건은 2D 포켓가공과 기능이 동일하여 자세한 설명은 생략한다.

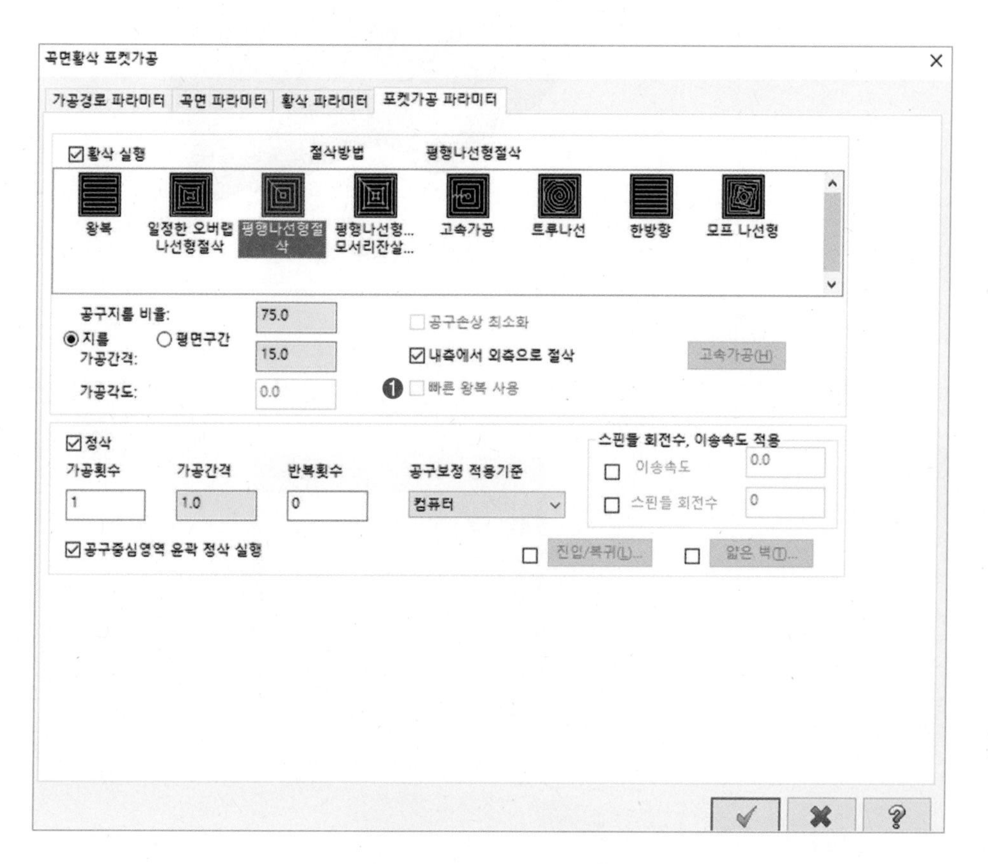

[포켓가공 파라미터 조건창]

❶ **빠른 왕복 사용** : 왕복가공을 선택한 경우에만 활성화되며, R구간(G02, G03) 또는 모서리 구간을 모두 직선이송(G01)으로 처리하여 경로를 생성한다.

(3) 투영

시스템에 저장되어 있는 가공경로파일, 커브 도형 또는 점 도형요소를 곡면에 투영시켜 곡면에 투영된 가공경로들을 가공하는 방법으로 조각가공 실행 시 많이 사용한다. 공구의 절삭이송 동작과 공구 컨트롤이 자유롭기 때문에 다양하게 응용된 경로의 생성에 유용한 방법이다.

[투영 가공경로 예]

1) 보스 / 캐비티 선택

가공을 하기 전 모델링의 형상에 따라 선택하여 효율적으로 가공할 수 있는 기능이다.

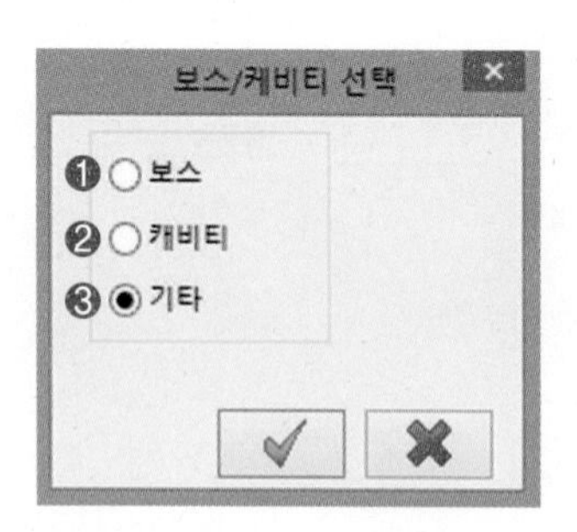

[보스 / 캐비티 선택창]

❶ **보스** : 돌출된 코어 형상을 가공할 때 선택한다.
❷ **캐비티** : 내측이 파여져 있는 캐비티 형상을 가공할 때 선택한다.
❸ **기타** : 보스와 캐비티 기능을 혼합하여 선택한다.

2) 가공경로 / 곡면 선택

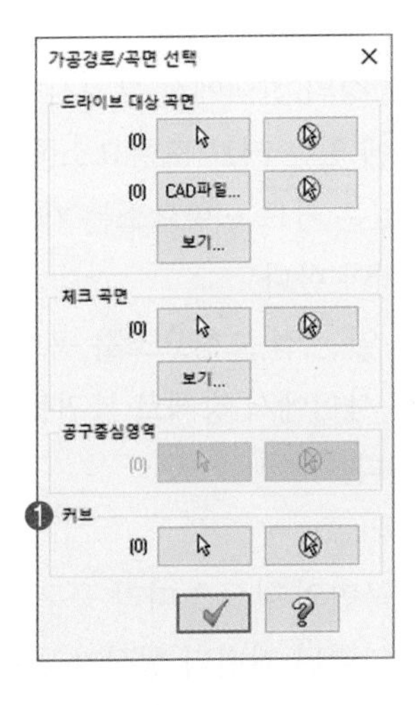

[가공경로 / 곡면 선택]

❶ **커브** : 드라이브 곡면에 투영될 와이어프레임을 체인 기능으로 선택하는 항목이다.

3) 투영황삭 파라미터

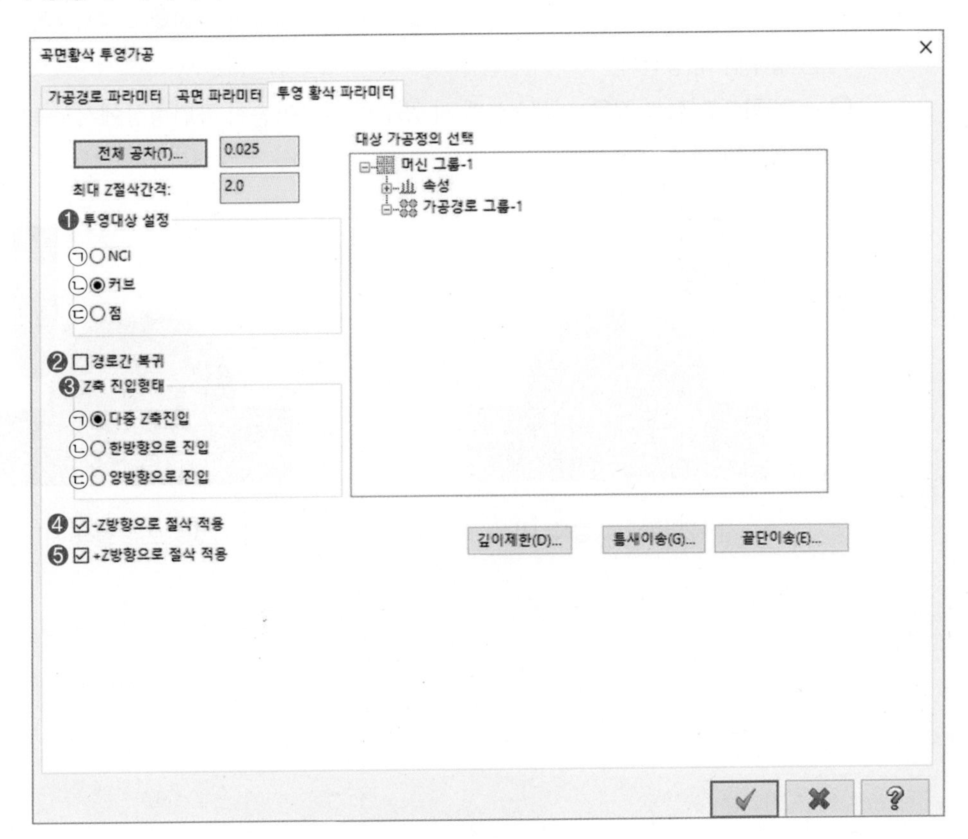

[투영황삭 파라미터 조건창]

❶ 투영대상 설정

㉠ **NCI** : 시스템 내에 저장되어 있는 NCI 파일을 투영하고자 할 때 이 항목을 선택하고 우측의 대상 가공정의 선택에서 투영시킬 NCI 파일을 지정한다.

㉡ **커브** : 작업화면에 있는 커브 도형요소를 곡면도형에 투영시키고자 할 때 사용한다. 이때 선택할 수 있는 커브 도형요소는 가공정의를 실행하기 전에 작업화면에 이미 그려져 있는 것이어야 한다.

㉢ **점** : 작업화면에 있는 점 도형요소를 곡면도형에 투영시키는 기능이다.

❷ 경로 간 복귀 : 경로 사이에서 강제로 복귀동작을 실행하며, 옵션이 해제되면 공구는 경로 사이에서 유지된다.

❸ Z축 진입 형태

㉠ **다중 Z축 진입** : 곡면의 형상을 따라 공구가 지속적으로 절삭이송 속도로 진행하는 형태로 여러 개로 연결된 캐비티 형상가공에서 유용한 가공형태이다.

㉡ **한 방향으로 진입** : 공구의 Z축 절삭이송이 곡면형상의 한쪽 방향으로만 실행되는 형태이다.

㉢ **양방향으로 진입** : 공구의 Z축 절삭이송이 곡면형상의 양쪽 방향으로 실행되는 형태이다.

❹ −Z방향으로 절삭 적용 : 항목 선택 시 공구의 절삭이송이 곡면형상에서 Z축으로 내려가는 경우만 생성된다.

❺ +Z방향으로 절삭 적용 : 항목 선택 시 공구의 절삭이송이 곡면형상에서 Z축으로 올라가는 경우의 경로만 생성된다.

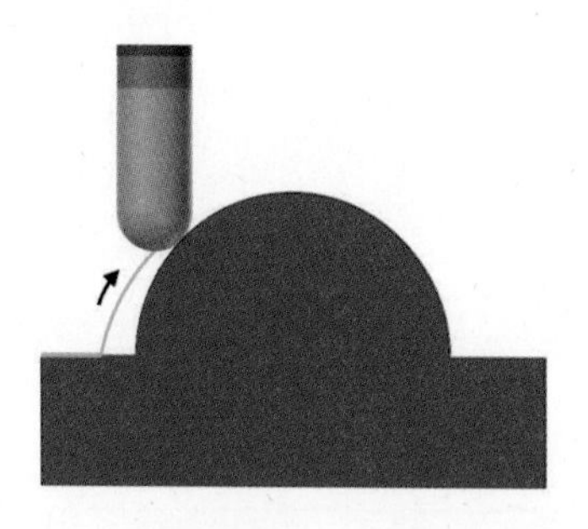

[+Z방향으로 절삭 시]

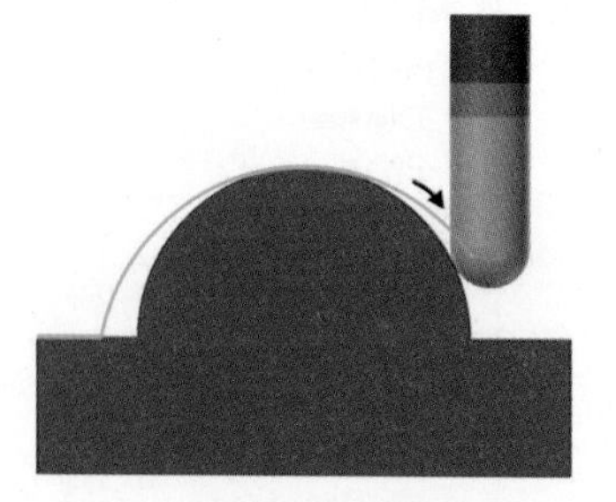

[−Z방향으로 절삭 시]

(4) 평행

공구의 절삭 진행방향이 현재 설정된 작업평면 X축의 특정 각도에 평행하게 진행(각도 조절 가능)되는 가공 형태로 통상 하나의 보스 또는 캐비티 형상으로 되어 있는 제품 형상을 가공하고자 할 때 유용한 가공방법이다.

[평행 가공경로 예]

1) 평행황삭 파라미터

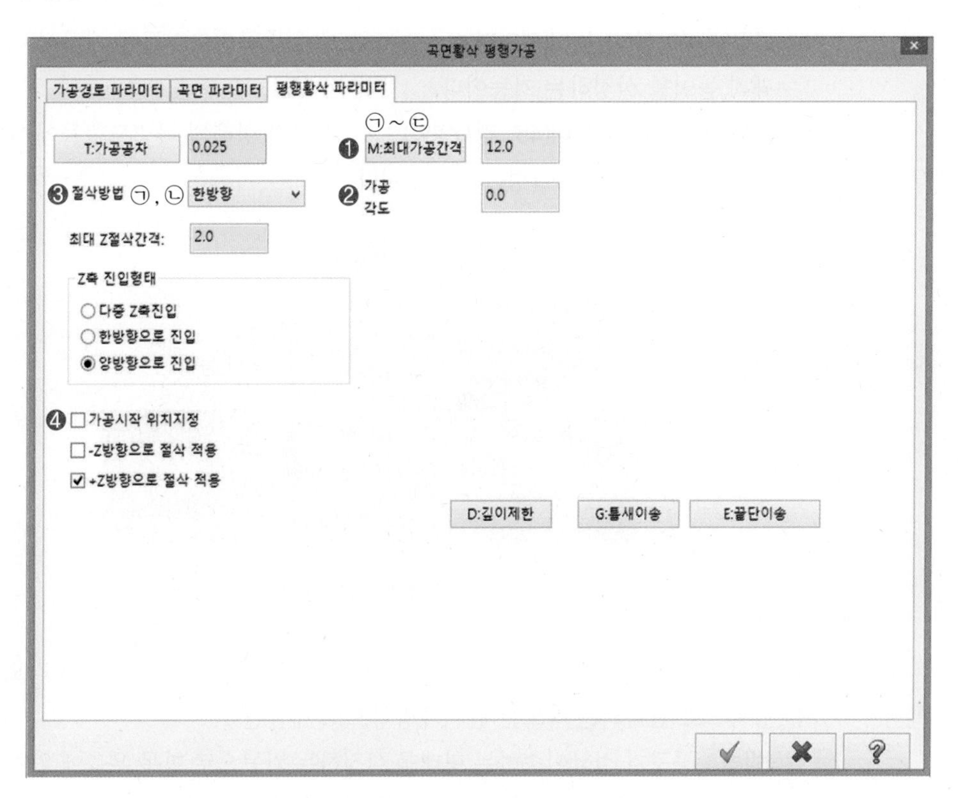

[평행황삭 파라미터 조건창]

❶ **최대 가공간격** : 공구의 절삭 간격을 설정할 수 있는 최대 가공 간격 대화창이 나타나는데 창 내 각 항목의 내용은 다음과 같으며, 위 가공 공차 항목과 동일하게 설정되는 간격값이 작을수록 생성되는 가공경로의 정밀도는 높아지나 생성되는 NC 프로그램의 양은 많아진다.

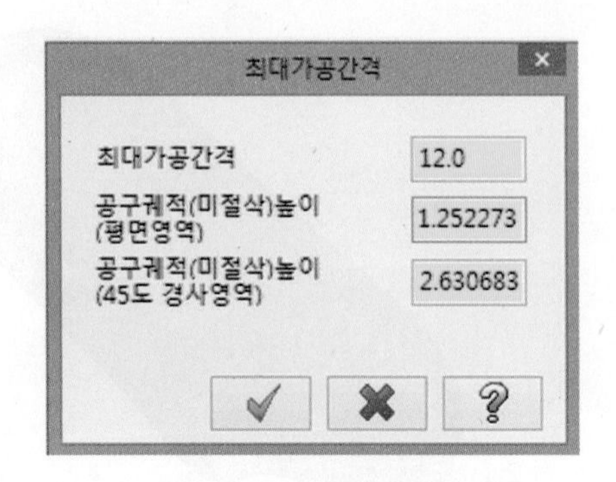

[최대 가공간격 조건창]

㉠ **최대 가공간격** : 공구의 절삭 간격을 입력하는 기능으로 이 항목은 아래의 두 항목과 연결되어 있어 하나의 항목값을 수정하면 나머지 항목들의 값도 수정된 값에 따라 자동 변경된다.

㉡ **공구궤적(미절삭) 높이(평면영역)** : 평평한 상태의 곡면도형들에 대하여 적용될 공구 궤적 높이를 설정하는 기능이다.

㉢ **공구궤적(미절삭) 높이(45° 경사영역)** : 45° 경사진 형태의 곡면도형들에 대하여 적용될 공구 궤적 높이를 설정하는 기능이다.

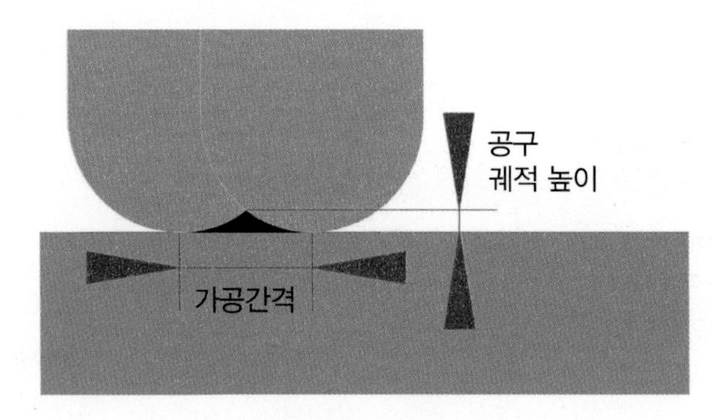

[가공간격 기준 예]

❷ **가공각도** : 현재 설정된 작업평면의 X축을 기준으로 0~360°까지의 가공각도를 설정하는 항목으로 입력되는 각도는 반시계방향으로 계산된다.

❸ **절삭방법** : 공구가 절삭이송하는 형태를 설정하는 기능으로 항목 우측에 위치한 역 화살표 버튼 선택 시 나타나는 아래의 방법 중 적용될 방법을 선택한다.

㉠ **한 방향** : 공구가 하나의 가공경로를 절삭이송한 후, 급속이송 위치까지 수직이송하고 다음 가공경로의 시작 위치로 수평 이동하여 절삭이송을 진행하는 방식을 모든 가공경로에서 반복하는 형태이다.

㉡ **왕복** : 공구가 복귀 동작 없이 곡면도형을 따라 지속적으로 절삭이송되는 형태이다.

❹ **가공 시작 위치 지정** : 경로의 시작방향을 지정한다.

(5) 수직

드릴가공 방식으로 가공 재료를 수직으로 빠르게 가공하는 방법이다.

1) 가공경로 / 곡면 선택

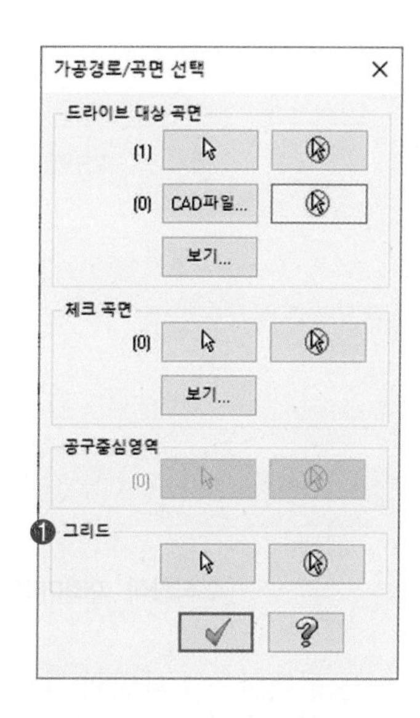

[가공경로 / 곡면 선택창]

❶ **그리드** : 수직가공 경로를 선택하면 활성화되는 기능이다. 선택한 드라이브 곡면의 좌측 하단과 우측 상단점을 선택하여 선택된 두 개의 점을 기준으로 곡면이 자동으로 수직진입하는 가공경로를 생성한다.

2) 수직황삭 파라미터

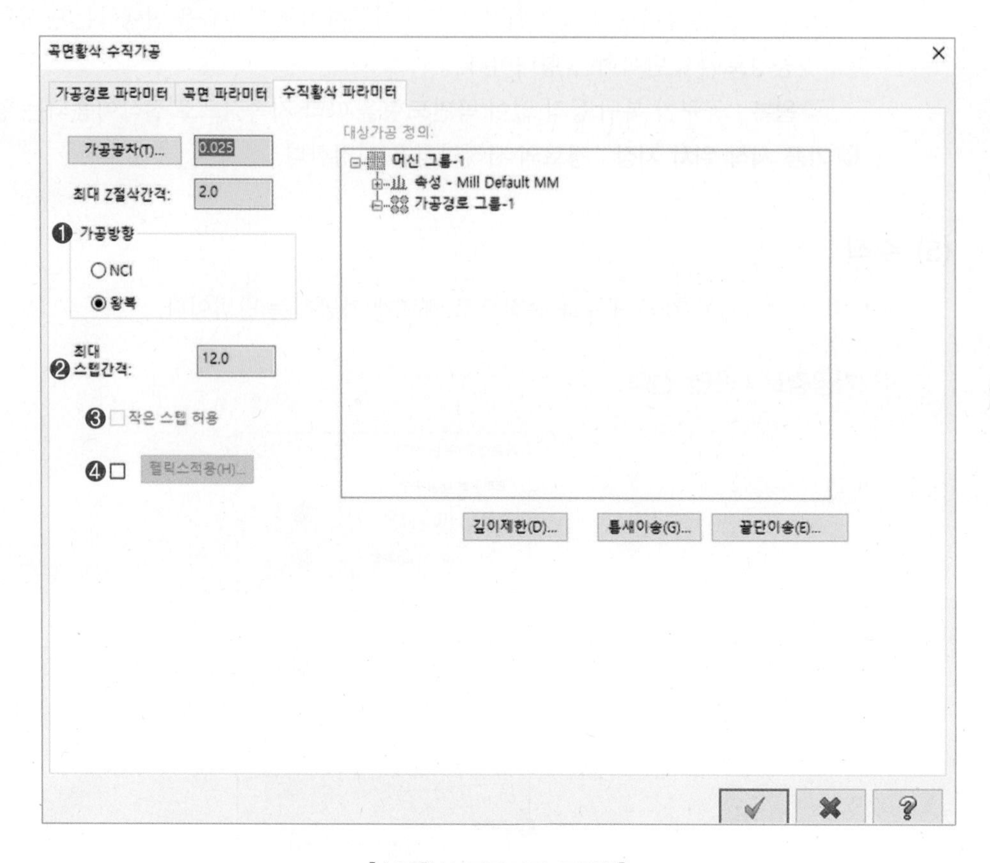

[수직황삭 파라미터 조건창]

❶ **가공방향** : NCI 파일은 선택한 NCI 파일의 경로를 따라서 수직가공을 하고 왕복은 지그재그로 가공방향 순서를 설정하게 된다.

❷ **최대 스텝 간격** : XY방향의 수직가공 경로 간 이동거리이다.

❸ **작은 스텝 허용** : 가공방향을 NCI 파일로 설정했을 경우 활성화되는 기능으로 원본 NCI 파일에 최대 스텝 간격의 값보다 작은 스텝이 있을 경우 그 스텝 간격을 허용하는 기능이다.

❹ **헬릭스 적용** : 수직가공 진입 시 헬릭스 진입을 지정하는 기능이다.

(6) 다중곡면 포켓

3D 포켓 가공과 동일한 기능이며 절삭방법으로는 왕복과 한 방향 기능으로만 되어 있다. 나머지 내용은 포켓가공과 동일하다.

[다중곡면 포켓가공 조건창]

(7) 영역 황삭 가공

영역 황삭 가공경로는 영역가공 방법에 따라 영역 밀뿐만 아니라 코어 밀도 가능하다. 헬릭스 형태로 진입, 복귀하기 때문에 공구의 부하 및 마모를 최소화시켜주며 시스템이 가공대상 곡면의 프로파일 커브를 계산하여 Z축 기준으로 깊이가공하는 방법이다.

[내부 유지]

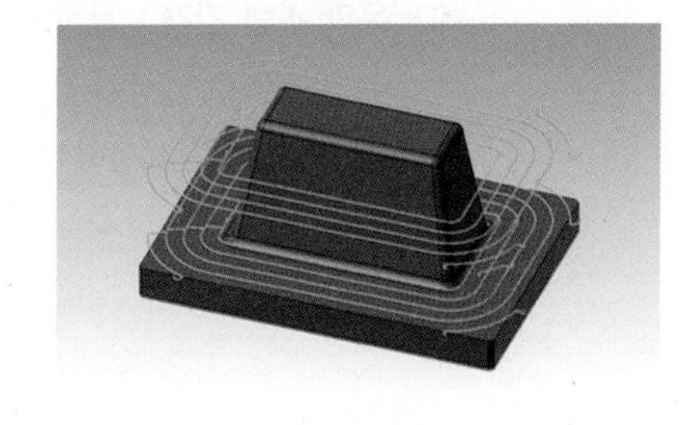

[외부로부터]

1) 절삭 파라미터

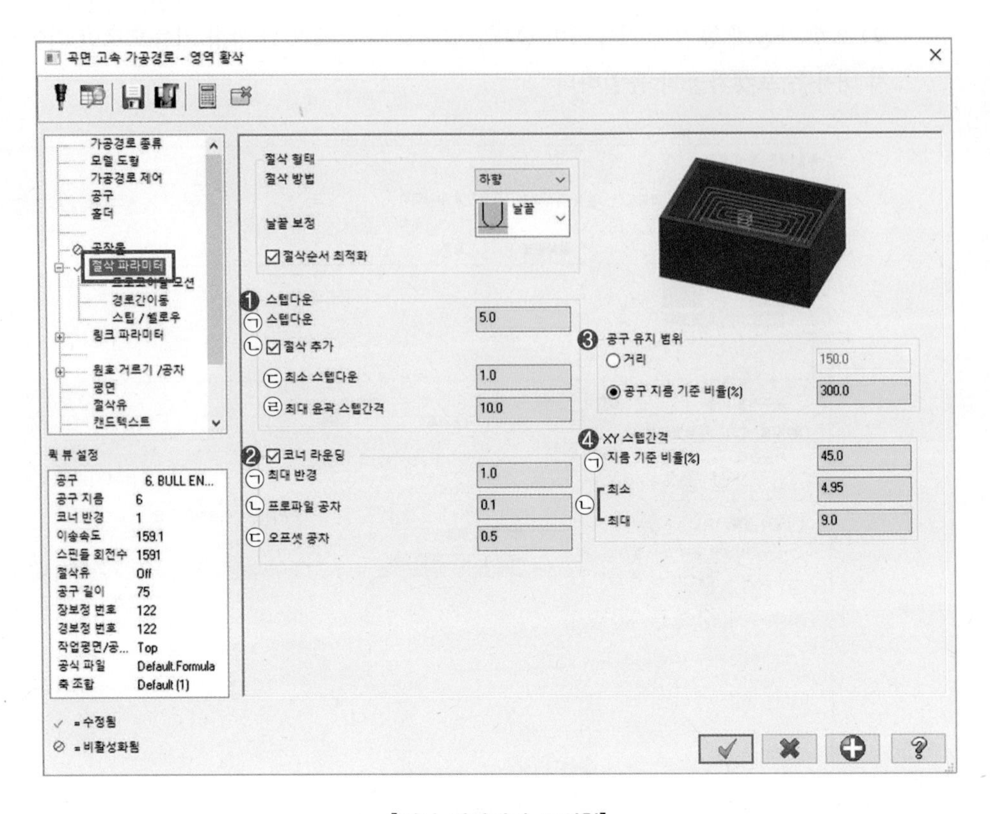

[절삭 파라미터 조건창]

❶ 스텝다운

㉠ **스텝다운** : Z축 방향 절삭 간격을 설정하는 기능이다.

㉡ **절삭추가** : 경사가 완만한 구간을 절삭할 때 간격이 멀어지는 것을 방지하기 위해 Z축 방향 절삭 간격을 추가하는 기능이다.

㉢ **최소 스텝다운** : 절삭추가 선택 시 활성화되며, Z축 절삭 간격을 설정한 후 형상의 완만한 영역을 절삭하기 위하여 추가적으로 산출될 Z축 절삭 간격의 최소 간격을 지정하는 기능이다.

㉣ **최대 윤곽 스텝 간격** : 절삭 추가 선택 시 활성화되며, 스텝 간격으로 설정한 값과 최소 스텝 간격값으로 설정된 값을 기준으로 아래 그림처럼 단면을 보았을 때 설정된 두 값의 수평 거리값을 지정하는 기능이다.

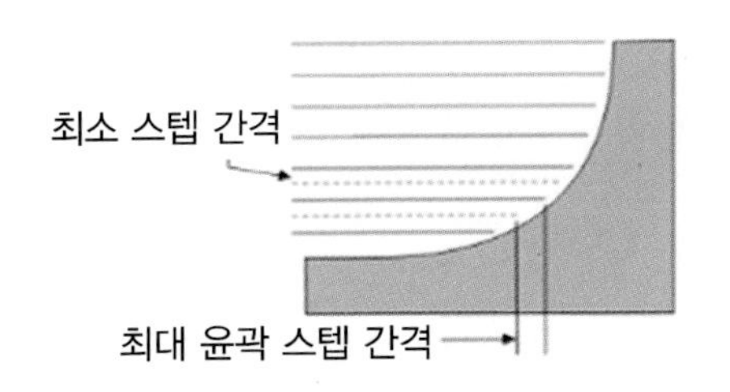

[최소 스텝 간격과 최대 윤곽 스텝 간격 예]

❷ **코너 라운딩** : 코너 부위를 가공할 때 라운드 형태로 이송하여 부드럽게 가공하기 위한 기능이다.

㉠ **최대 반경** : 코너 라운딩을 적용하여 코너 부위의 경로를 라운드 형태로 변경할 때 사용될 수 있는 최대 반경값을 입력한다.

㉡ **프로파일 공차** : 코너 라운딩을 위하여 사용되는 공차값으로 최외곽의 경로를 라운딩 처리할 때 사용된다.

㉢ **오프셋 공차** : 코너 라운딩을 위하여 사용되는 공차값으로 최외곽의 경로를 제외한 나머지 경로를 라운딩 처리할 때 사용된다.

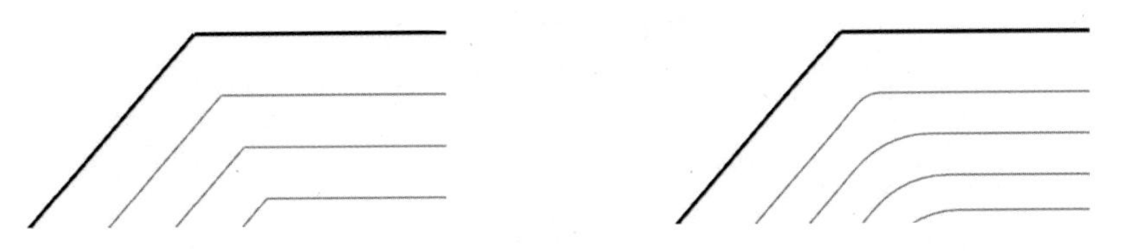

[코너 라운딩 사용 전(좌)과 후(우) 비교]

❸ **공구 유지 범위** : 현재 가공경로 종료 위치에서 다음 가공경로 시작 위치의 거리가 사용자가 입력한 거리 / 공구 지름의 비율보다 작은 경우에 공구 복귀를 하지 않고, 바로 절삭 이송 형태로 이동한다.

❹ **XY 스텝 간격** : 사용자가 공구 크기를 고려하여 XY 간격값을 입력한다.

㉠ **지름 기준 비율(%)** : XY 간격값으로 공구 지름의 비율값을 적용하여 설정한다.

㉡ **최소 / 최대** : XY 스텝 간격이 사용자가 입력한 최솟값, 최댓값 안에서 산출된다.

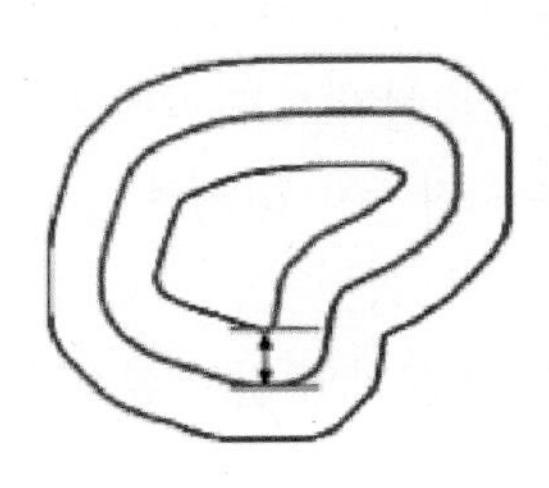

[XY 스텝 간격 예]

2) 트로코이달 모션

Chapter 13 2차원 가공정의 567~569쪽의 내용과 동일하므로 설명을 생략한다.

3) 경로 간 이동

공구의 -Z축 방향 진입방법을 설정하는 기능으로, 헬릭스 방법과 프로파일 램프 방법이 있다.

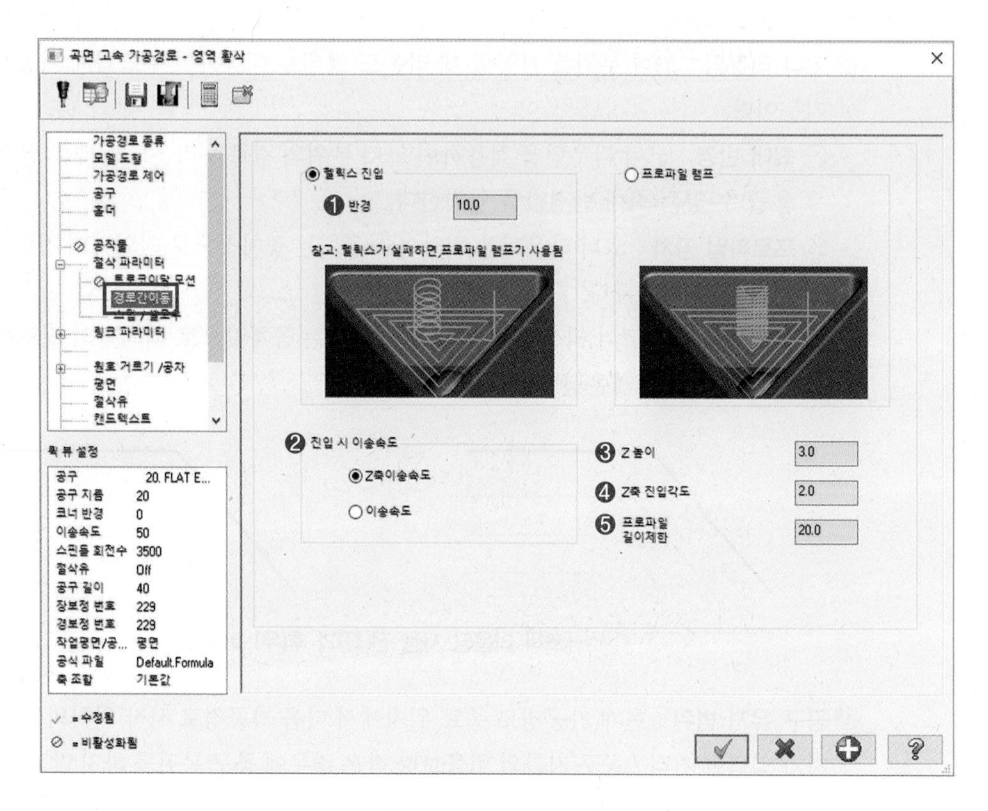

[경로 간 이동 조건창]

❶ **반경** : 헬릭스 형태로 진입 시 적용될 반경값을 입력한다.

❷ **진입 시 이송속도** : 헬릭스 또는 프로파일 램프 형태로 진입 시 적용될 절삭 이송속도를 설정하는 기능이다.

❸ **Z높이** : Z축을 기준으로 헬릭스 또는 램프의 경로가 시작될 높이를 설정하는 기능이다.

❹ **Z축 진입각도** : 처음 시작 높이와 최종 높이 간의 단차에 대한 각도값을 설정하는 기능이다.

❺ **프로파일 길이 제한** : 프로파일 길이 설정값에 따라 절삭 진입 경로가 조절된다.

4 정삭 가공경로

(1) 워터라인

측면에서 봤을 때 간격이 일정하게 평행한 등고선 형태의 가공경로를 생성하며, 주로 가파른 경사를 가지고 있는 형상의 모델링에 사용하기 적합하다.

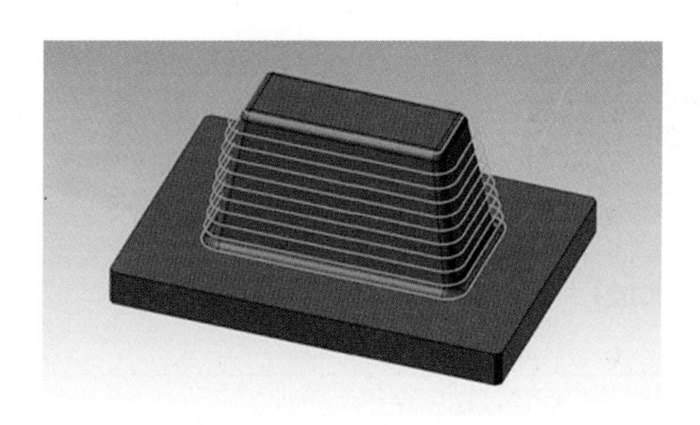

[워터라인 가공경로 예]

1) 절삭 파라미터

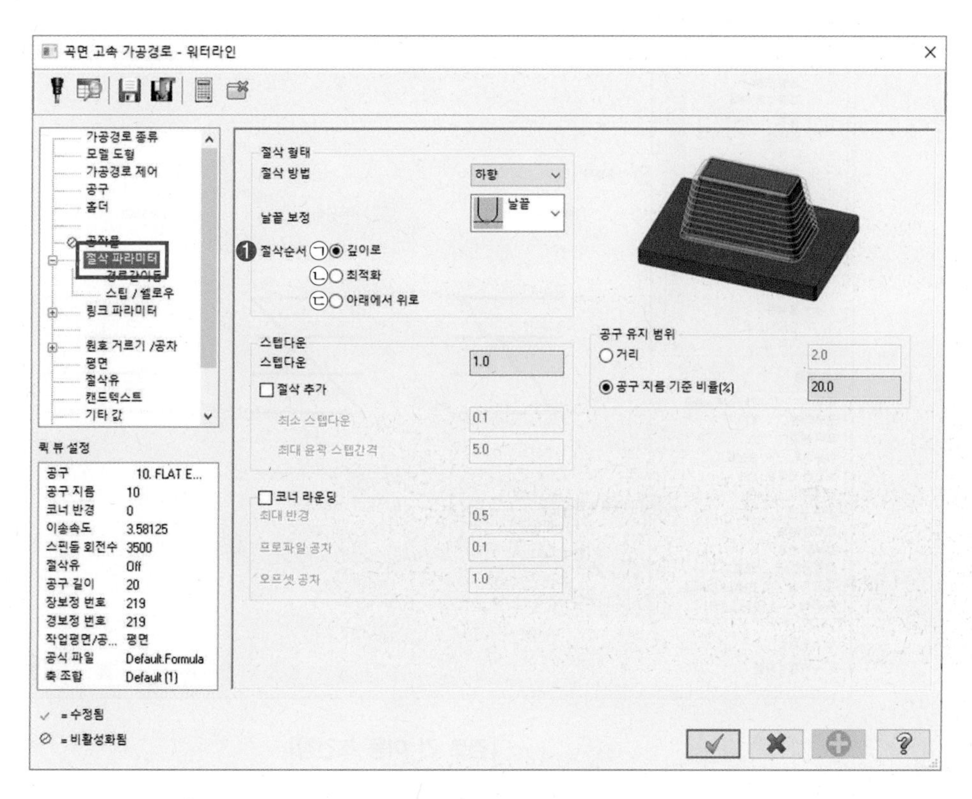

[절삭 파라미터 조건창]

❶ **절삭순서**

㉠ **깊이로** : 동일한 Z높이를 우선으로 가공경로를 생성한다.

㉡ **최적화** : 현재 영역에서 다음 영역으로 넘어가기 전까지 영역 안에 공구를 유지하여 가공경로를 생성한다.

㉢ **아래에서 위로** : 바닥에서 위쪽으로 가공경로를 생성한다.

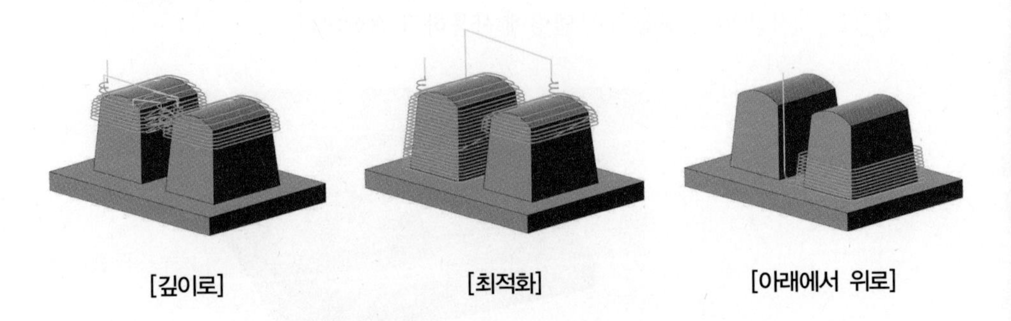

[깊이로] [최적화] [아래에서 위로]

2) 경로 간 이동

특정 Z값의 가공에서 다음 깊이의 경로로 이동할 때의 동작을 설정한다.

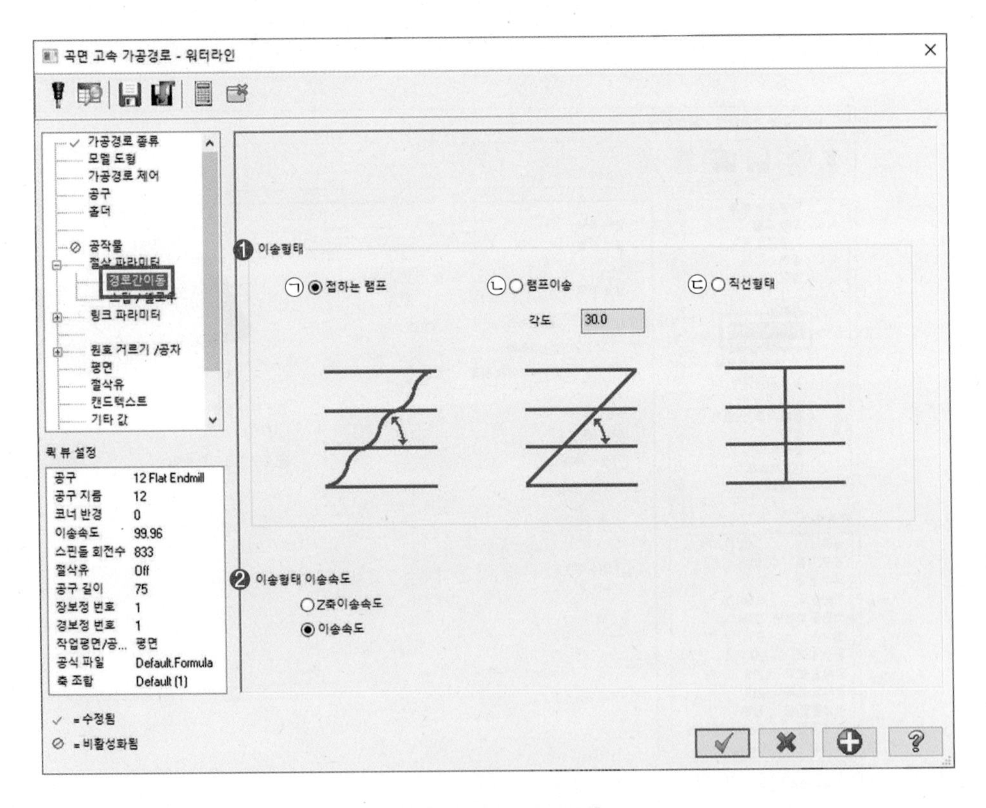

[경로 간 이동 조건창]

❶ **이송 형태**

㉠ **접하는 램프** : 곡면 부위의 형상을 따라서 공구의 시작 위치와 마지막 위치 사이에 부드러운 원호로 경로를 생성한다.

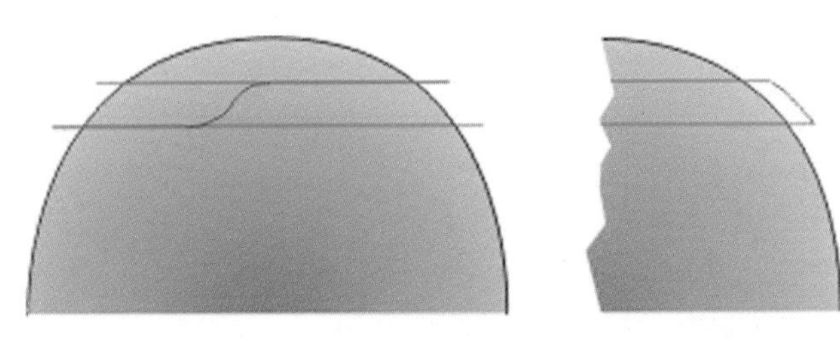

[접하는 램프 형태]

㉡ **램프이송** : 곡면 부위의 형상을 따라서 지정한 각도의 기울기를 가진 직선으로 경로를 생성한다.

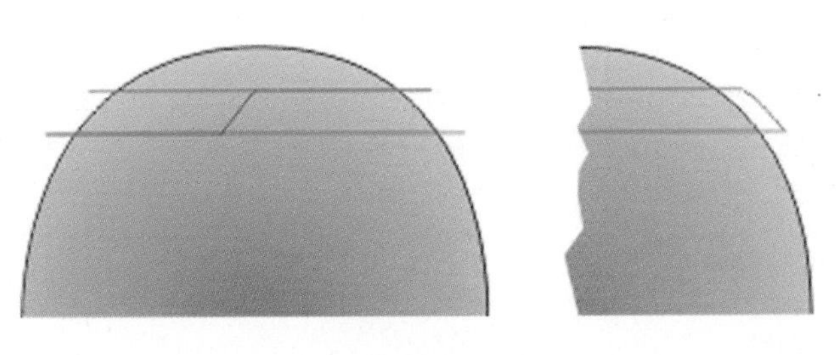

[램프이송 형태]

㉢ **직선 형태** : 곡면 부위의 형상을 따라서 수직 직선으로 경로를 생성한다.

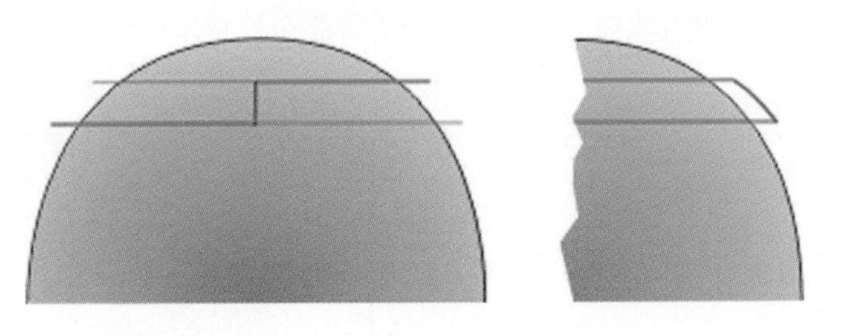

[직선 형태]

❷ **이송 형태 이송속도** : 경로 간 이동에서 설정한 이송 형태에 적용될 이송속도를 설정한다. 공구 페이지에서 설정한 Z축 이송속도 또는 이송속도를 적용할 수 있다.

3) 스팁 / 쉘로우

가공경로가 생성될 범위를 지정할 수 있다.

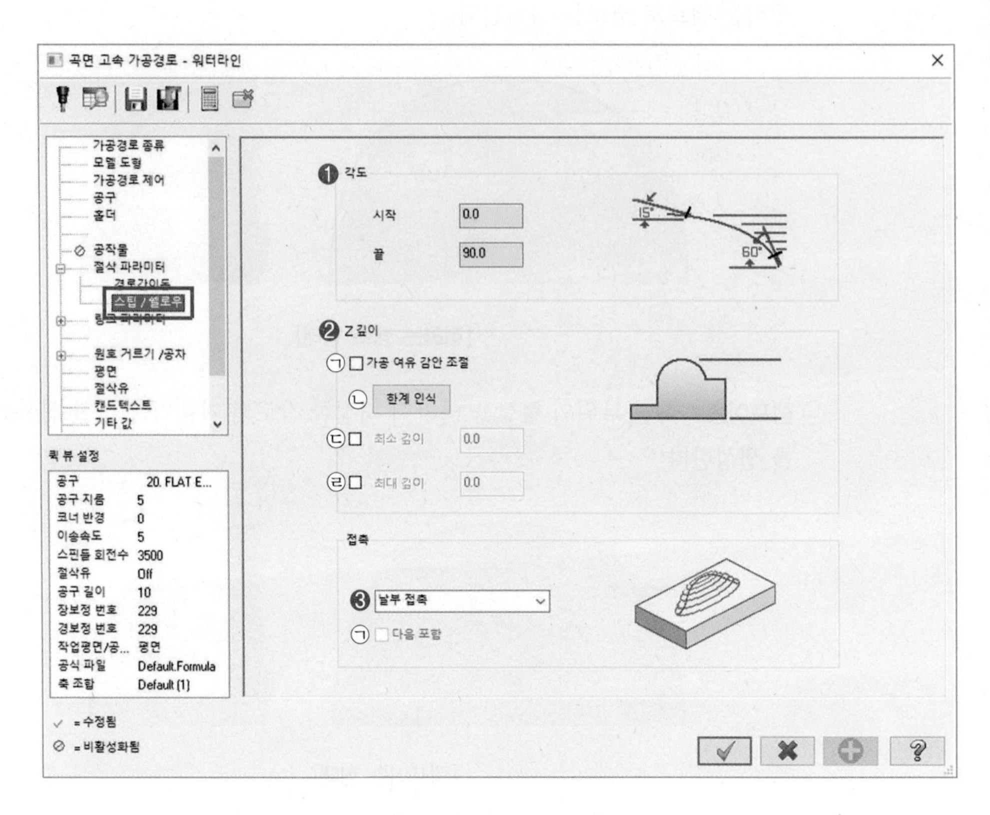

[스팁 / 쉘로우 조건창]

❶ **각도** : 드라이브 대상 곡면의 가공영역을 시작 각도와 끝 각도를 이용하여 제한할 수 있다.

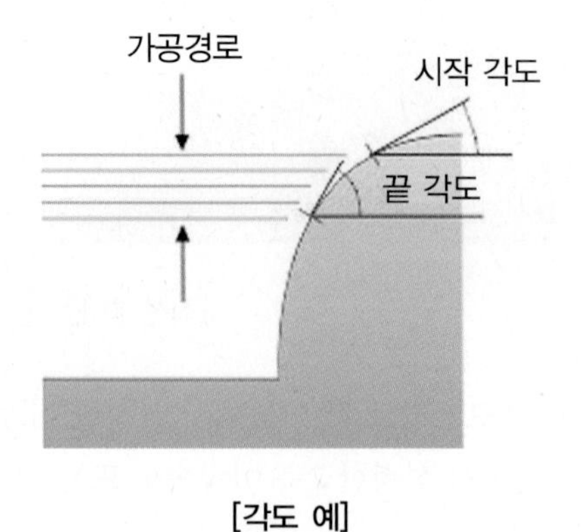

[각도 예]

❷ **Z깊이** : 드라이브 대상 곡면의 가공영역을 최소 깊이와 최대 깊이로 제한할 수 있다.

㉠ **가공 여유 감안 조절** : 모델도형 페이지의 가공도형에 입력한 바닥면 공작물을 감안해 가공영역을 제한한다.

㉡ **한계 인식** : 선택한 가공도형의 최소 높이와 최대 높이를 인식해 자동으로 설정한다.

㉢ **최소 깊이** : 가공영역의 최소 깊이를 수동으로 입력해 설정한다.

㉣ **최대 깊이** : 가공영역의 최대 깊이를 수동으로 입력해 설정한다.

❸ **날부 접촉 / 공구 어셈블리 접촉** : 공구가 실제로 드라이브 대상 곡면에 닿는 영역에만 경로를 생성하도록 설정한다.

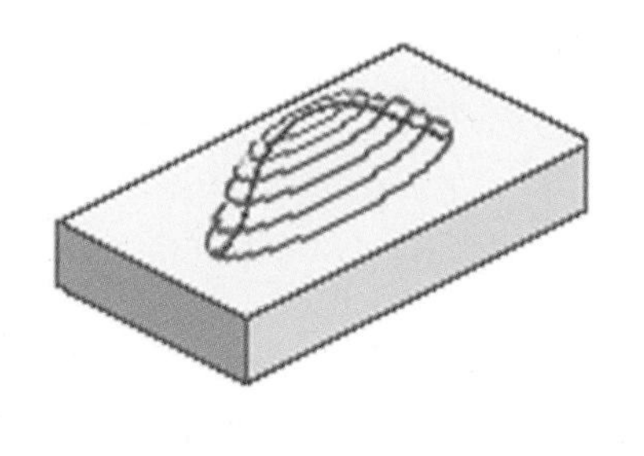

[날부 접촉]

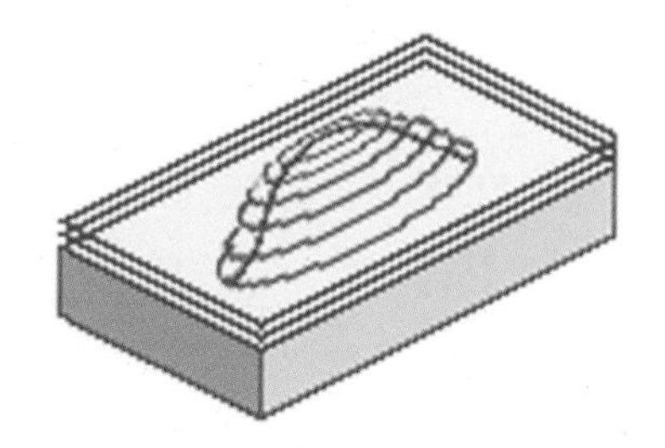

[공구 어셈블리 접촉]

㉠ **다음 포함** : 공구가 공구 중심 영역을 따라 움직여 닫힌 경로를 생성할 수 있게 설정한다.

(2) 라스터 가공

공구의 절삭 진행방향을 평면에서 봤을 때, 특정 각도로 설정된 직선을 지정한 간격으로 평행하게 경로를 생성한다. 필요에 따라서 각도를 설정할 수 있다.

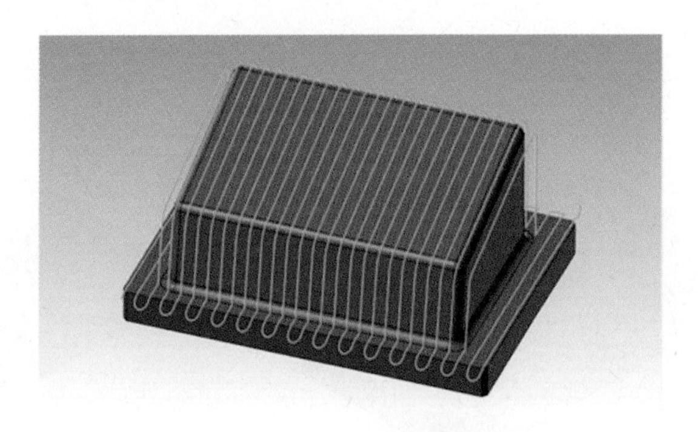

[라스터 가공경로 예]

1) 절삭 파라미터

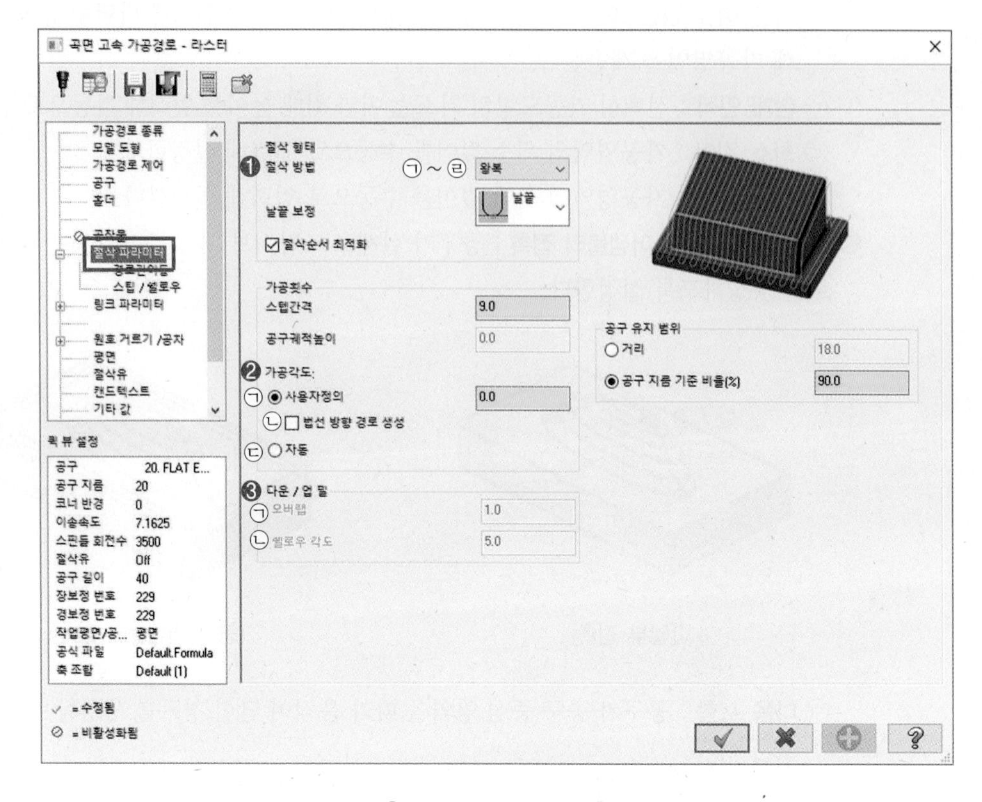

[절삭 파라미터 조건창]

❶ 절삭방법

㉠ **한 방향** : 공구가 한 방향으로만 절삭이송하는 형태이다.

㉡ **역방향** : '한 방향' 절삭방법과 반대되는 방향으로 절삭이송하는 형태이다.

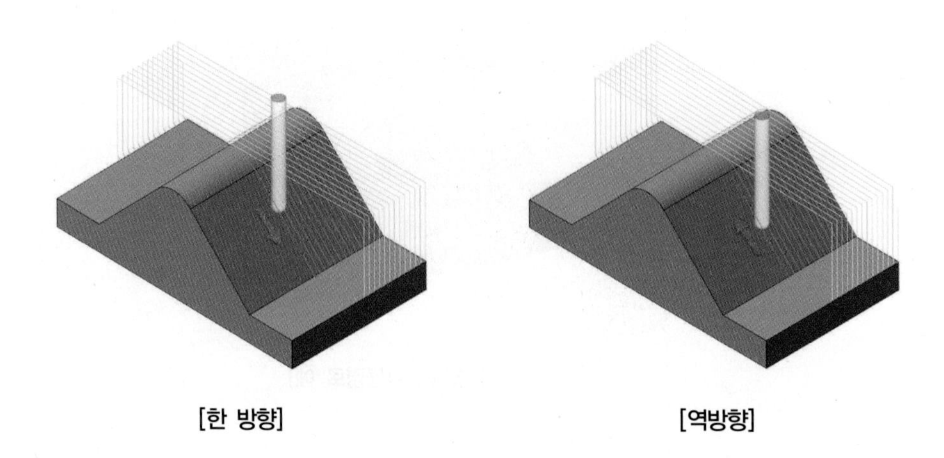

[한 방향] [역방향]

㉢ **왕복** : 이전 가공방향의 반대방향으로 절삭이송하는 형태이다.

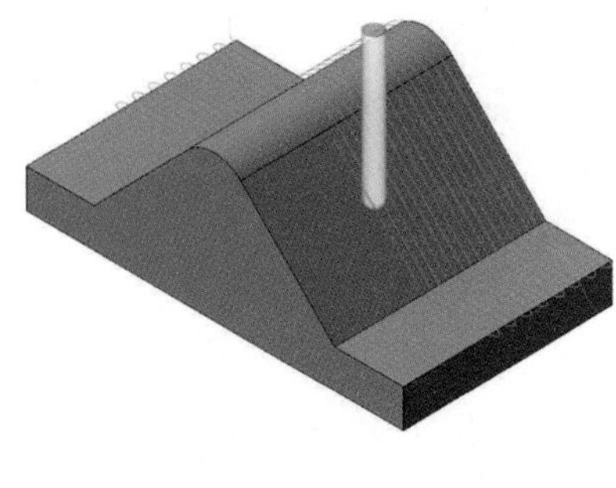

[왕복]

㉣ **다운 밀 / 업 밀** : 가공경로를 Z축 기준으로 내려가는 방향 혹은 올라가는 방향으로 절삭이송하는 형태이다.

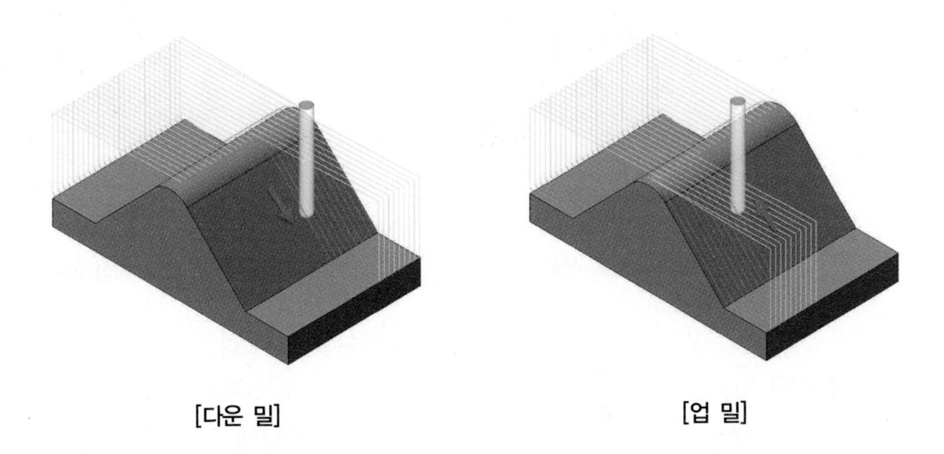

[다운 밀] [업 밀]

❷ 가공각도

㉠ **사용자 정의** : 가공경로를 평면에서 봤을 때, 공구의 절삭 진행방향을 설정한다(0°는 X축에 평행, 90°는 Y축에 평행).

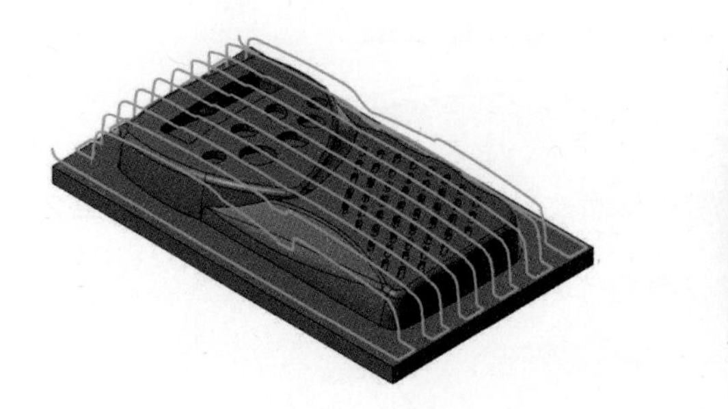

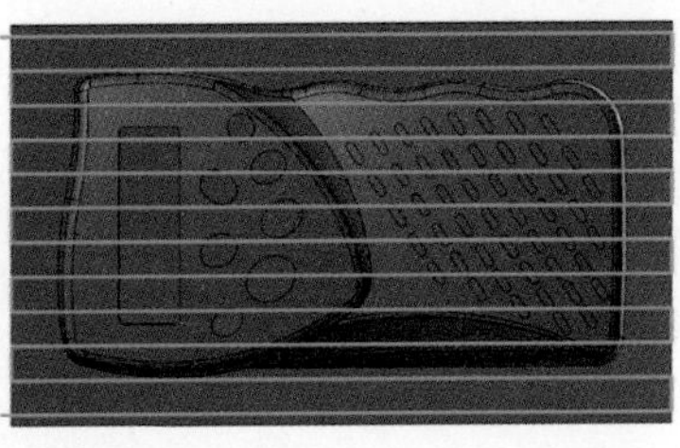

[가공각도=0°]

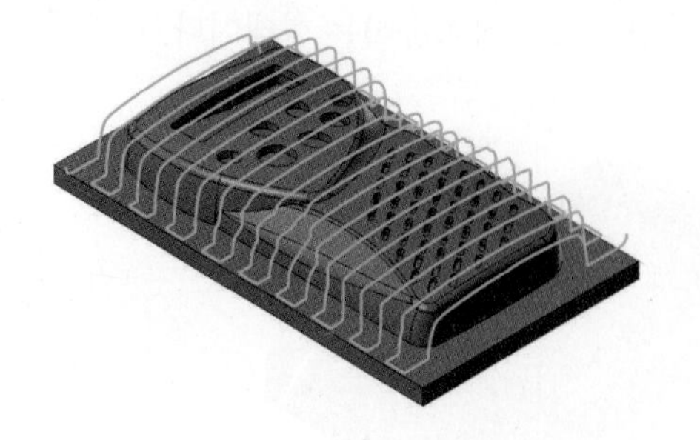

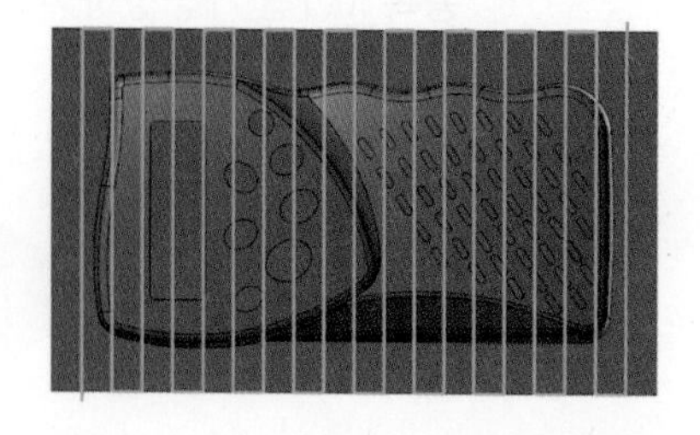

[가공각도=90°]

㉡ **법선방향 경로 생성** : 경사가 있는 드라이브 대상 곡면에서 라스터 가공경로를 법선방향으로 생성한다. 이때, 가공경로의 움직임은 스텝 간격의 크기를 1.4배로 제한한다.

[법선방향 경로 생성 사용]

[법선방향 경로 생성 사용 안 함]

㉢ **자동** : 절삭 진행방향을 자동으로 설정하는 기능이다.

❸ **다운 밀/업 밀** : 절삭방법을 다운 밀 또는 업 밀로 선택했을 경우 적용된다.

㉠ **오버랩** : 다운 밀 혹은 업 밀에서 경로가 다른 방향에서 시작될 때 교차되는 구간을 설정한다.

㉡ **쉘로우 각도** : 곡면이 완만하거나 평평한 구간에서는 다운 밀 또는 업 밀의 장점이 활용되지 못하므로 이러한 영역에서는 가공경로가 생성되지 않도록 영역을 정의한다.

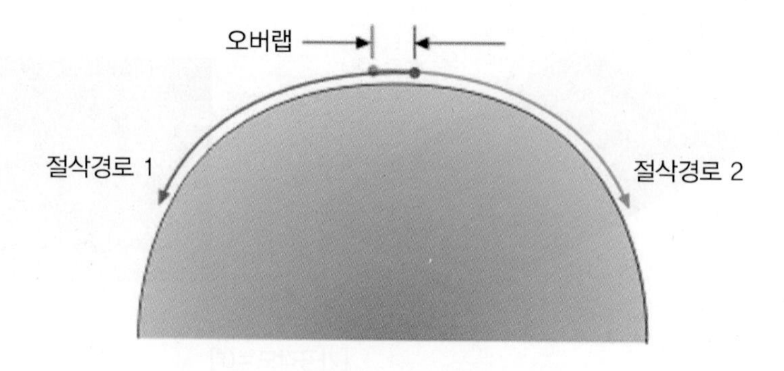

[다운 밀/업 밀에서의 오버랩 예]

2) 경로 간 이동

특정 Z값의 가공에서 다음 깊이의 경로로 이동할 때의 동작을 설정한다.

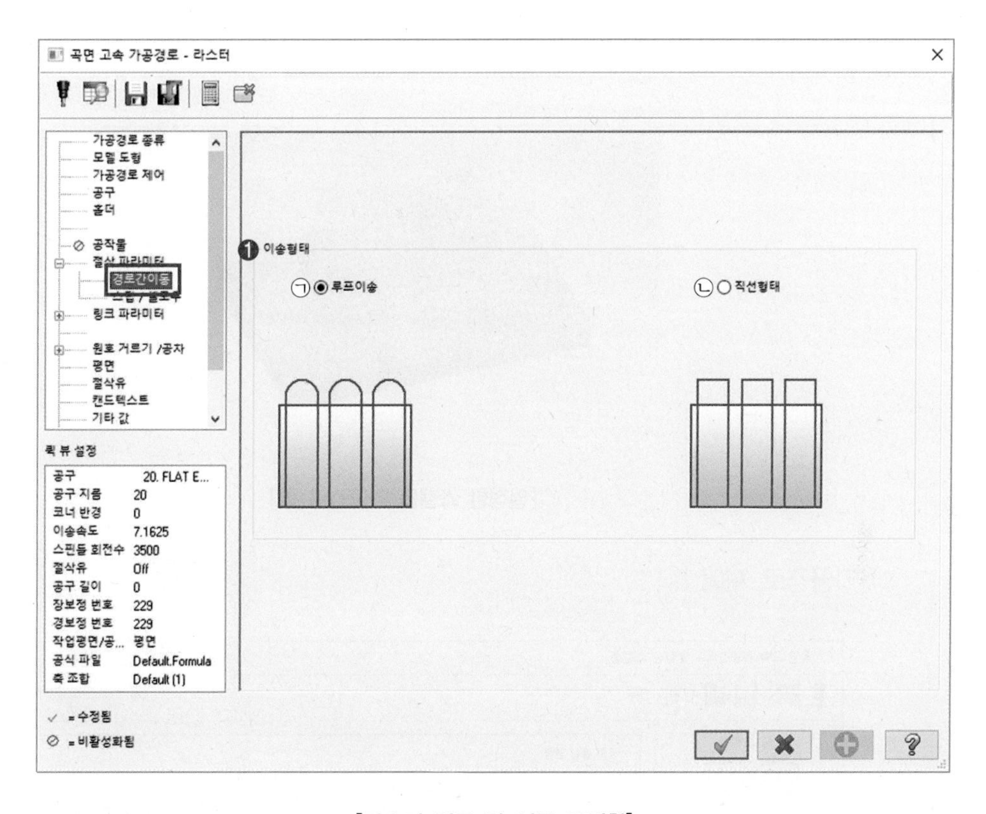

[라스터 경로 간 이동 조건창]

❶ 이송 형태

㉠ **루프이송** : 드라이브 대상 곡면을 따라 생성되는 경로 사이의 이송 형태를 부드러운 원호의 형태로 생성한다.

㉡ **직선 형태** : 드라이브 대상 곡면을 따라 생성되는 경로 사이의 이송 형태를 직선 형태로 생성한다.

(3) 일정한 스켈롭 가공

드라이브 대상 곡면에 대하여 동일한 스텝 간격을 유지하며, 나선의 형태로 이동하는 가공경로를 생성한다. 이 방법은 날카로운 모서리를 부드럽게 움직이며, 좋은 조도의 가공경로를 만들 수 있다.

[일정한 스켈롭 가공경로 예]

1) 가공경로 제어

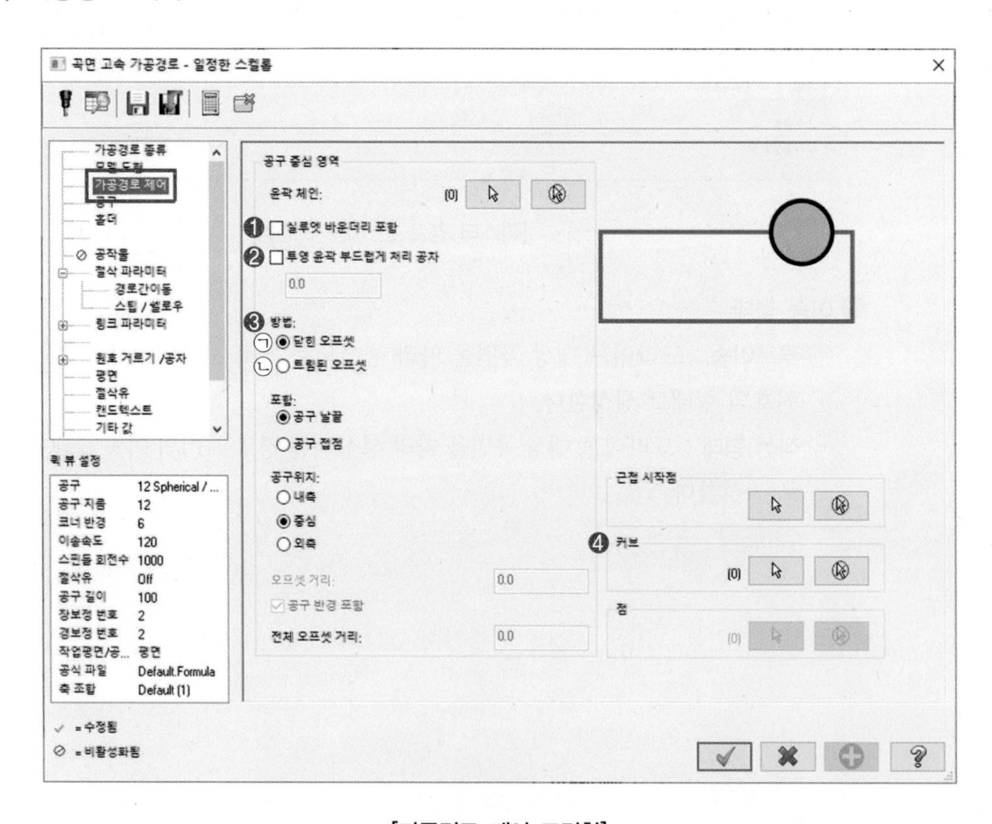

[가공경로 제어 조건창]

❶ **실루엣 바운더리 포함** : 선택한 윤곽 체인에 가공도형의 외곽을 추가적인 공구 중심 영역으로 설정한다.

❷ **투영 윤곽 부드럽게 처리 공차** : 가공대상 곡면에 공구 중심 영역 투영이 부드럽게 되도록 설정하는 기능으로, 매끄러운 가공경로를 생성할 수 있다.

[투영 윤곽 부드럽게 처리 공차 사용 안 함(좌)과 사용(우)]

❸ **방법** : 일정한 스켈롭 가공경로 생성방법을 설정한다.

㉠ **닫힌 오프셋** : 일반적인 스켈롭 가공경로 형태로 생성하며, 공구 이동 경로를 닫힌 패스로 생성한다.

㉡ **트림된 오프셋** : 공구 이동 경로를 급속이송이 적용된 패스로 생성한다.

[닫힌 오프셋 적용]

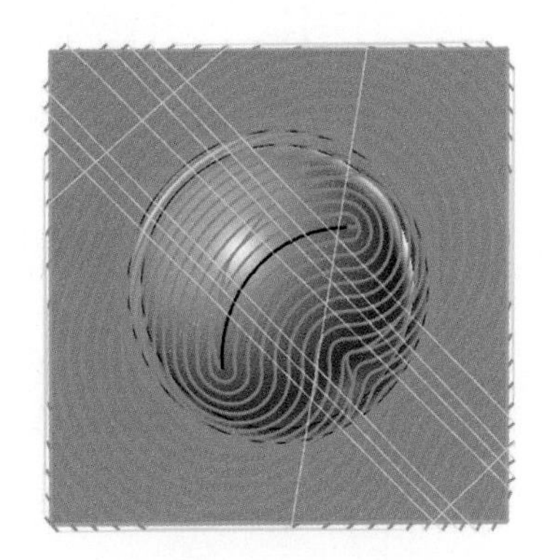

[트림된 오프셋 적용]

❹ **커브** : 체인으로 커브를 지정하며, 투영된 커브 형태로 가공경로를 생성한다.

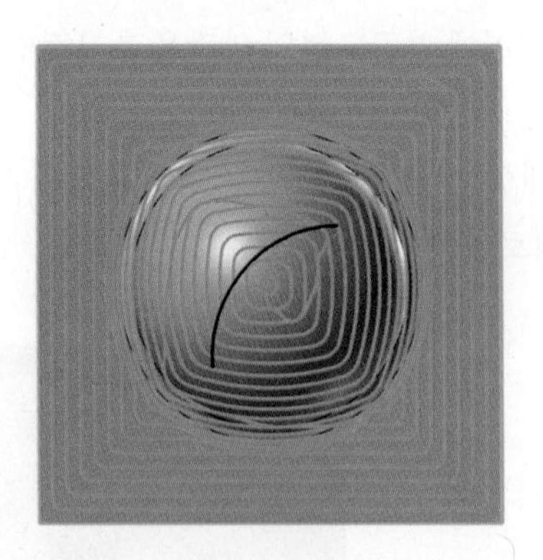

[커브 지정 안 함]

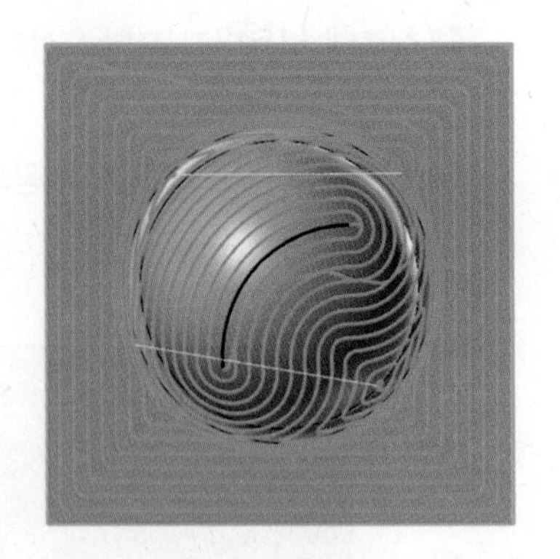

[커브 지정]

2) 절삭 파라미터

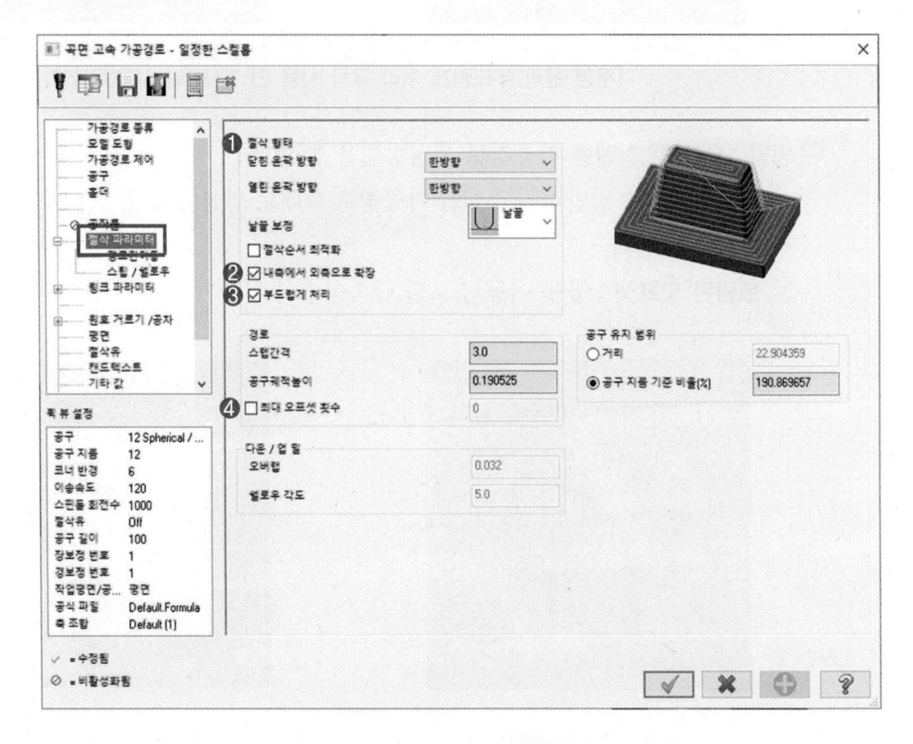

[절삭 파라미터 조건창]

❶ **절삭 형태** : 대상 곡면의 닫힌 또는 열린 윤곽 절삭방향을 설정한다.

❷ **내측에서 외측으로 확장** : 대상 곡면의 중심에서 외측으로 가공경로를 생성한다.

❸ **부드럽게 처리** : 날카로운 모서리를 매끄럽게 하고 곡선으로 가공경로를 대체하여 공구에 부하를 줄일 수 있다.

❹ **최대 오프셋 횟수** : 가공 절삭 최대 오프셋 횟수를 설정한다.

(4) 하이브리드 가공

급경사 영역과 완만한 영역이 복합적으로 적용된 형상에 적합한 가공경로를 생성한다. 사용자가 임의의 각도를 지정하여 설정한 각도보다 경사가 가파른 영역은 등고선 가공경로 형태로, 경사가 완만한 영역은 스켈롭 형태로 가공경로가 생성된다.

[하이브리드 가공경로 예]

1) 절삭 파라미터

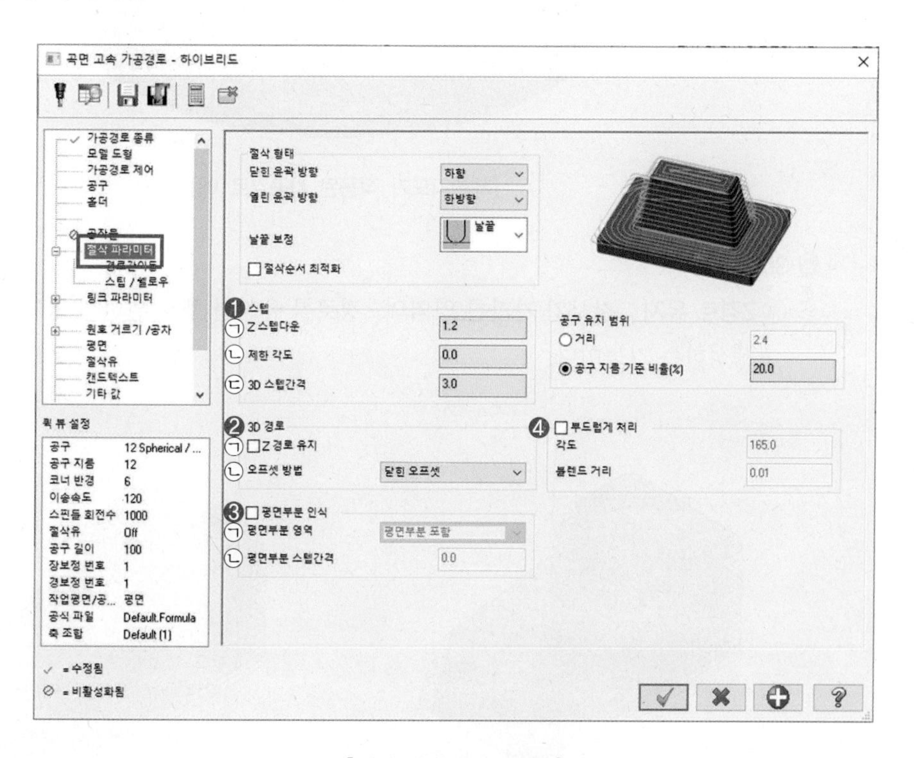

[절삭 파라미터 조건창]

❶ **스텝**

㉠ **Z스텝 다운** : 제한각도에 입력한 값보다 경사가 가파른 영역에서는 등고선 형태의 가공경로가 생성되는데, 이때 경로 사이에 적용되는 일정한 Z가공간격을 설정한다.

㉡ **제한각도** : 가파른 영역과 완만한 영역을 구분짓기 위해 정의하는 각도로, 입력한 각도보다 가파를 경우 등고선 형태로, 완만할 경우 스켈롭 형태로 가공경로를 생성한다.

㉢ **3D 스텝 간격** : 제한각도에 입력한 값보다 완만한 영역에서는 스켈롭 형태의 가공경로가 생성되는데, 이때 경로 사이에 적용되는 경로 간의 간격을 설정한다.

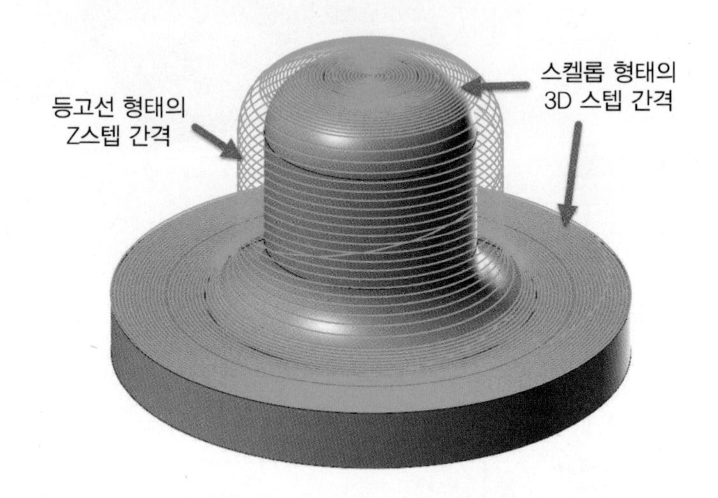

[제한각도가 적용된 가공경로 예]

❷ 3D 경로

㉠ **Z경로 유지** : 경사가 가파른 영역의 Z경로를 유지한 채로 완만한 영역의 가공경로를 생성하는 기능이다.

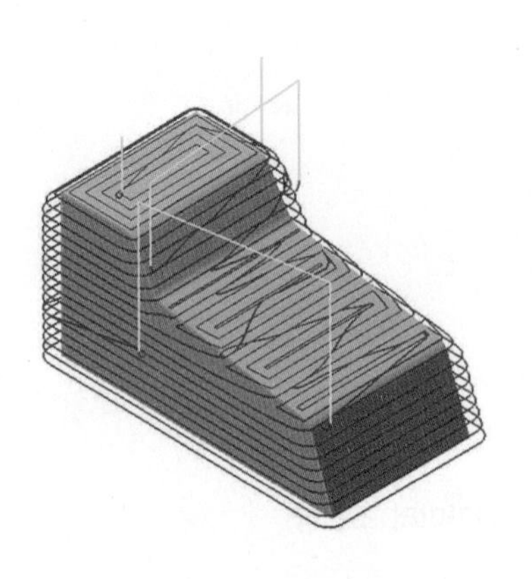

[Z경로 유지 사용]

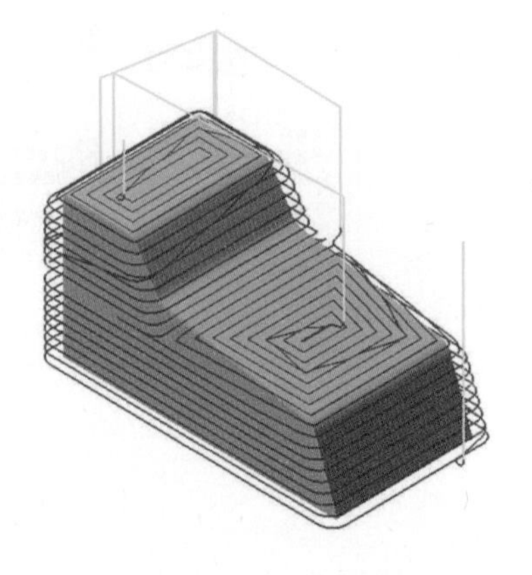

[Z경로 유지 사용 안 함]

ⓛ **오프셋 방법**

- 닫힌 오프셋 : 완만한 영역의 바운더리를 닫힌 구간으로 계산하여 일정 간격으로 오프셋하는 방법이다.
- 상단에서 하단 : 완만한 영역의 최고 Z높이에서 하단방향으로 가공경로를 오프셋하는 방법이다.
- 하단에서 상단 : 완만한 영역의 최저 Z높이에서 상단방향으로 가공경로를 오프셋하는 방법이다.
- 자동 : 코어 형상에서는 상단에서 하단방향으로 오프셋하여 경로를 생성하고, 캐비티 형상에서는 하단에서 상단으로 오프셋하여 경로를 생성하는 방법이다.

[닫힌 오프셋] [상단에서 하단]

[하단에서 상단] [자동]

❸ **평면부분 인식**

㉠ **평면부분 영역**

- 평면부분 포함 : 드라이브 대상 곡면에서 평면부분에만 별도로 간격을 지정하여 가공경로를 생성한다.
- 평면부분 무시 : 드라이브 대상 곡면에서 평면부분은 제외하고 가공경로를 생성한다.
- 평면부만 : 드라이브 대상 곡면에서 평면부분에만 가공경로를 생성한다.

[평면부분 포함]　　[평면부분 무시]　　[평면부만]

㉡ **평면부분 스텝 간격** : 평면에 가공경로를 생성할 때 적용되는 경로 간의 간격을 설정한다.

❹ **부드럽게 처리** : 날카로운 모서리 부분에 가공경로를 설정한 각도 및 블렌드 거리값을 적용하여 부드러운 가공경로로 생성한다.

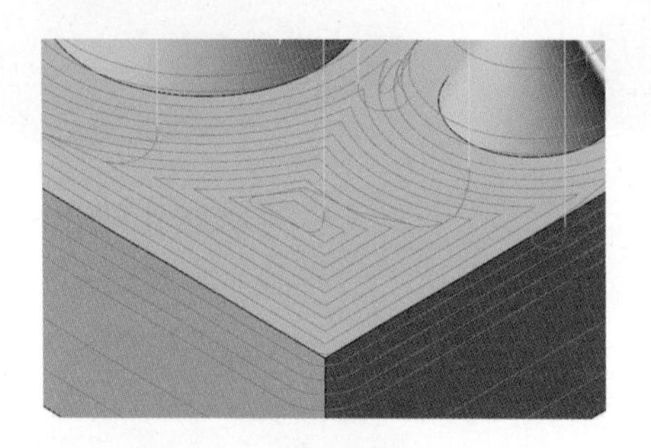

[부드럽게 처리기능 미사용]

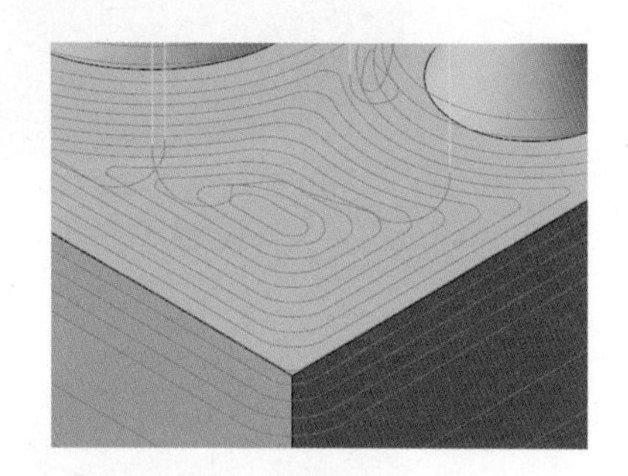

[부드럽게 처리기능 사용]

(5) 펜슬가공

가공 도형 형상의 코너 부위에 가공경로를 생성하며, 선택적으로 가공경로의 횟수를 지정할 수 있다.

[펜슬 가공경로 예]

1) 절삭 파라미터

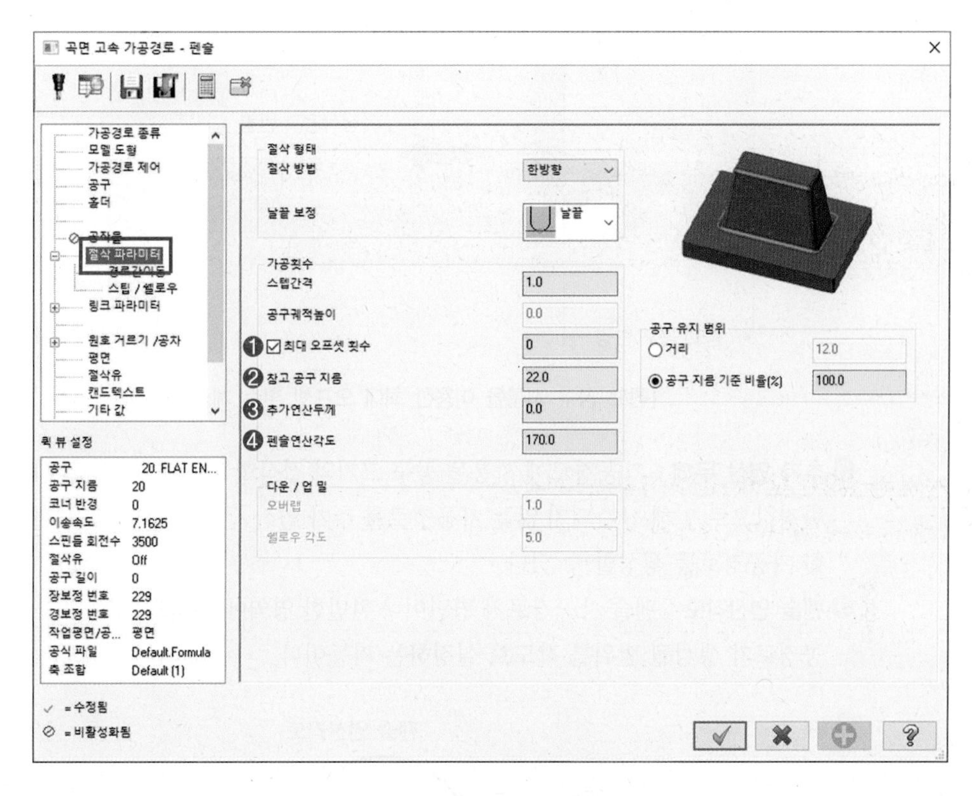

[절삭 파라미터 조건창]

❶ **최대 오프셋 횟수** : 가공 도형의 코너에 생성될 가공경로의 수를 입력한 횟수만큼 설정한다.

❷ **참고 공구 지름** : 펜슬 가공경로 이전에 사용된 공구의 지름값을 입력하여, 이전 가공경로에서 가공되지 못한 부분에 펜슬 가공경로가 생성될 수 있게 값을 설정한다. 이때, 참고 공구 지름에 크기의 값을 입력하면 스텝 간격이나 공구궤적 높이를 기준으로 최대 오프셋 횟수값이 자동으로 계산된다.

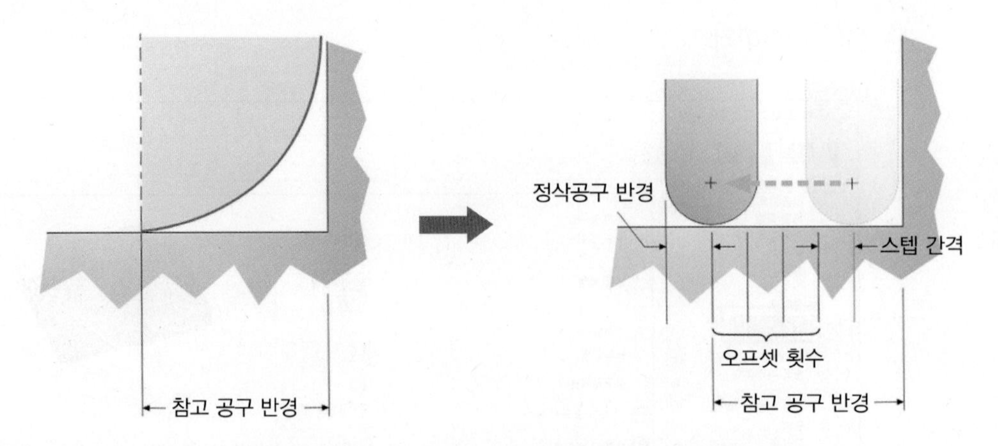

[참고 공구 지름을 이용한 최대 오프셋 횟수 계산과정 예]

❸ **추가 연산 두께** : 가공경로에 사용될 공구 크기와 절삭할 가공도형(필렛) 사이의 동일한 반경값으로 인해 산출되지 않는 가공경로를 추가 연산 두께 기능에 값을 설정하여 필요한 가공경로를 생성할 수 있다.

❹ **펜슬 연산각도** : 펜슬 가공경로가 평면이나 완만한 영역에 생성되는 걸 방지하기 위해 가공경로가 생성될 범위를 각도로 설정하는 기능이다.

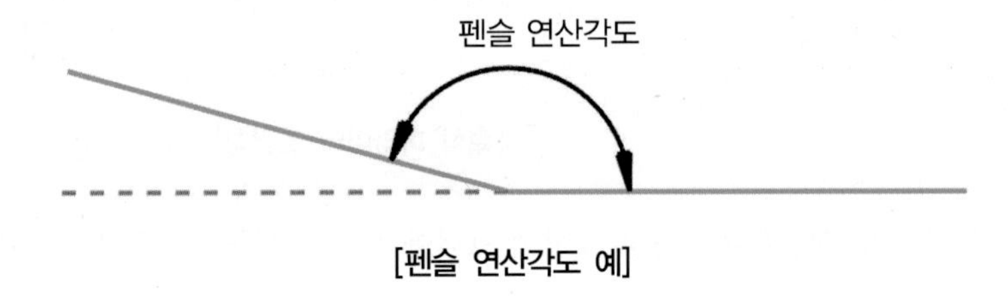

[펜슬 연산각도 예]

(6) 블렌드

체인으로 선택한 두 개의 커브 사이를 블렌딩하는 가공경로를 생성한다.

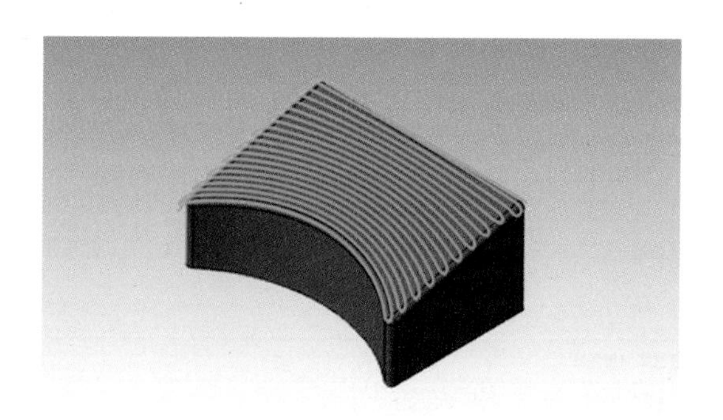

[블렌드 가공경로 예]

1) 가공경로 제어

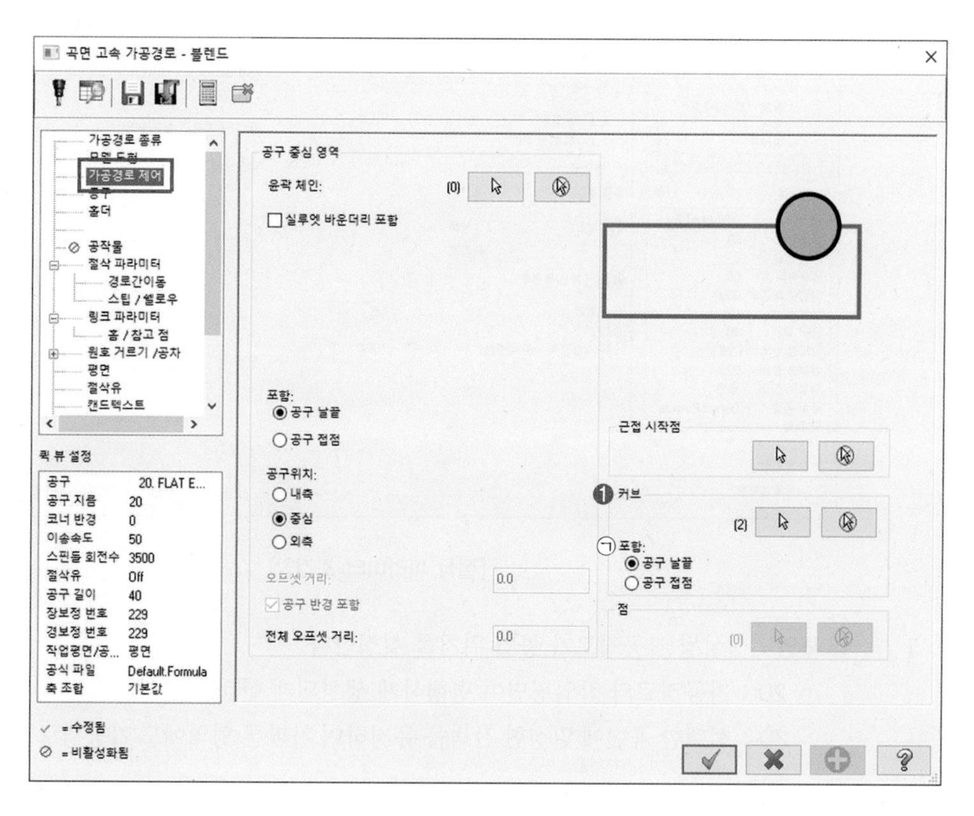

[가공경로 제어 조건창]

❶ **커브** : 블렌드 가공경로에 사용될 두 커브를 선택한다. 모델 도형에서 선택한 가공도형에 선택한 두 커브를 블렌드하여 가공경로를 생성한다.

㉠ **포함**

- 공구 날 끝 : 선택한 커브 내에서 경로가 생성되는 범위를 공구 날 끝으로 제한한다.
- 공구 접점 : 선택한 커브 내에서 경로가 생성되는 범위를 공구 날 끝 대신 공구 접점으로 제한한다.

2) 절삭 파라미터

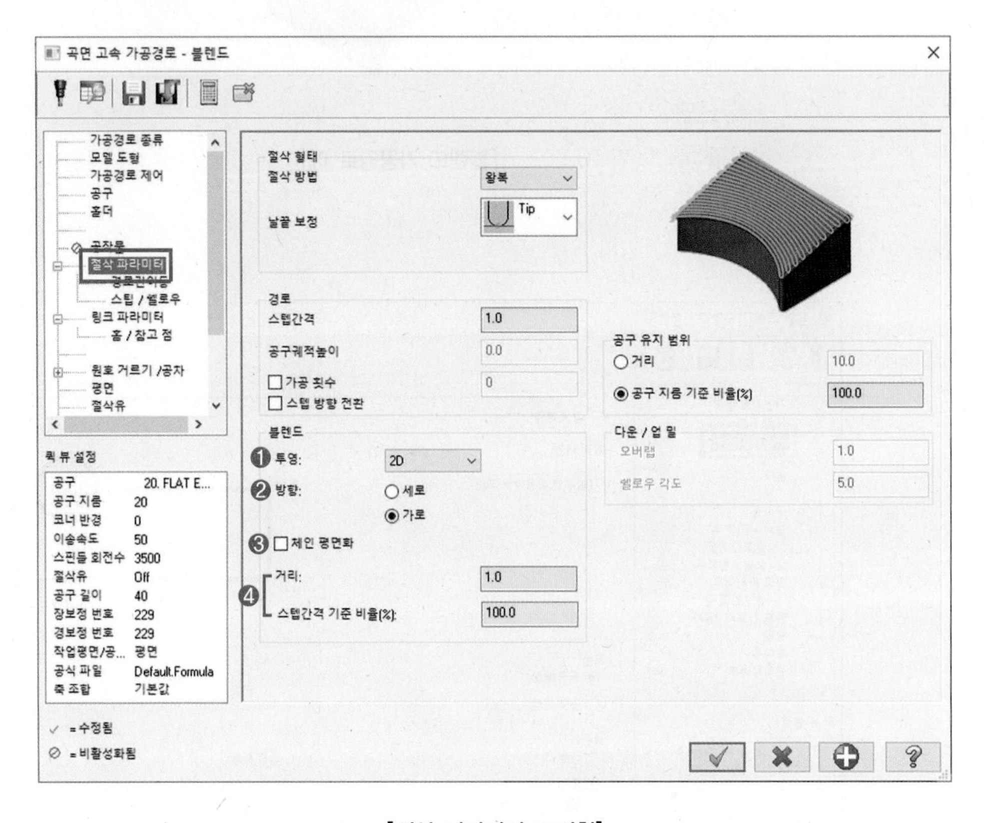

[절삭 파라미터 조건창]

❶ **투영** : 생성될 가공경로가 놓일 위치를 설정한다.

㉠ 2D : 가공경로와 작업평면이 평행하게 생성되게 한다.

㉡ 3D : 선택한 곡면에 일정한 간격을 유지하여 가파른 영역에도 가공경로를 생성한다.

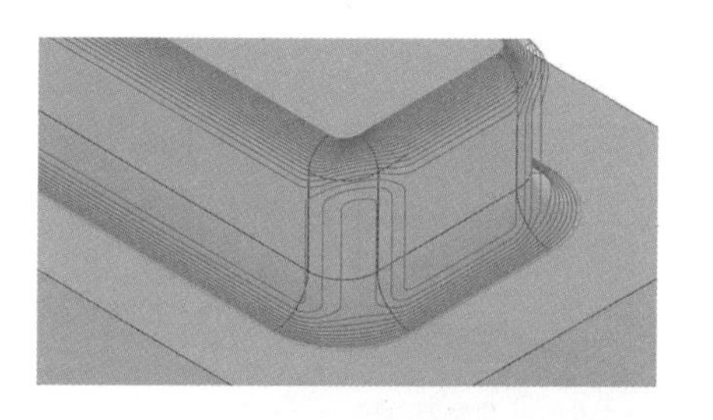

[이전 버전 블렌드 가공경로 - 2D 옵션]

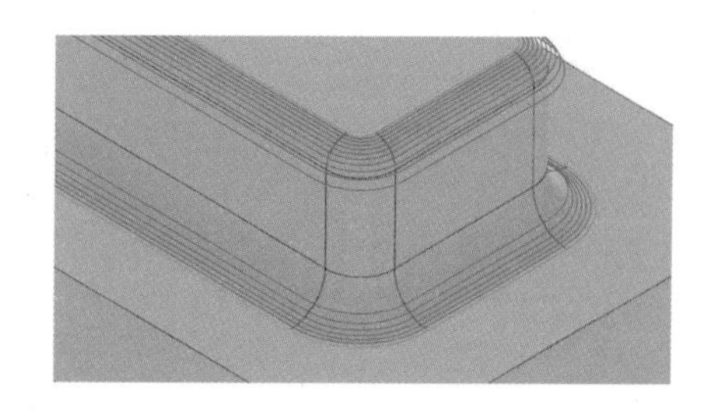

[Mastercam 2021 블렌드 가공경로 - 2D 옵션]

❷ **방향** : 가공경로가 생성될 방향을 설정한다.

㉠ **세로** : 선택한 커브의 법선방향으로 경로가 생성된다.

㉡ **가로** : 선택한 커브와 같은 방향으로 경로가 생성된다.

❸ **체인 평면화** : 선택한 커브를 작업평면에 투영시켜 곡선을 직선화하여 경로를 계산한다.

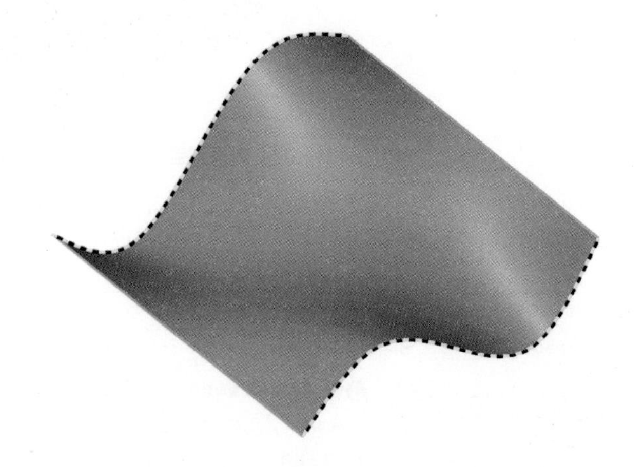

[입체로 본 체인 평면화에 사용한 곡면]

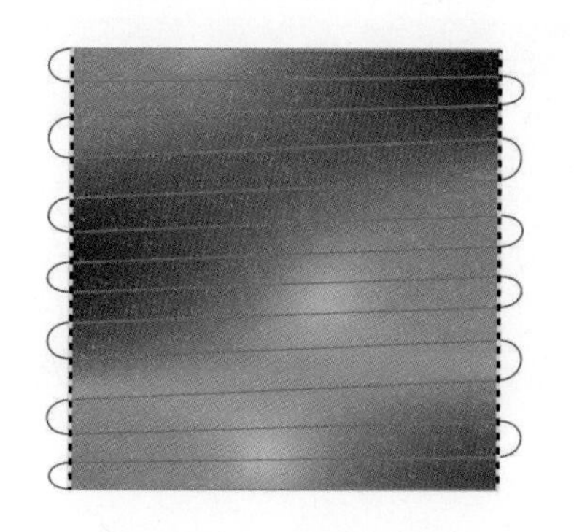

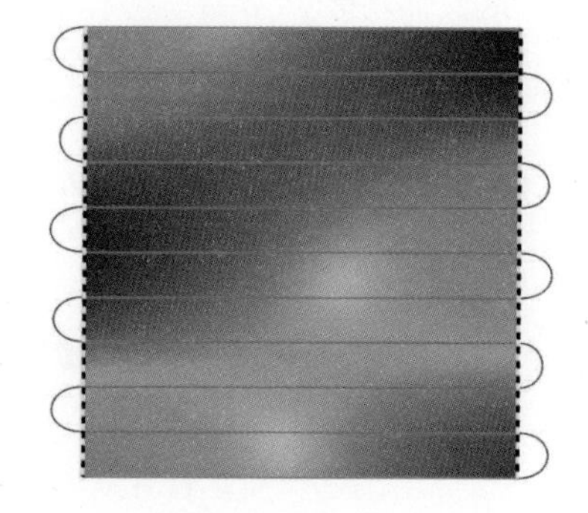

[평면으로 본 체인 평면화 사용 전(좌)과 후(우) 예]

❹ **거리 / 스텝 간격 기준 비율(%)** : 가공경로를 생성하는 데 필요한 가로방향의 간격을 입력한 %의 값으로 임시 설정되며 최종적인 가공경로에는 포함되지 않는다.

(7) 등고선

드라이브 대상 곡면의 프로파일 커브를 따라, Z축 기준의 등고선 형태로 진행하는 가공방법이다.

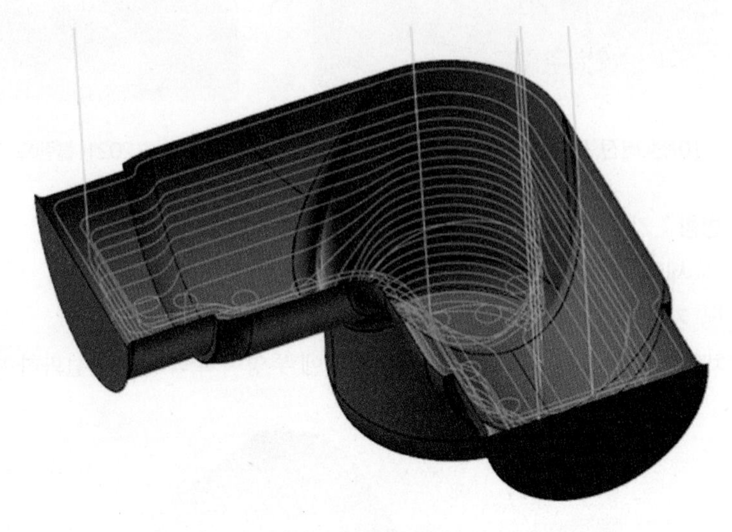

[등고선 가공경로 예]

1) 등고선정삭 파라미터

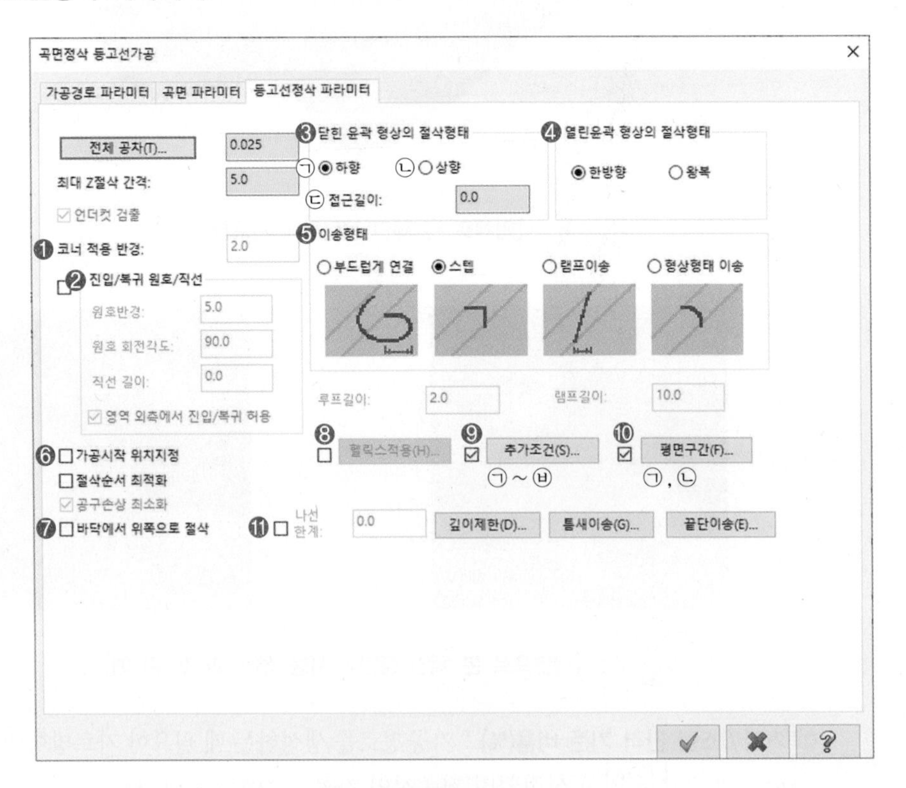

[등고선정삭 파라미터 조건창]

❶ **코너 적용 반경** : 내측의 모서리에 대한 경로를 라운딩 처리하여 가공부하를 줄이고 부드러운 경로를 생성한다.

❷ **진입 / 복귀 원호 / 직선** : 공구의 진입과 복귀 시에 직선 형태 또는 반경과 각도를 주어 원호 형태로 진입 또는 복귀를 하는 기능이다.

❸ **닫힌 윤곽 형상의 절삭 형태** : 가공대상 곡면도형들이 닫힌 윤곽 형태인 경우 공구의 절삭 방향을 설정하는 항목으로 하향, 상향 중 하나의 방법을 선택한다.

㉠ **하향** : 공구의 절삭이송이 진행되는 방향과 같은 방향으로 공구가 회전하는 형태로 공구는 공작물을 밀어내듯이 작업하는 가공방법이다.

㉡ **상향** : 공구의 절삭이송이 진행되는 방향과 반대방향으로 공구가 회전하는 형태로 공작물을 잡아당기는 형태의 가공방법이다.

㉢ **접근길이** : 경로 사이의 시작 위치 겹침을 방지하기 위한 접근길이를 지정하는 기능이다.

❹ **열린 윤곽 형상의 절삭 형태** : 가공대상 곡면도형이 열린 윤곽 형태인 경우 공구의 절삭방향을 설정하는 항목으로 한 방향, 왕복 중 하나를 선택한다.

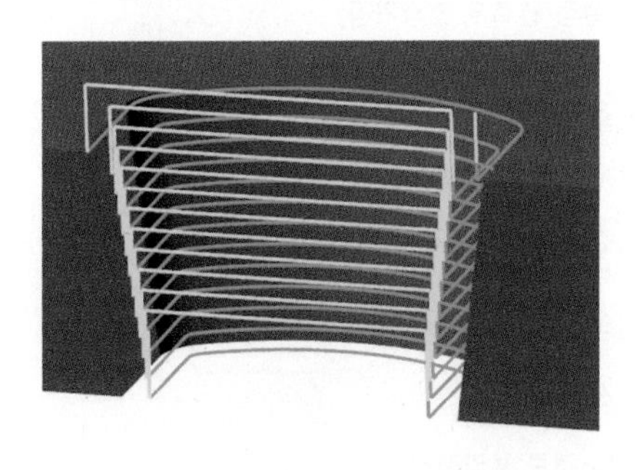

[한 방향]

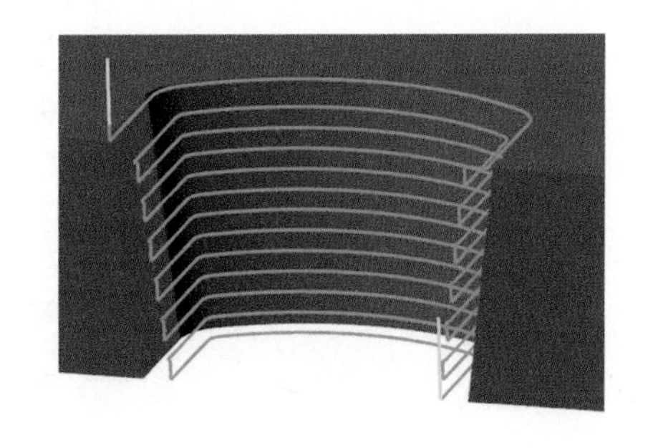

[왕복]

❺ **이송 형태** : 가공경로 간 이송 형태를 지정하는 기능이다.

❻ **가공 시작 위치 지정** : 가공경로의 시작 위치를 지정하는 기능이다.

❼ **바닥에서 위쪽으로 절삭** : 절삭방향을 −Z방향에서 +Z방향으로 절삭하도록 가공경로를 생성하는 기능이다.

[위쪽에서 바닥으로 절삭]

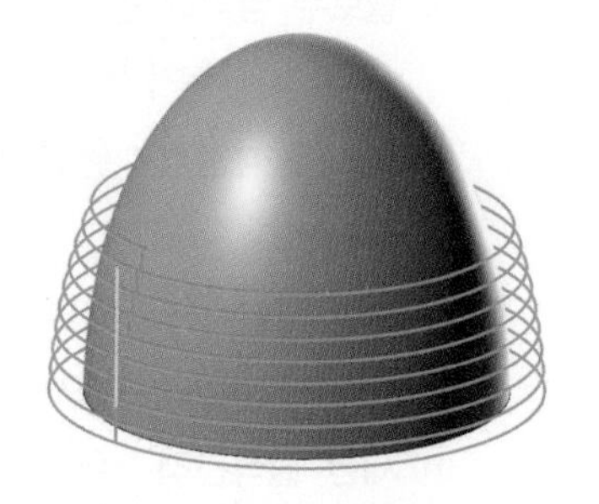

[바닥에서 위쪽으로 절삭]

❽ **헬릭스 적용** : 가공경로 시작에서 진입 시 포켓가공경로처럼 헬릭스로 진입하도록 설정하는 기능이다.

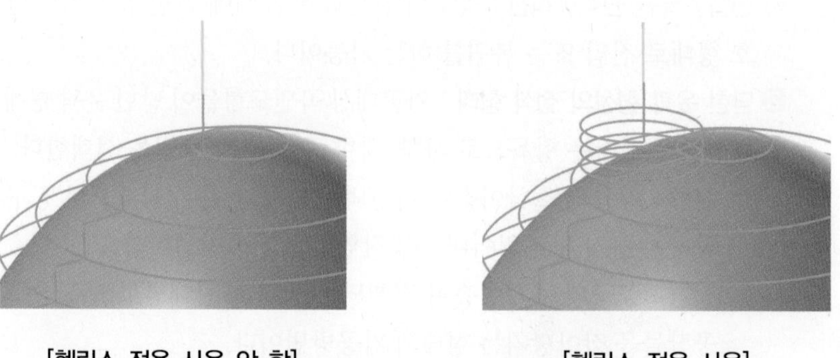

[헬릭스 적용 사용 안 함] [헬릭스 적용 사용]

❾ **추가 조건** : 완만한 경사 구간에 가공경로를 보완하여 생성할 수 있는 조건이다.

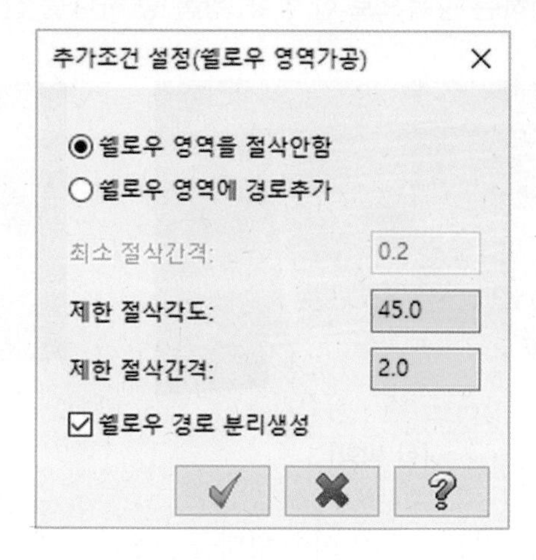

[추가 조건 설정(쉘로우 영역가공) 조건창]

㉠ **쉘로우 영역을 절삭 안 함** : 드라이브 대상 곡면의 경사가 완만한 영역들에 대하여 가공경로를 생성하지 않는 기능이다.

㉡ **쉘로우 영역에 경로 추가** : 최소 절삭간격 / 제한 절삭각도 / 간격에 의하여 완만한 경사구간에 추가적인 경로를 생성한다.

㉢ **최소 절삭간격** : 완만한 영역에 추가되는 가공경로의 최소 Z높이 간격값을 설정하는 기능이다.

㉣ **제한 절삭각도** : 완만한 영역을 각도로 제한하여 지정한 각도 이하로는 가공경로를 생성하지 않는 기능으로 제한 절삭간격과 연계적으로 설정된다.

㉤ **제한 절삭간격** : 완만한 영역에 생성될 가공경로의 최소 스텝 간격을 설정한다.

㉥ **쉘로우 경로 분리 생성** : 항목 체크 시 완만한 영역의 가공경로가 등고선가공의 경로와 연결되지 않고 개별적으로 생성되며, 체크 해제 시에는 등고선 경로와 연결되는 상태로 경로가 생성된다.

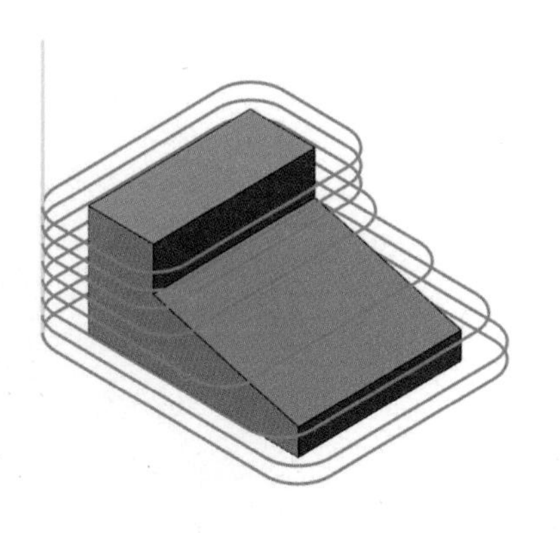

[추가 조건 사용 안 함]

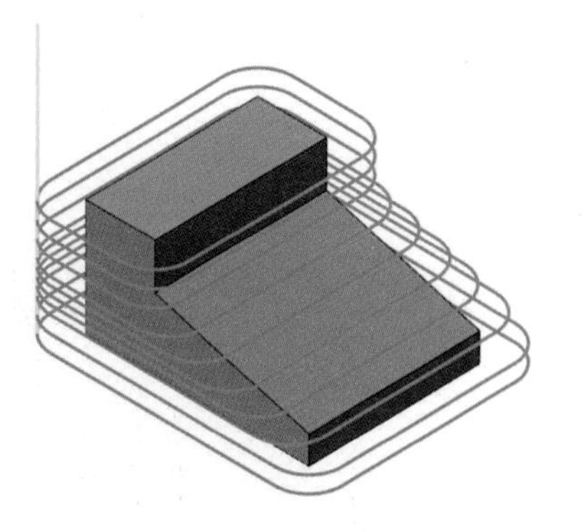

[추가 조건 사용]

⑩ **평면구간** : 경사가 완만한 구간에서의 스텝 간격을 조절하는 기능이다.

㉠ **평면구간의 스텝 간격** : 평면구간에 사용될 가공간격을 설정한다.

㉡ **2D / 3D** : 2D를 선택하여 평면에만 경로를 생성하거나, 3D를 선택하여 드라이브 대상곡면에 투영시켜 경로를 생성할 수 있다.

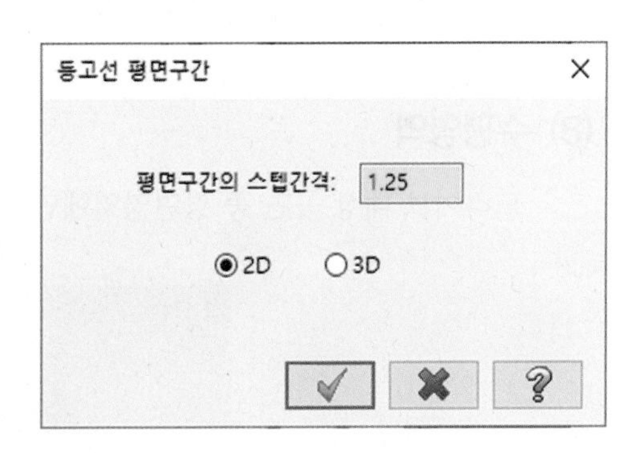

[등고선 평면구간]

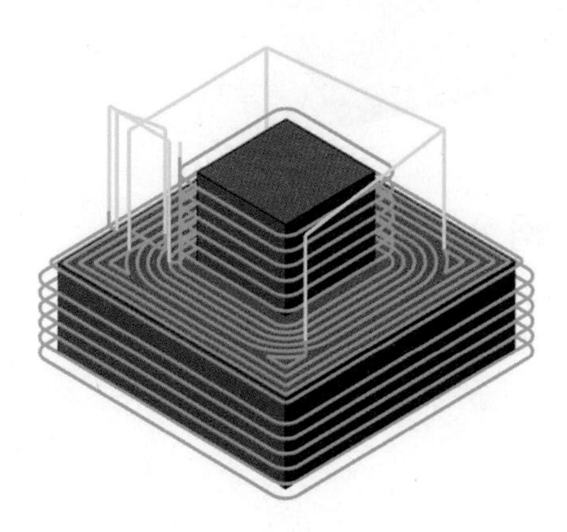

[평면구간 사용]

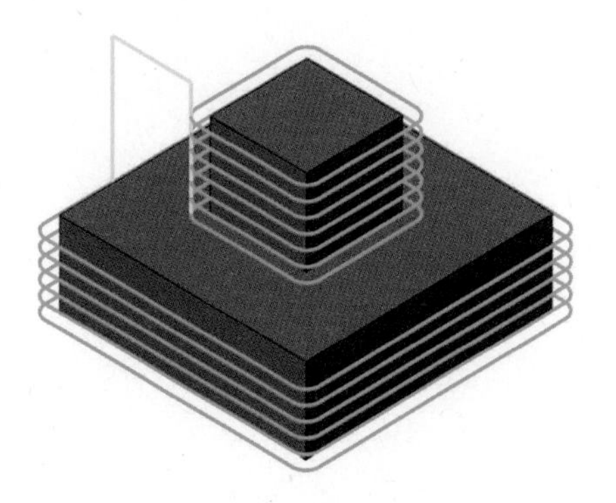

[평면구간 사용 안 함]

⑪ **나선 한계** : 드라이브 대상곡면의 프로파일 커브를 따라 생성되는 가공경로를 나선 형태의 가공경로로 생성하는 기능이다.

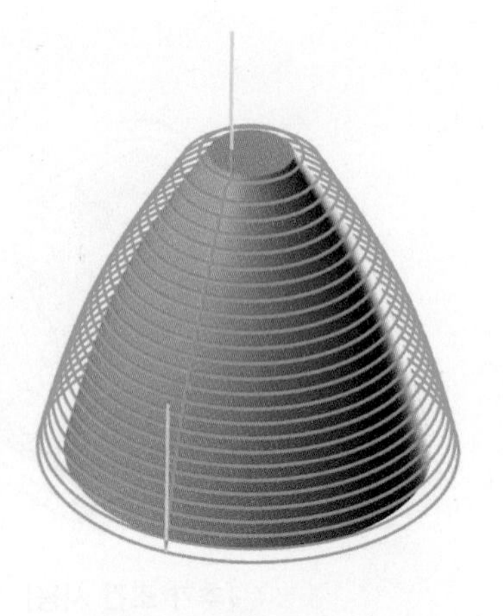

[스파이럴 한계값 사용 안 함]

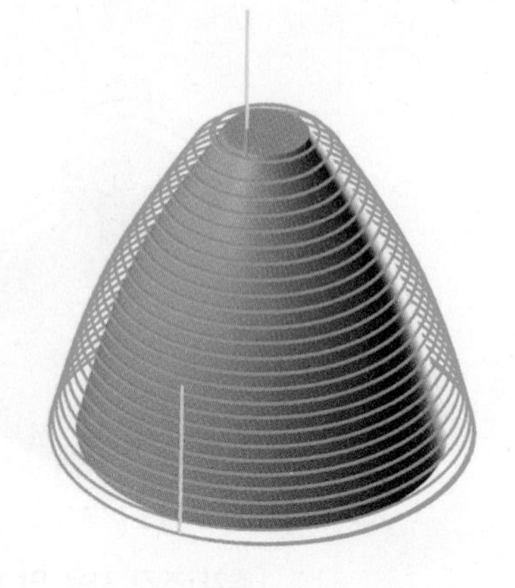

[스파이럴 한계값 사용]

(8) 수평영역

드라이브 대상 곡면 중 평면영역에만 XY스텝 간격을 설정한 가공경로를 생성한다.

[수평영역 가공경로 예]

(9) 스켈롭

드라이브 대상 곡면의 어느 부위에서든 설정된 공구 궤적 높이를 유지하며 드라이브 대상 곡면 표면을 일정하게 가공하는 방법이다.

[스켈롭 가공경로 예]

(10) 투영

Mastercam 시스템에 저장되어 있는 NCI 파일의 가공경로, 커브 도형요소 또는 점 도형요소를 곡면도형에 투영시켜 곡면도형에 가공경로, 커브 도형요소 또는 점 도형요소들을 투영가공하는 방법으로 조각가공 실행 시 많이 사용된다. 이 가공방법은 공구의 절삭이송 동작과 공구 컨트롤이 자유롭기 때문에 다양하게 응용된 경로의 생성에 유용하다.

[투영 가공경로 예]

1) 절삭 파라미터

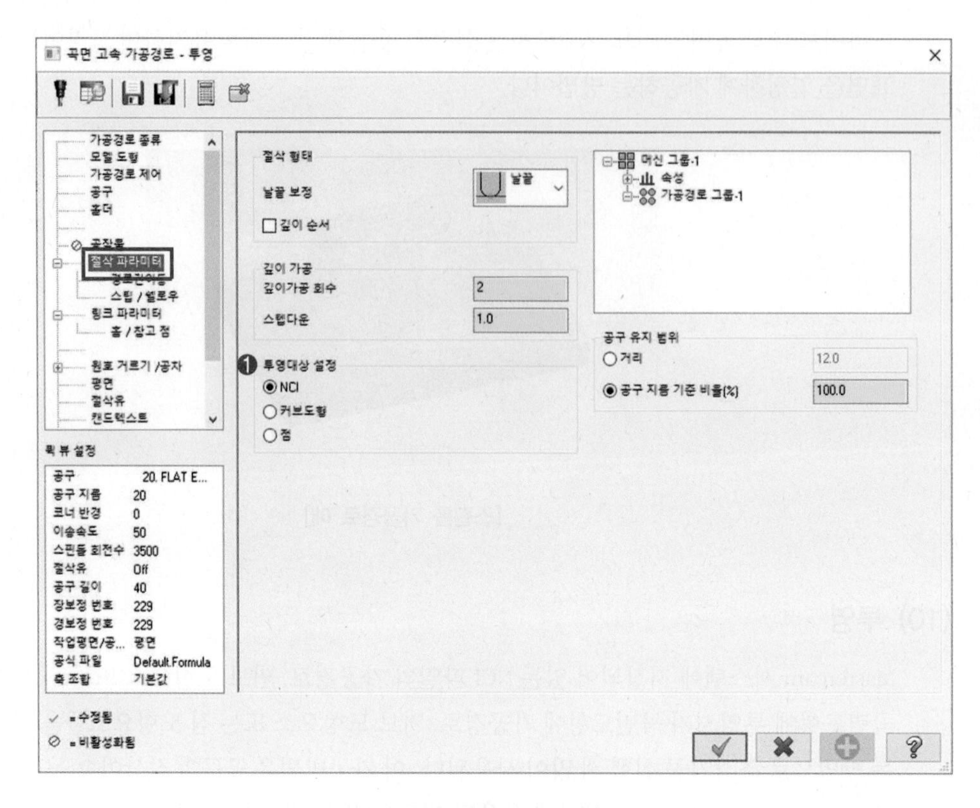

[절삭 파라미터 조건창]

❶ **투영대상 설정** : 투영대상 설정에서 NCI 파일을 선택하면 활성화되는 메뉴로서 투영 정삭 가공경로를 생성하기 전에 생성된 가공경로를 목록에 표시하며 표시된 목록 중 사용할 가공경로를 선택하여 투영 정삭 가공경로를 생성할 수 있다.

(11) 면방향 가공

단일 곡면 또는 곡면의 결이 비슷하게 만들어진 인접한 다수의 곡면들을 가공할 때 공구 궤적을 곡면의 결을 따라 생성하여 보다 정밀한 가공경로를 생성한다.

[면방향 가공경로 예]

1) 가공경로 / 곡면 선택

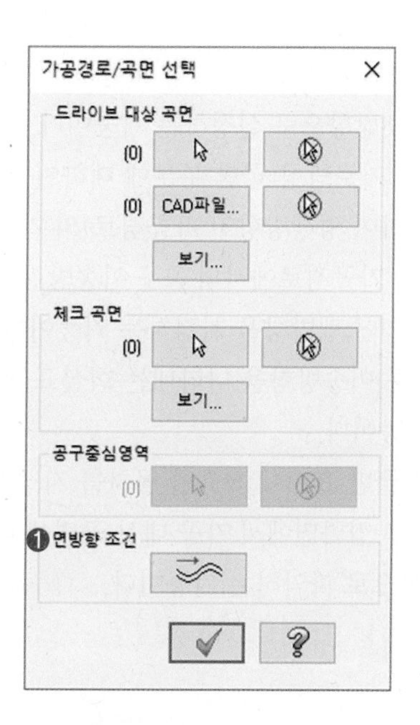

[가공경로 / 곡면 선택 조건창]

❶ **면방향 조건** : 선택한 곡면의 면방향을 인식하여 절삭될 면의 가공방향 및 시작점을 조절하는 기능이다.

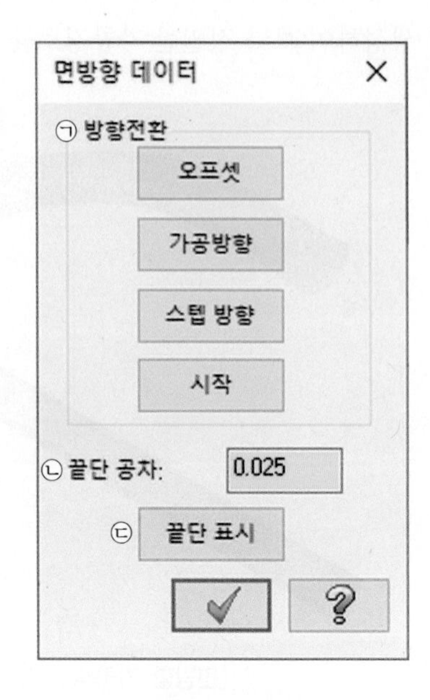

[면방향 데이터]

㉠ **방향 전환**

- 오프셋 : 곡면도형의 노말방향 또는 노말방향의 반대방향 중 하나의 방향을 공구반경 오프셋방향으로 설정하는 기능이다.
- 가공방향 : 가로방향(끝단 부분에 대하여 법선방향인 가공경로)과 세로방향(끝단 부분에 대하여 평행방향인 가공경로)의 가공방향 변경을 설정하는 기능이다.
- 스텝방향 : 가공경로에서의 공구 이송방향을 나타내는 화살표를 다른 위치로 이동하여 공구의 스텝방향을 설정하는 기능이다.
- 시작 : 공구 이송방향을 나타내는 화살표를 이동시켜 가공경로의 시작 위치를 설정하는 기능이다.

㉡ **끝단 공차** : 끝단 표시에 적용할 공차를 지정한다.

㉢ **끝단 표시** : 작업화면에서 가공 대상 곡면에 대한 끝단들에 대하여 공유된 끝단인지 여부를 색상으로 파악하는 기능이다.

2) 면방향 정삭 파라미터

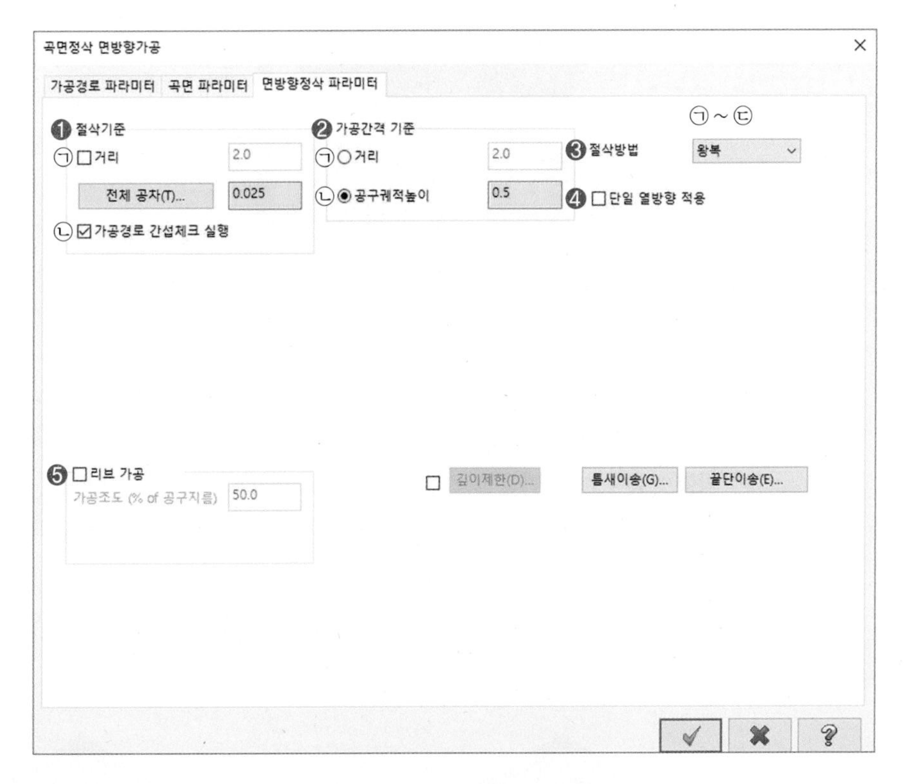

[면방향 정삭 파라미터 조건창]

❶ 절삭기준

㉠ **거리** : 공구가 곡면을 따라 움직이는 한 스텝들을 입력된 값으로 절삭이송하는 기능이다.

㉡ **가공경로 간섭체크 실행** : 항목 선택 시 공구의 절삭이송 동작이 설정된 가공 공차보다 크거나 작은 경우 발생하는 면방향 정삭 가공경로의 간섭 부분을 시스템이 자동으로 체크하여 공구의 절삭이송 동작을 수정한다.

❷ 가공간격 기준

㉠ **거리** : 이 항목에 값을 입력하여 가공경로의 생성 간격을 입력한 거리값으로 설정한다.

㉡ **공구 궤적 높이** : 가공경로의 생성 간격을 위에 거리값이 아닌 공구의 궤적 높이로 설정하는 기능이다.

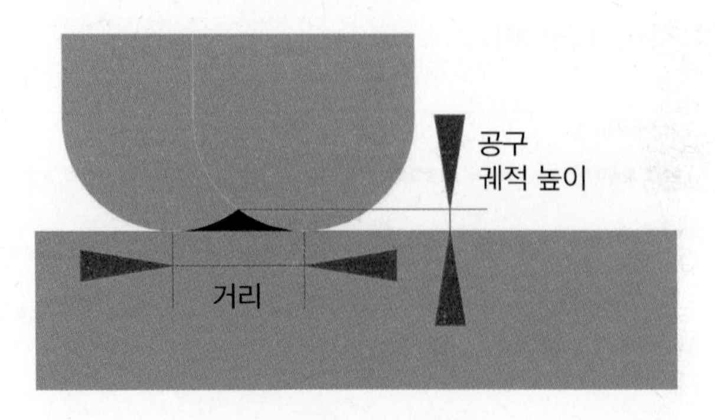

[가공간격 기준 예]

❸ **절삭방법**

㉠ **왕복** : 공구가 곡면을 따라 왕복으로 가공하는 가공방법이다.

㉡ **한 방향** : 공구가 곡면을 따라 한 방향으로 가공하는 가공방법이다.

㉢ **스파이럴** : 구 형상인 곡면의 유용한 가공방법으로 공구가 구 형상의 곡면을 따라 나선형으로 가공경로를 생성한다.

❹ **단일 열방향 적용** : 인접한 다수의 곡면 선택 시 가공할 열의 방향을 단일방향으로 만드는 기능이다.

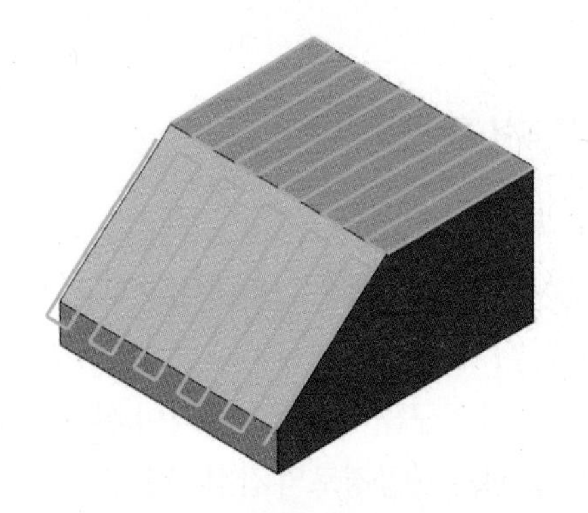

[단일 열방향 적용 안 함]

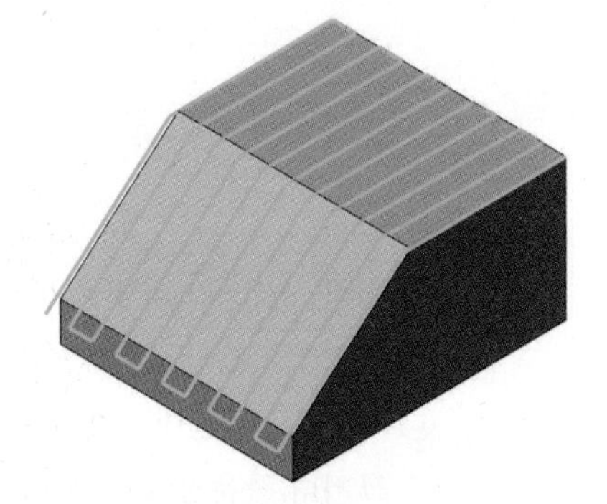

[단일 열방향 적용]

❺ **리브가공** : 폭이 얇은 면을 가공할 경우 공구 중심이 면의 중앙으로 한 번만 지나가서 가공하게 하는 기능이다.

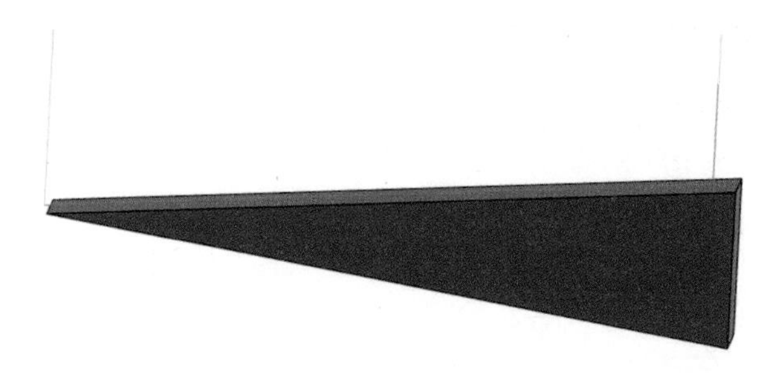

[리브가공 예]

(12) 나선가공

완만한 곡면 형상 또는 원형 형상을 가공할 때 효과적이며, 지정된 중심점을 기준으로 나선을 그리듯이 가공하는 방법이다.

[나선 가공경로 예]

1) 절삭 파라미터

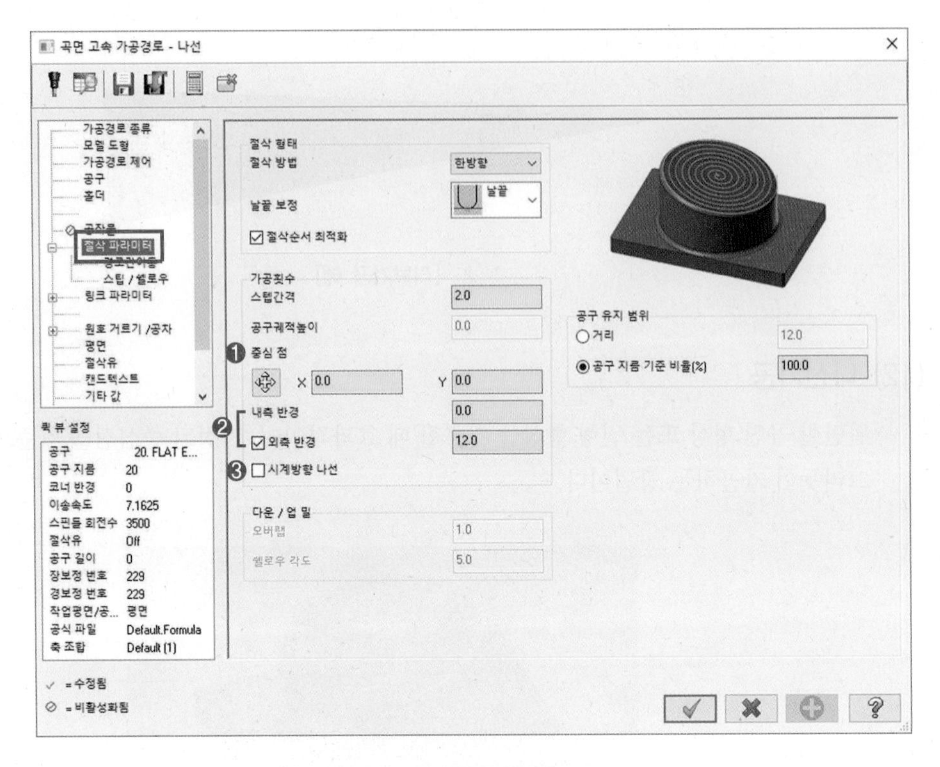

[절삭 파라미터 조건창]

❶ **중심점** : 나선 형태로 가공경로가 만들어질 때 가공경로의 중심 위치(시작 위치 또는 끝 위치)를 지정하는 기능이다.

❷ **내측 반경 / 외측 반경** : 내측, 외측 반경값을 이용하여 가공경로 생성을 위한 영역을 설정할 수 있다.

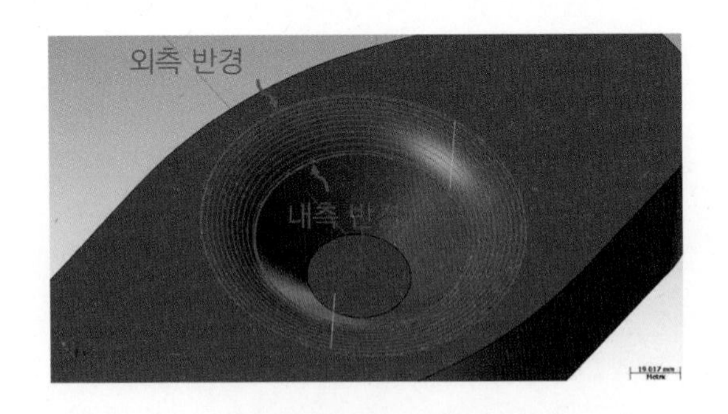

[내측 반경 / 외측 반경 예]

❸ **시계방향 나선** : 시계방향으로 공구가 움직이도록 가공경로를 생성한다.

✎ 이 기능의 사용 여부에 따라 가공방향은 변경되지만 시작 위치가 변경되지는 않는다. 시작 위치를 변경하기 위해서는 절삭방법을 변경한다.

(13) 방사상 가공

원형 형상을 가공할 때 효과적인 방법으로, 지정된 중심점을 기준으로 동일 각도의 경로들이 회전 · 배열되는 형태의 가공경로이다.

[방사상 가공경로 예]

1) 절삭 파라미터

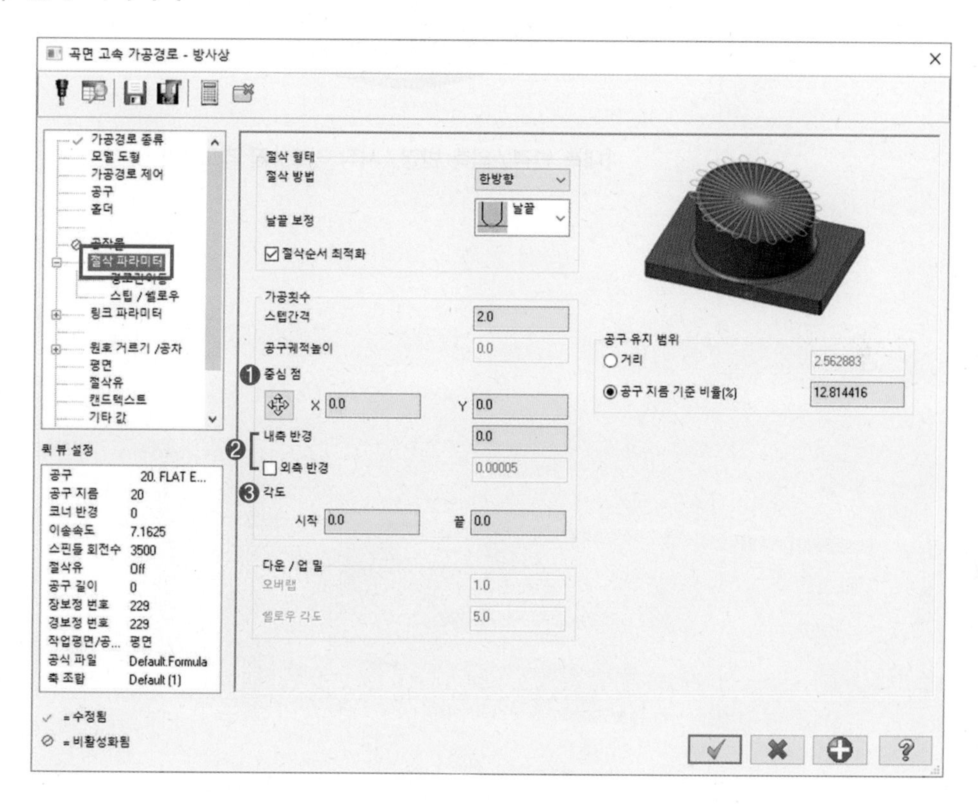

[절삭 파라미터 조건창]

❶ **중심점** : 방사상 형태로 가공경로를 생성하기 위한 회전의 중심점을 지정한다.

❷ **내측 반경 / 외측 반경** : 내측, 외측 반경값을 이용하여 가공경로 생성을 위한 영역을 설정할 수 있다.

❸ **각도** : 시작, 끝 각도를 이용하여 가공경로 생성을 위한 영역을 설정할 수 있다.

X +방향 : 0° / Y +방향 : 90° / X −방향 : 180° / Y −방향 : 270°

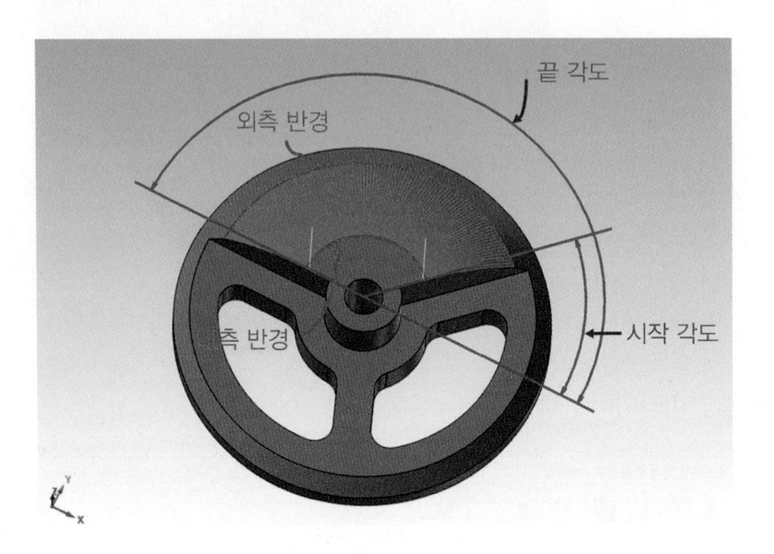

[내측 반경 / 외측 반경 / 시작 각도 / 끝 각도 예]

MEMO

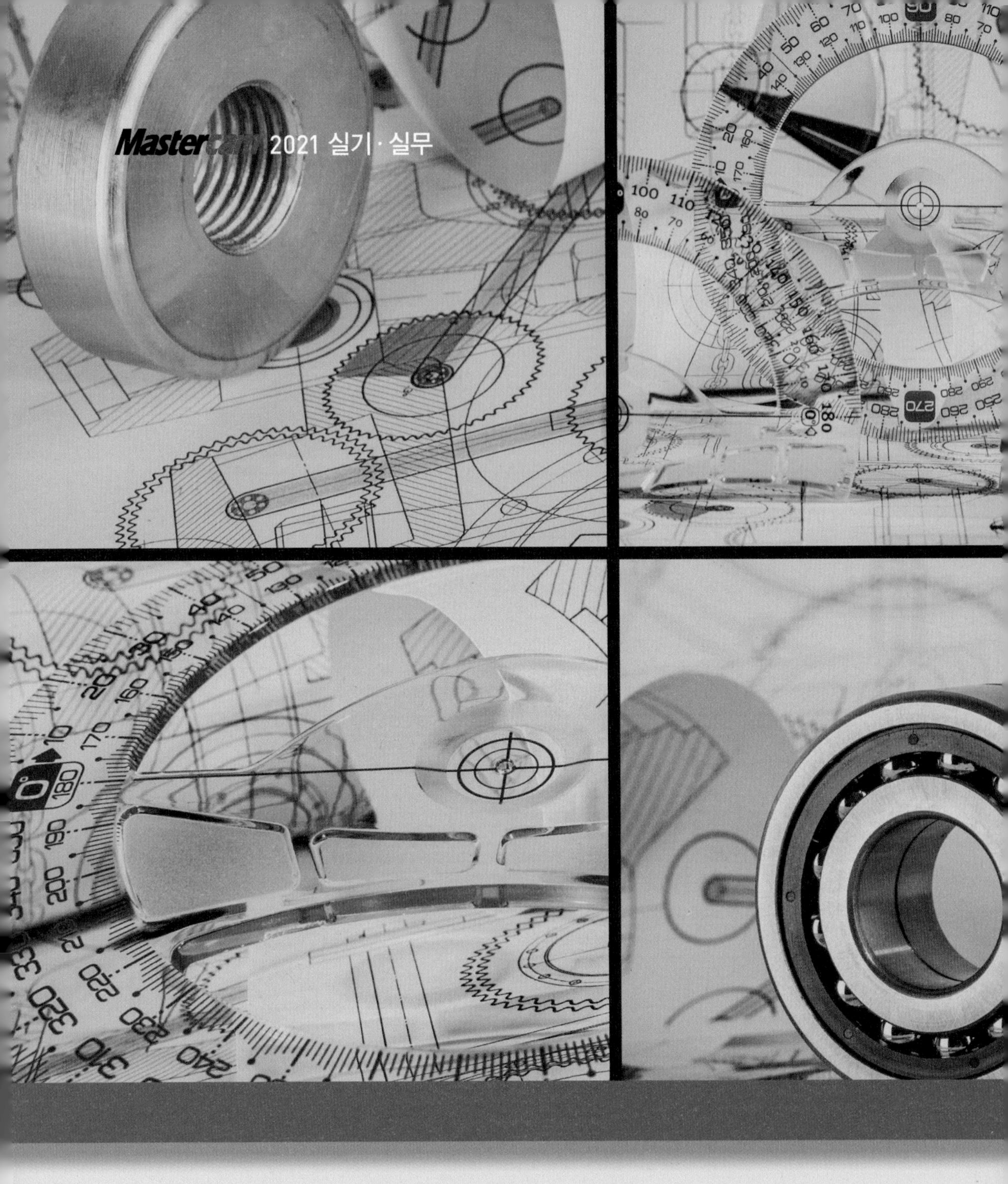
Mastercam 2021 실기·실무

CHAPTER

16

3차원 가공 실습

CHAPTER

16 3차원 가공 실습

1 연습 예제 : 머그 리드

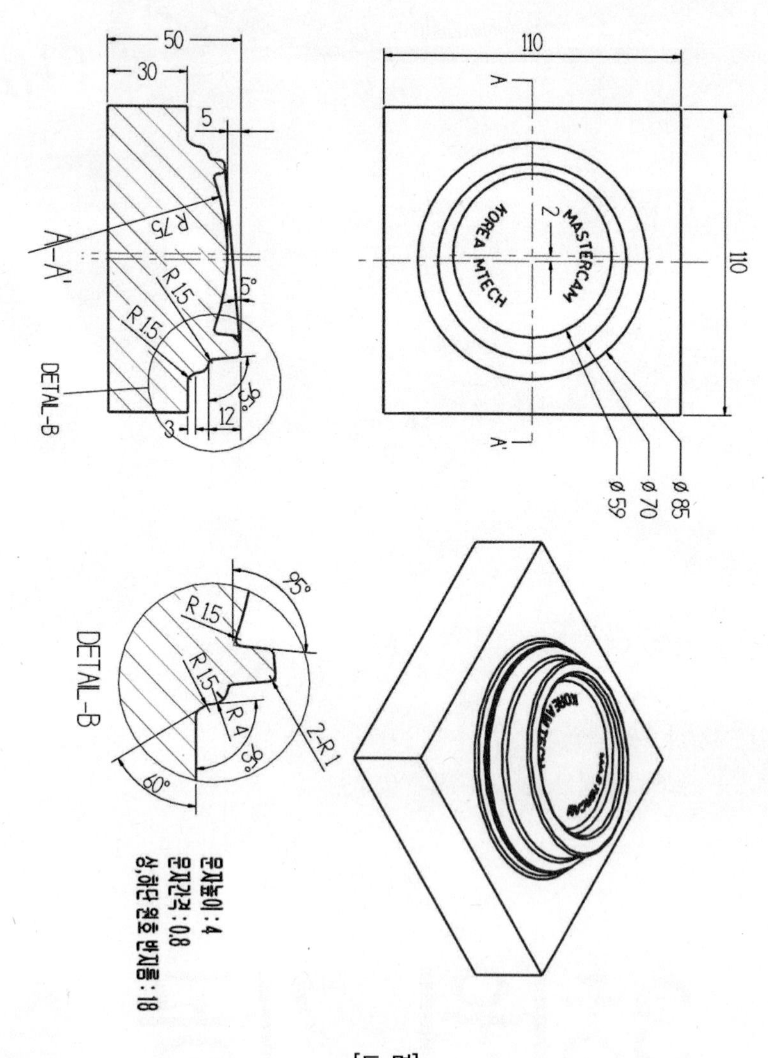

[도 면]

[모델링]

동영상 바로가기 QR code

해답의 참조는 동영상으로 작성했으며 아래의 링크 또는 QR코드로 접속하면 볼 수 있습니다.
(QR코드 어플은 Play Store 혹은 App Store에서 다운로드 후 이용 가능)

동영상 URL : https://youtu.be/WkiVcl-Y8Wc

2 연습 예제 : 약과

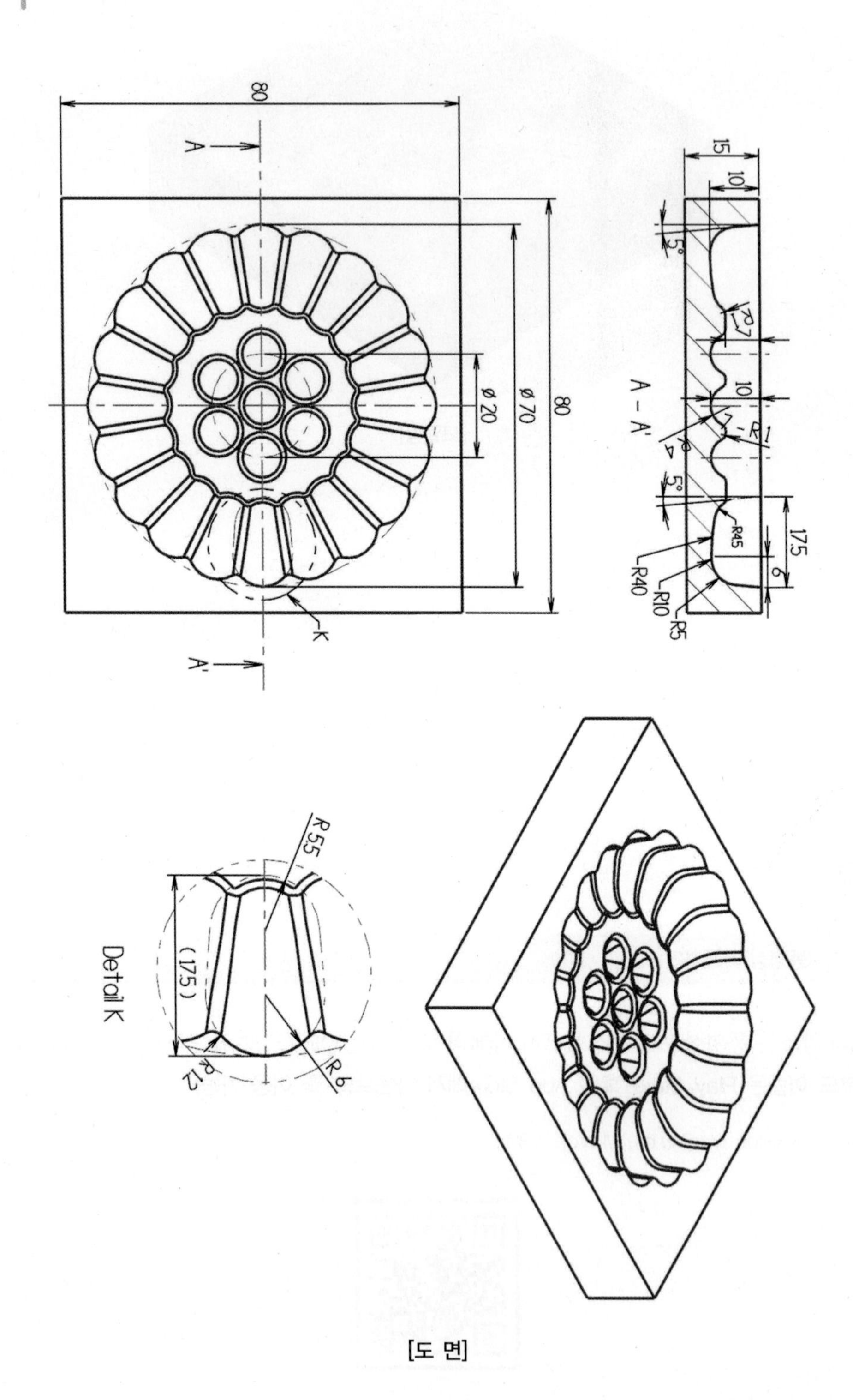

80
A
A'
ø 20
ø 70
80
K
A - A'
15
10
5°
10
R1
R45
17.5
6
R40
R10
R5
R55
(17.5)
R12
R6
Detail K

[도 면]

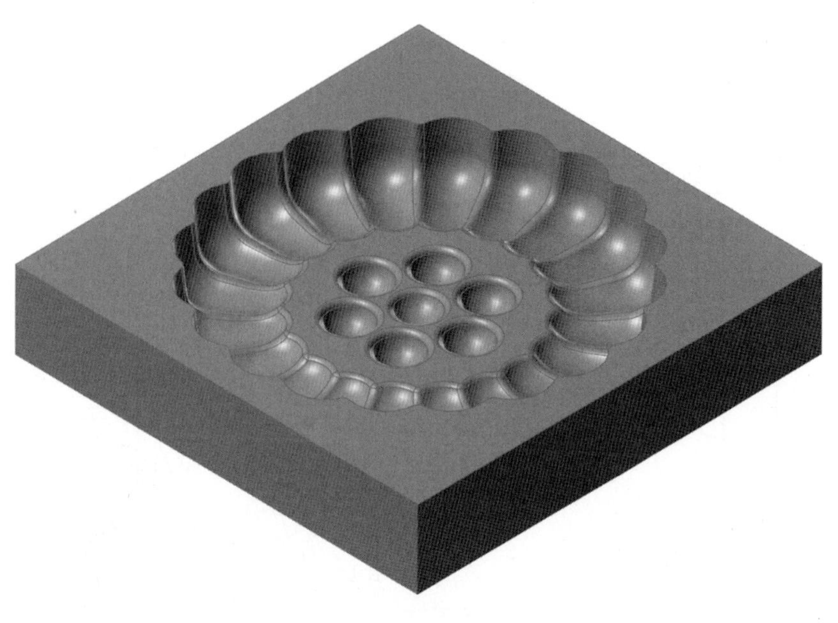

[모델링]

동영상 바로가기 QR code

해답의 참조는 동영상으로 작성했으며 아래의 링크 또는 QR코드로 접속하면 볼 수 있습니다.
(QR코드 어플은 Play Store 혹은 App Store에서 다운로드 후 이용 가능)

동영상 URL : https://youtu.be/iITmCJ1LxSk

3 연습 예제 : 드라이어

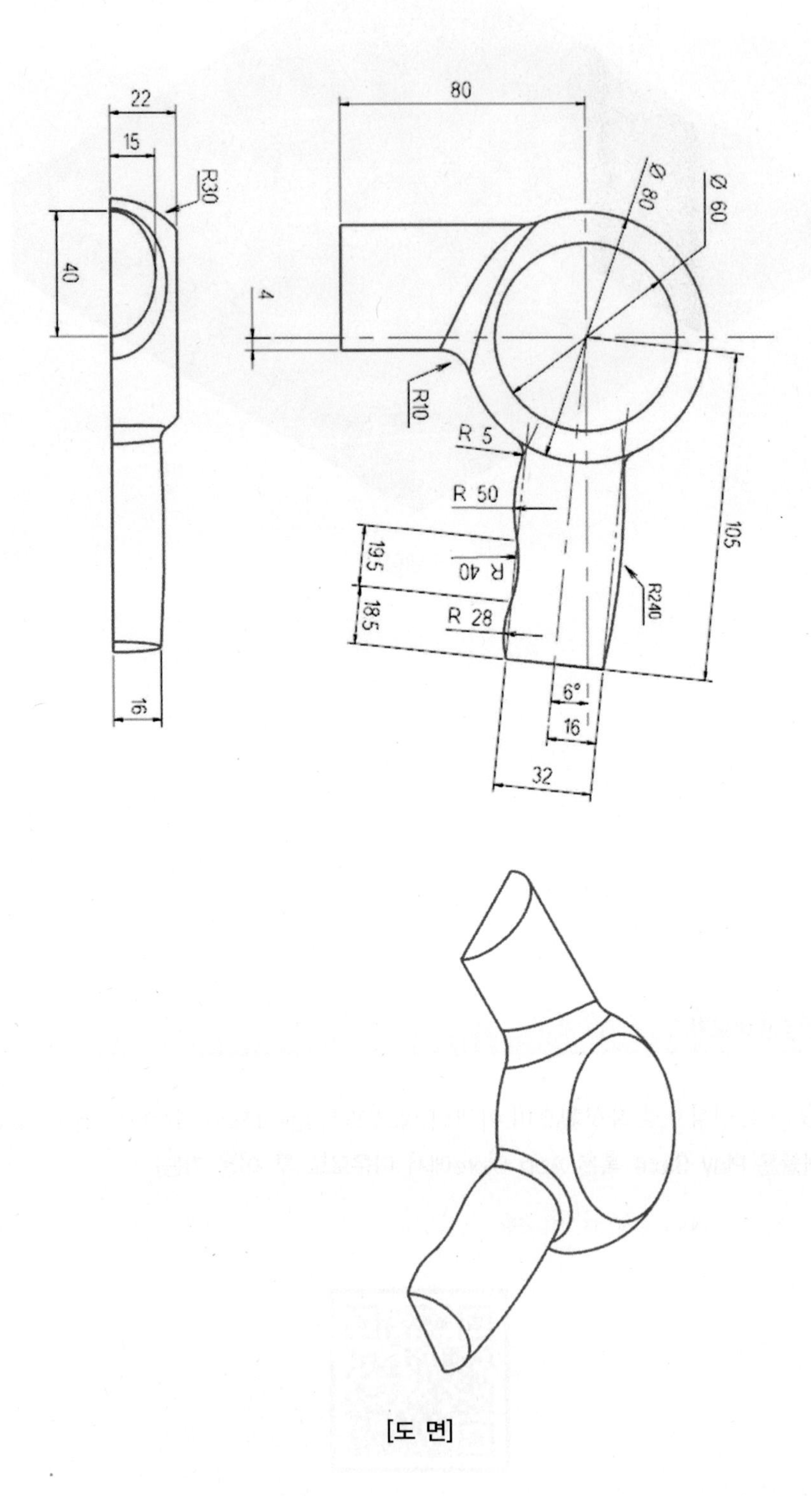

[도 면]

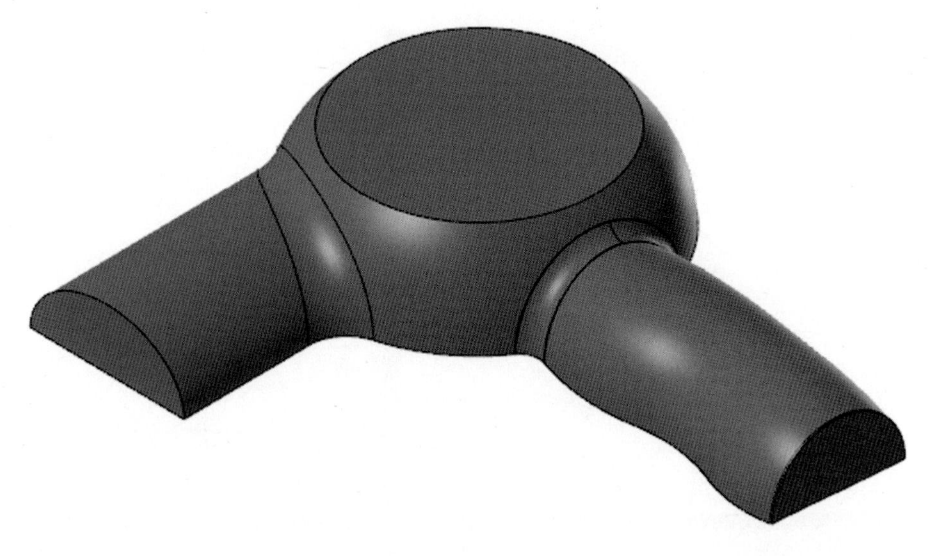

[모델링]

동영상 바로가기 QR code

해답의 참조는 동영상으로 작성했으며 아래의 링크 또는 QR코드로 접속하면 볼 수 있습니다.
(QR코드 어플은 Play Store 혹은 App Store에서 다운로드 후 이용 가능)

동영상 URL : https://youtu.be/rRkk4x4tQkw

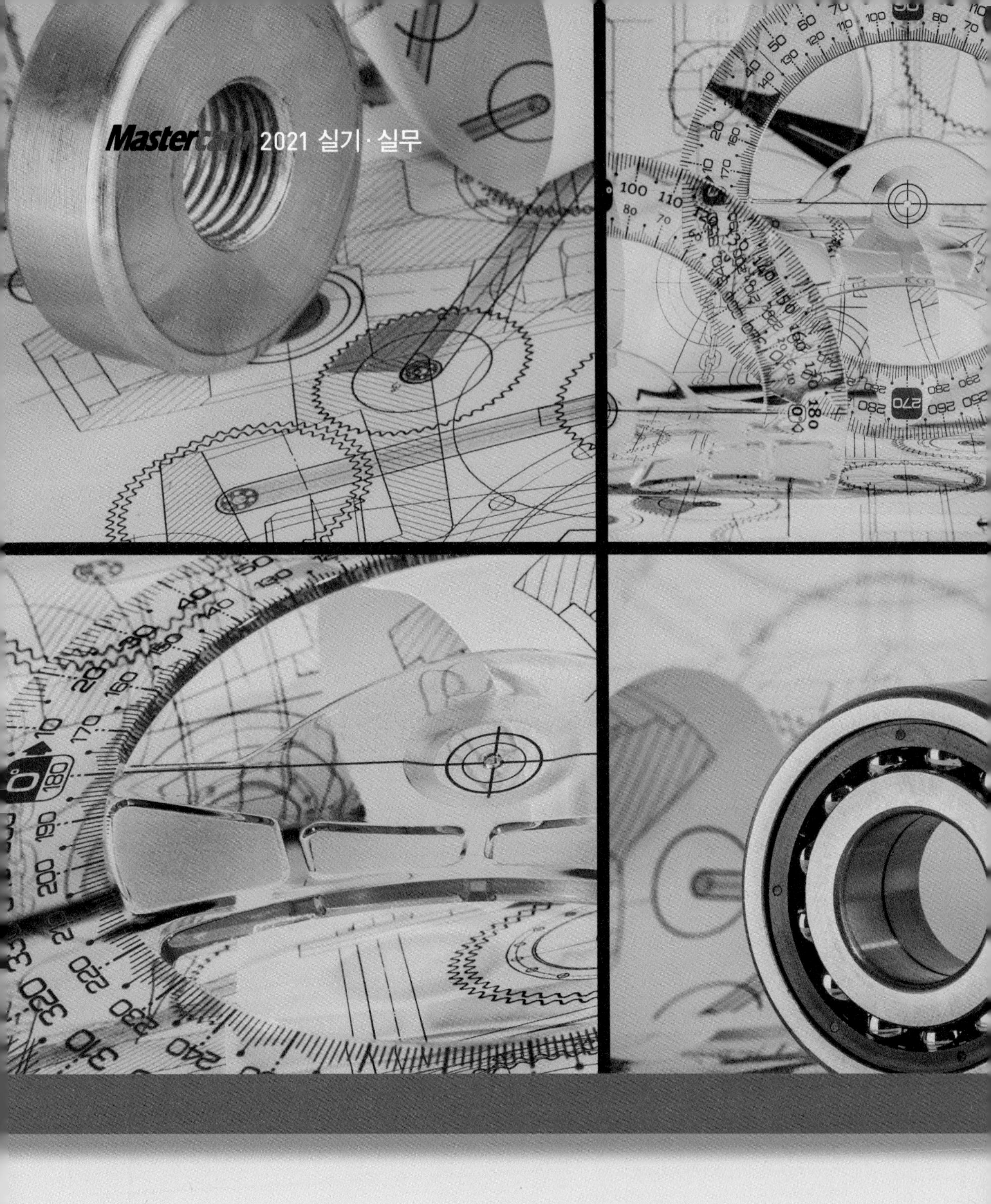
Master
2021 실기·실무

CHAPTER 17

다축가공 소개

CHAPTER

17 다축가공 소개

1 연습 예제 : 프로펠러 모델링을 활용한 5축 가공경로

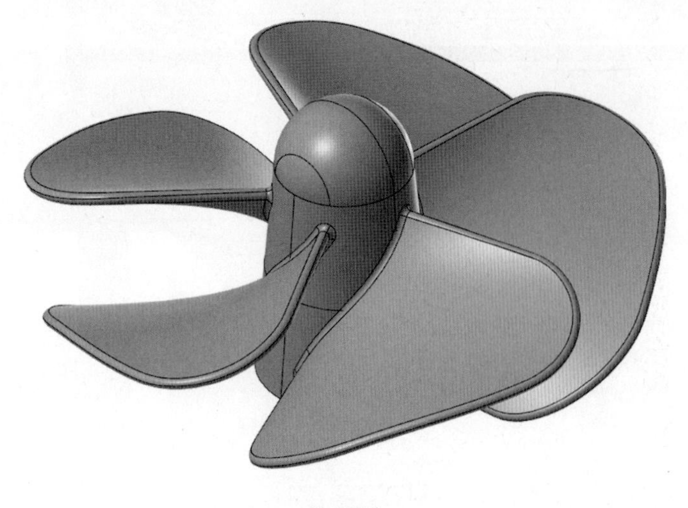

〈모델링〉

동영상 바로가기 QR code

해답의 참조는 동영상으로 작성했으며 아래의 링크 또는 QR코드로 접속하면 볼 수 있습니다.

(QR코드 어플은 Play Store 혹은 App Store에서 다운로드 후 이용 가능)

동영상 URL : https://youtu.be/heMWSF0Chb8

2 연습 예제 : 임펠러 모델링을 활용한 5축 가공경로

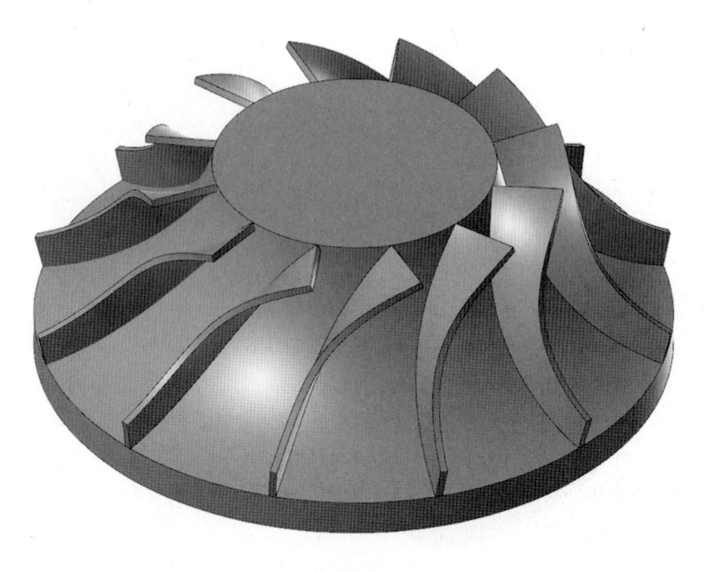

〈모델링〉

동영상 바로가기 QR code

해답의 참조는 동영상으로 작성했으며 아래의 링크 또는 QR코드로 접속하면 볼 수 있습니다.
(QR코드 어플은 Play Store 혹은 App Store에서 다운로드 후 이용 가능)

동영상 URL : https://youtu.be/O_j7fFfXRww

3 연습 예제 : 핀 모델링을 활용한 밀-턴 가공경로

〈모델링〉

동영상 바로가기 QR code

해답의 참조는 동영상으로 작성했으며 아래의 링크 또는 QR코드로 접속하면 볼 수 있습니다.
(QR코드 어플은 Play Store 혹은 App Store에서 다운로드 후 이용 가능)

동영상 URL : https://youtu.be/EzOT7KNLk84

MEMO

MEMO

Mastercam 2021
실기 · 실무

발행일 | 2021년 2월 10일 초판 발행
2022년 3월 30일 2쇄
2023년 11월 30일 3쇄

저 자 | 박용민
발행인 | 정용수
발행처 | 예문사

주 소 | 경기도 파주시 직지길 460(출판도시) 도서출판 예문사
TEL | 031) 955-0550
FAX | 031) 955-0660

등록번호 | 11-76호

정가 : 43,000원

ISBN 978-89-274-3885-4 13000